华东政法大学65周年校庆文丛

廿载春秋

变革中的刑法理论与实践

刘宪权 / 著

法律出版社
LAW PRESS · CHINA

崛起、奋进与辉煌
——华东政法大学65周年校庆文丛总序

2017年，是华东政法大学65华诞。65年来，华政人秉持着“逆境中崛起，忧患中奋进，辉煌中卓越”的精神，菁莪造士，棫朴作人。学校始终坚持将学术研究与育人、育德相结合，为全面推进依法治国做出了巨大的贡献，为国家、为社会培养和输送了大量法治人才。一代代华政学子自强不息，青蓝相接，成为社会的中坚、事业的巨擘、国家的栋梁，为社会主义现代化和法治国家建设不断添砖加瓦。

65年栉风沐雨，华政洗尽铅华，砥砺前行。1952年，华政在原圣约翰大学、复旦大学、南京大学、东吴大学、厦门大学、沪江大学、安徽大学、上海学院、震旦大学九所院校的法律系、政治系和社会系的基础上组建而成。历经65年的沧桑变革与辛勤耕耘，华政现已发展成为一所以法学为主，兼有政治学、经济学、管理学、文学、工学等学科的办学特色鲜明的多科性大学，人才培养硕果累累，科研事业蒸蒸日上，课程教学、实践教学步步登高，国际交流与社会合作事业欣欣向荣，国家级项目、高质量论文等科研成果数量长居全国政法院校前列，被誉为法学教育的“东方明珠”。

登高望远，脚踏实地。站在新的起点上，学校进一步贯彻落实“以人为本，依法治校，质量为先，特色兴校”的办学理念，秉持“立德树人，德法兼修”的人才培养目标，努力形成“三全育人”的培养管理格局，培养更多应用型、复合型、高素质的创新人才，为全力推进法治中国建设和高等教育改革做出新的贡献！

革故鼎新，继往开来。65周年校庆是华东政法大学发展史上的重要里程碑，更是迈向新征程开创新辉煌的重要机遇。当前华政正抢抓国家“双一流”建设的战略机遇，深度聚焦学校“十三五”规划目标，紧紧围绕学校综合改革“四梁八柱”整体布局，坚持“开门办学、开放办学、创新办学”发展理念，深化

“教学立校、学术兴校、人才强校”发展模式，构建“法科一流、多科融合”发展格局，深入实施“两基地（高端法律及法学相关学科人才培养基地、法学及相关学科研究基地）、两中心（中外法律文献中心、中国法治战略研究中心）、一平台（“互联网＋法律”大数据平台）”发展战略，进一步夯实基础、深化特色、提升实力。同时，华政正着力推进“两院两部一市”共建项目，力争到21世纪中叶，能把学校建设成为一所“国际知名、国内领先，法科一流、多科融合，特色鲜明、创新发展，推动法治文明进步的高水平应用研究型大学和令人向往的高雅学府”。

薪火相传，生生不息。65周年校庆既是对辉煌历史的回望、检阅，也是对崭新篇章的伏笔、铺陈。在饱览华政园风姿绰约、恢弘大气景观的同时，我们始终不会忘却风雨兼程、踏实肯干的“帐篷精神”。近些年来，学校的国家社科基金法学类课题立项数持续名列全国第一，国家社科基金重大项目和教育部重大项目取得历史性突破，主要核心期刊发文量多年位居前茅。据中国法学创新网发布的最新法学各学科的十强排名，学校在法理学和国际法学两个领域排名居全国第一。当然我们深知，办学治校犹如逆水行舟，机遇与挑战并存，雄关漫道，吾辈唯有勠力同心。

为迎接65周年校庆，进一步提升华政的学术影响力、贡献力，学校研究决定启动65周年校庆文丛工作，在全校范围内遴选优秀学术成果，集结成书出版。文丛不仅囊括了近年来华政法学、政治学、经济学、管理学、文学等学科的优秀学术成果，也包含了华政知名学者的个人论文集。这样的安排，既是对华政65华诞的贺礼，也是向广大教职员工长期以来为学校发展做出极大贡献的致敬。

65芳华，荣耀秋菊，华茂春松，似惊鸿一瞥，更如流风回雪。衷心祝愿华政铸就更灿烂的辉煌，衷心希望华政人做出更杰出的贡献。

华东政法大学65周年校庆文丛编委会

2017年7月

目　　录

第一编　刑法基础理论的革新与发展 1

第一章　罪刑法定原则的演进及应有之义 3

第一节　罪刑法定原则在我国的演进 3

第二节　罪刑法定原则的应有之义 10

第二章　犯罪形态理论的廓清与辨正 16

第一节　罪数形态理论正本清源 16

第二节　故意犯罪停止形态相关理论辨正 38

第三章　刑事立法技术的革新与转变 60

第一节　尊重民意与科学立法 60

第二节　刑事立法应力戒情绪——以《刑修九》为视角 63

第三节　废除死刑与提高生刑期限关系比较探析 85

第四节　限制或废除死刑与提高生刑期限关系论 105

第四章　刑事司法理念的变革与发展 126

第一节　“疑罪从轻”是产生冤案的祸根 126

第二节　克减冤假错案应当遵循的三个原则 135

第三节　我国刑法中溯及力相关问题探论 146

第二编　贪污贿赂犯罪的完善与适用 157

第一章　贿赂犯罪的立法完善 159

第一节　贿赂犯罪刑事法治的时代脉动 159

第二节　贿赂犯罪的完善与适用——以《刑法修正案（七）》为视角 181

第三节　对受贿犯罪修正的几点意见 194

第二章　贪污贿赂犯罪的司法适用　201
第一节　若干新型受贿犯罪的司法认定　201
第二节　贪污贿赂犯罪最新定罪量刑标准体系化评析　263

第三编　网络时代的刑法应对　289

第一章　网络时代网络犯罪的类型　291
第一节　网络犯罪类型之传统划分　291
第二节　网络犯罪类型之重新划分：以传统犯罪为参照系　293
第二章　网络时代应秉持的刑法新理念　297
第一节　时代变迁与刑法理念　297
第二节　一个必要的澄清：驳“一律从严从重打击网络犯罪”的刑法观　300
第三章　网络犯罪刑法应对新理念的具体呈现：分而治之　301
第一节　“从严”“从重”处理信息散布型网络犯罪　301
第二节　“从轻”处理互联网金融领域内的特殊网络犯罪　306
第三节　“从平”处理本质与传统无异的网络犯罪　309
第四章　网络造谣、传谣——最典型的信息散布型网络犯罪　311
第一节　网络谣言的类型与特征　312
第二节　网络造谣、传谣行为刑法规制的实然路径　316
第三节　网络造谣、传谣行为刑法规制的应然路径　327
第五章　互联网金融——最特殊的网络犯罪领域　334
第一节　互联网金融刑法规制的“两面性”　335
第二节　互联网金融的刑法规制路径　344
第三节　互联网金融平台的刑事风险及责任边界　351
第四节　互联网金融时代证券犯罪的刑法规制　368
第五节　互联网金融中股权众筹行为的刑法规制　386
第六节　信息网络技术滥用行为的刑事责任——《刑修九》相关条款的理解与适用　402

第四编　自贸区相关刑法问题研究　425

第一章　自贸区建设中刑法适用不可回避的“四大关系”　427
第一节　“负面清单”与罪刑法定原则的关系　428

第二节　自贸区内刑法适用特殊性与刑法适用普遍性的关系　432
第三节　自贸区刑民交叉案件中的刑民关系和刑行关系　439
第二章　上海自由贸易试验区成立对刑法适用之影响　445
第一节　成立自贸区对传统刑法理念与原则的冲击　446
第二节　自贸区中刑法适用范围的判断标准　449
第三节　对单位犯罪起刑点和量刑标准需作必要调整　450
第四节　自贸区的成立对某些犯罪入罪门槛的限缩　452
第五节　自贸区的成立可能引起某些犯罪现象的加剧　456

第五编　金融犯罪的前沿透视　461

第一章　金融犯罪的刑事立法及其完善　463
第一节　我国金融犯罪刑法分类质疑　463
第二节　我国金融犯罪的刑法配置　472
第三节　共同金融犯罪若干理论问题研究　484
第二章　信用卡犯罪的刑法规制　495
第一节　涉信用卡犯罪对象的评析与认定　495
第二节　信用卡“养卡”“套现”行为的刑法定性分析　510
第三节　妨害信用卡管理罪疑难问题刑法探析　525
第四节　信用卡诈骗罪若干疑难问题解析　538
第三章　证券、期货犯罪的刑法理论与实践　551
第一节　操纵证券、期货市场罪“兜底条款”解释规制的构建与应用　551
第二节　内幕交易犯罪最新司法解释及法律适用　576
第三节　内幕交易违法所得司法判断规制研究　596
第四节　利用未公开信息交易罪法定刑的设置及适用　630
第四章　金融犯罪刑法学前沿问题研究　648
第一节　伪造、变造金融票证罪疑难问题刑法分析　648
第二节　货币犯罪若干司法疑难问题探析　659
第三节　高利转贷罪疑难问题的司法认定　671
第四节　保险诈骗罪疑难问题的司法认定　680
第五节　刑法严惩非法集资行为之反思　694

第一编　刑法基础理论的革新与发展

第一章　罪刑法定原则的演进及应有之义

第一节　罪刑法定原则在我国的演进

“法治”一词已成为社会上的一种流行词汇，建设社会主义法治国家已写入我国宪法，要求在中国实现法治也得到了较为普遍的认同。应该看到，罪刑法定原则是法治在刑事法领域中的集中体现，罪刑法定原则的立法确立，标志着一国对刑事法治的基本价值取向。因此，笔者拟对作为刑事法治的基石——罪刑法定原则的演进轨迹、内含价值及其基本精神等内容进行一定的综合分析，以期对我国当前如火如荼的法治建设有所裨益。

一、我国罪刑法定原则的立法与理论演进轨迹

（一）1949—1979年：罪刑非法定阶段

1949年2月28日，中共中央颁布了《关于废除国民党的六法全书与确定解放区的司法原则的指示》，其中第5条明确指出：“在无产阶级领导的工农联盟为主体的人民民主专政政权下，国民党的《六法全书》应该废除。人民的司法工作，不能再以国民党的《六法全书》作依据，而应该以人民的新的法律作依据。在人民新的法律还没有系统地发布以前，则应该以共产党政策以及人民政府与人民解放军所已发布的各种纲领、法律、条例、决议作依据。在目前，人民的法律还不完备的情况下，司法机关的办事原则，应该是：有纲领、法律、命令、条例、决议规定者，从纲领、法律、命令、条例、决议之规定；无纲领、法律、

命令、条例、决议规定者，从新民主主义的政策。”因此，中华人民共和国成立之后，基于以上因素，出现了法律的真空地带，而政策也就成了弥补这一空白的应对手段。在这种情况下，罪刑法定原则必然就失去了其存在的现实基础，此为其一。其二，该指示第5条还规定，“司法机关应该经常以蔑视和批判《六法全书》及其他一切反动的法律法令的精神，以蔑视和批判欧美日本资本主义国家一切反人民法律、法令的精神，以学习和掌握马列主义、毛泽东思想的国家观、法律观及新民主主义的政策、纲领、法律、命令、条例、决议的办法，来教育和改造司法干部。”本着上述宗旨，在当时的情况下，罪刑法定原则事实上成为“反动法令的精神”，这在实质上导致了罪刑法定原则被“蔑视和批判”。因此也开始了法律虚无主义的滥觞。

因此，新中国的法制是在彻底摧毁旧法统的基础上，按照苏联前期的法制模式，在疾风骤雨的阶级斗争和轰轰烈烈的群众运动中建立起来的。计划经济体制下的中国表现出典型的政治社会的特征，一切都为政治服务，在相当长的时期内法治阙如，主要是以政策为治理国家的手段。司法活动也以政策为导向，成为贯彻政策的工具。刑法也不例外地成为政治的工具，刑法的功能也仅仅表现为保护社会。基于政治斗争的需要，决策者随时可以超越法律的规定定罪处刑。诸如罪刑由执政党、领导人依据政策来定的案例在当时并不鲜见。甚至当时出现诸多“罪刑由人民群众定”的案件：在“文革”期间，“四人帮”在上海的亲信要求“第二武装”（民兵）“要唱政法工作主角”，说民兵办案“是政法工作的大方向”；“四人帮”在辽宁的死党推行什么“五群”（“群侦、群审、群判、群定、群办”）经验；“文革”前期，三五个人凑到一起，代表什么群众组织，就可对公民抄家、游斗、通缉、劳改等，合法的公、检、法机关被砸烂，代之以诸如“贫下中农高等法院”之类的荒唐组织。[1]因此，不仅刑事诉讼程序方面与罪刑法定原则存在背离，在刑事实体法方面，在长达三十年的时间里，我国甚至没有一部刑法典，遑论及对罪刑法定原则的确认及遵守。

由上可知，在中华人民共和国成立后的很长一段时期内，打击犯罪的依据是非常不明确，毫无疑问罪刑不是法定的。关于这一点，邓小平同志曾进行反思：“纠正不正之风、打击犯罪活动中属于法律范围的问题，要用法制来解决，

〔1〕 参见孙丽娟：《我们是如何逐步实现“罪刑法定”的？——建国以来法学界重大事件研究（六）》，载《法学》1997年第11期。

由党直接管不合适。党要管党内纪律的问题，法律范围的问题，应该由国家和政府管。党干预太多，不利于在全体人民中树立法制观念。[1]尽管人民的利益和意志就是最高的法律，但是，并不是说人民群众的意志可以直接表现为法律；相反，它必须经过法定程序上升为国家意志，始能成为法律。可是，在很长时间内我们恰恰对这些常识予以忽略、漠视。

（二）1979—1997年：罪刑法定与类推制度并存阶段

长达30年"无法"的结果不仅使普通百姓付出了沉重的代价，同时使执政者本身深受其害，社会也处于瓦解崩溃的边缘。在这种背景下，包括1979年《刑法》在内的诸多法典得以陆续通过无疑是痛定思痛的结果。

1979年《刑法》并未明确规定罪刑法定原则，相反该法第79条用一个条文明确规定了类推制度。由此也引发了一个问题：罪刑法定是否是我国刑法的基本原则？对此，我国刑法学界长期存在肯定与否定两种截然对立的观点。肯定说认为，我国刑法是以罪刑法定原则为基础的，也就是说，罪刑法定是我国的基本原则之一。即使我国刑法规定了类推制度，但是这种类推也是足以体现罪刑法定原则的，一定意义上说，类推本身就是罪刑法定的一种表现。[2]否定说则认为，罪刑法定和刑事类推，是根本对立，互不相容的，那种认为我国刑法是以罪刑法定原则为基础实行有控制的类推的观点，从理论上看是说不通的。[3]

我国1979年《刑法》中的类推制度是一种对刑法分则没有明文规定为犯罪的行为比照最相类似的条文定罪判刑的制度，这显然是不利于被告人的类推。从这个意义上说，罪刑法定原则与刑事类推实际上体现了刑法中的一对矛盾，这就是刑法的保障机能与保护机能之间的矛盾。刑法的保障机能要求实行罪刑法定，使公民能够预见到自己行为的法律效果，以便更好地保障公民的人身及其他各种权利。而刑法的保护机能要求实行类推，使刑法能够更好地保护社会的政治、经济和其他各种秩序。而且，在当时的形势下，我国各种危害国家安全和其他性质的犯罪仍然存在，并且会随着经济体制和政治体制的改革而不断发展变化，在这种情况下，允许有限制的类推在当时普遍被认为

---

〔1〕 参见《邓小平文选》（第3卷），人民出版社2001年版，第163页。

〔2〕 参见杨敦先：《罪刑法定与类推的适用》，载《北京大学学报》1982年第1期。

〔3〕 参见周密：《最刑法定和类推的适用》，载《法学研究》1980年第5期。

是有必要的。例如，高铭暄教授在论及刑事类推制度的立法理由时指出："为了使我们的司法机关能及时有效地同刑法虽无明文规定，但实际上确属危害社会的犯罪行为作斗争，以保卫国家和人民的利益，就必须允许类推。"[1]有鉴于此，笔者认为，1979年《刑法》的制定和适用本身就是罪刑关系明确化的结果，是对罪刑擅断的一种反正，是对政策治国的一种反思，而随后的司法实践中类推的实际运用也十分有限，因此，我们应该肯定罪刑法定原则是1979年《刑法》的基本原则，类推实为罪刑法定原则的补充和例外。

（三）1997年以来：罪刑法定刑事立法确立阶段

尽管类推制度在历史上是起到了一定的积极作用的，在一定程度上也弥补了立法的疏漏与不足，并且这种作用的存在曾在1997年《刑法》修改之前被作为是类推保留论者秉持自己观点的重要论据。但是，类推毕竟是一种带有根本性缺陷的制度。设立类推，的确可以在一定程度上弥补刑法不圆满性的缺憾，但类推背后却隐藏着一种得不偿失的危险事实，这就是破坏法治、扩张刑罚权、损害公民权利自由；而实行罪刑法定废止类推，刑法难免的漏洞固然可能导致某些法无明文规定的危害行为得不到应有的惩罚，但与保留类推的情况下公民权利自由遭受"法外"侵害相比，它只是个极小的缺陷。权衡利弊，在罪刑法定与类推这两个根本对立的制度中取孰舍孰，高下立判。也正因如此，随着刑法修改研拟的不断深入，社会政治、经济的变迁，1993年以后，对于类推制度，刑法学界的废除之声明显占据了上风。1996年3月17日我国刑事诉讼法修改的决定通过后，国家立法机关即将主要精力迅速转入刑法典的全面修改工作，刑法典修改逐步进入立法程序，废止类推、罪刑法定原则立法化已是不可逆转。

1997年《刑法》明文规定罪刑法定原则，并废除1979年《刑法》中的类推制度，《刑法》第3条明确规定："法律明文规定为犯罪行为的，依照法律定罪处罚；法律没有规定为犯罪行为的，不得定罪处罚。"毫无疑问，罪刑法定原则在刑法中的规定，标志着中国的刑法已经向现代化的刑法迈进，标志着法治国家的建设在刑事法领域的立法层面得到了原则的实现，其价值意义不可估量。

---

〔1〕 参见高铭暄：《中华人民共和国刑法的孕育和诞生》，法律出版社1981年版，第126页。

二、我国罪刑法定原则演进的理念基础

在法治建设过程中，理念无疑是先行的。再好的制度，如果不能有与之匹配的理念，都可能异化为最坏的制度；相反，一个不健全的制度（一定意义上说，每种制度都不可能是十分健全的），如果有良好的理念作为精神基石，也可能得到良好的运行。[1]因此，在建设社会主义法治过程中，从刑法角度来说，作为刑事法治基石的罪刑法定原则的确立，无疑与改革开放以来在刑法领域逐步形成的民权刑法理念、谦抑刑法理念等具有密切关系。

（一）民权刑法理念

民权刑法这一概念，最先见于李海东博士所著《刑法原理入门（犯罪论原理）》。在该本书的序言中，他从转变刑法观念的角度出发，根据国家与公民在刑法中的地位把历史上的刑法分为两种类型，国权主义刑法与民权主义刑法。[2]国权刑法等于权力刑法，民权刑法等于权利刑法。[3]在国权刑法中，刑法是国家单方面镇压犯罪的工具，因而刑法是用来限制公民行为的，而国家刑罚权本身则往往不受这种限制。也就是说，国权刑法时代，凸显的是刑法的社会保护功能。而在民权刑法中，刑法不仅限制公民行为，更重要的是用来限制国家刑罚权，具有政治国家与市民社会的某种契约性。正是这种契约性，使民权刑法获得了正当性，使民权刑法建立在宪政基础之上，也使作为法治国刑法的民权刑法在性质上根本区别于专制社会的国权刑法。也就是说，在民权刑法中，其不仅注重保护社会，而且同时也注重人权保障。

中华人民共和国成立以后几十年里由于一直推行计划经济，国家对经济直接进行控制，国家权力渗透到整个社会，其结果是政治国家完全吞没了市民社会。在这种一元的社会结构中，政治国家占据着垄断地位，对社会进行全面的控制，公民个人自由与权利长期受到压抑与压制。在这种情况下，刑法与政治进一步结缘，成为阶级斗争的专政工具，强化了它的社会保护机能，刑法的人权保障机能则被忽视甚至漠视。刑法的政治性依然历史性地成为我国刑法的一大特征，各类犯罪行为都被深深地赋予了政治色彩。例如，1952年《关于中

---

〔1〕 参见童德华：《规范刑法原理》，中国人民公安大学出版社2005年版，第2页。

〔2〕 参见李海东：《刑法原理入门（犯罪论基础）》，法律出版社1998年版，第3～4页。

〔3〕 参见许道敏：《民权刑法论》，中国法制出版社2003年版，第10页。

华人民共和国惩治贪污条例草案的说明》就曾指出：最近这一个时期，全国广大人民群众为了制止贪污分子的违法乱纪，制止来自不法资产阶级分子的猖狂进攻，捍卫和贯彻执行共同纲领的路线，进行了激烈地斗争，获得了伟大的胜利。除了对于国家工作人员中一部分完全违法乱纪的大贪污犯和工商界的一部分完全违法的大盗窃犯以外，这种斗争仍是人民民主统一战线内部的斗争。〔1〕这种单一的社会结构以及传统文化的惯性，导致人们的刑法观念仍然是社会保护观、刑法工具观。自改革开放以来，随着我国社会主义市场经济的逐步建立，公民权利与国家权力关系模式出现一定变化，即逐渐由市民社会与政治国家重合的一元社会结构模式向政治国家与市民社会对立的二元社会结构过渡。在这种二元对立的社会结构中，市民社会与政治国家相分离，在个人生活领域，国家不能随意介入。个人自由、个人权利在市民社会得到最大实现。市民社会对政治国家的权力有所限制。权力受制于权利。正如论者所说，“只有在市民社会与政治国家二元分立的社会结构中，刑法才不至于单纯地成为保护社会的工具，从而也具有了保障人权的使命。”〔2〕可见，正是在市民社会与政治国家相分离的二元社会结构背景下，才有罪刑法定原则生存的空间。

（二）谦抑刑法理念

所谓谦抑，是指缩减或者压缩。〔3〕谦抑刑法，又被称为刑法谦抑，其是指：“我们应当力求以最小的支出——少用甚至不用刑罚（而用其他刑罚替代措施），获取最大的社会效益——有效地预防和控制犯罪。”〔4〕换言之，凡是适用其他法律足以抑制某种违法行为、足以保护合法权益时，就不要将其规定为犯罪；凡是适用较轻的制裁方法就足以抑制某种犯罪行为、足以保护合法权益时，就不要规定较重的制裁方法。刑法谦抑理念的形成有着漫长的历史。无论是在我国，还是在国外，刑法谦抑理念都不是与刑法同时产生的，而是到了近现代才进入了刑法学者的视野。〔5〕从本质上说，谦抑刑法理念其实是源自刑

---

〔1〕 参见1952年3月8日彭真同志在中央人民政府委员会第14次会议上所作的《关于中华人民共和国贪污条例草案的说明》。

〔2〕 陈兴良：《从政治刑法到市民刑法》，载陈兴良主编：《刑事法评论》（第1卷），中国政法大学出版社1997年版，第35页。

〔3〕 参见甘雨沛、何鹏：《外国刑法学》（上册），北京大学出版社1984年版，第175页。

〔4〕 陈兴良：《刑法哲学》，中国政法大学出版社2004年版，第7页。

〔5〕 参见王明星：《刑法谦抑性精神研究》，中国人民公安大学出版社2005年版，第1页。

法自身的一种自律、自我约束，具有限制机能，其蕴含人权、自由、民主等先进思想，承载着自由、公正、秩序、效率等多重价值。有鉴于此，谦抑刑法已成为当今法治社会的基本刑法理念之一，其与罪刑法定原则存在天然的契合性。

很长一段时期里，我国实行“从重、从快”打击严重刑事犯罪和严重经济犯罪的方针，这一方面强化了人们对刑法调控范围的不切实际的期待，另一方面又强化了全社会对刑罚预防和控制犯罪效果的期待，重刑主义思想有所抬头。[1]这些刑法观念和现实做法显然与现代的刑法谦抑性理念相去甚远。这种观念和做法固然起到了一些震慑犯罪分子的作用，但是在付出了巨大的社会成本之后的结果，是在夸大了刑法作用的前提下获得的，而且其作用也是短期的和有限的。实质上还是中国古代“天下常亡（无）一人之狱”[2]思想的一种体现。本质上还是将刑法（刑罚）的目的定位于“消灭犯罪”。[3]

但是，改革开放以来，经过几十年的发展，中国已经在经济、政治、民主法制建设等方面取得了世人瞩目的成就。以市场为资源配置主要方式的社会主义市场经济体制已经确立并在不断完善之中，这不仅使我国经济得到了飞速发展，而且也为上层建筑领域的革新和发展奠定了坚实的物质基础；随着政治体制改革的深化，在制度建设方面尤其是法制建设方面，我们也取得了辉煌的成就，由宪法、民商法、经济法、行政法和刑法等组成的社会主义法律体系建构基本完成，体现法律至上、法大于权的依法治国方略顺利出台。与此同时，人们的观念世界也受到了前所未有的冲击与挑战，在传统与现代、本土与异域各种观念的碰撞中，经过理性的扬弃，我国的民众意识正逐步完成现代化的演进。自由、平等、人权、民主等观念日益深入人心，并正沿着观念——制度——行为的路径逐步成为社会生活中的现实。[4]社会结构的变化、法制理念的变化等均导致谦抑刑法理念在我国不断得以倡导，法律的作用和地位逐渐得到了

---

〔1〕 储槐植：《罪刑矛盾与刑法改革》，载《中国法学》1994年第5期。

〔2〕《汉书·董仲舒传》。

〔3〕 这种思想的现实表达至今仍不乏其例。如2001年，海南省召开“严打”整治斗争电视电话动员大会，“会议要求全省上下要共同努力，集中力量，在全省范围内开展‘严打’整治斗争，务求在两年内社会治安取得新的明显进步，为海南改革开放和现代化建设提供有力的保证。”参见吴刚、陈一鸣：《从重从快打击刑事犯罪》，载《人民日报》2001年4月12日，第1版。

〔4〕 参见吴富丽：《刑法谦抑实现论纲》，吉林大学法学院2007年博士学位论文，第43页。

合理的定位，刑法与道德规则的关系、刑法与其他法律的关系逐步被厘清，这对于罪刑法定原则的发展具有非常积极的推动作用。

第二节 罪刑法定原则的应有之义

一、当代我国关于罪刑法定原则的争论实质

笔者认为，时至今日，我国刑法已经确立了罪刑法定原则，这是毋庸置疑的事实。但是，我们也应该清醒地看到，对我国罪刑法定原则基本内容的理解，理论上仍然存在不同的看法。有人认为我国罪刑法定原则有别于西方国家的罪刑法定原则，是具有中国特色的罪刑法定原则，有人则认为我国的罪刑法定从实质上无异于其他国家，即关于我国罪刑法定原则的内容，在本质上存在"两点论"与"一点论"之争。

近年来，有很多学者在谈及罪刑法定原则时普遍认为，对于我国罪刑法定原则的基本内容应该从两方面去理解，即所谓的"两点论"：第一点是法律如果有明文规定的，就按照法律规定定罪或处罚；第二点才是法律没有明文规定不能定罪，不能处罚。按照他们的观点，对于罪刑法定原则的理解应该分两个层面，那就是首先应该是"要定罪""要处罚"，其次才是"不定罪""不处罚"。罪刑法定原则是积极的罪刑法定原则与消极的罪刑法定原则的统一，运用刑罚权，惩罚犯罪，保护人权与约束刑罚权，防止滥用，保障人权的统一，是罪刑法定原则的全面的正确的含义，它克服了西方罪刑法定原则的片面性，是对罪刑法定原则的新的发展。[1]另有学者认为："在价值观念从个人本位向个人、社会双本位变迁的现代社会，罪刑法定原则的机能也发生了转移，从只重视人权保障机能向保障机能和保护机能的协调转移。社会保护机能是通过对犯罪的惩治来实现的，因而属于罪刑法定的积极机能或曰扩张机能；而人权保障机能是通过限制国家的刑罚权而实现的，因而属于罪刑法定的消极机能或曰限制机能。罪刑法定的保障机能和保护机能并非势不两立，而是可以在共同的基

---

〔1〕 何秉松主编：《刑法教科书》，中国法制出版社1997年版，第63～68页。

础上统一起来并协调发展。”[1]

笔者认为，罪刑法定原则的“两点论”观点是对罪刑法定原则的根本性偏差，我国的罪刑法定原则从本质而言仍然是“一点论”，即侧重于“不定罪、不处罚”。具体理由如下：

第一，“两点论”观点明显偏离了罪刑法定原则的原本含义。因为罪刑法定原则从其诞生那天起，就是从“不定罪”和“不处罚”角度提出来的，罪刑法定原则以保障公民自由、限制国家刑罚权的行使为己任，其基本内容明确是法无明文规定不为罪，法无明文规定不处罚。但是“两点论”则完全相反，他们认为罪刑法定原则首先强调的是要定罪要处罚，其次才是不定罪不处罚。笔者认为，这一观点的致命错误在于，“将刑法的机能与罪刑法定原则的机能混为一谈。”[2]也即将刑法是保护机能与保障机能统一的要求，强加给罪刑法定原则的机能上。事实上刑法的双重机能是通过刑法的构成要素从多角度加以体现的，而这些具体的构成要素又往往是从不同侧面体现刑法这种双重功能。特别是由于各种构成要素受到其本身内容的限制，因而体现刑法双重功能的角度或侧重面有可能完全不同。就此而言，考察罪刑法定原则，我们就不难发现，正是由于受该原则原本含义和基本内容的限制，因此，罪刑法定原则的机能实际上只能突出对行为人个人基本权利的保障机能，而无法如刑法一样达到保护机能与保障机能双重功能的统一。罪刑法定主义是在资产阶级反对封建刑法的罪刑擅断中产生的，是资产阶级用以反对封建国王利用刑法进行封建统治的利器；而经历了两百多年的发展变化的罪刑法定主义的在世界范围内逐渐传播，并最终成为普遍的刑法基本原则，正是源于它彰显了保障市民社会不受国家权力过度干预的机能。可见，“两点论”的观点看似全面，但它却混淆了刑法机能与罪刑法定机能的界限，从而偏离了罪刑法定原则本身所具有的侧重点。由这个侧重点分析，我们可以清楚地发现罪刑法定原则确实是存在偏向性的，也即“不定罪”“不处罚”是这一原则的核心。应该看到，罪刑法定原则的这种偏向性在其派生出来的其他原则中体现得十分清楚。例如，

〔1〕 陈兴良主编：《刑事法总论》，群众出版社2000年版，第167页。类似的观点还可参见曲新久主编：《刑法学》，中国政法大学出版社2004年版，第12页；刘文远、刘艺兵主编：《刑法学》，中国社会科学出版社2003年版，第16页。

〔2〕 周少华：《罪刑法定与刑法机能之关系》，载《法学研究》2005年第3期。

刑法中有关溯及力的原则，在确立罪刑法定原则的最初，人们强调法律不能溯及既往。之所以强调法律不能溯及既往，完全是按照罪刑法定原则的要求派生出来的，也即不能用人们不知道的法律来处罚他人的行为，不能用以后颁布的法律来处罚以前的行为。由此可见，溯及力原则的这一精神显然是罪刑法定原则的体现。我们不能让当事人去猜测法律今后将会有什么样的变化，更不能期待当事人在实施行为前要对今后法律的变化作出一定的预测。可见，这些原则实际上是从有利于被告人的角度提出来的。另外，刑事诉讼中我们提倡的“疑罪从无”“无罪推定”等原则，都是由罪刑法定原则所派生出来的基本原则。这些都反映一个实质问题：那就是罪刑法定原则是有侧重点的和偏向性的，而“不定罪”“不处罚”就是其侧重点和偏向性的集中体现，这一点应该是毋庸置疑的。

第二，就我国现行刑法规定分析，客观地说刑法第3条确实作了两方面的表述，从形式上看刑法有关罪刑法定原则是从正反两方面加以提出的，有关罪刑法定“两点论”的观点可能也是由此产生的。对于刑法第3条的规定，理论上也有学者提出质疑，认为其不符合罪刑法定原则应然的价值取向，有悖于世界各国对这一原则表述方式的惯例，造成了刑法和刑事诉讼法的不协调局面，同时也违背了立法的简约性原则。〔1〕更有学者具体分析了刑法第3条产生的过程，认为我国刑法第3条并不是从一开始就采取了双向表述的方式；事实是，在草案中出现关于罪刑法定的表述时（1995年8月8日），首先采取的是与国外并无二致的单向表述方式，历经一年有余，这种表述方式才被具有中国特色的双向表述所取代（1996年10月10日），并且最终被立法者所认可。〔2〕

笔者认为，就我国刑法这一规定而言，其内容中强调对犯罪行为严格依照法律规定定罪处刑，这本身并不应该加以厚非，特别是偏重社会、国家本位而忽视公民个人权利的观念在我国长期以来占据主导地位，且在将正确运用刑罚权以惩罚犯罪和保护人民作为刑法首要任务的当时，立法者强调严格依照自己所立之法加以适用当然是可以理解的。另外，作为刑法条文的规定当然要追求其本身的完整和全面，所以刑法也只能从两个方面对罪刑法定原则加

〔1〕 参见刘志远、喻海松：《论罪刑法定原则的立法表述》，载《中国刑事法杂志》2005年第5期。

〔2〕 付立庆：《善待罪刑法定——以我国刑法第3条之检讨为切入点》，载《法学评论》2005年第3期。

以规定。但是，如果我们据此就可以认为罪刑法定原则的原本内容就包含“两点论”，或者认为我国的罪刑法定原则与其他国家和地区的罪刑法定原则的不同之处就在于我们具有“两点论”，甚至进一步提出罪刑法定原则首先应该追求“要定罪、要处罚”的内在价值，其次才能体现“不定罪、不处罚”的内在价值，那就完全背离了罪刑法定原则的基本精神和价值取向，无论在理论上还是实践中均是不可取的。

正因如此，依笔者之见，罪刑法定原则的基本精神和价值取向实际上是与“两点论”背道而驰的，因而从理论上讲，要坚持罪刑法定原则就应该强调“一点论”并抛弃“两点论”的观念，我们完全没有必要通过改变罪刑法定的原意来体现“中国特色”，这样做不仅代价太高，且真正意义上的罪刑法定原则不可能得到贯彻。

二、罪刑法定原则的实质是“有利于被告人”

对于罪刑法定原则所体现的基本精神我们可以从很多角度去考察，但是从对罪刑法定原则基本内容所坚持的“不定罪、不处罚”这一侧重面和偏向性分析，我们不难看到，这些内容实际上集中反映了罪刑法定原则所要体现的根本精神就是“有利于被告人”，也即罪刑法定原则实质上是从保护被告人合法权利的角度提出并发展的。

这里需要说明的是，在刑事诉讼中特别是在刑事案件的法律适用中，为什么要强调有利于被告人？笔者认为，这主要还是应该从罪刑法定的终极目标以及刑事诉讼中当事人之间的法律关系中去寻找原因。

首先，在刑事诉讼中强调有利于被告人的精神是由罪刑法定原则的内涵所决定的。众所周知，古典自然法学派的思想家们从批判否定封建刑法的残酷性出发，以维护人的基本权利为中心，用自然法理论阐述了人类社会的文明进程。在这一基础上，以卢梭、贝卡里亚等为代表的资产阶级启蒙思想家们提出，建立在“社会契约”基础上的国家产生的目的在于保障人权。由于刑法权属于国家公共权力的重要组成部分，因而其承担着实现公共权力共同体时所设定目的的重要职责。但是，纵观历史发展长河，无论在何时何地，对公民自由和权利的最大威胁主要来自国家对公权力的滥用。更由于刑法权能否正当行使，直接关系每一个公民的生命、自由和财产的安全，所以刑法权的滥用是国家对公权力滥用的最直接也是重要的表现。正因如此，贝卡里亚等人提出国家的刑法权必须体现尊重人权、保障自由的价值观。他们在论证了国家权力来自人们订立的契约后，又成功地将保护人权的理念嵌入近代刑法理论之中，使罪刑法定原则真正具有“以自由、人权为理论基础，以法律面前人人平等为要旨，并以限制国家刑罚权的无端发动、保障民权为终极关怀”[1]之实际内容。应该承认，将保护人权作为罪刑法定原则的终极目标无疑是人类刑法史上的一次质的飞跃。就此而言，在刑事诉讼中强调有利被告人精神，理所当然符合罪刑法定的真正内涵。

其次，在刑事诉讼中强调有利于被告人的精神是由被告人的弱者地位所决定的。在当今社会中存在有各种各样的法律关系，而在每一种法律关系中，当事人的地位并不完全一样。从民商事法律关系等角度去看，有关当事人的地位是完全平等的，也即我们经常看到的原、被告在民事诉讼中的地位是完全平等的。但是在刑事诉讼中，原、被告地位是不可能平等的。正如马克思、恩格斯在《德意志意识形态》一书中曾指出的：“犯罪……孤立的个人反对统治关系的斗争，和法一样，也不是随心所欲产生的。”就这一马恩经典语录分析，我们可以很清楚地看到，犯罪实际上是孤立的个人反对统治关系的一种斗争，因此由犯罪而引发的刑事法律关系当然就是个人和国家的关系。特别是刑事案件，一旦进入诉讼程序，刑事被告人与原告人（主要是公诉案件的公诉人）之间实际上是个人与国家在进行对话。在公诉案件中，公诉人代表国家对被告人提起诉讼，在这种情况下，刑事被告人怎么可能同公诉人平等呢？应该说这种平等是永远不可能存在的，事实上也没有哪一个刑事被告人会追求这种平等。在刑事诉讼中且不说公诉人与被告人地位不可能平等，事实上其与辩护人的地位也不可能平等。因为公诉人是代表国家对被告人提起诉讼，而辩护人则是为被告人（孤立的个人）进行辩护，由于工作性质不一样，所以法律地位也就不可能一样。由此可见，在刑事诉讼中，被告人与公诉人之间实际上是力量相差悬殊的强者与弱者的对话，在这种情况下，如果再不强调对被告人的利益进行保护，那么被告人的合法权益必然受到侵害。另外，笔者还认为，罪刑法定原则之所以强调有利于被告人的精神，还在于刑法的人道性所决定

〔1〕 徐岱：《中国刑法近代化论纲》，人民法院出版社2003年版，第170页。

的。由于在现代社会中弱者的利益最容易受到侵害因而也最需要保护，而法律（包括刑法）的制定在很大层面上就是为了保护弱者的利益，刑事诉讼中的被告人是弱者，所以罪刑法定原则强调有利被告人的精神并不为过，这就是理论上人们通常所说的刑法是保护犯罪人的大宪章基础所在。就此而言，强调保护刑事被告人利益的保护显然是与此基础相吻合的。这就是为什么在刑事诉讼中我们要特别强调有利于被告人的原则，也是罪刑法定原则之所以要把有利于被告人的内容作为基本精神体现的原因所在。

应该看到，罪刑法定原则体现有利于被告人的精神反映在多个方面，特别是在罪刑法定原则的派生原则中这一精神得到了集中的体现。例如，否定类推定罪；阻却重法之溯及力效力；避免刑罚的加重适用并防止减轻处罚的滥用；不采用不定期刑并尽量缩短相对确定法定刑的跨度等派生原则的内容中实际上均反映了有利于被告人的精神。

综上所述，笔者认为，罪刑法定原则在我国的发展历程是艰难曲折的，对于这一来之不易的刑法发展成果，我们理应百倍地加以珍惜，特别是在罪刑法定原则的内容及基本精神等问题上，我们更应该坚持罪刑法定原则的原意，从本质上加以理解和把握。所有这些，恐怕是我们当前和今后相当长时期里所面临的且必须加以解决的问题。

第二章　犯罪形态理论的廓清与辨正

第一节　罪数形态理论正本清源

所谓罪数，顾名思义，是指犯罪行为所构成的罪名的个数。罪数的字面含义并非针对既定的数个犯罪事实或现状而言，而是依照有关法律规定或基本法理，对行为所触犯的犯罪的“个数”的系统清点和梳理。犯罪行为如果触犯单一罪的，是一罪；如果触犯数个罪名，则可称为数罪。[1]由于实践中具体犯罪在涉及一罪与数罪时，情状复杂且形态不一，因此，罪数的认定也必然纷繁复杂、界限难分。应该看到，罪数作为一种客观存在的犯罪现象，随着法律文化的发展以及研究的深入，已经逐渐发展为一种理论形态。

毫无疑问，典型一罪与典型数罪在定罪和量刑中界限清晰且易于划定，因而不是罪数形态问题研究的对象。但是，现实生活中犯罪现象千变万化，错综复杂，许多犯罪行为既不是典型一罪也不是典型数罪。例如，一行为产生数结果，是一罪还是数罪，该如何处罚？笔者认为，罪数形态是一罪与数罪中诸种复杂的犯罪形态的总称，罪数形态研究的主要任务在于根据行为人具体犯罪行为事实，确定其犯罪个数究竟为一罪还是数罪，揭示各种复杂的罪数形态的本质特征和构成要件，以阐明各种罪数形态的共性、界定相互区别的标准，并确立对各种罪数形态的处断原则。其理论形态主要包括想象竞合犯、结果加

〔1〕 马克昌主编：《犯罪通论》，武汉大学出版社1999年版，第608页。

重犯、继续犯、转化犯、结合犯、惯犯、连续犯和牵连犯等。

罪数形态理论是刑法理论中相当复杂的问题，“它与刑法总论中的基本原理、原则和范畴及刑法各论中的罪名、罪状和法定刑纵横交错，形成了样态万千、纷繁复杂的交叉网络”。[1]在大陆法系刑法理论中，罪数形态理论一直是一个极富理论和实践意义的研究课题，有关罪数问题的争论也最为激烈。目前，我国刑法学界对罪数形态理论的研究已相当深入，在这一研究领域已产生了大量的著述，几乎在所有的刑法理论论著里都有着罪数形态的一席之地。但是，综观这些有关罪数形态的著述，绝大多数研究是围绕着罪数形态理论中具体的罪数类型展开，缺乏对罪数形态本身体系且成熟的探索。同时，必须承认的是，当前我国对各罪数形态的界定也较为混乱，不仅刑法理论研究人员会对同样的刑法实例作出不同的论述或思考，而且司法实务人员也会对相同的案件作出截然不同的指控或判决，为此，理论上甚至有人提出应该取消罪数形态，即只要数罪就须并罚。有鉴于此，笔者认为，重新认识罪数形态理论的价值，为罪数形态理论正本清源，无疑具有重要的意义。

一、罪数形态理论存在的价值

应该看到，由于罪数认定中的复杂性，导致了罪数形态理论研究经常陷入困境，为此，理论上甚至有人对罪数形态理论存在的价值提出了质疑。笔者认为，罪数形态理论的存在具有极为重要且不可替代的价值。

（一）完善刑事司法、立法及理论的价值

1.建立科学的罪数形态理论有利于刑事司法的完善

从目前看来，罪数形态问题，不但刑法理论界对其处理相当棘手，而且司法实践中更是将之视为畏途，往往或有意或无意将之忽略。司法人员在办案过程中由于罪数认定有误，该并罚的没有并罚，不该并罚的实行了并罚，这种情形时有发生。[2]造成这种现象的重要原因之一便是刑法理论对罪数形态问题的研究还不够深入，或者理论缺乏可操作性。罪数研究的目的归根结底在于实践中的应用，为实践服务是理论研究的宗旨，如果我们能够建立科学的罪数形态理论，对于司法实践的促进意义是显而易见的。

---

〔1〕 吴振兴：《罪数形态论》，中国检察出版社1996年版，第1页。

〔2〕 参见储槐植：《论罪数不典型》，载《法学研究》1995年第1期。

以我国刑法中的牵连犯的处罚为例，有学者指出，在对我国刑法关于牵连犯形态的各条规定进行了法理性的对比，发现刑法对牵连犯的情形的规定有三种结果，一是数罪并罚；二是从一重处；三是从一重重处。那么，与之相适应，学界便有三种主要意见来论证牵连犯的处罚原则：(1)是对牵连犯应该数罪并罚，以刑法规定的从一重处、从一重重处为例外。(2)是对牵连犯应从一重处，以刑法规定的数罪并罚、从一重重处为例外。(3)对牵连犯应从一重重处，以刑法规定的从一重处、数罪并罚为例外。[1]毫无疑问，三种说法都是基于刑事立法的规定进而推出的相关结论，但是其没有圆满地解决我国刑法关于牵连犯之规定中所内含的矛盾。因为从逻辑的角度分析，基于同一性的要求，任何罪数形态理论都不应该对同一事物的判断做出三种矛盾的判断结论。也正因如此，就目前我国的刑事司法状况而言，并存着两种不同的牵连犯处断原则和处断结果。既然根据刑法规定推导的牵连犯及其处罚原则无法给我们一个科学的结论，那么，我们必须考虑是否得出以上结论的前提就是错误的，即有必要探究以上这些有各异处罚规定的刑法条文规定是否都属于牵连犯？牵连犯的本质又是什么等本源性问题。如果能够有正确的牵连犯理论作指导，以上的争议或许就能迎刃而解。

2.建立科学的罪数形态理论有利于刑事立法的完善

世界上不少国家在刑法总则中规定有特殊罪数形态的处罚原则。如《德国刑法典》第52条对想象竞合犯作出了规定，“同一犯罪行为触犯了数个刑法法规，或数个犯罪行为触犯了同一刑法法规的，只判处一个刑罚；触犯数个刑法法规的，依规定刑罚最重的法规为准，所判刑罚不得轻于数法规中任何一个可适用法规的刑罚”。[2]《日本刑法典》第54条则对于想象竞合犯及牵连犯的处罚作出了规定，“一个行为同时触犯两个以上的罪名，或者作为犯罪的手段或者结果的行为触犯其他罪名的，按照其最重的刑罚处断”。[3]具体到我国，1949年后，在刑法的某些草案中，曾对牵连犯、想象竞合犯作过专门规定，后均因故删去。[4]我国现行《刑法》第89条有“犯罪行为有连续或者继续状态”

〔1〕 参见屈学武：《罪数、数罪及并罚根据研讨》，载李希慧、刘宪权主编：《刑罚制度研究》(下)，中国人民公安大学出版社2005年版，第352页。

〔2〕 《德国刑法典》，徐久生、庄敬华译，中国法制出版社2000年版，第59页。

〔3〕 《日本刑法典》(第2版)，张明楷译，法律出版社2006年版，第24页。

〔4〕 吴振兴：《罪数形态论》，中国检察出版社1996年版，第10页。

的追诉时效的规定，则被认为是我国刑事立法中存在连续犯、继续犯的法律依据。但是更多的诸如想象竞合犯、牵连犯、结合犯在刑事立法中均未有明确规定。因此，如果我们能够建立科学的罪数形态理论，统一想象竞合犯、牵连犯等罪数形态的处断原则，并能将相关的内容规定在刑法总则条文之中，这无疑是刑事立法的一大进步。

另外，刑事立法关于具体罪刑规范一般仅涉及单个罪，与罪数形态问题无关。但是，当两种罪行连带发生具有很高概率且从刑事政策考虑需要严加打击时，刑法分则在规定具体罪名的构成及处罚时就可能涉及罪数问题。例如，“两高”《关于办理偷税、抗税刑事案件具体应用法律若干问题的解释》（1992年4月）规定：“因暴力抗税实施伤害、杀人行为的，按伤害罪、杀人罪定罪处罚，或者根据案情实施数罪并罚。”1997年《刑法》规定了抗税罪后，最高人民法院《关于审理偷税抗税刑事案件具体应用法律若干问题的解释》中则指出：“实施抗税行为致人重伤、死亡，构成故意伤害罪、故意杀人罪的，分别依照刑法第234条第2款、第232条的规定定罪处罚。”从以上介绍可以看出，1992年解释与2002年解释在相同情形时处理上有一定差异，前者不排除数罪并罚的可能，而后者则只能定一罪。另外，现行《刑法》第202条抗税罪与第263条抢劫罪的司法解释与刑法规定情形也不相同。抢劫罪致人重伤、死亡是法定的结果加重情节，而按照上述现行有关抗税罪的司法解释规定，实施抗税行为致人重伤、死亡，则构成故意伤害罪、故意杀人罪。也即抗税罪致人重伤、死亡属于转化犯，改变了罪名，应以故意伤害罪、故意杀人罪定罪处罚；而抢劫致人重伤、死亡属于结果加重犯，不改变罪名，仍以抢劫罪定罪。类似的情况在刑法分则具体罪的规定中还有很多，为什么同样是致人重伤、死亡情节，在不同的法律条文中有不同的规定呢？事实上，只要我们依据科学的罪数形态理论，就会产生正确的刑事立法和司法解释，同时也完全可以从相关刑事立法和司法解释的规定中得出正确、可靠的结论。

3.建立科学的罪数形态理论有利于现代刑法理论的充实和完善

必须指出，由于各国刑法法律渊源、法律传统和法律意识不同，对于罪数形态的研究也迥然有别。英美法系等国家的特色是以判例法为主，不注重研究罪数形态。无论是异种数罪、同种数罪，均按数罪起诉和审判，一个行为触犯数个罪名，也按数罪起诉和审判。正如储槐植教授所言，美国刑法中没有想象竞合犯、牵连犯等概念，对于想象竞合的情形，如放火造成人员死亡，应构成放火罪和杀人罪实行并罚。复合行为（手段行为与目的行为）构成的罪，如果手段行为超过限度而构成犯罪的，则可以与目的行为实行数罪并罚。[1]也就是说，在美国刑法中，对于罪数的标准，既不采行为说，也不采结果说，既不采犯意说，也不采构成要件说，而是根据行为或结果符合几项法律规定来确定构成犯罪的个数。与之相应的是，美国刑法理论上对罪数的研究也非常肤浅，没有形成系统的理论。与英美法系不同，大陆法系国家多以成文刑法为主，不断汲取刑法理论的研究成果，并根据时代和形势要求，经常补充和修改成文法典。这就必然要促进刑法理论包括罪数形态理论的研究。[2]也正因如此，当前大陆法系国家学术界关于罪数形态的研究是非常活跃的，可谓百家争鸣、学说林立。

我国的罪数形态理论源于苏联的刑法理论，后又深受大陆法系尤其是日本相关立法例、学说的影响。由于苏联及日本刑法理论在根本上存有冲突，以致我国罪数形态理论的研究在许多基本概念上还存在重大分歧，研究目的也不明确，这些无疑大大影响了罪数形态理论研究的深度和广度。由于罪数形态理论在整个现代刑法理论体系中占有极其重要的地位，因而上述情况的存在必然会直接影响到刑法理论的发展和完善。由此观之，建立科学的罪数形态理论理所当然地成为发展和完善刑法理论的重要组成部分。

（二）贯彻禁止重复评价原则的价值

在现代社会的法律领域中，刑法作为以国家强制力为后盾的行为规范，具有对人的行为的评价机能。刑法评价机能的发挥必然涉及刑法的行为评价机制和评价原则。其中，禁止重复评价就是刑法中行为评价应遵循的重要原则之一。

禁止重复评价，是指在定罪量刑时，禁止对同一犯罪构成事实予以二次或二次以上的法律评价。[3]在刑法的行为评价中，之所以要禁止重复评价原则是由法的正义性决定的。法的正义性是法的最重要的价值取向之一，正如美国著名的哲学家约翰·罗尔斯提出："正义是社会制度的首要价值。某些法律和

---

〔1〕 参见储槐植：《美国刑法》，北京大学出版社1996年版，第152页。
〔2〕 参见庄劲：《犯罪竞合：罪数分析的结构和体系》，法律出版社2006年版，第22～36页。
〔3〕 陈兴良：《禁止重复评价研究》，载《现代法学》1994年第1期。

制度，不管它们如何有效率和有条理，只要它们不正义，就必须加以改造或废除。”[1]在刑法领域，法的正义性主要体现为分配的正义。“刑法属于公法的范畴。因此，刑法中的正义，不是所谓平均的正义，而应该是分配的正义。”[2]分配的正义也称为分配的公正原则。“刑法遵循分配的公正的原则。刑罚的轻重应该与罪行的轻重相符合；这既适用于普遍的、法律的规定，也适用于个案的判决。”[3]因此，正义或公正原则在刑法领域中主要体现为犯罪与刑罚二者之间的均衡关系。传统的报应刑论都将平等、均衡的正义理解为刑法的理念，主张刑罚应与犯罪相当。犯罪既然侵害法律秩序并造成恶果，那么刑罚便须具有相当于犯罪的损害。报应刑论关于罪与刑之间的均衡关系的理解是：刑罚给犯罪人所施加的损害和痛苦应与犯罪恶果的损害等量或等价。现在的报应刑论都主张等价报应说。与报应刑论相对立的教育刑论主张分配的正义。根据分配的正义，刑罚的轻重不仅应与犯罪行为的危害程度相适应，还要与犯罪人的人身危险性相适应，轻者轻罚，重者重罚。[4]总之，法的正义性在刑法领域体现为罪与刑的均衡、比例关系。为此，刑法中的行为评价要遵循禁止重复评价原则，要在惩罚犯罪、防卫社会的同时，切实有效地保障被告人的权利，防止不恰当地加重被告人的责任，以期实现罪刑的均衡性。[5]

禁止重复评价原则及其所彰显的价值理念对于行为的评价具有重要的价值调控和指导作用，尤其是在刑法竞合领域。由于行为人的犯罪行为有可能实现数个构成要件，这种状况究竟为一行为或数行为，是成立一罪还是数罪，在刑法的评价上应有可数性，如此才能决定行为人的行为究竟属于犯罪单数抑或犯罪复数，避免一罪数罚；否则，对于同一行为可能数次加以处罚，则无疑意味着罪责扩张，而与罪责刑相适应原则相违背。[6]

应该说，在刑法立法领域，作为罪数形态之一的法条竞合是禁止重复评价原则的一种具体表现方式。法条竞合是立法者在立法的过程中基于一定的立法技术和立法目的对一行为进行重复评价的结果。在立法过程中，立法者为

---

〔1〕 参见［美］约翰·罗尔斯：《正义论》，何怀宏等译，中国社会科学院出版社1988年版，第1页。
〔2〕 ［日］大塚仁：《刑法概说》，冯军译，中国人民大学出版社2003年版，第20页。
〔3〕 ［德］科殷：《法哲学》，林荣远译，华夏出版社2002年版，第156页。
〔4〕 ［日］木村龟二：《刑法学词典》，顾肖荣等译，上海翻译出版公司1991年版，第8页。
〔5〕 陈兴良：《当代中国刑法新理念》，中国政法大学出版社1996年版，第241页。
〔6〕 林山田：《论法律竞合与不罚之前后行为》，载《台大法学论丛》第22卷第2期。

了规范错综复杂的犯罪行为以及保护不同的客体，对同一行为的不同方面或者不同阶段分别用不同的条文加以规定。这样，法条间就会出现包容、交叉等逻辑关系。在此情况下就必然会出现一个行为同时符合数个法条即法条竞合的情形。然而，在司法领域中，对行为的定罪量刑要遵循禁止重复评价原则。这是因为在法条竞合的情况下，仅存在一个行为，虽然在表面上这一行为与数个法律条文相符合，但是不能同时用数个罪名对这一个行为加以评价，否则就是重复评价。因此，在法条竞合的情况下，基于一行为所触犯的数法条间存在包容、交叉等逻辑关系，应从该数个法条中选择一个最相适应的法条作为对行为进行评价的根据，宣告一个罪名，并依据该罪名确定一个刑罚，排除其他条文的适用，从而防止重复评价，以实现法律的正义。如《刑法》第233条、第234条和第235条分别规定，过失致人死亡、故意伤害、过失致人重伤行为"本法另有规定的，依照规定"。这是因为我国刑法中许多犯罪都将过失致人死亡、故意伤害或过失致人重伤行为规定为犯罪的构成要素或量刑情节，刑法上述三个条文关于排除各该条法律适用的规定，旨在宣示对于同一过失致人死亡、故意伤害或者过失致人重伤行为，不得作多次评价。例如，交通肇事行为过失致人死亡，不应定交通肇事罪和过失致人死亡罪两罪，因为《刑法》第133条对肇事罪的构成要件之设置，已经将"致人重伤、死亡或者使公私财产遭受重大损失"这一要素予以包含。

同时，贯彻重复评价原则不仅仅有赖于刑事立法对相关犯罪形态的特殊规定，其还有赖于正确的犯罪构成理论、犯罪形态理论等加以指导。例如，经修订的1997年《刑法》施行后，对于一案走私多种对象的行为（如行为人实施了一个走私行为，但走私的物品中既有武器、弹药，又有伪造的货币或者国家禁止出口的贵重金属、国家禁止进出口的珍稀动物等物的）如何定罪量刑，司法实践中做法很不一致。有的认为这是一行为触犯数罪名，基于禁止重复评价原则，从一重罪处断，有的则主张实行数罪并罚。如果我们能以科学的罪数形态理论作指导，也就不会为究竟是定一罪还是数罪而反复纠缠、举棋不定了。

由上观之，鉴于罪数形态的复杂性，建立科学的罪数形态理论，不仅能较好地贯彻禁止重复评价原则，而且还能最大限度地实现刑法正义。

（三）限制法官自由裁量权扩张的价值

笔者认为，建立科学的罪数形态理论在很大程度上，可以减少数罪并罚的适用频率以限制法官之刑事自由裁量权。所谓法官之刑事自由裁量权是指法律赋予法官（包括审判机关）根据罪刑相适应的原则和刑罚的目的，在法定的范围内公正合理地自行对刑事被告人决定刑罚的权力和责任。[1]法官之刑事自由裁量权包括两大方面：一是定罪；二是量刑。而科学的罪数形态理论之建立则更主要地体现在限制法官在量刑上的刑事自由裁量权。在审理案件的过程中，法官首先要解决被告人的定罪问题，在此基础上，需要对被告人的罪行确定应给予的刑罚。而当今世界各国多采用相对确定的法定刑，这就为法官行使自由裁量权提供了余地。对每个案件，由法官根据具体的案情，作出相应的判断，并由此在法律规定的量刑幅度内，选择一个合适的法定刑。实际上，法官的每一次选择判断都离不开自由裁量权的运用。这样，每一次选择判断都或多或少带有法官的个人情感和主观好恶，由此而使量刑可能出现偏差。可以说，在量刑过程中，法官所作的选择判断越多，出现量刑偏差的可能性也越大。在数罪并罚时，这种情况尤其明显。以被告人犯两罪，需要根据限制加重原则来数罪并罚为例：在此情况下，法官首先要对被告人所犯的两罪，分别作出判断，并选择两罪所应分别适用的刑罚。然后，法官就要根据数罪并罚的原则，在两罪的总和刑以下，两罪中的某一最高刑以上，选择一个最终执行的刑罚。此时法官所作出的选择判断不是两次，而是三次。也即在两罪并罚的情况下，法官分别有三次个人情感和主观好恶的流露，由此出现量刑偏差的可能性也大为增加。但是，如果依据罪数形态理论，对某些实际数罪的情况，通过刑法规定或者实际处理，使原来确定一个刑罚需要经过法官多次选择判断，变成只需要法官一次选择判断就足够。这样就可以最大限度地减少数罪并罚的运用，从而限制法官自由裁量权的行使，尽可能降低量刑中出现偏差的可能性。

基于这样的视角，笔者认为，建立科学的罪数形态理论意义十分重大。在当今乃至今后长时间内，我国刑事立法上应该更多地规定罪数形态相关内容的条款，司法实践中也可以注意加以适用。这不仅是法制建设完善的需要，而

---

〔1〕 李志平：《法官之刑事自由裁量权及其合理控制探析》，载《中国法学》1994年第4期。

且也应是刑事法律制度的一种发展趋势。

二、罪数形态在刑法体系中的定位

众所周知，刑法体系根据其处理不同问题的任务进行划分，我们可将刑法内部体系分为两大部分，即犯罪部分与刑罚部分。与此相对应的刑法学也从内部体系上分为犯罪论和刑罚论两大部分。犯罪部分所处理的是认定单一行为与犯罪之间的关系，即是否构成犯罪、构成何种犯罪等；刑罚部分所处理的是在刑事责任确定后，选择确定刑罚之种类以及刑罚的程度，以作为最后执行的根据。那么，作为刑法基础理论之一的罪数形态理论到底属于刑法学犯罪论还是刑罚论呢？笔者认为，我们研究罪数形态在刑法体系中的定位，其目的在于探究罪数形态的实质。对罪数形态本质的认识以及体系定位不同，必然会影响到罪数形态的研究方向、罪数的判定标准和罪数的分类及其法律上的效果。从现有研究资料来看，对罪数形态本质的认识，由于立足点不同，学说对此争议颇大。

（一）犯罪论

犯罪论的代表为日本学者小野清一郎，其基于刑事古典学派的报应论或客观主义立场，认为“一罪或数罪的分别，含有犯罪之道义及法律之本质存在。科刑的轻重或手续上的处理，固与一罪、数罪具有关系，且须斟酌目的论之思考，唯此为其第二义，决定犯罪之个数，仍须以刑法之根本主义为依归，并非便宜或合目的性之问题……唯在本质上，因须依犯罪之成立要件决定犯罪之成否，并进而认定其为一罪或数罪，始有应如何科处刑罚之问题，因此，罪数论之本来领域，自仍属于犯罪论，实不待言”。[1]我国诸多学者也认为罪数论是犯罪论的一部分，其基本任务在于：从犯罪数之单复的角度描述行为人实施的危害行为构成犯罪的形态特征，阐明各种罪数形态的构成要件，揭示有关罪数形态的本质属性即实际罪数，剖析不同罪数形态的共有特征并界定其区别界限，进而确定对各种罪数形态适用的处断原则。[2]刑罚的适用是以罪数为前提的，而在区分一罪和数罪又以犯罪的主客观要件为标准，所以刑罚的适用不过是罪数决定后的当然结果而已，既然刑罚不是决定罪数的标准，那么把罪

---

〔1〕［日］小野清一郎：《犯罪构成要件理论》，有斐阁1983年版，第73页。

〔2〕高铭暄主编：《刑法学原理》（第2卷），法律出版社1995年版，第497～498页。

数论归入刑罚论，就不免有倒果为因之嫌。[1]

应该说，"犯罪论"从犯罪概念及其本来意义研究罪数问题，有其一定合理性。俗话说，皮之不存，毛将焉附？如果没有犯罪这一法律现象，有关犯罪的个数即罪数，则丧失其存在的基础。因此探讨罪数问题，必先论及犯罪的成立与否。但是，笔者认为，犯罪成立与否与犯罪的个数无论在理论上还是实务上都是两个不同质的概念，不能加以混淆。虽然一罪与数罪的界定本身应以犯罪的成立为根基和前提，但是，犯罪的成立与否并不能实际解决一罪或数罪的问题。我们以杀人案件为例，某人对他人射击一枪，造成一人死亡、二人伤害，在没有其他阻却违法情况存在的前提下，该人的行为构成犯罪自无疑义，但是以杀人罪认定？还是以一个杀人罪与一个伤害罪并罚？抑或以一个杀人罪与两个伤害罪并罚？单纯以行为人的行为已经构成犯罪角度很难得出一罪还是数罪的结论。如果将罪数形态定位在犯罪论中，则罪数形态理论仅能解决罪数的判断问题，但是，却无法实际明确且必须明确的处断原则。可是，即使我们能够将罪数进行明确的区分，比如说牵连犯符合复数犯罪构成（触犯了二个以上罪名），我们仍然未能解决怎么处罚的问题。因此，将罪数形态定位于犯罪论中，似乎与设立罪数形态理论的宗旨和意义不符。

（二）刑罚论

刑罚论者认为，在刑法的问题上，最终所关注的焦点仍在于刑罚权的实现方面，亦即在于确认刑事制裁的种类以及刑度，故而对于罪数问题最终所关注的仍旧是具体刑罚的实现，罪数自身的状态及个数并不重要。因此，罪数形态问题应定位在刑罚论中，而不属于犯罪论。[2]我国台湾地区学者柯耀程认为，"刑法竞合论所处理的核心问题，系为对多数犯罪行为所呈现整体不法之共同刑的范围，予以形成"，"从对多数犯罪存在，而确立刑罚运用的具体情况上，加以分析，更可说明竞合论已然超越犯罪行为论之范畴，而为刑罚效果论之本质性问题"。[3]

必须承认，刑罚论注重罪数形态研究之目的和刑罚之功能，同样有其一定

---

〔1〕 参见顾肖荣：《刑法中的一罪与数罪问题》，学林出版社1986年版，第3页。

〔2〕 参见[日]村崎精一：《一罪与数罪》，载《刑法讲座》（第4卷），第179页以下。转引自甘添贵：《罪数理论之研究》，元照出版有限公司2006年版，第6页。

〔3〕 柯耀程：《变动中的刑法思想》，中国政法大学出版社2003年版，第205页。

合理性。罪数研究的目的在于刑罚适用如何给予行为人不同的处置，进而明确刑罚的范围与程度。然而，如果将罪数形态定位在刑罚裁量体系中，似乎忽略了刑罚裁量的基本条件，在适用刑罚裁量之前，必须先确定裁量所需要的犯罪个数及刑罚范围，以作为刑罚裁量的前提。因此，如果罪数形态无法明确刑罚裁量的前提范围，那么对于罪数形态中的刑罚裁量，依旧是缺乏指导意义的。因此，将罪数形态论定位为刑罚论的见解是欠妥当的。

（三）二元论

该说认为，罪数问题实为架构于犯罪论与刑罚论中间之桥梁，此论认为，刑法罪数论的主要任务，系就一定的犯罪事实，决定以如何之罪名加以评价，其评价的目的在于使刑罚适用的范围与程度趋于明确，罪数论如离不开犯罪论一样，也离不开刑罚论，却不为犯罪论或刑罚论之一而涵盖。有基于此，罪数论应为架构犯罪论和刑罚论之桥梁。日本刑法学者福田平、大塚仁等赞同此说。他们认为，罪数论通常多数人把它作为犯罪论的一部分加以探讨，其实在刑法上不仅认为犯罪的个数本身具有重要性，而且在对行为人科刑上把一罪和数罪的不同处遇亦应作为重点，罪数论特别在合并罪加重的关系上，可以说与刑罚论有密切联系，应把它称作犯罪论与刑罚论的联接点。〔1〕正因如此，在日本，罪数论大都放在犯罪论中的最后部分而置于刑罚论之前。〔2〕我国吴振兴教授在研究了各种罪数本质理论的基础上，较早地提出了罪数在本质上是犯罪形态与刑罚适用的有机统一体，特殊的罪数形态是特殊犯罪的质与量、罪与刑的有机统一的观点。〔3〕

笔者认为，罪数形态既涉及罪数的判定问题，也涉及罪数的处罚问题，将罪数形态定位为二元论的见解是有道理的。这是因为，刑法是一种评价法，刑法分则所设定的不法行为的结构，是以单一构成要件的实现为评价对象的。因而，在行为事实充足单一构成要件时，对该行为的可罚性认定可以根据反映该行为不法内涵的法律效果的规定加以确定。但问题是，在罪数形态领域，行为事实既可能只充足单一构成要件，也可能充足多个构成要件；数个构成要件

〔1〕［日］福田平、大塚仁主编：《日本刑法总则讲义》，李乔等译，辽宁人民出版社1986年版，第188页。

〔2〕［日］大谷实：《刑法总论》，黎宏译，法律出版社2003年版，第356页以下；［日］大塚仁：《刑法概说》（总论），冯军译，中国人民大学出版社2003年版，第412页以下。

〔3〕吴振兴：《罪数形态论》，中国检察出版社1996年版，第5页。

的实现既可能为一行为所致，也可能为数行为所致。因而刑法评价的范围不仅包括单一规范被实现的情形，还包括多个规范被实现的情形。在多个规范被实现的场合，虽然存在数个构成要件，且每个构成要件均有其对应的、专属的法律效果，但欠缺整体评价的最终的法律效果。因此，刑法对于复数规范被实现的场合，其法律效果的判定，必须在每个独立的刑法规范以外，另行加以规范。[1]也即在分析罪数形态的犯罪成立阶段，必须考虑行为人所犯之罪究竟是一罪还是数罪，这毫无疑问与犯罪的本质息息相关，离不开犯罪论原理的基本运用。就此而言，罪数形态属于犯罪论的内容，应当在犯罪论的体系中予以探讨。但是，进入对犯罪的量刑处罚阶段，判断行为人成立一罪或数罪之作用，以及应如何予以适当地处罚，则又与刑罚的本质及目的紧密相连，同样离不开刑罚论原理的基本运用。据此，罪数形态又理应在刑罚论中予以体现。

综上所述，笔者认为，罪数形态在刑法体系中的定位，实际上涉及犯罪论中犯罪个数的判断与刑罚论中如何处罚的问题。尽管罪数形态的重点或归宿在于解决罪数的处罚问题，但是，在此之前必须先行解决行为事实构成一罪或数罪问题，而这则涉及罪数的判定问题。因此，以二元论的观点为依据，为罪数形态在刑法体系中定位无疑是科学、全面的。

三、罪数的判断标准

正如前述，罪数形态不仅涉及犯罪个数判断问题，而且还涉及对行为处断问题，由此，笔者认为，在解决罪数的判断标准时，我们同样应坚持两段论判断方式。在犯罪成立阶段，行为人所犯之罪究竟属于一罪抑或数罪，要解决的是行为事实涉及几个犯罪问题，必须探究罪数的区分标准，此为罪数区分标准。然后，以此认识上的罪数为前提，探究在法律评价上究竟是一罪还是数罪，此时可视为罪数的处断标准。

（一）罪数区分标准

由于罪数形态首先是要解决犯罪行为的单复和个数问题，因此，罪数的区分标准就成为我们必须关注的内容。关于罪数的区分标准，大陆法系国家理论界争议较大，有基于客观主义立场出发的行为标准说、法益（结果）标准说、

---

〔1〕 叶良芳：《罪数论的体系性反思与建构》，载《浙江大学学报》2007年第4期。

因果关系标准说、法规标准说，也有从主观主义立场出发的犯意标准说，还有调和客观主义和主观主义的混合标准说以及犯罪构成标准说。[1]我国刑法理论界通常持犯罪构成标准说。该说认为犯罪的成立必须具备犯罪构成，因此符合一个犯罪构成的为一罪，具备两个以上犯罪构成的为数罪。[2]

上述几种学说孰优孰劣并如何评价？应该看到，以上各种观点无非是从行为的客观性和主观性角度展开的。理论上一般认为，主观理论的不足显而易见，因为它只以主观犯意个数来确定犯罪个数，忽视了客观方面的情况，必然导致惩治“思想犯”的结果出现，造成主观归罪，从而违背刑法中主客观相一致的原则。而强调客观的理论，也即只根据客观上实施的行为，或只根据客观上发生的结果，或只根据客观上侵犯的法益个数来决定犯罪个数，但无论哪种标准，都存在一个共同的缺陷，即它们都忽视了主观方面的情况，又必然会陷入客观归罪的泥潭，同样与刑法主客观相一致的原则和精神相悖。因此，笔者认为，以犯罪构成要件作为区分罪数的标准，既克服了上述几种观点各自的缺陷和片面性，从而坚持了主客观相一致的原则，又与我国刑法学关于区分罪与非罪、此罪与彼罪的标准相一致，同时还契合了罪数判断的实质。因此，以犯罪构成要件说作为区分一罪与数罪的标准，已成为当代我国刑法学界大多数人的共识。笔者也同意这种观点，理由如下：

第一，犯罪构成标准说坚持了主客观相一致的原则。任何犯罪都是行为人主客观要件所构成的有机统一，这是判断行为事实是否成立犯罪的全部。在理论上，我国的犯罪构成包含了主客观两方面要件，这些主客观要件互相联系，互相依存，密不可分。以犯罪构成作为罪数判断的标准，可以克服客观主义标准与主观主义标准的弊端，切实体现和坚持主客观有机统一的原则。相反，意思标准说、法益标准说、行为标准说等只顾及犯罪成立的个别因素，而未及犯罪成立的全部因素，因而不免有所偏颇。当然，一种学说的科学性与合理性往往不是几句话所能够否定的。笔者认为，以上关于罪数学说的标准固然只能采纳一个，但不能据此断言其他的观点就是谬误。无论是以主观为基础的理论还是以客观为基础的理论，都是最终设定犯罪构成的前提。也即犯

〔1〕 马克昌：《比较刑法原理：外国刑法学总论》，武汉大学出版社2002年版，第751页。

〔2〕 吴振兴：《罪数形态论》，中国检察出版社1996年版，第16页；顾肖荣：《刑法中的一罪与数罪问题》，学林出版社1986年版，第8页。

罪构成或者以主观性为核心，或者以客观性为核心，而在我国的刑法中显然是以行为作为犯罪构成的核心，所以所谓的主观性学说或客观性学说与犯罪构成并不是并列的关系。

第二，犯罪构成标准说贯彻了罪刑法定原则。众所周知，犯罪构成的诸要件是由刑法规定的，是认定各种犯罪的规格和标准。在罪刑法定原则指导下，犯罪构成也就成为区分罪与非罪、此罪与彼罪界限的唯一标准。毫无疑问，以犯罪构成作为区分一罪与数罪的标准，同样也是贯彻和体现罪刑法定原则。这样，有利于防止司法实践中在罪数的认定和处理上发生偏差，避免或苛或纵、宽严不一的现象。

第三，犯罪构成标准说契合了罪数判断的实质。如前所述，罪数判断的目的在于解决行为事实成立几个犯罪的问题。罪数判断中的"罪"不仅是事实认定问题，而且是法律评价问题。社会生活中行为人所实施的事实在法律评价上是构成一罪还是数罪，只有通过罪数判断才能得以确定。而行为事实符合几个犯罪的判断，必须经由行为事实是否能成立犯罪的判断。这正是犯罪论中犯罪成立标准所要解决的问题。因此，罪数的判断必须先依赖于一罪的判断，而一罪的判断实质上是犯罪成立的判断。因而，罪数判断的标准与犯罪成立的标准是一致的。根据我国刑法理论，犯罪构成是行为事实能否成立犯罪的唯一根据，因此，犯罪构成标准作为犯罪成立的唯一标准，其同样也是计算犯罪个数的唯一标准。

有论者指出，罪数判断标准的目的，表面上是判断行为属于一罪与数罪，但此并非其最终目的，罪数判断标准的最终目的，是判断行为的可罚性。根据罪数判断的标准，凡具有一罪的可罚性的形态，应判断为一罪的类型；凡具有数罪可罚性的形态，应判断为数罪的类型。显然，犯罪构成标准并不能说明所有该当一罪刑罚的罪数形态，根本不能实现其作为罪数判断标准之目的，是一个失败的标准。〔1〕笔者认为，这种观点存在错误的主要原因在于，混淆了认识上的罪数判断标准与法律评价上的罪数判断标准，从而将罪数区分的标准涵盖了罪数的处断标准。从根本上说，这也是其对于罪数形态的体系定位存在偏差所致。

---

〔1〕 庄劲：《犯罪竞合：罪数分析的结构和体系》，法律出版社2006年版，第12页。

（二）罪数的处断标准

需要指出的是，我们将犯罪构成作为区分罪数的唯一标准，并不意味着可以当然得出“一罪必一罚”和“数罪必数罚”的结论。笔者认为，犯罪构成标准是解决一罪与数罪区分的标准，但其并不是解决罪数处断的标准。换言之，罪数的区分标准毫无疑问是犯罪构成，但是，在具体处断时，并不是数个犯罪构成一定以数罪处断。也即如果在行为事实构成单一犯罪构成的情形下，对该行为的可罚性认定，可以根据反映该行为不法内涵的法律效果的规定加以确定，也即一罪一罚。但是，在行为事实符合了多个犯罪构成的情况下，对其整体上的法律评价效果也就不是犯罪构成标准所能解决的。这是因为，犯罪构成可以用来说明行为事实构成几个犯罪，但不能一目了然地说明数罪中相互之间的关系。而且，现实中的行为往往具有多次性、重复性，例如，除了刑法中实质的一罪以外，无论法定的一罪还是处断的一罪，都存在通过一定方式将数罪作为一罪处理的情形。我们以连续犯为例，行为人基于“概括的故意”连续数次实施了性质相同的犯罪行为，从犯罪构成的角度来说，无疑行为构成数罪，且一般表现为同种数罪，但是，理论上和司法实践中均认为应对连续犯按一罪处断。

笔者认为，罪数处断标准的设定应该考虑以下几个方面：

1.罪刑均衡的要求

罪刑均衡是罪刑擅断的对立面，是指刑罚的轻重应与犯罪的轻重相适应，罪刑相称，罚当其罪，其奠基于人类天生向往对等性的本能，并折射出一种对公正的永恒追求。在法学发展史上，罪刑均衡原则经历了从报应主义均衡论向目的主义均衡论、责任主义均衡论的演变过程。报应主义均衡论从社会危害性上界定犯罪，追求刑罚与社会危害性在量上的均衡；目的主义均衡论从人身危险性上界定犯罪，追求刑罚与人身危险性在量上的均衡；责任主义均衡论从社会危害性与人身危险性两个方面界定犯罪，追求刑罚与社会危害性和人身危险性在量上的均衡。不同的均衡论主张源于不同的犯罪本质观，尽管内涵不尽一致，但其在罪与刑的均衡这一点上是相通的，也即体现了犯罪对于刑罚的制约性。〔1〕

---

〔1〕 陈兴良：《走向哲学的刑法学》，法律出版社1999年版，第297页。

根据罪刑均衡原则的意蕴，一般来说，一罪一罚，数罪数罚。但是不排除为了达致实质上的罪刑均衡，还可能存在数罪一罚的情形。这是因为，既然犯罪是一种错误的行为，作为对其的否定的刑罚理所当然地应该具备某种表达否定评价的属性。但是关于刑罚应该在什么前提下施加，施加多少，即哈特所谓的刑罚的"分配资格"或者邱兴隆先生所谓的"刑罚的发动"，法律规定的背后有其深刻的价值选择。在司法实践中，由于犯罪行为的自身特征及特有规律的差异，刑事理论与刑事立法还将形式上貌似符合数个犯罪构成的一行为作为实质的一罪处断，如想象竞合犯；也有将符合数个犯罪构成的数行为以处断的一罪论，如牵连犯。

2.诉讼效益的要求

效益，就其词源本质而言，属于经济学范畴，是以最少的资源消耗取得同样多的效率或者同样多的资源消耗而获取最大的效益。这是人类活动追求的最高价值目标。[1]我国学者在研究刑事诉讼价值时，有学者将刑事诉讼的价值概括为秩序、公正和效益三个方面。刑事诉讼的效益价值，主要是指刑事诉讼活动的效果与刑事诉讼的成本之间的比例关系。[2]诉讼效益原则要求以最小的投入获得最大的产出，以最少的资源浪费换取最大的收益，即单位时间处理案件最大化。罪数处断的标准的选择上，毫无疑问应在遵循罪刑均衡的基础上体现诉讼效益。

根据诉讼效益原则要求，如果在罪数处断标准上绝对贯彻数罪数罚的处理模式，有时会导致诉讼烦琐和降低诉讼效率。以数额犯为例，假设甲在一年内盗窃二十余次，且每一次盗窃数额均达到了定罪起刑点数额，则甲事实上构成了二十余个盗窃罪。对此，如果对甲所犯的每一个盗窃罪分别定罪，分别量刑，然后按照数罪并罚的原则，确定一个最终的宣告刑，则诉讼、判案的繁杂程度可想而知。为此，我国的立法及司法解释规定，对盗窃罪、贪污罪、受贿罪、挪用公款罪等数额犯，累计计算犯罪数额，然后按相应的法定刑作一罪处断。这大大方便了案件的处理，有利于提高诉讼效益，符合诉讼经济原则。

---

〔1〕 林亚刚、王彦：《立功制度的价值评判与规范分析》，载高铭暄、赵秉志主编：《刑法论丛》（第3卷），法律出版社1999年版，第100页。

〔2〕 汪建成：《刑法与刑事诉讼法关系新解》，载陈光中、江伟主编：《诉讼法论丛》（第3卷），法律出版社1999年版，第35页。

四、罪数形态的基本特征及分类

（一）罪数形态的基本特征

特征是指某一物质自身所具备的特殊性质，是区别于其他物质的基本征象和标志。罪数形态作为一罪与数罪中诸种复杂的犯罪形态的统称，其区别于典型一罪，也区别于典型数罪，是介于典型一罪与典型数罪之间的一种犯罪类型。在明晰以上界限的基础上，笔者认为，罪数形态从总体上表现出以下两大基本特征：

1.犯罪构成的复数性及不典型性

罪数形态作为一种罪数不典型，其对应典型一罪和典型数罪。根据区分一罪与数罪的犯罪构成标准，凡各构成要件（犯意、行为、结果）数均为单数的便是典型一罪；凡各构成要件数均为复数且各罪彼此独立的（非基于相同或相近动机引发的行为事实）便是典型数罪，实行并罚。典型一罪和典型数罪的共同点是犯罪构成要件组成内部的对称性，他们分别是刑法分则规定和总则数罪并罚制度最具代表性的标准形态。作为介于典型一罪与典型数罪之间的诸种罪数形态，其在犯罪构成方面的表现为既不同于典型一罪，也不同于典型数罪。

首先，其犯罪构成表现出复数性特征。即罪数形态中的诸种行为事实已经符合了数个犯罪构成，以此区别与典型一罪。例如，在一个行为先后或同时产生两个以上结果，触犯两个以上犯罪构成（想象竞合犯），或者一行为在发展过程中出现性质转化从而改变行为起初实行时的罪名（转化犯），或者一行为在发展过程中因出现更为严重的后果而加重处罚的情形（结果加重犯），行为吻合了数个构成，或者存在多个行为而触犯了数个犯罪构成（连续犯、牵连犯等）。不管是哪种罪数形态，其均表现出复数犯罪构成的模式，侵犯刑法规范的个数当然也是复数的。

其次，其复数犯罪构成表现出不典型性。即罪数形态中的行为人的行为事实虽然符合复数构成要件，但是，其与典型数罪中各罪之间互为独立又有不同，其符合数个犯罪构成要件的行为事实表现出不典型性：有些虽然符合数个构成要件的事实，但从行为样态上观察只不过是一个意思活动；有些虽然符合数个构成要件的事实，但却表现为行为的惯性、连续性、结合性或者吸收性等。

2.法律后果上的不并罚性

罪数形态另一个基本特征在于其法律后果上的不并罚性。有许多论者在讨论罪数形态中的一罪形态诸如牵连犯、想象竞合犯等概念时，得出的结论是对这些罪数形态必须数罪并罚，[1]这等于是取消了研究这些罪数形态的本源意义。

笔者认为，我们在研究罪数形态问题时，必须坚持概念之目的性思考，并将之作为辨析问题的逻辑前提。所谓目的性思考，是指任何一个概念的提出，都应当具有明确的目的性，并且应当以该目的性作为思考该概念一切问题的出发点和归宿。任何一个科学的概念，都不可能是为提出而提出，而是基于一定的目的性思考的产物。理论上之所以提出这个概念，是因为该概念具有特定的理论功能，这一理论功能就是概念的目的。任何一个概念总是因为其目的而存在的，因而对关于该概念的任何问题的讨论，都必须以这一概念的目的为依归。凡是有利于实现该概念之目的者，才可能是正确的判断；凡是不利于实现该概念之目的者，便可能是错误的论断。目的性思考，是一种重要的概念研究方法，它可以避免在不同语义上使用同一概念称谓时产生无谓的论争。缺乏目的性考量的理论体系和概念，是没有理论价值的，因而是不值得研究的。因此，在讨论任何理论体系和概念的问题之间，都必须先确立其目的性。任何理论体系之构建和概念之界定，都不可能就概念而论概念，而必须以其目的性为指导。

具体到罪数形态理论，罪数形态理论作为一个概念的体系，亦有其目的性。罪数形态理论所要解决的是在复数犯罪构成的前提下，如何定罪处罚的问题。罪数形态和数罪并罚是两个既有联系又有区别的刑法理论问题，在很大程度上，罪数形态概念的提出和存在实际是相对于数罪并罚而言的。既然如此，从概念之目的性考量，罪数形态的处断形态上就不应存在数罪并罚问题。换言之，只要对行为人的行为实行数罪并罚的，就不应该将这些行为理解或认定为是罪数形态中的任何一种形态。同时，由于其所具有的复数犯罪构成表现出的非典型性，以及各复数犯罪构成所触犯的罪名或行为之间的某种紧密联系，对其数罪并罚也是有违罪刑均衡或者禁止重复评价等基本刑法理

---

〔1〕 庄劲：《犯罪竞合：罪数分析的结构和体系》，法律出版社2006年版，第229页。

念的。

以罪数形态中牵连犯的处罚原则为例。按照传统的刑法理论，对于牵连犯的处罚原则应不实行数罪并罚，而是从一重处断或从一重重处断，也即在处理时按牵连犯数罪中的最重的一个罪定罪，并在其法定刑之内酌情从重处罚。[1]但是近年来，特别是我国1997年《刑法》颁布以来，理论上和司法实践中在对牵连犯的处罚采用什么原则问题上，产生了不同的观点：有人认为，对牵连犯应实行数罪并罚。理由是牵连犯无论从何种角度讲，均触犯了刑法规定的数个不同的罪名，既然是数罪就应该并罚。对牵连犯采用从一重处断的原则，于法无据。[2]有人则认为，对于牵连犯既不能一律采用从一重处断的原则，也不能均适用数罪并罚，而应依据一定的标准决定究竟采取何种原则予以处罚。[3]

对于上述两种观点，笔者认为其缺乏对作为罪数形态之一的牵连犯的目的性思考。首先，这里实际上涉及对牵连犯原本含义的理解问题。大家知道，牵连犯作为罪数形态的一种，从其概念提出的初衷分析，牵连犯这一概念的产生本身就与从一重处断原则密切相连，费尔巴哈创设牵连犯的初衷就在于限制当时数罪并罚的适用范围。研究牵连犯这一特殊犯罪形态的目的很大程度上是为了为其寻求不数罪并罚的根据。[4]因此，牵连犯完全是与数罪并罚相对应的一组罪数形态概念中的一个，也即从根本上讲，既然是牵连犯，就不应该有数罪并罚的问题，如果实行数罪并罚，也就不是牵连犯。如果说对牵连犯也可以实行数罪并罚的话，那么，从概念之目的性角度分析，牵连犯的概念还有什么存在的必要性呢？显然，认为对牵连犯可以实行数罪并罚的观点，是从根本上对传统刑法理论提出挑战，其观点本身实际上存在逻辑上的错误。因为，这种挑战本身实际上是建筑在否定牵连犯存在必要性的基础之上的，既然如此，在否定牵连犯存在的情况下，也就没有再对其处罚问题进行研究的必要了。牵连犯既然实际存在且长期以来为理论和司法实践所普遍接受，我们就不应该随意修改其原意，并进而混淆其与数罪并罚的区别。

---

〔1〕 高铭暄：《刑法问题研究》，中国人民大学出版社1994年版，第226～236页；陈朴生、洪福增：《刑法总则》，五南图书出版有限公司1982年版，第302页。

〔2〕 黄京平：《牵连犯处断原则辨析》，载《中国人民大学学报》1993年第3期。

〔3〕 屈耀伦：《论我国刑法理论上的牵连犯》，载《甘肃政法学院学报》2002年第4期。

〔4〕 刘树德：《牵连犯辨正》，中国人民公安大学出版社2005年版，第1页。

其次，牵连犯的本质在于其是实质上的数罪，处断上的一罪。牵连犯虽在实质上属于数罪，但因数罪之间的特殊关系（牵连关系）的存在而客观上降低了其社会危害的程度，因此，对其不实行并罚也确实有一定的合理性。对牵连犯应该或可以实行数罪并罚的观点虽然早已有之，但受到较多人认同，还是在我国新刑法颁布以后。有人认为，《刑法》第157条第2款规定："以暴力、威胁方法抗拒缉私的，以走私罪和本法第二百七十七条规定的阻碍国家机关工作人员依法执行职务罪，依照数罪并罚的规定处罚。"这条规定就是对牵连犯实行数罪并罚的依据，类似的规定在《刑法》中还有第120条第2款、第198条第2款、第294条第4款、第318条第2款以及第321条第3款等条文。笔者认为，这种观点实际上混淆了牵连犯与数罪并罚之间的区别界限。如前所述，牵连犯概念设立的初衷，应是从社会危害性以及行为与行为之间的关联性角度，为了将某些刑法没有明文规定，但行为人数行为之间具有牵连关系且具有一个共同的犯罪目的的情况，从数罪并罚中分离出来。就此而言，无刑法规定性和不实行并罚性，理所当然的应该是牵连犯概念的应有之义和本质特征。按此标准，上述观点中提及的刑法规定，尽管有些行为与行为之间可能存在有所谓的"牵连"关系，但因为有了刑法规定且应实行数罪并罚，所以在理论上和实践中均不应该将它们视为牵连犯。

（二）罪数形态的分类

所谓分类是指把一个属概念分为若干个种概念的逻辑方法。通过分类，亦即按照一定的标准，把一个属概念的外延中所包含的各个小类全部列出，使人明确该属概念的外延是由哪些对象组成的，因此，分类是一种揭示概念外延的逻辑方法。罪数形态的分类是罪数形态理论中的重要问题，但又是一个十分复杂的问题。它不仅应遵循刑法理论的要求，并应严格依照刑事法律的规定，而且还要符合分类的逻辑规则。

1.我国理论界罪数形态分类的现状及评议

如前所述，笔者在此处所界定的罪数形态是指区别于典型一罪与典型数罪的各种犯罪形态，也即在诸多论著中所讨论的非典型一罪类型。关于非典型一罪类型，较具代表性的分类有如下几种：

（1）两分制分类法。即将非典型一罪根据一定标准划分为两类。主要有三种观点。第一种观点认为，把不适用数罪并罚的情况只分成两类：其一是单纯一罪，包括单一罪，吸收犯、结合犯、继续犯、集合犯（营业犯、常业犯、惯犯）、结果加重犯、法规竞合等；其二是处断上的一罪，包括想象竞合犯、牵连犯、连续犯。[1]第二种观点认为，应将罪数分为两类：其一是一行为触犯数法条，原则上择一重处罚的罪数形态。其二是数行为触犯同一法条，按一罪从重处罚的罪数形态。前者包括想象竞合犯、吸收犯、法规竞合犯的全部内容，以及牵连犯的部分内容（实质是数行为触犯数法条的牵连犯除外）；后者包括同种数罪、惯犯、连续犯。[2]第三种观点认为，在我国刑法学理论中，罪数形态应分为两类，其一是一行为法定为一罪或处罪上为一罪的犯罪形态，包括继续犯、想象竞合犯；其二是数行为法定为一罪或处断上为一罪的犯罪形态，包括结合犯、惯犯、连续犯、牵连犯、吸收犯。[3]即根据行为个数进行区分。（2）三分制分类法。即将非典型一罪划分为三类，此种划分方法为我国大多学者所主张，该通说观点认为，罪数应分为三类：实质的一罪，包括想象竞合犯、结果加重犯、继续犯、法规竞合；法定的一罪包括结合犯、惯犯；处断的一罪包括连续犯、牵连犯、吸收犯。[4]除了上述分类方法外，在早期旧中国和日本还有学者对一罪类型采取四分法。[5]

应该承认，上述各种分类之方法从其各自理论角度看都有其合理之处，对研究罪数形态有一定的参考价值。但是，笔者认为，罪数形态理论分类的目的主要还在于面向刑事司法实践，即满足刑事司法实践中对行为人行为的准确定罪和恰当量刑的需要，并保证刑事诉讼顺利进行。

综合以上分类法，笔者认为，其中存在如下一些弊端：其一，分类标准的混乱导致分类的不科学性。从总体上看，以上不少分类方法由于标准不一，特别是通说的三分法中把法定的一罪，实质的一罪和处断的一罪这三个不同标准的分类放在一起，极易造成混乱，也不利于在实际中解决定罪问题。其二，各罪数形态的界限不清也导致分类结果的不尽妥当。上述各种分类方法的直接目的无不在于说明解决刑法理论研究的各种不典型的罪数形态，如想象竞合

〔1〕 顾肖荣：《刑法中的一罪与数罪问题》，学林出版社1986年版，第11页。

〔2〕 张明楷：《犯罪论原理》，武汉大学出版社1991年版，第405页。

〔3〕 高铭暄主编：《刑法学原理》（第2卷），法律出版社1995年版，第503～504页。

〔4〕 甘雨沛主编：《刑法学专论》，北京大学出版社1989年版，第432页；苏惠渔主编：《刑法学》，中国政法大学出版社1997年版，第257页。

〔5〕 吴振兴：《罪数形态论》，中国检察出版社1996年版，第39页。

犯、法条竞合、牵连犯、连续犯、结合犯等，正是这种特定的不典型的罪数形态的本身之概念长久以来没得以厘清，理论上对其分类的结果亦难免众说纷纭、莫衷一是。

2.罪数形态的分类应以有无刑法规定性为标准

如前所述，罪数形态的研究的出发点在于指导司法实践能够有效地确定罪数并正确处断，也即正确地适用法律条文。而法条的适用，基于罪刑法定之要求，必然应当严格依照刑事法律的规定。笔者认为，罪数形态的分类同样如此。具体来说，在刑法学中对罪数形态进行分类，应与现行刑法规定相契合。罪数形态的理论分类虽不等同于法律上的分类，但脱离刑事立法的分类，将无助于刑事司法实践的具体操作，并会对审判人员的司法观念造成不利影响。因此，对于罪数形态，应以是否存在刑法规定为标准，将之分为法定的罪数形态和处理的（或称非法定的）罪数形态两类。前一类有结合犯、结果加重犯、继续犯、转化犯、法条竞合。后一类有想象竞合犯、牵连犯、连续犯。限于篇幅，对于以上各罪数形态的具体分析无法在本文展开，但是，对于上述分类本身还须作如下说明：

第一，上述罪数形态类型并不是绝对定型化的，其具有动态性，是一个相对开放的系统。这是因为，罪数形态类型是对行为事实的概括，行为事实的结构类型的动态性决定了罪数类型也具有动态性。〔1〕而且，罪数形态类型的确立，也与刑事立法密切相关。既然罪数形态分类是以刑法规定作为标准，那么立法规范的变化往往导致罪数形态类型的调整。例如，上述法定的罪数形态中之所以没有出现许多论著中所提到的“惯犯”这一罪数形态的身影，是因为虽然1979年《刑法》规定了惯窃、惯骗、惯抢等有别于盗窃、诈骗、抢劫的犯罪类型，故这类行为属于一罪类型，但现行刑法取消了包括“惯窃、惯骗、惯抢”在内的惯犯的处罚规定，因而也导致“惯犯”这一定型化犯罪形态实际上已经从罪数形态中消失了。

第二，从简化刑法理论的要求出发，我们将吸收犯与牵连犯合二为一，统一归入牵连犯的概念之中。〔2〕这是因为，所谓吸收犯是指行为人实施数个犯罪行为，因其所符合的犯罪构成之间具有特定的依附与被依附关系，从而导致其

〔1〕 叶良芳：《罪数论的体系性反思与建构》，载《浙江大学学报》2007年第4期。

〔2〕 刘宪权：《我国刑法理论上的牵连犯问题研究》，载《政法论坛》2001年第1期。

中一个不具有独立性的犯罪，被另一个具有独立性的犯罪所吸收，对行为人仅以吸收之罪论处，而对被吸收之罪置之不论的犯罪形态。[1]理论上一般认为，吸收犯与牵连犯一样，也属于实质上数罪，处断上一罪的罪数形态；而且对吸收犯的处罚原则也与牵连犯基本相同，即均采用从一重处断或从一重重处断的原则；另外，何为不具有独立性的犯罪？何为具有独立性的犯罪？很难有一个统一的标准。就此而言，在理论上再对牵连犯和吸收犯进行细分既有相当大的困难，且没有什么实际价值。理论是为实践服务的，脱离实际的理论必然是一种空洞的理论，而空洞的理论当然不会有生命力。

第二节　故意犯罪停止形态相关理论辨正

刑法中故意犯罪停止形态，是指故意犯罪在其发展过程中，行为由于某种原因产生停顿所呈现的各种状态，即犯罪既遂、犯罪预备、犯罪未遂和犯罪中止。由于犯罪停止形态只存在于故意犯罪中，所以，理论上一般将其称为故意犯罪的停止形态。应该看到，故意犯罪停止形态的认定是司法实践中常见且无法回避的问题，因而也是刑法理论中一个重要的研究课题。虽然近年来我国刑法理论对故意犯罪的停止形态问题已经有了较为深入的研究和探讨且成果颇丰，但是仍有许多问题在理论上没有达成共识，司法实践中也不断出现一些在定罪和量刑上颇有争议的疑难案件。在此，笔者仅对故意犯罪停止形态的本质特征及一些争议较大的问题作些探讨。

一、故意犯罪停止形态的本质特征

故意犯罪停止形态在不同法系国家的刑法理论中有不同的名称和归类。在英美法系国家的刑法理论中，犯罪既遂被称为完整的犯罪，犯罪未遂、犯罪中止、犯罪共谋（预备性质的独立犯罪）与犯罪教唆一并纳入“不完整犯罪（亦称未完成罪、不完全罪）”的范畴。[2]在大陆法系国家的刑法理论中则对犯罪未遂、犯罪中止等概念不作解释，而是直呼其名。在苏联、东欧国家的刑法理

〔1〕 高铭暄主编：《刑法学原理》（第2卷），法律出版社1995年版，第624页。

〔2〕 参见储槐植：《美国刑法》，北京大学出版社1987年版，第86页。

论中，是将犯罪预备、犯罪未遂与犯罪既遂称为故意犯罪发展的一定阶段（或称为犯罪活动的发展阶段、故意犯罪发展中可能停顿的阶段），犯罪中止则是在犯罪预备阶段或犯罪未遂阶段均可能出现的特殊犯罪情况。[1]我国刑法学曾受苏联刑法理论的影响，在相当长一段时间里一直把犯罪预备、犯罪中止、犯罪未遂和犯罪既遂等不同的故意犯罪停止形态，通称为犯罪阶段或故意犯罪的发展阶段。理论上普遍认为，故意犯罪的阶段是指故意犯罪在活动过程中可能停顿的阶段。这就是犯罪的预备、未遂和既遂，以及与此直接相关的犯罪中止。自20世纪80年代始，这种观点已开始受到质疑。时下，刑法学界普遍认为故意犯罪的阶段与故意犯罪停止形态是两个不同的范畴，国内几乎所有的教科书以及相关论述文章均已将犯罪阶段改称为“故意犯罪的停止形态”。

时下，尽管我国刑法学界对于故意犯罪停止形态的概念表述较多，但是，很少有专门对故意犯罪停止形态的本质特征加以研究和论述的。例如，有学者将犯罪预备、犯罪未遂与犯罪中止，称为犯罪的特殊形态，将这些特殊形态与既遂形态合称为故意犯罪形态。并认为犯罪的特殊形态只能出现在犯罪过程中，在犯罪过程以外出现的某种状态，不是犯罪的特殊形态。[2]也有学者试图从对象角度对故意犯罪的停止形态作出描述，认为故意犯罪作为复杂的社会现象，其纵向发展过程并不总是完整顺利的，总会受到种种因素的影响与制约，而有种种不同的表现形态和结局。这些不同的表现形态和结局，就是故意犯罪停止形态理论所要研究的对象。[3]分析上述学者的论述，我们不难发现，这些观点较多停留在对故意犯罪停止形态所作的形式定义之上，而较少涉及对其本质特征的揭示。

笔者认为，刑法理论和司法实践中对故意犯罪停止形态的认定之所以会出现如此多的争议，很大程度上在于我们不能够准确理解故意犯罪停止形态的本质特征。正如有学者所指出的，故意犯罪停止形态，“是法律现象，因而具有法律特征，其本质则是指立法者界定这种形态的根据和理由”。[4]那么，何为

---

〔1〕 参见赵秉志主编：《刑法总论》，中国人民大学出版社2007年版，第284页。

〔2〕 张明楷：《刑法学》，法律出版社2007年版，第277～278页。

〔3〕 赵秉志主编：《刑法总论》，中国人民大学出版社2007年版，第285页。

〔4〕 于阜民、夏弋舒：《犯罪既遂概念：困惑与重构》，载《中国法学》2005年第2期。

故意犯罪停止形态的本质特征呢？众所周知，本质是相对于现象而言的一个概念，其字面含义是“根本”或“本来”“原本”的性质。也即本质是指事物本身所固有的属性、面貌和发展的根本性质。事物的本质是隐蔽的，是通过现象来表现的。感性的直观不能理解认识，所以我们必须透过现象（通过抽象）来认识、掌握本质。

按照罪刑法定原则的要求，我国刑事立法中对于刑法分则中所规定的每一个具体犯罪，均是以犯罪既遂为标准具体设定罪状和法定刑的。但是，由于故意犯罪行为是一个过程，当行为人产生和确定犯意后，从其开始着手实施犯罪行为，到完成犯罪，有一个逐步向纵深发展的过程。一般而言，并非任何行为人在实施犯罪行为时都能顺利完成并完全达到刑法分则中所规定的具体犯罪的全部构成要件。也即许多行为人在实施犯罪行为过程中往往会遇到各种各样来自主观或者客观上的障碍，从而导致行为自动停止或无法继续下去等形态的出现。由于这些行为对于刑法所保护的社会关系造成了可能的侵害，同样也具有一定程度的社会危害性，因而我国刑事立法上明确强调要追究相关行为人的刑事责任。就此而言，故意犯罪停止形态指的就是行为人在故意犯罪过程中由于主观或客观的原因而出现的各种不同的停止形态。

故意犯罪的停止形态，按其行为最后停顿时犯罪是否已经完成为标准，可以区分为两种基本类型：其一是犯罪的完成形态，即犯罪的既遂形态，是指故意犯罪在其发展过程中未在中途停止下来而得以进行到底，行为人的行为已经完全符合刑法分则中所规定的某一具体犯罪构成的全部构成要件的情形。其二是犯罪的未完成形态，即故意犯罪在其发展过程中由于主观或者客观方面的原因中途停止下来，行为人的行为没有达到某一具体犯罪构成的全部构成要件的情形。在犯罪未完成形态这一类型中，又可以根据犯罪停止下来的原因或与犯罪是否实际着手等不同情况，进一步再区分为犯罪的预备、未遂和中止三种形态。

分析上述这两种基本类型，有学者认为，故意犯罪停止形态诸类型之间的关系可以把它们在时空坐标系中的位置关系表现出来。就我国《刑法》规定的故意犯罪停止形态的类型而言，实行终了未遂、终了中止的位置与既遂的位置之间的距离最近，而犯罪预备、预备中止、未实行终了未遂与既遂之间距离较远。从这个意义上说，故意犯罪的停止形态是故意犯罪的时空存在形式。[1]也有学者指出，故意犯罪的预备、未遂、中止和既遂形态，有一个至关重要的共同特征，即它们都是犯罪的停止形态，是故意犯罪过程中不再发展而固定下来的相对静止的不同结局，它们之间是一种彼此独立存在的关系，而不可能相互转化。[2]

分析上述观点，笔者认为，所谓故意犯罪停止形态的时空存在形式，实际上集中表现为故意犯罪的"停顿"状态。就此而言，我们完全可以得出这一结论，即故意犯罪停止形态的本质特征就在于行为的"停顿"。换言之，故意犯罪停止形态的成立应该以行为过程中产生"停顿"为前提条件，无论何种故意犯罪的形态均与"停顿"紧密相连。没有"停顿"就不会有故意犯罪行为的终局性状态，也就不会存在犯罪预备、犯罪未遂、犯罪中止或者犯罪既遂等故意犯罪完成或未完成的形态。从刑法理论上分析，笔者认为，故意犯罪确实存在各种完成或未完成的形态，但是，各形态之间是一种彼此独立存在的关系，不可能相互转化和演进。一个故意犯罪行为只可能具有一个形态，有了一种形态的存在就不应该有其他形态存在的可能性。而故意犯罪行为形态的确认理所当然应该以该行为最后的"停顿"点作为标准。

但是，正如前述，我国刑法学因深受苏联刑法理论的影响，在相当长一段时间里一直把犯罪预备、犯罪中止、犯罪未遂和犯罪既遂等不同的故意犯罪停止形态，通称为犯罪阶段或故意犯罪的发展阶段，从而导致人们长期以来一直认为，故意犯罪的阶段是指故意犯罪在活动过程中可能停顿的阶段。这就是犯罪的预备、未遂和既遂，以及与此直接相关的犯罪中止。尽管近年来这种观点已广遭质疑和否定，而且学界已经基本达成共识，应该以"故意犯罪的停止形态"替代之。但是，原先"阶段"理论仍然深深影响着人们的观念，特别是在判断案件中行为人的犯罪形态时，很多人往往会自觉不自觉地将行为中的某段过程作为判断标准，把行为的某一个过程视为一个犯罪形态，也即用"动态"的观念来考察应该是"静态"的犯罪停止形态。正因为在相当长的时间内，人们是在偏离犯罪停止形态本质特征的前提下讨论相关问题，所以在认定故意犯罪停止形态时，理论上和实践中出现争议且无法达成共识也就成为必

〔1〕 于阜民、夏弋舒：《犯罪既遂概念：困惑与重构》，载《中国法学》2005年第2期。

〔2〕 赵秉志主编：《刑法总论》，中国人民大学出版社2007年版，第285页。

然的结果。

故意犯罪的停止形态与故意犯罪的过程和阶段之间不是同一概念，不能加以混淆，但两者之间有密切联系。故意犯罪停止形态只能出现在犯罪的过程和阶段中，没有犯罪的过程和阶段，就没有故意犯罪的停止形态。在犯罪的准备阶段，可以产生犯罪预备和犯罪中止两种停止形态；在犯罪的实行阶段，可以产生犯罪未遂、犯罪中止和犯罪既遂三种犯罪停止形态。故意犯罪的停止形态与故意犯罪的过程和阶段的区别表现在：其一，表现形式不同，即前者是犯罪过程的停止和结局，是一个点；后者是犯罪的整体过程或段落。其二，呈现状态不同，即前者因行为已停顿下来，故处于静止状态；后者因行为可能继续进行，故处于运动状态。其三，能否共存于一罪不同：前者不能同时共存于一个故意犯罪中，一个故意犯罪只能出现一种犯罪停止形态，各犯罪停止形态之间是相互排斥的、择一的；后者却可以共存于一个故意犯罪过程中，一个故意犯罪可以具有数个阶段，是可以共容的。

笔者认为，故意犯罪停止形态并非一个行为过程，其本质特征理应是行为过程中的最后停顿状态。基于此，我们在分析具体案件的过程中不能对行为人的完整行为进行人为地分割，而将行为中的一些过程误认为是某个犯罪形态。例如，实践中我们不能任意地将一个完整的故意杀人既遂案件中的“买刀”“磨刀”等行为理解为是“杀人预备”。因为，既然在这个案件中故意杀人行为已经达到既遂形态，也就不可能再有预备、未遂和中止等形态存在的可能性。我们可以将“买刀”“磨刀”等过程视为故意杀人犯罪的准备行为，但绝对不能将这一过程理解为是故意杀人犯罪的预备形态。只有当行为人在准备杀人过程中或在着手实施杀人犯罪行为后，因客观原因使行为停顿并导致杀人无法得逞等终结性的情况出现，或者在准备乃至着手实施杀人行为过程中，出于行为人主观意愿而自动停止杀人犯罪或有效地防止他人被杀结果的发生的，才可将行为人的行为形态分别以故意杀人预备、未遂或中止加以认定。

正确掌握故意犯罪停止形态的本质特征并运用“停顿”理论，可以解决理论和实践中的很多问题。例如，司法实践中发生较多行为人准备实施抢劫，在进入场所后，因没有抢劫对象，而以秘密窃取的方式占有他人财物的案件。对此类案件行为人行为的定性，理论上和司法实践中一直有“吸收说”和“数罪并罚说”两种意见。如果不以“停顿”理论考察，而将故意犯罪停止形态视为某个行为过程，就很容易得出这类案件中的行为人应该构成抢劫预备和盗窃既遂的结论。按照“吸收说”的观点，对于行为人的行为应以盗窃罪既遂吸收抢劫罪的预备，而按照“数罪并罚说”的观点，对于行为人的行为应分别以抢劫罪预备与盗窃罪既遂定性并实行数罪并罚。但是，如果以“停顿”理论观之，在这类案件中行为人的行为其实并不实际存在“抢劫的预备”，因为，犯罪预备是以行为人行为的“停顿”作为判断标志的，这类案件中行为人的行为在非法占有的故意下一直持续下去，其间并没有发生任何终结性的“停顿”，也就根本不存在所谓的“抢劫预备”。既然没有“抢劫预备”的形态，也就不存在“吸收”或“数罪并罚”的前提。更由于行为人最后取得财物的实际手段是秘密窃取，因而对其行为当然应该以盗窃罪一罪论处。

综上所述，笔者认为，故意犯罪停止形态的本质特征在于故意犯罪行为的“停顿”，犯罪形态存在于某个时间“停顿点”上，而并非存在于“一段时间或一个行为过程中”。由于犯罪停止形态本身是“静态”的，因此，我们考察故意犯罪停止形态应该坚持“静态”的标准，而绝对不能用“动态”的标准。我们既不能以行为人某一个行为过程作为判断故意犯罪停止形态的标准，也不能将行为人行为过程中的“暂时停顿”作为判断故意犯罪停止形态的标准。也即故意犯罪的停止形态是在犯罪过程中由于某种原因停止下来所呈现的状态，考察一种犯罪的停止形态只能以一种行为“终结性停止”作为参照依据，而不能以行为的“暂时停顿”来确定犯罪预备、未遂或中止。正是由于故意犯罪停止形态是一个静止的犯罪行为终结状态，因此，一个犯罪行为只有一种犯罪形态，出现了一种犯罪形态后就不可能再出现另一种犯罪形态。例如，出现了犯罪既遂形态之后，就不可能再出现未遂或者中止形态；出现了犯罪未遂形态之后，就不可能再出现中止或者既遂形态。各种故意犯罪停止形态彼此独立，不可能相互转化。

二、危险状态下停止犯罪的形态认定

刑法中的危险犯是相对于实害犯而言的一个概念，其是指以实施危害行为并出现某种法定危险状态为构成要件的犯罪。我国刑法中通常将一些有可能严重危害公共安全或严重破坏社会秩序的危险状态直接规定在分则条文之中，并配置相应的法定刑。另外，刑法分则在规定相关危险犯的犯罪时，往往同时规定了相对应的实害犯（以出现法定的危害结果为构成要件的犯罪），这就形成了危险犯与实害犯相对而言的提法。应该看到，近年来我国理论上时不时有学者提出危险犯是实害犯的未遂形态的观点，从而产生了对危险犯认定上的不同意见。笔者认为，我国刑法分则中所规定的所有犯罪均是以犯罪既遂作为设定罪状和法定刑之标准的，而犯罪预备、未遂及中止是由刑法总则专设条文统一加以规定的，这在我国刑法的立法模式上得到了充分体现，在刑法理论上也早已达成共识且已形成定论。有基于此，我们就不能也不应该将分则条文规定的危险犯理解为是实害犯的未遂形态。上述认为危险犯是实害犯未遂的观点其实是在脱离了我国现行刑法的立法模式的基础上得出的结论，由于选取的标准不科学以及讨论基础的缺失，因而这一结论也不可能是正确的。

需要提出的是，尽管我们不能将刑法中的危险犯理解为是实害犯的未遂，但是，犯罪过程中的危险状态与实害状态其实是程度有所差异并可以发展或渐进的现象，而且在这一过程中行为人的行为完全可能基于各种主客观原因而出现终结性的停顿，这就产生了所谓危险状态下停止犯罪的形态认定问题。

应该看到，如果危险犯在犯罪准备过程中以及在犯罪着手后但危险状态未出现之前，因各种主客观原因停止犯罪的，可能存在犯罪预备、未遂或中止的形态，理论上对此基本达成共识；如果危险状态出现后，因各种客观原因而产生停顿的，此时，实际上已经排除了未遂形态存在的可能性，则以实害状态是否出现为标准，分别以实害犯的既遂抑或危险犯的既遂认定，理论上对此也无很大异议。以放火罪为例，实践中通常以“点火”作为着手的标志，以被燃烧物的“独立燃烧”作为危险状态出现且排除未遂的标志。那么，如果在“点火”之前，行为人基于各种主客观原因而停止行为，就可能存在犯罪预备或者犯罪中止的形态；如果在“点火”以后并在被燃烧物“独立燃烧”之前，行为人基于各种主客观原因而停止行为，就可能存在犯罪未遂或者犯罪中止的形态。但是，只要被燃烧物“独立燃烧”（也即危险状态出现）之后，无论在哪个时间点上出现终结性停止，都应该排除未遂形态存在的可能（见图1）。也即这种终结性停止（客观原因导致的）如果出现在危险状态下，对行为人的行为就应适用《刑法》第114条的规定，以放火罪的危险犯加以认定；而这种终结性停止如果出现在实害状态下，对行为人的行为就应适用《刑法》第115条的规定，以放火罪的实害犯加以认定。

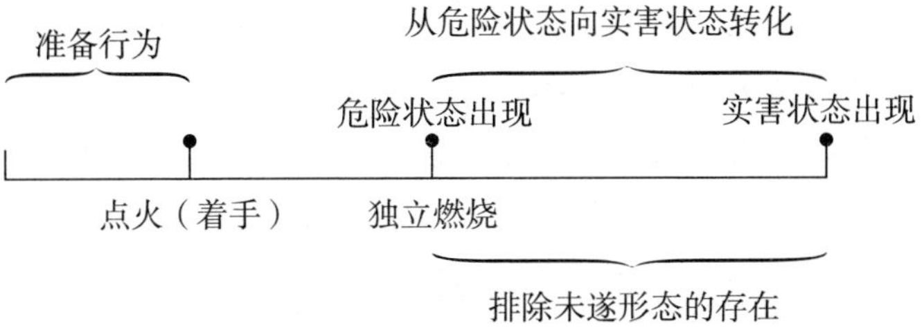

图1　以放火罪为例的危险状态出现后的犯罪形态

时下，理论上与实践中最大的争议主要集中在危险状态出现后是否存在中止的问题上，即在危险状态出现后但实害结果尚未发生前，行为人自动积极停止犯罪，并有效防止实害结果发生的，能否成立犯罪中止？对这种情况下行为形态的认定意见很不统一，可谓众说纷纭、莫衷一是，理论界和实务界主要持以下几种观点：

其一，“犯罪既遂说”。这一观点在相当长的一段时间里成为通说的观点，较普遍地被人们所接受。持这一观点的论者认为，犯罪既遂后不可能存在犯罪中止的形态。理由是：首先，危险犯中的危险状态出现后犯罪就已既遂，既遂之后出现中止，违背我国刑法关于故意犯罪停止形态的排他性原理。在同一个犯罪中，任何犯罪形态都是排他的，不可能出现两种或两种以上的停止形态。其次，危险犯中的危险状态出现就属于犯罪完成状态，其后解除危险状态的行为就不能再视为“在犯罪过程中”，而是在“犯罪过程后”，因而不符合犯罪中止的时间性条件；“防止犯罪结果发生”的结果只是针对结果犯而言，危险犯的完成无实际结果，因而也不符合犯罪中止的有效性条件。最后，尽管这种情况不宜以犯罪中止论处，但仍可对犯罪分子在量刑上酌情考虑予以从轻处罚，从而鼓励犯罪分子及时悔罪，停止犯罪行为。[1]

有论者还认为，如果把这种情况视为既遂后的中止予以减轻处罚或免除处罚，与立法者惩处危险犯的立法本意相违背；而如果对行为人自动有效防止实害结果发生，没有造成损害的情形一律免除处罚，则与罪责刑相适应原则不

〔1〕参见刘宪权主编：《刑法学》，上海人民出版社2008年版，第213页。此观点为通说。

符。[1]另外，也有论者主张，成立犯罪既遂但对没有造成损害的情形，可特别规定“定罪免刑”的处罚方式。这种规定也是不违背我国刑法总则规定的，因为根据我国刑法规定，定罪免刑也是刑事责任的承担方式之一。[2]这样就可解决许多学者对这种情况量刑不够宽大的质疑。

其二，“犯罪中止说”。持这一观点的论者认为，危险既遂状态下是可能存在犯罪中止的，理由是：（1）既遂不单纯以犯罪行为的完成或者犯罪结果的发生为标准。当犯罪行为处于既遂状态时，并不表明犯罪行为的完成或者犯罪结果的发生，既遂状态不表明犯罪处于停顿状态，既遂状态有可能发生在“犯罪过程中”，既遂后犯罪仍在继续中。（2）从犯罪中止成立的条件来看，犯罪中止成立有三个条件：一是时空条件即“在犯罪过程中”；二是停止犯罪的自动性；三是防止结果发生的有效性。行为人在法定危险状态出现之后、实害结果出现前自动采取措施防止犯罪结果发生的，完全符合犯罪中止的条件。[3]（3）承认既遂后有中止，有利于尽可能地鼓励犯罪分子及时悔悟，避免危害结果的发生，更好地防卫社会。这一点，应该是符合我国刑事政策的意图的。[4]有论者指出，将危险状态出现后，行为人自动停止犯罪的情况视为既遂而不认定中止是不妥当的。因为行为人所希望或者放任的侵害结果没有发生。更为重要的是，虽然发生了具体危险，但行为人自动防止侵害结果发生的，应认定为犯罪中止。如根据我国《刑法》第114条与第115条的规定，如果尚未造成严重后果，则直接适用第114条，而不再适用刑法总则关于未遂犯的处罚规定；而在尚未造成严重后果的情况下，行为人自动中止犯罪，避免了严重后果发生的，应认定为犯罪中止，适用《刑法》第114条以及总则关于中止犯的处罚规定。[5]还有论者进一步指出，应将犯罪过程作扩大解释，从犯罪预备开始，到犯罪结果的发生，都被认为是犯罪过程不可分割的一部分。犯罪既遂以后，犯罪结果发生以前，仍然能够成立犯罪中止。[6]

---

〔1〕 参见刘建军、曲振涛：《犯罪既遂抑或犯罪中止——危险犯自动消除危险状态之行为定性》，载《山东审判》2006年第1期。

〔2〕 参见徐光华：《排除危险状态行为之认定》，载《河北法学》2009年第3期。

〔3〕 刘志伟主编：《危害公共安全犯罪疑难问题司法对策》，吉林人民出版社2001年版，第71页。

〔4〕 韩忠义：《危险犯的既遂阶段仍可成立犯罪中止》，载《人民法院报》2004年1月16日。

〔5〕 参见张明楷：《刑法学》，法律出版社2007年版，第289、518页。

〔6〕 陈勇：《关于危险犯既遂后主动排除危险状态行为的思考》，载《政法论丛》2002年第5期。

对于上述两种观点，笔者均不能苟同。笔者的观点是，在危险状态出现后确实可能存在实害犯的中止形态，但是，这种中止形态不能理解为是犯罪既遂以后的中止，而应该理解为是排除未遂以后的中止。理由是：

第一，犯罪既遂以后确实不应该存在犯罪中止形态。如前所述，一个故意犯罪行为只有一种形态，而各种犯罪形态彼此独立存在且不可能相互转化。犯罪行为的形态是以行为最后的停顿点作为标准，没有行为终结性停止就没有犯罪形态的存在。据此，我们完全可以得出结论：由于犯罪既遂形态也是以终结性停止作为标准的，因此，无论是何种类型的犯罪，当犯罪行为在既遂之后就不可能再出现犯罪中止形态。行为人在犯罪既遂后无论基于何种原因实施恢复原状或者补偿损失的行为，都只能作为量刑时考虑的酌定情节，而不能作为犯罪中止的法定情节加以认定。

第二，排除未遂形态并不意味着就是犯罪既遂。正如前述，在存在有危险犯和实害犯的犯罪中，只要危险状态出现之后，行为人的行为无论在哪个时间点上出现终结性停止，都应该排除未遂形态存在的可能。但是，需要指出的是，这里所谓的“危险状态出现后应排除犯罪未遂形态存在”，并不必然等于“犯罪既遂状态已经出现”。笔者在前文中一再强调，当危险状态出现后，在刑法理论上就应该排除未遂形态存在的可能性，但是，排除未遂形态并非意味着犯罪既遂即刻成立。事实上，在刑法规定危险犯的犯罪中，往往同时规定了相对应的实害犯，而危险状态与实害状态应该有一个可以转化的过程。在一个故意犯罪行为中，犯罪形态不能相互转化，但是，危险状态是完全有向实害状态转化的可能的。当刑法所规定的某一犯罪的危险状态出现后，我们不能说这就是既遂，而只能说是出现了排除未遂的情况，因为在行为尚未停顿时是不能确认犯罪形态的。即行为人的行为因客观原因在危险状态出现后的任何一点停下来（只要不是行为人自动停止的），我们均可以将其认定为犯罪既遂。但是，在行为人的行为没有出现停顿时，尽管可以排除未遂，却很难判断这种行为究竟是何种形态。因为，此时行为还处于不确定的状态，即处于危险状态向实害状态转化过程中，没有停顿，我们就无法实际判断这种行为究竟是危险犯还是实害犯。这就是笔者之所以主张应将这种情况视为排除未遂而非犯罪既遂的根本原因所在。就此而言，笔者认为，前述无论是“犯罪既遂说”，还是“犯罪中止说”实际上均是混淆了在危险状态出现后“排除未遂”与“犯罪既遂即刻成立”两者之间的区别，其根本问题还在于是从动态角度判断故意犯罪的形态，而没有从静态（停顿）角度去考察故意犯罪的形态。

第三，危险状态出现后完全可能存在中止。笔者认为，这一观点本身并不违背犯罪既遂以后不存在中止的原理，也符合司法认定的需要。这是因为：“危险状态出现后可能存在中止形态”与“犯罪既遂后不存在犯罪中止形态”，并非是同一层面的命题，两者并没有矛盾。当危险状态出现后，尽管我们应该排除犯罪未遂形态，但是，行为人的行为实际上还处在不确定的状态中，如果因客观原因在危险状态停顿下来，无疑应该构成危险犯的既遂，而如果这种已经出现的危险状态进一步向实害状态发展下去，则可能构成实害犯的既遂。正是由于危险状态存在向实害状态转化的可能性，因此，如果行为人在危险状态出现后，自动采取措施停止犯罪，并有效地防止实害结果的发生，否定犯罪中止的存在是没有道理的。

笔者认为，在危险状态出现后，行为人基于自己的意愿停止犯罪并有效防止实害结果发生，理应以犯罪中止加以认定。这是因为，犯罪中止的最主要特征为“时间性”、“自动性”和“有效性”。在危险状态出现后，且在危险状态向实害状态发展过程中，行为人出于自己的意愿自动停止可以继续下去的犯罪，具备犯罪中止“自动性”条件，自不待言。相对于实害犯而言，行为人在危险状态出现后实害状态出现前，自动停止犯罪，同样也满足犯罪中止的“时间性”条件要求。同时，在危险状态出现后，行为人采取措施有效防止实害结果的发生，又完全符合犯罪中止的“有效性”条件。可见，将这种情况认定为犯罪中止，既符合刑法中犯罪中止的构成原理，也可以起到鼓励犯罪分子停止犯罪以大幅度减轻犯罪对社会危害程度的实际效果。试想，如果在危险状态出现后，犯罪分子无论持何种态度均不能认定犯罪中止，这就可能成为犯罪分子坚定“一干到底”决心的重要因素。这似乎与刑法设立犯罪中止的立法意图和鼓励犯罪分子停止犯罪并尽可能减少犯罪损失的司法精神并不吻合。

第四，危险状态出现后的犯罪中止形态应该是实害犯的中止。笔者认为，在危险状态出现后可能存在犯罪中止形态，但是，此时的中止认定，我们只能将其认定为是造成损害的实害犯的中止，而不能将其视为危险犯的中止。这是因为：

首先，如果将危险状态出现后的犯罪中止形态视为危险犯的中止，就必然会导致人们对这种中止是否存在“有效性”的质疑，因为在这种情况下，危险状态毕竟已经客观存在。众所周知，“有效性”是成立犯罪中止的最重要的要件，也是刑法设立犯罪中止法定情节的根本意图所在。犯罪中止形态中“有效性”的含义是，行为人成立中止必须有效地防止其已经实施的犯罪所可能导致的犯罪结果之发生。尽管在危险犯和实害犯共存的犯罪中，确实存在危险状态向实害状态转化的过程，但是，这种转化毕竟是建立在危险状态已经出现的情况下，而且刑法已将这种危险状态作为危险犯的法定后果规定在条文之中。在这种情况下，如果我们将危险状态出现后停止犯罪的行为认定为危险犯的中止，显然不符合犯罪中止“有效性”的特征。特别需要指出的是，在危险犯的刑法规定中实际上是将危险状态视为一种犯罪结果，也即从刑法理论上分析，我们不能否认刑法规定的危险犯中的危险状态实际上具有结果属性，因此，这种危险状态一旦出现，就很难想象行为人能自动有效地防止危害结果发生，而犯罪中止又是以有效防止危害结果发生为必要要件的。另外，刑法中危险犯的成立是以危险状态结果的出现为标准的，那么，在危险状态已经出现的情况下，行为人又怎么可能有效防止“危险状态结果”发生呢？由此可见，将危险状态出现后的犯罪中止形态认定为危险犯的中止，本身存在明显的矛盾之处。

其次，对危险状态出现后的犯罪中止形态以实害犯的中止认定，可以解决上述“有效性”上的矛盾，因为我们可以将这种犯罪中止中的“有效性”理解为“有效防止实害结果的发生”。毋庸讳言，在危险犯与实害犯并存的犯罪中，确实存在两种法定的犯罪后果。正如前述，在危险状态出现后，有效防止“危险状态结果”发生已经成为不可能，但是，从动态行为上分析，此时的结果还处于不确定状态，即处于由危险状态向实害状态转化过程中。在此情况下，行为人采取措施停止犯罪，确实可能阻碍某些同样也是法律规定的“实害状态结果”的发生。更由于此时“危险状态结果”已经出现，因此，行为人防止的当然只能是“实害状态结果”，而不可能是“危险状态结果”。换言之，危险状态的出现标志着危险犯过程的终结，而实害犯的犯罪过程仍在继续，只有实害状态的出现才标志着实害犯过程的终结。可见，行为人对于“实害状态结果”发生的阻止与否并不会影响危险犯的犯罪形态，但是，却完全可能影响到实害犯的犯罪形态。

最后，将危险状态出现后的犯罪中止形态以实害犯的中止认定，可以将客观上已经发生危险状态的因素充分考虑进去，并在量刑时加以体现。我国刑法明文规定对犯罪中止的处罚分两种情况，即对没有造成损害的犯罪中止，应当免除处罚；而对造成损害的犯罪中止，则应当减轻处罚。从量刑均衡原则要求出发，将已经出现的危险状态视为实害犯中止中所造成的损害，并对行为人适用“应当减轻处罚”的法定情节，似乎更为合理。因为，这种认定既考虑了“危险状态结果”实际存在的因素，也兼顾了行为人自动停止犯罪并有效防止“实害状态结果”的因素。如果将这种情况视为危险犯的中止，就只能以“没有造成损害”的中止认定，并对行为人适用“应当免除处罚”的法定情节。这不仅无法顾及这种情况下“危险状态结果”实际已经出现的客观事实，而且还会带来新的矛盾，即会形成危险状态出现后与危险状态出现前的犯罪中止有同样的认定结果的矛盾。因为在存在危险犯的犯罪中，行为人因主观原因在着手实施具体犯罪行为前停止犯罪的，也同样可能成立犯罪中止，而且这种形态理应属于“没有造成损害”的危险犯的犯罪中止。如果我们将危险状态出现后的犯罪中止形态也以“没有造成损害”的危险犯的犯罪中止认定，且同样对行为人适用“应当免除处罚”的法定情节，就必然出现与危险状态出现前的犯罪中止有相同的认定结果，从而导致无法将两者区别开来的尴尬局面。

三、以“低位犯罪”代替“高位犯罪”的犯罪形态认定

时下，司法实践中时常发生这种案件，即行为人出于各种原因，自动放弃可以继续实施危害较大的“高位犯罪”，并转而实施一些危害相对较小的“低位犯罪”。例如，行为人为报复而欲故意杀人，但在杀人过程中，因各种原因而产生对被害人的怜悯之情，决定主动放弃并停止将被害人杀死的行为，但同时出于教训被害人的需要，砍下了被害人的手，从而导致被害人重伤结果的发生。类似的情况在强奸案中也有出现，如行为人在被害妇女不同意的情况下，放弃了可以继续进行的强奸行为，转而实施了同样也构成犯罪的强制猥亵行为。对于上述行为究竟以“高位犯罪”即故意杀人罪或强奸罪认定？还是以“低位犯罪”即故意伤害罪或强制猥亵罪认定？抑或实行数罪并罚？笔者认为以上问题很有研究价值。

应该看到，对于上述所举案件尽管实践中常有发生，但是，理论上对此则

少有研究。较早时理论上有学者曾提出过“故意转移”的概念，认为故意转移是指行为人基于某一犯罪动机或犯罪目的在犯罪过程中以新的故意代替原有的故意的情形。说到底其无非就是具有不同内容或不同性质的故意间的转化关系，故意转移的发生前提是犯罪故意都以某种犯罪构成要件为内容，是具体的、特定的，且存在内容上的差别。〔1〕同时，该学者列举了两种转移犯的表现情况：其一，行为人由此种犯意的预备行为转化为彼种犯意的实行行为。即行为人在预备阶段是此种犯罪之犯意，但进入实行阶段却是彼种犯罪之犯意。例如，由预备阶段的抢劫故意转化为实行阶段盗窃故意的情形，其实行行为为盗窃行为并且达到既遂。对此大多数学者认为，应以实行行为吸收预备行为，即以盗窃既遂论处；但在罪名的否定评价程度上，有人认为盗窃罪无论如何也不可与强行夺取的抢劫罪并论，因而提出相反意见，认为应以重行为吸收轻行为原则处理。其二，在实行犯罪的过程中，由于犯意改变而引起由此种罪转化为彼种罪。例如，在实施伤害的过程中改变伤害故意为杀人故意，引起由伤害罪到杀人罪的转化。有时又有相反情况，行为人由杀害转化为伤害故意。〔2〕

需要指出的是，本节所探讨的以“低位犯罪”代替“高位犯罪”的案件是有特定含义的，其主要特征表现为：

其一，“高位犯罪”与“低位犯罪”在犯罪性质上尽管有所不同，但从行为侵犯的客体上分析，它们在整体上属于在某一同类客体下的不同犯罪。例如，强奸罪与强制猥亵罪虽然均为独立的罪名，且属于不同性质的犯罪，但是，它们所侵犯的客体均包含了女性的性权利。实践中发生较多的既强奸又抢劫的案件中则不存在“高位犯罪”和“低位犯罪”的问题，因为，强奸罪与抢劫罪所侵犯的主要客体是完全不同的，它们之间实际上没有“高”“低”之分。理论上和司法实践中，对于行为人既实施强奸又实施抢劫的行为应实行数罪并罚，基本上达成了共识并无很大的争议。

其二，“高位犯罪”与“低位犯罪”在行为人故意内容及其行为特征上应该具有程度上的区别。例如，在以“低位犯罪”代替“高位犯罪”的案件中，行为人确实存在放弃“高位犯罪”的故意，并以“低位犯罪”故意代替的情况。也即在这类案件中，行为人放弃的行为和最终实施的行为，在犯罪目的或故意内

〔1〕 范德繁：《转化犯的新视野——事实转化的展开》，载《法制与社会》2003年第1期。
〔2〕 同上。

容上是有所不同的。这与实践中发生较多的行为人准备抢劫但因没有对象转而实施盗窃的案件有很大的区别，因为，在以盗窃代替抢劫的案件中，行为人不发生放弃和改变原有犯罪目的或者故意内容的问题，盗窃罪与抢劫罪的区别主要在犯罪手段上，而在主观要件上基本相同，即行为人均是以非法占有为目的，它们之间也不存在有所谓的“高”“低”之分。以盗窃代替抢劫仅是手段上的更换，并不发生犯罪目的或者故意内容上的放弃或者改变。理论上和司法实践中，对于行为人准备抢劫但因没有对象转而实施盗窃的案件，应以最后实际取得财物的盗窃手段定性，也基本上不存在什么争议。

其三，行为的方向只能由“高位犯罪”向“低位犯罪”转移而不能相反。也即行为人在着手实施犯罪前或着手实施犯罪后已经明确产生某一“高位犯罪”的犯意，但是，在原犯意支配下的行为尚未完成之前，行为人主动放弃了可以继续下去的“高位犯罪”之犯意，并以“低位犯罪”的犯意代替之。如果行为人的犯意转换由“低位”转为“高位”，例如，行为人在故意伤害他人过程中产生故意杀人犯意并将他人杀死，对于行为人只需按“高位犯罪”的既遂论处即可。对此，刑法理论上和司法实践中，通常不会有很大的意见分歧。另外，如果原“高位犯罪”犯意支配下的行为尚未实施，行为人即刻发生犯意转变，顺利实施并完成了犯罪，则只需按“低位犯罪”犯意支配下的行为性质认定为既遂即可，因为此时仅有行为人主观意愿的改变，而并没有行为人行为性质的改变。

应该看到，司法实践中对于以“低位犯罪”代替“高位犯罪”案件的处理很不统一，理论上也存在有很大争议。据笔者在日常教学和参与司法部门具体案例探讨中积累和收集的材料，在以“低位犯罪”代替“高位犯罪”的犯罪形态认定问题上，主要存在以下几种不同的观点〔1〕：

其一，“数罪并罚”说。有人认为，在以“低位犯罪”代替“高位犯罪”的案件中，行为人既实施了杀人、强奸等“高位犯罪”，又实施了伤害、强制猥亵等“低位犯罪”，尽管在行为过程中放弃了“高位犯罪”，但并没有彻底放弃所有的犯罪，只是改变并实施了另外一种不同性质的犯罪行为而已。行为人原先实施并放弃的犯罪与以后实施的犯罪是两个独立的犯罪，且具有数个完整

---

〔1〕 由于时下报纸上还很少有专门对此问题开展讨论的文章，因此笔者无法对某些观点进行引注。

的犯罪构成。这种情况完全符合刑法中数罪成立的条件，对行为人应以“高位犯罪”的中止与“低位犯罪”的既遂实行数罪并罚。

其二，“既遂吸收中止”说。有人认为，在以“低位犯罪”代替“高位犯罪”的案件中，行为人虽然曾经实施了杀人、强奸等“高位犯罪”，但最终还是放弃了，虽然这一放弃是完全出于行为人的意愿，即具有“自动性”特征，但是，行为人最终并没有彻底放弃犯罪，而是以伤害、强制猥亵等“低位犯罪”代替之，在此情况下，对行为人的行为不能以犯罪中止认定。由于行为人最终实施的是“低位犯罪”，且相关犯罪行为是在一个过程中发生的，因此，应该以最终结果作为定性的依据，即对行为人以“低位犯罪”的既遂论处，而应在量刑时适当考虑吸收“高位犯罪”中止的因素。也有学者进一步指出，在这类案件中，由于行为人前故意内容并未实现，所以应该依其转化后的犯意处理，行为人放弃原有重罪，便体现了行为人弃重就轻的恶性减轻，行为性质降为低度。以较轻的后者处之体现行为人犯罪时的人身危险性。由于重行为并未作出，重结果也未发生，以实际发生的轻行为处之能更好地贯彻主客观相统一原则，同时也体现了对行为人的自我评价，在一定意义上符合人道主义精神。

其三，“重罪吸收轻罪”说。有人认为，在一个行为过程中实施的相关行为，无论如何均应该采取以重罪吸收轻罪的原则处理。例如，台湾地区有学者认为，“按从重原则；犯意升高者，从新意，犯意降低者，从旧意。”[1]

笔者认为，上述三种观点虽然在一定程度上言之有理，但是均存在有明显的瑕疵。依笔者之见，对以“低位犯罪”代替“高位犯罪”案件处理，既不能实行数罪并罚，也不能采用既遂吸收中止方式处理，更不能一味地采取重罪吸收轻罪的做法，而应该采用“高位犯罪”吸收“低位犯罪”的方式处理，即对行为人以“高位犯罪”的中止认定，并将“低位犯罪”作为犯罪中止中“造成损害”的因素加以考虑。具体理由如下：

首先，如果对这类案件实行数罪并罚，很难避免重复评价问题。正如前述，本节所指的“高位犯罪”与“低位犯罪”是有特定含义的，即尽管行为人侵犯的法益在总体上属于同类法益，但相互之间通常具有轻重程度之分。行为人的主观故意内容也有转化的问题。而且行为人的具体犯罪手段往往是类似

[1] 郑健才：《刑法总则》，三民书局1982年版，第93页。

的。正因如此，如果对以“低位犯罪”代替“高位犯罪”案件处理实行数罪并罚，就很难避免发生重复评价的问题。毕竟在这类案件中行为人的行为针对的是同一侵害对象，而且均发生在一个过程中。特别是在具体案件中从行为上分析，如果在认定行为人构成强奸罪的基础上，又认定其构成强制猥亵、侮辱罪，就必然会发生对“强制”行为的重复评价。因为根据刑法规定，无论是强奸罪还是强制猥亵、侮辱罪均要求“以暴力、胁迫或者其他手段”作为构成犯罪的客观要件。在同一犯罪过程中针对同一对象，行为人使用的手段完全可能相同，如果对行为人实行数罪并罚，重复评价行为人的“强制”行为在所难免。

另外，如果对这类案件实行数罪并罚，还可能会与其他案件的处理结果产生矛盾。应该看到，司法实践中绝大多数刑事案件中行为人会掺杂各种各样的行为，例如，大多数强奸案的行为人在实施强奸行为前，会先对被害妇女实施猥亵行为；也有很多故意杀人案的行为人在具体实施杀人行为前，会先对被害人实施伤害行为。由于这类案件中的相关侵害行为是发生在同一过程中，且侵害行为针对的是同一个对象，因此，司法实务部门一般对行为人都会以强奸罪或故意杀人罪一罪论处，而绝对不可能对行为人实行数罪并罚。正因如此，如果对以“低位犯罪”代替“高位犯罪”案件处理实行数罪并罚，就必然会与上述案件的处理结果产生矛盾。行为人在同一过程中且针对同一个对象采取基本相同的行为，仅仅是侵害行为发生的顺序不同，但是处理结果却大相径庭，这似乎很难从刑事立法上或刑法理论上找到依据。其实，以“低位犯罪”代替“高位犯罪”案件与上述案件的区别，至多是行为人具体故意和具体侵害行为产生的时间顺序可能不完全相同而已。在上述案件中行为人诸如猥亵、伤害等主观故意内容和侵害行为实际上是混杂在强奸、杀人等主观故意内容和侵害行为之中的；而在以“低位犯罪”代替“高位犯罪”案件中，行为人实际上是在明确放弃强奸、杀人等“高位犯罪”故意后，产生猥亵、伤害等“低位犯罪”故意的。笔者认为，就因为这一区别而对两类案件产生“一罪论处”和“数罪并罚”的不同处理结果，是没有道理的。更何况犯罪是一个较为复杂的过程，事实上我们在处理案件时要准确地对行为人故意产生的时间加以区分也是一件很难的事。另外，应该看到，在同一过程中针对同一个对象，行为人在坚持“高位犯罪”故意的情况下，实施相关侵害行为的社会危害性应该相对较高；而行为人在放弃“高位犯罪”故意并以“低位犯罪”故意取代的情况下，实施相关侵害行为的社会危害性应该相对较低。但是，我们对社会危害性相对较高的行为以一罪论处，而对社会危害性相对较低的行为却要实行数罪并罚，这显然与我国刑法所坚持的罪责刑相适应基本原则内容严重相悖。

其次，如果对以“低位犯罪”代替“高位犯罪”案件采用“既遂吸收中止”的方式处理，尽管可以避免因数罪并罚带来的种种弊病，但是，这种方式仍然存在诸多不妥之处。所谓“既遂吸收中止”的方式，实际上是指对相关案件中的行为人以其行为最终结果作为定性的依据，即对行为人以“低位犯罪”的既遂论处，而在量刑时适当考虑吸收“高位犯罪”中止的因素。笔者认为，这种方式的主要弊端有二：

其一，这种方式最终的处理结果是以诸如强制猥亵、伤害等“低位犯罪”对行为人的行为定性，即实际上是以“低位犯罪”吸收“高位犯罪”处理。这种方式显然有违重罪吸收轻罪的一般刑法原则和司法办案思路，因为，在现代刑法理论中，对于包括想象竞合犯、牵连犯、吸收犯等在内的罪数形态处理一般均采用重罪吸收轻罪的原则，而不可能以轻罪吸收重罪的方式处理案件。

其二，这种方式实际上排除了对“高位犯罪”的反映，因为在对“低位犯罪”的处理中很难将“高位犯罪”的中止内容体现出来。采用这种方式处理案件，最终对行为人的行为是以诸如强制猥亵、伤害等“低位犯罪”既遂定性处理。从刑法上分析，这种处理方式当然只能严格依照刑法分则所规定的具体犯罪的法定刑对行为人量刑，由于刑法分则所规定的罪状和法定刑均是以犯罪既遂作为标准的，因而按照刑法分则“低位犯罪”既遂的规定处理实际上很难反映或体现相关“高位犯罪”中止的内容。也即从具体刑法规定适用上看，以这种方式处理的最终结果可能与行为人单纯实施“低位犯罪”案件的处理结果基本相同。但是，在以“低位犯罪”代替“高位犯罪”的案件中，行为人确实曾经存在或者出现过“高位犯罪”的故意和行为，而且行为人是出于自己的意愿停止了这一“高位犯罪”，这些重要的内容无法在对行为人的定罪量刑中明确加以反映，似乎也与罪责刑相适应的基本原则不相符合。

再次，对这类案件如果一味地采用“重罪吸收轻罪”的方式，尽管符合刑法学理论的一般原理，同时也可以解决因数罪并罚带来的重复评价问题，但是，笔者认为，仍有以下难以克服的弊端：

其一，对这类案件采用“重罪吸收轻罪”的方式处理，会产生不利于被告人的结果。众所周知，有利于刑事被告人是罪刑法定原则所体现的根本精神，因为在刑事诉讼中，被告人始终处于弱者的地位，如不强调对其利益的特殊保护，其合法利益必然会受到侵害。对这类案件的处理采用“重罪吸收轻罪”的方式，实际上是对行为人不分青红皂白地一律适用从重，这无疑是“重刑主义”思想的体现，结果必然会加重对行为人的处罚。这既不符合现代刑法理念中谦抑原则的精神，也与时下学界提倡的“轻刑化”的思潮相背离。特别是在此类案件中毕竟存在行为人主观犯意及侵害行为的停止和改变，也即行为人确实放弃了原先可以实施下去的“高位犯罪”之犯意和行为，如果在对行为人进行定罪量刑时，不考虑这一因素，仍然坚持“犯意降低者，从旧意”的做法，实际上就无法起到最大限度鼓励犯罪分子停止危害较为严重犯罪的作用，从而必然与刑法中罪责刑相适应的基本原则以及适用刑罚的目的相悖。

其二，对这类案件采用“重罪吸收轻罪”的方式处理，与主客观相一致的原则不符。理论上和司法实践中对犯罪行为定罪和量刑必须坚持主观与客观的统一，也即我们不仅要考虑行为人的主观恶性程度，还要考察行为人行为的客观危害性，唯其如此，才能对犯罪分子准确地适用刑法。而上述“按从重原则；犯意升高者，从新意，犯意降低者，从旧意”的观点，实际上是一味根据行为人的犯意“高”“低”，一律采用“重罪吸收轻罪”的做法，完全置客观行为实际上导致的社会危害性大小于不顾。就此而言，这不仅有“主观归罪”之嫌，更与主客观相一致原则的要求相去甚远。

其三，对这类案件采用“重罪吸收轻罪”的方式处理，对不同的案件无法做到区别对待。从前文笔者的分析中，我们可以清楚地看到，行为人在强奸妇女的过程中，往往会伴随有强制猥亵妇女的情况发生，而行为人在故意杀人的过程中，也常常会伴随有伤害的情况发生。对这些案件的处理，理论上和司法实践中均认为，对行为人最终应该以强奸罪和故意杀人罪定罪处罚。但是，在对放弃“高位犯罪”犯意并转而实施“低位犯罪”的案件中，我们如果也一味地采用“重罪吸收轻罪”方式，得出的处理结果也是以强奸罪和故意杀人罪等“高位犯罪”对行为人定罪处罚。这就必然导致不同的案件且在犯罪情节和社会危害后果均具有很大区别，但是处理结果却基本一样的情况出现。由此分析可见，这种处理结果的最大缺陷在于：不能将犯罪分子在犯罪过程中实际放弃"高位犯罪"的情况，与犯罪分子在实施"高位犯罪"的同时又实施了"低位犯罪"的情况区别开来。无疑会让人产生行为人无论放弃还是不放弃"高位犯罪"其实没有什么多大区别的感觉。

最后，依笔者主张采用"高位犯罪"吸收"低位犯罪"（对行为人以"高位犯罪"的中止认定，并将"低位犯罪"作为犯罪中止中"造成损害"的因素加以考虑）的方式，处理以"低位犯罪"代替"高位犯罪"案件具有一定的科学性。应该看到，理论上确实也有学者主张对此类案件"应结合犯罪中止的理论来处理，如果符合中止犯条件，则成立中止犯"。[1]但是，也有学者反对这一观点，认为这一观点的成立前提是符合犯罪中止条件，而犯罪中止的通说观点认为，行为人自动放弃原有犯罪意图的彻底性不是指避重就轻的犯意改变，因而犯罪中止不能存在于犯意转化之中。

需要指出的是，笔者主张的处理方式，实际上是指对这类案件中的行为人以"高位犯罪"的中止认定，并将"低位犯罪"作为犯罪中止中"造成损害"的因素加以考虑。其科学性具体表现为：

其一，符合刑法的基本原则。刑法不仅是"被害人的大宪章，也是犯罪嫌疑人的大宪章"，这种对行为人以"高位犯罪"的中止认定，并将"低位犯罪"作为犯罪中止中"造成损害"的因素加以考虑的做法不仅符合罪刑法定原则所体现的"有利于被告人"的基本精神，同时还尽可能全面地保持了主客观一致的内容，即不仅在主观上充分考虑到了行为人放弃"高位犯罪"犯意这一要素，而且在客观上考虑了行为最终造成的社会危害后果，并且还又考虑到了"低位犯罪"造成的损害。可见，这种处理方式真正坚持了主客观相结合，对行为的评价坚持了定性和定量相结合，并利于与其他案件处理的精确区分，从而可以更好地体现罪责刑相适应的原则。

其二，全面反映案件的实际情况。正如笔者前述的分析，对这类案件实行数罪并罚，无疑是对案件情况作出了过度反应，很难面对重复评价的质疑；而采用以既遂吸收中止的处理方式，则显然是对案件情况反应不够，让人难免感到有放纵犯罪之虞。但是，采用以"高位犯罪"的中止认定，并将"低位犯罪"

〔1〕张明楷：《刑法学》，法律出版社1997年版，第365页。

作为犯罪中止中“造成损害”的因素加以考虑的方式处理这类案件，则可以全面反映这类案件的实际情况。由于这种方式既能反映行为人原本实施的“高位犯罪”之内容，也能突出反映行为人自动停止可以实施下去的“高位犯罪”之内容，同时，还能充分体现行为人实际实施的“低位犯罪”之内容，因此，处理结果既可避免数罪并罚处理方式所带来的重复评价弊端的出现，也可防止既遂吸收中止处理方式所带来的处理不够现象的发生。

其三，符合犯罪中止的基本特征。理论上认为这类案件不能符合犯罪中止的最主理由是，行为人并没有彻底地停止犯罪，而是以“低位犯罪”替代了“高位犯罪”。这种替代不能体现行为人是真实地放弃了犯罪意图，因而不符合犯罪中止成立要件中的“彻底性”特征。但是，笔者认为，对犯罪中止的“彻底性”特征认定应该放在案件的综合环境中加以考察。针对某一个具体犯罪而言，行为人在有条件继续实施下去的情况下，出于自己意愿主动地加以放弃，不能说不“主动”，也很难说不“彻底”。其实刑法中有关犯罪中止成立的“彻底性”特征也是相对或有条件的，而并非是绝对或无条件的。理论上和司法实践中，我们不应该也不会以行为人“今后不再犯罪”或者“不再犯同样的罪”作为判断是否具备犯罪中止“彻底性”的标准。有人将以“低位犯罪”代替“高位犯罪”的案件称为“避重就轻的犯意改变”，笔者并不完全同意，因为在这类案件中行为人并非在面临追究刑事责任时的“避重就轻”，而实际上是在实施犯罪行为过程中的主动放弃，相对其所放弃的“高位犯罪”而言，行为人确实彻底地打消了“高位犯罪”的故意，在这种情况下不认定犯罪中止，似乎也不完全符合刑法中设立犯罪中止的立法宗旨，即最大限度地鼓励犯罪分子停止犯罪，并尽可能地避免较重犯罪结果发生。

其四，完整适用刑法的相关规定。采用“高位犯罪”吸收“低位犯罪”的方式处理这类案件，最终对行为人以“高位犯罪”的中止定性，不仅可以反映行为人在实施犯罪过程中确实曾经存在或者出现过“高位犯罪”的故意和行为，也可反映行为人自动放弃这些故意且停止实施相关行为的情况，同时可以通过“应当减轻”的法定情节将这些内容反映出来。尤为重要的是，这种方式还可以反映“低位犯罪”的实际内容，即通过对“高位犯罪”中止的认定，将“低位犯罪”既遂的内容作为“高位犯罪”“造成损害”中止的内容表现出来，对行为人考虑适用“应当减轻”的法定情节，而排除对行为人适用“应当免除”

法定情节的可能性，这样就可以从根本上解决了完整全面地适用刑法中关于犯罪中止的相关规定的问题，从而真正体现罪责刑相适应这一刑法基本原则的精神。

第三章　刑事立法技术的革新与转变

第一节　尊重民意与科学立法

《刑法修正案（九）》（以下简称《刑修九》）亮点频频，最大的亮点无疑是废除了9个死刑罪名，特别是金融犯罪等领域如今不再有死刑。在一类犯罪中完全废除死刑，其意义不可低估。同时，贪污受贿有关的量刑标准做了调整，还增加了对行贿的打击力度，专门增加了"对有影响力的人行贿罪"的罪名。网络犯罪有了重大的调整，即刑法对中性经营行为开始了介入规制。除此之外，加大对危险驾驶犯罪、恐怖活动犯罪的打击力度，增设考试舞弊类犯罪，规定拐卖妇女儿童行为一律入刑以及废除嫖宿幼女罪也是此次刑法修正的亮点。

应该看到，为了更好地适应预防和惩治犯罪的需要，新近颁行的《刑修九》针对我国当前司法实践中出现的一些新情况、新问题，确实在罪名的设置上作了一些切实可行的规定，但是，我们也应该正视《刑修九》罪名设置的规定中实际存在的一些情绪性立法现象。这些情绪性立法现象的存在，可能会在一定程度上抵消良好的立法效果，并影响科学立法理念的确立，甚至可能会使司法适用遇到障碍。具体来说，笔者认为，《刑修九》中的情绪性立法主要表现在以下几点。

首先，在性观念逐渐开放的时代背景下，刑法对性侵害犯罪的打击力度应当减弱而不是加强，而此次《刑修九》中扩大对性权利刑法保护的相关规定似乎与这一趋势有所背离，这无疑值得我们思考。此次《刑修九》将男性纳入强制猥亵罪的犯罪对象中应当说具有一定的合理性，然而，我们也听到相关组织和人员在《刑修九》草案讨论的时还要求把男性也纳入强奸罪的犯罪对象中，虽然这一建议最终没有被采纳，但可以肯定的是这一建议多少包含着情绪化的色彩。众所周知，强奸罪与强制猥亵罪都是对侵害性权利的行为，刑法分设两个罪名，是从不同程度体现对性权利的保护。强奸罪是通过性器官的接触侵害性权利，这从理论和实践中对于强奸罪的既、未遂以“插入说”为认定标准中足以说明。由于生理原因，生活中意图通过性器官的接触来达到性侵男性的目的几乎是不可能实现的。由此分析，我们不难发现，法律对男女性权利的同等保护不可能是绝对的。事实上刑法将男性纳入强制猥亵罪的犯罪对象之中，已足以达到保护男性性权利的目的，没有必要再将男性纳入强奸罪的对象中。笔者认为，在此方面的刑事立法上，抑制“过度亢奋”的情绪是十分必要的。

我们在性观念相对保守的年代规定了嫖宿幼女罪，在性观念相对自由且开放度比较高的年代反而废除了嫖宿幼女罪，并以处罚更重的强奸罪认定，这与刑事立法应适应现代社会发展趋势的理念是否背离？值得大家思考。另外，这么大的一件事，而且理论中我们也经过了这么多的讨论，《刑修九》却在三读中突然通过了（我们对刑法的重大修改的条文，在程序上要经过三次审议），没有第一读和第二读，直接三读通过，有没有情绪化的问题？结果或内容的正当性和合理性另当别论，最起码在程序上是不到位的。

其次，《刑修九》对贪污贿赂类犯罪做了重要修正，例如，在对贪污贿赂犯罪量刑上，我们废除了唯“数额论”的量刑模式而采用了“数额+情节”量刑模式；又如，我们适当加大了对行贿犯罪的打击力度；再如，我们废除了贪污罪中绝对确定的法定刑，原来刑法中有三处绝对确定的法定刑，包括重大贪污行为、绑架并杀害他人行为和劫持航空器行为，现在只保留了劫持航空器罪中绝对确定的法定刑。应当说，修正案关于贪污贿赂犯罪的以上修正都及时适应了社会发展的新变化，具有较大的科学性和合理性。然而，笔者认为，《刑修九》规定对部分贪污贿赂犯罪实行终身监禁值得我们思考。我们不可否认，现实生活中一些被判处无期徒刑的贪官们往往会利用手中尚未完全失效的权力，进行权力“寻租”，从而获取不正当的减刑、假释。这就导致在实际执行过程中无期徒刑有名无实，无期徒刑有期化，即被判处无期徒刑的罪犯实际上仅受十几年的牢狱之刑，有的甚至更少。由此导致严惩、严判重大贪污贿赂犯罪的初衷无法在执行环节得以实现，这就使某些民众产生了“生刑过轻”的感觉，进而促使其开始呼吁应对贪污贿赂犯罪适用终身监禁刑，但笔者认为，这当中也有一些问题值得我们思考。

其一，终身监禁能否作为死刑的替代品？对于非暴力犯罪严格控制死刑的适用，并逐步废止相关犯罪的死刑是我国目前一项重要的刑事政策。然而，减少死刑的适用并不能以提高生刑或者说设置终身监禁刑为替代。从某种意义上来说，终身监禁的残酷性其实并不亚于死刑。正如德国学者考夫曼所言：“任何被拘禁者，都不可能在其人格不遭受重大障碍的情况下忍耐十五年以上的拘禁，这在今天已是不争的事实。其后他所剩下的并不是真正的生存，只不过是苟延残喘的人的空壳。”我国也有学者甚至认为，“以终身刑替代死刑，只不过是用一种死刑（甚至更为残酷）替代另一种死刑”。因此，笔者认为，意图通过延长生刑来替代死刑的做法是错误的，正确的做法应当是在废止死刑的同时禁止终身监禁刑的适用。其二，终身监禁是否违背了刑罚的教育改造功能？刑罚除了具有报应性之外，还具有教育改造的功能，减刑假释制度即是这一功能的具体体现。然而，《刑修九》为迎合某些民众的呼吁而对贪污受贿犯罪设置终身监禁刑的做法实际上否定了刑罚的教育改造功能，其实际上在定罪量刑时就完全斩断了罪犯改过自新的后路，不利于鼓励罪犯通过劳动改造，早日重归社会。其三，笔者认为，惩治贪污受贿犯罪问题的关键不在于无期徒刑起不到惩罚犯罪的效果，而在于如何进行刑罚执行过程中的制度设计，严把减刑、假释的关口，提高刑罚执行的规范性和有效性，从而有效地惩治贪污受贿犯罪分子，有力地震慑潜在的贪污受贿犯罪者。

现在北京有很多学者也提到，我们国家之所以不能废除死刑主要因为生刑太轻，但笔者认为，我们国家的生刑不低且不短，实际问题在于生刑的执行力度。我们对贪污贿赂这种职务犯罪实施终身监禁无非想让这些罪犯在监狱里待一辈子，从而剥夺他们的再犯能力，而笔者的观点是这些罪犯经过审判后就肯定已经没有了职务，也就不可能再犯了。笔者认为，对于那些严重的暴力犯罪，可以通过终身监禁来避免再犯，让他们在监狱里耗尽终身；但对于职务犯罪是否有必要终身监禁值得反思。《刑修九》在设置这一规定的过程中有没有情绪立法的问题，是不是为了照顾民意？值得大家讨论。

再如，《刑修九》有关网络犯罪的一些新规定也有值得思考的地方。

网络大数据时代，对涉信息网络违法犯罪的规制是应该毫不留情，还是应该宽严相济？笔者认为，应该区别对待，避免“一刀切”，对涉信息网络犯罪应当一律从严或者一律宽缓的观点均不甚妥当。因为互联网技术本就是一把“双刃剑”，这就要求我们具体问题具体分析：其一，对基于应用互联网技术过程中而产生的犯罪，刑事立法应当保持谦抑，比如说互联网金融的创新式发展极大地便利了以往的传统金融行为，在这一过程中将不可避免地对现有法律造成冲击，我们不能过多地限制互联网金融企业的业务行为，不应该赋予其本不该承受的责任与义务，否则就可能阻碍互联网行业的发展；其二，对于那些利用网络传播快、效率高特点而造谣惑众（散布网络谣言）的不法分子，犯罪行为的危害实际上是被网络进一步放大了，对于这类行为，刑法应予以坚决的遏制和打击；其三，对于那些线上与线下犯罪行为危害程度差别不大，只是单纯以互联网为工具进行的犯罪行为，刑法不必过于敏感。

此外，袭警行为的从重处罚，毫无疑问也是受民意的影响。其实对此问题早有讨论，从立法上讲，现行刑法中的妨害公务罪等罪名已经将相关行为纳入规制范围之中，即现有罪名已足以规制这些行为。现在再将其专门提出来，无非能起到“突出提示”作用。客观上说，这种“突出提示”可能会带来新的不平衡：袭击警察可以从重处罚，那么袭击法官、检察官，是不是也应该从重处罚？这个值得研究。由于警察职业的特殊性，在执法过程中，警民对立的情况时有发生且不可避免。在发生矛盾甚至产生冲突时，警察受过专业训练且配有器械、枪支，其自我保护的能力特别强，而在此方面，法官与检察官则是很弱的。在此情况下，如果再“突出提示”对袭警行为的从重处罚，是否会产生新的不平衡？是否也是情绪立法的表现？我们理应对此进行反思。

第二节　刑事立法应力戒情绪

——以《刑修九》为视角

依法治国的步伐走到今天，我们完全可以说，中国特色社会主义法律体系已基本形成，国家和人民的各项事业也已基本实现有法可依。在此情况下，制定新法似乎已不再是立法机关的主要工作，其主要任务已转变为对现有法律的修正和完善，正如有学者所言，我国已经迈入了“修法时代”。[1]但要实现良法善治，仅“有法可依”还远远不够，更重要的是“有良法可依”。而欲要实现“有良法可依”，功夫就应下在提高法律修正的质量上。刑法作为最严厉的法律，关涉公民最核心、最切身的利益，正因如此，人们出于对社会安全和自身安全的考量，往往对刑事立法活动保持着极高的关注度。尤其是近年来，随着网络技术被广泛应用于社交媒体中，民意或舆论通过各种渠道影响刑法修正活动已经成为现实。应当说，这也是我国法治建设不断完善、人民民主专政不断健全的重要体现。

然而，鉴于刑事立法的专业性、庄严性和严谨性，民意或舆论与刑事立法活动的关系理应张弛有度。但近几年来我们看到，有些所谓的“民意”或“舆论”似乎有过度介入或影响刑事立法倾向之嫌，由此导致不理性的情绪性刑事立法现象频频发生。刑事领域中的情绪性立法严重破坏了正常的立法秩序，其所结出的“毒树之果”也必将损害法律的权威，腐蚀社会公平正义的基石。事实上，自1997年《刑法》第一次修订以来，情绪性立法现象便屡见不鲜，近年来更有愈演愈烈的趋势。在此，笔者仅以最新颁行的且情绪性刑事立法现象表现较严重且典型的《刑修九》为研究对象，阐释刑事立法必须戒除情绪性立法的法理依据，并对部分典型的情绪性刑法修正现象予以反思，再提出相对科学、合理的修法思路。

需要指出的是，刑法的修正虽无可避免却也十分必要，但若想真正结出刑法修正之善果，必须力戒情绪性立法。但是，我们不能将所有民意或舆论对刑法修正的影响均等同于情绪性立法。根据《辞海》的解释：“情绪是从人对客观事物所持的态度中所产生的主观体验。它与人的自然性需要有关，具有较大的情景性和短暂性，并带有明显的外部表现。在汉语日常用语中，多以情绪指兴奋的心理状态或不愉快的情感。”[2]不难发现，情绪无疑是以人的情感为基础表之于外的，其具有主观性、短暂性和非理性的特点。因此，情绪化的民意或舆论影响刑事立法的情况方才属于情绪性立法。据此，笔者认为，刑事领域中的情绪性立法理应是指，立法机关在刑事法律修正的过程中，因受一定规

---

〔1〕 参见傅达林：《“修法时代”更需问计于民》，载《法制日报》2008年8月29日。
〔2〕 参见辞海编辑委员会主编：《辞海》，上海辞书出版社2006年版，第1362页。

模的情绪化民意或舆论的影响，而非理性、妥协性地增设、修改或删除刑事法律条文的行为。

一、力戒情绪性刑事立法的法理依据

任何立法活动均会不可避免地受到民意或舆论的影响，立法者本身也是带有情感的个人的集合，正当的民意表达理应被刑事立法所尊重、借鉴和吸收。也就是说，立法尊重民意有其合理性与正当性，这是由多方面原因共同作用的结果。首先，随着社会的不断发展，人类社会面临的风险和危险不断增多，社会公众的整体不安感剧增，要求刑法保护的欲望也日渐强烈，刑事立法理应满足社会公众的合理欲望。其次，随着网络技术被应用于社会生活的各个方面，信息传播的速度和效率均有了质的提高，无疑为民众的表达和舆论的形成提供了极大的便利，这些便利性条件又会反作用于民众参与立法过程的意愿。最后，某些个案（特别是一些极端冤假错案）的发生牵动着社会公众的神经，引发了社会公众的强烈关注，对此刑事立法当然不能熟视无睹。然而，实现良法善治始终是建设法治国家的根本出路，要实现"善治"必须以"良法"为前提。情绪的非理性、刑法的严苛性及刑法的谦抑性共同决定了科学的刑事立法活动必须摒弃情绪化干扰，才能最大限度地接近"有良法可依"，而这也正是刑事立法应力戒情绪性立法的法理依据所在。

（一）情绪性刑事立法往往来源于非理性的民意或舆论

立法确实应当尊重并体现民意。自古以来，我国就有重视民意的传统。《尚书》有"天视自我民视，天听自我民听"之论，逍遥派的庄子也有"上法圆天以顺三光，下法方地以顺四时，中和民意以安四乡"之言。[1]应该看到，民意是现代民主国家的立国基础。国家权力本身就是建立在民意基础之上的，不具有民意基础的权力，就不具有合理性和有效性。法律作为现代社会中最重要的行为准则，应该保证其为广大人民接受、遵守，这就必然要求法律能充分反映和体现民意。其实国家的立法过程本身就是民意形成和表达的过程，我们完全可以说立法是沟通民意与法律的一座桥梁。《宪法》第2条规定：中华人民共和国的一切权力属于人民。人民行使国家权力的机关是全国人民代表大

〔1〕《庄子·说剑》。

会和地方各级人民代表大会。人民依照法律规定，通过各种途径和形式，管理国家事务，管理经济和文化事业，管理社会事务。同时，《宪法》又要求人大代表应当同原选举单位和人民保持密切的联系，听取和反映人民的意见和要求，努力为人民服务。可见，人民代表大会通过人民代表汇集广泛的民意，倾听不同的利益诉求，经过立法程序，最终形成各方都能接受的规则并成为国家的法律。换言之，立法就是将已经形成共识的民意上升为国家法律的过程。从这个角度来看，国家的法律是现实存在的且具有稳定性和普遍适用性的最广泛的民意。《刑修九》中加大的行贿犯罪的处罚力度，其实就是立法反映民意的生动体现。

然而，民意的随意性、从众性和易被操纵性确实容易导致情绪性立法。民意来源的复杂性决定了其具有较大的随意性。特别进入网络时代以来，几乎每一起重大刑事案件的背后，都可以听到各种来自社会各个阶层的汹涌的“民意”表达，但在现实中，每个社会个体的情感都不尽相同，民意看不见、摸不着，那么谁代表了真正的民意呢？这恐怕是一个谁都无法回答且无法解释的问题。民意是一个与民主制度和民主理论相关联的概念。离开了具体民主制度的设计去泛谈所谓民意，我们就会陷入“民意不可测”的泥沼之中。就如美国政治学家凯伊所感慨的：“要很精确地来谈民意，与了解圣灵的工作没有两样。”[1]民意的随意性容易诱发民意的从众性和易被操纵性。不可否认，民意的兴起是基于每一个个体的情感表达，而这种自由、随性的表达往往因未经过充分的思考和论证而不够理性也不够坚定。当民意中的非理性因素积累到一定程度并传播开来时，民意的从众性特征凸显。当多数民众的情绪化的社会舆论占据上风时，这对于立法而言是相当危险的信号。在利益分化的社会中，民意很容易被某些别有用心的团体恶意的或者善意的利用甚至操纵。特别是网络技术的迅猛发展使人与人之间的交流突破了时间和空间的障碍，这无疑会加剧民意的从众性，导致情绪性立法的滋生。因此，一方面，民意参与立法活动不可避免也十分必要；另一方面，民意的随意性、从众性和易被操纵性又会诱导非理性的情绪化舆论的频繁出现，两相结合，就种下了情绪性立法这一“毒树”。

---

〔1〕 参见彭怀恩：《政治传播与沟通》，风云论坛出版有限公司2002年版，第103页。

（二）刑事法律的严厉性决定了刑事立法活动必须严谨且理性

不可否认，刑法是我们保护社会和公民权益的有效手段，尤其是在进入风险社会后，人们希望通过刑法来威慑犯罪保障安全的美好期许可以理解。但同时我们也应当认识到，自我国1997年《刑法》颁布实施以来，受“刑法万能论”的影响，我们对刑法的过度迷信与依赖，已经导致了刑事法网的过度扩张，而且这种犯罪化的趋势似乎愈演愈烈。据笔者不完全统计，《刑修九》共52个条文中即增加了27个罪名。[1]虽然犯罪化会在社会生活的局部显现一定的价值空间，但这种偕同“风险无处不在”因而“刑法也无处不在”的观念和做法，才是当今“风险社会”最大的“风险”。应当认识到，刑法并非保护社会和公民权益的唯一手段，在将某一危害社会的行为列入刑法规制之前，我们应当考虑是否可以通过其他法律手段进行规制和预防，而绝不能动辄就贸然使用刑罚对之进行惩罚，否则就无法将刑法推回到防卫社会之“最后一道防线”的本位。

总之，刑法作为最严厉的法律，它的适用往往关涉公民最核心的利益，正因如此，刑事立法更应该严谨、理性，并排除任何不必要的干扰。我国是成文法国家，法律条文本身应保持一定的稳定性，一旦被确立，就应当被全体国民信仰和遵从。而屈从所谓民意或舆论的情绪性立法的产物往往是有缺陷甚至有重大疏漏的法律文本，这样的法律如果被信仰、被遵从，一方面容易使被告人受到不公正的待遇；另一方面也容易削弱法律权威，使法律成为媚众的产物，从而也将会对法律公正和司法权威产生十分消极的影响。

（三）刑法的谦抑性要求刑事立法必须杜绝情绪化干扰

刑法的谦抑性，是指对于某种危害社会的行为，国家只有在民事的、行政的法律手段和措施仍不足以抗制时，才能通过刑事立法将其规定为犯罪，处以

---

〔1〕 这27个罪名分别是：准备实施恐怖活动罪，宣扬恐怖主义、极端主义、煽动实施恐怖活动罪，利用极端主义破坏法律实施罪，强制穿戴宣扬恐怖主义、极端主义服饰罪，非法持有宣扬恐怖主义、极端主义物品罪，虐待被监护、看护人罪，买卖身份证件罪，使用虚假身份证件、盗用身份证件罪，组织考试作弊罪，非法出售、提供试题、答案罪，代替考试罪，拒不履行信息网络安全管理义务罪，非法利用信息网络罪，帮助信息网络犯罪活动罪，扰乱国家机关工作秩序罪，组织、资助非法聚集罪，编造、故意传播虚假信息罪，组织、利用会道门、邪教组织、利用迷信致人重伤罪，故意毁坏尸体罪，盗窃、侮辱尸骨、骨灰罪，虚假诉讼罪，泄露不应公开的案件信息罪，披露、报道不应公开的案件信息罪，拒绝提供恐怖主义犯罪、极端主义犯罪证据罪，非法生产、运输制毒物品罪，战时拒绝军事征收罪，对有影响力的人行贿罪，非法批准征收土地罪等。

一定的刑罚，并进而通过相应的刑事司法活动加以解决。[1]由此可见，刑法的谦抑性更多地体现在刑事立法层面，只有在前置法无法惩治严重危害社会的行为时，刑法才能以“法律最后一道屏障”的姿态进行补充规制。

重刑主义思想在我国传统法律文化中由来已久。几千年来，“治乱世用重典，治平世用轻典”被奉为中华民族安邦定国的圭臬。重刑主义就像一个无法摆脱的幽灵，至今仍在国人的心中游荡，以致“刑法是威慑犯罪、解决社会矛盾的最有力武器”的思想根深蒂固，这就使得情绪性立法集中体现为重刑主义。笔者认为，在《刑修九》中嫖宿幼女罪的废除、贪污受贿犯罪终身监禁刑的增设、加重对袭警行为的处罚等规定，均从不同角度多多少少反映了情绪性立法的重刑主义色彩。这些立法擅动现象均显然与刑法的谦抑性原则背道而驰。

从某种意义上说，刑法的谦抑精神发展至今主要表现为“非犯罪化”。而情绪性立法往往伴有严重的重刑主义色彩，这与刑法的谦抑精神相背离，必须予以杜绝。如果仅仅因为刑法适用的效果更加直观、明显，却不考虑由此可能带来的刑法膨胀、动辄入罪、侵犯人权的负面效应，实际上无异于饮鸩止渴，从而会导致刑法的公正和权威受损。即便某一行为的入罪化果真在某种程度上解决了某些重大社会问题，难道这就不值得我们反思了吗？例如，从社会效果来看，醉酒驾驶入刑后，一段时间内社会上醉酒驾驶行为锐减，这些难道就足以说明醉酒驾驶入刑是完全合理而应永远存在吗？正如学者所言，一个国家只有使用武器才能够机械地让人们在棍棒下屈从，还能有什么荣誉可说呢？[2]

笔者认为，将刑法看作“自足”且“万能”的治理工具，并不间断地进行犯罪化，是国家高估了运用刑法治理社会的能力。对刑法的过度使用和依赖，正如死刑的滥用一样，会导致人们心灵麻木与羞耻感递减，对刑罚的感受力日益减弱，最终导致刑若无刑。因此，在刑事立法中扭转并防止重刑主义的立法倾向，杜绝情绪化的干扰和影响，对于贯彻刑法的谦抑精神乃至捍卫法律的尊严至关重要。

---

〔1〕 参见陈兴良：《刑法哲学》，中国政法大学出版社2004年版，第7页。

〔2〕 ［法］孟德斯鸠：《论法的精神》，张雁深译，商务印书馆1961年版，第127页。

二、《刑修九》中涉及增删罪名的情绪性表现

应该看到，为了更好地适应预防和惩治犯罪的需要，新近颁行的《刑修九》针对我国当前司法实践中出现的一些新情况、新问题，确实在罪名的设置上作了一些切实可行的规定，但是，我们也应该正视刑修九罪名设置的规定中实际存在的诸多情绪性立法现象。这些情绪性立法现象的存在，可能会在一定程度上抵销掉良好的立法效果，并影响科学立法理念的确立，甚至可能会使司法适用遇到障碍。

（一）废除嫖宿幼女罪存在情绪性立法色彩

《刑修九》明确将原刑法中的嫖宿幼女罪废除了，同时规定对于嫖宿幼女的行为，直接以奸淫幼女型强奸罪论处，从重处罚。笔者认为，嫖宿幼女罪并非污名之罪或特权之罪，且它的存在具有充分的法理基础。事实上，在《刑修九》草案一稿、二稿中均未提及该罪名将被废除的情况下，却在三稿中突然提出直接废除该罪名的立法方式，其随意性和非理性显而易见，似乎存在较多的情绪性刑事立法色彩。笔者认为，《刑修九》废除嫖宿幼女罪无论在时间节点上还是在内容中均存在有不妥之处。理由是：

首先，废除嫖宿幼女罪欠缺止当性依据。有人认为，嫖宿幼女罪是为了保护特权阶层，是为了替腐败分子逃脱重责而设立的。如全国政协委员、全国妇联党组副书记、副主席孟晓驷表示：嫖宿幼女罪的立法初衷是要加强对未成年人的保护，但罪名中的“嫖宿”二字将幼女判定为卖淫者，在尚未惩戒施暴者前先把板子打在受害者身上，使无辜者成为社会意识中的过错方，极大损害了幼女的人格和尊严，对幼女及其家庭造成沉重的精神和心理压力，既不利于未成年人的成长和保护，也不利于惩治对未成年人的性侵犯罪。[1]这种观点实际上可以概括为一句话：嫖宿幼女罪是“污名之罪”，对于这种观点，笔者并不认同。改革开放以来，随着我国社会经济的发展，卖淫嫖娼这种社会痼疾也死灰复燃，并呈愈演愈烈之势。卖淫嫖娼如今已成为一种社会现实，卖淫人员也逐渐低龄化。因此，幼女卖淫现象的存在已是一个无法回避的客观事实，1997年

---

〔1〕 参见《孟晓驷委员：尽快废除嫖宿幼女罪并严惩性侵幼女犯罪》，载新浪网http://news.sina.com.cn/o/2014-03-06/204529641922.shtml，最后访问时间：2017年2月8日。

《刑法》设立嫖宿幼女罪实际上就是对这种客观事实的反映和体现。[1]换言之，无论刑法中是否规定嫖宿幼女罪，只要幼女实施卖淫行为，其卖淫女的帽子就已经戴上，故而幼女作为卖淫女的污名来源于卖淫嫖娼以及卖淫人员低龄化的社会现象，而并非肇始于在立法中设立了这个罪名。社会事实是因，立法规定是果，而不能本末倒置，让立法者背黑锅。就此而言，以嫖宿幼女罪是“污名之罪”为由来废除该罪似乎很难成立，废除嫖宿幼女罪实际上并不存在正当性依据。[2]

其次，废除嫖宿幼女罪违背了罪刑相适应原则。我国《刑法》原第360条第2款规定：“嫖宿不满14周岁幼女的，处5年以上有期徒刑，并处罚金。”对此，有学者指出嫖宿幼女罪的刑罚畸轻。其认为，从刑法条文的规定上看，奸淫幼女型强奸罪比照一般强奸罪从重处罚，其法定最高刑可达到死刑，而嫖宿幼女罪的法定最高刑仅为15年有期徒刑，这表明虽同为受到特殊保护的幼女，但刑法对卖淫幼女的保护力度明显低于一般幼女，这是不平等的。[3]然而，笔者认为，立法者为一个犯罪配置法定刑时必须遵循罪刑相适应原则。正如贝卡里亚所言，“犯罪对公共利益的危害越大，促使人们犯罪的力量越强，制止人们犯罪的手段就应该越强有力，这就需要刑罚与犯罪相对称”。[4]根据罪刑相适应原则的要求，一个罪名的法定刑设置须根据该种犯罪的社会危害程度大小而定，社会危害程度大，犯罪严重，应配置较重的法定刑；社会危害程度小，犯罪轻，则应配置较轻的法定刑。而判断一个行为社会危害程度的大小，不能仅仅考虑其所造成的危害结果、行为对象、主体身份等因素，还必须综合考虑行为手段、犯罪主体的主观恶性大小和其他因素。

就嫖宿幼女罪而言，这种犯罪既侵犯了幼女的身心健康，又侵犯了社会善良的性风俗，其危害性不言自明。立法者没有将一般的卖淫嫖娼行为作为犯罪处理，而将嫖宿幼女行为予以入罪就充分考虑到了这种行为在对象上的特殊性。普通的嫖娼行为只是行政违法行为，而嫖宿幼女则是刑事犯罪，其实已

〔1〕 参见刘宪权、房慧颖：《嫖宿幼女罪的刑事立法与司法应保持理性》，载《青少年犯罪问题》2015年第2期。

〔2〕 参见刘宪权、房慧颖：《嫖宿幼女罪的刑事立法与司法应保持理性》，载《青少年犯罪问题》2015年第2期。

〔3〕 参见安翱：《奸淫幼女罪相关问题探讨》，载《法学评论》2002年第4期。

〔4〕 ［意］贝卡里亚：《论犯罪与刑罚》，黄风译，中国法制出版社2005年版，第79页。

是对这种行为的从严惩处，如果再对嫖宿幼女行为设置更高的法定刑，则是再一次的从重，这显然是不符合刑罚配置要求的。应当看到，设立嫖宿幼女罪的初衷，并非是为了与强奸罪相对应，而是为了与一般不认为是犯罪的嫖娼活动相对应、相区别。[1]正如有学者所言，如果嫖宿的对象为已满14周岁的少女，就不构成犯罪，而如果嫖宿对象是不满14周岁的幼女，则要被判处五年以上有期徒刑，这本身就已是一种重罚。[2]加上考虑到嫖宿幼女行为一般发生在地下非法性交易场所，并且不使用暴力、胁迫、麻醉、引诱等手段，因此当时认为定性为嫖宿幼女罪比强奸罪更确切一些。然而，《刑修九》将该罪废止，就会导致某些嫖娼行为直接由行政违法行为转变为一个刑事重罪，使违法行为与严重犯罪行为之间出现了巨大真空，模糊了违法与犯罪的界限，破坏了违法行为与犯罪行为的衔接性和过渡性。这无疑与罪刑相适应原则不完全吻合。

最后，废除嫖宿幼女罪背离了性犯罪的立法趋势。性在我国一直是一个讳莫如深的话题，在几十年前，甚至出现过夫妻在家里看色情电影而被警察破门而入予以逮捕的事件，在现在看来，这种现象无疑是荒谬、荒诞的。时下，尽管开放的性观念还不能成为社会的主流观念，但在某种程度上已经被越来越多的人所接受。这从近年来未成年人具有性经验的群体不断增多的现象分析中，已经足以证明这一点。应当看到，在性观念逐渐放开的时代，对性的限制应该是逐渐放开而不是愈发缩紧，与此相对应的，刑法对性权利的保护也应当是逐渐减弱而不是加强。例如，在我国1979年《刑法》中规定有“流氓罪”，当时受严打政策的影响，流氓罪的入罪门槛极低，且可以判处死刑。记得在1983年“严打”中，一个王姓女子因与10多名男子先后发生性关系而以流氓罪被判处死刑。面对死刑判决，这位王姓女子说了这么一句话：“性自由是我选择的一种生活方式，我的这种行为现在也许是超前的，但20年以后人们就不会这样以如此鄙夷和愤怒的眼光看待我了。”[3]在30多年后的今天，尽管性自由仍未成为主流的社会道德，但人们对于性行为的看法和观念已经有了很大改变。在现行刑法中流氓罪已经取消，与多人发生性关系，只要不属于聚众淫

〔1〕 参见刘宪权、房慧颖：《嫖宿幼女罪的刑事立法与司法应保持理性》，载《青少年犯罪问题》2015年第2期。

〔2〕 参见苏希杰等：《废除嫖宿幼女罪　谁在支持谁在反对》，载《中国青年报》2015年7月20日，第3版。

〔3〕 陶盈：《1983年“严打”：非常时期的非常手段》，载《文史参考》2010年第20期。

乱，事实上不会构成犯罪，更不用说判处死刑，即便是聚众淫乱，也仅处罚首要分子和多次参加者，而且最高也只能判处五年有期徒刑。更进一步说，根据我国刑法的相关规定，聚众淫乱者，只要人数达到三人以上，不论是公开的还是私密的进行，都应当以聚众淫乱罪认定处罚。正如有些学者指出的，将聚众淫乱行为纳入刑法范畴，是典型的用法律规制道德问题，公权过分干预个人权的权利的表现。〔1〕。事实上，瑞典、韩国、美国等大多数国家对于多人私密的性行为都认为属于个人的性自由空间而不处罚。这无疑表明，法律对性自由的扩张趋势应当容忍而不应过分介入。更何况，嫖宿幼女行为还是以幼女的"同意"为前提，与一般的强奸行为的主观恶性和社会危害性相比断不可同日而语。〔2〕在此背景下，将嫖宿幼女罪废除而直接以奸淫幼女型强奸罪论处，显然与性犯罪的立法趋势背道而驰。

笔者认为，《刑修九》此次将嫖宿幼女罪废除，无论是在时间节点上还是在内容上，均可能很大程度是受到了舆论或所谓"民意"（特别是受到妇联等相关组织意见）的影响所至，这无疑带有情绪性立法的色彩或痕迹。

（二）增设"编造、故意传播虚假信息罪"存在情绪性立法色彩

《刑修九》第32条增设了"编造、故意传播虚假信息罪"："编造虚假的险情、疫情、灾情、警情，在信息网络或者其他媒体上传播，或者明知是上述虚假信息，故意在信息网络或者其他媒体上传播，严重扰乱社会秩序的，处三年以下有期徒刑、拘役或者管制；造成严重后果的，处三年以上七年以下有期徒刑。"应当承认，该罪名的设置与我国日益重视打击网络传播虚假信息行为的刑事政策密切相关。然而，在笔者看来，这一罪名的设置实际上也包含了情绪性立法的因素。

一般而言，按照罪刑相适应原则，刑法对严重刑事犯罪的打击力度应当重于较轻微的刑事犯罪，这在客观行为上的体现之一是重罪的入罪门槛应当低于轻罪的入罪门槛，也即重罪的构成要素一般要少于轻罪。例如，我国刑法同时规定了抢夺罪和抢劫罪，在这两个罪名中，无疑前者是轻罪，后者是重罪，

---

〔1〕 李银河：《取消聚众淫乱罪会败坏社会风气吗》，载http://liyinhe.love.blog.163.com/ blog/static/109689741201032040518 74/，最后访问时间：2017年2月12日。

〔2〕 参见刘宪权、房慧颖：《嫖宿幼女罪的刑事立法与司法应保持理性》，载《青少年犯罪问题》2015年第2期。

为了体现两罪不同的社会危害性，刑法中将抢夺罪的罪状表述为："抢夺公私财物，数额较大的，处……"，而将抢劫罪的罪状表述则为："以暴力、胁迫或者其他方法抢劫公私财物的，处……"。由此可见，构成抢夺罪必须具备"数额较大"的条件，而构成抢劫罪并无"数额较大"的要求。换言之，属于轻罪的抢夺罪的入罪门槛明显高于属于重罪的抢劫罪，这是罪刑相适应原则的应有之义。

然而《刑修九》增设的编造、故意传播虚假信息罪就在一定程度上打破了这种罪刑设置平衡的体例。应该看到，该罪名与《刑法》第181条规定的编造并传播证券、期货交易虚假信息罪的罪状表述极为相似，后者的罪状表述为："编造并且传播影响证券、期货交易的虚假信息，扰乱证券、期货交易市场，造成严重后果的，处……"。从客观行为来看，只有"编造并传播"（编造和传播行为同时具备）证券交易虚假信息才会构成本罪，单纯的"编造"或者"传播"行为均不能构成。由于事实上编造者通常一定是传播者，而传播者则未必是编造者，因此，此罪的关键在于惩罚编造者。但是，《刑修九》所增设的编造、故意传播虚假信息罪的客观行为方式则表现为"编造、故意传播"或者"传播"（编造或者传播行为只需具备其一），也即单纯的传播行为也可以构成本罪。两相比较，不难发现，如此设置的结果是，编造、故意传播虚假信息罪客观方面的入罪门槛明显低于编造并传播证券、期货交易虚假信息罪的入罪门槛。这无疑表明，刑法对编造、故意传播虚假信息罪的打击力度大于编造并传播虚假的证券、期货交易虚假信息罪。然而，事实上证券、期货交易虚假信息对社会的影响明显要大于虚假险情、疫情、灾情、警情等信息。

首先，两罪的传播对象存在较大差异。就传播对象来说，虚假的"险情、疫情、灾情、警情"的传播范围往往局限于特定的物理空间，因此受牵涉和影响的人较少；而传播证券、期货交易虚假信息罪则不同，一旦相关虚假信息传播开来，将会有数以亿计的股民〔1〕受到牵连并遭受巨大财产损失。

其次，两罪的虚假信息传播的后果存在较大区别。就虚假传播的后果而言，"险情、疫情、灾情、警情"的传播主要是会造成特定区域的人心理上的不安定与恐慌，在这一过程中，人身权利和财产权利一般都不会受到损害；而虚

〔1〕《中国股民数量达到一亿》，载综投网：http://www.zt5.com/guonei/261966.html，最后访问时间：2017年2月18日。

假的证券、期货交易信息一旦被传播开来，不仅正常的证券、期货市场交易秩序将被扰乱，也极易导致市场参与者财产权益遭受不可挽回的重大损失，由此甚至可能引发群体性事件。

最后，两罪中的虚假信息澄清后的效果也存在极大差别。一般来说，虚假的“险情、疫情、灾情、警情”被澄清后，民众暂时性的心理忧虑很快就会消失，被破坏的社会秩序也能得到快速修复，因此，不会造成实质性的严重社会危害。但与此不同的是，证券、期货市场往往瞬息万变，从准备交易到交易完成的整个过程甚至几十秒就可以结束，加之证券、期货市场对信息本就十分敏感，虚假信息的散布，将对市场产生多米诺骨牌式的连锁反应，数以亿计的资金将在瞬间可能处于十分危险的状态。更何况，证券、期货市场作为我国金融市场的重要组成部分，一旦正常运转出现障碍，甚至有引发全面性系统金融危机以及社会动乱的巨大风险，而这种风险当然是我们不愿面对也无法承受的。可见，证券、期货市场的不良反应和虚假信息引发的恶劣后果并不会随着虚假信息的澄清而自动修复。

综上可见，编造并传播证券、期货交易虚假信息罪的社会危害性理应大于编造、故意传播虚假信息罪。在此前提下，笔者认为，《刑修九》中对编造、故意传播虚假信息罪设置的入罪门槛低于编造并传播证券、期货交易虚假信息罪的立法规定似乎并不合理。在互联网时代，民众（包括法学专家）呼吁加大对网络谣言的惩罚力度无可厚非也十分必要，立法者可以带有情绪，但在立法活动中必须保持严谨与周密，字斟句酌，杜绝情绪化的随意性立法。唯有如此，法律才能被真正被信仰和遵守。

三、《刑修九》中涉及量刑情节规定的情绪性表现

应该看到，《刑修九》除在设置新罪名的规定中表现出一些情绪性立法的色彩，实际上在涉及相关犯罪量刑情节的规定中同样也有表现。

（一）对暴力袭警行为从重处罚存在情绪性立法色彩

《刑修九》在《刑法》第277条中增加一款作为第5款：“暴力袭击正在依法执行职务的人民警察的，依照第一款的规定从重处罚。”随着这一规定的出台，百万警察呼吁并翘首以盼的增设“袭警罪”的愿景再一次落空。事实上，自2003年“两会”期间有人大代表提出在刑法中增设“袭警罪”以来，“增设袭警

罪”的建议几乎每次都会出现在刑法修正的草案中，以达到支持论者打击和震慑日益严重的袭警行为，充分保障警察依法执行职务的效果。支持者的声音固然洪亮，但是一直以来，立法者出于理性因素的考量，袭警罪每一次都免不了“胎死腹中”的命运。此次《刑修九》虽然没有对袭警行为单独设罪，但却在妨碍公务罪的规定中增加了对“袭警行为从重处罚”的内容。笔者认为，《刑修九》的这一规定其实并无太大的实际意义，从某种角度来说，规定“袭警行为从重处罚”似乎也属于刑事立法对所谓“民意”的一种屈从和妥协，情绪性刑事立法的色彩明显，似乎有所不妥。

首先，加大对袭警行为的处罚力度乃至增设“袭警罪”并非有助于保障警察执法权。强调对警察群体予以特殊保护的学者大多认为，“警察群体面临被袭击的风险大”“警察被袭击造成的现实社会危害明显”“独立成罪是出于特殊威慑的”考量。[1]那么是否只有在刑事立法中加大对袭警行为的打击力度才能充分保障警察执法权呢？笔者认为，事实恐怕并非如此。一方面，刑法的残酷性，不在乎罪名有多重，而往往是来源于刑罚的不可避免性和惩治的及时性，这也是刑罚预防犯罪功能的体现。也就是说，如果实施某一行为已经触犯刑法，出于对刑罚的畏惧，实际上就已经足以达到一般的预防犯罪的效果。另一方面，保障警察执法的途径主要有二：其一是提升警察的自我保护能力，使袭警行为不能发生或者不能得逞；其二是对已经发生的袭警行为予以及时有效的制裁，以震慑违法犯罪分子。其中，第一条途径属于防患于未然，第二条途径是惩罚于已然。在追求保障警察执法权的路径选择上，我们不能寻求利用刑法来惩治袭警行为而忽视警察的自我保护能力的途径。从更深层次的原因分析，警察被袭击的概率高的根本原因在于其依法应享有的权利小，而依法不应当享有的权力大，在利益分化的社会中，警民关系本就较为敏感，一旦不适当的执法行为导致二者关系进一步恶化，完全很可能引发更深层次的社会矛盾。就此而言，笔者认为，就保障警察执法权而言，防患于未然的未雨绸缪远比挥泪斩马谡的亡羊补牢更有效果。

其次，加重对袭警行为的打击力度背离了现代刑法“锄强扶弱”的法治精神。应当看到，“限制公权力的不适当扩张”和“保护公民私权不受非法侵害”

〔1〕 参见金伟忻、顾雷鸣：《人大代表建议增设袭警罪》，载《新华日报》2006年3月11日，第A02版；张有义：《专家建议：提高警察福利、设置袭警罪》，载《法制日报》2007年4月1日，第5版。

是现代法治精神的应有之义。正如学者所言，“警察权力与公民权利在一定条件下成反比关系，即警察权的扩大意味着公民权的缩小，警察权的滥用往往使公民权化为乌有”。[1]因此，在扩张和强化警察权力，维护警察权威的同时，我们有必要时刻反省，我们是否做到了像保护警察那样保护公民。由于警察职业的特殊性，在执法过程中，警民对立的情况时有发生且不可避免。在发生矛盾甚至产生冲突时，警察受过专业训练且配有器械、枪支，因此，在绝大多数冲突中受伤害的都是普通民众，从这个角度来说，更应该受到特殊保护的应当是手无寸铁的普通百姓而并非全副武装的警察。除此之外，在某些情况下，民众对警察的执法活动产生怀疑本就情有可原，而在此情况下所产生的“事发有因”的肢体冲突，如果在强调加大对民众的惩罚力度，似乎就没有正当性可言了。

最后，对警察这一群体予以特殊保护将产生新的罪刑失衡问题。《刑修九》加重对袭警行为的处罚力度，无非是想解决之前刑法对袭警行为处罚力度过轻的问题。然而，这一“补漏”性质的修复措施却带来了新的罪刑失衡问题。主要体现在对不同主体保护力度不同导致的“失衡”。比如说，同样是公务员甚至是司法工作者，我国刑法中却并没有“暴力袭击法官、检察官的，从重处罚”，也没有“暴力袭击政府官员的，从重处罚”等类似规定。事实上，在现实生活中袭击法官、检察官和政府官员的事件并不鲜见。因此，从刑法体系的完整性、合理性以及罪刑平衡的要求来看，在妨碍公务罪中对警察予以特殊保护，不但缺乏正当性的依据，也显得十分突兀与多余。立法者不能因为警察在我国权力体系中的特殊地位而片面的予以特殊保护，更不应该就此“顺从”所谓的“民意”。

（二）处罚收买被拐卖的妇女、儿童行为的规定中存在情绪性立法色彩

《刑法》原第241条第6款规定：“收买被拐卖的妇女、儿童，按照被买妇女的意愿，不阻碍其返回原居住地的，对被买儿童没有虐待行为，不阻碍对其进行解救的，可以不追究刑事责任”。该条款来源于2010年3月15日最高人民法院、最高人民检察院、公安部、司法部出台的《关于依法惩治拐卖妇女儿童犯罪的意见》：“被追诉前主动向公安机关报案或者向有关单位反应，愿意让被收

[1] 参见陈兴良：《限权与分权：刑事法治视野中的警察权》，载《法律科学》2002年第1期。

买妇女返回原居住地，或者将被收买儿童送回其家庭，或者将被收买妇女、儿童交给公安、民政、妇联等机关、组织，没有其他严重情节的，可以不追究刑事责任。”这一规定的刑事政策考量是，现实生活中收买被拐卖妇女、儿童的情况比较复杂，对那些符合条件且主观恶性极小的收买行为，不追究刑事责任，有利于减少营救被拐妇女、儿童的阻力，从而让更多的妇女、儿童得到保护。〔1〕然而，随着《刑修九》的颁布实施，该项规定寿终正寝。《刑修九》将原条款修改为：“收买被拐卖的妇女、儿童，对被买儿童没有虐待行为，不阻碍对其进行解救的，可以从轻处罚；按照被买妇女的意愿，不阻碍其返回原居住地的，可以从轻或者减轻处罚。”自此，收买被拐卖妇女、儿童者将被一律追究刑事责任，这无疑斩断了犯罪分子“悬崖勒马”之路。笔者认为，该立法修订似乎同样存在浓厚的情绪性立法色彩。毋庸置疑，这一立法修订与近年来人贩子猖獗、拐卖儿童问题引起民众广泛关注和极大愤恨存有莫大关联。就在2015年6月，《刑修九》草案审议过程中，一篇《人贩子一律当判死刑》的帖子引爆了微信朋友圈等社交媒体，一时间“人贩子当一律处死”的观点受到了民众和舆论的热捧和推崇。诚然，帖子的内容因为毫无正当性并没有被采纳，但必须承认的是，《刑修九》规定对收买被拐卖的妇女、儿童一律追究刑事责任无疑受到了部分民众情绪的干扰和影响。虽然修法的动机值得肯定，但这种情绪性的修法方式，是否能够更好地实现对妇女儿童的保护，恐怕并非完全不能质疑的。

首先，笔者认为，对收买被拐卖的妇女、儿童行为一律追究刑事责任，实际上使其刑事立法目的一定程度上偏离了保护法益的初衷。刑事立法的目的应回归至保护法益层面而绝不能停留于满足某些民众的正义感。以拐卖、收买儿童行为为例，刑法规定相关犯罪的目的应当是全面否定和严厉惩罚将儿童当作商品贩卖的行为，而不完全是为了通过惩罚犯罪对儿童的家人进行精神上的抚慰。这也是父母出卖自己孩子的行为具有同等可罚性的依据。换言之，规定拐卖儿童罪和收买被拐卖的儿童罪的目的是保护公民的人身自由权这一重要法益，而不能“留恋于”抚慰被拐卖儿童家人受伤之心灵中。因此，刑事立法必须以实现法益的最大程度保护为前提，而不能过多地迎合所谓的

---

〔1〕 参见高铭暄、赵秉志主编：《新中国刑法立法文献资料总览》（上），中国人民公安大学出版社1998年版，第642页。

民意或被非理性的舆论所利用，不得不承认，《刑修九》此次规定对收买儿童行为一律追究责任（符合条件的从轻处罚，不得减轻或者免除处罚）受到了来自儿童家庭成员（主要是儿童的妈妈）出于义愤要求严惩此类行为的影响。笔者认为，刑事立法的目的应当回归到保护法益这一轨道上来，因为依照部分社会成员的“不满和极大愤恨”来修改法律显然偏离了这一轨道。

其次，笔者认为，对收买被拐卖的妇女、儿童行为一律追究刑事责任，不但可能收效甚微甚至可能适得其反。《刑修九》规定对收买被拐卖的妇女、儿童行为一律追究刑事责任的初衷，无非是想通过切断收买被拐卖妇女、儿童者的“后路”的方式来威慑收买行为，从而达到从源头上预防此类犯罪的目的。[1]这一想法固然美好，但实际上很可能并不能如愿，有时还反而可能出现不利于被拐卖妇女、儿童的后果。对于收买者来说，之所以选择实施收买被拐卖的妇女、儿童行为，一方面是因为家庭贫困或生理缺陷导致其无法像一般人一样结婚生子；另一方面是因为对组成完整家庭的极度渴望促使其铤而走险。也就是说，收买者的目的是组成家庭，其对于将来很可能会发生的所收买的妇女、儿童被解救的情况是持否定态度的。而试图让一个非理性的收买者在行为时考虑该行为将来可能产生的不确定的法律后果似乎意义不大。而且《刑修九》的规定在切断了收买者的“后路”的同时，更有可能导致的情况是：一旦案发，必将被追责的现实会让收买者在犯罪的道路上“义无反顾”、越走越远，实施一些极端行为。这反而会将妇女、儿童陷入更加不利的处境。

最后，对儿童、妇女区别对待的规定也值得商榷。《刑修九》将《刑法》原第242条第6款规定中的“可以不追究刑事责任”修改为“可以从轻或者减轻处罚”，并且规定仅适用于收买妇女的情况；如果收买的对象是儿童，即使收买人“对被买儿童没有虐待行为，不阻碍对其进行解救的”，充其量也只能是“可以从轻处罚”。由此分析，我们不难发现，如此修法虽然体现了立法者对儿童权益的格外关注，也与强化儿童保护的舆论相一致。但是，正如前述，在拐卖、拐卖妇女儿童犯罪中，这样的规定往往会适得其反。

综上可见，笔者认为，立法者在进行法律修正时，不能也不应该被舆论或者所谓的民意牵着鼻子走，而应该对舆论或者民意进行适当的逆向思考，综合

---

〔1〕 陈丽平：《收买被拐妇女儿童一律追究刑责》，载《法制日报》2015年7月7日，第3版。

考量多种因素，作出最符合客观实际、最科学的修正。

（三）对重大贪污贿赂犯罪设置终身监禁刑存在情绪性立法色彩

根据《刑修九》第44条的规定，对犯贪污罪的，数额特别巨大，并使国家和人民利益遭受特别重大损失的，处无期徒刑或者死刑，并处没收财产；对于其中被判处死刑缓期执行的，人民法院根据犯罪情节等情况，可以同时决定在其死刑缓期执行二年期满减为无期徒刑后，终身监禁，不得减刑、假释。笔者认为，严查贪腐、从严治党本是利国利民的好事，在这一过程中，民众带有情绪本身无可厚非，但作为立法者则必须保持冷静与理性。一直以来，无期徒刑作为严苛程度仅次于死刑的刑罚种类，主要适用于那些罪行十分严重但又不必要判处死刑的罪犯。然而，一些被判处无期徒刑的贪官们往往会利用手中尚未完全失效的权力，进行权力"寻租"，从而获取不正当的减刑、假释。这就导致在实际执行过程中无期徒刑有名无实，无期徒刑有期化，即被判处无期徒刑的罪犯实际上仅受十几年的牢狱之刑，有的甚至更少。由此导致严惩、严判重大贪污贿赂犯罪的初衷无法在执行环节得以实现，这就使某些民众产生了"生刑过轻"的感觉，进而促使其开始呼吁应对贪污贿赂犯罪适用终身监禁刑，以实际提高其生刑期限。然而，笔者认为，就我国刑事立法而言，"生刑过轻"其实是一个伪命题，因为实际上我国刑法规定的生刑并不存在"过轻"的问题，司法实践中对犯罪人判处的生刑也不存在"过轻"的情况。造成所谓"生刑过轻"观念的根源则完全在于人们认识上的偏差以及刑罚执行制度和实践中出现的偏差。[1]更进一步说，终身监禁刑本身就存在诸多局限性，对贪污贿赂犯罪适用终身监禁刑更是不甚合理。这是因为：

首先，终身监禁不能作为死刑的替代品。对于非暴力犯罪严格控制死刑的适用，并逐步废止相关犯罪的死刑是我国目前一项重要的刑事政策。然而，减少死刑的适用并不能以提高生刑或者说设置终身监禁刑为替代。从某种意义上来说，终身监禁的残酷性其实并不亚于死刑。正如德国学者考夫曼所言："任何被拘禁者，都不可能在其人格不遭受重大障碍的情况下忍耐十五年以上的拘禁，这在今天已是不争的事实。其后他所剩下的并不是真正的生存，只不过是苟延残喘的人的空壳。"我国也有学者甚至认为，"以终身刑替代死刑，只

〔1〕 参见刘宪权：《限制或废止死刑与提高生刑期限关系论》，载《政法论坛》2012年第3期。

不过是用一种死刑（甚至更为残酷）替代另一种死刑”。[1]因此，意图通过延长生刑来替代死刑的做法是错误的，[2]正确的做法应当是在废止死刑的同时禁止终身监禁刑的适用。

其次，终身监禁有违刑罚的教育改造功能。刑罚除了具有报应性之外，还具有教育改造的功能，减刑假释制度即是这一功能的具体体现。然而，《刑修九》为迎合某些民众的呼吁而对贪污受贿犯罪设置终身监禁刑的做法实际上否定了刑罚的教育改造功能，其实际上在定罪量刑时就完全斩断了罪犯改过自新的后路，不利于鼓励罪犯通过劳动改造，早日重归社会。笔者认为，惩治贪污受贿犯罪问题的关键不在于无期徒刑起不到惩罚犯罪的效果，而在于如何进行刑罚执行过程中的制度设计，严把减刑、假释的关口，提高刑罚执行的规范性和有效性，从而有效地惩治贪污受贿犯罪分子，有力地震慑潜在的贪污受贿犯罪者。

最后，对非暴力犯罪施行终身监禁有违罪刑相适应原则。我国《刑法》第78条和第81条规定对符合条件的罪犯给予减刑、假释。这些规定并没有对罪犯进行区分，这意味着只要符合减刑、假释的条件任何罪犯都应该享有申请减刑、假释的权利。换言之，剥夺任何罪犯的减刑、假释权不仅是不人道的，且也是不合法的。即便是出于政策考量或者现实需要，对某些领域的罪犯进行限制减刑的试点，非暴力犯罪也不该首当其冲。事实上，《刑法修正案（八）》首次提出的“限制减刑”的规定，针对的是“对被判处死刑缓期执行的累犯以及因故意杀人、强奸、抢劫、绑架、放火、爆炸、投放危险物质或者有组织的暴力性犯罪被判处死刑缓期执行的犯罪分子”。这些犯罪分子绝大部分为严重暴力性犯罪分子，即便如此，刑法也仅是规定对其“限制”减刑而没有对其禁止减刑，而根据《刑修九》的规定，对贪污受贿犯则是“不得”减刑、假释。由此观之，《刑修九》的此处修正很大程度上可能也是因“受迫”于某些民众严惩贪污受贿犯罪的呼声，而作出的欠妥当的情绪性立法规定。

四、力戒情绪性刑事立法的应然路径

任何事物的发展都有其应然的内在规律，刑事立法活动也应该遵循刑法

〔1〕 参见张明楷：《死刑的废止不需要终身刑替代》，载《法学研究》2008年第2期。
〔2〕 参见刘宪权：《限制或废止死刑与提高生刑期限关系论》，载《政法论坛》2012年第3期。

发展的客观规律。正如前述，情绪化的民意具有随意性、不确定性和易被操纵性等特点，而民意的介入又是刑事立法活动无法规避且必须考量的因素。这就要求刑事立法活动要在尊重民意的基础上，遵循自身发展的客观规律，既要反映社会政治经济文化发展状况，也要对社会舆论表现出的某种非理性和片面性影响予以屏蔽和免疫。笔者认为，科学的刑事立法必须力戒情绪性立法。具体而言，应当注意以下两点。

（一）遵循刑事立法发展的内在规律

遵循刑事立法发展的内在规律是科学刑事立法的前提。任何事物的发展都有其客观规律，刑事立法也不例外。在刑事立法过程中，只有严格按照刑事立法自身的规律进行，才能保证科学刑事立法内在的合理性。笔者认为，遵循刑事立法发展的内在规律必须坚持刑法规范的明确性并妥适处理刑法规范稳定性与前瞻性的关系。

首先，科学刑事立法必须坚持刑法规范的明确性。法律规范的明确性是法治的基本理念，是有效保障公民权利的必要前提。可以说，法律不明确等于没有法律。应该看到，所有的法律法规都要求具有明确性，但刑法的明确性具有更加特殊的意义。就私权的保护角度而言，刑法的适用牵涉公民最宝贵的核心利益，其对犯罪人生命、自由的剥夺往往具有不可逆性，这要求刑法条文必须明确，而不能含糊其辞。就对公权力限制的角度而言，刑罚权属于典型的公权力，具有先天的扩张性和侵略性，如果刑法不够明确，将给予权力者过多的自由裁量空间，这极有可能会导致刑罚权的滥用。正如有学者所言，“刑法规范的明确性恰如圈定刑法怪兽的樊篱，是控制刑罚权发动的基本手段，是保障公民权利的坚实盾牌”。[1]

笔者认为，坚持刑法规范的明确性的首要要求是在进行刑事立法时必须明确犯罪化的标准。行为具有严重社会危害性应当是犯罪化的实质标准。在刑事立法过程中，无论是犯罪化还是非犯罪化，也无论是重刑化抑或轻刑化，都涉及对行为社会危害性的衡量。[2]科学的刑事立法必须力戒情绪性立法，而情绪性立法的不足之处就在于欠缺犯罪化的合理标准。“一个行为只有在道德规范体系以及第一次法规范体系无法有效予以调整，并且符合刑法调整的

〔1〕 参见杨书文：《刑法规范的模糊性与明确性及其整合机制》，载《中国法学》2001年第3期。

〔2〕 参见王强军：《刑法修正之于社会舆论——尊重更应超越》，载《政法论丛》2014年第3期。

要求时，该行为才能被立法者赋予刑事制裁的法律效果。”[1]也就是说，刑法是保卫社会秩序的最后一道防线，从社会控制角度来说，其只是一种辅助治理手段。笔者认为，在风险社会中，将部分行为“犯罪化”着实是保护社会利益的现实需要，但与此同时，我们也应当注意避免犯罪圈的不适当扩张，防范公众陷入“刑法陷阱”的恐慌。对此，我们就必须严格把握犯罪的实质标准，只有将那些确实具有严重社会危害性的行为予以犯罪化，才是合理且正当的。

其次，妥适处理刑法规范稳定性与前瞻性的关系。法律不是嘲讽的对象，一旦被确立就被赋予无与伦比的权威而必须被信仰。如果法律朝令夕改，则势必会将把人们引入秩序的混乱与行为的无所适从，因为法律的稳定性直接决定了法律条文引导人们在规则内行为的效果。正因如此，刑法规范要保持稳定性，避免情绪化的立法擅动。但是，事实上社会转型加速了人们行为的复杂化，在这一过程中，新的犯罪现象不断涌现。面对复杂多变的犯罪现象，刑法条文又不可能一成不变。如果我们仍然秉持“条件成熟一个、制定一个”的经验主义立法模式，势必带来刑法的频繁修改。而要克服这一困境，就必须妥适处理刑法规范稳定性与前瞻性的关系。

在刑事立法过程中，为了尽量避免法律在短时间内频繁变更，保持刑法规范的稳定性，适当的前瞻性立法无疑成为必要且有效的选择。“立法者在制定相应的刑法规范时，既要顾及社会生活中已有犯罪的立法，又要充分考虑未来犯罪变化发展的趋向，在把握犯罪规律的基础上预见未来，合理地在法律规范中规定各种可能或者必然出现的犯罪，并根据其社会危害性程度设置必要的刑罚，以免在这些危害行为发生时因无法可依而放纵犯罪”[2]为了克服“法律一经制定就落后于社会现实”的尴尬，立法者应当以动态、发展的眼光把握刑法发展的态势，如此制定的刑法规范既不会严重落后于社会现实，也不会因“过分超前”而与社会现实严重脱节。如我国1997年《刑法》制定之初关于洗钱罪上游犯罪的规定，就是因囿于当时立法的狭隘认识而仅规定了毒品犯罪、黑社会性质的组织犯罪和走私犯罪，后来不得不通过《刑法修正案（三）》和《刑法修正案（六）》两次修改增设了恐怖活动犯罪、贪污贿赂犯罪、破坏金融管理秩序犯罪以及金融诈骗犯罪等。由此可见，前瞻性的刑事立法必须对社

〔1〕 参见梁根林：《刑事法网：扩张与限缩》，法律出版社2005年版，第43页。
〔2〕 参见赵秉志：《刑法修改中的宏观问题探讨》，载《法学研究》1996年第3期。

会生活的变迁有合理的预测。当前我国各项改革和技术革新正在深入进行，尤其是经济领域的改革更是全方位、多层次的展开。自由贸易实验区的设立、互联网金融行业的兴起等都使原来的经济关系日益复杂，但同时也使新型犯罪行为层出不穷。这就要求立法者在制定相应的刑法规范时，既要顾及社会生活中已有的刑事立法，又要充分考虑到未来犯罪变化发展的趋向，在合理把握犯罪规律的基础上适当地预见犯罪发展趋势，从而在刑事立法时保持一定的前瞻性，以充分保证刑事立法的稳定性。

综上所述，坚持刑法规范的明确性，明确并严格把握犯罪化的标准，只能将那些确实具有严重社会危害性的行为予以犯罪化，并妥适处理好刑法规范稳定性与前瞻性的关系。这既是遵循刑法发展内在规律的要求，也是杜绝情绪性立法，进行科学刑事立法的应然路径。

（二）对舆论或者民意的反应要坚持有所为有所不为的原则

对舆论或者民意的反应做到有所为有所不为是科学刑事立法的必经过程。科学的刑事立法应当对舆论或者民意保持理性，并在尊重民意的基础上超越民意。正如前所述，民意作为最广大民众普遍性和代表性的看法、意愿，虽然包含非理性因素，但民意表达在培养国民对法律的信仰和认同感方面却发挥着无可比拟的作用。与此同时，刑事立法活动需要立法机关通过规范的程序科学有序地开展，立法机关在立法过程中必须要听取国民的呼声，正如学者所言，"刑事立法程序的民主性要求刑事立法摒弃神秘主义，让国民参与刑事立法过程"。[1]在利益分化的社会，舆论或者民意中呈现非理性的因素无可厚非，立法者本人作为情感的集合体也可以对某一现象带有情绪，但切不可将非理性的民意和自己的情绪带入刑事立法过程中。

笔者认为，刑事立法确应尊重民意，但切不可屈从、盲从于民意，否则刑事立法一旦被容易情绪化的舆论或者民意所牵引，刑事立法效果也将大打折扣。《刑修九》废除嫖宿幼女罪就是刑事立法过程中屈从舆论或者民意的情绪性立法典型。回顾对嫖宿幼女罪的刑法修正过程，我们发现，其废除大致经过了以下流程："嫖宿幼女案接连曝光"——"民意沸腾"（认为对幼女的保护力度过轻）——舆论"推波助澜"——"法院审判纠结"——"高层震动"——"立法动

〔1〕 参见梁根林：《刑事政策：立场与范畴》，法律出版社2004年版，第269页。

议”。这样一个立法过程清楚地显示出，这个罪名的立法动议和条文形成更多的是立法机关在舆论压力下的无奈与屈从之举，而不是刑法对社会现实客观、真实、理性的能动反应，这种现象理应为刑事立法所杜绝。

综上所述，刑事立法一方面要破除民众对刑罚的迷信，吸纳和顺应民意的合理因素；另一方面也要通过民众参与刑事立法，培养民众的主体意识和理性观念，引导民众理解刑法、认同刑法，从而为科学的刑事立法提供最坚实、可信赖的舆论或者民意基础。

五、小结

随着社会的转型和传统规范约束效力的下降，刑法根据社会变化进行修正既是必然的也是应当的。但是，刑事立法应当构建明确的应对社会发展和社会舆论的机制，防止被情绪化的舆论或者民意所牵制，造成刑事立法的随意性和盲从性。要坚守刑法在法律体系中的“后卫”角色。迁就甚至屈从舆论或者民意的情绪性刑事立法无异于饮鸩止渴。它不仅挫伤了其他法律部门进行社会调整的积极性，同时也相应削弱了刑法的保障法形象。这样非但不能提升立法品质，反而全面挫损立法的威信，进而破坏刑法社会保护和人权保障的功能。科学的刑事立法必须力戒情绪性立法，立法者既要遵循刑法发展的内在规律，又要对舆论或者民意的反应做到有所为有所不为，如此才能将我国刑事立法水平推向一个新的高度，从而充分实现良法善治。

第三节　废除死刑与提高生刑期限关系比较探析

《刑法修正案（八）》首次废止了若干个罪名的死刑，这标志着理论界呼吁已久的限制甚至废除死刑的主张正式获得了立法机关的认可。但与此同时，该修正案也通过限制对被判处死刑缓期执行犯罪分子的减刑，以及对因犯数罪总和刑期在35年以上的将其有期徒刑的上限提高到25年的做法来提高生刑期限。〔1〕而这主要还是因为受学界一些观点的影响，即在较长时间里，我国刑法学界较多学者认为，我国死刑之所以难以废除，主要是因为我国《刑法》存在“生刑过轻”的问题。应该看到，支撑我国“生刑太轻”观点的重要论据之一，无疑是时下理论上普遍认为“国外的生刑期限普遍高于我国”。有的学者正是基于某些废除死刑国家的生刑期限普遍高于我国，以及近年来其中一些国家提高了部分犯罪生刑期限的现状，提出我国存在“生刑过轻”问题的观点。同时，又基于国外废除死刑和提高生刑期限之间具有必然联系的推断，进而得出我国也需要通过提高生刑期限来限制或废除死刑的结论。〔2〕那么，一些废除死刑国家的生刑普遍高于我国的论断是否客观？这些国家提高生刑期限的做法是否值得我国借鉴？国外废除死刑和提高生刑期限之间是否具有必然联系？笔者认为，对这些问题的分析和回答，应该是判断我国是否需要通过提高生刑期限来限制或废除死刑的关键。为此，我们有必要通过细致考察国外相关立法现状来剖析上述问题，进而对认为我国存在“生刑过轻”问题的观点作出正确的判断，以期裨益于我国将来进一步限制、废除死刑的立法探索。

一、国外生刑期限并非普遍高于我国

正如前述，一些学者通过列举几个有期徒刑上限较高的国家和地区与我

〔1〕 由于本节的论述主要针对理论界一直存在的“国外生刑期限普遍高于我国”的论断，而其中被学者用以比较的“生刑”即有期徒刑，因此，本节所论述的“生刑”特指有期徒刑，不包含无期徒刑、拘役等其他剥夺自由刑。

〔2〕 参见陈兴良：《刑罚结构亟待调整：限制死刑　加重生刑》，载《人民检察》2007年第19期；李希慧：《论死刑的替代措施——以我国刑法立法为基点》，载《河北法学》2008年第2期；赵秉志：《中国死刑替代措施要论》，载《学术交流》2008年第9期；马长生、许文辉：《死刑限制视角下的有期徒刑上限提高论——兼论我国重刑体系的冲突及衔接》，载《法学杂志》2010年第1期。

国进行对比，进而得出“国外生刑普遍高于我国”的论断，且此论断已经成为“生刑过轻”这一具有通论性观点的重要理论支撑。那么，这个论断是否客观呢？答案恐怕并非如此。

（一）有期徒刑上限的刑事立法规定之比较

对于有期徒刑上限的规定，经常被有些学者津津乐道并加以列举的国家和地区主要有：日本（有期徒刑上限为30年）、法国（有期徒刑上限为30年）、西班牙（有期徒刑上限为30年）、蒙古（有期徒刑上限为25年）、意大利（有期徒刑上限为24年）、挪威（有期徒刑上限为21年）、[1]美国（有的州规定的有期徒刑上限为25年、30年、50年等，有的州甚至没有规定上限，在审判实践中许可对犯罪人判处超过一百年甚至上千年的监禁）。[2]这些学者正是通过列举上述国家和地区的规定与我国进行比较，进而得出“国外生刑期限普遍高于我国”的论断。然而，当我们陷入这些学者所列举的高有期徒刑上限国家的迷雾之中时，也许并没有注意到，世界上大部分国家有期徒刑上限的规定与我国基本持平甚至低于我国，如荷兰（有期徒刑上限为15年）、德国（有期徒刑上限为15年）、丹麦（有期徒刑上限为16年）、冰岛（有期徒刑上限为16年）、芬兰（有期徒刑上限为12年）、瑞典（有期徒刑上限为10年）等。[3]由此可见，“国外生刑期限普遍高于我国”的提法过于笼统和主观，其实究竟多少国家的生刑期限高于

〔1〕 参见《日本刑法典》（第2版），张明楷译，法律出版社2006年版，第11页；《法国刑法典》，罗结珍译，高铭暄审校，中国人民公安大学出版社1995年版，第11页；《西班牙刑法典》，潘灯译，张明楷、[厄瓜多尔]美娜审定，中国政法大学出版社2004年版，第16、26、27页；《蒙古国刑法典》，徐留成译，谢望原、马建松审校，北京大学出版社2006年版，第13页。陈忠林：《意大利刑法纲要》，中国人民大学出版社1999年版，第30、267页；《挪威一般公民刑法典》，马建松译，赵秉志审校，北京大学出版社2005年版，第5页。

〔2〕 参见储槐植：《美国刑法》（第3版），北京大学出版社2005年版，第245页。

〔3〕 《荷兰刑法典》第10条规定：有期徒刑最高为连续15年，任何情况下不得超过20年。参见《荷兰刑法典》，于志刚、龚馨译，中国方正出版社2007年版，第6～7页。《德国刑法典》第38条规定，有期徒刑最高刑15年，最低1个月。参见《德国刑法典》，徐久生、庄敬华译，中国方正出版社2004年版，第14页。《丹麦刑法典》第33条第1款规定：“监禁刑分为终生刑和固定期限监禁，固定期限监禁为7日至16年。”参见《丹麦刑法典与丹麦刑事执行法》，谢望原译，北京大学出版社2006年版，第7页。《冰岛刑法典》第34条规定：“监禁包括终身监禁与30日至16年的有期监禁。除非法律另有明确的规定，监禁均是指有期监禁。”参见《冰岛刑法典》，陈志军译，中国人民公安大学出版社2009年版，第20页。《芬兰刑法典》第二章第2条第1款规定：“监禁可分为有期监禁和终身监禁。有期监禁的刑期为14日至12年，按照第7章的规定判处并罚时，最高刑为15年。”参见《芬兰刑法典》，于志刚译，中国方正出版社2005年版，第6页。《瑞典刑法典》第二十六章“监禁”第1条规定：“根据对犯罪的规定，监禁分为固定期限监禁和终身监禁。监禁的固定期限不超过10年，不少于14天。”参见《瑞典刑法典》，陈琴译、谢望原审校，北京大学出版社2005年版，第49页。

我国才算“普遍”，这本身就没有标准，更何况在大部分国家的生刑期限与我国持平甚至低于我国的情况下，还能有“普遍”问题的存在吗？笔者认为，缺乏系统的统计标准和比例数据，仅仅通过列举几个有期徒刑上限高于我国的国家和地区，而忽略更“普遍”的与我国有期徒刑上限持平甚或更低的国家的存在，似乎有“以偏概全”的嫌疑，而由此得出的相关结论恐怕也很难令人信服。

另外，持“国外生刑期限普遍高于我国”论断的学者，无非是欲借国外有期徒刑上限高于我国来证明我国的有期徒刑期限偏短的观点。然而，笔者认为，单纯地通过比较有期徒刑上限这些死板的数字而得出我国有期徒刑偏轻的结论也并不科学，因为刑法中决定有期徒刑轻重或严厉与否的因素有很多，除了刑法总则中有期徒刑上限的高低外，往往还取决于刑法分则中配置有期徒刑上限刑罚的罪名范围的大小。因此，有期徒刑上限规定的高低，并不能完全代表或体现一国有期徒刑的轻重程度，即使一国的有期徒刑上限规定得较高，但如若该刑罚仅涵盖少数罪名或者仅少数罪名可适用该刑罚，那也并不代表该国有期徒刑规定得很重或很严厉。

在配置有期徒刑上限的罪名范围上，笔者仍以前述有期徒刑上限较高的七个国家与我国进行对比：

（1）法国的有期徒刑上限为30年，可适用的罪名有18个：第二卷“侵犯人身之重罪、轻罪”第二编第一章“伤害人之生命罪”中的故意杀人罪（第221-1条）、谋杀罪（第221-3条）、毒杀罪（第221-5条）；第二卷第二编第二章“伤害人之身体或精神罪”中的酷刑及野蛮暴行罪（第222-3条第3款、第222-4条第1款、第222-5条第1款）、暴力罪（第222-8条第2款、第222-14条第1款第1项）、强奸罪（第222-25条第1款）、毒品走私罪（第222-35条第2款、第222-36条第2款）；第二卷第二编第四章“侵犯人身自由罪”中的绑架罪（第224-2条第1款、第224-3条第1款、第224-4条第1款、第224-5条第1款）；第三卷“侵犯财产之重罪与轻罪”第一编第二章“敲诈勒索罪”中的勒索罪（第312-5条第1款、第312-6条第2款）；第三卷第二编第二章“毁坏、破坏、损坏财产罪”中的对人具有危险的毁坏、破坏、损坏财产罪（第322-9条第1款）；第四卷“危害民族、国家及公共安宁罪”第一编第一章“叛国罪与间谍罪”中的向外国交付国家领土、武装力量之全部或一部或者交付物资罪（第411-3条）、通谋外国罪

（第411-4条第1款）；第四卷第一编第二章“其他危害共和国之制度或危害国家领土完整罪”中的谋反罪（第412-1条第2款）、篡夺指挥权及征招武装力量罪（第412-7条）、煽动非法武装罪（第412-8条第2款）；第四卷第一编第三章“其他危害国家防务罪”中的危害军事力量安全罪以及危害与国防有关之保护区域罪（第414-1条第1款）；第四卷第二编第一章“恐怖活动罪”中的恐怖活动罪（第421-3条第1款第2项）；第四卷第三编第二章“由履行公职的人实施的危害公共行政管理罪”中的妨害个人自由罪（第432-4条第2款）。[1]

（2）意大利的有期徒刑上限为24年，可适用的罪名有21个：第一章“国事罪”中的侵害国家的完整、独立和统一（第241条）、为同国家交战的目的与外国人勾结（第243条第2款）、助战行为（第247条）、资助敌人（第248条）、参与向敌国借贷（第249条）、在战时供应欺诈（第252条）、摧毁或者破坏军事设施（第253条）、政治或军事间谍活动（第257条）、刺探被禁止传播的消息的间谍活动（第258条）、泄露被禁止扩散的消息（第262条）、利用国家秘密（第263条）、对国家事务不忠（第264条）、对政治的瓦解（第265条）、对经济的瓦解（第267条）、以恐怖主义或者颠覆为目的的侵害（第280条）、侵犯国家宪政（第283条）、以恐怖主义或者颠覆为目的进行绑架（第289条-2）、侵害外国首脑（第295条）；第十二章侵犯人身罪中的杀人罪（第575条、第577条第2款）和在受遗弃情况下杀婴（第578条）；第十三章侵犯财产罪中的掳人勒赎（第630条）。[2]

（3）日本的有期徒刑上限为30年，可适用的罪名有24个，主要是针对手段恶劣、对象特殊、危害后果严重的故意犯罪（以危害公共安全和妨害社会管理秩序罪为主），对过失犯罪，则一律不适用此类法定刑。其具体罪名有：加重受贿罪（第193条之三）、援助外患罪（第82条）、对非现建筑物放火罪（第109条）、交通危险罪（第25条）、将毒物等混入水道罪（第146条）、伪造和行使伪造的外国货币罪（第149条）、伪造和不正当使用玉玺罪（第164条）、移动国外目的的掠取罪（第226条）、内乱罪（第77条）、浸害现建筑物等罪（第119条）、颠覆火车等罪（第126条）、伪造货币罪和行使伪造的货币罪（第148条）、伪造诏

〔1〕《法国刑法典》，罗结珍译，高铭暄审校，中国人民公安大学出版社1995年版，第52～54、57～59、62、65、107、124、143、152页。

〔2〕参见《最新意大利刑法典》，黄风译注，法律出版社2007年版，第91～227页。

书等罪（第154条）、勒索赎金目的的勒取等罪（第225条之二）、强奸罪（第177条）、准强奸罪（第178条）、伤害致死罪（第205条）、对现住建筑物等放火罪（第108条）、将毒物等混入水道致死罪（第146条）、强盗罪（第236条）、杀人罪（第199条）、强制猥亵等致死伤罪（第181条）、即强盗致死罪（第240条）、强盗强奸罪（第241条）。〔1〕（笔者注：以上所列罪名均是根据2005年日本刑法修改后的统计。）

（4）西班牙的有期徒刑上限为30年，可适用的罪名仅有5个，而且是在“加重一级”的情况下适用，具体包括：叛变罪（第473条第2项）、对抗君权罪（第485条第3项）、恐怖罪（第572条第1项）、侵犯人权罪（第605条第1项）、灭绝种族罪（第607条）。〔2〕

（5）挪威的有期徒刑上限为21年，可适用的罪名有19个，并且是在“特别情况下”适用，具体包括：第八章“危害国家独立和安全的重罪”（第84条、第86条b、第88条）、第九章“危害挪威宪法及国家首脑的重罪”（第98条、第101条、第102条）、第十一章“有关公职的重罪”（第110条、第117条）、第十二章“侵犯政府当局的重罪”（第131条）、第十四章“危害公共安全的重罪”（第148条、第152条、第153条、第154条）、第十六章“虚假指控罪”（第169条）、第二十一章“侵犯人身自由的重罪”（第225条）、第二十二章“侵犯他人生命和身体健康的重罪”（第231条、第233条、第245条）、第三十一章“接受犯罪收益罪”（第317条）。〔3〕

（6）蒙古的有期徒刑上限为25年，可适用的罪名仅有11个，而且仅在“例外情况”下适用，具体包括：叛国罪（第79.1条）、间谍活动（第80.1条）、恐怖主义罪（第81.2条）、组织武装暴乱罪（第83.1条）、武装暴乱罪（第85.1条）、具有加重情节的谋杀罪（91.2条）、强奸罪的累犯或者强奸未成年人、强奸致被害人死亡或者其他危害结果严重的（第126.2条）、利用某人的官方职位犯组建犯罪集团或成为其成员罪（第182.3条）、组织性团伙、犯罪集团通过国境非法运输迷幻药品、有毒物品、枪炮弹药和爆炸物罪（第188.4条）、劫持航空器罪（第

〔1〕 参见《日本刑法典》（第2版），张明楷译，法律出版社2006年版，第36～96页。

〔2〕 参见《西班牙刑法典》，潘灯译，张明楷、［厄瓜多尔］美娜审定，中国政法大学出版社2004年版，第171、174、200、210、211页。

〔3〕 参见《挪威一般公民刑法典》，马建松译，赵秉志审校，北京大学出版社2005年版，第22～61页。

225.3条）、灭绝种族罪（第302条）。[1]

（7）美国的有期监禁最高刑仅限于重罪，并且适用罪名范围有限。以伊利诺伊州刑法规定为例，该州将罪刑等级划分为谋杀罪、重罪、特级重罪、一级重罪、二级重罪、三级重罪和四级重罪，而其中只有具有加重情节的谋杀罪、特级重罪和一级重罪才可能适用上限达到80年、60年或30年的有期监禁最高刑。[2]

然而，据笔者统计，我国原《刑法》可能适用有期徒刑15年上限的罪名总计有157个，[3]具体分布如下：第一章危害国家安全罪中有11个；第二章危害公共安全罪中有23个；第三章破坏社会主义市场经济秩序罪中有48个；第四章侵犯公民人身权利、民主权利罪中有8个（现行《刑法》中为9个）；第五章侵犯财产罪中有5个；第六章妨害社会管理秩序罪中有30个；第七章危害国防利益罪中有4个；第八章贪污贿赂罪中有5个；第九章渎职罪中有4个；第十章军人违反职责罪中有19个。

比较上述七国与我国有期徒刑上限规定可以适用的罪名数，我们不难得出以下几点结论：

首先，在配置有期徒刑上限的罪名个数上，我国有157个罪名，而上述国家中最少的为5个，最多的也仅为24个，由此可见，我国可以适用有期徒刑上限刑罚的罪名个数明显多于上述国家。

其次，上述国家配置有期徒刑上限刑罚的罪名从性质上看，多属于严重侵犯人身的暴力犯罪、危害国家独立和安全的犯罪、危害公共安全的犯罪、以暴力手段实施的财产性犯罪、恐怖主义犯罪以及有组织犯罪等。而我国配置有

〔1〕 参见《蒙古国刑法典》，徐留成译，谢望原、马建松审校，北京大学出版社2006年版，第23～72页。

〔2〕 1.谋杀罪：死刑，或者40～80年监狱监禁；2.重罪～特级重罪：6～30年监狱监禁，加重情节为30～60年监狱监禁；一级重罪：4～15年监狱监禁，加重情节为15～30年监狱监禁；二级重罪：3～7年监狱监禁，加重情节为15～30年监狱监禁；三级重罪：2～5年监狱监禁，加重情节为7～14年监狱监禁；四级重罪：1～3年监狱监禁，加重情节为3～6年监狱监禁。参见储槐植：《美国刑法》（第3版），北京大学出版社2005年版，第6页。

〔3〕 本节中的“原《刑法》”特指《刑法修正案（八）》生效之前的《刑法》，与此相对应，“现行《刑法》”则指《刑法修正案（八）》生效后《刑法修正案（九）》生效前的《刑法》。由于“生刑过轻”的观点是针对《刑法修正案（八）》生效之前的《刑法》规定提出的，因而本节主要针对原《刑法》的规定进行分析。现行《刑法》可能适用有期徒刑15年上限的罪名总计有158个（新增的组织出卖人体器官罪情节严重的可处5年以上有期徒刑）。

期徒刑上限刑罚的罪名则分布于刑法分则中的所有十章犯罪之中，涵盖率竟高达100%。特别是在第三章“破坏社会主义市场经济秩序罪”中，配置有期徒刑上限刑罚的罪名多达48个。

最后，上述国家一般都采取“特别”的方式另行规定有期徒刑上限，主要有以下两种表现形式：其一，在区分重罪和轻罪的刑罚体系中，将有期徒刑上限规定在“重罪”中，如法国30年有期徒刑上限仅限于故意杀人罪，美国一些州刑法的有期徒刑上限也仅限于一级重罪的加重情节；其二，先规定一般刑期，又以“例外情况”“加重一级”或“特别情况”来规定有期徒刑上限，如挪威、蒙古、日本和西班牙。而这两种特别规定有期徒刑上限的立法方式，在我国刑法中并不存在，即我国刑法一般是将有期徒刑上限的规定作为一种常态立法形式予以普遍适用。由此可见，虽然上述国家规定的有期徒刑上限较高，但其只将这种刑罚适用于极少数严重犯罪，而我国虽然规定的有期徒刑上限相对较低，但其适用范围却具有相当的普遍性。

综上可见，不仅世界上有期徒刑上限规定低于我国的国家大量存在，而且从刑法配置有期徒刑上限刑罚的罪名范围来看，我国《刑法》规定所体现的有期徒刑的严厉程度与为数不多的有期徒刑上限较高的国家相比，也是有过之而无不及。就此而言，分析世界各国有期徒刑上限的刑事立法规定，我们不难看出，所谓“国外生刑期限普遍高于我国”的论断似乎并不客观。

（二）生刑司法适用期限的情况之比较

由于各国刑法有期徒刑的轻重界限划分标准不一，[1]为比较之便，笔者暂且采用我国理论上的划分方法，即将3年有期徒刑作为区分有期徒刑轻重的界限标准。

受刑罚轻缓化趋势的影响，近几十年来，外国司法实践中所实际判处3年以上有期徒刑的罪犯占判处罪犯总数的比例一直呈较低态势。例如，德国自20世纪70年代中期以来，短期自由刑的比例保持稳定态势，即使现在，受刑者中也约有1/3被执行6个月以下的自由刑。再如，北欧诸国大量利用短期自由

---

〔1〕 例如，《德国刑法典》第12条规定，重罪是指最低刑为1年或1年以上自由刑的违法行为；轻罪是指最高刑为1年以下自由刑或科处罚金刑的违法行为；美国绝大多数州的刑法也以1年监禁作为重罪与轻罪的界限；澳大利亚规定应处2年以上监禁的犯罪为重罪；《奥地利联邦共和国刑法典》第17条规定，重罪是指应当科处终身自由或3年以上自由刑的故意行为；轻罪是指所有其他应受刑罚处罚的行为。《西班牙刑法典》第33条规定，重罪与较重罪的界限是3年徒刑。

刑，荷兰的自由刑宣告数中，2/3以上为3个月以下。又如，日本于2005年判处的自由刑中，3年以下的自由刑占91.7%，[1]可见，其判3年以上自由刑的仅占所有被判处自由刑的罪犯的8.3%，而占所有罪犯总数的比例就更低了。

反观我国对生刑的司法适用期限情况，我国司法实践中所实际判处的3年以上有期徒刑及无期徒刑的罪犯占判处罪犯总数的比例远远高于外国。据统计，我国2002年全国法院审理刑事案件被告人判决生效的有706,707人，其中判处5年以上有期徒刑、无期徒刑以及死刑的有160,324人，[2]占判处罪犯总数的22.69%；2003年全国法院审理刑事案件被告人判决生效的有747,096人，其中判处5年以上有期徒刑、无期徒刑以及死刑的有158,562人，[3]占判处罪犯总数的21.22%；2004年全国法院审理刑事案件被告人判决生效的有767,951人，其中判处5年以上有期徒刑、无期徒刑以及死刑的有146,237人，[4]占判处罪犯总数的19.04%；2005年全国法院审理刑事案件被告人判决生效的有844,717人，其中判处5年以上有期徒刑、无期徒刑以及死刑的有150,878人，[5]占判处罪犯总数的17.86%；2006年全国法院审理刑事案件被告人判决生效的有890,755人，其中判处5年以上有期徒刑、无期徒刑以及死刑的有153,724人，[6]占判处罪犯总数的17.26%；2007年全国法院审理刑事案件被告人判决生效的有933,156人，其中判处5年以上有期徒刑、无期徒刑以及死刑的有151,378人，[7]占判处罪犯总数的16.22%；根据最高人民法院发布的《全国法院审理刑事案件被告人判决生效情况表》，2008年全国法院判决有罪的被告人有1,007,304人，其中判处5年以上有期徒刑、无期徒刑和死刑的有159,020人，[8]占判处罪犯总数的15.79%；2009年全国法院判决有罪的被告人有996,666人，

---

〔1〕 参见日本法务综合研究所：《平成18年犯罪白书》，国立印刷局2006年版，第38页；转引自张明楷：《死刑的废止不需要终身刑替代》，载《法学研究》2008年第2期。

〔2〕《中国法律年鉴》编辑部编：《中国法律年鉴》，中国法律年鉴社2003年版，第1320页。

〔3〕《中国法律年鉴》编辑部编：《中国法律年鉴》，中国法律年鉴社2004年版，第1054页。

〔4〕《中国法律年鉴》编辑部编：《中国法律年鉴》，中国法律年鉴社2005年版，第1065页。

〔5〕《中国法律年鉴》编辑部编：《中国法律年鉴》，中国法律年鉴社2006年版，第988页。

〔6〕《中国法律年鉴》编辑部编：《中国法律年鉴》，中国法律年鉴社2007年版，第1065页。

〔7〕《中国法律年鉴》编辑部编：《中国法律年鉴》，中国法律年鉴社2008年版，第1106页。

〔8〕《2008年全国法院审理刑事案件被告人判决生效情况表》，载人民法院网：http://www.court.gov.cn/qwfb/sfsj/201002/t20100221_1409.htm，最后访问时间：2017年2月5日。

其中判处5年以上有期徒刑、无期徒刑和死刑的有162,675人，[1]占判处罪犯总数的16.32%；2010年全国法院判决有罪的被告人有1,007,419人，其中判处5年以上有期徒刑、无期徒刑和死刑的有159,261人，[2]占判处罪犯总数的15.81%。据此，从2002年至2010年这9年期间，我国判处5年以上有期徒刑、无期徒刑和死刑的罪犯占判处罪犯总数的18.02%。虽然我国并没有公布每年判处死刑的数据，但可以肯定的是每年判处死刑，特别是死刑立即执行的犯罪人的数量必然远远小于判处5年以上有期徒刑和无期徒刑的犯罪人的数量，而且判处3～5年有期徒刑的罪犯的数量也肯定不在少数。由此可见，我国司法实践中所实际判处的3年以上有期徒刑及无期徒刑的罪犯占判处罪犯总数的比例必然大大超过18.02%。

由上述分析，我们不难发现，我国生刑司法适用的平均期限要远远高于外国，因此，从具体司法适用角度分析，所谓“国外生刑期限普遍高于我国”的情况似乎也不存在。

（三）生刑刑期的实际执行的情况之比较

应该看到，生刑的期限最终体现为生刑的实际执行期限，而假释由于其可以大大缩短生刑执行期限，因而可以说是刑罚执行制度中对生刑实际执行期限影响最大的制度。假释作为一项世界各国通行的行刑制度，代表着行刑社会化和刑罚轻缓化发展的潮流。现代世界各国一般都把假释的范围限定在中长期有期徒刑的范围内，由此，假释适用率的高低也就从一定程度上体现了一个国家生刑实际执行期限的长短。

随着世界各国普遍将假释视为罪犯的一种应然权利，假释的适用由例外的恩惠转化为普遍适用的原则，各国的假释率几乎均保持上升的发展势头或者长期维持一个较高的适用水平。[3]据统计，美国1993年被假释的成年犯有658,601人，假释率为72%；加拿大1992—1993年度联邦矫正机构罪犯的假释

---

〔1〕《2009年全国法院审理刑事案件被告人判决生效情况表》，载中国法院网：http://www.court.gov.cn/qwfb/sfsj/201004/t20100408_3854.htm，最后访问时间：2017年2月5日。

〔2〕《2010年全国法院审理刑事案件被告人判决生效情况表》，载中国法院网：http://www.court.gov.cn/qwfb/sfsj/201103/P020110324592221471083.xls，最后访问时间：2017年2月5日。

〔3〕参见张明楷：《死刑的废止不需要终身刑替代》，载《法学研究》2008年第2期。

率为36.2%；瑞典1993—1994年度假释罪犯为4710人，假释率为33%。[1]根据亚太地区矫正管理者会议（APCCA）对2000年中期亚太地区13个国家和地区的假释率作出的统计，其中假释率比较高的国家有：澳大利亚假释人数为7611人，假释率为36.3%；加拿大假释人数为9925人，假释率为32.8%；日本假释人数为6317人，假释率为5%；韩国假释人数为12,407，假释率为26.3%；我国香港地区假释人数为2744人，假释率为40.4%。[2]2001年我国澳门地区假释率为20.6%。[3]这些国家和地区的假释率就促使其生刑实际执行期限远低于其所判处的生刑期限。

反观我国，行刑实践中假释率存在"畸低"的现状，与上述国家形成了鲜明的对比。由于最高人民法院和地方高级人民法院人为地限定假释率，监狱管理机关也对在押罪犯的假释设定了严格的限制条件，因而在押罪犯适用假释的比例多年来一直维持较低水平。[4]据司法部监狱管理局的统计，1995—2001年全国监狱年假释罪犯率分别为2.3%、2.68%、2.93%、2.07%、2.13%、1.65%、1.43%，2002年甚至低于0.5%，2002年之后的几年也一直保持在2%左右。[5]我国畸低的假释率严重制约了假释制度功能的正常有效发挥，尽管我国还规定了减刑制度，且其适用率远比假释要高（一般为20%左右），[6]但对于无期徒刑和中长期徒刑的罪犯来说，减刑与假释制度相比，其对于实际缩短刑期的作用就显得极为有限。

因此，尽管一些国家的生刑期限可能高于我国，但由于假释率之间所存在的巨大差距，这些国家和地区的生刑实际执行期限将远低于我国，而这又从另一个侧面反映了"国外生刑期限普遍高于我国"论断并不具有科学性。

综上所述，笔者认为，在缺乏系统的统计标准和比例数据的情况下，仅通过列举几个有期徒刑上限高于我国的国家和地区，就得出"国外生刑普遍高于

〔1〕 吴宗宪、陈志海：《监狱拥挤状况与对策》，载《司法部预防犯罪研究所1995-1996年度调研文集》，第157页。

〔2〕 Correctional Statistics for Asia and the Pacific, 2000，载http://www.apcca.org/stats/2000/APCCA%20Statistics%202000.htm，最后访问时间：2017年2月11日。

〔3〕 吴锐安、刘守芬：《澳门与内地假释制度的比较研究》，载《犯罪与改造研究》2003年第10期。

〔4〕 张其亮、陈红英：《对减刑制度适用问题的理性思考》，载《中国监狱学刊》2000年第2期。

〔5〕 参见韩玉胜：《刑事执行制度研究》，中国人民大学出版社2007年版，第375～376页。

〔6〕 据统计，1995年至2000年间服刑罪犯的减刑率分别为21.35%、20.92%、21.72%、23.18%、24.79%、25.39%。参见司法部预防犯罪研究组课题组：《假释问题研究》，载《犯罪与改造研究》2000年第6期。

我国”的论断，存在“以偏概全”之嫌。而且，单纯比较有期徒刑上限规定的高低实际上意义不大。一方面我们要考虑有期徒刑上限实际可适用罪名的范围，因为刑法中决定有期徒刑轻重或严厉与否的因素除了刑法总则中有期徒刑上限的高低外，往往还取决于刑法分则中配置有期徒刑上限刑罚的罪名范围的大小；另一方面我们也不应仅仅静态地比较有期徒刑的上限规定，而应该从动态角度去辩证地比较有期徒刑实际判处和实际执行期限的高低。因此，在将国外和我国的生刑进行比较研究的时候，需要综合考虑上述因素，才能得出正确的结论。也正是循此思考路径，笔者认为，与国外相比，无论在实际可以适用罪名范围的刑事立法规定上，还是在司法实践之实际判处和实际执行上，我国的生刑均不存在“过轻”的问题。就此而言，一些学者所持“国外生刑普遍高于我国”的论断，似乎并不客观且有值得商榷之处。

二、部分国家刑法提高生刑期限具有“相对性”特征

主张我国应通过提高生刑期限来限制或废除死刑的学者还认为，近几年来一些国家就呈现出“重刑化”趋势，特别如德国和日本已经陆续提高了部分犯罪有期徒刑的期限，而对比这些国家，我国存在“生刑过轻”的问题，因而我国为限制或废除死刑而提高有期徒刑的期限也就无可厚非。对此，笔者不能苟同，我们不能简单地从“数字”上看待这些国家有期徒刑期限的提高，而应该辩证地分析这些国家有期徒刑期限的提高所具有的“相对性”。具体来说，这些“相对性”，主要体现在以下两个方面：

（一）德、日原法定刑规定所体现的“相对性”

应该承认，德、日刑法确实提高了部分犯罪的有期徒刑期限，但只要我们通过对比其提高前后的有期徒刑便可发现，只是由于其原刑法规定的法定刑较轻，因而才提高有期徒刑期限，以显社会对这些犯罪行为之严厉斥责与否定。

德国1998年的《第六部刑法改革法》加重了伤害犯罪、遗弃犯罪、儿童性侵害犯罪和纵火犯罪的法定刑。具体而言：（1）伤害犯罪。《第六部刑法改革法》在轻微伤害方面增加了对犯罪未遂的处罚（第223条第2款）；在危害方面引进了投毒或投放其他有害物质作为加重情节之特征（第224条第1款第1项）；废除了危险伤害（第224条）的最低刑，提高了虐待被保护人（第225条）的最高

刑；将过去的重伤害和特别严重伤害（第223条和第25条）合二为一，作为科处10年以下有期徒刑的犯罪构成要件。（2）儿童性侵害犯罪。增加了情节严重的对儿童性侵害的构成要件（第176条a），并相应提高了法定刑，同时，规定过失造成被害人死亡的，同样被科处终身自由刑或者10年以上有期徒刑。（3）纵火犯罪。一方面，增加了第306条b规定的情节特别严重的纵火犯罪。具体而言，对于第306条所列举之物纵火或者因纵火而将其全部或者部分毁损的，处1年以上10年以下有期徒刑，如果有上述行为，同时产生了危害他人健康的危险行为，法定刑则提高到处10年以上有期徒刑；另一方面，加重了在纵火造成他人死亡的情况下的处罚，对此情况，第306条c规定处以终身自由刑或10年以上有期徒刑。[1]

日本于2004年修改刑法，提高了部分侵犯人身犯罪的法定刑，包括强制猥亵罪、准强制猥亵罪、强奸罪、准强奸罪、强奸致死伤罪、杀人罪、伤害罪、伤害致死罪、危险驾驶致伤罪的法定刑。具体而言：强制猥亵罪、准强制猥亵罪由原来的“6个月以上7年以下惩役”提高为“6个月以上10年以下惩役”；强奸罪、准强奸罪由原来的“2年以上有期惩役”提高为“3年以上有期惩役”；强奸致死伤罪由原来的“无期或者3年以上惩役”提高到“无期或者5年以上惩役”；杀人罪由原来的“死刑、无期或者3年以上惩役”提高到“死刑、无期或者5年以上惩役”；伤害罪由原来的“10年以下惩役或者30万元以下罚金”提高到“15年以下惩役或者50万元以下罚金”；伤害致死罪由原来的“2年以上有期惩役”提高到“3年以上有期惩役”；危险驾驶致伤罪由“10年以下惩役”提高到“15年以下惩役”。特别刑法中的有组织杀人罪由原来的“惩役5-15年及死刑、无期刑”提高到“惩役6-20年及死刑、无期刑”；加重伤害、常习性伤害罪，由原来的“惩役1-10年”提高到“惩役1-15年”。

通过上述对比，我们可以发现：其一，德、日所提高的有期徒刑刑期犯罪的原本法定刑就偏轻，即使提高后的有期徒刑上限一般也仅为10年或者15年，极少数达到20年。而这与我国《刑法》规定有期徒刑上限15年的期限相比，提高的幅度其实并不很大，由此就不能得出我国“生刑过轻”的结论。其二，德、日所提高的有期徒刑期限之犯罪，多集中于放火罪、性犯罪、杀人犯罪和伤害犯

〔1〕 参见［德］汉斯-海因里希·耶赛克：《为德意志联邦共和国刑法典序》，载《德国刑法典》（2002年修订），徐久生、庄敬华译，中国方正出版社2004年版，第20、23、26页。

罪等严重侵害人身或公共安全的犯罪。而反观我国,《刑法》对同类性质的犯罪均配置了10年以上有期徒刑、无期徒刑甚至死刑的法定刑,这即使与德、日提高后的有期徒刑期限相比,我国刑罚的严厉程度也是有过之而无不及的,因而并不存在提高我国有期徒刑期限的必要。由此可见,对于德、日刑法原本较轻的法定刑,以及所提高的是严重侵害人身或公共安全犯罪的有期徒刑期限而言,其提高有期徒刑期限的做法仅具有“相对性”,而不具有可借鉴性,当然也就不能成为我国为限制或废除死刑而提高有期徒刑期限的理由。

(二)德、日量刑轻缓化所体现的“相对性”

德、日刑法虽然提高了部分犯罪的有期徒刑期限,但由于其大力倡导量刑轻缓化并具体体现在刑法规定和司法实践中,因而可以使有期徒刑的宣告刑仍处于较低状态,也可由此避免因提高有期徒刑期限所可能导致的弊端。

德国的量刑轻缓化主要体现为两个方面:其一,体现为刑法总则中对特别减轻处罚事由的规定。《德国刑法典》总则第49条规定了特别减轻处罚事由,但没有规定特别加重处罚事由。[1]在分则具体罪名中,对于有特别加重或者减轻处罚事由的,则采用加重或者减轻的犯罪构成,并规定了明确、独立的法定刑。由此,当法官遇到分则规定的特别加重事由的时候,需要严格按照刑法分则的具体构成量刑。而遇到特别减轻处罚事由的时候,如果分则有规定,则按照分则的规定;如果分则没有特别规定但符合总则所规定的减轻事由的,则必须按照总则有关减轻处罚幅度的规定,对该罪在法定刑基础上进行“减轻”的修正。上述规定无疑极大地减少了法官对特别加重处罚事由适用的“随意性”。与此同时,总则关于特别减轻处罚的规定,也为法官提供了更多选择适当量刑幅度的机会,使宣告刑处于法定刑较低幅度的可能性大大增加,由此体现了量刑的轻缓化倾向。其二,体现为大幅度适用缓刑制度。《德国刑法典》第57条第2款规定,对于已经执行刑期一半的有期徒刑的余刑可以适用缓

---

〔1〕《德国刑法典》第49条“特别之法定减刑事由”规定:“1.法律规定或许可依本条减刑的,适用下列各项规定:(1)终身自由刑由3年以上自由刑代替;(2)针对有期徒刑最高刑可判处最高刑的3/4。该标准同样适用于罚金刑的日额金的最高额的确定;(3)被提高了的最低自由刑。在最低自由刑为10年或5年的情形下,减至2年,在最低自由刑为3年或2年的情形下,减至6个月,在最低自由刑为1年情形下,减至3个月,在其他情形下减至法定最低刑。2.法院可依据适用于本条规定的法律酌定减刑的,可将刑罚减至法定最低刑,或以罚金刑代替自由刑。”参见《德国刑法典》(2002年修订),徐久生、庄敬华译,中国方正出版社2004年版,第18页。

刑。因此，虽然1998年《第六部刑法改革法》提高了部分犯罪有期徒刑的期限，中长期有期徒刑明显增加，但是据资料统计，自由刑虽然占德国所有判决的19%，但其中69%被宣告缓刑，而适用缓刑的犯罪人中，也仅有约28%被撤销缓刑，重新实际执行自由刑。[1]如此大幅度地适用缓刑制度，无疑也体现了德国的量刑轻缓化倾向。

日本的量刑轻缓化也主要体现为两个方面：其一，体现在“酌定减轻处罚制度”中。[2]《日本刑法典》第66条规定：“有值得酌量的犯罪情节时，可以减轻刑罚。”第67条规定：“即使在法律上无加重或者减轻处罚的情形时，也可以酌量减轻。”[3]日本的酌定减轻处罚制度由于适用条件宽松，法官酌定减轻权力较大，所以普遍应用于量刑实践中。虽然，我国《刑法》第63条第2款也规定了酌定减轻处罚制度，即“犯罪分子虽然不具有本法规定的减轻处罚情节，但是根据案件的特殊情况，经最高人民法院核准，也可以在法定刑以下判处刑罚。”但由于我国酌定减轻处罚制度的严格程序限制，导致其在司法实践中适用极少，因而处于“名存实亡”的状态，不可与日本的“酌定减轻处罚制度”同日而语。其二，体现在缓刑的广泛适用中。为了促进量刑的轻缓化，日本大范围地规定和适用缓刑制度。《日本刑法典》第25条规定，对于被宣告3年以下惩役或监禁或50万元以下罚金的人，或者以前虽然被判处过监禁但经缓刑的人，被判处1年以下的惩役或者监禁的，具有应当特别斟酌的情节的，均可以适用缓刑。[4]第68条规定：“有期惩役或禁锢应予减轻时，将其最高刑期和最低刑期可减去二分之一。”[5]基于上述缓刑和法定减刑方法，“2004年日本将强盗致伤罪的法定刑由‘无期或者7年以上惩役’改为‘无期或者6年以上惩役’，就是为了使缓刑适用成为可能。即使提高了许多犯罪的法定刑（如杀人罪、有组织的杀人罪、伤害致死罪、强奸致死伤罪等），但法定最低刑都在6年以下（含6年），也是考虑到适用缓刑的可能性。”[6]

由上可见，尽管德、日提高了部分犯罪有期徒刑期限，但同时其均通过轻

---

〔1〕参见《德国刑法典》（2002年修订），徐久生、庄敬华译，中国方正出版社2004年版，第13页。
〔2〕冯卫国：《论酌定减轻处罚制度及其完善》，载《政治与法律》2009年第2期。
〔3〕《日本刑法典》，张明楷译，法律出版社1998年版，第14页。
〔4〕张明楷：《外国刑法纲要》（第2版），清华大学出版社2007年版，第418页。
〔5〕《日本刑法典》，张明楷译，法律出版社1998年版，第27页。
〔6〕张明楷：《日本刑法的发展及其启示》，载《当代法学》2001年第1期。

刑化量刑来促使其有期徒刑的宣告刑轻缓化，相较我国而言，其有期徒刑的宣告刑仍处于较低状态，因而德、日这种提高有期徒刑期限的做法其实具有“相对性”。

综上所述，笔者认为，虽然德国和日本近几年确实陆续提高了部分犯罪有期徒刑的期限，呈现出一定范围的“重刑化倾向”，但是，这种“重刑化倾向”能否成为我国“为限制或废除死刑而应提高有期徒刑期限”的论据支撑，我们则必须选取一定的参照内容对其进行考量，方能得出全面而合理的论断。然而，从上述德、日提高有期徒刑期限之前相关罪名原本较轻的法定刑，以及其一贯倡导的量刑轻缓化两个参照内容的对比分析可见，德、日提高部分犯罪有期徒刑期限做法仅具有相对性，对我国并不具有可借鉴性。切不可由此断言我国的“生刑过轻”，更不能将其作为我国“为限制或废除死刑而应提高有期徒刑期限”的论据。

三、国外废除死刑与提高生刑期限没有必然联系

除了废除死刑国家的生刑期限普遍高于我国的论断之外，一个国家的死刑废除和生刑期限提高之间存在必然联系的论断，也成为持“生刑过轻”观点的学者认为我国也需要通过提高生刑期限来限制或废除死刑的重要论据支撑。针对这种观点，笔者选取一些已经废除死刑且生刑期限高于我国的国家，以及虽没有废除死刑但却提高生刑期限的国家，来考察国外废除死刑和提高生刑期限之间的关系。

（一）死刑废除后无期徒刑成为最高刑国家的情况分析

很多废除死刑的国家在废除死刑前往往同时还规定了无期徒刑，这样在废除死刑后，无期徒刑自然成为该国最高刑，其中以意大利、丹麦和俄罗斯较为典型。

1.意大利于1889年废除死刑以后，无期徒刑便替代死刑成为最高刑。《意大利刑法典》第176条第3款规定：被判处无期徒刑的人，在至少服刑26年后，才可以获准假释。[1]据了解，现行《意大利刑法典》为1930年10月19日批准，1931年7月1日生效，修订截至2006年3月16日。在此期间，意大利于1944年将

〔1〕 陈忠林：《意大利刑法纲要》，中国人民大学出版社1999年版，第266页。

刑法典中的死刑废除，1994年进一步废除了由《战时军事刑法典》规定的死刑，[1]尽管如此，但《意大利刑法典》中有期徒刑上限为24年的规定始终没有发生变化。由此可见，意大利并没有因废除死刑而在刑法中刻意提高生刑期限。

2.《丹麦刑法典》于1930年废除了死刑，同时将新增的不定期刑替代死刑成为最高刑。[2]后丹麦又于1973年废除了不定期刑。[3]值得注意的是，2002年9月16日《丹麦新刑法典》第33条第1款规定："监禁刑分为终生刑和固定期限监禁（笔者注：固定期限监禁即有期徒刑），固定期限监禁为7日至16年。"由此可见，丹麦刑法典从1930年制定到2002年修正，虽经废除死刑和废除不可假释的终身监禁等一系列修订和增删，但有期徒刑上限为16年的规定却从未发生变化，由此可见，丹麦刑法并不认为废除死刑与提高生刑期限之间具有必然性的关联。

3.虽然1996年颁布的《俄罗斯联邦刑法典》仍规定死刑可适用于侵害生命的特别严重的犯罪（共5个罪），[4]但目前俄罗斯已经成为事实上废除死刑的国家之一。[5]《俄罗斯联邦刑法典》第59条第3项规定：死刑可以通过特赦程序改判为终身剥夺自由或25年的剥夺自由。[6]可见，终身剥夺自由成为与死刑二择其一的刑罚方法，其适用罪名范围自然要与死刑完全相同，即只适用于侵害生命的特别严重的犯罪。根据俄罗斯联邦宪法法院的决议，自1999年3月起法院不能再作出判处死刑的刑事判决，终身剥夺自由刑便替代死刑成为最高刑。[7]同时，《俄罗斯联邦刑法典》第56条第2款规定："剥夺自由的刑期为6个月以上20年以下。"虽然，对比1960年颁布的《苏俄刑法典》，《俄罗斯联邦刑法典》中

---

〔1〕 参见《最新意大利刑法典》，黄风译注，法律出版社2007年版，第11～13页。

〔2〕 参见《丹麦刑法典与丹麦刑事执行法》，谢望原译，北京大学出版社2006年版，第4～5页。

〔3〕 《丹麦刑法典与丹麦刑事执行法》，谢望原译，北京大学出版社2006年版，第9页。

〔4〕 《俄罗斯联邦刑法典》分则中规定终身剥夺自由刑的犯罪有：故意杀人罪（第105条）、侵害国务活动家和社会活动家的生命罪（第277条）、侵害审判人员或调查人员的生命罪（第295条）、侵害护法机关工作人员的生命罪（第317条）、种族灭绝罪（第357条）。参见《俄罗斯联邦刑法典》，黄道秀译，何秉松审订，中国法制出版社1996年版，第52～177页。

〔5〕 1999年6月，俄罗斯总统签署了将所有的死刑或改为终身监禁，或减为25年监禁。这样，俄罗斯已经成为一个事实上废除死刑的国家。

〔6〕 《俄罗斯联邦刑法典》，黄道秀译，何秉松审订，中国法制出版社1996年版，第27页。

〔7〕 [俄]H.Q.库兹涅佐娃、H.M.佳日科娃：《俄罗斯刑法教程》，黄道秀译，中国法制出版社2002年版，第627页。

规定的有期徒刑上限有所提高,[1]然而,此次提高是基于应对1996年俄罗斯当时面临的严峻犯罪形势而采取的措施,而非限制或废除死刑的替代措施。苏联解体后,经历了社会制度的激烈变革的俄罗斯国内充斥着各种矛盾和冲突,政治经济秩序严重滞后,社会意识形态急剧混乱,导致犯罪状况急剧恶化,犯罪数量大幅增加。[2]“据统计,1991年已注册的犯罪案件为217万起,1992年为276万起,1993年为280万起,这一数字已超过由15个加盟共和国组成的苏联的历史最高纪录(1990年苏联注册的各类犯罪案件为278.6万起)。如果把未注册的犯罪黑数计入在内,据俄罗斯联邦时任总检察长的斯库拉托夫估计,1994年的犯罪发案总数近1000万起。与此同时,在犯罪现象结构中,严重犯罪和特别严重犯罪案件的比重明显加大。例如,1992年注册的严重犯罪和特别严重犯罪案件为41.5万起,比1991年增加33.6%;1993年为51.39万起,比1992年上升23.6%。其中,1993年注册的故意杀人案件为2.9万起,1994年为3.2万起。”[3]因此,笔者认为,《俄罗斯刑法典》对有期徒刑上限的调整恐怕主要基于应对当时严峻的犯罪现象的需要,而与限制或废除死刑之间似乎也并无必然联系。[4]

通过考察上述死刑废除后无期徒刑为最高刑的国家,我们不难发现:一方面,意大利和丹麦的有期徒刑期限并没有随着死刑废除而发生变化,这足以说明死刑的废除与生刑期限的提高之间并没有必然联系;另一方面,尽管俄罗斯提高了有期徒刑期限,但是决定此次变化的主要因素在于当时其所面临的严峻犯罪态势,而与限制或废除死刑之间并无特别的关联。由此可见,认为提高生刑期限和限制或废除死刑之间存在必然联系的观点,显然过于片面。

(二)死刑废除后有期徒刑成为最高刑国家或地区的情况分析

废除死刑的国家中除了无期徒刑替代死刑成为最高刑外,也有一些国家或地区由于在废除死刑之前就已废除无期徒刑,或者同时废除了死刑和无期

---

〔1〕《苏俄刑法典》第24条规定,“剥夺自由的期限,规定为3个月以上10年以下,对于苏联立法和本法典规定的特别严重的犯罪、引起特别严重后果的犯罪和特别危险的累犯,规定为不超过15年。”

〔2〕参见《俄罗斯联邦刑事法典》,赵路译,中国人民公安大学出版社2009年版,序言第6页。

〔3〕王新:《俄罗斯刑法中的剥夺自由刑》,载《政法论坛》1998年第3期。

〔4〕有的学者认为:1992年修订的《俄罗斯刑法典》统计,挂死刑的罪共16个(不含挂死刑的军职罪)。新《刑法典》第59条和分则的规定,挂死刑只有5个罪名。因此在新《刑法典》规定死刑、终身剥夺自由只能适用于侵害生命的特别严重犯罪的情况下,延长剥夺自由的上限显然是为了填补大幅度缩小死刑适用范围而产生的空白。参见薛瑞麟:《俄罗斯刑法研究》,中国政法大学出版社2000年版,第72～74页。

徒刑，因而有期徒刑替代死刑成为最高刑，典型的国家或地区有西班牙和捷克斯洛伐克等。

1.西班牙

西班牙于1928年废除终身监禁，并于1978年废除死刑，此后有期徒刑便替代死刑成为最高刑。现行《西班牙刑法典》于1983年进行了修订，有期徒刑在此次修订后发生了很大变化。具体而言，修改前的《西班牙刑法典》第46条规定了单纯禁闭，其刑期在12年零1天到20年之间；第30条规定了重监禁，刑期在6年零1天到12年之间；同时还规定了刑期在1天到6个月之间的重拘禁及刑期在1天到30天的单纯拘禁。[1]但是，修改后的《西班牙刑法典》第35条在有期徒刑的刑罚分类方面作了很大变革，即该法的有期徒刑只包括监禁刑与周末监禁。其中，监禁刑最低为6个月，最高为20年。然而，在加重处罚或数罪并罚的情况下，监禁刑最高可达25年，而对某些特别严重的犯罪，如谋杀、恐怖主义行为以及种族灭绝，最高则可判处30年监禁。[2]通过对比可见，修改后的《西班牙刑法典》较大幅度地提高了有期徒刑期限。

2.捷克斯洛伐克[3]

在捷克斯洛伐克共和国存续时期，其于1990年废除了所有罪名的死刑，由于《捷克斯洛伐克共和国刑法典》没有规定无期徒刑，因而其所规定剥夺自由刑就替代死刑成为最高刑，这种剥夺自由刑的上限为15年，下限为3个月。由于该种剥夺自由刑的最高期限为15年，而死刑只适用于特别严重的罪行。这就产生一个问题：当一个罪行判处死刑显得过重，而判处15年剥夺自由刑又似乎过轻。立法者为弥补这一缺陷，于1973年对原刑法典作了如下修改：当法院在认为15年以上25年以下的剥夺自由才足以达到刑罚目的时，许可判处15年以上剥夺自由；国家元首亦可以通过特赦程序，把死刑易科为剥夺自由，其刑期可依被判刑人所犯罪行的性质和个人情况酌量裁定之。[4]由此，《捷克斯洛伐克共和国刑法典》将有期徒刑期限由原来的15年提高到25年。

---

〔1〕 参见谢望原：《西班牙刑法制度与刑罚改革》，载《云南大学学报》(法学版)2003年第1期。

〔2〕 参见《西班牙刑法典》，潘灯译，张明楷、[厄瓜多尔]美娜审定，中国政法大学出版社2004年版，第29页。

〔3〕 1993年1月1日捷克斯洛伐克分裂为两个独立的主权国家：捷克共和国和斯洛伐克共和国。

〔4〕 薛瑞麟：《苏联东欧刑罚体系中的剥夺自由刑》，载《比较法研究》1987年第1期。参见[英]罗吉·胡德、卡洛琳·霍伊尔：《死刑的全球考察》(第4版)，曾彦等译，莫洪宪审校，中国人民公安大学出版社2009年版，第564页。

由上可见，笔者认为，上述国家或地区之所以在废除死刑后提高了有期徒刑期限，主要是因为他们并没有规定无期徒刑，而当有期徒刑成为最高刑时，就有提高其期限的必要和空间了。这是因为，各个国家的刑法一般是将犯罪对社会的危害作为衡量犯罪的标尺并设置相应的刑罚，而原本可判处死刑的犯罪在废除死刑后，由于没有规定无期徒刑因而只能适用有期徒刑，但为了保持犯罪与刑罚阶梯的连续性，实现罪刑相适应，就必须提高废除死刑后原犯罪的有期徒刑期限或者将所有配置有期徒刑的犯罪逐一降低有期徒刑期限，其中最简便、最经济的做法当然是前者。由此可见，上述国家提高有期徒刑期限并非是作为死刑的替代措施，而主要还是为了弥补在没有规定无期徒刑的情况下因废除死刑所可能出现的空白。就此而言，限制或废除死刑和提高生刑期限之间虽然可能存在一定程度的相互影响，但两者之间并没有必然的联系。

（三）没有废除死刑却提高生刑期限国家的情况分析

除了上述两类国家外，还存在虽没有废除死刑却提高生刑期限的国家，最为典型的为日本。

日本自1907年制定刑法典，该法规定有期惩役与禁锢期限均为单罪15年；再犯加重或者并合罪不超过20年；死刑和无期徒刑减为有期徒刑的，其上限为15年。2004年12月日本公布了《修改刑法等部分的法律案》（法律156号）。此次修订将有期惩役与禁锢的期限由15年提高到20年；将再犯加重和合并罪有期惩役与禁锢期限，由20年提高到30年；将死刑、无期惩役与禁锢减为有期惩役与禁锢的期限，由15年提高到30年。[1]对此，有学者就认为日本虽未废除死刑，但其严格限制死刑的适用，为此日本才提高生刑期限。

笔者认为，尽管日本也采取了严格限制死刑的政策，但是，其有期徒刑期限的提高似乎与这一政策并无关联。具体理由是：

其一，近年来，日本杀人、抢劫、强奸之类的重大凶恶案件增加趋势明显，治安形势急剧恶化。杀人案件从1994年的1279件上升到2003年的1452件，上升了13.5%，但是，盗窃案件为2,235,844件，增加了43%；强制猥亵案件为10,029件，实际上增加了180%；强奸案件为2472件，增加了53%；一般刑事犯罪的数量为2,790,136件，增加了56%。而从日本当时所处的犯罪局势来看，日本的自由刑幅度以及量刑还很轻，在种类以及数量上有违国民有关刑罚的

〔1〕 参见张明楷：《外国刑法纲要》，清华大学出版社2007年版，第379～380页。

正义观念，会使国民对刑罚制度产生不信任感，难以形成抑制犯罪的规范意识。〔1〕可见，日本提高有期徒刑期限与其特殊时期的犯罪局势不无关联，而与其严格限制死刑似乎没有直接的联系。

其二，“从日本1907年制定刑法典到现在，国民的人均寿命大幅度提高，如果仍然维持原来的期限，则不符合国民对刑罚的规范意识”。〔2〕根据日本第3次和第19次“完全生命表”的资料，同期日本人的国民人均寿命已从1907年的男性平均约44.25岁、女性约44.73岁，大幅度地提高为2002年的男性平均约78.32岁、女性约85.23岁。即日本男女人口的平均寿命分别延长了1.77倍和1.9倍。可见，在20世纪初，相对于国民人均寿命的短暂而言，其有期惩役刑和有期监禁刑的法定刑上限20年，是接近当时国民人均寿命的物理界限的。〔3〕但从修改时国民人均寿命来看，如果仍然以15年或20年作为有期徒刑上限则显然偏低。可见，日本提高有期徒刑期限与国民人均寿命的提高具有密切的联系，从中似乎也很难看到与其严格限制死刑有多大的关联。

其三，目前的有期徒刑对于具有严重社会危害性犯罪而言，若处以最高15年或20年的有期徒刑显得过短，而处以无期徒刑又过重，出现了罪刑难相适应的尴尬局面，因而需要通过提高有期徒刑期限以实现罪刑相适应。就此而言，日本提高有期徒刑期限主要为了解决有期徒刑与无期徒刑之间的衔接问题，而并非是为了贯彻严格限制死刑的政策。

由此可见，日本生刑期限的提高具有其鲜明的本土适用性，似乎对我国并不具有可借鉴性。我们如果不仔细考究其提高生刑期限之原因而只看其生刑期限提高之结果，就得出生刑期限的提高与限制死刑之间存在必然关系，则显然是片面的。

综上分析，无论考察已经废除死刑且生刑期限高于我国的国家的情状，还是探究虽没有废除死刑却提高生刑期限的国家之状况，我们均无法得出一个国家的死刑限制或废除和生刑期限提高之间存在必然联系的论断。就此而

---

〔1〕 参见［日］大谷实：《日本最近的刑事立法》，黎宏译，载京师刑事法治网：http://cls.bnu.edu.cn/crimina/info/showpage.asp:problemID=&pkID=8430 & keyword=%C8%D5%B1%BE%D7%EE%BD%FC%B5%c4$D0%CC%CA%C2%C1%A2%B7%A8，最后访问时间：2017年7月5日。

〔2〕 张明楷：《外国刑法纲要》，清华大学出版社2007年版，第379～380页。

〔3〕 周东平、薛夷风：《日本刑法有期刑上限的提高及对我国的启示》，载《厦门大学学报》（哲学社会科学版）2009年第3期。

言，笔者认为，限制或废除死刑并不一定要通过提高生刑期限才能实现，提高生刑期限也不一定以限制或废除死刑为前提。如果我们简单地从现象推论，而完全忽视挖掘其深层的原因，势必无法得出科学且令人信服的结论。

四、小结

综合本节的论述，笔者认为，国外生刑期限普遍高于我国的提法因缺乏依据而显得并不科学，少数国家生刑期限的提高也仅具有“相对性”，对于我国并不具有可借鉴性，更何况国外废除死刑和提高生刑期限之间本身并不具有必然联系。同时，对比国外的相关规定，我们不能认为我国存在“生刑过轻”的问题，更无法得出我国也需要通过提高生刑期限来限制或废除死刑的论断。依笔者之见，在我国，“生刑过轻”其实是一个伪命题。这是因为我国刑法规定的生刑并不存在“过轻”的问题，司法实践中对犯罪人判处的生刑也不存在“过轻”的情况，而造成“生刑过轻”的根源则完全在于人们认识上的偏差以及刑罚执行制度和实践中出现的偏差。我们不应该将生刑实际执行中“过轻”的问题，作为质疑我国刑事立法有关有期徒刑期限规定合理性的依据。限制或废除死刑固然象征着社会的进步，但是，我们如果通过提高生刑期限来限制或废除死刑，就相当于在增加善的同时增加一种性质相当甚至更严重的恶。当在社会发展中进一步时却又退了一步，可能意味着实际并没有进步，甚至有时还可能是一种倒退。在当今社会，死刑的限制或废除根本不需要刻意地去寻找替代刑，也根本没有必要提高实际已经不轻的生刑的期限。随着社会的进步以及人们对自由的珍视，只要我们依据现行的刑法规定，完善刑罚执行制度并严格执法，生刑完全可以起到与死刑一样的威慑效果，而这才应该是限制或废除死刑的应然路径。

第四节　限制或废除死刑与提高生刑期限关系论

2011年2月25日，第11届全国人大常委会第19次会议通过了酝酿多时的《刑法修正案（八）》。与以往的刑法修订或者修正不同，《刑法修正案（八）》首次废止了若干个罪名的死刑，这标志着理论界呼吁已久的限制甚至废除死刑的主张正式获得了立法机关的认可，我国已经开始踏上废止死刑的征途。与此同时，《刑法修正案（八）》还实际上通过提高生刑期限的方法，[1]来弥补削减死刑后可能留下的空白。这与我国刑法理论界长期存在的“死刑过重、生刑过轻”“应该用提高生刑期限的途径来逐步限制、废除死刑”观点基本契合。那么，在我国限制或废除死刑是否必须以提高生刑期限作为替代？死刑与生刑存在何种联系？限制或废除死刑的路径到底如何？笔者认为，这些都是我们在死刑的立法改革时必须深入探讨的问题，对这些问题展开讨论和探析，无疑有益于我国将来进一步限制、废除死刑的立法探索。

一、我国“生刑过轻”问题之辨析

从死刑制度确立之初始，无论实务界还是理论界，一直艰辛跋涉在如何限制和废除死刑的道路之上，《刑法修正案（八）》废除13个罪名死刑是我国死刑废除历程中具有里程碑意义的重大跨越。当然，需要引起我们注意的是，《刑法修正案（八）》在废除13个罪名死刑的同时，还提高了生刑的期限，以期弥补废除死刑后可能留下的空白。具体体现为以下两点：其一，将死缓减为有期徒刑“15年以上20年以下”之刑期改为“25年”，即如果死缓减为有期徒刑，只能减到25年；其二，提高数罪并罚“有期徒刑最高不能超过20年”的期限，即规定如果数罪并罚有期徒刑总和刑期在35年以上的，最后决定执行的有期徒刑期限最高不能超过25年。

笔者认为，《刑法修正案（八）》对生刑期限的提高，主要还是因为受到了学界一些观点的影响。在较长时间里，我国刑法学界较多学者认为，我国死刑之所以难以废除，主要是因为刑法规定的生刑“过轻”，并提出应通过提高生刑期限的途径来限制和逐步废除死刑。有的学者从我国刑罚体系的角度分析，认为我国的刑罚体系存在“死刑过重、生刑过轻”的结构性缺陷，并指出只有通过提高生刑期限，才能限制死刑的适用、减少对死刑的依赖，最终才能废除死刑。例如，有学者认为，按照我国原《刑法》的规定，[2]死缓实际上相当于

---

〔1〕 由于笔者是针对理论界一直存在的“死刑过重、生刑过轻”的观点而提出自己对限制或废除死刑和提高生刑期限关系的看法，因而本节所论述的“生刑”特指有期徒刑和无期徒刑，不包含拘役等其他剥夺自由刑，而在论及“提高生刑期限”时又特指提高有期徒刑的期限。

〔2〕 本节中的“原《刑法》”特指《刑法修正案（八）》生效之前的《刑法》；与此相对应，本节中的“现行《刑法》”则是指《刑法修正案（八）》生效之后、《刑法修正案（九）》生效之前的《刑法》。

有期徒刑24年，而实际执行期限在18年左右。无期徒刑相当于有期徒刑22年，实际执行期限在15年左右。有期徒刑最高可以达到15年，实际执行期限在10年左右[1]。持该观点的学者进一步指出，从我国刑罚结构来看，死刑与死缓、无期徒刑及有期徒刑不够协调，一生一死过于悬殊，难以与死刑衔接，因此我们应提高生刑的期限，才可降低对死刑的依赖，从而为废除死刑创造条件[2]。也有的学者从死刑替代措施的角度分析，认为应以提高生刑期限作为废除死刑后的替代措施，而我国存在"生刑过轻"的现象。如有学者认为，废除死刑后应以提高生刑期限作为替代措施，并主张以严厉化后的死刑缓期2年执行、严格的无期徒刑、附赔偿的长期自由刑（如15年以上20年以下有期徒刑）来替代死刑（主要是指死刑立即执行）[3]。

分析上述学者的观点，不难发现，他们基本上都认为限制或废除死刑必然就应该提高生刑期限或以提高生刑期限为基本途径，正是由于"生刑过轻"才导致死刑的大量适用。事实上在现实生活中，除了学者们认为"生刑过轻"外，很多普通民众也会在感觉上认为"生刑过轻"。那么这种对"生刑过轻"的感觉是如何产生的呢？正如上述学者所统计的，在我国司法实践中，被判处无期徒刑的，一般服刑期限在15年左右；被判处有期徒刑15年的，一般服刑在12年左右[4]，这种情况难免会让人产生我国"生刑过轻"的感觉。

但是，笔者认为，现实生活中人们之所以会有"生刑过轻"的感觉，问题恐怕是出在实际执行层面上，而并非是刑法规定本身所导致的。我们不应该将生刑实际执行中"过轻"的问题，作为质疑我国刑事立法有关有期徒刑期限规定合理性的依据。依笔者之见，限制或废除死刑并非必然要提高生刑期限，就我国刑事立法而言，"生刑过轻"其实是一个伪命题，因为，实际上我国《刑法》规定的生刑并不存在"过轻"的问题，司法实践中对犯罪人判处的生刑也不存在"过轻"的情况，而造成"生刑过轻"的根源则完全在于人们认识上的偏差以及刑罚执行制度和实践中出现的偏差。

---

〔1〕 陈兴良：《宽严相济政策与刑罚规制》，载《法学杂志》2006年第4期。

〔2〕 陈兴良：《中国死刑的当代命运》，载《中外法学》2005年第5期。

〔3〕 高铭暄：《略论中国刑法中的死刑替代措施》，载《河北法学》2008年第2期。

〔4〕 陈兴良：《宽严相济刑事政策研究》，中国人民大学出版社2007年版，第20页。

（一）我国刑事立法及司法中生刑轻重状况分析

笔者认为，很多学者之所以提出“生刑过轻”的观点，以及很多民众之所以会认为我国“生刑过轻”，很重要的原因在于并没有认清我国刑事立法及司法中生刑的轻重状况。其实只有通过分析我国刑事立法及司法中生刑轻重的实际状况，并考察我国刑法规定的生刑期限与人均寿命及犯罪年龄的关系，以及刑罚目的实现与生刑期限设置的关系，才能准确判断我国是否存在“生刑过轻”的问题。

1. 我国刑法有关生刑期限规定的分析

首先，在我国刑法已经规定并将长期存在无期徒刑的情况下，得出我国“生刑过轻”的结论似乎并不妥当。

无期徒刑是生刑中最严厉的刑罚方法，主要表现在剥夺犯罪人终身的人身自由。虽然生命价值优于自由价值的观念已经得到了很多人的认同，但是，还有不少人认为，无期徒刑作为保留剥夺犯罪分子终身自由可能性的制度的严厉性在某种程度上并不逊于死刑。例如，贝卡里亚就指出终身苦役刑甚至比死刑更可怕，“有人说，终身苦役同死刑一样也是痛苦的，所以，它也同样是残酷的。我认为：如果把苦役的受苦时间性加在一起，甚至是有过之而无不及。”〔1〕因为“对人类心灵发生重大影响的不是刑罚的强烈性，而是刑罚的延续性”〔2〕。就此而言，无期徒刑从某种程度上说其残酷性并不亚于死刑。另外，我国刑法中无期徒刑的严厉性还具体表现在其具有较广的适用面上。《刑法》对无期徒刑的规定有两种情形：一是在规定有死刑的条文中将无期徒刑作为一种选择刑加以规定；二是将无期徒刑规定为法定最高刑，同时将较长期限的有期徒刑规定为选择刑。原《刑法》中法定最高刑是死刑的罪名有68个，这68个罪名的法定刑中同时包含了无期徒刑，而法定刑最高刑是无期徒刑的罪名有33个，两者合计有101个罪名的法定刑中有无期徒刑，占原《刑法》446个罪名的22.65%，〔3〕接近四分之一（其中，除了渎职罪一章外，其他各章均有无期徒

〔1〕［意］贝卡里亚：《论犯罪与刑罚》，黄风译，中国法制出版社2005年版，第58页。

〔2〕同上。

〔3〕由于“生刑过轻”的观点是针对《刑法修正案（八）》生效之前的《刑法》规定提出的，因而本节主要针对原《刑法》的规定进行分析。现行《刑法》中法定最高刑为无期徒刑的罪名有101个，占《刑法》453个罪名［由于《刑法修正案（八）》新增了7个罪名，现行《刑法》共计有453个罪名］的22.3%。

刑的规定)。

笔者认为,由于无期徒刑具有"终身剥夺自由"的性质,因而从剥夺自由刑角度分析,只存在有"过重"的问题,而不应该存在所谓的"过轻"之说。也正因如此,在我国刑法长期规定保留且可较大范围适用无期徒刑这一极其严厉的生刑的情况下,就没有理由能得出我国"生刑过轻"的结论。

其次,在我国刑法规定的有期徒刑呈整体偏重的状态下,得出我国"生刑过轻"的结论明显缺乏依据。

在当今世界各国刑法中,有期徒刑仍然是适用频率最高的刑种,仍然是生刑的中心。我国刑法也不例外,在保留死刑和无期徒刑的前提下,有期徒刑在整个刑罚体系中有着举足轻重的地位,而且呈整体偏重的状态。

其一,长期自由刑在我国刑罚结构中地位突出。我国有期徒刑的幅度,大致可分为三种:一是长期有期徒刑,即10年以上的有期徒刑;二是中期有期徒刑,即3年以上10年以下的有期徒刑;三是短期有期徒刑,即3年以下有期徒刑。而我国有期徒刑在立法上的显著特点是长期自由刑在刑罚结构中地位突出:综观原《刑法》的规定,法定最高刑在5年以下有期徒刑的罪名较少,法定最高刑超过10年有期徒刑的罪名较多,其中法定最高刑在5年以下有期徒刑的罪名共有122个,仅占所有罪名总数的27.4%,而法定刑超过10年(不包含10年)有期徒刑的罪名则有160个,占所有罪名总数的35.9%,[1]由此使我国刑罚配置呈整体偏重状态。

其二,我国《刑法》规定有期徒刑的法定期限平均在3年以上。需要指出的是,尽管我国刑法中并没有明确有期徒刑的轻与重界限,但是,理论上通常是将3年有期徒刑作为区分有期徒刑轻重的界限。据笔者统计,原《刑法》规定的446个罪名中,全部都配置了有期徒刑,其中法定最高刑为3年以下有期徒刑的罪名仅有88个,占所有罪名总数的19.73%;而法定最高刑超过3年有期徒刑的罪名则占了所有罪名总数的80.27%(其中仅规定有期徒刑下限为3年有期

〔1〕 现行《刑法》中法定最高刑为5年以下有期徒刑的罪名有121个(新增的危险驾驶罪法定最高刑为拘役,经修订的寻衅滋事罪法定最高刑由5年提高为10年有期徒刑、强迫交易罪的法定最高刑由3年提高为7年有期徒刑),占所有罪名总数的26.71%,而法定刑超过10年(不包含10年)有期徒刑的罪名则有161个(新增的组织出卖人体器官罪法定最高刑为15年有期徒刑),占所有罪名总数的35.54%。

徒刑的罪名就有49个，占了所有罪名总数的10.99%）。[1]通过简单估算，我们就可以发现我国刑法规定的有期徒刑的平均期限必然在3年以上甚至更高，由此可见，我国刑法规定的有期徒刑呈整体偏重状态。

2.我国生刑司法适用的情况分析

笔者认为，从我国司法实践中对犯罪分子实际所判处的刑罚来看，我国也不存在所谓"生刑过轻"的问题。我国生刑的特点除了立法上所表现的较重生刑在刑罚结构中地位突出外，还表现在较重生刑在司法实践中的适用比例过大，而这也是形成我国刑罚重刑化结构的重要原因之一。正如前文的统计数据所显示，我国司法实践中所实际判处的3年以上有期徒刑及无期徒刑的罪犯占判处罪犯总数的比例必然超过18.02%。而外国司法实践中所实际判处的3年以上有期徒刑及无期徒刑的罪犯占判处罪犯总数的比例都远远低于我国，例如，德国自20世纪70年代中期以来，短期自由刑的比例保持稳定态势。即使现在，受刑者中也约有1/3被执行6个月以下的自由刑。再如，北欧诸国大量利用短期自由刑，荷兰的自由刑宣告数中，2/3以上为3个月以下。又如，日本于2005年判处的自由刑中，3年以下的自由刑占91.7%[2]，可见其判3年以上自由刑的仅占所有被判处自由刑的罪犯的8.3%，而占所有罪犯总数的比例就更低了。

由上述分析，我们不难发现，我国生刑司法适用中普遍存在偏重的情况，所谓"生刑过轻"的情况似乎并不存在。

3.我国生刑的期限与人均寿命及犯罪年龄关系的分析

改革开放以来，我国总体人口质量得到全面、显著的提高，2007年我国人口预期平均寿命达到73岁左右，预计2020年可提高到78岁左右[3]。另外，2007年出版的《中国可持续发展总纲》（第1卷）指出，根据历史趋势，到2030年中国人口出生时的平均预期寿命将超过78岁，2050年将超过83岁，有可能接近联合

〔1〕 现行《刑法》的453个罪名中，除危险驾驶罪外都配置了有期徒刑，其中法定最高刑为3年以下有期徒刑的罪名有87个[《刑法修正案（八）》将强迫交易罪法定最高刑由3年提高为7年有期徒刑]，占所有罪名总数的19.21%，而法定最高刑超过3年有期徒刑的罪名则占所有罪名总数的80.79%（其中规定有期徒刑下限为3年有期徒刑的罪名数依然为49个，占所有罪名总数的10.82%）。

〔2〕 日本法务综合研究所：《平成18年犯罪白书》，国立印刷局2006年版，第38页。转引自张明楷：《死刑的废止不需要终身刑替代》，载《法学研究》2008年第2期。

〔3〕 钟庆才主编：《人口科学新编》，中国人口出版社、汕头大学出版社2009年版，第79页。

国组织预测的发达国家平均达到的85岁的水平[1]。即使按照预测的2050年达到85岁计算，我国原《刑法》规定的有期徒刑最高期限15年和数罪并罚最高期限20年也已经分别达到了人的平均寿命的五分之一强和四分之一强。试问，我们每个人的一生能有几个15年或20年？而且，按照约定俗成的标准，成人的年龄起点为18岁，退休年龄为60岁，这表明我们每个人的黄金年龄只有40年左右。如果剥夺处于黄金年龄时期人的人身自由15～20年，意味着人最具活力的年龄段有近一半在监狱中度过，其严厉程度绝对不可谓“过轻”。因此，以15年或20年作为有期徒刑的上限，就惩罚的严厉性而言，基本上可以与无期徒刑相衔接。

另外，根据犯罪的年龄特点，30岁以前是犯罪的高发年龄区，我国犯罪的第一高发年龄段是18～25岁，其次是14～17岁[2]。而且，26～35岁是重新犯罪的高峰年龄，在几年调查中，该年龄段的重新犯罪人所占比重最高，均保持在42.7%以上，比重居于第二位的则是18～25岁的年龄段，均保持在23.6%以上，所占比重最少的是60岁以上的年龄段，比重值在几年里均低于1.6%[3]。由此可见，从犯罪控制的角度来分，自法定刑事责任年龄的起点即14岁至30岁之间的15年左右，应该是重点控制的年限。正因如此，从自由刑所应有的限制犯罪能力功能的角度来看，将有期徒刑的上限定为15～20年，也是基本合理的。因为即使行为人在最低刑事责任年龄犯罪，经过15～20年的剥夺自由，其刑满时已经过了最具犯罪可能性的年龄，再犯罪的可能性已不很大。因而从剥夺犯罪能力的必要性的角度来看，有期徒刑的15年或20年的上限，也大致与无期徒刑相衔接[4]。据此，笔者认为，无论是相对人的平均寿命，还是相对重点犯罪的控制年限而言，都无法得出我国刑法关于有期徒刑期限的规定存在“过轻”问题的判断结论。

4.刑罚目的实现与生刑期限设置关系的分析

我国刑罚的目的是预防犯罪，而笔者认为，我国原《刑法》规定的有期徒刑的期限，已经完全可以满足实现刑法预防犯罪目的之需要。

---

〔1〕 牛文元主编:《中国可持续发展总纲》(第1卷)，科学出版社2007年版，第287页。

〔2〕 张远煌:《犯罪学原理》，法律出版社2008年版，第302页。

〔3〕 王志强:《社会发展中重新犯罪的实证研究》，载《福建公安高等专科学校学报》2002年第5期。

〔4〕 邱兴隆:《刑罚理性评论——刑罚的正当性反思》，中国政法大学出版社1998年版，第153页。

据我国有关部门的调查分析，司法实践中已经服刑15年左右的人，在释放后基本上很少重新犯罪。这结论已经被很多调查所证实，[1]根据这些调查我们不难发现，执行15年甚至是10年有期徒刑后又重新犯罪的就已经是非常罕见的了。同时，这些统计数据也足以说明，对罪行严重的犯罪分子的羁押改造，有15～20年的时间已经足够了，再延长就会导致刑罚过剩，浪费国家有限的司法资源。

另外，根据我国《刑法》第87条关于追诉时效的规定，犯罪的法定最高刑为10年以上有期徒刑的经过15年，以及犯罪的法定最高刑为无期徒刑、死刑的经过20年，则不再追诉。而我们知道，超过追诉期限而不再追诉犯罪的根本缘由在于，在这种情况下，刑罚在行为经过如此长的时间后，鉴于行为人在此期间的发展和行为的社会环境的变化，刑罚预防犯罪的目的已经不再能够实现或者说刑罚的目的就停止作用了[2]，因为行为人在这相当长的一段时间内没有再犯罪的话，就说明时间已经逐渐改变了行为人的道德，并使他成为有益和适用于社会的人，同时，遭到冲击、破坏的社会生产和社会生活秩序，以及受害人和社会公众的心理失衡状态也已经恢复，从而达到了与实现刑罚预防犯罪目的一样的效果。因而，通过分析刑法关于追诉时效的规定，我们也可以看出，我国原《刑法》规定的有期徒刑的15年至20年的期限也与刑罚预防犯罪目的实现的要求相一致。

综上所述，无论从我国刑事立法对生刑的规定，还是从刑事司法实践中所实际判处的生刑来看，我国都不存在“生刑过轻”的问题；而且无论是相对于人的平均寿命及犯罪年龄而言，还是从实现刑罚目的需要的角度分析，我国的

---

〔1〕 例如，北京市监狱管理局于2004年年初针对北京市在押犯重新犯罪问题的调查结果显示：重新犯罪的罪犯中，前一次犯罪判处10年以下的占总数的89.4%，前次犯罪判处10年以上的占总数的10.6%；山东省监狱管理局2004年的调查结果显示：重新犯罪人员中，前次犯罪所判刑罚在1年6个月以下的占12.9%，1年6个月至3年的占18.5%，3年至5年的占24.9%，10年至15年的占7.4%，15年至20年的占2.5%，无期徒刑、死缓的占0.4%；福建省2005年关押的重新犯罪人员中，前次犯罪所判刑罚在3年以下的占48.8%，3年至5年的占23.8%，10年以上有期徒刑的占9.5%，无期徒刑的占1.5%，判处死缓的为0。参见北京市监狱管理局“重新犯罪”课题组：《北京市在押犯重新犯罪情况的调查分析》，载《中国司法》2005年第6期；山东省监狱管理局重新犯罪调查课题组：《2004年山东省在押重新犯罪服刑人员调查分析报告》，转引自王勇：《刑满释放人员重新犯罪问题研究》，山东大学法学院2006年硕士学位论文。欧渊华等：《福建省刑满释放人员重新犯罪问题研究》，载《福建公安高等专科学校学报》2007年第3期。

〔2〕 ［德］德汉斯·海因里希·耶赛克、托马斯·魏根特：《德国刑法教科书（总论）》，徐久生译，法律出版社2001年版，第1087页。

生刑也都不存在有“过轻”的情况。就此而言，笔者认为，我国并不存在任何需要提高生刑期限的客观基础。

(二)“生刑过轻”的实质原因分析

从上面分析中，我们基本可以得出结论，我国原《刑法》规定的生刑其实并不存在“过轻”的问题，但是，我们应该承认，许多学者及民众对我国存在“生刑过轻”问题的担忧和感觉也并非空穴来风。笔者认为，这种担忧和感受可能主要是由我国的刑罚执行制度及其在刑罚执行过程中存在的诸多问题所引起的。这些问题的存在，客观上导致了我国的生刑在执行过程中呈现有“趋轻”甚至“虚无”状况，有时甚至会表现出不正常且与法律的要求相悖的“过轻”现象。同时，由于关注的重点不同及认识偏差的原因，就会使许多学者以及一些社会公众产生我国刑法存在“生刑过轻”问题的感觉。

1.我国的刑罚执行存在过于“宽松”的问题

我国目前规定的刑罚执行制度主要有减刑、假释和暂予监外执行制度。由于假释和暂予监外执行在司法实践中适用率极低，[1]其对我国“生刑过轻”问题的影响几乎可以忽略不计。因此，导致我国“生刑过轻”问题的刑罚执行制度主要是减刑制度。

首先，我国过于宽松的减刑制度使减刑率居高不下，导致生刑的实际执行大打折扣。应该看到，由于我国刑法规定的减刑制度的“宽松”，就必然会给“宽松”地执行减刑制度创造条件。也即由于减刑的实质条件规定得过于原则、减刑的适用条件没有将重刑犯和轻刑犯区别开来、减刑适用条件的标准太低等问题的存在，减刑制度在司法实践刑罚执行中就难免出现偏差。刑法规定的有“悔改”或“立功”即可适用减刑的条件落实到刑罚执行中则演变为，只要符合计分考核制度的“计分考核、以分计奖，以奖减刑”模式下积分情况，就可以减刑。这种仅依据计分考核的结果就动用减刑的做法，不免导致减刑

---

〔1〕 据司法部监狱管理局的统计，1996—2000年全国监狱年假释罪犯率分别为2.58%、2.9%、2.06%、2.11%、1.63%，2001年为1.43%，2002年甚至低于0.5%，近几年也一直保持在2%左右。监外执行在我国的适用率也极低，根据司法部监狱管理局的统计，2001年、2002年、2003年全国监狱系统监外执行的罪犯占押犯总数的1.13%。参见司法部监狱管理局：《监狱工作简报》，转引自周国文：《论无期徒刑减刑后的假释考验期限——一个合理性解释》，载李希慧，刘宪权主编：《中国刑法学年会文集》(2005年度第1卷下)，中国人民公安大学出版社2005年版，第1153～1154页；韩玉胜：《刑事执行制度研究》，中国人民大学出版社2007年版，第375～376页；郭建安：《社区矫正通论》，法律出版社2004年版，第49页。

的大量且大范围的适用，甚至滥用〔1〕。由此导致我国监狱罪犯的减刑率一直居高不下。据司法部监狱管理局的统计，1997年至2001年全国监狱的减刑率呈逐年递增的趋势，〔2〕而且减刑的比例竟已超过了在押犯总数的1/4。另据统计，2002年到2004年全国150余万服刑罪犯中每年平均有62万人被减刑〔3〕，平均减刑率达到了41.33%。

其次，刑罚执行腐败问题导致生刑的实际执行期限严重缩水。由于在生刑执行过程中，执行主体在提请减刑问题上具有较大的自由裁量权，因而刑罚变更执行活动的权力成为最重要的刑罚执行权力，也当然成为实践中最容易发生徇私舞弊、徇私枉法、滥用职权问题的环节。如果缺乏对此类权力的有效监督，其就容易被滥用，从而导致生刑在执行层面出现“过轻”的现象。而当前我国对此类执行权确实缺乏有效监督，导致司法擅断和刑罚变更执行权力的滥用，滋生了金钱减刑、权力减刑等现象，即对一些不应适用减刑的犯罪人加以适用的情况，民众将此戏称为，风险小、几乎不露痕迹的另类“越狱”现象。例如，2000年的大连黑社会老大邹某卫向监狱长谢某军行贿而获减刑和保外就医案〔4〕；2004年的四川凉山监狱原副监狱长宋某哲收受贿赂伪造“立功”材料使罪犯杨某明获减刑案〔5〕；2009年的牵涉百余人的湖南省监狱管理腐败窝案等〔6〕。众所周知，以上案件可能只是发生在中国刑罚执行过程中的腐败案件的冰山一角。据统计，人民检察院针对罪犯减刑、假释和暂予监外执行中出现的违法情况2005年提出纠正意见的为2216人次，后已纠正2092人次〔7〕。

---

〔1〕 张秀玲：《无期徒刑研究》，吉林大学2010年博士学位论文，第104页。

〔2〕 1997年至2001年全国监狱罪犯减刑的实际情况主要是：1997年全国监狱减刑311,206人，减刑率为21.72%；1998年全国监狱减刑330,035人，减刑率为23.18%；1999年全国监狱减刑350,799人，减刑率为24.79%；2000年全国监狱减刑347,503人，减刑率为24.41%；2001年全国监狱减刑371,563人，减刑率为25.39%。参见李豫黔：《关于当前我国减刑制度司法实践的反思和探讨》，载《中国监狱学刊》2003年第3期。

〔3〕 梁尚华：《全国监狱系统减刑假释保外就医专项检查活动取得明显成效》，载《中国监狱》2005年第3期。

〔4〕 《“大连监狱腐败窝案”震动中央》，载中华网：http://club.china.com/data/thread/1011/2713/42/70/5_1.html，最后访问时间：2017年2月25日。

〔5〕 《受贿万元伪造材料凉山原副监狱长私放服刑犯》，载中华网：http://news.163.com/41012/3/12FC01PK0001124S.html，最后访问时间：2017年2月25日。

〔6〕 叶铁桥：《牵涉百余人的湖南省监狱管理腐败窝案》，载《中国青年报》2010年1月22日，第3版。

〔7〕 《中国法律年鉴》编辑部编：《中国法律年鉴》，中国法律年鉴社2006年版，第993页。

2006年提出纠正意见的为2846人次，后已纠正2673人次〔1〕；2007年提出纠正意见的为3942人次，后已纠正3706人次〔2〕。当然，由于实践中能够被发现的发生在减刑过程中的腐败案件只是实际发生的腐败案件的一部分。同时又可能由于下级机关的瞒报，最高人民检察院能够统计到的此类案件也只是能够被发现的此类案件的一部分。我们完全有理由相信，实际发生在我国司法实践减刑过程中的腐败案件的数量可能更为惊人。

正是由于我国的刑罚执行存在过于"宽松"的问题，才会出现学者们所一直诟病的被判处死缓的，一般服刑期限在18年左右的"死缓有期化"、无期徒刑实际上就相当于10～15年的有期徒刑的"无期徒刑不无期"，以及被判处有期徒刑20年的，一般服刑期限在12年左右的"长期徒刑短期化"等"生刑过轻"的现象。可以说，正是刑法规定的减刑制度模糊了有期徒刑与无期徒刑的差异，才最终导致出现无期徒刑实际上被"消灭"以及长期有期徒刑被"短期化"等不正常的局面。而这些又必然会弱化我国生刑的功能，导致生刑的刑罚刚性在实际执行过程中受到了很大的侵蚀与流失现象出现，并进而大大降低生刑的威慑力与严厉性。

2."生刑过轻"也是认知偏差所导致的结果

首先，是"以此见彼"的认知偏差，即把刑罚执行的错误误认为是刑法规定的错误，从而认为我国刑法对生刑的规定"过轻"。正如前所述，正是由于刑罚执行制度及其执行实践过程中出现了偏差，许多学者才会担忧且民众才会感觉我国刑法规定的生刑"过轻"。但是，刑法实际规定的生刑期限以及司法实践中所判处的生刑，其实却都很重，只是由于民众所关注的和所看到的只是罪犯的罪恶程度以及其实际上羁押服刑时间的长短，特别是当某个罪犯的行为很恶劣而实际服刑时间却不长的情况出现时，人们就会产生我国刑法规定的生刑"过轻"的感觉。在这种感觉下，民众就会将实际上是刑罚执行制度或司法执行中出现的问题，误认为是刑法有关生刑期限规定本身的错误，即把生刑执行过轻的状况误认为是刑法规定的生刑"过轻"的问题，从而最终得出我国《刑法》存在"生刑过轻"问题的结论。所以，笔者认为，一些所谓的"民意"，往往就是建立在对真实情况不了解的基础上的，而基于这种基础上的认

〔1〕《中国法律年鉴》编辑部编：《中国法律年鉴》，中国法律年鉴社2007年版，第1071页。
〔2〕《中国法律年鉴》编辑部编：《中国法律年鉴》，中国法律年鉴社2008年版，第1113页。

识，存在一定的偏差也是完全可以理解的。

其次，是“以小见大”的认知偏差，即把见诸报端的一些刑罚执行过轻案例不自觉地扩大到整个刑罚执行层面，得出我国几乎所有的刑罚执行都过轻的结论，进而认为我国刑法存在“生刑过轻”的问题。由于减刑、假释或者暂予监外执行制度的存在，很多罪犯因而可以提前出狱，当然这其中包含了合法适用刑罚执行制度的提前出狱和违法适用刑罚执行制度的另类“越狱”。而在提前出狱的这些罪犯中，有一部分是一些入狱前本身就具有一定“影响力”的罪犯。这些具有“影响力”的罪犯在入狱前就属于公众人物或者犯罪后经媒体报道而成为公众人物，因而，这些人所被判处的刑罚以及实际执行刑罚的年限都相对较受公众的关注。也正因为这部分人具有一定的影响力，所以在刑罚执行过程中，其往往也能获得一定的“优待”，通常也更能适用到减刑、假释或者暂予监外执行等制度，因而其实际执行刑罚的期限就大大缩短了。虽然这可能只是其中的一小部分人通过这些制度而提前出狱，但由于现代媒体的发达，即使只是报道了几个这样的事例，〔1〕也即使这样的事例在我国发生得并不是很多，而作为媒体传播对象的我们，特别是普通的民众，往往会“以小见大”并“推而广之”。即因发生认知偏差而产生较为极端的认识，认为那些即使判刑很重的罪犯只要没有予以立即执行死刑，关押几年后就能出狱了。由于这些感觉的存在，就会对我国的刑罚执行制度产生极大的不信任，同时，会把见诸报端的一些刑罚执行过轻案例，自觉不自觉地扩大到整个刑罚执行层面，得出我国几乎所有的刑罚执行都“过轻”的结论，并进而得出我国刑法规定的生刑“过轻”。如此“较为合法地适用”刑罚执行制度的事件尚能引发民众的质疑，更不用说是违法适用刑罚执行制度并构成犯罪的监狱腐败事件了。可以说，近年来频繁曝出的监狱执行腐败事件，在很大程度上加剧了民众对刑罚执行制度的不信任感，也使人们对刑罚执行的认识更加极端化、偏激化，因

〔1〕 例如，原红塔集团董事长褚某健于1999年1月9日被判无期徒刑，2002年经保外就医出狱后，马上转身投入水果行业，而且借债1000万元，从而撕碎了保外就医的面具，引发了广泛的质疑。原北京市委书记陈某同于1998年7月31日被判处有期徒刑16年，2006年8月，陈某同获得保外就医出狱，民众也发出了陈希同保外就医后还能“吃嘛嘛香”的质疑声。原深圳政华集团总裁吴某剑于2003年4月被判处有期徒刑17年，2006年9月11日获得保外就医出狱，在保外就医期间因涉嫌非法经营，于2009年被判构成非法经营罪，与其之前未执行完的刑罚数罪并罚，被判处其有期徒刑14年，因而民众对其能够获得保外就医也是质疑声一片。

而进一步强化了其认为我国刑法存在“生刑过轻”问题的错误认识。

二、提高生刑期限的弊端分析

正如前述，时下很多学者认为，只有通过提高生刑期限，才能限制死刑的适用、减少对死刑的依赖，最终才能废除死刑，或者说应以提高生刑期限作为废除死刑后的替代措施。笔者认为，这些学者在主张以提高生刑期限来限制或废除死刑这一重刑的时候，似乎有在强烈反对一种重刑的同时，又在极力倡导另一种重刑之嫌疑。正如前述，限制或废除死刑和提高生刑期限之间并不存在必然的联系，更何况我国刑法并不存在“生刑过轻”的问题。这也充分可以说明，我们对于刑法规定的生刑期限没有提高之必要。事实上，笔者认为，提高生刑期限必将导致诸多负面影响。

（一）提高生刑期限是回归重刑的体现，与刑罚轻缓化的趋势背道而驰

时下，刑罚轻缓化无疑已成为当今世界刑罚发展的趋势，“限制死刑乃至废除死刑”也已成为我国大多数学者的共识。在这样的背景下，如何加速刑罚轻缓化的进程才是我们应该努力的方向。刑罚轻缓化的理念源于法谚：“刑罚与其严厉不如缓和”，即在刑事立法上，如果规定较轻的刑罚（缓和）即可，就没有必要规定较重的刑罚（严酷）；在刑事司法上，对于已经确定为犯罪的行为，如果适用较轻的刑罚（缓和）即可，便没有必要适用较重的刑罚（严酷）[1]。应该看到，限制或废除死刑就是为了纠正重刑主义的倾向，在我国刑法规定的生刑并不过轻且足以达到预防犯罪目的之情况下，我们如果还刻意提高生刑的期限，则必然与限制或废除死刑的初衷相悖，也无疑是回归重刑的体现，从而与刑罚轻缓化的趋势背道而驰。

首先，通过提高生刑期限来限制或废除死刑只是以一种重刑代替另一种重刑，其实是对重刑的回归。从刑罚发展史来看，世界刑罚总是朝着轻缓的方向发展，其标志是限制或废除当时被认为最残酷的、最不人道的刑罚。然而，如果在限制或废除最残酷刑罚的同时，却增加一种本不需要增加而且仅仅是相对轻微甚或残酷程度相当的刑罚，并美其名曰为“替代刑”，那就意味着刑罚永远不能或者难以轻缓，这便不符合刑罚轻缓化的趋势。“既然认为

---

〔1〕 张明楷：《刑法格言的展开》，法律出版社2003年版，第277页。

死刑不必要、不人道，大幅度削减乃至废止死刑即可，没有必要寻找死刑的替代刑。”“刑罚是一种痛苦。这种痛苦是以同时代的一般人的价值观念为基准衡量的。一方面，不被同时代的一般人认为是痛苦的措施，不可能成为刑罚方法；另一方面，以往得到一般人认可的刑罚，现在被认为属于不必要的痛苦（过于残酷）时，就必须废止，而不以设置另一替代刑为前提。例如，身体刑虽然具有悠久的历史，但各国在废除身体刑时并没有寻找替代身体刑的措施。”[1]因为替代死刑的方法，必然与死刑相当甚至更为残酷。“在一个自由受到推崇、自由属于一切人、每个人都怀有一种‘普遍而持久’的情感向往的社会里，监禁怎么会不成为典型的刑罚呢？这是因为失去自由对一切人都是同样重要的。”[2]在现代社会，人们珍惜自由的程度更是丝毫不亚于生命，正如裴多菲所抒写的“生命诚可贵，爱情价更高；若为自由故，二者皆可抛”，或者如巴德里克·亨利所呐喊的“无自由，毋宁死”。[3]而人身自由无疑是一切自由权利的基础和前提，没有人身自由，其他许多权利也根本无法实现。同时，也由于我国社会各方面的进步，人们对自身价值特别是人身自由的价值评价越来越大，同时也由于社会生活的日益复杂、日益丰富多彩，人们已经很难适应简单的生活了。如5年有期徒刑，过去人们认为是比较轻缓的刑罚；现在由于社会的发展，人们会认为它是比较严重的刑罚。过去一个人坐1年牢，可能觉得一晃就过去了，现在就可能会感到受不了。因而，人身自由的被剥夺（特别是长期或永久地被剥夺），对于任何人来说都是一种不可承受之重。正如前述，自由刑特别是无期徒刑的严厉性在某种程度上也未必逊于死刑，因为执行死刑对罪犯而言虽然是强烈的痛苦，但只是一个短暂的过程，而执行自由刑则需要相当长的过程，受刑人必须持续地遭受强烈的痛苦。

其次，对《刑法》规定的生刑期限的提高在我国目前情况下必将导致宣告刑的进一步加重，这也有悖于刑罚轻缓化的趋势。由于受重刑主义传统的影响，我国法官在司法实践中对犯罪行为予以量刑时本来就存在一种重刑的思维模式和主观倾向，正如有的学者所指出的，“在刑事司法实践中，虽然大多数

---

〔1〕 张明楷：《死刑的废止不需要终身刑替代》，载《法学研究》2008年第2期。

〔2〕 [法]法米歇尔·福柯：《规训与惩罚》，刘北成、杨远婴译，生活·读书·新知三联书店2003年版，第260页。

〔3〕 该语源于苏格兰裔美国人巴德里克·亨利1775年3月23日于殖民地弗吉尼亚州议会上的演讲的最后一句：“Give me liberty or give me death.”

法官能够恪守这一原则，但罚不当罪、量刑畸轻畸重的现象仍时有所见，相对而言，量刑偏重甚至畸重的现象则更为突出。这种现象的存在，源于一些法官的‘重刑化’思想”。[1]正是在“重刑化”思想的影响下，我们的法官在判案时往往会倾向于甚至习惯于在法定刑内选择较重刑种与较长刑期的刑罚，而在这种情况下，倘若再提高法定刑期限，无异于雪上加霜，使得宣告刑重上加重，这无疑有悖于刑罚轻缓化的要求。

（二）提高生刑期限将导致刑罚过剩，与刑法谦抑原则相悖

正如前所述，已经服刑15年左右的人，在释放后基本上很少再重新犯罪，这说明15年左右的监禁已经足以实现预防犯罪的刑罚目的。而且，已经服刑15年左右的人，在释放后基本上也丧失了重新犯罪的能力了。德国学者利普曼的实证研究表明，经过20年的关押后，犯罪人的人格通常会遭到破坏，既无气力，也无感情，成为一个机器和废人。无独有偶，另一德国学者阿尔布莱希特的实证研究也表明，对犯罪人持续关押15年以上，在任何方面对服刑人在释放后的人格展开都具有巨大的损伤作用；长期关押没有意义，只会毁坏服刑人的社会生活能力。也就是说，这个时间是使犯罪人返回社会的最后机会，再关下去，犯罪人回归社会的能力就丧失了。正因如此，德国著名法哲学家阿图尔·考夫曼才指出，任何被拘禁者，都不可能在其人格不遭受重大障碍的情况下忍耐15年以上的拘禁，这已是不争的事实。其后他所剩下的并不是真正的生存，只不过是苟延残喘的人的空壳[2]。

另外，根据我国《刑法》第87条关于追诉时效的规定，犯罪的法定最高刑为10年以上有期徒刑的经过15年，以及犯罪的法定最高刑为无期徒刑、死刑的经过20年，则不再追诉。既然最高刑为10年的犯罪经过15年，最高刑为无期徒刑、死刑的犯罪经过20年就推测行为人已经改善，那么，经过15年或20年监狱改造的犯罪人，当然也已经改善。既然经过15年或20年就认为行为人相当于已经受到了15年或20年的刑罚处罚，那么，在监狱关押了15年或20年的犯罪人，更是受到了刑罚处罚[3]。既然经过15年或20年后受害人和社会公众的心理失衡状态已经得以缓和或恢复，不一定要求给予现实的处罚，那么，经过15年

---

〔1〕 游伟、陆建红：《法官重刑化思想的诸种表现》，载《人民法院报》2001年4月3日，第3版。

〔2〕 刘仁文：《“终身监禁”并不等于在监狱中度余生》，载《法制日报》2008年11月30日，第14版。

〔3〕 张明楷：《死刑的废止不需要终身刑替代》，载《法学研究》2008年第2期。

或20年的刑罚执行后，受害人和社会公众的心理失衡状态更是已经得到了缓和或恢复。既然经过15年或20年后，遭到冲击、破坏的社会生产和社会生活秩序已经得以恢复，那么，为什么就能肯定经过15年或20年的刑罚执行后，遭到冲击、破坏的社会生产和社会生活秩序还不能恢复呢？

由此可见，我国《刑法》规定的有期徒刑15～20年的期限，足以达到预防犯罪的刑罚目的，正如贝卡里亚所指出的，"一种正确的刑罚，它的强度只要足以阻止人们犯罪就够了"，[1]否则将导致刑罚的过剩。根据刑法谦抑性的精神，立法者应当力求以最小的支出——少用甚至不用刑罚，进而用其他刑罚替代措施，以便获取最大的社会效益——有效地预防和控制犯罪，因而适用较轻的刑罚足以抑制犯罪行为，足以保护合法权益时，就不应规定较重的刑罚，否则就违背了刑法的谦抑性精神。既然我国原《刑法》规定的有期徒刑15～20年的期限，就已经属于相当严厉的惩罚，并且足以达到我国预防犯罪的刑罚目的，那么，提高生刑期限则必然导致刑罚过剩，甚或加剧刑罚过剩的程度，有悖于我们动用刑罚的初衷，从而违背了刑法谦抑性的精神。这种做法也正如学者所指出的，"最荒谬的莫过于把动用刑罚看成是进步的源泉，真正的政治家将会竭力把运用刑罚限制在最小的范围之内并不断寻求减少使用它的机会，而不是增加运用刑罚的机会把它当作挽救一切道德败坏的药房"[2]。

此外，在我国《刑法》规定的生刑已经不轻，且已足以实现立法者所追求的打击和预防犯罪目的的情况下，如若继续提高生刑期限，投入更多的刑罚资源，必然造成刑罚的过剩，从而降低了刑罚的效益，浪费了我国有限的司法资源。因此，为限制或废除死刑而提高生刑期限的做法，其实存在有很多显而易见的弊端，这正如孟德斯鸠所指出的，"常常有立法者，打算要纠正一个弊端，便想到纠正这一点，他的眼睛只对于这个目标是睁着的，而对于一切弊害则是闭着的"。[3]为此，我们绝不能无视限制或废除死刑和提高生刑期限不存在必然联系和我国生刑并不过轻的事实，甚至忽视提高生刑期限的巨大负面影响而提倡以提高生刑期限来废除或替代死刑。

---

〔1〕［意］贝卡里亚：《论犯罪与刑罚》，黄风译，中国法制出版社2005年版，第59页。

〔2〕何利：《和谐社会语境中的刑罚观念之反思》，载《华东政法大学学报》2008年第1期。

〔3〕［法］孟德斯鸠：《论法的精神》（上册），张雁深译，商务印书馆1959年版，第102页。

三、限制或废除死刑的应然路径

根据上述的分析，笔者认为，正是基于“刑罚的威慑力并不在于其有多严厉，而在于其不可避免”的法理，我们才一再主张废除死刑这一不必要、不人道的刑罚，那么，基于同样的法理，我们完全有理由认为，在限制或废除死刑的过程或者之后，生刑也不应该因此而有所变化，尤其不能以提高生刑的期限作为代价。既然我们认为死刑不必要、不人道，那么大幅度削减乃至废除死刑即可，而完全没有必要通过提高生刑期限来替代死刑。既然我国刑法规定的生刑并不存在“过轻”的问题，而仅仅是人们认识上以及刑罚执行制度和刑罚执行实践过程中出现了偏差，那么，我们就应该对症下药，积极地引导民众，并针对刑罚执行制度以及刑罚执行实践进行纠偏匡正，而不能不切实际地提高本来并不过轻的生刑的期限。既然我们的立法存在误区，民众对于生刑存在误解，那么我们学者就应该勇于担当起正确引导民众、帮助立法者端正认识的使命。从而让人们充分认识到我国刑法规定的生刑并不存在“过轻”的问题，提高生刑期限也并非限制或废除死刑的应然路径。我们的立法者和司法者也应进一步完善并严格执行刑罚执行制度，以充分发挥生刑的威慑力，重建民众对刑罚执行制度的信任，培育民众对法律的信仰和敬畏。

（一）引导民众正确认识“生刑过轻”

由于在我国刑罚执行实践中，出现了“死缓有期化”“无期徒刑有期化”“有期徒刑短期化”等“生刑过轻”的现象，再加上频繁曝出的监狱执行腐败事件，同时也由于自身的不平衡感以及恐惧和担忧等情感的影响，民众对于我们的刑罚执行制度已经产生一些不信任，进而认为对于罪行严重的犯罪分子就应该立即执行死刑，而任何生刑对于他们来讲都是过轻的。如果我们还通过立法将生刑的期限提高，在一定程度上只能说就是“顺应”民意而已，或最多也只是民众意识影响和制约法制进程的体现。但是，立法上的这些举动必将进一步加深民众的误解，从而认为我国刑法规定的生刑确实过轻了。笔者认为，在目前国内的环境下，民众认为我国“生刑过轻”的情绪尽管可以理解，但是，通过法律来正确引导民众意识则更为重要，我们不应单纯让民众的意识来较多地影响和制约国家的法制进程。为了保证限制和废除死刑进程的顺利进行，我们有必要既向民众说明死刑并不具备人们所想象的效果、应放弃对死刑的盲目狂热的，同时引导民众正确认识刑法规定与刑罚实际执行分属两个不同层面，不能将两者混淆，生刑的实际执行期限过轻并不等于刑法规定生刑的期限过轻，从而认识到，提高生刑期限并非是限制或废除死刑的应然路径。具体我们可以从以下几方面入手：

首先，应当向民众提供翔实的数据。我们可以由地方各级人民法院和最高人民法院定期公布所判处的有期徒刑、无期徒刑乃至死刑的具体数据，让事实和数据说话。这些数据可以让民众更好地认识到，我国刑法规定的生刑其实不轻，而只是由于刑罚实际执行出现了偏差，致使生刑的实际执行期限严重缩水。同时，在有条件的情况下，也可以通过数据让民众认识到我们国家所判处死刑的实际情况，特别是随着我们对死刑的逐步限制和减少，而我们的社会秩序并没有发生什么变化甚至更加安定时，民众也会慢慢接受废除死刑这一世界发展趋势，同时也会对法律的悲天悯人和高瞻远瞩而心存感激和敬畏。我们完全有理由相信，在人们对人身自由的价值评价越来越大，珍视自由的程度丝毫不亚于生命的今天，当民众面对一个个被判处5年、10年、15年甚至无期徒刑的数据时，怎么不会毛骨悚然，怎么还会觉得我国刑法规定的生刑“过轻”呢？

其次，应当设法缓和或消除民众的不平衡感以及恐惧和担忧等情绪。正如前述，民众产生不平衡感以及恐惧和担忧等情绪的原因在于刑罚执行出现的偏差。民众看到的只是一个罪犯从关押到释放的实际间隔时间的长短，从而得出“生刑过轻”的结论，通常不会意识到这只是生刑的实际执行期限过轻而并非刑法规定的生刑过轻。因此，我们有必要积极地引导民众充分认识产生“生刑过轻”感觉的真正缘由。当然，对于民众认为罪犯刑期太短，出狱后可能会报复被害人和危害社会的内心顾虑和担忧，最主要的还是要通过完善刑罚执行制度，严格执法并加强牢狱的教育和改造效果等途径才能最终解决。所以在犯罪人进入监狱以后，如何帮助其认识犯罪行为的危害，如何矫正犯罪人的犯罪心理，帮助他们拥有出狱后融入社会的能力，这是我国司法监狱系统应该积极解决的问题。只要国家监狱加强完善劳改制度，就可以降低刑满出狱后危害社会的发生概率，也才可以彻底打消民众的恐惧和担忧。

（二）完善刑罚执行制度并严格加以监督

由于刑罚执行制度的缺陷及其在执行实践过程中出现的偏差，致使刑法规定的生刑的威慑力大打折扣，从而变得“厉而不严”，而这里的“严”包含刑罚执行制度的严和刑罚执行过程中的严。然而，笔者认为，刑罚执行偏差所导致的后果当然不能由立法来买单，而且，正如贝卡里亚所指出的，“对于犯罪最强有力的约束力量不是刑罚的严酷性，而是刑罚的必定性……因为，即便是最小的恶果，一旦成了确定的，就总令人心悸”。“如果让人们看到他们的犯罪可能受到宽恕，或者刑罚并不一定是犯罪的必然结果，那么就会煽惑起犯罪不受处罚的幻想。”[1]因而，我们当前要重点解决的不是提高生刑期限的问题，而是要重点解决刑罚执行制度不严和刑罚执法不严的问题。试想，如果把法律当成一条橡皮筋，可以随意拉扯，有法不依，执法不严，又如何震慑犯罪？或者说，如果刑法规定了，实际上在司法实践中却没有按照规定执行或操作，那我们法律的权威性和威慑力何在？因此，要彻底改变我国生刑实际执行期限“过轻”的局面，还应该从完善并严格执行刑罚执行制度着手，既要严格刑罚执行制度，也要严格刑罚执行实践。

首先，严格刑罚执行制度主要是应当完善减刑制度，以强化生刑之刚性。刑法的威严不是体现在其制裁的严酷性，而在于其制裁的确定性。如果死刑受到限制或废除而生刑却缺乏刚性，那么其导致的结果必然是：判处无期徒刑或有期徒刑的有钱、有权或有势的犯罪分子在监狱里“关押”了一段时间后就可以通过减刑而提前出狱。在这种情况下，犯罪不能得到应有的惩罚，正义也当然无法得到应有的伸张。如此一来，限制或废除死刑的建议就会大受质疑，因为毕竟相比之下，死刑的结果虽无可挽回，但却不能作弊。就此而言，笔者认为，只有填补刑罚执行制度的漏洞，落实司法正义，使相关的刑罚执行能够依法运行，才能保证和强化生刑之刚性，这也才是限制或废除死刑的前提。而且，即使在减刑制度存在的情况下，法官所判处刑罚的刚性在执行过程中也不应发生过大的变化，否则就违背了罪刑相适应的刑法基本原则[2]。因而，保证和强化生刑的刚性也是刑法罪刑相适应原则的要求。然而，我国减刑制度设置的不科学，实际上削弱了生刑本应具有的刚性。对此，我们可以从提高减刑条件和标准，减少减刑的适用范围等方面来完善减刑制度。特别是对于无期徒刑这一最为严厉的生刑，更应通过加强其刚性来充分体现其严厉性，因而可

---

〔1〕［意］贝卡里亚：《论犯罪与刑罚》，黄风译，中国法制出版社2005年版，第72～73页。

〔2〕蔡一军：《论刑阶动态衔接中的刑罚刚性》，载《内蒙古社会科学》（汉文版）2010年第4期。

以规定对于无期徒刑减刑的，减刑后的实际执行刑期应当不得少于20年。对于因杀人、爆炸、抢劫、强奸、绑架等暴力性犯罪以及其他严重犯罪而被判处无期徒刑的，可以明确规定不得适用减刑。

其次，加强对刑罚执行变更程序的监督。所谓“徒法不足以自行”，即使再完善的刑罚执行制度，如果执行主体没有依法贯彻、依法严格执行，那也将形同虚设。因而要充分发挥生刑的刚性，还要求执行机关在生刑执行过程中，依法执行刑罚制度，特别是依法行使刑罚执行变更权。对此，应完善减刑、假释以及暂予监外执行的监督机制，以形成对刑罚执行变更权力的有力制约和监督。第一，通过内部监督，以权力制约权力。由于刑罚执行主体对于刑罚执行变更具有较大的自由裁量权，其中存在较大的“可操作”空间，但刑罚执行监督的却处于一种缺失状态，因而对刑罚执行变更权的滥用便不可避免了，由此造成了对生刑刚性的不当侵蚀。历史和现实充分证明：对权力失去监督制约，必然导致腐败，这是不以人们意志为转移的客观规律。正所谓“权力有腐败的趋势，绝对的权力导致绝对的腐败”。对此，孟德斯鸠就曾明确指出，由于人人有欲望，凡是有权力的人，总是要滥用权力，以满足自己的欲望，这种欲望除非受到限制，否则绝不会自行停止。因此，他在《论法的精神》一书中得出结论说：“一切有权力的人都爱滥用权力，这是万古不变的经验。”正是在分析了人性和社会公共权力特征的基础上，孟德斯鸠在封建专制的黑暗中振聋发聩地提出：“从事物的性质来说，要防止权力滥用，就必须以权力制约权力。”“一切有权力的人们使用权力一直到遇到界限的地方才休止。”[1]因此，通过人民法院的审查权和人民检察院的检察权等权力的行使依法对减刑、假释以及暂予监外执行程序的运行进行有力的监督，以形成对刑罚执行变更权的有力的权力约束。第二，通过外部监督，以权利制约权力，即应该加强减刑、假释以及暂以监外执行程序的透明化和公开化，[2]使刑罚执行变更权能够在阳光下运行，接受广大媒体和人民大众的监督。

---

〔1〕［法］孟德斯鸠：《论法的精神》（上册），张雁深译，商务印书馆1959年版，第154页。

〔2〕司法部监狱管理局并没有向社会公布减刑、假释和暂予监外执行的数据，连最基本的公开透明都没有做到。

四、小结

综合本节的论述，笔者认为，限制或废除死刑固然象征着社会的进步，但是，我们如果通过提高生刑期限来限制或废除死刑，就相当于在增加善的同时增加一种性质相当甚至更严重的恶。当在社会发展中进一步时却又退了一步，可能意味着实际并没有进步。在当今社会，死刑的限制或废除根本不需要刻意地去寻找替代刑，也根本没有必要提高实际已经不轻的生刑的期限。随着社会的进步以及人们对自由的珍视，只要我们依据现行的刑法规定，完善刑罚执行制度并严格执法，生刑完全可以起到与死刑一样的威慑效果，而这应该是限制或废除死刑的应然路径。

第四章　刑事司法理念的变革与发展

第一节　“疑罪从轻”是产生冤案的祸根

时下，媒体有关赵作海经再审被宣告无罪的报道，已经成为刑事司法领域最具轰动效应和震撼力的法制新闻。正如在过去的几年中，“杜培武”案、“孙万刚”案、“佘祥林”案和“胥敬祥”案等冤案的曝光，引起学界和实务界的轰动一样，“赵作海案”再一次让国人强烈感受到了我们在刑法观念和刑事司法实践中存在的严重问题；同时也让刑法学界和司法实务界深深感到，现在确实已经到了对我国长期以来不愿意接受“疑罪从无”而只愿接受“疑罪从轻”理念之现状进行反思的时候。

一、“疑罪从轻”是一种追求负价值平衡的结果

据媒体报道，在“赵作海案”暴露出来后，河南省商丘市公检法三个部门接受了媒体采访，有关官员承认，当年此案审理中确实存在刑讯逼供之事，由此，赵作海才会在审讯中存在九次“有罪供述”。在案件的审理过程中，办案人员也确实知道存在一些疑点，但最后还是从“疑罪从轻”角度考虑，认定赵作海构成故意杀人罪，判处其死刑，缓期二年执行。笔者认为，上述这些官员的言论已经基本揭示了“赵作海案”发生的本质原因。依笔者之见，引发“赵作海案”的原因应该有许多，其充分暴露了我们工作中带有某种系统性和体制性的痼疾。但是，在这些众多原因之中，司法工作人员普遍愿意接受的“疑罪从轻”

观念或处理案件方法无疑则是产生冤案的最根本原因之一。在某种程度上，“疑罪从轻”实际上创建了一个平台，在这一平台上各方的心态和利益均得到了“空前的平衡”，案件中各种暴露出来的矛盾也相继得到了“合理的解决”。但是，也就是在这一平台上，“赵作海案”产生了。就此而言，我们完全可以说，“疑罪从轻”是制造“赵作海案”的祸根。“赵作海案”再一次证明，“疑罪从无”是现代刑事司法的基本原则，我们应该予以接受，而“疑罪从轻”的观念是产生“冤案”的祸根，必须加以摒弃。

众所周知，刑事司法中的“疑罪从轻”(也称“存疑从轻”)，是指司法机关因证据等方面的原因，在对被告人是否构成犯罪的问题上产生犹豫，而出于种种考虑认定被告人构成犯罪，但从轻量刑。司法实践中最为典型处理“疑罪”案件的方法是，按照刑法规定，对被告人所认定的犯罪理应判决死刑立即执行(或其他重刑)，而以死缓、无期徒刑(或其他较轻自由刑)代替之。理论上有人将这种情况称为“枪下留人”或留有余地的判决。分析“疑罪从轻”观念，我们可以清楚地看到法院对存疑案件的矛盾态度，即既知道根据现有证据，尚不足以认定被告人的行为构成犯罪，又认为被告人具有重大犯罪嫌疑，不甘心就此作出无罪判决，而使“犯罪分子逃脱法网”。显然在“不枉”和“不纵”之间，司法人员首先选择了“不纵”，在“不纵”的前提下给日后可能的翻案留下一点“余地”，以从形式上让“不枉”成为一种可能。实际上，这里所谓的“余地”不过给所谓的罪犯们一个有生之年“昭雪”的机会罢了。但是，笔者认为，留有余地的判决尽管对于“冤案”的“平反昭雪”有一定的积极意义。其实这种“积极”意义最多也只是相对于人头落地之后，冤案难以“平反昭雪”而言的。司法人员一旦知道留有余地的判决是一个冤案时，就绝对不会因为没有将被告人错杀而觉得自己“功德无量”了。在某种程度上，“枪下留人”保住生命的冤案中被告人的性命仅仅是相对于“最恶”的“较恶”罢了，但是，并不能改变这种处理案件方法“恶”的本质。因此，过度鼓吹“疑罪从轻”的积极意义显然是不适当的。

应该看到，“疑罪从轻”的处理案件方法是以轻判作为“代价”并达到不让犯罪分子逃脱法网的结果，这无疑使司法人员的心理上产生的一种“平衡”，即认为，对于案件中证据不足等方面的问题，已经通过“轻判”得到了解决。正是由于这种所谓“平衡”心理的存在，往往会导致司法人员对于案件中一些显而易见的瑕疵而视而不见，对于案件中客观存在的不能定罪因素，也因为留下了“后路”而放心大胆地“不予考虑”，从而放弃了办案中最容易纠正错误的时机。由此可见，“疑罪从轻”实际上创建了一个让司法人员心理“平衡”或得以“自我安慰”的平台，在这一平台上，司法人员在给被告人日后翻案留下“余地”的同时，也很容易使自己失去“后顾之忧”，冤案的产生也就成为可能。透视“赵作海案”（以及其他冤案）的产生过程，完全可以证实上述笔者的分析是科学的。其实按一审判决的认定，赵作海构成故意杀人罪，其杀人的手段特别是杀人后的分尸等行为不能说还没有达到“罪行极其严重”的程度，法院最后对其判处死缓，除了证据不足存在瑕疵等原因外没有其他理由。可见对赵作海死缓的判决完全是在“疑罪从轻”的平台上，司法人员心理“平衡”的结果。正是在这种情况下，“赵作海案”产生了。

“疑罪从轻”的处理案件方法以轻判作为“交换的筹码”，也使案件中的被告人心理得到了“平衡”，即认为自己“犯了罪”能“保住性命”或得到“轻判”，已经很不容易了。经过强大的审讯攻势（在这其中，一般均存在刑讯逼供现象），案件中的被告人往往会“忘记”了自己其实压根就没有实施杀人等犯罪行为，在自认为翻案已经成为不可能的情况下，寻找对自己最为有利的“从轻”途径自然成为他们唯一目标。“知足”的心理还导致案件中的被告人因心存感激之情而放弃自己应有的权利，从而丧失“上诉”“申诉”等可能纠正错误的机会。由此可见，“疑罪从轻”实际上也为案件中的被告人创建了一个“心理平衡”的“平台”，在这一“平台”上，被告人以放弃基本诉讼权利换取了“轻判”的结果，心理上的“平衡”得到了满足，而恰恰在这种情况下，冤案的产生也就成为可能。分析“赵作海案”，我们可以清晰地看到，从侦察、审查起诉到一审被判死缓，并从死缓改为无期徒刑，从无期徒刑改为有期徒刑十八年，最后又从“服刑十一年”到被无罪宣告，在这一漫长的过程中，赵作海始终以“平衡”的心理对待“不公正的待遇和判决”。我们可以作这样两种试想：其一，如果一审判决是死刑立即执行的话，我们相信赵作海不可能会放弃上诉的权利，而在上诉中“赵作海案”得到纠正的可能性并非没有，正是在得到“枪下留人”的“优惠”情况下，赵作海产生了“平衡”心理，从而放弃了应有的上诉权利；其二，“赵作海案”中的所谓被害人如果不出现的话，赵作海完全可能在“平衡”的心理下继续蒙受冤狱，“安心”在狱中服完余刑。就此而言，我们完全可以得出这样一个结论，即“疑罪从轻”所创建的其实是被告人以自己的基本诉讼权利与司法机关的轻判结果进行交易的一个“平台”，在这“交易平台”上不仅使被告人放弃了其应有的诉讼权利，而且有时甚至还会主动放弃纠错的机会，这些因素实际上从反面导致了司法人员的心理进一步“平衡”，在这种条件下，冤案的产生及无法得到纠正当然就不可避免了。

“疑罪从轻”的处理案件方法是司法人员一种成本较低的“最佳选择”。在司法实践中，有许多案件处于退无可退、查无可查的状态之中，虽然法律规定证据不足的案件不应该起诉，且不应该判决有罪。但在案件存疑的情况下，犯罪行为可能存在的“有”和“无”的风险同样存在，在此之间进行选择，如果出于追求司法公正的目标，必然会使案件的处理面临进退两难的窘境。司法人员一方面会顾忌社会影响，从而担心因司法机关对犯罪的放纵，遭来社会舆论的不满；另一方面会出于担心承担国家赔偿责任等因素，尽可能地考虑对案件加以“消化”。在这种状况下，“疑罪从轻”无疑是一种成本最低且最安全的“选择”。应该看到，受我国长期的“重刑”思想影响，在目前情况下，我们处理“疑罪”案件中，认定涉案被告人有罪要比认定无罪，不仅在成本上低很多，而且对于司法人员自身而言还“安全”得多。也正因如此，导致了司法实践中，司法人员对证据不足的案件普遍有“博弈”的思想，即与其因不诉或不判承担国家赔偿的风险，还不如留有余地地轻诉或轻判。对司法人员而言，做出这种选择，虽然不能说是不负责或工作马虎，但至少也可以折射出我们司法机关比较普遍存在的“宁严毋纵”的司法理念。

二、“疑罪从轻”是冤案迭出的祸根

笔者认为，“疑罪从轻”的观念存在有逻辑上的矛盾之处。首先，从定罪和量刑的逻辑关系来看，刑事诉讼（特别是公诉案件），是国家发动的追究被告人刑事责任的活动。在这一活动中，定罪和量刑是前后相继的两个阶段，定罪是量刑的前提，量刑以定罪为基础。只有当被告人的行为被认定为有罪，量刑活动才能展开。在证据不足的案件中，既然现有证据不足以证明被告人实施了犯罪行为，从道理上讲，就不能认定被告人的行为构成犯罪，既然无法对被告人定罪，那么也就根本谈不上量刑的问题。其次，从证明标准来看，我国对构成犯罪的行为在证明标准上并无不同的要求，也即对死刑案件和可能判处死缓、无期徒刑以及有期徒刑案件的证明标准并没有程度上的区别，同一罪名的不同处罚，完全是基于对犯罪情节和罪犯人身危险性（量刑情节）的考虑而已，不能也不应该受到证明标准是否达到之因素的影响。换言之，如果我们把法律规定“犯罪事实清楚，证据确实充分”，作为有罪判决的统一证明标准，那么，达不到死刑案件证明标准的证据，同样也达不到应当判处死缓或者无期徒刑、有期徒刑的证明标准。就此而言，笔者认为，我国司法实践中较为普遍接受的“疑罪从轻”处理方法，其实质反映的是“疑罪从有”的落后理念。

“疑罪从轻”与罪刑法定原则的内容相悖。众所周知，罪刑法定原则以保障公民自由、限制国家刑罚权的行使为己任，其基本内容明确是法无明文规定不为罪，法无明文规定不处罚。罪刑法定原则经过几百年的发展，其基本内容仍然不变，内容中所体现出来的一个侧重面显然是很清楚的，即罪刑法定原则从其诞生那天起，就是从“不定罪”和“不处罚”角度提出来的。应该看到，当今社会，人们在刑事诉讼中积极倡导的“疑罪从无”“无罪推定”等原则，都是由罪刑法定原则所派生出来的基本原则。按照人的一般认识，一个案件如果存疑的话，其本身既可能存在“有”也可能存在“无”两种因素，但我们最后是从“无”的角度对案件作出判断。“疑罪”为什么要从“无”呢？其实还是反映一个实质问题：那就是罪刑法定原则是有侧重点的和偏向性的，而“不定罪”“不处罚”就是其侧重点和偏向性的集中体现，这一点应该是毋庸讳言的。但是，正如前述，“疑罪从轻”的本质实际上反映了“疑罪从有”的思想，这就从根本上与罪刑法定原则的内容相背离。

“疑罪从轻”从根本上违背了现代社会所应该具有的法治理念。应该看到，实践中主张“疑罪从轻”的理由主要是：时下我国大众对于打击犯罪的要求，要大于制约司法权力的要求，在人们打击犯罪这个单一的刑诉价值取向还未得到彻底改观之前，为了打击犯罪，维护德定，不宜全盘采用无罪推定；而且，我国的司法机关侦查、调查案情的手段不够先进，司法制度还不完善，采用“疑罪从无”，有可能放纵罪犯。但是，笔者认为，在刑事诉讼活动中，现代法治理念的要求是：司法人员在具体办理个案时，必须以事实为根据，严格按照刑法明文规定的各种犯罪的罪状和法定刑，以刑法基本原则为指导，准确认定犯罪，恰当判处刑罚，不得偏离法律条文的规定，滥定罪、滥处刑。特别是在处理案件中要转变过去“消化”案件的习惯思路和做法。我们不能也不应该以所谓大众的“价值取向”作为坚持“疑罪从轻”的理由，更不应该把“侦查手段不先进”等作为排斥“疑罪从无”的托词。

当然，我们也应该看到，时下我们的司法人员之所以较容易采纳“疑罪从轻”的处案方法，而不情愿接受“疑罪从无”的理念，很大程度上是因为受长期以来我们坚守的“底线”——“绝不放过一个坏人”观念的影响。但是，在现代社会刑事司法活动中，人们普遍认同的是“绝不冤枉一个好人”的观念。依笔者之见，“不放过坏人”与“不冤枉好人”并不一定是对立和矛盾的，也即司法实践中在处理一般案件时，并不会因为我们没有放过坏人，就一定会冤枉好人，也不会因为没有冤枉好人，就一定会放过坏人。但是，如果在处理存疑案件活动中，我们面对“疑案”，坚持不同的理念，就可能得出完全不同的结论。现在看来，我们在处理“赵作海案”时，就是因为坚守了“绝不放过一个坏人”的观念，才会对赵作海定罪处罚。相反，美国当年在处理存疑的“辛普森案件”时，就是因为坚守了“绝不冤枉一个好人”的观念，才会对作无罪宣判。事实上，无论从什么角度分析，赵作海构成犯罪的可能性远远低于辛普森构成犯罪的可能性，但是，我们司法机关将赵作海判了，而美国司法机关则将辛普森放了。由此可见，在“绝不冤枉一个好人”的观念下，人们才可能接受“疑罪从无”的原则；而在“绝不放过一个坏人”的观念下，人们只能接受“疑罪从轻”的原则。正如J.W.塞西尔·特纳在评述英国证据制度时说：“我们的证据规则大多是在多年经验的基础上建立起来的，其宗旨只有一条，就是保证求得案件的客观真实，防止发生冤枉无辜的现象。定罪的后果是非常可怕的，在人们眼里，一个无辜的人被定罪，无论如何都是一场巨大的灾难。诚然，证据规则的严格性有时会使罪犯侥幸逃脱审判和惩罚，这就不能不引起人们的愤怒。但是，我们不能因此而忘记这样一句古代箴言‘宁可放纵九十九个罪犯，不能冤枉一个好人’。况且，我们的证据规则的严格性具有极大的法制价值，它使刑法的实施得到公众的同情，使我们的法庭得到公众的信任，从而也大大地便利了政府的任务的完成。”〔1〕

笔者认为，“疑罪从轻”的观念为“冤案”的产生提供了“平台”，因而也是产生“冤案”的祸根所在。在当代社会中，要使“冤案”不发生或者少发生，关

〔1〕［英］J.W.塞西尔·特纳：《肯尼刑法原理》，王国庆等译，华夏出版社1989年版，第484页。

键还是要彻底摒弃“疑罪从轻”的观念，并真正确立和大力弘扬“疑罪从无”的先进理念。

三、贯彻“疑罪从无”原则才能根治冤假错案

从法治的视野分析，“疑罪从无”的理论基础就是维护被告人的正当权利，防止刑罚权的滥用，确保国家刑罚权的正当性。尊重人权、保障人权、促进人权是现代法治的内在要求。在人类社会发展过程中，对人权构成最大的威胁者，莫过于刑罚权的滥用。“刑罚如两刃之剑，用之不得其当，则国家与个人两受其害。”[1]为此，现代社会普遍确立了罪刑法定原则。罪刑法定原则要求对被告人的任何不利选择都于法有据，从立法上对刑罚权的滥用形成了强有力的遏制，从而保障被告人的权利与自由不受法外剥夺。由此，刑法不仅成为“善良人的大宪章”，而且还是“犯罪人的大宪章”；刑法在给犯罪人带来不利选择的同时，也保障了犯罪人的权益。因此刑法兼具对社会关系的保护与人权保障两大机能。前者是指通过禁止与惩罚侵犯法律所保护社会关系的犯罪行为，而使相关社会关系免受侵犯；后者则是指通过限制国家的刑罚权从而保障行为人个人的权益。但显然，立足于社会需要的法益保护与着眼于个人需要的人权保障之间存在冲突。因此需要进行平衡与协调。这种平衡与协调的结果，就是在保障人权的基本前提下追求法益保护。以此为出发点，在刑事诉讼中，只能以有充分证据证明的事实作为定案的根据，我们不能也不应该允许，用一个在刑事诉讼程序中没有完全被证明的事实，对被告人进行定罪而仅仅在量刑上“从轻”。因此，在案件事实存在疑问时，只能作出有利于被告人的“无罪”认定。

从刑事诉讼的特点分析，在刑事诉讼中强调有利于被告人的精神是由被告人的弱者地位所决定的。在当今社会中存在有各种各样的法律关系，而在每一种法律关系中，当事人的地位并不完全一样。从民商事法律关系等角度去看，有关当事人的地位是完全平等的，也即我们经常看到的原、被告在民事诉讼中的地位是完全平等的。但是在刑事诉讼中，原、被告地位是不可能平等的。正如马克思、恩格斯在《德意志意识形态》一书中曾指出的：“犯罪……

〔1〕 参见林山田：《刑罚学》，台北，商务印书馆1985年版，第127页。

孤立的个人反对统治关系的斗争，和法一样，也不是随心所欲产生的。”就这一马恩经典语录分析，我们可以很清楚地看到，犯罪实际上是孤立的个人反对统治关系的一种斗争，因此由犯罪而引发的刑事法律关系当然就是个人和国家的关系。特别是在刑事诉讼中，刑事被告人与原告人（主要是公诉案件的公诉人）之间实际上是个人同国家在进行对话。在公诉案件中，公诉人代表国家对被告人提起诉讼，在这种情况下，刑事被告人怎么可能同公诉人平等呢？被告人在强大的国家追诉机关面前，显得十分弱小，始终处于不利地位。在这种情况下，如果再不强调对被告人的利益进行保护，那么被告人的合法权益必然受到侵害。正因如此，对刑事诉讼中被告人的罪责只有经过证明并为裁判者所确信后，才能对被告人作出有罪刑事判决。而任何一项对罪责事实的合理怀疑，均应成为阻碍该有罪判决的理由。被告人无须为自己无罪加以证明，相反，控诉方必须证明被告人在特定的时间、地点、以特定的方式实施了特定的犯罪行为。如果国家追诉机关对案件事实的证明都不能达到使人们排除合理怀疑的程度，案件事实仍然真伪不明，理所当然只能对被告人作出“无罪”的认定。

从世界各国和地区刑法观念和司法实践发展分析，“疑罪从无”观念已深入人心。应该看到，西方国家对待“疑罪”，也经历了一个曲折的过程。早在古罗马控诉主义诉讼中，实行“谁主张，谁举证”的举证原则，如果一方证明不了案情或者证明案情有怀疑时，则实行“有疑，为被告利益”原则，这被视为“疑罪从无”的雏形。但在当时神判制度盛行的情况下，“为被告利益”的思想在刑事疑案的处理中并不占主导地位。到了中古世纪，欧洲大陆实行纠问主义的诉讼制度，奉行有罪推定，某个人一旦成为被告人则被视为罪犯，没有任何权利，可以任意拷打，对疑罪作有罪处理。在当时的法国和德国，“为了阻止为无罪之判决，因此对证据不确定的案例甚至规定了罪嫌刑罚（Verdaehtsstrafe）及暂时性的无罪判决（absolutioabinstantia）”。[1]被告人将暂时的被判无罪，但追诉者保留随时再进行刑事诉讼程序的权利，这实际上还是一种变相的有罪判决。近代，随着资本主义革命的兴起，新兴资产阶级所提倡的“自由、平等、博爱”对刑事诉讼最大的影响就是无罪推定原则的确

〔1〕［德］Claus Roxin：《德国刑事诉讼法》，吴丽琪译，三民书局1998年版，第143页。

立和深入人心，“疑罪从无”也成了处理刑事疑案的一项基本规则。意大利刑法学家贝卡里亚最早在理论上提出了无罪推定及疑罪从无的思想，他指出：“在法官判决之前，一个人是不能被称为罪犯的……如果犯罪是不肯定的，就不应折磨一个无辜者，因为，在法律看来，他的罪行并没有得到证实……除了强权，还有什么样的权利能使法官在罪与非罪尚有疑问时对公民科处刑罚呢？”[1]1789年，法国《人权宣言》的第9条首次将无罪推定原则以法典化的形式固定下来，从而“疑罪从无”也在现代司法中最终确立了自己的地位。此后，《世界人权宣言》《欧洲人权公约》等国际性的法律文件都引入了无罪推定原则，也就当然的涵盖了疑罪从无。[2]时至今日，“疑罪从无”已经成为世界上大多数国家所普遍采纳的刑事司法原则。

应该看到，“疑罪从无”也是我国刑事诉讼的基本原则。我国1997年经修正实施的新《刑事诉讼法》第12条规定：“未经人民法院依法判决，对任何人都不得确定有罪。”以及第162条第3项规定：“证据不足，不能认定被告人有罪的，应当作出证据不足、指控的犯罪不能成立的无罪判决”。可以说，这些规定均成为我国推行“疑罪从无”的基本法律依据。然而，时至今日，与“疑罪”有关的冤案仍旧层出不穷。事实上，更令人困惑的是，“疑罪从无”原则在《刑事诉讼法》中确立已过10年，多数法官都知道“疑罪”应当“从无”，而司法实践中“疑罪”仍然难以“从无”，相反却更容易接受“疑罪从轻”的传统观念，其内中的原因发人深省且值得分析。

笔者认为，要真正树立“疑罪从无”的理念是需要付出了巨大代价的。正如伟大的哲学家培根曾说过这样一句话“一次不公正的裁判，其恶果甚至超过十次犯罪，因为犯罪虽是冒犯了法律——好比污染了水流，而不公正的裁判则毁坏了法律——好比污染了水源”。[3]由此而言，司法实践中要真正确立“疑罪从无”的理念，实际上就如同开展一项“清洁水源的工程”，其代价之大是可想而知。但是，即使要付出巨大代价，确立“疑罪从无”的理念仍然是我们的必由之路。

---

〔1〕［意］贝卡里亚：《论犯罪与刑罚》，黄风译，中国大百科全书出版社1992年版，第31页。

〔2〕参见《世界人权宣言》第11条第1款，《欧洲人权公约》第6条第2款。

〔3〕［英］弗兰西斯·培根：《培根论人生》，何新译，中国友谊出版社2000年版，第103页。转引自棒子：《情感日记使他成了“凶手”》，载《深圳特区报》2001年12月27日。

最高人民法院副院长万鄂湘在总结佘祥林一案的新闻发布会上说，从审判机关的角度来看，该案有一些值得今后总结和归纳的经验和教训，至少有下面三点：其一，对刑法的功能和刑事诉讼制度的作用的全面认识问题。我们在对刑法的功能或者是刑事诉讼制度的作用认识上，除了惩罚与打击犯罪、维护公共秩序和安全的同时，是否还有一个更重要的功能，或者是同等重要的功能，那就是保障无辜和维护人权，这也是司法特别是刑事司法的双重功能当中一个非常重要的功能。其二，我们要用司法的手段来保障人权、保护无辜，那么就要有一个选择，出现疑罪的时候我们有什么取舍，是疑罪从无还是疑罪从轻。其三，如果出现疑罪，或者疑罪比较多的情况下，事实有很多疑问的情况下，我们到底是从民意还是从事实？他认为，这三个问题都是非常有逻辑关联性的。不管我们将来观念的改变或者更新发展到什么程度，我们都有一个原则，就是审判机关必须要严防死守，无论是死刑案件还是其他任何案件，审判机关作为一个公平和正义的最后一道防线，必须严把事实关，确保程序公正和实体公正。〔1〕

综上所述，笔者认为，尽管导致冤假错案的原因可能是多方面的，但其中共同的一点就是，忽略甚至无视“疑罪情况下应当有利于犯罪嫌疑人、被告人”原则的适用，在罪与非罪之疑的情况下，不适用“疑罪从无”而适用“疑罪从轻”，在这种情况下，冤假错案也就产生了。“赵作海案”的产生再一次充分证明了这一点。因此，在我国，要真正有效地防止“赵作海案”的再度发生，唯有从根本上杜绝“疑罪从轻”的处理案件方法，而真正树立“疑罪从无”的现代刑法基本理念。

第二节　克减冤假错案应当遵循的三个原则

2012年3月26日，浙江省高级人民法院依法对张辉、张高平叔侄强奸致死案启动再审程序。经开庭审理，浙江省高级人民法院认定原判定罪、适用法律错误，当庭宣告张辉、张高平无罪。至此，该案两名被告张高平和张辉叔侄

---

〔1〕 参见王欣：《高法总结佘祥林案教训有权提出国家赔偿》，载人民网：legal.people.com.cn/GB/4273513320859.html，最后访问时间：2017年7月5日。

二人因发生在杭州的强奸致死案已被错误羁押近10年。这起“张氏叔侄强奸致死案”是继2010年“赵作海案”之后又一起严重的冤假错案。当然，我们更应该看到，浙江高院的勇于纠正错误之举，极具“首例”价值。冤假错案绝不是一个偶然的社会法律现象，“一切存在的东西，在它取得存在的一般社会条件还在发生作用的时限内，我们是无法凭着一己的好恶使他从历史上消失的。”[1]只要人类的功利主义还在作祟，只要冤假错案存在的社会条件还在发生作用，那么冤假错案便不可避免。然而，我们完全可以构建并运用某些合理制度或原则来克减冤假错案，构建这些合理制度或原则的目的不仅仅在于将冤假错案的发生率控制在最低限度内，更重要的是尽力消除司法者恣意和擅断的空间，实现对公众权利和自由的有效保障。因此，反思“张氏叔侄强奸致死案”，我们必须更深刻地认识到，克减冤假错案应当严格遵循司法公正、非法证据排除、疑罪从无等制度或原则。

一、克减冤假错案应当遵循司法公正原则

司法实践中因司法不公而导致冤假错案发生的情况主要体现为两个方面：一是在司法过程中某些司法工作人员受利益驱使或者受民意、舆论挟持，不依照或不完全依照事实和法律办案；二是在某些司法工作人员发现冤假错案后不敢纠错、不愿担待，反而刻意回避和遮掩。笔者认为，以保障无辜为底线的司法公正原则是绝对排斥冤假错案的，严格遵循司法公正原则势必可以在很大程度上克减冤假错案。

司法公正既是民众对司法活动的追求和企盼，也是司法本身所应当具备的品质和特征。罗尔斯在其《正义论》中开宗明义地说道：“正义是社会制度的首要价值，正像真理是思想体系的首要价值一样。……某些法律和制度，不管它们如何有效率和有条理，只要它们不正义，就必须加以改造或废除。……作为人类活动的首要价值，真理和正义是决不妥协的。”[2]2013年“两会”前夕，习近平总书记在全国政法工作电视电话会议上也特别强调，“要努力让人民群众在每一个司法案件中都能感受到公平正义，所有司法机关都要紧紧围

〔1〕 王亚南：《中国官僚政治研究》，中国社会科学出版社1981年版，“自序”第15页。

〔2〕 ［美］约翰·罗尔斯：《正义论》，何怀宏、何包钢、廖申白译，中国社会科学出版社1988年版，第3～4页。

绕这个目标来改进工作，重点解决影响司法公正和制约司法能力的深层次问题”。[1]法律的目的在于公正，而不在于法律本身。但是，如若只有公正的法律，而无公正的司法，法律将成为一纸空文。法律的公信力源自公民对法律的信赖，而公民对法律的信赖一方面源自法律本身是否能够反映并实现国民的利益诉求；另一方面源自国家、社会以及个人尊重并执行法律的情况，尤其是司法机关尊重并执行法律的情况。因此，司法公正不仅仅体现为显性的法律文本，更重要的是体现为司法机关对待每一个案件的态度与做法。这就要求司法机关办案时必须坚守司法独立、坚持法律至上，“以事实为依据，以法律为准绳”而不能受事实和法律之外因素的干扰和影响；同时也要求司法机关在发现冤假错案时，应当做到敢于担当、有错必纠、有责必问，绝不回避和遮掩。

司法公正要求司法机关应坚守司法独立、坚持法律至上，正是克减冤假错案的重要基础和保证。司法机关在办理刑事案件过程中总会不可避免地受到各种因素的影响，最明显的就是经常受到民意或舆论的影响甚至被民意或舆论所左右。民意或舆论本身是带有情感性的，极易受到方方面面的影响。例如，民意或舆论会因为对事实真相的不了解，情绪受到媒体导向，进而产生波动变化。这种情况时有发生，如在“许霆案”中，由于许霆在二审法庭上的种种出位表现，在其父亲扬言“判十年以上就不退钱”后，民意便从最初一边倒地挺许，迅速分化瓦解。在这一过程中，“许霆案”的事实本身并没有发生变化，只是民众的好恶情感发生了变化。这种转变本身就说明，民意或舆论并没有一个统一的标准和固定的形态，极易受到各种信息的干扰，而且民意或舆论还可能是民众非理性甚至是极端的情绪表达，故而很容易会对司法公正造成负面影响，妨碍司法公正的实现。[2]例如，“佘祥林案”的酿造与“被害人”家属及其组织的数百群众联名上书表达的“民意”不无直接关系。为此，我国《宪法》第126条规定：人民法院依照法律规定独立行使审判权，不受行政机关、社会团体和个人的干涉。为了确保司法公正，《宪法》的这条规定无疑否定了司法过程应受其他因素的影响，其中自然也包括了民意或舆论等因素。尤其在刑事司法领域，法院必须遵循罪刑法定原则，定罪量刑的依据只能是我

〔1〕《习近平：努力让人民群众在每一个司法案件中都感受到公平正义》，载新华网：http://news.xinhuanet.com/politics/2013-02/24/c_114782198.htm，最后访问时间：2017年3月5日。

〔2〕刘宪权：《民意、舆论与司法公正》，载《解放日报》2012年1月8日，第8版。

国现行《刑法》。某一案件发生后，不同的人可以表达不同的声音，但作为法官，却不可以受这些声音的影响，而是要坚守法律的良心，做到“裁判不知父、不知母，只顾正义（真理）”。[1]因为“法官是法律世界的国王，除了法律就没有别的上司”，[2]法官只是法律的执行者，法官在审理案件时只能唯法是从，坚持法律至上，而不能被也不应被民意或舆论等外部因素所左右。否则，司法就很容易丧失其应有的独立性与公正性而沦为舆论或利益的工具，司法的权威性也将随之被动摇。如此，其所作出的判决不仅难以令当事人信服，更无法接受历史的检验，出现冤假错案的概率也会大大提高。

应当看到，司法机关勇于主动纠错也是司法公正的重要内容，其可以在很大程度上克减冤假错案。被动是司法的属性，但纠错却应主动而不能被动。对于冤假错案的受害人来说，纠正错案才是最为重要的一种错案救济方式。纠正错案意味着消除刑事诉讼程序当中已经出现的必须予以更正的错误，按照法定证明标准将错案纠正至公正的状态。只有错案得以纠正，正义才不会缺席，冤假错案的受害人才能摆脱“罪犯”的帽子，获得公正的对待，进而享受到国家赔偿、追究违法者责任等其他一系列救济。冤假错案的出现虽然是对司法公正的严重破坏，但冤假错案迟迟得不到纠正和平反，甚至被千方百计地掩饰和隐瞒，则是对司法公正更为严重的毁损和践踏。正如有学者所言，“公众对于整个司法制度，尤其对于刑事司法审判结果的信任和信心，会因为对无辜者的有罪认定而受到威胁，而且会因为司法人员漠视这些错误、不调查其原因、不做出适当改正而受到进一步损害”。[3]而且，让无辜的人承受司法的双重不公正，既是对司法的亵渎，也是对文明的讽刺。

通常情况下，我国冤假错案得以被发现主要取决于两条具有偶然因素的道路：一是“真凶重现型”道路；二是“亡者归来型”道路。但“张氏叔侄强奸致死案”被发现走的却是第三条道路——“司法机关主动纠错型”道路。这是一条在被害人没有复活，可能的“真凶”勾海峰早已于八年前被枪决的情况下，浙江高院主动通过再审程序改判无罪从而使冤案得以被发现并平反的道

---

〔1〕 郑玉波：《法谚（一）》，法律出版社2007年版，第176页。

〔2〕《马克思恩格斯全集》（第1卷），人民出版社1995年版，第181页。

〔3〕 Editorial, Restoring Confidence in the Criminal Justice System, American Judicature Society, Judicature.September October 2002, Volume86, Number2, 64.转引自刘品新主编：《刑事错案的原因与对策》，中国法制出版社2009年版，第136页。

路。因此，“张氏叔侄强奸致死案”的改判具有显著的司法示范意义，它是司法能动主义在司法实践领域的一次大胆创新和尝试。但同时，我们也应当看到，通过司法机关主动纠错来发现并平反冤假错案在外国并不鲜见。例如，对于被称为加拿大历史上最长“枉监”的“亨利案”的发现与平反，即是通过该案的上诉法院重新开庭对初审判决中所出现的众多瑕疵进行研究并认定初审判决不合理而实现的；[1]对于几乎成为英国刑讯逼供代名词的“伯明翰六人案”的发现与平反，也是通过上诉法院的再审而以鉴定结论不可靠、证据不具有排他性且有刑讯逼供的嫌疑为由，对伯明翰爆炸案进行重新认定后而实现的；[2]日本的“世纪冤案”也是因东京最高法院决定重新进行DNA检测后才被发现并平反的。[3]由此不难发现，尽管外国司法实践中也存在许多冤假错案，但其冤假错案的发现并非基于“真凶重现”或“亡者归来”等偶然因素，而主要是依靠司法机关的主动纠错，以及为纠正冤假错案所提供的比较广阔的制度空间。笔者认为，这主要得益于这些国家的司法部门及办案人员在纠错的观念上不存在障碍。具体而言，法治国家的司法部门和办案人员一般并不讳言冤假错案的存在及其不可避免性，因为他们认识到冤假错案的纠正，最终也会给国家带来好处，即让民众对国家的整套法律制度树立信心。

《宋史·杨昭俭传》有言：“衔冤者固当昭雪，为蠹者难免放流。”面对业已形成的冤假错案，司法机关绝不能因案件涉及面广、纠错成本高而推诿苟且、刻意掩盖，而是应切实遵循“实事求是、有错必纠”的原则，直面承认并予以主动纠错。唯有如此，才能亡羊补牢，使正义不缺席。当然，在社会公众对司法公正的期望值高涨的当下，司法机关主动纠错的做法，不仅需要有“壮士断腕”的勇气和志向，更需要有“凤凰涅槃”的决心和智慧。申言之，时下要让社会公众真正确信并遵守法律，最直接、最有效的做法是以冤假错案为突破口，由司法机关主动纠错。当发生在人们身边的冤案得以昭雪，从而真相大白于天下时，人们才会真正感受到司法公正离自己有多近。就此而言，我们完全有理由认为，司法机关的勇于主动纠错，不仅有利于提振法律和司法机关的公信力，提高国民遵法守法的法律意识，更有利于克减冤假错案，促进司法公正

〔1〕《加拿大最大冤案：“强奸犯”坐穿牢底 蒙冤过程》，载《环球华报》2010年11月5日。
〔2〕刘品新主编：《刑事错案的原因与对策》，中国法制出版社2009年版，第571页。
〔3〕《DNA鉴定引发的日本“世纪冤案”》，载《法制日报》2009年11月3日。

的实现。

二、克减冤假错案应当遵循非法证据排除规则

证据是证明（案件）事实的依据，证据问题是诉讼的核心问题，全部诉讼活动实际上都是围绕证据的搜集和运用进行的。“欲加之罪何患无辞”，可见即便是科加莫须有之罪，也必须有“辞”，即必须捏造出一些证据或非法收集一些证据。证据对定罪量刑的作用之巨大、影响之深远由此可见一斑。刑事审判应坚持证据裁判主义，对被告人的罪行都必须有相应的证据支持，并排除一切合理的怀疑，只有充分有效的证据才能作为定案的基础。各国刑事诉讼史无不充分证明，在刑事审判过程中，证据能否证明案件待证事实，决定着能否准确及时地惩罚犯罪，而不使无罪人蒙受冤屈。对于如何收集证据，在人类社会发展的不同历史阶段有所不同，但教训却是相同的：依靠侵害嫌疑人的肉体和精神等非法取证手段取得的证据定案，极易造就冤假错案，这点已经被无数的经验事实所证明。〔1〕因此，克减冤假错案必须遵循非法证据排除规则。

非法证据排除规则通常指执法机关及其工作人员使用非法取证行为取得的证据不得在刑事审判中采纳的规则。〔2〕该规则旨在制约公权力的行使，既是司法公正的保证，也是刑事诉讼民主与文明的体现。然而，由于受“重实体轻程序”、“重惩罚轻保障”和“重口供轻证据”等传统司法观念的影响，我国的非法证据排除规则往往成为一纸空文，以致刑讯逼供等非法取证手段屡见不鲜。可以说，不幸的无辜者是相似的，我国每一起冤假错案的背后几乎均显现着刑讯逼供等非法取证行为的阴影。近期曝光的“张氏叔侄强奸致死案”，以及“孙万刚案”“杜培武案”“李久明案”“聂树斌案”“佘祥林案”“胥敬祥案”“滕兴善案”“赵作海案”等近十几年来陆续被发现的一系列冤假错

---

〔1〕 黄维智：《非法证据排除规则价值论纲》，载《中国刑事法杂志》2004年第6期。

〔2〕 参见《刑事司法百科全书》，Free Press 1983年版，第715页。转引自张智辉主编：《刑事非法证据排除规则研究》，北京大学出版社2006年版，第1页。

案，〔1〕无一不是刑讯逼供的产物。正所谓“夫人情安则乐生，痛则思死，棰楚之下，何求而不得？”〔2〕故而将通过刑讯逼供等非法取证行为获取的证据采用为定案的根据，极容易造就冤假错案。

之所以遵循非法证据排除规则能够克减冤假错案的发生，原因也就在于该规则的适用可以从根本上杜绝刑讯逼供等非法取证行为。刑讯逼供等非法取证行为是有毒之树，通过非法取证手段获得的证据就如同有毒之树生出的果实。由于非法证据与非法取证行为之间存在直接的因果关系，非法取证行为必然会影响和“污染”到非法证据，因而应将非法证据排除。经验表明，如果我们仅拔除有毒之树而吞食毒树之果，将会产生极大的负面影响。因为吞掉毒树之果实际上意味着肯定和承认了毒树的存在价值和意义，这势必会给栽种毒树之人带来恶性的刺激和激励。只有将毒树和毒树之果连同抛弃，才能从根本上防止毒树的再生。同理可知，欲要杜绝刑讯逼供等非法取证行为，不仅要谴责和处罚刑讯逼供等非法取证行为本身，还要将通过刑讯逼供等非法取证行为获得的证据一并予以排除，如此方能从源头上遏制刑讯逼供等非法取证行为。如果我们仍然将非法证据采纳作为定案根据，那么这将会成为最恶劣的司法示范，其会恶性刺激或激励司法工作人员去实施刑讯逼供等非

〔1〕 据不完全统计，除了上述列举的几个案件外，近十几年来因刑讯逼供造成的冤假错案还有：湖南杨明银因“故意杀人”入狱10年后被宣判无罪；湖南姜自然因“故意杀人”被关押6年后被宣告无罪；湖北黄爱斌因“故意杀人”被判处死刑羁押4年后获释；黑龙江史延生因“抢劫杀人”一家7口蒙冤5年后被宣判无罪；江西涂景新因“贪污”被判死缓蒙冤7年被宣告无罪；江西叶烈炎因涉嫌“爆炸罪”被羁押941天后被无罪释放；江西费琴因“杀夫”蒙冤2年后被宣判无罪；山东陈世江因“故意杀人”蒙冤8年后被宣告无罪；甘肃李天荣因“诈骗”被打掉4颗牙蒙冤757天后被无罪释放；广西覃俊虎、兰永奎因“抢劫杀人”被羁押4年后被无罪释放；重庆童立民因“奸杀小保姆后碎尸”被判死缓4年后被无罪释放；陕西高进发因“奸杀幼女”被判死缓3年后被无罪释放；四川李杰等4人因“故意杀人”蒙冤8年后被宣判无罪；福建陈信滔因“敲诈勒索”含冤3年后被宣判无罪；黑龙江杨云忠因“故意杀人”蒙冤7年被宣判无罪；云南陈金昌因“抢劫杀人”被判死缓2年后因真凶落网获释；云南王树红因“奸杀卖淫女”惨遭电刑被打残蒙冤299天后被无罪释放；吉林孙邵华因“杀死3人后点火焚尸”服刑11年后无罪释放；吉林王海军因“杀妻”蒙冤19年后被宣判无罪；海南黄亚全、黄圣育因“抢劫罪”蒙冤10年被宣判无罪；河北徐计彬因“强奸”蒙冤15年后被宣判无罪；河北宋保民因“强奸女青年”冤死狱中7年后被宣判无罪；河北徐东辰因“奸杀少妇”蒙冤8年后被宣判无罪；河北刘前因“强奸未遂”含冤9年后被宣告无罪；河北孟存明因“强奸女老师”蒙冤10年后被宣判无罪；河南郝金安因“抢劫杀人”被判死缓10年后被宣判无罪；河南张从明因“抢劫杀人”入狱近6年后被宣判无罪；河南王俊超因“奸淫幼女”入狱6年后被宣判无罪；河南秦艳红因“奸杀少妇”被羁押4年后被无罪释放等。

〔2〕《尚德缓刑书》。

法取证行为。[1]法谚有云“任何人不得因自己之不法行为而获得利益”，[2]故而欲要禁止某种违法行为，最直接、最有效的方法就是剥夺违法者通过违法所获取的利益。刑讯逼供等非法取证行为所获取的利益即表现为其所获得的证据能够被刑事审判所采纳。故而如果我们不将这些证据排除，刑讯逼供等非法取证行为将无法得到遏制。刑讯逼供等非法取证行为在我国司法实践中屡禁不止，并导致了冤假错案的发生，其主要原因之一就在于，司法工作人员通过刑讯逼供等非法取证行为获取的证据经常被法院采纳为审判的根据。而且，非法取证人员本人却很少受到行政纪律处罚，更遑论承担刑事责任了。

“张氏叔侄强奸致死案”真相的公开，又一次用血淋淋的事实证明了采纳通过刑讯逼供等非法取证行为收集的证据是冤假错案产生的“罪魁祸首”。究其实质，当年“杭州叔侄强奸案”是在无任何其他证据的前提下，办案机关采用“狱侦耳目”诱供、刑讯逼供等手段取得所谓的犯罪嫌疑人、被告人的供述，并且仅凭这些孤立的口供，将一个根本不存在的案件强行地做成了“铁案”。然而，在新《刑事诉讼法》正式确立非法证据排除规则后，浙江高院启动再审程序，运用非法证据排除规则，毅然决然地改判了张氏叔侄无罪；并且实事求是地指出，正是侦查机关违法让“狱侦耳目”袁连芳采用暴力、威胁等方法参与案件侦查，从而获取张辉有罪供述，同时又以袁连芳的证言作为证据，才直接导致了这起冤案的产生。笔者认为，这无疑是在新《刑事诉讼法》生效后，命案运用非法证据排除规则的全国首例。在以往其他省的某些冤案改判案件中，法院一般都以原判证据不足为由或者以新证据为由进行改判，而这一次，再审判决通过运用非法证据排除规则直接将原二审判决定案证据中的被告人有罪供述等全部证据纳入非法证据一概予以排除，其意义非同凡响。司法权本是神圣的公权力，只能由司法机关行使，并且还必须受到法律的严格限制，如此才能保障公民的自由和权利不受非法侵犯。浙江高院这种勇纠错判、力排非法证据的做法，不仅彰显了司法机关敢于担当责任的勇气，更是生动反映了非法证据排除规则对于克减冤假错案的重要作用。

需要指出的是，我国已经在刑事诉讼法中确立了非法证据排除规则。2010年6月，最高人民法院、最高人民检察院、公安部、国家安全部、司法部联

---

〔1〕 陈瑞华：《非法证据排除规则的理论解读》，载《证据科学》2010年第5期。

〔2〕 郑玉波：《法谚（二）》，法律出版社2007年版，第4页。

合发布了《关于办理刑事案件排除非法证据若干问题的规定》和《关于办理死刑案件审查判断证据若干问题的规定》,就初步构建了我国非法证据排除规则的框架。2013年1月1日生效的《刑事诉讼法》又通过规定,“严禁刑讯逼供和以威胁、引诱、欺骗以及其他非法方法收集证据,不得强迫任何人证实自己有罪”“只有被告人供述,没有其他证据的,不能认定被告人有罪和处以刑罚”“采用刑讯逼供等非法方法收集的犯罪嫌疑人、被告人供述和采用暴力、威胁等非法方法收集的证人证言、被害人陈述,应当予以排除”等内容,从而正式确立起在侦查、审查起诉、审判阶段排除非法证据的程序。这也是当时《刑事诉讼法》修订中公认的亮点,对于促进司法文明、克减冤假错案无疑具有重大意义。然而,“徒法不足以自行”,只有彻底转变司法者的传统司法理念、提高刑侦技术和水平,并完善和落实针对刑讯逼供等非法取证者的问责制,才能在司法实践中切实贯彻非法证据排除规则,也才能真正杜绝刑讯逼供等非法取证行为,充分发挥非法证据排除规则克减冤假错案的功效。

三、克减冤假错案应当遵循疑罪从无原则

众所周知,刑事司法中的“疑罪从轻”,是指司法机关因证据等方面的原因,在对被告人是否构成犯罪的问题上产生犹豫,而出于种种考虑认定被告人构成犯罪,但从轻量刑。司法实践中最为典型处理存疑案件的方法是,按照刑法规定,对被告人所认定的犯罪理应判决死刑立即执行(或其他重刑),而以死缓、无期徒刑(或其他较轻自由刑)代替之。“疑罪从轻”观念实际上充分表明了法院对存疑案件的矛盾态度:既知道根据现有证据尚不足以认定被告人的行为构成犯罪,又认为被告人具有重大犯罪嫌疑,不甘心就此作出无罪判决,而使“犯罪分子逃脱法网”。但是,笔者认为,尽管“从轻”判决对于冤案的平反昭雪有一定的积极意义,但这种意义充其量也只是相对于人头落地之后冤案难以平反昭雪的情况而言的。事实上,司法人员一旦知道“从轻”判决是一个冤案时,绝不会因没有将被告人错杀而觉得自己“功德无量”的。在某种程度上,通过“从轻”保住冤案中被告人的性命,仅仅是相对于“最恶”的“较恶”罢了,而并不能改变这种处理案件方法“恶”的本质。因此,“疑罪从轻”显然并不存在所谓的积极意义。

正如前所述,“疑罪从轻”的处理方法实际上创建了一个平台,在这个平

台上，各方的利益和心态都得到了“平衡”，而这种“平衡”可能就成为孕育冤假错案祸根的因素。“疑罪从轻”的处理案件方法是以轻判为代价达到不让犯罪分子逃脱法网的结果，这无疑使司法人员的心理上产生一种平衡，即对于案件中证据不足等方面的问题，已经通过轻判得到了解决。正是由于这种所谓的“平衡”心理存在，往往会导致司法人员对于案件中一些显而易见的瑕疵视而不见，对客观存在的不能定罪因素，也因为已经留下了后路而完全不予考虑，从而放弃了办案中最容易纠正错误的时机。换言之，司法人员给被告人日后翻案留下“余地”的同时，也很容易使自己失去后顾之忧，冤案的产生也就成为可能。另外，“疑罪从轻”的处理案件方法，也很容易使被告产生“虎口余生”的庆幸感，从而对自己获得从轻发落心中充满感激之情，甚至根本忘记了自己其实并没有犯罪的事实。透视“佘祥林案”和“赵作海案”等冤假错案的产生过程，完全可以证实笔者的上述分析是科学的。而聚焦“张氏叔侄强奸致死案”，其实按一审判决的认定，根据张氏叔侄强奸少女致死并抛尸的行为，分别判处叔侄二人无期徒刑和死刑并不为过，但二审法院却分别改判为15年有期徒刑和死缓，这其中除了证据不足等原因外别无其他理由。可见，对张氏叔侄的判决完全是在“疑罪从轻”的平台上，司法人员心理平衡的结果，也正由于此，才造就了该冤假错案。

实际上，“疑罪从轻”正是冤案错案迭出的祸根所在。贯彻“疑罪从无”原则才能最大限度地克减冤假错案。即便要付出巨大代价，确立“疑罪从无”的理念仍然是我们的必由之路。也许，贯彻“疑罪从无”偶尔会“放纵”犯罪嫌疑人，但更多的时候，它是无辜公民最坚固的防火墙。

四、小结

公众关注“张氏叔侄强奸致死案”并担忧张氏叔侄俩的命运，实际上更多的是出于在不完善的司法制度下公民权利和自由可能随时遭遇权力侵扰的担忧。之前是杜培武、佘祥林和赵作海等，今天又是张氏叔侄，明天还会轮到谁？“张氏叔侄强奸致死案”已经不是第一个发生的冤假错案，但也可能不是最后的冤假错案。“人们都希望在公正而有效的刑事司法系统中，判决有罪的证据既有压倒性优势，又显示出比被告人的无罪主张更可信。但错误是不可避免的。记忆常常短暂易逝，而且可能被情绪所蒙蔽。强烈的诱因也促使控方和辩方对现实的不同说法进行筛选。……无论在刑事司法程序的每个阶段如何费尽心机，错误的可能性依然存在。”〔1〕就此而言，冤假错案可能在任何时间、任何地点均不可避免。但良好的制度却可以将冤假错案压缩到最低限度，且可以杜绝因人为因素肆意制造的冤假错案。也正因如此，笔者才极力强调应严格贯彻和遵循司法公正、非法证据排除、疑罪从无等制度或原则。还需要注意的是，千万别夸大所谓国家赔偿的意义和价值，那充其量只是冤假错案受害人被迫用人生折抵的一点微不足道的经济补偿而已。即便国家赔偿到位了，也决不意味着事件的终结，更不意味着人为造案的责任已了。对于今后发生的冤假错案，是一概等待“真凶重现”或“亡者归来”再纠正，抑或发现原审判决错判后就立即主动予以纠正？是简单以事实不清、证据不足为由发回原审法院重审，抑或直接彻底否定原判？无疑既考验着司法者的智慧与良心，也考验着司法制度的良善与公正。

虽说迟来的正义总比不来的正义好，但迟来的正义毕竟已经打了折扣，因为迟来的正义永远无法弥补司法“失误”对无辜者造成的伤害。我们凭什么就不能拥有及时或完整的正义？但又怎样才能拥有及时或完整的正义？“法治是治国理政的基本方式”“努力让人民群众在每一个司法案件中都能感受到公平正义”。凡此种种，均必须落实到具体的制度建设上，也只有如此，我们才能不让正义迟到、不使正义打折。正如“张氏叔侄强奸致死案”中的“被告”之一张高平在重审法庭上所说的：“你们今天是法官和检察官，但你们的子孙不一定是，如果没有法律和制度的保障的话，你们的子孙也可以被冤枉，也可能徘徊在死刑的边缘。”〔2〕确实，“张氏叔侄强奸致死案”已经让我们再一次深切感受到了我国构建能够切实维护公平正义制度的紧迫性，并且任重而道远。

---

〔1〕［英］克莱夫·沃克：《司法不公与纠错》，载［英］麦高纬等主编：《英国刑事司法程序》，姚永吉等译，法律出版社2003年版，第456页。

〔2〕《张高平告诉法官：若无制度你们的子孙也可能被冤》，载凤凰网：http://news.ifeng.com/mainland/special/zhangshiyuanan/content-3/detail_2013_03/29/23687839_1.shtml，最后访问时间：2017年3月4日。

第三节　我国刑法中溯及力相关问题探论

溯及力是刑法理论中一个重要的课题，其涉及如何选择刑法对相关行为正确定罪量刑。我国刑法中有关溯及力原则的规定几经改变，最后走上回归之路，仍然坚持从旧兼从轻的原则，这集中反映了现代刑法理念的树立和刑法价值观的转变。应该看到，刑法理论上对于刑法条文本身的溯及力问题早有讨论，但是随着1997年《刑法》的生效施行，特别是随后较多刑法修正案的出台，有关溯及力又有许多新的问题出现。因此，对刑法中溯及力开展专门讨论研究无疑具有重要的理论和实践意义。

一、“从旧兼从轻”是罪刑法定原则的内容与精神的统一

所谓刑法的溯及力，是指新的刑事法律是否适用于它生效以前发生的、未经审判或者判决尚未确定的行为，如果能够适用，就具有溯及力；如果不能适用，就没有溯及力。

应该看到，刑法效力不溯及既往是罪刑法定原则中的重要内容之一。也即按照罪刑法定原则，确定某一行为是否构成犯罪，以及应判处何种刑罚，原则上应根据行为当时的法律来确定。行为实施时的法律（行为时法）不认为是犯罪行为，虽行为实施后的法律（裁判时法）认为是犯罪行为，也不能依据行为实施后的法律定罪处罚。这一精神包括：行为当时已为刑法规定为罪，在裁判时，法经过修正而加重其刑时，也不得援用裁判时法加重其刑。这是因为，法律作为一种规定权利与义务的规范，只有生效后才具有约束力。人们只能根据行为时已经生效的法律抉择行为，不能预见行为后立法机关会颁布或推行实施什么样的新法律。这也是国民预测可能性的客观要求，即法津只能期待人们做出可能做的事情，而不能期待人们做出不可能做的事情，其中包括不能期待人们对今后法律的颁布或推行实施作出预测。新法如果溯及既往必然会破坏法的安定性，从而侵害个人自由。可见，强调新法不溯及既往，当然有利于保障公民人权，也与罪刑法定原则内容契合。罪刑法定原则的理论基础之一“心理强制说”强调法律明确规定了各种犯罪应受的刑罚，同时也就宣布

了任何犯罪都必将受到惩罚。在这种情况下，试图犯罪的人不管他具有何种犯罪动向，都面临着刑罚的威吓。同时，他们中的有些人就会因该种威吓而不敢实施任何犯罪，从而达到国家预防犯罪发生的目的。

由此可见，对于任何行为只能适用行为时法，不能适用裁判时法，这是罪刑法定原则的必然要求。但是，随着社会的不断发展和进步，人们发现如果对任何行为均只能适用行为时法而绝对不能适用裁判时法，会产生另外一个问题：即当裁判时法实际对被告人更为有利时，因为绝对不能适用裁判时法，会产生对被告人实际不利的后果。同时，又因罪刑法定原则的根本宗旨在于保障人权和自由，而且这一原则所体现的根本精神是有利于被告人，如果强调裁判时法绝对不能适用先前的行为，有时候确实会出现与有利于被告人精神相背离的情况。基于这一考虑，世界各国和地区在坚持罪刑法定原则中刑法不能溯及既往精神的前提下，开始对这一原则的内容进行修正，也即各国和地区刑法在坚持不溯及既往原则的过程中通常允许存在一个例外，即当有利于被告人时，裁判时法可以有溯及力。换言之，某行为被行为时法认为具有可罚性，但裁判时法认为不具有可罚性，或虽具有可罚性，但裁判时法对其处罚较行为时法为轻时，则从有利于被告人角度考虑，可以适用裁判时法。这就是所谓的从旧兼从轻的原则。

综上所述，笔者认为，刑法的溯及力原则经历了从绝对不能溯及既往到发展到从旧兼从轻的过程，这一过程集中反映了人们对于罪刑法定原则认识的发展变化。就从旧兼从轻溯及力原则的内容分析，我们不难发现，这一原则中的“从旧”突出表现了罪刑法定原则的基本内容，而“从轻”则是罪刑法定原则根本精神的直接体现。就此而言，从旧兼从轻的溯及力原则实际上是罪刑法定原则基本内容与根本精神的完美统一。

二、应有条件地适用“看两头、弃中间”的中间法规则

在适用刑法有关溯及力原则时，如果行为时法与裁判时法之间还出现过有关法律规定（中间法），[1]是否也应将“中间法”纳入比较处刑轻重的范围之中，这无疑是一个新问题。由于现行《刑法》第12条关于溯及力的规定，实际

〔1〕 这里所指的行为时法、裁判时法和中间法理应包括全国人大常委会颁布的刑法修正案等。

上没有涉及这一问题，但司法实践中已经有了这方面的情况，这就必须引起我们的注意并加以研究。

综观世界各国和地区的刑法有关溯及力问题的规定，我们不难发现，有些国家和地区的“刑法”对于“中间法”是否应纳入适用范围的问题是有明文规定的。例如，《日本刑法典》第6条、《意大利刑法》第2条、我国台湾地区“刑法”第2条均有类似的规定，即行为后法律有变更的，适用最有利于行为人的法律。在这些规定中显然并没有明确法律有几次变更，那么无论有几次变更均应适用最有利于行为人的法律。也即在行为时法与裁判时法之间存在“中间法”时，哪个法律对行为人有利便适用哪个法律，“中间法”同样也应作为考虑的范围。我国《刑法》第12条仅仅规定了行为时法律与裁判时法律的选择，而并没有规定“中间法”能否适用的问题。因此，理论上大多数人认为，考虑行为时法和裁判时法的比较，主要是从行为人的行为实施时所适用的法律与对行为人的行为处理时所适用的法律之间有可能不同的角度出发的，而在行为时法和裁判时法之间出现的法律，显然与行为的实施或对行为处理均无直接的关系，因而将其也列入比较范围，缺乏理论依据和实际的必要。[1]这就是所谓“看两头，弃中间”的做法。

是否需要适用“中间法”的问题，在我国司法实践中其实是存在的。例如，国有公司、企业人员失职罪和国有公司、企业人员滥用职权罪的立法变化就很能说明问题。在我国1979年《刑法》中原来只有玩忽职守罪一个罪名，当时规定的犯罪主体为国家工作人员。1997年《刑法》中规定了玩忽职守罪和滥用职权罪的罪名，并且明文规定这两罪的犯罪主体为国家机关工作人员。另外，当时的刑法还规定了徇私舞弊造成破产、亏损罪，本罪的犯罪主体为国有公司企业直接负责的主管人员，但构成本罪必须以“徇私舞弊”为必要要件。司法实践中，有些国有公司、企业人员严重不负责任或者滥用职权，造成国有公司、企业破产或者严重损失，致使国家利益遭受重大损失的，但由于行为人并没有徇私舞弊，而无法受到刑事追究。为解决这一问题，1999年12月25日全国人大常委会《中华人民共和国刑法修正案》对刑法条文作了修订，明确规定了国有公司、企业人员失职罪和国有公司、企业人员滥用职权罪两个罪

---

〔1〕 苏惠渔、刘宪权主编：《犯罪与刑法理论专题研究》，法律出版社2000年版，第78页。

名，将徇私舞弊作为这两个罪的从重情节而非构成要件加以规定。从这些刑法规定的变化分析中，我们不难发现在这些变化中实际上存在“中间法”的问题。特别是在新刑法生效前，国有公司、企业直接负责的主管人员（属国家工作人员，但不属国家机关工作人员）因严重不负责任或者滥用职权，造成国有公司企业破产或者严重损失，致使国家利益遭受重大损失的，但没有徇私舞弊的案件，如果在1999年修正案生效之前进行审判，则由于行为时法认为可构成玩忽职守罪，但裁判时法则因行为人不属于国家机关工作人员而认为不能构成玩忽职守罪，同时由于行为人没有徇私舞弊而不能构成徇私舞弊造成破产、亏损罪，按照从旧兼从轻的溯及力原则，行为人应属无罪。但是，如果同样的案件在1999年修正案生效之后进行审判，则会出现这样的情况：行为时法认为行为人构成玩忽职守罪，“中间法”认为行为人不构成犯罪，裁判时法则认为构成国有公司、企业人员失职罪或者国有公司、企业人员滥用职权罪。按照上述“看两头，弃中间”的做法，行为人的行为尽管有一段时间不构成犯罪，但由于行为时法和裁判时法均认为构成犯罪，所以对行为人只是定什么罪，而不会存在不定罪的问题。

笔者认为，“看两头，弃中间”的做法是基于这一个原理：只有行为时法和裁判时法才会发生法律对行为评价的问题，即当行为人实施行为时自然会产生对自己行为是否违反刑法规定的评价，而在对行为人行为进行裁判时，则当然会产生司法工作人员运用法律对行为人的行为进行评价的过程。“中间法”的出现只是立法中的一个过渡，是法律本身的变化，并没有发生对行为人行为的实质评价。就此而言，“看两头，弃中间”的做法不能说没有道理。但是，我们也应该看到，“看两头，弃中间”的做法确实存在一些不合理的地方，其中最为关键的是这种做法没有真正体现有利于被告人的精神，特别是在处理这类案件时会出现在相同的时间内实施行为，但因审判时间的不一样而直接影响到行为人是否构成犯罪的问题。但是，由于目前我国现行《刑法》第12条中明确没有将“中间法”纳入溯及力问题考虑的范围，因此，按照罪刑法定的原则，现在我们也只能采用“看两头，弃中间”的做法，不能因为强调有利于被告人的精神而违反刑法的规定。

需要指出的是，“看两头，弃中间”的做法并不是无条件的。笔者认为，只有在“中间法”确实没有发生过对行为人行为的实质评判的情况下，才能采用

“看两头，弃中间”的做法，而对于那些在刑事诉讼期间发生的法律条文变化的情况，则不能采用“看两头，弃中间”的做法。因为在这种情况下，采用这一做法可能会导致司法工作人员在明知刑法条文有可能发生变化且这种变化对被告人不利的情况下，故意拖延案件的处理，以等待不利于被告人的刑法条文发生变化，并按此变化的条文对被告人进行裁判。甚至完全可能出现先将已经开始的诉讼程序中止，然后等待刑法条文的变化，并以此作出不利于被告人的裁判这种极端的情况。这些情况显然从根本上违背了罪刑法定所要体现的根本精神，与我国刑法所规定的“从旧兼从轻”的溯及力原则并不符合，同时也与“看两头，弃中间”的做法的原意不相一致。依笔者之见，当刑事诉讼程序开始后，刑法条文实际上已经对行为人的行为开始进行评价，在此以后发生的法律变化虽然应该纳入溯及力考虑的范围，但已经对行为评价过的所谓“中间法”则不能弃之不看。因为，我们采用“看两头，弃中间”主要是因为“中间法”没有实际对行为人行为发生过评价，故我们弃之不看，如果“中间法”已经发生过对行为人行为的评价，我们当然不能随意弃之而不纳入溯及力考虑的范围。也即在这种情况下，我们应该将行为时法、裁判时法与进入刑事诉讼程序后发生变化的“中间法”同时加以考虑，选择对被告人最为有利的刑法条文加以适用。

三、“跨法犯”的刑法适用应体现从轻精神

跨法犯是1997年新《刑法》颁布施行后产生的一个新的概念，由于刑法生效后，全国人大常委会又颁布了许多修正案，它们同样也会出现跨法适用的情况，因此，这一问题仍然值得研究。所谓跨法犯，是指行为人的行为开始于新刑法（包括刑法修正案）生效之前而结束于新刑法生效以后，跨越新旧刑法的一种犯罪形态。由于跨法犯中涉及的部分行为发生于新刑法生效以前，因此，研究跨法犯无法回避刑法中的溯及力问题。

对于跨法犯的刑法适用问题，理论上存在有几种不同的观点：有人认为，跨法犯涉及新旧刑法的适用，应采用从旧兼从轻原则。原则上适用旧刑法，只有在新刑法比旧刑法处刑较轻的情况下才适用新刑法。其理由是：跨法犯的行为始于新刑法生效之前，尽管新刑法生效后仍有部分行为，但只是初始行为的持续或连续，总体上应认为是新刑法生效之前的行为，所以不能排除从旧兼

从轻原则的适用。有人则认为，跨法犯的行为始于旧刑法有效期，终于新刑法生效后。从行为的阶段性来看，一般应分别适用旧刑法和新刑法。其理由是：跨法犯的部分行为在旧刑法有效期内，部分行为在新刑法生效后。对新刑法生效前的行为，按从旧兼从轻原则，一般应适用旧刑法；而新刑法生效后的行为，则一般适用新刑法。还有人认为，对跨法犯应一律适用新刑法。其理由是：跨法犯之所以跨越新旧刑法，是由于其行为处于连续或继续状态，从实施犯罪行为开始到行为终了这一过程中，行为人都是处于犯罪的状态，且跨法犯的犯罪行为终了于新刑法生效后。根据《刑法》第89条的规定："追诉期限从犯罪之日起计算，犯罪行为有连续或者继续状态的，从犯罪行为终了之日起计算。"因此，对跨法犯应以新刑法生效后的犯罪行为对待，统一适用新刑法。[1]

理论上对上述第三种观点一般较为认同，而司法实践中也有相应的司法解释。1998年12月2日，最高人民检察院在《关于对跨越修订刑法施行日期的继续犯罪、连续犯罪以及其他同种数罪应如何具体适用刑法问题的批复》中指出：对于开始于1997年9月30日以前，继续或者连续到1997年10月1日以后的行为，以及在1997年10月1日前后分别实施的同种类数罪在新旧刑法都认为是犯罪且应当追诉的情况下，应当一概适用修订刑法一并进行追诉。对于修订刑法比原刑法所规定的构成要件和情节较为严格，或者法定刑较重的，也应当适用修订刑法，但在提起公诉时，应当提出酌情从轻处理意见。

笔者基本赞同理论和司法实践中的对于跨法犯应适用新刑法的观点。但是，笔者认为，在对跨法犯适用新刑法时应注意几个问题：

其一，不要任意扩大跨法犯的范围。按照理论上的通论，跨法犯的行为必须具有"继续或者连续"状态，即按跨法犯处理的犯罪必须是我们通常所说的持续犯和连续犯。由于持续犯是指犯罪行为在一定时间内呈持续状态的犯罪，其本质在于行为随着形态的持续而持续，并随着形态的停止而终了。连续犯则是指行为人基于数个同一的犯罪故意，连续多次实施数个性质相同的犯罪的行为，触犯同一罪名的犯罪形态。可见，同种类的犯罪并有连续或者持续状态是认定跨法犯最重要的依据。当然如果同样的行为在新旧刑法中规定为不同的罪名，则同样也可以按同种类的犯罪认定。例如，行为人开始于新刑

〔1〕 龚培华：《刑法理论与司法实务》，上海社会科学院出版社2002年版，第3～4页。

法生效前并连续到新刑法生效后的聚众斗殴行为，由于原刑法对聚众斗殴行为是以流氓罪认定的，而新刑法则以聚众斗殴罪认定。尽管罪名不同，但由于行为人的行为完全相同，所以仍可以按新刑法的聚众斗殴罪统一加以认定，而不需要实施数罪并罚。同样的情况在诈骗类犯罪案件的认定和处理中更为常见。但是，理论上和实践中我们应该注意不要将隔时犯作为跨法犯对待。即对于行为发生在新刑法生效之前，但是行为并没有连续或者继续状态，只是结果发生在新刑法生效以后的情况，我们仍然应该以行为时法（旧刑法）作为定罪量刑的依据，而不能对行为人的行为适用新刑法。

其二，如果在新刑法规定的法定刑重于旧刑法时，对于跨法犯虽然仍然应当适用新刑法的规定，但是在量刑时理应对新刑法生效前的行为作从轻考虑。这首先是因为，以行为终了时的法律作为适用依据，符合我国刑法有关追诉期限的规定。由于我国刑法对继续犯和连续犯的追诉期限采用以行为终了时有效的法律为准，因此尽管刑法并未对跨法犯问题作专门的规定，但同一刑法条文中的规定理应保持一致性，也即对跨法犯也应以行为终了时的法律作为适用依据。其次，以行为终了时的法律作为适用依据，也并非我们国家的独创，其他国家也有如此做法。例如，原《联邦德国刑法典》第2条第2款规定："行为之际，处罚之规定有变更者，适用行为终了时之有效法律。"[1]最后，对跨法犯适用行为终了时的法律并不意味着我们可以不考虑有利于被告人的原则。相反，由于跨法犯中的行为确实有一部分是发生在新刑法生效之前的，如果新刑法所规定的法定刑重于旧刑法，简单适用新刑法就必然会导致出现不利于被告人的结果。从罪刑法定原则要求出发，我们理应在量刑时将这一情况作为从轻处罚的考虑因素。只有这样才能做到既保持刑法规定的一致性，又不违背罪刑法定原则中有利于被告人的精神。

四、有关累犯等"跨法适用"司法解释值得商榷

新刑法对旧刑法作了较大修订，特别是对于诸如累犯、自首等一些刑罚制度的规定与原刑法有很大差别。例如，有关累犯制度，原刑法规定被判处有期徒刑以上的犯罪分子，刑罚执行完毕或者赦免以后，在三年以内再犯应当

---

〔1〕《德国刑法典》，庄敬平、徐久生译，中国方正出版社2004年版，第4页。

判处有期徒刑以上刑罚之罪的，是累犯。而新刑法则将其中的“三年以内”改为“五年以内”，从而扩大了累犯的适用范围。又如，有关自首制度，新刑法明确规定了准自首的内容，即被采取强制措施的犯罪嫌疑人、被告人和正在服刑的罪犯，如实供述司法机关还未掌握的本人其他罪行的，以自首论。新刑法的这一规定显然扩大了自首的认定范围，而这一点在原刑法中没有体现。类似的情况还有很多，由于这些情况的客观存在，就必然会产生对于这些制度如何“跨法适用”的问题。

为解决这些问题，最高人民法院于1997年9月25日颁布的《关于适用刑法时间效力规定若干问题的解释》作了如下规定：

其一，对于累犯制度，该解释规定，前罪判处的刑罚已经执行完毕或者赦免，在1997年9月30日以前又犯应当判处有期徒刑以上刑罚之罪，是否构成累犯，适用修订前的《刑法》第61条的规定；1997年10月1日以后又犯应当判处有期徒刑以上刑罚之罪的，是否构成累犯，适用《刑法》第65条的规定。

其二，对于自首制度，该解释规定，1997年9月30日以前被采取强制措施的犯罪嫌疑人、被告人或者1997年9月30日以前犯罪，1997年10月1日以后仍在服刑的罪犯，如实供述司法机关还未掌握的本人其他罪行的，适用《刑法》第67条第2款的规定。

其三，对于立功制度（原刑法中没有设立这一制度），该解释规定，1997年9月30日以前犯罪的犯罪分子，有揭发他人犯罪行为，或者提供重要线索，从而得以侦破其他案件等立功表现的，适用《刑法》第68条的规定。

其四，对于缓刑制度（新刑法将发现漏罪和违法违规也作为撤销缓刑的情况），该解释规定，1997年9月30日以前犯罪被宣告缓刑的犯罪分子，在1997年10月1日以后的缓刑考验期间又犯新罪、被发现漏罪或者违反法律、行政法规或者国务院公安部门有关缓刑的监督管理规定，情节严重的，适用《刑法》第77条规定，撤销缓刑。

其五，对于假释制度（新刑法新增加了不适用假释的规定并且将发现漏罪和违法违规也作为撤销假释的情况），该解释规定，1997年9月30日以前犯罪被假释的犯罪分子，在1997年10月1日以后的假释考验期内，又犯新罪、被发现漏罪或者违反法律、行政法规或者国务院公安部门有关假释的监督管理规定，情节严重的，适用《刑法》第86条规定，撤销假释。

应该看到，比较旧刑法的规定，新刑法中有关刑罚制度的规定对于行为人而言有些是有利的，而大多则为不利的。上述司法解释对有关刑罚制度的规定大多认为，新刑法中的规定对有关刑罚制度均能“跨法适用”，而无论这些规定是否有利于被告人。在此，笔者仅就累犯制度的“跨法适用”作一些论述。

由于累犯涉及前、后两罪且两罪之间有时间间隔的问题，特别是新旧刑法对于有关两罪之间的时间间隔又作了不同的规定，因此，“跨法适用”问题表现较为突出。实践中有人认为，为了体现有利于被告人的原则，有关累犯的认定标准应该采用“旧人旧办法，新人新办法”这一区别对待的方法。也即只要前罪刑罚执行完毕是在新刑法生效之前，就应该依照原刑法规定的标准认定累犯；反之，则依照新刑法规定的标准认定累犯。但是，也有人不同意这种观点，他们认为，行为人是否构成累犯，关键不在于前罪刑罚执行完毕的时间而是看后罪所犯的时间，如果后罪所犯的时间是在新刑法生效之前，就应该依照原刑法规定的标准认定累犯；反之，则应依照新刑法规定的标准认定累犯。上述司法解释的规定显然也采用了这一观点。如果后罪是在1997年9月30日以前犯的，是否构成累犯是以三年作为判断标准；如果在1997年10月1日以后犯的，是否构成累犯则以五年作为标准。可见，只要犯后罪的时间是在新刑法生效以后，就应该依照新刑法规定的标准认定累犯。

笔者认为，上述包括司法解释在内的两种观点均有点极端，很难苟同。依笔者之见，由于累犯属于在前罪刑罚执行完毕后的一定时间内再犯罪的情况，因而判断累犯的构成理应既顾及前罪也须兼顾后罪。任何只顾一面而忽视另一面的观点均是片面的，因而也肯定是不科学的。判断“跨法适用”的累犯是否构成，理应以新刑法生效的时间作为基本界限，如果前罪刑罚在此时间前已经执行完毕且过了三年，即使后罪是在此时间后犯且符合新刑法累犯构成时间的，仍然不能构成累犯。

上述第一种观点以前罪刑罚执行完毕的时间作为分界，提出区别对待，虽然有利于被告人，但完全忽略已经生效的新刑法规定应该是不可取的。因为，毕竟行为人犯后罪的时间是在新刑法生效以后，且认定行为人是否构成累犯的裁判也发生在新刑法生效之后，完全不顾新刑法的规定恐怕很难符合刑事立法的原意。

上述包括司法解释规定在内的第二种观点粗看上去似乎也有其合理之处，因为犯后罪的时间是在新刑法生效以后，按照新刑法中有关累犯的规定处理完全可以说得过去。但是，如果仔细分析，我们就不难发现这一规定较为粗糙且有明显不妥之处。因为，事实上在1997年10月1日以后犯罪的情况也并不完全相同，例如，有些行为人所犯前罪的刑罚是在1997年9月30日以前执行完毕，在1997年10月1日以后又犯罪，犯后罪的时间离前罪刑罚执行完毕未过三年；有些行为人所犯前罪的刑罚是在1997年9月30日以前执行完毕，在1997年10月1日以后又犯罪，犯后罪的时间离前罪刑罚执行完毕已过三年但未过五年。如果对1997年10月1日以后犯罪的情况均按照新刑法的规定，即以五年作为认定累犯的标准，那么就会出现，当行为人在新刑法生效前，前罪刑罚已经执行完毕且已过三年，按照当时的刑法规定，行为人已经明确被告知其已过可能构成累犯的期限，以后犯罪将不是累犯，但在新刑法生效后仍然被认定为累犯的情况。这种依后法的规定来否定按前法已经对行为作出的评判并加重对行为人的处罚，显然与罪刑法定原则的精神不相符合。另外，从刑法原理上分析，这种认定还明显存在一个不妥之处，即如果行为人犯后罪的时间是在前罪刑罚执行完毕三年之后且在新刑法生效之前，则不可能构成累犯，但如果后罪是在新刑法生效之后犯的，则有可能构成累犯。这种早犯罪不构成累犯而晚犯罪则构成累犯的情况，似乎与刑法设立累犯制度的初衷不相吻合。因为从道理上讲，后罪所犯时间离前罪刑罚执行完毕的时间越近危害越大，构成累犯的可能也就越大。但是，上述这一司法解释则作出相反的判断。

需要指出的是，尽管对在新刑法生效前，前罪刑罚已经执行完毕但未过三年的，并在新刑法生效后又犯罪的情况，以新刑法中“五年之内”作为认定累犯的时间标准，确实存在有不利于被告人的内容，但是，笔者认为，这种标准还有一定可取之处。因为在新刑法生效之前行为人尚处在三年可能构成累犯的“累犯期”内，新刑法的生效实际上已经明确地告知其“累犯期”将延长至五年，对此刑法内容的变化，行为人在犯后罪时理应知悉。在此情况下，当然就可以将新刑法的规定，即以“五年之内”作为认定其构成累犯的依据和标准。

第二编　贪污贿赂犯罪的完善与适用

第一章　贿赂犯罪的立法完善

第一节　贿赂犯罪刑事法治的时代脉动

贿赂犯罪是腐蚀职务廉洁性与扰乱市场公平竞争秩序的毒瘤。所谓贿赂犯罪，是指国家工作人员、国有单位、非国家工作人员等利用职务上的便利，非法收受或索取他人财物，为他人谋取利益，以及为谋取不正当利益而非法给付国家工作人员、国有单位、非国家工作人员等以财物，依照刑法应受刑罚处罚的行为。作为我国刑法职务犯罪中的一种严重、常见、复杂且疑难的犯罪类型，贿赂犯罪对社会经济的健康发展具有巨大的危害。然而，随着我国市场经济持续且深入的发展，贿赂犯罪不断出现一些新情况、新问题，现有的贿赂犯罪刑法理论研究较难及时地反映出贿赂犯罪的全新特点与趋势，很多新型贿赂犯罪案件经常会出现刑法适用上的障碍、困惑及难题。因此，就刑法学领域看，总结归纳国内外有关贿赂犯罪刑事立法司法实践经验与理论研究成果，对贿赂犯罪进行全新、系统、深入的研究，从而把握贿赂犯罪刑事法治的时代脉动、明确刑法研究的应然取向，显得十分重要。

一、中国贿赂犯罪刑事立法与司法解释状况解析

1997年修订的《刑法》不仅在刑法分则第八章“贪污贿赂罪”中规定了受贿罪、单位受贿罪、行贿罪、对单位行贿罪、介绍贿赂罪、单位行贿罪等贿赂犯罪，而且在刑法分则第三章“破坏社会主义市场经济秩序罪”第三节“妨害公司企业管理

秩序罪”中规定了公司、企业人员受贿罪与对公司、企业人员行贿罪。1997年《刑法》实施之后，立法机关以刑法修正案的形式对贿赂犯罪进行了三次修改与完善。

2006年《刑法修正案（六）》将公司、企业人员受贿罪的主体与对公司、企业人员行贿罪的行贿相对方身份范围拓展至“其他单位的工作人员”，相应的罪名修改为非国家工作人员受贿罪与对非国家工作人员行贿罪。修改后的《刑法》第163条非国家工作人员受贿罪规定：“公司、企业或者其他单位的工作人员利用职务上的便利，索取他人财物或者非法收受他人财物，为他人谋取利益，数额较大的，处五年以下有期徒刑或者拘役；数额巨大的，处五年以上有期徒刑，可以并处没收财产。公司、企业或者其他单位的工作人员在经济往来中，利用职务上的便利，违反国家规定，收受各种名义的回扣、手续费，归个人所有的，依照前款的规定处罚。国有公司、企业或者其他国有单位中从事公务的人员和国有公司、企业或者其他国有单位委派到非国有公司、企业以及其他单位从事公务的人员有前两款行为的，依照本法第三百八十五条、第三百八十六条的规定定罪处罚。”修改后的《刑法》第164条对非国家工作人员行贿罪规定：“为谋取不正当利益，给予公司、企业或者其他单位的工作人员以财物，数额较大的，处三年以下有期徒刑或者拘役；数额巨大的，处三年以上十年以下有期徒刑，并处罚金。单位犯前款罪的，对单位判处罚金，并对其直接负责的主管人员和其他直接责任人员，依照第一款的规定处罚。行贿人在被追诉前主动交代行贿行为的，可以减轻处罚或者免除处罚。”

2009年《刑法修正案（七）》增设利用影响力受贿罪，将国家工作人员的近亲属或者其他与该国家工作人员关系密切的人利用该国家工作人员身份、地位和影响力收受贿赂的行为，以及离职的国家工作人员或者其近亲属以及其他与其关系密切的人利用该离职国家工作人员身份、地位和影响力收受贿赂的行为，一并纳入受贿犯罪体系。修改后的《刑法》第388条2款与第3款利用影响力受贿罪规定：“国家工作人员的近亲属或者其他与该国家工作人员关系密切的人，通过该国家工作人员职务上的行为，或者利用该国家工作人员职权或者地位形成的便利条件，通过其他国家工作人员职务上的行为，为请托人谋取不正当利益，索取请托人财物或者收受请托人财物，数额较大或者有其他较重情节的，处三年以下有期徒刑或者拘役，并处罚金；数额巨大或者有其他严重情节的，处三年以上七年以下有期徒刑，并处罚金；数额特别巨大或者有其他特别严重情节的，处七年以上有期徒刑，并处罚金或者没收财产。离职的国家工作人员或者其近亲属以及其他与其关系密切的人，利用该离职的国家工作人员原职权或者地位形成的便利条件实施前款行为的，依照前款的规定定罪处罚。”

2011年《刑法修正案（八）》新增对外国公职人员、国际公共组织官员行贿罪，将为谋取不正当商业利益而贿赂外国公职人员或者国际公共组织官员的行为规定为犯罪并予以刑事处罚。这是我国坚决履行《联合国反腐败公约》（以下或简称《公约》）的重要举措。《刑法修正案（八）》将对外国公职人员、国际公共组织官员行贿罪设置在《刑法》第164条项下作为第2款予以规定，在法定刑、单位犯罪、主动交代行贿可以从宽处罚等方面与对非国家工作人员行贿罪适用完全相同的规定。再度修改后的《刑法》第164条规定：“为谋取不正当利益，给予公司、企业或者其他单位的工作人员以财物，数额较大的，处三年以下有期徒刑或者拘役；数额巨大的，处三年以上十年以下有期徒刑，并处罚金。为谋取不正当商业利益，给予外国公职人员或者国际公共组织官员以财物的，依照前款的规定处罚。单位犯前两款罪的，对单位判处罚金，并对其直接负责的主管人员和其他直接责任人员，依照第一款的规定处罚。行贿人在被追诉前主动交代行贿行为的，可以减轻处罚或者免除处罚。”

在1997年《刑法》颁布之后大约十年的时间里，贿赂犯罪刑事立法保持了相对稳定性，虽然在这期间刑法理论界与实务部门不乏完善贿赂犯罪法律规定的呼声，立法机关始终没有对贿赂犯罪进行任何修改。中国在这十年间经历了社会高速发展与经济飞速增长，以惩治贿赂犯罪为核心的反腐败形势处于相对稳定的态势，决定了贿赂犯罪刑事立法保持相当程度的稳定性具有一定的合理性基础。但是，刑法规范的稳定并不能掩盖贿赂犯罪立法上的问题——实践中，部分既不属于国家工作人员又不属于公司、企业人员的行为人实施的贿赂案件无法通过刑法予以规制，严重影响了正常的市场经营秩序与公司企业等经济组织的管理秩序；与国家工作人员交往密切的“近亲属”“身边人”“关系人”等利用国家工作人员的职务影响大肆收受贿赂，为他人谋取不正当利益，严重撼动了国家公权力的权威性与公信力；我国政府签署以及立法机关批准《公约》之后，我国刑法一直没有显示出通过完善法律实现与国际反腐败立法实践接轨的迹象……

正是基于贿赂犯罪刑事立法在上述方面存在较大的完善空间，从2006年起，我国立法机关通过刑法修正案连续三次对贿赂犯罪刑事立法进行调整，不仅直接修改了非国家工作人员贿赂犯罪的主体范围，增设了利用影响力受贿罪与对外国公职人员、国际公共组织官员行贿罪，而且进一步激发了刑法理论与实务中要求拓展贿赂范围、取消为他人谋取利益要件、取消为谋取不正当利益要件、与《公约》全面接轨等一系列立法建议。可以预期的是，立法机关对于贿赂犯罪刑法完善的建议似乎不会无动于衷，连续修改贿赂犯罪刑法规范恐怕也不可能是一个暂时、偶尔的现象，根据现阶段刑法修正案的制定节奏，贿赂犯罪刑法修正有可能进入了一个相对频繁的立法通道。

贿赂犯罪司法解释以及相关解释性规范文件与刑事立法保持着相适应的实践节奏。1997年《刑法》实施之后，贿赂犯罪司法解释的工作导向整体上定位于为惩治贿赂犯罪设定基本的办案标准。1999年最高人民检察院《关于人民检察院直接受理立案侦查案件立案标准的规定（试行）》为检察机关查处、起诉贿赂犯罪提供了量化标准。2003年最高人民法院印发的《全国法院审理经济犯罪案件工作座谈会纪要》（以下简称《经济犯罪纪要》）对受贿犯罪若干实践疑难问题进行了相对系统的解答，但其中的司法规则基本上属于对典型贿赂犯罪实践把握与法律适用的指导性意见归纳。2006年《刑法修正案（六）》之前的贿赂犯罪司法解释制定可谓“波澜不惊”，而司法实践中一直不乏全新的贿赂违法犯罪形式，实务部门受困于刑法规范的字面含义，在没有相关司法解释的情况下，难以认定相关疑难贿赂案件。然而，在2006年《刑法修正案（六）》实施之后，贿赂犯罪司法解释的研究与制定工作逐渐进入高潮。

2007年7月8日，最高人民法院、最高人民检察院联合发布《关于办理受贿刑事案件适用法律若干问题的意见》（以下简称《新型受贿意见》），引起社会公众、刑法理论界与司法实务部门的高度关注。《新型受贿意见》根据经济和社会的变化发展，总结了近年来司法实践中遇到的各种新类型受贿刑事案件中的主要法律适用问题，同时，根据受贿违纪犯罪案件出现的最新情况，针对受贿手段不断翻新、更具隐蔽性、复杂性等问题，研究制定了有效惩治受贿犯罪的司法认定标准，重点解决了当前受贿案件查办中实际遇到、亟须明确的法律政策界限问题。《新型受贿意见》对各种具体受贿行为的细化以及罪与非罪的界定，对国家工作人员的经济生活和社会交往划清了边界。[1]2008年11月20日，最高人民法院、最高人民检察院联合发布《关于办理商业贿赂刑事案件适用法律若干问题的意见》(以下简称《商业贿赂意见》)，就办理商业贿赂刑事案件所面临的比较突出的问题作了规定，为司法机关准确适用法律、依法惩治商业贿赂犯罪活动提供了统一的执法标准，对于维护市场公平竞争秩序，推进党风廉政建设和社会风气好转，促进社会公平正义具有重要的意义。[2]2009年3月12日，最高人民法院、最高人民检察院联合发布《关于办理职务犯罪案件认定自首、立功等量刑情节若干问题的意见》(以下简称《职务犯罪量刑意见》)，进一步规范了职务犯罪案件自首、立功等量刑情节的认定问题。[3]这是"两高"继《新型受贿意见》与《商业贿赂意见》之后，为依法认定贿赂犯罪等职务犯罪制定的又一个核心司法解释。2010年12月2日，最高人民法院、最高人民检察院联合发布《关于办理国家出资企业中职务犯罪案件具体应用法律若干问题的意见》(以下简称《国家出资企业职务犯罪意见》)，根据企业改制过程中贪污贿赂犯罪案件中存在的一些新情况、新问题，提出了办理此类刑事案件具体应用法律的若干问题与司法适用意见。《国家出资企业职务犯罪意见》明确了国有公司、企业中国家工作人员的认定等贿赂犯罪司法实践中长期存在争议的疑难问题，为依法有效惩处企业改制领域贪污贿赂犯罪，确保国有企业改制顺利开展，维护国有资产安全，提供了司法适用规则支撑。[4]

《刑法修正案(七)》增设利用影响力受贿罪、《刑法修正案(八)》新增对外国公职人员、国际公共组织官员行贿罪，此类全新形式的贿赂犯罪的主体认定、行为构成判断、定罪量刑情节等问题均有待细化分析，如果司法实践中长期缺少具体认定标准，显然会导致新罪名的适用性虚置。同时，在贿赂犯罪刑罚适用方面，非监禁刑适用率高一直是职务犯罪刑法理论与实务密切关注的问题。贿赂犯罪刑事司法实践亟须有权解释部门出台缓刑、免刑适用意见，明

---

〔1〕 参见陈国庆、韩耀元、邱利军:《〈关于办理受贿刑事案件适用法律若干问题的意见〉的解读》，载《人民检察》2007年第14期。

〔2〕 参见韩耀元、王文利:《〈关于办理商业贿赂犯罪案件适用法律若干问题的意见〉解读》，载《人民检察》2008年第24期。

〔3〕 参见陈国庆、韩耀元、王文利:《〈关于办理职务犯罪案件认定自首、立功等量刑情节若干问题的意见〉理解与适用》，载《人民检察》2009年第7期。

〔4〕 参见裴显鼎、刘为波:《国企改制中职务犯罪相关法律适用问题》，载《法律适用》2011年第6期。

确非监禁刑的适用标准。因此，以利用影响力受贿罪、对外国公职人员、国际公共组织官员行贿罪为核心的一批全新的贿赂犯罪司法解释以及与贿赂犯罪非监禁刑适用有关的司法解释的出台，同样是可以预期的。贿赂犯罪司法解释也进入了一个相对频繁的制定周期。

贿赂犯罪刑事立法与司法解释的制定与实施进入一个相对频繁通道，但反贿赂犯罪的实效与局面并没有明显改观，这种规范数量激增与反腐败效果一般的现状反映出一系列法律与社会的现实性问题，值得我们对贿赂犯罪刑事法治实践进行反思：

首先，贿赂犯罪刑事立法与司法解释频繁的修改与制定，是对社会公众对腐败行为反感与权力运行失控不安的一种政策回应。不管是偶然还是必然，贿赂犯罪刑事立法与司法解释制定相对稳定与相对能动的分界点是2007年左右。这也是美国次贷危机深化进而引发全球金融危机的时间。国外有关实证研究表明，金融危机造成的失业恐慌、物质水平下降、发展前景不明朗等结果会使社会公众对于腐败行为的反感度明显上升。[1]虽然我国学者并没有对金融危机与民众对腐败行为的反应之间的关系进行实证研究，但公众对以贿赂犯罪为代表的腐败犯罪的关注程度[2]表明，社会公众对于职务廉洁性的整体不安心态，决定了刑事政策显然应当对腐败犯罪的规范结构与内容进行调整，从而对与社会公众的普遍心态与呼唤有所回应。随着社会生活专业化、技术化、网络化运行程度的不断加深，人们越发需要依靠国家权力的公正运行来维护社会秩序与控制社会风险，但职务行为受到贿赂腐蚀之后，其本身反而成为一种社会风险，进而加强了社会公众的不安全感。因此，立法机关与司法机关通过贿赂犯罪刑事立法与司法解释是应对强化惩治贿赂犯罪的现实需要。

其次，贿赂犯罪刑事立法与司法解释的频繁制定意味着社会公众、立法机

〔1〕 V.Vaiman, P.Davídsson & T.O.Sigurjonsson, Revising a Concept of Corruption as a Result of the Global Economic Crisis, In the Organizational Immunity to Corruption, Building Theoretical and Research Foundations(A.Stachowicz Stanusch ed.), Polish Academy of Science Commission Regional Departure Katowice, 2010; Carmen Radu, Liviu Craciun & Costel Ionascu, The Relationship between Financial Crisis, Corruption, and Corporate Social Responsibility in Romania, Management & Marketing 65, 2010.

〔2〕 近年来“两会”期间的调查表明，社会公众讨论的关键词无外乎“腐败”与“房价”，社会公众最期待的是“反腐败”与“降房价”，而房价高企与贿赂犯罪等腐败行为之间实际上又有着密切关系。参见谈燕、沈轶伦、王海燕：《焦点：反腐 分配 社保》，载《解放日报》2009年3月3日，第2版；王海燕、谈燕、栾吟之：《网友最关注：反腐败、物价、房价》，载《解放日报》2008年3月3日，第3版。

关以及司法机关对于适用刑法及其解释性文件惩治贿赂犯罪的高度依赖性。贿赂犯罪始终是腐败行为体系中众多毒害性的问题之一。然而，由于反腐败实践对于公共部门及其工作人员利用职务便利为他人提供利益或者谋取私利的行为治理不力，公司企业等私营部门及其工作人员在商业活动中使用商业贿赂谋取不正当商业机会也无法得到工商行政管理层面的行政控制，导致立法机关必须通过强化刑法控制对商业贿赂、公务贿赂进行最严厉的惩治与治理。随着互联网信息传输的发达，大量贿赂违法犯罪案件经由媒体向社会公布，社会公众能够更加直观、真切、全面、深度、及时地了解贿赂违法犯罪的危害。因为社会公众只能基于朴素的法律感情评价反腐败的现状，而归咎于“法律不健全”是其对贿赂犯罪数量与恶性屡禁不减最重要、最自然的反应。社会公众强化贿赂犯罪刑法应对的朴素思想反作用于立法机关、司法机关，推动了贿赂犯罪刑事立法与司法解释的能动性发展。同时，由于基层法官、检察官对个案进行刑法解释的权限缺失与能力不足，贿赂犯罪司法实践很大程度上必须依靠司法解释进行指导。上述三方面的因素在互动过程中强化了贿赂犯罪立法与司法解释的加速推出。

最后，履行国际公约的义务客观上推动了贿赂犯罪刑事立法与修正的频率提升。除了熟知的《公约》之外，联合国《公职人员守则》《反腐败实际措施手册》《公职人员国际行为守则》《反对国际商业交易中的贪污贿赂行为宣言》《打击跨国有组织犯罪公约》等一系列文件对惩治贿赂犯罪提出了最低限度的国际性标准。贿赂犯罪实体法国际标准的形成与发展，客观上要求我国立法机关修改刑法，完善商业贸易与国际交往过程中贿赂犯罪的法律规定与相关刑事案件的处理技术。

二、境外贿赂犯罪刑事法治实践概览

现阶段对于贿赂犯罪中外刑法比较的研究汗牛充栋，但绝大部分还是一种静态的实体规范比较，并没有深究规范背后的法律文化、立法技术、司法实践积淀、腐败犯罪地方性特色等动态因素。故仍有必要深入分析大陆法系与英美法系最有代表性国家的反贿赂犯罪刑事法治实践经验，在互动性思考中研析我国刑法贿赂犯罪实体规范的生成与运用，与现今具有标杆性立法司法意义的国家刑法及其实践有何表面差异与实质暗合，从而把握贿赂犯罪刑事司法发展的历史逻辑与时代特点。

作为大陆法系刑法典最典型的代表，《德国刑法典》关于贿赂犯罪共有九个罪名，其分为别第108b条贿赂选举者罪（Wählertäuschung）、第108e条贿赂议员罪（Abgeordnetenbestechung）、第299条商业贿赂罪、第300条加重商业贿赂罪、第331条渎职受贿罪（Vorteilsannahme）、第332条一般受贿罪（Bestechlichkeit）、第333条谋利行贿罪（Vorteilsgewährung）、第334条一般行贿罪（Bestechung）、第335条加重贿赂罪（Besonders schwere Fälle der Bestechlichkeit und Bestechung）等。《德国刑法典》的制定机关在配置贿赂犯罪刑法规范时，集中打击三种环节的贿赂犯罪行为：选举与国家（各州）议员议事环节、商业交易环节以及公权运作环节。德国刑法专门设立选举环节与议员议事环节的贿赂犯罪，旨在保护国家选举秩序与代议机构职能的公平运行这一重大法益。根据《德国刑法典》的规定，在公务贿赂犯罪中，受贿人是否为他人谋取利益、行贿人是否谋取不正当利益并非影响罪与非罪的构成要件，而是区分为渎职受贿与一般受贿、谋利行贿与一般行贿。同时，《德国刑法典》根据贿赂犯罪的情节设立加重型的贿赂犯罪。

从德国刑法贿赂犯罪立法实践发展来看，颁行于1997年的《反腐败法案》（Gesetz zur Bekämpfung der Korruption）是德国立法机关以刑法地方性知识为导向而制定的最后一部反贿赂犯罪刑事特别法。[1]自此以后，所有关于贿赂犯罪的刑法修正均渊源于德国参加的国际反腐败公约。近年来，德国立法机关将反腐败国际公约最新动向纳入国内刑法的行动较为保守，仅仅贯彻了一些反腐败国际公约的最低要求，对相关国际公约中的一些非强制性条款进行了保留。德国刑法理论上有不少观点批评《德国刑法典》在贿赂犯罪刑法规范设置层面存在规范交错与条文矛盾。[2]

欧盟委员会分别于1996年与1997年通过了《欧共体金融利益保障公约》和《遏制贿赂欧共体官员与欧盟成员国官员公约》。《欧共体金融利益保障公约》和《遏制贿赂欧共体官员与欧盟成员国官员公约》一致要求成

---

〔1〕 Bernd Heinrich, Rechtsprechungsüberblick zu den Bestechungsdelikten（§ 331-335 StGB）, 25 Neue Zeitschrift Für Strafrecht 197（2005）.

〔2〕 Manfred Möhrenschlager, Die Bekämpfung der Korruption auf internationaler Ebene, in Korruption In Brasilien Und Deutschland 25（Wolf Paul ed., 2002）.

员国修改国内刑法中贿赂犯罪的行为对象，从原来的本国官员拓展至欧共体、欧盟成员国官员。1998年，德国通过制定特别刑法《欧盟反腐败法案》(EUBestechungsgesetz)将上述公约纳入国内刑法体系。《欧盟反腐败法案》不仅将对欧共体、欧盟成员国官员行贿的行为犯罪化，而且欧共体、欧盟成员国官员受贿的，也构成犯罪。这意味着德国刑法对于欧共体、欧盟成员国官员贿赂犯罪案件具有刑事管辖权。

同年，德国联邦议会(Bundestag)通过了《遏制国际腐败犯罪法案》(Gesetz zurBekämpfung internationaler Bestechung)，全面贯彻经合组织(OECD)制定的《惩治国际商务交易中贿赂外国公职人员公约》的相关规定。与《欧盟反腐败法案》不同的是，《遏制国际腐败犯罪法案》仅将对外国公职人员行贿的行为犯罪化，并且，该法案中的公职人员并不局限于欧洲领域——《遏制国际腐败犯罪法案》全面禁止向任何外国公共机构的公职人员给付贿赂。此后，德国联邦议会继续修改刑法典，根据欧盟委员会《私营部门反腐败联合行动》的要求，将商业交易环节中的贿赂犯罪拓展至全球经济往来的广阔范畴。[1]

2002年，德国立法机关制定的《国际刑事法庭法官与公职人员同等化处理法案》(Gesetz über die Gleichstellung der Richter und Bediensteten des Inter nationalenStrafgerichtshofes)，吸收了《国际刑事法庭罗马条例》第70条第4段的内容，明确规定贿赂国际刑事法庭法官与公职人员的行为与贿赂外国公职人员同等处理。

但是，德国刑法在吸纳反腐败国际公约方面的保守政策导致贿赂犯罪刑事法律体系出现罪刑配置的结构化紊乱。例如，国际刑事法庭的法官或者公职人员接受贿赂必须受到德国刑法的规制，但较之而言更应当犯罪化的其他外国公职人员受贿行为却无法在德国刑法上找到对应性条款。德国刑法理论中有观点认为，德国刑法惩治贿赂犯罪的首要任务是通过罪名的科学设置、刑罚的均衡适用来维持国内公职人员的诚实性及其职务行为的廉洁性。[2]按照这

---

〔1〕 Fritjof Haft, Bestechung im internationalen Geschäftsverkehr, in Festschrift Für Ulrich Weber, Bernd Heinrich et al.eds., 367-384, 2004.

〔2〕 Dieter Dölling, Die Neuregelung der Strafvorschriften gegen Korruption, 112 Zeitschrift Für Die Gesamte Strafrechtswissenschaft 334, 351-352(2000).

种观点，回应国际公约关于贿赂犯罪的要求并不是最主要的国内刑法立法任务。但德国刑法理论中也有观点认为，应当在国际刑法语境下进行更为广阔的国内腐败犯罪刑事立法改革。[1]结构完备、系统顺畅、罪刑均衡的国外公职人员、国际组织工作人员的腐败犯罪立法是完善德国刑法腐败犯罪体系与刑事司法惩治力度的必由之路。德国刑法对于涉及外国组织公职人员、外国政府公职人员的贿赂犯罪立法还存在较大的空缺。

德国签署了下列国际反腐败公约，但尚未批准并将其纳入国内刑法：《欧洲腐败犯罪公约》《关于腐败犯罪刑事立法的附加协议》《联合国反腐败公约》《欧盟惩治私营部门腐败犯罪的框架意见》。对于如何在德国的国内立法中贯彻上述公约关于贿赂犯罪的立法要求，德国立法实践的走向并不明朗。首先，部分新近的国际反腐败公约的条款较为模糊，为国内刑法进一步的宽泛解释留下了较大空间。其次，《关于腐败犯罪刑事立法的附加协议》允许对第36条与第37条作出保留。最后，新近的反腐败国际公约在很大程度上属于各国政府之间复杂磋商后的妥协产物。林林总总的原因加深了德国刑法贿赂犯罪立法改革与国际接轨的现实困惑。当然，可以肯定的是，《关于腐败犯罪刑事立法的附加协议》中不允许保留的外国公职人员受贿犯罪的规定将促使德国刑法对此类行为进行全面的犯罪化；并且，《关于腐败犯罪刑事立法的附加协议》强制性要求缔约国将贿赂外国公职人员的犯罪行为的发生领域从国际商业交易范畴拓展至任何行为环节。

除了公共部门领域外，国际反腐败公约对于私营部门贿赂犯罪的规定也对德国刑法的改革提出了迫切的要求。《欧盟惩治私营部门腐败犯罪的框架意见》规定缔约国应当将私营部门内涉及破坏雇员信义义务与责任的贿赂行为犯罪化，主张商谈提供、提供或同意提供给雇员、代理人或受委托人利益，且未得到雇主或委托人同意，意图影响上述人实施涉及雇主或委托人利益的行为，是私营部门人员的受贿犯罪。《公约》同样以违背职责作为私营部门内贿赂犯罪的罪刑设置的基础。《公约》第21条规定了私营部门内的贿赂罪：(a)故意地直接或间接向以任何身份领导私营部门实体或者为该实体工作的

〔1〕 Joachim Vogel, Wirtschaftskorruption und Strafrecht–ein Beitrag zu Regelungsmodellen im Wirtschaftsstrafrecht, in Festschrift Für Ulrich Weber 395, 400–402(Bernd Heinrich et al., eds., 2004).

任何人许诺给予、提议给予或者实际给予该人本人或者他人不正当好处，以使该人违背职责作为或者不作为；(b)以任何身份领导私营部门实体或者为该实体工作的任何人为其本人或者他人故意地直接或间接索取或者收受不正当好处，以作为其违背职责作为或者不作为的条件。而德国刑法则一贯坚持从破坏市场公平竞争的角度诠释私营部门的贿赂犯罪，刑法典第299条将贿赂犯罪行为的侵害结果限定在"扭曲竞争环境"[1]，与《欧盟惩治私营部门腐败犯罪的框架意见》《公约》存在较大差距。

再看英美法系最典型的代表美国刑法。美国《联邦贿赂法》规定了联邦法律系统的公务贿赂犯罪。根据《联邦贿赂法》的规定，直接或者间接腐败性地向公职人员给予、提出给予、承诺任何有价对象(anything of value)，以此影响公职人员的公务行为，或者影响公职人员使其实施、帮助实施、许可欺诈行为，或者影响公职人员使其滥用职权或者玩忽职守，属于公务行贿犯罪；[2]公职人员直接或者间接腐败性地收受、要求、承诺收受任何有价对象，以此实施相关受影响的公务行为，或者实施、帮助实施、许可他人的欺诈行为，或者滥用职权或者玩忽职守，属于公务受贿犯罪。[3]公务贿赂犯罪的法定刑为以金钱量化方式计算的贿赂数额三倍以下的罚金，或者十五年以下监禁，或者并处罚金与监禁刑。

美国《反海外腐败法》是联邦法律体系中最重要的反商业贿赂犯罪法律。《反海外腐败法》的主要内容规定于"反贿赂条款"(anti-bribery provisions)与"会计内控条款"(books and records and internal control provisions)。"反贿赂条款"禁止美国公司(无论是国有公司还是私营公司)及其雇员、美国公民、在美国证券交易所上市的外国公司、需要向美国证券交易委员会披露信息的公司以及美国国土领域内的人从事以下行为：为了获取或者保留商业交易机会或业务，腐败性地向外国官员支付、意图支付、承诺支付或者授权支付金钱、礼物或者任何有价对象。[4]美国证券交易委员会与美国联邦司法部分别在

---

〔1〕 Manfred Möhrenschlager, Die Struktur des Straftatbestandes der Abgeordnetenbestechung auf dem Prüfstand–Historisches und Künftiges, in Festschrift Für Ulrich Weber 217, 231 (Bernd Heinrich et al., eds., 2004).

〔2〕 18 U.S.C. § 201 (b)(1).

〔3〕 18 U.S.C. § 201 (b)(2).

〔4〕 15 U.S.C. § 78m (b), 78dd-1, 78dd-2, 78dd-3.

民事行政程序与刑事程序中执行《反海外腐败法》，依据《反海外腐败法》的规定办理了众多跨国公司海外商业贿赂违法犯罪案件。在美国各级联邦法院判决或者和解的海外腐败违法犯罪案件，罚款或者罚金数额累积高达百亿美元。[1]在美国反海外商业贿赂犯罪的司法实践中，尽管对于"有价对象""获取或者保留商业交易机会或业务""外国官员"等商业贿赂犯罪构成要件理解问题存在极大的争议，但《反海外腐败法》的立法与执法实践无疑对美国甚至全球反商业贿赂法治实践产生了深远的影响。

除了《反海外腐败法》之外，美国刑法中没有任何专门的联邦法律规定商业贿赂犯罪，而是通过各州刑法典规制商业贿赂犯罪。美国部分州还制定了刑事欺诈法，专门针对商业贿赂犯罪制定刑事制裁规范。商业贿赂犯罪在大多数州属于轻罪，监禁不超过一年。[2]例如，根据《得克萨斯州刑法典》的规定，符合以下要素的构成商业贿赂罪[3]：(1)行为主体。包括代理商、雇员、托管人、监护人、管理人、执行人、律师、外科医生、会计师、鉴定者等有权为受益人做出决定的主体。(2)犯行与犯意。受托人蓄意或明知地要求、接受、同意接受他人给予的将会影响其信托行为的好处。再如，《密西西比州刑法典》将商业贿赂罪中的行贿犯罪行为规定为，未经受益人同意，行为人直接或者间接地给予或者要求给予受托人好处，以此对信托行为产生影响。[4]因此，美国各州刑法设定商业贿赂犯罪的目的在于保护信赖利益，禁止行贿给予受托人好处从而使其职务行为偏离受益人的利益。此外，中介组织人员非法收受贿赂，做出不公正的裁断、发表虚伪的言论，情节严重的，同样构成商业贿赂犯罪。例如，《宾夕法尼亚州刑法典》规定，对公众承担独立评估、批判等责任的非利害关系人，如果要求、接受、同意接受任何好处以至于客观上影响其独立的选择、判断，构成二级轻罪。[5]由于中介组织人员为社会提供信用评估等服务，他人基于其具有公信力的服务从事日常社会生活与经济活动，接受其服务

〔1〕 Mike Koehler, The Facade of FCPA Enforcement, Georgetown Journal of International Law, Vol.41, No.4, 2010.

〔2〕 只有科罗拉多、堪萨斯、得克萨斯、亚利桑那、新罕普州等少数州的刑法典将其规定为重罪。

〔3〕 Texas Penal Code § 32.43 Commercial Bribery.

〔4〕 Mississippi Code § 97.9.10 Bribery; Commercial Bribery.

〔5〕 Pennsylvania Consolidated Statutes, Crimes And Offenses, Forgery And Fraudulent Practices.

的社会人员与中介组织之间形成信赖关系。中介组织人员收受贿赂将严重影响社会信用体系，有必要通过商业贿赂犯罪进行严格规制。

从美国刑法关于公务贿赂犯罪与商业贿赂犯罪构成要件要素的配置来看，贿赂犯罪刑法规范的覆盖面极为广泛，刑法对成立贿赂犯罪的构成要件限制相对而言并不严格。但是，由于查处贿赂犯罪需要全面掌握犯罪事实，这需要广泛的调查技术支持，例如，要求法院开具搜查证、对数据的电脑专业分析、跨国的犯罪所得追踪、秘密调查、网络金融交易检查、共犯合作协议等。在美国的司法实践中也存在贿赂犯罪司法认定困难的问题。这就说明，即使实体法层面对贿赂犯罪设置了相对宽松的构成要件，实务中还是会存在司法适用难题。美国贿赂犯罪刑法实务的特色体现在检察官对贿赂犯罪的实践处理——辩诉交易与暂缓起诉。

联邦刑事诉讼规则要求检察官在运用辩诉交易程序的过程中注重对基础性犯罪事实的全面把握。[1]联邦检察官在承办贿赂犯罪案件时遵循标准化的操作流程：制作犯罪行为陈述书，明细犯罪嫌疑人承认的涉及指控罪名的事实依据以及影响到量刑轻重的附带性因素，由联邦检察官、犯罪嫌疑人、辩护律师三方共同签署生效。实践中，控辩双方均希望归档一份有效的犯罪行为陈述书。辩方可以在犯罪行为陈述中充分表明伴随犯罪行为发生的各种真实情况，例如，被告人实施商业贿赂犯罪动机并不是单纯出于自私与贪欲，而是获取利润维持公司发展等，可以适当提供减轻处罚的条件，从而换取对方的认罪。联邦检察官亦可通过商业贿赂犯罪行为陈述固定更为详细的犯罪事实以及明确犯罪嫌疑人的认罪态度、配合程度等。一般情况下，只要犯罪行为陈述可兹证实且并非过分无理，联邦检察官不会反对将某些酌定的从轻量刑情节记录在案。一般预防的执行情况是联邦检察官业绩考核的关键性指标之一。对于刑事诉讼程序全面公开的贿赂犯罪案件，联邦检察官可以公布犯罪行为陈述书，以求获取一般预防的社会效果。犯罪细节能够吸引大众媒体的关注，故披露具体犯罪细节的犯罪行为陈述书可以使联邦检察官在更为广阔的范围内实现一般预防的教育与震慑功能。

与联邦检察官形成指控合作协议关系的犯罪嫌疑人可以获得减轻处罚的

〔1〕 Federal Rule of Criminal Procedure 11(b)(3).

机会。由于绝大部分贿赂犯罪具有隐秘性的特点，犯罪证据流逝性强、可获取性低、固定难度大，指控合作协议为联邦检察官指导职务犯罪侦查和准备起诉等工作减轻了部分办案压力。指控合作协议明确要求犯罪嫌疑人对联邦检察官的工作给予充分的、彻底的、真诚的配合与协作。犯罪嫌疑人必须向联邦检察官报告自己实施的本罪行为和共同犯罪其他成员实施本罪行为与他罪行为的信息，根据检察官的要求在大陪审团前作证指控其他共犯，或者帮助进行犯罪调查（例如，行贿人引诱受贿的犯罪嫌疑人与之进行交谈，由调查人员实施远程监控、电话录音、即时录像等固定证据的侦查行为）。根据《联邦量刑指南》，只有在联邦检察官提出动议、告知法官行为人业已为调查或指控他人犯罪提供了实质性的协助时，参与指控合作协议的犯罪嫌疑人才有权获取减刑。是否提出动议完全归属于联邦检察官的自由裁量权范围之内；[1]犯罪嫌疑人是否符合“实质性的协助”，由各级联邦检察部门的减刑建议委员会制定操作规则——主要还是根据其坦白的程度、知晓犯罪信息的深度、参与合作的表现与结果等因素综合认定，但并没有固定的参考模式。鉴于贿赂犯罪侦查与指控难度大的现实与鼓励犯罪嫌疑人配合指控工作的考虑，联邦检察官在实践中执行宜松不宜紧的执法政策，虽然表面上通常会向犯罪嫌疑人施加压力，但本质上在获取基本有利于调查或指控的信息后会明显地根据合作表现降低一级或数级量刑幅度。犯罪嫌疑人在指证其他被告人的过程中往往会涉及“自证其罪”——在供述他人犯罪的同时连带道出自己的犯罪事实。联邦检察官会在指控合作协议中承诺不会在协议参与者的刑事诉讼中使用此类证据，除非犯罪嫌疑人在履行指控合作协议过程中有欺骗或隐瞒的行为。联邦检察官在实践中发现参与指控合作协议的当事人经常在作证的危险与减刑的向往之间摇摆不定——最直接的表现就是部分合作与部分隐瞒（欺骗）。为了保证犯罪嫌疑人认罪并指控他人贿赂犯罪的彻底性，联邦检察官只能给予犯罪嫌疑人（通常是行贿人）全有或全无（all or nothing）的极端选择，以便换取行为人真诚的指控合作。

美国联邦检察官积极适用暂缓起诉办理贿赂犯罪案件。在2004年之前，美国联邦检察官从未对违反《反海外腐败法》的犯罪行为适用暂缓起诉，但

---

〔1〕 United States v.Doe, 934 F.2d 353, 358 (D.C.Cir.1991).

2007年至2009年上半年，联邦检察官适用暂缓起诉案件中有30%属于海外腐败犯罪。[1]与暂缓起诉决定同时生效的辩诉交易包含了涉嫌贿赂犯罪的被告人或者被告公司巨额罚款及接受一定期限（通常为18个月）的联邦检察监控或者禁止从事相关行业的业务。对于部分商业贿赂犯罪行为相对严重的公司，联邦检察官在辩诉交易中要求涉罪公司直接承认违反《反海外腐败法》《反回扣法》的相关事实；对于商业贿赂犯罪行为相对轻微的公司，联邦检察官一般不要求其承认犯罪事实，以缓解公司刑事程序中止后的民事诉讼压力，而是通过罚款分配的形式保障受犯罪公司违法行为侵害的被害人得到经济赔偿。

早前的暂缓起诉实践中，美国联邦检察官通常要求涉案行为人或者公司在支付被害人赔偿金之外缴付巨额罚金。[2]理论上则一直有观点认为，联邦检察官在暂缓起诉程序中对涉嫌商业贿赂犯罪的公司适用巨额罚金刑，等于是在未经历审判程序的情况下要求没有任何实际犯罪行为和意志的股东替代性地承担公司高管犯罪的刑事责任。同时，暂缓起诉决定与辩诉协议要求犯罪公司支出的巨额罚金通常数倍于法律规定的罚金刑最高限额，存在检察权超越立法权的宪法性疑问。对于上述质疑的意见，美国联邦检察系统采取了一种逐渐肯定的暂缓起诉实践回应，绝大部分案件并不适用罚金刑，而是通过暂缓起诉之后的刑事转民事的转处程序要求涉案的犯罪人或者犯罪公司支付数额不菲的民事赔偿。这实际上是通过积极适用检察暂缓起诉激发了一种新型的诉讼——商业贿赂民事诉讼——例如，在招投标过程中受到商业贿赂侵犯的投标者可以对涉嫌行贿的投标公司提起侵权诉讼，通过民事诉讼弥补自己的商业损失。这也是通过市场行为追究商业贿赂违法犯罪责任的一种符合效率原则的机制。

三、中国贿赂犯罪立法司法完善路径启示

德国刑法与美国刑法在反贿赂犯罪刑事立法司法上的实践经验不仅对于我国贿赂犯罪法治实践路径选择具有极为重要的借鉴意义，而且对于刑法理

〔1〕 Eugene Illovsky, Corporate Deferred Prosecution Agreements, Criminal Justice Summer 1, 2008.

〔2〕 Joseph Warin & Andrew Boutros, Deferred Prosecution Agreements: A View From The Trenches And A Proposal For Reform, 93 Virginia Law Review 107(2008).

论研究如何指导法治实践提供了有益的启示。

从德国刑法关于贿赂犯罪的立法及其吸纳国际反腐败公约规定的实践来看，与我国刑法贿赂犯罪的立法实践存在一些相似的问题：一是德国刑法根据贿赂犯罪行为的不同社会危害程度，设置了不同刑罚强度的贿赂犯罪。例如，商业贿赂罪区分为两个层次的罪名，即商业贿赂罪与加重商业贿赂罪；公务贿赂犯罪由轻到重分为三个层次，第一层次为一般贿赂犯罪（一般受贿罪与一般行贿罪），第二层次为渎职与谋利的贿赂犯罪（渎职受贿罪与谋利行贿罪），第三层次为加重贿赂罪（包括受贿与行贿行为）。这体现出德国刑法对于反贿赂犯罪的重视以及刑法规制思考的细致与深入。二是德国刑法对于贿赂犯罪的立法保持了相当程度的地方性立法特色，其最大程度上根据本国的特点以及刑法理论设置贿赂犯罪。例如，重视法益的层次化区分，根据保护选举与议会廉洁、保护商业交易公平竞争、保护公职行为廉洁性三种不同层次与不同法益解释建构贿赂犯罪的罪状。三是德国刑法典仍然没有完全接受尚未被纳入国内刑法体系的反腐败国际公约中的相关条款，并且没有对德国贿赂犯罪刑事立法按照国际公约的标准进行系统化的调整。这也是因为贿赂犯罪具有很大的地方性特色，贿赂犯罪国内立法难以甚至无法在批准国际反腐败公约层面取得迅速的一致性观点。[1]

从比较刑法的角度分析，与《德国刑法典》类似，我国立法机关采取了贿赂犯罪集中规定并修改于刑法典的立法模式，并且，在贿赂犯罪规范体系中设置了多达十种贿赂犯罪的罪名。这体现出我国刑事立法对于惩治腐败犯罪发展过程中的新问题生成了灵敏的反应措施与明确的规制机制，同时，也透射出我国刑法分则个罪规范体系对于具有严重社会危害性贿赂违法犯罪行为的规范覆盖能力不足。贿赂犯罪成为我国近期刑法修正案及司法解释增设、修改、解释条文的重点犯罪类型。这一方面是由于我国社会经济近二十年的迅猛发展及其附带催生的新类型贿赂违法犯罪行为，激发刑事立法面对挑战及时作出政策反应；另一方面我国刑法基础性犯罪配置的复杂性间接决定了贿赂犯罪频繁修正与频繁解释的现状。贿赂犯罪刑法规范结构、内容以及逻辑上的高度复杂性对刑法解释理论提出极高的要求。因为，只有在刑法理论上全面

---

〔1〕 Hans Herbert von Arnim, Regina Heiny und Stefan Ittner, Korruption.Begriff, Bekämpfungs-und Forschungslücken, Grip Discussion Paper No.33, 33-34(2006).

阐释贿赂犯罪法条关系、构成要件配置、阐释核心要素实质内涵等，才能保证贿赂犯罪刑事法治实践具有坚实的理论支撑。德国刑法理论的理性思辨不仅促进了刑法解释论的繁荣，更是直接服务于司法实务，加深了刑事司法对贿赂犯罪法律适用的认识与理解。所以，如何提高贿赂犯罪刑法解释理论指导司法实践的实效是我国刑法理论研究必须深思的问题。

同时，还应当看到，面对国内刑法典与反腐败国际公约之间的差距，德国刑法在基本坚持本国刑法典贿赂犯罪现有结构与内容的基础上，选择了渐进式的完善路径。对于存在相同问题的中国刑法，这是一种值得借鉴的思路。笔者认为，在贿赂犯罪刑事立法完善层面，我国刑事立法的主要方向也应当是充分考量本国实际情况，逐步吸纳国际公约关于贿赂犯罪刑事立法的最低标准，渐进式地提高反贿赂犯罪的立法标准，而非为了与国际公约保持一致而对与贿赂犯罪地方性知识密切相关的部分进行修改。例如，《公约》第16条规定了贿赂外国公职人员或者国际公共组织官员罪：(a)故意地直接或间接向外国公职人员或者国际公共组织官员许诺给予、提议给予或者实际给予该公职人员本人或者其他人员或实体不正当好处，以使该公职人员或者该官员在执行公务时作为或者不作为，以使获得或者保留与进行国际商务有关的商业或者其他不正当好处；(b)外国公职人员或者国际公共组织官员故意地直接或间接为其本人或者其他人员或实体索取或者收受不正当好处，以作为其在执行公务时作为或者不作为的条件。《刑法修正案（八）》将《公约》第16条贿赂外国公职人员或者国际公共组织官员罪中的行贿犯罪类型纳入我国贿赂犯罪刑事法律体系，以此解决长期以来对于向外国公职人员或者国际组织官员行贿无从规制、严重影响我国参与国际市场竞争而刑法却无法规制的法律缺漏问题。但是，对于外国公职人员或者国际公共组织官员受贿犯罪问题，《刑法修正案（八）》就没有予以规定，这主要是考虑到外交特权等因素的存在将导致外国公职人员或者国际公共组织官员受贿犯罪在实践中难以处理，以及我国刑法已经设置了受贿罪与非国家工作人员受贿罪，外国公职人员或者国际公共组织官员受贿犯罪无法整合入我国贿赂犯罪刑法规范体系。《刑法修正案（八）》根据实际情况有选择性地将《公约》规定纳入我国刑法。这样的立法实践是应当予以坚持的。对于“为他人谋取利益”“为谋取不正当利益”“财物”等我国刑法贿赂犯罪核心构成要件要素的取舍与修改问题，笔者认为，并不能够以与国际公约保持一致的理由而进行刑事立法修正。此类贿赂犯罪核心构成要件要素的刑法配置经过了我国司法实务部门长时间的操作与应用，实际上已经可以通过司法解释机制形成自我充足、自我发展的规范解释体系，不应当放弃国内司法实践的经验而简单地寻求同国际公约规范内容保持一致。

美国刑法反贿赂犯罪实践与我国刑事法治风格迥异，但美国贿赂犯罪立法司法的一些特色与经验不仅能够拓展我国刑法惩防贿赂犯罪的思路，而且能够在分析美国解决疑难问题方法的基础上，深刻反思我国刑法理论与实务的应然发展方向。美国的贿赂犯罪刑事法治实践具有以下四大核心特点：一是区分国内贿赂与海外贿赂，建构不同的刑法规范。对于国内贿赂犯罪，完全根据行为主体身份区分公务贿赂犯罪与商业贿赂犯罪。具有公职人员身份的行为人收受贿赂或者向具有公职人员身份的人给付贿赂，构成公务贿赂犯罪；与公职人员主体身份与公务行为无关的贿赂犯罪，都属于商业贿赂犯罪。对于海外贿赂犯罪，只打击为谋取商业利益而实施的行贿行为，并且，由于各国公务机构介入商业活动的程度不同，各国法律有关公职人员的主体标准不同，《反海外腐败法》将贿赂对象模糊规定为“外国官员”，不以本国法律的规范标准进行判断。二是强调从完善程序操作的角度化解贿赂犯罪实体法适用的难度。美国属于判例法国家，不过，随着刑法法典化程度的不断深入，美国联邦以及各州刑法对贿赂犯罪也进行了相对完善的法律规定。尽管在贿赂犯罪刑法规范建构上相对于大陆法系刑法而言依然略显粗陋，但是，应当注意到，美国通过特有的辩诉交易程序，在司法实践中缓解了罪刑法定原则与模糊、粗陋立法之间的紧张关系，采取定罪标准严苛、辩诉交易畅通、处罚力度较大的实用性方式，不仅解决了贿赂犯罪刑法控制问题，而且实质性地保护了贿赂犯罪案件中的被告人实体权益。三是处罚贿赂犯罪注重刑罚手段与非刑罚措施的结合。在刑罚上，美国比较注重发挥罚金刑的作用，这主要是基于贿赂犯罪具有明显的图利特性，通过金钱上的刑罚处罚能够更为有效地实现刑罚目的。在非刑罚处罚上，美国联邦检察官尤其重视对行贿犯罪案发单位适用暂缓起诉并附带强制监管，通过不使用刑罚的强制监管措施控制与预防贿赂犯罪，是贿赂犯罪处罚实践的一大创举。四是美国刑法贿赂犯罪实体规定与《公约》有关贿赂犯罪的规定相对大陆法系刑法而言更为契合，这不仅仅是因为语言同一性而生成的法律规范一致性，更重要的原因在于英美法系国家反腐败刑事立法与司法实践的有效性与影响性，赋予了其反腐败国际标准的定义权，从而使英美法系国家在贿赂等腐败犯罪刑事立法层面基本不存在与国际公约接轨的法律完善问题。

美国反贿赂犯罪司法实践积累了相当丰富的经验值得或者已经为我们所借鉴，例如，美国联邦法律明确规定了反海外贿赂犯罪并在司法实务层面高度重视案件查处效率，强调通过非刑罚处罚的方式实现刑事处罚预防犯罪的价值目标等。但是，美国贿赂犯罪刑事法治实践对我国最为重要的启示意义在于，它促使我们深刻地反思这样一个问题：中国刑法怎样才能走出一条属于自我的、超越惩治贿赂犯罪现实困境的法治道路。

美国通过探索反贿赂犯罪的程序机制，简化刑法适用难度与缓解实体法实践压力，这种法治经验值得我国刑法理论深刻反思惩治贿赂犯罪的实践出路。美国贿赂犯罪的刑法规定没有与我国刑法类似的"为他人谋取利益""为谋取不正当利益"构成要件限制，总体来说，美国刑法贿赂犯罪的构成要件是相对松弛的。但是，美国刑法贿赂犯罪的规定与我国刑法一样，仍然存在贿赂犯罪刑法适用争议极大，在较多疑难问题上较难统一各方观点。尤其是商业交易中的商业贿赂犯罪与跨国公司实施的海外商业贿赂犯罪，由于商业支付名目繁多、违法犯罪案件数量众多、执法司法成本极高，如何提高惩治贿赂犯罪的实效始终是实务部门的难题。这就证明，简化贿赂犯罪构成要件依然不是提高贿赂犯罪惩治效率的当然路径。美国刑事法治实践的策略是，以实用主义为导向的辩诉交易、巨额赔偿等程序操作弱化贿赂犯罪构成要件的证明难度，为贿赂犯罪的刑法控制探索程序性出口。这样不仅能够在充分保障被告人权益的基础上对贿赂犯罪行为进行规范震慑，而且实质性地减轻了刑法适用的压力。反观我国，承担贿赂犯罪侦查职能的办案机关——检察机关与公安机关——只有不起诉权与撤案权，没有系统化的贿赂犯罪暂缓起诉权限。与美国贿赂犯罪司法实践相比，我国刑事诉讼程序没有设置辩诉交易制度，贿赂犯罪案件也不属于刑事和解范畴。可见，刑事诉讼体系内的各种规范设置决定了我国难以通过实用的程序经验淡化贿赂犯罪刑法适用争议。

在我国刑事诉讼规范没有进行系统性的价值转换或目标重构的情况下，必须在实体规范层面充分运用符合罪刑法定原则的刑法解释探索贿赂犯罪的的实质内涵，论证其构成要件的规范边界，精细明确地界定贿赂犯罪"罪与非罪”的实体界限，并合理控制刑法惩治贿赂犯罪的“度”。作为有权解释的立法解释与司法解释显然应当承担起这一重任。全国人大常委会基于明确贿赂犯罪刑法条文具体含义而制定的立法解释具有权威的宪法基础。刑法理论研究在面对疑难刑法解释问题时的终极诉求通常指向立法解释。然而，立法解释显然是触发概率极低且适用成本极高的正式法律解释机制。强调通过立法解释明确贿赂犯罪刑法适用疑难问题，不仅忽略了我国立法解释权的运行成本，而且难以契合实际——我国刑法分则各种犯罪在适用上均存在大量疑难问题，仅有极少数通过立法解释予以明确，主要依靠立法解释明确贿赂犯罪刑法适用争议问题，并不具有合理性。笔者认为，优先通过制定司法解释解决贿赂犯罪刑法实践疑难问题是一种合法性与效率性兼备的法治实践路径。刑法司法解释是对刑事司法实践中具体应用法律问题的解释。由司法解释化解我国刑法规定的贿赂犯罪条文在实践应用上出现的争议，本身就是从立法原意角度理解法律规定，属于司法解释的权限范围，不存在司法解释越位造法的问题。刑法司法解释是相对灵敏的反应机制，能够及时应对反腐败现实中的司法实践难题。近年来，我国最高司法机关制定了一系列与贿赂犯罪等职务犯罪有关的刑法司法解释，是中国特色的刑事法治实践探索，理应予以坚持与贯彻。所以，美国贿赂犯罪刑事法治经验给我国的反思性启示在于，即使我国贿赂犯罪刑事立法拓展了贿赂范围、取消了部分要件的法律限制，可能仍然难以实现贿赂犯罪惩治力度的明显提升。此时，不仅在立法上没有退路，而且会严重影响司法权威。应当积极探索符合中国反贿赂犯罪实际且具有中国刑事法治经验基础的司法优化路径，通过符合罪刑法定原则、逻辑缜密、操作实用的司法解释，从提高实体法适用技术的方向上，寻求超越贿赂犯罪法治实践困境的现实出路。

四、贿赂犯罪刑法理论研究实然局面与应然取向

无论是英美法系，还是大陆法系，从各国刑法对于贿赂犯罪的立法应对[1]来看，我国刑法对于贿赂犯罪的罪状设计在法条精致程度这一层面不仅不处

〔1〕 除德国、美国刑法关于贿赂犯罪的立法规定，其他国家贿赂犯罪刑事立法的介绍参见陈国庆主编：《新型受贿犯罪的认定与处罚》，法律出版社2007年版，第163～175页；《日本刑法典》(第2版)，张明楷译，法律出版社2006年版，第72～75页等。

于劣势，反而具有明显优势。我国刑法司法解释对于贿赂犯罪出现的新类型的解释相对敏锐。反观其他国家贿赂犯罪的刑法规制情况，美国、英国、欧盟相关贿赂犯罪刑法条文冗长、罪名体系繁复且规范科学性有待论证；德日刑法桎梏于传统犯罪体系且发展性不足，均不同程度地呈现出刑事立法能动性较弱的态势。但是，我国刑法贿赂犯罪刑法条文的表面精致性与司法解释的频繁制定无法掩盖刑法理论研究能动性与创新性匮乏的问题。

应当看到，基于节省立法成本与提升刑法规范实用性价值的考量，国外司法实务部门通过长期的判例实践持续地丰富贿赂犯罪法律条文的发展性要旨，使《反海外腐败法》《联邦贿赂法》等几十年前制定的法律拥有了强大的规范生命力与实践底蕴。这离不开刑法理论研究对于贿赂犯罪的深入解释，不仅关注刑法条文本身，更注重对判例展开分析与论证。刑法解释理论的发达为传统贿赂犯罪注入了不息的动力与崭新的内涵，保证其在有限的条文语句下发挥出延展效应。

我国惩治贿赂犯罪的严峻现实和刑事立法、司法解释能动性高涨的现状，与贿赂犯罪刑法理论研究问题意识有限形成鲜明对照，折射出法律实践与理论研究之间已经形成明显断层。从贿赂犯罪刑法理论研究的整体结构层面进行分析，针对贿赂犯罪的本质特征开展的刑法适用研究在数量上仍然较少，大多数理论研究成果选择在贪污贿赂犯罪、职务犯罪研究的整体架构下将贿赂犯罪作为一个部分进行研究，难以凸显贿赂犯罪在刑法适用上的独立性特征与专属性问题。在贿赂犯罪研究的内部结构上，受贿犯罪的专著与论文在研究数量显著超过行贿犯罪，没有充分体现贿赂犯罪在行为关系上的对合性特质。近年来，随着治理商业贿赂专项工作的深入进行，商业贿赂犯罪研究成为刑法理论探讨的热点，甚至成了职务犯罪刑法知识的增长点。但是，理论上不仅尚未对商业贿赂犯罪基本问题达成共识，而且基本停留于传统贿赂犯罪构成要件的分析，尚未挖掘商业贿赂犯罪刑法适用特有的疑难问题。从贿赂犯罪刑法理论研究的内容上来看，从立法完善角度进行深入分析的意见较多。综观贿赂犯罪刑法理论文献，取消“为他人谋取利益”“为谋取不正当利益”等要件、拓展贿赂范围等立法建言不胜枚举。贿赂犯罪刑法实务一遇到困难，贿赂犯罪刑法理论的唯一出路似乎只能是呼吁完善立法。贿赂犯罪相关刑法修正条文一经推出，理论上就有观点在尚未进行法律解释研究的情况下就提出立法完善建议；贿赂犯罪相关司法解释刚刚实施，理论上就有意见在没有细致分析司法解释规定的基础上批判司法解释不合理。诚然，贿赂犯罪刑事立法与司法解释可能存在不完善之处，但法律文本从来就是只能臻于完美而无法达到完美，甚至实践中根本就不存在完美的标准。现有的贿赂犯罪刑法条文与司法解释是理论研究的宝贵财富，只有在理论上深度阐释法律文本，才有可能提出真正契合现实的规范完善建议。提出修改刑法的理论建议并非提高惩治贿赂犯罪效率的首选路径。因为，一旦贿赂犯罪实践中出现新类型的危害行为，在不经过深度刑法解释的情况下，刑事法律便将其犯罪化，或者通过修改构成要件拓展贿赂犯罪的规制范围，这不仅存在耗费立法成本的问题，而且刑事立法的速度再迅捷，也无法应对当前的贿赂刑法实务难题。

在现有的法律与司法解释框架下通过充分的刑法解释论证相关疑难问题，真正地发挥刑法理论研究的能动性与创造性，理应是当代刑法理论的使命与责任。立法机关业已耗费巨额成本，完善非国家工作人员受贿罪、对非国家工作人员行贿罪的刑法规范、新设利用影响力受贿罪与对外国公职人员、国际公共组织官员行贿罪，形成规模可观的贿赂犯罪刑法规范体系。与这些贿赂犯罪新罪名有关的刑法适用疑难问题、全新问题，亟须在理论上进行解释与分析。《新型受贿意见》《商业贿赂意见》等贿赂犯罪司法解释为贿赂犯罪司法实践提供了指南，要在司法实务中充分贯彻与执行合理的实体标准，创造合理的司法适用规则，必须在理论上不断加深对这些司法解释的理解与认识。

总之，刑事立法滞后与司法解释有限永远是中国贿赂犯罪、经济犯罪乃至所有犯罪刑法实务所必须面对的先天性困境。贿赂犯罪刑事立法与司法注定要在对困境一次又一次的超越中不断前行与发展，而超越困境的唯一路径便是在理论上对现有刑法规范进行深度的逻辑阐释与法理论辩。希望本书的研究能够为贿赂犯罪刑法理论与实务平添一份贡献。

第二节 贿赂犯罪的完善与适用

——以《刑法修正案（七）》为视角

《刑法修正案（七）》有关贿赂犯罪的修改是我国自2005年加入《联合国反腐败公约》[1]后的积极履约行为，被学界誉为是我国惩治腐败犯罪与国际接轨而迈出的积极一步。但是，我们也应该看到，实际上自该刑法修正案草案公布以后，即引起了很大的反响，而在正式通过后，学界更是发表了大量的评论文章，表达了各自的看法。概括而言，学界看待此次对贿赂犯罪的修正主要有两种视角：大部分学者从关注条款规定的内容入手，评析此次修正的利与弊，包括分析主体范围、客观行为表现、共同犯罪认定以及对罪名的设置。另一部分学者则着眼于相关条款在刑法中的位置，对如何吸收《联合国反腐败公约》中关于影响力交易犯罪的规定进行了探讨。笔者认为，学界针对此次修正的讨论对于刑事立法的完善和刑事司法的适用均具有很高的价值，完全有必要继续深入下去。为此，笔者仅就本次刑法修正案立法方式的选择以及修正条款的司法适用问题作一些探讨。

一、贿赂犯罪刑法修正方式的最佳选择

《刑法》第388条规定："国家工作人员利用本人职权或者地位形成的便利条件，通过其他国家工作人员职务上的行为，为请托人谋取不正当利益，索取请托人财物或者收受请托人财物的，以受贿论处。"由于刑法该条文明确规定要对该种行为"以受贿论处"，且没有设置独立的法定刑，因而理论上和司法

---

〔1〕《联合国反腐败公约》第18条规定："各缔约国均应当考虑采取必要的立法和其他措施，将下列故意实施的行为规定为犯罪：（一）直接或间接向公职人员或者其他任何人员许诺给予、提议给予或者实际给予任何不正当好处，以使其滥用本人的实际影响力或者被认为具有的影响力，为该行为的造意人或者其他任何人从缔约国的行政部门或者公共机关获得不正当好处；（二）公职人员或者其他任何人员，为其本人或者他人，直接或间接索取或者收受任何不正当好处，以作为该公职人员或者该其他人员滥用本人的实际影响力或者被认为具有的影响力，从缔约国的行政部门或者公共机关获得任何不正当好处的条件。"

实践中通说认为其并非一个独立罪名，而习惯上将条文所规定的行为称为“斡旋受贿”犯罪。

应该看到，《刑法修正案（七）》在草案中对于有关贿赂犯罪的修正拟采用“在《刑法》第388条中增加两款作为第2款、第3款”的方式。这种方式在草案征求意见时遭到了学界的强烈批评，因为，在此之前的刑法修正案对分则条文的修正通常采用两种方式：其一，不增设罪名，即直接对刑法原条文所规定犯罪的构成要件或者法定刑进行修正；其二，增设罪名，即以“之一”“之二”等形式，在原规定独立罪名的条文后面增加新的条文，从而形成新的独立罪名。草案中采用的方式显然均与上述两种方式不符，受到批评也在情理之中。为此，正式颁布的《刑法修正案（七）》又对草案的方式进行了改变，即采用“在《刑法》第388条后增加一条作为第388条之一”的方式对有关贿赂犯罪进行修正。

尽管如此，笔者认为，此次修正案对受贿犯罪的修正仍然是对传统修正方式的突破，具体表现为：首先，《刑法》第388条原来并非一个独立罪名的规定，本次修正案在非独立罪名的规定后通过增设“第388条之一”规定了一个独立罪名，这是以前从来没有的；其次，《刑法》第388条原来并没有规定独立的法定刑，本次修正案通过增设“第388条之一”专门规定独立的法定刑，且不对原388条作任何修正，这也是以前从来没有的。正因如此，本次修正案有关贿赂犯罪规定在修正方式上的创新，理所当然地会引起了学界的关注。

有学者认为，经修正后的第388条之一的现状不符合刑法分则条文分布的一般规律。这是因为，《刑法》第388条与第388条之一所新增两款规定所保护的客体并不相同，即前者侵害了国家工作人员职务的廉洁性，而后者并未直接侵害国家工作人员职务的廉洁性。故其主张将《刑法》第388条归入第385条，作为《刑法》第385条的第3款内容，而将第388条之一规定直接作为第388条的第1款、第2款内容，独立成罪。[1]

也有学者不主张改变现有的《刑法》第388条的格局，但认为对其确定单独的罪名及法定刑很有必要。首先，针对原第一款内容，其认为凡是具有独立犯罪构成的，即使该法条采取援引法定刑，也应认定为一个独立罪名。《刑法》

〔1〕 参见王占洲：《对〈刑法修正案（七）草案〉第11条的几点质疑》，载《时代法学》2008年第5期。为讨论问题的方便，作者将原文中草案第11条规定的内容转为修正案第13条规定的内容，以下相同。

第385条与第388条所规定的犯罪构成存在明显差异，应当将第388条从受贿罪中抽离出来。其次，《刑法》第388条之一新增两款规定了国家工作人员以外的人利用国家工作人员的影响力索要或收受财物的行为，其与受贿罪的犯罪构成更是有本质区别，且设置了独立法定刑，若再“以受贿论处”显然不妥。故持该观点的学者主张将《刑法》第388条与第388条之一新增两款统一规定为“斡旋受贿罪”，并统一确定法定刑。〔1〕

笔者认为，上述观点均有一定道理，其共同点是主张对《刑法》第388条所规定的“斡旋受贿”作出调整，不同点是将“斡旋受贿”并入第385条受贿罪之中，还是并入修正案第13条所规定的犯罪之中。依笔者之见，上述第二种观点应该更具有合理性。因为，从修正方式分析，尽管《刑法修正案（七）》草案规定的方式存在有一定的瑕疵，但在总体上似乎比《刑法修正案（七）》规定的方式更为科学、合理。

《刑法修正案（七）》草案当时拟修正方式存在的最大问题在于，未对《刑法》第388条原有规定进行一定修正的情况下，简单地将两款内容加入进去，这就必然形成在一个条文中出现极不统一的情况，即既有“以受贿论处”的规定，又有独立罪名和法定刑的规定。笔者认为，这种不一致显然是这一修正方式最大的瑕疵，因而在征求意见时遭到学界普遍反对是完全可以理解的。

《刑法修正案（七）》最后采用的方式尽管回避了上述草案中出现的瑕疵，但是仍然与传统的修正方式形成很大的差异。笔者认为，这种方式最大的败笔在于：将基本相同的行为方式规定在不同的条文里，同时仍然保留原条文中“以受贿论处”的规定。这种情况必然导致立法规范上出现不统一，即刑法有关贿赂类犯罪的规定既不是按照行为方式划分，也不是按照主体划分，令人感到立法者随心所欲、标准不一。

笔者认为，对于本次修正案中有关贿赂犯罪的修正规定，理应采用在对《刑法》第388条进行修改的基础上，将相关修正内容并入该条文之中的方式。理由是：

首先，刑法中有关贿赂犯罪的规定基本上是按照行为方式，而并不是以主体身份进行分类规定的，例如，受贿罪、行贿罪、介绍贿赂罪等实际上都是按

〔1〕　参见曾凡燕：《论斡旋受贿犯罪的立法模式——以〈刑法修正案（七）〉（草案）第11条为视角》，载《政治与法律》2009年第1期。

照行为方式的不同在不同的条文中分别加以规定。而本次修正案增加的内容与《刑法》第388条原规定的内容尽管在主体上有了很大的差异或扩大，但是，在总体行为方式上仍具有很大的一致性，即均属于行为人利用影响收受贿赂的犯罪。就此而言，将这些规定放在一个条文里似乎并无大碍。现在《刑法修正案（七）》将有关修正内容以“第388条之一”的方式加以规定，既不能体现新增内容与原规定内容主体上的差异，也不能体现行为方式上的差异。而且在一个既没有独立法定刑也并非独立罪名的条文后增设一个有罪状和法定刑规定且为独立罪名的条文，在立法原理上明显存在瑕疵。

其次，刑法每一个条文内容规定的方式应该具有相对的一致性，除有特别需要外，不能出现前后矛盾的情况。就此而言，我们如果简单地将《刑法修正案（七）》增加的内容与《刑法》第388条原规定的内容合并起来，就很难避免前后之间的矛盾，即第1款是规定“以受贿论处”，而第2款、第3款则有独立的罪状和法定刑。这种情况必然会导致人们对新增的内容是否是一个独立的罪名产生怀疑。笔者认为，本次刑法修正案有关贿赂犯罪的规定既有罪状又有法定刑，从立法原理上当然应该理解为是一个独立罪名。在这种情况下，将其简单归入第388条，而不对原条文内容作修改，在内容上肯定会产生一个条文规定中的前后矛盾。

由此可见，笔者认为，将《刑法修正案（七）》增加的内容与《刑法》第388条加以组合是不应该有任何障碍的，其实问题并非在于两者能否组合，而在于如何加以组合。从立法方式统一性角度出发，最好的办法是取消《刑法》第388条中“以受贿论处”的规定，并增设相应的法定刑，在此基础上，将《刑法修正案（七）》增加的两款内容作为第388条第2款、第3款的内容。这样既符合刑法中有关贿赂犯罪以行为方式分类的要求，也符合刑法修正通常方式的要求，同时还解决了修正后条文内容上的前后矛盾问题。

二、贿赂犯罪刑法修正罪名的最妥设置

与方式选择的争论同样热烈的是对第388条之一规定的罪名确定探讨。正如前述，由于该次修正案草案并没有采用增设条文的方式规定修正的内容，而是将相关内容归入《刑法》第388条中作为第2款和第3款加以规定，这在理论上就引发了是否要独立设立罪名的争议：

理论上大多数人认为，应将第一款与新增两款独立定罪。对此，有人主张第一款仍按受贿罪定，对新增两款主张以“利用影响力受贿罪”定；也有人主张第一款仍沿用受贿罪罪名，新增两款则定“影响力交易罪”；还有学者主张将第一款确定为“斡旋受贿罪”，新增两款确定为“非国家工作人员斡旋受贿罪”。

理论上也有较多的人认为，应将三条款统一定罪。持该种观点的学者提出应将三个条款统一确定为“斡旋受贿罪”。具体理由是：斡旋受贿这一行为的含义，即“调解周旋于请托人与其他国家工作人员之间”，在某种程度上可以理解为中介人，是一种媒介，而不是行为人利用自己的职权为请托人谋取不正当利益。因此，其认为对于新增两款之规定，使用“斡旋受贿”称之更为妥当。在定两罪还是定一罪的问题上，其又认为立法应注重简约，过于烦琐的规定反而容易在司法实践中陷于被动。与其确定为两个罪名而带来无休止的争议，不如将其统一到一个罪名之下。“斡旋受贿”这一称谓反映了三条款行为的特性，而且已使用多年，相对来说更容易被理解和接受，所以统一定为“斡旋受贿罪”比较合适。〔1〕

应该看到，《刑法修正案（七）》正式颁布后，由于客观上立法者采用增设条文（第388条之一）规定修正的内容，因而理论上将三条款统一定罪的观点基本消失。理论争议的焦点逐渐由是否要对新修正的内容独立设罪，转移到对新增设的第388条之一确立什么罪名这一问题上。

理论上大多数人主张，对新增设的《刑法》第388条之一的规定应确立“利用影响力受贿罪”这一罪名。理由是：(1)《联合国反腐败公约》第18条规定了“影响力交易”，即对非国家工作人员利用国家工作人员的职权、地位或者其他影响，独自通过其他国家工作人员之职权行为，收取或者索取财物，为他人谋取不正当利益的行为。《刑法修正案（七）》第13条所规定的犯罪行为与影响力交易罪有很多相似之处，因而在罪名上也保持一致。(2)行为人的利用行为有双重性，即先利用了国家工作人员或者自己（主要指离职的国家工作人员）对其他国家工作人员的影响，接着又利用了其他国家工作人员的职权行为。“利用影响力”反映出《刑法修正案（七）》第13条所规定之犯罪与其他贿赂犯

〔1〕 参见曾凡燕：《论斡旋受贿犯罪的立法模式——以〈刑法修正案（七）〉（草案）第11条为视角》，载《政治与法律》2009年第1期。

罪的根本区别。(3)行为人利用影响力，为他人谋取不正当利益，获取或者索取财物，也严重侵犯了国家工作人员的职务廉洁性以及国家机关、国有企事业单位的正常工作秩序，因而在实质上类似于“斡旋受贿”的行为，也属于一种特殊的受贿犯罪，因而在罪名中出现“受贿”二字能够鲜明地体现出本条犯罪的本质特征。〔1〕

也有部分学者主张第一款仍沿用受贿罪罪名，新增两款定“影响力交易罪”。其认为斡旋受贿罪和受贿罪都不能契合新增两款的规定。从主体还是客观行为表现上来说，新增两款都不符合斡旋受贿罪的特点。从本质属性、主体要件以及独立的犯罪构成方面来讲也不符合受贿罪的特点。将新增两款定为影响力交易罪既是为了信守国际条约，便于与《联合国反腐败犯罪公约》接轨，也是契合了罪名确定科学性的要求、符合国际反腐败犯罪的新动向。〔2〕

但是，理论上也有学者主张，将《刑法》第388条确定为“斡旋受贿罪”，而将第388条之一确定为“非国家工作人员斡旋受贿罪”。理由是：将第388条之一纳入到原有的受贿罪的罪名显然冲击到了受贿罪只能由国家工作人员构成的传统观点，且会造成受贿罪的过分臃肿。而对第388条仍定受贿罪，将第388条之一确定为“非国家工作人员斡旋受贿罪”，则更凸显了第388条的尴尬地位：非国家工作人员利用本人职务便利受贿的，定性为“非国家工作人员受贿罪”(《刑法》第163条)，利用他人职务便利受贿的，按“非国家工作人员斡旋受贿罪”；而国家工作人员利用本人职务便利或利用他人职务便利受贿的，都按“受贿罪”处罚。也就是说，是否利用了本人职务便利，在不同犯罪主体那里的地位和意义是不相同的，这显然也是不合理的。因此，将第388条从受贿罪中独立出来，成立“斡旋受贿罪”，第388条之一则成立“非国家工作人员斡旋受贿罪”，从而形成刑法全新的受贿犯罪的罪名体系，即第163条的非国家工作人员受贿罪、第385条的受贿罪，第388条的斡旋受贿罪，第388条之一的

〔1〕 高铭暄、赵秉志、黄晓亮、袁彬：《〈刑法修正案(七)〉罪名之研析》(下)，载《法制日报》2009年3月25日，第2版。类似观点参见侯国云、么惠君：《刑法修正案(七)的罪名如何确定》，载《检察日报》2009年4月3日，第3版。

〔2〕 参见沈玉忠：《增设影响力交易罪：全面规制间接受贿行为——兼评〈刑法修正案〉(七)草案第11条》，载《当代法学》2009年第2期。

非国家工作人员斡旋受贿罪。[1]

笔者认为，从已然角度分析，在《刑法修正案（七）》颁行后，我们完全没有理由将《刑法》第388条和第388条之一理解为是同一个罪名，因为，《刑法修正案（七）》专门增设一个条文本身就足以说明立法者立法的原意。但是，正如笔者前述，从应然角度分析，由于《刑法修正案（七）》在规定这一内容时所采用的方式本身是一个败笔，因而就必然导致在确立罪名时陷入尴尬境地。也即由于立法者出于对主体的考虑，《刑法》第388条规定的行为只能"以受贿论处"，其本身并不独立成罪，而对于行为特征基本相同的第388条之一规定的行为则应确立独立的罪名，因此，就会如前述学者所担心的情况：非国家工作人员利用本人职务便利受贿与利用他人职务便利受贿的，须分别按照《刑法》第163条和第388条的相关罪名定性；而国家工作人员利用本人职务便利或利用他人职务便利受贿的，则都构成受贿罪。这种因犯罪主体身份不同而出现对行为定性上的不协调，无论在立法上还是在司法上均存在不妥之处。

依笔者之见，解决这一问题的唯一办法应该是，按基本相同的行为方式归类，将修正案规定的修正内容与《刑法》原第388条规定的内容作为第388条第一款、第二款、第三款加以规定，并取消原第388条中的"以受贿论处"的规定，同时增设相应的法定刑。在这一基础上，我们就可以按照行为方式的基本一致性，统一确立《刑法》第388条所规定的罪名。

对于《刑法修正案（七）》第13条规定犯罪的罪名确立，笔者认为，似乎以"影响力受贿罪"这一罪名确立更为妥恰，理由是：

其一，尽管《刑法修正案（七）》第13条所规定的行为在方式上与一般受贿罪有很大区别，但是，这些行为的本质特征仍然离不开"索取请托人财物或者收受请托人财物"这一实质要素，而这又是受贿犯罪不可或缺的行为表现。就此而言，在《刑法修正案（七）》第13条确立的罪名中出现"受贿"字样似乎更为妥切。

其二，如果按照《联合国反腐败公约》第18条规定，将《刑法修正案（七）》第13条所规定的行为确定为"影响力交易罪"，虽然可以做到与国际公约接轨，也可以体现"权钱交易"的特征，但是，罪名中"交易"的提法似乎并不符

〔1〕　参见于志刚：《刑法修正案（七）出台后受贿犯罪罪名体系的调整》，载《检察日报》2009年4月3日，第3版。

合我国立法和司法用语的习惯，含义也很难确切把握，同时也与“索取和收受”行为特征并不完全吻合。就此而言，用“受贿”比用“交易”似乎更为科学。

其三，是否应该在罪名中加上“利用”字样？笔者认为，似乎也没有很大必要。因为，尽管《刑法修正案（七）》第13条所规定的内容均存在有“利用影响力”的行为，而且这也反映出本罪与其他贿赂犯罪的根本区别，但是，作为罪名理应强调“简洁明了”，特别是“影响力”一词在内涵上多少也包含了“利用”的意思，如果再加上“利用”似乎有点赘言之嫌。另外，《联合国反腐败公约》第18条规定的影响力交易罪在内容上也有利用的含义，但是，相关罪名中却没有出现“利用”字样，我们在罪名中加上“利用”似乎也没有多大必要。

其四，关于“影响力”抑或“斡旋”的选择。笔者认为，在《刑法修正案（七）》第13条规定罪名中使用“影响力”似乎比使用“斡旋”更合理。理由是，一方面，这是出于前述与《联合国反腐败公约》第18条规定确立的罪名接轨需要的考虑。另一方面，在这里的“斡旋”一词确有“调解周旋于请托人与其他国家工作人员之间”的含义，但这一含义无法确切地反映行为人利用国家工作人员的影响力实施相关受贿行为的内容，而本罪的实质还在于行为人利用国家工作人员职权或者地位形成的便利条件，通过其他国家工作人员职务上的行为受贿。再一方面，“斡旋受贿”在理论上已经约定俗成，是专指《刑法》第388条所规定的犯罪，只是由于立法上强调刑法该条文规定的行为应“以受贿论处”，因而司法实践中实际上还不存在斡旋受贿罪这一罪名。在此情况下，将《刑法修正案（七）》第13条所规定的犯罪确定为“斡旋受贿罪”似乎也会造成新的不协调。

三、“关系密切的人”和“特定关系人”的范围界定

2007年7月8日，最高人民法院、最高人民检察院发布《关于办理受贿刑事案件适用法律若干问题的意见》(以下简称《受贿刑事案件意见》)。《受贿刑事案件意见》规定了特定关系人与国家工作人员通谋成立受贿共犯的情况，并将特定关系人界定为与国家工作人员有近亲属、情妇（夫）以及其他共同利益关系的人。但是，一年半后全国人大常委会颁布的《刑法修正案（七）》又提出了新的概念即“关系密切的人”。如何理解“关系密切的人”之范围？如何理

解“关系密切的人”与“特定关系人”两概念之间的关系？这些问题业已成为时下理论界和实务界新的探讨焦点。

有观点认为，所谓“关系密切的人”是指非国家工作人员以亲情、友谊、利益等因素为纽带，与国家工作人员之间形成的较为亲近的特殊关系人。其认为“关系密切的人”主要存在于以下几种常见的关系之中：亲戚关系（非近亲属）、情人关系、情感关系、经济利益关系、朋友关系、同事关系、同学关系、老乡关系等等。而这些关系又常常存在相互交叉的情形，如情人之间，往往同时兼有情感关系和经济利益关系。〔1〕持上述观点的学者还指出，“关系密切的人”与该国家工作人员之间并不必然存在共同利益关系，至少主要不是指经济利益关系。因为“关系密切的人”利用国家工作人员的地位、职权和影响力而索取或者收受财物，其收敛财物的行为并不为该国家工作人员所知（否则可能构成共同受贿罪），且在大多数情况下财物归“关系密切的人”不法所有。〔2〕

也有学者指出，《刑法修正案（七）》中的“关系密切的人”与《受贿刑事案件意见》中的“特定关系人”是一种包容关系，前者的范围可以容纳后者。其认为《受贿刑事案件意见》中的“特定关系人”包括三类：“近亲属”、“情妇（夫）”和“其他共同利益关系的人”。这三类人之中，作为“特定关系人”的“近亲属”被《刑法修正案（七）》明示规定为“关系密切的人”的一种，而另外两类“特定关系人”中，“情妇（夫）”是与国家工作人员具有不正当男女关系和金钱包养关系的人，“其他共同利益关系的人”一般认为只限于具有经济利益关系的人，不包括老乡、同学、故友等只具有情感往来的人。《刑法修正案（七）》中的“其他关系密切的人”当然包括特定关系人中的“情妇（夫）”和具有“共同利益关系的人”，同时，被“特定关系人”概念排除在外的那些仅仅有情感往来但却无明显共同利益关系的其他人，就有可能属于“与国家工作人员有密切关系的人”，从而能够在实施特定行为的时候，进入《刑法修正案（七）》第13条评价的视野之中。〔3〕

也有学者直接提出去掉“其他与该国家工作人员关系密切的人”这一规

---

〔1〕 孙建民：《如何理解〈刑法修正案（七）〉中“关系密切的人”》，载《检察日报》2009年5月5日，第3版。

〔2〕 同上。

〔3〕 于志刚：《“关系人”受贿的定罪规则体系之思考》，载《人民检察》2009年第7期。

定，使主体范围明确为“国家工作人员的近亲属”。其理由概括起来有三：(1)“其他与该国家工作人员关系密切的人”斡旋受益行为的社会危害性较小，应当排除在受贿罪的犯罪圈之外，以体现刑法谦抑精神。(2)这种规定根本不具有明确性和操作性。“其他与该国家工作人员关系密切的人”界限不明确，尤其是实践中无法准确界定其范围，对其斡旋受益行为定罪具有牵连无辜的重大风险，可能形成人人自危的局面，不利于建设社会主义和谐社会，也不具有可操作性，违反罪刑法定原则的精神。(3)对于“其他与该国家工作人员关系密切的人”斡旋受益行为，可以用其他方法进行防范，以充分体现刑法的最后手段性特征，节约刑法资源以集中打击相关的严重危害社会行为。[1]

赞同上述限制说的学者并不多，而建议扩大主体范围的学者却为数不少。多数支持扩大说的学者主张将《刑法修正案（七）》第13条的主体扩大至其他任何人员，不作其他限制。[2]更有学者提出，影响力交易行为的本质不在于犯罪主体的特殊性，而在于行为人所具有的影响力。《刑法修正案（七）》列举诸多主体，甚至概括至“关系密切的人”，其含义模糊，掌握困难，难具司法实践的可操作性。[3]但实际上主体并无必要规定到罪状里面，主体根本不是影响力交易的本质问题。将不是本质问题的主体问题当作要件规定进来，又引起了一系列其他的问题，如主体要件本身的明确性问题以及刑法分则的体系问题等。[4]

笔者认为，《刑法修正案（七）》第13条所规定的“关系密切的人”是一种对主体要件兜底性的规定，由于相关规定中将其与近亲属并列规定，因此，其范围理应包括除近亲属之外的所有与国家工作人员具有密切关系的人。从《刑法修正案（七）》的规定与《受贿刑事案件意见》的规定分析，笔者认为，尽管“关系密切的人”与“特定关系人”两概念之间在语义上似乎是一种包容关系，但是，实质上则是一种交叉关系，理由是：

首先，由于《刑法修正案（七）》第13条的规定是将“近亲属”与“关系密

〔1〕 魏东、邓贵杰：《论我国受贿罪的修正方案》，载《山东警察学院学报》2008年第6期。

〔2〕 观点参见王占洲：《对〈刑法修正案（七）草案〉第11条的几点质疑》，载《时代法学》2008年第5期；辛波、叶阳：《论影响力交易罪的立法模式》，载《法制与社会》2007年第9期；邓小刚：《〈联合国反腐败公约〉第十八条与我国刑法的完善》，载《湖北社会科学》2006年第4期等。

〔3〕 赵秉志：《对〈刑法修正案（七）（草案）〉的几点看法》，载《法制日报》2008年9月21日。

〔4〕 赵秉志：《中国反腐败刑事法治国际化论纲》，载《江海学刊》2009年第1期。

切的人”并列规定的，因而“关系密切的人”概念中应该不包含近亲属的内容；而《受贿刑事案件意见》中规定有“特定关系人”，并具体界定为是“与国家工作人员有近亲属、情妇（夫）以及其他共同利益关系的人”，可见，“特定关系人”概念中实际上应该包含近亲属的内容。就此层面分析，“特定关系人”的范围应该比“关系密切的人”的范围要大。

其次，根据《刑法修正案（七）》第13条的规定，“关系密切的人”能够单独构成相关贿赂犯罪的主体，也即只要与国家工作人员关系密切，无论是否与国家工作人员通谋，只要通过国家工作人员职务上的行为，或者利用国家工作人员职权或者地位形成的便利条件，通过其他国家工作人员职务上的行为，均可能构成相关贿赂犯罪的主体。但是，根据《受贿刑事案件意见》规定，“特定关系人”只能以受贿共犯身份出现，也即特定关系人与国家工作人员通谋，共同实施受贿行为的，对特定关系人以受贿罪的共犯论处。由于《受贿刑事案件意见》中并没有规定“特定关系人”可以单独构成受贿罪的主体，一般理解“特定关系人”只可能成为受贿罪的共犯，而不能单独成罪。就此层面分析，“关系密切的人”构成犯罪的可能性要比“特定关系人”大很多。也正是因为这一点，笔者认为，在《刑法修正案（七）》颁布施行后，《受贿刑事案件意见》中有关“特定关系人”构成受贿罪的规定也就应该自动失效。

最后，由于《刑法修正案（七）》并未对“关系密切的人”作专门界定，因而一般理解只要行为人与国家工作人员关系密切即可构成“关系密切的人”。而《受贿刑事案件意见》则对“特定关系人”作了明确界定，即是指与国家工作人员有近亲属、情妇（夫）以及其他共同利益关系的人。由此，从字面上理解，“关系密切的人”之范围理应比“特定关系人”的范围要大。

综上所述，笔者认为，“关系密切的人”与“特定关系人”之间存在交叉关系，在《刑法修正案（七）》颁行后，“特定关系人”的概念理应取消。另外，由于《刑法修正案（七）》第13条扩大了受贿犯罪的主体范围，即非国家工作人员在无通谋情况下也可以独立构成相关受贿犯罪，因此，我们理应明确界定“关系密切的人”之范围，从而谨慎划定受贿犯罪圈，强调实际存在的影响力对构成受贿犯罪的重要作用。

四、受贿犯罪共犯成员的正确划分

《受贿刑事案件意见》规定特定关系人与国家工作人员通谋，共同实施相关受贿行为的，对特定关系人以受贿罪的共犯论处。这实际上说明了两点：其一是特定关系人在与国家工作人员通谋的情况下能够成为受贿罪共犯；其二是特定关系人未与国家工作人员通谋的情况下不能对其定罪处罚。正是因为上述第二种情况，即无通谋就无法定罪的空白情况存在，才有以后《刑法修正案（七）》第13条的规定，即将与国家工作人员关系密切的人扩大到受贿主体范围之内。也正因为有了《刑法修正案（七）》第13条的规定，才使理论上和司法实务中在受贿共犯的认定问题上出现不同观点。

有观点认为，《刑法》第388条有关斡旋受贿犯罪的规定，斡旋受贿者与被斡旋者容易排除共谋可能。斡旋者利用自己职务与地位所形成的影响力，促使被斡旋者作为或不作为。也就是说，将斡旋受贿的国家工作人员与被斡旋的国家工作人员联系在一起的是因职权或者地位产生的影响和一定的工作联系。在这种关系下，斡旋受贿者与被斡旋者之间一般不具有共同的利益，因而，在认定斡旋受贿者通过被斡旋者的职务行为为请托人谋取不正当利益时，通常情况下可排除受贿共谋的可能性，除非有充分的证据证明两者之间存在共同犯罪故意。而近亲属、情妇（夫）等身份或者其他共同利益关系的存在，使得行为人通过特定国家工作人员的职务行为为请托人谋取不正当利益时，通常情况下不可能直接排除受贿共谋的可能性，除非有充分的证据证明两者之间不存在共同犯罪故意。[1]

笔者认为，这里我们首先要明确《受贿刑事案件意见》中关于"特定关系人"与《刑法修正案（七）》中关于"关系密切的人"构成犯罪的不同规定。按照《受贿刑事案件意见》规定，"特定关系人"只有在与国家工作人员有通谋的情况下才可能构成犯罪，按受贿共犯论处；而按照《刑法修正案（七）》规定，"关系密切的人"无论是否与国家工作人员有通谋，均可能构成受贿犯罪，无非是独立构成相关受贿犯罪，还是构成受贿罪的共犯而已。也即《受贿刑事案件意见》与《刑法修正案（七）》规定之最大的不同并不在于是否有受贿共犯的

〔1〕 王占洲：《对〈刑法修正案（七）草案〉第11条的几点质疑》，载《时代法学》2008年第5期。

存在，而在于相关人员如果与国家工作人员没有通谋的情况下是否可以单独成罪的问题。

当国家工作人员的近亲属或者其他与该国家工作人员关系密切的人影响该国家工作人员作为或不作为时，我们确实无法轻易排除该国家工作人员存在受贿故意的情况。如果该国家工作人员在受影响的同时已经明知或者应当知道其近亲属或与其关系密切的人会收受请托人财物，仍实施请托人所希望的职务行为，此种情形实际上与《受贿刑事案件意见》规定的有关特定关系人与国家工作人员通谋，共同实施相关受贿行为的，对特定关系人以受贿罪的共犯论处的情况并无很大的区别。笔者认为，在这种情况下，并不妨碍"关系密切的人"与该国家工作人员一起构成受贿罪的共犯。当然，国家工作人员是否有受贿故意，实际上是一个实证问题。

但是，当国家工作人员的近亲属或者其他与该国家工作人员关系密切的人影响该国家工作人员作为或不作为时，如果我们确实可以排除该国家工作人员存在受贿故意，此时，我们就可以按照《刑法修正案（七）》的规定，"关系密切的人"则将单独构成相关受贿犯罪。由此可见，《刑法修正案（七）》的规定实际上是为了确保国家工作人员的近亲属或其他与该国家工作人员关系密切的人在明确有证据证明其与该国家工作人员无通谋的情况下将其独立入罪，而非是为了排除国家工作人员与"关系密切的人"在通谋的情况下共同入罪的可能。

需要指出的是，有学者敏锐地发现了在共同犯罪认定问题上，"特定关系人"与"关系密切的人"的概念带来的内在逻辑矛盾问题。《受贿刑事案件意见》第7条规定："特定关系人与国家工作人员通谋，共同实施前款行为的，对特定关系人以受贿罪的共犯论处。特定关系人以外的其他人与国家工作人员通谋，由国家工作人员利用职务上的便利为请托人谋取利益，收受请托人财物后双方共同占有的，以受贿罪的共犯论处。"此处强调"特定关系人以外的人"成立共犯的必要条件是共同占有财物，而现实中存在与国家工作人员关系密切、但不属于"特定关系人"的那部分人，根据《刑法修正案（七）》的规定，这类人单独索取或收受财物即可能入罪；但是在和国家工作人员通谋的场合下，却要求必须与国家工作人员共享财物才可以构成共同犯罪，独自吞财的，却不构成犯罪，不负刑事责任，这显然是极不合理的。[1]

笔者认为，上述学者提出的定罪上的冲突，完全是因为没有将“特定关系人”与“关系密切的人”的概念与入罪要件理顺的缘故。正如前述，笔者提出在《刑法修正案（七）》实施后，“特定关系人”的概念即不应该再继续存在，在这种情况下，也就自然不存在有“特定关系人以外的人”之概念了。在明确了这一问题的前提下，我们就可以很清楚地看到，《受贿刑事案件意见》中刻意将“特定关系人”与“特定关系人以外的人”在构成受贿共犯问题上的区别规定，也必然随着《刑法修正案（七）》的实施以及“特定关系人”与“特定关系人以外的人”等概念消失而终止。换言之，在《刑法修正案（七）》实施后，在包括“关系密切的人”在内的任何人与国家工作人员有通谋的情况下实施受贿行为，我们只需按照刑法共同犯罪原理即可认定相关行为人构成受贿罪的共犯。相反，如果在“关系密切的人”与国家工作人员没有通谋的情况下实施受贿行为，则要具体区别对待，如果该“关系密切的人”本身具有国家工作人员身份的，且行为符合《刑法》第388条规定要求的，对其行为理应按照所谓“斡旋受贿”以受贿罪论处，如果该“关系密切的人”并非是国家工作人员，对其行为则应按照《刑法修正案（七）》的规定以相关受贿罪名论处。由此可见，如果行为人为“近亲属”以及“关系密切的人”以外的其他人，同时又不具有国家工作人员身份的，在与国家工作人员没有通谋的情况下收受贿赂，是不应该构成相关受贿犯罪的。

第三节　对受贿犯罪修正的几点意见

《刑法修正案（七）》在《刑法》第388条中增加两款作为该条之一：“国家工作人员的近亲属或者其他与该国家工作人员关系密切的人，通过该国家工作人员职务上的行为，或者利用该国家工作人员职权或者地位形成的便利条件，通过其他国家工作人员职务上的行为，为请托人谋取不正当利益，索取请托人财物或者收受请托人财物，数额较大或者有其他较重情节的，处三年以下

---

〔1〕 参见于志刚：《“关系人”受贿的定罪规则体系之思考》，载《人民检察》2009年第7期。

有期徒刑或者拘役，并处罚金；数额巨大或者有其他严重情节的，处三年以上七年以下有期徒刑，并处罚金；数额特别巨大或者有其他特别严重情节的，处七年以上有期徒刑，并处罚金或者没收财产。”“离职的国家工作人员或者其近亲属以及其他与其关系密切的人，利用该离职的国家工作人员原职权或者地位形成的便利条件实施前款行为的，依照前款的规定定罪处罚。”

分析修正案的这一修正内容，笔者认为，其不仅进一步强调了斡旋受贿应受刑罚制裁的立场，同时还将刑法中原有的“斡旋受贿”逐步向国际公约中的“影响力交易”靠拢。这无疑扩大了受贿犯罪认定的范围，从而加大了反腐败的力度，其积极意义是不言而喻的。但是，依笔者之见，修正案的这一修正内容似乎还有许多值得讨论或商榷的地方。

一、扩大受贿犯罪入罪范围与刑法发展趋势不符

修正案拟将原来斡旋受贿的主体只能是国家工作人员，扩大为“近亲属”、“关系密切的人”和“离职的国家工作人员或者近亲属以及其他与其关系密切的人”。由于这些人通常并非是国家工作人员，因而这一修正实际上扩大了受贿罪主体的适用范围，这无疑是对受贿犯罪的重大突破。

笔者注意到，这一修正主要是参考了国际公约以及一些国家和地区法律中影响力交易罪的规定。所谓影响力交易罪，由贿赂犯罪衍生而来，并且由《联合国反腐败公约》和其他区域性国际反腐败公约确立的一种新型贿赂犯罪形式，其表现形式也分行贿和受贿或索贿等。《联合国反腐败公约》第18条明确规定，公职人员或者其他任何人员为其本人或者他人故意地直接或间接索取或者收受任何不正当好处，以作为该公职人员或者该其他人员滥用本人的实际影响力或者被认为具有的影响力，从缔约国的行政部门或者公共机关获得任何不正当好处的条件。

与联合国反腐败公约相对应，世界上其他区域性的国际反腐败公约也有类似的规定。《欧洲委员会反腐败刑法公约》第12条“影响力交易”规定：“缔约国应当采取必要的立法及其他措施，在国内法中将下列故意实施的行为规定为犯罪：直接或者间接地，向断言或者确信能对本公约第2条、第4条至第6条、第9条至第11条（1）所提及人员的决策施加不适当影响的人许诺给予、实际给予或者提议给予任何人不正当的好处，无论这种不正当好处是为本人或

者他人，以及出于对此种影响力的考虑，索取或者收受或者接受提议给予或者许诺给予的好处，无论该影响力是否被运用或者假定的影响力是否导致预期的结果”。《非洲联盟预防和打击腐败公约》第4条“适用犯罪”第1款“本公约适用于以下腐败行为和相关犯罪”第6项规定：“直接或间接向宣称或者确实有能力对公共或者私营部门人员的决策施加不正当影响的人提议、允诺或者实际给予任何不正当好处，或者上述人员直接或间接索取或者收受任何不正当好处，不论该不正当好处是否为其自身或他人谋取，也不论是否是为获取不正当影响的行使而索要、接受或者收取不正当好处的提议或者允诺。上述不正当影响行使与否、是否导致所追求的结果并不重要。”《美洲国家组织反腐败公约》第11条“进展”第1款第3项规定：“任何人通过自身或第三人或者以中间人的身份作为或不作为，为其本人或者其他人非法获得任何利益或好处而谋求公共机关的决定，不论此种作为或者不作为是否损害国家财产。”

应该看到，我国现行刑法条文中没有影响力交易罪这一罪名，但却有不完全相同但相类似的规定。我国《刑法》第388条规定：“国家工作人员利用本人职权或者地位形成的便利条件，通过其他国家工作人员职务上的行为，为请托人谋取不正当利益，索取请托人财物或者收受请托人财物的，以受贿论处。”这就是刑法理论上所谓的斡旋受贿。笔者认为，我国现行刑法中的斡旋受贿实际仍然属于受贿的一种表现形式，因而在主体上，斡旋受贿也只能由国家工作人员才能构成。对于实践中大量存在的国家工作人员的配偶、子女等近亲属，其他与该国家工作人员关系密切的人，以及已经离职的国家工作人员，利用国家工作人员职务上的便利受贿的情况，我们通常强调只有在共同犯罪的情况下才能按照受贿罪处理。而按照这一修正，无论上述人员是否为国家工作人员，也无论这些人员是否与所利用的国家工作人员有通谋均可能构成犯罪。

笔者认为，这一修正对于进一步加大反腐败的力度无疑会起到极大的作用，但同时也将很大程度地扩展斡旋受贿入罪的范围。进言之，这一修正会在某种程度上改变受贿犯罪的原有立法特性，其结果必然导致司法实践中对相关受贿行为定罪量刑比例大增的局面出现。是否真的有此必要，似乎还要慎重考虑。因为在当前社会环境中，对于某个具体的犯罪主体进行大范围的扩大，可能并不完全符合世界刑事法律发展的要求。

这里有必要提一下的是，2007年7月8日最高人民法院、最高人民检察院刚颁布的《受贿刑事案件意见》第7条明确规定，特定关系人与国家工作人员通谋，共同实施受贿行为的，对特定关系人以受贿罪的共犯论处。特定关系人以外的其他人与国家工作人员通谋，由国家工作人员利用职务上的便利为请托人谋取利益，收受请托人财物后双方共同占有的，以受贿罪的共犯论处。分析这一司法解释的规定，我们可以清楚地看到，对于国家工作人员之外的包括特定关系人在内的其他人是否构成受贿犯罪，完全是从共同犯罪构成的角度加以考虑的，即分别将“通谋”和“通谋并共同占有财物”的行为作为构成受贿共同犯罪的要件。

这里实际上我们面临着一个选择，即从共同犯罪的构成角度扩大受贿犯罪的范围好？还是直接将受贿犯罪的主体扩大至国家工作人员之外的其他人员好？笔者认为，似乎前者更值得我们选取。因为，我们在强调受贿犯罪主体必须由国家工作人员构成的前提下，又以共同犯罪的基本原理将国家工作人员之外的其他人员也归入打击的范围。这一选择既不改变受贿犯罪的立法特性，也完全符合刑法的基本原理，而且也不可能出现受贿犯罪主体无限扩大的情况。

二、对刑法的修正与刑事立法规则不符

应该看到，修正案拟改变原来斡旋受贿“以受贿论处”的提法，明确规定了独立的法定刑，这似乎意味着欲将这些行为从受贿罪中分离出来独立成罪。

对于这一修正，笔者认为，与已有的修正案立法规则不相符合，理由是：根据现行《刑法》第388条的规定，理论上的斡旋受贿仍然应该“以受贿论”，即对行为人的斡旋受贿行为最终还是以受贿罪论定的。这除了刑法条文明示“以受贿论”的要求之外，刑法该条文并未规定独立的法定刑也是一个证明。修正案在原《刑法》第388条的基础上“增加两款作为第二款、第三款”，如果这一修正成立的话，笔者的理解是，本次对刑法所作的修正之立法原意并非是要增加新的独立罪名，因为以往修正案对刑法条文中增设罪名均是以在某条文后增加“之一”“之二”的模式加以规定的，没有采用这一模式，就意味着其修正的内容并非要增加新的独立罪名。就此而言，我们完全有理由认为，对拟所增加的两款规定的相关行为仍然应该“以受贿论”。但是，我们也应该

看到，在拟所增加的两款犯罪后实际上均明确规定了具体的法定刑，这与《刑法》第388条没有规定具体法定刑的模式具有很大的区别。这似乎意味着拟将新增加的两款内容以独立犯罪对待，以既区别于《刑法》第388条第1款“以受贿论”的规定，也区别于《刑法》第385条受贿罪的规定。如果作这样解释，就会出现以不同的罪名适用《刑法》第388条规定的情况，这似乎又与所采用的修正模式相悖。

笔者认为，这一修正意见，最起码在修正的方式上是不规范的，不加以修改而获通过，完全有可能引起理论上和司法实务中认识的混乱和无谓的争议。依笔者之见，立法者如果确实考虑要扩大受贿罪主体范围的话，那么也应该采用在《刑法》第388条之后增加一条，作为《刑法》第388条之一的修正模式，从而明确相关行为不同于原《刑法》条文中的斡旋受贿，且是独立犯罪并具有独立罪名的情况。

三、修正中提出的新名词很不规范

再次，我们应该注意到，《刑法修正案（七）》拟对斡旋受贿所作的修正意见中，实际上出现了一些新名词，例如，“国家工作人员的近亲属或者其他与该国家工作人员关系密切的人”的概念，以及“离职的国家工作人员或者其近亲属以及其他与其关系密切的人”的概念。笔者认为，这些新名词或新概念的提出必然会带来一些新问题：

其一，是否应该在刑法条文中专门对诸如“近亲属”“关系密切的人”下一些定义？因为在现行刑法中有专门“国家工作人员”的定义，如果没有类似的定义似乎与罪刑法定原则的要求不相符合，从而也必然会导致实践中定罪量刑标准不一致的情况出现。

其二，如何区别前述“两高”的意见中提及的“特定关系人”概念与中提及的诸如“近亲属”“关系密切的人”概念？笔者认为，刑事立法和司法解释对某一犯罪涉及的概念应该具有一贯性、确切性和容易理解性的特点，经常更换名词或概念容易导致其内涵的含糊不清，也容易使人产生误解。“两高”的意见中明确限定了特定关系人的范围，即与国家工作人员有近亲属、情妇（夫）以及其他共同利益关系的人。根据司法实践中的一般理解，这里所谓的“共同利益”应该是指共同经济利益。那么，是否也应该以此标准理解和限定“关系密切的人”呢？如果可以作同样理解，又为何不沿用原来的概念而重新提出一个新的名词？如果不作同样理解，又如何划清两者之间的区别？从字面上理解，修正案中“关系密切的人”的概念似乎在范围上要比两高意见中“特定关系人”的概念要大。如果真如此的话，似乎构成受贿犯罪的主体又进一步得到了扩大，这是否是立法原意，值得我们思考。

四、修正是对刑法基本原理的挑战

笔者认为，《刑法修正案（七）》拟对斡旋受贿所作的修正意见，在很大程度上对传统的刑法理论造成了冲击，而且这一冲击具有“颠覆性”。众所周知，我国刑法中的共同犯罪，是指二人以上共同故意犯罪。显然将修正案所规定的情况以共同犯罪的概念加以理解，根本无法得出结论。因为，其中的“近亲属”和“关系密切的人”既可能与国家工作人员有通谋，也可能与国家工作人员没有通谋，如果在没有通谋（特别是在国家工作人员没有受贿故意）的情况下，这些“近亲属”和“关系密切的人”构成犯罪的依据，似乎不可能是共同犯罪的原理。

应该看到，刑法理论上尽管有因“片面合意”而存在“片面共犯”的观点，但是，且不说这种观点尚存在很大争议，即使按照这一观点也无法解释中的内容。因为，刑法理论上的“片面合意”，是指一方有意地帮助另外一方实施故意犯罪，而被帮助的一方并不知道自己的行为是在他人的帮助之下完成的情况。以此而言，修正案中所指的“近亲属”和“关系密切的人”虽然存在利用国家工作人员的职务上的便利条件受贿的行为，但是，由于国家工作人员有时并不存在有受贿的故意，且往往对这些人受贿并不知情，在这种情况下，对这些“近亲属”和“关系密切的人”定罪处罚似乎也不符合“片面共犯”的要求。也即在国家工作人员没有受贿“犯意”的情况下，其“近亲属”和“关系密切的人”的行为也就不可能有“合意”的内容存在。

另外，这一修正意见也很难用刑法理论上“间接正犯”的原理来解释。因为，刑法理论上的“间接正犯”所利用的必须是诸如没有达到法定年龄或不具有刑事责任能力等具有“工具性质”人之行为，而修正意见所指情况中的国家工作人员则完全不具有这种性质。需要特别指出的是，还拟将“离职的国家工作人员”的“近亲属”以及“与其关系密切的人”也纳入受贿犯罪主体之中，也即这些人如果“利用该离职的国家工作人员原职权或者地位形成的便利条件实施前款行为的，依照前款的规定定罪处罚”。就这一条文分析，其中实际上存在着离职的国家工作人员的“近亲属”和“关系密切的人”，先利用离职的国家工作人员原职权或地位形成的便利条件，后又通过其他国家工作人员职务上的行为，为请托人谋取不正当利益，实施受贿的情况。在这种情况中，将“离职的国家工作人员”纳入受贿犯罪范围之内，主体已经作了扩大，再将他们的“近亲属”和“关系密切的人”也纳入受贿犯罪范围之中，显然有主体再扩大的嫌疑。而且在这种情况中，“受贿行为”与“为请托人谋取不正当利益行为”之间显然存在间接、再间接的关系。这种主体及客观行为的扩大似乎与刑法有关受贿罪的原本含义相去甚远，其不合理性毋庸置疑。

第二章　贪污贿赂犯罪的司法适用

第一节　若干新型受贿犯罪的司法认定

一、交易型受贿犯罪研究

在司法实践中，一些国家工作人员利用职务上的便利为请托人谋取利益，主动提出或者应允以低价买入、高价卖出等方式，与请托人进行房屋、汽车等大宗商品交易，从中获取请托人财物的情况时有发生。理论上一般将这类行为称为交易型受贿。[1]2007年最高人民法院、最高人民检察院《关于办理受贿刑事案件适用法律若干问题的意见》（以下简称《新型受贿意见》）第1条明确就交易型受贿犯罪进行了规定。具体内容为："国家工作人员利用职务上的便利为请托人谋取利益，以下列交易形式收受请托人财物的，以受贿论处：（1）以明显低于市场的价格向请托人购买房屋、汽车等物品的；（2）以明显高于市场的价格向请托人出售房屋、汽车等物品的；（3）以其他交易形式非法收受请托人财物的。受贿数额按照交易时当地市场价格与实际支付价格的差额计算。前款所列市场价格包括商品经营者事先设定的不针对特定人的最低优惠价格。根据商品经营者事先设定的各种优惠交易条件，以优惠价格购买商品的，不属于受贿。"由于以交易形式收受请托人财物的案件具有一定的复杂性，司法实践中在认定这类犯罪时存在较大争议，刑法理论上也存在

---

〔1〕 参见刘志远主编：《新型受贿犯罪的司法指南与案例评析》，中国方正出版社2007年版，第3页。

较多针锋相对的意见，迫切需要就此问题进行深入研究并细化相关操作标准。因此，本专题结合《新型受贿意见》的相关规定就交易型受贿犯罪司法认定中的一些疑难问题进行分析。

（一）以交易形式收受请托人财物的性质界定

尽管当今我们一般将《新型受贿意见》中包括“以交易形式收受请托人财物”在内的行为均称为“新类型受贿”，认为其是贿赂的新形式、新动向，但实际上早在20世纪80年代初期，这种“以购代贿”的贿赂形式就在我们的生活中存在。[1]早期相关司法解释对此类行为作出了明确规定。“两高”在1985年出台的《关于当前办理经济犯罪案件中具体应用法律的若干法律问题的解答（试行）》中就曾规定：“国家工作人员利用职务上的便利，为他人谋取利益，收受物品，只付少量现金，这往往是行贿、受贿双方为掩盖犯罪行为的一种手段，情节严重，数量较大的，应认定为受贿罪。受贿金额即行为人购买物品实际支付的金额扣除受贿人已付的现金额来计算。行贿人的物品未付款或无法计算行贿人支付金额的，应以受贿人收受物品当时当地的市场零售价格扣除受贿人已付现金额来计算。”不过，20世纪90年代以来，随着国家价格改革和放开，“以购代贿”中的罪与非罪的界限逐渐被模糊，假借这种方式进行权钱交易日益盛行，而且涉案的物品越来越昂贵。例如很多情况是发生在房屋、汽车等贵重大宗物品的交易中。令人遗憾的是，我国1997年修订的《刑法》中并没有将这种以交易形式收受贿赂的行为明确纳入受贿罪的客观表现形式中。那么，是否就意味着以交易形式收受请托人财物的行为“非犯罪化”了呢？有学者认为，对于那些发生在商品购销活动中的案件，只要是在该商品的成本价或者成本价之上，不管国家工作人员是否为对方谋取利益，均不宜认定为受贿。因为，根据刑法规定，一般受贿罪的犯罪构成必须是非法收受他人财物，为他人谋取利益的行为。对于让利行为，由于该行为属于一般商品买卖活动中的促销手段，且所让之利并非刑法规定中的“他人财物”，故如果以此作为非法收受财物给国家工作人员定罪，未免打击面过大。[2]而在司法实务中，对此类案件性质的认定在较长的一段时期内各不相同，有作违纪行为处理的，也有以受

〔1〕 孙国祥：《以交易形式收受贿赂的方式与界限解读》，载《人民检察》2007年第8期。

〔2〕 薛专、倪建宏、陈正兵：《商品购销活动中受贿犯罪之认定》，载《人民法院报》2002年2月18日，第3版。

贿罪定罪处罚的。

笔者认为，以低于市场正常价格购买或者以高于市场正常价格出售房屋、汽车等大宗贵重物品的行为，可以构成受贿。换言之，以交易形式收受请托人财物的构成受贿罪。具体理由如下：

第一，以交易形式收受请托人财物的行为符合受贿罪法律规定。国家工作人员利用职务上的便利为请托人谋取利益，以低于正常价格购买或者以高于正常价格出售房屋、汽车等大宗贵重物品，虽然行为人支付了一定费用，但其支付的费用与该物品的正常价格不符。其与贪污行为中的“以无报有、以少报多”一样，因此，未支付任何对价的无偿受贿固然属于受贿行为，而支付一定对价的有偿受贿同样也应属于受贿行为。

第二，以交易形式收受请托人财物的行为吻合了受贿罪权钱交易的本质。权钱交易是受贿罪的本质特征，受贿行为简言之就是一个行贿人给受贿人以物质利益，以此换取受贿人手中的公权力为自己谋取利益的交易过程。笔者认为，在交易型受贿行为中，存在着“双重交易”，既包括形式上的“市场交易”，也包括实质上的“权钱交易”，也即交易型受贿具有双重交易性质。从形式上看，行贿人和受贿人双方存在着一般市场交易行为，有正规的市场交易这种形式，有金钱和物品的对价支付这种手段，且这种交易形式中通常包含打折、让利、优惠等。但是上述打折、让利、优惠的条件并不是一般商品买卖活动中为了促销而进行的正常销售手段，换取这种打折、让利、优惠中产生的巨大利益的对价包括两方面，除了国家工作人员支付的一定金额的价款之外，更重要的国家工作人员手中的公权力。换句话中，这种“市场交易”中的打折、让利、优惠条件的直接目的有很明确的指向，那就是国家工作人员手中的公权力。因此，在表层的市场交易形式的背后，实际隐藏的仍然是一个行贿人给受贿人以物质利益，并以此换取受贿人手中的公权力为其谋取利益的权钱交易的过程。所谓市场交易只不过是权钱交易的手段行为，是一种掩护，是一个幌子，权钱交易才是交易型受贿犯罪双重交易性质的本质特征。

由于交易型受贿吻合我国刑法规定，且以其形式上的市场交易掩盖了本质上的权钱交易，实践中认定起来有相当的困难。而随着我国社会经济的不断发展，认定交易型受贿的难度也在不断加大。相关交易伪装越来越巧妙，判断相关交易是受贿还是正常、合法的优惠购物的难度越来越大。[1]因此，《新型受贿意见》第1条明文规定了交易型受贿犯罪及其客观表现形式，这不仅有着充分的法理根据和现实理由，也符合我国司法实践的客观需要。

（二）交易型受贿犯罪的特征

第一，“交易行为”的实质违法性特征。为了掩盖其行贿和受贿的犯罪目的与犯罪行为，行贿人和受贿人之间一般都会采用与正常买卖交易行为形式上相同的交易程序，比如收受房屋时，签订房屋购销买卖合同、约定分期付款方式、到房产登记部门进行产权变更登记等，在形式上手续和过程往往是合法和完备的。但是这种“交易”的形式合法性背后掩藏的是其权钱交易的实质违法性。这里所谓的形式合法性中的“法”包括《物权法》《合同法》等民事法律法规，而实质违法性中的法主要是指刑事法律。交易型受贿就是受贿人在形式上符合民事法律法规规定的买卖交易行为的掩护下，暗中收受请托人给予的好处和利益，并为请托人谋取利益，实质上就是一种权钱交易行为，因而构成了刑法所规定的受贿犯罪。

第二，有形“交易”对象价值上的不对等性特征。在交易型受贿中，请托人提供的物品在价值上的对价包括受贿人支付的一定数额的金钱和受贿人手中的公权力这一无形利益两个部分，或者请托人的对价不仅包括了物品的价值还包括受贿人手中的公权力。因此，双方的有形交易对象，即请托人提供的物品和受贿人支付的金钱之间存在价值上的不对等性。这一点在认定交易型受贿中的“交易”行为时显得尤为重要，因为，如果有形交易对象之间不存在价值上的不对等性，那么两者之间就没有差价可言，国家工作人员也就不可能从交易中获取巨大利益，当然受贿也就无从谈起了。需要注意的是，这里的不对等性必须有程度上的限制，按照《新型受贿意见》的规定这种不对等性必须达到“明显”的要求，即明显高于或者明显低于，以便与市场波动中商品价格正常偏离商品价值相区别。关于此点笔者将在后文中作具体分析。

第三，“交易”形式主要以金钱和物品为对象进行交换。这也是交易型受贿区别于传统受贿方式的一个重要方面。传统的受贿方式一般都是请托人直接给予国家工作人员以金钱或者财物，而在交易型受贿中，取而代之的是一种

---

〔1〕 刘志远主编：《新型受贿犯罪的司法指南与案例评析》，中国方正出版社2007年版，第3页。

更加隐蔽的间接交换。这种以金钱和物品为媒介进行的间接交换不仅体现了“权”和“钱”进行交换的受贿犯罪的本质特征，还外在表现为“市场交易”这一交易型受贿特有的形式特征。当然，这里需要强调一点，交易型受贿中不仅仅只包括金钱和物品的交换，还可能包括物品和物品的交换的特殊情况。近年来，以低价值房屋、汽车等物品置换高价值房屋、汽车等物品是国家工作人员收受财物的新动向。[1]应该说，这种形式与低价购买、高价出售相关物品的交易形式本质上是一致的。因此，如果所置换物品之间价值相差悬殊，同样构成受贿犯罪。

（三）交易型受贿犯罪中市场价格的认定

实践中，房屋、汽车等商品价格多样，存在成本价、优惠价、市场价等多种价格，究竟应当以哪一种价格作为判断差价的标准，这是我们认定交易型受贿犯罪首先必须解决的问题。刑法理论以及司法实践中存在商品“成本价格论”和“市场价格论”等不同观点的争议。

成本价格论者认为，不宜将低于市场价格，高于成本价格的部分视为“他人财物”。优惠价格销售实际上就是让利销售，是指将商品销售中的可得全部或部分让掉，以成本价或略高于成本价出售商品的方式。让利销售属于商品买卖中常见的促销手段，而让利的因素是多方面的，对于每一个购买者都是不确定的。而且，从打击面来看，以“市场价格”计算容易造成打击面过大的后果。[2]笔者认为，“成本价”或者“象征性价格”不当地抬高了此类受贿犯罪的定罪门槛，[3]对于房屋等商品，成本价和市场价相差非常悬殊，依此标准，很大一部分的受贿罪将不能得到依法追究，相比之下，市场价格更具实践合理性，也更具包容性。鉴于实践中市场价格可能波动较大，可以运用合理的规则，通过专业机构对物品在一个特定时间点上的价格进行评估，得出一个相对确定的价格。

《新型受贿意见》第1条采纳了“市场价格论”，即构成交易型受贿犯罪的行为必须是以明显低于“市场的价格”购买或者以明显高于“市场的价格”出

〔1〕 刘志远主编：《新型受贿犯罪的司法指南与案例评析》，中国方正出版社2007年版，第4页。

〔2〕 同上书，第6页。

〔3〕 参见刘为波：《关于办理受贿刑事案件适用法律若干问题的意见之解读》，载《人民法院报》2007年7月17日，第6版。

售房屋、汽车等物品。故相关物品市场价格的认定是判断行为是否构成交易型受贿犯罪的基础。然而，对于与交易型受贿犯罪定罪和数额认定均密切相关的市场价格认定问题，刑法理论与实务部门关注程度并不高。其主要原因在于，一般而言，房屋、汽车等物品的市场价格可由价格事务所进行评估，可以直接将估价结果作为基点，判断实际交易价格是否存在明显偏离及其与市场价格之间的差额，故市场价格的认定并不存在困难。

但是，笔者认为，不能忽略交易型受贿作为新型受贿犯罪所具有的独立性特征——以房产、汽车等大宗商品交易为权钱交易的载体。大宗商品的交易具有不同的表现形式，这就决定了实践中必须区分不同情况确立市场价格的判断规则，而不是主要依靠估价机构的司法鉴定工作。《新型受贿意见》中所规定的市场价格应该理解为包括两个方面，一是由价格评估部门在市场规律自然调节所形成的合理的价格波动区间内，结合发生交易的时间点的相关情况所确定的价格。二是在市场规律自然调节所形成的合理的价格波动区间的基础上，商品交易者自主拟定的低于这个区间的优惠交易价格。故交易型受贿犯罪中的市场价格认定不单纯是一个估价技术问题，更大程度上是运用刑法原理确立受贿犯罪定罪处罚量化基点的刑法适用问题。同时，优惠价格的认定也要考虑不同的房屋、汽车等物品的特点，实现市场价格认定的精确与公正。结合近年来的交易型受贿犯罪案件的司法实践，笔者针对相关市场价格认定难点问题进行分析：

1.低价购买新商品受贿案件中市场价格的认定

对于国家工作人员低价购买房屋、汽车等物品的行为，实践中曾经存在成本价、市场评估价、开发商报价等多种计算受贿数额的方法。[1]但是，在新商品交易过程中，房地产开发商或汽车经销商等设定的市场销售价以及成本价、评估价等并不具有决定意义，通常仅具有参考价值，真正决定新商品买卖对价金额的是交易中普遍存在的折扣价格。以新商品房为例，在销售过程中，新商品房的交易折扣幅度不定，开发商或销售公司内部根据经办人员的职务高低设定不同的优惠权限。如果以基准地价、标定地价、房屋重置价格、市场标价等指标为依据评估市场价格，势必与真实的市场价格存在较大偏差，亦与《新型

〔1〕 孙国祥：《新类型受贿犯罪疑难问题解析》，中国检察出版社2008年版，第93～94页。

受贿意见》第1条第3款“市场价格包括商品经营者事先设定的不针对特定人的最低优惠价格”不相符合。

因此，笔者认为，应当以新商品销售方的“最低优惠价格”作为“市场价格”，判断国家工作人员实际支付价格是否符合“明显低于”的要求。以“最低优惠价格”作为定性与定量的基点，不仅能够避免控辩双方对于市场价格的鉴定结论是否正确合理的技术性争论，而且充分考虑了一手房屋、汽车等商品的销售惯例，不会引发受贿犯罪打击面失控问题。

应当注意到，一手房屋、汽车等商品销售实践中，折扣极不规范，最低优惠价格具有随意性，以此作为市场价格判断受贿性质与计算受贿数额，存在司法认定客观性与公正性缺失的危险，且容易放纵犯罪。因此，需要就以最低优惠价格认定市场价格的规则设定限制条件：(1)交易时销售方内部最低优惠价格具有明文规定；(2)虽然销售方没有内部明文规定，但公司经办人员提供证言证明存在相关最低优惠价格，同时，同期、同质、同地段新商品的最低优惠价格能够对证言进行补强。不符合上述限制条件，不能根据《新型受贿意见》第1条第3款直接将最低优惠价格确定为市场价格。

2.低价购买二手商品受贿案件中市场价格的认定

实践中，国家工作人员低价购买房屋或汽车，有相当数量案件的犯罪对象是二手商品——行贿人将自己当前所有的房屋、汽车等低价转让国家工作人员，或者根据国家工作人员的意向购买房屋、汽车等，再低价向其转让。根据《新型受贿意见》第1条第2款的规定，受贿数额按照交易时当地市场价格与实际支付价格的差额计算。而低价购买二手商品受贿过程中存在两个“交易时”，即行贿人购买的第一次交易与受贿人购买的第二次交易。两次交易存在时间差，商品的市场价格会有所波动。应当以哪次交易确定市场价格的时间基点？能否直接将第一次交易价格作为市场价格计算差额？

实践中的典型案例表现为：A房地产开发商于2007年6月通过整体打包购买的方式获取市中心一栋高级住宅共计56套房屋的所有权，交易均价为每平方米32,000元。经过整体改造与装修之后，A房地产开发商于2009年10月对外销售，实际销售均价为64,000元。其中，某规划局政策法规处、科技管理处的两名处长从该开发商处以均价45,000元的价格各自购得一套房屋。另查明，该两名处长在A开发商的另一个项目中利用职务便利以及职务形成的便利条件，违规更改项目容积率。

一般认为，应以受贿人购买商品的时间作为“交易时”评估市场价格。因为以受贿行为发生时的财物价值认定市场价格，符合主客观一致的刑法原理，亦能准确反映受贿犯罪的社会危害性。但也有不同意见认为，不能机械理解《新型受贿意见》第1条第2款的“交易时”而将之局限于受贿时；应当首先考虑直接以行贿人购进房屋的价格认定市场价格；只有在行贿人购进价格证据明显不足或市场行情明显变化时，才有必要以受贿行为发生时作为市场价格的评估基点。1998年最高人民法院《关于审理盗窃案件具体应用法律若干问题的解释》第5条规定，被盗物品的价格，应当以被盗物品价格的有效证明确定；对于不能确定的，应当区别情况，根据作案当时、当地的同类物品的价格计算。盗窃罪司法解释确定的价值认定方法——以购进价格为依据，以行为时的市场价格为补充——对于受贿犯罪司法实践也是基本适用的。〔1〕

笔者认为，在低价购买二手商品受贿案件中，应当坚持以贿赂双方交易时确定市场价格，而不能优先采用购进价格为市场价格。理由是：

其一，盗窃罪侵犯财产权与受贿罪侵犯职务行为廉洁性的法益属性决定了计算犯罪数额的规则不能进行类比解释。盗窃罪司法解释的财物价值认定规则以被害人的实际财产损失为核心计算盗窃数额，固然能够正确反映盗窃行为的社会危害性。而贿赂犯罪属于对合犯，应当以行贿人与受贿人主观意志与客观行为互为一致的财物价值认定犯罪数额。行贿人的购进房屋价格代表的仅是行贿成本，而非行贿犯罪给予国家工作人员的实际利益。行贿成本可能高于亦可能低于受贿数额，故不能成为确定犯罪数额的依据，而应当以受贿行为使国家工作人员实际获取的利益为准。

其二，受贿人低价购买二手商品的同时意味着行贿人低价转让，以贿赂双方买卖商品的时间界定“交易时”并以此评估市场价格，最能体现贿赂犯罪双方的主观恶性程度。在行贿人购进商品价格与贿赂双方交易时市场价格不具有内在一致性的前提下，不能选择将购进价格作为市场价格。

上述案例中，A开发商购进二手房的价格为均价32,000元，此时，A开发商实际上并未形成行贿故意，两名规划局工作人员的受贿故意更无从谈起。

---

〔1〕 黄祥青：《如何认定低价购房类受贿犯罪》，载《上海审判实践》2007年第12期。

2009年10月，规划局工作人员从A开发商处以45,000元的价格各自购得房屋一套时，国家工作人员的受贿故意与开发商的行贿故意形成对合关系，以此时的市场价格作为判断国家工作人员购房实际支付价格是否明显过低的参照值，显然更能体现贿赂双方的主观恶性，也更能真实地反映国家工作人员利用职务便利实际获取的非法对价。由于A开发商当时对外销售均价64,000元有据可查，因此，本案中的市价价格应当认定为64,000元。

3.低价购买特殊商品受贿案件中市场价格的认定

实践中部分请托人在通过拍卖、抵销债务等方式合法获得价格低廉的住房、商铺、汽车等所有权后，加价转让国家工作人员，但该实际转让价格明显低于请托人与受托人交易时该商品的市场价格。例如，请托人根据合同抵销取得其债务人房屋所有权，均价3000元/平方米，后以4000元/平方米的价格转让受托人，而当时房屋的市场价格为5000元/平方米。实践中有观点认为，应当严格按照贿赂双方交易时的市场价格判断受贿性质、计算犯罪数额。也有意见指出，请托人以合法途径获取廉价商品，既然完全符合市场规律，就应当将购进价格认定为市场价格；国家工作人员以高于购进价格受让该商品的，不属于“明显低于市场的价格”。

笔者认为，请托人通过拍卖、债权债务抵销等特殊方式购进商品后转让国家工作人员，区别于低价购买二手商品的受贿，属于特殊商品的交易型受贿，其市场价格的认定应当适用独立的判断标准。直接以请托人购进价格确定市场价格，可能放纵部分故意转让和接受他人应得财产利益的贿赂犯罪。机械地按照请托人与受托人交易时的市场价格进行司法认定，亦可能将部分贿赂性质并不明显的交易行为纳入刑法规制的范围，而制定《新型受贿意见》第1条打击交易型受贿应当要突出刑法介入的重点性、准确性、谦抑性。[1]这显然与司法解释的精神相悖。

因此，应当在特殊房产受贿案件市场价格确定过程中植入对公平交易因素与风险变动因素的考量：(1)国家工作人员虽然以明显低于市场的价格购买房屋、汽车等商品，但由于买卖标的属于拍卖、债务抵销所得，此类特殊商品相对一般的新商品、二手商品而言，其市场流通性较为有限，请托人转卖他人

〔1〕 参见刘为波：《关于办理受贿刑事案件适用法律若干问题的意见的理解与适用》，载张仲芳主编：《刑事司法指南（总第31集）》，法律出版社2007年版，第161页。

需要附加寻找交易对象的额外成本，实际交易价格超过请托人购进价格的，应当承认其公平性。以行为双方交易时的市场价格衡量国家工作人员的实际支付价格并不合理。（2）有的请托人与受托人明知特殊房产购进价格与当前市场价格存在较大落差，并且，该宗商品以市场价格甚至高于市场价格转手没有实际障碍。请托人基于谋求利益将不存在交易风险或附加成本的财产性利益转移给受托人，后者以利用职务便利为他人谋取利益为对价享受实际支付价格与当前市场价格之间差额利益。在这样的商品交易关系中，请托人从受托人处获取部分利益的同时让渡了部分利益，特殊商品的"加价买卖"仍然没有脱离权钱交易的本质，以交易时的市场价格定性与定量具有合理性。

（四）交易型受贿犯罪的判断标准

《新型受贿意见》第1条对于构成交易型受贿犯罪的构成标准时用了一个表示程度的副词"明显"来修饰"低于"和"高于"，但是对于"明显低于"和"明显高于"如何认定却又并没有规定明确的标准。《新型受贿意见》的权威解读性文章给出的解释是：依此查处的案件应当是社会影响大的严重案件，并且数额巨大或者特别巨大。到底相差多少数额属于"明显低于或高于正常市场的价格"，可根据实践中遇到的具体案件具体分析认定。[1]但也正因如此，司法实践中对于交易型受贿案件中的"明显"的尺度把握存在比较大的意见分歧。目前理论上和实践中对于"明显低于"和"明显高于"的认定主要有主观判断标准、交易成本标准、贿赂目的标准、绝对数额标准、相对比例标准、绝对数额与相对比例相结合标准等六种判断标准。

主观判断标准的观点是从文理解释的角度进行分析，认为"明显"属于程度副词，"明显低于"和"明显高于"并非形式判断，而是实质判断。"明显低于"或者"明显高于"是根据社会观念、主观识别、政策立场做出的价值选择。例如，有学者认为"明显"，其本意就是清楚显露，容易看出之意，只有在常人看来，其交易价格异常、有悖常理的情况下，才能作"明显"的认定。[2]主观判断标准最接近《新型受贿意见》起草者的真实意图。毕竟如果能就一个具有普适性的具体标准形成一致意见，《新型受贿意见》起草者没有理由不选择更

〔1〕 韩耀元、邱利军：《适用"两高意见"须注意的十二个问题》，载《检察日报》2007年7月17日，第3版。

〔2〕 孙国祥：《以交易形式收受贿赂的方式与界限解读》，载《人民检察》2007年第16期。

具可操作性的方式。《新型受贿意见》应该是有意设计了这样一个“弹性条款”，以便在司法实践中根据具体的情况作出灵活的裁量。〔1〕

交易成本标准的观点认为，国家工作人员以低于或者等于成本价格向请托人购买商品，客观上集中体现了行贿人向国家工作人员转移高额财产性利益。行贿人以成本价格收取国家工作人员支付的商品对价，等于是转让应得利益，此种买卖行为背离商品流通规则与价值规律，属于明显偏离市场价格的交易行为。行贿人以低于成本的价格收取国家工作人员购物款，属于故意向受托人亏本销售，该转让自有利益行为偏离市场价格的明显程度更高。因此，从行贿角度可反推国家工作人员等于或者低于成本价低买物品明显偏离市场价格的受贿本质。〔2〕

贿赂目的标准认为，交易型受贿与普通受贿在本质上本无差别，不能在普通受贿犯罪的罪刑规范以外另外设立“明显”标准进行司法认定，而有必要重点判断交易当事人双方的意思自治是否受到贿赂目的的制约。意思自治是否受到贿赂目的的制约，虽然属于主观内容，但还是可以凭借交易过程诸多客观方面的内容考察判断意思自治是否受到贿赂目的制约。其主要参考标准为：（1）双方进行交易是否出于真实的交易需要。在纯正的交易型受贿中，交易双方就是为了达到贿赂犯罪的目的而刻意制造交易的。由于交易双方本无真实的交易需要，刻意制造的交易必然留下很多人为痕迹。这些人为痕迹可以作为判断意思自治是否受到贿赂目的制约的证据。（2）相对人选择是否基于市场因素的考虑。真实的交易是出于使自己的民事权利得到全面充分地实现而进行的，因而在选择交易相对人时，需要充分考虑其履约能力、交易信誉等因素。交易型受贿是出于实现贿赂的目的而进行的，履约能力、交易信誉等因素并非影响双方当事人确定相对人的因素或者影响确定相对人的主要因素。就行贿人而言，其主要根据该相对人是否拥有可以帮助自己谋取利益的公权力来确定的；就受贿人而言，其主要根据该相对人能否在获取利益后以交易的方式给予财物而确定的。因而相对人的确定方面也必然存在体现意思自治是否

---

〔1〕 杨华、包振宇、蒋敏：《论交易型受贿中明显偏离市场价格的认定标准——从外观公正原则出发》，载《福建论坛》（社科教育版）2011年第8期。

〔2〕 张玉娟：《交易型受贿“明显偏离市场价格”的司法认定》，载《检察日报》2007年8月26日，第3版。

受到贿赂目的影响的证据。(3)交易条件的形成原因。交易条件包括交易标的的市场价值、交易标的对交易对价的要求、制约交易标的与交易对价的市场因素、影响待判断交易特定交易条件形成的具体因素、公权力为请托人谋取利益是否成为待判断交易特定交易条件形成的决定因素等。〔1〕

绝对数额标准的观点认为，市场价格经由价格评估部门确定后，贿赂双方实际交易价格与市场价格产生偏差的，均应当计入受贿数额。〔2〕如果绝对数量超过受贿犯罪立案标准，即在社会危害性层面达到了刑事处罚的规格，可将之判定为明显偏离市场价格。

相对比例标准的观点认为，"明显低于"或"明显高于"的界限应该规定价格比，达到这个比例，差价总款符合犯罪的立案标准的，就认定为犯罪。价格比就是交易价格与市场价格的比例。〔3〕对于这个相对比例的具体数额如何确定，有观点认为各地司法机关可以确定一定比例以明确"明显低于"的操作标准，如低于市场价20%为"明显低于"；〔4〕也有观点认为，低于市场价格5%就可以认定为"明显低于"；〔5〕更有观点认为，认为根据我国的整体经济发展水平和人民群众的收入状况，交易价格低于或高于市场价格40%的，作为明显低于或高于的界限。〔6〕

绝对数额与相对比例结合标准的观点主张，由于交易型受贿犯罪毕竟在客观上存在形式上的交易且这种交易均是发生在房屋、汽车等大宗物品买卖中，因而其定罪量刑的标准理应与一般的受贿犯罪不同，这一不同主要应该体现在我们在考虑绝对数额的同时，理应要考虑相对比例的问题。如果只考虑绝对数额而不顾相对比例，就会在大宗物品交易中扩大打击面；反之，如果只考虑相对比例而不看绝对数额，就会与刑法规定的标准完全偏离且在非大宗物品交易中扩大打击面。只有将两者协调起来，互为补充，在此基础上确定一个客观标准。故应当根据案件具体情况全面考虑不正常交易相差的金额数与

〔1〕 参见王飞跃：《交易型受贿研究》，载《法学评论》2010年第4期。

〔2〕 实践中业已出现按照这种观点定罪处刑的案例。参见吴卫江、陈超：《低价购房、收受干股：严惩》，载《检察日报》2007年8月1日，第1版。

〔3〕 夏思扬：《对交易型受贿有必要规定价格比》，载《检察日报》2007年8月10日，第3版。

〔4〕 王恩海：《"优惠价"购房与受贿犯罪的认定》，载《上海法治报》2006年6月20日，第11版。

〔5〕 刘华：《〈关于办理受贿刑事案件适用法律若干问题的意见〉的学习与理解》，载《上海审判实践》2007年第7期。

〔6〕 夏思扬：《对交易型受贿有必要规定价格比》，载《检察日报》2007年8月10日，第3版。

比例数：国家工作人员只收一单的，相差金额至少应在5000元以上；多次采用交易形式收受贿赂的，每笔不一定要求达到5000元，但也不能要求太少；必须结合当地物价和收入水平衡量相差的比例，不能绝对化、片面化。[1]数额比例结合说中的一种观点认为，提出作为受贿犯罪认定的数额依据，可以考虑比例加总额的方式综合评判。比例上可考虑掌握在低于（高于）最低（最高）市场价的10%以上，总额上应获得"优惠"5万元以上。之所以采取10%的幅度，主要考虑一般商品的盈利幅度也就是10%左右，商人基于趋利本能，正常情况下一般人是无法得到如此幅度优惠的；而5万元的总额，主要考虑此种形式的贿赂还是要与直接收受款物的行为有所区别，对已经达到了现行刑法规定的受贿数额巨大标准，具有了"明显"特征。[2]

对于以上各种认定"明显低于"和"明显高于"标准的观点，笔者首先不赞同没有任何客观参照标准的完全意义上的所谓主观判断标准。从受贿罪构成的角度来看，"明显高于或者低于市场价格"的规定所解决的是：行为人太过偏离市场价格的交易获利行为的受贿性质和受贿数额问题。数额是该罪的客观要件，而用主观的判断来决定一个客观的要件，本身不符合客观要件具有客观性的基本属性。"根据社会观念、主观识别、政策立场作出的价值选择"的标准正是在失去客观标准的前提下产生的。主观判断标准的不合理性在于：一方面存在明显的方法论缺陷，很难在实践中运用和操作；另一方面也会造成一定程度上法官的专权擅断，无规约束的现象加剧，甚至极易导致司法腐败的情况产生。此外，要求在审前阶段即对受贿罪进行实质判断或者价值选择，难免造成控辩意见就是否明显偏离市场价格问题相持不下的司法困境。

交易成本标准以等于或低于房屋成本的价格购买房屋属于"明显低于"，意味着把"明显低于市场的价格"替换为"等于或低于成本的价格"，实际上虚置了"明显"标准，将市场价格与成本价格之间的部分剔除在刑事归责之

---

〔1〕 刘志远主编：《新型受贿犯罪司法指南与案例评析》，中国方正出版社2007年版，第10～11页。

〔2〕 孙国祥：《以交易形式收受贿赂的方式与界限解读》，载《人民检察》2007年第16期。

外。[1]而此段模糊价位的犯罪性正是处于需要适用“明显低于市场的价格”予以司法判断的中间地带。

贿赂目的标准无视市场经济环境下大宗商品交易价格的复杂性与特殊性，完全脱离实际交易价格、市场价格的比较与分析，直接按照传统贿赂犯罪行为分析与犯罪目的分析认定交易型受贿案件，等于是否定了交易型受贿案件的特殊性。并且，上述具体的认定规则没有超越传统贿赂犯罪案件主客观方面的基本判断技术，属于理论上归纳，不仅无法切实满足新型受贿刑事案件的实践需要，而且事实上也没有理解司法解释制定交易型受贿犯罪判断规则的政策立意。

按照绝对数额标准进行司法操作比较简单，但该种标准不能针对性地运用于低价买房的新型受贿方式。在均价较高或者面积较大的情况下，房屋总价必定相对较高，开发商略微优惠若干百分点，国家工作人员获利数额便相当可观，但实际上其购买房屋所投入的资金也较高，绝对地按照数额差价将之认定为受贿犯罪不尽合理。绝对数额设定太高，容易放纵受贿，绝对数额过低，又可能无效回归至“低于”标准，均会导致偏离《新型受贿意见》“明显低于”标准的结果。同时，由于缺乏司法解释的规定，相对比例标准对于具体的比例设定无法统一认识，并且没有充分考虑我国各地区的实际经济情况的差别。

笔者认为，在国家最高司法机关对于“明显”判断标准的相关配套解释尚未出台的情况下，判断是否属于“明显低于”和“明显高于”时，需要把握的原则是：由于交易型受贿犯罪毕竟在客观上存在形式上的交易且这种交易均是发生在房屋、汽车等大宗物品买卖中，因而其定罪量刑的标准理应与一般的受贿犯罪不同，这一不同主要应该体现在我们考虑绝对数额的同时，理应要考虑相对比例的问题。如果只考虑绝对数额而不顾相对比例，就会在大宗物品交易中扩大打击面；反之，如果只考虑相对比例而不看绝对数额，就会与刑法规定的标准完全偏离且在非大宗物品交易中扩大打击面。只有将两者协调起

〔1〕 在起草《新型受贿意见》过程中，已有意见主张以成本价格作为判断受贿性质的基准，但成本价格不当抬高了交易型受贿的定罪门槛，依此标准，很大一部分的受贿罪将不能得到依法追究。参见刘为波：《关于办理受贿刑事案件适用法律若干问题的意见之解读》，载《人民法院报》2007年7月17日，第6版。此外，交易型受贿犯罪的判断规则主要运用于大宗商品买卖案件，实际成本价格较难确定且负载较多“隐性成本”，与市场价格差距悬殊。因此，以成本价格为尺度衡量是否明显偏离市场价格缺乏相对合理性，不能作为判断依据。

来，互为补充，在此基础上确定一个客观标准。要解决这一问题，就应该对交易型受贿犯罪的数额较大标准作重新规定。笔者建议，是否可以规定高于一般受贿犯罪的标准，并适当地考虑各地物价水平和收入水平的不同，规定有一定幅度性的标准；另外，应该规定一个相对比例标准（例如，以交易价格高于市场价格10%作为比例标准）。在一般情况下只有在相对比例和绝对数额均达到这些标准的情况下，才可以认定为"明显高于"和"明显低于"。根据大宗物品交易涉及数额较大的特点，虽然相对比例没有达到标准而绝对数额却达到了巨大的要求，也可以认定为"明显高于"和"明显低于"。这种操作方法还是存在很多问题：首先，同样是受贿犯罪，交易型受贿犯罪的数额标准高于其他受贿犯罪形式并没有法律依据；其次，明显高于或明显低于市场价格的比例还是回归到一个无法获得公认的比例标准。

总之，对于交易型受贿中明显偏离市场价格的理解，不能仅仅将眼光放在"高于"或者"低于"的差值的形式比较上和对条文文字的僵化解读上，而更应该结合受贿罪权钱交易的本质特征及其社会危害性来考虑，这才是罪刑法定原则的本质上的要求。

在明确明显标准判断规则的基础上，有必要予以明确的问题是，行为人对于实际支付价格明显低于市场价格的认识是否影响受贿性质的认定。有观点认为，房屋、汽车等大宗物品的市场价格都是公开和显而易见的，国家工作人员不可能不知道，只要客观上存在"交易价格明显与市场价格不符"的情况，就可认定为受贿，不需要证明国家工作人员对于明显低于市场价格的事实存在"明知"。也有观点认为，只要证明行为人明知实际支付价格偏离市场价格，不需要证明其对"明显"的认识程度。〔1〕还有观点认为，实际支付价格是否明显偏离市场价格应当以普通公众的认知作为判断标准，不应当以涉案国家工作人员的认识因素进行辨别，故国家工作人员对于明显偏离市场价格是否具有认识，不影响受贿性质的认定。〔2〕

笔者认为，既然受贿犯罪属于故意犯罪，就必须证明行为人在主观上明知是受贿财物而予以收受，在交易型受贿犯罪中，以明显低于市场的价格购买房屋、汽车等大宗商品，实际支付价格与市场价格之间的差额就属于受贿的财

〔1〕 郭竹梅：《受贿罪新型暨疑难问题研究》，中国检察出版社2009年版，第261页。
〔2〕 陈国庆主编：《新型受贿犯罪的认定与处罚》，法律出版社2007年版，第13～14页。

物，显然应当要求行为人对此具有明知的主观认识。但应当看到，刑法总则关于犯罪故意中的“明知”与刑法分则个罪构成要件要素中的“明知”具有明显的差异。犯罪故意中的“明知”是对危害结果的认识状态，证明标准较高。刑法分则个罪中的“明知”是对犯罪对象等要素的认识，一般只要证明到“应当知道”的程度，即只要证明行为人具有概括性的认知。对于交易型受贿犯罪而言，国家工作人员认识到相关交易价格不正常，加上有证据证实实际支付价格明显低于市场价格，便可以推定国家工作人员对于明显低价购买或明显高价出售的事实具有概括性认知。国家工作人员必须提出证据排除合理怀疑地证明自己确实不知实际支付价格明显低于市场价格，才能否定受贿犯罪性质。否则，犯罪嫌疑人应当承担不利的刑事诉讼后果。所以，行为人对于明显偏离市场价格的明知是受贿犯罪成立的必备要素，但可以通过事实推定机制弱化认识因素的证明要求，使其不仅符合刑法原理，而且适应司法实践操作。

此外，实践中除了存在以买卖形式出现的交易型受贿案件之外，还出现了大量以置换形式进行交易获取高额差价利益的案件。对此，有观点提出，房屋置换协议存在严重背离等价交换规则的事实，实际上就是假托民事法律行为的名义，以合法形式掩盖行贿受贿非法目的的行为，当然构成受贿罪。〔1〕但是，在制定《新型受贿意见》过程中，有较多观点认为房屋置换毕竟存在一定对价，加之不同房屋的朝向、楼层、地段、周边环境、小孩就学等因素迥异，难以按照一定的标准统一公平地定价，故不宜认定为受贿行为。〔2〕

笔者认为，以价值相差悬殊的房产、汽车等物品进行产权置换可以纳入“其他交易形式”的交易型受贿规范范畴进行刑法评价，并且，应当以是否置换物品市场价格差额是否明显作为定罪量刑的标准。以房产置换为例，房屋作为日常社会生活物质基础最为重要的组成部分之一，对于不同个体而言具有不同价值，主体的需求不同决定了房屋价值不可能单纯根据市场价格进行全面评估。故房屋置换不可能完全遵循等价或者近似等价交换的定价原理。但是，严重背离市场定价机制的房屋置换行为即使不能作为认定受贿犯罪行为的直接依据，也应当作为认定受贿行为的线索。在符合利用职务便利要件、为他人谋利要件的基础上，有证据表明国家工作人员有能力购买相关房屋却

---

〔1〕 潘君泽、孔祥俊：《涉房受贿案件的数额认定》，载《人民司法》2006年第11期。
〔2〕 陈国庆主编：《新型受贿犯罪的认定与处罚》，法律出版社2007年版，第23～24页。

利用自己较差房屋予以置换并不予向相对人补足差价，或者与国家工作人员进行房屋置换的相对人没有针对置换房屋存在的对应性需求的，就可以认定为受贿犯罪。《新型受贿意见》第1条第1款第3项规定的“以其他交易形式非法收受请托人财物的，以受贿论处”，实际上就是认定不以买卖形式出现的交易型受贿犯罪的规范基础。因为“其他交易形式”的本质特征必定在于针对特定人设定明显偏离正常水平的优惠价格。

由于房屋、汽车等商品置换等以其他交易形式受贿的案件，并不存在由“物”到“钱”可兹比对的市场价格，实践中有观点认为，没有必要按照“明显”低于或者高于的数量标准进行认定。但是，交易型受贿予以严厉打击的主要是那些以很低，甚至是象征性价格收受请托人价值巨大的房屋或者汽车的行为。[1]坚持“明显”标准不仅有利于贯彻宽严相济、合理控制受贿犯罪打击面的刑事司法政策，而且符合交易型受贿的本质特征——违背价值规律，以合法的合同形式掩盖真实的贿赂目的。介于偏离市场与明显偏离市场间的模糊地带，并不属于交易型受贿规范的介入空间。因此，以置换形式出现的交易型受贿犯罪，同样应当判断置换商品之间的市场价格是否存在明显落差。

（五）优惠购买商品与交易型受贿的界限

根据《新型受贿意见》第1条第3款的规定，市场价格包括商品经营者事先设定的不针对特定人的最低优惠价格；根据商品经营者事先设定的各种优惠条件，以优惠价格购买商品的，不属于受贿。

但是，交易本身就是以获取利益为目标价值的市场行为，合法性交易与犯罪性交易的界限十分模糊。因此，在受贿犯罪司法实践中，直接从购销行为内部梳理正常交易与以交易形式收受贿赂之间的界限，在实践中并不可行。笔者认为，“低买高卖”的交易型受贿发生在商品购销环节，明确区分以优惠价格购买商品与以交易形式收受贿赂，必须落位于市场交易的核心——价格。以优惠价格购买商品对应于优惠型交易价格；交易型受贿对应于贿赂型交易价格。下面尝试通过分析两种价格的特征廓清优惠购买商品与交易型受贿的界限。

第一，优惠型交易价格具有事先设定性，贿赂型交易价格具有见机调整

---

〔1〕 参见韩耀元、邱利军：《适用“两高意见”须注意十二个问题》，载《检察日报》2007年7月17日，第3版。

性。

优惠型交易价格通常按照经营者事先确定的折扣操作，而不是由主管人员根据情况直接拍板。优惠价格相对一般价格必然发生结算方式、数额、渠道的变化，需要处于经营主体购销环节的内部成员按照事先制定的程序规范进行，共同完成、照章办事。贿赂型交易价格具有较大的随机性和任意性，一般价格向“优惠”价格进行交易环节转换的方式极为粗糙，缺少领导与分工。基本上由经营者根据交易对象（国家工作人员）的具体情况灵活调整价格优惠幅度、结算时间与平账方式。优惠价格的事先设定性排除了交易双方通过差价给付或者收受贿赂的行为故意；明显偏离市场标准的见机调整性价格印证了国家工作人员间接从中谋取非法个人利益的犯罪意图。

实践中有观点认为，从形式上看，依据《新型受贿意见》规定，只要是按照“经营者事先设定的优惠条件”交易，无论价格如何，无论对象是否特定，都不能以受贿罪论处。这一界定会给犯罪嫌疑人留下规避法律制裁的空间。[1]不同意见认为，“事先设定”并不必然成为“出罪”条件，即使有事先设定，但属于针对特定人的定向式优惠交易，是为某个人或某些人所专设的“优惠”，符合权钱交易本质特征的，就应该作为受贿行为认定。[2]笔者认为，后一种理解更为合理。优惠价格的事先设定性只是区别于贿赂价格的重要特征之一，而非直接排除贿赂性质的法律条件。《新型受贿意见》在规定了“根据商品经营者事先设定的各种优惠交易条件，以优惠价格购买商品的，不属于受贿”之前，明确指出“市场价格包括商品经营者事先设定的不针对特定人的最低优惠价格”。因此，排除贿赂性质的优惠购买商品应当同时符合事先设定性与社会公众性两大基本特征。

第二，优惠型交易价格具有不特定性或者相对特定性，贿赂型交易价格具有绝对特定性。

贿赂型交易价格固然明显偏离市场价格，而优惠型交易价格也有可能明显偏离同类商品市场一般价格。但是，优惠型交易价格的交易相对人是不特定的，或者根据经营者规定的条件在一定幅度内享受折扣。对于不特定的优

---

〔1〕 参见李克杰：《算不算收贿，还要看优惠条件是否面向不特定人》，载《检察日报》2007年7月11日，第7版。

〔2〕 参见孙国祥：《以交易形式收受贿赂的方式与界限解读》，载《人民检察》2007年第16期。

惠交易价格而言，凡是愿意支付相关对价者均可参与商品买卖、享受优惠待遇。对于相对特定的优惠交易价格而言，相对特定的受众群体在优惠幅度内进行合法交易，例如，曾经购买过车辆的会员再次买车享受九折优惠，加入网络团购活动在购房时享受现金折抵等。因此，国家工作人员不符合优惠条件或者不具有优惠身份而享受优惠价格的，属于以贿赂型价格进行腐败交易；[1]虽属于相对特定性优惠价格的受众群体但超出最低优惠价格进行商业交易的国家工作人员，在符合利用职务便利为他人谋取利益的前提下，应将超出最低优惠价格的部分计入受贿数额。

贿赂型交易价格并不及于一般受众，其享受者局限于经营者认为需要依托其权力谋取经济利益的国家工作人员及其亲属、情妇（夫）或其指定的其他人员。实践中，针对特定对象的贿赂型交易价格主要表现为：（1）从事市场交易的直接办事人员有权在一定额度内给予不特定的交易相对方价格优惠，例如，房屋销售工作人员的最高优惠额度为50元/米，销售部经理为150元/米，销售公司总经理为300元/米，开发商负责人为500元/米。超过该额度的，须根据交易对象的身份地位、交易价格的折扣数量层级上报、层级确定。国家工作人员超过针对不特定消费者最高优惠额度购买商品的，属于以贿赂型价格购买。（2）经营者不在交易价格上直接给予国家工作人员等特定对象优惠，而是通过此次交易有针对性地派送优惠券、折价券、代币卡、VIP购物卡等非普适性礼券利益，使其在下次交易中获得区别于一般交易对象的巨额优惠权利。（3）经营者针对政府相关职能部门中的全体国家工作人员实行“定向优惠”。虽然这种所谓优惠价格的覆盖面有所扩张，但本质上仍然具有特定性。这种价格构成针对特定对象的贿赂型价格，如果符合明显低于市场价格的交易型标准，同时，享受“定向优惠”的单位为相关经营者提供职务便利谋取利益，则应当构成单位受贿罪。[2]

---

〔1〕 例如，内部职工股、内部职工购买房屋等“内部价”均明显低于市场价格，在符合法律规定的情况下，同样属于合法价格。但国家工作人员不具有内部职工身份却购买相关股票、房屋的，因不符合相对特定优惠价格的交易条件而区别于《新型受贿意见》“以优惠价格购买商品不属于受贿”，不能适用该条除罪规定。

〔2〕 实践中存在一些单位为给本单位职工谋福利，与房地产商联合建房，并利用有关政策或者经过有关部门批准在地价、税费等有关费用上享受了优惠，从而使房地产商作出“定向优惠”的规定，这种情况下有可能涉及违纪违规建房，但一般不属于单位受贿。参见刘志远主编：《新型受贿犯罪司法指南与案例评析》，中国方正出版社2007年版，第12～13页。

此外，实践中很多优惠价格本身虽然并不涉及贿赂犯罪，但由于其具有相对特定性的性质，导致难以认定国家工作人员及其家属等关系密切人以违规的优惠价格购买房屋是否构成犯罪以及究竟是构成受贿罪还是贪污罪。这主要是由于现阶段房地产销售价格设定的规范尚不健全，部分项目在销售过程中存在价格混乱的问题，突出表现为房地产开发公司董事会做出决议，对与公司存在经济往来且具有较稳定友好合作关系的客户，相关负责人可以在总的授权数额内分配优惠额度。此类优惠在操作中账内明折明扣，对于房地产开发公司不能作为商业贿赂处理，且相关人员之间关系沾亲带故、错综复杂，这其中存在不少腐败犯罪问题。例如，司法实践中出现过如下案例：A国有企业下属B房地产开发公司准备销售商品房，作为B公司总经理马某在得到房产公司董事会授权之后，有权直接将优惠额度分配给与公司有业务关系的“关系户”，折扣明示记账。马某基于其老领导、现任A国有企业副总经理徐某利用职务便利多次违规提拔以及工作中的频繁关照，以明显低于市场的价格将两套市场价格为总计为110万元商品房以95万元的价格卖给徐某的弟媳言某。言某基于徐某向马某“打招呼”才得以在B房地产公司中承接煤气管道以及绿化配套工程，属于与公司有业务往来的“关系户”，可以按照董事会的决议优惠购房。

实践中有观点认为，应当根据贪污罪追究国家工作人员徐某的刑事责任。因为徐某利用职务上的便利收受下属单位给予其关系密切人低价购房的优惠条件，实际上侵占了下属公司以及国有企业的应得利益，属于非法占有国有资产的贪污行为，贪污数额以市场价格与实际价格的差价计算。但也有观点认为，徐某弟媳言某根据房产公司董事会的决议能够以优惠价格购得房屋，虽然董事会决议具有违规成分，但不能将这种违规优惠购房的行为认定为犯罪，更不能由徐某承担刑事责任。

笔者认为，既然房地产公司董事会对于优惠购房事宜进行了明确授权，并且相关价格行为属于明折明扣，就必须严格按照国家工作人员利用职务便利的具体内容以及是否存在非法占有国有资产或者收受他人贿赂的行为与故意进行判断：(1)国家工作人员利用职务便利使关系密切人所管理的单位成为国有单位及其下属单位的业务单位，并以此为基础将其关系密切人作为“关系户”低价销售房产的，则可以认为存在利用职务便利牟取个人利益的行为。

既然关系密切人作为国有单位“关系户”的地位是国家工作人员基于犯罪目的而利用职务便利非法增置的，向关系密切人低价售房显然属于贪污贿赂犯罪行为。判断犯罪性质是属于交易型受贿还是贪污，主要在于分析国家工作人员是利用职务便利要求他人向自己的关系密切人低价卖房，还是他人基于国家工作人员的职务帮助行为意图通过向关系密切人低价卖房的行为表示感谢。前者属于贪污行为，后者属于受贿行为，上述案例符合后一种行为特征，应当认定为关系密切人低价买房受贿。（2）关系密切人确实与房地产开发公司存在正常业务往来，房产公司相关负责人向其低价销售房屋没有超越董事会权限，虽然在符合“关系户”条件的主体中进行了有针对性与有倾向性的选择，但不能据此认定属于关系密切人受贿，或者认为国家工作人员利用职务便利要求下属单位向自己的关系密切人低价销售单位房屋侵占国有单位利益。上述案例显然不属于这种情况。

第三，优惠型交易价格具有有因性，贿赂型交易价格具有无因性。

优惠是商品购销中的让利，是经营者在销售商品时，以明示并如实入账的方式给予对方的价格竞争优势，表现为支付价款时对价款总额按一定比例即时予以扣除或者支付价款总额后再按一定比例予以退还。从本质上考察，优惠是经营者所采取的一种价格营销策略，即通过让利达到促销，存在符合市场价值规律的价格优惠原因。而贿赂型交易价格是非法价格行为，违背诚实信用，罔顾市场规律，私通暗恰，通过暂时性地亏本买卖换取权力腐败而形成的排他性回馈。

从形式上分析，价格优惠普遍发生在符合商业惯例的经营活动中，基础性原因或事实包括：（1）买方当期付款，缩短卖方资金回流周期；（2）降价处理积压商品，收回部分成本；（3）买方承担运输、仓储费用，或者承诺缩减部分售后服务，节省卖方附随性开支。[1]而贿赂型交易价格不存在优惠的合法合理原因，买卖合同权利义务关系不对等、缺乏商业惯例依据、无视价格法律法规。贿赂型交易价格的无因性从商品市场流转的角度证明了国家工作人员与经营

〔1〕 关于法定特殊优惠价格，《反不正当竞争法》第11条规定，“经营者不得以排挤对手为目的，以低于成本的价格销售商品。有下列情形之一的，不属于不正当行为：（一）销售鲜活商品；（二）处理有效期限即将到期的商品或者其他积压的商品；（三）季节性降价；（四）因清偿债务、转产、歇业降价销售商品”。

者之间腐败交易的对价关系。

（六）交易型受贿违法所得的追缴

由于受贿数额具有确定性，贿赂犯罪中的赃款追缴在刑法适用层面不存在障碍。然而，相当数量的交易型受贿的犯罪对象是房屋，其市场价格具有较大的波动性。对于交易型受贿违法所得是否追缴以及如何追缴问题，在实践操作中存在一定难度。

《刑法》第64条规定，犯罪分子违法所得的一切财物，应当予以追缴或者责令退赔。在实施交易型受贿后，行为人因对贿赂财物行使"收益权"而获取"犯罪增值利益"，是否属于"犯罪分子违法所得"？实践中有观点认为，国家工作人员以交易形式收受贿赂的犯罪行为直接指向实际支付价格与市场价格之间的差额，对财物增值利益仅具有模糊预期，同时又难以证明受贿人对交易后不确定的增值利益存在犯罪故意。因此，交易型受贿后物品增值收益不属于"犯罪分子违法所得"。

笔者认为，应当以交易型受贿与增值利益之间的因果关系为核心分析"犯罪分子违法所得"在贿赂案件中的涵盖范围。刑法规范要求追缴受贿人的"违法所得"，意味着不能局限于犯罪行为所指向的贿赂财物，而应进一步包括与犯罪行为具有因果关系的增值利益。基于刑法解释的正义诉求，必须从《刑法》第64条关于犯罪物品处理的语义中准确框定因果关系范围。追缴行为落位于"一切"财物，说明立法机关允许对因果关系判断进行有限制的拓展，不受直接因果关系的桎梏。在没有其他介入因素的前提下，受贿犯罪是交易后因财物升值、租金孳息、加价转卖而获取收益的近因，没有超越"一切"的限度，应当纳入"犯罪分子违法所得"的范围予以规范评价。

实践中有观点认为，交易型受贿后的物品增值利益应当全部予以追缴。主要理由在于："交易形式"只是贿赂双方规避法律制裁的途径，受贿人虽有个人财产支出，但实际上是为权钱交易作掩护。增值利益并非受贿人的善意取得，不符合"善意取得不予追缴原则"。[1]整体剥夺受贿犯罪全部经济收益，符合从严惩治腐败犯罪的现实需要。

然而，笔者认为，上述意见仅可在一定范围内予以适用。交易型受贿区别

---

〔1〕 李振奇、朱平：《赃款赃物没收追缴程序初探》，载《人民司法》2003年第5期。

于传统受贿的独立性特征在于国家工作人员收受贿赂可能包含一部分合法成分与对价成本。基于交易型受贿行为方式的特殊性，违法所得追缴规则也应具有特殊性。司法机关必须针对受贿犯罪的权钱交易本质，以宽严相济刑事司法政策为导向，严格区分实际交易情况进行个案判断。国家工作人员象征性支付房屋或汽车对价的，应当将交易型受贿后物品增值利益全部予以追缴；国家工作人员与开发商签订购房合同之后，实际上没有支付任何价款便办理登记手续，直接将房屋转让第三人后补足房屋市场价格款项或者支付低于市场价格款项的，所得利益应当全部予以追缴。而对于支付相当数量对价却仍属明显低于市场价格的，应当根据“控制力”规则核定追缴数额。

1.资金控制力规则。在肯定受贿犯罪在客观上对交易后物品增值利益具有影响力的同时，不能否认受贿人实际支付资金属于商品的部分对价，亦会对其衍生收益产生控制力。受贿行为的犯罪性无法概括整体增值利益具有纯正的违法性。例如，房屋市场价格为100万元，国家工作人员支付45万元向请托人购买，后房屋增值20万元。明显低于市场价格的45万元房款具备纯正的交易因素，是房屋增值的部分资金基础，应当按比例（45%）计算其对应的增值数额（9万元），在追缴总额中予以扣除。因此，交易型受贿物品市场价格经过一定时间后自然增值的，追缴数额应为增值数额乘以受贿数额在交易时市场价格中所占比例。

2.运作控制力规则。交易型受贿物品不仅能够基于时间因素产生自然升值，还可因受贿人将贿赂物品转让或者出租而产生交易性增值。例如，国家工作人员以15万元购买市场价格为70万元的进口汽车后，又以75万元转让第三人。5万元利润属于受贿人再度进行市场交易取得的经济收益，能否全部认定为交易型受贿违法所得予以追缴？笔者认为，关键在于辨识交易性增值受控于受贿人的介入运作还是行贿人的物品选择。（1）受贿人商业运作能力较强而派生增值利益的，中途切断了受贿行为与增值利益的近因关系，不能计入追缴数额；（2）请托人选择市场稀缺物品进行贿赂的，附带创制了增值空间，无须受贿人介入运作，该部分交易性增值应当计入追缴数额；（3）确实无法区分的，根据有利于被告人原则，应不予追缴。

二、干股型受贿犯罪研究

近年来，国家工作人员利用职务便利为他人谋取利益，在不实际出资的情况下获取相关公司企业股份的情况在一些行业内较为普遍。尤其是在煤炭、稀土、有色金属等矿产资源行业，职务与权力成为国家工作人员不支付对价入股相关企业的“资本”。公司企业利用股份利益的巨额数量及其长期激励“绑定”国家工作人员。权力与金钱之间的腐败交易关系交织得更为紧密。理论上一般将这类利用职务便利为请托人谋取利益，不出资而获取其公司股份的行为称为干股型受贿。[1]《新型受贿意见》第2条明确就干股型受贿犯罪进行了规定。具体内容为：“干股是指未出资而获得的股份。国家工作人员利用职务上的便利为请托人谋取利益，收受请托人提供的干股的，以受贿论处。进行了股权转让登记，或者相关证据证明股份发生了实际转让的，受贿数额按转让行为时股份价值计算，所分红利按受贿孳息处理。股份未实际转让，以股份分红名义获取利益的，实际获利数额应当认定为受贿数额。”由于以干股形式收受请托人财物在行为表现上有一定特殊性，加之行为人收受财物的形式表现为股份，需要综合刑法及公司证券法的相关规定判断干股受贿的对象性质与整体行为性质，实践中在认定干股受贿犯罪时存在较大争议，刑法理论上也存在很多不同意见。所以，本专题结合《新型受贿意见》的规定就干股型受贿犯罪法律适用上的疑难问题进行探讨。

（一）干股的概念与特征

从词义角度分析，干股是指公司无偿赠送的、不出股金、赚了分红，赔了不受损失的股份。[2]在社会经济生活中，干股主要是公司治理中的一种股权激励模式，即公司释放出一部分股份无偿或者折价让渡给公司管理层、技术人员或者一般员工，基于股权赋予其在公司中一定的经济利益与决策权限，使获取干股的人员能够充分参与公司决策与管理、分享经营利润、共同承担风险与责任，忠实勤勉地为公司的长远发展服务。在世界上主要的发达市场经济体中，干股一般等同于“管理者股”，是由企业董事会做出决定，给予高级管理人员

---

〔1〕 参见刘志远主编：《新型受贿犯罪的司法指南与案例评析》，中国方正出版社2007年版，第47页。

〔2〕 现代汉语辞海编委会主编：《现代汉语辞海》，山西教育出版社2002年版，第498页。

一定股份分红权的一种薪酬方式。[1]

《新型受贿意见》首次在刑法司法解释层面提出了干股的概念，司法实践中对于如何认识和理解干股存在一定混乱。有学者从所有权的角度对干股进行限制性解释，认为干股是无须支付对价的奖励股，只享有分配红利的权利，对股份本身并不具有所有权。[2]有观点试图揭示干股的本质，提出干股是不投入股金，不参与经营，但对股份享有所有权并分享红利的股份，也称“权力股”。[3]也有学者从公司管理的角度分析干股概念，指出干股分为管理干股与技术干股，是股东无须投入资金而获得的股份，作为获得股份的对价，股东投入公司的是专业管理服务、高级技术支持，该部分股份对应的权利可以由当事人自行约定。[4]还有观点从资本风险的角度提出，干股是股东没有投入资本、没有参加运营、没有分担资本风险，却能够分享利润的特殊资本。[5]《新型受贿意见》第2条将干股的概念界定为“未出资而获得的股份”，明确了干股的基础性特征——未实际出资。但《新型受贿意见》并未指出干股是否具有与一般股份相同的登记程序、是否具有转让限制等其他重要特征。

应当看到，上述意见从不同侧面提炼了干股的一些特征，但这些概念界定不仅具有很大的局限性，而且没有针对贿赂犯罪司法实务中的干股受贿提出具有实践价值的定义。合理的解释思路是，在掌握公司治理与股权激励特点的基础上，对受贿犯罪中的干股概念和特征作出规范界定。笔者认为，《新型受贿意见》第2条“关于收受干股问题”中规定的干股，应当是指国家工作人员未出资而获得的具有相应资金对应、可定期收取红利的股份。

首先，干股是具有完整财产权利益的股份，具有产权性。根据国外公司治理与股权激励经验，干股是公司治理模式中激励管理者的一种薪酬制度，由董事会作出决议，给予高级管理人员一定的股份分红权，在经过一定“交易锁定”期限后，该笔干股可以转化为可供交易的股份，管理者有权对其获得的股

〔1〕 参见谭国宪：《干股薪酬制：当前国有企业可行的经营者薪酬方式》，载《探索》2000年第6期。

〔2〕 薛进展：《论商业贿赂的范围及其数额认定》，载《华东政法大学学报》2007年第3期。

〔3〕 最高人民法院刑事审判第二庭：《国有公司经理在公司职工承包的下属经营部中“搭干股并分红”的行为如何认定》，载《人民法院报》2003年1月6日，第6版。

〔4〕 李成杰、侯铁红：《干股薪酬制探析——兼评审理公司纠纷征求意见稿第33条》，载《经济工作》2005年第8期。

〔5〕 薄燕娜：《股东出资形式多元化趋势下的劳务出资》，载《政法论坛》2005年第1期。

份进行转让。[1]我国公司治理实践基本沿袭了国外的股权激励模式，干股享有者在公司担任相应职务或者提供关键技术，拥有相应股本分红权，经过约定年限后，获取全部股权，且干股所有权可以转让或继承。

其次，干股并非凭空产生或公司对当事人的随意许诺，具有财产利益性。诚然，对于获赠人而言，取得干股没有支付对价，但该项干股仍然是有资金对应与依托的股份。该笔股份由公司原股东释放的，实际上是原股东将其已经支付过对价的股权利益让渡给获赠人；该笔股份由公司向公开市场回购的，公司负责支出收购股份的资金对价；该笔股份系由公司送股无偿获取的，原有股份被摊薄的利益就是对应的资金利益。所以，无论干股是来源于股东赠与，还是创设新股，抑或公积金转增股，均具有确定的财产利益对价。国家工作人员利用职务便利为他人谋取利益获取干股的，其随之获取股权，进而得到分红等股东权利的当然内容。

最后，干股是公司的实际股份，具有规范性与真实性。实践中，有的国家工作人员接受企业"干股"，但这些企业并不是公司，而是采取合伙等形式经营，根本就不存在公司法律规范意义上的股份。国家工作人员收受的充其量只能是企业"份额"，其行为显然不具有干股受贿的性质。此外，有的企业虽然是以公司形式存在的市场主体，但国家工作人员收受的"干股"并没有现实的股份载体，其与公司负责人员约定年底分红的，同样属于直接收受钱款。收受这些类型的所谓干股，有的不具有股份的性质，有的只是获取利益的名义与借口，既没有《新型受贿意见》所指干股的表面形式，也不具备干股的本质特征。

（二）干股型受贿犯罪的界定及其与股票受贿犯罪的关系

在明确了《新型受贿意见》规定的干股概念和特征之后，对干股型受贿犯罪的概念进行界定就比较顺畅——所谓干股型受贿犯罪，应当是指国家工作人员利用职务上的便利，为他人谋取利益，不出资而获取股份的受贿犯罪行为。根据《新型受贿意见》第2条的规定，干股型受贿犯罪行为主要表现为三种形式：（1）收受干股后进行了股权转让登记，根据股份分取红利或者没有分取红利；（2）收受干股后，相关证据证明股份发生了实际转让，根据股份分取

---

〔1〕 Frank B.Cross & Robert A.Prentice, The Economic Value of Securities Regulation, 28 Cardozo Law Review 333, 346（2006）.

红利或者没有分取红利;(3)收受干股后股份未实际转让,以股份分红名义获取利益。

应当看到,在《新型受贿意见》规定干股型受贿犯罪之前,股票受贿犯罪一直是贿赂犯罪司法实践中比较突出的问题。根据刑法第92条的规定,公民私人所有的财产包括股份、股票、债券和其他财产。股票显然能够成为受贿犯罪的对象。对于股票受贿犯罪的认定,2003年《全国法院审理经济犯罪案件工作座谈会纪要》第3条第7项规定,在办理涉及股票的受贿案件时,应当注意:(1)国家工作人员利用职务上的便利,索取或非法收受股票,没有支付股本金,为他人谋取利益,构成受贿罪的,其受贿数额按照收受股票时的实际价格计算;(2)行为人支付股本金而购买较有可能升值的股票,由于不是无偿收受请托人财物,不以受贿罪论处;(3)股票已上市且已升值,行为人仅支付股本金,其"购买"股票时的实际价格与股本金的差价部分应认定为受贿。正是因为相关司法文件已经明确针对股票受贿犯罪提出了适用规则,实践中有学者据此认为,干股受贿的提法混淆了与股票受贿之间的概念界限,属于生搬硬套的概念。股票本身就属于刑法上的财产,收受股票或股份属于传统受贿犯罪,算不上是受贿犯罪的新形式。〔1〕

但是,笔者认为,股票受贿是干股型受贿犯罪的一种特殊形式,干股型受贿与股票受贿是包容与被包容关系。《新型受贿意见》关于干股型受贿犯罪的具体规定,明确了原来在司法实践中各方面认识较为模糊的股份受贿行为的定性与数额认定规则,廓清了干股型受贿犯罪与股票受贿犯罪之间的关系。

根据我国《公司法》《证券法》的规定,股份有限公司的股份采取股票的形式,股票是公司签发的证明股东所持股份的凭证。股票实际上就是股份证书,是股份公司为筹集资金而发行给股东作为持股凭证并借以取得股息和红利的一种有价证券。每股股票都代表股东对股份公司拥有一个基本单位的所有权。这种所有权是一种综合权利,例如,参加股东大会、投票表决、参与公司的重大决策、收取股息或分享红利等权利。同一类别的每一份股票所代表的公司所有权是相等的。每个股东所拥有的公司所有权份额的大小,取决于其持有的股票数量占公司总股本的比重。股票是股份公司资本的构成部分,可

---

〔1〕 参见郭竹梅:《受贿罪新型暨疑难问题研究》,中国检察出版社2009年版,第271页。

以转让、买卖或作价抵押，是资本市场的主要长期信用工具，但不能要求公司返还其出资。股东与公司之间的关系不是债权债务关系。股东是公司的所有者，以其出资份额为限对公司负有限责任，承担风险，分享收益。经过以上分析，我们可以清楚地看到，股票和干股具有同质性，在经济利益上都代表着一定的股份数额，在权利上都具有完整的股权属性。

根据《新型受贿意见》的规定，干股是指未出资而获得的股份。而作为股份有限公司的股权证书，股票转让直接意味着公司股权的转让。非上市公司的无记名股票交付时股权转让生效，非上市公司的记名股票背书转让后股权变更生效，公司是否在股东名册上变更记载仅具有对抗效力而非生效条件；上市公司的股票通过证券交易所的集中竞价或者大宗交易平台进行电子交易。因此，由于股票具有法律规定的正式形式与交易载体，未支付股权对价而取得的股票，实际上就是经过依法登记的干股，国家工作人员利用职务上的便利为他人谋取利益，不缴纳出资额而取得请托人给付的股票，是干股型受贿的一种表现形式。

当然，收受干股后发生股权转让效果的，不仅仅只有收受股票这一种形式。有限责任公司尽管不通过股票的形式划分股份，但其股权同样可以通过工商登记变更的形式予以转让。故没有支付对价获取有限责任公司股份且股权变更登记的，同样属于收受依法登记的干股。同时，正如前文所述，干股型受贿犯罪除了没有支付对价获取依法登记的股份之外，还存在两种形式，一是未出资获取股份且发生实际转让，二是未出资收受股份后未实际转让但收取红利。由于刑事犯罪行为和民商事法律关系在认定上应当有所区分，刑法侧重于对案件客观事实与行为性质的判断，而民商法集中于平等主体之间的法律关系的分析，所以，国家工作人员即使没有对无偿收受的股份进行权属变更登记，但相关证据能够证明国家工作人员与请托人之间具有股份转让意思表示，客观上实施了股份转让的行为，也应当认定为干股型受贿犯罪。另外，没有实际转让的股份不具有财产价值，国家工作人员虽然承诺收受，但没有现实地控制确定的、可量化的财产权，故只有在其据此收受分红的情况下，才能认定为干股型受贿。

综上，股票受贿是干股受贿犯罪第一种表现形式中的行为样态之一，干股受贿犯罪能够整体包容股票受贿。对于以股票受贿形式出现的干股受贿犯罪，国家工作人员收受的对象是交付即转让、流动性较强、变现性较高且具有相对确定价值的股票，《经济犯罪纪要》规定其构成受贿罪，受贿数额按照收受股票时的实际价格确定，实质上与《新型受贿意见》的规定相一致。对于以其他股份形式出现的干股受贿，国家工作人员收受股份后实际受让股权利益必须符合一定的形式要求，《新型受贿意见》规定必须在股份登记转让或者有证据证明实际转让的情况下，才能认定为受贿犯罪。没有进行股权转让登记或者实际转让的干股，股份本身不应认定为受贿数额，以此分取红利的，实际获利金额为受贿数额。

（三）干股型受贿犯罪中干股转让的认定

国家工作人员收受干股后是否进行股份转让直接决定了其是否构成干股型受贿犯罪。根据《新型受贿意见》第2条的规定，可以按照干股价值计算国家工作人员受贿数额的转让行为分为两种——进行了登记的转让与证据证明已经发生的实际转让。

根据《公司法》的规定，股份转让的效力包括交易双方之间的效力、交易双方与公司其他股东之间的效力以及受让人与公司之间的效力。根据《公司法》第71条、第73条、第139条及第140条的规定，有限责任公司的股东向股东以外的人转让股权，应当经其他股东过半数同意。其他股东半数以上不同意转让的，不同意的股东应当购买该转让的股权；不购买的，视为同意转让。公司章程对股权转让另有规定的，从其规定。有限责任公司转让股权后，应当注销原股东的出资证明书，向新股东签发出资证明书，并相应修改公司章程和股东名册中有关股东及其出资额的记载。记名股票，由股东以背书方式或者法律、行政法规规定的其他方式转让；转让后由公司将受让人的姓名或者名称及住所记载于股东名册。无记名股票的转让，由股东将该股票交付给受让人后即发生转让的效力。分析上述《公司法》关于股份转让登记的规定可知，登记并不是股权转让的生效要件，而是对抗要件。股权转让办理登记手续的，股份产权转让于收受人名下，同时具有公示与确认作用，收受人成为相关股份所对应的公司的合法股东。股份转让尚未登记，对于有限责任公司的股份，双方已经签署有效的股权转让协议且经过其他股东过半数同意的，或者对于股份有限公司的股份，交易双方已经完成实际交付或背书股票的，股权转让在交易双方之间已经发生效力。所以，股份转让导致股权变动的根本原因在于当事人之间具有法律效力的意思表示而非登记。

对于干股受贿而言，贿赂双方股权转让行为的效力不能由转让登记来决定。即使收受干股后没有经过登记，只要有证据证明发生实际转让的，也应当认定为受贿。当然，一些特殊行业的股权转让需要经过审批机关的批准，股东资格的变更必须经登记机关的确认，这类公司的股权转让以登记为生效要件。[1]在这种情况下，就应当注意把握刑事法律认定与商事法律判断的关系——刑法侧重事实与行为的认定，公司法侧重商事技术的规定与商事法律关系的确认，故未经登记但达成明确合意的干股转让行为在公司法上并未生效，但在刑法上却发生了事实转让，也应当认定为受贿。需要强调的是，《新型受贿意见》规定了“相关证据证明股份发生了实际转让”，对于哪些证据材料属于“相关证据”，笔者认为，不能进行过于宽泛的理解，而必须进行相对严格的把握。“相关证据”应当限定于书面形式的股权转让协议以及其他股东过半数同意的证明（有限责任公司）或者具有外部客观行为表现的股票交付或背书（股份有限公司）。实践中，有的请托人表态要赠送国家工作人员股份，国家工作人员应允并利用职务便利为其谋取了现实的利益，但之后并没有进行登记转让或者签署任何实质意义的法律文件。这实际上是公司负责人或者股东与国家工作人员之间的随意承诺与认可，并没有现实、确定的股份作为依托，不能认为此类口头约定具有证明发生实际转让的效力。

干股转让不仅在行为内容上制约干股型受贿犯罪成立与否，而且在行为时间层面对干股受贿数额产生重大影响。《新型受贿意见》第2条将认定受贿数额的确定为“转让行为时”，故实践中必须高度重视国家工作人员与请托人转让干股发生时间的认定。有观点认为，如果按照《新型受贿意见》第2条规定的“受贿数额按转让行为时股份价值计算”，则会遇到一些难以解决的问题。因为，股份价格都会随经济的发展而发生变化。有的国家工作人员会选择在股份价格升值的时候将其转让，但也不排除其在急需用钱的时候，或者认为股份价格还会进一步下跌时，将其转让。如果一律按转让行为时的股份价值计算受贿数额，就会出现三个在同一时期收受了同样数额干股的国家工作人员，一个是持股不动，一个是选择在股票市场上升时转让，一个是选择在股

〔1〕 甘培忠：《企业与公司法学》，北京大学出版社2006年版，第309页。

票市场下跌时转让，结果就会出现三个完全不同的受贿数额，这在刑法理论上是说不过去的。[1]这种观点没有正确理解“转让行为时”的内涵。计算受贿财物数额的时间节点应当根据国家工作人员收受请托人贿赂的时间予以确定。无论是登记转让还是实际转让，转让行为时指的是国家工作人员与干股给付人就股权完成交易的时间。国家工作人员再行转让干股的，是收受贿赂之后的处分行为，对于干股受贿数额认定没有影响。故“转让行为时”只有一个时间，即国家工作人员与干股给付人完成股权转让的时间。

实践中可以根据产权交易中心办理股权过户手续的时间记录、股东名册变动的登记时间、股权转让合同生效时间等分别认定登记转让与实际转让的具体发生时间。但也有观点认为，国家工作人员接受盈利状况良好的上市公司干股，一般均在日后的交易中获取丰厚收益，较之于“转让行为时”而言，以案发时的股份价值计算受贿数额更能体现绝大多数受贿人非法获利的实际情况。[2]笔者不同意这种看法。其一，即使接受盈利状况良好的上市公司干股，由于证券交易市场存在极大的风险与不确定性，案发时股份价值可能高于也可能低于转让行为时，认为国家工作人员“一般均在日后的交易中获取丰厚收益”，只是一种估计而没有实证依据，不能据此归纳司法适用规则。其二，对于给付或收受股份贿赂的行为双方而言，确实可能存在利用证券交易价格波动让渡或谋取不确定暴利的主观意图。但是，在没有请托人与受托人完全对应供述的情况下，这种犯罪意图的主观内容是无法通过客观证据予以确定的，不能因为案发时股份价格升值较大而随意选择受贿数额结论更大的认定标准。所以，司法实务应当贯彻《新型受贿意见》提出的干股价值按照“转让行为时”股份价值认定的规定。

（四）干股型受贿犯罪中股份价值的认定

《新型受贿意见》第2条并没有具体规定计算股份价值的价格依据。刑法理论上与司法实践中对于如何认定股份价值并未形成统一且可供操作的意见。当前主要有以下几种代表性的观点：

“注册资本金额论”认为，公司的注册资本代表着公司资本价值，收受公司干股的股份价值应当以转让行为时干股所占总股份的比例乘以公司注册资本

〔1〕 杨新京：《股票、期货受贿犯罪司法实践相关问题》，载《中国检察官》2009年第4期。
〔2〕 黄祥青：《如何认定收受干股类受贿犯罪》，载《上海审判实践》2007年第9期。

额后得出的价格计入受贿数额。[1]这种干股价值认定方式在计算上较为简便，尤其是在国家工作人员收受正处于合法成立阶段的公司干股的情况下，由于公司尚未进行经营，不存在负债与盈利对股份价值的影响，股份实际价值等同于注册资本额，受贿数额就是国家工作人员获取股份按比例对应的注册资本额。但是，已经成立且正常运行的公司通常都是负债经营，有的公司经营性固定资产价值、现金流等会随着发展而不断上升，有的公司因经营不善或者阶段性困难而出现资产缩水、净资产为零甚至实际上的资不抵债。同时，也有的公司在成立阶段虚报注册资本或者虚假出资。因此，注册资本额难以准确反映公司的实际资产，以注册资本额为总数按照股份比例计算股份价值的认定方式并不科学。

"实际价值论"认为，股份价值应当按照股份所内含的实际产权价值予以认定。股份具有市场价格的，直接按照市场交易价格认定其价值；没有交易价格的，应当按照净资产值认定。例如，有学者认为，对于非上市公司的股份，由于在公司发展运营中，可能造成注册资本与实际资本并不相符，应当考虑实际资本的情况来确定受贿数额；对于上市公司的股份，可以直接按照行为时的平均交易价格予以认定。[2]也有学者认为，对于没有统一交易市场的股份，其价值随公司资本的变化在升值或者贬值，干股的股份价值的升或贬也就决定了受贿数额的大与小。因此，干股受贿数额应是干股股份转让时干股所占总股份的比例与公司资产总额之积。[3]这种观点正确地认识到应当根据转让时股份所对应的实际净资产认定价值，但其在理论依据上存在一定缺陷。其一，股份是资产的证券化（股票）或者书面化（出资证明）形式，其实际价值应当按照市场定价机制予以认定。上市公司股票通过集中竞价或大宗交易平台交易，其市场价格判断较为简便，但不能就此直接否定非上市的股份有限公司、有限责任公司的股份价值可以根据相对合理且精准的市场化判断方式予以认定。其二，在没有直观的市场价格标准的情况下，在明晰公司财务关系的基础上计算净资产值并以此为总数根据国家工作人员收受的干股比例计算股份价值，这不失为一种正确的路径，但股份净资产额的计算结果在数量上不应当绝对

---

〔1〕 参见张志平：《干股受贿刑法适用疑难问题》，载《国家检察官学院学报》2008年第4期。

〔2〕 参见黄祥青：《收受干股类受贿犯罪的司法认定》，载《人民司法》2007年第21期。

〔3〕 参见王玉杰：《干股受贿若干问题探讨》，载《河南司法警官职业学院学报》2009年第2期。

化地等同于受贿数额。

“变现价值论”认为，应当根据干股兑现为实际财物的价值认定股份价值。国家工作人员收受干股后将股权再次转让的，以转让价格认定股份价值；国家工作人员直至案发时仍然持有股份的，应当将股份拍卖，根据拍卖价格确定股份价值。应当看到，这种股份价值认定规则在一定程度上引入了市场定价机制。但是，《新型受贿意见》第2条明确规定，受贿数额按“转让行为时”股份价值计算，这里的“转让行为时”是指国家工作人员受让干股而非其变卖干股的时间，按照国家工作人员再行转让干股的价格认定股份价值与司法解释的规定相悖。同时，在受贿犯罪刑事责任尚未最终确定的情况下，就强行拍卖涉案股份，显然不利于公民财产权的保护。

“综合论”认为，注册资本额、净资产值、股份变现值等标准均具有不同程度的合理性，实践中应当综合参考各种方法，结合行贿人与受贿人的供述，认定干股价值。[1]这种综合评估确定股权转让的基准价格并以行贿、受贿双方约定的股价作为补充的观点，实际上并没有提出任何明确的标准，在司法实践中根本无法操作。

笔者认为，国家工作人员收受干股的价值应当是转让行为时的股份实际价值，而该种股份在同期市场上的交易价格应当作为认定股份价值的首选标准。[2]之所以不主张优先选择以每股净资产值认定干股价值，主要是因为这种方法形式上较为客观，但在实际计算中极为复杂，并且，即使是具有评估资质的价格鉴定机构，也会使用不同的财务会计标准与计算公司净资产，从而导致公司资产估价结论差距极大。[3]不仅如此，有的非上市公司股份的市场流动性

〔1〕 参见邢文生、郭小峰：《“干股”受贿，犯罪数额如何认定》，载《检察日报》2008年3月27日，第3版。

〔2〕 国家工作人员在公司设立阶段不缴纳出资而获取股份，在公司合法且足额出资的情况下，其股份实际价值等于股份对应的注册资本额。正如前文所言，这是一种特殊情况，可以直接按照股份对应注册资本的比例认定股份价值。

〔3〕 不同价格鉴定机构对于同一公司资产出具的价格鉴定结论差距较大的问题，在实践中表现得比较明显。典型案例：在一起职务犯罪案件中，公安机关先后委托某市某区发改委（某市价格认证中心授权）、某市资产评估有限公司（有价格鉴定资质）、某市司法会计中心（有价格鉴定资质），对涉案公司资产进行价格鉴定、评估。区发改委于2009年2月25日作出的鉴定结论为涉案公司资产价值人民币18万余元；某市资产评估有限公司于2009年3月27日作出的评估价为人民币29万余元；某市司法会计中心于2009年4月9日作出的结论为涉案资产经按会计法折旧后的价值为人民币54万余元。三个不同机构出具的估价结论相差悬殊，深刻体现了公司资产估价在实践中的操作困难。

较差、可变现性较弱，即使其股份对应的净资产能够通过财务方法予以确定，但在公开市场上难以按照净资产值全额予以评价，该种股份的现实对价通常都是在相应净资产值基础上进行折价。反过来，有的非上市公司公司处于新兴行业且业绩增长迅猛，其他市场主体对其具有较强的股权投资需求，这种股份的实际对价通常是每股净资产值加上一定数量的溢价。可见，国家工作人员通过登记转让或实际转让获取了一定数额的干股，该笔股份所对应的公司净资产价值并非现实中的股份实际价值，以此认定受贿数额难以实现实质上的客观评价。

因此，国家工作人员无偿收受上市公司股份，无论是直接占有请托人给付的证券账户，还是获取上市公司在股权转让、增资扩股过程中形成的干股，都应当以转让行为时该股份在证券交易市场上的平均交易价格认定股份价值。股份市场价格的发行场所并不仅仅局限于从事上市公司股票交易的证券交易所，非上市股份有限公司的股份同样可以通过市场定价机制发行其股份价值。根据《公司法》第138条的规定，股份有限公司股东转让其股份，应当在依法设立的证券交易场所进行或者按照国务院规定的其他方式进行。各省市人民政府批准设立的产权交易场所负责包括股权在内的各类财产交易的市场管理与协调。股份有限公司的股份能够在产权市场进行交易，收受非上市股份有限公司的干股同样可以根据转让行为时产权交易市场的价格计入受贿数额。当然，由于产权交易所中的股权并非定期交易，在实践操作中，可以根据与国家工作人员实际受让干股时间最为接近的市场交易价格认定股份价值。有限责任公司尽管属于人合与资合相结合的市场经营实体，其股份具有相对闭合性且缺乏统一的股权交易市场，但这并不意味着有限责任公司的股份不存在市场价格。只要是市场主体独立发行、认可并实际交易的有限责任公司股权价格，就是市场定价机制运作下的股份市场价格。实践中，有限公司股权自由转让是相当普遍且频繁的，与国家工作人员实际受让有限责任公司干股时间最为接近的交易价格，同样可以认定为该项股份的价值。

对于从未在产权交易所进行过股权转让的股份有限公司股份，或者从未对外释放股权的有限责任公司，由于确实不存在任何形式的市场价格，股份净资产额可以作为替代标准认定股份价值。具体操作上，应当先行计算国家工作人员收受干股所占公司股份的比例，委托具有价格鉴定资质的鉴定机构根据转让行为时公司总资产去除负债后的净资产值，最后以公司净资产乘以干股所占比例认定股份价值。

(五)干股型受贿犯罪中分红的认定

股份红利是指公司在赢利时定期按股份比例支付给股东的收益。根据《公司法》的规定，红利应当在提取法定公积金、公益金等项目后向股东发放，公司只有在获得利润时才能分配红利。分红是股权的核心内容之一，在干股受贿中，国家工作人员收受干股后进一步获取红利，也是整个行为体系中的重要组成部分。干股受贿中分红的认定是《新型受贿意见》第2条重点解决的问题。具体规定是："进行了股权转让登记，或者相关证据证明股份发生了实际转让的，受贿数额按转让行为时股份价值计算，所分红利按受贿孳息处理。股份未实际转让，以股份分红名义获取利益的，实际获利数额应当认定为受贿数额。"该项规定明确了两个方面的问题：一是收受干股后获取的红利不属于受贿而是受贿产生的孳息；二是在没有实际获取干股的情况下进行所谓的分红是变相受贿而非实质意义上的分红。

对于股份登记转让或者实际转让后收取红利应当认定为受贿数额还是受贿孳息，刑法理论与实务界存在极大的争议。"受贿孳息论"认为，国家工作人员不支付对价非法收受股份后，以红利名义按股份比例收取公司经营性利润的，属于受贿孳息，不能计入受贿数额。〔1〕股权是一种综合性权利，其中财产权是重要组成部分。收受请托人送的干股，并已进行股权转让登记的，干股本金应认定为受贿数额，这时的干股分红与贪污、挪用公款所生利息类似，所得分红是依附于取得的股份而存在，既已认定本金为受贿数额，其取得的分红就不应再认定为受贿，而应认定为受贿所得的孳息，列入追缴之列。〔2〕而"受贿数额论"认为，国家工作人员非法收受红利的行为，本质上是非法收受公司企业股份或曰干股行为的继续，二者应当作一致的评价，均作为受贿数额认定。〔3〕《新型受贿意见》"所分红利按受贿孳息处理"的规定存在问题。在干股受贿中，请托人选择送干股，行为人决定收干股，表明行为人对收受干股这一事实

〔1〕 参见陈国庆主编：《新型受贿犯罪的认定与处罚》，法律出版社2007年版，第30～31页。

〔2〕 参见许国鹏：《认定收受干股型受贿应注意的几个问题》，载《中国监察》2008年第4期。

〔3〕 参见黄祥青：《如何认定收受干股类受贿犯罪》，载熊选国主编：《刑事审判参考·总第60集》，法律出版社2008年版，第119～123页。

是明知的，对于干股产生红利也是明知的，并且希望由此获取更大、更多的利益，也即行为人于犯罪行为时所指向的对象不仅包括干股本金，也包括红利。实际收受干股后分红应当计入受贿数额。〔1〕

实际上，早在《新型受贿意见》之前，贪污挪用犯罪案件中对于贪污款、挪用款的孳息认定问题，主要参考1993年12月15日最高人民法院《关于贪污、挪用公款所生利息应否计入贪污挪用公款犯罪数额问题的批复》的规定。〔2〕该批复指出："贪污、挪用公款（包括银行库存款）后至案发前，被贪污、挪用公款所生利息，不应作为贪污、挪用公款的犯罪数额计算。但该利息是贪污、挪用公款行为给被害单位造成实际经济损失的一部分，应作为被告人的非法所得，连同贪污、挪用的公款一并依法追缴。"收受干股分红实际上具有相同的意义。正如相关论者所言，已经进行股权转让登记的干股分红都是依附于股份存在的，股份已经是受贿，再将分红计算为受贿数额，有违禁止重复评价原则。〔3〕分红虽然是股权的主要内容，但分红毕竟从属于股份，其在刑法上的评价不应当脱离股份本身而进行完全独立的理解。国家工作人员在不支付对价的情况下获取股权，其实质与收受请托人给付的预存巨额钱款的银行卡或者银行存单一样。股份和存款已经被认定为受贿数额，股份产生的红利或者存款产生的利息均从属于股份或存款，只能作为受贿孳息处理。

理论上之所以有相当数量的观点提出将干股分红应当认定为受贿数额，主要是因为其认为行贿人主观上存在利用公司分配红利交换职务行为的目的，受贿人也存在利用股权长期获取私利的目的。例如，一种具有代表性的观点认为，犯罪人将通过贪污、挪用等手段非法获取的财物投入经营活动或者进行倒卖、销赃，大多是为了获取非法利益（包括犯罪孳息）。然而，在红利由特定公司、企业划拨、给付受贿人的过程中，却往往隐藏着该公司、企业继续收买国家工作人员的真实目的。特定公司、企业仅靠行贿国家工作人员一定股份的价值，可能只能收买一时，正是依靠不断地非法给付红利，才能达到长期收买国家工作人员的非法目的。同时，红利本属特定公司、企业的生产经营利

〔1〕 李敬、郭小锋：《刑法上"孳息"的处理应区别对待》，载《检察日报》2008年6月24日，第3版。

〔2〕 该法条已于2013年1月18日废止。

〔3〕 陈国庆主编：《新型受贿犯罪的认定与处罚》，法律出版社2007年版，第28～29页。

润，受贿人获取红利只能以自己的权力作筹码。[1]应当看到，上述分析意见有利于我们提升干股分红对于国家工作人员长期获取经济利益这一特殊腐蚀作用的重视程度，但是，主张贿赂双方对于以分红交换职务行为具有主观目的实际上是没有实证基础的。除非收受股份的国家工作人员明确供述其明知能够根据该笔股份分红，且公司在国家工作人员受让股份前已经拟定分红计划并在事后实际兑现，一般情况下，干股型受贿的犯罪故意是不能涵盖行为人明知公司根据股份比例支付红利的。贪污罪或挪用公款罪的犯罪行为直接指向公款的所有权或使用权，行为人对于贪污、挪用公款基础上经过时间推移积累而成的孳息没有直接的犯罪故意，将之作为犯罪孳息处理不计入犯罪数额，在刑法解释论上具有合理性。干股受贿亦然，国家工作人员登记受让干股或者有证据表明实际受让干股时，对于股份所可能产生的分红收益不具有明知的认识基础。正如前文所述，公司向股东分红的基础是经营利润扣除法定公积金、公益金等之后的盈余，而公司是否盈利显然是受贿人无法明知的事实。即使公司盈利且在扣除项目之后有所盈余，受贿人在收受干股时对于该项股份是否可能分红、分红数额为多少等同样是不清楚的。以我国上市公司分红情况为例，有关统计数据显示，2008年至2010年，我国所有上市公司平均每股现金分红分别仅为0.08元、0.09元和0.13元，股份分红明显体现出意愿不强、缺乏规划、可预期性差、分红数额明显偏低等特点。[2]在这种情况下，没有国家工作人员明知股份分红的证据链条而原则性地推断其在收受股份时具有利用职务便利获取分红的受贿故意，显然有失公平。

所以，干股受贿获取红利属于受贿犯罪不可罚的事后行为。国家工作人员在接受干股之后仍然收受红利，是整个干股受贿行为实施终了后股权利益的派生，收受股份产生的分红与收受银行卡内存储资金产生的利息在受贿犯罪行为层面没有本质区别，不应当将红利与利息等进行区别对待，否定其受贿孳息的刑法属性。根据刑法理论，对于不可罚的事后行为，充其量只能在量刑环节进行评价，不能在定罪阶段进行刑法判断。故国家工作人员登记收受或者实际收受干股后分红数额巨大的，可以在量刑时酌情考量其情节的严重程

〔1〕参见黄祥青：《收受干股类受贿犯罪的司法认定》，载《人民司法》2007年第21期。

〔2〕参见郑晓波：《证监会将出台措施提升分红水平》，载《证券时报》2011年11月10日，第A1版。

度，但不能计入受贿数额。

然而，司法实践中干股型受贿犯罪的情况是复杂的，在有些案件中，国家工作人员登记或者实际受让的股份数量相对较小，从请托人处获取的红利数额却相当之大。例如，某建筑工程公司向国家工作人员无偿转让干股，其股份价值为5万元，每年支付红利4万元，国家工作人员5年共收取红利达20万元。再如，在某环保科技咨询公司注册过程中，某环保局科长王某收取该公司价值仅为1万元的股份，后王某利用职务便利帮助该咨询公司获取大量业务，2年内分取红利达8万元，但根本没有证据证明1万元股份产出了8万元红利。对此，实践中有观点指出，红利价值超过股份价值会产生股权转移的受贿数额反而低于股权未转移的受贿数额的不平衡情况，由于《新型受贿意见》规定股权转让后的红利属于受贿孳息，故适当的处理方式是没收作为受贿孳息的红利。[1]但如果只能将"小头"（股份价值）计入受贿数额，排除"大头"（红利数额），国家工作人员实施受贿犯罪的实际收益与其承受以犯罪数额为依据的刑罚成本之间将出现严重不对等，显然与罪刑相适原则相悖。问题更为严重的是，如果股份转让给国家工作人员的，分红是受贿孳息，股份没有转让的，以红利名义获取的利益认定为受贿数额，则贿赂双方都会选择登记或实际转让小额股份而获取大额分红。故有观点认为，这种贿赂双方商定的干股份额很小，但分红数额却很大，如仅认定干股数额为受贿，会给行贿人与受贿人带来规避法律的契机，从而放纵犯罪。故无论是已进行股权登记的干股，还是未进行股权登记的干股，其分红都应认定为受贿数额。[2]一种截然相反的观点却认为，对已经完成的干股型受贿犯罪，《新型受贿意见》第2条在计算受贿数额时采用不同的计算方式，不符合对同样的受贿行为应采用同样的计算方式的原则。国家工作人员收受请托人干股，无论是否进行了股权转让，其所获利益均应按受贿孳息处理。[3]

国家工作人员收受股份的价值与据此收取的所谓红利数额相差悬殊的问题是客观存在的，但是，我们既不能机械地理解《新型受贿意见》的规定，将

---

〔1〕 参见刘华：《〈关于办理受贿刑事案件适用法律若干问题的意见〉的学习与理解》，载《上海审判实践》2007年第7期。

〔2〕 参见陈国庆主编：《新型受贿犯罪的认定与处罚》，法律出版社2007年版，第28页。

〔3〕 参见杨新京：《股票、期货受贿犯罪司法实践相关问题》，载《中国检察官》2009年第4期。

所有转让股份后的所谓分红都认定为受贿孳息，也不能违背刑法原理而将作为受贿孳息的真实红利强行认定为受贿数额。笔者认为，在国家工作人员登记或实际受让的股份数额与分取红利相差悬殊的情况下，除了应当按照股份价值计算干股受贿数额之外，不能直接将全部红利按照受贿孳息处理。应当进一步予以深入分析，在红利中辨识出具有孳息性质的部分与具有独立贿赂性质的部分——根据公司年度利润与干股在公司股份所占的比例分取的红利，该笔数额属于受贿孳息，不能计入犯罪数额。超出比例收取“红利”的，该笔款项虽具红利之名，却有贿赂之实，不能混同于受贿孳息，应当与股份价值一并计入犯罪数额。尽管《新型受贿意见》第2条规定，“股份未实际转让，以股份分红名义获取利益的，实际获利数额应当认定为受贿数额”，但是，我们不能机械地认为股份登记转让或实际转让的情况下就不存在以股份分红名义获取利益的情况发生。国家工作人员分红数额超过相关股份应得数额，超过部分实际上并不是红利，而是给付国家工作人员高额贿赂的借口，应当直接将这些所谓红利实则贿赂的获利数额认定为受贿数额。

（六）干股型受贿犯罪与其他新型受贿犯罪的界限

干股型受贿犯罪行为的实质内容是收受股份，具体表现为受托人与请托人之间的股权交易。干股型受贿犯罪不仅存在“交易”的行为，而且具有股权“投资”的因素，实践中容易与《新型受贿意见》第1条规定的交易型受贿犯罪与第3条规定的合作投资型受贿相混淆，故有必要明确干股型受贿与其他新型受贿之间的界限。

一般而言，交易型受贿是支付明显低于市场价格的钱款占有商品，而干股型受贿是不支付任何对价占有股权，两者比较容易进行区分。但是，对于以明显低于市场的价格获取股份的行为而言，干股型受贿与交易型受贿之间的界限就显得比较模糊。实践中，有的国家工作人员利用职务上的便利为请托人谋取利益低价受让请托人股份。例如，王某系某市主管工业的副市长，通过王某妻子宋某妹夫李某的斡旋，王某利用职务便利帮助某民营企业通过环保部门审批。该民营企业董事长张某为了表示感谢，向李某无偿提供10万元股份。李某基于安全的考虑，由宋某向张某出具5万元借款单作为5万元股份出资，李某实际支付3万元获得5万元股份。案发时，李某和宋某各获得5万元红利。就此类情形而言，国家工作人员虽然支付部分股金，但受让价格低于股份价值，谋取差价利益，符合权钱交易的本质特征，应当以受贿论处。然而，究竟是认定为干股受贿，还是以交易型受贿论处，理论上中存在两种截然不同的意见。有观点认为，根据《新型受贿意见》第2条的规定，干股的本质特征在于受股人未实际出资。既然国家工作人员实际支付了股权对价，仅在数量上存在偏差，就不能定性为干股受贿；支付股金的价格明显低于股份价值的，可以认定为交易型受贿。〔1〕但也有观点指出，股份的价值不具有恒定性，处于不断变动的状态，本身接近于一种财产权利，是有价证券，不能认定为传统意义上的物品，低价受让股份不是交易型受贿而是干股受贿。〔2〕

笔者认为，国家工作人员低价受让股份，符合干股受贿的行为特征，不能以《新型受贿意见》第1条“明显低于市场的价格”的标准判断受贿性质，而应当根据《新型受贿意见》第2条干股型受贿的规定追究其刑事责任。

第一，规范地对低价受让股份进行受贿类型定位，精确地选择《新型受贿意见》相关条文作为归责依据，对于受贿性质认定具有重要影响。交易型受贿与干股受贿具有截然不同的犯罪性质认定标准。交易型受贿在定性判断过程中植入定量规则——只有“明显”偏离市场价格的交易才具有贿赂性质；实际支付价格与市场价格之间仍然存在部分行为游离于受贿犯罪之外、仅属违法违纪的空间。而干股受贿完全以行为模式进行受贿性质考察，未出资而登记受让或实际受让股权的，直接以受贿论处，并未附加“明显”偏离股份价值的限制条件。所以，《新型受贿意见》第1条的规范制约力度相对第2条而言受到更大的限制，若对低价受让股份进行错误的受贿类型定位，直接影响受贿犯罪性质的判断。

第二，低价受让股份符合干股受贿的本质特征，适用《新型受贿意见》第2条能够准确判定其行为性质与犯罪数额。《新型受贿意见》第2条将干股定义为“未出资而获得的股份”。从语义解释的角度进行静态分析，缴纳部分股金的，不能认定为干股。因此，若国家工作人员以每股8元的价格受让每股股份价值为10元的股份1万股，属于有自有资金对应的股份，表面上并不属于《新型受贿意见》第2条所规定的干股。然而，若对上述低价受让股份行为进行整体性考察，国家工作人员每股少支付2元，实际上使其节省2万元的股权转让对

〔1〕 参见许国鹏：《认定收受干股型受贿应注意的几个问题》，载《中国监察》2008年第4期。
〔2〕 参见郭竹梅：《受贿罪新型暨疑难问题研究》，中国检察出版社2009年版，第290页。

价。这意味着国家工作人员获得的1万股中有2千股是完全没有资金支撑的，这部分股份就属于“未出资而获得的股份”。从主观层面分析，国家工作人员获利意图明确定位于股份价值，受贿故意直接指向收益总额；从客观层面分析，国家工作人员通过股权转让合同在形式上包容了无偿受让部分股权。尽管缴纳部分股金的行为模糊了未出资而获得股份的行为目的，但只要在股权转让合同中能够析出没有对价支持的部分股份，不仅能够在客观上确认股份的贿赂性质，而且可以从犯罪故意的角度侧面印证干股受贿的本质。

第三，股份不属于“物品”，在股权交易过程中无法对合同价格与市场价格进行比对，不应将低价受让股份置于商品交易环节进行犯罪性评价。《新型受贿意见》第1条针对以明显偏离市场的价格购买或者出售房屋、汽车等大宗贵重物品的行为，设定交易型受贿的性质认定与数额计算规则，主要是基于商品交易属于特定物买卖，其市场价格具有可测量性。而股权交易属于资本运作或者产权置换，股权转让合同双方关注的核心是股份价值，股权转让合同的价格只可能偏离股份价值，并不存在可以与合同价格进行比对市场价格。并且，股份其实是“股权”不是“物品”，属于种类物而非特定物。故《新型受贿意见》第1条仅可适用于“物品”交易。以非正常价格实施股权交易的，不能对“物品”进行拓展性解释，适用交易型受贿的判断标准进行司法认定。低价受让股份应当直接以是否偏离股份价值为基础，判断差额部分是否属于未出资而获取的股份，不应以是否明显偏离市场价格为标准，判断股权转让是否属于交易型受贿。

《新型受贿意见》在规定了干股型受贿问题的基础上，紧接着于第3条规定了“关于以开办公司等合作投资名义收受贿赂问题”：国家工作人员利用职务上的便利为请托人谋取利益，由请托人出资，“合作”开办公司或者进行其他“合作”投资的，以受贿论处。受贿数额为请托人给国家工作人员的出资额。国家工作人员利用职务上的便利为请托人谋取利益，以合作开办公司或者其他合作投资的名义获取“利润”，没有实际出资和参与管理、经营的，以受贿论处。分析上述规定的内容可以看到，合作投资型受贿涉及不出资获取公司或其他合作组织的份额，或者不出资且不进行经营管理而获取公司或其他合作组织的“利润”，与干股型受贿存在交叉或者重合的部分。《新型受贿意见》第2条与第3条所规定的受贿性质认定与数额计算规则存在较大的表述差异，故极有必要厘清干股型受贿与合作投资型受贿的具体界限，明确近似受贿犯罪行为的适用规则。

其一，干股型受贿集中表现为一系列围绕着公司股份的干股转让、分红以及以分红为名收受贿赂等行为，而合作投资型受贿不局限于收受公司股份及分红。

干股受贿必须以规范且真实的公司股份存在为基础，没有公司与股份，就不存在干股的收受与红利的获取。而根据《新型受贿意见》第3条的规定，合作投资型受贿可以是不出资获取公司股份，也可以不出资获取其他合作形式（实践中主要是合伙）的份额。例如，2007年至2009年年初，被告人陈某某在担任厦门市某区城市管理行政执法局某中队负责人、副中队长期间，利用主持工作负责查处辖区内违章建筑的职务便利，在查处违章建筑过程中，对孙某某等人合伙经营违章住房、商铺的建设与出租予以关照，先后收受现金人民币8万元。同时，孙某某等人将合伙经营违章建筑业务中的价值19万元的“股份”赠送给陈某某，并以此为“股份”按比例分给陈某某违章建筑租金1.2万元。对此，实践中有观点认为应当认定为干股型受贿，也有意见认为应当认定为合作投资型受贿。[1]实际上，合伙经营等合作投资模式属于非公司形式的经营体，根本不存在公司证券法意义上的股份，所谓的股份是俗称而非一种规范性表达。故收受非公司经营实体份额的，构成合作投资型受贿而非干股型受贿。在司法认定上，国家工作人员收取非公司经营实体中的“份额”但没有通过合伙协议等具有法律效力的文件确认，没有从中获取其他任何利益的，不能认定为受贿；以“份额”为名收取经营利润的，实际上就是变相收受钱款，应将获利数额认定为受贿数额。合伙企业等非公司经营机构明确将国家工作人员的“份额”写入合伙协议等法律文件，国家工作人员实际上已经成为承担合伙企业权利义务的合伙人，应当将相关“份额”所对应的出资额认定为受贿数额。

其二，干股型受贿是“零对价”的股权收受行为，而合作投资型受贿则是国家工作人员收受公司开办过程中创设的股权。

干股型受贿犯罪可以发生在公司设立阶段，也可以发生在公司成立之后的经营阶段，甚至可以发生在公司破产清算阶段。在干股受贿案件中，国家工

〔1〕 参见龚静：《如何区分“干股分红型受贿”与“合作投资型受贿”》，载《中国检察官》2010年第8期。

作人员利用职务便利为他人谋取利益，以此交换请托人在公司设立阶段缴纳出资额所对应的股权或其已经持有的股份，或者获取请托公司通过回购、转让、增发等形式持有的股份。而《新型受贿意见》第3条明确规定合作投资型受贿是国家工作人员占有“合作”开办公司的出资额，故合作投资型受贿的犯罪对象只能是处于设立阶段的公司股权。可见，在公司新成立的情况下，国家工作人员收受请托人已经缴纳出资额所对应的股权，其行为性质既可以被评价为干股型受贿，也可以认定为合作投资型受贿。理论上有观点认为，在这种情况下，由于《新型受贿意见》第2条关于干股型受贿犯罪数额（包括红利）计算标准规定得更为明确，建议适用第2条的规定。[1]对此，笔者持相反意见。既然《新型受贿意见》第3条明确表述了国家工作人员在“合作”开办公司过程中不支付对价而收受股份问题，从司法解释规范意图的角度探析，该条司法解释规定显然意在专门解决这一问题，在适用上应当具有一定的优先性。同时，仅就开办公司过程中收受股份而言，《新型受贿意见》第2条的数额认定规则相对于第3条实际上并不明确。因为，干股型受贿犯罪中的受贿数额“按转让行为时股份价值计算”，从上文的探讨中可以发现，股份价值认定规则的具体选择需要经过严密的法理论证，而《新型受贿意见》第3条已经有针对性地指出“受贿数额为请托人给国家工作人员的出资额”。故实际操作中没有必要“舍易求难”地适用干股型受贿犯罪问题中的司法解释规定。

三、委托理财型受贿犯罪研究

委托理财是当前我国经济社会生活尤其是资本市场所普遍适用的一种资产经营管理方式。由于这种方式可以使社会闲散资金与理财专业技术有效结合，促进社会资本收益的最大化，因而越发地为社会大众所认可和接受。然而，与此同时，实践中也出现了部分国家工作人员假借“委托理财”之名实施受贿犯罪的情况，理论上一般称为委托理财型受贿。[2]由于委托理财活动的当事人不可避免地存在着一定的利益流转关系，因而与传统的受贿犯罪相比，委托理财型受贿更具隐蔽性和复杂性。

---

〔1〕 郭竹梅:《受贿罪新型暨疑难问题研究》，中国检察出版社2009年版，第303页。

〔2〕 参见刘志远主编:《新型受贿犯罪的司法指南与案例评析》，中国方正出版社2007年版，第133页。

随着委托理财型受贿这一新类型的受贿犯罪在实践中日益突出，对其惩治和预防也逐步受到理论和司法实践的关注。《新型受贿意见》第4条规定：国家工作人员利用职务上的便利为请托人谋取利益，以委托请托人投资证券、期货或者其他委托理财的名义，未实际出资而获取“收益”，或者虽然实际出资，但获取“收益”明显高于出资应得收益的，以受贿论处。受贿数额，前一情形，以“收益”额计算；后一情形，以“收益”额与出资应得收益额的差额计算。

《新型受贿意见》第4条在很大程度上明确了委托理财型受贿犯罪的司法判断规则，为实务部门认定委托理财型受贿提供了有效指导，但委托理财型受贿犯罪理论与实践中尚有很多问题值得讨论与商榷。由于委托理财型受贿犯罪类型具有高度的复杂性，《新型受贿意见》第4条没有对实践中的所有情形进行规定，如何在全面理解司法解释的基础上解决《新型受贿意见》没有规定的疑难问题？实际操作中应当如何判定“出资应得收益”？委托理财型受贿犯罪中的“明显高于出资应得收益”的标准设置是否与交易型受贿犯罪中的“明显低于（高于）”标准一样具有合理性？国家工作人员对于超过应得收益主观认知应当如何予以证明？本专题从《新型受贿意见》的相关规定入手，对上述委托理财型受贿犯罪司法认定中的疑难问题进行深入的刑法分析。

（一）委托理财型受贿犯罪的基础问题

准确认定委托理财型受贿，必须对这种新型受贿犯罪的本质、特征以及形式等基础问题形成整体的把握，这是深入挖掘司法实践疑难问题与全面阐释针对性司法适用规则的理论前提。

委托理财型受贿犯罪是指国家工作人员利用职务上的便利为请托人谋取利益，将资金交付请托人，以委托请托人投资证券期货、购买理财产品、投入资产管理项目、借贷他人获取利息或者其他委托理财的名义，获取根本不存在的理财“收益”，或者获取的理财“收益”明显高于出资应得收益。行为人构成委托理财型受贿犯罪的责任基础在于其利用职务便利为他人谋取利益，以此交换根本不存在的理财收益或者不应当获取的超额理财收益。委托理财型受贿犯罪的特征具体体现在其与传统受贿犯罪及其他新型受贿犯罪的动态比较之中：

其一，委托理财型受贿犯罪区别于传统受贿犯罪的特点集中体现在国家工作人员在权钱交易关系中实际出资。

众所周知，委托理财关系中最基本的特征是委托人将资金交给受托人管理，受托人在理财后将投资收益返还给委托人。正因为如此，当国家工作人员未实际出资却获取证券、期货等投资“收益”，其中也就根本不存在有所谓的“委托理财”的因素。从本质上看，这种行为只是借用理财名义直接收受请托人财物的典型受贿行为，在刑法适用上不存在疑难，根本就不是一种新型受贿犯罪类型。《新型受贿意见》第4条规定未实际出资而获取“收益”以受贿论处，与其说是司法解释，倒不如说是对社会上意在借此形式收受贿赂者的禁止性宣示与刑罚震慑，对新型受贿犯罪的司法认定并无太多指导价值，反而容易模糊委托理财型受贿犯罪的焦点问题。

《新型受贿意见》将本在司法实践中并无太大争议的传统受贿犯罪类型规定于第4条前半部分，其主要原因在于与中纪委于2007年6月8日印发的《关于严格禁止利用职务上的便利谋取不正当利益的若干规定》(以下简称《八项禁令》)形成对应。因为，从内容上看，《新型受贿意见》有关委托理财型受贿的行为方式几乎完全照搬了《八项禁令》中的有关规定。所不同的是，《八项禁令》的语句结构是“严格禁止……”，而《新型受贿意见》则使用了更符合法律文本特点的“……的，以受贿论处”的结构。按照惯例，党在自己的纪律文件中对明显违法违纪的行为进行禁止性的重申是比较常见的，本身也并无不妥。但在作为司法解释性质文件的《新型受贿意见》中也作此重申，却的确略显不妥。首先，司法解释的主要功能在于规范指导司法活动，保证刑事法律得到统一、正确的实施，而国家工作人员未实际出资却获得收益的行为除了打着“委托理财”的旗号以外，与传统意义上的受贿并无二致，司法实践似乎并不需要指导和统一。其次，从《新型受贿意见》的起草背景和目的看，是想通过对十种受贿犯罪行为的认定，防止腐败分子以合法的市场经济交易形式掩盖非法的行贿、受贿行为。[1]而在前述情况下，委托理财只是纯粹的借口而已，“合法的市场经济交易”即使在形式上都根本不存在。显然，将这种情形规定于《新型受贿意见》之中，与其起草初衷不完全吻合。最后，将以各种虚构名义实施的受贿行为分别加以规定也不符合指定法律文件时应遵循的“经济、效益”原则。在司法实践中，国家工作人员与请托人之间可以事先虚构出各种各样的

〔1〕 陈泽宪、任建明、但伟:《解读:从中纪委八项禁令到两高剑指十种新型受贿犯罪》，载《检察日报》2007年7月12日，第4版。

财产流转关系，再以此关系作为借口实施行、受贿活动。这些关系可以包括委托理财、交易、投资、借贷、保管等，不一而足。如果按照《新型受贿意见》第4条前半部分的模式，对那些仅是当事人虚构出来的事由均一一加以明确，则不知需要多少条文方能将之穷尽。事实上，即使认为上述行为具有一定隐蔽性需要在司法解释中将其犯罪性质予以明确，也完全可以用类似“使用虚构的理由收受他人财物的，以受贿论处”这样概括性的条文加以归纳。

所以，笔者认为，虽然国家工作人员未实际出资的情况下获取所谓“理财收益”也是以“委托理财”名义实施的受贿行为，在学理上可以归入委托理财型受贿加以讨论，且在党的纪律文件或者普法告示等文件中作出宣示性、重申性的禁止规定并无不可。但是，由于这种情况实际上只是一种传统受贿犯罪行为而非委托理财型受贿犯罪，没有必要机械地为了与党纪“无缝对接”而将本身并无太大法律适用争议的问题规定在司法解释中。在今后职务犯罪司法解释的制定过程中，有必要避免这种纪律文件与司法解释不加区分地紧密联系的情况出现。

其二，委托理财型受贿犯罪区别于其他新型受贿犯罪的特点集中体现在这种权钱交易行为发生于国家工作人员与请托人之间形成的委托与受托理财关系之中，而非其他显著不公平的商品买卖、股权转让等交易关系。

交易型受贿犯罪可以表现为国家工作人员以明显低于市场的价格购买请托人提供的房屋、汽车等大宗商品，干股型受贿犯罪也可以表现为国家工作人员以低价购买高价股权。因此，与委托理财型受贿犯罪一样，在交易型受贿等新型受贿犯罪中，国家工作人员同样实际出资。但是，交易型受贿、干股型受贿等新型受贿犯罪发生于商品、股权等交易环节，本质上是资金与产权之间的一种不公平交易。但无论是商品产权，还是股份产权，其与市场价格之间的差额利益，是请托人基于国家工作人员利用职务便利为其谋取利益而无偿予以让渡的。交易环节表面上的“不公平”因为国家工作人员有倾向性的职务行为的介入而“公平化”了。委托理财型受贿犯罪发生在委托与受托理财环节，本质上是国家工作人员资金的一种不公平增值。[1]由于资金在市场中本身可以视为一种具有价格的商品，资金使用权的对价就是利息，因此，在国家工作人员实际出资的情况下，客观上投入了资金使用权的机会成本，不能忽略其相关资金应得的增值利益。同时，在当前的各种委托理财项目中，投资对象具有多元性，理财风险具有不可预测性，理财收益率具有不稳定性，这些因素共同导致投资理财收益具有高度不确定。这决定了在委托理财型受贿的司法认定中，必须就理财收益的真实性与应得性问题进行深入研判，不仅需要正确地认定具有贿赂性质的不真实收益与不应得收益，而且应当保障国家工作人员合法的财产权与获取资金正当增值的权利。

委托理财型受贿犯罪具体表现为两种形式：一是国家工作人员实际出资，但其出资并没有生成的理财收益，却仍然收受请托人以投资理财收益的名义所给付的获利。二是国家工作人员实际出资，但其获取的理财收益超过该项出资所应当得到的收益。

对于第一种情况是否构成委托理财型受贿，实践中分歧较大，《新型受贿意见》没有予以规定。有的观点认为，既然出资并未生成理财收益，就不存在真实的利益获取基础，国家工作人员如果收受所谓投资理财收益，就是利用职务便利为他人谋取利益的对价，相关数额达到犯罪标准的，应以受贿罪定罪处罚。不同意见认为，国家工作人员确实进行了投资，至于因为出现请托人未按国家工作人员的要求用于投资理财等因素造成不存在实际理财收益，责任不在国家工作人员，即使国家工作人员收受了请托人以投资理财的名义所送的"收益"，也不应认定构成受贿罪。[2]实际上，司法实践对此存在较大争议，主

〔1〕 实践中有观点提出，按照一般的认识，收受财物意味着财物的净值的增加，而非减少，如果减少则与行为人追求获益的目的是相悖的。但是，在委托理财型受贿犯罪中，并非是国家工作人员的出资只有增加才能构成犯罪，减少或者相符就不能构成犯罪。因为，根据最高人民检察院《关于人民检察院直接受理立案侦查案件立案标准的规定（试行）》第1条第（三）项的规定，受贿数额不满五千元的，但因受贿行为而使国家或者社会利益遭受重大损失的，应予立案。因此，可以这样理解，即使行为人没有获益，或者其获益与其投资应得相符，但是，只要给国家或社会利益造成重大损失的，仍应承担受贿犯罪的法律责任。参见汪莉：《对以委托理财名义收受贿赂问题的理解与分析》，载《人民检察》2007年第16期。对此，笔者认为，最高人民检察院职务犯罪立案标准中的规定显然是针对传统受贿犯罪的规定。根据《新型受贿意见》第4条已经明确规定，只有在国家工作人员实际获取理财收益超过应得收益的情况下才存在是否受贿犯罪的问题。如果国家工作人员委托请托人理财的实际出资最后产生亏损且没有补足，或者只是获取应得的资金增值利益，显然不存在不正当的理财收益与职务行为之间的对价关系，因而也就不具有通过受贿犯罪刑法规范进行处罚的可责性基础。

〔2〕 参见陈国庆主编：《新型受贿犯罪的认定与处罚》，法律出版社2007年版，第41页。

要是因为没有深刻把握国家工作人员出资后收取客观上并不存在的理财“收益”这一问题的本质归属，即委托理财收益的真实性辨识问题。笔者认为，在国家工作人员与请托人明知理财收益不真实的情况下，前者利用职务便利为后者谋取利益，后者用自有资金给付前者收益，应当是贿赂双方故意建构的、委托理财框架掩盖下的权钱交易关系。在司法实践中区分委托理财收益的真实性与虚假性，必须综合案件事实与证据，从理财投资规律、职务谋利与非法收益之间的关系、委托与受托的本质内容等角度予以全面考察。

对于第二种情况，实践中分歧更大。一种意见认为，国家工作人员虽然实际出资，但对于其所获“收益”高于实际出资应得收益的部分，应以受贿罪定罪处罚。另一种意见认为，在这种情况中，国家工作人员确实投了资，至于是否盈利，以及实际盈利数额多少不是他能决定或者应该负责的，不能因为所获“收益”额比实际盈利数额高就确定国家工作人员构成受贿犯罪。〔1〕根据《新型受贿意见》第4条的规定，国家工作人员虽然实际出资，但获取“收益”明显高于出资应得收益的，以受贿论处，受贿数额以“收益”额与出资应得收益额的差额计算。可见，司法解释采纳了后一种意见。但是，这种区分高于应得收益与明显高于应得收益的受贿性质认定标准是否真正符合委托理财型受贿犯罪的实际情况与受贿犯罪刑法基本原理？对此，笔者持不同看法。法律之所以对委托理财型受贿进行犯罪性评价，并不是因为国家工作人员的获利显著超过合理标准，在合理收益率无法确定的情况下，需要以“明显”为标准划分罪与非罪的界限——其犯罪根源在于获利超过理财行为在客观上应当获得的收益。在请托人客观上从事了理财活动与投资项目的情况下，这种应得收益是可以通过全案证据予以判断与分析的。所以，国家工作人员在委托理财关系中获取收益是否构成受贿犯罪，并非实际获利率与理财应然收益率差额的合理性辨正问题，而是委托理财收益的应得性判断问题。

通过对委托理财型受贿犯罪基础问题进行探讨，我们可以清楚地看到：“财”是理的基础，国家工作人员没有出资而获取所谓收益，直接在传统受贿犯罪规范框架下进行定性与数额认定。国家工作人员利用职务上的便利为请托人谋取利益，实际交付请托人资金委托其理财并获取“收益”的，必须对理

〔1〕 参见刘志远主编：《新型受贿犯罪的司法指南与案例评析》，中国方正出版社2007年版，第140页。

财收益真实性进行评判；在理财收益客观存在的情况下，必须对理财收益应得性进行分析。失实或者不应得的理财“收益”与具有倾向性的职务行为之间形成腐败交易关系，是委托理财型受贿这种行为类型构成犯罪的本质基础。

（二）委托理财收益真实性的辨识

在实际出资的情况下，并不是所有的国家工作人员都要求请托人进行真实的资本运作，也不是所有的请托人都会使用该项出资进行证券期货投资、购买理财产品、对外借贷收取利息等。然而，《新型受贿意见》第4条基于这一问题的复杂性，并未就如何判断委托理财收益真实性问题进行规定。

笔者认为，应当在全面理解《新型受贿意见》第4条的基础上进行委托理财型受贿犯罪的定性判断与数额认定，只有在缜密分析国家工作人员获取的委托理财收益是否具有真实性的基础上，才能进一步判断收益应得性以及是否超过的问题。实践中，有的国家工作人员交付几十万元、上百万元资金后堂而皇之地每年收取15%至20%的巨额投资回报，请托人收取出资并不实际操作，行为双方的所谓委托理财关系、出资、接收资金均指向一个目的——掩饰谋取不正当利益与收受贿赂的腐败交易关系。在个别职务犯罪案件中，请托人甚至供述从未打算使用国家工作人员给付的资金进行真实的证券期货投资或借贷他人收取利息，司法人员查询请托人操作证券期货投资的资金账户与证券账户后也能够证实，国家工作人员资金在尚未开展投资、投资尚未收益或者实际出现亏损的情况下，仍然从请托人处获取“利润”。在这种情况下无视理财收益真实性的辨识问题，机械地强调收益率的正常性，从而直接否定涉案行为的受贿性质，实际上是将请托人从事理财运作与根本没有实施投资行为进行不当混同，忽略了《新型受贿意见》第4条规定的应有之义。

国家工作人员交付请托人理财本金索取或收受符合正常收益率标准的利润，能否以受贿论处，关键在于综合个案证据，以客观的、联系的视角辨识委托理财收益的真实性，从而判断其是否属于以投资回报为名行受贿之实。

第一，从投资规律的角度判断委托理财收益的真实性。司法实践中有相当数量的观点将请托人是否具有理财资质作为判断理财数以真实性的关键要素。例如，有意见认为，被委托人是否具备委托理财的资质条件，是区分正常委托理财的投资形式还是以委托理财名义的受贿的一大因素。[1]也有论者指出，对于需要具备一定资质条件才能接受委托理财的，如果国家工作人员明知请托人根本不具备接受委托投资理财的条件，仍委托其进行理财，请托人确未将国家工作人员出资用于委托理财的，却以投资理财收益的名义送“收益”，国家工作人员收受的，可认定为受贿。所以，并非不管请托人资质条件如何，只要国家工作人员声称是委托理财，就可以以此为名收取所谓收益。[2]笔者认为，上述观点明显混淆了委托理财型受贿犯罪中的广义理财概念与金融监管中的狭义理财概念。国家工作人员与请托人之间的委托理财关系是一种意思自治下的民事行为，受托理财者完全不需要具备金融监管法律对银行、证券、信托、保险等各类金融理财产品销售机构及其从业人员设定的资质要求。因此，委托理财收益的真实性并非取决于受托理财者是否具有资质，而在于收益的约定与获取是否符合正常的投资实务操作及其规律。正常的委托理财属于民事合同，投资与融资双方地位平等、意思表示真实，投资项目明确，收益具有不确定性，投资者应当承担风险。[3]以委托理财为名的受贿行为，国家工作人员通常自拟理财协议、自定甚至不定回报率，双方没有具体的投资项目与资本运作计划，没有短期、中期、长期投资的期限区分，投资方不存在任何风险。国家工作人员获取的收益不符合投资获利的基本特征，属于变相受贿，交付资金的行为是隐瞒受贿实质的幌子，在刑法规范的评价层面没有影响定性的实际意义。

第二，从构成要件联系的角度判断获取理财收益的真实性。同期银行贷款利率3倍至4倍的回报率在委托理财金融产品中极为罕见，对于私募资金而言亦属相对较高的收益率，实际上具有“高利贷”的性质。在国家工作人员利用职务上的便利为请托人谋取利益的情况下，可以初步判断，有了职务行为才有极高水平的收益回报，谋利要件与受财要件形成基础性的对价交换与事实性的因果关系。请托人供述在谋取利益的基础上才同意与国家工作人员建立起委托理财关系，其接受实际出资是基于国家工作人员地位与职务的考虑，即

---

〔1〕 参见陈国庆主编：《新型受贿犯罪的认定与处罚》，法律出版社2007年版，第42页。

〔2〕 参见王燕玲：《委托理财型受贿违纪问题探讨》，载《中国纪检监察报》2008年12月5日，第4版。

〔3〕 张瑞强：《委托理财合同风险责任条款性质探析》，载《法律适用》2004年第9期。

能初步证明获取收益与职务行为的关联性，这种关联性实际上具有排斥理财收益真实性的效果。例如，在海门市原建设局局长张永斌受贿案中，被告人张永斌在一次饭局中询问海门市某路桥建设有限公司负责人徐某其公司是否需要经营资金。徐某心知肚明，表示需要。当时，二人并未讲明利息。不久，张永斌将其自有的人民币100万元交给了徐某。当年年底，徐某以利息回报的名义给了张永斌人民币40万元后，张永斌告知其公司明年的工程会予以安排。其后，张永斌继续提出要向徐某提供集资款，尽管徐某的公司不需要筹集资金，加之其必须向张永斌支付高于同类行业同期民间资金拆借利息的资金筹集成本，但基于徐某的职务制约力，徐某陆续收取张永斌的集资款570万元，总共给付张永斌利息410万元。徐某的证言笔录证明其给付利息高于的原因是基于被告人张永斌的职务。[1]在此类案件中，由于国家工作人员为他人谋取利益与请托人勉强给付高额理财收益之间形成确实、充分的构成要件对应，完全可以认定客观上并不存在真实的理财收益。当然，确认言词证据能够作为认定案件的事实基础，显然还应当依靠与该事实存在逻辑关系的其他证据予以补强。[2]故有必要进一步分析请托人是否与其他主体从事过委托理财业务或约定类似高额回报、同期是否可以从其他渠道获取相当数额的资金等。同时，国家工作人员实际交付资金根本没有流向投资领域的，可以补强言词证据，锁定高额收益的受贿性质。

第三，从实质法律关系的角度判断获利是否具有真实性。实践中，有的国家工作人员与请托人约定每年最低回报率，即在所谓的委托理财关系中设定“保底条款”。但是，根据《合同法》第52条规定，违反法律、行政法规的强制性规定的，合同无效。《证券法》规定，证券公司不得以任何方式对客户证券买卖的收益或者赔偿证券买卖的损失作出承诺。证监会《关于规范证券公司受托投资管理业务的通知》第1条、第4条对此进行细化规定：证券公司必须与委托人签订受托投资管理合同，以委托人的名义设置证券账户和资金账户，并通过委托人的账户进行受托投资管理；合同中须列明具体的委托事项，受托人

---

〔1〕 参见徐德高、徐瑾：《收取远高于正常借款的利息是受贿》，载《检察日报》2010年5月25日，第5版。

〔2〕 陈瑞华：《问题与主义之间刑事诉讼基本问题研究》，中国人民大学出版社2003年版，第371页。

根据合同约定的方式管理受托投资；投资的收益和损失归于委托人，受托人有权收取受托投资管理佣金，但不得向委托人承诺收益或分担损失。可见，在受监管的理财项目中，“保底条款”属于违法条款，由于该对价内容涉及合同的核心利益，导致整个委托理财关系因缺乏合法性基础而归于无效。国家工作人员与请托人约定同期银行贷款利率四倍之内的保底收益率，实际上已经超出了正常的委托理财的范畴而形成一种借贷关系，即国家工作人员贷款给请托人。由于国家工作人员形式上是获取委托理财固定收益，但实质上是收取贷款利息，应当直接借贷关系的语境下评判利息的真实性。没有任何证据表明国家工作人员与请托人之间存在借贷关系基础性事实的，应当认定为受贿。民事法律规范在对借款合同进行形式判断过程中无须考察基础性事实，但刑事法律规范在对国家工作人员借款收息进行实质判断时，必须查证借款人是否存在经营需要。缺少借款基础性事实，请托人在资金充足的情况下向国家工作人员进行高额贷款并支付高额利息，以借贷之名行权钱交易之实，具有明显的贿赂性质。因为行贿方与受贿方的犯罪故意直接指向通过制造借贷关系行给付或收受高额利息之实，国家工作人员收取高额利息不具有真实性，应以受贿论处。司法操作中应当注意，不能直接将国家工作人员获取的所有高额利息收益认定为受贿，同期银行贷款利率部分的利息仍然可以视为国家工作人员自有资金的使用权在一定期限内的合理对价，故应当超出同期银行贷款利率部分的利息认定为受贿。

（三）出资应得收益的实践把握

在国家工作人员利用职务便利为委托理财的受托人谋取利益的情形下，其构成受贿与否，关键并不在于是否获取收益，而在于所获收益是否高于出资应得收益。对于出资应得收益以内的部分，国家工作人员原本就有权获得，而对于出资应得收益以外的部分，国家工作人员无权取得。在一般情形下，“超额部分”如属他人自愿赠予本无可厚非，但如果这种“赠予”结合了国家工作人员利用职权，直接或间接地使受托人获取了不应该获取的利益，这种投资的性质就发生了根本的变化，变成了一种权钱交易，属于行贿受贿行为。而判断国家工作人员所获收益是否高于出资应得收益，首先必须对出资委托他人理财的应得收益进行认定。

应当看到，不同于金融市场中以理财产品形式出现的狭义上的委托理财，司法实践中国家工作人员实施的委托理财行为多属广义上的“委托理财”。广义上的“委托理财”是一个内涵比较简单、外延比较宽泛的经济概念，其实质是“受人之托，代人理财”。委托理财的投资者范围、资产管理者范围、资产范围、资金投向范围均应作广义理解。实践中，以委托理财名义出现的民事活动可能表现为不同的民事法律关系。比如，双方当事人约定委托人自己开立资金账户和股票账户，委托受托人进行投资管理，一切投资后果由委托人承担的，具有委托代理关系性质；双方当事人约定委托人直接将资金交付给受托人，由受托人以自己的名义进行投资管理的，获取的利益归属于委托人或者委托人指定的受益人，具有信托关系性质；双方当事人约定共同出资，利益共享，风险共担的，具有合伙关系性质；双方当事人通过“保底条款”约定固定本息、超额收益归受托人所有，投资损失由受托人承担的，由于其实质与民间借贷无异，因而具有借贷关系性质。委托理财所体现的民事法律关系不同，与之相对应的用以确定当事人权利义务的法律规则亦有所不同。因此，在对国家工作人员的委托理财“应得收益”进行判断时，应当根据委托理财实际体现的民事法律关系，适用《民法通则》《合同法》《信托法》等不同的民事规则来加以调整。

质言之，在委托代理关系中，受托人利用国家工作人员交付的出资所取得的全部投资收益均应归后者所有，但委托行为前双方约定报酬的，应当从中相应扣除。在信托关系中，信托收益属于委托人或者其指定的受益人。在未指定其他收益人的情况下，信托所产生的收益除约定报酬以外均属国家工作人员的“出资应得收益”。在合伙关系中，合伙当事人利润分配、亏损分担的一般原则是应当按照合伙协议的约定办理；合伙协议未约定或者约定不明确的，由合伙人协商决定；协商不成的，由合伙人按照实缴出资比例分配、分担。但应当注意的是，在通常情况下，合伙双方可就利润分配、亏损方案自由协商。但在国家工作人员作为合伙当事人时，由于合伙理财所产生的盈利由请托人进行操作而实现，即使双方按出资比例分配盈利，请托人实际上已多付出了自己的专业技术、技能和智力。在此情况下，国家工作人员仍然取得超过其出资比例的盈利，该“多收少支”的行为按社会常理已明显不符合市场经济活动中的对价原则，接受方没有给付（相应）对价，显然必须以具有倾向性的职务行为弥补对价空缺。此时，国家工作人员所获得的该部分“盈利”更符合“权钱交易”中对价的特征。因此，在由国家工作人员作为当事人的合伙理财关系中，双方可以约定对付出理财劳动的请托人多分配盈利，但一般不得反向约定对国家工作人员一方多分配盈利。

通过以上分析不难发现，相比较于《新型受贿意见》有关交易型受贿“明显低于（高于）市场的价格”中“市场价格”的认定，“应得收益”在理论上更为确定。这是因为，“市场价格”本身并非由理论上的技术规则确定而是直接源于市场形成，而“应得收益”的确定则可以遵循相关法律规则。但这是否意味着在司法实践中“应得收益”比“市场价格”更容易认定？对此，笔者认为，委托理财型受贿中应得收益的确定相对于交易型受贿中市场价格而言更为困难。排除一般商品交易中的优惠价格以及特殊商品基于流动性差异所产生的折价因素之外，商品市场价格的确定在很大程度上可以归结为技术测算问题，司法实践中可以委托价格鉴定机构对房屋、汽车等贿赂物品进行估价。股票、期货等委托理财应得收益的确定属于证据综合判定问题，必须要根据请托人收取国家工作人员实际投资后进行理财操作的实际情况予以系统把握。因为，当国家工作人员与请托人形成的是委托代理、信托、合伙等性质的委托理财时，前者的“应得收益”直接与后者的理财活动挂钩。此时，对后者的理财操作情况决定了“应得收益”的认定规则。

其一，请托人在取得国家工作人员出资后，将受托资金单独设立新账户或者使用国家工作人员原有账户进行管理。这种情况下，资金的各种流向清晰可查，只需通过查询相关账户中的交易记录计算委托理财的盈亏情况，根据资金记录即可确定应得收益。

其二，请托人在取得国家工作人员出资后，将受托资金存入自有资金账户，如证券、期货或者其他现金账户，在投资时与自有资金一并进行操作。对于这一种情况，确定资金收益则相对复杂。时下，有些请托人将受托资金与自有资金共存于一个账户之内进行投资，在一定期限后以收益率较高的投资作为“委托理财”，以余下收益率不高甚至亏损的投资作为“自行投资”，从而支付给国家工作人员较高的“应得收益”。笔者认为，这种做法是一种刻意规避法律的行为，因而应当被认定为无效。根据民法原理，货币是种类物。当不同所有权人的同种货币发生混同时，其所有权只能通过品种、数量等度量衡单位加以确定和体现。此时，被混同的货币为不同所有人按份共有，共有人以自己的资金数额和比例对共有的货币及其产生的孳息享有权利。同样地，在国家工作人员的委托资金与请托人的自有资金共存于一个账户之中时，账户内的所有资金为国家工作人员与请托人按份共有，前者以其资金份额对账户内的资金享有权利。当请托人利用账户内资金投资产生收益后，国家工作人员与请托人应当以各自的资金份额对收益进行分配。所以，在国家工作人员资金与请托人资金在相关账户内没有变动的情况下，由于请托人将国家工作人员资金与自有资金混同于一个资金账户进行资本运作，无法通过账面信息直接认定国家工作人员资金所对应的应得收益，有效的替代性解决办法是，在计算账户内所有收益的基础上，按照资金投入比例区分两项资金的对应收益，由此确定国家工作人员的应得收益。同时，应当认识到，在现实的经济环境下，许多投资账户本身时常处于动态流转之中。比如，由于委托理财的投资方式不限于证券、期货，请托人可以支取资金从事诸如投资实业、民间借贷等其他经营活动；也可以从投资账户中支取或者存入资金以从事私人业务。此外，证券、期货的买入或卖出也会引起投资账户内资金余额的增减。随着账户资金的流转，国家工作人员的资金份额就会随之提高或稀释。当资金流转频繁到一定程度时，对国家工作人员的应得收益计算无疑会异常复杂烦琐，此时可能需要借助专业的审计、会计人员帮助厘定具体的“应得收益”数额。此外，有必要指出的是，将国家工作人员的委托资金与请托人的自有资金混同存入同一账户固然容易造成事后国家工作人员的投资应得收益认定困难，但这并不意味着当事人在事前无法避免这种困难。金钱是种类物，种类物经特定化之后可以变为特定物，而特定物产生的孳息仅归特定物所有权人享有。就委托理财而言，如果请托人在利用共用账户资金从事某项投资时，事先声明此项投资是专为委托人进行的，则该投资资金就可从账户资金中特定化，被赋予独立的意义，该投资所产生的收益应当全部归委托人享有。

其三，请托人在取得国家工作人员出资后，不投入任何资金账户进行理财操作，也不使用这笔进行借贷等活动收取利息资本收益，而是挪作他用，择日使用相同或相当数量的资金进行理财或者投资。由于金钱是种类物，加上国家工作人员出资委托他人从事投资的行为属于非正式理财，不需要像银行、信托公司等正式理财项目一样严格禁止违反合同约定将理财资金挪作他用，请托人可以按照现实需要灵活运用资金。这种国家工作人员与请托人之间的经济往来关系在实践中也是比较常见的。因为国家工作人员的资金没有投入理财项目，理财收益的真实性便存在疑问；因为请托人确实也进行了相关理财投资，也需要对该笔收益的应得性进行判断。这实际上就是一个理财收益真实性与应得性交织的刑法判断问题。笔者认为，在这种情况下认定国家工作人员出资应得收益，应当结合真实性、时间性、比例性这三个要求予以综合把握。真实性要求是指请托人操作的委托投资理财必须是真实的投资理财项目，不能单纯按照请托人供述予以认定，必须有明确的资金流向与合法的收益回报予以证明。如果请托人收取国家工作人员出资后没有从事任何投资却以委托理财为名给付本金与“收益”，收益部分就是变相贿赂。[1]时间性要求是指请托人操作自有资金进行理财或投资的收益取得时间必须是在其收取国家工作人员出资之后。请托人没有使用国家工作人员的资金进行理财，而是将自己之前获取的投资收益予以给付，本质上是无偿赠送利益，由于其对价为国家工作人员具有倾向性的职务行为，显然也是一种贿赂，不能认定为应得利益。比例性要求是指请托人使用自有资金作为国家工作人员出资的替代进行理财获取的收益，理财资金数额大于国家工作人员出资额的，应当按照后者的出资比例进行给付，超过部分不能认定为应得收益；如果请托人在收取出资后进行理财所动用的资金自有资金少于或等于国家工作人员出资额的，可是视为请托人将国家工作人员的部分或全部资金用于投资，真实的获利数额均可以认定为出资应得收益。

（四）高于出资应得收益的标准确立

根据《新型受贿意见》有关委托理财型受贿的规定，在国家工作人员具有实际出资的情形下，其获取“收益”必须在“明显高于”出资应得收益时方构成受贿罪。由此引出的问题是，当国家工作人员获取“收益”高于出资应得收益的数额已达到受贿罪法定数额标准，但相比于数额巨大的委托资金而言又尚不“明显”时，其是否应当以受贿罪论处？从“明显高于”的语法结构上来看，“明显”作为程度副词对“高于”起着限定作用，也就是说，国家工作人员所获取的“收益”不仅要高于其出资应得收益，且必须达到“明显”的程度才能以受贿罪论处。反之，如果“高于”的程度不明显，则即使超过数额达到规

---

〔1〕 具体如何辨识理财收益的真实性，参见前文的司法规则阐释，此处不再赘述。

定的追诉标准，亦不能进行定罪处罚。

综观《新型受贿意见》，除了委托理财型受贿以外，在交易型受贿的成立标准中亦有“明显”的限制性条件。对于如何理解委托理财型受贿中的“明显”，司法实践中比较权威的解读为：“明显”是对超过理财应得收益的获利部分以受贿论处在客观上的一种程度限制。因为，现实生活中投资收益及其比例均具有不确定性，尤其是在具有高风险、高回报特点的证券、期货领域，如果将所有的所获“收益”额高于应得收益额的情况都认定为受贿，打击面过宽，也有违情理。只有在客观上所获“收益”额明显高于应得收益额的情况下认定为受贿，才既合法又合理。〔1〕刑法理论上一般也认为，《新型受贿意见》在委托理财型的认定标准中设置“明显”这一程度要求是基于“查处大案、要案”、控制刑事打击面的考虑而有意为之，用“明显”要求对受贿犯罪构成进行程度控制的做法是《新型受贿意见》贯彻宽严相济刑事政策的具体体现。〔2〕

笔者认为，在委托理财型受贿的认定标准中设置“明显”要求看似源于司法实践中的实际情形作出，并能突出受贿犯罪的惩治重点，但仔细观之，既无理论上的必要性，也无实践中的可行性，更有突破罪刑法定原则之嫌。国家工作人员利用职务便利为他人谋取利益，获取利润高于出资应得收益的，就应当以受贿论处，不必设置“明显”超过的程度限制。

首先，委托理财型受贿的自身特征决定了设置“明显”要求没有必要。与交易型受贿中“市场价格”先天的模糊性和动态性不同，“出资应得收益额”本身在理论上是确定和静止的。“市场价格”是一个由市场自发形成的，在客观上表现为在一定区间内浮动的价格段，对于价格动辄几十万元、上百万元的房产、汽车等大件商品而言，其市场价格的浮动空间也相应较大。在司法认定中，虽然可以通过委托价格事务所等机构对商品进行估价的方式获得技术上的认定价格，但该价格毕竟是经过估算和拟制得出的。当实际交易价格与估算价格在数额上存在一定偏差但比例差别不大时，即使其相差数额超过受贿罪的起刑数额甚至法定刑升格标准，也很难绝对认定该交易价格偏离了实际的市场价格。而在委托理财型受贿中，广义上的委托理财虽然涵盖不同的民

〔1〕 参见陈国庆主编：《新型受贿犯罪的认定与处罚》，法律出版社2007年版，第42页。

〔2〕 参见孙国祥：《实施“两高”〈意见〉与落实宽严相济的刑事政策》，载《华东政法大学学报》2007年第5期。

事法律关系，但具体到每一种关系都有明确的收益认定规则。即使理财涉及的金额非常大，但只要依据相应的判断规则仍能精确的计算出委托人的“出资应得收益额”。实践中有观点认为，判断出资应得收益非常重要却十分复杂，应当根据行为人当时当地的一般行情予以认定。[1]这显然是基于应得收益认定疑难的现实而将其替换为合理收益的概念偷换，在法律论证上存在根本性的逻辑错误。虽然在实践中委托理财的操作可能较为复杂，精确查证“出资应得收益额”会存在困难。但对“出资应得收益额”的查证毕竟是刑事诉讼层面的证明问题。对于该问题的处理，完全可以通过证据规则的确立、证明方法的改进来解决。我们不能因为现实生活中委托理财的投资收益及其比例不容易查证和确定，就人为地将本属于犯罪构成要件内容的犯罪数额标准抬高。

其次，从委托理财型受贿司法认定规定的角度看，“明显高于”标准缺乏适用上的可行性。在受贿犯罪中，受贿数额通常被认为是区分受贿犯罪与一般受贿行为的重要参考指标，在受贿犯罪的定性定量过程中起着举足轻重的作用。作为受贿犯罪成立的量化标准，对犯罪数额的规定及认定规则本身首先应当符合“标准”的基本要求，即必须明确化和具体化。本属于犯罪客观要件一部分的犯罪数额，就更应尽可能做到形式化和非价值化，从而使人们在司法认定中通过简单的事实判断就能准确地得出结论。但是，“明显高于”标准显然并不符合这一要求。在汉语中，“明显”属于程度副词，意为“清楚地显露出来，容易让人看出或感觉到”。“明显高于”意味着国家工作人员的“所得收益”与“投资应得收益”之间差距必须“清楚地显露出来”。但是“明显”本身是一个极具价值色彩的词汇，对“明显”的判断并非形式判断，而是实质判断，需要根据社会观念、主观识别、政策立场做出的价值选择。在受贿罪具体构成要件的认定环节就进行实质判断或者价值选择，难免造成控辩意见在是否“明显”问题上相持不下的司法困境。此外，就现实情况而言，实践中的委托理财形式多样，风险大小及收益率高低各不相同，在一定期限内交易次数也不存在限制，这就导致了通过理财活动赢取巨额利润或者造成巨大损失均具有现实的可能性。如果说交易型受贿中，对于是否明显高于市场价格多少还能运用社会大众的一般认识来大致判断的话，那么在委托理财型受贿中，要想形成一

---

〔1〕 参见刘志远主编：《新型受贿犯罪的司法指南与案例评析》，中国方正出版社2007年版，第140页。

定时期内各种投资理财的合理收益率就几乎成了不可能完成的任务。国家工作人员实际出资后很多情况下会委托请托人进行证券投资等理财活动，而证券市场涨跌不定、起伏无常。例如，在1996年10月至12月初，上证综合指数涨幅达120%，深证成分指数涨幅达340%；[1]2006年年底上证指数收盘于2675.47点，2007年上半年最高点竟收盘于4335.96点，沪市约400只股票涨幅翻倍，占沪市A股半数，100只股票半年涨幅超过200%，30只股票涨幅超过300%。[2]在司法实践中计算出资应得收益已经并非易事，在证券价格波动较大的整体市场环境下，判断“明显”高于应得收益更是无法操作。对于权证、期货以及即将陆续登场的股指期货等证券衍生产品的资本投资而言，其保证金交易的杠杆效应导致投资收益与风险呈倍数放大，以“明显”高于应得收益作为受贿性质认定的尺度，势必造成实践混乱。

最后，在委托理财型受贿中以“国家工作人员的实际收益明显高于应得收益”为入罪标准有违反罪刑法定原则之嫌。众所周知，在我国刑法中，受贿罪是为数不多的由法律直接规定定罪量刑数额标准的几种犯罪之一。根据刑法规定，受贿罪实际采用了以犯罪数额为主、以其他犯罪情节为辅的入罪标准。其中对于犯罪情节严重与否的认定，确实需要法官从价值的角度进行判断才能得出结论，而这种判断结论实际上存在有较大的曲张空间。但是，对于犯罪数额大小的认定，则只需要凭一般人的认识活动与基本的对比判断就可以得出结论，也即犯罪数额这一客观要素，记述性地记载于刑法条文之中，其本身的文义几乎确定无疑。对于这样的构成要素，司法者无论基于何种原因，都不应当作出创造性的突破解释，即使这种解释在客观上具有一定的合理性和现实需要。

综上所述，尽管《新型受贿意见》在委托理财型受贿的认定标准中设置“明显”的程度要求可以抬高受贿罪的定罪门槛，在客观上具有防止刑事打击面过大的作用。但“明显高于”标准在理论上不符合委托理财的自身特征，在实践中也缺乏适用上的可能性。更主要的是，标准是《新型受贿意见》对刑法中受贿罪数额标准这一记述性构成要素的突破性、创造性解释，这种解释本身有悖于罪刑法定原则的基本要求。因此，笔者认为，在委托理财型受贿中，应

---

〔1〕 顾肖荣、张国炎：《证券期货犯罪比较研究》，法律出版社2003年版，第10页。

〔2〕 连建明：《半年股市：赚钱并震荡着》，载《新民晚报》2007年6月30日。

当摒弃“明显高于”提法而统一使用“高于”标准，即在国家工作人员利用职务上的便利为请托人谋取利益，出资委托请托人进行各种委托理财的情形下，只要其所获“收益”高于出资应得收益的部分达到3万元或者虽不满3万元但情节较重的，即可以受贿罪定罪处罚。而针对由于社会经济水平提高，可能出现的达到上述标准但社会危害性不足以动用刑法加以惩治的情况，则可以适用《刑法》第13条“情节显著轻微危害不大的，不认为是犯罪”之规定作非犯罪化处理，或者依据《刑事诉讼法》第173条第2款“对于犯罪情节轻微，依照刑法规定不需要判处刑罚或者免除刑罚的”，由人民检察院作不起诉处理。

（五）国家工作人员对“高于出资应得收益”的主观认识及其认定

根据我国刑事司法中应当贯彻的主客观相一致原则，犯罪的成立不仅要求行为人在客观上实施了严重危害社会的行为，而且要求行为人在主观上存在罪过。这一原理具体到委托理财型受贿，就要求国家工作人员在客观上获取“高于出资应得收益”的财物，在主观上对该事实及犯罪数额存在认识。笔者认为，如果国家工作人员在主观上对超额“投资收益”这一对象存在应当知道的认识，对自己通过委托理财获得超额“投资收益”这一危害结果存在必然性或者可能性确实预见，我们即可以认定行为人具有受贿的主观故意。反之，如果行为人对相关对象和结果确实不知或者存在合理的认识偏差，则可以根据刑法上的认识错误原理排除其行为的犯罪性。因此，在对委托理财型受贿的司法认定中，判断和评价国家工作人员对“高于出资应得收益”的主观认识就显得尤为重要。

从现实社会生活考察，我们不难发现，国家工作人员在获取“收益”时对“收益”高于出资应得收益这一事实的认识主要存在着三种情况：其一，明确知道所获“收益”高于自己的应得收益，超出部分是对方给予的“好处费”；其二，不明确知道请托人的理财实际情况及自己“应得收益”的具体数额，但对请托人给予的全部“收益”予以“全部笑纳”“来者不拒”；其三，因为各种原因对自己“应得收益”产生错误认识，从而确实不知自己从请托人处多获得了利益。

对于第一种情况，认定行为人有受贿故意应当没有疑问。如果国家工作人员在事前和事后通过请托人告知、投资账户查询等方式明确知道自己应得收益的数额，或者虽不知道具体数额，但明确知道自己所获财物肯定高于“出资应得收益”，则可以认定其在主观上对自己所受的“超额收益”系“受贿财物”存在“明知”。

在第二种情形中，由于国家工作人员对自己的“应得收益”并不存在明确的认识或者这种认识在诉讼中难以被证明，此时认定行为人对受贿财物的性质存在明知就可能有一定的障碍。但是，基于常理分析，国家工作人员在收受请托人所给予的“投资收益”时，显然可以认识到所获“收益”超过“应得收益”这一事实存在的现实可能性。这是因为，与委托理财关系的当事人是地位平等的民事主体的情况不同，在这种情况中，国家工作人员与请托人在委托理财关系形成前往往存在着利益上的制约关系，尤其在国家工作人员已经或者将要利用自己的职务便利为请托人谋取利益时，请托人自然会存在通过一定方式向国家工作人员表现出利益返还、补偿的倾向和冲动。易言之，国家工作人员利用职权为请托人谋利后，其从请托人处获取的财物中含有贿赂成分就有较大的盖然性，作为具有社会生活一般常识的国家工作人员对此不可能不知道。因此，即使国家工作人员在收受请托人给予的所谓“收益”时对自己超额收受他人财物不存在确定性认识，也应当对该事实存在概括性的认识，即认识到上述事实存在的可能性。当国家工作人员在主观上对所收受的财物性质具有概括性认识时，无疑能意识到自己行为的社会危害性和违法性。在此情况下，国家工作人员有义务去明确所收财物的性质，以排除自己违法犯罪的可能，而这也是其与一般委托理财中的委托人的不同之处。应该看到，在通常情况下查询理财情况、获知自己应得收益数额对委托人而言是一种权利，委托人有权放弃行使该权利，由此导致其受到损失或者多获利益（实际几乎不可能发生）的后果均由其自己承担，法律不应加以干涉。但是，在国家工作人员委托请托人理财的情形下，明确自己理财应得收益，对国家工作人员而言，不仅是一种权利，也是一种义务。国家工作人员有权防止自己的应得收益被克扣，同时也有义务避免自己从请托人处获取不属于自己应得收益的财物。如果国家工作人员在已经认识到自己超额获取请托人“投资收益”的情况下，不采取积极措施避免该事实发生，显然应当对自己的行为承担相应的刑事责任。

正如笔者一直强调的，犯罪故意概念中的“明知”与刑法分则中具体犯罪的“明知”在内容上的区别。笔者认为，犯罪故意概念中的“明知”是对行为危害社会结果的预见，而刑法分则中具体犯罪的“明知”则主要是对行为对象的知晓。两者在证明要求上并不完全相同：对行为危害社会结果的预见尽管存在必然性预见和可能性预见，但是，这种预见其实应该达到确实知道程度；而对行为对象的知晓，则只需达到应当知道程度即可。依笔者之见，上述国家工作人员对于自己超额获取请托人“投资收益”的认识，尽管会直接影响到其对行为危害社会结果的预见，但就本质而言显然属于受贿罪中对行为对象的明知。对于这种明知的证明，只要达到应当知道的程度即可。事实上，在国家工作人员应当知道“投资收益”存在的情况下，其对于自己超额获取请托人“投资收益”的行为危害结果也已经达到了确实知道的程度，只不过有时仅存在行为人确知自己受贿危害结果发生“可能性”认识的情况而已。由此可见，国家工作人员对于自己超额获取请托人“投资收益”持概括性认识并不影响对其主观故意的认定，相反，其应当对高于“应得收益”的全部数额承担受贿罪的刑事责任。

当然，实践中国家工作人员在委托请托人理财后，并非一定都对从请托人处所获“收益”的性质和应得收益的数额持概括性认识。除了前述应当知道“收益”高于自己的应得收益的情形外，也可能对该事实明确不知道。这通常是由于请托人对国家工作人员采取欺骗、隐瞒等方式使后者确信自己所获得的“收益”是自己“应得收益”，从而产生认识上的错误。例如，请托人欺骗国家工作人员，谎称其帮忙操作的股票交易已经取得丰厚收益，并且，同期的证券市场确实处于“牛市”阶段。请托人甚至提供了伪造交易记录瞒骗国家工作人员，致使收受者并不明知该财产并非派生于其实际出资。此时，应当排除国家工作人员获取超额收益行为成立受贿犯罪的可能性。

在此还应当讨论的是，国家工作人员对超额“投资收益”对象的应当知道以及对其获取这一“投资收益”危害后果的确实预见的证明，应由谁来承担举证责任？举证责任在理论上是一种法律假定的后果，是指承担该责任的当事人必须对自己的主张举出主要的事实根据，以证明其确实存在，否则将承担败诉后果。笔者认为，在刑事诉讼中，证明被告人有罪的责任理应由公诉机关承担，这是毋庸置疑的。实际上在委托理财型受贿中，公诉机关只要证明到国家工作人员在客观上利用职务便利为请托人谋利，并从请托人处获取了高于其应得收益的财物，在主观上对这一对象存在应当知道的认识，对危害结果存在必然性或者可能性确实预见即可。如果公诉机关能够对行为人的主观上加以证实，实际上也就排除了行为人主观上存在“确实不知”的可能性，认定行为人的行为构成犯罪也就有了主观基础。通常被告人也会对自己主观上存在“确实不知”的情况进行举证或反驳。例如，提出证据表明其是在认识委托理财存在合理利润的前提下收取理财利益的，否定存在犯罪故意，否定收取投资“利润”行为的受贿性质。但是，这只是被告人在行使自己的权利。如果被告人放弃这一权利，我们也不能想当然地认为行为人主观上一定对受贿危害结果存在必然性或可能性的确实预见。这就要求在证明委托理财型受贿过程中，司法人员不简单轻信犯罪嫌疑人的口供，而应根据案件中的主客观情况综合判断。质言之，可以通过收益率、请托人的投资方式、资质、投资手段的行情走势、请托人与国家工作人员在理财前的约定、理财中请托人的告知等情况加以佐证。如具有收益率畸高或收益率与投资方式明显不符、国家工作人员明知请托人没有某项特定理财活动的资质仍委托其理财、请托人在理财中对投资情况有过通报说明等情形，就可以排除被告人主观上存在“确实不知”的可能性。

综上所述，国家工作人员利用职务之便为请托人谋取利益，并出资委托请托人代为理财，事后从请托人处谋取高于出资应得收益的财物，如果该国家工作人员在主观上对超额“投资收益”这一对象存在应当知道的认识，同时，对自己获取超额“投资收益”的危害结果存在必然性或者可能性确实预见，我们就可以将其行为认定为受贿。如果有证据证明国家工作人员在主观上对该对象或危害后果确实不知的，对其行为则不能以受贿论处。

第二节　贪污贿赂犯罪最新定罪量刑标准体系化评析

2016年3月28日，最高人民法院、最高人民检察院联合发布了《关于办理贪污贿赂刑事案件适用法律若干问题的解释》(以下简称《贪污贿赂案件解释》)。《贪污贿赂案件解释》共20条，涉及贪污罪、职务侵占罪、挪用公款罪、挪用资金罪、受贿罪、行贿罪、利用影响力受贿罪、对有影响力的人行贿罪、非国家工作人员受贿罪、对非国家工作人员行贿罪10个罪名。《贪污贿赂案件解释》明确了贪污罪、受贿罪、挪用公款罪等诸多腐败犯罪的定罪量刑标准，贪污罪、受贿罪死刑、死缓及终身监禁的适用原则，财物、为他人谋取利益、受贿故意、累计受贿数额的认定规则，行贿从宽处罚条件，以及罚金刑的适用等问题，强调了依法从严惩治贪污贿赂犯罪刑事司法政策。另外，《贪污贿赂案件解释》还针对贪污贿赂犯罪的新情况、新特点，对犯罪构成要件作出扩张性解释，强化法律适用的针对性，严厉追究贪污贿赂犯罪行为，严格刑罚适用，综合考量各种因素确定不同职务犯罪的定罪量刑标准，统筹解决罪与非罪、罪轻与罪重的掌握标准，对于依法从严惩治腐败具有重大的实践指导价值。

然而，由于腐败犯罪的治理是一个非常复杂的系统工程，文本的规定总是不可避免地无法穷尽纷繁复杂的现实情况。比如对于应当进行具体解释的某些问题，《贪污贿赂案件解释》并未涉及；而对于已涉及的问题，仍然充斥着大量原则性的规定。尤其是对于实践中的部分操作难点，《贪污贿赂案件解释》没有设置更为明确、协调、细致的司法判断规则。因此，笔者认为，我们完全有必要以《贪污贿赂案件解释》文本为中心，深度反思腐败犯罪刑事司法解释的历史沿革，分析特定经济社会环境及其发展趋势对腐败犯罪刑事司法解释的影响，在准确把握宏观政策的基础上，对贪污贿赂犯罪立法体系性的问题以及司法适用难题进行更为深入细致的解析，从而能够全面把握贪污贿赂犯罪的实质，保证《贪污贿赂案件解释》能够在司法实践中更好地贯彻实施。

一、频繁制定贪污贿赂犯罪司法解释的审视

自2006年至今，贪污贿赂犯罪相关刑事法律的完善处于一个连续调整、相对密集的立法周期。《刑法修正案（六）》修改了刑法有关非国家工作人员受贿罪、对非国家工作人员行贿罪的规定；《刑法修正案（七）》增设了利用影响力受贿罪；《刑法修正案（八）》新增了对外国公职人员、国际公共组织官员行贿罪；《刑法修正案（九）》废除了贪污受贿犯罪的具体定罪量刑数额标准等。

与此相对应，“两高”在近十年中制定了相当数量的贪污贿赂犯罪司法解释，最新的《贪污贿赂案件解释》只是其中之一。2007年《关于办理受贿刑事案件适用法律若干问题的意见》针对交易型受贿、干股型受贿、理财型受贿、特定关系人受贿等各种新型受贿刑事案件中的主要法律适用问题，研究制定了司法认定标准。2008年《关于办理商业贿赂刑事案件适用法律若干问题的意见》针对办理商业贿赂刑事案件过程中所面临的比较突出的问题，研究制定

了统一的司法判断规则。2009年《关于办理职务犯罪案件认定自首、立功等量刑情节若干问题的意见》进一步规范了职务犯罪案件自首、立功等量刑情节的认定规则。2010年《关于办理国家出资企业中职务犯罪案件具体应用法律若干问题的意见》则根据企业改制过程中贪污贿赂犯罪案件中存在的一些新情况、新问题，提出了办理此类刑事案件具体应用法律的司法适用意见。2012年《关于办理职务犯罪案件严格适用缓刑、免予刑事处罚若干问题的意见》在全面把握犯罪事实和量刑情节的基础上，提出了严格依照刑法规定的条件适用缓刑、免予刑事处罚的司法规则。2013年《关于办理行贿刑事案件具体应用法律若干问题的解释》则针对行贿犯罪法律适用实践中的疑难问题作出具体解释。

毋庸置疑，上述立法与司法解释对贪污贿赂类犯罪的罪名增设、构成要件改变、法定刑的修正和对定罪量刑标准的修改，足以说明当下有关贪污贿赂犯罪立法和司法解释（笔者重点讨论司法解释）的制定与颁行进入了非常频繁的时期。然而，此刻我们面临的尴尬现状则是：近年来，惩治腐败犯罪的实效似乎并没有得到明显改观，刑事司法实践中出现的问题和困难却也在日益增多。这一现状又反过来刺激了更多贪污贿赂犯罪司法解释的出台。笔者认为，司法解释数量激增与惩治腐败效果平平之间的反差，反映了我们现在实际面临着一系列现实性问题，具体表现为以下三个方面。

其一，贪污贿赂犯罪司法解释的频繁出台是社会公众对腐败行为激增与权力运行失控之反感与不安情绪的一种法治回应。开启贪污贿赂犯罪司法解释频繁制定的时间窗口是2007年，这也是全球金融危机爆发、我国推出“四万亿”经济刺激政策之时。金融危机造成的失业恐慌、经济发展前景不明朗，以及经济刺激政策导致的经济波动等，促使社会公众对腐败行为的反感度明显上升。虽然我国学者并没有对金融危机与民众对腐败行为的反应之间的关系进行实证研究，但公众对以贪污贿赂犯罪为代表的腐败犯罪的关注程度足以表明，社会公众对职务廉洁性的整体不安心态，决定了刑事政策显然应当对腐败犯罪的规范结构与内容进行调整，从而对社会公众的普遍心态与呼唤有所回应。随着社会生活专业化、技术化、信息化、网络化运行程度的不断加深，人们愈发需要依靠政府权力及其监管职能的公正运行来维护社会秩序与控制社会风险。但是，在各类权力寻租腐败现象愈演愈烈之际，社会公众反而对政府权力、监管职能产生了不信任感和不安全感。因此，最高司法机关通过频繁制定司法解释以应对强化惩治贪污贿赂犯罪的现实需要和满足公众对严惩腐败犯罪的心理期待。

其二，贪污贿赂犯罪司法解释的频繁制定意味着社会公众、立法机关以及司法机关在惩治贪污贿赂犯罪过程中对解释性文件的高度依赖性。贪污贿赂犯罪始终是腐败行为体系中众多毒害性的问题之一。然而，在反腐败实践中，由于对于公共部门及其工作人员非法侵吞国有资产、利用职务便利谋取私利或者为他人谋取利益行为的治理不力，公司企业等私营部门及其工作人员在商业活动中通过商业贿赂谋取不正当商业机会的行为也无法得到工商行政管理层面的有效控制，因而立法机关以及司法机关必须通过强化刑法控制，对贪污贿赂行为进行最严厉的惩治与治理。随着互联网信息传输的发达，大量高级别国家工作人员的贪污贿赂违法犯罪案件经由媒体向社会公布，社会公众能够更加直观、真切、全面、深度、及时地了解贪污贿赂犯罪的危害。由于社会公众只能基于朴素的法律感情评价反腐败的现状，其很容易将贪污贿赂犯罪屡禁不止归咎于刑法以及相关司法解释的不健全，这是社会公众所作出的最重要、最自然的反应。社会公众主张强化贪污贿赂犯罪刑法规制的朴素思想，反作用于司法机关，从而进一步推动了贪污贿赂犯罪司法解释的能动性发展。此外，由于一线法官、检察官缺失对个案进行刑法解释的权限，反贪污贿赂犯罪的司法实践很大程度上必须依靠司法解释的指导。因此，社会公众的心理、刑事立法与司法机关的反应、司法人员的被动三方面的因素，在互动过程中共同导致了贪污贿赂犯罪司法解释的频繁制定。

其三，贪污贿赂犯罪司法解释体系性的阙如。刑事司法解释是对刑事司法实践中具体应用法律问题的解释。通过司法解释化解刑法文本在实践应用过程中出现的难题与争议，这是相对灵敏的反应机制，能够及时应对反腐败实践中的现实司法难题。正是由于司法解释的这种属性，通过优先制定司法解释解决贪污贿赂犯罪刑法实践疑难问题，这已经成为被最高司法机关实践认可的一种合法性与效率性兼备的刑事法治路径。但是应当看到，正是因为这种反应的快速性与灵敏性，决定了司法解释非常有可能发展出一种“应激性”，即容易受到特定经济社会条件、社会公众心理的刺激而出台并不完全符合贪污贿赂犯罪实质特征以及刑事司法实践规律的司法判断规则。加之即便陆续出台的各个司法解释确实能够在一定程度上解决司法实践所遭遇的适用难题，但不可否认的是，它们通常以一种“头痛医头、脚痛医脚”的方式陆续出台，各司法解释“各自为战”，缺少整合，难成体系。这在某种程度上反映出最高司法机关在制定司法解释时欠缺顶层设计与宏观考量，从而导致贪污贿赂犯罪司法解释前瞻性、体系性的阙如。这些又是一段时间内贪污贿赂犯罪司法解释频繁制定的重要原因所在。

总而言之，对贪污贿赂犯罪司法解释频繁制定现象进行反思性审视，旨在从宏观视角的高度提醒着刑法理论与实务界，应当从提高实体法适用技术的方向上，寻求突破贪污贿赂犯罪法治实践困境的现实出路。

二、《贪污受贿赂件解释》中值得褒扬的刑法理念

确立一个科学合理的贪污、贿赂犯罪定罪量刑标准绝非易事，这需要有深思熟虑与反复论证的时间。这恐怕也是《贪污贿赂案件解释》迟至《刑修九》施行五个月后才面世的实际原因。而当其真正面世后，社会公众褒贬不一。但无论如何，笔者认为，《贪污贿赂案件解释》所折射出的一些刑法理念着实令人称道。

（一）贪污、受贿罪充分考虑弹性情节并提高数额标准体现了“从严治吏”而非“从重治吏”的理念

《刑修九》修改了贪污、受贿罪的法定刑，将原来“二年以下有期徒刑或者拘役”“一年以上七年以下有期徒刑”“七年以上十年以下有期徒刑”“五年以上有期徒刑，可以并处没收财产”“十年以上有期徒刑或者无期徒刑，可以并处没收财产”“死刑，并处没收财产”修改为清晰明了、逻辑顺畅的三档法定刑：“三年以下有期徒刑或者拘役，并处罚金”“三年以上十年以下有期徒刑，并处罚金或者没收财产”“十年以上有期徒刑或者无期徒刑，并处罚金或者没收财产（无期徒刑或者死刑，并处没收财产）”。由于《刑修九》并未进一步明确定罪量刑标准，只是变更了定罪量刑模式，将“具体数额模式”修改为“概括数额+弹性情节模式”。《贪污贿赂案件解释》遂“应声出台”，填补了《刑修九》的“留白”。但对于《贪污贿赂案件解释》将贪污、受贿罪三档法定刑的数额起点分别规定为3万元、20万元、300万元，业界观点颇不一致，反对者不乏其人。可以预期的是，社会公众或者刑法理论中会有观点进行质疑，认为我国

对贪污、受贿罪的定罪量刑标准比盗窃罪、诈骗罪轻，普通百姓盗窃、诈骗千元即可入罪，而贪官的数额标准却是普通百姓的几十倍。同样皆为非法占有财物的犯罪，却因身份不同而刑罚有异，这是严重的司法不公，是对腐败犯罪的放纵，是“窃钩者诛、窃国者诸侯”的现实体现。对于这种完全可以预期的潜在质疑，“两高”相关负责人在新闻发布会的权威解读中实际上并没有予以正面应对。笔者认为，对贪污、受贿罪定罪量刑标准的解读与评价，还是应当保持一定的理性，不宜过于片面、武断。

首先，在扰乱社会秩序以及引发公众恐慌心理的程度上，贪污罪、受贿罪不如盗窃罪那样能够现实地扰乱社会秩序，直接地引发社会公众的恐慌。贪污贿赂犯罪与财产犯罪对于社会的侵害性是完全不同的。财产犯罪是严重侵害公民日常经济社会生活的犯罪行为，与人民的切身利益息息相关，一旦实质性地调高犯罪数额标准，会引发社会公众的恐慌与政府治理的紊乱。而贪污贿赂犯罪行为是对国家权力行使公正性、廉洁性、不可收买性等的损害，尽管同样具有十分严重的社会危害性，但相对于财产犯罪行为而言，毕竟与公民的日常经济生活存在一定的距离。基于经济社会水平的发展而调高贪污贿赂犯罪定罪量刑标准，并不会引发社会公众的极度不安与惶恐。通俗地说，人们不会因为贪污、受贿成灾而惶惶不可终日，却完全可能因为盗窃成风而心神不宁、忧心忡忡。

其次，贪污罪、受贿罪并非是“唯数额论”的犯罪。《贪污贿赂案件解释》第1条即规定，即便贪污、受贿数额没有达到相应法定刑规定的数额起点，但只要达到一定比例（通常为一半）又同时具有规定的弹性量刑情节的，应当认定为符合“其他较重情节”“其他严重情节”“其他特别严重情节”并适用相应档次的法定刑。所谓弹性量刑情节，分别指“贪污救灾、抢险、防汛、优抚、扶贫、移民、救济、防疫、社会捐助等特定款物的；曾因贪污、受贿、挪用公款受过党纪、行政处分的；曾因故意犯罪受过刑事追究的；赃款赃物用于非法活动的；拒不交代赃款赃物去向或者拒不配合追缴工作，致使无法追缴的；造成恶劣影响或者其他严重后果的”以及“多次索贿的；为他人谋取不正当利益，致使公共财产、国家和人民利益遭受损失的；为他人谋取职务提拔、调整的”。可见，当我们将贪污罪、受贿罪与盗窃罪、诈骗罪联系起来进行横向比较时，不能忽视弹性量刑情节在前两罪定罪量刑过程中发挥的作用，可以说在适用弹性量刑情节的贪污、受贿案件中，我们看重的是情节，而不仅仅是数额，数额较小的，依然可以入罪。加之，受贿行为社会危害性大小也并不仅仅取决于受贿数额的多少，可能更多地取决于受贿人利用职务之便甚至滥用职权为他人谋取利益而给国家造成的损失或给社会带来的极其恶劣的负面影响，比如卖官鬻爵等。因此，仅将盗窃、诈骗罪与贪污、受贿罪进行简单的“数额”比较，便得出贪污、受贿罪入罪门槛更低、法网更松的结论，未免片面。

最后，不同犯罪数额标准的确立其实是由其自身内在规律所决定的。从刑法原理角度分析，贪污贿赂犯罪与财产犯罪本身就属于完全不同的犯罪类型，设置不同的犯罪数额标准本就无可厚非。如果将所有经济领域或者涉及金钱的犯罪行为类型都设置相同的数额标准，等于是彻底取消了刑法规范结构中应当合理匹配的罪刑关系与刑罚阶梯，会导致刑罚失去应有的报应与震慑功能。应当看到，对不同犯罪的数额标准进行横向比较，这种做法其实本身就不甚科学。举个最简单的例子，在我国刑法有关诈骗犯罪的规定中，金融诈骗犯罪与诈骗罪是特别法条与一般法条的关系，金融凭证诈骗罪、有价证券诈骗罪、贷款诈骗罪、保险诈骗罪的起刑数额为1万元，信用卡诈骗罪（恶意透支型信用卡诈骗罪的起刑点也为1万元）与票据诈骗罪的起刑数额为5000元，集资诈骗罪的起刑数额是10万元，都明显地高于诈骗罪的起刑数额3000元（经济发达地区在3000元至1万元之间）。并且金融诈骗犯罪第二档、第三档法定刑的数额起点更是远超诈骗罪。但是，金融诈骗犯罪的法定刑几乎（除保险诈骗罪的第一档法定刑外）都比诈骗罪重，那么为何前者的数额标准反而高于后者，这是否就表明我国刑法对金融诈骗犯罪的容忍度较普通诈骗罪更高呢？结论当然并非如此。比较合理的解释只能是，一般情况下不同犯罪之间的数额标准并不都具有可比性，有时甚至完全不具有可比性。金融诈骗与普通诈骗尽管皆为诈骗，但毕竟有着显著的差别，前者发生于金融领域，常由具有一定金融专业知识、高学历甚至身居要职的犯罪分子实施，属于高智商犯罪，涉案数额动辄很高，若按照普通诈骗罪的起刑数额来确定其入罪门槛，那么恐怕大多数集资诈骗、贷款诈骗、有价证券诈骗等行为都可能构成相应的金融诈骗犯罪了，这显然不符合司法实践的实际情况。而贪污、贿赂罪与盗窃、诈骗等罪属于不同种类的犯罪，各罪数额标准的确立当然无法也不应该做到一致。据此而言，笔者认为，数额标准仅具有反映相关犯罪所呈现出的实际规模与样态的作用，却不具备衡量罪重罪轻的功能。贪污、受贿罪的定罪量刑数额标准之所以比盗窃罪、诈骗罪高，也是由社会生活中贪污罪、受贿罪所呈现的实际规模与样态所决定的，其数额标准的确立是由其自身内在规律所决定的。

总体而言，笔者认为，《贪污贿赂案件解释》对贪污罪、受贿罪的打击力度可谓“严而不厉”。既没有将数额作为定罪量刑的唯一标准，而是更多地考虑弹性情节，使得法网更为紧密；同时又根据贪污、受贿罪的实际规模、样态，确立了一个相对合理的数额标准。因此可以说，《贪污贿赂案件解释》有关贪污、受贿罪的数额标准充分反映了我国“从严治吏”而非“从重治吏”的刑法理念。

（二）职务侵占、挪用资金、挪用公款罪定罪量刑标准弃“数额区间”用“全国统一”规定模式体现了“公平执法”的理念

《贪污贿赂案件解释》主要是对贪污、受贿等10个罪名的定罪量刑标准作了具体规定。在此之前，贪污、受贿罪的定罪量刑标准均采用全国统一标准，并明确规定在刑法条文之中。而挪用特定款物、行贿、对单位行贿、单位行贿、对非国家工作人员行贿、非国家工作人员受贿、介绍贿赂、单位受贿等的定罪量刑标准虽然由司法解释具体规定，但也均采用全国统一标准，即由“两高”在全国范围内规定统一的贪污受贿犯罪定罪量刑标准，而没有规定各地区可以“各自为政”的“数额区间”。不过，值得指出的是，《贪污贿赂案件解释》出台前，职务侵占、挪用资金、挪用公款罪的定罪量刑标准都如有关盗窃罪、诈骗罪等司法解释那样，通过规定一定的“数额区间”给予各地区充分自主权，允许各地区在一定“数额区间”内“各自为政”，制定符合自身经济发展水平的个性化标准。《贪污贿赂案件解释》出台后，有关职务侵占、挪用资金、挪用公款罪定罪量刑标准的规定则摒弃了之前在“数额区间”内各地区“各自为政”的做法，转而采用全国统一标准。应该承认，《贪污贿赂案件解释》规定的这一变化遭到了社会舆论和业内人士的较多质疑，认为在我国经济发展仍不平衡的今天，不同的犯罪数额对不同地区社会的危害不可能完全相同。因此，对于涉及经济类的职务犯罪，《贪污贿赂案件解释》不规定“数额区间”的做法必然会导致“异罪同罚”这一不合理现象。[1]

---

〔1〕 参见赵秉志：《贪污受贿犯罪定罪量刑标准问题研究》，载《中国法学》2015年第1期。

对于上述质疑，笔者不能苟同。依笔者之见，《贪污贿赂案件解释》有关职务侵占、挪用资金、挪用公款罪的定罪量刑标准采用全国统一标准的规定，并无不妥且值得推崇，理由有以下四点。

其一，“数额区间”规定模式的适用基础正不断削弱并将不复存在。“数额区间”规定模式的适用基础在于我国各地区经济发展不平衡且社会治安状况有所不同。随着近年来我国经济的高速发展，各地区的经济交流与合作不断深入，各地区的经济差距也因此不断缩小并逐渐趋于平衡。此外，随着我国城市化进程的推进，各地区的社会治安状况也不断趋同，而且，根据社会治安状况制定不同定罪量刑标准的做法本身就有悖于刑法平等适用基本原则。因此，尽管目前我国经济发展仍存在不平衡的情况，也尽管我国各地社会治安状况尚存不同，但是，这种不平衡和不同已经有了很大的改善并会继续弱化与消弭。况且，经济发展的不平衡或社会治安状况的不同，对于职务侵占、挪用资金、挪用公款等行为社会危害性考察之影响也可以说是微乎其微，或者说几乎可以忽略不计。

其二，“数额区间”规定模式本身存在诸多弊端。司法实践中原来有关职务侵占、挪用资金、挪用公款罪定罪量刑标准的“数额区间”规定模式存在着很多弊端，本身就需要改进。这种规定一定“数额区间”，允许不同地区“各自为政”的做法，实际上会带来认定上的不统一和实践中的争议，特别是在审理“异地案件”或“跨区犯罪案件”的情况下，认定上的困难和司法成本提高等问题必定会不断涌现。

其三，“数额区间”规定模式无法确保刑法适用的公平性。职务侵占、挪用资金、挪用公款罪均为身份犯，而根据现有法律规定，不同地区相关身份的取得其实在条件上并无很大区别，取得身份的相关人员所遵守的纪律其实也具有全国统一性。既然如此，在处理主体身份相同的职务犯罪案件中，我们规定一定的“数额区间”，并按地区的不同进行轻重有别的认定和处罚，似乎也没有让人信服的充足道理。相反，这种做法在很大程度上无法确保刑法适用的公平性。笔者认为，具有一定主体身份要求的职务犯罪与其他财产型犯罪不同，职务犯罪是对相关职务行为廉洁性的违反，因而不应该也没必要如盗窃罪、诈骗罪那样过分强调其与地区经济发展水平的关联性。

其四，对职务犯罪定罪量刑标准采用全国统一标准是一种较为成熟的司法经验。与以往职务侵占、挪用资金、挪用公款罪定罪量刑标准采用“数额区间”规定模式不同的是，我国刑法和司法解释对大多数职务犯罪定罪量刑标准均采用了全国统一标准，[1]这已经成为我国惩治职务犯罪的一种较为成熟的司法经验，对职务犯罪的惩治也发挥了较为显著的作用。笔者认为，既然长期以来大多数职务犯罪均可以采用全国统一标准，那么，为何对于与大多数职务犯罪相似或相关（同样也是职务犯罪）的职务侵占、挪用资金、挪用公款罪等犯罪，我们对其定罪量刑时一定要采用“数额区间”规定模式呢？

综上可见，《贪污贿赂案件解释》对其涉及的10个罪名排斥采用“数额区间”规定模式，并确立了全国统一标准，充分体现了国家打击职务犯罪全面覆盖、不留死角的坚定决心。

三、《贪污贿赂案件解释》中应该正视的体系性瑕疵

需要指出的是，经过长时间调研、斟酌、论证并听取了方方面面意见后颁布实施的《贪污贿赂案件解释》，其绝大多数规定的内容具有合理性，因而值得称赞。但是，《贪污贿赂案件解释》的美中不足之处仍然是客观存在的。笔者自知对已生效的法律文件再作吹毛求疵式的批判或许会显得有些“不合时宜”，但我更愿意相信“瑕不掩瑜”的道理。对司法解释从体系化角度作尽善尽美的审视与要求其实并不过分，这或许对于今后贪污贿赂案件定罪量刑标准的进一步科学化、体系化会有所裨益。

（一）《贪污贿赂案件解释》在调整范围上的“顾此失彼”

我国刑法中不同的贪污贿赂犯罪具有截然不同的数额标准，在1997年《刑法》以及相关立案标准、司法解释所形成的法律体系下，各个犯罪类型的数额标准之间又形成了一定的比例关系。《贪污贿赂案件解释》调整了贪污罪、受贿罪等部分犯罪的数额标准，实际上具有牵一发动全身的效果。因此，我们有必要对整个贪污贿赂犯罪数额标准体系进行梳理与明确，确保贪污贿赂犯罪体系内数额标准的合理性与平衡性，否则在司法实践中容易引发数额标准的体系性紊乱。

---

〔1〕 尽管一直以来不同地区的侦查机关对贪污受贿犯罪的立案标准掌握不一已成为“公开的秘密”。即经济发达地区在实际操作时立案标准较高，欠发达地区的实际立案标准较低。但是，这种做法的合法性、合理性和公平性均已经受到批评和抨击。

在《贪污贿赂案件解释》中，权钱交易型、非法占有型、挪用型职务犯罪的定罪量刑标准均有明确规定。但令人遗憾的是，在一些细节问题上，《贪污贿赂案件解释》还存在一定的瑕疵，比如对于权钱交易型职务犯罪，《贪污贿赂案件解释》仅对受贿罪与行贿罪、利用影响力受贿罪与对有影响力的人行贿罪、非国家工作人员受贿罪与对非国家工作人员行贿罪这6个罪名的定罪量刑标准作了调整，但却未提及单位受贿罪、单位行贿罪以及介绍贿赂罪；在挪用型犯罪中，《贪污贿赂案件解释》调整了挪用公款罪、挪用资金罪的定罪量刑标准，但对挪用特定款物罪则只字未提。调整范围上的顾此失彼，可能会导致体系上的不协调。其中存在的问题主要体现在以下几点：

其一，单位受贿、单位行贿的定罪量刑标准未作同步调整。

《贪污贿赂案件解释》将受贿罪"数额较大""数额巨大""数额特别巨大"的数额起点由原先的0.5万元、5万元、10万元调整为3万元、20万元、300万元，分别提升至原数额的6倍、4倍、30倍。由于受贿罪是自然人犯罪而非单位犯罪，如果单位受贿，刑法明确规定要按单位受贿罪定罪处罚。这就导致虽然同为受贿行为，单位受贿的定罪量刑标准却并未随着受贿罪的调整而调整，而是依旧"站在原地"未作改变。这是否妥当，值得讨论。最高人民法院刑庭工作人员曾撰文表示，贪污、受贿罪起刑数额的调整幅度与我国自1997年至2014年间人均GDP的增长幅度（6.25倍）保持一致，既有先例可循，也存在客观社会基础。[1]在此，我们完全可以揣测，《贪污贿赂案件解释》就是根据我国GDP的增长水平来确定贪污、受贿罪的起刑数额的。既然如此，单位受贿罪的起刑数额也理应适度地体现多年来我国经济发展水平的变化。我们很难想象我国GDP的增长水平只影响由自然人才能构成的贪污、受贿罪的起刑数额，而对单位受贿罪的起刑数额则无任何影响。单位受贿罪与受贿罪相比，仅存在犯罪主体上的不同，根本不存在行为上的异质性，只提升后者的起刑数额却对前者视而不见，未免顾此失彼，这似乎与时下倡导的法律和司法解释调整思路应具有一贯性的要求相悖。

同样的问题也存在于行贿罪与单位行贿罪上。《贪污贿赂案件解释》将行贿罪的起刑数额由原先的1万元提升至3万元，"情节严重"与"情节特别严重"

---

〔1〕 参见刘为波：《刑九实施后，贪污受贿罪"数额+情节"如何把握？》，载搜狐网，http://mt.sohu.com/20151116/n426629205.shtml，最后访问时间：2017年2月26日。

的数额起点也由原先的20万元、100万元提升至100万元、500万元，但对单位行贿罪起刑数额却选择了“缄口不语”，颇有点儿让人“摸不着头脑”。单位行贿罪的定罪量刑标准究竟是以后再改还是原封不动地维持现有标准？实际上是需要明确的。

其二，介绍贿赂罪的起刑数额高于受贿罪、行贿罪的起刑数额存在不合理性。《贪污贿赂案件解释》出台后，受贿罪与行贿罪的起刑数额均为3万元，介绍贿赂罪则未作改动。根据1999年最高人民检察院《关于人民检察院直接受理立案侦查案件立案标准的规定（试行）》，介绍个人向国家工作人员行贿，数额在2万元以上的，应当予以立案。这就导致行贿、受贿、介绍贿赂行为的处罚格局发生了改变。《贪污贿赂案件解释》出台前，受贿罪的起刑数额为0.5万元，行贿罪的起刑数额为1万元，介绍贿赂罪的起刑数额比前两者都高，这表明在同一案件中不会出现介绍贿赂人已经构成犯罪，而行贿人、受贿人却达不到立案标准的情况。但是，在《贪污贿赂案件解释》出台后，前述不合理情况却成为可能。当介绍贿赂人介绍行贿人向受贿人行贿2万元以上不满3万元，且行贿人、受贿人不具有其他严重情节时，行贿人、受贿人由于达不到数额标准而不构成犯罪，但二者的中间人也即介绍贿赂人却已经独立构成犯罪，这显然违背了罪刑均衡原则。众所周知，行贿、受贿是对合犯，介绍贿赂人是行贿人与受贿人的中间人，其目的在于促成行贿、受贿的对接，发挥着牵线搭桥的帮助作用。介绍贿赂人不是权钱交易的实际实施人，不应承受比行贿人、受贿人更重的惩罚。

需要指出的是，理论与实践中或许有人会把刑法对介绍贿赂与介绍卖淫的规定作比较分析，从而认为既然卖淫、嫖娼行为不构成犯罪而介绍卖淫行为构成犯罪，那么，行贿人、受贿人因达不到数额标准不构成犯罪，而介绍贿赂者则独立构成犯罪的情况也有合理之处。由此，《贪污贿赂案件解释》对介绍贿赂罪定罪量刑标准不作改动完全可以理解为是解释者“有意为之”。笔者认为，介绍贿赂罪与介绍卖淫罪本身其实并不具有可比性。首先，两罪属于不同类别的犯罪，在不同领域中的“介绍”行为之社会危害性是不可同日而语的。介绍卖淫行为是对“性与钱交易”的介绍，而介绍贿赂行为则是对“权与钱交易”的介绍。其次，两罪建立的基础不同。介绍贿赂行为是建立于行贿行为与受贿行为基础之上的，而受贿与行贿已经被刑法明文规定为犯罪；但是，介绍卖淫行为则是建立于卖淫行为与嫖娼行为基础之上的，而我国刑法并没有将卖淫、嫖娼行为规定为犯罪。犯罪建立的基础不同，其比较的合理性就值得商榷。再次，从我国刑法有关贿赂犯罪的法定刑规定分析，行贿、受贿罪的法定刑明显高于介绍贿赂罪的法定刑。受贿罪的法定最高刑为死刑，行贿罪的法定最高刑为无期徒刑，远远高于法定最高刑仅为3年有期徒刑的介绍贿赂罪，孰轻孰重一目了然，其中立法者强调对行贿、受贿罪从重处罚，而对介绍贿赂罪则要从轻处罚的意图显而易见。在受贿罪的第一档法定刑与介绍贿赂罪的法定最高刑皆为3年以下有期徒刑的情况下，作为轻罪的介绍贿赂罪当然不能比作为重罪的受贿罪的入罪门槛更低，否则就很难说体现了立法者的意图。就此而言，笔者认为，《贪污贿赂案件解释》没有对介绍贿赂罪的起刑数额作出调整，不能不说是一个败笔。

其三，挪用特定款物罪与挪用公款罪的定罪量刑数额标准仍衔接不畅。

根据《刑法》的规定，挪用特定款物罪的法定最高刑（7年有期徒刑）低于挪用资金罪的法定最高刑（10年有期徒刑），在同为非国家工作人员利用职务便利实施挪用行为的情况下，挪用特定款物的危害肯定大于挪用资金的危害，但前者法定刑却低于后者，这表明挪用特定款物罪之“挪用”并非挪作个人使用，而应采用“挪作其他公用”的解释。加之，《刑法》第384条明确规定国家工作人员挪用特定款物归个人使用的，依照挪用公款罪（法定最高刑为无期徒刑）从重处罚，可知挪用特定款物罪之“挪用”也不包括国家工作人员挪归个人使用的情形。比较三罪法定刑后得出结论：挪用特定款物罪之“挪用”应仅限于挪作其他公用。

《贪污贿赂案件解释》出台前，挪用特定款物罪与挪用公款罪的起刑数额就存在衔接上的不合理。由于国家工作人员挪用特定款物，若归个人使用的，应定挪用公款罪，若挪作其他公用的，则定挪用特定款物罪。那么很显然，在挪用主体同为国家工作人员的情况下，挪用特定款物罪的起刑数额便不能低于挪用公款罪的起刑数额。然而，问题恰恰出现于此。根据2010年最高人民检察院、公安部发布的《关于公安机关管辖的刑事案件立案追诉标准的规定（二）》，挪用用于救灾、抢险、防汛、优抚、扶贫、移民、救济款物，数额在5000元以上的，应予立案追诉。而根据1998年5月9日最高人民法院《关于审理挪用公款案件具体应用法律若干问题的解释》第3条第4款规定：“挪用救灾、抢险、防汛、优抚、扶贫、移民、救济款物归个人使用的数额标准，参照挪用公款归个人使用进行非法活动的数额标准。”《贪污贿赂案件解释》第5条规定，挪用公款归个人使用，进行非法活动，数额在3万元以上的，应当依照刑法第384条的规定以挪用公款罪追究刑事责任。也即挪用特定款物归个人使用的起刑数额为3万元，挪用特定款物作其他公用的起刑数额为5000元。这就导致当国家工作人员挪用价值5000元以上不满3万元的特定款物时，若挪归个人使用，则达不到立案标准，不构成犯罪；若挪作其他公用，却要构成挪用特定款物罪。这种存在衔接问题的规定，显然是令人难以接受的，也是司法实践无法适用的。笔者认为，《贪污贿赂案件解释》未能抓住此次全面、完整修改贪污贿赂犯罪定罪量刑标准的宝贵契机，对挪用特定款物罪给予应有的关注并解决历史遗留问题，不能不说又是一个重大遗憾。《贪污贿赂案件解释》出台后，挪用特定款物罪与挪用公款罪起刑数额之间的差距越来越大，前述适用标准的矛盾也就表现得愈加突出。

（二）《贪污贿赂案件解释》在调整幅度上的“厚此薄彼”

在《贪污贿赂案件解释》所涉及的10个罪名中，有不少罪名彼此之间的关系并不是“井水不犯河水”、毫不相干的。恰恰相反，这些罪名具有内在的关联性与横向的可比性，其定罪量刑标准的调整同样也是牵一发而动全身。此外，在同一罪名内，不同档的法定刑区间之间以及不同量刑情节之间，其定罪量刑标准的调整幅度也应当遵循一定的规律与原则。但《贪污贿赂案件解释》在这个问题上似乎略显“不拘小节”。其中存在的问题主要体现在以下几点。

其一，受贿罪定罪量刑标准的增幅远超行贿罪有违刑法重点打击受贿犯罪的一贯宗旨。

《贪污贿赂案件解释》将受贿罪“数额较大”“数额巨大”“数额特别巨大”的数额起点由原先的0.5万元、5万元、10万元调整为3万元、20万元、300万元，分别提升至原数额的6倍、4倍、30倍。将行贿罪“5年以下”“5年以上10年以下”“10年以上有期徒刑或者无期徒刑”的数额起点由原先的1万元、20万元、100万元调整为3万元、100万元、500万元，分别提升至原数额的3倍、5倍、5倍。如果比较受贿罪与行贿罪三档法定刑数额起点的增幅的话，则受贿罪分别是行贿罪增幅的2.5倍、0.75倍、7.25倍。也就是说，受贿罪第一档、第三档法定刑数额起点的增幅远远超过行贿罪第一档、第三档法定刑数额起点的增幅。换言之，在同样提高定罪量刑数额标准的情况下，受贿罪反倒比行贿罪迈出了“更大的步子”。

如果说法定刑数额起点增幅反映的只是数额的历史相对增长态势，并不能反映最终定格数字的话，那我们不妨再来关注受贿罪与行贿罪起刑数额的最终定格情况。本次《贪污贿赂案件解释》对受贿罪与行贿罪的起刑数额调整后，均以3万元拉平，从而使两罪在起刑数额上完全保持一致。这明显反映出，《贪污贿赂案件解释》对行贿罪秉持着与对受贿罪同样严厉打击的思路。这是否合理？值得商榷。首先，从社会危害性角度来看，受贿行为的社会危害性显然大于行贿行为的社会危害性，因为受贿罪的法定最高刑是死刑，高于行贿罪的法定最高刑无期徒刑，这不无疑义地表明了立法者对两罪社会危害性大小的评判态度。其次，从刑事政策角度来看，打击对合犯须找准“重点”，进而采取“分而治之”的策略。刑法越是不加区别地对待行贿人与受贿人，行贿人与受贿人之间所形成的犯罪同盟就越是坚不可摧，因为他们“同气连枝，一荣俱荣，一损俱损”。笔者曾听闻上海部分刑庭法官在此问题上对《贪污贿赂案件解释》的“辩护”意见，他们认为，近年来权钱交易犯罪之所以多发，根本原因就在于对行贿犯罪的制裁力度不够，绝大多数行贿犯罪人因主动交代受贿人而被判缓刑，甚至免予刑事处罚，之后他们又继续有恃无恐地向其他国家工作人员行贿，从而成为一股可怕的腐蚀力量，对党和国家领导干部形成糖衣炮弹的“围攻”之势。对此观点，笔者深不以为然。事实上，持此观点者只看到行贿人科刑较轻的事实，却看不到查处权钱交易犯罪背后谁发挥的作用最大，以及为何会发挥这样大的作用。正如前文所述，贿赂犯罪（包括受贿与行贿等）的本质在于对国家工作人员职务廉洁性的侵害，受贿罪与行贿罪由于主体限制的不同，前者的社会危害性明显大于后者，这是不证自明的。另外，正因为刑法对行贿人与受贿人采取了轻重有别的打击策略，所以一旦案发，行贿人为了获得较轻的处罚才会主动交代出受贿人，这在很大程度上节约了反腐的司法成本，同时受贿人也会因此而对行贿人的行贿行为存有一份戒备之心，不敢轻易受贿。由此可见，现行刑法对行贿与受贿行为采取轻重有别的打击策略并无实质不妥。但是，令人遗憾的是，在《刑修九》已经将行贿人在被追诉前主动交代行贿行为“可以减轻处罚或者免除处罚”修改为“可以从轻或者减轻处罚”的情况下，《贪污贿赂案件解释》非但没有将行贿罪的定罪量刑标准朝着更为合理的方向调整，反而使行贿罪定罪量刑标准的增幅远远低于行贿罪，甚至两罪的起刑数额还保持在了同一水平。笔者对这样的调整方向无法理解甚至感到担忧。

其二，职务侵占罪、挪用资金罪、非国家工作人员受贿罪有些量刑标准存在不平衡性。

挪用公款罪与挪用资金罪同属挪用型职务犯罪，贪污罪与职务侵占罪同属非法占有型职务犯罪，受贿罪与非国家工作人员受贿罪同属权钱交易型职务犯罪，各罪名之间的主要区别主要在于犯罪主体身份的不同。从这个意义上讲，挪用资金罪与挪用公款罪定罪量刑标准之间的比例关系，应该相类似于职务侵占罪与贪污罪、非国家工作人员受贿罪与受贿罪定罪量刑标准之间的比例关系。然而，《贪污贿赂案件解释》却作了不同的处理。《贪污贿赂案件解释》第11条第1款将非国家工作人员受贿罪、职务侵占罪的"数额较大""数额巨大"的数额起点，按照受贿罪、贪污罪相对应的数额标准规定的2倍、5倍执行。但同条第2款对挪用资金罪数额标准的规定却不再循以相同的调整思路。根据《贪污贿赂案件解释》第11条第2款的规定，挪用资金罪中的"数额较大""数额巨大"的数额起点，按照本解释关于挪用公款罪"数额较大""情节严重"的数额标准规定的2倍执行。换言之，挪用资金罪第二档法定刑的数额起点不再像职务侵占罪、非国家工作人员受贿罪那样按照对应的国家工作人员所实施犯罪的第二档法定刑的数额起点的5倍执行。

笔者揣测，《贪污贿赂案件解释》之所以只是将挪用资金罪抽离出来，采取不同于职务侵占罪、非国家工作人员受贿罪的调整办法与思路，可能是因为职务侵占罪与非国家工作人员受贿罪的法定刑完全一样，皆分为两档："5年以下有期徒刑或者拘役""5年以上有期徒刑，可以并处没收财产"，而挪用资金罪的两档法定刑则相对较轻，分别为"3年以下有期徒刑或者拘役""3年以上有期徒刑10年以下有期徒刑"。从这个角度看，挪用资金罪的定罪量刑标准采取与职务侵占罪、非国家工作人员受贿罪不同的调整思路似乎也可以理解。然而，这里需要指出的是，由于职务侵占罪、非国家工作人员受贿罪、挪用资金罪都只有两档法定刑，而贪污罪、受贿罪、挪用公款罪均有三档法定刑，因此当前三罪各档法定刑的数额起点按照后三罪数额起点的相应倍数计算后，便会导致职务侵占罪、非国家工作人员受贿罪、挪用资金罪第二档法定刑不存在数额区间而只有数额起点。那么，在理论上就可能产生这样的问题，即按照《贪污贿赂案件解释》规定，职务侵占罪与非国家工作人员受贿罪第二档法定刑的数额起点应为100万元，挪用资金罪第二档法定刑的数额起点应为400万元，由于没有规定相对的数额区间，这就导致具体每增加一年有期徒刑大致对应多少数额实际上处于未知状态。从理论上分析，如果以这些罪第二档法定刑的数额起点为折算标准，那么，职务侵占与非国家工作人员受贿300万元或者3000万元（甚至无限大数额）都可能面临15年有期徒刑的处罚；挪用资金1300万元或者13,000万元（甚至无限大数额）都可能面临10年有期徒刑的处罚。笔者认为，刑事责任与对应数额处于如此不确定状态，必然会导致新的适用刑罚不平衡现象的产生，这显然与《贪污贿赂案件解释》所追求的相对公平、合理的解释宗旨不相吻合。

其三，挪用公款罪的定罪量刑标准存在增幅错位。

《贪污贿赂案件解释》出台前，挪用公款罪的定罪量刑标准由1998年最高人民法院《关于审理挪用公款案件具体应用法律若干问题的解释》予以规定，挪用公款归个人使用，"数额较大、进行营利活动的"，或者"数额较大、超过三个月未还的"，以挪用公款1万元至3万元为"数额较大"的起点，以挪用公款15万元至20万元为"数额巨大"的起点。挪用公款"情节严重"，是指挪用公款数额巨大，或者数额虽未达到巨大，但挪用公款手段恶劣；多次挪用公款；因挪用公款严重影响生产、经营，造成严重损失等情形。"挪用公款归个人使用，进行非法活动的"，以挪用公款5000元至1万元为追究刑事责任的数额起点。挪用公款5万元至10万元以上的，属于挪用公款归个人使用，进行非法活动"情节严重"的情形之一。

《贪污贿赂案件解释》对挪用公款罪的定罪量刑标准重新作了设置，依次明确了前两档法定刑的数额区间和第三档法定刑的数额起点，消除了原来后两档法定刑数额起点（均为15万元至20万元）规定完全相同的现象，因而更为科学合理。然而，《贪污贿赂案件解释》还是对挪用公款罪在不同用途下的定罪量刑标准出现了增幅错位。根据《贪污贿赂案件解释》所作出的调整，挪用公款罪归个人使用，"数额较大、进行营利活动的"，或者"数额较大、超过三个月未还的"，其第一档（1万元至3万元）、第二档和第三档（15万元至20万元）的法定刑数额起点分别提升至5万元、200万元、500万元。假如按照原来规定中经济发达地区的标准（第一档、第二档法定刑的数额起点分别是3万元和20万元）进行比较计算的话，《贪污贿赂案件解释》则分别将数额起点提升至原数值的1.67倍、10倍、25倍。“挪用公款归个人使用，进行非法活动”三档法定刑的数额起点由原来的0.5万元至1万元（第一档）、5万元至10万元（第二档、第三档）提升至3万元、100万元、300万元，同样按照原来规定中经济发达地区的标准（第一档、第二档法定刑的数额起点分别是1万元、10万元）进行计算比较的话，《贪污贿赂案件解释》则分别将数额起点提升至原数值的3倍、10倍、30倍。可见“挪用公款归个人使用，进行非法活动”定罪量刑标准的增幅显著地高于“数额较大、进行营利活动”或者“数额较大、超过三个月未还”定罪量刑标准的增幅。为何增幅不一致？没有说明；此种不一致是否合理？这值得理论探讨和司法检验。

笔者认为，挪用公款进行非法活动的社会危害性显然大于挪用公款超期未还或进行营利活动的社会危害性，这是根据刑法分则条文对挪用公款罪罪状的描述所得出的结论。《刑法》第384条规定：“国家工作人员利用职务上的便利，挪用公款归个人使用，进行非法活动的，或者挪用公款数额较大、进行营利活动的，或者挪用公款数额较大、超过三个月未还的，是挪用公款罪。”挪用公款归个人使用，进行非法活动的，不要求达到“数额较大”，足见立法者对两种不同用途下挪用公款行为社会危害性大小不一的评判态度。然而，根据《贪污贿赂案件解释》，挪用公款两种用途下的定罪量刑标准却反而与其社会危害性大小呈现出“反差”〔1〕，也即社会危害性较大的“非法活动”型挪用的定罪量刑标准的增幅，却反而高于社会危害性较小的其他活动型挪用的增幅。除非有更强的理由，否则实在难以解释这种增幅错位现象。

（三）《贪污贿赂案件解释》在调整方针上的“不分彼此”

这里论及的，所谓调整方针上的“不分彼此”，是指无视两类不同事物的客观属性，而径行对其作出同样的处理结果。这在《贪污贿赂案件解释》对贪污贿赂犯罪定罪量刑标准的调整中仍然有着突出的体现。其中存在的问题主要体现在以下几点。

其一，受贿罪与贪污罪定罪量刑数额标准相同存在不合理。

---

〔1〕 一般认为，定罪量刑数额标准的增幅越大，说明该行为的社会危害性越小，对应的行为人所负刑事责任就应该越轻。

《贪污贿赂案件解释》沿袭了原《刑法》之前对贪污罪、受贿罪适用同样罚则的做法，继续将两罪的法定刑数额起点与定罪量刑标准作出不加区分的规定。笔者认为，尽管《刑修九》对于贪污罪与受贿罪均规定了相同的法定刑，但是，这并不意味着在法定刑数额起点与定罪量刑标准的规定上也必须做到完全相同。事实上，受贿罪与贪污罪无论在构成要件上还是在社会危害性上均存在很大的差异性。比如贪污罪是非法占有型的犯罪，其社会危害性基本可以通过“数额”来加以衡量，非法占有财物越多，当然社会危害性越大。受贿罪则不同，受贿罪是权钱交易型犯罪，受贿人所收受财物的来源是行贿人，并不绝对是收受财物数额越大，社会危害性就越大。受贿罪的本质在于行为人的行为侵害了国家工作人员职务行为廉洁性（或称不可收买性），其社会危害性的大小更多地体现在受贿人利用职务便利为他人谋取利益甚至通过滥用职权导致社会利益受到侵害等因素上。可见，贪污罪与受贿罪情节严重与否的评价标准应该是不一样的。从体系化评价的要求分析，将两罪的定罪量刑标准不加区分、同等设置显然有不妥之处。就更科学、更精细立法的角度而言，《贪污贿赂案件解释》在这一点上似乎还做得不够。

其二，利用影响力受贿罪与受贿罪定罪量刑标准相同似有不妥。

根据《刑法》规定，受贿罪的三档法定刑分别为“3年以下有期徒刑或者拘役，并处罚金”“3年以上10年以下有期徒刑，并处罚金或者没收财产”“10年以上有期徒刑或者无期徒刑（无期徒刑或者死刑，并处没收财产”；利用影响力受贿罪的三档法定刑分别为“3年以下有期徒刑或者拘役，并处罚金”“3年以上7年以下有期徒刑，并处罚金”“7年以上有期徒刑，并处罚金或者没收财产”。比较两罪的法定刑，我们不难发现，受贿罪第二档法定最高刑高于利用影响力受贿罪第二档法定最高刑，受贿罪第三档法定最低刑与最高刑均高于利用影响力受贿罪第三档法定最低刑与最高刑，但是受贿罪与利用影响力受贿罪的第一档法定刑却是完全相同的。

但是，《贪污贿赂案件解释》却没有根据刑法有关受贿罪与利用影响力受贿罪法定刑规定的差异，对两罪的定罪量刑适用标准作区别规定。《贪污贿赂案件解释》第10条规定，“利用影响力受贿罪的定罪量刑适用标准，参照受贿罪的规定执行”，也即受贿罪与利用影响力受贿罪采用完全相同的定罪量刑标准。这意味着在受贿罪与利用影响力受贿罪第二档、第三档法定刑不同的情况下，《贪污贿赂案件解释》对其规定了相同的定罪量刑标准，而在两罪第一档法定刑完全相同的情况下，《贪污贿赂案件解释》依然对其规定了相同的定罪量刑标准。这显然存在一定问题，客观上导致在3万元以上不满20万元的数额区间内，受贿与利用影响力受贿同样面临“3年以下有期徒刑或者拘役，并处罚金”的处罚。笔者认为，将相同的定罪量刑标准适用于性质存在较大差异的两个不同的犯罪，似乎并不十分妥当。

利用影响力受贿罪由《刑法修正案（七）》增设，当初是为了解决国家工作人员并不知情，但其近亲属或与其关系密切的人通过该国家工作人员职务上的行为，或者利用该国家工作人员职权或者地位形成的便利条件，通过其他国家工作人员职务上的行为进行“间接”的权钱交易而无法被定罪的难题，以提升打击受贿犯罪法网的严密度。相对于国家工作人员的直接受贿犯罪而言，利用影响力受贿罪的犯罪主体不是利用职务便利、为他人谋取利益的国家工作人员，而是不知情的国家工作人员的近亲属或者关系密切的人。利用影响力受贿罪具有明显的“间接”性，其定罪量刑标准的门槛应当更高，即我们应当在受贿罪定罪量刑标准的基础上，对利用影响力受贿罪定罪量刑标准进行一定程度的提升。笔者认为，在3万元以上不满20万元的数额区间内对受贿罪、利用影响力受贿罪采取同样的打击力度与调整方针，似乎是在有意地抹杀两种犯罪之间的差异性。从理论上分析，这种定位理由不充分，值得商榷。

此外，还需指出的是，如果说笔者上述观点是成立的，那么，就会产生另一个新的不平衡问题。在受贿罪与利用影响力受贿罪第二档和第三档法定刑规定不同的情况下，《贪污贿赂案件解释》仍然对两罪规定了相同的定罪量刑标准。笔者认为，《贪污贿赂案件解释》对受贿罪与利用影响力受贿罪相同和不相同的法定刑都规定适用完全相同的定罪量刑标准，本身就意味着采用了不同的标准，不平衡问题的存在是显而易见的。另外，由于受贿罪第二档法定最高刑和第三档法定最低、最高刑明显高于利用影响力受贿罪，对其规定相同的定罪量刑标准似乎也能在一定程度上保持平衡。但是，由于两罪第一档法定刑完全相同，因此，两罪第二档法定最低刑就必然完全一致。如果说《贪污贿赂案件解释》对两罪第一档法定刑定罪量刑标准的设定存在不平衡问题的话，那么《贪污贿赂案件解释》对两罪完全相同的第二档法定最低刑设定完全相同的定罪量刑标准，同样也存在不平衡的问题。

四、《贪污贿赂案件解释》中部分争议规定的理解与适用

不可否认,《贪污贿赂案件解释》中除了存在上述瑕疵规定之外,也尚存一些容易引发争议的规定。笔者认为,如何妥适理解与适用这些规定,对于准确与统一司法而言至关重要。

(一)贿赂犯罪中"财物"的数额认定

贿赂犯罪中"财物"的认定与数额计算长期以来是惩治腐败犯罪实践中最为疑难的问题之一。《贪污贿赂案件解释》第12条的规定,贿赂犯罪中的"财物"包括财产性利益,同时财产性利益包括可以折算为货币的物质利益和需要支付货币才能获得的其他利益两种情形。"两高"相关负责人在对《贪污贿赂案件解释》的权威说明中指出,根据反腐败斗争形势的需要和司法实践经验的总结,为了更有效地严惩腐败犯罪,《贪污贿赂案件解释》对刑法规定的"财物"作出适度扩张解释。[1]笔者认为,这种对贿赂犯罪"财物"的扩张解释,除了明确财物在属性与内容上包括财产性利益之外,更应当重视的是财产性利益的数额认定规则。《贪污贿赂案件解释》设定了两种财产性利益数额认定模式:(1)物质利益的,折算为货币认定其数额;(2)需要支付货币才能获得的其他利益的,以实际支付或者应当支付的数额予以认定。

笔者认为,《贪污贿赂案件解释》有关物质利益的数额认定模式,存在一定的逻辑障碍与实践困惑,应当进行更为缜密的梳理。《贪污贿赂案件解释》第12条认为,房屋装修、债务免除等物质利益应当折算为货币认定贿赂数额,却没有对折算规则作出具体规定。同时,其又强调"后者的犯罪数额"(免费旅游等其他利益),以实际支付或者应当支付的数额计算。言下之意显然是房屋装修、债务免除等物质利益不能以实际支付或者应当支付的数额予以认定,而只能进行折算。但是,在贿赂犯罪司法实践中,财产性利益输送与收受的数额,实际上具体表现为两种情形:能够查清实际支付货币的数额;无法查清实际支付数额,而只能基于公允的市场价格判断应当支付货币的数额。而折算的内涵,显然就是基于公允市场价格计算的应当支付货币的数额。因此,将折算规则与"实际支付+应当支付"规则对立与排斥并不符合逻辑思维与实践状

---

〔1〕《"两高"发布办理贪污贿赂刑事案件司法解释》,载最高人民法院网:http://www.court.gov.cn/zixun-xiangqing-19562.html,最后访问时间:2017年2月26日。

况。再进一步分析，房屋装修、债务免除、免费旅游、享受高尔夫俱乐部、高档会所等专属会员服务等，作为财产性利益的不同表现形式，在贿赂犯罪司法实践中都具有共性，即都是由行贿人资助或者行贿人本身就是相关利益产品的生产者，实质上属于金钱、货币变换而成的、输送给受贿人的利益享受或者拥有，虽然形式上不具有一般性贿赂的货币、物品、财产的直接样态，但内容上仍然无法摆脱货币利益经中间环节周转而成的贿赂本质。因此，财产性利益数额认定规则应当是：有证据证明存在实际支付价格的，以此实际支付价格的数额作为贿赂数额认定；无法查清实际支付价格的，以有权机构的价格鉴定结论计算应当支付价格的数额作为贿赂数额认定。

至于理论和实践中争议颇大的“性贿赂”是否应该列入贿赂犯罪中的“贿赂”范畴之中的问题，《贪污贿赂案件解释》仍然没有作出明确界定。有人认为，《贪污贿赂案件解释》既然已经规定了“需要支付货币才能获得的其他利益”情况的计算方法，这就证明了《贪污贿赂案件解释》实际上认可了“性贿赂”是贿赂中的一种表现形式。但是，笔者认为，“性贿赂”是否包含在《贪污贿赂案件解释》中“需要支付货币才能获得的其他利益”范畴之中，仍然需要明确并值得讨论。讨论的焦点可能还在于“性”是否是“商品”？“性”是否可以“交易”？如果“性”不是商品，也不能进行交易（性行为不能用货币结算），那么，“性”就无法包含在《贪污贿赂案件解释》规定中的“其他利益”范畴之中，更无法将其归入“需要支付货币”的范围之内。所有这些问题，其实均应该由《贪污贿赂案件解释》予以明确。《贪污贿赂案件解释》仍然持模糊态度，多少有点令人不解和感到遗憾。

（二）对贪污贿赂犯罪特殊从宽处罚条件的认定

《贪污贿赂案件解释》显著提高了贪污贿赂犯罪定罪量刑的数额标准，相应的，相同的犯罪数额，基于《贪污贿赂案件解释》的腐败犯罪刑罚处罚的强度明显要低于原来刑事司法实践中的刑罚裁量结果。以《贪污贿赂案件解释》正式公布实施后的首例受贿案为例，被告人石某利用其担任某铁路局某工务工厂物资供应部部长负责物资采购和供应的职务便利，先后多次收受回扣等共计152,900元。石某到案后，主动交代了司法机关尚未掌握的受贿犯罪事实，并退缴了全部赃款，积极要求交纳罚金，真诚悔罪。青岛铁路运输法院根据新解释采取的“数额+情节”模式和增设的罚金刑标准对被告人石某进行了定罪量刑，当庭判决有期徒刑1年，并处罚金10万元。[1]可见，《贪污贿赂案件解释》实施后能够预期的实践结果是，排除犯罪数额较低与贪污贿赂数千万、上亿元的极值，通常贪污贿赂数十万元、数百万元的案件，基本法定刑幅度在3年至10年有期徒刑的区间，在符合自首、立功、悔罪等从宽情节的情况下，行为人会被判处3年以下有期徒刑，并具有适用缓刑的可能。对比早前刑法与司法解释的贪污贿赂犯罪定罪量刑框架，呈现出了一定的轻缓化态势。那么，在《贪污贿赂案件解释》大幅度提高贪污贿赂犯罪定罪量刑数额标准的情况下，应当通过严格规范贪污贿赂犯罪的从宽处罚情节来保持刑罚的震慑效应。

笔者认为，随着经济社会的迅猛发展，贪污贿赂犯罪等以数额为定罪量刑主要标准的犯罪，通过刑事立法与司法解释的不断调整，适度调高量化标准，并没有违背社会生活与法律制度的发展规律。《贪污贿赂案件解释》颁行之前，围绕《刑修九》调整贪污贿赂犯罪定罪量刑模式问题探讨时就有观点指出，根据经济社会的发展变化提高贪污、受贿犯罪起刑点数额标准有先例可循。1988年《全国人大常委会关于惩治贪污罪贿赂罪的补充规定》对贪污罪设置的起刑点是2000元，十年后1997年《刑法》修订时，将该标准调整为5000元。5000元的数额标准现已适用近二十年，人均GDP自1997年至2014年增长了6.25倍，适度提高数额标准有其客观社会基础。[2]诚然，刑法与司法解释应当充分契合特定历史时期的经济发展条件，但是，在具体的刑事法律适用过程中，尤其是在《贪污贿赂案件解释》新近推出的转轨阶段，应当高度重视犯罪数额标准调高之后对社会公众心态造成的现实冲击，并通过严格规范适用自首等从宽处罚情节，防止贪污贿赂犯罪刑罚水平快速且大规模地滑坡。

应当看到，《刑修九》对引导贪污贿赂犯罪主体主动配合反腐败执法与司法建构了具有相对倾斜性与突破性的制度安排。除了符合自首、坦白等刑法总则规定的从宽量刑情节之外，《刑法》原贿赂犯罪法律条文并未对配合调查、追赃、悔罪的受贿犯罪专门设置法定从宽的认定条件与适用标准。但《刑修九》从反腐斗争实际需要的角度出发，对犯贪污受贿罪，如实供述自己罪行、

---

〔1〕 李珍、刘磊、盛帅：《收受15万元回扣获有期徒刑一年》，载《半岛都市报》2016年4月20日，第A3版。

〔2〕 刘为波：《贪污贿赂罪刑罚体系的修正与适用》，载《中国审判》2015年第20期。

真诚悔罪、积极退赃，避免、减少损害结果发生的，规定可以从宽处理。[1]符合上述配合、遵从、悔过、止损等法律条件的，贪污受贿数额较大或者有其他较重情节的，酌定从轻、减轻或者免除处罚；数额巨大或者有其他严重情节、特别巨大或者有其他特别严重情节的，酌定从轻处罚。但令人遗憾的是，《贪污贿赂案件解释》仅明确了行贿罪从宽处罚的适用条件，即对"犯罪较轻"、"对侦破重大案件起关键作用"和"重大案件"等规定的具体理解作出了明确规定，且明确只有可能判处3年有期徒刑以下刑罚的犯罪才属于"犯罪较轻"，可能判处10年有期徒刑以上刑罚的案件才属于"重大案件"。但是，有关《刑修九》针对贪污受贿罪作出的重要从宽情节的具体适用，《贪污贿赂案件解释》却没有进行细化解释。

笔者认为，对贪污贿赂犯罪予以刑事处罚的基本功能，显然应当包括有力的震慑腐败行为。但不可回避的是，执法司法成本与贪污贿赂犯罪的隐蔽行为规律决定了反腐败实际需要违法犯罪行为主体的供述、举报、配合以及遵从。刑法与司法解释的建构与运作，其最大困难便在于如何协调与平衡充分发挥贪污贿赂犯罪预期刑罚震慑作用与制度化地引导贪污贿赂主体主动供述、有效降低腐败损害之间的潜在冲突。坦率地分析，惩治贪污贿赂犯罪的反腐败效率提升，需要借助于侵吞国有资产者、滥用职务权力谋取私利者、行贿者的线索提供、事实供述、配合认罪等。其中，贪污贿赂犯罪主体本身对于反腐败执法与司法行动的主动反应及其在刑罚制度上的从宽处遇，是应当予以高度重视的。我国反腐败立法与司法实践传统上更为重视从行贿人切入分化贿赂犯罪同盟结构，对于主动配合调查的受贿人，除了自首等法定情节之外，其他特殊性的制度安排与司法操作是应当谨慎使用、从严把控的。然而，行贿人固然能够提供反腐败信息，可是确定且充分地符合起诉、定罪需求的证据链条，仍然无法完全脱离受贿人的配合与供述。受贿人的遵从性行为通常又需要反腐败执法与司法办案机构的从宽承诺，刑法与司法解释必须对此反腐败现实需求做出应对性的制度安排。这也就制造了新的矛盾——重刑与轻刑的选择悖论，即更高强度的刑罚适用可以有效震慑贿赂犯罪，震慑效果必须依托

---

〔1〕《刑法》第383条第3款规定：犯第一款罪，在提起公诉前如实供述自己罪行、真诚悔罪、积极退赃，避免、减少损害结果的发生，有第一项规定情形的，可以从轻、减轻或者免除处罚；有第二项、第三项规定情形的，可以从轻处罚。

于腐败案件查处，没有从宽处罚的制度安排，刑罚发挥震慑效果便不具有现实性。

因此，在《刑修九》已经设置了贪污贿赂犯罪特殊从宽条款的情况下，司法解释就应当通过细化规则的设计，实现腐败犯罪震慑、合理节省司法资源、有效配置刑罚强度之间的平衡。具体而言，在认定“在提起公诉前如实供述自己罪行、真诚悔罪、积极退赃，避免、减少损害结果的发生”这一从宽情节时，应当审慎把握主观性成分较多的“真诚悔罪”，并对“积极退赃”“避免、减少损害结果的发生”等客观性因素进行合理的限制性解释。

1.“真诚悔罪”的认定。悔罪是否真诚往往涉及较多主观化的判断，应当尽量强调悔罪内容的具体化，杜绝空泛化。在司法实践中，不少贪污贿赂犯罪者表面上会含泪忏悔，“发自肺腑”地洋洋洒洒写下万言悔过书，但实际上并不具有悔罪的坚决与真挚。有的贪污贿赂者在纪委组织调查、检察机关侦查或者法庭审理过程中，以各种书面陈述等形式悔罪，表达其悔恨反省之意，但此种悔罪属于真诚悔罪还是故意作秀表演以求从宽处理，实践中基本上难以进行直观的判断。有时甚至还会出现抄袭悔过书的情况。[1]笔者认为，悔罪是否真诚应当通过实体内容与程序机制两方面予以严格确认。其一，“真诚悔罪”在实体内容上应当是对人性、真理、司法权威的敬畏，必须从贪污贿赂犯罪主体个人的经济生活环境、性格发展、人际关系、工作状态中寻找犯罪根源、解释犯罪原因、悔改方案。其二，既然“真诚悔罪”是一种法定的从宽情节，就有必要在实践中设置司法评价机制，在贪污贿赂犯罪刑事程序中以司法人员为主导，从犯罪性质、情节、根源、思想以及行为人性格特点、工作影响等方面形成具有针对性的评估标准，对犯罪人的悔罪内容和深度、承诺的真诚度、改正的可行性等方面进行全面评价并形成司法意见。

2.“积极退赃”的认定。笔者认为，认定贪污贿赂者的“积极退赃”，原则上应当要求其全部退赃，确实无法全部退赃，且没有证据表明贪污贿赂者或

---

〔1〕 2007年7月11日，安徽省能源集团有限公司原党委书记、总经理（正厅级）张绍仓涉嫌贪污、受贿案在阜阳市中级人民法院开庭审理。庭审中，在被告人最后陈述阶段，一直沉默不语的张绍仓掏出老花镜，含泪念了自己写的长达4页的悔过书。然而，张绍仓的悔过书，和《检察日报 廉政周刊》在2007年5月29日以《“我的错误是在无监督约束下发生的”》为题刊发的四川省成都市龙泉驿区原区委常委、同安镇党委书记朱福忠的悔过书有几处雷同，有抄袭的嫌疑。参见李英华：《贪官的悔过书也抄袭？》，载《检察日报》2007年9月4日，第6版。

其家属有转移财产迹象的，退赃数额超过非法所得数额50%的，方可以认定为“积极退赃”。

3.“避免、减少损害结果发生”的认定。防治或者减少贪污贿赂犯罪可能牵涉的国家、人民利益损害，必须是出自于行为人自身的主动行为。实践中，有的受贿犯罪并不存在以损害国家、人民利益为代价的倾向性职务行为。例如，受托人收受他人财物后帮助请托人尽快办理审批手续、加快支付结算资金等，职务行为内容本身是符合法律规定的。这种情况属于贪污贿赂犯罪行为本身没有进一步造成国家、人民利益损害结果的，不能将之认定为行为人“避免、减少损害结果的发生”这一从宽情节。

第三编　网络时代的刑法应对

第一章　网络时代网络犯罪的类型

2016年1月22日，中国互联网络信息中心（CNNIC）第37次《中国互联网络发展状况统计报告》显示，截至2015年12月，中国网民规模达6.88亿，互联网普及率达到50.3%，半数中国人已接入互联网。在如此庞大的网络用户规模下，网络犯罪的对象与类型也愈加多元和复杂。

第一节　网络犯罪类型之传统划分

德国犯罪学家汉斯·约阿希姆·施奈德在其《犯罪学》一书中最早提出人们广为沿用的关于“计算机犯罪”的定义：“利用电子数据处理设备作为作案工具的犯罪行为或是把数据处理设备作为对象的犯罪行为。”[1]随后，人们借鉴这一定义方法，将网络犯罪也大致分为两类，一是将信息网络作为对象的犯罪行为，二是利用信息网络作为作案工具的犯罪行为。近年来有学者结合日益发展的云技术与网络平台思维，提出了网络犯罪的第三种类型：以网络作为犯罪空间的犯罪，如开设网络赌场、提供犯罪网络平台等。[2]这主要是根据网络在网络犯罪中的地位与作用所作的划分。其中，第三类空间型网络犯罪被视为对传统刑法冲击最大。有学者曾将作为犯罪场所的网络空间比作

---

〔1〕 黄泽林：《网络犯罪的刑法适用》，重庆出版社2005年版，第9页。

〔2〕 参见于志刚：《网络思维的演变与网络犯罪的制裁思路》，载《中外法学》2014年第4期。

“一个与现实世界有些相似的世界，是一个既存在于现实世界，又存在于现实世界之外的无法界定的地方”，[1]这成为当下刑法学界将要涉足或正在涉足的重要研究领域。

除了学理上的分类外，现行法律、法规或司法解释也曾尝试对网络犯罪进行划分。2000年12月28日全国人大常委会《关于维护互联网安全的决定》奠定了规制网络犯罪的基本框架，该决定将网络犯罪归为如下几种类型：(1)涉及互联网运行安全的网络犯罪；(2)涉及国家安全和社会稳定的网络犯罪；(3)涉及社会主义市场经济秩序和社会管理秩序的网络犯罪；(4)涉及个人、法人和其他组织的人身、财产等合法权利的网络犯罪；(5)利用互联网实施其他构成犯罪的行为。显然，该决定对网络犯罪的分类主要是根据网络犯罪侵害法益的不同所作的划分。2014年5月4日最高人民法院、最高人民检察院、公安部《关于办理网络犯罪案件适用刑事诉讼程序若干问题的意见》将网络犯罪定义为主要犯罪行为在网络上实施的犯罪，从而将未在网络上实施主要犯罪行为而只是因上网而诱发的犯罪排除在外，比如与网友聊天相约见面进而实施强奸，未成年人沉迷网络挥霍无度而实施抢劫等。在此基础上，该司法解释将网络犯罪案件归纳为四类：危害计算机信息系统安全犯罪案件；通过危害计算机信息系统安全实施的盗窃、诈骗、敲诈勒索等犯罪案件；在网络上发布信息或者设立主要用于实施犯罪活动的网站、通讯群组，针对或者组织、教唆、帮助不特定多数人实施的犯罪案件；主要犯罪行为在网络上实施的其他案件等。

上述对网络犯罪的传统划分标准，有些是从网络犯罪行为方式纵向发展的维度出发，有些则是从网络犯罪所侵害的横向法益角度出发。一纵一横，构成了目前人们对网络犯罪的类型化认识。然而，不论是从纵向发展的维度抑或从横向法益的角度，这些分类方式都仅仅停留在有助于使人们更好地认识和解释网络犯罪类型上，却不能为我们打击不同类型网络犯罪提供具有方向性、针对性的思路。譬如在应然层面上，何种网络犯罪的刑事打击力度应当更严？何种应当宽松？抑或何种应当既不松也不严而与传统犯罪相等？马克思先生的墓志铭仍然回响在耳，“哲学家们总是用不同的方式解释世界，而问题

〔1〕 参见[美]劳拉·昆兰蒂罗：《赛博犯罪——如何防范计算机犯罪》，王涌译，江西教育出版社1999年版，第1页。

在于改造世界”。如果不能从根本上挖掘网络犯罪与传统犯罪的本质异同，进而就各网络犯罪类型提出针对性的刑法规制理念与思路，那么不论提出看似多么精妙的划分标准，恐怕也着实如“隔靴搔痒”，无法解决实际问题，甚至还可能会陷入一些认识上的误区。

第二节　网络犯罪类型之重新划分：以传统犯罪为参照系

正如互联网金融的本质是金融一样，网络犯罪的本质也仍然是犯罪。网络犯罪不过是犯罪发展到一定程度的新生样态，属于网络时代的新生事物。新事物与旧事物之间的关系从来不是“一刀两断”的，而是“藕断丝连”的。对于网络犯罪的研究恐怕还需要“返璞归真”，我们的关注点需要不断地往返于现代与传统之间，并且注重以传统犯罪为立足点和切入点。网络犯罪与传统犯罪的关系模式并非只是前者乃后者的升级版如此简单。若以传统犯罪为参照标准，我们完全可以对网络犯罪作以下分类。

一、与传统犯罪本质无异的网络犯罪

所谓与传统犯罪本质“无异”的网络犯罪，是指同一犯罪行为由线下转至线上后，该行为本身的社会危害性既未发生“量”的变化，也未发生“质”的改变。例如，网络敲诈勒索案中行为人利用QQ、微信等社交软件向熟人发起视频对话，在视频对话中展示“恫吓、威胁”的手段令对方心生恐惧，进而向被害人敲诈勒索。又如，网络盗窃案中行为人事先设立淘宝商户，趁网购买家点击商品图片时将木马病毒植入买家的电脑中，然后向木马病毒发出指令，使被害人在使用网上银行支付时，目标收款账户被修改为指定的账号，或者行为人以方便买家购物为由，将该虚假淘宝网链接通过阿里旺旺聊天工具发送给买家，买家误以为是淘宝网链接而点击该链接进行购物、付款，并认为所付货款会汇入支付宝公司为担保交易而设立的公用账户，而实际上该货款通过预设程序转入了行为人账户。再如，网络诈骗案中行为人与网友聊天时播放事先下载好的美女视频，使对方误以为自己真在与美女聊天，此时行为人假借进一步“视频裸聊”的名义骗取他人钱财；还有非法行医案中未取得医生执业资格的

行为人通过网上视频为病人在线诊断病情；等等。

二、较传统犯罪呈危害“量变”的网络犯罪

所谓较传统犯罪呈危害“量变”的网络犯罪，是指同一犯罪行为由线下搬至线上后，其社会危害性发生了显著增长的“量变”，传统犯罪的现行规制力度并不足以应对此种变化，这主要是指信息散布型犯罪。

信息散布型犯罪，是指在信息网络上散布违法犯罪信息，或者非法散布不应公开的信息的犯罪行为。之所以将此类犯罪行为单独抽离出来自成一类，这既与信息的特殊属性相关，也由我们所身处的这个信息时代所决定。在现代社会，“与实体空间的争斗不同，未来的争执正呈现出一种向信息空间延伸的趋势，也就是从对土地的索求，向经济领域推进，再到对信息空间的控制”。[1]如果将不应公开、不能公开的信息在网络上予以散布，可能会严重侵害个人或单位的人身、财产权益，并且接触信息的人越多，对被害人的威胁便越大，在互联网如此普及的今天，其所导致的个人精神损害与财产损失可能无法估量；而如果在信息网络上散布违法犯罪信息，毫不夸张地说，其所带来的社会负面效应将无异于一场灾难性的动荡。由于信息可即时复制、接力传播的特性，即便行为人意欲中止信息的继续扩散，恐怕也回天乏术。同一信息散布型犯罪行为，在线下实施与在线上操作，其所具有的社会危害性存在天壤之别，因为其社会危害性直接取决于受众的多寡与中止信息扩散的可能性。由于信息散布型犯罪在线上、线下的社会危害性表现出如此巨大的差异，我们有必要对此类网络犯罪引起足够的重视。

《刑法》中可归入信息散布型犯罪的罪名主要涉及刑法分则7个章节，18个罪名：第一章危害国家安全罪中的煽动分裂国家罪，煽动颠覆国家政权罪；第二章危害公共安全罪中的宣扬恐怖主义、极端主义、煽动实施恐怖活动罪；第三章破坏社会主义市场经济秩序罪中的泄露内幕信息罪，编造并传播证券、期货交易虚假信息罪，侵犯商业秘密罪，损害商业信誉、商品声誉罪；第四章侵犯公民人身权利、民主权利罪中的诽谤罪，煽动民族仇恨、民族歧视罪，侵犯公民个人信息罪；第六章妨害社会管理秩序罪中的非法利用信息网络罪，编

〔1〕 信息社会50人论坛编著:《信息经济：中国转型新思维》，上海远东出版社2015年版，第9页。

造、故意传播虚假恐怖信息罪，编造、故意传播虚假信息罪，传授犯罪方法罪，泄露不应公开的案件信息罪，披露、报道不应公开的案件信息罪；第九章渎职罪中的故意泄露国家秘密罪；第十章军人违反职责罪中的故意泄露军事秘密罪。

三、较传统犯罪呈危害“质变”的网络犯罪

所谓较传统犯罪呈危害“质变”的网络犯罪，是指线下的传统犯罪被搬至线上后，反而不构成犯罪的情形。当然，这种情况一般发生于特殊领域、特殊时期，具有一定的空间、时间上的特殊性。互联网金融便是这一特殊领域、特殊时期的产物，理所当然会成为这一时期引起刑法关注的内容。

2015年7月14日，中国人民银行、工业和信息化部、公安部等国务院十部委《关于促进互联网金融健康发展的指导意见》(以下简称《指导意见》)指出：“促进互联网金融健康发展，有利于提升金融服务质量和效率，深化金融改革，促进金融创新发展，扩大金融业对内对外开放，构建多层次金融体系。作为新生事物，互联网金融既需要市场驱动，鼓励创新，也需要政策助力，促进发展。”这是党中央、国务院在金融战略决策层面上的部署，表明了国家鼓励创新、支持互联网金融健康发展的态度。由此，互联网支付、网络借贷、股权众筹融资、金融机构创新型互联网平台等成为《指导意见》所划分出的主要金融业态。其中，网络借贷中的P2P借贷，以及股权众筹融资这两种金融业态极具特殊性，由于两者发生于线上或线下，因此，所受到的法律评价迥然不同。

网络借贷包括个体网络借贷(P2P网络借贷)和网络小额贷款，其中P2P网络借贷是指个体和个体之间通过互联网平台实现的直接借贷。也即在互联网平台上，同一人向社会不特定多人(“一对多”)的借贷是被《指导意见》所认可的。然而，同样发生在线下的针对不特定人的“一对多”借贷，当行为人吸收存款数额20万元以上的，或存款者超过30人的，便可能涉嫌构成非法吸收公众存款罪。可见，在P2P网络借贷问题上，同一集资行为在线上与在线下实施，直接决定着行为的合法与否。

同样，对于股权众筹融资也存在线上线下不同的评价。根据2010年最高人民法院《关于审理非法集资刑事案件具体应用法律若干问题的解释》，未经国家有关主管部门批准，向社会不特定对象发行、以转让股权等方式变相发行

股票或者公司、企业债券，或者向特定对象发行、变相发行股票或者公司、企业债券累计超过200人的，可能构成擅自发行股票、公司、企业债券罪。而将同样行为搬至互联网，在股权众筹网络平台上实施时，则转化为一种被《指导意见》所认可并鼓励的互联网金融业态。股权众筹融资是指通过互联网形式进行公开小额股权融资的活动。目前国内股权众筹融资平台的普遍运营模式是项目发起人于股权众筹平台事先设定募集时间与募集金额，向社会不特定公众筹集资金，若筹资成功，投资者与项目发起人将对该项目共享收益、共担风险；若筹资失败，已筹得款项全部退还投资人。其本质是以股权回报形式筹集资金，这在外观上与公开发行证券无异。由此可见，近年来，线下传统犯罪行为被搬至互联网后反而不构成犯罪的情形确实客观存在。我们在研究网络犯罪时，当然不能忽略此种现象的存在。

第二章　网络时代应秉持的刑法新理念

回顾历史的发展进程，人类的步伐曾依次在农业社会、工业社会、信息社会中留下印迹。美国学者阿尔温·托夫勒形象地指出，农业社会是在地上挖、种植各种农产品；工业社会是往地下挖，挖出原料，生产出产品；信息社会则是在地表上，用有线或无线的通信网络，以终端机连接起来。[1]从最本质的层面看，农业社会是人与自然的博弈，工业社会是人与人工组合起来与自然博弈，信息社会则是人与人之间的交互博弈。这一点也不无例外地体现在犯罪类型和样态的历史演变上。可以说，犯罪伴随着文明一起步入了信息时代，呈现出不同于以往的新型犯罪类型与样态。在此背景下，用以指导刑事立法与刑事司法的刑法理念，毫无疑问也将面临一个是否需要调整以及如何调整的问题。而该问题显然关乎根本，举足轻重。

第一节　时代变迁与刑法理念

何为刑法理念？有学者认为，刑法理念就是刑法的基本观念、刑法的基本立场，是对刑法所作的一种形而上的、应然的思考。[2]据此，有学者进一步指出，“刑法的适用并不是对法条文字的适用，而是对法条真实含义的适用。适用刑法需要有理

〔1〕 杨正鸣：《网络犯罪研究》，上海交通大学出版社2004年版，第8页。
〔2〕 陈兴良：《刑法理念导读》，中国检察出版社2008年版，第5页。

念的指导”，[1]也即刑法理念举足轻重，其指导着人们对法条真实含义的理解。笔者认为，刑法理念的指导意义其实既可体现于立法层面，亦可渗透于司法层面。早在九十多年前，卡多佐法官便在书中极力重申那些“被忽略的因素”以及“科学的自由寻找”（即理念）在司法过程中的作用：“法官作为社会中的法律和秩序之含义的解释者，就必须提供那些被忽略的因素，纠正那些不确定性，并通过自由决定的方法——‘科学的自由寻找’——使审判结果与正义相互和谐。”[2]所谓“科学的自由寻找”，寻找的便是一种理念，此理念的作用在于消弭法律文字与法律精神之间的反差。而这样的反差显然在任何一部成文法中都不罕见。

刑事立法与刑事司法均需刑法理念的指导，刑法理念本身是一种人为的、主观的、有意识的选择。然而最终人们究竟会选择信奉一种什么样的理念，却天然地要受制于一种非人为、非主观乃至并非完全由个人意志所能决定的力量，那就是人们所身处的特定时代与社会。法律从来是社会的产物，“它反映某一时期、某一社会的社会结构，法律与社会的关系极为密切。我们不能像分析学派那样将法律看成一种孤立的存在，而忽略其与社会的关系”。[3]具有浓厚伦理色彩的刑法规范更是如此。

首先，罪名的内容随时代而变。仅以强奸罪这一人类最古老的罪名为例，便或可一窥时代变迁与刑法规范之间的紧密联系。中国农业社会的生产模式是男耕女织，生产力的创造主要依靠男子的体力，故而男女生理上的差异从根本上决定了男女地位的不平等。女子被视为男子的私产，这便直接影响到当时法律有关强奸罪内容的规定。如元代法律明确指出：“强奸无夫妇女杖一百七，有夫则处死”，夫权的烙印不言而喻。步入工业社会后，人与自然的博弈转化为人与人工组合起来与自然博弈，当人们可假机器之力劳作后，智力的重要性愈加凸显，男女之间的生理差异日渐弱化，男女平等才从根本上有了可能。反映于刑法规范上便是强奸罪不再以被害人是否为有夫之妇而使强奸犯所受刑罚有异，强奸罪的保护法益从性秩序向妇女性自主权转变。随着文明进程的再次推进，人类步入后工业时代，人们关于强奸罪的主体与对象又有

〔1〕 张明楷：《网络时代的刑法理念——以刑法的谦抑性为中心》，载《人民检察》2014年第9期。
〔2〕 [美]本杰明·卡多佐：《司法过程的性质》，苏力译，商务印书馆2000年版，第17页。
〔3〕 瞿同祖：《中国法律与中国社会》，商务印书馆2010年版，导论。

了新的见解与讨论，如丈夫是否可以成为强奸罪的主体？男子能否成为强奸罪的对象？诸种问题不论其最终定论如何，但问题提出本身就已经在一定程度上反映出社会历史变迁的脉动。

其次，刑罚的种类随时代而变。“生产资料所有制变更的历史，也就是生产劳动和劳动者的地位不断上升的历史。这种情况必然影响刑罚。”[1]在人类社会早期，以残废肢体、残害肌肤为内容的肉刑充斥于刑罚体系，这与当时部落之间战事频仍、处置战俘不无关系，肉刑的起源便追溯至对战俘的处置。随着封建王朝的建立与不断稳固，统治者开始逐步将发展生产、休养生息奉为治国理念，于是在生理上会妨碍人们劳作、繁衍的肉刑在刑罚体系中的比重变得越来越低。

最后，刑法的理念也随时代而变。据蔡枢衡先生的考证，商、周时代便已实行罪刑法定主义。“有旨无简不听”（《礼记·王制》）、“无简不听，具严天威”（《尚书·吕刑》），无简即法无罪名，无简不听即下级虽已定罪，如果法无罪名，便不批准定罪。从形式上看，那时的罪刑法定主义似乎已有萌芽，然而从本质上看，囿于所处社会阶段及其生产关系的限制，农业社会的罪刑法定主义与近代以来的罪刑法定主义显然有着不同的内核。前者是君权对官权的限制，后者才是人权对公权的胜利，名同而实不同，这归根结底由社会发展阶段所决定。

总而言之，刑法规范及其理念是社会与时代的产物，对其所展开的研究离不开我们对所处社会及时代的明察与洞悉。受世界第三次浪潮的裹挟，网络时代下不但几乎所有的传统犯罪皆可利用信息网络实施，并且那些仅能发生于网络上的犯罪也开始崭露头角。网络平台、网络空间与犯罪的勾连也愈加多元而复杂，新问题层出不穷。不但在中国，世界各国的刑法学界也都正遭遇着有关网络时代下刑法应对的难题，“网络化和电子化交流已经深入到我们生活和日常工作的方方面面……但现在许多现行法和将来法的问题几乎还不清楚”，[2]由此愈加凸显出用以指导刑事立法与司法的刑法理念问题的重要性与紧迫性。

---

〔1〕 蔡枢衡：《中国刑法史》，中国法制出版社2005年版，序言。

〔2〕［德］埃里克·希尔根多夫：《德国刑法学：从传统到现代》，江溯、黄笑岩等译，北京大学出版社2015年版，第373页。

第二节　一个必要的澄清：驳“一律从严从重打击网络犯罪”的刑法观

目前，理论界尤其是研究网络犯罪的学者们“都在强调网络犯罪的严重性，例如，网络犯罪的侵害领域、侵害对象、侵害结果都具有广泛性”。[1]在网络犯罪与传统犯罪的关系上，学者们普遍将网络犯罪视为是传统犯罪的升级版，从而得出要对网络犯罪一律从重打击、从严治理的结论。理论上有学者也曾在此基础上明确提出他对网络犯罪刑法规制思路的几点看法：第一，“尤其要注重将利用网络实施的侵害行为予以犯罪化”；第二，“网络犯罪的特点，决定了必须实行法益保护的早期化”；第三，“当今社会比以往更加依赖刑罚……刑法谦抑性的具体内容会随着社会的发展而变化。”[2]应该看到，这些观点虽具有一定的前瞻性，却难掩其实际存在的片面性。在此我们需要提出的问题是：在立法和司法上，是否对所有的网络犯罪都应当从严、从重、从早打击？结论恐怕并非尽然。依笔者之见，未对网络犯罪进行细致的类型化分析，可能是有些学者得出上述如此这般笼统且绝对定论的症结所在。

笔者认为，部分网络犯罪具有超越以往传统犯罪的严重社会危害性，但它们却也并非都属于“徘徊在虚拟空间的幽灵”。对它们一律从严、从重、从早的“一刀切”式打击，似乎并非是网络时代下最妥适的刑法理念。只有对所有网络犯罪进行如前文所述的类型化分析并且在此基础之上“分而治之”，才不失为是最周全、最合理的做法。

〔1〕 张明楷：《网络时代的刑法理念：以刑法的谦抑性为中心》，载《人民检察》2014年第9期。
〔2〕 同上。

第三章　网络犯罪刑法应对新理念的具体呈现：分而治之

对于与传统犯罪本质无异且危害相当的网络犯罪，刑事立法与司法遵循既有规制传统犯罪的思路即可；对于较传统犯罪呈危害“量变”的网络犯罪，我们应探索建立更具网络属性的刑法规范，实现更恰当打击的目的；而对于线下传统犯罪行为被搬上互联网后反而不构成犯罪的行为，刑事立法与司法则当然应保持审慎的克制。

第一节　“从严”“从重”处理信息散布型网络犯罪

现实生活中信息散布型网络犯罪日益多发，屡见报端。鉴于信息的特殊属性，以及信息散布型犯罪的社会危害性随受众增加而增大的特性，笔者认为，从应然层面看，刑法对信息散布型网络犯罪的刑事打击应当更严。

事实上，《刑修九》也意识到了这个问题。《刑修九》对信息散布型犯罪作了能动性的回应。《刑修九》新增4个网络犯罪专有罪名，分别是第286条之一的拒不履行信息网络安全管理义务罪、第287条之一的非法利用信息网络罪、第287条之二的帮助信息网络犯罪活动罪、第291条之一的编造、故意传播虚假信息罪。其中编造、故意传播虚假信息罪便是典型的信息散布型网络犯罪，可见，《刑修九》十分重视对此类网络犯罪的规制。此外，学界还普遍关注并热议新增罪名中所体现出来的

“准备行为实行化”“帮助行为正犯化”的立法倾向。然而仔细分析这些新增罪名的构成要件便会发现，前述立法倾向并非体现在所有网络犯罪上，而仅仅只是体现在信息散布型网络犯罪上。例如，非法利用信息网络罪仅处罚设立用于实施违法犯罪活动的网站、通讯群组，发布违法犯罪信息，以及为实施违法犯罪活动而发布信息的行为。“设立用于实施违法犯罪活动的网站”，是为了向不特定多数人发布信息，以便为继续实施犯罪做铺垫。如行为人制作假医院网页，利用“跳转”技术将假医院网址链接在真医院网站上，同时利用提高关键词价格的手段将假医院网站在百度、搜狗网络上推广，从而获取患者信息、宣传假药疗效；“设立用于实施违法犯罪活动的……通讯群组”则是为了向更多的特定人发布信息，如通过微信群纠集具有共同犯意的人入群，或是号召可能成为潜在犯罪对象的人入群等，从而在群内传递消息、发布信息。由此可见，此处的“发布信息”始终是非法利用信息网络罪处罚的关键及围绕的中心。这说明立法者已经充分意识到信息的特殊属性，而信息散布型网络犯罪确实有别于一般的网络犯罪，故而立法者才有意增设第287条之一，作为第287条的补充。而《刑法》第287条则规定，“利用计算机实施金融诈骗、盗窃、贪污、挪用公款、窃取国家秘密或者其他犯罪的，依照本法有关规定定罪处罚”。两者加以比较，我们不难发现，第287条明确表达出对此类网络犯罪按照传统犯罪的规定定罪处罚的思路，而第287条之一则专门指向信息散布型网络犯罪，对其不再完全按照传统犯罪的规定定罪处罚，并且特别强调或注重对这类行为侵犯法益刑法保护的早期化。

再比如第287条之二的帮助信息网络犯罪活动罪，罪状为“明知他人利用信息网络实施犯罪，为其犯罪提供互联网接入、服务器托管、网络存储、通讯传输等技术支持，或者提供广告推广、支付结算等帮助”。这里的“通讯传输”“广告推广”即属于帮助他人发布信息，而“互联网接入”“服务器托管”“网络存储”通常也多与发布信息行为紧密相关。第286条之一的拒不履行信息网络安全管理义务罪亦是如此，其明确规定网络服务提供者不履行法律、行政法规规定的信息网络安全管理义务，有下列四种情形之一，经监管部门责令采取改正措施而拒不改正的，构成本罪：“致使违法信息大量传播的”“致使用户信息泄露，造成严重后果的”“致使刑事案件证据灭失，情节严重的”“有其他严重情节的’。其中前两种就是典型的由于不作为而导致信息在互联网上散布的情形。

总体而言，在信息散布型犯罪问题上，《刑修九》所作的改动不可谓不大。这些改动既包括新增了1个专有的信息散布型犯罪罪名，并且在另3个新增罪名中体现出了鲜明的“准备行为实行化”（从早打击）、“帮助行为正犯化”（从重打击）、“不作为行为犯罪化”（从严打击）的立法倾向。这些立法倾向都与“信息散布”这一行为或特征紧密关联。也正是鉴于信息的传播属性以及信息散布型犯罪的特殊性，《刑法》才有对此类网络犯罪与对一般网络犯罪明显不同的规制思路，并体现了从早、从重、从严打击的必要性。毋庸置疑，《刑修九》之网络犯罪新规，是网络时代下刑事立法对信息散布型网络犯罪的能动性回应。然而，此种回应在程度上似乎还不够。笔者认为，现有的信息散布型犯罪也还存在着调整构成要件与量刑基点的必要与空间，以便实现更妥当刑法打击之目的。具体可以有以下思考。

一、扩大信息散布型犯罪“对象”的广度

应该看到，在实然层面，我国刑法有关信息散布型犯罪“对象”规定的范围还不够广。比如当行为人在信息网络上向不特定公众编造或传播信息，只有当该信息属于特定内容时，其才能进入刑法的视野。这些特定信息主要包括证券、期货交易虚假信息，颠覆政权、分裂国家信息，煽动民族仇恨、民族歧视信息，虚假恐怖信息，虚假的险情、疫情、灾情、警情等。而对于前述特定信息之外其他信息，因不能被现行刑法规定的相关罪名所涵括而缺乏刑法规制的依据。但是，有些现行刑法无法涵括、无所适从的信息散布行为所具有的社会危害性已经达到了十分严重的地步，如果刑法不加以规制，不仅与刑法规制严重危害社会行为的宗旨相悖，而且还与刑法规制前述特定信息散布行为的规定不相平衡。比如令人记忆犹新且不堪回首的2008年四川柑橘蛆虫事件中，一条内容为“今年广元的橘子在剥了皮后的白须上发现小蛆状的病虫。四川埋了一大批，还撒了石灰……”的虚假信息在网络上大肆传播，导致了仅次于苹果的中国第二大水果柑橘的严重滞销。在湖北省，大约七成柑橘无人问津，直接经济损失或达15亿元。[1]由于受人们的习惯思路影响，这些虚假信息

---

〔1〕《2014年十大网络谣言案例》，http://www.66law.cn/topic2010/1995cdjs/143058.shtml，最后访问时间：2016年2月1日。

往往具有特别严重的社会危害性。即对于与食品安全相关的信息，公众总是宁可信其有不可信其无，这就导致此类信息一旦传播便会给食品生产企业或某类行业造成毁灭性的打击。因此，笔者建议将编造、故意传播虚假食品安全信息等社会危害性相当的行为纳入刑法规制范畴。具体而言，笔者认为，可在编造、故意传播虚假信息罪中“虚假的险情、疫情、灾情、警情”后加一“等”字，即将《刑法》第291条之一第2款的罪状修改为：“编造虚假的险情、疫情、灾情、警情等信息，在信息网络或者其他媒体上传播，或者明知是上述虚假信息，故意在信息网络或者其他媒体上传播，情节严重的……”

二、扩大信息散布型犯罪“行为方式”的广度

《刑法》第181条第1款规定的编造并传播证券、期货交易虚假信息罪，是指编造并传播影响证券、期货交易的虚假信息，扰乱证券、期货交易市场，造成严重后果的行为。从该罪的行为方式来看，其要求行为人必须同时实施“编造”与“传播”行为，二者缺一不可。换言之，无论是行为人仅实施“编造”行为而未实施“传播”行为（尽管这种情况实际不可能存在，因为造谣者一定是传谣者），抑或仅实施“传播”行为而未实施“编造”行为（这种情况大量存在，因为传谣者未必是造谣者），均不构成该罪。然而笔者倾向于认为将“编造并传播证券、期货交易虚假信息罪”修改为“编造、传播证券、期货交易虚假信息罪”更为妥当，即将传谣而不造谣者也纳入该罪的规制范围从而严密法网。因为通过横向比较可以发现，除本罪外，我国《刑法》还有另外两个与编造、传播虚假信息相关的罪名，分别为编造、故意传播虚假恐怖信息罪和编造、故意传播虚假信息罪。从立法机关的同类立法方式看，立法机关对于虚假信息的编造和传播行为，一般都采用了“编造、传播”的择一方式，而不是“编造并传播”的并合方式。特别是从“编造”“传播”的内容看，证券、期货交易虚假信息所导致的危害，往往会引起全国、全球证券、期货市场的波动，甚至可能阻碍或影响金融、经济的改革与发展，加之一旦此类虚假信息在网络上传播，危害又势必会成倍升级。相形之下，虚假的险情、疫情、灾情、警情所带来的危害，往往是区域性或者局部性的，危害的波及面通常都是有限的，两者的危害不可同日而语。可见，现行刑事立法在打击“编造”“传播”内容上的厚“此”薄“彼”现象似乎并不妥当，理应予以避免。

三、增强信息散布型犯罪刑法规制的“力度”

首先，应提高诽谤罪的法定最高刑，以加强遏制网络诽谤犯罪行为。诽谤者好比刺客，诽谤行为好比刺刀，这柄刺刀的社会危害性取决于刺刀挥舞的幅度以及随之而来所能引动的风声。诽谤行为一旦借助网络就好比刺刀加长了臂膀，刺入的深度、挥舞的力度、风声的响度都势必成倍增长。网络诽谤信息一旦发出，即便有救济措施，其负面效应也很难消除。法定最高刑仅为3年有期徒刑的诽谤罪，已不足以应对具有严重社会危害性的网络诽谤行为。为此，笔者建议，将诽谤罪的法定最高刑适度提升至5年。

其次，应提高编造并传播证券、期货交易虚假信息罪的法定最高刑。目前该罪的法定最高刑仅为5年有期徒刑，但以网络造谣、传谣形式编造并传播证券、期货交易虚假信息，其所导致的经济损失却完全可能以数亿甚至更高计。对比同样破坏金融管理秩序的泄露内幕信息罪，根据2012年3月29日最高人民法院、最高人民检察院《关于办理内幕交易、泄露内幕信息刑事案件具体应用法律若干问题的解释》第7条的规定，泄露内幕信息，从中获利或者避免损失数额在75万元以上的，即视为“情节特别严重”，处5年以上10年以下有期徒刑。在信息网络上编造并传播证券、期货交易虚假信息造成同样或更重后果的，却最多仅能处5年以下有期徒刑。相形之下，显见对后者规制力度之薄弱，不利于遏制日益严重的通过信息网络编造并传播证券、期货交易虚假信息的现象。为此，笔者建议将编造并传播证券、期货交易虚假信息罪的法定最高刑提升至10年。

最后，应提高损害商业信誉、商品声誉罪的法定最高刑。对比侵犯商业秘密罪，根据2004年12月8日最高人民法院、最高人民检察院《关于办理侵犯知识产权刑事案件具体应用法律若干问题的解释》第7条的规定，给商业秘密的权利人造成损失数额250万元以上的，属于“造成特别严重后果”，应当以侵犯商业秘密罪判处3年以上7年以下有期徒刑。而在信息网络上传播有损他人商业信誉、商品声誉行为，造成同样损失或更严重后果的，最多只能判处2年有期徒刑，未免存在一定程度的罪刑失衡。为此，笔者建议将损害商业信誉、商品声誉罪的法定最高刑提升至5年。

第二节　“从轻”处理互联网金融领域内的特殊网络犯罪

相较于对信息散布型网络犯罪的“该严则严”，刑法对互联网金融领域内的网络犯罪的规制则应做到“该宽则宽”。互联网金融是金融机构与互联网企业利用互联网技术和信息通信技术实现资金融通、支付、投资和信息中介服务的新型金融业务模式。其主要金融业态有第三方支付、网络借贷、众筹、互联网金融门户、大数据金融以及金融机构信息化。金融机构的信息化，也即传统金融业务的互联网化，“传统金融业务依靠互联网技术对业务流程进行升级甚至重构、对服务模式进行完善优化、对风险模块强化专业管理”，[1]其本质是传统金融的网络升级版，并不能对中国金融体系造成实质性冲击。第三方支付亦是如此，第三方支付机构通过在不同银行开设中间账户的方式代替客户与银行建立关联，其在本质上依然尚未脱离传统的支付清算体系。

显然，不论是金融机构的互联网化还是第三方支付，这两种金融业态所依托的主要是互联网技术，而非互联网思维。理论上认为，只有互联网思维才可能引发突破性的创新。互联网思维的精髓在于“互联”，最大限度地减少环节、剔除中介，实现“点对点”的对接，在形式上“去中心化”，在规模上聚沙成塔、集腋成裘。最值得“玩味”的、最充分运用互联网思维的互联网金融业态当属P2P与股权众筹。它们创造性地将信息时代“点对点”的交互模式运用到了金融领域。通过P2P网络平台，贷款人可以“一对多”地向不特定多数人借款。正如经济学家郎咸平教授曾在《财经郎眼》节目中指出的，P2P的最精妙之处在于以“线上销售、线下抵押”的方式，将4000万小微企业的“垃圾”信贷转变为可投资信贷，降低了融资门槛，拓宽了投资渠道，又在一定程度上盘活了不动产，可谓多方共赢，是一项巨大的金融创新。

不论是P2P还是股权众筹，都成功打破了传统金融机构向来在资金融通环节中处于核心地位的传统格局，贷款人与借款人之间，筹资者与投资者之间不必经传统金融机构“牵线”也能快速对接。这对于促进小微企业发展和扩

---

〔1〕 郑联盛：《中国互联网金融：模式、影响、本质与风险》，载《国际经济评论》2014年第5期。

大就业将发挥着现有金融机构难以替代的积极作用。具有小微金融、普惠金融属性的互联网金融，实际上扮演着“倒逼”金融改革的角色，推进并配合着当前的利率市场化改革与股票发行注册制改革。在金融改革的征程中，刑法不应是横亘于前的“拦路虎”，而应成为伫立于后的“护航人”。为此，笔者认为，集资行为被搬至互联网并在网络平台上实施，刑法对其的评价标准与评价体系也应与行政法保持一致，即有别于传统线下集资行为，这是为回应时代要求所做的能动性努力。具体可以从以下几方面入手。

一、规制集资者：“过时”罪名应审慎适用

笔者曾在论及互联网金融刑法规制的“两面性”时指出：“一个新兴的行业或者经营模式在成长的路途上时常会经历种种法律风险，其中落后的行政监管是屏障之一，而刑法中的一些‘过时’的条文规定则是更为致命的威胁，很多经济上的创新活动往往就是因‘过时’的刑法条文频频干预而受到阻滞甚至扼杀。”[1]在互联网金融领域，《刑法》第176条规定的非法吸收公众存款罪与第179条的擅自发行股票罪在一定程度上就属于此类“过时”罪名。

“过时”罪名被历史淘汰只是时间问题，但刑法的谦抑性原则却永远不会过时，它是刑法的固有品格。刑法的谦抑性，就是指刑法介入、干预社会生活应以维护和扩大自由为目的，不应过多地干预社会。德国学者耶林的名言道出了刑法谦抑性原则的深层次由来：“刑罚是柄双刃剑，用之不得其当，则国家与个人两受其害。”为避免国家与个人深受其害，刑法谦抑性集中表现为刑法的紧缩性。“尽管中西法律文化类型有所不同，法律发展的道路存在区别，但从历史演进过程来看，可以看到一个共同的趋势，就是刑法在整个法律体系中所占比重的逐渐降低。”[2]正因为如此，当社会每出现一样新事物时，我们不应第一时间就想到动用刑法，最为妥适的做法应当是从新事物的属性与规律入手，努力先从民法、行政法甚至是技术的层面去规范新事物的发展。2016年《政府工作报告》就重点提到了“规范发展”，其对互联网金融这项新生事物的发展口径发生了不同于以往的变化，即由以往的“促进健康发展”转变为“规范发展”。在笔者看来，“规范发展”主要是指行政监管层面的创新与前置性

〔1〕 刘宪权：《论互联网金融刑法规制的“两面性”》，载《法学家》2014年第5期。

〔2〕 陈兴良：《刑法的价值构造》，中国人民大学出版社2006年版，第300页。

规范的完善。对于金融诈骗、集资诈骗等披着互联网金融“外衣”而实施的犯罪，刑法当然要坚决予以打击；但对于非法吸收公众存款罪、擅自发行股票罪这些稍显“过时”的罪名而言，其在互联网金融领域仍然要审慎适用，司法上可适当降低入罪门槛，而在立法上则择机将其废除，从而在防范金融风险与鼓励金融创新之间寻求平衡。

另外，我们还应对非法吸收公众存款的用途作一定限制，以提高该罪的入罪门槛。具体做法是，在最高人民检察院、公安部《关于公安机关管辖的刑事案件立案追诉标准的规定（二）》（以下简称《追诉标准（二）》）的基础上，将非法吸收公众存款罪的“集资款项用途”限定为用于货币、资本经营或投资于证券、期货、地产等高风险领域，也即可以将最终用于实体经济的集资行为排除在本罪构成要件之外。同时，我们还应对擅自发行股票罪中的“擅自”作一定的限制，对于在经合法登记的股权众筹网络平台上实施的正当募集资金行为，是否也可以将其排除在擅自发行股票罪中的“擅自”之外。

二、规制互联网金融平台：限缩中性业务帮助行为的入罪范围

笔者认为，互联网金融领域内“该宽则宽”的刑事规制理念还应体现在限缩中性业务帮助行为的入罪范围上。所谓中性业务帮助行为，是指经济生活中的日常经营性业务行为在客观上为他人实施犯罪提供了帮助。比如出租车司机明知乘客欲前往某地实施犯罪而仍将其运送至目的地；餐馆明知顾客在屋内非法拘禁他人仍为其送外卖等。中性业务帮助行为的显著特征在于其无差别地向不特定对象提供商品或服务。中性业务帮助行为人不但缺乏与犯罪实行行为人的通谋，也不存在促进犯罪的意思，其既非通谋共犯，亦非片面共犯，因而难以被纳入到传统共犯结构之中。鉴于此，刑法理论上才有了此类行为是否要刑事处罚，以及如何划定处罚界限的争论。

《刑修九》回应了这场争论：“明知他人利用信息网络实施犯罪，为其犯罪提供互联网接入、服务器托管、网络存储、通讯传输等技术支持，或者提供广告推广、支付结算等帮助，情节严重的，处三年以下有期徒刑或者拘役，并处或者单处罚金。单位犯前款罪的，对单位判处罚金，并对其直接负责的主管人员和其他直接责任人员，依照第一款的规定处罚。有前两款行为，同时构成其他犯罪的，依照处罚较重的规定定罪处罚。”这被视为是中性业务帮助行为的

正犯化。

应该看到，互联网金融领域大量存在类似的中性业务帮助行为，如P2P平台明知贷款人实施集资诈骗犯罪，股权众筹平台明知筹资者所发起的项目已严重侵犯他人知识产权，而仍为贷款人、筹资者提供广告推广、支付结算等服务，这是否构成《刑修九》所新增的帮助信息网络犯罪活动罪呢？笔者认为，互联网金融平台是互联网金融领域最为重要的参与方与市场环节，互联网金融的最显著外观就是金融平台的构建。贷款人与借款人，筹资者与投资者经由平台撮合、配对，整个资金融通过程都发生于平台。可以说，互联网金融平台为资金融通双方提供服务的行为是典型的具有反复继续性、业务交易性、日常生活性的中立行为，只有当其造成了法所不允许的风险时，其才具备刑事处罚的客观依据。而衡量平台是否造成了法所不允许的风险，着重应看发生于该平台上的合法活动与非法活动各自所占的比例。当某个互联网金融平台上超过半数的贷款人、筹资者都在实施集资诈骗、侵犯知识产权等犯罪，或者超过半数的借款人、投资者都在实施洗钱等犯罪时，该互联网金融平台便失去了中性业务的抗辩资格，应当构成帮助信息网络犯罪活动罪。相反，假如互联网金融平台上所发生的非法活动尚不满足“大于半数”标准，那么其中性业务帮助行为便不宜贸然入罪。“大于半数”标准有助于我们在防范法所不允许的金融风险与鼓励金融创新之间找到一个平衡点。

第三节　“从平”处理本质与传统无异的网络犯罪

本质与传统无异的网络犯罪的实行行为虽然主要在信息网络上实施，但其与线下面对面的敲诈勒索、盗窃、诈骗、非法行医其实并无本质上的不同。在这里，网络不过是行为人实施犯罪所借助的工具而已，如同行为人故意杀人时所使用的枪支、木棍、菜刀等工具一样。在致死人数相同的情况下，人们不会因为一个人挥舞菜刀杀人而认为其刑事责任要比以木棍杀人者更重。菜刀固然比木棍锋利得多，从而使犯罪更为迅捷或既遂成功率更高，但这些都并不能成为衡量某一行为社会危害性大小的指标。一般情况下，行为最终所导致的实际危害结果，才是犯罪严重程度的真正体现，所使用工具本身并不起着决定性作用。例如，在挥舞菜刀砍掉他人手指与使用木棒打死他人之间，恐怕没有人会认为前者的严重程度甚于后者。在网络犯罪是否必定就比传统犯罪危害更甚这一问题上，我们不能陷入“工具决定论”的认识误区，还是应当具体问题具体分析。当犯罪行为只是借助网络的“羽翼”而更频繁、更便利地向更广泛的被害人实施时，我们完全可将其视为是行为人实施多个犯罪行为也即构成连续犯或徐行犯的情形予以全面评价；当在网络上持续实施同一犯罪行为而使犯罪所得额更大时，如明知他人享有某网络游戏的著作权，而擅自对该网络游戏程序的非关键性程序进行修改，架设仿原游戏的私服程序，在互联网上为多个网络游戏玩家提供上述游戏，通过出售会员资格、出售游戏装备、为玩家调整级别等方式获取非法所得。对于此类行为，我们也完全可以犯罪所得额的大小作为量刑依据。

总之，与传统犯罪本质无异的网络犯罪中的“无异”其实是针对包括持续犯在内的每一次单独行为而言的，而非将连续实施的多次行为作为一个整体而言，也即从微观视角入手，而非从宏观层面出发。从本质上看，此类网络犯罪与传统犯罪的刑法规制思路并无二致。

四、小结

任何事物都并非只有一个剖面，它们更像是一个个多面体，总是将多元的样态呈现在人们面前。网络犯罪同样具有类型上的多元性，我们不能“只见树木，不见森林”，不细致区分网络犯罪的类型便得出对网络犯罪应一律从严、从重、从早打击的结论。笔者认为，在网络犯罪中，只有信息散布型网络犯罪才具备对其从严、从重、从早打击的必要；而对于互联网金融领域内的网络犯罪（不包括假借互联网金融“外衣”实施的犯罪），刑法应当保持一定程度的审慎与克制，力戒成为阻滞金融创新的力量。刑法理念的探讨，不是形而上的坐而论道，人们最终会选择信奉什么样的刑法理念与应对策略，在某种程度上由人们所身处的时代与社会决定。深入研究网络时代犯罪的属性、类型、规律，及时把握时代的脉搏，在立法和司法上作区别对待而不作“一刀切”式的论断，尤其重要。

第四章　网络造谣、传谣——最典型的信息散布型网络犯罪

自古以来谣言都不曾在人们的生活中缺席，它被称为是“最古老的大众传播媒介”。哪里有人群，哪里就有谣言。古语“君子不畏虎，独畏谗夫之口”充分表达了人们对谣言的惧怕之情。美国学者凯瑟琳·弗恩认为，谣言是一种由口头或电子通信手段进行传播的信息，其内容没有经过事实验证，也没有可靠的信息源头。谣言分为六种类型：蓄意策划的谣言、过早定论的谣言、恶意中伤的谣言、肆无忌惮的谣言、接近真相的谣言、周期复发的谣言。[1]从前述定义与分类来看，信息的虚假性不是谣言的根本特征，“过早定论的谣言”和“接近真相的谣言”都不是严格意义上的虚假信息。因此谣言不等于谎言。谎言是已被事实验证为虚假的信息，而谣言的本质是信息没有经过事实验证、没有可靠的信息源头，且处在传播途中尚未被攻破。诚如莎士比亚所言：“谣言是一只凭着推测、猜疑和臆度吹响的笛子。”悬在半空中而尚未落地、未经证实、似是而非是谣言的本质。谣言最终的归宿有可能是真相，但更有可能是谎言，其产生的效应虽也有可能是正面的，但主要是负面的。

网络谣言是谣言中的一种新型发展样态。网络造谣、传谣行为有别于传统造谣、传谣行为的特性，它具有速度极快、范围极广、成本极低、影响极大的特点。网络谣言可在全球范围内瞬息即至，传播几乎不需要成本，并且影响不再局限于舆论领

〔1〕 参见［美］凯瑟琳·弗恩·班克斯：《危机传播》，陈虹译，复旦大学出版社2013年版，第63～72页。

域，而且会对人们的线下实际生活产生巨大影响。网络谣言已成为一种不容忽视的社会现象。但现行刑事立法与司法对网络造谣、传谣行为的关注与规制还未尽善尽美。如何针对网络造谣、传谣行为的现状和现行刑事立法及司法规制现状，完善现行刑法中规制网络造谣、传谣行为的罪名体系，成为信息网络普及背景下刑事法领域亟待解决的重要问题。

第一节　网络谣言的类型与特征

欲要准确把握我国现行刑事立法与司法对网络造谣、传谣行为的规制现状，并针对所发现的问题提出较为科学、合理的刑事对策，首先必须全面了解所要规制的对象——网络谣言的类型。从已发生的网络造谣、传谣事件来看，网络谣言可谓花样百出、琳琅满目，根据不同的标准，这些网络谣言可划分为多种类型，而不同类型的网络谣言会在诸多方面呈现显著差别。

第一，以所针对的对象是否确定为标准，网络谣言分为针对特定对象（包括个人与单位）的网络谣言与针对不特定对象的网络谣言。针对特定对象的网络谣言多以诽谤个人或损害商业信誉、商品声誉为主。如2009年“艾滋女”事件中，被害人闫某利的男友以闫某利的名义在网上发帖，自称与279人发生过性关系且患有艾滋病；2014年有人将国外企业对猪、羊、马等动物尸体进行搅拌、粉碎等无害化处理的画面移花接木，配上火腿肠的生产过程画面制作成两段视频并加上“双汇”图片，通过微信公众账号和多个个人账号大肆传播。针对不特定对象的网络谣言如2007年海南香蕉事件，一条内容为“近期不要吃泛青的不熟的香蕉！目前海南的香蕉中发现了一种病毒，类似于人类的SARS！新闻在报！请转告每个你身边的人！”[1]的短信在全国大肆传播，海南不特定的香蕉种植户成为此谣言重创的对象。此外，当谣言针对的是特定对象时，根据对象是否为公权力机关的不同，网络谣言又可分为针对公权力机关的谣言与非针对公权力机关的谣言。

第二，根据源头的不同，网络谣言分为来源于己的网络谣言与来源于他人

---

〔1〕 沈昌祥、左晓栋：《信息安全》，浙江大学出版社2007年版，第107页。

的网络谣言。来源于己，即为造谣；来源于他人，表明自己仅是谣言的接收者或传播者。造谣者必定是传谣者，但传谣者不一定是造谣者。编辑始终未发送的谣言微博不属于造谣，谣言必须处于正在传播的状态。

第三，根据归宿的不同，网络谣言分为违背真相的谣言与接近真相的谣言。违背真相的谣言又可分为蓄意违背与过失违背两种情形：前一种是指行为人出于某种动机故意捏造无中生有的虚假信息并蓄意传播；后一种是指行为人不经调查核实就不顾后果地发表一己推测与臆度。蓄意违背真相的谣言与过失违背真相的谣言的根本区别在于行为人究竟是无中生有，还是捕风捉影。无中生有即纯粹地编造虚假信息，捕风捉影则是妄加揣度但事出有因。接近真相的谣言也可以分为两种情形：一种是行为人无中生有、故意编造虚假信息，谁知一语成谶，虚假信息所反映的内容竟然成真，如行为人故意编造并传播某地区将于某日发生地震的消息，结果当日果真发生了地震；另一种则是行为人不明真相而妄加揣测与臆度，不料其臆度得到了事实的验证。

第四，根据内容的不同，网络谣言可分为与自然灾害有关的谣言，与核辐射、化工物污染有关的谣言，与人物自杀、他杀及意外死亡有关的谣言，与伤害公众有关的社会伤害谣言，与食品安全有关的谣言等。[1]

区分网络谣言的类型是有必要的，因为不同类型的网络谣言会存在以下五个方面的显著不同。

第一，是否直接侵犯他人权利的不同：针对特定对象的网络谣言可能会直接侵犯他人的合法权利如名誉权；而针对不特定对象的网络谣言一般不会直接侵犯他人的某项权利，其仅能间接地给某一群体或某一行业带来影响。

第二，公众心理与态度的不同：对于与公众生活联系并不密切的网络谣言，普通接收者一般抱着半信半疑的态度且通常不会主动转发；而一旦涉及与食品、疾病、金融等内容有关的网络谣言时，公众即便在理性上会半信半疑，但在情感上依然会“宁可信其有、不可信其无”，且通常会积极转发给身边的亲朋好友。2011年当一条内容为“日本核电站爆炸对山东海域有影响，并不断地污染，请转告周边的家人朋友储备些盐、干海带，暂一年内不要吃海产品”的消息传播开时，次日浙江省部分地区便发生集中购盐现象，不到两天即演变

---

〔1〕 王国华等：《基于案例分析的网络谣言事件政府应对研究》，载《情报杂志》2011年第10期。

成全国范围内的核辐射恐慌与抢盐事件。有学者分析原因时指出，“食盐与日常生活紧密联系，因此在‘模糊性’与‘卷入度’都极高的情况下，有关食盐遭污染的谣言才会快速传播”。〔1〕

第三，是否存在公权力机关义务的不同：当网络谣言针对的是政府等公权力机关时，强化公共事件的信息公开、扩大公共事件调查中的公众参与是最有力的辟谣方式，也是公权力机关应尽的义务。部分网络谣言之所以愈传愈烈，很大程度上是因为信息公开不够彻底、辟谣工作不够到位所致。

第四，是否受法律处罚的不同：一般情况下，法律处罚传谣者时必然也同时处罚造谣者，但处罚造谣者时却未必同时处罚传谣者。如《刑法》第181条规定的编造并传播证券、期货交易虚假信息罪就只适用于造谣者。

第五，社会效应与社会评价的不同：违背真相的谣言通常带来的是负面社会效应，导致的是法律的否定性评价；但接近真相的谣言有时可能产生出乎意料的正面效果，如行为人碰巧言中某项自然灾害或恐怖事件，客观上使公众有所准备而减少了损失等，从而影响着法律对其的评价。

迥异于传统造谣、传谣行为，网络造谣、传谣行为因借助了互联网这一平台而呈现出鲜明的自身特点，这主要表现在以下五个方面。

第一，突破了时空的限制。“农业社会是在地上挖、种植各种农产品；工业社会是往地下挖，挖出原料，生产出产品；网络社会是在地表上用有线或无线的通信网络，以终端机连接起来。人类的疆界被打破。”〔2〕随之而来的是，犯罪的疆界也被打破。传统犯罪一旦插上网络的羽翼，便突破了时空的限制，呈现出一触即发、波及极广、危害甚巨的发展态势。相比于传统造谣、传谣行为的“偏居一隅”，网络造谣、传谣行为则能实现跨地区、跨国家、跨洲、跨种族的传播，并且其传播速度往往仅在瞬息之间。

第二，超越了以往的规模。近年来，我国网民规模与互联网普及率持续攀升，网络造谣、传谣行为所能达至的规模也超乎想象，并且远非传统造谣、传谣行为可比。按照中国互联网络信息中心（CNNIC）第36次《中国互联网络发展状况统计报告》显示，一条网络谣言的受众完全有可能超过6亿，席卷大半

〔1〕 戴世富等：《网络谣言的成因及应对策略初探——“3·16”抢盐事件的传播学解读》，载《新闻界》2011年第4期。

〔2〕 杨正鸣主编：《网络犯罪研究》，上海交通大学出版社2004年版，第3页。

个中国。五湖四海、素不相识的任何不特定公众，都可能成为网络造谣、传谣行为的辐射对象，从而沦为网络谣言的接收者甚至是二次传播者。

第三，加剧了掌控的难度。互联网具有虚拟、匿名、迅捷的特点，且每个不特定的信息接收者又同时是独立的自媒体“发声人”。网络谣言一旦扩散出去便很难控制，覆水难收。

第四，催生了职业“网络推手”。在“眼球经济”时代，为了博得网络知名度与影响力，互联网上涌现出一大批职业“网络推手”。曾在高铁事故中发布所谓“内幕消息”并攻击多位名人的“秦火火”(原名秦某晖)，以及策划炒作“和尚船震门”“干爹带我游奥运”等虚假事件的“立二拆四”(原名杨某宇)等人，可谓职业“网络推手”的典型代表。他们运用“坏消息效应”瓦解事实真相，二人称“只有反社会、反体制、反国家，才能宣泄对现实不满情绪”，[1]甚至叫嚣要“谣翻中国”。[2]所谓“好事不出门，坏事传千里”，将局部问题全局化、个体问题公众化、普通问题负面化，是他们操纵网络舆论并从中牟利的常用手法。

第五，社会危害性呈几何级数增长。由于网络谣言具有突破时空限制、超越以往规模、加剧掌控难度，并且往往受职业“网络推手”恶意推波助澜的特点，这就导致网络谣言一旦危害社会，其结果往往便是灾难性的。与传统线下造谣、传谣行为的社会危害相比，网络谣言的社会危害性呈几何级数增长。网络造谣、传谣行为已突破了道德底线和法律底线，成为网络“毒瘤”和社会公害。详言之，网络造谣、传谣行为的社会危害性主要体现为三个方面：一是严重影响他人声誉和正常生活；二是损害社会诚信，破坏社会公共秩序和经济社会秩序；三是增加社会管理成本。[3]

应当看到，网络造谣、传谣行为由于其有别于传统造谣、传谣行为的特性，其可能造成的严重社会危害已经不容置疑。德国学者霍尔特曼于2015年9月接受《环球时报》采访时就曾指出，“在互联网时代，网络谣言对不少国家而言

---

〔1〕《认清网络谣言的巨大危害》，载求是理论网：http://www.qstheory.cn/hqwg/2013/201316/201308/t20130823_263673.htm，最后访问时间：2015年10月10日。

〔2〕《网络谣言泛滥的根源》，https://180.166.54.3/web/1/http/0/www.drcnet.com.cn/eDRCnet.common.web/docview.aspx?DocID=3323702 & leafid=14131 & chnid=3638，最后访问时间：2015年10月10日。

〔3〕刘宪权：《网络社会非法外之地》，载《解放日报》2013年9月4日，第5版。

都已经成为‘国家的敌人’。中国网民2014年就已经超过6亿，打击网络谣言的战役显然只能赢，不能输”。[1]确实如此，如何充分发挥刑法的惩治和预防犯罪之效，加大对网络造谣、传谣行为的刑法规制广度与力度，以有效遏制网络造谣、传谣行为的泛滥与肆虐，已经成为互联网时代背景下亟须我们解决的重要问题。

第二节　网络造谣、传谣行为刑法规制的实然路径

目前，我国《刑法》存在一套打击网络造谣、传谣行为的罪名体系，并辅之以专门的司法解释，由此形成了我国网络造谣、传谣行为刑法规制现实之情状。

一、网络造谣、传谣行为的刑事立法规制现状

据笔者统计，我国现行《刑法》中可用以规制网络造谣、传谣行为的罪名大致有15个，并散见于6个章节，由此构成了我国对网络造谣、传谣行为的刑事立法规制现状。

（一）规制网络造谣、传谣行为的罪名体系

现有的规制网络谣言的罪名分别是：《刑法》分则第一章“危害国家安全罪”中的煽动分裂国家罪、煽动颠覆国家政权罪；第三章“破坏社会主义市场经济秩序罪”中的编造并传播证券、期货交易虚假信息罪，损害商业信誉、商品声誉罪，非法经营罪；第四章“侵犯公民人身权利、民主权利罪”中的诽谤罪，煽动民族仇恨、民族歧视罪；第六章“妨害社会管理秩序罪”中的煽动暴力抗拒法律实施罪，编造、故意传播虚假恐怖信息罪，编造、故意传播虚假信息罪，[2]寻衅滋事罪，组织、利用会道门、邪教组织、利用迷信破坏法律实施罪，组织、利用会道门、邪教组织、利用迷信致人死亡罪；第七章“危害国防利益

---

〔1〕《中国严打网络谣言引关注》，载《环球时报》2015年9月1日，第1版。

〔2〕编造、故意传播虚假信息罪的规定是由《刑修九》第32条增设了《刑法》第291条之一第2款，该条款规定：“编造虚假的险情、疫情、灾情、警情，在信息网络或者其他媒体上传播，或者明知是上述虚假信息，故意在信息网络或者其他媒体上传播，严重扰乱社会秩序的，处三年以下有期徒刑、拘役或者管制；造成严重后果的，处三年以上七年以下有期徒刑。”

罪”中的战时造谣扰乱军心罪；第十章“军人违反职责罪”中的战时造谣惑众罪。除此之外，如果行为人以占有为目的，利用相关网络谣言，以敲诈、欺诈等手段非法获取他人财物的，还可能构成敲诈勒索、诈骗等犯罪。

从前述罪名体系中可以看出，我国刑法对网络造谣、传谣行为主要采取的是“旧瓶装新酒”的立法模式，即认为网络犯罪与传统犯罪在本质上并无不同，不过是犯罪手段的网络化而已，因而主张以现有刑法去解决新型犯罪，无须特别立法。值得指出的是，从宏观上看我国网络犯罪立法也基本未跳脱出这一模式。2000年12月28日《全国人民代表大会常务委员会关于维护互联网安全的决定》将网络违法犯罪行为归纳为五类：威胁互联网运行安全的行为，危害国家安全和社会稳定的行为，破坏社会主义市场经济秩序和社会管理秩序的行为，侵犯个人、法人和其他组织人身、财产等合法权利的行为，以及利用互联网实施的其他违法犯罪行为。这一规定奠定了网络违法犯罪行为的规制框架。然而，该决定中所详列的大多数网络违法犯罪行为，《刑法》并未明确设置相应的罪名，而是依据《刑法》第287条的规定，“依照本法有关规定定罪处罚”，即以所对应的其他罪名处理。对此，目前已有多个司法解释对此作了肯定与重申，如2001年1月17日最高人民法院《关于审理为境外窃取、刺探、收买、非法提供国家秘密、情报案件具体应用法律若干问题的解释》规定，将国家秘密通过互联网予以发布，情节严重的，以故意（过失）泄露国家秘密罪定罪处罚；2010年2月20日最高人民法院、最高人民检察院《关于办理利用互联网、移动通信终端、声讯台制作、复制、出版、贩卖、传播淫秽电子信息刑事案件具体应用法律若干问题的解释（二）》规定，利用互联网建立主要用于传播淫秽电子信息的群组，成员达30人以上或者造成严重后果的，对建立者、管理者和主要传播者，以传播淫秽物品罪定罪处罚等。

相比于我国“旧瓶装新酒”的立法模式，世界范围内的网络犯罪立法模式则要丰富得多，除了“旧瓶装新酒”型外，还包括“典内遍地开花”型、“典外一枝独秀”型。所谓“典内遍地开花”型立法模式是指在刑法典内各个章节之中逐一增设网络犯罪新规，形成条款遍地开花之势，如《俄罗斯联邦刑法典》在分则第九编中增设第二十八章“计算机信息领域的犯罪”，分别规定了非法调取计算机信息罪，编制、使用和传播有害的电子计算机程序罪，违反电子计算机、电子计算机系统或其网络的使用规则罪。[1]所谓“典外一枝独秀”型立法模式，是指在刑法典之外制定独立的单行刑法以专门规制网络犯罪，如1986年《美国计算机欺诈和滥用法》、1988年《法国计算机欺诈法》、1990年《英国计算机滥用法》、2000年《日本黑客法》等。

我国尚未出台专门规制网络犯罪的单行刑法，规制网络造谣、传谣行为基本依靠传统罪名。现行刑法中可用以规制网络造谣、传谣行为的15个相关罪名中，有14个罪名都是采取了“旧瓶装新酒”型立法模式，以现有的、传统的造谣、传谣罪名去规制网络造谣、传谣行为。《刑修九》所新增的编造、故意传播虚假信息罪可谓是我国《刑法》中唯一直接指向网络造谣、传谣行为的一个专有罪名。

（二）网络造谣、传谣行为刑事立法的“力有不逮”

现行《刑法》仅有一个惩治网络造谣、传谣行为的专有罪名，即《刑修九》新增设的编造、故意传播虚假信息罪，但该罪所规制之“虚假信息”仅限于虚假的险情、疫情、灾情、警情。对于其他绝大多数网络造谣、传谣行为，现行刑事立法的应对之策是，依据谣言所涉内容以及所针对对象的不同，将网络造谣、传谣行为拆解开来，分别划入各传统罪名的“领地”，比如将影响公民个人名誉的网络造谣行为纳入诽谤罪的规制范畴，将引发群众对公共安全方面的恐慌的网络造谣行为纳入编造、故意传播虚假恐怖信息罪等。这些传统罪名成了规制网络造谣、传谣行为的非专有罪名。而且，非专有罪名在全部相关罪名中所占比例高达93.3%。笔者认为，以传统罪名去规制新型的网络造谣、传谣行为，《刑法》难免会显得捉襟见肘，产生“力有不逮”之感。这主要表现在以下两个方面。

1.缺乏规制“广度”

现行《刑法》对于网络造谣、传谣行为缺乏规制“广度”又主要体现为以下两个方面。

第一，规制的对象缺乏“广度”。在网络造谣、传谣行为所针对的是不特定对象的情况下，只有当网络谣言的内容属于特定信息时，其才能进入《刑法》规制的视野。这些特定信息主要包括证券、期货交易虚假信息，颠覆政

---

〔1〕 参见黄道秀：《俄罗斯联邦刑法典》，北京大学出版社2008年版，第140～141页。

权、分裂国家信息，煽动民族仇恨、民族歧视信息，虚假恐怖信息，虚假的险情、疫情、灾情、警情等。而对于前述特定信息之外其他网络谣言，因不能被现行刑法规定的相关罪名所涵括而缺乏刑事打击的依据。然而问题恰恰在于，这类令现行《刑法》无法涵括、无所适从的网络谣言所具有的社会危害性已经达到了难以估量的地步。

令人记忆犹新且不堪回首的2008年四川柑橘蛆虫事件中，一条内容为“今年广元的橘子在剥了皮后的白须上发现小蛆状的病虫。四川埋了一大批，还撒了石灰……”的网络谣言导致了仅次于苹果的中国第二大水果柑橘的严重滞销。在湖北省，大约七成柑橘无人问津，直接经济损失或达15亿元。[1]无独有偶，此前的2007年海南香蕉事件也存在类似情形。由于受“海南香蕉中含类似SARS病毒”这一网络谣言的影响，海南香蕉严重滞销，每日直接经济损失高达2000万元。当地种植香蕉的农户无奈感叹，面对自然灾害尚且可以采取补救措施，但面对网络谣言他们却根本无能为力。虽然无法被现行刑法规制对象所涵括的网络谣言有很多，但这类网络谣言无疑属于其中比较常见且典型的情况。这类网络谣言的产生或起因于经济利益瓜葛，或起因于恶作剧等，且针对某一特定区域的不特定对象，往往会导致被害人遭受巨大的经济损失。从行为人的主观内容来看，仅因一些经济利益瓜葛或竞争甚或仅因恶作剧，就不顾及某一特定广大区域内的不特定人的生产和生活，行为人之主观内容不能说是不恶劣；从行为的客观后果而言，往往会对经济秩序造成较大程度的破坏，例如上述关于海南香蕉的网络谣言就导致海南广大蕉农的辛苦劳作成果化为泡影，行为客观后果之严重毋庸置疑。因此，笔者认为，这类网络谣言的社会危害性足以达到科处刑罚的程度。然而，这类网络谣言却没有被现行刑法规定的相关罪名所涵括。从现行《刑法》规定的相关罪名来看，比较可能用以规制上述网络谣言的罪名主要包括：编造、故意传播虚假信息罪和损害商业信誉、商品声誉罪。但笔者认为，这两个罪名均无法规制上述网络造谣、传谣行为。

首先，编造、故意传播虚假信息罪无法规制上述网络造谣、传谣行为。编造、故意传播虚假信息罪是指编造虚假的险情、疫情、灾情、警情，在信息网络

---

〔1〕《2014年十大网络谣言案例》，载华律网：http://www.66law.cn/topic2010/1995cdjs/143058.shtml，最后访问时间：2015年10月10日。

或者其他媒体上传播，或者明知是上述虚假信息，故意在信息网络或者其他媒体上传播，严重扰乱社会秩序的行为。该罪名所规制的网络谣言仅包含虚假的险情、疫情、灾情、警情，其影响主要体现为引发群众在社会秩序方面的恐慌，并危及社会秩序。具体而言，主要包括致使机场、车站、码头、商场、影剧院、运动场馆等人员密集场所秩序混乱，或者采取紧急疏散措施的；影响航空器、列车、船舶等大型客运交通工具正常运行的；致使国家机关、学校、医院、厂矿企业等单位的工作、生产、经营、教学、科研等活动中断的；造成行政村或者社区居民生活秩序严重混乱的；致使公安、武警、消防、卫生检疫等职能部门采取紧急应对措施的，等等。由此可见，这四类网络谣言虽然也是针对不特定的对象，但其显然偏重于对社会管理秩序的破坏。然而，上述网络谣言既不属于虚假险情、疫情、灾情、警情中的任何一种，亦不是对社会管理秩序的破坏，导致上述后果，故而显然无法以编造、故意传播虚假信息罪进行规制。

其次，损害商业信誉、商品声誉罪无法规制上述网络造谣、传谣行为。《刑法》第221条规定的损害商品声誉罪是指捏造并散布虚伪事实，损害他人的商业信誉、商品声誉，给他人造成重大损失或者有其他严重情节的行为。该罪名所规制的网络谣言针对的是特定的、具体的人的商品，不仅包括竞争相对方的商品，也包括其他生产者与经营者的商品；不仅包括个人的商品，也包括单位的商品。《追诉标准（二）》第74条明确将利用互联网或者其他媒体公开损害他人商业信誉、商品声誉的行为作为损害商业信誉、商品声誉罪的应予立案追诉。然而应当看到，上述网络造谣、传谣行为的对象虽然是商品，但属于不特定人的商品，不属于损害商业信誉、商品声誉罪中的商品的范畴，故而虽然这种行为的社会危害性也很大甚至比针对特定商品的更大，但基于罪刑法定原则的要求仍无法将这种行为纳入损害商品声誉罪的规制范畴。

虽然2013年9月6日最高人民法院、最高人民检察院《关于办理利用信息网络实施诽谤等刑事案件适用法律若干问题的解释》（以下简称《网络诽谤司法解释》）第5条第2款规定："编造虚假信息，或者明知是编造的虚假信息，在信息网络上散布，或者组织、指使人员在信息网络上散布，起哄闹事，造成公共秩序严重混乱的，依照刑法第二百九十三条第一款第（四）项的规定，以寻衅滋事罪定罪处罚。"对于前述网络造谣、传谣行为，如果造成公共秩序严重混乱的话，似乎可以根据该司法解释的规定以寻衅滋事罪定罪处罚。但应当看到，寻衅滋事罪这一“口袋罪”本身就饱受诸多诟病，本身就应当严格、审慎地适用，以减少其“口袋”的容量，而断不能继续对其“口袋”进行扩容，否则将更加导致人们无法准确把握该刑法规范的指引功能，从而无法使自身行为与刑法规范相吻合。况且，我们很难问答这样的疑问：如果寻衅滋事罪可以规范网络空间，那么是否可以反过来规范现实空间中的类似行为呢？该司法解释规定的合理性本身就值得商榷，其实际上是为了应对利用信息网络实施危害社会行为但现行刑法却似乎无法规制的尴尬处境，而对刑法所做的扩张解释，其中一些规定已经远远超出了刑法条文的字面含义而具有立法、造法之嫌。笔者认为，司法机关应恪守“守法”职能，既不能为了某些人而网开一面，也不能为了另一些人而另织“法网”。我们不能因为网络造谣、传谣行为的影响恶劣且异常猖獗就另织“法网”勉强将其“塞进”寻衅滋事罪这一口袋罪之中，否则就违背了刑法罪刑法定之铁律，其消极影响自不待言。当然，我们也应当看到，司法者试图越俎代庖进行造法、立法，恰恰反映了我国现行刑法因缺乏规制“广度”而对新型的网络造谣、传谣等行为“力有不逮”。

第二，规制的行为方式缺乏“广度”。除了规制的对象缺乏“广度”之外，我国《刑法》相关罪名对网络造谣、传谣行为规制的行为方式也缺乏“广度”，其中最鲜明的体现莫过于《刑法》第181条第1款规定的编造并传播证券、期货交易虚假信息罪。该罪是指编造并传播影响证券、期货交易的虚假信息，扰乱证券、期货交易市场，造成严重后果的行为。从该罪的行为方式来看，其要求行为人必须同时实施“编造”与“传播”行为，二者缺一不可。换言之，无论是行为人仅实施“编造”行为而未实施“传播”行为，抑或仅实施“传播”行为而未实施“编造”行为，均不构成该罪。该罪对网络造谣、传谣行为规制的行为方式缺乏“广度”在处理《财经》记者王晓璐事件中体现得淋漓尽致。

2015年7月20日，《财经》杂志刊发《证监会研究维稳资金退出方案》的报道，受该报道影响，股市出现异常波动。当日证监会新闻发言人表示该报道不实，这篇引起争议的报道由王某璐等人撰写。王某璐于2015年8月30日被采取刑事强制措施。公安部认为其涉嫌构成编造并传播证券、期货交易虚假信息罪。但笔者认为，事实上王某璐的行为并不符合该罪的构成要件。根据相关信息报道，王某璐在接受调查时说，其是根据私下听说的有关股市信息，结合个人主观判断撰写了上述报道。自己作为专门接受过培训并从业多年的专业财经记者，对私下听说的有关股市信息没有进行核实，并且明知该信息会对证券市场产生重大影响，为了一味追求轰动效应，不负责任地发表不实报道，造成了市场混乱和恐慌，严重影响了市场信心，给国家和广大投资者造成巨大损失。

对于王某璐的这个说法，如果查证属实，那么，其行为是否属于“编造”，关键在于其是空穴来风地无中生有，还是事出有因地捕风捉影；是恶意捏造虚假信息，还是妄加揣测与臆度；是在转述中又“添油加醋”地增加了自身编造，还是单纯地将他人言论未经核实进行转述。正如前文所述，编造并传播证券、期货交易虚假信息罪要求行为人必须同时实施“编造”与“传播”行为，二者缺一不可。如果王某璐在转述中“添油加醋”地增加了自身编造的信息，当然属于“编造”；但如果其仅仅是转述他人言论，尽管存在文字上的组织与加工，但由于缺乏信息内容的原创性，不能认定为“编造”，充其量仅是“传播”。我们应当认识到，造谣者必定是传谣者，但传谣者却未必是造谣人。对于确实不属于“编造”的行为，我们当然不能为了“打击”的需要而突破《刑法》的规定将其强行纳入规制范畴。

当然，从立法建议的角度，笔者倾向于将“编造并传播证券、期货交易虚假信息罪”修改为“编造、传播证券、期货交易虚假信息罪”，将传谣而不造谣者也纳入该罪的规制范围，从而严密法网。因为通过横向比较可以发现，除本罪外，我国《刑法》还有另外两个与编造、传播虚假信息相关的罪名，分别为编造、故意传播虚假恐怖信息罪和编造、故意传播虚假信息罪。从立法机关的同类立法方式看，立法机关对于虚假信息的编造和传播行为，一般都采用了“编造、传播”的择一方式，而不是“编造并传播”的并合方式。特别是从“编造”“传播”的内容看，证券、期货交易虚假信息所导致的危害，往往会引起全国、全球证券、期货市场的波动，并甚至可能阻碍或影响金融、经济的改革与发展。而虚假的险情、疫情、灾情、警情所带来的危害，则往往是区域性或者局部性的，危害的波及面通常都是有限的。可见，两者的危害不可同日而语，现行刑事立法在打击“编造”“传播”内容上的厚“此”薄“彼”，显然无法体现罪刑相适应原则的要求。

2.缺乏规制“力度”

现行《刑法》中用以规制网络造谣、传谣行为的罪名多为非专有的传统罪名，并且是依据传统造谣、传谣行为的社会危害性来设置法定刑的。发生于线下的传统造谣、传谣行为因受到时空的限制而一般不会掀起舆论的狂风巨浪，社会危害性相对有限。网络造谣的社会危害性则远非前者可以比拟。随着网络造谣、传谣行为危害日盛，一些传统罪名所设定的刑罚已难以满足当下打击网络造谣、传谣行为的需要，其中表现最为突出的是以下三个罪名。

第一，编造并传播证券、期货交易虚假信息罪对网络造谣、传谣行为缺乏规制“力度”。编造并传播证券、期货交易虚假信息罪的法定最高刑仅为5年有期徒刑，但以网络造谣、传谣形式编造并传播证券、期货交易虚假信息，其瞬时性与波及面令人震惊，所导致的经济损失也完全可能数以亿计。对比同样破坏金融管理秩序的泄露内幕信息罪，根据2012年最高人民法院、最高人民检察院《关于办理内幕交易、泄露内幕信息刑事案件具体应用法律若干问题的解释》，泄露内幕信息，从中获利或者避免损失数额在75万元以上的，即视为“情节特别严重”，处5年以上10年以下有期徒刑。编造并传播证券、期货交易虚假信息造成同样或更重后果的，却最多仅能处5年以下有期徒刑。相形之下，显见后罪规制“力度”之薄弱。

第二，诽谤罪对网络造谣、传谣行为缺乏规制“力度”。故意捏造并散布足以贬损他人人格或名誉的言论即为诽谤。爱德华兹曾将诽谤与故意杀人相提并论，他说：“诽谤者尤甚于刺客，因为后者只杀害肉体，前者则杀害名誉及安宁。”[1]若将诽谤者比作刺客，那么诽谤行为则好比刺刀，这柄刺刀的社会危害性取决于刺刀挥舞的幅度以及随之而来所能引动的风声。诽谤行为一旦借助网络就好比刺刀加长了臂膀，刺入的深度、挥舞的力度、风声的响度都势必成倍增长。此外，网络诽谤信息一旦发出，即便有救济措施，其负效应也很难消除，这就像“羽绒枕的枕芯——一旦被扯开，羽绒就会到处飞舞，不可能完全收回”。不少触目惊心的鲜活案例已使人们充分感受到网络诽谤的淫威，其完全可能使他人遭受重创，甚至家破人亡。由此可见，法定最高刑仅为3年有期徒刑的诽谤罪，已不足以应对具有严重社会危害性的网络诽谤行为。

第三，损害商业信誉、商品声誉罪对网络造谣、传谣行为缺乏规制“力度”。信息时代，通过网络损害商业信誉、商品声誉的行为与案件屡见不鲜。

---

〔1〕 巴城主编：《名人语录外国卷》，内蒙古人民出版社1999年版，第503页。

大量网络谣言充斥于社交平台，流言四起，混淆视听，严重干扰企业正常生产经营，损害企业正当利益。譬如，“安利”事件中，据媒体报道，由于竞争对手没有底线的恶意竞争，安利一直是某些企业甚至非法传销人员的攻击对象。有关安利的谣言被一些运营公众号大肆转发，并冠以耸人听闻的标题。在互联网上、特别是微信中，有关安利的谣言很多，网络谣言使安利的客户服务热线问询量激增，不少消费者、营销人员打来电话询问相关情况，甚至直接要求退货，给公司正常运营带来了很多困扰。[1]现实案例中，损害商业信誉、商品声誉行为给他人造成的损失数额并不低。对比侵犯商业秘密罪，根据2004年12月8日最高人民法院、最高人民检察院《关于办理侵犯知识产权刑事案件具体应用法律若干问题的解释》，给商业秘密的权利人造成损失数额250万元以上的，属于“造成特别严重后果”，应当以侵犯商业秘密罪判处3年以上7年以下有期徒刑。而损害商业信誉、商品声誉行为给他人造成同样损失或更严重后果的，最多只能判处2年有期徒刑，未免存在一定程度的罪刑失衡。

二、网络造谣、传谣行为的刑事司法规制现状

面对愈演愈烈的网络造谣、传谣行为，司法机关在某种程度上也感知到了刑事立法在打击网络造谣、传谣行为方面的“力有不逮”。为此，刑事司法作出了能动性的回应，试图通过司法解释将利用信息网络所实施的造谣行为尽可能地收于法网之中，这集中体现在时下相关司法解释的密集出台。有学者将此称为是刑事司法对刑事立法的“救火式应对”。[2]2013年9月6日最高人民法院、最高人民检察院出台了《网络诽谤司法解释》；同年9月18日最高人民法院又发布了《关于审理编造、故意传播虚假恐怖信息刑事案件适用法律若干问题的解释》（以下简称《虚假恐怖信息司法解释》）。从这两部可谓“应景之作”的司法解释中，或可一窥我国刑事司法在打击网络造谣、传谣行为方面的价值取向。

---

〔1〕《“利用互联网损害商业信誉、商品声誉违法犯罪问题”学术研讨会在人大召开》，载中国经济网：http://finance.ce.cn/rolling/201501/30/t20150130_4477493.shtml，最后访问时间：2015年12月1日。

〔2〕张书琴：《网络谣言刑法治理的反思》，载《学海》2014年第2期。

（一）刑事司法对网络造谣、传谣行为的“救火式”应对

由于刑事立法在网络造谣、传谣行为规制范围、规制力度上存在一定程度的“力有不逮”，因而刑事司法的“救火式”应对便相应地围绕扩大规制范围和加大规制力度两方面展开。

第一，扩大规制范围。主要体现在以下三点：一是扩大行为主体的范围。《网络诽谤司法解释》规定“明知是捏造的损害他人名誉的事实，在信息网络上散布，情节恶劣的，以‘捏造事实诽谤他人’论”。此规定旨在模糊造谣者与传谣者的界限，将诽谤信息的传谣者也纳入刑事打击的范围。二是扩大入罪行为的范围。《网络诽谤司法解释》将“实际被点击、浏览次数”“被转发次数”作为衡量网络诽谤行为的入罪标准。只要诽谤信息被实际点击、浏览、转发一定次数，即便并未对被害人造成客观现实的危害后果，如该诽谤信息自相矛盾、不攻自破、能即刻被当事人成功证伪，或舆论瞬间反转等，也均须追究网络造谣者的刑事责任。三是扩大信息内容的范围。《虚假恐怖信息司法解释》将“虚假恐怖信息”解释为“发生爆炸威胁、生化威胁、放射威胁、劫持航空器威胁、重大灾情、重大疫情等严重威胁公共安全的事件为内容，可能引起社会恐慌或者公共安全危机的不真实信息”。其将“重大灾情”“重大疫情”归为“恐怖信息”，有扩大后者范围之嫌。《刑修九》在该司法解释出台之后又专门增设编造、传播虚假信息罪（虚假的险情、疫情、灾情、警情），这可视为是立法对司法解释的侧面否定。

第二，加大打击力度。《网络诽谤司法解释》将以营利为目的的网络传谣行为以非法经营罪定罪处罚：违反国家规定，以营利为目的，通过信息网络有偿提供删除信息服务，或者明知是虚假信息，通过信息网络有偿提供发布信息等服务，扰乱市场秩序，情节严重的，以非法经营罪定罪处罚。这其实是在客观上加大了对网络谣言的打击力度。非法经营罪的法定最高刑可达至15年有期徒刑，高于诽谤罪的法定最高刑3年有期徒刑、寻衅滋事罪的法定最高刑10年有期徒刑。

（二）刑事司法对网络造谣、传谣行为规制的“越俎代庖”

有学者认为，《网络诽谤司法解释》“反映了虚拟网络中犯罪的‘网络’特色，通过扩张解释拓展了相关罪行的原有框架，其实质是为了在‘现实’刑法与虚拟网络犯罪之间架起桥梁，为应对犯罪的‘网络异化’引申出更具网络属

性的刑法规范”。[1]但笔者认为，该司法解释的部分内容实际上已经超出了扩张解释的范畴。

刑事司法解释是对现行刑事立法所作的解释。为了维持刑法典的稳定性，司法解释总是具备着对刑事立法或缩小、或扩大的弹性解释空间，在规范与现实之间扮演着“架桥铺路”角色，发挥着“调试”功能，实现刑事立法对纷繁杂芜之现实生活的“以不变应万变”。当社会生活中的违法犯罪出现某种未曾出现过的新样态、新问题而有必要予以刑事追究时，司法机关通过适度的扩张解释，将此新样态、新问题“消弭”于无形，从而将其顺利地纳入现行立法的框架之中。然而，此做法的前提是在逻辑上能得以自洽。

《网络诽谤司法解释》将明知是捏造的损害他人名誉的事实在信息网络上散布的行为，以“捏造事实诽谤他人”论，这未免混淆了造谣与传谣的界限，超出了“捏造”的语义射程，涉嫌司法对立法的僭越。此外，该司法解释将同一诽谤信息实际被点击、浏览、转发一定次数作为衡量网络诽谤行为是否“情节严重”的标准，这是否妥当，有待商榷。在社交媒体如此发达和活跃的今日，一条信息被浏览次数达到5000次，被转发次数达到500次远非一件难事。若仅仅关注所谓的一串数字，却不考虑其他，如诽谤信息本身的内容，前述内容自相矛盾、不攻自破、舆论反转、尚未造成严重后果等因素便贸然归罪，这恐怕既不合理，也很难真正达到罪刑相适应原则的要求。《虚假恐怖信息司法解释》也是如此，当时解释曾将“重大灾情”“重大疫情”解释为“恐怖信息”，但事后证明该解释遭到了刑事立法的断然否定。《刑修九》所新增设的编造、故意传播虚假信息罪中的“虚假信息”即指“虚假的险情、疫情、灾情、警情”，该罪法定最高刑为7年有期徒刑。相比之下，编造、故意传播虚假恐怖信息罪的法定最高刑则高达15年有期徒刑。显然刑事立法认为灾情、警情的恐怖程度尚不足以与恐怖信息相提并论。

笔者认为，司法解释固然是应对犯罪网络异化的一种方式，然而当某网络犯罪行为的社会危害性达到即便通过刑法扩张解释进行规制也显得捉襟见肘、乏力应对的程度时，修正、完善刑事立法便是一种理所当然、势在必行的选择。刑事司法不能因为刑事立法的“力有不逮”便“越俎代庖”，立法的问

---

〔1〕 卢建平、姜瀛：《犯罪“网络异化”与刑法应对模式》，载《人民检察》2014年第3期。

题终究还是要通过立法来解决。

第三节　网络造谣、传谣行为刑法规制的应然路径

对具有严重社会危害性的网络造谣、传谣行为予以刑法规制如今已不再停留于“要不要”规制的问题，而应着力解决的是“如何”规制的问题。网络造谣、传谣行为，本质上是一种不纯正网络犯罪行为。不纯正网络犯罪与纯正网络犯罪相对，前者是指以信息网络作为犯罪工具的犯罪，后者是指以信息网络作为犯罪对象的犯罪。不纯正网络犯罪通常在某种程度上属于传统犯罪的网络“异化”与“异形”，与传统犯罪本质接近，因而在多数情况下可依据《刑法》第287条的规定，“利用计算机实施金融诈骗、盗窃、贪污、挪用公款、窃取国家秘密或者其他犯罪的，依照本法有关规定定罪处罚”。正如有学者指出的，“这一条文成为传统犯罪网络异化的定性准则和依据，依赖这一条文解决了几乎所有利用计算机、网络进行的犯罪的定性问题”。〔1〕

这既有立法上的依据，也有司法上的体现。如2001年1月17日最高人民法院《关于审理为境外窃取、刺探、收买、非法提供国家秘密、情报案件具体应用法律若干问题的解释》规定，将国家秘密通过互联网予以发布，情节严重的，以故意（过失）泄露国家秘密罪定罪处罚；2010年2月2日最高人民法院、最高人民检察院《关于办理利用互联网、移动通讯终端、声讯台制作、复制、出版、贩卖、传播淫秽电子信息刑事案件具体应用法律若干问题的解释（二）》规定，利用互联网建立主要用于传播淫秽电子信息的群组，成员达30人以上或者造成严重后果的，对建立者、管理者和主要传播者，以传播淫秽物品罪定罪处罚等。

然而应当看到，虽然绝大多数网络造谣、传谣行为是相关传统造谣、传谣行为的“互联网化”，但这并不意味着仅凭现有传统罪名便足以应对所有新型问题。网络犯罪与其说是传统犯罪的“异形”，倒不如说它已经另行开辟出了一块全新的犯罪领地。就制裁思路与规制理念而言，网络犯罪应当有别于传

---

〔1〕 于志刚：《网络思维的演变与网络犯罪的制裁思路》，载《中外法学》2014年第4期。

统犯罪，这是毋庸置疑的。

一、网络造谣、传谣与言论自由界限的认定

网络造谣、传谣与言论自由的界限究竟何在？这是刑事司法不容回避的难题。言论自由是人们表达思想的自由，历来是我国宪法予以保障的公民权利。但是一切权利都有可能被滥用，并且从来没有一种自由是无限度的，因此刑法必须有效地在公民行使宪法权利时，为其划定界限。“刑法必须禁止个体在主观上具有严重过错（罪过）的情况下，以严重侵害其他个体或超个体的利益为代价，来实现自己的宪法权利。”[1]刑事司法在划定网络造谣、传谣犯罪行为与言论自由界限时应当注意围绕行为人主观态度、行为危害结果、行为所针对的对象等方面展开。

（一）网络造谣、传谣者是否具有恶意（严重过错）

恶意，是一个技术术语。“恶意的法律概念要比不道德或者邪恶故意的字典定义广泛得多”，“如果相关评论不是在诚实状态下作出的，那么其将被认为是恶意所为”。[2]诚实与否在某种程度上与事实真假并无必然关联，而主要取决于行为人自身的内心确信与善良动机。行为人出于善良动机确信其接收的某个信息为真而予以传播的，或者原本想表达此意但实际表达了彼意却不自知的，不能认定其具有恶意。恶意一般要从行为人的所说、所作或者所知的事情中推断出来。

（二）网络造谣、传谣行为是否足以引起明显而即刻的危险

“明显而即刻的危险”是美国联邦最高法院设定言论自由司法标准的先河，该原则对网络造谣、传谣行为的刑法规制具有一定的借鉴意义。霍姆斯法官解释这一原则时说：“一切行为的性质应由行为时的环境来确定。即使对自由言论最严格的保护，也不会保护一人在剧院谎报火灾而造成一场恐怖。它甚至不保护一人被禁止言论，以避免可能具有暴力效果。每一个案件中，问题都是，在这类环境中所使用的那些言论和具有这种本性的言论是否造成了一

---

〔1〕 高铭暄、张杰：《宪法权利的刑法保护——以言论自由为例的解读》，载黄京平、韩大元主编：《刑法学与宪法学的对话》，中国人民大学出版社2007年版，第7页。

〔2〕［英］萨利·斯皮尔伯利：《媒体法》，周文译，武汉大学出版社2004年版，第87~92页。

种明显而即刻的危险。"[1]这段话旨在强调"明显而即刻的危险"原则主要解决的是一个言论自由程度的问题。网络造谣、传谣行为若并未对他人的合法权利或社会秩序造成明显而即刻的危险，"线上"言论尚未波及"线下"的现实生活，则该行为不足以达到进入刑法视野的程度，不必作为犯罪处理。比如谣言不攻自破、被成功证伪、最终"弄假成真"等。

（三）网络造谣、传谣行为所针对的对象是否为公权力机关及其工作人员

网络谣言所针对的对象是否为公权力机关及其工作人员在一定程度上影响着造谣、传谣者的可苛责程度。一方面，辟谣的主动权与可能性主要掌握在公权力机关手上，网络谣言传播多久取决于公权力机关是否进行了及时的信息公开；另一方面，公权力机关是享有诸多资源的主体，并且承担着信息公开的义务。享有更多资源、承担更多义务的一方必须容忍部分权利被限制，以保证普通公民的表达自由能够得到充分的实现。以公权力机关及其工作人员为对象的网络谣言，司法机关在打击时应当格外慎重。只要该谣言不是与公职、公务完全无关，那么便应当作出一定的容忍。

二、网络犯罪的制裁思路与规制理念

网络犯罪的刑法规制力度较传统犯罪而言应当更松还是更严，入罪门槛应当更高还是更低？这是一个从根本上决定未来网络犯罪立法走向的理念问题。笔者认为，对此问题不能简单地作出"一刀切"式的回答。对于某些网络犯罪，刑法规制应保持有别于传统犯罪的限度性，表现出适度的"宽容性"；而对于某些网络犯罪，刑法的规制力度则应当甚于传统犯罪，表现出一定的"严苛性"。

刑法应保持规制限度的网络犯罪主要集中在新兴行业与领域。比如互联网金融是一个有着全新经营模式的新兴行业，目前在互联网上实施的金融行为之所以会遭遇方方面面的刑事风险，主要有两方面的原因：其一，部分刑法条文"过时"，现行立法已跟不上经济发展的步伐与需求。典型的如《刑法》第176条规定的非法吸收公众存款罪。该罪充满了浓郁的计划经济色彩，在我

---

〔1〕 吴飞：《大众传播法论》，浙江大学出版社2004年版，第49页；转引自Terry Eastland, Freedom of Expression in The Supreme Court "*The Defining Cases, Rowman & Littlefield Publishers*", Inc., 2000, pp.2-3。

国金融资源被高度垄断、中小企业普遍面临融资困难的情况下，将有正当需求的集资行为一概定性为犯罪，粗暴地用刑法来禁止所有未经批准的集资活动，就势必无法满足我国经济持续发展所产生的合理资金需求，也无法为今后民间融资合法化预留空间，更不符合保护投资者利益的公共政策。因此，对于在互联网上发起的集资行为，刑法不宜“赶尽杀绝”，而应在防范金融风险与鼓励金融创新之间寻求一个妥当的平衡点。其二，“法律未变、政策先行”的状态决定了刑法必须选择静坐观望。比如2015年7月18日中国人民银行、工业和信息化部、公安部等《关于促进互联网金融健康发展的指导意见》从宏观层面上为股权众筹奠定了合法性基调，但因其与作为刑法前置法的《证券法》《公司法》等法律法规并未实现无缝对接且客观存在法律位阶较低的现实，从行政法层面分析，股权众筹的灰色地带依然存在。不过在这个由政策向法律逐步转化却尚未完成转化的过渡期，刑法不宜轻举妄动。总而言之，刑法所应保持规制限度的网络犯罪通常都发生于具有一定时代特点和变革特征的新兴行业。这些新兴行业的勃兴、改革与发展均主要仰仗于信息网络技术方面的支撑与推动，信息网络的发展不但培育了大量的新兴产业和新兴业态，也为各个产业领域的融合发展提供了非常广泛的发展空间。但与此同时，因相应的法律支持规则和配套机制尚未确立，依照传统、已有的法律规范，新兴行业中的某些网络创新行为很可能就是一种网络犯罪行为。但应当看到，随着经济社会发展阶段的不同，对某些网络行为作出的法律评价便会有所不同。因此，刑法对这部分网络行为的评价态度不应是“断然否定”，而是应随着经济社会的发展而有所调整与松动。

刑法对另一部分网络行为的规制思路则恰恰相反，比如利用互联网实施传统犯罪的行为。传统犯罪一般不与新兴行业的诞生或变革发生关联，其固有的社会危害性不会随经济社会的发展而有所淡化或减轻，恰恰相反其反而会因为犯罪技术的改进而使危害升级。例如，诽谤、侮辱、寻衅滋事、编造并传播虚假恐怖信息等犯罪，其不论发生于何时何地，都天然地具有自然犯的属性，并且一旦插上网络的翅膀，将“线下”行为搬至“线上”，其社会危害将呈几何级数的增长。传统犯罪的互联网化，使传统犯罪的社会危害明显超出立法者原先的想象与预设，传统罪名的规制力度已不足以满足当下的需要。从应然层面看，刑法对传统犯罪互联网化行为的规制力度应当更严，而不是更松。在传统犯罪的法定刑配置上，我们应将网络异化情形充分考虑进来，建立多梯度、宽幅度、强力度的刑罚体系。笔者认为，就网络造谣、传谣行为的刑法规制思路而言，一方面根据网络犯罪的特殊属性完善现行《刑法》中规制网络造谣、传谣行为的非专有罪名，另一方面增设规制网络造谣、传谣行为的专有罪名，双管齐下，互为补充，这是未来网络造谣、传谣行为刑法规制的应然路径。

三、网络造谣、传谣行为的刑事立法完善

（一）完善诽谤罪的规定

虽然明知是捏造的损害他人名誉的事实而故意在信息网络上传播的行为，与捏造损害他人名誉的事实并在信息网络上散布行为的社会危害性相当，确实应当纳入刑法规制范畴，但应当通过刑事立法纳入，而不应由司法来代行。《网络诽谤司法解释》将明知是捏造的损害他人名誉的事实在信息网络上散布的行为以“捏造事实诽谤他人”论的做法混淆了造谣与传谣的界限，超出了“捏造”的语义射程，涉嫌司法对立法的僭越。鉴于此，笔者认为，妥适的做法应当是通过增加关于网络诽谤的条款，将网络诽谤中的“传谣人”也纳入本罪的主体范围，并提高诽谤罪的法定最高刑。具体而言，可将《刑法》第246条修改为：“以暴力或者其他方法公然侮辱他人，或者捏造事实诽谤他人或明知是捏造的损害他人名誉的事实而故意在信息网络上传播，情节严重的，处五年以下有期徒刑、拘役、管制或者剥夺政治权利。”

（二）完善损害商业信誉、商品声誉罪的规定

鉴于损害商业信誉、商品声誉罪对破坏不特定人的商品声誉的网络造谣、传谣行为无法进行规制，以及因对网络造谣、传谣行为缺乏规制“力度”而可能导致罪刑失衡等问题，笔者认为，应当修改该罪的行为方式并提高该罪的法定最高刑，具体可将《刑法》第221条规定修改为：“捏造虚伪事实，在信息网络或其他媒体上传播，或者明知是虚伪事实，故意在信息网络或其他媒体上传播，损害他人的商业信誉、商品声誉，给他人造成重大损失或者有其他严重情节的，处五年以下有期徒刑或者拘役，并处或者单处罚金。”如此方可与通过信息网络等实施损害商业信誉、商品声誉行为的严重危害性相适应。

（三）完善编造并传播证券、期货交易虚假信息罪的规定

鉴于编造并传播证券、期货交易虚假信息罪对网络造谣、传谣行为的规制缺乏“广度”和“力度”之现状，笔者认为，应当修改该罪的行为方式并提高该罪的法定最高刑。具体而言，可将《刑法》第181条第1款修改为：“编造影响证券、期货交易的虚假信息，在信息网络或其他媒体上传播，或者明知是上述虚假信息，故意在信息网络或其他媒体上传播，扰乱证券、期货交易市场，造成严重后果的，处五年以下有期徒刑或者拘役，并处或者单处一万元以上十万元以下罚金；造成特别严重后果的，处五年以上十年以下有期徒刑，并处二万元以上二十万元以下罚金。”从而在行为特征与法定刑的规定上，与《刑修九》所新增的编造、传播虚假信息罪以及《刑法》第181条第2款的规定保持在同一水平。

（四）完善编造、故意传播虚假信息罪的规定

鉴于编造、故意传播虚假信息罪所能规制的网络谣言被绝对严格地限制为虚假的险情、疫情、灾情、警情而导致对网络造谣、传谣行为的规制缺乏“广度”的问题，笔者认为应当将编造、故意传播虚假食品安全信息等社会危害性相当的行为纳入刑法规制范畴。具体而言，笔者认为，可在“虚假的险情、疫情、灾情、警情”后加一“等”字，即将《刑法》第291条之一第2款修改为：“编造虚假的险情、疫情、灾情、警情等信息，在信息网络或者其他媒体上传播，或者明知是上述虚假信息，故意在信息网络或者其他媒体上传播，情节严重的，处三年以下有期徒刑、拘役或者管制；造成严重后果的，处三年以上七年以下有期徒刑。”

四、余论

在现代法治社会中，法律对社会的调整应该是全方位的，而不应该有任何“空白地带”。信息网络在空间上缩短了人们交流的距离，在时间上则加快了人们联系的速度。这不仅给人们的工作和生活带来了极大的便利，而且还最大限度地提高了效率。但是，信息网络社会绝非法外之地，人们在享受快节奏的网络服务并最充分地实现“言论自由”基本权利的同时，仍然应该遵守法律规范并承担相应的义务。现代社会中没有绝对的自由，任何自由均应该有边界或限度。同样，法治社会下的“言论自由”是不可能不受制约的，在没有制

约的环境下，不可能有真正意义的自由。从某种角度上说，如果通过网络以牺牲社会的安定和其他人的权利来实现自己的所谓自由权利，不仅是无稽之谈并无法做到，而且也是法律所不容许的。

我国互联网普及率的激增，客观上使谣言的受众达到了前所未有的规模。网络造谣、传谣行为所具有的社会危害已远远远超过了线下传统的造谣、传谣行为。在此新形势下，刑事立法应"有所为"，从非专有罪名和专有罪名两个维度严密对网络谣言的规制法网；刑事司法则应注意处理好打击网络造谣、传谣行为与保障公民言论自由之间的关系，既要严格司法，也不能为严厉惩治网络造谣、传谣行为而僭越立法。此外，我们还须清醒地认识到，治理网络造谣、传谣行为是一项系统工程，不可能由刑法毕其功于一役，进一步健全政府信息公开制度、建立互联网道德守则、净化网络空气、培育文明网民还需要执着而漫长的努力。

第五章　互联网金融——最特殊的网络犯罪领域

互联网金融是指以依托于支付、云计算、社交网络以及搜索引擎等互联网工具，实现资金融通、支付和信息中介等业务的一种新兴金融，是传统金融行业与互联网精神相结合的新兴领域。[1]互联网金融不是一个新名词，但却是一个引领时代的新概念。随着网络经济的迅速发展，第三方支付、网络信贷、众筹融资、云金融等金融创新业务蓬勃发展，互联网金融热潮席卷全国。当前互联网金融主要存在以阿里金融为代表的金融运作平台、以众筹为代表的股权投资平台、以P2P（Peer to Peer）为代表的借贷平台这三种模式。据相关数据统计，截至2013年7月，已有250家企业获得第三方支付牌照，其中包括阿里巴巴、腾讯、网易、百度、新浪等互联网巨头。央行数据也显示，截至2013年12月31日，在全国范围内活跃的P2P网络借贷平台已超过350家，累计交易额超过600亿元。[2]中国人民银行发布的《2014年第一季度支付体系运行总体情况》显示，移动支付业务金额接近4万亿元。[3]截至2014年2月，百度、新浪等15家公司已经获得基金销售支付资格。[4]此外，至2014年3月中旬，仅就余

---

〔1〕 谢平：《互联网金融新模式》，载《新世纪周刊》2012年第24期。

〔2〕 参见由曦、刘文君、董欲晓：《立规互联网金融》，载《财经》2014年第9期。

〔3〕《移动支付持续猛增须全产业链安全护航》，http://itfinance.jrj.com.cn/2014/06/04120317338962.shtml，最后访问时间：2014年6月4日。

〔4〕《百度获基金销售支付牌照》，载金融界：http://itfinance.jrj.com.cn/2014/04/05094216990917.shtml，最后访问时间：2014年6月4日。

额宝理财活动的投资人数就超过8100万人，天弘基金管理资产更是达到5477亿元。[1]应该看到，互联网金融在直接“颠覆”了人们理财习惯的同时，也对现有银行等金融机构的业务形成了一定程度的冲击，从某种意义上讲，更是对现有的监管体制和金融法律规定乃至刑法的相关规定发起了“挑战”。互联网金融这种便捷的金融交易方式已经引起了社会各界的高度关注，构成了我们这个时代的一道亮丽风景线。

第一节　互联网金融刑法规制的“两面性”

业内普遍认为，互联网金融的诞生顺应了网络营销、网络消费的大趋势，对此我们不能一味地“堵”而应妥适地“引”。在当下瞬息万变的时代里，互联网金融的存在确实能为投资者提供更多的投资理财选择，其交易的“便捷性”、市场的“创新性”和对人们传统习惯的“冲击性”均毋庸置疑。对于这些，我们无论如何应该予以充分评价而不应漠视。但是，任何新生事物均有其“两面性”，互联网金融也不例外。从某种程度上说，互联网金融确实是一把“双刃剑”，即其在创新的同时，也产生了诸多风险和安全问题。对此，作为调整社会关系“最后一道防线”的刑法应如何在互联网金融活动过程中摆正其应有位置，如何实现既能有效惩治犯罪而又不阻滞或扼杀创新的规制效果，是我们当下迫在眉睫需要考虑和解决的重要问题。

一、刑法规制必要性：互联网金融存在较大刑事风险

利益与风险共生且并存是亘古不变的真理，互联网金融也不例外。我们在欣赏互联网金融这朵娇艳玫瑰的同时，一定不能忽视它根茎上的尖刺。人们在参与互联网金融活动的时候，也一定要注意防范被风险“刺伤”。基于我国经济体制的限制，以及互联网金融本身尚缺乏完备的征信体系和规范的融资模式，电子信息系统的技术性和管理性也均尚存较大缺陷等原因，互联网金融领域存在较大的刑事风险。应当看到，互联网金融所存在的各种刑事风险，

---

〔1〕 吴景丽：《互联网金融的基本模式及其可能引发的法律风险》，载《人民法院报》2014年3月26日，第7版。

正是我们动用刑法予以规制的依据所在，这无疑也凸显了对互联网金融活动进行刑法规制的必要性。

（一）经营正当互联网金融业务的刑事风险

由于我国市场经济体制建立时间不长，金融市场的开放程度较低，因而我国的金融资源几乎由国有金融机构所垄断，国有商业银行很大程度上控制了金融资产和市场。为维护这种国有金融垄断局面，也便于对经济的宏观调控，我国相关的法律规范对吸收公众资金的行为予以了严格管控。因此，民间融资往往会被扣上“非法集资”的帽子，特别是当其造成一些较为严重的社会危害后果时，通常会被司法机关以“擅自设立金融机构罪”“非法吸收公众存款罪”“非法经营罪”“集资诈骗罪”“擅自发行股票、公司、企业债券罪”等罪名追究刑事责任。笔者认为，经营正当的互联网金融业务行为主要存在以下刑事风险。

第一，涉嫌构成非法经营罪和擅自设立金融机构罪。时下，我国互联网金融服务的提供方大多是没有互联网支付牌照的互联网企业或民间金融信贷公司，而这些单位的经营合法性还有待官方认证。[1]实际上，很多互联网金融活动事实上均涉及相关证券、保险、基金以及资金支付结算等金融业务。如果非金融机构是在未经国家有关主管部门批准的情况下经营这些金融业务，则很可能会构成《刑法》第225条规定的非法经营罪。此外，从时下互联网金融活动的现状来看，很多开展金融业务的机构事实上都是非金融机构，而这些经营互联网金融业务的非金融机构的设立大多都没有经过中国人民银行的批准。这就很可能会构成《刑法》第174条规定的擅自设立金融机构罪。

第二，涉嫌构成非法吸收公众存款罪、集资诈骗罪和擅自发行股票、公司、企业债券罪。在互联网金融领域，一些网络集资机构在业务开展过程中，存在虚构借款项目吸收资金、未经批准开展自融业务，以及归集资金形成资金池等情况。由于其往往通过互联网向社会进行公开宣传，擅自向社会不特定公众吸收资金并承诺收益，因而当这些行为符合2010年12月13日最高人民法院《关于审理非法集资刑事案件具体应用法律若干问题的解释》（以下简称《非法集资案件解释》）等司法解释中关于非法吸收公众存款罪的特征和认定标准

[1] 参见于健宁：《我国互联网金融发展中的问题与对策》，载《人民论坛》2014年第3期。

时，[1]就涉嫌构成《刑法》第176条规定的非法吸收公众存款罪；当这些行为符合《非法集资案件解释》第4、5条中关于集资诈骗罪的特征和认定标准时，则涉嫌构成《刑法》第192条规定的集资诈骗罪；当这些行为符合《非法集资案件解释》第6条关于擅自发行股票、公司、企业债券罪的认定标准时，则涉嫌构成《刑法》179条规定的擅自发行股票、公司、企业债券罪。例如，随着P2P网络融资平台的发展，一些P2P融资平台已经严重偏离了金融中介的定位，由最初的独立平台逐渐转变为融资担保平台，进而又演变为经营存贷款业务的金融机构，这实际上已经远远超出了P2P融资平台发展的界限。有些P2P网络融资平台通过将借款需求设计成理财产品出售给放贷人，或者先归集资金、再寻找借款对象等方式，使放贷人资金进入平台的中间账户，产生资金池，从而涉嫌构成非法吸收公众存款罪；还有些P2P网络融资平台实施的融资业务行为，因所承诺的收益最终无法兑付甚或无法返还本金而很可能被认定为无法返还集资款的"欺诈"活动，从而涉嫌构成集资诈骗罪。[2]又如，目前股权类众筹是存在最大刑事风险的众筹模式，[3]如果众筹活动的发起人向社会不特定对象发行股票达30人以上或是向特定对象发行股票累计超过200人，根据《非法集资案件解释》第6条的规定，行为人的行为则涉嫌构成擅自发行股票、公司、企业债券罪。

（二）利用互联网金融实施违法犯罪行为的刑事风险

互联网金融的业务及大量风险控制工作均由电脑程序和软件系统完成，

---

〔1〕 除此之外，关于非法吸收公众存款罪的特征和认定标准的司法解释还有2010年5月7日最高人民检察院、公安部《关于公安机关管辖的刑事案件立案追诉标准的规定（二）》第28条的规定、2011年8月18日最高人民法院《关于非法集资刑事案件性质认定问题的通知》，以及2014年3月25日最高人民法院、最高人民检察院、公安部《关于办理非法集资刑事案件适用法律若干问题的意见》第1～4条的规定等。

〔2〕 这里所说的集资诈骗罪是指那些互联网金融业务经营者因扩大生产暂时无法收回成本或生产经营不善等客观原因而无法返还集资款，从而被认定为构成集资诈骗罪的情况。而实际上，这些行为充其量只能构成非法吸收公众存款罪，只是因无法返还集资款而被推定为具有非法占有的目的。当然，司法实践中也确实存在一些行为人以非法占有为目的，利用互联网金融单纯实施集资诈骗活动的情况，例如，一些行为人通过P2P网络融资平台进行虚假宣传，承诺的高额预期年收益远远超出了货币基金可能达到的平均年收益，而根本无法兑现也根本不准备兑现。因实施这种集资诈骗行为而构成的犯罪，应属于后文所述的利用互联网金融实施违法犯罪行为的刑事风险。

〔3〕 众筹有四种模式，即股权类众筹、债权类众筹、回报（或奖励）类众筹及捐赠类众筹。其中债权众筹在国内体现为P2P这种形态，业界已经专门把其划分为互联网金融的一个门类，因此，笔者所说的众筹是不包括P2P在内的狭义的众筹。

故而电子信息系统的技术性和管理性安全会直接影响到互联网金融运行的安全。由于我国目前互联网金融本身尚缺乏完备的征信体系，电子信息系统的技术性和管理性尚存较大缺陷，因而互联网金融就容易被一些不法分子加以利用来实施一些违法犯罪活动。而这实际上也属于互联网金融所衍生的刑事风险。

第一，涉嫌构成洗钱罪。互联网金融活动中的经营机构完全可能利用互联网金融活动中资金快速流动的特点以及互联网金融业务所具有的匿名性和隐蔽性特点，为犯罪分子提供洗钱服务，从而涉嫌构成洗钱罪。在互联网金融活动中，任何涉及资金流转的环节，都能成为洗钱犯罪的爆发点。无论是通过基金销售、保险销售、证券经纪、P2P网络集资机构的集资中介业务，还是通过微信上网络红包的网银转账业务，经营机构只要将他人上游犯罪所得的赃款转入第三方支付机构的网络平台，再通过该平台转出相应资金，那么赃款来源和性质便能得以漂白。〔1〕而且这些操作流程往往不需要经过严格的资格审查，网络用户和手机用户都可以通过简单地设置身份证号和登录密码而在第三方支付平台上进行资金流转，而不法分子极有可能在填写虚假信息后利用第三方支付平台的转账功能实现“黑钱”的划拨。因此，如果相关经营机构或行为人利用互联网金融为他人提供洗钱服务，则涉嫌构成《刑法》第191条规定的洗钱罪。

第二，涉嫌构成挪用资金罪或职务侵占罪。目前，我国的互联网金融虽发展迅猛，但尚未形成体系，金融主体的资格和经营范围均不甚明确，整个行业也缺乏必要的内外部监督和约束。虽然第三方支付的法律地位得到了一定程度的认可，并基本形成了由央行支付司监管和中国支付清算协会进行行业自律的格局，但仍存在监管失之于宽、失之于松的问题，尤其是针对第三方支付衍生的各种金融业务，远没有形成完备的准则和有效的监管。〔2〕而在此情形下，一些互联网金融机构就很可能利用监管上的缺位，擅自挪用投资者资金。在例如P2P网贷平台等一系列互联网金融机构的借贷交易过程中，资金并非即时、直接打入借贷各方账户，而会产生大量在途资金的沉淀。如此巨额的资金实则受平台所掌控，而一旦平台之内部人员疏于自律，就很容易发生挪用客户

〔1〕 参见刘宪权：《互联网金融面临的刑事风险》，载《解放日报》2014年5月7日，第5版。
〔2〕 参见李文韬：《加强互联网金融监管初探》，载《时代金融》2014年第5期。

资金甚至非法占有客户资金的情况。对此，根据《刑法》第272条的规定，公司、企业或其他单位的工作人员，利用职务上的便利，挪用本单位财物归个人使用或借贷给他人使用的，即可能构成挪用资金罪；根据《刑法》第271条的规定，公司、企业或其他单位的工作人员，利用职务上的便利，将本单位财物非法占为己有的，即可能构成职务侵占罪。

第三，涉嫌构成诈骗罪、盗窃罪等犯罪。在互联网金融领域，刑事犯罪的风险除了来自于互联网金融平台提供者可能实施的犯罪之外，还来自于互联网金融业普通参与者可能实施的犯罪。客户的信息安全与资金安全直接取决于互联网金融业务的风险控制水平。很多互联网金融业务均突破了传统受理终端的业务模式，且在落实客户身份识别义务、保障客户信息安全等方面并没有建立起行之有效的程序和制度。由此势必会发生一些互联网金融参与者因在获取他人信息后冒充他人进行交易而涉嫌构成诈骗罪的情况，或者因直接利用所获取的信息从他人账户上划走巨额资金而涉嫌构成盗窃罪的情况。余额宝自诞生半年多以来，就已经发生过多起资金被盗事件，有些是用户电脑被恶意病毒控制之后导致账户资金被盗，有些是用户手机号被人恶意复制之后，余额宝密码通过新手机被更新，然后资金被盗取。此外，快捷支付作为一种认证程序极为简便的支付方式，其在带来便捷性的同时，也大大增加了支付的风险，而产品设计不合理以及风险管理水平有限更是无限放大了这种风险。那些产品设计不合理或风险管理水平较差的非金融机构在进行快捷支付服务过程中就很可能会因快捷支付而发生资金被他人窃取或骗取的情况。

综上可见，无论是从经营正当互联网金融业务的角度来看，抑或是从利用互联网金融实施违法犯罪行为的角度以观，互联网金融均存在较大的刑事风险，由此也就凸显了互联网金融刑法规制的必要性。

二、刑法规制限度性：互联网金融创新不应阻滞

虽然“互联网金融”频频见诸报端，各大网络媒体也无不充斥着“互联网金融”的字眼，对“互联网金融”的各种评价也比比皆是，但学界对互联网金融的定性问题仍然模糊不堪、众说纷纭。而欲要对互联网金融实现合理且有效的刑法规制，首先我们就必须对互联网金融进行一个准确的定位和判断。实际上，互联网金融是一种重大的金融创新，而这就决定了刑法对互联网金融

活动的规制应保持一定的限度性，以免阻滞甚或扼杀这一金融创新。

（一）互联网金融是一种重大的金融创新

有学者认为，互联网对金融的影响均集中于技术层面，互联网金融并不是一个科学的提法，因为互联网作为一种技术，并没有产生新金融，将两者放在一起谈所谓互联网金融，从而将之当成一种新的金融形态的分析，实际上是将后台的技术改进与前台的金融功能混为一谈。互联网金融虽然利用了互联网技术，但实际上却做着与传统金融并无根本差异的事情。因而互联网目前还没有催生出任何新金融。[1]对此，笔者不敢苟同，笔者认为，虽然互联网金融应该是互联网领域与金融领域的“联合”或“携手”，但这绝对不是简单的“1+1=2”，其本质上可能是开创了一种全新的金融模式，事实上更是一种重大的金融创新。正因为如此，刑法对互联网金融活动的规制应保持其一定的限度性。

1.从金融形式创新角度看，互联网金融是一种金融创新

互联网金融中的借贷业务虽与传统的银行借贷业务本质相同，但其因依托于支付、云计算、社交网络及搜索引擎等互联网工具而在金融的形式上已经有了较大的创新。我们知道，形式上的创新也往往能够对事物的发展产生很大的影响。互联网金融也不例外。互联网通过对交易对象、交易方式、金融机构、金融市场以及制度与调控机制等要素进行重塑，极大地改变了传统金融业的存在方式和运行模式，使得传统金融业具备了透明度更强、参与度更高、协作性更好、中间成本更低、操作方法更便捷等一系列特征，而具有这些特征的金融形式也因此被称为“互联网金融模式”。随着这种金融模式的不断发展，正在或已经形成一种既不同于商业银行间接融资，也不同于资本市场直接融资的第三种金融融资模式。在这种金融模式下，银行、券商和交易所等中介的作用将大大降低，贷款、股票、债券等的发行和交易以及券款支付等将直接在网上进行。[2]应当看到，形式上的创新也往往会促进内容的创新。例如，阿里小贷、腾讯财付通及众多第三方支付组织和人人贷机构等互联网金融组织，在互联网数据开发的基础上加速挖掘金融业务的商业附加值，均“搭建”出了不同于银行传统模式的业务平台。因此，虽然如上述学者所言，互联网金融利用

---

〔1〕 戴险峰：《“互联网金融”提法并不科学》，载《中国经济信息》2014年第5期；戴险峰：《互联网金融真伪》，载《财经》2014年第7期。

〔2〕 谢平：《互联网金融新模式》，载《新世纪周刊》2012年第24期。

了互联网技术做着与传统金融并无根本差异的事情，但在互联网金融模式下，传统的金融业务已经具有了在银行传统模式下所无法比拟的优点，而这实际上就是一种金融创新。我们不能认为只有当互联网金融开展的是传统金融活动之外的业务才属于金融创新，那是夸张且荒谬的。因为如借贷之类的传统金融活动是人类日常经济行为的历史积累和社会沉淀。在此过程中，虽然后台技术不断得到改进和提高，但基本的金融活动却不会因此而发生重大的变化。一直以来，我们也正是通过不断对借贷的形式进行技术改进和创新，才逐渐形成了今天的金融样态。后台的技术改进是前台的金融功能不断发展和创新的基础和保障。因此，我们不能否认后台技术的创新也是金融创新。

2.从互联网金融的价值和作用角度来看，互联网金融也应是一种金融创新

虽然互联网金融的发展确实对银行业的利益造成了一定影响，尤其是随着利率市场化的推进，整个金融行业开始出现利益的再调整、再分割，但从互联网金融的价值和作用来看，从我国经济发展的大局来看，互联网金融无疑是一种全新的金融形态。首先，互联网金融提高了社会资金运用和配置效率。互联网金融所体现的是一种全新的投融资模式，资金供需双方可借助于互联网平台直接进行匹配和交易，避免了烦琐的业务流程，资金流转简单便捷。在互联网金融下，人们能够根据市场化规则，更快速、准确地引导资金投向，同时由于互联网金融能够覆盖和服务于偏远地区和低收入人群，较好地填补小微企业融资"缺口"，充分实现资金需求和供给之间的有效匹配，因而可以在很大程度上提高金融资源运用效率、促进经济结构的优化，是对传统金融的有益补充和促进金融市场走向成熟高效的重要手段。其次，互联网金融提升了金融服务水平。互联网金融具有信息透明、跨区域、高效率和充分个性化的特征优势，规避了金融机构实体网络柜台服务偏弱和经营时间错位的弊端，让消费者享受到了更加便捷、丰富、人性的金融服务。由于互联网信息透明度更高、范围更广、效率更快，因而互联网金融可借由互联网降低金融活动的信息搜寻成本、生产成本和传播成本，从而一定程度上缓解了机构和个人之间金融信息不对称的问题。[1]最后，互联网金融大大降低了金融服务成本。互联网金融在成本方面也比传统金融更有优势，由于其不受区域界限的限制，因而在经

〔1〕 参见于健宁：《我国互联网金融发展中的问题与对策》，载《人民论坛》2014年第3期。

营金融业务时，将会比传统金融机构在用户拓展上更加具有优势，也更容易展开零售批发型金融业务。

综上所述，互联网金融绝不仅仅是互联网和金融业的简单结合，而是利用互联网的大数据、云计算及智能搜索等技术优势，对传统的金融运行进行改造，从而衍生出互联网技术支持下能适应新需求的新型金融模式，其对于实现金融改革多项目标都展现出了明确的价值，在实现普惠金融、提高金融效率、加强竞争、打破垄断方面的作用尤为突出。就此而言，互联网金融无疑是一种重大的金融创新。

（二）对互联网金融活动的刑法规制应保持限度性

在我国，一个新兴的行业或者经营模式在成长的路途上时常会经历种种法律风险，其中落后的行政监管是屏障之一，而刑法中的一些“过时”的条文规定则是更为致命的威胁，很多经济上的创新活动往往就是因“过时”刑法条文的频频干预而受到阻滞甚至扼杀。典型的如《刑法》第176条规定的非法吸收公众存款罪，由于立法存在一定的缺陷，在司法实践中，一个新兴行业或营业模式，即便没有违反行政许可的明确规定，也可能构成此罪，以致诸多创新经营被扣上“非法集资”的大帽。在互联网金融这种重大金融创新面前，尽管我们绝对不能忽视互联网金融所存在的较大刑事风险，但似乎更应当珍视互联网金融所具有的巨大创新价值。面对互联网金融所存在的诸多刑事风险，我们确实应当适时运用刑法条文对相关的违法犯罪行为进行规制，但基于互联网金融所具有的巨大创新价值，刑法理应只能适度规制而绝对不能过度干预，否则势必会适得其反，将互联网金融创新扼杀在“摇篮”之中，从而阻滞金融创新与发展。

刑法作为最为严厉的法律，理应保持谦抑性。刑法的谦抑性是指刑法介入、干预社会生活应以维护和扩大自由为目的，而不应过多地干预社会，反映到刑罚的配置中，就是刑事干预力度的节制，也就是使用轻缓的刑罚。[1]其中，刑法的补充性是刑法谦抑性的重要内容。刑法的补充性是指刑法不是抑制犯罪的唯一手段，而是补充经济、教育、行政等其他手段而运用的最后手段。[2]对此，日本刑法学者平野龙一也指出：“即使刑法侵害或威胁了他人的生活利

〔1〕 参见陈兴良：《刑事政策视野中的刑罚结构调整》，载《法学研究》1998年第6期。

〔2〕 参见陆诗忠：《对我国犯罪本质理论的思考》，载《华东政法大学学报》2010年第6期。

益，也不是必须直接动用刑法。可能的话，采取其他社会统制手段才是理想的。可以说，只有在其他社会统制手段不充分时，或者其他社会统制手段（如私刑）过于强烈、有代之以刑罚的必要时，才可以动用刑法。这叫刑法的补充性或者谦抑性。”[1]因此，根据刑法的补充性原则，当一种现象的频繁出现和发生是由经济制度所直接引发，且只要通过经济、行政手段完善该制度就能防止时，我们就不能单纯或轻易动用刑法，更不能依赖刑法。由于互联网金融是一种为弥补金融体系缺陷，适应和满足不断发展的社会需求而产生的金融创新，因此，刑法对于这一创新领域的介入就需要十分谨慎，特别是对某些具有“创新性”的互联网金融活动一味强调惩治可能就违背了刑法的补充性原则精神。

笔者认为，一种经济现象的出现并非偶然，其产生乃至盛行必然是某种体系自身为适应社会需要而不断调和的结果。互联网金融也概莫能外，其产生和盛行应该是金融体系缺陷和社会需要调和的结果，正是社会的现实需要和金融体系缺陷的存在才催生了互联网金融。这是因为：首先，实体经济产生了新的金融需求。随着网络的普及和电子商务的迅猛发展，越来越多的人开始在网上购物或交易，为保证交易的安全，自然而然就产生了第三方支付的需求。而传统商业银行无法提供这种支付服务，也不愿意提供这种小而散的支付服务，于是就产生了金融服务的空白。[2]其次，以中小微型企业为主体的民营经济具有旺盛的融资需求。在我国目前的经济环境中，中小微企业要与国有企业竞争并取得生存和发展之机会，就必须改进技术、扩大投资，而这种资金投入往往需要批量、跳跃式地进行，因而资金是这些企业的生命线，为了生存和发展，其必须寻求一条能够满足其资金需求的融资渠道，中小微企业由此就体现出旺盛的融资需求。而当这种需求无法从正规融资渠道得到满足时，其就被迫转向从民间直接融资，而通过互联网则可以实现更大范围、更大幅度的融资，于是互联网金融风生水起。例如，随着电子商务的发展，电商平台上的中小微企业和网店主在经营中需要周转资金，就会产生融资需求，这样阿里小贷等网络借贷就应运而生。最后，我国目前的金融体系在很大程度上限制了中小微企业从正规渠道融资。由于金融资源的高度垄断和利率的非市场

〔1〕［日］平野龙一：《刑法总论I》，黎宏译，有斐阁1972年版，第47页。转引自陈兴良：《刑法谦抑的价值蕴含》，载《现代法学》2006年第3期。

〔2〕参见牛禄青：《互联网金融冲击波》，载《新经济导刊》2014年第1期。

化，我国只存在一些由国有企业掌控的所谓正规的融资渠道，而基于我国从原有的集中计划经济向市场经济转型的特征，这些正规融资渠道往往偏向于为国有企业服务，而忽略以中小微型企业为主体的民营经济的融资需求。而且，我国金融体系的特性也决定了国有企业以及一些具有政府背景的大项目，相比作为完全市场化主体的以中小企业为主的民营企业，更容易获得金融支持。特别是当出现国家银根紧缩的情况时，民营企业被正规融资渠道拒之于门外更是一种常态。由此可见，正是我国目前这种金融体系现状直接催生了互联网金融。而这也就决定了如果刑法过度介入互联网金融活动，势必会违背刑法的补充性原则。

互联网金融的存在从某种程度上可以说是我国目前金融体系下金融资源垄断的必然结果，如果随意将某些具有“创新性”的互联网金融活动定性为犯罪，在法律没有明确规定的前提下，禁止所有未经批准的互联网金融活动，可能无法满足我国经济持续发展所产生的合理资金需求，这显然与我国保护投资者利益的公共政策是相悖的。从长远来看，过度动用刑法，可能会阻碍一个新行业、新经济的兴起，也可能会阻滞一种创新性服务模式的兴起以及相关的技术革新，最终甚至堵塞经济的生长点。笔者认为，有效防范互联网金融活动演化为犯罪的正确策略应当是放开与引导，并对症下药，针对国家金融体系的缺陷进行制度构建和完善，开放市场破除金融资源高度垄断的局面，构建自由、合理的金融制度。因此，从制度构建和政策制定上提供更便捷、更广阔的融资渠道和金融服务，方为上上之策，而对互联网金融活动的刑法规制则应当保持较大程度的限度性与克制性。如果过度动用刑法并以此作为掩饰制度缺陷并强行维持现状的手段，当然就会违背刑法补充性原则之精神，也与刑法谦抑之本性相悖，从而不但会致使刑法陷入“纯工具论”的立场，而且会阻滞甚至扼杀金融创新并影响经济的发展。

第二节　互联网金融的刑法规制路径

互联网金融“法无明文禁止便可为”的思维，与“法无规定便不为”的传统金融思维发生了激烈的碰撞，从而导致对互联网金融的刑法规制进退维谷。

既要支持鼓励创新，又要防范风险，并确保社会金融秩序的稳定，刑法规制的红线将如何前进或后退，已成为一道考验决策智慧的关键之题。笔者认为，国家既然认同并鼓励金融创新可以采用试错机制，那么其风险至少不应以刑事责任的方式进行直接分配，因为当试错风险产生的后果与刑事责任中的罪责自负原则相结合时，由此所产生的刑事后果最终将由某个社会个体来承担。这实际上是让社会个体为国家的政策“埋单”，故而会反向冲击刑事责任机制本身的正当性。[1]而且，金融行业赖以生存的基础就在于自由和创新，互联网金融给社会公众带来的便利以及给金融行业带来的高效和革新也均是建立在互联网金融积极创新的基础之上。如果刑法过度地介入金融领域，频繁地通过刑法手段对互联网金融进行规制，势必会挤压金融行业的自由空间，使得互联网金融活动在开展过程中受到重重束缚，同时也会扼杀金融行业的创新成果。可见，适当地将刑法的“防线”后撤，将“枪口往上抬一抬”，似乎具有重大意义。因此，针对互联网金融，刑法理当进行限缩性规制，摆正其作为社会“最后一道防线”的地位。对于那些利用互联网金融实施的违法犯罪行为，刑法应予以严厉的惩治和打击，而对于那些因经营正当的互联网金融业务活动而不得已或不小心触及刑事法网的行为，应予以适当程度的宽宥处理，以免阻滞或扼杀金融创新。笔者认为，互联网金融活动最可能触碰的刑事责任红线主要有《刑法》第176条规定的非法吸收公众存款罪，第179条规定的擅自发行股票、公司、企业债券罪，第192条规定的集资诈骗罪以及第225条规定的非法经营罪等。因此，对互联网金融刑法规制的限缩也主要应当围绕这些犯罪进行。

一、废止非法吸收公众存款罪的规定

《刑法》第176条规定的非法吸收公众存款罪是一个带有一定计划经济色彩的罪名，其在市场经济愈加发达的今天，其与经济的发展要求显得格格不入。近年来，该罪就因严重遏制民间融资的发展而广受诟病。如今，该罪又因涉嫌遏制互联网金融的发展而重新被推上了风口浪尖。笔者认为，无论从不影响互联网金融发展的角度考虑，还是从该罪自身的宿命来看，废止该罪实属

〔1〕 该观点参考了华东政法大学毛玲玲副教授在“华东政法大学第十届刑法学博士论坛”上的发言。

必然。

第一，非法吸收公众存款罪的存在会严重阻滞互联网金融活动的正常开展。《非法集资案件解释》第1条至第3条对“非法吸收公众存款罪”的构成要件进行了明确界定，即只要具备“未经有关部门依法批准”（非法性）、“公开宣传”（公开性）、“承诺还本付息”（利益性）和“向社会不特定对象吸收资金”（广延性）这四个条件，并达到一定数额标准，即可构成非法吸收公众存款罪。这也成为目前司法实践中判定非法吸收公众存款罪最主要的标准。然而，如果据此标准，互联网金融企业的很多经营活动均会因为“未经有关部门批准”而构成非法吸收公众存款罪。例如，一些P2P网络借贷平台往往会通过将借款需求设计成理财产品出售给放贷人，而一旦放贷人资金进入到平台的中间账户并产生资金池，那么该平台的经营者就涉嫌构成非法吸收公众存款罪。也正因此，2013年9月，由招商银行开通的小企业融资平台——“小企业e家”所经营的P2P网贷业务在运营两个月后就被迫暂停。应当看到，很多金融创新往往都是“未经有关部门批准”而实施并进而取得巨大成功的。如果将非法吸收公众存款罪这一“达摩克利斯之剑”始终悬挂于互联网金融之上，那势必会抑制创新并严重阻滞互联网金融活动的正常开展。

第二，废止非法吸收公众存款罪是利率市场化的必然要求和结果。《刑法》规定非法吸收公众存款罪的目的是保护国家的金融管理秩序，具体体现为国家对利率的管制制度和国有金融机构的垄断利益。由于非法定金融机构吸收公众存款的行为会在一定程度上影响到利率水平，进而影响国家对利率的管制制度并损害国有金融机构的垄断利益，因而立法者便在刑法中设置了非法吸收公众存款罪。对此，全国人大常委会法工委刑法室的立法说明实际上也予以了明确：“随着我国经济建设的飞速发展，使项目建设与资金短缺的矛盾突出，一些单位或个人为了筹集资金……或擅自提高利率，不择手段地把公众手中的钱集中到自己手中，与银行争资金……破坏了利率的统一，影响币值的稳定，诱发通货膨胀……”[1]然而，随着我国市场经济的全面建设和发展，以及市场化改革的不断推进和深入，利率市场化已然成为我国市场化改革的一大趋势。而一旦实现利率市场化，那么国家对利率的管制制度将会随之被废

〔1〕 李淳、王尚新主编：《中国刑法修订的背景与适用》，法律出版社1998年版，第209页。

除，从而促使我国目前的金融管理秩序发生重大变革。如此，非法吸收公众存款罪的立法意图和价值也将不复存在，其也必将走向废止的境地。这就如同1979年《刑法》规定的“流氓罪”随着时代的变革而消亡的情景一样。

当然，立法的修改不可能一蹴而就，而往往需要历经复杂烦琐的立法程序才能实现。这既是立法稳定性的客观要求，也是刑事立法谨慎性的性质使然。对非法吸收公众存款罪的废止也必然要经历一个严格且复杂的立法程序，而这显然无法适应对发展迅猛的互联网金融的规制要求。因此，作为非法吸收公众存款罪废止前的权宜之计，刑事司法应保持最大限度的克制与节制，即应尽量提高非法吸收公众存款罪的入罪标准并对入罪的行为科处尽量轻缓的刑罚。其一，在入罪标准上，鉴于互联网金融活动所涉及的经营数额会远远大于线下交易经营数额的基本情况，参照单位犯罪的起刑点一般是自然人犯罪的5倍的标准来提高互联网金融中的非法吸收公众存款罪的起刑点，是相对较为合理的。因此，以《追诉标准（二）》第28条规定的追诉标准为基础，应将互联网金融活动中涉及的未经批准实施的吸收公众存款行为的追诉标准由司法解释规定的吸收存款数额20万元提高为100万元，单位犯罪的则由100万元提高为500万元；将吸收公众存款30户以上提高为150户以上，单位犯罪的则由150户提高为750户以上；将给存款人造成直接经济损失数额在10万元以上提高为50万元以上，单位犯罪的则由50万元提高为250万元。此外，还应将“造成恶劣社会影响”作为达到上述数额标准的行为构成犯罪的必要条件。其二，在量刑上，对于涉嫌构成非法经营罪的互联网金融经营行为，应尽量在3年以下判处刑罚且不并处罚金，并尽可能判处缓刑。

二、限制非法经营罪的适用

根据《刑法》第225条第3项的规定，“未经国家有关主管部门批准非法经营证券、期货、保险业务的，或者非法从事资金支付结算业务的”，即可构成非法经营罪。其中的“非法从事资金支付结算业务”，即是为适应打击“地下钱庄”逃避金融监管非法为他人办理大额资金转移等资金支付结算业务的行为，而通过《刑法修正案（七）》增加的规定。所谓“资金支付结算业务”，原本是指通过银行账户的资金转移实现收付的行为，但“地下钱庄”从事这些只有商业银行才能开展的资金支付结算业务都是非法秘密进行的，故而将其纳入非法经营罪的惩治范围。[1]可见，只要是未经国家有关主管部门批准擅自开展资金支付结算业务，即可能构成非法经营罪。事实上，很多互联网金融活动不仅涉及资金支付结算业务，而且还涉及相关证券、保险、基金等金融业务，而只要是未经国家有关主管部门批准开展或参与这些金融业务的，就可能构成非法经营罪。由此以观，《刑法》第225条第3项规定的存在势必会使很多正当的互联网金融业务行为被纳入刑法的打击范围。

当然，我们不可能为宽宥互联网金融活动而专门对该规定进行修改，虽然非法经营罪作为计划经济的产物本身也广受诟病，但其在我国当前经济发展状况下仍具有一定的存在价值和意义而尚未达到寿终正寝的境地。故而在必须“开枪”的情况下，我们只能将枪口往上抬一抬，在刑事司法上对互联网金融活动进行宽宥，即在入罪标准和量刑情节的判定上区别于其他非法经营行为。其一，在入罪标准上，鉴于《追诉标准（二）》第79条第3项并没有区分个人与单位分别构成非法经营犯罪的追诉标准，[2]可将互联网金融活动中涉及的未经批准经营证券、期货、保险业务行为的追诉标准由30万元提高为150万元；将互联网金融活动中涉及的未经批准经营资金支付结算业务的行为的追诉数额标准由司法解释规定的200万元提高为1000万元；将互联网金融活动中涉及的未经批准经营证券、期货、保险业务或者从事资金支付结算业务违法所得数额标准，由5万元提高为25万元。其二，在量刑上，对于涉嫌构成非法经营罪的互联网金融经营行为，应尽量在3年以下判处刑罚且不并处罚金，并尽可能判处缓刑。

三、限制擅自发行股票、公司、企业债券罪的适用

根据《刑法》第179条的规定，未经国家有关主管部门批准，擅自发行股票或者公司、企业债券，数额巨大、后果严重或者有其他严重情节的，即可构成擅自发行股票、公司、企业债券罪。如果互联网金融中的重要形式之一——众筹活动的发起人向社会不特定对象发行股票累计超过30人或是向特定对象发

[1] 黄太云：《〈刑法修正案（七）〉解读》，载《人民检察》2009年第6期。

[2] 认为该规定没有进行区分的依据在于，该规定第5、6、8项对出版、印刷、复制、发行非法出版物的行为，非法从事出版物的出版、印刷、复制、发行业务的行为，以及从事其他非法经营活动的行为，分别对个人犯罪和单位犯罪规定了不同的追诉标准，其中第5、6项规定的单位犯罪的追诉标准是个人犯罪的3倍，第8项规定的单位犯罪的追诉标准是个人犯罪的10倍。

行股票累计超过200人，行为人的行为就涉嫌构成擅自发行股票、公司、企业债券罪。据不完全统计，目前全国50余家私募股权企业涉嫌擅自发行股票、公司、企业债券罪，涉案金额逾160亿元，参与人数超过10万人。[1]此外，如果借款方是公司企业，未经国家有关主管部门批准，利用P2P网贷平台发行数额在50万元以上的，借款人也可能构成擅自发行股票、公司、企业债券罪。因此，很多互联网金融的正常经营活动都可能会被纳入刑法的打击范畴。对此，一些互联网金融企业甚至在日常经营中采取几近"自残"的方式来刻意规避刑罚红线。例如，著名P2P网贷平台"大家投"的创始人李群林就曾对《金证券》的记者直言，"我们严格控制单个项目的股东人数，最多不超过40人，总募资额一般控制在百万元以内。另外，为了规避风险，每一个项目的签约、手续等操作完全在线下完成"。[2]由此可见，擅自发行股票、公司、企业债权罪的规定实际上已经严重限制了互联网金融的发展。

在目前情况下，为保障我国金融管理秩序的稳定和金融市场的健康发展，擅自发行股票、公司、企业债权罪的规定确有其存在的必要性，故而我们也只能通过限制刑事司法的方式对该罪的适用范围进行限制。其一，在入罪数额标准上，我们可以《追诉标准（二）》第34条规定的追诉标准为基础将发行数额由该司法解释规定的50万元提高为250万元；将发起人向社会不特定对象发行股票或者公司、企业债券累计超过30人的标准提高为超过150人；并将"不能及时清偿或清退以及造成其他后果严重或者有其他严重情节"的情形作为入罪的必要条件，即必须是达到上述标准的基础上又具备这些情形的情况下才能予以追究刑事责任。其二，在量刑上，对于涉嫌构成擅自发行股票、公司、企业债券罪的互联网金融经营行为，应尽量在3年以下判处刑罚且不并处罚金，并尽可能判处缓刑。

四、限制集资诈骗罪的适用

根据《刑法》第192条的规定，以非法占有为目的，使用诈骗方法非法集资，数额较大的，即可构成集资诈骗罪。对于那些在互联网金融活动中，以非

---

〔1〕《众筹与非法集资的区别》，载深蓝财经：http://www.mycaijing.com.cn/news/2014/04/10/5912.html，最后访问时间：2014年5月10日。

〔2〕陈岩：《众筹平台腾挪忙躲非法集资》，载《金陵晚报》2014年3月31日，第4版。

法占有他人财物为目的，利用P2P网络平台集资以及众筹活动实施非法集资的行为，通过集资诈骗罪的规定予以严厉打击本无可厚非。但对集资诈骗罪的主观要件——“以非法占有为目的”的认定则必须慎之又慎，而不能武断地进行扩张解释，以免误将一些因经营失败而无法归还投资款的互联网金融行为纳入刑法打击范畴。

正是由于司法实践中对“以非法占有为目的”的认定较为宽松，才导致很多非法吸收公众存款行为往往被认定为集资诈骗犯罪。因此，通过对“以非法占有为目的”的限定，可以有效限制集资诈骗罪的适用。其一，应从集资款“无法返还”的原因上进行限定。实践中往往仅凭行为人无法返还较大数额集资款的结果，就推定行为人“以非法占有为目的”，由此导致集资诈骗犯罪案件激增。笔者认为，“无法返还”仅仅是行为人“以非法占有为目的”的必要条件而非充分条件，换言之，“无法返还”与行为人“以非法占有为目的”之间并不存在必然联系，既可能是行为人主观上的原因致使其“无法返还”，如肆意挥霍甚或将集资款用于违法犯罪活动等，也有可能是一些客观上的原因致使其“无法返还”，如因扩大生产而投入大量资金而导致暂时无法收回成本或因经营不善而破产导致集资款无法返还等。显然，只有前者才能说明行为人具有非法占有的目的，而如果不分青红皂白一概推定为行为人“以非法占有为目的”，那无疑属于客观归罪。因此，判定行为人是否“以非法占有为目的”的关键，是要分析导致其“无法返还”结果的是主观上的原因还是客观上的原因，如果是客观上的原因，就不应考虑认定行为人“以非法占有为目的”。其二，从集资款用途的比例上进行限定。司法实践中经常发生为追诉犯罪方便考虑，仅根据行为人存在将集资款用于个人消费或挥霍的情形，就认定其“以非法占有为目的”，从而致使那些将大部分集资款用于投资或生产经营活动而仅将少量的集资款用于个人消费或挥霍的行为人被认定为构成集资诈骗罪。实际上，仅仅根据行为人将少量的集资款用于个人消费或挥霍的行为，根本无法推出其“以非法占有为目的”的主观内容。对此，笔者认为，妥适的做法应当是，根据集资款用途的比例，即至少应当在行为人将集资款用于个人消费或挥霍的比例超过其用于投资或生产经营活动的比例时，才能考虑认定行为人具有非法占有的目的，而不应仅依据存在将集资款用于个人消费或挥霍的事实，就武断判定其“以非法占有为目的”，继而认定其构成集资诈骗罪。[1]

第三节 互联网金融平台的刑事风险及责任边界

互联网时代的历史进程已向纵深处推进，人们不再满足于对互联网技术的突破，转而更加注重对互联网思维的运用。由于微博、微信、社交网站，以及以“淘宝网”为代表的C2C（Customer to Customer）电子商务网站的蓬勃发展，四面八方的个体实现了在网络平台上自由地交流信息，低成本地交易商品。随着时代的发展，人们交流的内容或将不局限于信息，人们交易的对象也不再止步于商品。近年来，互联网思维逐步渗入资金融通领域以及资本市场，而作为新兴互联网金融行业存在的标志，则是具有“去中心化”性质的互联网金融平台。近日，随着互联网金融专项整治活动在全国范围内拉开帷幕，我国上千个互联网金融平台的运营状况、风险类别与级别也将逐一暴露在监管层以及社会公众的面前。妥善应对合规型、整改型、取缔型平台，在追究涉案互联网金融平台行政、刑事责任的过程中处理好行政法与刑法的衔接关系，科学而合理地确定互联网金融平台的刑事责任边界，既是当下的一个热点话题，也是一个具有时代意义的理论问题。

一、国内互联网金融平台的类型考察

我国官方文件曾定义过“互联网金融”。2015年7月14日国务院十部委《关于促进互联网金融健康发展的指导意见》（以下简称《指导意见》）指出，互联网金融是指“传统金融机构与互联网企业利用互联网技术和信息通信技术实现资金融通、支付、投资和信息中介服务的新型金融业务模式”。就此分析，我们不难发现，《指导意见》并未将传统金融机构剔除于互联网金融行业之外，互联网金融行业的业务主体既可以是传统金融机构，也可以是互联网企业。显然，这是一种颇具包容性的定义。

也正因为《指导意见》对互联网金融采取了广义解释，随后其逐一罗列了

[1] 刘宪权：《刑法严惩非法集资行为之反思》，载《法商研究》2012年第4期。

互联网金融的六种业态：互联网支付、网络借贷、股权众筹融资、互联网基金销售、互联网保险、互联网信托和互联网消费金融。然而笔者认为，互联网基金销售、互联网保险、互联网信托和互联网消费金融，虽然都在互联网平台上进行，但在本质上其仍是传统金融机构面向社会大众的“一对多”线上销售模式，其归根结底属于传统金融机构的互联网化，或者说是传统金融的升级版。虽然《指导意见》将其纳入了广义互联网金融的范畴，但其并不是真正意义上的互联网金融。互联网支付虽属于互联网金融的一种业态，但其不具有鲜明的平台属性。互联网金融平台的本质特征在于，“它就是搭建一个交易平台，让所有的需求和供给都在这个平台上自我搜寻和匹配，把集中式匹配变成分布式的‘点对点’交易状态”，[1]从而实现去中心化、低成本化的交易生态。开放、自主、分散的买方与卖方是互联网金融平台不可欠缺的条件。本文拟探讨的互联网金融平台即属此类，从业态上看，主要是指P2P与股权众筹。

P2P（个体网络借贷）是指“个体和个体之间通过互联网平台实现的直接借贷”。股权众筹是指“通过互联网形式进行公开小额股权融资的活动。股权众筹融资必须通过股权众筹融资中介机构平台（互联网网站或其他类似的电子媒介）进行”。显而易见，《指导意见》明确将“中介机构平台”的存在作为P2P与股权众筹融资赖以进行的必备组织架构，因而欲规范互联网金融健康发展，则不可避免地要守住底线，防范互联网金融平台的刑事风险，明确其刑事责任边界。

笔者认为，互联网金融平台的运营模式，从根本上决定着平台的法律属性及风险级别。“在平台中，双方（或多方）在一个平台上互动……这种模式的特点表现在平台上卖方越多，对买方的吸引力越大，同样卖方在考虑是否使用这个平台的时候，平台上买方越多，对卖方的吸引力也越大。”[2]为了尽可能多地将买方与卖方吸引至平台，我国的互联网金融平台不断演化出以下几种运营模式。

（一）纯平台模式

在纯平台模式中，平台严格将自身定位为纯粹的信息中介，不插手交易的实质内容，而仅为投资人、融资者提供信息发布、信息撮合、信用评级、“一对

〔1〕 陈宇：《风吹江南之互联网金融》，东方出版社2014年版，第90页。

〔2〕 徐晋：《平台经济学：平台竞争的理论与实践》，上海交通大学出版社2007年版，第5页。

一”配对、资金结算等技术性的服务。股权众筹融资平台属于纯平台模式，因为在股权众筹融资活动中，融资者与投资人共享收益、共担风险，融资者并不承诺还本付息，因而平台也就不扮演任何形式的信用中介角色，而是纯粹的信息中介。但是，恰恰相反，在P2P领域中纯平台模式的P2P平台却为数甚少。

2007年成立于上海的“拍拍贷”是中国首家通过互联网方式提供P2P无担保网络借贷的信息中介服务平台，也是目前为数不多的以单纯收取服务费为盈利模式的P2P平台。“拍拍贷”不担保、不设资金池，平台始终处于一个独立的、提供服务的第三方平台的角色，风险由借贷交易双方自行承担。“拍拍贷”的借款流程为：借入者发布借款列表、借出者竞相投标、借入者借款成功、借入者获得借款、借入者按时还款。为了控制平台上的借款风险以吸引更多的投资人，“拍拍贷”基于大数据的风控模型，针对每一笔借款给出一个风险评分，以反映对逾期率的预测。每一个评分区间会以一个字母评级的形式展示给借入者和借出者，如从AAA到F，风险依次上升。为保障投资人利益，“拍拍贷”实施风险备用金计划，当“逾期就赔”标成交时，平台提取一定比例的金额放入“风险备用金账户”。一旦某笔借款逾期超过30天，平台将通过风险备用金向投资人垫付此笔借款的剩余出借本金和利息。

（二）担保模式

由于股权众筹融资平台不存在担保的空间，因而采取担保模式的互联网金融平台也仅局限于P2P平台。近年来，国内出现不少担保型P2P平台，按照担保主体的不同，可划分为平台自担保型与第三方担保型两种。平台自担保意味着平台的性质发生了根本改变，平台演化成了担保机构，而不再是单纯的信息中介机构，信用风险由平台承担。这种性质转变的平台，已被现行监管政策所禁止。早在2014年4月21日的处置非法集资部际联席会议上，银监会相关负责人就明确了P2P网络借贷平台的四条边界：一是要明确平台的中介性质；二是要明确平台本身不得提供担保；三是不得归集资金搞资金池；四是不得非法吸收公众资金。[1]2015年《指导意见》指出：“个体网络借贷机构要明确信息中介性质，主要为借贷双方的直接借贷提供信息服务，不得提供增信服务。”自此，自担保型的P2P平台已不具备合法的生存空间，大批P2P平台转而寻求

〔1〕《银监会：P2P网络借贷不得触碰四条红线》，载腾讯科技：http://tech.qq.com/a/20140422/003733.htm，最后访问时间：2016年5月26日。

第三方担保。如“有利网”由中安信业承保，“开鑫贷”由江苏省A级以上小额贷款公司提供担保。

值得指出的是，目前国内也存在不少名为第三方担保但实为自担保的P2P平台。如根据“网贷之家”发布的信息，笔者发现了一个名为“和信贷”的P2P平台，其由非融资性担保公司“和信丰泽投资担保有限公司”作为担保机构。但只要查询企业登记信息便会发现，实际上“和信贷”与“和信丰泽投资担保有限公司”这两家公司的法定代表人在某段时期为同一人。虽然其后“和信丰泽投资担保有限公司”更换了法定代表人，但“和信贷”的法定代表人仍然是“和信丰泽投资担保有限公司”的主要股东。因此有充分理由怀疑，“和信贷”在本质上更接近于自担保型平台。

陆金所也是典型的自担保型平台。陆金所网络投融资平台由中国平安集团打造。陆金所承诺当借款人逾期不还款，担保公司会对投资人代偿借款人的全部剩余债务，承担连带担保责任。而对于某些指定产品，陆金所还特别承诺若借款方未能履行还款责任，保险公司将对未被偿还的剩余本金和截止到保险理赔日的全部应还未还利息与罚息进行全额偿付。值得注意的是，为陆金所提供担保的担保公司正是平安集团旗下平安融资担保（天津）有限公司以及平安普惠融资担保有限公司。可见，陆金所平台由关联企业提供担保，本质上是自我担保，属于自担保型P2P平台。对此，陆金所负责人曾在某论坛上称，“起初为了P2P方式能够更好地被大家接受，陆金所引入了平安担保，这也是阶段性的考虑，现在陆金所已经逐步撤销担保”。[1]

（三）债权转让模式

除了以纯平台模式（股权众筹融资平台和部分P2P平台）以及担保模式（仅限于P2P平台）运营的互联网金融平台外，公众和媒体将“宜信模式”也纳入P2P平台的范畴。宜信首创了国内债权转让模式。宜信旗下的P2P平台“宜人贷”（2016年6月已更名为“宜人理财”）不采用借款人、出借人“点对点”自由配对方式，借贷双方不直接签订债权债务合同，而是通过第三方个人先行放款给资金需求者，再由第三方个人将债权转让给投资人。其中，第三方个人与P2P网贷平台关联度较高，一般为平台的内部核心人员。平台则通过对第三方

〔1〕《P2P平台不能做担保》，载豆瓣：https://www.douban.com/note/369005562/?type=like，最后访问时间：2016年5月22日。

个人债权进行金额拆分和期限错配，将其打包成类似于理财产品的债权包，供投资人选择。投资人可自主选择受让债权包，却不能自主选择借款人，具体借款人由平台在线下寻找并评估，投资人与借款人不是“一对一”的关系，而是“多对多”的关系。[1]“宜人贷”的盈利模式是向借款人收取占借款总金额4%的服务费。在宜信模式下，借款人不必等待投资人投标便可先行取得平台的放款，平台将借款垫付给借款人之后再通过互联网发标。

二、互联网金融平台的刑事风险样态

风险在金融活动中是不可避免的，任何一个互联网金融平台都会有风险，如经营不善风险、合规风险、道德风险等，并且这些风险都有可能朝刑事风险的方向演变。在当下我国互联网金融平台模式纷呈、“鱼龙混杂”，甚至发生某种程度“异化”的情况下，前述风险也就表现得愈加突出。近年来由此引发的刑事案件也呈持续高速增长态势。据“上海检察”（上海市人民检察院官方微信公众号）发布的统计数据，仅P2P领域，2015年上海市检察机关受理涉P2P网络借贷刑事案件共36件139人，其中集资诈骗罪4件19人，非法吸收公众存款罪32件120人，涉案金额逾12.83亿元。毋庸置疑，防范互联网金融平台的刑事风险是规范平台健康发展的一个底线与基本目标。总体而言，我国各类互联网金融平台（包括伪平台）的刑事风险主要表现在以下几个方面。

（一）“伪”平台风险

“伪”平台是指某些从一开始便抱着“卷钱”“吸金”心理的行为人，利用互联网金融的概念，而创立的所谓“平台”。从本质上看，“伪”平台是以互联网金融平台为名，行集资诈骗、资金自融之实，根本不具有平台的中立性属性。如在2015年绍兴市中级人民法院审理的王某某诈骗案中，被告人王某某出资并伙同他人组建某融资咨询有限公司，租用MT4软件，虚构www.isa-fta.com平台，以虚假国际原油期货交易的名义，诱骗他人在该平台进行投资交易，骗取他人资金。[2]可见，“伪”平台的行为方式多表现为在互联网上发布虚假的借款信息、股权众筹项目或投资产品，营造可供投资人投标的假象，并往往以高

[1] 罗明雄：《P2P网贷三大模式之纯平台模式和债权转让模式》，载搜狐证券：http://stock.sohu.com/20140711/n402104734.shtml，最后访问时间：2016年5月23日。

[2] 参见浙江省绍兴市中级人民法院（2015）浙绍刑初字第50号刑事判决书。

息或高比例分红引诱投资人。出借人与借款人，投资人与众筹者不再是一一对应的关系，投资人的资金事实上直接打入“平台”账户而非融资者的个人账户。如果“平台”的操纵者不具有非法占有目的，而只是从事资金自融活动时，其行为可能涉嫌构成非法吸收公众存款罪。如果“平台”的操纵者对投资人资金具有非法占有目的，其行为可能涉嫌构成集资诈骗罪。值得注意的是，此类集资诈骗平台为了骗取更多资金，往往会将前几笔投资如数奉还、如期分红，当“雪球”越滚越大时，才突然卷款跑路。

目前国内“伪”平台的数量颇为可观。仅在P2P领域，“网贷之家”统计的跑路或提现困难的问题平台就达1339家，其中有部分平台涉嫌非法吸收公众存款与集资诈骗。如在浙江省杭州市中级人民法院于2015年审理的泮某某案中，行为人泮某某为维系“后账换前账”的循环运作方式，收购某投资管理有限公司（该公司的主要业务系P2P融资）作为其非法集资平台，以经营所谓的“线下P2P”业务为名义，以召集客户前往常山县参观所谓担保企业、虚构其担保能力并提供虚假的股权质押为手段，以年息12%～23%的高息为诱饵，向514名不特定人员非法集资人民币5015万余元，用于偿还债务、支付犯罪成本等用途。无法维系后，泮某某四处躲避，拒不归还集资款。[1]再比如，在2015年杭州市中级人民法院审理的蔡某某合同诈骗案中，银坊P2P金融平台负责人蔡某某以非法占有为目的，虚设投资项目，以高息为诱饵，并伪造担保函、虚构担保，利用互联网进行宣传，向不特定社会公众非法集资2亿余元，最终被法院判处无期徒刑。这也成为截至目前我国P2P领域被判处的最重刑罚。[2]

（二）模式风险

模式风险是指平台虽然未发布虚假信息，存在真实的融资者与投资人，发生于其上的融资活动也都客观真实，但该平台的运营模式本身可能已经触碰了法律的红线。最为典型的是自担保型平台与债权转让型平台，二者都触碰了银监会所划定的四条红线，前者违反了“平台本身不得提供担保”的禁令，后者则“归集资金搞资金池运作”。监管层之所以明令禁止平台本身提供担保、搞资金池，是由于这两种模式不但偏离了互联网思维下互联网金融平台的要义，并且具有天然的难以避免的高风险。

---

〔1〕 参见浙江省杭州市中级人民法院（2015）浙杭刑初字第131号刑事判决书。

〔2〕 参见浙江省杭州市中级人民法院（2015）浙杭刑初字第200号刑事判决书。

首先看自担保型模式。自担保型平台的经营不善风险极高，提现困难与跑路几乎成了绝大多数自担保型平台难以逃脱的“宿命”，这主要有以下几个方面的原因。其一，平台所服务的客户并不优质。到平台上寻求融资的多为小微企业与个人，尚未被纳入央行征信系统，更容易发生道德风险，坏账率相应地远远高于银行；其二，平台自身实力又几乎不可能应付如此高的坏账率。“提供担保的平台在很大程度上具有类银行功能，但是银行面临着严格的资本金要求，而平台没有。”〔1〕上线一个月即宣告破产的自担保型平台“众贷网”的法人代表卢某某称：“整个管理团队的缺失，造成了公司发生运营风险，开展业务时没有把握好风险这一关。”自担保型平台不言而喻地面临着外部压力与自身实力的双重挑战。当服务费收入、担保收入不足以抵冲坏账率时，自担保型平台除了宣告破产外，便只能先虚设融资需求，而后采用“拆东墙、补西墙”的方式以后款偿还前款，这是平台“苟延残喘”的唯一办法。目前提现困难或跑路的平台已多达上千家，表明这些平台或多或少地都扮演了信用中介的角色，这实在不能不引起监管层以及社会对自担保型平台的警惕与反思。

其次看债权转让模式。自宜信创立该模式以来，便一直饱受着其是否涉嫌非法集资的质疑。在新浪某论坛上，原央行副行长、全国人大财经委员会副主任委员吴晓灵于2015年接受记者采访时提及债权转让型平台，她表示，某些平台将一份债权进行分割，这就涉嫌非法集资，根据我国刑法规定，如果一份债权每笔超过20万元，集资人数超过30人就涉嫌非法集资。〔2〕笔者认为，吴晓灵女士的此番言论在一定程度上揭示出了债权转让模式在合规方面的巨大风险，但其关于平台涉嫌非法集资的结论则很值得讨论。以宜信旗下“宜人贷”平台（2016年6月已更名为“宜人理财”）为例，平台上每笔债权转让交易的达成都将涉及四笔资金流动，其资金流向分别是：第一笔，平台CEO唐宁将个人财产打入借款人账户（注：机构放贷须经中国人民银行批准，自然人放贷不受限）；第二笔，投资人将资金打入平台账户；第三笔，借款人将还款打回平台账户；第四笔，平台将还款打回投资人账户。从外观上看，唐宁及其平台似乎从

〔1〕 黄国平、伍旭川主编：《中国网络信贷行业发展报告（2014～2015）》，社会科学文献出版社2015年版，第37页。

〔2〕 《吴晓灵：P2P只是信息中介，拆分债权涉嫌非法集资》，载搜狐财经：http://business.sohu.com/20150524/n413652134.shtml，最后访问时间：2016年5月29日。

事着类银行的发放贷款、吸收存款活动，容易被人们误认为涉嫌非法吸收公众存款，但事实上其与非法吸收公众存款有着本质的区别，具体表现为以下两个方面的不同。

第一，是否置身于借贷合同关系中不同。非法吸收公众存款的行为人本身是借贷合同关系的一方主体；而在债权转让模式下，平台已通过债权转让的方式从原借贷合同关系中彻底“抽离”出来，不特定的借款人与不特定的出借人始终是借贷合同关系的主体。

第二，承诺还本付息的主体不同。非法吸收公众存款活动中，吸收公众存款的行为人是承诺还本付息的主体；而在债权转让模式下，吸收公众存款并且承诺还本付息的，始终是借款人，而非平台。平台不过是借款人与出借人之间的信息中介与资金中转站而已。只要平台不虚构借款需求，在借款人均是真实的情况下，每一笔资金的流动都将以平台上借款人与出借人的借贷关系作支撑，因而也就不存在平台自融的问题。从本质上看，债权转让型平台不符合非法吸收公众存款罪的构成要件，反倒是平台上拥有不特定债权受让人的借款人符合了非法吸收公众存款的“一对多”借贷样态。不过，出于鼓励互联网金融创新的政策考虑，《指导意见》已经为互联网上“一对多”的借贷行为扫除了合法性上的障碍。

当然，债权转让型平台及其借款人不构成非法吸收公众存款罪，不代表此种模式没有风险。应当看到，平台作为出借人、借款人的资金中转站，不可避免地形成了资金池，因而导致平台挪用、侵占资金具有了很大程度上的操作空间与可能性。并且平台一旦掌握了资金池，其还可能会以虚构借款人的方式实现自融，进而向非法吸收公众存款的方向演变，其道德风险以及监管难度都将大大提高。这也是监管层之所以三令五申地作出“不得归集资金搞资金池”禁令的根本原因。面对监管政策的收紧，宜信CEO唐宁对此解释称，由于当时科技发展不够，没有电子签名的应用技术，所以只能退而求其次用债权转让的模式。而目前宜信完全可以做到点对点让借贷双方直接签约，这样点对点直接签约的模式已经占了宜信借贷平台业务的近50%，并且比重还在不断上升。[1]

---

〔1〕《从宜信P2P看债权转让模式的风险》，载网贷观察网：http://www.wangdaiguancha.com/wangdaiyanjiu/893.html，最后访问时间：2016年5月23日。

（三）中立帮助行为风险

当某互联网金融平台既不是“伪”平台，亦不存在模式风险的情况下，其仍然可能在正常地提供中立性网络服务的过程中，客观上促成他人的犯罪活动。《刑修九》所新增的帮助信息网络犯罪活动罪，便是信息网络时代对此中立帮助行为刑事风险的刑法应对。互联网金融平台的中立帮助行为风险主要有以下两大类。

第一类是互联网金融平台的中立服务行为客观上促成“融资端”的犯罪活动。融资端是指在平台上具有融资需求的一方，具体指P2P网络借贷中的借款人以及股权众筹融资活动中的众筹项目发起人。当互联网金融平台明知借款人、众筹项目发起人通过编造虚假的借款用途、虚报众筹项目、提供虚假的资产凭证、伪造虚假的专利、商标、著作权证明等骗取投资人财物，而仍为其提供互联网接入、广告推广、支付结算等帮助的，便有可能触犯《刑法》第287条之二的帮助信息网络犯罪活动罪。

第二类是互联网金融平台的中立服务行为客观上促成“投资端”的犯罪活动。投资端是指在平台上出资的一方，具体指P2P网络借贷中的出借人以及股权众筹融资活动中的“股东”。投资端的犯罪活动主要是洗钱犯罪。当互联网金融平台明知投资人的出资源自毒品犯罪、黑社会性质的组织犯罪、恐怖活动犯罪、走私犯罪、贪污贿赂犯罪、破坏金融管理秩序犯罪、金融诈骗犯罪的所得及其产生的收益，并且投资人的目的是为了掩饰、隐瞒赃款来源和性质，而仍为其提供支付结算等帮助的，便同样有可能触犯帮助信息网络犯罪活动罪。

综上，“伪”平台风险、模式风险、中立帮助行为风险是当下互联网金融平台最主要的风险样态。由于三类风险有着天然的差异，刑法在应对这三类风险时，便应当体现出差异性，做到区别对待、分而治之，科学而合理地确定不同风险下互联网金融平台刑事责任的边界。

三、互联网金融平台可能涉及刑事责任的边界

对于以互联网金融之名、行集资诈骗之实的“伪”平台，我们应该严格依法以集资诈骗罪追究相关行为人的刑事责任，其中不应该存在需要重新从理念、价值立场出发确定其刑事责任边界的问题。而对于以互联网金融之名行自融之实的平台、存在模式风险的平台，以及实施了中立帮助行为的平台，如

何确定其刑事责任的边界与限度，则是当下司法实践无法回避且一直在犹豫观望的难题。笔者以上述对三类平台的本质分析为基础，尝试提出一些刑事责任的边界和定性处理的依据。

（一）以互联网金融之名行自融之实的“伪”平台

不具有非法占有目的，但为了筹集资金的目的搭建所谓的“互联网金融平台”，通过虚设借款人、众筹项目的方式向社会不特定对象吸收资金，以为己用，这是自融型“伪”平台的典型特征。此种平台完全丧失了应有的中立属性，本质上沦为行为人进行网络融资的工具。最典型的有“e租宝”事件。2015年12月，“e租宝”平台被爆自融，一个月后深圳市公安局经济犯罪侦查局官方微博发布消息称，深圳公安机关已经对“e租宝”网络金融平台及其关联公司涉嫌非法吸收公众存款案件立案侦查。办案民警表示，从2014年7月“e租宝”上线至2015年12月被查封，相关犯罪嫌疑人以高额利息为诱饵，虚构融资租赁项目，持续采用借新还旧、自我担保等方式大量非法吸收公众资金，累计交易发生额达700多亿元。〔1〕从现有案情看，“e租宝”平台确实属于以互联网金融之名行自融之实的“伪”平台。

对此类平台行为应当如何定性？笔者认为，不可“一刀切”式地一律以非法吸收公众存款罪认定。刑法在打击非法集资案件时，应当有的放矢，且行之有度，尤其注意不能背离金融体系的内在规律，更不能逆历史发展潮流而动。“无论从我国金融体系自身发展的规律看，还是从我国经济发展对金融体系的要求看，民间借贷从地下走向地面、由‘暗箱式’操作走向‘阳光化’运作、由无合法身份走向合法经营，都是民间借贷未来发展的必然趋势。”〔2〕妥适地定位《刑法》第176条非法吸收公众存款罪的历史使命，合理界定非法吸收公众存款罪的构成要件，是笔者一以贯之且反复强调的价值立场。“司法实务中必须严格从集资用途上区分间接融资行为与直接融资行为，不应将以合法的商业、生产运营为目的的直接融资行为认定为非法吸收公众存款罪。”〔3〕就e租宝案件而言，假如该平台将非法集资款用于资本与货币经营，而并非投放于实体

〔1〕《“e租宝”非法集资案真相调查》，载新华网：http://news.xinhuanet.com/fortune/2016-01/31/c_1117948306.htm，最后访问时间：2016年5月23日。

〔2〕邱兆祥、史明坤：《关于民间借贷合法化的思考》，载《金融理论与实践》2009年第3期。

〔3〕刘宪权：《刑法严惩非法集资行为之反思》，载《法商研究》2012年第4期。

经济，则对其以非法吸收公众存款罪定性是妥当的。但对于仅仅为了实现资金自融的目的而通过搭建互联网金融平台的方式筹集资金，且将所筹资金完全用于自身生产经营的，则不宜贸然、轻易地将该平台行为认定为非法吸收公众存款罪。我们完全不妨以相关行政法律法规为依据，责令相关平台限期整改或依法取缔相关平台。

（二）存在模式风险的平台

自担保型平台与债权转让型平台的模式风险显然已受到监管层的密切关注。2016年8月24日中国银行业监督管理委员会、中华人民共和国工业和信息化部、中华人民共和国公安部、国家互联网信息办公室《网络借贷信息中介机构业务活动管理暂行办法》（以下简称《网络借贷暂行办法》）第3条规定："网络借贷信息中介机构……不得提供增信服务，不得直接或间接归集资金，不得非法集资……"其第10条还专门指出，网络借贷信息中介机构不得从事或者接受委托从事直接或间接接受、归集出借人的资金；不得直接或变相向出借人提供担保或者承诺保本保息等。《网络借贷暂行办法》旗帜鲜明地表明，监管层态度坚决地意欲将自担保型平台、债权转让型平台打入历史冷宫。

然而，在我国当下互联网金融生态环境下，自担保型平台与债权转让型平台依然大量存在，这些平台的模式风险也日渐凸显。为此，全国范围内对互联网金融的专项整治活动陆续拉开帷幕。2016年4月14日，国务院组织14个部委召开电视会议，将在全国范围内启动有关互联网金融领域的专项整治，为期一年。[1]上海市互联网金融专项整治工作以及重点整治方向也于2016年6月29日在中国小额信贷联盟互联网金融专项整治研讨会上公开披露，具体做法是要求相关互联网金融平台填写网络借贷信息中介机构基本情况调查表、股权众筹企业调查表等，7月底前逐个摸底排查其是否存在平台自融或变相自融、平台提供担保、设立资金池、存在债权转让、类资产证券化业务等问题，并根据调查结果，将互联网金融从业机构划分为合规、整改、取缔三个类型，分而治之。[2]在应对摸底排查结果的过程中，便自然而然地引发了一个有关违规平台

〔1〕《14部委互联网金融专项整治风暴来袭》，载搜狐：http://mt.sohu.com/20160421/n445436205.shtml，最后访问时间：2016年5月30日。

〔2〕《上海互联网金融专项整治材料首度公开》，载东方头条：http://mini.eastday.com/a/160630071335473.html?btype=index & subtype=caijing & idx=0 & ishot=0，最后访问时间：2016年7月2日。

刑事责任边界的问题。如果互联网金融平台违规提供担保、设立资金池，情节严重的，是否应当追究其刑事责任？

笔者认为，对于存在模式风险的互联网金融平台，在确立其刑事责任边界问题上应当格外审慎。自2007年我国成立第一个P2P网上借贷平台拍拍贷、2013年“美微传媒”在淘宝网上发起国内首个股权众筹融资项目以来，我国互联网金融平台的产生、发展才不过短短几年时间，仍处于“摸着石头过河”的模式探索阶段。而与之同样稚嫩、青涩的是监管层的监管政策与法律法规。至今为止，除2016年8月24日刚刚公布《网络借贷信息中介机构业务活动管理暂行办法》外，我国尚不存在其他任何正式的、专门规制网络借贷、股权众筹从业机构的前置性行政法律法规。总体而言，监管层的监管思路及其对涉互联网金融平台案件中行政法、刑法如何衔接、刑事责任边界如何确定等问题的态度并不十分明确。但就在这种大背景下，互联网金融平台却实现了异军突起式的增长。据“网贷之家”统计，截至2016年5月，P2P平台累计达4080家，投资人数329.5万人，借款人数96.52万人，人均投资金额44,921.7元。[1]相比之下，股权众筹融资平台则数量较少，据“众筹之家”统计，截至2016年7月8日，国内股权众筹融资平台仅127家。两类互联网金融平台在数量上的巨大反差或许说明了一些问题。第一，从主观上看，目前我国中小投资者承受风险的意愿不强。绝大多数中小投资者更热衷于还本付息的网络借贷，对收益处于不确定状态的股权投资则普遍缺乏兴趣。应当承认，当下互联网金融行业仍然主要服务于将“收回本钱”作为首要目标的投资主体。第二，从客观上看，中小投资者的判断能力与投资自信欠缺。他们自知无力从成千上万个众筹项目中明辨良莠，对整个股权众筹领域的收益回报更是缺乏信心，于是也就不愿花费更多时间与精力去关注众筹项目的运营模式、发展前景，而是更为省事地选择了承诺保本付息的网络借贷。这也是为何我国网络借贷平台多于股权众筹融资平台、有担保的平台多于无担保的平台、承诺高利率的平台多于承诺低利率的平台、互联网金融平台模式风险愈演愈烈的根本原因。诚如某些业内人士所言，我国当前的互联网金融生态是一个“劣币驱除良币”的过程，严守信息中介定位的纯平台模式只是罕见的个例，存在模式风险的平台反倒成了常

〔1〕 http://shuju.wdzj.com/industry-list.html，最后访问时间：2016年6月22日。

态。

应当看到，互联网金融平台的模式风险，在某种程度上与我国互联网金融目前所处的发展阶段、绝大多数中小投资者的客观投资能力以及主观投资心理等因素密不可分。笔者认为，监管层对于大量存在的具有模式风险的互联网金融平台不妨予以“同情的理解”与“适度的宽容”。在对互联网金融平台进行排查与整治的过程中，应当优先以相关行政法、民法予以规制，并且放宽一点时间，循序渐进地推动互联网金融平台的历史转型，逐步实现“良币驱逐劣币”的金融生态。具体而言，我们可以有以下几种处理方式。

首先，对违规提供担保的平台给予行政处罚，并依法令其承担连带保证责任。

笔者认为，平台违规提供担保行为，即便情节严重，也不宜入罪。理由是：其一，该行为并不符合非法吸收公众存款罪的构成要件，其本质不是面向社会不特定公众自融资金，而是擅自为他人提供增信服务；其二，该行为也不构成非法经营罪。其不符合“未经国家有关主管部门批准非法经营证券、期货、保险业务”的罪状，“保险”与“担保”是完全不同的两个范畴。保险是基于互助共济原则，多个投保人共同分摊风险损失的法律机制，承担补偿责任的载体是投保人缴纳保费所形成的保险基金，保险合同是独立合同，由《保险法》调整；而担保则是为了确保债权实现而设，其承担补偿责任的主体是担保人自身，担保合同从属于主合同，不具有独立性，由《担保法》调整。可见，平台违规提供担保行为不符合非法经营罪所规定的第（三）项情形。那么其是否属于第（四）项兜底条款所规定的“其他严重扰乱市场秩序的非法经营行为”呢？笔者认为，理解非法经营罪兜底条款的含义应当严格坚持同类解释原则。非法经营罪前三项罪状分别禁止经营的是专营、专卖、限制买卖物品、经营许可、批准文件、证券、期货、保险、资金支付结算业务，可见该罪的客体是国家对特定商品、特定行业、特定市场经营的准入制度。不能将非法经营罪简单而肤浅地理解为只要行为人从事不具备相应资质的活动即构成该罪，这将会灾难性地扩大该罪的适用范围。只有当行为人非法从事了影响国家专营的经营活动并且严重扰乱市场秩序时，方能被解释进该罪的兜底条款。这是现阶段在尚未废除非法经营罪情况下避免其沦为“口袋罪”的限制性解释路径。

事实上，对于平台自担保行为，适用行政法、民法已足以达到规制效果。

《网络借贷暂行办法》第10条不但规定“网络借贷信息中介机构不得……直接或变相向出借人提供担保或者承诺保本保息”，并且还于第40条明确了机构责任：“网络借贷信息中介机构违反法律法规和网络借贷有关监管规定，有关法律法规有处罚规定的，依照其规定给予处罚；有关法律法规未作处罚规定的，工商登记注册地地方金融监管部门可以采取监管谈话、出具警示函、责令改正、通报批评、将其违法违规和不履行公开承诺等情况记入诚信档案并公布等监管措施，以及给予警告、人民币3万元以下罚款和依法可以采取的其他处罚措施。”对违规提供担保的平台予以上述行政处罚，已基本可以控制互联网金融平台的模式风险，并且在尽可能弥补投资人损失问题上也不存在法律障碍。2015年9月1日实施的最高人民法院《关于审理民间借贷案件适用法律若干问题的解释》第22条规定：“网络贷款平台的提供者通过网页、广告或者其他媒介明示或者有其他证据证明其为借贷提供担保，出借人请求网络贷款平台的提供者承担担保责任的，人民法院应予支持。”由此可见，自担保型平台对投资人承担连带保证责任有了明确的法律依据。值得指出的是，有学者质疑在前述两部规定中，“一个是认可P2P网贷平台担保的法律效力，一个却是否定了网贷平台自担保的合法性，两者之间存在‘神仙架’”。[1]对此，笔者认为，两部规定事实上既不存在逻辑上的矛盾，也不存在法理上的困境。应当明确的是，涉嫌行政违法乃至构成犯罪的行为，并不必然导致民事合同归于无效，只有当其违反了“效力性强制规定”时，合同方才无效。而是否属于“效力性强制规定”，须根据该规定的“规范目的”来判断。[2]比如，行政法层面禁止P2P平台提供担保，其规范目的在于否定并惩罚P2P平台不具有担保机构资质却擅自为他人提供增信服务的行为。但平台一旦与他人订立了担保合同，承诺为他人提供担保，则也当然不能免除其对第三人的民事责任。否认民事合同的效力会与惩罚行为人的初衷相悖，将不当地使行为人从民事责任中“解放”出来，损害第三人的利益。故对于违规提供担保的平台，不应减轻其对民事责任的承担。综上所述，以行政法与民法规制平台自担保行为，已足以遏制乃至消

〔1〕 马继华：《P2P平台自担保是合法还是非法》，载百家号：http://majihua.baijia.baidu.com/article/128944，最后访问时间：2016年6月20日。

〔2〕 刘宪权、翟寅生：《刑民交叉案件中刑事案件对民事合同效力的影响研究——以非法集资案件中的合同效力为视角》，载《政治与法律》2013年第10期。

除平台的模式风险，并做到尽可能弥补投资人损失，而将这些行为纳入刑法的规制范围似乎没有多大的必要。

其次，对违规设立资金池的平台，视具体情形作出不同处理。

国内官方文件多次提及“资金池”，但对具体何为资金池并无一个明确的界定。大致上，资金池是指将不同来源与流向的资金归集在一处，保持“池”中资金量基本稳定的资金集中管理方式。目前的债权转让型平台一般都设有资金池，因为此类平台是将债权进行金额拆分与期限错配，往往要直接经手资金。然而是否设立资金池的平台都涉嫌构成非法吸收公众存款罪呢？笔者认为，并不尽然，需具体问题具体分析。如果将资金池比作一个设有“进水管”“出水管”的池子的话，那么从出借人处取得的投资款、从借款人处收回的本息将自“进水管”入池；而向借款人发放贷款、向出借人还本付息、提取平台服务费则从“出水管”流出。“进水”与“出水”的先后顺序不同，将直接导致法律评价的不同。(1)假如平台先“进水”，而后“出水”，说明平台在尚不存在真实借款人的情况下实施了资金自融，而后放贷用于资本运作，这是典型的非法吸收公众存款行为，符合非法吸收公众存款罪的构成要件。(2)假如平台先“出水”，再“进水”，如债权转让模式中，平台CEO先对外发放贷款，后将此债权进行金额拆分，转让给不特定的多个借款人。在借款人、出借人、借款需求均实的情况下，该行为不存在适用非法吸收公众存款罪的空间。不过如果其未按照监管法规的要求将资金交由第三方银行托管，则构成行政违法，依据相关监管细则对其予以行政处罚、限期整改，甚至最终取缔。(3)假如平台先“出水”，再“进水”，但“出水量”却明显小于“进水量”时，则表明平台所转让的债权额多于真实的债权额，其可能是在通过虚构借款人、借款需求的方式自融资金，而后继续放贷，从而退回到了吸收存款、发放贷款的老路上，对于自融的资金，应当以非法吸收公众存款罪认定。

(三)提供中立帮助行为的平台

经济生活中的日常经营性业务行为在客观上为他人实施犯罪提供了帮助，此为中立帮助行为。如出租车司机明知乘客欲前往某地实施犯罪而仍将其运送至目的地；餐馆明知顾客在屋内非法拘禁他人仍为其送外卖。中立帮助行为的显著特征在于其无差别地向不特定对象提供商品或服务。中立帮助行为人不但缺乏与犯罪实行行为人的通谋，也不存在促进犯罪的意思，其既非通谋共犯，亦非片面共犯，因而难以被纳入到传统共犯结构之中。鉴于此，刑法理论上才有了此类行为是否要刑事处罚，以及如何划定处罚界限的争论。

《刑修九》新增帮助信息网络犯罪活动罪，对前述争论作了回应。《刑法》第287条之二规定："明知他人利用信息网络实施犯罪，为其犯罪提供互联网接入、服务器托管、网络存储、通讯传输等技术支持，或者提供广告推广、支付结算等帮助，情节严重的，处三年以下有期徒刑或者拘役，并处或者单处罚金。单位犯前款罪的，对单位判处罚金，并对其直接负责的主管人员和其他直接责任人员，依照第一款的规定处罚。有前两款行为，同时构成其他犯罪的，依照处罚较重的规定定罪处罚。"这被视为是中立帮助行为的正犯化规定。

应该看到，互联网金融领域大量存在类似的中性业务帮助行为，如P2P平台明知贷款人实施集资诈骗犯罪，股权众筹平台明知筹资者所发起的项目已严重侵犯他人知识产权，而仍为贷款人、筹资者提供广告推广、支付结算等服务，这是否构成《刑修九》所新增的帮助信息网络犯罪活动罪呢？

笔者认为，划定互联网金融平台刑事责任的边界，离不开对互联网金融行业身处时代及其历史使命的清醒认知。西谚有云，"制度者，机运与智慧之产儿也"，中国的互联网金融之所以较世界其他国家"青出于蓝而胜于蓝"，并且在短期内如火如荼地发展，这与时代机运及当下国情密不可分。中国金融体系中长期的金融压抑及存在的一些低效率或扭曲的因素，为互联网金融的发展提供了有效生存空间。我国的互联网金融正是在此大背景下应运而生，并由此肩负着历史使命。不论是P2P平台还是股权众筹融资平台，都成功打破了传统金融机构向来在资金融通环节中处于核心地位的传统格局，借款人与出借人之间，筹资者与投资者之间不必经由传统金融机构也能快速对接，这对于促进小微企业发展和扩大就业将发挥着现有金融机构难以替代的积极作用。具有小微金融、普惠金融属性的互联网金融，实际上扮演着"倒逼"金融改革的角色，推进并配合着当前的利率市场化改革与股票发行注册制改革。

而互联网金融平台无疑是互联网金融领域最为重要的参与方与市场环节，互联网金融的最显著外观就是金融平台的构建。借款人与出借人，筹资者与投资者经由平台撮合、配对，整个资金融通过程都发生于平台。互联网金融平台为资金融通双方提供服务的行为是典型的具有反复继续性、业务交易性、日常生活性的中立行为。为了合理确定互联网金融平台中立帮助行为的刑事责任边界，笔者认为，应分别从“投资端”“融资端”视角（即区分互联网平台中立帮助行为的对象），对帮助信息网络犯罪构成要件中的“明知”作不同的理解和认定。

第一，对互联网金融平台中立服务行为客观上促成融资端犯罪活动的处理。

根据《网络借贷暂行办法》第9条的规定，P2P平台负有对借款人资格条件、信息的真实性、融资项目的真实性、合法性进行必要审核的义务。当P2P平台经过审核后发现融资端存在问题，比如明知借款人、众筹者的融资项目不真实、不合法，仍为其提供广告推广、支付结算等服务的，依法构成《刑法》第287条之二的帮助信息网络犯罪活动罪。由于构成帮助信息网络犯罪活动罪必须以“明知”为前提，而刑法分则中的“明知”在大多数的情况下均可能包含“确知”和“应知”两方面的内容。对帮助信息网络犯罪活动罪中认定“明知”的直接证明是司法实践中非常疑难的问题，实务中通常以司法推定“应知”的方式来完成对“明知”的认定。在信息网络时代，互联网金融平台无法如同传统经济主体那样直接接触交易对手方，犯罪意图、犯罪准备、犯罪征兆等可供信息网络服务提供者判断帮助犯风险的要素相对不足，因此不宜对其“应知”作门槛较低或过于宽松的推定。笔者认为，“大于半数规则”应当是推定“应知”最为合理的量化尺度。即司法机关应当查证互联网金融平台在提供合法服务与帮助犯罪活动之间的客观分配比例，分析、判断、计算其中有多少是为合法行为提供信息网络服务，有多少是为犯罪活动提供信息网络帮助。当其服务的众多对象中，大于半数的对象系利用互联网金融平台实施集资诈骗、非法吸收公众存款犯罪时，便可据此推定互联网金融平台对融资端的犯罪活动属于“应知”。

第二，对互联网金融平台中立服务行为客观上促成投资端犯罪活动的处理。

投资端的犯罪活动主要为洗钱犯罪。与融资端不同的是，互联网金融平台不会对投资者资金的来源或合法性进行调查与审核，因为其不负有此项义务，现实生活中也几乎没有可操作性。事实上，我国《反洗钱法》对金融机构都尚未施加该义务，该法第三章规定，金融机构的反洗钱义务主要包括：建立健全反洗钱内部控制制度、客户身份识别制度以及客户身份资料和交易记录保存制度、大额交易和可疑交易报告制度，显然并不包括查明资金来源的义务。笔者认为，对互联网金融平台完全可施加前述投资者身份识别、记录保存、可疑交易报告等反洗钱义务，但由于互联网金融平台没有义务也无可能直接审查投资者资金的来源，因此就洗钱等犯罪而言，对平台中立帮助行为“明知”的认定就必须达到直接证明的程度，而不宜适用前述推定“应知”的规则。这是根据互联网金融平台对融资端、投资端审查义务的不同所作出的不同处理。

第四节　互联网金融时代证券犯罪的刑法规制

时下，互联网金融已经逐渐浸透到金融市场的各个领域，不仅包括传统的银行市场，也包括新兴的证券市场。应当看到，证券市场目前正受到互联网金融的重大冲击和影响。截至2015年年初，共有35家券商获得互联网证券业务试点资格，其通过搭建自主平台、与互联网企业合作等多种方式，促使互联网证券业务蓬勃发展。在证券市场加快转型和深化改革大背景下，证券行业发展空间正在全面打开，行业增长方式由服务驱动转为杠杆驱动，并保持高速增长态势。〔1〕互联网金融创新实质性地丰富着证券市场商业模式：(1)证券经营机构实现网上开户服务，并明显降低佣金；(2)推出互联网证券信用交易与融资服务，实现融资融券、约定回购式证券交易等类贷款服务的网络化；(3)推进互联网资产管理，创设适合互联网平台销售证券投资理财产品；(4)创新证券市场投资顾问服务，培养在互联网与网络客户群体中具有一定影响力的明星投资顾问，增强网络证券市场投资者的认知程度；(5)整合互联网综合证券服务，通过信息网络向客户提供包括消费、支付、理财、投资、融资、风险管理等功能在内的综合性证券市场服务。〔2〕然而，互联网金融创新实际上也是对证券市场法律监管的重大挑战，是当前证券市场改革中必须重视并防范的风险来源之一。应当看到，利用互联网金融创新机制实施的证券犯罪严重阻碍了

〔1〕 周尚伃：《互联网证券业务试点券商增至35家》，载《证券日报》2015年1月7日，第B2版。

〔2〕 参见陈健：《互联网证券群雄逐鹿》，载《上海金融报》2015年1月30日，第A8版；张莉、马庆元：《券商鏖战互联网》，载《中国证券报》2015年1月27日，第A7版。

证券市场信息效率、严重危害了投资者资产安全，并且深刻冲击着既有证券市场法律体系。对此，我们亟须针对互联网金融创新与证券犯罪的特征与趋势，以证券市场信息效率保障为导向，建构有效的刑法保护体系，从层层递进的刑法保护原则、刑事规制核心措施、司法规则三个维度切入，保护互联网金融市场创新与证券市场深化改革，维护证券市场秩序与投资者合法权益。

一、互联网金融时代的证券犯罪行为：信息欺诈、信息操纵与信息滥用

互联网的兴起与发展为证券犯罪提供了成本更低、速度更快、效应更强的信息效率干扰渠道。[1]随着移动互联网、云计算等信息技术不断深入社会与经济生活，微信、微博、推特、轻博客等“自媒体”成为主要社交网络，“股吧”、[2]门户网站、专业金融网站的财经论坛、手机证券投资理财应用等成为投资者重要的信息获取渠道，由证券违法犯罪行为控制的市场信息可以随时随地且更为精准地“投放”给市场参与者。互联网金融创新使证券犯罪的信息效率干扰行为更为“效率化”，可以直接影响到证券市场参与者对资本要素配置的决策判断。互联网金融与证券市场的结合，最为基本的功能在于促进证券市场投资与融资信息传播。传统证券犯罪模式利用互联网金融创新而“焕发新生”，例如，通过网络散布虚假信息操纵证券市场价格，利用网络非法募集证券、提供虚假的财务会计报告，利用手机理财等应用工具诱骗投资者交易证券等等。由于互联网信息传播的隐蔽性与互联网证券犯罪取证的困难性，证券市场信息效率与信息安全的刑法保护正面临着极大考验。笔者认为，互联网金融时代侵害市场信息效率的证券犯罪的行为类型主要有信息欺诈、信息操纵和信息滥用。

---

〔1〕 The International Organization of Securities Commissions, Report on Securities Activity on the Internet III, October 2003, pp.38-42, http://www.iosco.org/library/pubdocs/pdf/IOSCOPD159.pdf, 最后访问时间：2015年3月1日。如同当前极为常见的电信诈骗一样，传统资本市场中的虚假性、误导性信息主要是依靠电信技术针对不特定的投资者，通过拨打电话、发送信息等方式进行传递与散布。信息操纵者需要投入较高的人力成本，信息传播具有明显的地域性，潜在被害人的数量也存在一定的有限性。但是，网络技术的介入使得单一操纵主体就可以通过简单、廉价的计算机设备向全球资本市场传输虚假金融信息，并利用社交网络的“链式”效应快速且成倍放大信息的传播范围。

〔2〕 “股吧”是股票交流社区的一个概称，提供包括股票推荐、行情分析、个股交流、股票讲堂、股票入门、操盘交流等信息，是目前非常受欢迎的股票信息交流网络平台。参见编首语：《“股吧”对股市监管的挑战与应对》，载《证券市场导报》2012年第3期。

（一）信息欺诈

利用网络信息欺诈手段诱骗证券市场参与者投资、实施交易、骗取证券发行等是非常典型的证券犯罪模式，其又表现为以下三种行为类型。（1）信息欺诈骗取投资。行为人通过互联网融资平台等发布公司证券已经通过海外证券监管机构注册或者国内证券监管机构核准，以骗取投资者购买公司股票、债券等，但实际上公司证券根本无法上市交易或者只能在诸如纳斯达克"粉单市场"〔1〕等流动性极低的市场进行柜台交易，相关公司根本没有投资价值。（2）信息欺诈骗取证券公开发行。融资者披露虚假的、不完整的、不全面的公司业绩、项目计划、财务报告、募资方案等通过互联网金融平台股权众筹来吸收投资者资金。（3）信息欺诈诱骗客户交易。证券经营机构的经纪或者研究部门向特定客户发布邮件、手机应用推送研究报告等，传递虚假证券交易信息，持有巨额资金的客户根据邮件中发布的虚假信息从事相关交易，由于资金量巨大引发市场波动，自营业务部门事先建构仓位，从这种预期的市场效果中谋取巨额交易利润。

对于信息欺诈骗取投资行为，我国《刑法》规定的非法吸收公众存款罪、集资诈骗罪等融资犯罪建构了基本的规制框架。此外，我国《刑法》第160条规定的欺诈发行股票、债券罪，第181条第2款规定的诱骗投资者买卖证券罪等分别对信息欺诈骗取证券发行、诱骗客户交易等行为做出了禁止性规定。

（二）信息操纵

通过信息操纵从预期的价格波动中获取交易利润，实际上是一种"有效"的市场操纵行为模式，同时也是互联网金融创新时代市场信息效率受到干扰程度最为严重的证券犯罪类型。受到操纵的信息既可以是关于政治或者经济的宏观性内容，其可对市场产生系统性影响，也可以是关于证券或其发行人的具体信息，其影响范围仅局限于特定金融商品或者相关衍生工具的市场价格。因此，笔者认为，信息操纵的行为类型可以分为两种。（1）虚假信息操纵。操纵者编造、传播或者散布的信息在真实性、准确性、完整性等都处于极度不确

〔1〕 粉单（Pink Sheets）市场是美国柜台交易（OTC）的初级报价形式，广义的美国资本市场包括NASDAQ、OTCBB和粉单市场，按其上市报价要求高低依次为：NASDAQ→OTCBB→粉单。粉单市场既不是在SEC注册的股票交易所，也不是NASDAQ系统的OTC，而是隶属于一家独立的私人机构（Pinksheets LLC），有自己独立的自动报价系统—— OTCQX。粉单市场的功能就是为那些选择不在交易所或NASDAQ挂牌上市，或者不满足挂牌上市条件的股票提供交易流通的报价服务。

定状态，却能够影响、诱使、引导资本市场中的投资者（投机者）实施相关金融商品买卖行为，从而通过预期的金融商品交易价格、交易量波动，谋取经济利益。（2）利益冲突信息操纵。实践中也将这种行为称为“抢帽子”交易操纵。在证券市场与财经媒体领域具有影响力的明星分析师、财经评论员、财经新闻记者等所发布的利好或者利空信息，足以短期甚至持续拉升或者压制特定上市公司证券价格，其所披露的信息应当基于客户、市场受众的利益而不能为了个人的证券交易利益服务。如行为人通过网络媒体等发布信息，并提前建构仓位，信息披露后在本人、实际控制或者利益共同体控制的账户中通过相应的高价抛售、低价买入、做空回补等操作谋取大量利润。

信息操纵者利用互联网金融创新机制传播人为控制的信息，投资者接受该信息并通过网络交易做出投资决策，金融商品价格基于错误的信息以及受到被误导的投资者的大量买入而上升，后操纵者卖出证券谋利——这一系列行为能够在极短的时间内完成。在互联网金融尚未成为证券市场的重要商业机制与信息传递渠道的时代，市场操纵者需要雇佣大量的“业务员”通过电话等方式向不特定的潜在被害人传播受到其控制的信息。传统信息传递的规模与速度都受到地理、语言、人工等技术与成本的限制。互联网金融可以使市场操纵者在人力操作成本极低的基础上，瞬间地向大规模的潜在投资者滥发成千上万的虚假性、误导性、利益冲突性市场信息。基于信息受众基数的庞大性，即使对市场操纵者控制的信息做出“有效”反应的概率极低，操纵者对于信息所指向的金融商品的资本配置的影响力仍然是不容忽视的。微博、微信等社交网络工具基于全方位通讯、链条式聚合性信息传播、个性化用户体验等特点，使得信息传播更为快捷与广泛。证券市场中的机构或个人纷纷注册微博，在与众多“粉丝”分享投资、财经信息的同时，也不乏利用社交网络传递疑似虚假信息从而受到操纵市场质疑的情况。例如，巨人网络董事长兼首席执行官史玉柱通过发布微博批评中国人寿：“别虎视眈眈想控股中国唯一民营重要银行民生银行；失去民营机制的民生银行，将失去核心竞争力，告别高速成长。”该条微博公布后，民生银行股价在后两个交易日大涨，史玉柱旗下公司所持该行股份浮盈2.36亿元。该微博言论引起了“传播虚假信息影响股价”的质疑。[1]中国证监会明确提出，引导、规范社交媒体发布上市公司信息行为，对新型媒体引发股价异动将进行及时调查。[2]

我国《刑法》明示性地规定了连续交易、相对委托、洗售操纵等市场犯罪行为类型之后，通过“以其他方法”概括市场操纵违法犯罪的其他行为类型。由于缺乏具体刑法条文表述的现实支撑，证券犯罪刑法规范对于信息操纵的解释存在不确定性与理解上的分散性。尤其是利益冲突信息操纵，刑法规范本身并没有明示性的规定，只有2010年《追诉标准（二）》以立案标准的规范形式原则性地界定了抢帽子交易操纵犯罪的基本构成特征。[3]《刑法》第181条第1款规定了编造并传播证券交易虚假信息罪，但虚假信息判断标准的把握在实践中仍然存在不少疑难问题。

（三）信息滥用

证券市场中重大未公开信息的经济价值表现为其能够有效地揭示证券价格与内在价值之间的价差。法律并不一般性地禁止利用私有信息从事证券交易，也不禁止基于对市场公开信息获取能力差异形成竞争优势而获取证券交易利润，而是禁止滥用信息优势与资本市场信息的经济价值并从价差发现与相关金融交易中获取利益的行为。有效的信息传递与公平的信息竞争是证券市场参与者投入资本参与证券价格发现的市场基础。因此，笔者认为，信息滥用的行为类型也可分为两种。（1）内幕交易。知情人员或者其他非法获取信息的人员，利用上市公司本身的信息，如公司的重组计划、公司高管人员的变动、公司的重大合同、公司的盈利情况等对该公司证券、期货的市场价格有重大影响、按照有关规定应及时向社会公开但尚未公开的信息，从事相关证券交易获取非法所得。（2）利用未公开信息交易。证券、基金、保险等资产管理从

---

〔1〕 吴敏：《史玉柱微博“谈股”被证监局约谈》，载《新京报》2011年10月21日，第B1版。

〔2〕 中国证监会在新闻通报中指出，中国证监会及证券交易所依法对社交媒体信息发布行为进行监督。社交媒体发布、传播上市公司未公开信息导致股价异常波动的，证券交易所将依法核查是否涉嫌内幕交易或操纵市场，是否存在通过融资融券交易、股指期货交易等做空工具进行跨市场套利等情形。任何机构和个人利用社交媒体实施内幕交易、操纵市场、证券欺诈等违法违规行为的，中国证监会将依法予以查处。参见郑晓波：《证监会：社交媒体发布上市公司信息应守规》，载《证券时报》2013年6月23日，第A2版。

〔3〕 根据《追诉标准（二）》第39条的规定，证券公司、证券投资咨询机构、专业中介机构或者从业人员，违背有关从业禁止的规定，买卖或者持有相关证券，通过对证券或者其发行人、上市公司公开作出评价、预测或者投资建议，在该证券的交易中谋取利益，情节严重的，应以操纵证券、期货市场罪予以追诉。

业人员利用本机构未公开的资金投资决策信息，先期或者同期于机构资金建仓或者抛售从而获取非法所得。

应当看到，内幕交易与利用未公开信息交易的实质危害均聚焦于行为人触犯证券市场竞争规则而制造不公平的信息优势，即违反资本市场法律规范利用尚未公开的信息的经济价值从事相关证券交易、损害其他市场参与者合法权益。内幕交易滥用了应及时向市场所有参与者披露的信息的经济价值，利用未公开信息交易滥用了应排他性地基于客户利益而使用的信息的经济价值，两者都是基于谋取个人交易利益的目的而实施的资本市场信息竞争机制与其他市场参与者利益的严重侵害行为。我国《刑法》第180条规定了内幕交易、泄露内幕信息罪和利用未公开信息交易罪，但由于内幕交易、利用未公开信息交易等信息滥用犯罪的行为机理比较复杂，刑法规制实践中对信息重大性、信息滥用犯罪与其他证券犯罪类型之间的界限等问题存在较多困惑。尤其是利用未公开信息交易犯罪，在手机移动资产管理、证券投资网络应用软件等互联网证券创新业务不断发展的当下，各类资产管理机构从业人员滥用本机构的投资信息或者客户的交易信息从事相关证券交易谋取个人利益，严重影响了客户利益与市场信息效率，而刑法理论与实务对此问题并未予以深入关注与解释。

笔者认为，无论归属于何种类型的证券犯罪，其根本的获利机制在于通过犯罪行为干扰证券市场信息效率与证券产品市场价格发现机制，从人为制造的信息不对称中攫取非法利润。证券犯罪利用互联网金融的创新机制，更是会对证券市场构成严峻的信息风险，从而引发金融消费者资产风险。互联网金融最基本的经济机制与商业模式表现为通过网络金融平台操作负债端、通过信息与交易技术完善资产端，并基于资产端与负债端之间的正差额谋取经济利益。信息欺诈、信息操纵、信息滥用等证券犯罪行为在资产端与负债端都会制造信息风险，继而爆发各类债务违约、信用风险、投资者交易风险等，并最终导致金融商品消费者资本资源的重大损失。这种信息风险引起的产权风险，会转化为社会风险，即互联网金融风险与证券市场信息风险的涉众性，经由证券犯罪导致的投资者资产损失，转化为社会不稳定性。互联网金融创新下的证券市场，投资主体结构表现为非专业投资者和个人投资者比重较高。普通投资者、小额投资者等并没有成熟的证券知识储备与互联网金融风险控制技术措施等来有效地辨识、管理互联网金融资产风险，并且在互联网金融资产风险爆发为现实损失之后，缺乏必要的法律技能与正规渠道维护自身的合法权益，由此导致群体性金融消费者的财务风险具有进一步放大为社会风险的可能性。因此，互联网金融时代证券市场信息效率的刑法保护的意义不仅仅局限于经济与金融领域，对于由互联网嫁接而成的整个全新社会结构稳定而言，也具有极为重要的价值。同时，从上述分析中也可以看到，我国《刑法》对于信息欺诈、信息操纵、信息滥用等证券犯罪行为都建构了一定的规制条款，但欲要真正确保刑法制度能够有效地保护互联网金融时代的证券市场信息效率，仍然需要更为完善的刑法原则、核心措施、司法判断规则提供系统化的保障。

二、互联网金融时代证券市场刑法保护原则：信息风险控制

云计算技术的广泛应用，既使证券市场信息能够高速流转，同时也加大了证券市场信息效率的保护难度。移动互联网时代下的"新媒体""自媒体"等更是导致证券市场信息效率保护难度的明显增加——信息网络言论自由与信息风险控制之间的矛盾日益尖锐，市场信息自由流动与信息风险控制之间的平衡关系极易被打破从而形成权利与权力的冲突。由互联网金融创新所建构的商业模式与信息网络传输系统能够以非常低廉的成本、迅捷的速度、指数级增长、链条式传播的方式进行信息扩散，一旦违法信息在证券市场中广泛流传，相关证券犯罪对信息市场效率与投资者权益的损害将难以估量。所以，刑法制度对于证券市场虚假信息披露、信息欺诈、信息操纵、信息滥用的限制措施显然不应当因为网络言论自由价值的保护而受到冲击甚至被虚置。在互联网金融时代，以信息风险控制为核心的证券市场刑法保护原则，应当赋予司法机关在具体案件中对涉案的证券市场信息是否涉嫌欺诈、操纵、滥用等问题进行独立裁量的权力，以平衡证券市场信息自由与政府权力介入之间的冲突。在刑事立法与执法层面，立法者、监管层有必要制定"网络友善型"证券犯罪规制体系，以保障公民在互联网金融市场、新网络媒体环境下充分享受言论自由权，并通过适当的信息风险审查维护证券市场法律既定的信息效率与信息安全。

微博、微信等"自媒体"与传统媒体其实只具有信息传播形式上的区别，

而不存在信息法律属性上的差别，新型互联网媒体上的言论与信息是否涉及证券犯罪，仍然应当在现有的证券监管规范框架下进行考察。我国《刑法》《证券法》《上市公司信息披露管理办法》等法律法规明确禁止编造、传播虚假信息，扰乱证券市场；禁止金融监管机构、金融机构工作人员、从业人员在证券交易活动中虚假陈述或者信息误导；各种传播媒介传播证券市场信息必须真实、客观，禁止误导；违规披露信息将承担相应的民事、行政、刑事责任。对于利用各类媒体发表言论、发布信息影响证券价格、干扰投资者判断并从事相关交易牟利的行为，显然可以通过编造并传播证券虚假信息罪、操纵证券市场罪等相应刑法条款进行规制，证券市场法律制度并没有出现规范缺位与监管盲点的问题。通过新型媒体传播证券信息与其他媒体发布的信息没有质的区别，利用新型媒体实施信息操纵、信息欺诈等证券犯罪行为不应当游离于刑法规制之外。

笔者认为，在新媒体与互联网金融时代合理控制证券犯罪引发的市场信息风险，有必要注意避免排他性地适用刑事介入或者权力监管为主导的模式，而应当包容性地将证券市场竞争机制与市场化监管力量有效纳入并为证券犯罪规制与信息风险控制所用。对于证券市场中的疑似违法犯罪行为，无论是资深市场人士与司法实务者，还是一般投资者，其惯性思维通常是建议或者呼吁监管部门与司法机关通过调查、审查等权力介入方式予以规制。然而，证券市场法律制度及其执行资源都是十分有限的，尤其是刑法介入措施，在互联网金融信息加速爆发的背景下，以行政监管、司法规制为主导进行证券市场信息风险控制显然是不切实际的。应对新媒体与互联网金融时代证券犯罪对信息效率与信息安全的挑战，必须充分发挥市场化监管外部性、独立性、效率性的特点，以完善证券集团诉讼为核心，优化市场竞争力量之间的法律平等对抗，通过程序简捷、诉讼成本与风险合理、维权效率较高的证券市场诉权运行程序，实现信息风险有效监管与投资者利益充分保护。市场化竞争中的平等法律对抗所积累的司法规则经验，也可以丰富与细化证券犯罪刑事司法规则的适用，进一步强化证券市场的刑法保护。

应当看到，以云计算为核心的数据处理技术进一步扩大了证券市场虚假信息的传播面、提升了信息获取便捷度、“优化”了证券犯罪者虚假信息投放对象的精准度。从理论上分析，证券市场投资者应当高度重视这种信息风险，而不能一味依靠刑法保护等法律强制力控制证券市场信息风险。因为互联网金融平台中的证券信息质量良莠不齐、信息发布者鱼龙混杂等现实局面是显而易见的。从传统的有效市场理论的视角进行分析，在无从考证信息发布者身份及其持仓情况的基础上，投资者能够合理预期这种互联网金融平台中生成的投资信息可信度完全不具有保障，实际上没有任何理由可以将这种内容真实性存疑且利益冲突风险极大的信息作为证券市场参与者投资决策的依据。虚假信息如果确实影响到投资者判断与决策的，也许只能说明投资者自身没有谨慎对待信息风险，而不应以此证明证券犯罪对市场信息安全制造了极大风险、社会危害具有相当的严重性。我们也没有必要将在“股吧”、互联网证券投资平台等网络空间上制造与传播虚假证券投资信息、虚假信息披露的行为作为证券违法犯罪处理，而是可以将其视为证券市场中本来就存在且永远无法根除的“垃圾信息”。

然而，相关行为金融研究指出，投资者认知偏见非常重要的表现就在于市场参与者在有效信息接触受限的情况下对市场传言极为关注与敏感。[1]即使在信息发布渠道与利益冲突明显存疑的情况下，证券市场中的投资者经常会相信非监管机构指定或者市场信用认可度较低的网络平台中发布的金融投资信息，并且这种信息与相关金融商品短期流动性以及市场价格波动之间具有非常强的关联性。[2]现有的调查显示，甚至对于可信度与透明度极低的、通过网络论坛、手机短信等渠道流传在证券市场中的信息，普通投资者仍然会基于过度自信、有限理性等各种认知偏见而在证券交易中使用这些信息。[3]相对于受监管、更正统的传统信息发布媒体而言，互联网金融时代下的普通公众与新投资者所喜好的是更具“草根”特质的网络工具与新媒体。[4]尤其是我国证券市场，仍然没有发展到以机构投资者为主的专业证券交易者构成主要市场参与者的阶段，绝大部分投资者（投机者）属于“散户”。中小投资者对于证券市场

---

〔1〕 Donald C.Langevoort, The SEC, Retail Investors, and the Institutionalization of the Securities Markets, 95 Virginia Law Review 2015, 1046(2009).

〔2〕 Peter Antunovich & Asani Sarkar, Fifteen Minutes of Fame?The Market Impact of Internet Stock Picks, 79 Journal of Business 3209(2006).

〔3〕 Jill E.Fisch, Regulatory Responses to Investor Irrationality: The Case of the Research Analyst, 10 Lewis & Clark Law Review 57, 82(2006).

〔4〕 参见编首语：《“股吧”对股市监管的挑战与应对》，载《证券市场导报》2012年第3期。

中流传的信息的依赖度较强。根据深圳证券交易所的数据统计，有40%的投资者表示通过他人推荐和网络类媒体（如“股吧”、论坛、微博、互联网金融平台）获取投资决策所需要的信息；超过50%的创业板投资者会通过交易软件的技术指标分析、网络类媒体等获取信息。[1]正是由于证券市场中存在着大量不具有专业投资能力与知识结构的中小投资者，没有资金、信息、专业知识等投资技术与优势的支撑，导致其资本配置与交易决策容易受到市场信息的左右。这种非理性成分很高的投资者结构反射到证券市场，就会导致金融商品交易换手率偏高，容易因为不确定的市场信息而导致投资者对于高风险信息反应过度，进而引发市场波动。这说明互联网金融平台等非传统网络渠道所发布的信息，对于投资者资本配置决策同样具有极为重要影响。笔者认为，刑事法律制度不能因为新兴网络媒体流转信息内容真实性与虚假性的高度不确定，而放松对虚假信息披露、编造并传播虚假证券信息等证券犯罪行为的规制。刑法保护措施一方面应当依托、借力于市场化力量维护证券市场信息安全，另一方面也需要通过强有力的规制手段严格控制证券市场信息风险，在保护信息流动效率的同时，提升互联网金融时代背景下证券市场信息的可信性与稳定性。

三、互联网金融时代证券犯罪刑法规制核心措施：确保信息流动的合规与效率

互联网金融创新不仅能够有效降低证券交易成本、减少证券市场信息不对称性、提升信息传输效率，而且可以使更多的投资者以更为自由的方式和更加充分的信息参与证券发行与交易。证券经营机构以及其他证券市场服务提供者均能够利用互联网开发以前难以触及的客户群、利用大数据有针对性地激发潜在的资产管理需求、利用手机移动业务推送低成本的信息。互联网金融推进的证券市场信息的高度发达与我国进一步深化资本市场改革共同要求证券犯罪刑法规制的科学化运作，而其核心举措就在于确保证券市场信息流动的合规与效率。

---

〔1〕 参见深圳证券交易所:《深交所2011年个人投资者状况调查报告》，载《证券时报》2012年3月14日，第A10版。

（一）重点关注市场信息优势者

证券市场中具有信息优势的市场参与者对于信息流动合规性与效率性的损害风险相对于普通投资者而言更大，证券犯罪刑法规制必须重点关注信息欺诈、信息操纵、信息滥用的高风险群体。

实施证券犯罪损害市场信息效率与公平性的行为主体基本上都会在信息竞争上具有一定的优势，具有信息欺诈与信息滥用的风险，但由于其身份的确定性与信息内容事后的可分析性，上市公司高级管理人员或者其他在市场中具有信息优势的金融专业人员等，实施内线交易、传递虚假证券信息的行为，会产生非常高的信誉毁损成本与犯罪责任成本。这种极高的行为风险在一定程度上能够防范信息优势主体实施信息欺诈、信息操纵、信息滥用等证券犯罪行为。[1]但是，信息虚假性、误导性、欺诈性等问题的判断并非是一个简单的司法认定过程，尤其是在虚假与真实信息掺杂与混合披露的情况下，很难锁定相关证券犯罪损害市场信息效率的责任。成功获利的信息欺诈、信息操纵、信息滥用等证券犯罪的现实收益远远超越信誉毁损与法律责任成本，市场中各类信息优势参与者经过正常的利益评估更倾向于为了追逐暴利而宁愿承担一定的成本。因此，证券犯罪刑法规制措施的重点应当定位于知悉重大未公开信息的内部人员、证券经营机构专业人员、具有信息影响力的财经媒体从业人员、明星基金经理、分析师等市场信息优势者实施的信息欺诈、信息操纵、信息滥用行为。

（二）仔细甄别概念炒作与信息操纵等证券犯罪之间的界限

证券市场中特定资产的交易价格经常会出现大幅波动，这既可能是以特定的题材或者概念为核心针对特定行业、产品、技术、事件等进行信息炒作，也可能是受虚假信息、信息操纵的影响，刑法规制应当在保护市场信息效率的前提下甄别概念炒作与信息操纵等证券犯罪之间的界限。

市场信息是对经济行为、事件内容的描述、理解与心理反射。在反射对象的性质与特征不为市场参与者所熟悉、市场参与者的认知水平不同时，市场信息的不确定性与不对称性会非常之高。尤其是以高新技术、科学研究成果等为核心价值驱动与利润增长点的上市公司，相关信息在科学阐释上如果不十

---

〔1〕 Henry G.Manne, “*Insider Trading and the Stock Market*”, Free Press, 1966, p.148.

分严谨、在宣传内容上不十分准确、在媒体解读上不十分全面，加之证券市场对于特定领域的先进技术的渴求超越了技术发展的现实水平，将会共同造成证券市场倾向于认可或者放大一项未经全面论证的科研成果的经济效应。这实际上是一系列信息在叠加作用下联合导致与该高新技术相关的“题材股”市场价格出现波动。在互联网金融高速增长的市场发展阶段，互联网金融平台不仅会促使信息炒作的持续发酵，互联网金融概念股本身也会成为市场猛烈炒作的对象。[1]对于一般的市场题材或概念的炒作而言，尽管在信息生成与传递过程中，或多或少存在夸大性成分与误导性内容，但信息所指向的核心事件是客观的或者真实发生的，造成证券交易价格波动的最主要力量来自于证券市场对于特殊题材或概念的高度敏感与需求。即使证券经营机构、从业人员或者市场参与者介入了此类信息的传递与炒作过程，并提前做多或者做空相关证券，但由于该证券交易价格的波动主要是市场力量在自由竞争的状态下形成的，至多只能在经济性因果关系上将参与信息炒作评价为放大市场波动效果，而不能在法律因果关系上将之评价为损害市场信息效率的相关证券犯罪行为。对于信息欺诈、信息操纵等证券犯罪而言，信息所指向的对象完全不存在对应性的基础事实，信息内容制作、信息传递及其对证券市场产生影响源于单一主体控制或者复数行为主体共谋，证券市场价格波动具有明显的人为性，应当通过刑法措施的介入规范信息披露行为、排除证券犯罪对市场信息效率的损害。

（三）着重把握刑罚权力介入证券市场的尺度

互联网金融创新将会不断通过利益驱动激发市场参与者弥补我国证券市场做空机制薄弱的问题，这显然有利于提升证券市场信息效率，但也会形成虚假陈述、市场操纵等证券犯罪风险。刑法规制不仅要重视做空交易中信息欺诈、利益冲突的监管，而且要把握刑罚权力介入证券市场的尺度，保护好证券市场信息平等对抗的竞争机制与做多做空博弈的价格发现机制。

互联网金融创新对于改变单边证券市场、健全交易机制、完善对冲风险机制等具有极为重要的价值。互联网证券经营模式的变革、融资融券业务的扩

---

〔1〕　参见陈青松：《互联网金融概念股爆发估值偏高或存风险》，载《中国企业报》2014年8月19日，第12版；张歆：《银行股上涨动因“传言背后的真实”：互联网金融概念第一季启动》，载《证券日报》2014年2月18日，第B1版；陈予燕：《互联网金融概念股飙涨》，载《理财》2013年第12期。

张、互联网资产管理机构吸收客户的现实需要等多重市场力量的兴起，势必导致证券市场中会有更多信息分析与信息研究方面的竞争。互联网证券经营机构所应用的大数据算法能够深度挖掘上市公司经营与财务、公司治理等方面的信息，全面且深刻地发现上市公司价值，通过发布研究报告的方式引导市场准确定价，以市场化的方式推动上市主体的健康发展。其中，在成熟证券市场普遍存在的，通过实地调查、制作研究报告等形式发现特定上市公司证券定价虚高、严重偏离其实际价值，融券卖空该上市公司证券，并向相关客户或者整个市场发布利空研究报告的做空行为，[1]会逐渐在中国证券市场中兴起。投资咨询机构发布做空研究报告与编造虚假信息、信息操纵、抢帽子交易操纵之间的界限把握问题必须在刑法规制层面予以关注与审视。

实践中存在的一种比较典型的质疑性观点是，发布做空研究报告的投资咨询机构抢先做空特定证券及衍生品，意图从利空信息的发布以及市场波动中谋取交易利润，这种行为的动机存在很大的疑问。[2]这实际上就是倾向于怀

〔1〕 国际资本市场中存在很多专注于做空上市公司的、以研究公司形式存在的做空机构，香橼研究（Citron Research）、浑水研究（Muddy Waters Research）等因擅长做空中国概念股而被中国投资者所了解。例如，浑水公司2012年做空在美国纽约证券交易所上市的新东方（NYSE：EDU）——新东方于美国时间2012年7月17日开盘之前发布信息，称新东方在7月13日收到SEC关于该公司可变利益实体（Variable Interest Entities）股权变更的调查函。新东方股价随即下跌，当日收盘报14.62美元，较前一交易日下跌34.32%。浑水公司在网站上发布了一份长达97页的研究报告并附相关视听资料，强烈建议卖出（strong sell）新东方股票。该研究报告指出，新东方隐瞒加盟信息、营收财务造假、税收减免不合理、审计漏洞等。新东方股价随后立即下跌5.12美元，当日报收9.5美元，跌幅35.02%。同年7月底，新东方被美国多家律师事务所以信息披露违规为由提起证券集团诉讼，浑水公司借势再度发表观点，表示更加确信新东方的信息误导。参见丁弋弋：《VIE结构成问题导火索　华尔街集体发难新东方》，《IT时代周刊》2012年第16期；马可佳：《浑水“搅黄”盈利　新东方裁员为扩张埋单》，载《第一财经日报》2013年2月5日，第B3版。

〔2〕 例如，2012年12月4日，北京中能兴业投资咨询有限公司（以下简称“中能兴业”）与《证券市场周刊》联合发布上市公司研究报告《康美药业（600518.SH）研究》，12月15日，中能兴业与《证券市场周刊》记者联合发表《康美谎言》一文。上述研究报告以及文章的研究结论是：在土地购买和项目建设上涉嫌造假，上市公司康业药业至少虚增了18.47亿元的资产，接近公司2002年至2010年9年净利润的总和。12月17日，康美药业一字跌停。2013年3月2日，中能兴业研究员与《证券市场周刊》记者联合发表《康美谎言第二季》并披露：根据现场调查取证，发现康美药业916亩7.6亿元资产，实际位置位于一座140米高的荒山之上。上述研究报告以及文章发表后，上市公司以及相关券商研究员立即质疑中能兴业融券“做空600万至1000万”康美药业股票、“动机不纯”等。参见北京中能兴业投资咨询有限公司、高荣华、封莉：《康美谎言》，载《证券市场周刊》2012年第45期；高荣华、韩彦超：《康美谎言第二季：916亩土地是荒山》，载《证券市场周刊》2013年第7期；陈娇君：《“浑水模式”初现A股市场　勿以道德眼光看待做空》，载《证券时报》2013年1月28日，第A3版；吴黎华：《康美药业跌停　104只基金一日浮亏8亿》，载《经济参考报》2012年12月18日，第3版。

疑建构做空交易并在同期或者后期发布利空信息的行为可能构成信息欺诈、信息操纵等证券犯罪。但是，发布做空研究报告的投资咨询机构或者市场人士等融券做空交易本身并不存在合法与非法的问题，这只是正当的证券市场操作行为。影响做空交易行为法律属性的关键在于信息披露是否合规，其核心便是信息发布者与信息接受者或者整体市场利益之间是否存在冲突。如果在发布研究报告并提出与特定证券及其发行人有关的利空信息或者做空投资建议之前或者同时，金融机构或者市场人士实施了融券卖空该证券及其衍生品的行为，就应当在研究报告中明确披露交易时间、价格以及数量，以保证阅读研究报告的投资者能够客观评估潜在利益冲突风险。

笔者认为，无论信息是否属实，利空信息研究、创造与发布者的做空交易行为，均能够从利空信息被投资者以及市场接受后所形成的卖空力量中获取做空利润——这是信息发布者的利益。真实的利空信息向市场传递了特定证券全新的定价意见，投资者通过卖出证券或者做空证券规避风险或者谋取交易利润——这是接受研究报告意见投资者的利益。在这个信息发布与传递、各方实施相应交易的市场行为过程中，完全存在信息发布者不顾客户或者投资者利益单纯追逐个体经济利益的利益冲突风险，即向客户或者市场发布研究报告的金融机构或市场专业人士传递没有事实依据与研究价值的利空信息，并从投资者根据利空信息抛售、卖空相关金融商品的市场波动中谋取事先卖空证券的利益。而此时基于该利空信息做出的投资决策实际上是在一个毫无依据的定价基础上卖出或者卖空证券，在毫无依据的信息及其产生的短期市场价格波动被金融商品内在价值以及市场认识修正之后，投资者会出现在较低价格卖出、在较高价格买入或者必须以较高价格回补金融商品等实际利益损失。刑法应当严格规制这种利益冲突。

但是，只要利空报告发布者准确披露交易信息或者依法向读者宣示免责申明，就应当认为利益冲突风险已经予以充分揭示，证券市场中的投资者（投机者）应自主判断信息风险。市场及投资者认可其利空报告的，信息发布者自身的交易行为甚至可以成为强化投资者卖出或卖空证券的理由。至于披露的信息在实体内容上是否属实，则是能否构成虚假陈述的法律问题。因为即使发布的利空报告具有虚假性或者误导性，但由于已经披露了之前或者同步的交易信息，不仅会使得其成为市场操纵犯罪所必备的交易行为要素而丧失了成立编造并传播虚假证券信息犯罪的基础，传递虚假信息也会因为交易信息披露而成为一种混同单纯市场观点表达、特定证券定价判断与影响市场资本配置的行为，而不能一概而论认为其构成编造并传播虚假证券信息。证券市场价格是按照利空报告的指向运行的，只能说明其他市场参与者认可做空者的信息判断、交易策略、定价结论，而不能认为其对市场资本配置进行了非正当控制。对此，笔者认为，刑法没有必要直接介入做空交易行为与做空者发布信息内容的审查，而应当对市场中的做空报告与卖空交易等市场行为保持中立，从强化交易信息披露的角度控制市场操纵、编造并传播虚假信息等证券犯罪。与此同时，向客户或者市场发布投资咨询报告的金融机构必须全面披露与其具有利益关系的个人与机构，以及其自身在金融市场中交易情况的可能性。利益冲突信息披露的刑法规制措施着眼于普通市场参与者基于有限理性等认知偏见而无法合理判断市场信息的中立性、安全性与可靠性，通过排斥具有利益倾向的信息介入证券市场的方式，防止投资者及其资本配置决策受到偏倚信息的影响与控制。

四、互联网金融时代证券市场司法保护规则：信息关联要素的司法认定

信息欺诈、信息操纵涉及向证券市场及投资者编造、传播、提供、发布不真实、不准确、不完整或不确定的重大信息，诱导投资者在不了解真实且全面信息的情况下从事相关证券交易，信息滥用则通过内幕信息、重大未公开信息预期产生的证券市场价格波动谋取巨额证券交易利润。可见，互联网金融时代的证券犯罪对于市场信息效率的损害是多方面的，在行为机理上是比较复杂的，刑事司法实践中会涉及与信息要素有关的司法判断难题，其中信息重大性判断与上市公司信息操纵认定是确立司法判断规则亟须解决的重要问题。

（一）信息重大性的司法判断

部分证券犯罪的法律条文对信息重大性要素做出了相对明确的规定。例如，内幕交易、泄露内幕信息罪和利用未公开信息交易罪中涉及内幕信息与内幕信息之外的其他未公开信息。《证券法》《刑法》中内幕信息与未公开信息所覆盖的证券、期货法律规范，已经内含了相对全面的信息重大性判断规则。在编造并传播证券信息、市场操纵、虚假陈述等证券犯罪中，作为行为对象的虚假信息也应当具备重大性，即行为人编造、传播、散布不真实、不完整、不确

定的欺诈性、虚假性信息，必须可能对证券市场中的投资者造成重大影响，或者可能对特定金融商品市场价格产生重大影响。虚假重大信息是能够对具有一般资本市场知识的普通投资者（投机者）的资本配置决策产生重大影响的事实或事件内容的信息化反应，只是这种反应是证券市场中人为编造的、虚幻失实的干扰性价格信号。

作为证券犯罪行为对象的信息，在内容上通常与上市公司资产、财务、经营、管理等重大事项有关，信息重大性判断一般不存在很大的争议。例如，2012年“散布网络信息攻击上市公司伊利股份案”是近期在我国资本市场中引发高度关注的编造并传播证券交易虚假信息罪的判决。张某林（在逃）、李某晓、张某军、周某、姜某等人炮制了名为《内幕惨不忍睹：伊利被这样掏空》的文章并在互联网上广泛传播。虚假信息公开后不到1小时就导致市场出现恐慌性抛盘，伊利股份旋即跌停。法院认定，被告人李某晓等4人故意编造并传播影响证券交易的虚假信息，扰乱证券交易市场，造成严重后果，其行为均构成编造并传播证券交易虚假信息罪，分别判处4人8个月至1年零6个月不等的有期徒刑，并处以1万到3万元罚金。[1]笔者认为，实践中相对困难的司法适用问题是：信息内容虚假性颇为明显、信息所内含的事件发生概率非常低、信息实际上很难令人相信，相当数量的市场参与者受到信息影响改变资本配置决策，相关证券的市场价格基于虚假信息所指向的方向进行明显调整，此时应当如何判断信息重大性？

应当看到，信息的重大性确实受到了信息内容虚假性程度的制约。虚假信息之所以会对证券市场参与者产生影响进而引发金融商品市场价格波动，本质上是因为信息存在不确定性。如果信息内容具有显而易见的荒谬性或者非理性，信息属性趋向于确定虚假性，或者说丧失了不确定性，理论上也就不应该对资本市场参与者以及金融商品市场价格产生影响。这也是绝大部分在互联网上广泛传播的虚假信息传播行为没有被作为证券犯罪处理的主要原因——因为虚假信息根本没有人相信，也就没有对信息市场效率产生现实损害或者损害风险。虚假信息丧失了具备重大性的客观基础。但是，投资者（投机者）在现实的证券市场操作中往往是非理性的，绝大多数证券交易通常表

---

〔1〕 参见李静：《“网络攻击”伊利案4人一审获刑》，载《新京报》2012年1月18日，第B4版。

现出很强的随机性与混沌性。基于显而易见的甚至是荒唐的虚假信息而引发市场参与者关注，并导致金融商品价格波动或者金融资产出现高度投机性泡沫——这种现实风险也不应当在证券市场刑法保护体系中予以彻底且绝对的排除。当然，互联网金融时代的刑法制度安排上，不应遏制市场淘汰虚假信息的自主化能力，也没有必要为纯粹是市场参与者的无知而产生的非系统性损害而触发刑法介入机制。所以，如果基于常识即可认为普通投资者（投机者）接触到相关虚假信息时不会予以关注，也不会基于该信息对证券投资决策予以调整的，则该信息不能认定为重大信息。但如果证券犯罪行为针对并利用市场参与者的非理性、易受操控性、交易行为的混沌性等金融行为心理，传播显而易见的虚假信息却引发市场参与者高度关注、证券资产价格剧烈波动并具有制造系统性风险危机的，则应认定相关虚假信息具有重大性。

（二）上市公司内部人信息操纵的司法认定

上市公司内部人对上市公司的信息具有绝对的控制优势，互联网金融更是助推了上市公司信息发布在证券市场中的传播效率。刑法对上市公司内部人做出了内幕交易的禁止性规定，司法解释也对上市公司内部人信息操纵犯罪的认定规则予以了说明。[1]但笔者认为，内幕交易与市场操纵的规范边界并不清晰，故而有必要通过上市公司信息操纵认定问题的阐释建构更为清晰的司法判断规则。应当看到，上市公司董事、经理、大股东、实际控制人等内部人所具有的信息优势是其实施信息操纵的基础和前提，故而对上市公司内部人信息操纵的司法认定实际上就体现为对信息优势的认定。

首先，信息优势可以解释为明知与上市公司重大事件有关的信息系不真实的信息而仍然予以发布或者传播，并通过子虚乌有的“内幕信息”在市场上发散之后对投资者形成的干扰而影响本公司证券的交易价格、交易量，上市公司内部人利用对真实情况的把握并在虚假内幕信息披露前，买入或者卖出证券。在这种情况下，虽然上市公司内部人利用了对真实内幕信息的知情优势，但由于信息操纵行为是影响证券市场投资者决策并进而引发市场波动的决定性因素，因而应当认定其为市场操纵犯罪。

---

〔1〕 根据《追诉标准（二）》第39条的规定，上市公司及其董事、监事、高级管理人员、实际控制人、控股股东或者其他关联人单独或者合谋，利用信息优势，操纵该公司证券交易价格或者证券交易量的，应当以操纵证券市场罪追究刑事责任。

其次，信息优势也可以解释为在市场对于与上市公司有关的重大信息发布后没有引起任何有效反应时通过新闻媒体进行夸大性宣传，并在引起投资者关注与反应之后，通过市场的波动谋取交易利润。这种信息操纵最典型的表现形式就是在内幕交易失败之后传播虚假信息。实践中，并非所有上市公司重大事件在公开之后都会引发市场的高度关注从而引发证券交易价格、交易量的剧烈变化。此时，上市公司内幕信息知情人员在内幕信息公开前建构的仓位，根本无法通过预期的市场波动谋取非法利益。并且，由于在内幕信息公开之前实施的证券交易行为可能已经支出了较大的融资、融券或者操作成本，如果内幕信息公开之后市场效果产生的证券价格变动利润不足以弥补行为人实施内幕交易的成本，内幕交易者也将无法获取非法利润。在这种情况下，有的内幕交易者会通过网络平台对与上市公司有关重大事件的效果进行夸大，以刺激证券市场投资者对信息进行高度反应，使证券交易价格、交易量出现强势波动。例如，做空股票者通过网络媒体夸大上市公司利空事件的效果，引起投资者恐慌后大量抛售急速打压股价，做空者低位回补获利；做多股票者通过网络夸大上市公司利好事件的效果，引起投资者跟进买入之后高位抛售获利。对于这种内幕交易获利机制失败之后通过发布不真实的信息夸大重大信息实际效果的行为，在信息操纵过程中实际上存在内幕交易与蛊惑交易操纵两个性质不同、时间先后的行为类型。笔者认为，对于交易量、违法所得等情节标准符合追诉条件的，应当分别认定为内幕交易罪与操纵证券市场罪。

最后，信息优势还可以解释为明知与上市公司重大事件有关的信息系不完整、不确定的信息而仍然予以发布或者传播，并通过证券市场投资者对信息全貌并不完全知悉的信息劣势影响投资者行为，而上市公司内部人或者其他相关知悉内幕信息的人从期待的市场波动中受益。在这种情况下，内幕交易与市场操纵的界限是很模糊的。笔者认为，在根据相关证据以及信息披露规则能够确认上市公司发布不确定、不完整信息以及上市公司内部人利用市场波动效果交易谋利的情况下，应当认定其行为同时符合内幕交易犯罪与市场操纵犯罪，两者互为手段与目的的牵连，根据牵连犯原理从一重罪论处。比较内幕交易罪与操纵证券市场罪的法定刑，操纵证券市场罪的罚金刑是无限额罚金，重于内幕交易罪以违法所得为基础的倍比罚金，以此观之，操纵证券市场罪是重罪。同时，由于市场操纵犯罪中“利用信息优势”整体覆盖了利用内幕信息从事相关交易，应当认定这种虚假信息与内幕交易同时实施的且在结构上相对复杂的上市公司信息操纵行为，构成构成要件覆盖面更广的操纵证券市场罪。

第五节 互联网金融中股权众筹行为的刑法规制

2015年7月，一部名为《大圣归来》的国产动画电影火爆银屏，它以数亿票房登顶中国动画电影票房总冠军。影片公映时，片尾滚动显示的出品人名单里出现了109位儿童的名字，其缘由是制片方曾于筹拍时发起过众筹，100多位家长解囊支持700万元，作为回报，他们的孩子以投资人身份出现在了影片字幕中。随着该影片的热映，“众筹”这一互联网融资方式也开始大范围地引发民众的关注。众筹（crowd funding），是指“小企业、艺术家或个人为进行某项活动或为创办企业而依托互联网和SNS（Social Networking Services），在众筹平台上向公众募集资金的一种融资方式”。[1]按照回报形式的不同，众筹还可细分为奖励众筹、公益众筹、债权众筹、股权众筹等多种形式。奖励众筹以实物或服务回报投资者，其本质为预购；公益众筹则是投资者不求回报地支持他人追逐梦想，其本质是捐赠；债权众筹即为P2P，本质是民间借贷，属于广义众筹的一种。“国内众筹融资平台主要以奖励众筹为主，而股权众筹则相对较少”，[2]究其原因在于在四种众筹形式中，唯独股权众筹因是以股权回报投资者，而尚未被《证券法》《公司法》完全“放行”。这就导致了该种众筹行为始终徘徊于法律的边缘，有时甚至可能触碰非法吸收公众存款罪、擅自发行股票罪等犯罪的刑法“高压红线”。近年来，股权众筹在国内外蓬勃发展，被普遍视为最接近普惠金融、草根金融的金融创新，但同时也凸显出了诸多金融风险甚至刑事风险。因此，如何把握好法律尤其是作为调整社会关系“最后一道防线”的刑法在互联网金融股权众筹领域的介入尺度与力度，实现既能有效惩治违法犯罪而又不阻滞或扼杀金融创新的规制效果，是我们当下亟须考虑和解

---

〔1〕 刘海：《网络众筹、微筹的风险监管与发展路径》，载《商业经济研究》2015年第5期。

〔2〕 孙国茂：《互联网金融：本质、现状与趋势》，载《理论学刊》2015年第3期。

决的重要问题。

一、互联网金融股权众筹行为刑法规制之必要

基于我国经济体制和现行法律框架的限制，互联网金融股权众筹的天然网络属性及其"草根金融""普惠金融"的定位，以及相关制约性制度的阙如等原因，时下互联网金融股权众筹行为存在较大的刑事风险。笔者认为，互联网金融股权众筹行为所存在的各种刑事风险，正是我们动用刑法予以规制的依据所在，这无疑也凸显了对互联网金融股权众筹行为进行刑法规制之必要。

（一）风险来源：互联网金融股权众筹之准入局限及异化可能

股权众筹，是指"公司出让一定比例股份，利用互联网和SNS传播的特性向普通投资者募集资金，投资者通过投资入股公司以获得未来收益的一种互联网融资模式"。[1]筹集资金时，项目发起人事先设定募集时间与募集金额，若筹资成功，投资者与项目发起人将对该项目共享收益、共担风险；若筹资失败，已筹得款项全部退还投资人。股权众筹的本质是以股权回报形式筹集资金，这在外观上确实形同于公开发行证券。根据《证券法》第10条第1款规定："公开发行证券，必须符合法律、行政法规规定的条件，并依法报经国务院证券监督管理机构或者国务院授权的部门核准；未经依法核准，任何单位和个人不得公开发行证券。"该法同条第2款还专门对"公开发行"作了定义，即是指"向不特定对象发行证券"或者"向特定对象发行证券累计超过200人"的情形。分析《证券法》的这些规定，我们不难发现，股权众筹基本上已陷入"公开发行"的禁区：一是因为通过互联网发布项目，必然是向不特定对象公开宣传，显然已构成"向不特定对象发行证券"；二是因为即便融资者为绕过"公开发行"禁区而将单一项目投资人数限定在200人以内，但其实质仍然是通过互联网针对不特定人广而告之，只不过最终将投资者人数确定在200名以内而已。可见，股权众筹的天然网络属性及其"草根金融""普惠金融"的定位决定了股权众筹无论如何都很难绕过"公开发行"禁区。尽管《指导意见》从宏观层面上为股权众筹奠定了合法性基调，但因其与《证券法》《公司法》并未实现无缝对接，且法律位阶较低的客观存在，从行政法层面分析，我们完全有理由认为，

〔1〕 蓝俊杰：《我国股权众筹融资模式的问题及政策建议》，载《金融与经济》2015年第2期。

股权众筹的灰色地带依然存在。也即在现行法律框架下，股权众筹行为仍然可能会直接触碰擅自发行股票等犯罪的刑法“高压红线”。

应当看到，由于法律红线或准入门槛的限制，股权众筹在我国尚不具备生存空间，“所有涉及其中的企业都如履薄冰”。[1]2013年，前爱奇艺高管离职创办“美微传媒”，在淘宝店“美微会员卡在线直营店”出售会员卡，网友购买会员卡就是购买该公司原始股票，单位凭证为1.2元，最低认购单位为100，很快吸引了千余人参与，但最终被证监会以不具备公开募股条件为由叫停，国内首个股权众筹项目所燃起的星星之火由此瞬间被扑灭。[2]然而，股权众筹并未从此销声匿迹，而是以另一种巧妙的方式在中国大地上“燎原”，并随即催生出了一种新型的模式：有限合伙型股权众筹模式。所谓有限合伙型股权众筹，是指项目发起人在互联网上发布项目后，投资者在规定时间内预约认购股份。项目发起人依据认购份额的多少、认购时间的先后制作认购人名单并排序，最终确定排在前位的认购人可以获得“合伙人”资格。项目发起人随即与这批“合伙人”订立有限合伙协议，共同成立有限合伙企业。项目发起人担任普通合伙人，投资者担任有限合伙人，分别缴付出资，共享收益、共担风险。有限合伙型股权众筹充分利用“有限合伙”这一法律允许的企业存在形式，巧妙地将项目发起人的公开募股筹资行为转变为对潜在有限合伙人的“寻觅”行为，从而成功绕过了擅自发行股票罪的禁区。这种众筹形式可谓在禁区中开辟夹缝，并在夹缝中巧妙生存。但这种夹缝中的生存仍然受到规模上的法律限制，根据《合伙企业法》第61条的规定，有限合伙企业的合伙人不得超过50人，这便意味着在有限合伙型股权众筹中，同一项目最多仅能向49名投资者筹集资金。可见，大规模股权众筹的准入风险依然存在。

除了准入风险外，股权众筹还存在异化风险。“异化”是德国古典哲学中的一个重要概念，意指“主体在一定的发展阶段，分裂出它的对立面，变成外在的异己的力量”，[3]原先的事物不再是最初的那般模样。股权众筹的异化风险主要表现在两个方面：一是行为人可能以股权众筹之名行违法犯罪之实，假

---

〔1〕 李钰：《众筹业务法律解读》，载《金融理论与实践》2014年第11期。

〔2〕 崔西：《美微传媒筹资被叫停背后：众筹在中国是否可行》，载新浪科技：http://tech.sina.com.cn/i/2013-03-22/09578172527.shtml，最后访问时间：2015年6月10日。

〔3〕 辞海编辑委员会编：《辞海》，上海辞书出版社1999年版缩印本，第2021页。

借“股权众筹”的形式外壳进行伪装，使司法机关不易发觉犯罪事实的存在；二是行为人虽然从事的是真实的股权众筹活动，但在众筹过程中可能会因融资者临时起意实施违法犯罪行为而致使股权众筹活动“变味”。

（二）风险表象：互联网金融股权众筹行为涉嫌之犯罪

由于互联网金融股权众筹准入风险和异化风险的存在，因而互联网金融股权众筹行为涉嫌之犯罪实际上主要体现为两种类型，即准入风险型犯罪和异化风险型犯罪。

1.准入风险型犯罪

《刑法》第179条规定了擅自发行股票罪，关于“发行股票”的含义，《非法集资案件解释》第6条规定：未经国家有关主管部门批准，向社会不特定对象发行、以转让股权等方式变相发行股票，或者向特定对象发行、变相发行股票累计超过200人的，应当以擅自发行股票罪定罪处罚。正如前述，股权众筹在性质上与发行原始股较为相似，因此如果股权众筹的项目发起人向社会不特定对象发行股票或是向特定对象发行股票累计超过200人，便极有可能构成擅自发行股票罪。当然，也有学者认为，股权众筹行为因涉嫌“以投资入股的方式非法吸收资金”，而应构成非法吸收公众存款罪。〔1〕

笔者认为，真正的股权众筹融资方式并不符合非法吸收公众存款罪的构成要件，主张以该罪处理的法律依据无非是《非法集资案件解释》将“承诺在一定期限内以股权方式还本付息或者给付回报”的行为方式归入该罪，但实际上此行为方式与股权众筹中的股权回报存在本质区别。非法吸收公众存款罪的本质是以承诺还本付息或给付回报为条件向公众筹集资金，此回报具有对价性、必然性；而股权众筹则并不保证还本付息，融资者也不会作出必然给付回报的承诺，而是由投资者与融资者共担风险。一言以蔽之，擅自发行股票罪与非法吸收公众存款罪的根本区别不在于行为人是否以“股权方式”给付回报，而在于行为人是否允诺“必然”给付回报。

2.异化风险型犯罪

与股权众筹的异化风险相对应，异化风险型犯罪也主要有两种类型：

一是借用股权众筹实施的犯罪，即融资者的真实意图不在于以股权回报

〔1〕 张小涛等：《中国股权类众筹发展的制约因素及风险研究》，载《河南科学》2014年第11期。

方式筹集资金，或者投资者的真实本意不在于通过投资获利，而是以股权众筹为幌子蒙蔽投资者或司法机关，意图实施违法犯罪活动，如集资诈骗罪、非法吸收公众存款罪、洗钱罪等；

二是从事真实股权众筹活动的相关主体在众筹过程中临时起意实施的犯罪。由于股权众筹涉及项目发布、项目运营、筹款放款、投资者信息汇总等一系列事项，其中必然存在诸多利益诱惑和道德风险，在缺乏相关制约性制度的情况下，便容易滋生挪用资金罪、职务侵占罪、诱骗投资者买卖证券罪、侵犯知识产权犯罪，以及非法提供公民个人信息罪等犯罪。

二、互联网金融股权众筹行为的刑法规制限度

风险往往与收益并存，在防范风险的同时也需要法律"有所不为""为之有度"，对于新生事物，因噎废食般地一律禁止准入并非明智之举，也违背了时代潮流。互联网金融股权众筹作为一种最能与普惠金融、民主金融理念相契合的新型融资方式，其积极意义甚多，创新价值巨大。我们在运用刑法对其进行规制时应充分认识到，刑法的"棒杀"或者过度介入都可能会在很大程度上使互联网金融股权众筹行为失去生存空间，从而阻滞甚至扼杀互联网金融股权众筹行为带来的金融创新及相关积极因素的发展。这不仅不利于社会大众投资理财环境的改善、实体经济发展的推进，也会严重阻碍金融行业改革创新的步伐。既然互联网金融股权众筹行为的刑法介入必须保持合理限度，那么，如何明确互联网金融股权众筹行为刑法规制的范围，为司法机关的刑事追究指明方向，无疑是我们必须思考和研究的问题。

（一）互联网金融股权众筹具有显著的金融创新价值

从表面上看，互联网金融股权众筹是互联网领域与金融领域的"联合"或"携手"，但这绝非简单的"1+1=2"，其事实上开启了互联网时代融资新模式，是一种重大的金融创新，从而导致监管政策与法律的松动不可避免。

1.互联网金融股权众筹的金融创新价值体现。

首先，从融资者角度看，股权众筹降低了小微企业与初创企业发行资本证券的门槛。资本是激活实体经济的血液，小微企业与初创企业普遍面临"输血"困难，其银行贷款融资渠道不顺畅，同时因受到《证券法》的严格限制而不具备股票发行资格，故而小微企业与初创企业的融资渠道十分有限。民间

借贷一般以不低于银行同期存款利率还本付息，这对于小微企业或初创企业而言并非是最优选的融资方式但却是最主要的融资方式。即小微企业和初创企业亟须寻求愿意与其共担风险、共享利益的投资者，即便项目失败也不必还本付息。股权众筹便由此应运而生。股权众筹的本质是资本证券发行的低门槛化、普遍化，它使由个人创业、个人创新向大众创业、万众创新的转变成为可能，可以为小微企业和初创企业提供新鲜且丰富的“血液”。

其次，从投资者角度看，股权众筹拓宽了投资者的投资渠道。在股权众筹产生之前，投资者的资本投资渠道有购买上市公司股票、购买国债、企业债券、基金等，股权众筹呈现出均不同于前述投资方式的显著特点。一方面，股权众筹不承诺还本付息，而国债、企业债券需还本付息，两者风险级别的差异决定了股权众筹的收益将远高于国债、企业债券的收益。基金是由基金管理人综合运用股票、债券等金融工具进行投资，其本质是专业人士代为进行资本运作，与股权众筹投资于初创实体有着本质区别。另一方面，股权众筹不同于股票投资。虽然股权众筹同样以股权作为回报形式，但其是以某个特定项目为投资对象，股票投资则是以某个上市企业为投资对象。以项目作为投资对象的优点在于，一则可供投资的项目数量将达至成千上万个，甚至不计其数，投资者可不必再将投资选择局限于为数不多的上市企业；二则投资者仅对自己感兴趣、有了解，并且对其发展前景持乐观态度的项目进行投资。投资者在投资过程中会通过实地考察、路演观摩、约谈融资者等方式参与到整个项目当中去，这是一种参与度更高、体验感更强的投资方式，从而可以吸引更多的投资者。

最后，从市场发展角度看，股权众筹是重要的市场试金石。众筹项目一旦上线，便相当于开始接受广大投资者的“投票”：筹资顺利的项目一般是更符合消费者心理、更契合市场需求、更具有发展前景的项目；相反，无人问津、筹资失败的项目则预示该项目进入市场的时机尚不成熟。众筹通过“民主投票”方式筛选项目，一则可以使资金资源得到最高效的配置，二则可以帮助融资者及早作出是否暂停项目的决定，从而更好地防范创业风险。此外，应当看到，已为项目注资的投资者多半会成为该众筹项目未来潜在的消费者与自发的口碑宣传者，故而可以在某种程度上为项目的开展和市场的拓展节约大量成本，譬如《大圣归来》票房大卖在一定程度上离不开其几乎零成本的宣传方式——投资者在朋友圈中的口口相传。

2.互联网金融股权众筹的金融创新引发了监管政策松动。

正是由于监管层充分认识到了股权众筹所具有的金融创新价值，其才会在金融收益与金融风险之间反复权衡，对股权众筹的监管政策也才会出现松动。其实早在“美微传媒”事件中，监管层不置可否、间接默许的态度就已初显端倪。在该事件中，证监会并未严厉处罚众筹发起人，而是“温和”地提出三点要求：“一是不准再这样做，二是保护好现有股东的权益，三是定期汇报经营情况”，此外，“证监会还逐一打电话给每一位股东，告之风险”。[1]这实际上表明了监管层既不鼓励也不打压并维持现状般地进行小范围试点的暧昧态度。时至今日，股权众筹已由当初的个案试水发展到今天的初具规模，其金融创新优势逐渐被越来越多的融资者、投资者所认可。

虽然民间已纷纷采用有限合伙模式使小规模股权众筹踏入法律的“安全地带”，但公开向不特定“多数人”发行股份的大规模股权众筹仍处于法律禁区之中。随着2015年3月国务院办公厅《关于发展众创空间推进大众创新创业的指导意见》（以下简称《指导意见》）的出台，监管层对大规模股权众筹的态度也开始出现政策松动，该指导意见指出，“开展互联网股权众筹融资试点，增强众筹对大众创新创业的服务能力”。同年7月，中国人民银行、证监会、银监会等国务院十部委发布了《指导意见》明确指出，“股权众筹融资主要是指通过互联网形式进行公开小额股权融资的活动……股权众筹融资中介机构可以在符合法律法规规定前提下，对业务模式进行创新探索，发挥股权众筹融资作为多层次资本市场有机组成部分的作用，更好服务创新创业企业”。《指导意见》还明确规定，股权众筹融资业务由证监会负责监管。这些无疑预示着我国股权众筹在夹缝中生存的时代即将终结，其作为合法事物被纳入规范化管理的轨道已指日可待。

（二）互联网金融股权众筹行为刑法规制的范围

应该看到，《指导意见》虽然为互联网股权众筹奠定了合法性基调，但在《证券法》未完成配套修订、相关监管细则尚未出台的情况下，股权众筹无疑正处在“法律未动、政策先行”的尴尬转折期中。这种情况实际导致产生了一

〔1〕 黄河：《美微传媒朱江：行走在网络私募“钢索”上的创业人》，载速途网：http://www.sootoo.com/content/451536.shtml，最后访问时间：2015年7月10日。

个不可回避的重要问题：即以行政性法律法规作为前置性规范的刑法条文，是否还能直接适用股权众筹行为？笔者认为，在国务院十部委已为股权众筹奠定合法性基调的大背景下，刑法不妨静候观望，不必再过分“纠结”于股权众筹的准入风险，而应当高瞻远瞩地对这种金融创新保持一定的宽容。一方面应健全相关行政法律法规，对股权众筹的融资主体资格、投资主体条件、平台义务等作出更为细致的规定，从而将其纳入规范化治理的轨道；另一方面应当对互联网股权众筹行为审慎适用擅自发行股票罪、非法吸收公众存款罪等罪名，构建一个能够适当限制股权众筹行为轻易入罪的“缓冲带”。

刑法在处理法定犯时必须严格依照作为前置性规范的行政法律法规的规定，某一行为只有当其完全突破前置性规范并达至一定严重程度之时，方才有动用刑法的空间。但就目前而言，我国尚无专门针对股权众筹的具体行政规范。证券业协会虽于2014年12月18日发布了《私募股权众筹融资管理办法（试行）（征求意见稿）》，但该征求意见稿中所指的“私募股权众筹”与《指导意见》中的“股权众筹”并非同一概念，前者是指“融资者通过股权众筹融资互联网平台以非公开发行方式进行的股权融资活动”，后者是指“通过互联网形式进行公开小额股权融资的活动”；前者属于非公开发行的性质，实际上是私募股权众筹的互联网化，而并非本文所讨论的互联网金融股权众筹。为了将这两个概念区别开来，证券业协会又再次于2015年8月11日发布《关于调整〈场外证券业务备案管理办法〉个别条款的通知》，将“私募股权众筹”的表述重新修改为“互联网非公开股权融资”。据悉，我国公开股权众筹的相关监管细则正处在紧锣密鼓的调研与制定之中，甚至拟对股权众筹之公开发行股份作出一定程度的豁免，有学者即主张参照国外《公司法》的做法，修订完善《证券法》，在我国《证券法》中添加“小规模发行制度”作为一般发行的例外，从而豁免证监会对股权众筹的各项审批。[1]在静待新规出台之际，我们应充分认识到，《指导意见》其实已经为股权众筹行政法律法规的完善路径指明了基本方向。

首先，明确股权众筹融资者的资格与义务。具体可以从以下几方面入手：

其一，应对单一股权众筹融资者的融资总额予以限定。股权众筹的主要功能或者说创设初衷在于为小微企业和初创企业提供融资渠道，这就决定了

〔1〕 龚鹏程、王斌：《我国股权众筹平台监管问题研究》，载《金融监管》2015年第5期。

股权众筹基本上专属于小微企业使用。对此，《指导意见》明确指出："股权众筹融资方应为小微企业，应通过股权众筹融资中介机构向投资人如实披露企业的商业模式、经营管理、财务、资金使用等关键信息，不得误导或欺诈投资者。"由此分析，我们不难发现，该意见实际上将股权众筹的融资者限定于小微企业。《企业所得税法实施条例》第92条的规定对小微企业进行了界定，[1]对于不符合该条例所规定条件的企业，不得通过互联网发起股权众筹项目。因此，我们应对股权众筹中的单一融资者的融资总额予以限定，否则应当通过证券公开发行等其他渠道募集资金。对此，股权众筹平台均负有审核与把关的义务。对于违反融资总额规定的融资者，可适用《刑法》第179条的规定以擅自发行股票罪追究其刑事责任。

其二，发起股权众筹的小微企业应向投资者如实披露信息。在证券市场中，所谓保护投资者，实际是保护其知情权，而公开作为保护投资者的手段，是证券法的核心和灵魂。[2]在股权众筹领域，由于既没有传统证券交易市场的严格强制信息披露制度，也没有传统证券发行时那些信誉中介机构的服务，因而信息不对称的情况不可避免。投资者所面临的信息不对称、合同欺诈等风险，也皆因相关的交易信息未能被真实、准确、完整地公开所引起。笔者认为，对投资者利益的保护，必须通过强制性的信息披露来实现，这一制度在股权众筹的法律规制中应当居于核心地位。信息披露的主体包括募资者和众筹平台，其中，募资者的信息披露是关键。[3]对于违反此义务的融资者，可适用《刑法》第161条的规定以违规披露、不披露重要信息罪追究刑事责任。

其三，股权众筹融资者必须通过专门的股权众筹平台方可发起众筹项目，若自建平台、自建网页、在互联网上自行随意发起，则视为未经批准擅自发行，情节严重的，可以擅自发行股票罪追究刑事责任。

其次，明确股权众筹平台的资格与义务。具体可以从以下几方面入手：

---

〔1〕《企业所得税法实施条例》第92条规定："小型微利企业，是指从事国家非限制和禁止行业，并符合下列条件的企业：(一)工业企业，年度应纳税所得额不超过30万元，从业人数不超过100人，资产总额不超过3000万元；(二)其他企业，年度应纳税所得额不超过30万元，从业人数不超过80人，资产总额不超过1000万元。"

〔2〕朱锦清：《证券法学》，北京大学出版社2011年版，第82～83页。

〔3〕参见钟维、王毅纯：《中国式股权众筹：法律规制与投资者保护》，载《西南政法大学学报》2015年第2期。

其一，股权众筹平台必须是经过合法备案的企业并受证券监督管理机构和证券业自律组织监管。股权众筹平台的具体备案条件可参照2015年9月1日施行的《场外证券业务备案管理办法》的规定，备案企业应具备健全的公司治理制度、相应的资本实力、专业人员和技术系统、一定的风险控制机制以及完善的投资者教育和投资者权益保护措施等。此外，为实现对股权众筹平台的有效监管，股权众筹平台除了受证券监督管理机构监管外，还应当要求其成为证券业协会的会员，受到行业协会的自律监管。

其二，应当明确股权众筹平台的四项义务。(1)项目审核义务，对于不符合法律法规、真实情况与描述不符的项目，或者不满足小微企业主体条件的项目发起人，平台不得准许其上线，而对于明显不具备市场前景的劣质项目，平台亦应做好把关。国内不少股权众筹平台已将此付诸实践，如"人人投"总部会对项目进行七层审核，"大家投"的项目审核通过率仅为10%；(2)信息披露督导义务，督导信息披露义务人及时、充分、准确地披露相关信息与风险、及时向投资者公示企业经营管理、财务、资金使用等关键信息，对于不履行信息披露义务的项目发起人，应公示通报，并中止对其所作出的阶段性放款；(3)投资者资格审查义务，分档确立不同投资额度的投资者，分别审查其投资资格；(4)信息保密义务，对于投资者名录及投资者身份、资产等信息，股权众筹平台负有保密义务。

其三，应当加强对股权众筹平台资金流的管理，避免形成"资金池"。股权众筹融资活动并非一蹴而就，而往往需要经历一段时间才能完成。在众筹过程中，通常是先由投资者将资金注入众筹平台所设账户，待资金达到计划募资数额且筹资成功后，再由平台把资金统一划付给融资者。有的平台甚至是在筹资成功时仅先行划付一半的启动资金给融资者，待项目实施过半时再划付另一半资金。在此过程中，平台往往就会形成"资金池"。而在缺乏有效机制防止平台擅自转移或使用"资金池"中的资金的情况下，不但容易引发挪用资金罪或职务侵占罪的刑事风险，而且一旦发生信用事件或平台运营者卷款跑路的情况，投资者将血本无归。对此，笔者认为，为避免在平台形成"资金池"，股权众筹平台必须严格遵循《指导意见》的规定，将筹集到的资金强制性地交由第三方银行账户托管。

最后，明确投资者资格。出于对投资风险的控制，国外很多众筹平台都会对投资者进行一定程度的限制，以避免公众因盲目投资而带来巨大风险。在投资金额方面，美国JOBS法案[1]要求年收入不足10万美元的投资人，所投金额不能超过2000美元或其年收入的5%，而年收入超过10万美元的投资人，可以将其10%的收入用于投资，但是投资上限为10万美元。[2]《英国众筹监管规则》则要求，非成熟投资者（投资众筹项目2个以下的投资人），其投资额不超过其净资产（不含常住房产、养老保险金）的10%，成熟投资者不受此限制。[3]然而，有学者认为，我国发展股权众筹的合理定位，仍应是多层次资本市场中的草根部分，其本来的功能之一就是降低投资者的门槛，丰富社会投资渠道，如果再给投资者设定投资门槛，股权众筹的这一功能便无法充分得以发挥。[4]对此，笔者不敢苟同，虽然股权众筹的本来功能之一在于降低投资者门槛，但这仅仅是降低门槛而绝非取消门槛和限制。而且设定合理的投资者门槛，并不会影响社会投资渠道的丰富，相反可以使投资方向和要求更加明确，降低投资风险，确立投资者对股权众筹的信任感并提高其投资的积极性，并进而引发投资渠道的拓展。因此，《指导意见》明确指出，“投资者应当充分了解股权众筹融资活动风险，具备相应风险承受能力，进行小额投资”，这是该意见对投资者主体资格、投资额度所作出的导向性规定。由此可见，“天使”并非人人都能当，股权众筹平台应当对参与投资人设置一定的门槛。京东金融股权众筹平台采取的是投资人申请制，其官网首页明确提示：“申请成为合格投资人，才能查看融资项目”，[5]从而将一般访客、过客拦截在外，一定程度上缩小了公开宣传的辐射范围。笔者认为，合格投资人一般应根据投资者年收入水平、理财经历确定。每个投资者均需仔细阅读股权众筹风险提示及相关理财常识并

〔1〕 JOBS法案是2012年4月5日生效的美国《初创企业促进法》（Jumpstart Our Business Startups Act）的简称。该法案旨在为中小企业特别是初创企业的融资提供便利，扩大融资途径，创造更多的就业机会，为美国股权众筹取得合法地位开启了互联网时代融资新模式。

〔2〕 资料来源：http://en.wikipedia.org/wiki/Jumpstart_Our_Business_Startups_Act，最后访问时间：2015年7月10日。

〔3〕 See “The FCA’s regulatory approach to crowdfunding over the internet, and the promotion of non-realizable securities by other media（Feed beck to CP13/and final rules march 2014）”，转引自何欣奕：《股权众筹监管制度的本土化法律思考——以股权众筹平台为中心的观察》，载《法律适用》2015年第3期。

〔4〕 钟维、王毅纯：《中国式股权众筹：法律规制与投资者保护》，载《西南政法大学学报》2015年第2期。

〔5〕 京东金融官网：http://z.jd.com/new.html，最后访问时间：2015年7月10日。

答题，只有答题通过者方能最终具备投资者资格。此外，股权众筹应以“小额投资”为限，但何谓“小额”还有待进一步明确。对此，笔者认为，可参考美国和英国对“小额”的规定，并结合我国现实经济状况进行确定。

参照单位犯罪的起刑点一般是自然人犯罪的5倍的标准来提高互联网金融股权众筹行为中的非法吸收公众存款罪的起刑点。

三、互联网金融股权众筹“异化”行为之司法认定

正如前述，所谓股权众筹的“异化”行为，根据刑法的相关规定，诸多“异化”的互联网金融股权众筹行为在很大程度上涉嫌犯罪。它们不仅具有严重的社会危害性，也严重侵扰了我国的金融秩序。因此，对于以股权众筹为名行违法犯罪之实的行为，司法机关应当具备去“伪”存真的分辨能力；对于在股权众筹过程中所实施的其他违法犯罪活动，司法机关亦应保持相当的敏感度，坚决依法予以惩治和打击，及时防范股权众筹行为的“异化”，保障广大投资者的利益。

（一）对以“股权众筹”为名行违法犯罪之实行为的司法认定

以股权众筹为名行违法犯罪之实的行为主要体现为以下三种情形。

1.以股权众筹之名行集资诈骗之实

行为人以非法占有为目的，通过虚设项目、伪造企业信息、自建虚假股权众筹平台等手段向公众发起所谓的“股权众筹”，骗取投资人资金然后跑路，该行为完全符合集资诈骗罪的构成要件。其中，假如行为人为实施集资诈骗采取的是自建虚假平台的手段，则根据《刑修九》的规定，其还可能构成非法利用信息网络罪。股权众筹平台管理者若明知行为人实施集资诈骗活动而仍为其包装上线，一方面构成了集资诈骗罪的共犯，另一方面也符合了《刑修九》关于“明知他人利用信息网络实施犯罪，为其犯罪提供互联网接入、服务器托管、网络存储、通讯传输等技术支持，或者提供广告推广、支付结算等帮助”的规定，此时可在集资诈骗罪（共犯）与帮助信息网络犯罪活动罪中依照处罚较重的规定处罚。

2.以股权众筹之名行非法吸收公众存款之实

除了集资诈骗犯罪外，行为人还可能以股权众筹之名行非法吸收公众存款之实，其行为主体既可以是融资者，也可以是平台。若行为主体是融资者，

则表现为融资者自称发起股权众筹，但实际上却向投资者允诺还本付息或者变相允诺还本付息、给付回报。例如，向投资者承诺项目在半年内必然盈利，若到第七个月仍未盈利分红则向投资者退还出资本息。该类行为的本质是行为人通过互联网以还本付息为回报底线向社会不特定对象集资。对于这种情况是否构成非法吸收公众存款罪？笔者认为，应当具体问题具体分析。假如行为人的筹资行为是通过合法的第三方筹资平台进行，并且确实将所筹资金用于发展实体经济，那么该行为实际上属于已被监管层绿灯放行的P2P融资模式，此时刑法不宜进行干预；假如行为人并非通过第三方平台筹集资金，而是擅自融资，并且将所筹资金继续投放于金融市场，则应当以非法吸收公众存款罪定罪处罚。股权众筹平台涉嫌非法吸收公众存款表现在，平台在并无明确投资项目的情况下，事先归集投资者资金，然后公开宣传吸引项目上线，再对项目进行投资，同时向投资者承诺由专业团队代为选择投资项目，风险为零，至少还本付息。该类行为的实质是将投资者对项目的直接投资转变为投资者先投资平台、再由平台投资项目的间接投资，此时平台发挥的不再是单纯的中介职能，而是在从事资金自融，并且其还作出“零风险”、至少还本付息的承诺，完全符合非法吸收公众存款罪的构成要件。

3.以股权众筹之名行洗钱之实

除前述非法集资犯罪活动外，以股权众筹之名行违法犯罪之实的其他表现形式还包括洗钱，表现在行为人明知是毒品犯罪、黑社会性质的组织犯罪、恐怖活动犯罪、走私犯罪、贪污贿赂犯罪、破坏金融管理秩序犯罪、金融诈骗犯罪的所得及其产生的收益，通过股权众筹平台投放于众筹项目获利或者通过收买融资者或平台营造出虚假分红的假象从而将钱“洗白”。对于融资者、股权众筹平台以及第三方支付机构，明知行为人进行洗钱活动而为其提供帮助的，则构成洗钱罪的共犯。

（二）对在股权众筹过程中实施的其他违法犯罪行为的司法认定

除了以股权众筹为名行违法犯罪之实的“假众筹”之外，真正从事股权众筹活动的相关主体可能会在众筹过程中临时起意实施一些违法违规行为。对于这部分行为，构成犯罪的应当依法追究刑事责任，以便更好地规范、整肃股权众筹市场。如前文所述，在股权众筹过程中实施的违法犯罪行为主要有挪用资金罪、职务侵占罪、诱骗投资者买卖证券罪、侵犯知识产权犯罪，以及非法提供公民个人信息罪等犯罪。

1.挪用资金罪的认定

在有限合伙型股权众筹模式中，投资者将投资款打入第三方支付机构，第三方支付机构根据股权众筹平台的指示对项目发起人进行阶段性放款，在此流程中可能会出现涉嫌挪用资金犯罪的风险，表现为两种情形：一是项目发起人（普通合伙人）将所筹资金用作他途而未投放于项目；二是第三方支付机构在已向投资者收款、尚未向融资者放款期间擅自挪用投资者资金。前一种情形属于普通合伙人擅自挪用合伙企业财产归个人使用，合伙企业中执行合伙事务的普通合伙人完全符合挪用资金罪中“公司、企业或者其他单位的工作人员”的主体要件，因此情节严重的可依照《刑法》第272条的规定以挪用资金罪定罪处罚。在第二种情形中，第三方支付机构利用收款、放款时间差挪用客户资金行为应当如何定性？虽然第三方支付机构挪用的是“客户资金”而非“本单位资金”，但《刑法》第185条同时规定“商业银行、证券交易所、期货交易所、证券公司、期货经纪公司、保险公司或者其他金融机构的工作人员利用职务上的便利，挪用本单位或者客户资金”的行为也可依照挪用资金罪的规定定罪处罚。这里便牵涉到第三方支付机构是否属于“其他金融机构”的问题。笔者认为，第三方支付属于互联网金融六大模式之一，支付业务亦属于银行业务的一种，目前商业银行普遍与第三方支付机构合作业务管理，建立业务关联，甚至连征信系统也逐步开始共享。因此，无论是从机构本质还是从未来发展趋势看，第三方支付机构都应当属于金融机构的一种，第三方支付机构中的工作人员利用职务便利挪用客户资金的，也可构成挪用资金罪。

此外，有限合伙型模式之外的股权众筹也可能存在项目发起人将所筹资金挪作其他用途的情况，此时项目发起人不再是以普通合伙人身份挪用合伙企业财产，而是相当于以企业名义将筹集而来的专项项目资金挪作他用，这种行为是否符合挪用资金罪“归个人使用或者借贷给他人”的要求，值得探讨。根据《追诉标准（二）》的规定，“归个人使用或者借贷给他人”包括下列三种情形：（1）将本单位资金供本人、亲友或者其他自然人使用；（2）以个人名义将本单位资金供其他单位使用；（3）个人决定以单位名义将本单位资金供其他单位使用，谋取个人利益的。笔者认为，股权众筹中的项目发起人（小微企业）将筹集而来的专项项目资金挪作他用是否构成挪用资金罪应当分情况讨论，关键在于资金的用途：假如小微企业将资金供自然人使用，无疑符合前述第一种情形；假如小微企业中的相关人员以个人名义或为了个人利益将资金供该小微企业之外的单位使用，则符合前述第二、三种情形；假如小微企业既未将资金供个人使用，也未供该小微企业之外的其他单位使用，而是用于该小微企业的其他项目上，则不构成挪用资金罪。司法实践中应当谨慎把握前述情形中的细微区别。

2.职务侵占罪的认定

有限合伙型股权众筹还可能存在普通合伙人利用职务便利侵占合伙企业财产的风险，由于有限合伙人不实际从事经营活动，融资者才是执行事务合伙人，因此融资者可能会通过虚设支出、虚增成本等方式恶意侵占合伙企业财产，损害有限合伙人的利益。比如融资者伪造房屋租赁合同篡改租金，伪造购货合同虚增商品数量、单价，故意少报、瞒报收益等。《合伙企业法》第96条规定："合伙人执行合伙事务，或者合伙企业从业人员利用职务上的便利，将应当归合伙企业的利益据为己有的，或者采取其他手段侵占合伙企业财产的，应当将该利益和财产退还合伙企业；给合伙企业或者其他合伙人造成损失的，依法承担赔偿责任"，笔者认为，对于这类行为，在情节严重时，完全可依据《刑法》第271条的规定，以职务侵占罪定罪。

3.诱骗投资者买卖证券罪的认定

在投资模式上，部分股权众筹平台会采取"领投+跟投"的做法（如京东金融股权众筹平台以徐小平、薛蛮子等作为领投人）。这是因为从大量众筹项目中挑选出好项目并非易事，这种独具慧眼的能力只有少数专业投资人才具备，并且投资后仍须持续关注企业动态，即便企业发展顺利，还需懂得如何在适当时机以适当方式退出，而这些均非普通投资者能够轻易实现的。为此，"领投+跟投"的做法被逐渐应用到了股权众筹领域，即领投人由专业投资人担任，跟投人将股东权益委托给领投人代为行使，跟投人仅保留分红权、收益权。这种做法可能会产生一种风险，那就是项目发起人为了筹得更多资金而买通或串通领投人对项目进行夸大评价与宣传，对投资者进行不实诱导，以致证券交易市场发生异常波动，给投资者造成巨大损失。笔者认为，在行为主体适格的情况下，对该行为可依据《刑法》第181条第2款规定的诱骗投资者买卖证券罪定罪处罚。诱骗投资者买卖证券罪的主体是"证券交易所、期货交易所、证券公司、期货经纪公司的从业人员，证券业协会、期货业协会或者证券期货监督管理部门的工作人员”，当股权众筹中的“领投人”为证券公司从业人员时，则完全符合该罪的主体要件。此外，该罪的犯罪对象是“证券”，笔者认为，由于股权众筹的本质即是小微企业发行小额股份，其监管部门为证监会，因而股权众筹中的“股份”完全可归入“证券”的范围。

4.其他犯罪的认定

股权众筹项目发起人在宣传项目时假冒他人注册商标或专利，情节严重的可根据《刑法》第213条规定的假冒注册商标罪、第216条规定的假冒专利罪追究其刑事责任。当众筹项目涉及电影拍摄、音乐作品制作，而项目发起人未经著作权人许可，在互联网上复制发行他人文字作品、音乐、电影、电视、录像等作品的，还可能构成《刑法》第217条规定的侵犯著作权罪。此外，《刑修九》将出售、非法提供公民个人信息罪修改为侵犯公民个人信息罪，并将其主体扩大到一般主体，因此，股权众筹平台与众筹项目发起人如果“违反国家规定，将在履行职责或者提供服务过程中获得的公民个人信息，出售或者提供给人，情节严重的”，可以侵犯公民个人信息罪定罪处罚。

四、小结

股权众筹被称为是“真正具有互联网基因”的金融事物，所谓“众人拾柴火焰高”，其打破了地域与空间的界限，让资金流向最需要它的地方，让每个有创意的普通人创造奇迹，这是对股权众筹最平实浅白但也最激动人心的诠释。应当看到，在《指导意见》已为我国股权众筹奠定合法性基调的大背景下，股权众筹徘徊于法律边缘的时代也将一去不返，互联网思维将以前所未有的广度与深度影响着我们的生活。在互联网金融大势与浪潮面前，法律（尤其是刑法）不应沦为扼杀互联网金融创新的“刽子手”，而应努力探索如何成为促进互联网金融创新并防范互联网金融风险的保驾护航人，这是互联网金融时代最具意义的重大课题。当然，我们也应当认识到，刑法并非万能，其仅是社会的最后一道防线，仅是股权众筹风险防范制度的其中一环。欲要根本防范互联网金融股权众筹风险，还应不断健全和完善股权众筹监管制度，使之能够最大限度地实现对股权众筹的法律规制和对投资者利益的保护。

第六节　信息网络技术滥用行为的刑事责任

——《刑修九》相关条款的理解与适用

云计算、大数据、移动互联网等信息网络技术的迅猛发展已把人类社会全面推向了网络化与信息化的时代。这不仅改变了长期以来既有的国家社会经济结构，而且塑造了人们全新的价值观念、社会空间和生活方式。但是，就在全球迎接与拥抱信息化时代，享受移动互联网、“互联网+”等全新概念的同时，信息网络技术本身也成了某些人实施各种犯罪行为的技术支持。互联网接入、服务器托管、网络存储、通讯传输、网络广告推广、支付结算、资料检索与分类、交易中介平台等信息网络技术与渠道，帮助恐怖组织活动、诈骗、销售违禁品、侵权品、管制物品、淫秽物品、诽谤等各种犯罪实施并扩大社会危害程度，给国家安全、实体经济与金融市场稳定、社会治理、知识产权以及公民权利等带来巨大风险。[1]

信息网络技术支持、帮助行为与直接侵害权利的犯罪实行行为的结合，无疑是互联网时代违法犯罪风险的典型形态。信息网络的技术力量与商业模式创新拉近了犯罪实行者与帮助者之间意思联络的距离，也改变了两者之间传统意思联络的模式。利用信息网络从事犯罪活动的实行者作为互联网用户，分散在全球各个地方，具体实施着不同类型的侵害行为。信息网络服务者为他们提供网络链接、服务器管理、交易结算、业务推广等技术支持、帮助。犯罪实行者与帮助者之间不再需要进行传统意义上明示的通谋与默示的合意，而是通过信息网络以购买服务与提供服务的模式进行无国界的商业交易。这在信息网络实行犯罪与帮助犯罪的行为结构与商业模式中显得尤为突出，快

〔1〕 参见陈丽平：《点击刑法修正案（九）草案的七大亮点》，载《法制日报》2014年10月28日，第3版。

播公司传播淫秽信息牟利犯罪案件则是本土化案例的新近表现。[1]提供信息网络技术支持、帮助与利用信息网络实施犯罪之间，在主观意思联络层面具有形式上的分离，并且帮助行为与实行行为经由信息网络技术结合之后，并没有直接从权利侵害中获取经济利益。这就使信息网络服务者能够在不从帮助犯罪中直接获利的基础上开拓全新商业模式，利用刑事责任分配的困难与争议参与互联网市场竞争。这不仅体现出行为人对互联网高度全球化与匿名性的技术性把握，同时，似乎还寻找到了一条帮助犯罪规避刑事责任的途径，当然也可以理解为是对"避风港规则"[2]的一种典型性解释。

一、互联网技术滥用风险与修正案对信息网络犯罪的完善

"避风港规则"初创于美国1998年《数字千年版权法案》(Digital Millennium Copyright Act)，是指在版权侵权案件中，互联网服务提供者(ISP)只提供标准化的技术措施，并不制作内容，如果权利人告知其停止侵权技术服务的，应当移除相关服务。如果互联网服务者没有从侵权行为中直接获利、没有知悉显而易见的侵权行为、没有收到权利人的移除服务通知，则不承担侵权责任。《数字千年版权法案》在互联网著作权法律保护体系的层面非常明确地排除了互联网服务提供者的监控服务是否用于违法犯罪行为的义务，[3]这对于整个信息网络犯罪帮助犯的刑事责任判断同样具有重要影响。信息网络服务者在没有明确共谋与权利侵害风险高度认知的情况下，为侵害行为提供技术支持、帮助并不构成共同侵权，从而相应地也丧失了追究共同犯罪刑事责任的重要前提和基础。"避风港规则"针对信息网络服务者并不直接创制、传播侵权内容

〔1〕 该案是近年来我国比较典型的信息网络技术为犯罪行为提供技术帮助与支持的刑事案例——2014年9月，作为打击网上淫秽色情信息专项行动重点案件之一的深圳快播科技有限公司涉嫌传播淫秽物品牟利案主要犯罪嫌疑人(包括快播公司法定代表人兼总经理王欣在内的5名主要人员)被公安机关抓获，并依法移送检察机关审查起诉。公安部通报显示，2012年年底以来，犯罪嫌疑人王欣组织吴某、牛某、张某、刘某等人利用其公司研发的快播软件，通过在全国多地布建服务器、碎片化存储、远端维护管理、实现视频共享和绑定阅读等方式，在互联网上大量传播淫秽视频及侵权盗版作品，并通过收取会员费和广告费等牟利，经营额达数亿元，非法获利数额巨大。李子阳:《快播涉嫌传播淫秽物品牟利案被移送审查起诉》，载《法制日报》2014年9月25日，第1版。

〔2〕 17 U.S.C. § 512～Limitations on Liability Relating to Material Online.

〔3〕 Jerome H.Reichman, Graeme B.Dinwoodie and Pamela Samuelson, A Reverse Notice and Takedown Regime to Enable Fair Uses of Technically Protected Copyrighted Works, 22 Berkeley Technology Law Journal 981, 992(2007).

的特征，在其客观上确实为犯罪活动提供信息网络技术支持、帮助的情况下，仍然提供了法律上的免责依据。还应该看到，盗版、色情、欺诈等违法犯罪信息的制作行为、服务器管理等通常都发生在境外，犯罪行为的实行者实际上很难被有效查处。在犯罪实行行为的定罪量刑问题尚未明确的情况下，为其提供信息网络技术支持、帮助行为的信息网络服务者的刑事责任问题显然存在很大的认定障碍。

基于信息网络技术应用于实施犯罪行为的全新情况，为了有效维护信息网络安全与国家政治、经济、金融、社会等各方面的安全，第十二届全国人大常委会第十六次会议于2015年8月29日通过的《刑修九》进一步完善了惩处信息网络犯罪的法律规定。特别是针对近年来信息网络为实施犯罪提供技术支持与帮助的常态情况，《刑修九》第29条第4款专门增设了全新的犯罪行为类型——帮助信息网络犯罪活动罪。《刑修九》第29条第4款、第5款以及第6款规定："第287条之二明知他人利用信息网络实施犯罪，为其犯罪提供互联网接入、服务器托管、网络存储、通讯传输等技术支持，或者提供广告推广、支付结算等帮助，情节严重的，处三年以下有期徒刑或者拘役，并处或者单处罚金。单位犯前款罪的，对单位判处罚金，并对其直接负责的主管人员和其他直接责任人员，依照第一款的规定处罚。有前两款行为，同时构成其他犯罪的，依照处罚较重的规定定罪处罚。"

分析《刑修九》第29条第4款的内容，我们不难发现，规定以明知他人利用信息网络实施犯罪为构成犯罪的主观要件，以提供信息网络技术支持、帮助为构成犯罪的客观行为要件，并以这些构成要件为核心完成了信息网络服务者帮助犯正犯化的规范建构，从而有效地超越了在传统共犯结构下分析业务行为刑事归责的局限性。信息网络服务者明知其技术支持的对象是传播盗版、色情、欺诈、非法集资信息等犯罪活动者，仍为其提供相关服务的，应当独立承担支持、帮助利用信息网络实施犯罪行为的刑事责任。

应该看到，提供信息网络技术支持、帮助本身是一种中性业务行为。中性业务行为是德国刑法理论与实务首创的检讨行为刑事可罚性的重要概念，即指自始至终基于实现法律所许可的且独立于犯罪或者犯罪人之外的业务活动目的而从事的业务行为或者交易行为。业务行为的"中性"集中表现为，无论交易行为的对手方是犯罪者还是其他任何行为主体，业务的实施者都会以本人独立的目的，按照典型的业务要求从事相关行为或者交易。[1]但是，在经济生活与经营活动中，如果从事具体业务的市场主体明知他人实施犯罪活动，而仍然为其提供业务或者服务助力，其业务行为与犯罪活动的成立与实施就具有了密切关联，此时在经济上就并不存在独立于犯罪活动之外的实际价值，可见，这种中性业务行为应该具有刑事可罚性特征。在互联网时代，网络服务提供者明知他人基于信息网络技术实施犯罪行为，基于个人经济利益的考量，仍然提供网络技术与网络结算等各类支持与帮助，显然具备了相应帮助他人实施犯罪的不法内涵。为此，《刑修九》专门规定这种信息网络技术帮助犯的犯罪类型——帮助信息网络犯罪活动罪，不仅具有充分的合理性和必要性，也具有相当的法理基础。但是，为信息网络犯罪提供技术支持、帮助行为同时构成其他犯罪的（例如，其所帮助的实行犯所对应的罪名），并且其他犯罪处罚更重的，应当以重罪予以定性与处罚。

值得注意的是，各类信息网路技术经营与业务行为人，在支持、帮助客户实施犯罪时，不仅可以从积极作为的角度提供数据、计算、互联网推广等服务（例如，明知境外服务器存储侵犯著作权的电影、电视剧、音乐、著作等数字化视频、音频、电子读物而在本人经营的网站上提供深度链接），而且可以从消极不作为的角度不设置违法犯罪信息与行为网络过滤与审查机制（例如，明知本人经营的网站上存在大量侵权或者具有欺诈风险的数据信息却不承担数据合法性审查义务）。对于这种不作为型的信息网络犯罪帮助犯责任，《刑修九》同样做出了十分全面的立法完善。《刑修九》第28条增设拒不履行信息网络安全管理义务罪——"在刑法第286条后增加一条，作为第286条之一：网络服务提供者不履行法律、行政法规规定的信息网络安全管理义务，经监管部门责令采取改正措施而拒不改正，有下列情形之一的，处三年以下有期徒刑、拘役或者管制，并处或者单处罚金：（一）致使违法信息大量传播的；（二）致使用户信息泄露，造成严重后果的；（三）致使刑事案件证据灭失，情节严重的；（四）有其他严重情节的。单位犯前款罪的，对单位判处罚金，并对其直接负责的主管人员和其他直接责任人员，依照前款的规定处罚。有前两款行为，同时构成其他犯罪的，依照处罚较重的规定定罪处罚。"从拒不履行信息网络安全管理义务

〔1〕 Claus Roxin, Strafrecht Allgemeiner（Teil I）, Verlag C.H.Beck 2003, S.220.

罪的罪状内容分析，这是典型的不作为型的帮助行为。信息网络服务者违反法定义务不进行信息网络安全管理，因而造成严重后果或者情节严重的，构成拒不履行信息网络安全管理义务罪。与《刑修九》第29条第4款规定的帮助信息网络犯罪活动罪不同的是，拒不履行信息网络安全管理义务罪没有配置与“明知他人利用信息网络实施犯罪”证明强度相当的主观构成要件。拒不履行信息网络安全管理义务罪与帮助信息网络犯罪活动罪在犯罪行为方面的实质是相同的，即都是为利用信息网络实施犯罪活动提供技术支持、帮助，但在犯罪行为的具体类型上存在区别。前者是通过不履行信息网络安全管理义务的消极不作为方式提供技术支持、帮助；后者是通过提供信息网络服务的积极作为方式进行技术支持、帮助。

在《刑修九》颁布之前，信息网络服务者为相关犯罪活动提供技术支持、帮助行为的刑事责任问题，在刑法理论与司法认定中就已经存在很大的争议，特别是在这种行为是否构成犯罪以及应构成帮助犯还是独立构成犯罪等问题上一直观点差异巨大，可谓众说纷纭、莫衷一是。根据《刑修九》第29条的规定，明知他人利用信息网络实施犯罪行为而提供互联网接入、推广、结算等技术支持与帮助，同时构成其他犯罪的，依照处罚较重的规定定罪处罚。这意味着在《刑修九》颁布并即将施行的背景下，中性业务行为的信息网络犯罪刑事责任不仅涉及了刑法原规定中相关信息网络犯罪或者其他犯罪类型的帮助犯问题，而且又产生了《刑修九》设置的全新犯罪类型的正犯问题。同时，正当业务行为抗辩不是我国《刑法》明文规定的抗辩事由。在我国犯罪构成四要件理论解释的框架下，排除违法性的抗辩本身在解释体系上就难以获得稳定的规范位置。所以，有必要对《刑修九》最新建构信息网络服务行为的刑事责任体系进行深度分析，既要在信息网络时代结合风险社会特征有效规制信息网络犯罪行为，又要在我国既有的犯罪构成体系下对中性业务行为做出准确的刑法解释，从而为相关业务行为人提供合法且合理的出罪机制。

二、信息网络犯罪的有效规制与信息网络技术创新的合理保护

毋庸置疑，《刑修九》新增为他人实施犯罪提供信息网络技术支持、帮助的刑事责任，如果在司法实务中进行相对扩张的适用，显然构成了信息网络服务者经营活动的重大刑事法律风险，势必对各类创新性的信息网络技术与经营

模式探索构成了压力与限制。这对于创新或者初创阶段的信息网络技术推广而言，这必然会增加十分沉重的交易成本，并不利于互联网时代创新驱动的高效运转。刑法制度要保护好信息网络技术创新、业务模式创新，又要有效控制利用信息网络犯罪，需要依托于前置性法律规范有效建构信息网络业务规则，明确业务行为正当性的界限。

因此，笔者认为，在具体解释与适用《刑修九》最新规范时，应当以犯罪风险控制与互联网创新保障的价值平衡为导向，紧紧抓住信息网络技术在优化市场机制与提升经济效率上的特点，一方面要保护好市场中的各种权益免受信息网络技术滥用的犯罪侵害，另一方面也要把握好刑法介入适当性的司法操作与业务行为正当性的规范界限，在犯罪构成解释的框架下实现刑法制度对合法权益与信息网络业务创新的均衡保护。

当前信息网络犯罪案件司法实践中，对于促进犯罪活动的技术支持、帮助行为的刑法规制还是比较苛严的。以争议极大的深度链接行为性质认定问题为例，实践中还是比较强调为利用信息网络实施犯罪活动提供技术支持、帮助行为的严重社会危害性以及刑法规制的必要性。虽然深度链接不是直接对知识产权内容的复制，但也是一种传播信息的方式。如果传播的内容违法或者未经著作权人许可，既能得到经济利益，又不受到法律的制裁，势必导致网络版权保护环境的进一步恶化。互联网时代应鼓励技术创新和发展，但是新技术不应当被用作钻法律空子的手段。对于此类犯罪行为提供信息网络技术支持、帮助，司法机关认为必须通过法律进行制裁，从民事保护和刑事打击两方面着手，进一步净化网络环境。[1]深度链接行为具有比网络用户侵犯知识产权行为更为严重的社会危害性。深度链接行为可以将大量分散的侵权作品积聚在同一个网站上，这显然会产生社会危害性的叠加、聚拢和倍增效应。网络服务提供商的帮助行为具有职业性、持续性和不特定性。网络服务提供商与网络用户之间是“一对多”的关系，其面向的是大量不特定的网络用户，其对网络用户提供的是职业化、持续的技术支持、帮助。这也改变了网络服务提供商在侵权作品传播中的地位，其并不是处于从属于网络用户的地位，而是处于信

〔1〕 参见孙超：《网络“深度链接”侵犯影视著作权》，载《人民法院报》2014年6月10日，第3版。

息网络传播的核心，网络服务提供商的社会危害性也随之增强。[1]

然而，互联网时代商业模式的基本理念就在于信息最大限度的风险与信息最低成本的交互。信息网络服务者向广大互联网用户提供各种软件、移动应用、信息中介、金融结算等技术支持、帮助，市场中各类信息的持有者都可以在开放的互联网平台传播与分享数据信息。与此同时，各类有信息使用需求的用户都可以在信息网络服务平台以低成本或者零成本的代价高效、快捷、简便地获取信息。信息网络服务者可以基于技术支持业务获得海量用户及其流量从而谋取稳定的广告销售、交易提成等收益。在海量的信息传输过程中，确实存在相当数量的盗版、色情等侵权、违法、犯罪信息，信息网络服务者的技术支持、帮助行为客观上促进了利用信息网络实施的犯罪活动。但是，信息网络服务者毕竟不是违法信息的原始制造者、犯罪活动的直接实施者，信息网络服务者对其服务对象的合法性审查在技术上也难免存在缺憾，故刑法介入信息网络技术支持、帮助行为的法律规制时，有必要针对这些实际情况保持适度的审慎与克制。

但也应当看到，信息网络技术被大规模地应用于犯罪活动构成了黑色行为与灰色行为的叠加与相互作用。利用信息网络实施犯罪显然是黑色行为，刑法严格规制毋庸置疑。为犯罪实行提供技术支持、帮助的中性业务行为，既可能出于共谋，也可能源于纵容，还可能只是被犯罪实行者所滥用，在网络证据举证困难的条件下，属于法律属性不明的灰色行为。刑事法律制度较早的介入，确实能够及时控制信息网络犯罪风险，而且可以有效缩减信息网络技术支持、帮助行为的社会危害程度，使得行为人受到相对较轻的处罚，但与此同时也抑制了信息网络技术及其应用机制的创新。刑事法律制度较晚介入，则容易导致利用信息网络实施犯罪行为严重损害合法权益，信息网络服务者的刑事责任强度也会因为犯罪风险及其侵害规模的扩大而显著放大。

理论与实践中经常会有观点强调通过民事法律规制中性业务行为在信息网络违法行为中的帮助责任。[2]但民事诉讼对抗程序中的证据制约在一定程

---

〔1〕 参见凌宗亮：《深度链接侵权影视作品是否构成侵犯著作权罪》，载《人民法院报》2014年9月11日，第7版。

〔2〕 参见吴汉东：《论网络服务提供者的著作权侵权责任》，载《中国法学》2011年第2期；王迁：《论"信息定位服务"提供者"间接侵权"行为的认定》，载《知识产权》2006年第1期；朱畅：《对网络服务侵权的法律思考》，载《时代金融》2006年第5期。

度上会影响民事实体责任规则的建构。因为民事诉讼过程中的权利人很难获得充分的证据证明信息网络服务者对直接侵权行为的明知或者故意纵容，导致裁判者只能选择侧重于民事法律关系的解释与经济补偿机能的最大化，而普遍性地难以在证据相对清晰的前提下对信息网络技术帮助行为的法律属性做出直接且正面的判断。相对民事法律制度而言，刑事法律制度具有更高的强制性，能够在更高的证据强度基础上确保案件事实判断的稳定性与准确性。在刑事诉讼过程中，司法机关能够更为有效且全面地掌握信息网络犯罪实行者与帮助者之间的资金往来、通讯记录、商务合作等证据。在这种情况下，信息网络技术支持、帮助行为与信息网络犯罪实行行为之间的客观联系就会显得更为清晰，因而对法律责任的判断相应地也更为准确。因此，刑事法律在信息网络技术支持、帮助行为的规制过程中承担着非常重要的功能。

如果诸如提供信息网络技术支持、帮助等业务行为专门是针对实施犯罪活动者而服务的，信息网络服务者在主观上与利用信息网络技术实行犯罪者具有明确的意思联络，或者具有促进他人犯罪的意思，显然应当承担帮助犯责任，或者在刑法明确规定这种帮助行为正犯责任的情况下独立构成相应犯罪。中性业务行为所要解决的疑难问题是：信息网络服务者既有在正常经济交往中对合法行为提供技术支持、帮助，又有为利用信息网络实施犯罪活动提供服务的，应当如何界定刑事责任的边界。这也是《刑修九》第28条、第29条等相关条款致力于解决的问题。

中性业务行为是帮助者提供的行为支持虽然可以被利用来助力他人实现构成要件规定的犯罪行为，但助力行为并非专门基于违法目的实施的，而是对任何交易对象都会提供的技术支持、帮助。例如，律师、会计师等专业人员提供法律或者财务上的咨询意见，有的客户根据专业观点实施合法操作，也有客户从事妨害司法、逃税等违法犯罪行为。互联网接入、服务器托管、网络存储、通讯传输、网络广告推广、互联网支付与结算等信息网络技术支持、帮助，在实践中基本上都是由专业机构及其从业人员提供的有偿服务，除了专门为犯罪活动实施帮助且当然应该按照刑法规定进行刑事评价的情形之外，绝大多数都是无差别地针对所有的互联网用户而并非特定化的犯罪实行者，具有典型的中立性信息网络服务的外部行为样态。

《刑修九》第29条第4款从主客观相一致的角度有效且全面地建构了信息

网络技术支持或者帮助这一中性业务行为的责任体系。在主观方面，信息网络服务者对于技术支持、帮助的对象是否具有利用信息网络实施犯罪属性的主观认知是建构刑事责任的重要前提；在客观方面，实施信息网络技术支持、帮助的中性业务行为的归责基础，主要在于客观上是否制造了法律所不允许的风险。这种主客观相统一的中性业务行为之刑事责任建构模式，不仅形成了缜密的犯罪构成体系，而且有助于均衡地实现信息网络犯罪规制与信息网络技术创新保护的刑法制度功能。

三、中性业务行为的刑事责任主观归责依据

根据我国《刑法》第25条的规定，共同犯罪是指二人以上共同故意犯罪。可见，共同故意是刑法规范意义上的共犯结构的核心要素。帮助行为承担共犯责任的主观内容主要是意思联络，但也可以是促进意思，即通过帮助行为促进他人实施犯罪的意思。意思联络侧重正犯与共犯之间的双向犯意联系，而促进意思则强调帮助犯的主观责任基础可以是单方面推进他人实施犯罪的意图与心态。

刑法理论上有观点指出，对提供网络技术支持、帮助的中立行为进行定罪，完全可以按照共同犯罪的一般原理予以解决，不需要刑法上另行对提供技术支持的网络服务商规定单独罪名。[1]但应当看到，在传统共同犯罪故意规范框架下，中性业务行为构成犯罪必须是帮助者与实行者之间进行意思联络，或者至少帮助者在主观上具有通过本人的帮助行为促进他人实施犯罪的意思。缺失意思联络或者促进犯罪意思的证据，即使行为人对他人利用自己的信息网络技术实施犯罪具有明确认知，仍然无法成立共犯，甚至"片面共犯"也较难成立。而在信息网络技术支持与帮助的业务操作中，互联网服务者通过只是基于从事市场经济行为的目的为他人提供技术支持、帮助，很少有直接证据显示其具有促进他人犯罪的意思，信息网络服务者与犯罪实行者之间的意思联络则更是鲜见。这意味着在传统共犯主观责任规范解释下，信息网络服务行为非常有可能因为缺失共犯故意而无法成立帮助犯。

由于网络接入、网络资金结算等信息网络技术支持、帮助在实践中通常都

---

〔1〕 周光权：《网络服务商的刑事责任范围》，载《中国法律评论》2015年第2期。

表现为基于行为人自身利益的执行业务行为，主观层面较难直接认定具有促进他人利用信息网络实施犯罪的故意内容或者意思联络。然而，在《刑修九》增设的帮助信息网络犯罪活动罪中，需要承担刑事责任的中性业务行为的主观基础是“明知他人利用信息网络实施犯罪”。这是《刑修九》第29条第4款规定的利用信息网络实施犯罪的技术支持、帮助行为承担刑事责任的首要入罪条件。《刑修九》的最新规定表明，传统共犯行为通过独立设置罪名的方式正犯化，尽管在主观构成要件的设计上不需要达到非常严格的意思联络或者促进犯罪意思的共同犯罪故意，但至少在帮助者层面，必须对其服务对象系利用信息网络实施犯罪这一事实具有明知。提供信息网络技术支持、帮助的信息网络服务者只有在主观明知的条件下，其行为才有可能被评价为犯罪。如果信息网络服务者主观上不明知其技术支持、帮助的行为被犯罪活动所利用或者认识模糊的，则其助力行为不能被评价帮助信息网络犯罪活动罪。

（一）明知的对象：“他人利用信息网络实施犯罪”

对于如何解释“他人利用信息网络实施犯罪”的范围，理论与实务中可能存在的意见是：（1）《刑修九》第29条将帮助信息网络犯罪活动罪独立规定为全新的信息网络犯罪行为类型，就是要有效规制对具有严重犯罪风险的行为提供信息网络技术支持、帮助的现象，故利用信息网络实施犯罪不宜进行狭义理解，具有刑事违法性可能的行为或者确实的犯罪行为都可以是明知的对象。（2）由于利用信息网络实施侵害行为是否构成犯罪是应当在事后经由法院审判才能确定的问题，行为人在提供信息网络技术支持、帮助时实际上无法确定明知对象的犯罪属性，故只要利用信息网络实施的行为具有侵害性即可。（3）《刑修九》第29条第4款明确做出了“他人利用信息网络实施犯罪”的规范表述，应当严格根据文义解释的要求将明知对象限定为犯罪而不能是具有刑事违法性风险或者危害性的行为。〔1〕由于中性业务行为是基于外部犯罪行为属性施加支持与帮助效果而导致内部行为责任的触发，对于“他人利用信息网络实施犯罪”的条件理解直接关涉是否存在刑事责任基础的问题，需要进行准确的解释与说明。

从为他人利用信息网络实施犯罪提供技术支持、帮助的行为内容分析，在

---

〔1〕 由于《刑修九》颁布不久，目前尚未出现针对“他人利用信息网络实施犯罪”范围界定问题提出具体观点的文献，上述各种意见是对预期可能出现争议的归纳。

直接实施相关犯罪行为与提供信息网络技术服务的共同行为结构中，前者是实行行为，后者是帮助行为。但《刑修九》第29条第4款明确将信息网络技术帮助行为设定为独立的犯罪类型，同时符合相应犯罪帮助行为的犯罪构成，择重罪论处。无论是构成独立犯罪构成类型中的实行行为，还是相应犯罪类型的帮助行为，为他人利用信息网络实施犯罪提供服务的实质内容在客观上仍然是“帮助”。这意味着绝对不能脱离帮助犯的刑法解释框架分析此类具有刑事责任风险的信息网络技术支持、帮助行为。在共犯语境下，帮助犯的行为内容简而言之就是帮助他人实行犯罪行为。除了帮助者自身的帮助行为与帮助故意之外，帮助犯的责任依托于实行犯。帮助犯是基于帮助他人实施犯罪的意思为实行犯提供支持，即物质（行为）意义上的“助力”与精神（故意）意义上的“助念”，其不会实质介入或者投入相应实行性的构成要件行为。真正实质性触发刑事责任的只能是利用信息网络实施的相应犯罪（例如，资助恐怖活动罪、诈骗罪、侵犯著作权罪等）。一旦实行行为不具有严格的犯罪属性，提供信息网络技术支持、帮助行为也相应失去了归责的基础，所以，“明知他人利用信息网络实施犯罪”这一主观认知对象的内容必须进行严格解释，应当限定为符合我国《刑法》相应规定犯罪构成的、应当被认定为相应罪名的犯罪行为。

中性业务行为承担刑事责任的实质基础是其提供网络技术客观上帮助了犯罪实行行为，即帮助犯（共犯）的责任基础源于实行犯（正犯）。提供信息网络服务这种中性业务行为构成帮助犯，具有相对于传统共犯而言更为明显的从属性，即依托于或从属于利用信息网络实施的犯罪承担相应共犯或者帮助信息网络犯罪活动罪。例如，脱离了具有诈骗内容的信息，网站传播诈骗信息行为在客观上无从实现。中性业务行为构成帮助犯的明显从属性特征反映了共犯的存在源于正犯，是对正犯的助力与支持。如果没有构成犯罪的违法行为或者刑法属性判断，具有不确定性的侵害行为也可以成为本罪构成要件中明知的对象，意味着中性业务行为构成帮助犯超越利用信息网络技术实施犯罪这一正犯的基本线，可以直接且独立构成犯罪。这一解释意见不仅与共犯从属性原理相悖，也与信息网络支持行为客观上确实从属于相应犯罪实行行为的事实不相吻合。

然而，需要重点强调的是，《刑修九》将信息网络帮助行为独立规定了犯罪类型——帮助信息网络犯罪活动罪，这就意味着这种全新犯罪的刑事责任结构与传统共犯结构相比具有特殊性与独立性。传统共犯结构中，实行犯与帮助犯在实体刑法上均构成犯罪并承担刑事责任（尽管罪名未必一定相同），在刑事诉讼程序上均受到处理（并案或者分案）。但是，在帮助信息网络犯罪活动罪的刑事责任结构中，利用信息网络实施犯罪的行为主体很有可能永远也无法在实体上被认定为犯罪、在程序上予以查处。例如，直接制作并传播淫秽信息的犯罪者及其网站、服务器等均在境外，国内司法机关根本无从查处，但通过诸如“快播”等软件服务使淫秽信息供国内用户分享的信息网络服务者则独立构成犯罪，不需要在实体上与实行犯罪的行为主体上进行责任捆绑，也没有必要在程序上等待实行犯罪性质确认之后或者至少作为关联案件处理才能合法追究信息网络服务者的刑事责任。

（二）明知的直接证明：确知

司法实践中存在大量明确知道他人利用信息网络实施犯罪活动而给予网络支持与帮助的案件。例如，在我国最大网络赌博犯罪案件中，谢某真在取得境外赌博网站大股东级别的代理权限之后，聘请黄某沛、陈某海为其管理赌博账号，五年间共接受投注额人民币4840多亿元，分红、输赢返利18亿多元。68名被告人中多人明确知悉网络赌博团伙犯罪事实的情况下，仍然提供网站运营管理、赌博资金网络转账、第三方支付平台资金流转等技术支持与资金结算帮助，均构成开设赌场罪共犯。〔1〕再如，负责全球最大黑市交易网站之一“丝路”（Silk Road）运营管理的创始人罗斯·乌尔里希，明确知悉该交易平台主要业务就是提供毒品、枪械等违禁品网络交易，大规模地使用“去中心化”网络货币比特币进行违禁品交易资金结算与洗钱，被捕时FBI扣押的比特币（根据案发时汇率计算）价值3360万美元，〔2〕“丝路”能够被查算的月平均交易额保

〔1〕 严俊伟：《全国最大网络赌博案在穗宣判》，载《深圳特区报》2014年7月4日，第A13版。

〔2〕 U.S.Attorney's Office for the Southern District of New York & FBI Public Information Office, Press Release: Manhattan U.S.Attorney Announces Seizure of Additional $28 Million Worth of Bitcoins Belonging to Ross William Ulbricht, Alleged Owner and Operator of "Silk Road" Website, October 25, 2013, http://www.fbi.gov/newyork/press-releases/2013/manhattan-u.s.-attorney-announces-seizure-of-additional-28-million-worth-of-bitcoins-belonging-to-ross-william-ulbricht-alleged-owner-and-operator-of-silk-road-website，最后访问时间：2015年9月5日。

守估计为120万美元。[1]司法实务的关键在于把握证明提供技术支持、帮助的信息网络服务者具有明知的刑法实体标准——确知——确实且充分地认识到他人利用信息网络实施犯罪。

除了信息网络技术支持、帮助的提供者合法供述自己明确知悉他人实施犯罪的主观证据之外，确知的核心司法判断规则应当侧重于客观化的证明，其核心标准在于：外部行为的明显犯罪性与帮助行为的相当关联性。

其一，被帮助者行为（实行行为）具有非常明显的犯罪属性与特征。如果提供信息网络技术服务的相对方身份及其行为属性，经过具有正常水平的互联网技术能力的行为主体判断具有显而易见的犯罪特征的，应当可以证明提供业务帮助行为者具有明知。例如，电影发行人最新推出的影片、电视台正在首轮热播的电视剧等同步在境外服务器上传供浏览与下载，网站的个人用户在显然不具有大量数字读物版权拥有能力的情况下，规模化地与其他用户分享数据；股权众筹的发行人在互联网金融平台发布明确需要行政审批的项目（矿产开发等），却没有披露已获得行政许可或者授权文件信息，仍然吸收众筹者投资的资金等。此类行为明显具有知识产权犯罪、非法集资犯罪的行为特征。信息网络服务提供者通过系统管理、数据审查、过滤机制等实际上能够知道相关数据信息的侵权性或者投资项目的违法性，能够得出他人利用网络实施此类行为的高度犯罪风险。这便从外部行为显著犯罪性的角度证明网络服务提供者确实且充分认知他人利用信息网络实施犯罪行为。

其二，本人信息网络技术支持、帮助行为与他人实行的犯罪行为具有相当关联性。即使现有证据可以证明信息网络技术提供者对交易对手方的犯罪行为具有确知，仍然必须进一步通过帮助行为与被帮助的犯罪行为之间的客观联系锁定其明知的主观故意内容。这种联系必须具有相当性，即提供信息网络帮助者知道自己的服务针对的是以他人利用信息网络实施犯罪为唯一或者主要目的而展开的，这种技术支持、帮助只有为犯罪活动提供助力的意义，而没有独立的社会经济价值；对于信息网络安全造成严重危害，却能够为信息网

---

〔1〕 Nicolas Christin, Traveling the Silk Road: A Measurement Analysis of a Large Anonymous Online Marketplace, The International World Wide Web Conference, May 13-17, 2013, Rio de Janeiro, Brazil, http://www.andrew.cmu.edu/user/nicolasc/publications/Christin-WWW13.pdf.ime，最后访问时间：2015年9月5日。

络技术支持、帮助的提供者带来经济利益。例如，网站利用注册用户上传的大量侵权数据吸引其他用户点击、浏览、下载、分享，并在相关网页中植入广告从中获取收益，其帮助侵权数据信息在互联网进行传播的行为除了支持知识产权犯罪并从中谋取经济利益之外，只有社会危害且再无独立的经济价值，应当认定为与利用信息网络实施的犯罪行为具有相当关联性。如果提供信息网络技术支持、帮助在日常业务活动上具有典型性与合法性，接受技术支持、帮助的互联网用户也在通常情况下实施合法行为，尽管特定情形的利用信息网络实施的犯罪行为借助于该技术支持得以实现，也应当排除信息网络技术支持、帮助行为与犯罪活动之间的相当关联性。因为作为中性业务的信息网络技术支持、帮助行为属于典型的合法商业模式或者具有独立于犯罪利益之外的正当经济价值，说明其与利用信息网络实施犯罪之间并未达到相当关联性的程度，这意味着有足够的证据否定信息网络技术支持、帮助行为是基于明知他人犯罪的主观故意引导下实施的。例如，互联网金融平台通常明确告知在其网站上发布众筹项目的融资者进行合法与合规的信息披露，众筹网站所认知的是对合法的项目提供互联网金融中介服务与技术支持。提供互联网金融服务的社会意义与经济价值应该是利用互联网平台降低社会融资与投资之间的交易成本，而绝非是为特定融资者欺诈发行或者非法集资提供技术支持、帮助。即使互联网金融服务在客观上实际导致了信息欺诈或者非法集资等金融犯罪得以实行，仍然不应当认定两者具有相当关联性。我们之所以要确立信息网络帮助行为与被帮助的犯罪行为之间相当关联性的标准，主要在于保障网络生活与市场经济中对合法或者正当行为提供信息网络服务、互联网技术创新，同时有效防控与避免利用信息网络犯罪帮助行为刑事责任处罚边界的过度扩张及其对网络与经济行为的过度限制。

（三）明知的司法推定：应知

明知的直接证明一直是司法实践中非常疑难的问题，尤其是对于并非实施犯罪实行行为的信息网络技术支持、帮助而言，其中性业务行为的属性决定了日常经营活动中的网络技术服务与帮助犯的行为在客观上并无二致。在缺乏合法有效的明知供述与具有直接锁定帮助者明知的证据时，通过应知的司法证明来推定明知是唯一有效的替代性方案。

在适用应知推定时首先需要注意到的是，科学技术的发展在显著提高生活水平的同时带来了难以避免的风险，风险社会的形成与演进催生了信赖原则。[1]中性业务行为主体通常可以根据刑法中的信赖原则，主张没有充分且合理的理由认知其服务的对象实施违法犯罪行为或者其实施的业务行为可能被利用来实施犯罪活动。刑法中的信赖原则主要是指在行为人实施某种行为时，相信相对方会采取适当行为，即便相对方的不适当的行为而发生了结果，行为人对此也并不承担责任。[2]在实施特定业务或者行为的共同行为主体结构中，参与者具有足够的理由相信其他参与者会遵守规则、采取适当行动，其他人有不遵守规则的不正当行为，即便该行为和自己的行为一起引起了构成要件结果，也不能根据该结果而追究自己的刑事责任。[3]信息网络技术天然地具有被犯罪分子利用从事社会危害行为的风险，中性业务行为客观上为犯罪活动提供了信息网络支持，也是风险社会下法律允许存在的风险，不能被评价为犯罪，该行为主观上所承载的心理状态相应不能被推定为应当知道信息网络服务会被犯罪活动所利用。

互联网时代的业务行为与传统市场经济生活中的经营行为最为显著的物理区别在于交易双方的时空距离。从事信息网络技术支持的市场主体无法如同传统经济行为那样直接接触交易对手方。犯罪意图、犯罪准备、犯罪征兆等可供信息网络服务提供者判断帮助犯风险的要素相对不足。推定行为人应知为犯罪活动提供助力或者技术支持行为协助犯罪事实的风险明显升高具有一定的困难。然而，肯定信赖原则与允许风险的合理性与重要性，并不应该完全排斥应知的司法推定空间。如果信息网络业务行为通过客观证据与外部行为观察具有帮助实施犯罪的相当怀疑程度时，信息网络技术助力行为将会被合理预期为具有促进犯罪事实的实质风险，行为人必须对中性业务行为的服务对象及其合法性状态承担进一步的主动查询义务或者审慎判断义务，不能在不采取任何犯罪风险防护措施的情况下主张信赖原则而为别人任意提供信息网络技术服务。判断这种合理怀疑与预期风险必须依托于量化证据标准。

信息网络技术支持、帮助行为通常是基于互联网数据与信息传输的方式进行的。通过网络信息等电子证据判断行为人是否应知他人利用信息网络实

〔1〕 参见郭立新：《论德日刑法中的信赖原则》，载《法制与社会发展》2001年第4期。

〔2〕 参见［日］西原春夫：《交通事故与信赖的原则》，成文堂1969年版，第14页。

〔3〕 参见［日］大谷实：《刑法总论》，黎宏译，法律出版社2003年版，第153页。

施犯罪是最为实际的方法，而“大于半数规则”应当是推定应知最为合理的量化尺度。司法机关应当查证中性业务行为在合法服务与犯罪活动之间的客观分配比例，即分析、判断、计算在相同的信息网络技术业务（例如，网络支付、服务器租赁、网络信息发布、互联网金融中介等）中，有多少数量是为合法行为提供信息网络服务，有多少数量是为犯罪活动提供信息网络帮助。网络数据、信息等客观电子证据表明中性业务行为所服务的对象，系利用信息网络实施犯罪活动且比例超过半数以上的，应当据此推定信息网络技术帮助者应当知道或者应当有充分的理由怀疑其业务行为所支持的对象利用信息网络实施犯罪，但仍然基于经济收入等利益驱动决意提供信息网络技术支持、帮助。此外，还有必要通过中性业务行为帮助犯罪风险提升的补强规则排除合理怀疑地确定应知推定的合理性。以下情形可以作为补强信息网络技术支持、帮助的提供者应当知悉其服务的对象实施犯罪活动：（1）权利人已经告知信息网络服务提供者其服务对象侵害既有的合法权益的；（2）互联网用户已经向信息网络服务提供者、互联网金融中介服务者等举报其他用户实施欺诈行为的；（3）信息网络业务提供者为他人实施违法犯罪活动提供技术支持、帮助等已经被行政机关进行处罚或者适用其他查处措施的。

四、中性业务行为的刑事责任客观归责依据

从“明知他人利用信息网络实施犯罪”实体解释与认定规则的分析中，我们可以看到，中性业务行为承担刑事责任的主观构成要件证明压力较大。如果完全依靠主观性的单个核心构成要件支撑整个信息网络技术帮助犯罪类型定罪的主要法律基础——尤其是通过司法推定的方式以应当知道他人利用信息网络实施犯罪替代明知的直接证明——势必会引起此类案件司法实务争议较大的法律风险，而且这也不是一个健康合理的判断行为性质的规范结构。中性业务行为的客观表征在于助力于犯罪实行行为，以主观联络为核心内容的共犯结构形式上仍然是认定帮助犯的决定性因素，似乎没有必要从中性业务行为本身建构特别的刑法解释视角。但是，中性业务行为不是普通的实质共犯结构，而是属于社会经济生活中极为重要的组成部分与市场环节，执行业务行为才是刑法解释的核心内容，完全局限于传统共犯结构进行刑法分析会不正当地扩大中性业务行为的入罪范围，从而不利于社会创新与经济发展。

近年来刑法理论与实务对信息网络犯罪刑事责任问题做了诸多探索，尤其是不断发生的利用信息网络技术实施知识产权犯罪案件，促使各界对各类网站或者信息技术经营者提供技术支持与帮助的行为性质问题进行深入反思。但从中性业务客观行为实质的视角对利用信息网络实施犯罪的技术支持与帮助行为进行深度解构，仍然非常少见且理论争鸣并不充分，思辨深度相对域外刑法理论探索而言也比较有限。我国司法实务中的代表性意见是，只要行为人主观上明知正犯的犯罪意图而希望或放任正犯结果发生即具有帮助故意，客观上实施了促进正犯行为和结果的行为即具备帮助行为，行为与正犯行为和结果之间存在促进关系即具有帮助犯的因果关系，因而符合了传统帮助犯构成要件的，就应作为帮助犯进行定罪处罚。〔1〕但此类意见并没有关注到帮助行为部分属于具有反复继续性、非针对特定对象性、匿名性、业务交易性、日常生活性的中立行为，故理论上有观点提出反思，指出一概作为帮助犯处罚可能不当扩大了帮助犯的处罚范围，具有妨碍正常的业务交易和日常生活交往的风险。〔2〕刑法理论上还有观点指出，虽然网络服务商的行为似乎符合帮助犯罪的条件，但这种刑事责任的设置将迫使其日常经营活动中增加了一项检查是否存在违法犯罪信息的工作，将给企业正常经营造成难以承受的影响，也是一个不可能完成的任务，故但不应承担刑事责任。〔3〕

笔者认为，应当以提供信息网络技术支持、帮助是否制造法律禁止的风险为核心确立其信息网络犯罪的客观责任基础。中性业务行为制造不允许的风

〔1〕 2004年最高人民法院、最高人民检察院《关于办理利用互联网、移动通讯终端、声讯台制作、复制、出版、贩卖、传播淫秽电子信息刑事案件具体应用法律若干问题的解释》第7条规定："明知他人实施制作、复制、出版、贩卖、传播淫秽电子信息犯罪，为其提供互联网接入、服务器托管、网络存储空间、通讯传输通道、费用结算等帮助的，对直接负责的主管人员和其他直接责任人员，以共同犯罪论处。"2010年最高人民法院、最高人民检察院《关于办理利用互联网、移动通讯终端、声讯台制作、复制、出版、贩卖、传播淫秽电子信息刑事案件具体应用法律若干问题的解释（二）》第6条进一步规定："电信业务经营者、互联网信息服务提供者明知是淫秽网站，为其提供互联网接入、服务器托管、网络存储空间、通讯传输通道、代收费等服务，并收取服务费，具有下列情形之一的，对直接负责的主管人员和其他直接责任人员，依照刑法第三百六十三条第一款的规定，以传播淫秽物品牟利罪定罪处罚：（一）为五个以上淫秽网站提供上述服务的；（二）为淫秽网站提供互联网接入、服务器托管、网络存储空间、通讯传输通道等服务，收取服务费数额在二万元以上的；（三）为淫秽网站提供代收费服务，收取服务费数额在五万元以上的；（四）造成严重后果的。"

〔2〕 参见陈洪兵：《质疑经济犯罪司法解释之共犯规定——以中立行为的帮助理论为视角》，载《北京交通大学学报》（社会科学版）2010年第7期。

〔3〕 皮勇：《网络服务提供者的刑事责任问题》，载《光明日报》2005年6月28日，第3版。

险，应当认定信息网络服务是基于技术滥用而帮助犯罪；中性业务行为风险是法律所许可的，应当认为是实行犯罪的主体滥用社会经济生活中的技术与机制创新。在这一客观归责体系下，因果关系是信息网络技术支持、帮助行为承担刑事责任的客观基础，而正当业务抗辩是排除信息网络犯罪刑事责任的出罪机制。

（一）因果关系的判断

经营者的信息网络技术支持、帮助行为与其他行为人的犯罪实行行为之间的因果关系，在部分实践情形中是相对明确的。例如，信息分享网站利用分散式点对点数据传输技术交互文件，尽管数据信息是在用户之间直接进行传送从而不需要网站对数据进行交换中介，但互联网用户需要注册、登录网站并使用网站提供的软件服务等才能进行上传与下载行为，一旦网络传输的数据属于侵犯他人知识产权的信息与内容，信息分享网站经营者提供的网络服务与知识产权侵害结果之间便具有因果关系，具备构成独立犯罪类型或者相应利用信息网络犯罪帮助犯的客观基础。

然而在特定情形下，经营者的信息网络技术支持、帮助行为与其他行为人的犯罪实行行为之间的因果关系却不甚明确。以深度链接为例，境外服务器上传未经著作权人授权的影视作品，境内网站经营者（没有证据显示与境外服务器提供者具有关联关系与意思联络）通过租用服务器、安装相关软件等完成境内网站和服务器之间的连接，并在网站上以设置目录、索引、内容简介、排行榜等方式向用户推荐影视作品，通过捆绑提供播放软件等方法为用户浏览、下载上述影视作品提供互联网服务并从网站广告投放中获取经济收益。[1]深度链接与点对点数据交互都是侵犯知识产权犯罪行为的信息网络技术支持、帮助，但深度链接在因果关系的机制上有比较明显的差异。深度链接介入之前，境外服务器上传侵权作品的行为实际上已经构成知识产权犯罪，而点对点文件传输技术介入之前，用户持有相关侵权作品的行为在刑法判断上具有何种责任属性并不具有确定性。可见，深度链接在因果联系上主要是助力犯罪社会危害性的扩大，而非促使犯罪行为的直接实施与社会危害性的发生。深度链接行为抽离之后，境外服务器上传送侵权作品数据资源的行为仍然独立构

---

〔1〕 胡蝶飞、孙超：《全国首例“深度链接”侵犯影视著作权案判决生效》，载《上海法治报》2014年6月9日，第A5版。

成犯罪并制造严重知识产权的侵害风险，知识产权犯罪行为与损害结果之间的因果联系并不会由于深度链接行为的存在与否而受到改变。因此，深度链接较难通过刑法上的条件因果关系的判断。

笔者认为，应当以行为与结果之间是否具有客观归责性判断中性业务行为与损害结果是否具有刑法上的因果关系。客观归责性是指行为制造了法律所不允许的风险，并且这种风险使得法律所保护的社会利益造成现实危险或者出现实际损害。[1]如果信息网络服务行为在犯罪实行行为与损害结果的推进过程中属于可以被替代的条件，或者其他市场参与者提供的相同类型的信息网络服务能够作为实现犯罪的有效条件，这就说明利用信息网络实施犯罪活动者可以从外部第三人处获得相同的标准化技术与服务，特定类型的信息网络技术被犯罪活动利用是社会的固有风险，信息网络服务者的帮助行为与犯罪实行行为所造成的损害不具有刑法上的因果关系。社会经济关系与人际交往最为高效的方式应当是个体行为的独立与互不干扰。社会个体与市场主体基于独立目的实施个体行为，才能最大限度地满足个体偏好并发挥个体创造性，从而以最低的交易成本进行商贸活动与信息交互。信息网络服务为他人实施犯罪行为创制了客观条件，但此类技术支持、帮助通常具有典型的社会意义与经济价值，市场经营主体实施信息网络技术支持、帮助行为并不取决于他人是否实施犯罪，也不追求从帮助犯罪行为的商业模式中获得直接的经济利益，隔绝了中性业务行为与犯罪行为的因果关系，不应当对客观上促进犯罪承担刑事责任。

（二）正当业务的抗辩

信息网络服务者对社会与经济生活的方方面面提供技术支持，是日常行为与市场交易的重要业务活动。现行的信息网络法律法规尚未（并且实际上也无法）实现对林林总总的互联网技术行为做出相对具体的监管（例如，许可或者禁止向互联网用户提供特定信息网络技术支持、帮助行为）。客户支付费用或者点击（浏览）相关互联网平台的目的就是要使用相关信息网络技术；信息网络服务提供者的软件产品、搜索分类、数据分享、互联网金融中介等服务内容既是合同关系中的义务履行，也是其获取经济收益的基础。然而，由于目

[1] Gunther Jakbos, Strafrecht, *DeGruyter*, 1993, S.15.

前信息网络业务规则建设并不完善，造成互联网技术创新与技术滥用之间的界限并不明晰、信息网络制造风险的允许性与非法性的边界模糊，最终导致难以确立正当业务与违法犯罪的司法甄别标准。

那么，究竟是否有必要在司法适用层面以正当业务作为抗辩事由为信息网络服务提供者建构一定的刑事违法性阻却机制？当信息网络服务者的业务行为被他人用以实施犯罪时，能否以实施正当业务抗辩行为的刑事违法性？笔者认为，正当业务行为抗辩在我国刑法理论与实务中不能构成阻却违法性事由，但在解释客观构成要件时，正当业务可以作为限制犯罪认定的法律根据。信息网络技术支持、帮助的行为内容本身是中性的，并不影响行为责任的判断，信息网络服务者的实际操作方式，以及技术支持、帮助行为与犯罪实行行为之间的具体关系，是分析其能否适用正当业务抗辩的关键。根据行为性质、目的及其执行方法、社会常识、专业技术与经验、相关法律法规等综合判断具有正当性的业务行为不应当作为犯罪予以刑事处罚。〔1〕成立正当业务的实质基础是行为制造的风险是法律所允许或者容忍的。〔2〕

前置性法律规范是判断业务行为正当性的规范基础，刑法解释是对业务规则的具体补充与细化界定，确保作为抗辩事由的正当业务与刑法规范的基本原则相吻合。信息网络本身的日新月异及其与其他社会经济行为的结合（互联网金融是典型代表）不仅创造了全新的科学技术，而且创新了市场与经济机制。信息网络监管层面的法律法规应当及时地针对信息网络技术与制度创新建立健全业务规则和信息网络服务的合法性与正当性边界。法律规范对最新技术与制度创新的反应固然具有一定的滞后性，但当社会、市场、专业领域等明确意识到特定的信息网络技术与业务具有被犯罪活动滥用的重大风险时，作为刑法前置性规范的行政法律法规就应当在相关刑事犯罪类案全面爆发之前，建构并完善信息网络服务的业务规范或者经营规则，确保经营机构及其从业人员在提供信息网络服务活动时具有遵从规范的依据，履行保证行为合法性的义务，明确法律允许的风险与不正当的业务行为之间的边界。

此外，社会相当性是解释互联网时代客观上促进犯罪活动的信息网络技术支持、帮助行为刑事责任边界的重要概念。威尔泽尔首创的社会相当性理

〔1〕 参见王洪龙、罗开卷：《正当业务行为概念辨析》，载《湖北警官学院学报》2009年第2期。
〔2〕 黄荣坚：《基础刑法学》（上），元照出版公司2003年版，第168页。

论的核心观点在于，具有社会价值的行为如果没有明显超越社会秩序的限制范围，那么这种行为在社会生活中的运作及其附带性结果都应当是正常的，行为介入社会之后所形成的状态也是可以被接受的。[1]尽管社会相当性、行为价值、社会秩序范围等概念都具有明显的模糊性，因而很难作为规范的刑法解释依据或者抗辩事由在实践中予以直接适用，但社会相当性理论从社会危害性的对立面出发，探索市场经济中的典型业务行为在涉及促进违法犯罪风险时，刑法制度如何平衡与协调好发展创新中的社会潜在利益与既有权利的合理保护，其原则与导向是十分准确的，也是刑法解释与司法适用所必要的理论支撑。正当业务抗辩或者职业相当性抗辩是社会相当性理论在市场环境下具体发展的内涵，强调从业务行为的客观事实情况或者职业行为的类型化特征出发判断社会经济生活中的典型中性业务行为是否具有职业上的正当性。实施业务行为是违反职业规则的，不属于正当业务行为，应当被认定为具有犯罪属性。因此，在业务正当性这一客观层面判断信息网络技术支持、帮助行为是否应当承担刑事责任，职业正当性是非常重要的参考标准。以网站经营者传播侵犯知识产权信息或者淫秽信息为例，司法机关有必要审查网站经营者是向网民传递相关违法信息并获取广告等收益，还是利用信息网络技术手段引导网民使用该网站浏览或者下载相关违法信息并进一步拓展违法信息传播范围与本网站的影响力。网站经营者单纯的信息收集与传递行为并借此谋取利益，在客观上仍然属于职业正当性的范畴。但是，通过信息网络技术手段鼓励并进一步放大网民浏览、下载非法信息的行为，超越了信息网络经营职业上的正当性及其容许界限，应当承担为信息网络犯罪提供技术支持、帮助的刑事责任。

五、小结

互联网接入、服务器托管、网络存储、通讯传输、网络广告推广、互联网支付与结算等信息网络技术支持、帮助行为，除了专门为犯罪活动实施帮助且当然应当按照刑法规定进行刑事评价的情形之外，绝大多数都是无差别地针对所有的互联网用户而并非特定化的犯罪实行者，属于典型的中性业务行为。

---

〔1〕 Hans Welzel, Das Deutsche Strafrecht, Walter de Gruyter & Co., 1969, S.55-56.

《刑修九》新增的帮助信息网络犯罪活动罪等相关条款，对这种中性业务行为帮助恐怖组织活动、诈骗、销售违禁品、侵权品、管制物品、淫秽物品、诽谤等各种犯罪实施的刑事责任问题，设计了全新的法律条文。在具体的司法适用中，既要有效规制信息网络犯罪行为，又要公正地为确实不构成犯罪的被告人提供合法且合理的出罪机制。应当以犯罪风险控制与互联网创新保障的价值平衡为导向，保护好市场中的各种权益免受信息网络技术滥用的犯罪侵害，同时也要把握好刑法介入适当性的司法操作与业务行为正当性的规范界限，在犯罪构成解释的框架下实现刑法制度对合法权益与信息网络业务创新的均衡保护。

《刑修九》帮助信息网络犯罪活动罪从主客观相一致的角度有效且全面地建构了信息网络技术支持、帮助这一中性业务行为的刑事责任体系。其一，在主观方面，信息网络服务者对于技术支持、帮助的对象是否具有利用信息网络实施犯罪属性的主观认知是建构刑事责任的重要前提。“明知他人利用信息网络实施犯罪”这一主观认知对象的内容必须进行严格解释，应当限定为符合我国刑法相应规定犯罪构成的、应当被认定为相应罪名的犯罪行为。明知的认定在实践中可以具体区分为确知和应知。除了信息网络技术帮助者合法供述自己明确知悉他人实施犯罪的主观证据之外，确知的核心司法判断规则应当侧重于客观化的证明，其核心标准在于被帮助者的明显犯罪性与帮助行为的相当关联性。通过网络信息等电子证据判断行为人是否应知他人利用信息网络实施犯罪是有效的方法，而“大于半数规则”应当是推定应知最为合理的量化尺度。电子证据表明中性业务行为所帮助的对象系利用信息网络实施犯罪活动的比例超过半数以上的，应当据此推定信息网络服务者应当知道或者应当有充分的理由怀疑其业务行为所支持的对象利用信息网络实施犯罪，但仍然决意提供技术支持、帮助。其二，在客观方面，提供信息网络技术支持、帮助的中性业务行为的归责基础主要在于客观上是否制造了法律所不允许的风险。中性业务行为制造不允许的风险，应当认定信息网络服务是基于技术滥用而帮助他人利用信息网络实施犯罪；中性业务行为风险是法律所许可的，应当认为是实行犯罪的主体滥用社会经济生活中的技术与机制创新。在这一客观归责体系下，因果关系是信息网络技术帮助者承担刑事责任的客观基础，而正当业务抗辩是排除其信息网络犯罪刑事责任的出罪机制。应以行为与结果之间是否具有客观归责性判断中性业务行为与损害结果是否具有刑法上的因果关系。制造法律禁止的风险是否定业务行为正当性的实质依据，同时还应当根据行为风险及其执行方法、社会常识、专业技术与经验、相关法律法规、职业相当性等综合指标判断信息网络技术支持、帮助等业务行为是否具有正当性基础。

第四编　自贸区相关刑法问题研究

第一章　自贸区建设中刑法适用不可回避的“四大关系”〔1〕

习近平总书记在视察上海自贸区时明确指出，建立上海自贸区是在新形势下推进改革开放的重大举措，并指示自贸区要努力创造更加国际化、市场化、法治化的公平、统一、高效的营商环境。可见，法治建设既是自贸区建设的重要内容，也是自贸区建设得以顺利开展的重要保障。上海自贸区的建设在对我国经济的发展产生巨大推动作用的同时，也势必会对我国法治建设产生不可低估的促进作用，只不过这种促进作用是在自贸区建设与现行法律适用的冲突与调和过程中逐渐实现的。应当看到，这种促进作用绝不仅仅体现在民商法与行政法等领域，在刑事法领域也同样具有鲜明、直接的体现。自贸区的建设也同样对刑法适用产生了较为深远的影响。随着上海自贸区建设的全面展开，因自贸区内相关行政法律、法规的变化以及“负面清单”等制度的创新，在自贸区内已经出现了刑法适用困难（甚至有些已经失去刑法适用的空间）等问题。因此，如何在自贸区这个全新的领域准确、合理地适用刑法，以应对和解决上海自贸区建设所带来的一系列问题，从而更好地服务于自贸区的建设，应该是我们今后工作中需要直面的问题。笔者认为，研究、理解并妥适解决自贸区建设中的刑法适用问题，主要应该处理好以下“四大关系”。

---

〔1〕　本章原发表于《政法论坛》2014年第5期。文中部分内容可能与现状有所出入，但因其讨论的内容尚属前沿，故收录于此。

第一节 “负面清单”与罪刑法定原则的关系

根据《中国（上海）自由贸易试验区总体方案》提出的要“探索建立负面清单管理模式”的要求，《中国（上海）自由贸易试验区管理办法》第11条规定，“自贸试验区实行外商投资准入前国民待遇，实施外商投资准入特别管理措施（负面清单）管理模式。”应当看到，负面清单管理模式中所体现的“法不禁止即可为”的理念，不仅是自贸区建设过程中改革创新的重大亮点，也是我国扩大投资领域开放以及简政放权的重要体现。需要指出的是，时下，学界和实务界对负面清单理念的理解过于宽泛，甚至存在无限扩大的倾向。尤其在刑法学界，许多学者普遍认为，负面清单管理模式中所体现的“法不禁止即可为”的理念与刑法中罪刑法定原则所体现的“法无明文规定不为罪，法无明文规定不处罚”的理念高度契合。对此观点，笔者不能苟同。

所谓负面清单管理模式，指的是一个国家在引进外资的过程中，对某些与国民待遇不符的管理措施，以清单形式公开列明，在一些实行对外资最惠国待遇的国家，有关这方面的要求也以清单形式公开列明。换言之，负面清单管理模式实际上相当于投资领域的“黑名单”，其中列明了外商不能投资的领域和产业。从上述定义中我们不难看出，负面清单管理模式体现了“法无禁止即可为”的法律理念。然而，刑法中的罪刑法定原则是指认定行为人的行为是否构成犯罪以及承担什么刑事责任并给予何种刑罚处罚，必须以刑法的明文规定为前提，如果刑法没有明文规定，即使行为的社会危害性很大，也不能对行为人定罪量刑，也即法无明文规定不为罪、法无明文规定不处罚。笔者认为，从负面清单管理模式与罪刑法定原则的概念以及其所体现的理念来看，两者之间虽有一定程度的契合却实际存在很大的差异，而并非所谓的“高度契合”的关系。这种差异主要体现在以下三个方面。

其一，两者在适用领域上存在差异。负面清单管理模式为外商投资的市场准入提供法律依据，是针对外商投资的一项管理模式。故而负面清单管理模式在适用领域上并不是无限延伸的，而是仅仅适用于外商投资的市场准入领域，对于外商投资市场准入之外的领域，诸如社会工作、生活、风俗、习惯等，负面清单管理模式并非均能加以适用。事实上，在我们社会工作、生活中（即使在自贸区法律框架下），也并非所有的内容是负面清单管理模式所能包含的。我们显然不能认为，这些未列入负面清单且不属于外商投资市场准入领域的内容都是合法可为的。例如，在经济领域中，内幕交易，操纵证券、期货市场等违法犯罪行为并没有被列入负面清单之中，但是我们绝对不可能认为这些违法犯罪行为在自贸区内就是可以实施的。罪刑法定原则是近代启蒙时期的法学家为了防止教会专权和罪刑擅断而提出的刑法基本原则。这一原则的宗旨在于通过在刑法适用环节限制司法人员的权力扩张，以切实有效地保障刑事司法程序中被告人的合法权利。可见，罪刑法定原则主要是针对刑事司法活动中的刑法适用所提出的一项刑法基本原则，在适用领域上迥异于负面清单管理模式。同时，由于作为其他法律保障法的刑法所调整的社会关系具有广泛性，因而从某种程度上说，罪刑法定原则在适用过程中也会涉及社会生活的方方面面，而这也与负面清单管理模式在适用过程中仅仅涉及外商投资的市场准入领域截然不同。

其二，两者的理论层面分布存在差异。负面清单管理模式体现了“法无禁止即可为”的理念，而刑法中的罪刑法定原则体现的却是“法无明文规定不为罪，法无明文规定不处罚”的理念。就此而言，负面清单管理模式是从“可为”的角度提出来的制度理念，而刑法中的罪刑法定原则是从“不定罪”“不处罚”的角度提出来的法律理念。“法无禁止即可为”是西方法学中的一条经典法谚，蕴藏着私权自治的法律原则。故而负面清单管理模式中的“可为”更多地体现了私权自治的思想和理念。事实上，负面清单管理模式设立的初衷也是为了扩大外商投资领域的自由。而罪刑法定原则的确立则主要是为了防止司法上的罪刑擅断。故而罪刑法定原则中的“不定罪”“不处罚”更多地体现了限制公权力恣意使用的思想和理念。笔者认为，赋予私权利更多的自由与限制公权力的扩张显然不是一个层面的问题，是不可同日而语的。据此，我们绝不能将负面清单管理模式的“可为”与罪刑法定原则的“不定罪”“不处罚”等同视之。笔者认为，罪刑法定原则中的“不定罪”“不处罚”的行为并不意味着均“可为”。根据罪刑法定原则的内容，如果行为人的相关行为没有被刑法明文规定为犯罪，那么司法机关就不能擅自将行为人的相关行为认定为犯罪，并对其处以刑罚。然而，这并不表明行为人的相关行为就一定是合法且“可为”

的。例如，虽然单纯的卖淫嫖娼行为并没有被刑法明文规定为犯罪，但这并不说明卖淫嫖娼行为就是合法可为的。这种行为实际上是被《治安管理处罚法》等相关行政法规所禁止的行为，行为人一旦实施了卖淫嫖娼行为，相关部门则可依据相关行政法规追究行为人的法律责任，即使在自贸区内也不能例外。由此可见，负面清单管理模式的“可为”与罪刑法定原则的“不定罪”“不处罚”完全属于两个不同层面且角度差异很大的问题，我们绝不能简单将其相提并论。

其三，两者在适用程度上也存在差异。在负面清单管理模式下，“可为”是存在例外情况的，而在罪刑法定原则贯彻过程中，“不定罪”“不处罚”则绝对不存在例外情况。在自贸区的负面清单管理模式下，外商除了必须遵守列明的《中国（上海）自由贸易试验区外商投资准入特别管理措施》的规定之外，相关管理部门还禁止（限制）外商投资国家以及中国缔结或者参加的国际条约规定禁止（限制）的产业，禁止外商投资危害国家安全和社会安全的项目，禁止从事损害社会公共利益的经营活动。而在刑法适用过程中，只要行为人所实施的相关行为没有被刑法明文规定为犯罪，无论该行为侵害到何种社会关系，也无论该行为所产生的社会危害性有多大，司法机关绝不能逾越刑法的规定，追究行为人的刑事责任。据此，我们不难看出，负面清单管理模式下的“可为”是有限的，是存在一些例外情况的，即外商投资除了不能涉足负面清单所列明的领域和行业外，某些特殊领域和行业虽没有在负面清单中列明，但也仍是外商投资禁止或限制涉入的，而罪刑法定原则在刑法适用过程中则不存在任何例外情况。就此而言，我们可以认为，负面清单管理模式的适用是相对的，而罪刑法定原则的贯彻则是绝对的。

需要指出的是，尽管负面清单管理模式与刑法中的罪刑法定原则之间存在不少差异，但两者之间确实存在一定程度的契合。

第一，从某种程度上说，两者所体现的精神存在一些重合之处。负面清单管理模式体现了“法无禁止即可为”的法律思想，在负面清单管理模式下，外商投资被赋予了更多的投资自由。罪刑法定原则体现了“法无明文规定不为罪，法无明文规定不处罚”的法律思想，在罪刑法定原则贯彻过程中，不仅公民的行为自由得到了保护，被告人的合法权利也得到了保障。申言之，负面清单管理模式的确立是为了有效减少相关行政部门的无端干预，为自贸区创造自由开放的投资环境。而罪刑法定原则的设立则是为了限制公权力的肆意扩张，尤其是为了防止司法权的恣意扩大而过度侵害公民的合法权益。就此而言，无论是负面清单管理模式，还是罪刑法定原则，两者均在一定程度上体现了“限制权力，保障自由”的精神。

第二，在刑法中“法定犯”的认定过程中，负面清单管理模式与罪刑法定原则也存在一定程度的契合之处。刑法中所谓的法定犯，是指违反行政法规中的禁止性规范，并由行政法规中的刑事法规所规定的犯罪。法定犯具有“二次违法”的特征，即行为人所实施的相关行为如果要构成法定犯领域中的相关罪名，那么该行为必定是违反了前置的经济、行政等法律规定。在负面清单管理模式下，只要是行政法律规范不禁止的内容，行为人都是“可为”的。由于行为人实施的是“可为”的行为，因而相关部门便不能认定其违反了相关经济、行政等法律规定，司法机关更不能以此来追究行为人的刑事责任。这毫无疑问就是罪刑法定原则“不定罪”“不处罚”理念的鲜明体现。负面清单管理模式与罪刑法定原则的这种联系在非法经营罪这一法定犯的认定过程中体现得尤为明显。负面清单管理模式是针对外商投资市场准入的一项管理模式，而非法经营罪所规制的恰好是那些违反国家法律、法规的规定，侵害市场准入制度，扰乱经济秩序的行为。在非法经营罪的认定过程中，只要外商投资的是“法不禁止”的领域，那么外商的投资行为就不可能违反国家法律、法规的规定，司法机关也就必须遵循罪刑法定原则“不定罪”“不处罚”的要求，不能以非法经营罪来追究相关责任人员的刑事责任。

综上所述，无论是适用领域、理论层面分布，抑或是适用程度，负面清单管理模式与罪刑法定原则均存在诸多差异，故而我们不能认为负面清单管理模式中所体现的“法不禁止即可为”的理念与刑法中罪刑法定原则“法无明文规定不为罪，法无明文规定不处罚”的理念高度契合。然而，负面清单管理模式与罪刑法定原则在所体现的精神以及在法定犯的认定方面又确实存在些许契合之处。因此，笔者认为，两者之间只能说是存在一定程度的契合，但并非高度契合，我们绝不能将负面清单管理模式的理念无限扩大适用。值得一提的是，自贸区负面清单管理模式的确立对罪刑法定原则的贯彻也会产生一定的影响。对此，我们在认定法定犯的思维和理念要做出适当的调整，即我们应当从原来违反经济、行政等法律规定就可能对行为人以法定犯领域中的相关罪名定罪处罚，转变为只要相关经济、行政等法律规定没有禁止的，就不能对行为人以法定犯领域中的相关罪名定罪处罚。

第二节 自贸区内刑法适用特殊性与刑法适用普遍性的关系

自贸区的成立既顺应了全球经济贸易发展的新趋势，也契合了我国在经济领域深化改革、扩大开放的要求。随着自贸区的建立与发展，大量的法律法规也进行了相应的调整和修改。这些法律规范的变更固然为自贸区建设中的改革与创新提供了法律依据，但相关行政法律规范的变动也不可避免地会对刑法适用产生一定的影响。正如前述，刑法中的法定犯具有“二次违法”的特征，故而相关经济、行政法律规范的变动势必会影响到自贸区内的刑法适用，从而使得自贸区内的刑法适用体现出一定的特殊性。这种刑法适用方面的特殊性势必会与刑法的普遍适用性之间产生一定的冲突。

时下，在一些研讨会上，有许多学者认为，自贸区内刑法适用的特殊性与刑法的普遍适用性之间并不存在冲突。其主要理由是，同一行为在区内外的不同刑法评价，是由这些行为的法定犯特征及相应刑法条文的空白罪状所决定的。法定犯具有“二次违法”的特征，如果第一层次的行政违法性不满足，就不能进入第二层次的刑事违法性判断。在区外构成犯罪的行为之所以在区内不构成犯罪，并非因为相关刑法条文不适用于自贸区，而是因为这些行为因符合自贸区的特殊行政法律规范而欠缺行政违法性要件。这种因不符合刑法规定而不构成犯罪的情况，不应被视为刑法适用普遍性原则的例外。笔者认为，这种观点值得商榷。事实上，行政法规和刑法的相关罪名是紧密相连的。正如有学者所指出的，在法定犯领域，我们仅凭刑法条文无法完成对行为是否构成相关罪名作出的评价，其空白部分须由行政法律规范进行补充，而作为补充规范的前置法规虽非刑法规定本身，但却是构建违法性和可罚性评价的一部分，应视其为刑法规范的实质内容。可见，相应的经济、行政法律规范的具体内容完全影响到了刑法相关罪名的构成要件。在很大程度上，经济、行政法律规范的内容直接决定了相关犯罪的构成要件。从法定犯的刑法适用角度来分析，所谓的因符合自贸区的特殊行政法律规范而欠缺行政违法性要件，实际上就是因行为不符合相关法定犯的构成要件而导致刑法相关罪名在自贸区内难以适用。由此可见，自贸区在刑法适用上的特殊性是客观存在的，自贸区在刑法适用上的特殊性与刑法的普遍适用性之间的冲突是不可避免的。认为自贸区的建设不会影响刑法普遍适用性的学者，可能是过多地关注了经济、行政法律规范与刑法中相应的法定犯罪名构成要件之间的独立性，而忽略了两者之间所存在的高度联系性。

笔者认为，归纳自贸区建设对刑法适用的各种影响，并探索出一条合适的路径来调和自贸区内刑法适用特殊性与刑法普遍适用性之间的冲突，无疑是自贸区法治建设过程中必须直面并解决的重要问题。

（一）自贸区的建设对相关犯罪刑法适用的影响

在自贸区“金融创新”“一线彻底放开，二线安全高效管住”“负面清单管理模式”“改善公司企业投资环境”等一系列方针政策的确立，以及暂时停止实施《外资企业法》《中外合资经营企业法》和《中外合作经营企业法》等行政法规的背景下，我国刑法中诸多法定犯在自贸区内的刑法适用上将会受到一定程度的冲击和影响。

1.对逃汇罪和骗购外汇罪刑法适用的冲击

《刑法》第190条和第190条之一分别规定了逃汇罪和骗购外汇罪。应该看到，为加速金融制度的创新，加强人民币在全球市场上的影响力，自贸区将实行外汇管理制度的创新，特别是在资本项目上实行人民币与外汇的自由兑换。同时，《中国人民银行关于金融支持中国（上海）自由贸易试验区建设的意见》第6条也规定，“条件成熟时，账户内外币资金可自由兑换”。对此，我们完全有理由相信，在自贸区内实行人民币与外汇在所有项目的自由兑换并且自由进出的制度只是时间问题，果真如此，无疑将对逃汇罪与骗购外汇罪在自贸区内的刑法适用产生巨大的冲击。第一，逃汇罪在自贸区内将失去存在意义。在自贸区内，如果人民币和外汇在资本项目上实行自由可兑换的制度，那么公司、企业或者其他单位完全可以借资本项目或以资本项目为名，携带外汇自由进出国境。如此一来，在很大程度上，原先的逃汇行为在自贸区内也就不再构成犯罪。第二，在自贸区内难以发生骗购外汇的行为。骗购外汇罪是在外汇高度管制下才会出现的犯罪。由于在自贸区内人民币与外汇将会实行自由兑换的制度，行为人完全可以通过合法手段获取外汇。由此，骗购外汇的行为在自贸区内也就难以发生。

2.对虚报注册资本罪和虚假出资、抽逃出资罪入罪的影响

自贸区内实施的“认缴登记制”“先照后证登记制”“年度报告公示制”等有关公司工商登记注册方面的政策规定，既对中国现有的公司登记制度产生了巨大的冲击，也对相关罪名在自贸区内的适用产生了一定的影响。从某种角度上讲，《刑法》第158条和第159条规定的“虚报注册资本罪”“虚假出资、抽逃出资罪”在自贸区内可能不再适用。因为，犯罪行为人之所以实施虚报注册资本和虚假出资、抽逃出资的行为，要么是由于无法实缴法律要求的最低注册资本，要么是虽然能够缴纳相应的注册资本但不想缴纳。然而，依据上述政策的要求，在自贸区内设立公司改实缴制为认缴制，并且取消了最低注册资本的限制。那么，在此情况下，通过虚报注册资本或是虚假出资设立公司以及公司设立后抽逃出资的行为就不会发生，而刑法中将相关的行为规定为犯罪，最起码在自贸区内会变得毫无价值。就此而言，笔者认为，除特定行业外，虚报注册资本罪和虚假出资、抽逃出资罪在自贸区内将失去适用的空间和存在的意义。

3.对非法经营罪刑法适用的限缩

根据《中国（上海）自由贸易试验区总体方案》的通知，扩大投资领域开放的重要举措之一便是建立负面清单管理模式。负面清单包括国民经济所有18个经济行业门类，涉及89个大类、419个中类和1069个小类，编制特别管理措施共190项。而非法经营罪属于刑法中较为典型的法定犯，其犯罪构成要件中包含有多项“未经许可”“未经国家有关主管部门批准”等内容。由此，在自贸区内负面清单管理模式的建立将会直接影响到非法经营罪的构成要件，进而影响该罪的入罪标准。因为，有许多行业的进入原先是需要经过批准的，行为人未经批准从事相关业务，可能构成非法经营罪，而按自贸区负面清单管理模式的要求，现在许多外商投资行业的市场准入只要不是负面清单所禁止的，行为人无须经过批准即可从事相关业务。那么，这就可能出现不少原先在自贸区外构成非法经营罪的行为而在自贸区内则不再构成犯罪的情况。就此而言，随着负面清单管理模式的建立，非法经营罪在自贸区内的刑法适用率势必会大大降低，从而导致非法经营罪在自贸区内的适用范围和空间受到较大程度的限缩性影响。

4.对逃避商检罪刑法适用的限缩

根据《刑法》第230条的规定，违反国家进出口商品检验法的规定，逃避国家对进出口商品的检验，情节严重的行为，将构成逃避商检罪。依据先前的规定，我国所有入境产品均需经过质检总局的审批，而在对自贸区内产品的审批实行负面清单管理模式之后，对于负面清单之外的产品的检验和检疫，国家质检总局将放权给上海出入境检验检疫局直接对这些产品完成终审。随着上海检验检疫局的18项创新办法正式实施，对于自贸区进出口商品的管理也将逐步由"检验为主、监管为辅"转变为"监管为主、检验为辅"，尤其是对于那些反复进出自贸区的保税展示商品将实行免检制度。而在检验程序被弱化甚至实行免检的情况下，逃避国家对进出口商品的检验的行为也将大大减少，逃避商检罪的刑法适用也将大为限缩。

5.对涉互联网金融犯罪的影响

互联网金融的飞速发展已经引起了社会各界的广泛关注，而随着自贸区建设的不断深入，互联网金融对自贸区的介入和渗透必然成为不可避免的常态。互联网金融因具有投资门槛较低、投资程序简便、投资回报较高、变现方式灵活等优势而深受社会公众的青睐。然而，依笔者之见，如果严格依据现行刑法的规定，不少互联网金融活动均可能涉嫌刑事犯罪。例如，很多P2P网络集资活动都是在未经批准的情况下，公开宣传，擅自向社会不特定公众吸收资金，并向投资者承诺返本付息。这完全符合非法吸收公众存款罪的构成要件。又如，股权类众筹活动也时常面临着构成刑事犯罪的法律风险，一旦这类众筹活动的发起人向社会不特定对象发行股票达30人以上或是向特定对象发行股票累计超过200人，那么行为人就极有可能构成擅自发行股票、公司、企业债券罪。随着自贸区建设的不断推进和深化，我们完全可以预计到，利率市场化会在自贸区内逐步实现，上述互联网金融业务也将会成为自贸区内的一项重要业务，到时吸收公众存款以及发行股票、公司、企业债券等行为在自贸区内将不会受到过多限制，也就不会存在"非法"或"擅自"之说。而这势必也会在一定程度上造成刑法非法集资类犯罪的相关规定在自贸区内难以适用的状况。

（二）调和自贸区内刑法适用特殊性与刑法之普遍适用性冲突的应然路径

随着我国经济改革的不断推进和深入，在作为改革前沿阵地的自贸区内势必会有越来越多的经济、行政法律规范将发生改变，由此，也会影响到更多法定犯的适用，自贸区内刑法适用特殊性与刑法之普遍适用性的冲突也势必反映更为明显。这就要求我们必须探索出一条切实可行的路径来调和这些冲突。如上所述，在自贸区改革与创新的驱动下，自贸区在刑法适用方面的特殊性将是客观存在且难以避免的现象。而在自贸区内的刑法适用上，理应遵循刑法之普遍适用性的要求。笔者认为，过度强调刑法的普遍适用性而一味地否认自贸区在刑法适用方面的特殊性，无助于解决当下自贸区在刑法适用方面所存在的问题。我们完全可以通过探索一些适应自贸区发展需要但又不影响刑法普遍适用性的路径，来化解与调和自贸区内刑法适用的特殊性与刑法普遍适用性之间的冲突。具体而言，我们可以选择以下路径。

1.颁布刑法修正案

对《刑法》内容的修改是刑法修正案的一项主要功能，即对《刑法》中过时的或者不适合现实需要的刑法规范予以改正。事实上，自1999年12月25日全国人大常委会颁布第一个刑法修正案以来，我国的九个刑法修正案均是直接而明确地对刑法条文进行修改和补充，从而使刑法相关条文的内容发生变化，顺应了经济和社会发展的需要。那么，根据刑法修正案的这一性质和功能，我们完全可以通过颁布刑法修正案的形式来化解与调和自贸区内刑法适用的特殊性与刑法普遍适用性之间的部分冲突。因为，随着经济领域改革的深入以及社会环境的变化，刑法中的某些罪名可能已经在某种程度上失去了当时的立法必要性，某些罪名尽管仍有存在的必要，但如果不对其构成要件作出适当修改，这些罪名将难以适应时下社会发展的需要。对于上述这两类罪名，如果不对其作出相应的调整与修改，而是一味地沿用传统的思维和理念来分析当下存在的问题，那不仅会对自贸区内的刑法适用造成不利影响，而且也完全有可能会反制当下经济的发展和改革的推进。因此，通过颁布修正案的形式来废除相关罪名或是对相应罪名的构成要件进行适当调整无疑是一条可行的路径。

笔者认为，刑法中的非法吸收公众存款罪理应当通过颁布修正案的形式予以废除，同时非法经营罪的构成要件也可以通过修正案的形式作出适当地调整。应当看到，非法吸收公众存款罪是一个带有一定计划经济色彩的罪名，在市场经济愈加发达的今天，其与经济的发展要求显得格格不入。近年来，该罪就因严重遏制民间融资的发展而广受诟病，自互联网金融活动进入社会大众视野以来，该罪又因涉嫌阻滞互联网金融的发展而重新被推上了风口浪尖，并处于一个颇为尴尬的境地：一方面，互联网金融活动通过互联网平台向不特定的社会公众吸收资金的行为没有受到应有的刑法规制；另一方面，不少集资人采用传统的线下模式向不特定社会公众吸收资金的行为却频频受到刑事处罚。我们完全可以预见到，当利率市场化在自贸区内逐步实现，互联网金融业务成为自贸区内的一项重要业务后，应然层面上互联网金融活动理应受到刑法规制与实然层面上互联网金融活动不可能被追究刑事责任的矛盾将会日渐凸显。因此，采用刑法修正案的形式废除非法吸收公众存款罪理应是一条妥适之路径。此外，随着自贸区负面清单管理模式的确立，任何人或企业可以自由进入和退出负面清单以外的所有行业，而非法经营罪的构成要件似乎难以适应这种新型的管理模式。对此，我们可以通过颁布刑法修正案的形式修改非法经营罪的构成要件，即对“违反国家规定、未经批准或是未经许可”的规定作新的阐释，或增加“违反禁止进入的法律规定”的内容，从而使非法经营罪的规定能够适应自贸区内的负面清单管理模式。

2.出台相关立法解释

随着社会的变迁，原先刑法中某些罪名的内涵可能已经难以适应时代发展的需要。在这种情况下，我们就需要通过出台立法解释的形式，赋予这些罪名新的内涵，以明确新形势下这部分罪名的刑法适用依据。笔者认为，自贸区内刑法适用的特殊性与刑法普遍适用性之间的部分冲突，也可以尝试通过立法解释的形式予以调和。事实上，针对《刑法》第158条、第159条规定的立法解释的出台已经为我们调和自贸区内刑法适用的特殊性与刑法普遍适用性之间的冲突提供了典范。2014年4月24日全国人大常委会《关于〈中华人民共和国刑法〉第一百五十八条、第一百五十九条的解释》对实行注册资本实缴登记制、认缴登记制的公司的适用范围问题进行了解释：“刑法第一百五十八条、第一百五十九条的规定，只适用于依法实行注册资本实缴登记制的公司。”该立法解释对虚报注册资本罪和虚假出资、抽逃出资罪适用范围的限缩，完全契合了因自贸区“改善公司投资环境”相关政策的推行而限缩了区内虚报注册资本罪和虚假出资、抽逃出资罪适用的现实情状。由此可见，在今后自贸区发展与建设过程中，对于类似情况，即由于自贸区新政策的施行而使刑法中的某些罪名需要被赋予新的含义或者是需要重新明确刑法适用依据时，我们便可以“依葫芦画瓢”，通过出台立法解释的路径来调和自贸区内刑法适用的特殊性与刑法普遍适用性之间的冲突。

3.发布相关司法解释

可以预见，随着自贸区改革政策措施的不断推陈出新，会出现越来越多在自贸区外构成犯罪的危害行为在自贸区内却不应被追究刑事责任的情况，同时，也会出现相同行为在自贸区内外实施所产生的社会危害性可能存在较大差异的情况。对此，如果我们仍以刑法普遍适用性为先导，在自贸区内外坚持采用相同的入罪标准，则既与刑法罪责刑相适应之基本原则相悖，也与自贸区推动改革和创新、扩大自由和开放的制度初衷背道而驰。因此，较为稳妥的路径是，通过发布相关司法解释，对相同犯罪行为在自贸区内外设立不同的起刑点和量刑标准，即应对某些犯罪的自贸区内的实施设立更高的起刑点和更宽缓的量刑标准。以擅自发行股票、公司、企业债券罪为例。应当看到，在自贸区“改善公司投资环境”这一政策的指导下并随着股权类众筹在自贸区内成为一种颇为常规的集资途径时，如果我们仍坚持对擅自发行股票、公司、企业债券罪在自贸区内外采用相同的入罪标准，将在自贸区内实施的那些自贸区相关政策措施范围内的擅自发行股票、公司、企业债券行为认定为犯罪并适用相同的量刑标准，显然是不合适的。而如果我们能够通过发布相关司法解释的路径，提高自贸区内擅自发行股票、公司、企业债券行为的入罪标准，将《追诉标准二》第34条规定的发行数额由50万元提高为250万元，将发起人向社会不特定对象发行股票或者公司、企业债券累计超过30人的标准提高为超过150人等。在量刑上，对于在自贸区内实施的涉嫌构成擅自发行股票、公司、企业债券罪的行为，应尽量在3年以下判处刑罚且不并处罚金，并尽可能判处缓刑。如此，不仅可以在刑法普遍适用性不受影响的前提下，体现出自贸区刑法适用的特殊性，从而在一定程度上调和了其间的冲突，而且也切实贯彻了罪责刑相适应的基本原则。

4.推行司法犹豫制度

所谓司法犹豫制度，是指国家处置权的行使应充分考量其社会效果，以暂缓或节制国家刑罚权的行使为指向，裁量作出不启动或暂缓启动司法处分决定的制度。按照刑事诉讼流程的不同阶段，刑事司法中的司法犹豫制度可以分为侦查阶段移送的犹豫、审查起诉阶段起诉的犹豫以及审判阶段宣告和执行的犹豫。应当看到，司法犹豫制度与刑事政策的运用密切相关。基于某些刑事政策的考虑，法律会赋予司法机关一定的自由裁量权，在特定情况下，通过司法犹豫制度的推行来实现对犯罪嫌疑人、被告人、犯罪人的非刑事化处理，以预防和化解潜在的社会矛盾，实现良好的社会效果。笔者认为，司法犹豫制度在自贸区内的推行，不仅有助于调和自贸区内刑法适用的特殊性与刑法普遍适用性之间的冲突，也有利于自贸区的建设和发展。应当看到，自贸区改革创新政策的推行必然会促成国家对自贸区实施特殊的、宽缓的刑事政策。如果我们不考虑自贸区存在的特殊性，在自贸区内严格按照现行刑法的规定进行定罪量刑，显然极可能有悖于对自贸区推行的宽缓的刑事政策。而且，在刑法修正案、相关立法解释及司法解释暂没有明确规定，或是在刑法修正案、相关立法解释及司法解释尚未发挥作用的情况下，就武断地采取过激措施来追究相关责任人员的刑事责任，不仅无助于真正解决所存在的问题，甚至还会形成不良的标杆效应，对今后类似问题的处理起到难以估量的消极影响。就此而言，在处理那些区内外所适用的行政法规内容迥异的案件，以及刑事司法适用存在有较大争议点的案件时，我们绝不能反应过急或是反应过度，而是应根据自贸区“先行、先试”的特点，充分考虑到自贸区的特殊性，适当地推行司法犹豫制度，暂缓追究自贸区内相关责任人员的刑事责任。笔者认为，司法犹豫制度的推行不仅可以在一定程度上缓和自贸区内刑法适用的特殊性与刑法普遍适用性之间的冲突，而且这一举措所产生的积极效果也与自贸区宽缓刑事政策的要求相契合。

第三节　自贸区刑民交叉案件中的刑民关系和刑行关系

为应对自贸区的改革，适应自贸区投资便利和监管模式改变的要求，我国相继出台了很多相较于区外更为优惠、便捷、国际化的外商投资、金融、海关、财政和税务等法规政策。这些法规政策所产生的“磁吸”效应也日渐凸显。自贸区的优惠政策和宽松的市场环境同时也滋生了大量涉及非法集资、非法经营、内幕交易、走私、逃税、套汇等违法犯罪行为的刑民交叉案件。如何妥适处理这些刑民交叉案件中的刑民关系和刑行关系，对于准确适用法律，促进自贸区建设的顺利开展，无疑具有重大的价值和意义。笔者认为，妥适处理自贸区刑民交叉案件中的刑民关系和刑行关系，应把握好以下两个方面。

（一）遵循“刑事看行为，民事看关系”的基本规则

刑法判断的是一个人在主观意识支配之下的行为，刑法所调整的社会关系，或者说刑法所规范的行为，都是对社会关系侵害比较严重的行为，所以刑法必然要将其调整的“触角”前伸，即只要对刑法所保护的社会关系有可能造成侵害，就有可能将其纳入到刑法打击的范围之内。例如，刑法专门规定了犯罪预备、未遂和中止，构成这些犯罪停止形态的行为均是对刑法所保护的社会关系造成可能的侵害，但刑法仍然强调其构成犯罪。正因为如此，我们可以清楚地看到，刑法关注的是人的主观意识支配之下的行为。民法关注的则是“关系”，这是因为民法强调“实际害”而没有“可能害”的问题。例如，民事侵权行为中没有预备、未遂和中止，而只有造成实害的“既遂”，这足以证明，民事侵权行为中并不存在造成可能侵害的问题，也即所有的民事侵权行为都必须对他人的权利造成实际或现实的侵害，否则不构成侵权。据此，民法关注的是侵权行为对社会关系实际造成的损害程度，其追求的是实际受侵害关系的“恢复”和“补偿”之目标实现。也正因为如此，民法当然关注受侵害的法律关系。

综上，笔者认为，“刑事看行为，民事看关系”是刑事与民事观察行为性质和处理案件时的重要差异之处，这种差异的客观存在，当然会导致我们在处理刑民交叉案件时，总体上应当遵循这一基本规则。

虽然自贸区未来会实现利率市场化，刑法也会逐步废除一些非法集资犯罪的规定，但在此之前，对于在自贸区内实施的非法集资犯罪行为，仍然应根据刑法的相关规定予以定罪处罚。由于非法集资类案件具有涉众性的突出特点，因而司法机关往往会对这类案件的行为人“大刑伺候”，通过科以非法吸收公众存款罪和集资诈骗罪等罪名予以严惩。然而，非法集资类案件中所存在的刑民交叉现象却因对这类案件的严惩而容易遭到忽视。实际上，非法集资类案件所涉及的法律关系错综复杂，经常存在混杂的刑民交叉现象。这种现象不仅存在于对行为性质的认定上，也存在于案件审理的诉讼程序中，还存在于赃款追缴、发还等具体问题的处理上。对于非法集资案件，有时以一般的民事经济纠纷处理似乎会过于宽纵行为人，但以集资诈骗罪认定，则往往会因

涉案数额特别巨大而必须对行为人判处死刑或无期徒刑。正是因为对这种现实问题缺乏统一的认识和处理方法，有的地方为了维护所谓的社会“和谐”、平息民愤，而将一般的民间借贷行为上升为非法集资犯罪予以重判，致使罪刑法定原则遭到破坏。

综上，笔者认为，对于自贸区内发生的非法集资等刑民交叉案件的处理，尤其需要在总体上遵循“刑事看行为，民事看关系”的基本规则。对于非法集资案件中涉及的刑事犯罪的判断，不能以是否对国家的金融管理秩序或被集资者的财产权造成实际的破坏或损失为标准，只要违反了国家金融管理法律规定，实施向社会公众吸收资金的行为，无论是否实际扰乱金融秩序或侵害被集资者财产权，均可能涉嫌构成非法吸收公众存款罪。而对于非法集资案件中涉及的民事侵权行为的判断，就应当以是否对被集资者的财产权造成实际侵害为标准。虽然一些非法集资行为可能会对被集资者造成财产损失，但只要没有实际造成损失，就不能将其认定为民事侵权。

（二）正确理解两次违法犯罪中的“刑法是最后一道屏障”规则

历史的经验一再表明，在社会转型和开放过程中容易滋生各种犯罪。自贸区所推崇和施行的诸多金融创新措施，以及“一线（自贸区与境外）放开，二线（自贸区与境内关外）安全高效管住”“负面清单管理”等新型监管服务模式，在简化手续、拓展功能、促进经济迅猛发展的同时，也会在一定程度上加剧一些犯罪现象的发生，其中尤以法定犯为甚。例如，在自贸区外汇领域的开放政策下，犯罪分子完全可能会通过人民币和外汇自由兑换的方式或者以对外资本输出的手段将黑钱漂白并汇往境外。在这种情况下，犯罪分子在自贸区内实施洗钱罪将变得十分容易，犯罪成本大大降低，从而可能会致使自贸区内洗钱犯罪大量滋生。类似的情形还包括内幕交易和操纵证券、期货市场犯罪、走私犯罪、骗取出口退税犯罪，以及生产、销售类犯罪等法定犯中。对此，有学者认为，为惩治和预防自贸区建设过程中所可能加剧的法定犯，应根据《非法集资案件意见》第1条规定的精神，[1]突破“刑法是最后一道屏障”的规则，无须再以具备两次违法性特征作为认定上述法定犯的标准。

---

〔1〕《非法集资案件意见》第1条规定：“行政部门对于非法集资的性质认定，不是非法集资刑事案件进入刑事诉讼程序的必经程序。行政部门未对非法集资作出性质认定的，不影响非法集资刑事案件的侦查、起诉和审判。”

笔者认为，该司法解释的规定和这种见解实际上是两个层面的问题，上述见解实际上对《非法集资案件意见》的一种误读。《非法集资案件意见》只是从程序的角度说明认定构成非法集资犯罪并非一定要先经相关行政部门对行为进行定性，才能对该行为进行定罪处罚，而并没有否定对该行为的定罪处罚是以其违反相关行政法规为前提的两次违法性事实。此外，从刑事立法角度分析，刑法确实是最后一道屏障，刑法的介入确实需要十分谨慎，只有在其他法律调整不足的情况下，刑法才能将某种行为规定为犯罪。但是，这仅仅是从刑事立法层面分析得出的结论，这种结论不能也不应该随意适用于刑事司法层面。在刑事司法实践中，既然刑法已有规定，那么当一个人的行为既有民事侵权或行政违法性质又有刑事犯罪性质时，我们首先应当从刑法适用角度对这一行为进行评判。事实上刑法中大多数犯罪（如侵犯财产的犯罪行为）都同时具有民事侵权或行政违法的属性，如果认为在司法层面上也应强调刑法适用是最后一道屏障的话，那么，实践中就不可能有侵犯财产犯罪的存在了。就此而言，笔者认为，在刑事司法中我们仍然应该坚持和强调刑事优先的原则，即如果某种行为在刑法中已有规定，就应该对这种行为适用刑法规定定罪量刑；只有当这种行为不符合刑法中的相关规定或不符合相关犯罪的构成要件时，我们才可以考虑是否追究其民事侵权责任或行政责任的问题。总之，“刑法是最后一道屏障”是针对立法层面而非针对司法层面而言的。在立法上我们应当尽可能地限制刑法介入的范围，只要其他法律足以加以规制或调整，刑法就不应轻易将其纳入规制的范围之中。但是，这绝不意味着在司法上实际构成犯罪的行为仅仅因为其他法律也可以调整或解决，就可以随意放弃追究其刑事责任。上述见解实际上是将刑事立法层面与刑事司法层面问题相混淆，误将立法上规定的内容与司法调整的范围等同视之了。

综上，笔者认为，对于自贸区建设过程中可能会大量滋生的洗钱犯罪、内幕交易和操纵证券、期货市场犯罪、走私犯罪、骗取出口退税犯罪，以及生产、销售类犯罪等法定犯的认定，我们仍应当坚持两次违法犯罪中的“刑法是最后一道屏障”规则，以是否具备两次违法性特征作为认定上述法定犯的认定标准。只有当某个行为既违反了相关行政法律规定又违背了刑法相关规定时，才能追究其刑事责任。当然，只要某行为违反了刑法的相关规定，即便该行为属于相关行政法律规范调整的范围，也不能因此而不追究其刑事责任。

（三）跨区行为区内外刑法适用的关系

实际上，自贸区的成立对刑法适用范围的影响还体现为其可能会带来一系列的跨区行为刑法适用问题。根据适用范围的具体内容，刑法适用范围可分为空间效力和时间效力两部分。刑法的空间效力，就是指刑法对地和对人的效力。刑法的空间效力是解决一国刑法适用于什么地域和适用于哪些人的问题。正如前述，自贸区建设过程中的制度和管理模式的创新，会使得刑法规定的部分罪名在自贸区内失去适用的空间，由此，在自贸区内刑法的空间效力就会受到一定的影响。由于经济行为的流动性和连续性，行为的实施以及行为与结果的发生可能贯穿于自贸区内外。因此，如何处理好跨区行为区内外的刑法适用的关系，也是自贸区建设中刑法适用不可回避的重要问题。

由于自贸区在制度和管理模式上的创新，原先的一部分犯罪行为，在自贸区内可能不会再构成犯罪。如果行为人的行为在自贸区外构成犯罪，而在自贸区内不被认定为犯罪，是否可以因区内区外的不同，而导致刑法适用不同呢？特别是当有些行为人的行为在跨区实施的情况下，我们如何对其进行刑法适用？同时，如何处理这类跨区行为下的共犯问题可能是司法部门必须面对的另一个难题：即如果一个跨区行为由多人共同实施，并且部分共犯成员的行为在自贸区内实施，而部分共犯成员的行为在自贸区外实施，我们应当如何认定这类跨区行为下共犯的刑事责任？

正如前述，由于自贸区在制度和管理模式上的创新，必然会导致相关经济、行政等法律规定内容产生改变，并进而影响相关法定犯的构成要件发生变化。而由于相关的经济、行政等法律规定内容的改变只在自贸区内有效，与此相对应的法定犯构成要件的变化也只能适用于自贸区内，这就必然导致对发生在自贸区内外的相同行为之刑法适用存在差异或不同的情况发生。这种差异或不同完全是由法定犯的特征所决定的，因而是不可避免的，由此而可能引发的跨区行为区内外刑法适用的冲突也就当然无法回避。笔者认为，对于跨区行为区内外刑法适用的选择，我们理应自贸区内的刑法适用为基本标准。因为无论从自贸区经济、行政法律规定的特殊性角度看，还是从刑法适用的谦抑性角度分析，以自贸区内的刑法适用为基准均是完全说得通的。根据我国刑法有关空间效力适用原则的精神，我国刑法采用的是行为、结果择一原则，即犯罪的行为或者结果只要有一项发生在我国境内，就认为是在我国境内犯罪。由此精神推论,与自贸区相关的经济犯罪认定,如果在刑法适用上区内区外有所不同的话,只要行为或者结果有一项发生在自贸区内,就应以自贸区内的刑法适用标准作为认定的依据。如果多行为发生在不同的区域,则可以主行为地作为适用刑法的标准。至于对跨区行为下的共同犯罪行为的处理问题,则应根据我国刑法中共同犯罪的规定和原理并结合自贸区的特殊性加以解决。即无论共犯成员均在自贸区内还是分别在自贸区内外共同实施相关犯罪,一般情况下我们都应根据特殊法优于一般法的精神,以自贸区内的刑法适用标准作为认定的依据,除非主犯的主要犯罪行为发生在自贸区外。

第二章　上海自由贸易试验区成立对刑法适用之影响[1]

2013年7月初，国务院常务会议原则通过了《中国（上海）自由贸易试验区总体方案》。紧接着，国务院于8月22日正式批准设立中国（上海）自由贸易试验区。随着2013年9月29日自贸区揭牌仪式的落成，中国（上海）自由贸易试验区承载着重大的历史使命，登上了历史舞台。应该看到，自贸区肩负着贸易自由化、投资自由化、金融国际化和行政精简化的使命，其将创造出一个符合国际惯例、自由开放，鼓励创新的市场经济环境。对此，2013年11月12日十八届三中全会上通过的《中共中央关于全面深化改革若干重大问题的决定》就明确指出，“建立中国上海自由贸易试验区是党中央在新形势下推进改革开放的重大举措，要切实建设好、管理好，为全面深化改革和扩大开放探索新途径、积累新经验。在推进现有试点基础上，选择若干具备条件的地方发展自由贸易园（港）区”。在三中全会如此重要的决定中专门有一段对上海自贸区的强调，说明上海自贸区的建设非常重要，已经被作为服务于我国改革全局的重要举措列入了我国未来10年改革的重大日程。从该决定中我们也不难发现，未来在条件成熟时，我国还会有更多的地方将成立自贸区。事实上，在上海自贸区方案通过后，包括天津、重庆、舟山、广东前海、横琴等地区均纷纷表示要申报自贸区。（有未经证实的消息称，天津滨海新区已完成所有申报自贸区的文件，而广东

〔1〕 本章原发表于《法学》2013年第12期。文中部分内容可能与现状有所出入，但因其讨论的内容尚属前沿，故收录于此。

的粤港澳自贸区草案已上报中央。[1])

笔者认为，自贸区的成立必然会对我国经济产生巨大的推动作用，同时也势必会对我国刑事法律的适用甚至立法产生深远的影响。这是因为，在社会经济改革时，自由与秩序通常会产生剧烈的碰撞，而这种碰撞通常不是使秩序的加强就是使自由的限制会产生一定程度的妥协性变化。在自贸区“金融创新”“一线彻底放开，二线安全高效管住”“负面清单管理”“改善公司企业投资环境”等一系列方针政策的确立背景下，[2]我国一部分经济运行模式以及行政监管制度也发生了一定程度的变化，而与之相应的刑事法律在适用方面也势必会随之发生深刻的改变。部分犯罪完全可能会因自贸区内制度的创新而在区内产生刑法适用的困难甚至失去刑法适用的空间，部分犯罪也会因自贸区的便利条件而呈现出新的态势等。如何在这个全新的领域准确适用刑法及完善刑法，以应对和解决自贸区的成立所带来的一系列难题，从而更好地服务于自贸区的有效运转，促进我国经济的持续发展，无疑将是我们刑事法学科在今后研究工作中的重大课题。

第一节　成立自贸区对传统刑法理念与原则的冲击

从我国《刑法》第2条的规定我们可以清楚地看到，同一切犯罪作斗争以维护秩序的稳定显然是我国刑法的基本任务。这也就决定了严厉惩罚犯罪以维护秩序稳定的思想必然会倾注到我国刑法的理念与原则中。正是在这种思想的深刻影响下，我国刑法的重刑化趋势不可谓不剧烈，严厉惩治与打击犯罪以维护秩序的稳定已然被刑事立法与司法奉为圭臬，成为刑事立法的重要理念与原则。

自贸区的成立可谓是我国继1978年改革之后的第二次经济大变革，其意义如同或更甚于1978年改革，即是对已有经济机制与体制的全面创新与变革，如此也势必会对已有的社会经济秩序产生巨大的冲击和消解。自贸区的成立

---

〔1〕 宋薇萍、姜隅琼：《〈决定〉解读：资本开放促改革自贸区打头阵》，载《上海证券报》2013年11月13日。

〔2〕 参见《中国（上海）自由贸易实验区总体方案》（国发〔2013〕38号）。

与有效运转离不开对经济体制与机制的创新，也正是通过鼓励与倡导经济创新和变革，自贸区的经济才能得以迅速地发展，才能充满生机与活力，也才能走在我国经济发展的最前沿。然而，很多对经济体制与机制的创新恰恰是对已有经济秩序的“破坏”，也往往会因破坏秩序的稳定而被扣上“犯罪”的帽子，1979年《刑法》规定的投机倒把罪就是一适例。从市场经济的角度来看，“投机倒把”是盘活经济脉络，有效调节市场需求的重要举措，是一种能够促进经济健康和迅速发展的催化剂，但在计划经济体制下，投机倒把又确实是一种破坏经济秩序稳定之举。故而1979年《刑法》将投机倒把行为规定为犯罪，而1997年《刑法》则废止了投机倒把罪。

追求并鼓励创新、倡导自由开放的自贸区必须要求有良好的经济秩序，而维护良好的经济秩序需要有刑法的规范，但是，不能也不应该通过刑法对经济犯罪进行严厉惩治和打击的传统方式和途径，用以维护自贸区的良好经济秩序。也即在自贸区的建立建设中，特别是当自由与秩序发生冲突时，刑法不应侧重于通过严厉惩治和打击犯罪来维护经济秩序，而应侧重于服务和保护经济的顺畅自由发展。而要做到这一点，倡导刑法的轻缓化与谦抑化显然是我们树立正确刑法理念的关键所在。由此可见，我们完全有理由认为，确立符合当代社会发展需要的正确刑法理念，以契合和顺应自贸区有效运转的需要，理应是当前刑法理论和司法实践中首要考虑的问题。

笔者认为，将正确的刑法理念应用于自贸区刑法适用，首先要解决的是对罪刑法定原则的正确解读。众所周知，罪刑法定原则的基本内容是：法无明文规定不为罪，法无明文规定不处罚。就其内容分析，我们不难发现，罪刑法定原则是以保障公民自由、限制国家刑罚权的行使为最终任务的。这特别可以从这一基本原则的内容中所体现出来的“不定罪”和“不处罚”的侧重面中得到充分证明：也即罪刑法定原则从其诞生之日起，就是从“不定罪”和“不处罚”角度提出来的。正是由于受到其原本含义和基本内容的限制，因此，罪刑法定原则的机能实际上只能突出对行为人个人基本权利的保障机能。应该看到，自贸区推出的负面清单等措施，在内容上似乎与罪刑法定的基本内容是完全契合的。因为在理念上，负面清单与原先的正面清单有了很大改变，即原先是“法无明文规定不可为”，而现在应该是“法无明文禁止即可为”。就此而言，在追求并鼓励创新、倡导自由开放的自贸区内，要树立正确的刑法理念，我们应当在思想观念上实现从重视社会、国家本位且偏重刑法的惩罚和保护功能向重视保护公民个人权利和自由方向的转变。这一转变在自贸区的刑法适用中尤为重要和突出，例如，在自贸区“负面清单管理”的政策下，我们的刑法适用理念和原则就应该有一个根本的转变，即从原来适用刑法认定相关经济犯罪前提中的“违反经济、行政等法律规定”，逐步转变为“只要相关经济、行政等法律规定没有禁止的，就不能对行为人的行为定罪处罚。”当然，要实现这一转变并非十分容易，这需要在刑法理念和原则上进行一次根本性的变革，否则就无法适应自贸区发展的实际需要。其实这一转变完全符合罪刑法定原则的基本内容，与罪刑法定原则有利于被告人的基本精神也相一致，只不过是对罪刑法定原则中的“法无明文规定”进行了更确切的诠释而已。也即在自贸区中，对行为人的经济行为是否认定犯罪，在很大程度上应以相关经济、行政法律规定有无明确禁止为前提，没有明确禁止的，即使行为具有一定的传统意义上的社会危害性，也不能对行为人的行为定罪处罚。

需要注意的是，随着我们国家自贸区的建立和发展，大量的法律、法规会发生重大变化，特别是与自贸区制度和管理模式创新配套的法律、法规会层出不穷、不断翻新。由此，对自贸区刑法适用影响最大的莫过于法定犯的认定。刑法中的法定犯（又称行政犯），是指违反行政法规中的禁止性规范并由行政法规中的刑事法规所规定的犯罪。法定犯的特点在于，其原来都是没有被认为是犯罪，由于社会情况的变化，在一些经济、行政法律规定中首先作为被禁止的行为或作为犯罪加以规定，而后在修订的刑法中予以吸收而被规定为犯罪。理论上通常认为，法定犯的最大特征在于其“两次违法性”。笔者认为，对于自贸区内刑法适用中的法定犯的认定，我们应充分关注相关经济、行政法律规定的变化，并以此变化作为相关犯罪构成要件变化的基础。如果有些法定犯构成的前提之相关经济、行政法律规定在自贸区中已经产生了变化，即行为人的行为已经失去了违反经济、行政法律规定的前提，那么，我们就应以失去“两次违法”的特征为抓手，并以相关犯罪构成要件变化为依据，而对行为人的行为不以犯罪认定。这无疑是解决自贸区刑法适用困境较好的思路和途径，以此为出发点，我们可以解决很多自贸区法定犯认定中疑难问题。

第二节　自贸区中刑法适用范围的判断标准

刑法适用范围，又称刑法效力范围，是指刑法适用于什么地方、什么人和什么时间，以及是否有溯及既往的效力。根据适用范围的具体内容，刑法适用范围可分为空间效力和时间效力两部分。刑法的空间效力，就是指刑法对地和对人的效力。刑法的空间效力是解决一国刑法适用于什么地域和适用于哪些人的问题。自贸区的成立对刑法适用范围的影响主要体现为其对刑法空间效力的影响。自贸区内制度和管理模式的创新，会使刑法规定的部分罪名在自贸区内失去适用的空间，由此，在自贸区内刑法的空间效力就会受到一定的影响。刑法作为一部由全国人民代表大会通过的重要部门法，在我国境内应当具有普遍适用性，即其效力范围理当及于我国大陆地区的每个角落。自贸区无疑也是我国领土的一部分，那么我国的刑法的普遍适用性也理所当然地及于自贸区的方方面面。然而，由于在自贸区内所施行的是一些特殊的制度和独有的管理模式，这些制度和管理模式的存在使得刑法所规制的某些犯罪行为在自贸区内却可能很难成立犯罪，从而导致某些刑法条款在自贸区内可能无法适用。例如，由于自贸区在外汇管理制度的创新，因而我们难以再将自贸区内的逃汇行为认定为犯罪。又如，由于自贸区奉行的是“负面清单”的管理模式，因而相当一部分非法经营行为在自贸区内不会再构成非法经营罪。由此可见，自贸区的成立使刑法中部分罪名的规定在自贸区内无法适用，刑法在我国境内的普遍适用性也会由此而受到影响。

此外，自贸区的成立对刑法适用范围的影响还体现为其可能会带来一系列的跨区行为刑法适用问题。由于经济行为的流动性和连续性，行为的实施以及行为与结果的发生可能贯穿于自贸区内外。对这类跨区行为应当如何认定，是一个值得研究的问题。由于自贸区在制度和管理模式上的创新，原先的一部分犯罪行为，在自贸区内可能不会再构成犯罪。如果行为人的行为在自贸区外构成犯罪，而在自贸区内不被认定为犯罪，是否可以因区内区外的不同，而导致刑法适用不同呢？特别是当有些行为人的行为在跨区实施的情况下，我们如何对其进行刑法适用？同时，如何处理这类跨区行为下的共犯问题可能是司法部门必须面对的另一个难题：即如果一个跨区行为由多人共同实施，并且部分共犯成员的行为在自贸区内实施，而部分共犯成员的行为在自贸区外实施，我们应当如何认定这类跨区行为下共犯的刑事责任？

笔者认为，根据我国刑法有关空间效力适用原则精神，我国刑法采用的是行为、结果择一原则，即犯罪的行为或者结果只要有一项发生在我国境内，就认为是在我国境内犯罪。由此精神推论，与自贸区相关的经济犯罪认定，如果在刑法适用上区内区外有所不同的话，只要行为或者结果有一项发生在自贸区内，就应以自贸区内的刑法适用标准作为认定的依据。正如前述，由于自贸区在制度和管理模式上的创新，必然会导致相关经济、行政等法律规定内容产生改变，并进而影响相关法定犯的构成要件发生变化。而由于相关的经济、行政等法律规定内容的改变只在自贸区内有效，与此相对应的法定犯构成要件的变化也只能适用于自贸区内，这就必然导致对发生在自贸区内外的相同行为之刑法适用存在差异或不同的情况发生。这种差异或不同完全是由法定犯的特征所决定的，因而也是不可避免的。至于对跨区行为下的共同犯罪行为的处理问题，则应根据我国刑法中共同犯罪的规定和原理加以解决。即无论共犯成员均在自贸区内还是分别在自贸区内外共同实施相关犯罪，我们都应以共同犯罪的行为或者结果发生地作为选择适用法律的判断标准。这是因为共同犯罪是一个整体，在一个共同犯罪中，不能因为共犯成员分别所处不同的区域，而影响对他们的法律适用。

第三节　对单位犯罪起刑点和量刑标准需作必要调整

为进一步改善国内的投资环境，激发公司制企业的新活力，自贸区在公司工商登记方面推出了九条政策。其中，国家工商总局印发的《关于支持中国（上海）自由贸易试验区建设的若干意见》明确指出，除法律、行政法规、国务院决定对特定行业注册资本最低限额另有规定的外，取消有限责任公司最低注册资本3万元、一人有限责任公司最低注册资本10万元、股份有限公司最低注册资本500万元的规定；不再限制公司设立时全体股东（发起人）的首次出资额及比例；不再限制公司全体股东（发起人）的货币出资金额占注册资本的比例；不再规定公司股东（发起人）缴足出资的期限。笔者认为，这一政策的出台，势必会使得自贸区内公司林立丛生，公司主体与自然人主体的界限模糊化，从而会对我国单位犯罪的刑法适用产生一定的影响。

刑法中的单位犯罪是指公司、企业、事业单位、机关、团体以单位名义实施的按照刑法规定应当承担刑事责任的危害社会的行为。单位犯罪的特征主要包括：单位犯罪是单位本身的犯罪，而不是单位的各个成员的犯罪之集合；单位犯罪必须是以单位名义实施的犯罪；单位犯罪是为单位谋取非法利益的犯罪；单位犯罪必须由刑法分则明文规定且予以处罚的犯罪。理论上通常认为，单位只能成为法定犯的犯罪主体，而不能成为自然犯的犯罪主体，单位犯罪与自然犯罪之间始终存在着一条不可逾越的鸿沟。因此，单位犯罪的最主要特征即为法定性：刑法分则条文明确规定的，单位才能成为犯罪主体，没有规定的，即便由单位实施也不能追究单位的刑事责任或只能追究单位中主要负责的主管人员和其他直接责任人员的刑事责任。

笔者认为，随着自贸区对注册设立公司标准的降低甚至取消，必然会出现自贸区内公司主体与自然人主体界限模糊的现象，从而使单位犯罪与自然人犯罪的界限变得模糊不清，甚至会导致我国刑法区分单位犯罪与自然人犯罪的意义和价值大大降低。因为，在没有注册资本限制的情况下，公司的财产和自然人的财产很容易产生混同，尤其是自贸区可能出现大量一人公司的情况，更会加剧公司财产与自然人财产的混同。在这种状况下，行为人为单位谋取利益而实施犯罪行为，其实无异于为自然人谋取利益，也即单位意志的体现实际上也就是自然人个人意志的体现，故而无法体现出单位整体对社会的作用，如果我们仍然将此认定单位犯罪，且在定罪的起刑数额和量刑的数额上采用不同于自然人犯罪的标准，显然就缺乏了刑法评价之依据和意义。而且，在公司财产与自然人财产几乎混同且难以区分的情况下，对单位科处刑罚在某种程度上也就等同于对自然人科处刑罚。就此而言，区分单位犯罪与自然人犯罪也就无关紧要且失去了实际的意义。如果在此情况下，我们仍然坚守单位犯罪与自然人犯罪刑法适用的不同标准，可能会导致许多自然人在实施相关犯罪时，为求得犯罪利益的最大化和承担刑事责任的最小化，而千方百计地通过设立单位实施相关犯罪。尽管有关单位犯罪认定的司法解释明确规定，为了犯罪而设立单位，对其实施的犯罪行为以自然人犯罪论处。但是，由于认定上的困难，实践中这一规定很难真正得到适用。就此而言，笔者认为，要有效地防止自贸区内行为人通过设立单位而实施相关犯罪的情况蔓延，我们理应对于自贸区对单位犯罪与自然人犯罪刑法适用的起刑点和量刑标准作必要的调整，甚至可以采用相同的标准，否则必然会产生罪责刑不相适应的问题。

第四节　自贸区的成立对某些犯罪入罪门槛的限缩

刑法并非完全独立的部门法，相反，刑法作为所有部门法的后盾与保障，无论是犯罪圈的划定还是刑事责任的追究，既要在形式上受制于其保障的第一保护性规则的规定，更要在实质上受制于其与第一保护性规则所共同保障的调整性规则的规定及其确立的调整性法律关系的内容。[1]这体现在法定犯上就更为明显，因为法定犯具有十分突出的二次违法性特征，其在相关行政规范有所变化的情况下，刑法中相应规定的适用也势必会受到影响。正如前述，在自贸区"金融创新""一线彻底放开，二线安全高效管住""负面清单管理""改善公司企业投资环境"等一系列方针政策的确立，以及暂时停止实施《外资企业法》、《中外合资经营企业法》和《中外合作经营企业法》等行政法规的背景下，[2]我国刑法中诸多法定犯的罪名在自贸区内将会或多或少地丧失"用武之地"，失去其适用的空间和存在的意义。

一、对逃汇罪和骗购外汇罪入罪的影响

为稳定外汇管理秩序，降低金融风险，我国历来就对外汇实行高度管制的政策。在进出口环节中，人民币与外汇的兑换都需要经过央行结算。在"严把关口"的政策导向下，我国有着完备的外汇法律监管制度[3]。同时，《刑法》第190条和第190条之一也分别规定了逃汇罪和骗购外汇罪。应该看到，为加速金融制度的创新，加强人民币在全球市场上的影响力，自贸区将实行外汇管理

---

〔1〕 田宏杰：《行政犯的法律属性及其责任——兼及定罪机制的重构》，载《法学家》2013年第3期。

〔2〕 参见《中国（上海）自由贸易实验区总体方案》（国发〔2013〕38号）。

〔3〕 例如，2008年修订的《中华人民共和国外汇管理条例》就是对外汇监管制度作系统性规定的法规。

制度的创新，特别是在资本项目上实行人民币与外汇的自由兑换。我们完全有理由相信，在自贸区内实行人民币与外汇在所有项目的自由兑换并且自由进出的制度只是时间问题，如果真的如此，这无疑将对逃汇罪和骗购外汇罪在自贸区内的刑法适用产生巨大的冲击。

第一，逃汇罪在自贸区内将失去存在意义。逃汇罪是指公司、企业或者其他单位，违反国家规定，擅自将外汇存放在境外，或者将境内的外汇非法转移到境外，数额较大的行为。而在自贸区内，人民币和外汇可以自由兑换并且自由进出，公司、企业或者其他单位完全可以携带外汇自由出入国境，如此一来，原先的逃汇行为在自贸区内也就不可能再构成犯罪。

第二，在自贸区内难以发生骗购外汇的行为。根据刑法分则条文规定，骗购外汇罪存在三种行为方式：其一，使用伪造、变造的海关签发的报关单、进口证明、外汇管理部门核准件等凭证和单据；其二，重复使用海关签发的报关单、进口证明、外汇管理部门核准件等凭证和单据；其三，其他方式骗购外汇。应当看到，骗购外汇罪是在外汇高度管制下才会出现的犯罪，而由于自贸区内人民币与外汇可以自由兑换，行为人完全可以通过合法手段获取外汇，由此，骗购外汇的行为在自贸区内也就难以发生。

二、对虚报注册资本罪和虚假出资、抽逃出资罪入罪的影响

为有效降低经营风险，保障公司的稳定运营，我国在公司治理方面设立了完备、严格的监管制度。不但对于公司的注册资本采取了实缴制，而且在公司设立环节上，《公司法》也规定了最低注册资本。而作为社会保障的最后一道防线，《刑法》第158条和第159条则分别规定了虚报注册资本罪和虚假出资、抽逃出资罪，以惩治申请公司登记过程中使用虚假证明文件或者采取其他欺诈手段虚报注册资本，欺骗公司登记主管部门，取得公司登记、虚报注册资本数额巨大的行为，以及在公司成立过程中违反公司管理法规，未交付货币、实物或者未转移财产权，虚假出资，或者在公司成立后又抽逃其出资等妨害公司管理秩序的行为。

正如前述，为进一步改善国内的投资环境，激发公司制企业的新活力，自贸区在公司工商登记方面也推出了九条政策。其中，有关“公司试行注册资本认缴登记制”；“取消有限责任公司最低注册资本制”；“不限制公司设立时首

次出资额及比例”；“不限制公司全体股东货币出资金额占注册资本的比例”；“不再规定公司股东（发起人）缴足出资的期限”。所有这些有关公司工商登记注册方面的政策规定，不仅对前文笔者论及的单位犯罪与自然人犯罪的界限划分会带来很多问题，而且还会使得在自贸区内虚报注册资本罪和虚假出资、抽逃出资罪将在一定程度上失去存在意义。因为，犯罪行为人之所以实施虚报注册资本和虚假出资、抽逃出资的行为，要么是由于无法实缴法律要求的最低注册资本，要么是虽然能够缴纳相应的注册资本但不想缴纳。然而，以上政策明确，在自贸区内设立公司改实缴制为认缴制，并且取消了最低注册资本的限制。那么，在此情况下，通过虚报注册资本或是虚假出资设立公司以及公司设立后抽逃出资的行为就不会发生，而刑法中将相关的行为规定为犯罪，最起码在自贸区内会变得毫无价值。就此而言，笔者认为，除特定行业外，虚报注册资本罪和虚假出资、抽逃出资罪在自贸区内将失去适用的空间和存在的意义。如果自贸区有关工商登记注册制度的改革在全国推广或复制的话，那么，我们完全可以想象或预见，刑法中的虚报注册资本罪和虚假出资、抽逃出资罪等罪名将会被取消。

三、对非法经营罪入罪的影响

应该看到，尽管近20年来我国的市场经济得到了高度发展，但是在行业经营的市场准入方面，我们一直奉行高度管制的政策，即很多行业的市场准入，都必须经过行政部门的审批，否则即视为非法经营，并追究其相应的法律责任。为此，《刑法》第225条还规定了非法经营罪，将那些未经许可经营法律、行政法规规定的专营、专卖物品或者其他限制买卖的物品的行为，买卖进出口许可证、进出口原产地证明和其他法律、行政法规规定的经营许可证或者批准文件的行为，以及未经国家有关主管部门批准非法经营证券、期货或者保险业务等严重扰乱市场秩序的非法经营行为，纳入刑事打击的范畴。

但是，根据《中国（上海）自由贸易实验区总体方案》（国发〔2013〕38号）（以下简称《方案》）的通知，扩大投资领域开放的重要举措之一便是建立负面清单管理模式。负面清单包括国民经济所有18个经济行业门类，涉及89个大类、419个中类和1069个小类，编制特别管理措施共190项（约有17.8%的小类有特别管理措施）。自贸区负面清单管理模式对外商投资保留的限制措施逐一列明，对除列明限制措施以外的外商投资，取消股比限制、经营范围限制、投资者资质限制等准入条件，实行国民待遇。在负面清单管理模式下，对于负面清单之外的领域，我们将外商投资项目由核准制改为备案制（国务院规定对国内投资项目保留核准的除外），将外商投资企业合同章程审批改为备案管理。[1]由此可见，负面清单的管理模式相当于投资领域的“黑名单”，凡是未列入清单的行业都可以自由经营。

笔者认为，非法经营罪属于刑法中比较典型的法定犯，其犯罪构成要件中包含有多项“未经许可”“未经国家有关主管部门批准”等内容。正如前文笔者所指出的，对于自贸区内的法定犯的认定，我们应该更关注相关经济、行政法律规定的变化，并以这些变化作为修正法定犯构成要件的依据。在自贸区中负面清单管理模式的建立将会直接影响非法经营罪的构成要件，进而影响该罪的入罪标准，这是毋庸置疑的。也即随着负面清单管理模式的推出，对于经营范围的认识可能会有很大的变化，理念上从原先的“法无明文规定不可为”转为“法无明文禁止即可为”，即任何人或企业可能自由进入和退出负面清单以外的所有行业。由此，在自贸区非法经营罪的构成要件中，我们似乎也应作相应的调整，即对“未经许可”“未经批准”的规定作新的解释，或理解为是“违反禁止进入的法律规定”。这就可能出现不少原先在自贸区外构成非法经营罪的行为而在自贸区内则不再构成的情况。因为，有许多行业的进入原先是需要经过批准的，行为人未经批准从事相关业务，可能构成非法经营罪，而按自贸区负面清单管理模式的要求，现在许多行业的进入只要不是负面清单所禁止的，行为人无须经过批准即可从事相关业务。由此可见，随着负面清单的管理模式的建立，非法经营罪在自贸区内的刑法适用率肯定会大大降低，从而导致非法经营罪在自贸区内的刑法适用范围和空间受到较大程度的限缩性影响。

---

〔1〕《上海自贸区负面清单管理模式成效初显逾八成新增外资项目改为备案》，载上海商务委员会网：http://www.scofcom.gov.cn/swdt/233234.htm，最后访问时间：2013年11月20日。

第五节　自贸区的成立可能引起某些犯罪现象的加剧

自贸区所推崇和施行的诸多金融创新措施，以及“一线彻底放开，二线安全高效管住”“负面清单管理”等新型监管服务模式，在简化手续、拓展功能、促进经济迅猛发展的同时，也会加剧一些犯罪现象的发生。而这些自贸区成立的“衍生品”则是我国自贸区建设过程当中应该严加防范的。

一、内幕交易和操纵证券、期货市场犯罪会难以控制

根据《方案》的通知，在自贸区内将施行资本项目可兑换政策。该政策在促进资金有效融通和流动的同时，也在一定程度上提高了证券、期货市场的交易风险。

应当看到，在原先资本项目未放开的时代，由于A股是以人民币进行认购的股票，因而境外的资金一般难以投入到A股市场。尽管境外的投资者可以通过QFII平台适当投资A股市场，但是QFII监管严格且批准额度有限，境外的犯罪分子难以通过这一平台对A股市场造成侵害。因此，境外的犯罪分子要对国内的证券、期货市场进行操控或者从国内的证券、期货市场上非法牟利，只能通过B股市场等渠道实施相关的犯罪行为。

自贸区内资本项目可兑换政策的施行则很可能会使得境外人士能够通过直接兑换人民币来投资A股市场。那么，境外的犯罪分子完全可能在A股市场上实施相关内幕交易以及操纵证券市场的行为。与此同时，与A股相关联的股指期货市场也可能会受到类似的负面影响。由此不难预见，证券、期货市场的交易风险势必会因此而大幅攀升。因此，如何防控证券、期货市场的风险以及如何通过外交手段与境外国家达成协议，共同打击这类跨国犯罪，是自贸区建设过程当中必须要面对并解决的难题。

二、金融诈骗犯罪的形式会不断翻新

自贸区的成立会加剧金融诈骗犯罪的发生，主要体现在会加剧票据诈骗犯罪和贷款诈骗犯罪的发生。如何对下述这两种全新的犯罪行为方式进行有

效防控，将是我们在自贸区内有效打击和防范金融诈骗犯罪所面临的新问题，这些问题主要包括：

其一，自贸区资本项目可兑换政策除了会加剧证券、期货市场的风险之外，也会使得票据诈骗罪出现新的犯罪方式。自贸区资本项目实行可兑换政策的施行，将使得自贸区内的部分金融机构对境外的票据开放贴现业务。在此情况下，境外的犯罪分子完全可能利用这一契机，使用伪造的票据对自贸区的银行申请贴现，进而骗取银行资金。

其二，自贸区内金融领域新增业务会加剧贷款诈骗罪的发生。仓单质押融资是自贸区内金融领域新增的业务，这项业务在促进融资便捷和加速商品贸易的同时，也可能会滋生贷款诈骗犯罪的新形式——通过使用“空仓”质押来骗取贷款。由于自贸区对入区货物的检查实行“只作外在检查、不作实物检查”的宽松制度，犯罪分子极有可能抓住这一监管上的疏漏以及监管部门、银行对仓库内入区货物的真实状态无法掌握的漏洞，虚构入区货物已然仓储的事实，向银行虚假申报仓单质押融资，进而以“空仓”质押骗取贷款。

三、严重操纵汇率行为会带来很大危害

根据《方案》的通知，自贸区将深化金融领域的开放创新，在风险可控前提下，可在自贸区内对人民币资本项目可兑换、金融市场利率市场化、人民币跨境使用等方面创造条件进行先行先试。由此，自贸区内的外汇管制管理将大大放松。虽然外汇管理体制的放松，会使对外付汇、出口收汇、人民币兑外币以及外币兑人民币程序变得更加简捷，涉外企业从事相关业务也将更加方便，但外汇的自由流动，也势必会给国家的金融秩序带来潜在的风险。值得注意的是，由于过去我国对外汇的高度监管，国家能够有力地掌控汇率的波动，因而在相当长的一段时间里我国实际上不存在操纵汇率的情况，刑法也没有将操纵汇率的行为规定为犯罪。但是，随着自贸区内外汇管理制度的松动和改变，国家对汇率的掌控力度必然会有所削弱，而在一定区域范围内很可能就会出现严重的操纵汇率的情况，进而直接或间接地给我国的金融领域带来风险或造成危害。对于这种严重破坏金融管理秩序的行为，我们应当如何应对？刑法是否要将这一行为纳入打击范围？我们应该如何有效控制外汇管理体制创新所带来的金融风险？这些显然都是值得我们研究的问题。

四、洗钱犯罪会愈演愈烈

洗钱罪是一种市场经济高度发展背景下才会出现的犯罪。根据我国《刑法》第191条的规定，该罪有提供资金帐户、协助将财产转换为现金或者金融票据、有价证券、通过转帐或者其他结算方式协助资金转移，以及协助将资金汇往境外等五种行为方式，其行为本质是掩饰、隐瞒犯罪所得及其产生收益的来源和性质。洗钱罪一方面严重侵害了我国的金融管理秩序，另一方面也为掩饰、隐瞒上游犯罪的犯罪所得和犯罪所得收益提供了极大便利。因此，该罪历来是我国重点打击的金融犯罪之一。

应当看到，自贸区内金融监管较为宽松、反洗钱措施相对缺乏，且囿于法律的滞后性，反洗钱相关法律和规章制度无法紧跟最新的洗钱动向适时作出调整。因此，洗钱罪将是自贸区金融犯罪中需要重点关注的犯罪。值得注意的是，洗钱罪中有两种行为方式与外汇兑换紧密相连，即“通过转账或者其他结算方式协助资金转移”和“协助将资金汇往境外”。在自贸区外汇领域的开放政策下（资本项目可兑换以及外汇管理制度的创新），犯罪分子完全可能会通过人民币和外汇自由兑换的方式或者以对外资本输出的手段将黑钱漂白并汇往境外。在这种情况下，犯罪分子在自贸区内实施洗钱罪将变得十分容易，犯罪成本大大降低，从而致使金融秩序面临极大威胁。而且，洗钱犯罪成本的降低无疑会进一步刺激上游犯罪的实施，这也将对社会安定造成不小的隐患。因此，如何在自贸区内防控洗钱犯罪的加剧是一个亟须解决的难题。同时，我们也应当以此为契机，建立起完善的反洗钱法律制度。

五、走私及骗取出口退税犯罪会有所加剧

为了体现自贸区监管模式的创新，自贸区以“一线全面放开，二线安全高效管住”为原则，对自贸区和境外之间进出的货物，允许自贸区内企业凭进口舱单信息将货物先行提运入区，再办理进境备案手续。同时，在自贸区内，还允许企业在货物出区前自行选择时间申请检验。然而，自贸区的这种“境内关外”的管理模式，使自贸区的海关监管审查力度大为削弱。而在这种宽松的监管模式下，走私犯罪将变得更为容易。因走私而导致的大量违禁品的入境以及关税的偷逃，不仅严重侵害到了海关管理秩序，也给国家造成了大量的财政

损失，从而留下一定的安全隐患。因此，如何在贯彻落实自贸区内海关宽松的监管模式的同时，有效防控走私犯罪，降低安全隐患，值得我们深思。

自贸区宽松的海关监管模式除了会加剧走私犯罪的发生之外，还会加剧骗取出口退税罪的发生。出口退税是我国一项鼓励出口、减轻出口企业负担的税收政策。这一政策的有效实施在我国长达十年的出口繁荣期中发挥了重要的作用。然而，不少犯罪分子也利用这一政策，以假报出口或者其他欺骗手段，骗取国家出口退税，给国家造成了巨大的损失，也严重侵害了税收征管秩序。而自贸区宽松的出入境监管政策也将势必会在某种程度上加剧骗取出口退税的犯罪的发生。

应当看到，自贸区“简化进出境备案清单，简化国际中转、集拼和分拨等业务进出境手续”等创新举措，极易被犯罪分子利用来实施循环出口以骗取出口退税。一般情况下，犯罪分子会以高报价格的方式，先骗取出口退税，然后将货物运送出关外，再通过雇佣水客的方式，将该批货物重新走私回境内，并重新高报价格，骗取退税，如此循环往复，进行牟利。而由于自贸区的监管审查制度较为宽松，因而为犯罪分子实施循环出口以骗取出口退税提供了极大的便利。此外，自贸区的性质已经从原先的“境内关内”转化为“境内关外”。这一转变，使那些将货物运送至自贸区内的行为也相应地成了出口行为。因此，如果行为人在运送货物进入自贸区时，以假报出口或者其他欺骗手段，骗取国家出口退税的，也应当构成骗取出口退税罪。这种情况想必在自贸区运行过程中也不会少见。

六、生产、销售类犯罪的形式会有很大变化

自贸区海关监管模式的改革会加剧生产、销售类犯罪的发生。我国现行刑法中，存在着不少生产、销售类犯罪规定，如《刑法》第三章第一节规定的生产、销售伪劣商品犯罪。此外，《刑法》第三章第七节规定的侵犯知识产权犯罪中也存在生产、销售类犯罪，如《刑法》第214条规定的销售假冒注册商标的商品罪和第218条规定的销售侵权复制品罪。在一些国家，侵犯知识产权犯罪已成为自贸区内经济犯罪的主要问题。犯罪分子主要利用海关宽松的监管制度，从区外采购制假原材料或半成品，再利用园区内的各种保税制度，在区内租借厂房加工、组装、包装或者贴牌，制出成品后再从自贸区运至各地进行销

售。诚然，我国的自贸区内也会出现该类侵犯知识产权的犯罪。然而，我们更应当认识到，所有的生产、销售类犯罪都有可能利用自贸区宽松的海关监管制度和保税制度的便利进行。实施生产、销售商品类犯罪都属于牟利型犯罪，为了实现利益最大化，实施这些犯罪的行为人往往会想方设法地降低生产成本。一方面，自贸区的宽松海关监管模式使犯罪分子能够轻易地将境外的原材料以及半成品运送到园区内；另一方面，自贸区的保税制度又能大大降低货物组装、加工、仓储的成本。因此，这些为犯罪“提供”的便利条件势必会使生产、销售类犯罪成为自贸区内的一类不容忽视的犯罪。

七、小结

古往今来，无论是东方抑或西方，人类的精英们都在不停地寻思苦索，人类应当建立怎样的制度、组成怎样的社会形态来达成可欲的生活。在这些人类政治生活的探索中，有一个永恒的难题——自由与秩序如何调和？自由与秩序从来都是一对矛盾，又从来都不是一对矛盾。自由的实现需要秩序作为保障，秩序内的自由才是真正的自由。然而，当自由与秩序发生碰撞时，我们在检视自由是否过度的同时，也自当深刻反省秩序是否过于僵化。自由的扩张确实会影响到秩序的稳定，但人们所追究的秩序应是能够容忍和维护自由适度扩张的秩序。为了实现自由的适度扩张，为了实现人类社会的不断发展和进步，适当地改变秩序也是理所当然的。毋庸置疑，自贸区的成立以及各项制度的创新和改革，必然会对我国的刑法适用产生较为深远的影响。随着自贸区的发展以及运行机制的不断成熟，更多有关自贸区的刑法适用疑难问题也会随之逐渐浮出水面，如何解决这些问题并为自贸区的有效运转和经济的飞速发展保驾护航，应该是今后相当长的时间内需要不断研究的重要课题。同时，自贸区派驻检察室与法庭的成立，在为自贸区建设国际化、法治化的运营环境提供法治保障的同时，也对我们提出了更高的要求。我们应当牢牢把握这一契机，积极探索自贸区运行中发生的法律疑难问题，为自贸区的良好运行，提供科学、合理、完备的法律制度，使自贸区真正成为我国经济转型期的改革先驱。

第五编　金融犯罪的前沿透视

第一章　金融犯罪的刑事立法及其完善

第一节　我国金融犯罪刑法分类质疑

金融犯罪是伴随金融市场的建立和发展而产生、蔓延的一类新型犯罪。就刑法理论而言，金融犯罪并非一个独立的罪名，而是包含在经济犯罪之中的一类犯罪的总称。由于这类犯罪涉及金融领域，且所有的犯罪行为所指向的社会关系均为国家的金融管理制度和管理秩序，因而理论将这些犯罪统称为“金融犯罪”。从理论上分析，所谓金融犯罪，是指发生在金融业务活动领域中的，违反金融管理法律法规及有关规定，危害国家有关货币、银行、信贷、票据、外汇、保险、证券、期货等金融管理制度，破坏金融管理秩序，情节严重，依照刑法应受刑罚处罚的行为。

我国现行刑法有关金融犯罪是分别规定在第三章破坏社会主义市场经济秩序罪的第四节破坏金融管理秩序罪和第五节金融诈骗罪中。由于刑法对同一类的犯罪进行了不同的归类，且归类的标准又与传统的标准很不一致，从而导致了刑法理论界对刑法有关金融犯罪归类合理性问题争议的产生。

一、同类客体是刑法分则各类犯罪的分类依据

现行刑法规定有400余种犯罪，刑法分则对各种各样的犯罪进行了具体的分类。刑法理论上认为，我国刑法分则规定的各种犯罪，是以犯罪侵犯的同类客体的不同作为分类依据的，

并以犯罪对社会的危害程度作为排列顺序的主要依据。我国刑法分则设置的体系，把纷繁复杂的各种各样的犯罪规划成一个井然有序的整体，这对于认识同一类犯罪所侵犯的社会关系，从而认清某一类犯罪的共性以及深入掌握各类犯罪之间的差异有着相当重要的作用。我国刑法分则根据具体犯罪侵犯的客体不同，把各种各样的犯罪分为十类。每一类犯罪侵犯的同类客体反映了这一类犯罪所侵害的社会关系的共性。由于犯罪客体是每一犯罪的必要要件，它的性质和范围是确定的，因此它可以成为犯罪分类的基础。同类客体揭示出同一类犯罪在客体方面的共同本质，并在相当程度上反映出各类犯罪不同的危害程度。依据同类客体，对犯罪作科学的分类，建立严格的、科学的刑法分则体系，把多种多样的犯罪，从性质和危害程度上互相区别开来，便于我们对犯罪进行了解、研究，掌握各类犯罪的基本特点。根据犯罪的同类客体对犯罪进行分类，有利于把握各类犯罪的性质、特征和社会危害程度，便于司法机关正确定罪量刑。

由于刑法分则第三章“破坏社会主义市场经济秩序罪”和第六章“妨害社会管理秩序罪”中所包含的犯罪种类繁多且条文庞杂（刑法该两章的条文之和达180余条，占全部刑法分则10章条文总数的50%以上），因而现行刑法在立法时分别采用在章下再分节的方法进行设置，但是，第三章各节犯罪的同类客体仍然是社会主义市场经济秩序；第六章各节犯罪的同类客体也仍然是社会管理秩序。当然，刑法分则中该两章下分节设置实际上也是以犯罪行为所侵犯的同类客体的不同作为分类依据的，即在同类客体之外还有一个“次层次”的同类客体，例如，刑法分则第三章第四节“破坏金融管理秩序罪”的“次层次”同类客体即为金融管理秩序，刑法是以每一节中的犯罪所侵犯社会关系的相同或相近性为据进行归类的。

二、金融诈骗罪独立设节是对传统刑法理论的突破

这里需要讨论的是，我国刑法分则第三章“破坏社会主义市场经济秩序罪”所设的八节犯罪中，并不完全是按照“次层次”的同类客体进行分类的，其第五节“金融诈骗罪”与第四节“破坏金融管理秩序罪”的“次层次”同类客体都为金融管理秩序，故如果按“次层次”的同类客体分类，第五节应该包括在第四节之中。从相关背景角度分析，随着市场经济体制的建立和完善以

及我国金融业的发展，人们日益感到仅仅依靠传统的诈骗罪相关规定很难有效打击金融领域的各种形式的诈骗犯罪，有必要在刑法中专门设立涉及金融领域的诈骗罪。于是我国现行刑法顺应刑法理论和司法实践的要求，将包括集资诈骗罪、贷款诈骗罪、票据诈骗罪等在内的八种金融诈骗犯罪从财产罪中的一般诈骗罪中分离出来独立设罪，并单独设立金融诈骗罪一节将这八种诈骗罪归入其中。由于金融诈骗罪中所包括的八种具体犯罪行为的手段都具有“虚构事实、隐瞒真相”即诈骗的共同特征，因此，我们不难发现刑法第三章破坏社会主义市场经济秩序罪中的第五节“金融诈骗罪”不是按犯罪客体划分的，而是按犯罪手段的不同进行划分的。更由于传统刑法理论一直认为犯罪的同类客体是刑法分则犯罪分类的基本依据，金融诈骗罪的设立显然与传统理论相悖。特别是在刑法第三章第四节已经设立了破坏金融管理秩序罪，立法者还将金融诈骗罪另外设节而未纳入破坏金融管理秩序罪之中，这无疑是对传统刑法理论的重大突破，引起学者的争论应该是不奇怪的。

综观有关金融诈骗罪是否应该在刑法中独立设节的争议，理论上主要有以下观点：

其一为“否定说”，即认为刑法将金融诈骗罪独立设节是没有必要的。有学者认为，从体例上来说，金融诈骗罪一节是以犯罪手段即诈骗为特征而归为一类的犯罪，而其他章节的犯罪都是以侵犯的客体为特征分类的，因而在体例上不够协调。〔1〕更有学者认为，金融诈骗罪一节的设置在刑法理论与刑事司法实践的适应性方面、在刑事立法的价值取向与刑法历史发展趋势的趋同性方面、在刑事立法形式与刑法基本原则的一致性方面等存在商榷的余地。〔2〕

其二为“肯定说”，即认为刑法将金融诈骗罪独立设节很有必要。持此观点者的主要理由有以下几点：首先，时下金融诈骗活动猖獗，犯罪数额巨大，危害十分严重，为了突出打击金融诈骗犯罪，维护金融交易秩序的稳定，有必要将金融诈骗犯罪单独设节进行专门规定。其次，在金融犯罪中，金融诈骗犯罪在手段上具有相似之处，即都是采取诈骗的方式进行犯罪，而这一行为方式明显区别于其他金融犯罪，刑法有必要对此作专门规定，以有利司法实践中的

〔1〕 参见陈兴良：《刑法疏议》，中国人民公安大学出版社1997年版，第334页。

〔2〕 参见冯殿美、郭毅：《金融诈骗罪研究》，载赵秉志主编：《新千年刑法新热点问题研究与适用》，中国检察出版社2001年版，第1026页。

认定。最后，将金融诈骗罪独立设节是为了更加明确地区分金融领域的诈骗犯罪与普通诈骗的界限，从而更具体地体现罪刑法定原则所包含的刑法条文明确化的要求。

综合分析上述有关金融诈骗罪独立设节是否合理的理论分歧意见，我们不难发现，在金融诈骗独立设节是对传统刑法理论的突破这一点上，理论上并无太大的异议，已基本成为大家的共识。争议焦点主要集中在这种突破是否合理且有无必要的问题上。

三、金融诈骗罪独立设节缺乏理论依据和实际意义

笔者认为，从立法上分析，我国现行刑法将金融犯罪分设为“破坏金融管理秩序罪”和“金融诈骗罪”并不妥当。金融诈骗罪独立设节的主要原因无非是：随着社会主义市场经济的建立和完善以及我国金融业的发展，人们日益感到仅仅依靠传统的诈骗罪规定很难有效地打击金融领域的各种形式的诈骗犯罪。将金融诈骗独立设节可以根据专项金融活动中的诈骗犯罪来分别设置罪名，以区别财产罪中的普通诈骗罪和金融诈骗罪的界限，从而为更具体地体现罪责相适应原则打下基础。但是，将金融诈骗罪独立设节无论如何是对传统刑法分类理论的突破，而这种突破在诸多方面明显存在不协调的问题。就此而言，这种突破既缺乏理论依据，也无实际意义。理由是：

（一）将金融诈骗罪独立设节与现行刑法的体例结构不协调

正如前述，从刑法分则体例上分析，我国刑法历来强调犯罪客体是分类的依据，但是，金融诈骗罪一节明显是以诈骗手段为归类的依据，在很大程度上与刑法分则其他章节犯罪的分类依据不一致。尽管有人认为，金融诈骗罪与其他破坏金融管理秩序罪的显著区别在于，其只是采用诈骗的行为方式，而其他破坏金融管理秩序罪则可以有多种方式。但是，依笔者之见，金融诈骗罪中的“诈骗”行为方式实际上属于破坏金融管理秩序罪中“多种”行为方式之一。那么，在具有多种行为方式的破坏金融管理秩序罪中为何就不能包容“诈骗”这种行为方式呢？事实上在刑法所规定的犯罪中，行为方式和行为方式之间虽然可能反映社会危害性大小的不同，但是其本身却不可能存在所谓“不平等”特质的。因金融诈骗独立设节而产生的与传统刑法归类标准的不一致，显然会导致刑法分则在立法体例结构上的前后矛盾或至少是不协调，从而多少

反映出我国在刑事立法技术上确实存在稚嫩的一面。另外，这种立法体例上的前后矛盾或不协调不仅在客观上造成了刑事立法标准不统一的问题出现，而且结构上的变化通常还会导致人们产生误解，即误认为金融犯罪中侵犯金融管理秩序罪与金融诈骗罪所侵犯的犯罪客体各不相同，甚至还会使人们对我国刑法中犯罪分类的标准产生怀疑。

时下，理论上有人认为，刑法将金融诈骗罪独立设节并不有悖于传统刑法按犯罪客体分类的标准，因为，金融诈骗在实践中往往发生在金融交易中，即这种行为还可能构成对金融交易秩序的破坏。破坏金融交易的行为必定是构成金融诈骗类犯罪，而对金融管理秩序的犯罪未必都构成对金融交易的破坏，因为有些犯罪并不以进入金融市场为条件。当然在某种程度上，交易秩序被打乱，往往也会涉及管理秩序的破坏，因而，可以说金融管理秩序也是金融诈骗犯罪的直接客体。但是，显然这里的管理秩序没有破坏金融管理秩序罪中的管理秩序那么被直接的侵犯，相对交易秩序而言，管理秩序在整体上只能作为次要客体。而犯罪行为的分类是以主要客体作为同类客体来进行的。因此，金融诈骗罪单独成为一节是可以理解和接受的，其犯罪客体是具有自身独立品格的同类客体即金融领域的交易秩序，这一客体区别于金融领域的其他犯罪，也区别于非金融领域的以诈骗为手段的财产犯罪。

笔者认为，上述观点可能主要是出于对现行刑法将金融诈骗罪独立设节的一种“自圆其说”的考虑吧，因而从理论上分析，多少有点牵强。该观点的突出问题在于其偷换了一个概念，即将“秩序”和“管理”割裂开来，从而得出金融交易秩序不同于金融管理秩序的结论。事实上，“秩序”本身是离不开“管理”的，也即没有管理也就没有秩序，金融活动中不可能存在没有管理的交易秩序，包括金融交易秩序在内的任何金融秩序都是国家管理和参与之下的有序化。因此，所谓金融交易秩序实际上应该理解为是金融交易管理秩序。刑法理论一般认为，金融管理秩序与金融交易管理秩序并非是同一层面的概念，金融管理秩序无论在范围还是在内容上均要大于金融交易管理秩序，两者的关系不是并列关系，而应该是包容关系。当然，从某种角度分析，金融交易管理秩序无疑是金融管理秩序的本质和核心，国家对金融秩序的管理主要内容当然是对金融交易秩序的管理。如果行为侵害了金融交易秩序，就必然会同时侵害金融管理秩序。正因如此，依笔者之见，金融诈骗犯罪行为可能主要侵犯了金融交易管理秩序，因此，其必然同时侵犯金融管理秩序。应该承认，刑法对许多破坏金融管理秩序的犯罪往往只限于在金融市场准入阶段进行规制，由于这些犯罪行为尚未进入金融交易阶段，客观上也就不存在对金融交易管理秩序的侵犯问题。也就是我们通常所说的，金融犯罪行为对金融管理秩序的侵犯并不一定会对金融交易管理秩序造成破坏。但是，我们绝对不应以此作为否定或怀疑“对金融交易管理秩序的侵犯就必然会对金融管理秩序造成破坏”这一命题的正确性。其实，在刑法破坏金融管理秩序罪一节中有不少金融犯罪行为侵犯的也是金融交易管理秩序。例如，内幕交易、泄露内幕信息罪，编造并传播证券、期货虚假信息罪，诱骗投资者买卖证券、期货合约罪，操纵证券、期货交易价格罪等金融犯罪行为均主要是对金融交易管理秩序的侵犯，但它们均规定在破坏金融管理秩序罪之中。由此可见，我国现行刑法在立法时就已经将金融交易管理秩序归入金融管理秩序之中，只是这一思路并没有得到彻底贯彻而已。从此角度分析，现行刑法将金融诈骗罪独立设节，很容易使人产生金融诈骗罪因其主要侵犯金融交易管理秩序而没有破坏金融管理秩序的错觉，这显然与前述立法思路相违背，当然不可能是立法者的立法原意。

（二）将金融诈骗罪独立设节在立法上和司法上均无必要

正如前述，现行刑法独立设立金融诈骗罪主要是为了突出在构建社会主义市场经济过程中，政府重点打击金融诈骗犯罪以保护市场经济秩序的决心和姿态。这是因为，由于法制的不健全，在我国社会转制、经济转型的相关金融活动中出现了诸多金融诈骗案件，这些诈骗涉及数额往往十分巨大，严重破坏了市场经济公平竞争的规则，对许多被诈骗者的合法利益造成了严重损害，甚至导致有些企业大规模亏损或破产的后果出现。在司法实践中，对于这些金融领域的诈骗犯罪，如果仅以财产犯罪中的诈骗罪认定，无论在行为的性质上还是在社会危害性上均不能很好地解决问题。社会生活中人们也日益感到仅仅依靠传统的诈骗罪规定很难有效地打击金融领域里各种形式的诈骗犯罪，有必要在刑法中专门设立金融类的诈骗罪。为此，1995年6月30日全国人大常委会通过了《关于惩治破坏金融秩序犯罪的决定》，将集资诈骗罪、贷款诈骗罪、票据诈骗罪、信用证诈骗罪、信用卡诈骗罪和保险诈骗罪等6种行为规定为独立的犯罪。现行刑法典采纳了上述决定的内容，并在上述6种金融诈骗罪的基础上，又增设了金融凭证诈骗罪和有价证券诈骗罪两种犯罪，同时，专门将“金融诈骗罪”作为刑法分则第三章“破坏社会主义市场经济秩序罪”中第五节的类罪名。就此而言，刑法独立设立金融诈骗罪还是为了强调打击力度，其立法原意明显突出重视保护国家金融管理秩序；其立法倾向显然是根据金融领域中诈骗犯罪特点分别设置罪名，以区别财产犯罪中的普通诈骗罪和金融诈骗，并偏重于对金融机构资金安全的保护。

从刑法独立设立金融诈骗罪的立法原意以及立法倾向分析，金融诈骗罪是从诈骗罪中分离出来的一种特别犯罪，因而其必然兼具金融犯罪和财产犯罪的双重属性，即金融诈骗犯罪侵犯的理应为复杂客体：一方面侵犯的是国家金融管理秩序，另一方面侵犯公私财产所有权。为此，有人担心，如果将金融犯罪归入破坏金融管理秩序罪中，将会导致人们对行为评价的侧重点发生转移，即可能会导致实践中人们过于看重对金融秩序的违反而忽视了对国家、集体、个人财产所有权的保护。但是，笔者认为，这种担心其实是多余的。刑法将金融诈骗罪从一般诈骗罪中分离出来，其本身就证明了刑法要突出对金融管理秩序的保护，也即金融诈骗罪作为金融犯罪的组成部分，其侵犯的主要客体当然应该是金融管理秩序，而这又恰恰与刑法分则第三章第五节所规定的侵犯金融管理秩序罪的客体吻合。强调以行为侵犯的主要客体作为分类依据，并非一定或可能会忽视对次要客体的保护，其实这是两个层面的东西，不应混同。正如抢劫罪所侵犯的客体既包括人身权利也包括财产权利，刑法将其归入财产犯罪之中，但并不意味着刑法对人身权利的忽视。可见，我们若要强调金融诈骗罪对“金融管理秩序的破坏”这一特征，将其纳入破坏金融秩序罪中，不仅足以能够达到体现刑法对金融管理秩序突出保护的目的，而且也不会出现忽视对公私财产所有权的保护的情况，同时，还不会产生与传统刑法分类依据标准相悖的问题。当然，我们也完全没有必要担心，将金融诈骗罪纳入破坏金融管理秩序罪，会影响对金融诈骗罪的打击力度。遏制金融诈骗犯罪需要从整个金融市场入手，金融诈骗犯罪和其他破坏金融管理秩序的犯罪都存在于金融市场的运作过程，他们的产生和发展环环相扣、密不可分，只要遏制住其中一个环节，其他环节就无法进行，相应的犯罪也就无从产生。就此而言，将金融诈骗罪纳入破坏金融管理秩序罪，更有利于实现打击金融诈骗犯罪的目的。需要指出的是，时下有人提出，既然金融诈骗犯罪既侵犯财产所有权，又侵犯金融管理秩序，为何不将其放入普通传统诈骗罪以体现立法的统一性？笔者认为，此论点实际上主张恢复原刑法的规定模式，这涉及金融诈骗罪从一般诈骗罪脱离出来的必要性和理论依据问题。正如前述，在具体金融犯罪中，由于金融诈骗行为对金融秩序的冲击往往大于具体的财产损害。如果金融秩序紊乱，金融体系失灵，必将导致整个国民经济的损害。因此，如果从行为侵犯的主要客体是刑法分则各类犯罪分类的依据这一正确命题角度分析，回答上述问题理应不是一件难事。由于前文我们已经对此问题进行了一定讨论，在此就不再赘述。由此可见，从金融诈骗罪所侵犯的主要客体分析，我们完全可以将金融诈骗罪一节犯罪归入破坏金融管理秩序罪一节之中。

（三）将金融诈骗罪独立设节暴露立法思路的不一致

正如前述，刑法分则中的分类均是以犯罪的同类客体不同作为分类依据的，没有也不应该以犯罪手段作为分类的标准。现行刑法虽然对此作了突破，但这种突破显然并不彻底。依笔者之见，如果立法者在对金融诈骗罪独立设节时是按照犯罪手段来进行划分的，那就应该将这种立法思路贯彻到底，即按照有些国家和地区的刑法中将杀人、盗窃或诈骗犯罪独立归为一类犯罪的立法模式，将金融诈骗罪中的八种具体犯罪与合同诈骗罪以及诈骗罪归在一起，如此设置反而显得更为合适。但是令人遗憾的是，现行刑法只是在金融犯罪中将金融诈骗罪分离出来并相对独立于破坏金融管理秩序罪，而将合同诈骗和诈骗罪仍然分别按其侵犯的主要客体归入破坏社会主义市场经济秩序罪下的扰乱市场秩序罪中和侵犯财产罪中。这种立法方式突出反映了立法者的立法思路不一致的一面。

笔者注意到，有人认为从理论上来看，金融诈骗罪与破坏金融管理秩序罪的一个显著区别在于：金融诈骗罪是通过诈骗的方式直接占有他人的财产，而其他破坏金融管理秩序罪并非必然有非法占有他人财物的目的，即使有此目的（例如，操纵证券、期货交易价格罪，内幕交易罪，诈骗投资者买卖证券、期货合约罪），也都是通过间接的方式来达到此目的的。笔者对此观点不以为然。正如前述，行为方式不同不能成为金融诈骗独立设节的理由，行为目的不同也同样不能成为金融诈骗罪分类的依据。只要金融诈骗犯罪侵害的主要客体是金融管理秩序，就说明了金融诈骗犯罪具备破坏金融管理秩序罪的总体特征，将其归入破坏金融管理秩序罪就成为应然。至于金融诈骗罪与其他一些破坏金融管理秩序罪存在有“直接占有”和“间接占有”的“占有方式”的区别，不能也不应该成为把金融诈骗罪独立设节的原因，因为即使在破坏金融管理秩序罪中，诸多此罪与彼罪之间实际上也存在有类似的区别和不同，而这些区别和不同仅仅只是区分破坏金融管理秩序罪中此罪与彼罪的界限的依据，并非是独立设节的理由。

（四）将金融诈骗罪独立设节与世界各国和地区有关金融犯罪的立法现状和发展趋势不相吻合

综观当代各国和地区刑法规定，不难发现，其均十分重视对金融犯罪的打击，包括大陆法系和英美法系在内的大多数国家和地区均在刑法中直接或间接地规定一些金融诈骗犯罪。基本形式无非有三种：其一为在刑法中用专门的条文设置一些诸如贷款诈骗罪、信用证诈骗罪等具体的金融诈骗犯罪罪名，以强调金融诈骗罪不同于普通诈骗犯罪；其二为在刑法中只规定诈骗罪罪名，即一些国家和地区并未将具体的金融诈骗犯罪独立设罪，而是在普通诈骗罪中将具体金融诈骗犯罪的相关内容包容进去；其三为在各种金融法规的附属刑法规范中分散规定包括具体金融诈骗罪在内的金融犯罪。从这三种形式分析，我们不难发现，世界各国和地区的刑法立法中尚未见到将金融诈骗独立归类的情况。笔者认为，尽管受各国法律制度的影响，每个国家均有自己独特的情况存在，各国的立法方式并不要求完全相同。但是，其他国家和地区有关金融犯罪的刑事立法无疑已经积累了一定的经验，完全可以作为我们立法的参考。我国现行刑法将金融诈骗独立设节，尽管可以说出许多理由，但是，比较世界各国和地区的刑事法律规定，绝对不能说这种立法形式可以代表或反映世界各国和地区刑事立法的趋势。

综上所述，金融犯罪中的金融诈骗罪是一类在市场经济条件下产生的新型犯罪，也是诈骗行为在金融领域所产生的新事物。刑法将其独立设节，无疑是对刑法有关犯罪分类标准的突破，这种突破在理论上司法实践中尽管可能存在许多合理性和实用性，但其从根本上颠覆了刑法基本理论的分类标准，同时又无法将这一立法思路贯彻到底的做法，在理论上受到学者的诘难和抨击是不可避免且容易理解的。从刑事立法理论完整性的角度分析，笔者认为，刑法分则各类犯罪分类标准的一致性是立法规范化的一个必然要求。在逻辑上，一个层面上的划分如果分类依据不同，完全有可能产生两种后果：要么就是划分重叠，要么就是划分遗漏，而无论什么后果均明显反映立法本身的矛盾。就此而言，现行刑法将金融诈骗罪独立设节无疑是立法中的一个败笔，既无理论上的可行性，也无实践中的必要性。从完善立法的角度分析，完全可以将金融诈骗罪一节归入破坏金融管理秩序罪一节之中。

第二节　我国金融犯罪的刑法配置

金融犯罪的刑罚体系，是指由刑法规定的并按照一定次序排列的各种适用金融犯罪的刑罚方法。应当看到，我国刑法对金融犯罪的刑罚配置，基本沿用了对其他一般犯罪的刑罚规定，在很大程度上没有体现金融犯罪的特点，在许多地方都不能有效地起到预防和打击金融犯罪的需要。因此，完善我国金融犯罪刑罚体系是我国金融犯罪刑法领域亟须解决的一个重要问题，从我国金融犯罪刑罚体系的现状出发，深入分析我国金融犯罪刑罚体系的特点及存在的主要问题，并在此基础上提出相应的完善建议。

一、我国金融犯罪刑种设置的现状及存在的问题

我国现行《刑法》中有关金融犯罪（包括经过全国人大常委会先后通过的九个《刑法修正案》和《关于惩治骗购外汇、逃汇和非法买卖外汇犯罪的决定》）对刑法中金融犯罪规定的补充和修改的规定共计有31个条文、38个罪名。刑法对这38个罪名配置的刑种既有主刑，也有附加刑。主刑包括拘役、有期徒刑和无期徒刑；附加刑包括罚金、剥夺政治权利和没收财产。由此可见，在我国现有的刑罚体系下，除管制刑对金融犯罪不适用以外，其他刑种均能适用。（死刑废除、不能适用）

（一）我国金融犯罪刑罚体系中主刑的设置

综观我国现行刑法，几乎对所有的金融犯罪都规定了拘役刑。具体分析，现行刑法对金融犯罪所规定的拘役刑，具有以下特点：其一，作为与有期徒刑并列的选择刑；其二，只是对那些危害程度较轻的金融犯罪，才规定适用拘役

刑；其三，根据有期徒刑的法定最高刑规定拘役刑。[1]据笔者统计，立法者对于金融犯罪设置了大量的拘役刑，在金融犯罪总共38个罪名中，除了《刑法》第170条伪造货币罪没有设置拘役刑，其他37个罪名均设置有拘役刑，设置比例高达97.4%。

在以自由刑为主的刑罚体系中，有期徒刑无疑是我国自由刑的主体部分，也是适用最广泛的一种刑罚方法。我国现行刑法有关金融犯罪的法定刑设置中，有期徒刑同样也是设置最多的刑种之一。这具体表现在：其一，对所有的金融犯罪法定刑的规定中都设置了有期徒刑这一刑种；其二，有关金融犯罪法定刑的规定中大多将有期徒刑作为法定最高刑；其三，现行刑法有关金融犯罪法定刑的规定中除擅自发行股票、公司、企业债券罪，编造并传播证券、期货交易虚假信息罪等少数罪名只规定了一个有期徒刑的量刑幅度外，大多数条款均规定了两个以上有期徒刑的量刑幅度，以便于司法操作，对不同危害程度的金融犯罪设置不同的量刑幅度。

分析我国金融犯罪有期徒刑的设置，我们不难发现，大多数金融犯罪的自由刑最高刑为10年或15年有期徒刑，有些（如擅自发行股票、公司、企业债券罪和编造并传播证券、期货交易虚假信息罪）仅为5年以下有期徒刑。这种状况显然与其他经济犯罪的自由刑设置基本相同。笔者认为，尽管从总体上看，我国现行刑法有关金融犯罪法定刑中自由刑的设置仍然较重，但是，相比有些金融犯罪法定刑中还存在无期徒刑的规定而言，这些自由刑的设置还是有其合理性的。

需要指出的是，尽管我国刑法中金融犯罪法定刑中自由刑的设置均低于严重的侵犯人身权利、财产权利以及危害国家安全、公共安全的犯罪，与其他经济犯罪相比则基本相当，但是与各国和地区刑法中有关金融犯罪法定刑中自由刑的设置相比则普遍较高。例如，各国对内幕交易罪的处罚都十分重视财产刑的适用，而自由刑的刑期一般都较短：美国对内幕交易罪处罚的刑期是最长的，法定最高刑为10年，而英国为2年，德国为2年，瑞士为3年，日本为3年，韩国为3年，我国香港和台湾地区则均为2年。我国刑法对内幕交易罪的处罚则是较为严厉的："情节严重的，处五年以下有期徒刑或者拘役，并处或者

〔1〕 参见白建军：《金融犯罪研究》，法律出版社2000年版，第503～504页。

单处违法所得一倍以上五倍以下罚金；情节特别严重的，处五年以上十年以下有期徒刑，并处违法所得一倍以上五倍以下罚金”。由此进行分析，应该承认，我国刑法对于金融犯罪的法定刑规定还是有过重之嫌。

我国现行刑法中有13个金融犯罪的法定刑中规定了无期徒刑这一刑种，占据38个金融犯罪罪名的34.2%。金融犯罪规定无期徒刑的方式主要有两种：第一种是将无期徒刑作为死刑与有期徒刑的过渡刑种，即在金融犯罪的法定刑规定中，把无期徒刑作为情节特别严重的金融犯罪的选择刑。对于那些情节特别严重的金融犯罪，现行刑法把死刑与无期徒刑规定在一起，以便司法机关进行司法裁量时，可以有选择的余地，避免把那些情节特别严重，但还够不上适用死刑条件的犯罪分子都适用死刑。例如，《刑法》第170条伪造货币罪、第192条集资诈骗罪、第194条票据诈骗罪和金融凭证诈骗罪、第195条信用证诈骗罪。第二种则是将无期徒刑作为最高刑的刑种，即当规定有期徒刑的最高期限仍不足以惩治相关金融犯罪时，把无期徒刑规定进去作为最高刑。例如，刑法第171条出售、购买、运输假币罪，第171条之二金融工作人员购买假币、以假币换取货币罪，第177条伪造、变造金融票证罪，第178条伪造、变造国家有价证券罪，第193条贷款诈骗罪，第196条信用卡诈骗罪，第197条有价证券诈骗罪，以及单行刑法所规定的骗购外汇罪。

1997年刑法规定法定最高刑是死刑的金融犯罪罪名有5个，它们分别是“破坏金融管理秩序罪”中的伪造货币罪以及“金融诈骗罪”中的集资诈骗罪，票据诈骗罪，金融凭证诈骗罪和信用证诈骗罪。《刑法修正案（八）》废除了票据诈骗罪、金融凭证诈骗罪、信用证诈骗罪的死刑，《刑修九》则进一步将金融诈骗罪中仅存的伪造货币罪和集资诈骗罪的死刑一并废除。至此，我国《刑法》中金融犯罪领域不再有死刑，在一类犯罪中完全废除死刑，其意义不可低估[1]。

（二）我国金融犯罪刑罚体系中附加刑的设置

我国现行刑法对于金融犯罪设置了广泛的罚金刑，单看具体罪名，其设置比率高达100%。但值得注意的是，《刑法》第188条违规出具金融票证罪、第189条对违法票据承兑、付款、保证罪的自然人犯罪不能适用罚金刑，但是由

〔1〕 参见刘宪权：《刑法学名师讲演录》，上海人民出版社2016年版，第319页。

于两罪均设置了单位犯罪，因而单位在构成了该两罪后可以适用罚金刑。即在违规出具金融票证罪和对违法票据承兑、付款、保证罪中，罚金刑只能适用于单位犯罪，而不能适用于自然人犯罪。

从罚金刑的种类上看，现行刑法对金融犯罪的罚金刑主要有四种，即限额罚金制（如“五万元以上五十万元以下罚金”）、倍比罚金制（如“违法所得一倍以上五倍以下罚金”）、百分比罚金制（如“非法募集资金金额百分之一以上百分之五以下罚金”）、无限额罚金制（如仅规定“并处罚金”）。

在所有的金融犯罪中，采用限额罚金制的罪名最多，共计有27个，占金融犯罪总数的71%。它们分别是破坏金融管理秩序罪中的伪造货币罪，出售、购买、运输假币罪，金融工作人员购买假币、以假币换取货币罪，持有、使用假币罪，变造货币罪，擅自设立金融机构罪，伪造、变造、转让金融机构经营许可证、批准文件罪，非法吸收公众存款罪，伪造、变造金融票证罪，妨害信用卡管理罪，窃取、收买、非法提供信用卡信息罪，伪造、变造国家有价证券罪，伪造、变造股票、公司、企业债券罪，编造并传播证券、期货交易虚假信息罪，诱骗投资者买卖证券、期货合约罪，背信运用受托财产罪，违法运用资金罪，违法发放贷款罪，吸收客户资金不入账罪，以及金融诈骗罪中的全部8个罪名。

采用倍比罚金制的金融犯罪计有3个，占金融犯罪总数的7%。它们分别是破坏金融管理秩序罪中的高利转贷罪，内幕交易、泄露内信息罪，利用未公开信息交易罪。

采用无限额罚金制的金融犯罪计有4个，占金融犯罪总数的11%。它们分别是破坏金融管理秩序罪中的骗取贷款、票据承兑、金融票证罪，操纵证券、期货市场罪，违规出具金融票证罪，对违法票据承兑、付款、保证罪。

采用百分比罚金制的金融犯罪计有4个，占金融犯罪总数的11%。它们分别是破坏金融管理秩序罪中的擅自发行股票、公司、企业债券罪，逃汇罪，洗钱罪，骗购外汇罪。

刑法对某些金融犯罪，采用了“并处若干数额罚金”的模式；而对另一些金融犯罪，则采取了“并处或者单处若干数额罚金”的模式。对于前者，罚金刑不能单独适用，必须与主刑并科；而对于后者，罚金刑既可以与主刑并科，也可以单独适用。

据笔者统计，不能单科而只能与主刑并处罚金的金融犯罪有19个，占所有金融犯罪总数的50%，它们分别是伪造货币罪，出售、购买、运输假币罪，高利转贷罪，背信运用受托财产罪，违法运用资金罪，违法发放贷款罪，吸收客户资金不入账罪，违规出具金融票证罪，对违法票据承兑、付款、保证罪，逃汇罪，骗购外汇罪，集资诈骗罪，贷款诈骗罪，票据诈骗罪，金融凭证诈骗罪，信用证诈骗罪，信用卡诈骗罪，有价证券诈骗罪，保险诈骗罪。

余下的19个罪名则均可以单科罚金刑，占金融犯罪总数的50%。它们分别是金融工作人员购买假币、以假币换取货币罪，持有、使用假币罪，变造货币罪，擅自设立金融机构罪，伪造、变造、转让金融机构经营许可证、批准文件罪，骗取贷款、票据承兑、金融票证罪，非法吸收公众存款罪，伪造、变造金融票证罪，妨害信用卡管理罪，窃取、收买、非法提供信用卡信息罪，伪造、变造国家有价证券罪，伪造、变造股票、公司、企业债券罪，擅自发行股票、公司、企业债券罪，内幕交易、泄露内幕信息罪，利用未公开信息交易罪，编造并传播证券、期货交易虚假信息罪，诱骗投资者买卖证券、期货合约罪，操纵证券、期货市场罪，洗钱罪。

值得注意的是，在可以单科罚金刑的19个罪名中，擅自发行股票、公司、企业债券罪和编造并传播证券、期货交易虚假信息罪由于只有一个量刑幅度，故单科罚金刑可以适用于整个罪。而其余17个罪名有多个量刑幅度，单科罚金刑只能适用于最低的一个量刑幅度，对加重刑只能并处罚金，不能单科。

尽管金融犯罪中罚金刑的适用面广、适用方式也较为多样，能较好地发挥预防与打击金融犯罪的作用，但笔者认为，其中仍有不少问题。

首先，一些金融犯罪中设置的罚金刑数额与相关行政规定中的罚款数额不协调。例如，根据《刑法》第181条第1款的规定，编造并传播证券、期货交易虚假信息罪应处以一万元以上十万元以下罚金，而《证券法》则规定，同样的行政违法行为应处三万元以上二十万元以下罚款。金融犯罪的社会危害性程度明显要大于金融行政违法行为，但在处罚上前者却轻于后者，这显然是不合理的。

其次，单位金融犯罪均没有规定具体的罚金数额。在金融犯罪中，所有单位金融犯罪均仅简单地规定了"对单位判处罚金"，而没有限定具体的罚金数额。具体要罚多少，完全交由司法人员自由裁量。这种只对自然人犯罪规定具体的罚金数而对单位犯罪不规定的情况，很难从理论上作出解释。同时，这种罚金刑规定方式有违"刑罚的明确性原则",难逃违反罪刑法定原则之嫌。我国学者专门针对这种情况指出:"我国存在许多刑事立法与刑事司法相脱节的地方,绝大多数是立法过剩而导致法律虚置,唯独此处是立法不足而导致法律短缺。"〔1〕

我国现行刑法有关金融犯罪的规定中,并未单独设置并处或者单处剥夺政治权利的附加刑。但是,这并不意味着对金融犯罪分子不能附加剥夺政治权利,因为对被判处死刑、无期徒刑的金融犯罪分子,刑法总则第57条规定"应当剥夺政治权利终身"。即金融犯罪的法定刑规定中实际存在剥夺政治权利的情况。但令人遗憾的是,现行刑法中对于金融犯罪却没有设置资格刑的刑种。

在所有的金融犯罪中,设置没收财产刑的有15个罪名,占总数的39%。从法定刑上分析,这15个罪名多属于较为严重的金融犯罪。其中,法定最高刑为无期徒刑的13个犯罪全部设置了没收财产刑。另外,同样设置了没收财产刑的持有、使用假币罪和保险诈骗罪的法定最高刑也达到了有期徒刑15年。现行刑法对金融犯罪设置没收财产刑的现状,可以说既体现了没收财产刑的严厉性,同时也最大限度地发挥了没收财产刑的刑罚功能。对于那些危害不太严重、适用罚金刑就可达到刑罚目的的金融犯罪,现行刑法则没有规定适用没收财产刑。另外,现行刑法对于金融犯罪没收财产刑的设置方式采用"选科制",即对于严重的金融犯罪分子,规定在判处主刑的同时,必须在罚金刑与没收财产刑之中选择其一与主刑并处。

二、我国金融犯罪量刑幅度设置的现状及存在的问题

刑罚幅度是指立法上对某一犯罪规定的具体刑罚量,即微观上的刑罚结构。刑罚幅度是国家刑罚目的的凝聚态,是罪刑相适应原则的数量化。〔2〕刑罚幅度具体可以从量刑档次、同一量刑档次内的跨度以及同一量刑档次内可以选择的刑种等方面得以体现。

在量刑幅度的设置上,《刑法》对金融犯罪大多设置了两个以上的量刑幅度,设置单一量刑幅度的金融犯罪仅有擅自发行股票、公司、企业债券罪和编

〔1〕 参见陈兴良:《刑法疏议》,中国人民公安大学出版社1997年版,第147页。
〔2〕 参见卢勤忠:《中国金融刑法国际化研究》,中国人民公安大学出版社2004年版,第318页。

造并传播证券、期货交易虚假信息罪两个，约占总数的5%；设置两个量刑幅度的22个，约占比58%；设置三个量刑幅度的13个，约占比34%；设置四个量刑幅度的有1个，约占总数的3%。[1]

就同一量刑档次内的跨度而言，量刑档次越少必然导致同一档次内刑罚跨度过大。在金融犯罪中，有许多罪名在同一量刑档次内高低跨度要达五年、七年，有的甚至达到十年。具体而言，跨度达十年的（五年以上有期徒刑）有5个罪名，占总数的13.2%；跨度达七年的（三年以上十年以下有期徒刑）有14个罪名，占总数的36.8%；跨度为五年的（五年以上十年以下有期徒刑、十年以上有期徒刑）有16个罪名，占总数的42.1%。

就同一量刑档次内可供选择的刑罚种类而言，在金融犯罪中可以适用的刑罚种类共有六种，其中主刑三种，附加刑三种。在有些罪名的同一量刑档次内可供选择的刑种达三种甚至更多。其中，同一量刑档次内有三个刑种的可以分为两类：一类是起刑档中包括拘役、有期徒刑和罚金三个刑种，这类情况共涉及34个罪名；另一类是加重处罚档中包括有有期徒刑、罚金和没收财产三个刑种，这类情况共涉及2个罪名；而同一量刑档次内达三个以上刑种的均出现在加重处罚中，即包括有期徒刑、无期徒刑、罚金和没收财产四个刑种，这类情况共涉及16个罪名。

综上所述，我国金融犯罪中的刑罚配置，表现出了档次少、跨度大、刑种多的特点。从某种意义上讲，这些特点有利于实现刑罚个别化。但是，其弊端是显而易见的。例如，在金融犯罪的法定刑设置中，只分为两个档次的共有22个罪名，占到整个金融犯罪罪名的58%。这些犯罪的刑罚配置，或从三年有期徒刑到无期徒刑，或从拘役到七年有期徒刑、十年有期徒刑、十五年有期徒刑，都只有两个档次。将这么宽的幅度留给司法人员去对具体案件酌情裁量决定刑罚，其自由裁量权显然过大，在司法实践中很容易出现同罪不同罚的情况，有违罪刑均衡原则，不利于国家法制的统一。再如，在同一量刑档次中，刑罚种类繁多。在这样大的裁量范围内，要保持判决的一致性，难度是非常大的。正如有学者所言："若某罪在刑法分则中对应的法定刑种过多，一方面为此后的司法擅断提供机会，另一方面也暴露了立法者对于该罪的罪质拿捏不住，从

〔1〕 参见刘宪权：《金融犯罪刑法学原理》，上海人民出版社2017年版，第137～138页。

而认定模糊。”[1]

三、我国金融犯罪刑罚配置的完善

刑罚配置的合理化是罪刑均衡原则的要求。金融犯罪的产生、发展受各种原因和条件的制约而表现得复杂多样，作为犯罪的抗制手段，金融犯罪的刑事处罚也必须多种多样，只有这样才能满足惩罚和预防金融犯罪的需要。在从重刑刑罚结构向轻刑刑罚结构过渡的过程中，我国金融犯罪中的刑罚体系、刑罚结构以及刑罚幅度都需要相应作出变革。

在相当长的一段时间里，我国《刑法》中金融犯罪是否应设置死刑成为备受争议的问题。目前我国金融犯罪领域不再有死刑，这是我国死刑立法改革中迈出的极为重要的一步。在一类犯罪中完全废除死刑，其意义不可低估。笔者早就提出，从报应的角度来说，无论贪利性的金融犯罪侵犯的客体有多重要，造成的后果有多严重，都无法与生命权的重要性相提并论；从功利的角度来说，对于金融犯罪的预防与遏制，关键在于完善相关制度，强调刑罚的及时性和不可避免性，而不在于是否应设置死刑这一刑种，死刑对于金融犯罪的威慑效应非常有限。刑法学界普遍认为，目前我国的死刑政策是“保留死刑、逐步消减、最终废除”，即现阶段暂时保留死刑，但应当严格限制和减少死刑适用，在可预见的未来则要全面废除死刑。有学者提出了分阶段、分步骤、分类型地逐步废除死刑罪名，即“废除非暴力犯罪死刑——废除非致命性暴力犯罪死刑——废除致命性暴力犯罪死刑”的改革路径。就当前我国的具体国情而言，全面废除死刑可能并不具备现实条件，而在非暴力犯罪领域废除死刑符合社会经济的发展需要。我国《刑法》中金融领域率先全面废除死刑不仅体现了罪刑相适应的刑法原则，标志着我国刑事立法政策的进步，进一步契合了国际社会废除死刑的立法潮流，而且体现了生命权至上的价值理念，顺应了我国“杀人偿命”的传统价值观念，是对社会公众死刑报应理念、死刑威慑理念的一次变革。所以，对刑法中的某类犯罪全面废除死刑对于我国死刑制度改革具有标志性意义，这一阶段性成果必将成为我国刑事立法进程中的亮点之一。

从金融犯罪的刑事立法实践来看，历次刑法的修改并没有沿着国际刑法

---

[1] 参见刘守芬等：《罪刑均衡论》，北京大学出版社2004年版，第99页。

改革的趋势降低金融犯罪的法定刑，即有悖于轻刑化的发展方向。笔者认为，我国金融犯罪刑罚体系的完善可以从以下几方面入手：

（一）完善金融犯罪罚金刑的适用

我国刑法规定罚金刑只能作为附加刑适用，而不能作为主刑加以适用，在有关金融犯罪的刑罚规定上也不能例外。但是，罚金刑在当今世界许多国家和地区的刑法中是作为主刑加以规定的，如意大利、日本、巴西、德国、瑞士、罗马尼亚、朝鲜。有些国家将罚金规定为既可作为主刑又可作为附加刑适用，如苏联、蒙古、阿尔巴尼亚、匈牙利。还有些国家的刑罚没有主刑与附加刑之分，仅根据排列顺序决定刑罚轻重，在适用方法上没有差别，如奥地利、印度、阿根廷、泰国。另外一些国家则把刑罚分为重罪之刑与轻罪之刑，罚金是一种轻罪之刑。应该说，大多数国家都比较重视罚金刑且一般均将罚金刑作为主刑加以规定的。据此，有学者认为，应当将罚金刑上升为主刑，通过提高罚金刑在刑罚体系中的地位，以引起司法机关和司法人员对适用罚金刑的重视，提高罚金刑的适用率，并改变人们相应的刑罚观念。〔1〕对此观点，笔者并不十分赞同。依笔者之见，尽管将罚金刑上升为主刑可能在某种程度上会改变人们的观念，但是，由于我国刑罚中的附加刑既可以独立适用也可以附加适用，其明显要比主刑的适用更为灵活和方便，就此而言，改变我国现有的刑罚体系将罚金刑上升为主刑，似无很大必要。其实，重要的不在于罚金刑是否应当列入主刑，而在于罚金刑的具体规定以及罚金刑宣判以后的实际执行情况。

就我国金融犯罪刑罚体系中罚金刑的适用而言，笔者认为，应从以下两个方面加以完善。

一方面，逐步减少倍比罚金制，代之以限额罚金制、百分比罚金制或无限额罚金制。正如前文所述，在我国金融犯罪中，共有3个罪名适用罚金刑的方式为倍比制，同时均将“违法所得”作为倍比的基数。而由于“违法所得”在司法实践中往往具有不确定性，有些犯罪虽然没有违法所得或者违法所得较少，但社会危害性很大，用“违法所得”作为判处罚金的基数，就会导致无法对行为人处以罚金的情况出现。《刑法修正案（六）》第11条将操纵证券、期货交易罪的罚金刑适用方式由原来的倍比制修正为无限额制，较好地解决了这一

〔1〕 参见高铭暄主编：《新型经济犯罪研究》，中国方正出版社2000年版，第109页。

难题。笔者认为，这次修正是金融犯罪罚金刑改革的序曲，以其他方式逐步取代倍比制是罚金刑适用方式改革的趋势。

另一方面，明确单位罚金刑的数额并对单位中的相关责任人员实施一定的经济制裁。过于宽泛的刑度容易导致量刑畸轻畸重，因而对单位判处罚金不能仅简单规定“对单位判处罚金”，而应明确规定具体的数额标准。笔者认为，对单位适用罚金刑，可直接实行限额罚金制或以单位的犯罪数额为基准，实行百分比罚金制。此外，需要指出的是，现行刑法有关对单位金融犯罪的两罚制规定中，大多数情况下只注重了对单位判处罚金，而对相关责任人员则强调处以较低的自由刑，一般并没有处以罚金的规定。其实，在单位实施的金融犯罪中，尽管“为单位谋利”且“利益归属单位”是单位金融犯罪的基本特征，但是，无论是直接负责的主管人员还是其他直接责任人员在决策和实施单位金融犯罪时，主观上仍然具有牟取非法利益的目的。因此，仅仅判处相应的犯罪单位以罚金，而忽视对相关责任人员的经济制裁，可能并不完全符合惩治金融犯罪的根本要求和刑法对金融犯罪设置罚金刑的目的。据此，我们理应在刑法中明确规定对单位中的相关责任人员也实施一定的经济制裁。

(二)合理增设金融犯罪的资格刑种类

现行刑法对于金融犯罪并没有设置资格刑的刑种。笔者认为，现行刑法有关金融犯罪的刑罚规定中没有设置资格刑的现状，明显存在不足，有必要加以完善。理由主要有以下几点。

首先，对于特定行业从业人员违法犯罪规定资格刑是完全必要的。理论上一般认为，资格刑包括剥夺一定的权利、禁止担任一定的职务、禁止从事一定的职业等。资格刑的种类主要有：一是职业禁止；二是行业禁止；三是限期整顿、刑事破产和解散。[1]但是，在我国，严格意义上的资格刑只有剥夺政治权利。对于我国刑法中的金融犯罪，即使实际存在剥夺政治权利终身的情况，但是对于大多数金融犯罪分子是不能适用剥夺政治权利的，这实际上就使大多数金融犯罪刑罚中资格刑的设置处于空白。更何况大多数行为人所实施的金融犯罪并不是利用政治权利进行的。换言之，即使剥夺了这些行为人的政治权利，也不可能妨碍其继续实施金融犯罪。然而，现实发生的许多金融犯罪，

〔1〕 参见周光权：《法定刑研究》，中国方正出版社2000年版，第138～139页。

大多都是利用某种从事某一行业资格实施的。例如，内幕交易、泄露内幕信息罪，操纵证券、期货市场罪等，行为人通常均是证券、期货市场从业人员。对于利用某种资格上的权利实施的金融犯罪，如果设置禁止从事一定金融业务的资格刑，无疑是惩治和预防金融犯罪的最佳选择。

其次，现行金融规范中设置的剥夺资格行政措施遏制作用不大，理应上升为附加刑。应该看到，我国相关的非刑法类金融规范规定了很多种类的资格制裁措施，如《商业银行法》第89条规定："商业银行违反本法规定的，国务院银行业监督管理机构可以区别不同情形，取消其直接负责的董事、高级管理人员一定期限直至终身的任职资格，禁止直接负责的董事、高级管理人员和其他直接责任人员一定期限直至终身从事银行业工作。"该法第27条规定了禁止担任董事、高级管理人员的情形——不得担任商业银行的董事、高级管理人员。《保险法》针对保险行业相关单位的违法行为，规定了"限制业务范围、责令停止接受新业务或者吊销经营保险业务许可证"等限制或者剥夺一定资格的行政处罚措施。《证券法》规定了"对直接负责的主管人员和其他直接责任人员给予警告，撤销任职资格或者证券从业资格，并处罚款"的行政处罚措施。我国《证券投资基金法》也规定了对"直接负责的主管人员和其他直接责任人员给予警告，暂停或者取消基金从业资格，并处罚款"的行政处罚措施。

虽然这些行政措施对行为人再实施相关犯罪具有一定的遏制作用，但由于这些制裁大多属于行政处罚性质的措施，更兼之这些规定非常零散的规定在各种金融法规中，不仅没有统一的标准和尺度，而且仅仅是一种行政处罚，其威慑作用比较有限。为使这些措施更有效果，应当将其上升为附加刑。

最后，刑法中对金融犯罪设置资格刑既能降低执法成本，也可以提高犯罪成本。理论上有学者以法经济学的角度，从刑罚执行成本和犯罪成本上对资格刑和监禁刑进行比较，得出剥夺特定职业从业资格的处罚方式，是我国刑法处罚方式的必要选择的结论："这是因为，在惩治和预防金融犯罪方面，监禁刑确实起到了至关重要的作用；但是，当我们从法经济学的视角重新审视金融犯罪的惩罚方式时，就会发现我国的处罚方式太过依赖于监禁刑，而没有针对金融犯罪的特点采取更为有效的处罚方式。所以，我国有必要增加资格刑（特殊从业资格），既能达到惩治与预防犯罪的作用，又能降低执法成本，同时还提高了犯罪成本，起到遏制犯罪的作用，而且有助于我国刑罚体系的完善和刑罚效益价值的增强，促进社会资源的合理配置，以达到最优的刑罚处罚方式。”[1]笔者认为，上述这一观点无疑具有较强的说服力，应该予以采纳。

综上所述，笔者认为，在我国刑法中有关金融犯罪的法定刑中增设包括剥夺从事金融职业资格或者某种金融活动资格刑是完全必要的。然而，《刑法修正案（八）》新设的禁止令仅能适用于管制、缓刑的范围有限，而且并不是刑罚种类，只是刑罚的执行方式。而可喜的是，《刑修九》新增了“从业禁止”的规定，有观点认为从业禁止是一种保安处分措施，笔者认为，从法条的位置和罪名的设置来看，从业禁止就是“非刑罚处罚措施”之一，尽管这个规定与独立设置金融犯罪资格刑的目标尚有一定的差距，但是的确进步不少。因此，禁止令和从业禁止的规定可以被认为是金融犯罪法定刑的一种进阶与完善，这更加显示出了在我国现行《刑法》中独立设置资格刑的必要性和可行性。具体而言，我们可在金融犯罪的法定刑中，对实施金融犯罪的单位，设置限期整顿或者解散等附加刑；而对实施金融犯罪的自然人，设置剥夺一定期限或者终身从事金融行业资格的附加刑。

（三）完善金融犯罪的刑罚幅度

金融犯罪刑罚幅度太大，是刑罚资源过量投入的表现，从而也反映了我国目前对金融犯罪惩治“厉而不严”的现状。优化金融犯罪各罪的法定刑幅度，一方面需要进一步完善其犯罪构成要件，使基本构成要件、加重构成要件或减轻构成要件尽量具体化、明确化；另一方面就应该尽量缩小同一档次内的法定刑跨度，使法定刑档次的设置更具有确定性和可操作性。笔者认为，具体可从以下两个方面对金融犯罪的刑罚幅度加以完善。

一方面，细化量刑档次。对于法定最高刑为三年有期徒刑或五年有期徒刑的，可以只设一个量刑档次；对于法定最高刑为七年有期徒刑的，可以划分为两个量刑档次：三年以下有期徒刑或拘役，三年以上七年以下有期徒刑；对于法定最高刑为十年有期徒刑的，可以划分为三个量刑档次：三年以下有期徒刑或拘役，三年以上七年以下有期徒刑，七年以上十年以下有期徒刑；对于法定最高刑为十五年有期徒刑的，可以划分为三个量刑档次：五年以下有期徒刑，五年以上十年以下有期徒刑，十年以上有期徒刑；对于法定最高刑为无期

[1] 参见刘瑞瑞、张大志、石泉：《论金融犯罪的刑罚配置》，载《行政与法》2006年第1期。

徒刑的，也可以划分为三个量刑档次：五年以下有期徒刑，五年以上十年以下有期徒刑，十年以上有期徒刑或无期徒刑。

另一方面，减少同一量刑档次内可供选择的刑种。根据上述量刑档次的划分及资格刑的增设，笔者认为，在同一量刑档次中，至多配置两个主刑，并根据需要相应配置一至两个附加刑，或单科或并科。具体而言，对于主刑为拘役或三年以下有期徒刑的，并处或单处罚金；对于主刑为三年以上有期徒刑到七年以下有期徒刑的，可以并处罚金；对于主刑为七年以上有期徒刑的，可以并处罚金或没收财产，根据具体犯罪并处资格刑；对于主刑为无期徒刑的，可以并处罚金或没收财产，根据具体犯罪并处资格刑，同时根据刑法规定，并处剥夺政治权利终身。

第三节　共同金融犯罪若干理论问题研究

我国《刑法》第25条规定：共同犯罪是二人以上共同故意犯罪。金融犯罪具有行为内容复杂且对犯罪手段技术要求较高等特征，有许多犯罪行为必须经过多层面、多环节的配合、合作才能完成。特别是随着我国金融市场不断发展，在共同故意下实施共同金融犯罪的情况将会越来越普遍。正因如此，研究共同金融犯罪问题具有特别重要的意义。

一、无特定身份的人能否犯要求是特定身份的金融犯罪

在共同金融犯罪中，非特殊主体能否犯刑法规定要求是特殊主体的金融犯罪？这是一个争议较大的问题。刑法理论上一般认为，只要达到法定年龄并具有刑事责任能力就可以构成犯罪的主体为一般主体；而刑法中构成某些犯罪除具备一般主体条件之外，还须具备特定的身份才能构成，这个特定的身份，在我国刑法理论中称为特殊主体，在国外刑法理论中通常称作“身份犯”。这种情况在金融犯罪中同样也存在，有些金融犯罪刑法明确对行为人主体身份有特殊的要求，也就是说要构成这些犯罪除行为人达到法定年龄、具有刑事责任能力外，还必须具有一定的法律所规定的身份。例如，内幕交易、泄露内幕信息罪的犯罪主体必须是证券、期货交易内幕信息的知情人员或者非法获

取证券、期货交易内幕信息的人员，也即理论上所称的“法定内幕人”和“非法定内幕人”；诱骗投资者买卖证券、期货合约罪的犯罪主体则必须是证券交易所、期货交易所、证券公司、期货经纪公司的从业人员，证券业协会、期货业协会或者证券、期货监督管理部门的工作人员。

某些犯罪由于刑法规定只能由具有特定身份的人才能构成，因此，在单独犯罪中不具有特定身份的人不能单独构成该罪，这在刑法理论上早已有了定论。但是，在共同犯罪中非特殊主体能否构成要求是特殊主体的犯罪？这则是刑法理论上和实践中有关共同犯罪（包括共同金融犯罪）的一个重要研究课题。刑法理论通说认为，非特殊主体可以构成要求是特殊主体的犯罪的共犯。〔1〕但也有学者从应然角度提出相反的看法，认为无特定身份者不应该成为有特定身份要求的犯罪的共犯。处在不同社会地位的人，只要有法律规则的规定，总是有着不同的权利和义务，权利和义务总要向一致的要求尽量靠拢。于是在刑法上，特殊的主体资格从普通的主体资格中裂变出来，特殊主体所享受的权利，普通主体不能去分得一杯羹；特殊主体所承受的义务，普通主体也不能去平分秋色。特殊主体当然可以构成任何一个普通主体可以构成的犯罪，但因权利使然，命其承受从重处罚的义务。而普通主体却不能构成只有特殊主体才能构成的犯罪，同样又是义务使然。〔2〕

笔者赞同上述通说的观点，即认为无特定身份者可构成有特定身份要求的金融犯罪的共犯，理由主要有二。

其一，无特定身份者可构成有特定身份要求的金融犯罪的共犯具有一定的法律依据。尽管这种情况在有关金融犯罪的刑法规定中没有专门的规定，但在刑法其他有关条文中则有反映。例如，我国《刑法》第198条第4款规定：“保险事故的鉴定人、证明人、财产评估人故意提供虚假的证明文件，为他人诈骗提供条件的，以保险诈骗的共犯论处。”分析这一条文，不难发现，保险诈骗罪的主体，即只有投保人、被保险人和受益人才能构成，保险事故的鉴定人、证明人和财产评估人不符合保险诈骗罪特殊主体的身份要求，但刑法明确规定，只要他们故意提供虚假的证明文件，就可以构成保险诈骗罪的共犯。类似的情况在《刑法》第382条第3款贪污罪的规定中也有体现：“与前两款所列人

〔1〕 杨春洗、杨敦先主编：《中国刑法论》，北京大学出版社2001年版，第97页。
〔2〕 杨兴培、何萍：《非特殊身份人员能否构成贪污罪的共犯》，载《法学》2001年第12期。

员勾结，伙同贪污的，以共犯论处。”由于刑法在贪污罪的规定中明确指出其主体只能是国家工作人员，非国家工作人员不能成为贪污罪的主体，但是，在共同犯罪中，非国家工作人员则可能犯国家工作人员才能构成的贪污罪。另外，这种情况在相关的刑法司法解释中也有明确规定。例如，最高人民法院2000年7月8日颁布的《审理贪污、职务侵占案件如何认定共同犯罪几个问题的解释》中规定，不具有国家工作人员身份的“行为人与国家工作人员勾结，利用国家工作人员的职务便利，共同侵吞、窃取、骗取或者以其他手段非法占有公共财物的，以贪污罪共犯论处”。笔者认为，上述刑法以及司法解释的规定无疑提供了无特定身份者可构成有特定身份要求的金融犯罪的共犯的依据，在处理共同金融犯罪案件中，完全可以按照这些规定的精神执行。

其二，无特定身份者构成有特定身份要求金融犯罪的共犯没有违背权利义务的一致性原则。笔者认为，上述否定说中的主要观点尽管在强调权利义务的一致性上有一定的道理，但这一看法中存在的片面性也是相当清楚的。最明显的是，这一观点实际上是站在单独犯罪的角度来分析共同犯罪的情况，由此得出的结论就很难能做到全面完整。权利义务的一致性是要求所在，但是在共同犯罪和单独犯罪中这一要求内容是不完全一样的。就单独犯罪而言，无特定身份者既然不能享受有特定身份者的权利，当然也就不能去承担有特定身份者才能承担的义务，即无特定身份者不能构成要求是特定身份才能构成的犯罪。但是，共同犯罪较单独犯罪而言有其特殊性，集中表现为共同犯罪的整体性特征，也即虽然共同犯罪是由“二人以上”实施的，但由于数个行为人所具有的“共同故意”就把他们实施的“共同行为”聚合成一个整体行为。在一个整体行为中，无特定身份者与有特定身份者在共同实施犯罪行为时，可以说已经享受了原只能由有特定身份者才能享受的利益，或者说他事实上已经享受了权利，让其承担相应的义务也是理所当然的。例如，在非国家工作人员与国家工作人员构成的共同贪污罪中，非国家工作人员与国家工作人员勾结、利用国家工作人员的职务便利，共同侵吞、窃取、骗取或者以其他手段非法占有公共财物，其中非国家工作人员实际上已经享受到了其单独犯罪时所不可能取得的利益（利用职务便利占有公共财物的利益）。所以刑法规定与国家工作人员勾结，伙同贪污的，以共犯论处，是完全符合刑法基本理论的，并不会有如上述否定说所讲的那种违背了权利与义务的一致性情况存在。

由此可见，在共同金融犯罪中，无特定身份者完全可能成为要求特定身份才能构成的金融犯罪的犯罪主体。

二、无特定身份者是否可以成为共同金融犯罪的实行犯

在共同金融犯罪中，无特定身份者是否可以成为共犯中的实行犯，刑法理论上存在否定说和肯定说两种意见。

“肯定说”认为，在某些情况下，不能排除无身份之人与有身份之人可以构成真正身份犯的共同实行犯，具体说来，有以下三种情况：其一，当真正身份犯的实行行为为复合行为，而无身份之人可以实施其中部分实行行为时；其二，当真正身份犯为职务犯罪，而其职务便利可以为无身份者与有身份者同时利用时；其三，真正身份犯之罪与一般主体身份之罪在客观行为上存在竞合，无身份之人与有身份之人共同实行犯罪行为。〔1〕

“否定说”则认为，具有特定身份的人与没有特定身份的人之所以不能构成法律要求犯罪主体具有特定身份的犯罪的共同实行犯，就在于没有特定身份的人不可能实施法律要求犯罪主体具有特定身份的犯罪的实行行为。因为身份是犯罪主体的构成要素之一，身份决定着犯罪主体的性质。身份总是和犯罪主体的权利与义务相联系的，尤其是法定身份，其身份是由法律赋予而具备的，如我国刑法中规定的贪污罪、受贿罪，利用职务上的便利是其犯罪行为的一个必不可少的组成部分。因此，是否利用职务上的便利，就成为确定其行为性质的重要标准。〔2〕

笔者赞同“否定说”的观点，认为在共同金融犯罪中，无特定身份者不可能成为有特定身份要求的金融犯罪的实行犯，理由如下。

对于我国刑法规定的犯罪实行行为，应该作完整、全面和实质上的理解。无特定身份者实施部分有特定身份者构成犯罪的行为，并不就等于实施了该罪的实行行为。实行行为是由刑法分则规定的客观要件中的全部行为，实行行为必须包含该种犯罪的罪质行为。理论上一般认为，实行行为包括单一行为和复合行为。单一实行行为较易确定。就复合实行行为而言，应注意掌握以下三个特点。其一，规范性，即复合实行行为必须符合刑法分则条文所规定

〔1〕 冯英菊：《共同犯罪的定罪与量刑》，人民法院出版社2002年版，第271页。

〔2〕 陈兴良：《共同犯罪论》，中国社会科学出版社1992年版，第356～357页。

的行为特征。复合实行行为是构成行为的一种，这决定了其不具有任意性，也不属于单纯学理解释范畴，它取决于刑法规范所规定的具体犯罪的行为要件的内容。其二，整体性，即复合实行行为所包含的两个以上行为必须作为一个有机整体看待。从自然的角度来看，复合实行行为虽然是两个以上的行为，但是它们之间必须相互结合起来进行理解。其三，实质性，即复合实行行为中所包含的几个行为并非无主次之分，它们都是围绕着一个核心行为而展开的，该核心行为即是罪质行为。未实施罪质行为，就不能看成是实行行为。以受贿罪为例，非国家工作人员实施帮助国家工作人员收受或者索取贿赂的行为不是受贿罪的实行犯。从行为的实质性上说，利用职务便利的行为是受贿罪的罪质行为，受贿罪的实行犯，必须是能够实施利用职务上的便利的行为者。从实行行为的整体性上讲，受贿罪的实行行为是一个完整的行为样态，不仅要求行为人实施了利用职务上的便利的行为，而且还必须实施了收受或者索取他人财物的行为。仅仅实施部分收受财物行为，不能片面理解为受贿罪的实行犯。

同样的情况在诱骗投资者买卖证券、期货合约罪中也一样。如果行为人帮助证券交易所、期货交易所、证券公司、期货经纪公司的从业人员，证券业协会、期货业协会或者证券监督管理部门的工作人员实施了诱骗投资者买卖证券、期货合约的行为，这种帮助行为不是本罪的实行犯。因为，从实行行为的实质性上说，故意提供虚假信息或者伪造、变造、销毁交易记录的行为是本罪的罪质行为，只有这种行为才真正与本罪的身份要求具有实质的联系，而这种行为也只有相关证券、期货机构的工作人员实施才可以真正起到“诱骗投资者买卖证券、期货合约”的作用。所以，诱骗投资者买卖证券、期货合约共同犯罪中的实行犯，必须是能够实施提供虚假信息或者伪造、变造、销毁交易记录的相关证券、期货机构的工作人员。从实行行为的整体性上说，诱骗投资者买卖证券、期货合约罪的实行行为是一个完整的行为样态，不仅要求行为人实施了提供虚假信息或者伪造、变造、销毁交易记录的行为，而且还必须实施了诱骗投资者买卖证券、期货合约的行为。如果行为人仅仅实施诱骗投资者买卖证券、期货合约行为，不能理解为是诱骗投资者买卖证券、期货合约罪的实行犯。

三、无特定身份者与特定身份者共同金融犯罪应该如何定性

在无特定身份者与有特定身份者实施的共同金融犯罪中，究竟应以要求特定身份的金融犯罪定性还是以不要求特定身份的金融犯罪定性，这在司法实践和刑法理论上也颇有争议。例如，无特定身份者与证券交易所、期货交易所、证券公司、期货经纪公司的从业人员，证券业协会、期货业协会或者证券监督管理部门的工作人员勾结诱骗投资者买卖证券、期货合约，是以编造并传播证券、期货交易虚假信息罪定罪，还是以诱骗投资者买卖证券、期货合约罪定罪？笔者认为，对这一问题必须分情况对待。

其一，如果有特定身份者实施了实行行为时，一般情况下应以该特定身份者才能构成的金融犯罪定性。例如，上述无特定身份者与特定身份者勾结实施诱骗投资者买卖证券、期货合约行为的情况，只要是证券交易所、期货交易所、证券公司、期货经纪公司的从业人员，证券业协会、期货业协会或者证券监督管理部门的工作人员故意实施了提供虚假信息或者伪造、变造、销毁交易记录行为的，对于无特定身份者也应以诱骗投资者买卖证券、期货合约罪定罪。这一精神在最高人民法院《关于审理贪污、职务侵占案件如何认定共同犯罪几个问题的解释》中已有体现："行为人与国家工作人员勾结，利用国家工作人员的职务便利，共同侵吞、窃取、骗取或者以其他手段非法占有公共财物的，以贪污罪共犯论处。"

其二，如果有特定身份者未实施实行行为时，则应以无特定身份者的金融犯罪性质定罪。再以上述无特定身份者与特定身份者勾结实施诱骗投资者买卖证券、期货合约为例，如果证券交易所、期货交易所、证券公司、期货经纪公司的从业人员，证券业协会、期货业协会或者证券监督管理部门的工作人员没有实施提供虚假信息或者伪造、变造、销毁交易记录行为，则对有关行为人只能以编造并传播证券、期货交易虚假信息罪认定。

总之，笔者认为有特定身份者与无特定身份者构成的共同金融犯罪是否以身份犯性质的金融犯罪定罪，并非只看有无特定身份者参与了有关金融犯罪，关键要看有特定身份者是否实施了实行行为。如果有特定身份者并没有实施实行行为，就不能以身份犯性质的金融犯罪定罪。

四、单位共同金融犯罪应如何定性

我国刑法对于大多数金融犯罪均规定单位可以成为犯罪主体。在这种情况下，单位作为一个完整的主体，其与自然人一起构成共同金融犯罪就成为一种可能。例如，某些单位以非法占有为目的，与某些个人共同实施票据诈骗的行为，严重侵犯金融机构的金融管理秩序和财产权利，这种情况即属于自然人与单位实施的共同金融犯罪。自然人与单位构成的共同金融犯罪，一般是指一个或者数个单位与该单位以外的一个或者数个自然人相勾结而实行的共同金融犯罪。同样，单位与单位之间完全可以构成共同金融犯罪。实际上刑法司法解释中已经出现了类似的规定，例如，1998年最高人民法院《关于审理骗购外汇、非法买卖外汇刑事案件具体应用法律若干问题的解释》第1条第2款明确规定："非国有公司、企业或者其他单位，与国有公司、企业或者其他国有单位勾结逃汇的，以逃汇罪的共犯处罚。"2001年1月21日最高人民法院印发的《全国法院审理金融犯罪案件工作座谈会纪要》明确指出："两个以上单位以共同故意实施的犯罪，应根据各单位在共同犯罪中的地位、作用大小，确定犯罪单位的主、从犯。"由此可见，对于认定和处理单位与单位构成的共同金融犯罪，已经没有法律适用上的障碍了。

需要指出的是，在认定和处理单位与单位构成的共同金融犯罪中，应注意以下两种情况：有的自然人与其他自然人相互以单位名义实施共同金融犯罪，但犯罪所得归个人所有；还有的自然人以单位名义与其他单位实施共同金融犯罪，并将其中部分犯罪所得归个人所有。笔者认为，上述这些情况均不能以单位与单位共同金融犯罪认定和处理。因为，在自然人犯罪与单位犯罪的区别中，最大的界限无疑是利益的归属问题。如果犯罪所得归个人所有的，即使是以单位名义实施的也不能视为单位金融犯罪，由此而形成的共同金融犯罪当然也就不可能是单位与单位共同金融犯罪了。另外，有的自然人与其他自然人为进行金融违法犯罪活动而专门设立单位并以此单位名义共同实施金融犯罪；还有的自然人为进行金融违法犯罪活动而专门设立单位并以此单位名义与其他单位共同实施金融犯罪。对于这些情况也不应视为单位与单位共同金融犯罪。因为，自然人为进行金融违法犯罪活动而设立的单位所实施的金融犯罪，理应属于自然人实施的金融犯罪，不能作为单位实施的金融犯罪处理。同样，自然人设立单位后，以实施金融犯罪为主要活动的，也不能以单位实施的金融犯罪处理，以此单位与其他单位进行共同金融犯罪的也不能视为单位与单位共同金融犯罪。这些内容均已经在相关的刑法司法解释中有了规定，在处理单位与单位构成的共同金融犯罪中理应贯彻这些规定的精神。

五、片面合意是否存在共同金融犯罪问题

在研究共同金融犯罪的主观罪过时，关于片面共同金融犯罪的问题很值得专门进行探讨。所谓片面共同金融犯罪是指行为人的一方有意帮助另外一方的行为人实施共同金融犯，而另外一方行为人并不知道其行为是在他人帮助之下完成的情况。这种情况中的帮助他人实施犯罪的一方与被帮助的一方是否构成共同金融犯罪？这实际上涉及片面共犯是否属于共同犯罪的问题。

对于片面共犯是否属于共同犯罪，刑法理论界一直有“肯定说”和“否定说”之争。“肯定说”认为，片面共犯能否成立共同犯罪，关键是如何理解共同犯罪故意的主观联系。全面共同故意与片面共同故意之间并不是主观联系有无的区别，而只是主观联系方式的区别，或者说，全面共犯和片面共犯在共同犯罪故意的内容上只有量的差别，而没有质的差别。[1]片面教唆犯和片面实行犯是不可能发生的，而单方面帮助他人犯罪、他人不知道的情况，在社会中是客观存在的，对此，以从犯处理为宜。[2]不将片面帮助犯作为共同犯，就无法追究帮助犯的刑事责任，这显然会放纵犯罪分子。[3]

“否定说”认为，片面共犯的提法本身就是自相矛盾的。其一，按照通说，作为一种共同犯罪，各犯罪人都应当不但认识到自己在实施危害行为，而且认识到是在与他人一起实施危害行为。而在所谓片面共同犯罪的情形中，各犯罪人并非都知道不单是自己在实施危害行为，而且有他人一起实施危害行为，那有人知道、有人不知道这种情况。可见，在所谓的片面共同犯罪的场合，行为人缺乏共同犯罪的认识因素；而认识因素的存在是意志因素存在的前提，认识因素的缺乏又必然导致意志因素的缺乏。其二，在司法实务中，对片面共犯是作为单独犯罪论处的。因此，问题的关键不在于是否承认片面共犯，而在于

〔1〕 陈兴良：《共同犯罪论》，中国社会科学出版社1992年版，第115～116页。
〔2〕 高铭暄、马克昌主编：《刑法学》，北京大学出版社、高等教育出版社2000年版，第171页。
〔3〕 冯英菊：《共同犯罪的定罪与量刑》，人民法院出版社2002年版，第303页。

立法上如何规定片面共犯这种情形。比较可行的解决方法应当是在刑法当中直接对片面共犯这类情形作出专门规定。[1]

笔者赞同上述“肯定说”的观点，并认为承认一定范围内的片面共犯为共同金融犯罪与我国刑法中的共同犯罪理论并不对立，而且符合司法实践的需要，并具有一定的法律依据。

首先，从刑法理论上分析，共同金融犯罪的故意不同于单个人的共同金融犯罪故意，它不仅要求各共同金融犯罪人有对自己在实施共同金融犯罪行为的认识而且还要求认识到自己是与他人一起在实施共同金融犯罪，缺少后一方面的认识，就不能成立共同故意。只要行为人具有这些认识，就应当可以认为行为人的主观方面已经符合了理论上对共同犯罪人的要求。至于这种认识是否具有全面性或相互性则不应该成为硬性要求，也即刑法中有关共同犯罪的理论对于共同犯罪人的要求也仅仅只是从各个单方面的角度提出相关的认识因素和意志因素的要求，而并没有对各个共同犯罪人相互之间的认识提出要求。就此而言，可以说共同犯罪中的共同故意实际上既包括互相认识的形态（全面共同故意）也包括单方认识的形态（片面共同故意）。换言之，行为人只要在主观上认识到自己是与他人一起在实施共同金融犯罪，并将自己的故意和行为与他人的故意和行为融合在一起，就其个人分析已经完全符合共同金融犯罪人单方面构成的主客观条件，至于对方（他人）是否也有同样的认识，实际上是决定对方是否构成共犯的因素，如果对方具有这种认识且也将自己的故意和行为与别人的故意和行为融合在一起，那么，对方也构成共犯，反之，对方则不构成共犯而应该单独按照相关犯罪论处。由此可见，上述否定片面共犯存在的观点，实际上是以对方的认识为依据，而在片面合意的情况下，无论对方是否存在共同故意，实际上均无法成为决定或影响行为人认识内容的因素。因此，将片面共犯按照共同金融犯罪处理并不违背刑法中共同犯罪的一般原理。

其次，从司法实践的需要分析，将片面共犯按共同金融犯罪论处也是实践中处理案件的需要。由于在金融犯罪中片面共犯具有相当的社会危害性，因此，对片面共犯需要追究刑事责任是大家已经达成的共识。但是，由于片面共

---

〔1〕 阴建峰、周加海主编：《共同犯罪适用中疑难问题研究》，吉林人民出版社2001年版，第124～125页。

犯所实施的行为并不能直接表现为刑法中所规定的共同金融犯罪的行为，这就给司法实践中处理这类案件带来一定的困难。笔者认为，只有按照共同犯罪的理论才能对片面共犯中的有意帮助他人实施共同金融犯罪的这一方进行处理，除此之外别无他法。也就是说，如果对某些片面共犯不以与实行犯相连的共同金融犯罪论处，完全可能失去追究共同金融犯罪中片面共犯刑事责任的基础。这是因为在这种情况下只有实行犯的行为才能真正反映共同金融犯罪的行为特征，而帮助者的行为有时不能直接体现共同金融犯罪的行为特征，如果将帮助者的行为与实行犯的行为割裂开来，就其单纯的帮助行为分析是无法按照共同金融犯罪的刑法规定追究其刑事责任的。只有将这种帮助行为与实行行为看作是一个整体，并以共同金融犯罪的实行行为作为定性的依据，追究帮助者共同犯罪的刑事责任。

最后，从法律依据上分析，笔者认为，对于片面共犯作为共同金融犯罪处理是有法律依据的。事实上，有关的内容已经在我国现行刑法的规定中有所体现。例如，《刑法》第198条第4款规定，“保险事故的鉴定人、证明人、财产评估人故意提供虚假的证明文件，为他人诈骗提供条件的，以保险诈骗的共犯论处”。这里实际上存在实施保险诈骗行为人知道鉴定人、证明人、财产评估人故意为自己提供条件的情况，也存在实施保险诈骗的行为人并不知情，但鉴定人、证明人、财产评估人则有意为他人诈骗提供条件的情况，因而不能排除存在片面共犯的可能性。另外，1998年12月29日全国人大常委会《关于惩治骗购外汇、逃汇和非法买卖外汇犯罪的决定》第1条第3款的规定表现更明显，该规定指出：“明知用于骗购外汇而提供人民币资金的，以共犯论处。”这一规定中理应存在骗购外汇者并不知道他人提供人民币资金者是给予他帮助的情形，也即存在骗购外汇片面共犯的可能性。对于这种情况，决定明确规定要以共犯论处，这无疑为我们提供了以共同犯罪追究片面共犯刑事责任的法律依据。同样的刑法规定在其他犯罪中也存在，例如，《刑法》第363条第2款规定：“明知他人用于出版淫秽书刊而提供刊号的，依照前款的规定处罚。”这里实际上存在制作、复制、出版、贩卖、传播淫秽物品者知道书号持有者在给予帮助的情形，也存在不知道的情况，因而也不能排除存在片面共犯的可能性。

值得一提的是，笔者的上述观点也得到了相关司法解释的认同，即与上述刑法规定类似的内容在有关刑法司法解释中同样也存在。例如，1998年12月

11日最高人民法院《关于审理非法出版物刑事案件具体应用法律若干问题的解释》第1条规定："明知出版物中载有煽动分裂国家、破坏国家统一或者煽动颠覆国家政权、推翻社会主义制度的内容，而予以出版、印刷、复制、发行、传播的，依照《刑法》第一百零三条第二款或者第一百零五条第二款的规定，以煽动分裂国家罪或者煽动颠覆国家政权罪定罪处罚。"又如，2004年12月22日最高人民法院和最高人民检察院《关于办理侵犯知识产权刑事案件具体应用法律若干问题的解释》第16条规定："明知他人实施侵犯知识产权犯罪，而为其提供贷款、资金、账号、发票、证明、许可文件的，或者提供生产、经营场所或者运输、储存、代理进出口等便利条件帮助的，应以侵犯知识产权犯罪的共犯论处。"司法解释之所以如此规定，原因在于时下相关犯罪在不少地方已经出现了家庭式经营、规模化、组织化的特征，出现了为直接实施有关犯罪人提供各种便利条件或者帮助的行为，但对这类行为如何查处，实践中存在不同的认识。显然在这些司法解释中确实提出了具体对这些行为定罪处罚的要求和标准，而相关规定中确实包含了片面共犯问题，即在明知他人实施相关犯罪，并在他人不知道的情况下，为实施相关犯罪者提供贷款、资金、账号、发票、证明、许可文件的，或者提供生产、经营场所或者运输、储存、代理进出口等帮助的，或者对有煽动分裂国家、破坏国家统一内容的出版物，"予以出版、印刷、复制、发行、传播"的，对此也应以相关犯罪的共同犯罪论处。由此可见，对于片面共犯作为共同金融犯罪处理是有比较充分的法律依据的。

应该指出的是，尽管笔者主张在金融犯罪中有可能存在片面共犯的特殊共同犯罪形态，但并非认为这种特殊形态可以存在于所有的共同金融犯罪之中。在我国刑法有关金融犯罪的规定中，有的条文（例如，操纵证券、期货交易价格罪）明确使用"合谋""串通"等词，共犯之间的双向意思联络要求十分明显、具体，在这些共同金融犯罪中就没有片面共犯存在的可能性。因为，如果行为人一方有意帮助另一方实施金融犯罪，而另一方并不知道自己的金融犯罪行为是在他人的帮助之下完成的，就根本谈不上会有"合谋"和"串通"行为的存在，对他们的行为也就不能以共同金融犯罪处理。

第二章 信用卡犯罪的刑法规制

第一节 涉信用卡犯罪对象的评析与认定

随着我国社会主义市场经济的不断完善与人民生活水平的不断提升，信用卡在国家经济、金融和社会发展以及人们经济生活中所起的作用越来越明显和突出，并已经成为人们经济与金融生活极为重要的组成部分。信用卡的安全发行与使用以及信用卡市场的稳健运行是各国金融监管工作所高度重视和关注的问题。而涉信用卡犯罪的滋生和蔓延已然成为破坏信用卡市场管理秩序相当重要的因素。为维护国家金融市场建设与人民社会经济生活的顺利进行，我们必须合理惩治和有效防控涉信用卡犯罪。

犯罪对象是指我国刑法分则条文规定的具体犯罪行为所直接作用的或者对之施加影响的、客观存在的具体的人或者物。犯罪对象与犯罪客体有着紧密的联系。犯罪对象反映着犯罪客体，是犯罪客体的存在和表现形式，犯罪客体则是隐藏在犯罪对象背后的犯罪的实质内容。就此而言，笔者认为，涉信用卡犯罪的对象既反映了实施涉信用卡犯罪的行为人客观行为所侵犯社会关系的载体，也充分体现了实施涉信用卡犯罪的行为人实施危害行为的具体手段，并进而反映行为社会危害性的程度。因此，科学、全面地评析及认定涉信用卡犯罪的犯罪对象，对于涉信用卡犯罪的准确定罪量刑及有效防控等，无疑具有重要的价值和意义。

一、宏观识别：涉信用卡犯罪对象的实体评析

涉信用卡犯罪的对象不仅可以从金融业务的具体形式进行认识，如由金融行政法律法规规定的贷记卡、准贷记卡与借记卡、主卡与附属卡、单位卡与个人卡，而且可以从刑法规定的不同信用卡形式进行认识，我国刑法规定的信用卡形式主要有：伪造的信用卡、以虚假的身份证明骗领的信用卡、他人信用卡、作废的信用卡、空白信用卡、伪造的空白信用卡与信用卡信息资料。因此，通过理解和认定这七种刑法明确规定的信用卡形式，可以对涉信用卡犯罪的对象予以较为全面的实体评析，进而从宏观上识别和把握涉信用犯罪对象之实质内涵。

（一）伪造的信用卡

所谓伪造的信用卡，是指未经国家主管部门批准的单位或个人以各种方法制造并输入了用户相关信息且外观上与物理性质上类似真实信用卡的卡片。与一般伪造类的行为有所不同，伪造信用卡行为的最终实现需要对信用卡加载具有使用价值的财产信息，故而对于一般信用卡的伪造通常有两种：一种是仿制卡，即先模仿信用卡的质地、模式、图样制作外壳，再写入磁条密码等信息制造而成的信用卡；另一种是狭义变造卡，是指在真卡的基础上进行伪造，主要是在过期卡、作废卡、盗窃卡、丢失卡等各种原先具有真材实质的信用卡上加载具有使用价值的财产信息，如重新压印卡号、有效期和姓名或者对信用卡磁条进行重新写磁，或者是对非法获取的发卡银行的空白信用卡进行凸印、写磁而制成的信用卡。尽管法律中并未明确规定变造信用卡的行为，但由于这种变造的行为必须通过重新压印或重新写磁等过程才能完成，因而理论上和司法实践中一般认为，变造的信用卡应当属于伪造的信用卡，这也是由信用卡自身的特殊性所决定的。信用卡具有身份性，即信用卡上记载着合法持卡人的个人资料，仅从外观上伪造信用卡，即使再逼真，也不足以使该假信用卡具有使用价值。合法持卡人的个人资料包括以电子数据形式记录在信用卡磁条上的用户资料和持卡人自设的密码，并且该个人资料同时由发卡机构所保存。只有持卡人的个人信息资料与发卡机构保存的信息资料相吻合，该信用卡才具有相应的功能。因此，在曾经有效但现已失效的信用卡的基础上进行变造后形成的信用卡，其实质就是伪造的信用卡。

（二）以虚假的身份证明骗领的信用卡

所谓以虚假的身份证明骗领的信用卡，是指行为人在办理信用卡申领手续时，使用虚假的身份证明骗取金融机构信任而获得的信用卡。所谓虚假的身份证明，除了常见的虚假的身份证、户籍证、学生证、工作证、加盖公章的介绍信、现役军官的军官证、士兵证、护照等之外，还可以包括虚假的其他资信证明材料或相关的担保材料。以虚假的身份证明骗领的信用卡在实在性、功能性方面与真实的信用卡没有区别，但是其在合法性上存在重大缺陷，即卡的名义持有人信息与卡的真正持有人信息并不对应，甚至名义上的“持卡人”本来就不存在，即使利用该信用卡进行巨额透支，银行也无从查证，更无法挽回经济损失。因此，这种卡的存在具有较大的社会危害性，其社会危害性突出表现为对金融机构资金安全构成了现实的威胁。

（三）他人信用卡

所谓他人信用卡，一般是指他人申领的合法有效的信用卡，但对于我国刑法中所规定的“冒用他人信用卡”中的“他人信用卡”是否包括他人“伪造的信用卡”或“作废的信用卡”，理论上也有不同的观点：有人认为，冒用他人信用卡也可能是冒用他人作废的信用卡；〔1〕也有人认为，冒用他人信用卡不能包括冒用他人作废的信用卡，应将冒用他人作废的信用卡应视为“使用作废的信用卡”。〔2〕笔者同意后一种观点，事实上从刑法条文使用“冒用”一词中，就可以看出“冒用他人信用卡”中的“他人信用卡”只能是他人真实有效的信用卡，也即既然是“冒用”，就应该是他人真实有效的信用卡，如果是他人作废的信用卡也就不会发生所谓“冒用”的问题，而应该只是“使用”的问题。更由于刑法条文中规定的“使用作废的信用卡”中并没有排除“使用他人作废的信用卡”的情况，因而将“使用他人作废的信用卡”归入刑法规定的“使用作废的信用卡”中是符合立法原意的。另外，“他人信用卡”也不包括他人使用虚假的身份证明骗领的信用卡。这是因为使用虚假的身份证明骗领的信用卡表面上是真卡，即这种卡不仅可以直接使用，而且是由发卡机构发行的，只是领卡人是以虚假身份骗领的而已，通俗地说，也即卡是真的而人是“假”的。但

〔1〕 李卫红：《论信用卡诈骗罪》，载《政法论坛》2000年第4期。

〔2〕 王志祥、杨卉青：《信用卡诈骗罪若干问题研究》，载赵秉志主编：《新千年刑法热点问题研究与适用》，中国检察出版社2001年版，第1391页。

是如上文所述，由于刑法已经将“使用以虚假的身份证明骗领的信用卡”设定为信用卡诈骗罪中的一种单独行为方式，因而这里所谓的“他人信用卡”就应当从刑法意义上排除以虚假的身份证明骗领的信用卡。

（四）作废的信用卡

对于“作废的信用卡”，理论上一般认为是指因法定原因而失去效用的信用卡，主要包括三种情形：其一，信用卡超过有效使用期限而自动失效；其二，信用卡因持卡人在信用卡有效期限内中途停止使用，并将该信用卡交回发卡机构而失效；其三，信用卡因挂失而失效。除了这三种情况，理论上对于涂改卡是否应该算作“作废的信用卡”颇有争议：有人认为，涂改卡也应视为“作废的信用卡”；〔1〕也有人认为，涂改卡不应视为“作废的信用卡”，而应视为“伪造的信用卡”，因为被涂改前的信用卡既然已因挂失或取消而被列入止付名单，就说明其已失去效用，此后在此作废的信用卡上所实施的涂改、加工行为纯粹就是一种伪造行为。〔2〕

笔者同意上述第二种观点，即涂改卡不应视为“作废的信用卡”而应视为“伪造的信用卡”。应该看到，司法实践中的涂改卡实际上包含两种情况：在失效卡上涂改、加工后形成的卡和在有效卡上涂改、加工后形成的卡。对于在失效卡上涂改、加工后形成的卡，应该视为“伪造的信用卡”。这是因为，伪造的信用卡的本质在于作为伪造行为实施对象的信用卡已经不具有合法有效的权利设定，伪造行为非法创设了全新的虚假权利内容，从而使得行为人能够通过信用卡的使用行为实现支付或者提现。在行为人涂改、加工前，如果根本就没有真实有效的信用卡存在，即便失效卡在失效之前曾是信用卡，但一旦失效后就不存在有效的权利内容，就不能作为信用卡对待。故而只能将对失效卡进行涂改、加工后形成的卡视为伪造的信用卡。需要指出的是，行为人在有效卡上涂改、加工因而形成的卡，也应视为“伪造的信用卡”，而不应以“作废的信用卡”对待。这是因为，尽管在行为人涂改、加工之前，该卡属于真实有效的信用卡，但由于各种各样的原因，行为人无法或不能加以使用。正是涂改、加工行为使得原本有效的信用卡丧失了合法的权利设定，同时又由于行为人

〔1〕 赵秉志主编：《金融犯罪界限认定司法对策》，吉林人民出版社2000年版，第382～383页。

〔2〕 王志祥、杨卉青：《信用卡诈骗罪若干问题研究》，载赵秉志主编：《新千年刑法热点问题研究与适用》，中国检察出版社2001年版，第1391页。

的涂改、加工行为导致其在失效后又非法创设了全新的虚假权利内容。因而从本质上说，这种涂改、加工行为理应属于变造的范畴。由于我国刑法中没有“变造的信用卡”规定，而只有“伪造的信用卡”的规定，且这种变造而成的卡因其创设了新的虚假权利内容而更符合“伪造的信用卡”的内涵，因而将其视为“伪造的信用卡”显然更为合理。

（五）空白信用卡

所谓空白信用卡，是指已经国家主管部门批准的单位或个人以各种合法方法制造的未输入用户信息的信用卡。空白信用卡与真实信用卡在其制造方式、合法性来源、外观物理性质等方面没有区别，与真实信用卡的区别主要在于空白信用卡中没有授信财产，没有被写磁或被刻录芯片信息。空白信用卡与伪造的空白信用卡在没有授信财产方面是类似的，但是两者在制造方式、合法性来源等方面是完全不一样的。因此，绝不能将空白信用卡等同于伪造的空白信用卡。

（六）伪造的空白信用卡

所谓伪造的空白信用卡，是指未经国家主管部门批准的单位或个人以各种方法制造的未输入用户信息的信用卡，即卡中没有授信财产的信用卡。伪造的空白信用卡与伪造的信用卡之本质区别就在于：是否实际或者曾经输入过用户的信息。尽管理论上也可认为，伪造的空白信用卡应包括变造的空白信用卡，但是，由于对空白信用卡进行变造并无实际意义，因而实践中一般不可能存在变造的空白信用卡。

（七）信用卡信息资料

信用卡信息资料一般是以信用卡磁条、芯片形式加载的，记录发卡行代码、持卡人账户、密码等内容的加密电子数据，其是由发卡行在发卡时使用专用设备写入信用卡中，从而成为POS机、ATM机等自助机具或者网络应用中识别合法用户的依据。信用卡信息资料从其实际功能上看，可以视为网络信用卡支付、电话信用卡支付等无形形式的信用卡，但不能将其等同于一般的信用卡。另外，还需要注意的是，《刑法修正案（七）》在《刑法》第253条中增加规定了“出售、非法提供公民个人信息罪”与“非法获取公民个人信息罪”。《刑修九》对于该条规定取消了前述2个罪名，并进一步明确规定为“侵犯公民个人信息罪”。信用卡信息资料在某些方面与公民个人信息存在联系，如两者均包含有公民个人的真实姓名、身份信息。但两者之间也存在重大差别：信用卡信息资料中包含持卡人所持信用卡的账号、密码、银行代码、交易代码等信息，一旦被他人取得，将可能直接侵害持卡人或者银行的财产；而公民个人信息不包含信用卡的账号、密码、银行代码、交易代码等信息，即便被他人取得，也不能直接侵害持卡人或者银行的财产，而是需要通过出售、出借、赠与并非法使用后才可能对其财产造成侵害。

《刑法修正案（五）》在《刑法》中增加了第177条之一，其第2款规定："窃取、收买或者非法提供他人信用卡信息资料的，依照前款规定处罚。"而后，最高人民法院、最高人民检察院《关于执行〈中华人民共和国刑法〉确定罪名的补充规定（三）》将《刑法》第177条之一第2款的罪名规定为"窃取、收买、非法提供信用卡信息罪"。应当看到，窃取、收买或者非法提供他人信用卡信息资料的行为与伪造信用卡的行为既存在联系，也存在明显区别。窃取、收买、非法提供他人信用卡信息资料的行为实际上是伪造信用卡行为的前提或者准备，而伪造信用卡的行为则是窃取、收买、非法提供他人信用卡信息资料行为的后续行为，两者具有密切联系，只是现行刑法以及相关司法解释将窃取、收买、非法提供他人信用卡信息资料的行为单列出来作为一个独立的罪名而已。窃取、收买、非法提供他人信用卡信息资料行为的犯罪对象为信用卡信息资料，而伪造信用卡行为的犯罪对象为信用卡。如果行为人为了伪造信用卡而实施窃取、收买、非法提供他人信用卡信息资料行为，并在其后用这些资料伪造信用卡的，属于刑法理论上的牵连犯，应择一重罪处罚，即应以伪造金融票证罪论处。但是，如果行为人与伪造信用卡者事前通谋，为其窃取、收买或者非法提供他人信用卡信息资料的，则应以伪造金融票证罪的共犯论处。类似的情形在窃取、收买、非法提供他人信用卡信息资料的行为与信用卡诈骗行为的认定中也会发生。如果行为人为了冒用他人信用卡而实施窃取、收买他人信用卡信息资料的行为，应认定为牵连犯并以其中的重罪——信用卡诈骗罪论处。如果行为人与冒用他人信用卡者事前通谋，为其窃取、收买或者非法提供他人信用卡信息资料的，则应以信用卡诈骗罪的共犯论处。

二、微观剖析：具体涉信用卡犯罪对象的认定

我国刑法规定的涉信用卡犯罪主要包含伪造、变造金融票证罪，妨害信用

卡管理罪，[1]窃取、收买、非法提供信用卡信息罪和信用卡诈骗罪等。在从宏观上识别涉信用卡犯罪的对象的实质内涵后，还必须从微观层面逐一剖析和认定具体涉信用卡犯罪之对象，如此才能更有利于准确定罪量刑和有效防控涉信用卡犯罪。

（一）伪造信用卡犯罪对象的认定

伪造信用卡犯罪主要表现为行为人利用电脑、数码、信息、打印等技术加工制造信用卡的犯罪行为。伪造信用卡犯罪是涉信用卡犯罪中最为基本的一种犯罪类型，同时也是实施妨害信用卡管理罪、信用卡诈骗罪等相关犯罪行为的基础。现行惩治伪造信用卡犯罪的刑法规定主要体现在我国《刑法》第177条，作为伪造、变造金融票证罪的内容之一。伪造信用卡犯罪通常是将现实中客观存在的信用卡作为伪造的参照物，即仿真制假。当然，也不排除存在某些行为人通过侵入金融机构内部信息系统，凭空制造本不存在的信用卡后台信息以伪造虚假信用卡的情形。伪造信用卡犯罪对象认定中的疑难问题主要表现为空白信用卡是否可以成为犯罪对象的问题。

伪造信用卡犯罪的对象通常是记载财产权利信息的虚假信用卡，但是在司法实践中，也经常发生行为人擅自制造或非法制造没有记载财产权利信息的类似信用卡卡片（空白卡）的案件。这类卡片通常表面上没有标明显示卡片来源的图案、字样或版式，但却有信用卡必备的磁条或芯片，只是因磁条或芯片没有记载财产权利信息而无法进行使用而已。从《刑法》第177条的规定分析，对于单纯伪造空白信用卡行为是否可以认定为犯罪，刑法该条文似乎并没有加以明确。实践中，犯罪分子为了逃避打击，从事伪造信用卡的犯罪组织之间形成了细致的分工。从空白信用卡的印刷、运输、买卖，到写入信用卡磁条信息制作成假卡，再到运输、出售，各个环节往往由不同犯罪组织的人员分别承担，各组织之间互不隶属并进行单线联系。在《刑法修正案（五）》颁布之前，除了在伪造和使用环节查获的案件之外，对于在其他环节查获的人员，则往往因为行为人之间缺少通谋的共同故意而难以追究其刑事责任。公安机关所查获的很多案件中，行为人均持有大量伪造的空白信用卡，但因无法查明该

---

〔1〕 虽然“盗窃信用卡并使用”根据《刑法》第196条第3款的规定应构成盗窃罪，但其实际上是立法者为实现罪刑均衡的需要而将这种本应构成信用卡诈骗罪的行为拟制为盗窃罪。因此，笔者将其置于信用卡诈骗罪的框架内进行分析。

信用卡是否系其本人伪造或已经用于诈骗而无法追究其刑事责任。同样，行为人生产了大量的空白信用卡用于出售给其他犯罪分子，但因其未曾对空白信用卡进行实质内容的伪造且不符合“伪造信用卡”的规定而无法定罪。鉴于此，为了更有力地打击涉信用卡犯罪活动，《刑法修正案（五）》将“明知是伪造的信用卡而持有、运输的，或者明知是伪造的空白信用卡而持有、运输，数量较大的”作为妨害信用卡管理秩序罪的行为之一进行了规定，从而为严厉打击该类犯罪行为提供了法律依据。然而，这里同时产生了另外一个问题：《刑法》第177条规定的伪造金融票证罪中的伪造信用卡，是否包含伪造空白信用卡？也即空白的信用卡能否成为伪造行为的对象？

笔者认为，从立法上看，《刑法修正案（五）》明确将持有、运输伪造的信用卡与持有、运输伪造的空白信用卡分开规定并均纳入妨害信用卡管理罪之中。与此同时，立法者并未将伪造的空白信用卡归入伪造的信用卡含义之中。由此，我们也可以分析得出，《刑法》第177条有关伪造信用卡规定的立法原意中并不包括伪造空白信用卡的行为。这就导致同一“信用卡”在同一刑法的不同罪名中出现了两种不同的含义：一个包含空白的信用卡，而另一个则不包含空白的信用卡。从司法实践的角度分析，伪造空白信用卡的行为经常发生且也具有较为严重的社会危害性，既然刑法将持有、运输伪造的空白信用卡行为纳入了妨害信用卡管理罪的范围，我们也自然应当将伪造空白信用卡的行为纳入伪造信用卡犯罪的范围。这是因为，伪造行为的社会危害性要远远大于持有、运输行为，现在持有、运输伪造的空白信用卡的行为已经作为犯罪规定在刑法有关妨害信用卡管理罪的条文中，我们没有理由将伪造空白信用卡的行为排除在犯罪之外。就此而言，我们完全有理由认为，从应然角度来看，伪造空白信用卡的行为理应归入伪造信用卡犯罪的范围，而从实然角度来看，刑法的立法原意似乎并没有将伪造空白信用卡的行为纳入相关犯罪范围之中。

应该看到，2009年12月3日最高人民法院、最高人民检察院《关于办理妨害信用卡管理刑事案件具体应用法律若干问题的解释》第1条第2款明确规定：“伪造空白信用卡10张以上，应当认定为刑法第一百七十七条第一款第（四）项规定的‘伪造信用卡’，以伪造金融票证罪定罪处罚。”笔者认为，“两高”这一司法解释的规定明显是在与现行刑法立法原意不一致的情形下，将伪造空白信用卡的行为解释为伪造信用卡的行为，进而将其纳入伪造金融票证罪的范围。这纯属应对难以逾越的立法缺陷和难以定罪量刑的司法困顿的无奈之举，故而应仅仅将其作为一权宜之计。从长远观之，我们应当在《刑法》第177条之一妨害信用卡管理罪规定的基础上，适时通过刑法修正案将《刑法》第177条第（四）项的规定修正为“伪造信用卡或者伪造空白信用卡的”，进而从根本上明晰伪造信用卡犯罪的对象，明确将伪造空白信用卡的行为纳入伪造金融票证罪的范围。这才是罪刑法定原则的要求所在。

（二）窃取、收买、非法提供信用卡信息犯罪对象的认定

窃取、收买、非法提供他人信用卡信息罪的犯罪对象是信用卡信息资料。根据中国人民银行2000年11月10日发布的《银行卡磁条信息格式和使用规范》的规定，信用卡信息资料主要包括：（1）主账号（primary account number，PAN），即标识发卡机构和持卡者信息的号码；（2）发卡机构标识号码（issuer identification number，IIN），即标识主要行业和发卡机构的代码；（3）个人账户标识（individual account identification），即为识别个人账户，由发卡机构分配的号码；（4）校验位（check digit），即位于持卡者标识之后的一位数字；（5）个人标识代码（personal identification number，PIN），即持卡者的个人密码。其中，个人标识代码是最为重要的信用卡信息资料。笔者认为，司法实践中对于本罪对象的认定，还需要注意以下两点。

其一，虽然信用卡信息资料是一种以无形方式存在的具有价值的财产信息，但其实际上还包括了印制在信用卡实体表面的持卡人姓名、信用卡号码、有效期等信息资料。这些信息资料同样可以成为窃取、收买、非法提供他人信用卡信息资料罪的犯罪对象。换言之，对于窃取、收买、非法提供这些信息资料的行为，仍然可以认定为窃取、收买、非法提供他人信用卡信息罪。

其二，信用卡信息资料作为涉信用卡犯罪的对象，具有相对独立的意义与适用范围。由于刑法已将信用卡信息资料作为独立的刑法概念进行规定，既与实体形式的信用卡相区别，又与《刑法》第253条规定的“公民个人信息”相区别，因而在理解与适用刑法其他涉信用卡犯罪的条款时，应当将信用卡信息资料与实体形式的信用卡、公民个人信息相区别。例如，《刑法》第196条第3款规定，盗窃信用卡并使用的，依照盗窃罪的规定定罪处罚，不应当被理解为包含盗窃信用卡信息资料并使用的，以盗窃罪定罪处罚。盗窃信用卡信息资料并使用的，需要根据具体情况区别处理：对于盗窃他人信用卡信息资料后并

使用信息资料、非法占有他人信用卡内公私财产的行为，应当认定为冒用他人信用卡的信用卡诈骗行为；对于盗窃他人信用卡信息资料后没有使用信息资料，而是将信用卡信息资料出卖、出借或赠与他人的行为，应当认定为是窃取、非法提供信用卡信息行为。实践中一般认为，《刑法》第253条侵犯公民个人信息罪中的"公民个人信息"应当是指能够识别公民个人身份的信息，主要包括姓名、年龄、性别、身份证号码、职业、职务、学历、民族状况、婚姻状况、专业资格和特长、工作经历、家庭背景和住址、电话号码、信用卡号码，教育、医疗、经济活动等方面的记录，以及指纹、网上登录账号和密码等。[1]可见，公民个人信息的范围极为广泛，显然可以覆盖公民个人信用卡信息资料。但需要强调的是，信用卡信息资料不仅包括公民个人的信用卡信息资料，还包括单位信用卡的信息资料。因此，侵犯公民个人信息罪中的公民个人信息与信用卡信息资料之间应当是交叉关系，而不能将其等同视之。换言之，对于窃取、收买、非法提供他人信用卡信息资料的行为，应当根据信用卡信息资料的具体内容区别处理：对于窃取、收买、非法提供公民个人的信用卡信息资料的行为，应以成立侵犯公民个人信息罪与窃取、收买、非法提供他人信用卡信息罪的法条竞合来处理；对于窃取、收买、非法提供单位信用卡信息资料的行为，因其不涉及公民个人信息的内容，而应直接认定为窃取、收买、非法提供他人信用卡信息罪。

（三）信用卡诈骗犯罪对象的认定

顾名思义，信用卡诈骗罪应该是一种利用信用卡进行诈骗的犯罪。本罪中的"信用卡"可能是真的，也可能是假的，其含义还牵涉如何理解"伪造""作废"的信用卡内容等问题。由于我国刑法明确规定了"使用伪造的信用卡""使用作废的信用卡""冒用他人信用卡"，以及"使用以虚假的身份证明骗领的信用卡"等行为，所以如何理解"伪造的信用卡""作废的信用卡""他人信用卡"，以及"骗领的信用卡"的含义可能影响到对行为人行为的定性，因而有必要加以研究。由于相关的内容笔者已经在前文中进行了较为详细的讨论，在此就不再赘述了。这里只是就相关的司法判断原则换角度开展进一步的论述：即应当着重从信用卡本身以及信用卡使用主体的真假属性层面，深刻把握信用卡诈骗犯罪行为类型以及信用卡犯罪行为危害性。

笔者认为，从信用卡是否真实有效的角度进行划分，信用卡可以类型化为

---

〔1〕 参见周海洋：《出售、非法提供公民个人信息罪和非法获取公民个人信息罪的理解与适用》，载《中国审判》2010年第1期。

"真卡"与"假卡";从使用信用卡的行为主体针对特定的信用卡是否具有合法资质的角度进行分析,信用卡使用主体可以抽象概括为"真人"与"假人"。"卡"与"人"以何种类型进行排列组合,决定了相关使用信用卡行为的诈骗性质程度、构成何种具体的信用卡诈骗类型。其中,"假卡真人"的情形在实际中并不存在,因为如果使用人针对特定信用卡具有合法的使用资质,该张信用卡只能是真卡。故司法实践中仅存在"假卡假人"(包括使用伪造的信用卡和使用作废的信用卡两种情形)、"真卡假人"(包括冒用他人信用卡和使用以虚假身份证明骗领的信用卡两种情形)以及"真卡真人"(指恶意透支的情形)三种情形。根据卡与使用主体真实性与虚假性的介入程度,这三种排列组合所对应行为的危害性(骗的程度)应当是逐渐降低的。但是,在司法认定上则应根据行为的危害性(骗的程度)采用"由高至低"的规则具体加以认定。例如,行为人使用他人伪造的信用卡的,我们就应以"使用伪造的信用卡"的行为方式认定,而不应以"冒用他人信用卡"的行为方式认定,这是因为"使用伪造的信用卡"行为方式的危害性(骗的程度)高于"冒用他人信用卡"行为方式。由此可见,掌握这一司法判断规则有利于便捷地理解信用卡诈骗罪中的疑难问题,并统一司法实践中的认定。

另外,应当看到,理论上和司法实践中对于信用卡诈骗罪的犯罪对象——"信用卡"的认定,现今尚存一些颇有争议的问题。[1]

---

〔1〕 在早前的刑法理论和司法实践中,对于刑法中的"信用卡"是否等同于银行或者其他金融机构业务工作中的"信用卡"的问题也颇有争议。有学者认为,"信用卡"不包含借记卡,借记卡不是本罪的犯罪对象。[参见陈兴良主编:《刑事法判解》(第2卷),法律出版社2000年版,第131页;刘华:《金融犯罪研究》,载赵秉志主编:《新千年刑法热点问题研究与适用》,中国检察出版社2001年版,第1252页。]但也有学者认为借记卡也应该是信用卡诈骗罪的犯罪对象。(参见于天敏、张凤彬:《浅议信用卡诈骗罪的几个问题》,载赵秉志主编:《新千年刑法热点问题研究与适用》,中国检察出版社2001年版,第1397～1398页。)对此,2004年12月全国人民代表大会常务委员会《关于〈中华人民共和国刑法〉有关信用卡规定的解释》指出,刑法规定的"信用卡"是指由商业银行或者其他金融机构发行的具有消费支付、信用贷款、转账结算、存取现金等全部功能或者部分功能的电子支付卡。笔者认为,该立法解释对"信用卡"的规定既符合刑法立法原意也完全符合我国司法实践的现状,有利于统一执法并有力打击涉信用卡犯罪。首先,从立法原意上讲,在我国刑法制定时,银行业务管理活动中的借记卡就包含在信用卡的范围之内,而我国刑法关于信用卡诈骗罪的规定依据的是银行业务中的相应行政法规,其立法原意无疑是要将借记卡归入信用卡诈骗罪的规制范围之内。其次,从刑法角度分析,借记卡也应纳入信用卡诈骗规制的范围之内。我们没有必要将利用具有基本相同功能的借记卡或贷记卡进行诈骗的行为分别适用不同刑法条文而用不同的罪名加以惩治。最后,从刑事司法的实际处理角度分析,借记卡也应该纳入信用卡诈骗犯罪规制的范围之内。如果将借记卡从涉信用卡犯罪规制的范围内分离出来,实践中就可能引发一些不必要的司法难题。(参见刘宪权、张宏虹:《涉信用卡犯罪刑法修正案及立法解释解析》,载《犯罪研究》2005年第3期。)

1.“使用以虚假的身份证明骗领的信用卡”的认定

应该看到，较长时间以来，我国刑法并未将使用以虚假的身份证明骗领的信用卡的行为纳入到犯罪圈内。直到2005年2月28日全国人大常委会通过颁布《刑法修正案（五）》才将“使用以虚假的身份证明骗领的信用卡”的行为归入信用卡诈骗罪之中。需要指出的是，这次修正案将“使用以虚假的身份证明骗领的信用卡”的行为规定在信用卡诈骗罪的第一款第一项行为方式之中，即与“使用伪造的信用卡”行为方式并列。笔者认为，修正案的这一修正规定似乎并不十分合理，正如前述，“使用以虚假的身份证明骗领的信用卡”和“使用伪造的信用卡”因其骗的程度不同而分属于“真卡假人”和“假卡假人”的不同范畴。因此，我们完全有理由认为，应将“使用以虚假的身份证明骗领的信用卡”规定在信用卡诈骗罪第一款第三项的内容中，即与“冒用他人信用卡”并列。

所谓“以虚假的身份证明骗领的信用卡”，是指行为人在办理信用卡申领手续时，弄虚作假，使用伪造的或虚构的身份或资信等证明材料，骗取发卡银行发放的信用卡。这种骗领的信用卡是指行为人骗取金融机构的信任，从而取得的金融机构发放的信用卡。这里的骗领既包括在金融机构工作人员不知情的情况下发放信用卡，也包括在其知情的情况下发放信用卡。在司法实践中，经常发生办理信用卡的金融机构工作人员明知对方提供的是虚假的身份证明，还违规向其发放信用卡，甚至内外勾结编造虚假的身份证明，取得金融机构发放的信用卡后恶意透支的情形。从形式上看，办理信用卡的金融机构工作人员在明知他人提供虚假身份证明的情况下，似乎并不存在受骗的问题，因而也好像就不存在骗领信用卡的问题。但是，笔者认为，由于发放信用卡者是金融机构，而并非具体的工作人员，因而相关人员没有受骗，并不代表金融机构没受骗。按照有关信用卡的管理规定，申领信用卡者必须如实申报有关情况，特别是身份证明材料必须真实，否则，金融机构就不能对其发放信用卡。因此，只要行为人在办理申领手续时，提供的是虚假的身份证明，金融机构对其发放了信用卡，就应当认为行为人欺骗了金融机构。质言之，认定行为人所使用的信用卡是否为骗领的信用卡，我们不能完全以某些具体的金融机构工作人员是否明知事实真相为标准，而应当以金融机构是否基于虚假证明材料而产生错误信任进而发放信用卡为标准。

2.“盗窃信用卡并使用”中的“信用卡”认定

“盗窃信用卡并使用”中的“信用卡”理应包括具有透支功能的贷记卡和不具透支功能的借记卡。[1]但是，这里的“信用卡”是否包含伪造、作废或者骗领的信用卡呢？对此，学界可谓众说纷纭，莫衷一是。有学者提出，这里的“信用卡”，除了包括真实有效的信用卡之外，还应当包括伪造卡、变造卡等无效的信用卡；[2]也有学者认为，这里的“信用卡”仅包含真实有效的信用卡，不仅不包括伪造的或已经作废的信用卡，甚至还不包括以虚假的身份证明骗领的信用卡。[3]笔者赞同后一种观点，理由主要有以下四点。

首先，“信用卡”依据刑法基本原理仅指真实有效的信用卡。我国刑法规定了各种涉信用卡犯罪的对象，主要是规定非正常的、已在危害行为过程产生的信用卡类型，而一般意义上的通过合法申领的、真实的、具有正常功能的信用卡则无须在刑法中特别指明规定，只有在需要指明的条文中才用专门概念表达。这种规定既符合我国刑法的一贯规定模式，也符合常规的理解思路。在刑法中规定某些名词性概念，除非特别指明是不合法的或者虚假的对象外，一般指的是真实的或者合法的对象。换言之，若刑法规定的行为对象未明确标明伪造、作废的，一般应该理解为真实有效的。这在刑法很多条文的理解上均有体现，例如，我国《刑法》第280条规定的盗窃、抢夺、毁坏国家机关公文、证件、印章罪中的“公文、证件、印章”，显然是指真实有效的公文、证件、印章。行为人如果盗窃伪造的公文、证件、印章，不应该也不可能构成盗窃公文、证件、印章罪。特别是在刑法有关盗窃信用卡并使用以盗窃罪论处的条款属于法律拟制的情形下，我们对其中的“信用卡”更应该进行狭义解释与限制，否则就会出现扩张适用的倾向。

其次，盗窃伪造的或已经作废的信用卡行为本身不具有值得科处刑罚的社会危害性。从金融业务或金融管理角度分析，由于伪造的或已经作废的信用卡本身并不具有消费支付、信用贷款、转账结算、存取现金等功能，因而其实际上并不属于信用卡。行为人以此为对象的盗窃行为，既不会造成任何层

[1] 虽然“盗窃信用卡并使用”根据刑法第196条第3款的规定应构成盗窃罪，但其实际上是立法者为实现罪刑均衡的需要而将这种本应构成信用卡诈骗罪的行为拟制为盗窃罪。因此，笔者将其置于信用卡诈骗罪的框架内进行分析。

[2] 张智辉、刘远：《金融犯罪与金融刑法新论》，山东大学出版社2006年版，第341页。

[3] 刘宪权：《金融犯罪刑法学专论》，北京大学出版社2010年版，第533～534页。

面上的财产利益损害，也不会直接影响金融管理秩序，故而实际上不可能构成犯罪。

再次，使用伪造的或已经作废的信用卡行为已有刑法规定进行规制。尽管盗窃伪造的或已经作废的信用卡不可能直接侵害金融管理秩序和他人的财产利益，但使用伪造的或已经作废的信用卡则具有严重的社会危害性。但同时也应当看到，使用伪造的或已经作废的信用卡的行为也完全符合信用卡诈骗罪中“使用伪造的信用卡”和“使用作废的信用卡”的特征。因此，如果行为人实施了盗窃伪造的或已经作废的信用卡并加以使用的行为，其实际危害主要来自“使用”行为而非“盗窃”行为，对这种行为以信用卡诈骗罪论处是刑法规定的应有之义。

最后，“盗窃信用卡并使用”中的“信用卡”也不包含以虚假的身份证明骗领的信用卡，对于盗窃他人以虚假的身份证明骗领的信用卡后又使用的行为同样也不能以盗窃罪认定。这是因为，尽管以虚假的身份证明骗领的信用卡是金融机构发行的真实有效的信用卡，但由于持卡人（或名义人）往往是虚构的，即前文所述的“真卡假人”情形。在此情形下，因行为人盗窃他人骗领的信用卡后的使用行为所实际造成的损失，金融机构不可能从持卡人（或名义人）那里收回，也即实际遭受财产损失的主体可能是发卡的金融机构，而不是持卡人。而在盗窃他人真实有效的信用卡并使用的情形中，行为人的盗窃并使用行为是直接导致持卡人财产利益遭受损害。显然，两者之间存在很大区别而不可同日而语。应该看到，在盗窃他人骗领的信用卡并使用的情形中，行为人实际上实施了“使用以虚假的身份证明骗领的信用卡”的行为，故而对行为人以信用卡诈骗罪认定不存在任何问题。

这里衍生出的一个问题是，如果行为人实施上述行为时对行为对象存在主观上的认识错误，应该如何处理？即行为人在实施盗窃并使用行为时不知行为对象是伪造或作废的信用卡，却错误地以为是真实有效的信用卡，对行为人的行为如何定罪量刑？对此，理论上主要存在以下三种观点。

第一种观点认为，行为人意欲盗窃真实有效的信用卡并使用以取得财物，只是因客观不能而窃得无效的信用卡，故而应以信用卡诈骗罪未遂论处。[1]笔

---

〔1〕 梁华仁、郭亚：《信用卡诈骗罪若干问题研究》，载《政法论坛》2004年第1期。

者认为，这种观点明显缺乏合理性。信用卡诈骗罪在某种程度上具有财产类犯罪的特性，而由于财产类犯罪的客体是公私财产所有权，因而以非法占有为目的的财产类犯罪通常都是以财物的取得作为判断犯罪既遂的标准。行为人使用伪造或作废的信用卡骗取财物，在事实上确实可能取得（实际占有）一定的财产，在此情况下我们如果还以犯罪未遂对其加以处罚，似乎并不合理。

第二种观点认为，行为人将伪造、作废的信用卡当作真实的信用卡进行偷窃，其客观行为和危害后果与盗窃真实信用卡并使用的情况完全一致，应依照《刑法》第196条第3款的规定以盗窃罪论处，并且使用伪造、作废的信用卡应以行为人的“明知”为前提条件。[1]很明显，该观点认为“盗窃信用卡并使用”中的“信用卡”应包含废弃卡和伪造卡等，并以此作为以盗窃罪论处的论据。但是，正如笔者在前文所述，这里的“信用卡”仅限于真实有效的信用卡，将废弃卡和伪造卡包括在内是不合理的。另外，持该观点的学者还认为使用伪造、作废的信用卡构成信用卡诈骗罪必须要求行为人以“明知”为前提条件。笔者认为，该观点也不妥。从使用行为分析，除恶意透支外，只要行为人以非法占有为目的且不是使用自己的信用卡（无论是真实卡、骗领卡，抑或废弃卡、作废卡），就可能构成信用卡诈骗罪，无非是认定为何种类型的信用卡诈骗行为的问题。例如，行为人拾得一张伪造的信用卡并将其当作真实的信用卡使用，从而骗取了大量现金。该行为显然应该构成信用卡诈骗罪，而行为人对于伪造的无效信用卡一般都是不“明知”且无法“明知”的，但这并不妨碍信用卡诈骗罪的成立。因此，只要行为人以非法占有为目的，故意使用信用卡（包括真实信用卡和虚假信用卡），无论其主观上对信用卡的实际状况是否“明知”，只要通过使用取得财物的，即构成信用卡诈骗罪。

第三种观点认为，盗窃无效信用卡并使用的行为因行为人误认为是有效的信用卡而应以盗窃罪未遂处理，其中使用无效信用卡的行为还构成信用卡诈骗罪，故而此行为是典型的吸收犯，以后罪吸收前罪，应以信用卡诈骗罪论处。[2]对此观点，笔者也不能苟同。信用卡仅是财物的载体，行为人如果仅盗窃信用卡而并未加以使用，因信用卡本身几乎没有价值而不可能构成盗窃罪。在此情况下，当然也就不存在盗窃未遂的问题。由此可见，该观点没有立论的

〔1〕 李文燕：《金融诈骗犯罪研究》，中国人民公安大学出版社2002年版，第310页。
〔2〕 刘远：《金融诈骗罪研究》，中国检察出版社2000年版，第440页。

依据。

笔者认为，我国刑法对于“盗窃信用卡并使用”的行为以盗窃罪论处的规定是一种典型的法律拟制，由于法律拟制条文不具有普遍适用性，故而应严格按照法条规定对具体行为作刑法评价，而不能肆意超越法条的范畴作扩大或缩小解释。如果认为盗窃信用卡并使用情况中的信用卡包含伪造和废弃的信用卡，势必会扩大该拟制条款的范围，当然不符合《刑法》第196条第3款规定的假设条件。故而对此行为以盗窃罪论处值得商榷。更何况，一般盗窃罪的成立需要以一定的犯罪数额为要件，但信用卡作为一种支付凭证和结算工具，其本身并不具有较大的财产价值（伪造的信用卡价值可能更低），远达不到我国对一般盗窃罪“数额较大”的定罪要求。因此，单纯地盗窃信用卡（无论真伪）但不加以使用的行为并不能构成盗窃罪。而在误将伪造或作废的信用卡当真实信用卡偷盗并使用的案件中，在排除行为人“盗窃”行为构成犯罪的可能后，对其“使用”行为的分析显然是定罪的关键。笔者认为，在这类案件中，行为人的“使用”行为是直接导致财物发生转移（行为人取得财物，持卡人丧失对财物实质控制）的主行为，而该行为完全符合信用卡诈骗罪中“使用伪造的信用卡”或“使用作废的信用卡”两个条款的主客观要件，因此，对于该行为应以信用卡诈骗罪认定。

第二节　信用卡“养卡”“套现”行为的刑法定性分析

随着信用卡产业的飞速发展，我国信用卡违法犯罪活动日益增多，犯罪手段也不断更新。时下，在传统形式的涉信用卡犯罪案件之外，司法实践中出现了一些疑难争议案件，其中，以“养卡”、使用非贷记卡“套现”、不以牟利为目的“套现”以及使用POS机为自己“套现”等案件最为突出。

一、“养卡”行为的刑法定性

我国刑法理论界和实务界一般认为，“养卡”是指在信用卡持卡人透支信用额度后无力还款的情况下，由行为人以现金或转账方式先代持卡人归还信用卡透支款项，恢复信用卡的透支额度，行为人再通过自己的POS机将代还款刷出，并由持卡人向行为人缴纳一定手续费的情形。[1]但笔者认为，这一定义并不全面。依笔者之见，"养卡"行为不仅包括行为人使用POS机以虚假刷卡消费的方式取回垫资款及手续费的方式，还应包括行为人采取真实交易的方式取回垫资款及手续费的方式。例如，王某使用个人借记卡为他人透支后无力偿还的信用卡还清欠款，然后使用他人信用卡在淘宝网经"支付宝"购买手机充值卡，并将充值卡在其网点出售，并从中收取2%的手续费，如此反复实施信用卡代还（"养卡"）行为。据此，所谓"养卡"，实际上指的是行为人先行垫资替信用卡持卡人归还已到透支期限的金额，随后采取真实交易或使用POS机以虚假刷卡消费的方式取回垫资款，以延长持卡人的透支期限，行为人则收取一定比例手续费的行为。而根据不同的判断标准，还可对"养卡"行为作出更为具体的划分。例如，根据行为人在收回垫资款及手续费时有无额外帮助持卡人"套现"，可以将"养卡"行为划分为单纯"养卡"行为（非"套现"型"养卡"行为）和"套现"型"养卡"行为；而根据行为人取回垫资款手段的不同，则可以将"养卡"行为划分为POS机虚假刷卡消费形式的"养卡"行为和真实交易形式的"养卡"行为等。

根据《刑法》第225条以及2009年12月3日最高人民法院、最高人民检察院《关于办理妨害信用卡管理刑事案件具体应用法律若干问题的解释》（以下简称《信用卡案件解释》）第7条之规定，违反国家规定，使用销售点终端机具（POS机）等方法，以虚构交易、虚开价格、现金退货等方式向信用卡持卡人直接支付现金，情节严重的，以非法经营罪定罪处罚。由此可见，该《信用卡案件解释》将使用POS机"套现"且情节严重的行为明确界定为非法经营罪。理论上有观点认为，信用卡透支到期后，行为人替持卡人还款，等同于行为人将该笔款项交给持卡人，与信用卡"套现"并无本质不同，应当按照《信用卡案件解释》有关"套现"的规定直接认定行为人成立非法经营罪。[2]亦即前文所述的"养卡"行为均属于《信用卡案件解释》所规定的非法经营行为。而在司法实践中，也有不少地方的司法机关将"养卡"行为一概认定为非法经营罪。[3]

---

〔1〕 参见刘建：《养卡或将养出法律风险》，载《法制日报》2009年12月10日；何荣功：《"养卡"行为的刑法定性初探》，载《中国刑事法杂志》2011年第8期。

〔2〕 参见何荣功：《"养卡"行为的刑法定性初探》，载《中国刑事法杂志》2011年第8期。

〔3〕 参见陈小和：《上海三人犯非法经营罪分别获刑》，载《人民法院报》2010年10月21日。

笔者认为，虽然“养卡”行为确实具有较大的社会危害性，但能否一概以非法经营罪认定，还应视其是否符合非法经营罪及相关司法解释的条文规定。依笔者之见，无论是POS机虚假刷卡消费形式的“养卡”行为，还是真实交易形式的“养卡”行为，只要行为人在收回垫付款及手续费时，并未额外帮助持卡人“套现”，则不构成非法经营罪。反之，则应以非法经营罪论处。亦即非法经营罪的本质在于行为人具有相关“经营”行为，依此而言，在本类案件中能否将“养卡”行为认定为非法经营罪，关键要看行为人有无额外帮助持卡人“套现”。

（一）单纯“养卡”行为不应构成非法经营罪

如前所述，如果行为人在收回垫资款及手续费时，并未额外帮助持卡人“套现”，则属于单纯“养卡”行为。笔者认为，在单纯“养卡”行为中，无论行为人是以POS机虚假刷卡消费的方式，还是以真实交易的方式取回垫资款及手续费，其行为都不属于《信用卡案件解释》第7条规定的“套现”情形。因而我们当然就不能依据《刑法》第225条的规定对这种单纯“养卡”行为以非法经营罪论处，理由如下。

首先，从《信用卡案件解释》第7条规定的内容来看，不应依此规定对单纯“养卡”行为以非法经营罪论处。根据《信用卡案件解释》第7条的规定，无论是何种形式的“养卡”行为，只有在行为人向信用卡持卡人直接支付现金且情节严重的情况下，才能以非法经营罪论处。而在单纯“养卡”行为中，行为人无论是以POS机虚假刷卡消费的方式，还是以真实交易的方式取回垫资款及手续费，实质都只是将持卡人信用卡内的金额转移至自己的账户内，以收回自己的垫资款及手续费，目的仅仅是激活已经到期且即将失效的信用卡而非向持卡人直接支付现金。因此，单纯“养卡”行为并不符合《信用卡案件解释》的规定，从而也就不能对其以非法经营罪认定。但司法实践中有人提出，虽然行为人在取回垫资款及手续费的环节中并未直接向持卡人支付现金，但其替持卡人垫付透支款行为的实质就是直接向持卡人支付现金。笔者并不赞同这种观点，笔者认为，理解刑法条文的某一表述，理应将该表述置于整个条文的语境中予以考察。其实，《信用卡案件解释》第7条并非仅仅规定了“向持卡人直接支付现金”，其完整的表述实际上是“使用销售点终端机具（POS机）等方法，以虚构交易、虚开价格、现金退货等方式向信用卡持卡人直接支付现金”。

也就是说，即使行为人向信用卡持卡人直接支付了现金，其支付现金也必须是通过使用POS机等方法，并以虚构交易等方式进行的。而就单纯“养卡”行为而言，即使认为行为人先行替持卡人归还透支款的行为实质上属于“向信用卡持卡人直接支付现金”，但是，在这种情况中行为人既没有通过使用POS机，且没有以虚构交易、虚开价格、现金退货等方式替持卡人归还透支款。就此而言，单纯“养卡”行为实际上并不符合《信用卡案件解释》第7条的规定，以非法经营罪认定显然不妥。

其次，从《信用卡案件解释》第7条出台的背景来看，也不应依此规定对单纯“养卡”行为以非法经营罪论处。根据有关人士分析，《信用卡案件解释》第7条是在一定背景下出台的：即随着特约商户领域的不断拓宽和普及，我国信用卡“套现”的案件急剧增长，特别是在我国中小企业融资困难的情况下，通过非法中介办理信用卡并“套现”的行为更是愈演愈烈。在2009年11月之前，实践中对于特约商户使用POS机专门从事信用卡“套现”行为如何定罪处罚，主要有两种意见：有意见认为，在信用卡“套现”行为中，特约商户是信用卡持卡人的帮助犯，应对其依照持卡人所构成的罪名认定，即以信用卡诈骗罪、骗取贷款罪等罪名论处。但是，《信用卡案件解释》的起草者则认为，如认定特约商户为持卡人的帮助犯，则可能会导致刑事处罚的范围过大，也不利于突出打击的重点。在信用卡“套现”行为中，特约商户协助持卡人“套现”是以收取手续费为目的的，因而本质上是一种非法经营行为。现在既然《刑法修正案（七）》已将“非法从事资金结算业务”纳入非法经营罪的行为方式之中，那么，对于特约商户协助持卡人“套现”的行为，理应依照《刑法》第225条非法经营罪定罪处罚。但也应当看到，信用卡“套现”的情况比较复杂，该问题主要应由金融机构加强信用卡发放、特约商户发展等环节的风险管理来解决，不宜一律作为犯罪打击。〔1〕因此，《信用卡案件解释》第7条明确规定，对于实践中使用POS机方法专门从事信用卡“套现”活动，情节特别严重，需要追究刑事责任的，可以适用《刑法》第225条非法经营罪的规定处理。至此，打击信用卡“套现”行为有了明确的法律依据。

从上述司法解释出台的背景我们可以看到，《信用卡案件解释》之所以将

〔1〕参见最高人民法院研究室、最高人民检察院法律政策研究室、中国银联风险管理部编：《银行卡犯罪司法认定和风险防范》，中国人民公安大学出版社2010年版，第62页。

协助信用卡持卡人“套现”的行为认定为非法经营罪，主要原因是信用卡“套现”行为具有极大的危害性，其不仅增加了金融秩序中的不稳定因素，而且还给发卡银行带来了巨大信贷风险，主要目的则是更有效地规范和打击“套现”行为。但就单纯“养卡”行为而言，一方面，行为人并未帮助持卡人套取银行的资金，亦即其行为并不涉及《信用卡案件解释》规定的信用卡“套现”的问题，因而认定行为人构成非法经营罪完全不符合《信用卡案件解释》第7条设立的目的；另一方面，在持卡人无法及时归还透支款，银行面临无法收回款项的巨大风险的情况下，行为人替持卡人归还透支款的行为，实际上对于银行顺利收回透支款项还起到了一定的帮助作用。在某种程度上来说，这种行为至少在短时间内缓解甚至解除了银行的信贷风险，因而从《信用卡案件解释》第7条出台的原因来看，也不应依此规定认定行为人构成非法经营罪。

综上，笔者认为，无论是从《信用卡案件解释》第7条本身规定的内容来看，还是从该条出台的背景来看，都不应依此规定对单纯“养卡”行为以非法经营罪论处。此外，值得一提的是，理论上还有人提出，虽然单纯“养卡”行为不符合《信用卡案件解释》第7条的规定，但却符合《刑法》第225条非法经营罪第3项“非法从事资金支付结算业务”的规定，从而可以依此规定认定行为人构成非法经营罪。[1]对此观点，笔者也不能赞同。不可否认，《刑法修正案（七）》之所以将“非法从事资金结算业务”纳入非法经营罪的行为方式之中，并非仅仅为了更有效地规制和打击“地下钱庄”。如果某项资金支付结算业务为法律法规所明确禁止，行为人却仍然实施该项业务的，就有可能属于该项所规定的“非法从事资金支付结算业务”。但如前文所述，《信用卡案件解释》之所以规定使用POS机方法专门从事信用卡“套现”活动的，可以适用《刑法》第225条非法经营罪的规定处理，正是因为《刑法修正案（七）》已将“非法从事资金支付结算业务”纳入非法经营罪的行为方式之中。也就是说，《信用卡案件解释》第7条所规定的“依据《刑法》第二百二十五条的规定”其实指的就是依据《刑法》第225条第3项“非法从事资金支付结算业务”的规定。但考虑到信用卡“套现”的情况比较复杂，不宜一律作为犯罪打击，《信用卡案件解释》又对信用卡“套现”行为构成非法经营罪规定了一些限制条件，如必须

---

〔1〕 参见何荣功：《“养卡”行为的刑法定性初探》，载《中国刑事法杂志》2011年第8期。

违反国家规定、必须使用销售点终端机具（POS机）等方法、必须以虚构交易、虚开价格、现金退货等方式、必须向信用卡持卡人直接支付了现金、必须情节严重等。亦即如果行为人实施了“套现”行为，且符合《信用卡案件解释》规定的限制条件的，就应视为《刑法》第225条第3项“非法从事资金支付结算业务”，进而以非法经营罪认定。但如果行为人实施的“套现”行为不符合《信用卡案件解释》规定的限制条件，则不能视为“非法从事资金支付结算业务”，从而也就不能以非法经营罪认定。总之，从《信用卡案件解释》出台的背景可知，符合《信用卡案件解释》第7条的规定实际上是适用《刑法》第225条第3项规定的前提条件。而如前文所述，单纯“养卡”行为并不符合《解释》的规定，因此，我们自然也就不能认定这类“养卡”行为属于《刑法》第225条第3项的“非法从事资金支付结算业务”。如果按照前述学者的观点，实践中所有的“养卡”行为就都可以直接认定为“非法从事资金支付结算业务”，那么《信用卡案件解释》第7条也就失去了存在的价值。显然，这种观点不仅与司法解释规定的精神相悖，甚至还会导致刑事处罚圈的不当扩大，从而有违刑法的谦抑性理念。

（二）“套现”型“养卡”行为应构成非法经营罪

如前所述，如果行为人在收回垫资款及手续费时，还额外帮助持卡人“套现”，则属于“套现”型“养卡”行为。笔者认为，在“套现”型“养卡”行为中，无论行为人是以POS机虚假刷卡消费的方式，还是以真实交易的方式帮助持卡人取回垫资款、手续费并套取资金，其行为都属于《信用卡案件解释》第7条规定的“套现”情形。因而我们理应依据《刑法》第225条的规定，对上述两种“套现”形式的“养卡”行为以非法经营罪论处，试分析如下。

首先，对以POS机虚假刷卡消费方式实施的“套现”型“养卡”行为，应以非法经营罪论处。应当看到，这类“养卡”行为的操作流程是行为人先垫资替信用卡持卡人归还已到透支限期的金额，随后用POS机以虚假刷卡消费的方式取回垫资款，并在取回垫资款的同时还以该种方式帮助持卡人套取卡内金额，行为人则基此收取一定比例的手续费。笔者认为，这类“养卡”行为实际上可划分为两种具体行为：一种行为即为前文所探讨的单纯“养卡”行为；另一种行为则为使用POS机协助持卡人“套现”的行为。依笔者之见，虽然单纯“养卡”行为不构成非法经营罪，但行为人使用POS机协助持卡人“套现”的行为却无疑符合《信用卡案件解释》第7条的规定，即属于违反国家规定，使用销售点终端机具（POS机）等方法，以虚构交易等方式向信用卡持卡人直接支付现金，情节严重的行为。因此，理应适用《信用卡案件解释》第7条的规定，对行为人以《刑法》第225条非法经营罪认定。

其次，对以真实交易方式实施的“套现”型“养卡”行为，也应以非法经营罪论处。应当看到，这类“养卡”行为的操作流程是行为人先垫资替信用卡持卡人归还已到透支限期的金额，随后采取真实交易的方式取回垫资款，并在取回垫资款的同时还以该种方式帮助持卡人套取卡内金额，行为人则基此收取一定比例的手续费。例如，行为人在替持卡人归还透支款100万元后，使用持卡人的信用卡在淘宝上购买价值400万元的手机充值卡，随后在自己设立的网店上出售该批手机充值卡，以此方式套取现金400万元，扣除垫付款及手续费共计108万元后（单纯“养卡”及“套现”的手续费比例均为2%），将剩余的292万元直接支付给信用卡持卡人。

对于上述案件中行为人行为的定性，司法实践中主要存在以下两种不同意见。第一种意见认为，在该种情形中，行为人的行为不成立非法经营罪。其主要理由是：由于存在手机充值卡、加油卡等物品的真实交易，与《信用卡案件解释》第7条明确的采取虚构交易、虚开价格、现金退货等不存在任何实物交易的虚假方式直接支付现金存在本质区别，因而不符合信用卡套现构成非法经营罪的客观要件。

第二种意见认为，在该种情形中，行为人的行为构成非法经营罪。其主要理由是：涉及手机充值卡、加油卡等物品的交易行为虽然客观存在，但从整体上看，却只是实现非法套现目的之手段和方法，特别是对持卡人来说并未介入与第三方的交易，所以仍然符合《信用卡案件解释》第7条规定的“虚构交易”的行为特征。笔者认为，这类“养卡”行为实际上也可划分为两种具体行为：一种行为也是前文所探讨的单纯“养卡”行为；另一种行为则是采取真实交易的方式协助持卡人“套现”的行为。

依笔者之见，单纯“养卡”行为当然不能构成非法经营罪，但对于行为人采取真实交易的方式协助持卡人“套现”的行为能否构成非法经营罪，确实有必要加以探讨。

笔者基本赞同上述第二种意见，即认为在该种情形中，行为人的行为符合

《信用卡案件解释》第7条的规定，一般应以非法经营罪认定。但是，如果行为人通过真实交易取得的钱款与其垫付资款和手续费相同，则不应以非法经营罪认定。理由是：在该种情形中，虽然涉及手机充值卡、加油卡的交易行为是客观存在的，但这种真实的交易行为实际上并非存在于行为人与信用卡持卡人之间，而是存在于行为人与出售手机充值卡等物品的淘宝网网主及购买手机充值卡等物品的淘宝网消费者之间。应该看到，《信用卡案件解释》第7条所规定的虚构交易、虚开价格、现金退货等虚构方式，显然是指在行为人与信用卡持卡人之间不存在真实交易行为，而并非指在行为人与其他人之间不存在真实交易。据此，笔者认为，只要行为人与信用卡持卡人之间不存在真实的交易行为，就完全有可能适用《信用卡案件解释》第7条的规定。也即在这类"养卡"行为中，尽管行为人与其他人之间可能存在真实的交易行为，但这并不能一概排除《信用卡案件解释》第7条的适用。

司法实践中或许有人会提出，根据《信用卡案件解释》第7条的规定，要认定行为人构成非法经营罪，除了要求行为人与信用卡持卡人之间不存在真实的交易行为之外，行为人还必须是以"虚构交易""虚开价格""现金退货"的行为方式向信用卡持卡人直接支付现金的，而在存在真实交易的"套现"行为中，行为人与信用卡持卡人之间并不存在这三种虚假的交易方式，因而这种情形并不符合《信用卡案件解释》第7条的规定，对行为人的行为不能以非法经营罪认定。但笔者认为，这种观点并没有理解《信用卡案件解释》第7条规定的实质所在。从《信用卡案件解释》第7条明确列举的"虚构交易""虚开价格""现金退货"三种虚假交易的方式来看，其实质都在于"虚假"二字，即行为人与信用卡持卡人之间不存在真实的交易方式。而且《信用卡案件解释》第7条在这三种具体的虚假交易方式后又使用了"等"的字样，则表明其所规定的虚假交易形式并非仅局限于条文所具体列举的这三种，还应包括其他与这三种行为方式具有相同本质特征的方式，亦即只要行为人与信用卡持卡人之间不存在真实的交易方式即可。而这类"养卡"行为中虽然存在真实的交易行为，但其只是作为"套现"的手段与方法存在于行为人与其他人之间，行为人与信用卡持卡人之间实际上并不存在真实的交易行为。就此而言，我们完全有理由认为，这类"养卡"行为中存在的所谓"真实交易"实质上是行为人与持卡人之间虚假交易的一种方式，也即这类行为其实仍然符合《信用卡案件解释》第7条规定的“虚构交易”等虚假交易方式的本质特征，以非法经营罪追究行为人的刑事责任应该不存在问题。

此外，需要注意的是，根据《信用卡案件解释》第7条的规定，“套现”的数额是考量行为人能否构成非法经营罪以及罪轻罪重的重要标准之一。在司法实践中，“套现”形式的“养卡”案件中的一些行为人往往本身都有正当的职业，其持有的POS机除了为持卡人“套现”外，同时还用来收取货款、转账或实施单纯的“养卡”行为，那么，在认定行为人的非法经营数额时，我们就应将其收取货款、转账或实施单纯“养卡”行为的数额予以扣除。

二、使用非贷记卡“套现”行为的刑法定性

在一般的使用POS机“套现”的案件中，持卡人所持的通常是具有透支功能的贷记卡，但最近司法实践中出现了使用预付费的储值卡（预付费卡）、房贷卡[1]等“套现”的案件。例如，王某使用他人预付费的储值卡、房贷卡，在加油站购买加油卡后又在自己开设的网店上出售，为他人套取现金共计1000万余元，并从中收取了一定比例的手续费。对于此类案件中涉及的类似借记卡性质的预付费的储值卡、房贷卡等，是否属于刑法意义上的“信用卡”及《信用卡案件解释》第7条关于信用卡“套现”规定中的“信用卡”，司法实践中存在较大争议。对此，笔者认为，此类卡应属于刑法意义上“信用卡”，但并不属于《信用卡案件解释》第7条关于信用卡“套现”规定中的“信用卡”。

首先，此类卡应属于刑法意义上的“信用卡”。根据2004年12月29日第十届全国人大常委会第十三次会议通过的《关于〈中华人民共和国刑法〉有关信用卡规定的解释》，刑法规定的“信用卡”，是指由商业银行或者其他金融机构发行的具有消费支付、信用贷款、转账结算、存取现金等全部功能或者部分功能的电子支付卡。由此可见，我国刑法意义上的“信用卡”的外延较广，而并非仅限于贷记卡。而就房贷卡而言，其由商业银行发行，至少具备了消费支付和信用贷款等功能，因而理应属于刑法意义上的“信用卡”。就预付费的储值

〔1〕“房贷卡”的操作流程是：客户持其本人名下的房产证到银行申请贷款，经银行批准后，将个人名下的房产抵押给银行，银行则将一定额度的贷款发放在客户的借记卡内；结合抵押物市值情况，个人贷款的最高额度为1000万元。该借记卡不得用于提取现金，也不得自行转账，只能通过消费途径（如购车、购买建材）刷卡使用特定的贷款资金。

卡而言，则无疑具有消费支付的功能，如果该卡系由商业银行或者其他金融机构发行，则也应认定为刑法意义上的“信用卡”。当然，这需要相关银行或者金融机构出具相应的证明材料说明其所发行卡的功能。

其次，此类卡不应属于《信用卡案件解释》第7条关于信用卡“套现”规定中的“信用卡”。理由主要有以下三点：第一，根据《信用卡案件解释》第7条第3款的规定，持卡人以非法占有为目的，使用第1款规定的行为方式恶意透支，应当追究刑事责任的，依照《刑法》第196条的规定，以信用卡诈骗罪定罪处罚。由此可见，对于持卡人而言，通过实施第1款规定的行为方式，其理应能够进行恶意透支。这也就说明，第1款关于信用卡“套现”规定中的“信用卡”理应指的是具有透支功能的“信用卡”，否则就不属于该款所规定的“信用卡”。而房贷卡及预付费的储值卡的使用，都必须在消费之前存入足额的款项，因而套取卡内的现金并不存在透支的问题，从而也就不可能属于信用卡“套现”规定中的“信用卡”。第二，根据前文所述，《信用卡案件解释》之所以将协助持卡人“套现”的行为认定为非法经营罪，是因为信用卡“套现”行为既增加了金融秩序中的不稳定因素，也给发卡银行带来了巨大的信贷风险。而持卡人套取房贷卡及预付费的储值卡内的资金，其实质无非是通过违规的手段将卡内的自有资金取出，这一过程无论如何不会增加发卡银行的信贷风险，也不会妨害信用卡管理的秩序。因此，不宜将房贷卡及预付费的储值卡视为信用卡“套现”规定中的“信用卡”。第三，在现实生活中，由于急需使用资金，许多持卡人都将自己的储值卡以一定的折扣（如9.5折）出售给收卡的“黄牛党”，而“黄牛党”通过较低的折扣收购银行的储值卡后，再以相对较高的折扣（如9.8折）出售给他人，以此赚取差价。在司法实践中，由于没有相关刑事法律法规对此类行为加以规制，一般不追究持卡人和“黄牛党”的刑事责任，最多只是作为一般的扰乱市场秩序的治安案件对“黄牛党”进行行政处罚。而如果认为房贷卡及预付费的储值卡属于信用卡“套现”规定中的“信用卡”，那么，对于“黄牛党”使用POS机通过真实交易的方式为持卡人套取卡内资金的行为，则应认定为非法经营罪。但应当看到，在“黄牛党”转手倒卖储值卡赚取差价和使用POS机真实交易从而收取手续费的情形中，持卡人均能获得储值卡内的资金。据此，两种情形并无实质差异，无非是后一种情形中行为人使用了POS机。既然“黄牛党”转手倒卖储值卡赚取差价的行为不构成犯罪，那么，仅因“黄牛党”使用了POS机就对其行为以非法经营罪认定，则显然不尽妥当。就此而言，我们没有理由将房贷卡及预付费的储值卡视为信用卡“套现”规定中的“信用卡”。

三、不以牟利为目的“套现”行为的刑法定性

在一些“套现”案件中，行为人出于帮朋友忙而使用POS机为他人“套现”数千万元，却并未向持卡人收取任何费用。对于此类行为是否属于使用POS机“套现”而构成非法经营罪的情况，司法实践中存在较大争议。笔者认为，这一问题争议的焦点即在于非法牟利的目的是否为非法经营罪的主观构成要件。

应当看到，刑法学界大多数学者对于这一问题持肯定意见。例如，有学者认为，本罪在主观上是故意，并且行为人往往具有获取非法利润的目的，即行为人明知自己的行为违反国家法律规定，从事非法经营活动会扰乱市场秩序，却希望并积极追求这种结果的发生，借以牟取非法利益。〔1〕有学者认为，一般而言，非法经营罪的行为人往往具有非法牟利的目的。〔2〕有学者认为，非法经营罪的行为人一般具有非法营利的目的。〔3〕还有学者认为，从非法经营罪“并处或者单处违法所得一倍以上五倍以下罚金”的规定可反推：非法经营罪必须具有牟利的目的。〔4〕当然，也有人对此持否定意见。例如，有人认为，根据我国刑法规定，非法经营罪犯罪构成所要求的主观故意，是指行为人明知其行为会扰乱市场秩序而进行非法经营，并不要求以牟利作为目的。事实上，通观我国刑法分则，若对于某些犯罪主观故意内容在目的上有特别的要求时，会进行明文规定或者予以提示，这在刑法理论上通常被称为“目的犯”，比如《刑法》第175条高利转贷罪、第228条非法转让、倒卖土地使用权罪等，都明确规定了“以牟利为目的”。在这类法律明文规定需具有特定目的的情况下，若缺乏该特定目的，则不能认定该罪。而我国刑法对非法经营罪的规定没有要求行为

〔1〕 参见陈兴良主编：《罪名指南》，中国人民大学出版社2000年版，第599页。

〔2〕 参见王作富主编：《刑法分则实务研究》（上），中国方正出版社2001年版，第826页。

〔3〕 参见刘生荣、但伟主编：《破坏市场经济秩序犯罪的理论与实践》，中国方正出版社2001年版，第842页。

〔4〕 参见刘树德：《“口袋罪”的司法命运——非法经营的罪与罚》，北京大学出版社2011年版，第170页。

人具有非法牟利的目的，因而不宜以是否具备牟利目的作为行为人主观故意的要件。[1]

对此，笔者赞同通说的观点。笔者认为，刑法分则既然将非法经营罪规定在第三章破坏社会主义市场经济秩序罪中，那就说明该罪中的“经营”实际上指的是市场领域的经营行为。而从汉语的一般用语习惯及人们的通常理解来看，市场领域的经营行为显然都是以牟利为目的的，因此，作为由市场领域的经营行为构成的犯罪，非法经营罪的行为人主观上也就理应具有非法牟利的目的。而在刑法条文没有明确规定非法经营罪犯罪目的的情况下，如何通过刑法理论来解释本罪的犯罪目的则是我们迫切需要解决的问题。应当看到，出于立法的简洁性考虑，我国刑法中某一犯罪刑法条文规定的内容实际上并不一定就是该罪犯罪构成的全部内容，对于一些众所周知且显而易见的要件，刑法条文往往都予以省略，我们则可以在条文规定的基础上将这些要件予以补充，而这些要件即为刑法理论上通常所说的“不成文的构成要件要素”。例如，在盗窃罪、诈骗罪等财产犯罪的认定中，“非法占有的目的”是必要要件已经成为人们的共识，在此情况下，刑法就没有必要在条文中再加以具体规定，因而“非法占有的目的”就属于盗窃罪、诈骗罪等财产犯罪中的“不成文的构成要件要素”。而就非法经营罪而言，无论是从汉语的一般用语习惯还是从人们的通常理解来看，行为人采取非法经营的手段，破坏市场经济的正常秩序，其目的显然是牟取更大的非法利益。据此，即使刑法没有明文规定，我们也仍然可以将“非法牟利”这一特定的犯罪目的解释为非法经营罪的主观构成要件。

其实，主观上具有非法牟利的目的正是《解释》将行为人协助持卡人“套现”的行为认定为非法经营罪的前提与原因之一。如果行为人主观上不具有非法牟利的目的，则有可能构成持卡人所构成犯罪的共犯。对此，有人可能会提出，按笔者的观点，行为人就有可能与信用卡持卡人同时构成“恶意透支”型的信用卡诈骗罪，而信用卡诈骗罪的法定刑又要高于非法经营罪，那么，实践中就有可能出现主观上不具有非法牟利目的的行为人承担的刑事责任反而更重的不合理现象。但笔者认为，这种不合理现象并不会发生，因而上述担

---

〔1〕 参见符秋：《非法经营罪的主观故意认定》，载《中国检察官》2011年第2期。

心完全是多余的。这是因为，根据我国《刑法》第27条的规定，“在共同犯罪中起次要或者辅助作用的，是从犯。对于从犯，应当从轻、减轻处罚或者免除处罚。”在“套现”案件中，协助持卡人“套现”的行为人仅是为持卡人“套现”提供了一些帮助，而并未直接实施信用卡诈骗等犯罪，因而属于我国刑法共同犯罪中的从犯，理应从轻、减轻或者免除处罚。据此，对主观上不具有非法牟利目的且协助持卡人“套现”的行为人以信用卡诈骗罪共犯论处，并不会出现前文所述的不合理现象。

综上所述，非法牟利的目的是非法经营罪的主观构成要件，因而行为人要构成非法经营罪，主观上就应具有非法牟利的目的。而根据《信用卡案件解释》第7条的规定，使用POS机协助持卡人“套现”的行为人最终构成的罪名也是非法经营罪，从而其主观上也理应具有非法牟利的目的，否则就不能以非法经营罪论处，而只能认定为持卡人所构成犯罪的共犯。就前文所述行为人出于为朋友帮忙而未收取任何费用的“套现”行为而言，由于行为人主观上并不具有非法牟利的目的，从而不能对其以非法经营罪论处。

四、使用POS机为自己“套现”行为的刑法定性

在司法实践中，使用POS机“套现”的行为通常是指信用卡持卡人与POS机主（特约商户）协商，以虚假刷卡消费的方式获取现金，借以逃避取现手续费和银行利息的行为。但在司法实践新出现的一些案件中，信用卡持卡人并未与POS机主合作，而是自行租借他人的POS机，并直接以虚假刷卡消费的方式为自己“套现”。对于此类案件是否符合《信用卡案件解释》第7条的规定及能否对持卡人以非法经营罪论处，理论上和实践中存在一定争议。

根据前文所述，非法牟利的目的是非法经营罪的主观构成要件，而在使用POS机“套现”的案件中，这一主观目的则通常表现为行为人通过提供POS机帮助持卡人“套现”，进而获取一定比例的手续费。在上述案件中，信用卡持卡人实际上就是提供POS机帮助其“套现”的行为人，亦即行为人与信用卡持卡人的主体身份在此情形中是重合的，那么，信用卡持卡人也就不可能希望通过使用POS机帮助自己“套现”的行为向自己收取手续费。但这是否就意味着上述案件中的信用卡持卡人主观上不具备非法牟利的目的，从而不可能构成非法经营罪呢？笔者对此持否定回答。不可否认，非法牟利的主观目的确是

非法经营罪的构成要件，而且在使用POS机“套现”的案件中，这一主观目的也确实通常表现为行为人通过提供POS机帮助持卡人“套现”从而获取一定比例的手续费。但笔者认为，基于使用POS机“套现”案件的复杂性，我们不能不加区分地认定所有使用POS机“套现”的情形均是如此。依笔者之见，本文所探讨的信用卡持卡人自己使用POS机帮助自己“套现”的情形就是一种例外。具体而言，在此情形中，由于提供POS机帮助信用卡持卡人“套现”的行为人就是其本人，那么，我们就完全没有必要再对持卡人和行为人的主观目的加以区分，也即基于主体身份的重合性，持卡人和行为人的主观目的也必然是重合的。换言之，信用卡持卡人“套现”的主观目的就是其使用POS机帮助自己“套现”的主观目的。应当看到，信用卡持卡人之所以要“套现”，显然是为了规避信用卡取现所必须承担的较高银行利息，因此，持卡人使用POS机为自己“套现”其实也是为了规避信用卡取现的较高银行利息，而这就是持卡人非法牟利主观目的的具体体现。

综上，笔者认为，非法牟利是信用卡持卡人使用POS机为自己“套现”的主观目的，因而其行为理应可以构成非法经营罪。如果对这种POS机主与信用卡持卡人主体身份相重合的情形不以非法经营罪论处，却对POS机主与信用卡持卡人主体身份不相重合的情形以非法经营罪论处，则显然不利于有效规范和打击“套现”行为，从而也就与《信用卡案件解释》第7条出台的背景不相符合。

需要指出的是，就信用卡“套现”行为本身而言，其实质是将信用卡内的消费信贷额度直接转化为现金并套取出来，也就相当于通过使用信用卡并采取欺骗的手段取得银行的信用贷款。如果信用卡持卡人主观上不具有非法占有的目的，使用信用卡并采取欺骗的手段取得银行的信用贷款，给银行造成了重大损失或者有其他严重情节的，应依据《刑法》第175条之一的规定，以骗取贷款罪定罪处罚。据此，我们完全有理由相信，理论上和实践中将会产生一个新的问题：如果信用卡持卡人使用POS机为自己“套现”的行为本身又符合骗取贷款罪的犯罪构成，那么在使用POS机为自己“套现”的情形中，能否对信用卡持卡人以非法经营罪与骗取贷款罪实行数罪并罚呢？对此，笔者认为，这种情形属于我国刑法中的想象竞合犯，对持卡人的“套现”行为只能以非法经营罪论处，而不能数罪并罚。这是因为，首先，在这类案件中，行为人实际上只实施了一个行为，而按传统刑法划分一罪与数罪的基本原理，构成数罪行为人必须有数个行为。尽管行为人实施数个行为并不一定都构成数罪，但一个行为是绝对不可能构成数罪的。其次，《刑法》第175条之一规定："以欺骗手段取得银行或者其他金融机构贷款……，处三年以上七年以下有期徒刑，并处罚金。"据此，骗取贷款罪的客观行为方式表现为以欺骗手段取得银行或者其他金融机构的贷款。也就是说，欺骗手段是骗取贷款罪在客观方面的构成要件，行为人要构成骗取贷款罪，其在客观上就必须使用欺骗的手段。在上述信用卡持卡人使用POS机为自己"套现"的案件中，这一欺骗手段就表现为持卡人使用POS机以虚假刷卡消费的方式为自己套取卡内现金的行为。而我们之所以能够认定上述使用POS机为自己"套现"的行为符合非法经营罪的犯罪构成，也正因为持卡人在客观上实施了使用POS机以虚假刷卡消费的方式帮助自己套取卡内现金的行为。如果持卡人客观上没有实施这一行为，其就不可能构成非法经营罪。由此可见，上述信用卡持卡人使用POS机为自己"套现"的情形其实属于我国刑法中的想象竞合犯，即行为人出于一个犯罪故意，实施一个客观行为却同时触犯了数个罪名。如果对持卡人以非法经营罪与骗取贷款罪实行数罪并罚，就必然会对持卡人使用POS机以虚假刷卡消费的方式套取信用卡内现金这一客观行为进行两次评价，也就是既在认定骗取贷款罪时作为犯罪的客观构成要件加以评价，又在认定非法经营罪时作为犯罪的客观构成要件加以评价，这显然有违刑法"禁止重复评价"[1]的原则。因此，笔者认为，在信用卡持卡人使用POS机为自己"套现"的行为又符合骗取贷款罪犯罪构成的情况下，不能对持卡人以非法经营罪与骗取贷款罪实行数罪并罚，而只能根据想象竞合犯"择一重罪处断"的处罚原则，对持卡人以非法经营罪定罪处罚。

此外，根据《刑法》第196条有关信用卡诈骗罪的规定，恶意透支是指持卡人以非法占有为目的，超过规定限额或者规定期限透支，并且经发卡银行催收后仍不归还的行为。那么，如果信用卡持卡人主观上以非法占有为目的，采取使用POS机为自己"套现"的方式恶意透支，超过规定期限且经发卡银行催收后仍不归还的，对于持卡人的行为又应如何认定？有人可能会认为，在此情形

---

〔1〕"禁止重复评价"原则是指对同一犯罪事实或者情节，在定罪量刑中只能进行一次法律评价，不得重复使用。

中，信用卡持卡人实施了使用POS机为自己“套现”以及信用卡恶意透支等两个行为，且这两个行为分别构成非法经营罪与信用卡诈骗罪，但由于两个行为之间存在着方法与结果、手段与目的的牵连关系，因而属于我国刑法理论上的牵连犯，应依据牵连犯的处罚原则，对持卡人“择一重罪处断”，即应依据《刑法》第196条的规定，以信用卡诈骗罪定罪处罚。对此，笔者持有不同意见。笔者认为，在上述情形中，虽然应对持卡人以信用卡诈骗罪一罪论处，但并非基于牵连犯的刑法原理。应当看到，刑法上的行为数量与日常生活中的行为数量并不是完全一致的，例如，在上述情形中，如果信用卡持卡人之前没有实施使用POS机为自己“套现”的行为，就不可能产生后面的恶意透支行为。也即恶意透支是一个完整的行为，其本身并不存在“透支”与“恶意”的不同评价，从行为完整性角度而言，使用POS机为自己“套现”的行为与信用卡恶意透支的行为在刑法上实际上属于一个完整的犯罪行为，而不能将其拆开看成是两个互相独立的犯罪行为。就实质而言，信用卡持卡人实际上是以非法经营的方式实施了信用卡诈骗罪。据此，笔者认为，由于并不存在两个独立的犯罪行为，从而不可能存在牵连犯的问题。上述情形其实也属于一行为触犯数罪名的想象竞合犯，即非法经营罪与信用卡诈骗罪的想象竞合，理应依据想象竞合犯“从一重罪处断”的处罚原则，对持卡人以信用卡诈骗罪定罪处罚。

第三节　妨害信用卡管理罪疑难问题刑法探析

我国1997年《刑法》有关信用卡犯罪的规定主要涉及伪造、变造金融票证和信用卡诈骗等罪名，以这些罪名处理和认定错综复杂的信用卡犯罪案件，显然存在着很多“盲点”。为此，全国人大常委会于2005年2月28日颁布了《刑法修正案（五）》，在《刑法》第177条后增加一条，作为第177条之一，明确增设规定了“妨害信用卡管理罪”：有下列情形之一，妨害信用卡管理的，处3年以下有期徒刑或者拘役，并处或者单处1万元以上10万元以下罚金；数量巨大或者有其他严重情节的，处3年以上10年以下有期徒刑，并处2万元以上20万元以下罚金：（1）明知是伪造的信用卡而持有、运输的，或者明知是伪造的空白信用卡而持有、运输，数量较大的；（2）非法持有他人信用卡，数量较大的；

（3）使用虚假的身份证明骗领信用卡的；（4）出售、购买、为他人提供伪造的信用卡或者以虚假的身份证明骗领的信用卡的。该条第2款规定：窃取、收买或者非法提供他人信用卡信息资料的，依照前款规定处罚。该条第3款还规定：银行或者其他金融机构的工作人员利用职务上的便利，犯第2款罪的，从重处罚。以下仅就《刑法》第177条之一规定所涉及理论和实践中的一些疑难问题作些探讨。

一、持有、运输伪造的信用卡或伪造的空白信用卡行为的认定

妨害信用卡管理罪的第（一）项行为是“明知是伪造的信用卡而持有、运输的，或者明知是伪造的空白信用卡而持有、运输，数量较大的”。何为持有伪造的信用卡或伪造的空白信用卡？应该看到，持有型犯罪在刑法中已经出现多处，理论上曾经对持有型行为是否是独立于作为和不作为之外的第三种行为形式展开过深入讨论，大多数意见都认为，持有并非是一个独立的行为形式。但是，对持有行为的实际内涵则理论上仍然存在有不同的看法，现在主要以“事实法律支配说”为通说。此说认为“持有”是指行为人在事实上或法律上对物的一种控制和支配状态。[1]根据持有行为的上述定义，理论上一般认为，持有伪造的信用卡或数量较大的伪造的空白信用卡，是指行为人在事实上或法律上支配、控制伪造的信用卡或数量较大的伪造的空白信用卡。这种持有的成立不需要证明其时间上的延续性，也不需要行为人与对象之间具有密切的空间关系。

何为运输伪造的信用卡或伪造的空白信用卡？我国现行刑法根据运输对象的不同规定了两种运输行为：其一，运输的对象本身是合法的，只是因为不按照法律规定的安全措施进行非法运输，行为本身具有危害性，因而将其规定为犯罪，如非法运输危险物质罪；其二，运输对象是非法的，运输行为本身不会给社会造成危害，但基于该种对象的非法性，运输该物品的行为则构成犯罪，如运输假币、毒品等。根据这一分析，我们不难看出，运输伪造的信用卡或伪造的空白信用卡，显然属于后一种运输行为。从字面理解，所谓运输伪造的信用卡或伪造的空白信用卡，是指行为人明知是伪造的信用卡或伪造的空

〔1〕 甘雨霈、何鹏：《外国刑法学》（下），北京大学出版社1985年版，第946页。

白信用卡，而仍将其从一地运往另一地。由于刑法中已经规定有其他涉及信用卡的犯罪，因而只有行为人在运输信用卡过程中且在无法查明其行为可以构成其他信用卡犯罪时，才能以妨害信用卡管理罪中的运输行为认定。

这里所谓伪造的信用卡，是指未经国家主管部门批准的单位或个人以各种方法制造并输入了用户相关信息的信用卡，俗称假卡。应该看到，实践中伪造的信用卡有两种：一种是仿制卡，即模仿信用卡的质地、模式、图样以及磁条密码等制造的信用卡。另一种是变造卡，是指在真卡的基础上进行伪造，主要是在过期卡、作废卡、盗窃卡、丢失卡等各种信息完整的真实信用卡上修改关键要素，如重新压印卡号、有效期和姓名，甚至对信用卡磁条重新写磁；或者是对非法获取的发卡银行的空白信用卡进行凸印、写磁而制成的信用卡。尽管法律中并未规定变造信用卡的行为，但是，由于这种变造的行为也必须通过重新压印或重新写磁等过程才能完成，因而理论上和司法实践中一般认为，变造卡应当属于伪造的信用卡，这也是由信用卡自身的特殊性决定的。信用卡具有身份性，即信用卡上记载着合法持卡人的个人资料，因此，仅从外观上伪造信用卡，即使再逼真，也不足以使该假信用卡具有使用价值。合法持卡人的个人资料包括以电子数据的形式记录在信用卡磁条上的用户资料和持卡人自设的密码，并且该个人资料同时由发卡机构所保存。只有持卡人的个人信息资料与发卡机构保存的信息资料相吻合，该信用卡才具有其功能。因此，变造的信用卡其实质就是伪造的信用卡。

所谓伪造的空白信用卡，是指未经国家主管部门批准的单位或个人以各种方法制造的未输入用户信息的信用卡，即卡中没有授信财产的信用卡。就此而言，笔者认为，伪造的空白信用卡与伪造的信用卡之本质区别就在于：是否实际或者曾经输入过用户的信息。尽管理论上也可认为，伪造的空白信用卡应包括变造的空白信用卡，但是，笔者认为，由于对空白的信用卡进行变造并无实际意义，因而实践中一般不可能存在有变造的空白信用卡。

应该看到，理论上对于《刑法》第177条之一第1款中规定的明知是伪造的信用卡或明知是伪造的空白信用卡而持有、运输的行为是否均应以“数量较大”为必要要件，有不同的理解。有人认为，无论是持有、运输伪造的信用卡，还是持有、运输伪造的空白信用卡均必须以“数量较大”为构成犯罪要件。但是，笔者认为，这一理解显然不符合刑法的立法原意。刑法该条文规定：“明知是伪造的信用卡而持有、运输的，或者明知是伪造的空白信用卡而持有、运输，数量较大的”，分析这一规定，我们不难发现，在“或者”之前，条文已经用“的”将行为规定完毕，而“或者”后面的“的”，则是加在“数量较大”之后。可见持有、运输伪造的空白信用卡必须以“数量较大”为必要要件，而持有、运输伪造的信用卡则不以“数量较大”为必要要件。刑法的这种规定方式在许多条文中均有表现，例如，《刑法》第385条规定：国家工作人员利用职务上的便利，索取他人财物的，或者非法收受他人财物，为他人谋取利益的，是受贿罪。按相关的司法解释规定，索取他人财物构成受贿罪，不以“为他人谋取利益”为必要要件；而收受他人财物构成受贿罪，则必须同时具备“为他人谋取利益”的条件。

尽管笔者认为持有、运输伪造的信用卡不以“数量较大”为构成要件，但是，这并不意味着认定这一犯罪行为时可以不看数量，只是这一数量要求并非是刑法的规定，而应该由司法解释作出一定的规定。需要研究的是，这里的数量究竟以什么作为标准？刑法及司法解释并未作明确规定，是以伪造的信用卡的张数作为标准，抑或以伪造信用卡上的钱款数额作为标准？笔者认为，对于伪造的空白信用卡当然应该以信用卡的张数作为认定数量是否较大的标准，因为，空白信用卡本身并不存在用户信息，因而卡上也不可能体现具体的钱款数量额。而伪造的信用卡则可能存在较为复杂的情况，因为，伪造的贷记卡与伪造的借记卡所可能给发卡机构或持卡人所造成的损失就不会完全一样，因为前者不仅可能导致卡上记载的钱款遭受损失，而且还会因透支而可能导致更大的损失；而后者则不可能发生这种情况。其实即使不考虑透支行为，在伪造的相同的若干张信用卡中钱款的数额也可能相差很大。因此，确实需要立法或者司法机关尽早对“数量较大”作出解释，否则必然会导致司法实践在定罪量刑上的不一致。

二、非法持有他人信用卡行为的认定

妨害信用卡管理罪的第（二）项行为是“非法持有他人信用卡，数量较大的”。对于这里所指的“非法”应该作何理解？应该看到刑法中的非法持有行为中的非法主要包括两种情况：其一为持有的物品本身属于法律禁止持有的；其二为持有的物品本身并不属于法律禁止持有的，但其持有行为则没有合法的根据。本罪的非法持有他人信用卡行为中的对象是他人的信用卡，这种信用卡并非是国家法律禁止持有物品，其非法性主要体现在这种持有行为不具有合法根据这一点上，也即这种持有并没有他人授权、委托、无因管理等合法根据。这种刑法将其规定为犯罪是因为没有合法根据的持有行为，其非法性显然就体现在持有行为本身。

对于这里所指的他人信用卡的范围，理论上有不同的观点。有人认为，他人的信用卡是指他人申领的合法有效的信用卡即真卡，不包括伪造卡、空白卡或废卡。也有人认为，他人的信用卡不仅包括他人申领的合法有效的真卡，还包括伪造卡、空白卡或废卡，甚至包括用虚假的身份证明骗领的信用卡，认为卡的性质不影响对信用卡秩序的妨害。〔1〕笔者认为，从修正案规定妨害信用卡管理罪的内容分析，这里所指他人的信用卡理应是他人真实有效的信用卡。因为，如果是伪造卡或者空白卡，行为人在明知的情况下，完全可以按照妨害信用卡管理罪第（一）项行为加以认定，而不应该也没有必要将其视为第（二）项行为。笔者认为，妨害信用卡管理罪中的第（一）项行为与第（二）项行为事实上是有区别的，最大的区别就在于第（一）项行为的对象是伪造卡或者伪造的空白卡，而第（二）项行为的对象则是他人真实有效的信用卡。至于实践中有时会存在行为人误将他人伪造的信用卡、伪造的空白信用卡或作废的信用卡当作真卡而故意非法持有的情况，这种情况只应该以妨害信用卡管理罪的第（二）项行为认定。因为，刑法规定妨害信用卡管理罪第（一）项行为时特别强调要以“明知”为前提，在行为人对对象产生错误认识时，行为人主观上就不具有这种明知，因而不能以第（一）项行为认定。根据刑法基本原理，行为人对于对象所产生的错误认识，对其行为定性时，应以其错误的认识作为主观依据。由于行为人主观上认为是他人真实有效的信用卡，对其按照妨害信用卡管理罪认定是完全合理的。当然在这种情况下，客观上出现了行为人非法持有的并非是他人真实有效的信用卡，而是伪造卡或者是空白卡等。另外，这里所指的他人信用卡，还应包括他人使用虚假的身份证明骗领的信用卡。这是因为使用虚假的身份证明骗领的信用卡实际上是真卡，即这种卡不仅可以直接使用，而且是由发卡机构发行的，只是领卡人是以虚假身份骗领的，通俗

〔1〕 肖乾利：《妨害信用卡管理罪若干问题之探讨——对刑法修正案（五）第一条第一款之解读》，载《云南行政学院学报》2006年第1期。

地说也就是，卡是真的人是“假”的。正由于这一点，对于行为人非法持有他人使用虚假身份证明骗领的信用卡，理应以妨害信用卡管理罪的第（二）项行为认定。

刑法对于非法持有他人信用卡行为构成妨害信用卡管理罪，也明确提出了要以“数量较大”为构成要件。如同前文提及的一样，这里同样也有一个如何确定标准的问题，即应该以他人信用卡的张数抑或以他人信用卡中所包含的金额作为标准？刑法未规定，立法和司法解释也未明确，在这种情况下，有学者认为，这里的“数量较大”仅指信用卡本身的数量较大，不包括信用卡内所含金额较大。因为从语义上看，数量和数额是有所区别的，数额一般是指数量和金额，其外延要大于数量。根据有关的司法解释，司法实践中，对于未兑现的金融票证，不能以其所包含的金额来计算数额，从而定罪量刑。如盗窃能兑现的金融票证，司法实践中对于盗窃信用卡并使用的，认定盗窃数额是以行为人实际使用、占有的数额为依据，而不是以信用卡内存在的金额或可透支的金额为标准。同理，妨害信用卡管理秩序罪中的“数量较大”也仅指信用卡本身的数量较大，而非信用卡内所含金额较大。[1]笔者不同意上述观点，因为，如果按照这一观点，就会导致行为人非法持有他人含金量很大（特别是可以透支的贷记卡）但张数很少的信用卡可能不被认为犯罪，而非法持有他人张数很多但含金量很小（特别是不可以透支的借记卡）却被认为犯罪等情况出现。这显然不符合罪责刑相适应的原则精神。应该看到，非法持有他人的贷记卡与借记卡可能给发卡机构或持卡人造成的损失就不会完全一样，因为贷记卡不仅存在使用卡上记载钱款的可能，而且还存在透支的可能；而借记卡则不存在透支的可能。其实即使不考虑透支行为，在相同的若干张他人的信用卡中钱款的数额也可能相差很大。有鉴于此，确实需要立法或者司法机关尽早对“数量较大”作出解释，否则必然会导致司法实践在定罪量刑上的不一致。笔者认为，由于非法持有他人信用卡中的信用卡一般均是真实有效的卡，因而其数量的认定理应以他人信用卡中所包含的金额作为认定标准。

---

〔1〕 张增新、殳永军：《妨害信用卡管理罪的客观方面认定》，载《山东警察学院学报》2006年第3期。

三、使用虚假的身份证明骗领信用卡行为的认定

妨害信用卡管理罪的第（三）项行为是“使用虚假的身份证明骗领信用卡的”。所谓使用虚假的身份证明骗领信用卡，是指行为人在办理信用卡申领手续时，使用虚假的身份证明骗取金融机构信任，获得信用卡的行为。

应该看到，在使用虚假的身份证明骗领信用卡行为中，被骗领的信用卡是真卡，骗领者是形式上的合法持卡人，但由于骗领者的身份与信用卡记载的信息并不一致，因而骗领者实质上是非法持卡人。《刑法修正案（五）》第1条明确将使用虚假的身份证明骗领信用卡行为规定为妨害信用卡管理罪中的第（三）项法定行为。与此同时，该修正案第2条对《刑法》第196条信用卡诈骗罪也作了相应修正，即将“使用以虚假的身份证明骗领的信用卡”作为信用卡诈骗罪的一种法定行为，可见立法者对骗领信用卡以及使用骗领的信用卡行为的重视。

在认定使用虚假的身份证明骗领信用卡行为时，涉及虚假身份证明的问题。身份证明是信用卡申请人个人资信证明载体，是发卡行对申请人资格认定的一个关键依据，同时也是申请人对于信用卡使用承担责任的重要基础。理论上有人认为，身份证明是指一切能够证明自己身份的证明材料或证件，这种身份证明有很多，包括身份证、户籍证、学生证、工作证等，甚至包括加盖公章的介绍信等，种类繁多，是广义的身份证明。也有人认为，身份证明只应当包括居民身份证、现役军官的军官证和境外居民的护照等证明。因为，根据中国人民银行《银行卡业务管理办法》规定，申领信用卡，应当提供公安部门规定的本人有效身份证件，对于金融机构来说，申领人要申请信用卡，一般来说必须出示身份证，这种情况下所谓身份证明主要是身份证，是狭义的身份证明。同时根据有关规定，中国境内居民必须提供居民身份证复印件，现役军官必须提供军官证复印件，境外居民必须提供护照复印件。〔1〕

但是，笔者认为，对申领信用卡时所需的“身份证明”不能作狭义的理解。身份证明应该是指依照信用卡管理规定和信用卡发行人所要求提供的与证明个人身份相关的全部材料。即除居民身份证、户口簿等材料外还应包括其他

---

〔1〕 黄太云:《刑法修正案（五）的理解与适用》，载《人民检察》2005年第3期。

资信证明材料或相关的担保材料。笔者之所以主张这一观点，主要基于以下三点原因：

首先，从信用卡本身的性质上看，它是一种信用凭证，是以信用卡持卡人的信用为基础的。在申请时需要一系列的资信证明。由于信用卡的发卡行对信用卡支付承担着一定的金融风险，为了尽可能地降低风险，发卡行对申请人资格认定应该非常严格。所以，除了居民身份证、户口簿等材料外，它更注重对申请人信用的考察，而资信证明材料或相关的担保材料则是说明申请人信用能力的一个基础。信用卡是基于对申请人信用的信任而签发的。如果行为人的收入、职业等情况不能表明其具有相应的信用基础和信用能力，发卡银行是不会对其发卡或对其授予相应额度的。

其次，由于行为人使用虚假的资信证明或相关的担保材料骗领信用卡与使用虚假的身份证明骗领信用卡，在主观动机上并没有本质上的区别，因此，如果仅认定和处罚使用通过伪造的身份证等虚假的身份证明材料骗领信用卡的行为，而对于通过虚假的资信证明材料或虚假的担保而骗领信用卡不进行规制，这不仅影响了刑法的严肃性与公正性，而且很难为一般人所能接受。因为从两种行为的性质以及可能造成对信用卡管理制度的侵害来看，有很多相同之处，我们没有理由不对第二种行为进行追究。

最后，对于第二种行为如果不以“使用虚假的身份证明骗领信用卡”的情形加以认定，很可能影响信用卡诈骗罪的认定。例如，对于行为人以真实的身份证，但采取虚构资信材料、提供虚假担保等欺骗手段骗领了信用卡，并加以使用。这种情况下，信用卡的性质既不属于伪造的信用卡，也不属于作废的信用卡，更不是他人申领的信用卡。所以不能对行为人以“使用伪造的信用卡”、“使用作废的信用卡”以及“冒用他人信用卡”的情形加以认定。同样，按照上述观点，这种信用卡的性质不属于骗领的信用卡，因而也不能对行为人以“使用以虚假身份证明骗领的信用卡”的情形加以认定。那么在信用卡诈骗罪中，唯一剩下可以考虑的情形就是“恶意透支”。但以“恶意透支”加以认定存在一定的问题。“恶意透支”成立信用卡诈骗罪有一个很关键的要件，即“催收不还”，刑法作此规定是为了限制对恶意透支的认定，是为了考察行为人主观上是否具有非法占有的目的。但是，笔者认为“催收不还”这一规定很难适用于骗领信用卡并使用的情况。因为骗领并使用的行为就足以说明行为人主观上的诈骗目的，无须再以“催收不还”作为法定的成立要件。因此，笔者认为“使用虚假的身份证明骗领信用卡”，是指以虚假的身份或资信等证明材料，骗取发卡行的信任而取得信用卡的行为。

当然，我们也应该看到，这里所指的虚假的身份证明还应包括虚假的单位身份证明。因为，在金融业务活动中，商业银行或者其他金融机构发行信用卡的对象不仅包括个人，还包括单位。为此，我们根据信用卡申领主体的不同又可将“身份证明”分为个人的身份证明和单位的身份证明。行为人以单位名义，通过提供虚假的单位身份证明来骗领信用卡的，其提供的主要是虚假的单位登记和注册材料以及单位的资信状况。由于《刑法修正案（五）》所规定的妨害信用卡管理罪并未将单位纳入犯罪主体的范围之中，因而尽管社会生活中存在单位使用虚假的身份证明骗领信用卡的情况，但是，我们仍不能追究相关单位的刑事责任。

四、窃取、收买或者非法提供信用卡信息资料行为的认定

需要指出的是，《刑法修正案（五）》在规定了妨害信用卡管理罪的4项行为后，又在《刑法》第177条之一的第2款和第3款中专门规定了窃取、收买或者非法提供他人信用卡信息资料的行为，但强调要“依照前款规定处罚”，对于银行或者其他金融机构的工作人员利用职务上的便利，犯该罪的，则“从重处罚”。目前“两高”的司法解释已经将上述刑法规定明确以“窃取、收买、非法提供信用卡信息罪”独立设罪。在此之前，理论上对于经修正后的《刑法》第177条之一设立了一个新的罪名（妨害信用卡管理罪），基本上没有什么异议，但是，对于该条文中第2款和第3款是否又增设了一个独立罪名，则有完全不同的观点。有学者认为，窃取、收买、非法提供信用卡信息资料罪是《刑法修正案（五）》新增设的罪名。这一罪名的增设，进一步完善了我国信用卡犯罪的刑事立法，对于保护银行等金融机构和公众的合法利益，维护金融机构的信誉和金融秩序，具有重要的意义。[1]主张这一观点的学者还进一步论证了妨害信用卡管理罪与窃取、收买、非法提供信用卡信息资料罪的区别，认为两罪的区别主要表现在：（1）犯罪对象不同。前罪的犯罪对象为信用卡本身；而后罪为

---

〔1〕 利子平、樊宏涛：《窃取、收买、非法提供信用卡信息资料罪刍议》，载《河北法学》2005年第11期。

信用卡信息资料。(2)行为方式不同。前罪表现为妨害信用卡管理的行为；而后罪则表现为窃取、收买或者非法提供他人信用卡信息资料的行为。(3)犯罪客体不完全相同。前罪侵犯的客体主要是金融机构的信誉；而后罪侵犯的客体则主要是信用卡所有人的合法权益。[1]也有学者认为，该款的“窃取、收买、非法提供他人信用卡信息资料行为、犯罪对象、侵害客体等并没有超出妨害信用卡管理的本质含义，没有必要单独定罪”。[2]

笔者认为，在我国，刑法条文中的某项内容是否是一个独立的罪名，固然有其本身规定的规律性，但是最终则取决于司法机关的解释。尽管笔者对于这种由最高人民法院或者最高人民检察院通过司法解释决定刑事立法上罪名的做法并不赞同，但是，在暂时很难改变这种状态的情势下，我们也只能听从司法机关的解释。特别是现在“两高”已经对《刑法修正案（五）》的规定作出罪名上的司法解释，并明确将《刑法》第177条之一第（二）款以“窃取、收买、非法提供信用卡信息罪”独立设罪，我们当然应该予以遵循。这里笔者只就立法的一般规律以及刑法理论，谈谈对刑法本条本款是否应独立设罪的意见。

理论上有人主张《刑法》第177条之一第（二）款和第（三）款增设了一个独立罪名，理由是：首先，现行刑法中，“依照……处罚”与“依照……定罪处罚”的含义是有区别的。从法条表述看，第（二）款明确规定：“窃取、收买或者非法提供他人信用卡信息资料的，依照前款规定处罚”。该款仅规定依照前款规定“处罚”而非“定罪处罚”，按照刑法学界确定罪名的一般理论和最高人民法院、最高人民检察院确定罪名的通行做法，凡是法条明确规定“依照……定罪处罚”的，不独立成罪，如《刑法》第267条第（二）款的“携带凶器抢夺的，依照本法第二百六十三条的规定定罪处罚”，对这种抢夺行为应认定为抢劫罪并按抢劫罪的法定刑处罚；而规定“依照……处罚”的，则独立成罪，如《刑法》第128条第（二）款规定，“依法配备公务用枪的人员，非法出租、出借枪支的，依照前款的规定处罚”，该规定表明依法配备公务用枪的人员非法出租、出借枪支行为的法定刑与同条第（一）款规定的非法持有、私藏枪支、弹

〔1〕 利子平、樊宏涛：《论妨害信用卡管理罪》，载《南昌大学学报》（人文社会科学版）2005年第6期。

〔2〕 赵秉志、王东阳：《刑法修正案（五）第一条的理解和适用问题探讨》，载李希慧、刘宪权：《中国刑法学年会文集（2005年度）》，中国人民公安大学出版社2005年版，第727页。

药罪的法定刑相同，但是其罪名并不是非法持有、私藏枪支、弹药罪。其次，《刑法修正案（五）》第1条第3款规定，“银行或者其他金融机构的工作人员利用职务上的便利，犯第2款罪的，从重处罚”，其中有“犯第2款罪”之表述，这就更说明了第2款罪名的独立性。最后，确定刑事条款中规定的行为是一罪还是数罪，还应考量犯罪行为质的规定性，并结合受到犯罪构成要件决定性因素的影响程度来加以判断。[1]

对于上述观点，笔者不能赞同。《刑法》第177条之一第2款和第3款完全可以归入妨害信用卡管理罪之中，没有必要作为刑法独立增设的罪名。理由是，首先，上述观点罗列了刑法“依照……处罚”与“依照……定罪处罚”的不同含义，从而得出结论：因为刑法该条该款规定“依照前款规定处罚”，所以就是独立增设了一个新的罪名。但是，如果仔细分析刑法的条文规定，我们不难发现，实际上刑法对于“依照……处罚”与“依照……定罪处罚”并没有作很严格的区别，许多规定也没有很一致的规律可循。例如，《刑法》第223条（串通投标罪）第2款也同样规定：投标人与招标人串通投标，损害国家、集体、公民的合法利益的，依照前款的规定处罚。而司法解释也并没有将该款视为是一个独立罪名。类似的刑法规定还有很多。可见，刑法对“依照……处罚”与“依照……定罪处罚”并未作很严格的区分。既然立法上没有规律可循，那么，我们用所谓“规律”的思路分析后得出结论就很难具有科学性。其次，尽管《刑法》第177条第3款明确规定：“银行或者其他金融机构的工作人员利用职务上的便利，犯第2款罪的，从重处罚”，似乎其中“犯第2款罪”之表述可以说明立法者的意图是将第2款的规定独立设罪。但是，笔者认为，这种理解其实还是建筑在已经将第2款理解为是一个独立罪名的基础之上。如果换一种思路，我们将“犯第二款罪”理解为是实施了第2款所规定的行为，那就很难通过第3款的规定来证明第2款是一个独立罪名了。再次，刑法的条文是否设立独立罪名理应以有无必要性为依据。由于《刑法》第177条之一本身就是修正案增设的条文，其增设的目的无非是要强调对妨害信用卡管理行为的惩治。现在司法解释已经明确《刑法》第177条之一第1款是妨害信用卡管理罪，而窃取、收买或者非法提供他人信用卡信息资料的行为实际上也会对信用卡管理

---

〔1〕 付立忠：《刑法修正案（五）的相关问题与解决途径》，载《中国人民公安大学学报》2005年第3期。

制度造成损害，因此，将其归入妨害信用卡管理罪中并无不妥之处，也即将这种行为独立设罪似乎没有很大的必要。就此而言，仅仅因为行为方式以及行为对象的不同，而将上述刑法两款的规定理解为是不同的罪名似乎说服力并不充分。最后，从刑法罪名设置的简约性原则出发，笔者认为，将《刑法》第177条之一视为一个罪名，即将窃取、收买或者非法提供他人信用卡信息资料的行为归入妨害信用卡管理罪，应在情理之中。

应当看到，窃取、收买或者非法提供他人信用卡信息资料的行为与伪造信用卡的行为既具有联系，又具有明确的区别。窃取、收买、非法提供他人信用卡信息资料的行为实际上是伪造信用卡行为的前提或者准备，而伪造信用卡的行为则是窃取、收买、非法提供他人信用卡信息资料行为的后续行为，两者具有密切的联系，只是现行刑法以及相关司法解释将窃取、收买、非法提供他人信用卡信息资料的行为单独提取出来作为一个独立的罪名而已。窃取、收买、非法提供他人信用卡信息资料行为的犯罪对象为信用卡信息资料；而伪造信用卡行为的犯罪对象为信用卡。如果行为人为了伪造信用卡而实施窃取、收买、非法提供他人信用卡信息资料行为，并在其后用这些资料伪造信用卡的，属于刑法理论上的牵连犯，应择一重罪处罚，即应以伪造金融票证罪论处。但是，如果行为人与伪造信用卡者事前通谋，为其窃取、收买或者非法提供他人信用卡信息资料的，应以伪造金融票证罪的共犯论处。

同样的情况，在窃取、收买、非法提供他人信用卡信息资料的行为与信用卡诈骗行为的认定中也会发生。如果行为人为了冒用他人信用卡诈骗而实施窃取、收买他人信用卡信息资料的行为，应以牵连犯的处罚原则处理，对行为人的行为以信用卡诈骗罪论处。如果行为人与冒用他人信用卡诈骗者事前通，为其窃取、收买或者非法提供他人信用卡信息资料的，应以信用卡诈骗罪的共犯论处。

五、妨害信用卡管理罪罪数的认定

尽管刑法将妨害信用卡管理的行为独立设罪，但是，我们也应该看到，妨害信用卡管理罪中的许多行为与伪造、变造金融票证罪以及信用卡诈骗罪等具有密切的联系，有些行为是其他犯罪的后续行为，也有些行为是其他犯罪的准备行为。因此，正确把握涉及妨害信用卡管理罪的罪数形态极为重要，实践中应注意以下几个问题：

其一，伪造信用卡后又出售或提供给他人行为的处理。司法实践中较多地存在行为人在伪造信用卡后，又将自己伪造的信用卡出售或提供给他人的情况。对于行为人的这些行为应如何定性？实践中有不同意见。笔者认为，对于伪造信用卡后又出售或提供给他人的行为，理应以刑法理论上的牵连犯"从一重处断"原则论处，即以伪造金融票证罪定罪处罚。理由是，在将自己伪造的信用卡出售或提供给他人的案件中，出售或者提供行为实际上是伪造行为的目的行为，而伪造行为则是手段行为，而且行为人实施伪造或者出售、提供行为时主观上具有一致性。特别是伪造信用卡行为与妨害信用卡管理行为在构成要件上具有一定的包容关系，完全符合刑法理论上的牵连犯构成要件，理应按一重罪论处。由于伪造金融票证罪的法定刑高于妨害信用卡管理罪，因而对行为人的行为应以伪造金融票证罪从重处罚。

其二，伪造信用卡后又持有、运输行为的处理。理论上对于行为人伪造信用卡后又对自己伪造的信用卡进行持有、运输行为的处理，有不同意见。笔者以为，此种行为仍然属于牵连犯，应按照伪造金融票证罪处理。理由与上述伪造信用卡后又出售或提供给他人行为的处理意见完全相同。只是刑法中伪造信用卡的行为中似乎并不包括伪造空白的信用卡，但是持有、运输行为的对象中则包括伪造的空白信用卡，如果行为人伪造空白的信用卡后又持有、运输，是否仍然要以伪造金融票证罪论处，则是一个值得研究的问题。

其三，骗领信用卡后又出售或提供给他人行为的处理。实践中行为人使用虚假的身份证明骗领信用卡后，又将自己骗领的信用卡予以出售或提供给他人的案件也时有发生，对行为人的行为应如何定罪？与上述伪造信用卡后又出售或提供给他人的行为不同的是，本类案件中行为人的骗领行为和出售、提供行为实际上是同时被规定在妨害信用卡管理罪中，其实行为人只要实施其中任何一个行为就可构成犯罪，但是，行为人如果实施两个以上的行为则不能实行数罪并罚，因为行为人的行为所涉及的具体罪名相同，按照刑法基本原理，对于相同罪名不能实行数罪并罚。因此，对于行为人的行为只能以妨害信用卡管理罪从重处罚。

其四，购买他人盗窃的信用卡行为的处理。司法实践中经常发生行为人在明知是他人盗窃的信用卡后仍加以购买的案件，对于行为人的行为如何加以处理？由于修正案新增设的妨害信用卡管理罪中的购买行为的对象仅限于伪造的信用卡和以虚假的身份证明骗领的信用卡，而并未将他人盗窃的信用卡归入其中，因此，如果行为人在购买后又加以使用的，对其行为则可以按信用卡诈骗罪论处；如果行为人购买后并未加以使用，对于行为人的行为只能以妨害信用卡管理罪中“非法持有他人信用卡”的行为论处，而不能以妨害信用卡管理罪中的购买行为论处。

其五，使用伪造的信用卡与持有、运输伪造的信用卡竞合行为的处理。由于实践中行为人在使用伪造的信用卡进行诈骗时，往往伴随着持有、运输伪造的信用卡的行为，对这些行为应如何处理？笔者认为，实际上这些行为中始终存在着竞合问题，属于刑法理论上的想象竞合犯。更由于刑法将持有、运输等行为规定为犯罪时，通常均将它们作为兜底条款对待，也即行为人的行为只有在不符合其他条款的情况下，才能以持有、运输等行为认定，否则就应以其他相关罪名论处。在这类案件中，既然行为人的行为已经符合信用卡诈骗罪构成要件，就应该以信用卡诈骗罪论处，而不应该再以妨害信用卡管理罪定性。同样，对于行为人冒用他人信用卡进行诈骗同时又非法持有他人信用卡的行为，也应该以信用卡诈骗罪论处，理由同上。

其六，购买伪造的信用卡或骗领的信用卡又加以使用的行为处理。笔者认为，在这类案件中，行为人既实施了购买行为，又实施了使用行为，而购买行为与使用行为又分别规定在妨害信用卡管理罪与信用卡诈骗罪的行为之中，但是，行为人购买伪造的信用卡或骗领的信用卡的目的就是使用，因此，其中的购买行为完全是使用行为的手段行为，这在理论上较为符合牵连犯的构成要件，按从一重处断的原则处理较为合理。

第四节　信用卡诈骗罪若干疑难问题解析

随着信用卡功能的不断发展以及信用卡在社会生活和经济活动中的不断渗透，信用卡业务的风险也不断产生。据统计，在一些发达国家和地区，信用卡诈骗所造成的损失，每年就高达数亿美元。可见惩治和防范信用卡犯罪是世界各国共同面临的任务。在我国司法实践中，信用卡诈骗罪也已经成为发案率较高、危害较大且定性较难的刑事犯罪之一。

一、信用卡诈骗罪中“信用卡”含义的确定

较长一段时间里，刑法理论和司法实践中对何为我国刑法中信用卡诈骗罪中的“信用卡”，以及刑法中的“信用卡”与银行或者其他金融机构业务工作中的“信用卡”是否应该具有完全相等的含义等问题，颇有争议。分析这些理论上的争议，我们不难发现产生争议的原因主要是：根据中国人民银行1999年发布的《银行卡业务管理办法》规定，我国的银行卡包括贷记卡和借记卡两种，其中，信用卡包括贷记卡〔1〕和准贷记卡〔2〕。而在此之前，中国人民银行1996年发布的《信用卡业务管理办法》中则将贷记卡和借记卡均归入信用卡范围之内。换言之，随着银行业务活动的不断拓宽，为了加强与国际接轨，在银行业务活动中，银行卡已经代替了原来的信用卡概念，并限定了信用卡的含义，仅指贷记卡，从而将借记卡从信用卡中分离出来。由于我国现行刑法是在1997年10月1日正式生效的，而其规定的信用卡诈骗罪中“信用卡”的含义显然是秉承中国人民银行1996年发布的《信用卡业务管理办法》规定的内容，既包括贷记卡也包括借记卡。这就产生了一个问题：我国刑法中信用卡诈骗罪中“信用卡”的含义是否需要随着银行业务管理工作中“信用卡”含义的变化而变化？

对此问题，有人认为，借记卡不是本罪的犯罪对象，主要理由是：其一，信用卡有着国际社会普遍认同的基本特征，我国的信用卡应遵循国际惯例；其二，信用卡诈骗罪的客观方面从一开始就包含恶意透支的行为，显然这一规制重点的设置是以信用卡具有透支功能为前提的，不具备透支功能的借记卡是不可能成为本罪对象的；其三，对于使用伪造的、作废的或者冒用他人的借记卡骗取财物数额较大的，可以相关的诈骗罪定罪处罚，并不会导致放纵利用借

---

〔1〕　贷记卡是一种向持卡人提供消费信贷的付款卡，持卡人不必在发卡行存款，就可以“先购买，后结算交钱”。根据客户的资信以及其他情况，发卡行给每个信用卡账户设定一个“授信限额”。

〔2〕　准贷记卡是我国为了适合我国政治经济体制、社会发展水平、人民的消费习惯等因素，在发展具有中国特色信用卡产业发展过程中，创造的一种绝无仅有的信用卡品种，这种信用卡兼具贷记卡和借记卡的部分功能，一般需要交纳保证金或提供担保人，使用时先存款后消费，存款计付利息，在购物消费时可以在发卡银行核定的额度内进行小额透支，但透支金额自透支之日起计息，欠款必须一次还清，没有免息还款期和最低还款额。其基本特点是转账结算和购物消费。

记卡实施犯罪的行为。[1]有人进一步认为，以往银行法律法规对银行卡通称为信用卡，但是现在银行法律法规则将银行卡区分为贷记卡和借记卡，认为前者是信用卡，后者不是信用卡。如果刑法固守原有概念，认为所有银行卡都是信用卡，以银行卡为对象的犯罪，不管是贷记卡还是借记卡，都是信用卡犯罪，那么刑法这种认识无疑混淆了信用卡与非信用卡的界限，与专业领域的实际情况严重背离，将使刑法显得荒谬。[2]司法实践中有些地方甚至还专门以会议纪要的形式明确，对于利用借记卡进行诈骗的行为，应以诈骗罪论处而不以信用卡诈骗罪认定。

有人不同意上述观点，认为借记卡也应该是本罪的犯罪对象，理由是：首先，无论是从我国信用卡业务发展的实际情况来看，还是从法律法规的规定来说，我国刑法所指的信用卡不是狭义的信用卡，即贷记卡，而是包含贷记卡、准贷记卡、借记卡在内的广义的信用卡。其次，从法秩序一致性角度而言，刑法是行政法、经济法、民商法的保障法，刑法具有第二位属性，在将违反行政法、经济法、民商法的行为直接予以犯罪规定时，其使用的概念因来源于上位法，其含义当然应与上位法的概念一致。由于信用卡与借记卡分野于1999年的《银行卡业务管理办法》，在此之前，商业银行系统内只有信用卡之称，而无银行卡之谓。故我国现行刑法只能以1996年的《信用卡业务管理办法》所规定的信用卡（广义的信用卡）为规制对象。因此，刑法修订时立法本意上的信用卡是广义的信用卡，也即今天的银行卡，不能因为行政规范中有关名称的变更而改变刑法确定的内容。再次，信用卡的本质特征是一种信用支付工具，透支只是其中多功能中的一种，不能将功能与特征混淆。最后，既然法律上已明文规定了信用卡诈骗罪，就应充分有效利用发挥其应有的功能，防止条文的虚置。[3]

笔者同意上述第二种观点。笔者认为，至少在对现行刑法中有关信用卡诈骗罪的规定未作修正之前，该罪中的信用卡理应包括借记卡。理由如下：

首先，从刑法的立法初衷分析，借记卡应纳入信用卡诈骗罪规制的范围之

---

〔1〕 陈兴良主编：《刑事法判解》（第2卷），法律出版社2000年版，第131页。

〔2〕 刘华：《金融犯罪研究》，载赵秉志主编：《新千年刑法热点问题研究与适用》，中国检察出版社2001年版，第1252页。

〔3〕 于天敏、张凤彬：《浅议信用卡诈骗罪的几个问题》，载赵秉志主编：《新千年刑法热点问题研究与适用》，中国检察出版社2001年版，第1397～1398页。

内。因为我国现行刑法在制定时，银行业务管理活动中的借记卡就包含在信用卡范围内，而我国刑法的制定是依据银行业务管理活动中的相应行政法规制定的，其立法的原意无疑是要将借记卡归入信用卡诈骗罪规制的范围之内。以后虽然银行业务管理活动中对信用卡的含义作了调整，但实际上只是在名称上对信用卡进行了规范，按照银行现行管理办法的规定，现在的银行卡实际上就是以前的信用卡，而现在的信用卡则仅指贷记卡不包括借记卡。这种行政法规中对信用卡定义的变化固然有其管理工作的需要，对今后我们完善和修正刑法规定有一定的借鉴作用，但是，这种变化不能也不应该成为影响或改变刑法立法初衷的理由。依笔者之见，如果今后有关信用卡诈骗罪的刑事立法发生变化，也应该是将现行刑法中的信用卡诈骗罪改为银行卡诈骗罪，而不应该缩小信用卡诈骗罪的范围，将借记卡排除在信用卡外，并片面地将信用卡诈骗仅理解为是贷记卡诈骗。

其次，从刑法的规定分析，借记卡应纳入信用卡诈骗罪规制的范围之内。我国刑法关于信用卡诈骗罪的行为方式共规定了四项，其中只有恶意透支不能适用借记卡使用范围，而其他如使用伪造的借记卡、使用作废的借记卡、冒用他人借记卡等都可能与贷记卡诈骗造成一样的社会危害性。更何况，人们日常生活中使用最广泛的主要还是借记卡，借记卡在实际数量和使用频率上要远远大于贷记卡，因而实践中发生借记卡诈骗的可能性要比贷记卡诈骗高得多。由此可见，我国现行刑法的规定实际上已经考虑到借记卡与贷记卡在许多功能上具有相同之处，因而在立法时，已将借记卡纳入信用卡诈骗罪规制的范围之内。

再次，从刑法理论上分析，借记卡应纳入信用卡诈骗罪规制的范围之内。正如前述，借记卡和贷记卡的主要区别在于是否具有透支功能，我们不可否认，在其他功能上借记卡和贷记卡并无实质的区别。正是由于这一点，除在恶意透支这一信用卡诈骗形式上有所不同外，利用借记卡进行诈骗和利用贷记卡进行诈骗不应该有实质的区别。从刑法理论上分析，我们没有必要将利用具有基本相同功能的借记卡或贷记卡进行诈骗的行为分别加以惩治。

最后，从刑事司法的实际处理角度分析，借记卡也应纳入信用卡诈骗罪规制的范围之内。笔者认为，如果将借记卡从信用卡诈骗罪规制的范围中分离出来，实践中就有可能引发一些难题：例如，当某个人拿着一张伪造的贷记卡和一张伪造的借记卡到取款机上取款，在处理的时候由于借记卡不属于信用卡，所以行为人应构成两个犯罪（信用卡诈骗罪和诈骗罪），并要对其实行数罪并罚。但是，如果行为人是拿着两张贷记卡到取款机上取款，且取得与上述同样数额的款项，则对行为人只能以信用卡诈骗罪一罪定罪处罚。这种同行为不同罚的做法，显然有悖于刑法的立法精神。另外，上述案例中，如果行为人使用伪造的借记卡和伪造的贷记卡取款总数已达到某一犯罪的要求，但分别计算取款的数额则均未达到犯罪的要求，这样要对其进行数罪并罚十分困难。相反，如果按一罪处理，则根本不存在这些问题。由此可见，将借记卡纳入信用卡诈骗罪规制的范围之内，也是实际处理案件的需要。

应该看到，2004年12月29日全国人大常委会根据司法实践中遇到的情况，讨论了刑法规定的“信用卡”的含义问题，并作解释：“刑法规定的‘信用卡’，是指由商业银行或者其他金融机构发行的具有消费支付、信用贷款、转账结算、存取现金等全部功能或者部分功能的电子支付卡。”该立法解释事实上将实践中引发颇多争议的借记卡诈骗案件纳入了刑法中有关“信用卡”犯罪的处罚范围。在刑法意义上，借记卡今后将一律被视为“信用卡”，有关借记卡犯罪司法实践定性中的混乱局面将得以消除。笔者认为，上述立法解释对“信用卡”的规定非常符合我国现状，有利于统一执法和打击犯罪。

二、拾得信用卡并加以使用行为的定性

我国刑法明确将冒用他人信用卡列入信用卡诈骗罪之中。但是，刑法理论上对于拾得信用卡及获得密码后加以使用行为的定性，分歧意见较大，司法实践中对此行为的定性也不完全一致，有的以盗窃罪定性，有的以信用卡诈骗罪定性，还有的以诈骗罪定性，以前甚至有观点认为这种行为不构成犯罪。例如，有学者认为，这种行为既不构成信用卡诈骗罪，也不构成诈骗罪，在这种情况下对拾得者来讲，其捡到信用卡和密码，完全等于获取了信用卡所含资金的使用权，这与捡到他人的活期存折而取款的行为性质是相同的。如果拾得者拒不交出所取款项的，可以考虑按侵占罪论处。[1]

对于该问题的争议，最近已经有司法解释作了明确规定。2008年5月7日

〔1〕 黄祥青：《信用卡诈骗罪司法适用中的四个问题》，载陈兴良主编：《刑事法判解》（第2卷），法律出版社2000年版，第135～136页。

最高人民检察院《关于拾得他人信用卡并在自动柜员机（ATM机）上使用的行为如何定性问题的批复》中明确指出：拾得他人信用卡并在自动柜员机（ATM机）上使用的行为，属于《刑法》第196条第一款第（三）项规定的“冒用他人信用卡”的情形，构成犯罪的，以信用卡诈骗罪追究刑事责任。其实，上述司法解释中的意见也是笔者多年来一直坚持的观点。

笔者认为，对于拾得信用卡并加以使用行为的定性，主要涉及以下几个问题：

首先，金融机构的ATM等能否成为诈骗的对象？依笔者之见，拾得信用卡并加以使用的案件中并非没有被骗者，只不过需要研究的是究竟谁是被骗者的问题。有学者认为，诈骗罪中的受骗者必须是自然人，如果没有自然人受骗，就不可能基于认识错误处分财产。诈骗罪与盗窃罪的关键区别在于：受骗人是否基于认识错误处分（交付）财产。但是，机器是不能被骗的，即机器因为没有意识而不会陷入认识错误，更不会基于认识错误处分财产。[1]笔者认为，这一观点其实是将经过电脑编程的ATM等机器与一般的机械性机器混同了。从某种角度分析，包括ATM在内的机器经电脑编程后，实质上已经成为“机器人”，在大多数情况下，这些所谓的机器实际上是作为业务人员代表金融机构处理相关金融业务。如此理解，我们就不难得出这一结论：即既然金融机构的业务人员可以成为诈骗的对象，那么，这些经电脑编程后的机器人当然也可以成为诈骗罪的对象。

其次，如何理解“冒用他人信用卡”的含义？许多学者持有的观点是，取得密码后在自动柜员机上使用别人信用卡的情况，不存在“骗”的问题，因为信用卡是真的，密码也是真的，何骗之有？笔者认为，拾得信用卡并取得密码后在自动柜员机上取款的行为，显然属于冒用他人信用卡的行为，完全符合刑法中规定的冒用行为的特征。尽管在这种情况下，信用卡是真的，密码也是真的，但人却是假的。银行对于行为人冒用他人信用卡无法加以识别，是因为行为人掌握了他人信用卡的密码，在这种实际使用者冒充持卡人的虚假情况下，银行以为是信用卡的主人而“自觉自愿”实施付款行为。其中银行处于被骗者的地位是显而易见的，至于银行是否要承担民事责任则不是我们考虑的问

〔1〕 张明楷：《机器不能成为诈骗罪的受骗者》，载刘宪权主编：《刑法学研究》（第2卷），北京大学出版社2006年版，第84页。

题，事实上在司法实践中被骗者与民事责任承担者并非一定要求一致。需要指出的是，在拾得信用卡和密码后在自动柜员机上取款的情况，最后应由谁来承担民事责任问题，其实并不是我们刑法所研究的问题，而且谁是被害人的问题不应该成为行为人构成诈骗犯罪的障碍。就刑法而言，认定犯罪主要是看行为人的行为和主观方面，而不在于分析当事人之间的法律关系。在诈骗犯罪中，只要行为人实施了虚构事实、隐瞒真相的行为，被骗者是谁（有可能是财产所有人，也有可能是财产持有者，甚至可能是与财产所有人或持有人有联系的其他人）其实对于行为人诈骗行为的认定并没有多少决定意义，对行为人而言，被骗者无论是谁，只要其实施了诈骗行为，均可能构成诈骗类的犯罪。至于最终谁是实际损失的承担者，则应该由民法理论加以研究。

再次，拾得信用卡是否等同于占有了信用卡上的资金？对此问题笔者的回答是否定的。依笔者之见，拾得信用卡和密码并不等于已经获取了信用卡上的资金（或称资金的使用权）。这是因为，信用卡与财产具有一定的联系，但信用卡充其量只是记载财产为内容的一种载体，其本身并不等于财产，如果要转化为财产必须有兑现的过程。正如司法实践中，对于盗窃信用卡并加以使用的，以盗窃罪论处，而认定盗窃的数额则是以行为人实际使用占有（兑现）的数额作为依据，并非是以信用卡上存在的数额作为标准。可见信用卡与财产不能完全等同。同样的情况，在有关盗窃罪的司法解释中曾明确规定，盗窃能兑现的金融票证（包括信用卡），而行为人不兑现或予以销毁的，则不能计算数额。以此分析，如果行为人盗窃了他人的钱款而加以销毁的话，当然不可能不计算数额的。正因如此，笔者认为，信用卡并不等于资金，而拾得信用卡和密码并不等于已经获取了信用卡上的资金，虽然这种情况要比没有知悉密码的情况离获取财产距离更近，但无论如何，行为人要真正占有财产还必须通过冒用行为。可见，在本案中根据行为人冒用他人信用卡的行为追究其刑事责任是完全合理的，认定行为人构成信用卡诈骗罪也是符合刑法规定的。

最后，拾得信用卡并加以使用是否应以先前行为加以定性？理论上和实践中经常有人会提出，我国刑法中明确规定盗窃信用卡并加以使用的，以盗窃罪论处，也即是以盗窃行为而非使用行为作为定罪的依据，那么，为什么拾得信用卡而加以使用的却要以使用行为作为定罪的依据？笔者认为，盗窃信用卡后并加以使用的，刑法以盗窃行为作为定性的依据，是因为在这种情况下，盗窃行为与使用行为均构成犯罪，刑法将它们结合规定在一个条文里，并以主行为作为定性的依据。但是，在拾得信用卡而加以使用的情况中，由于拾得行为只能在该信用卡属于遗忘物且行为人拒不交出所取款项的情况下，才能构成侵占罪。但在一般情况下，由于很难出现“拒不交出”的问题，因而拾得行为实际上很难构成犯罪。即使构成犯罪，由于侵占罪的法定刑要远远低于信用卡诈骗罪，我们是不可能以一个较低法定刑的犯罪对行为人的行为加以处理的。由此可见，在处理拾得信用卡并加以使用的案件中，由于行为人的使用行为完全符合刑法所规定的信用卡诈骗罪中的“冒用他人信用卡”的行为特征，因而对行为人以信用卡诈骗罪定罪处罚是正确的。

应该看到，信用卡必须由持卡人本人使用是世界各国和地区普遍遵循的一项原则。这项原则的确立主要是基于信用卡使用的前提是持有人在账户上放入一定的资金，作为一定的信用担保和支付保证（中国的情况则不完全相同），而如果非持卡人使用信用卡，就有可能会给持卡人本人或发卡机构带来风险。我国发行银行卡的各机构也都明确规定，信用卡只限于持卡人本人使用，不得转借或转让。很多机构发行信用卡时，也会设置一些确认是否是持卡人的措施。但由于信用卡管理较为复杂，即使制定某些措施也难免会有漏洞，因而实践中冒用他人信用卡的情况仍时有发生。尤其是某些持卡人在丢失信用卡后，长时间地处在不知道状态或知道后不及时去发卡机构办理挂失手续，这就使冒用他人信用卡的行为人有了可乘之机。由于持有真实、有效的信用卡就可以在自动取款机上直接取款，因此，一旦犯罪分子获知持卡人的信用卡密码，就极有可能给持卡人的合法财产造成极大的损害。因此，对于拾得他人信用卡并加以冒用的行为完全有必要加以惩治。

三、以诈骗、抢夺、侵占等手段获取他人信用卡并加以使用行为的定性

实践中，对于行为人以欺骗、抢夺等方式获取他人的信用卡并加以使用的行为，以及行为人使用他人委托保管的信用卡的行为，应如何定性颇有争议。理论上和司法实践中大多数人认为，按照刑法有关盗窃信用卡并使用的，以盗窃罪定罪处罚的立法精神，对于上述行为理应以行为人的先前行为作为定性的依据。也就是说，如果行为人以诈骗、抢夺等方式取得他人的信用卡并加以使用的，应以诈骗罪或者抢夺罪论处；如果行为人使用他人委托保管的信用卡

的，在“拒不退还”的情况下，应以侵占罪论处。[1]

笔者对于上述观点不能苟同。正如前述，尽管盗窃信用卡并使用的，以盗窃罪定罪处罚，在理论上尚有值得讨论的余地，但是，这毕竟是刑法已作的明确规定，我们在具体定罪量刑时理应以此为依据。笔者同时也认为，对于这一立法规定，我们绝对不能简单地套用于其他犯罪之中。特别是在行为人的先前行为为诈骗、抢夺或者侵占行为时，如果我们简单地套用盗窃信用卡并使用的规定，就必然会出现很不合理且罪责刑不相适应的结果。依笔者看来，对于诈骗、抢夺或者侵占他人信用卡并使用的行为，应该以信用卡诈骗罪定性，理由是：

首先，刑法有关诈骗罪、抢夺和侵占罪的法定刑均低于信用卡诈骗罪。按照刑法规定，虽然诈骗罪和抢夺罪的法定最高刑均为无期徒刑，与信用卡诈骗罪持平，但是，侵占罪的法定最高刑则为五年，明显低于信用卡诈骗罪。另外，信用卡诈骗罪“数额较大”的法定最高刑为五年，而诈骗罪、抢夺罪“数额较大”的法定最高刑为三年，侵占罪“数额较大”的法定最高刑则为二年。可见，诈骗、抢夺和侵占罪的法定刑在总体上均要低于信用卡诈骗罪。如果对诈骗或者侵占他人信用卡并使用的行为以诈骗罪或者侵占罪定性的话，实际上都存在“择其轻者而处断”的问题，这显然既不符合刑法基本原理，也与罪责刑相适应的原则相悖。

其次，《刑法》第196条明文规定，冒用他人信用卡的，以信用卡诈骗罪定性。这就意味着无论行为人是采用何种手段获取他人信用卡的，只要冒用并达到犯罪的程度即可构成信用卡诈骗罪。在这种情况下，如果按照上述观点就会产生一个不均衡的结果：在信用卡诈骗罪的法定刑高于诈骗罪和侵占罪的情况下，如果行为人采取了非犯罪手段获取他人信用卡并使用的，我们只能对其行为以信用卡诈骗罪定性；而行为人采取诈骗、抢夺或者侵占等犯罪手段

[1] 人民法院报曾刊登案例开展讨论：张某因业务繁忙常委托朋友李某为其存款，2005年8月4日，张某将刚收到的业务款5万元现金及信用卡交给李某，要李某代为将该5万元现金存入信用卡内，并将信用卡密码告知了李某。次日，李某依约去银行代为存款时，顺便查询发现该卡内尚有人民币10万元余额，顿生歹意，不仅未将5万元现金存入信用卡，反而将卡内余额10万元取走，事后将该卡返还给张某，数日后，张某持卡到银行取款发现卡内无钱，即要求李某返还人民币15万元，李某拒绝返还，导致案发。对于此案中李某行为的定性有不同意见：有人主张以盗窃罪认定，有人主张以侵占罪和盗窃罪并罚，有人则主张以侵占罪和信用卡诈骗罪并罚，也有人认为不构成犯罪（详见2007年10月24日《人民法院报》）。笔者认为，对李某的行为应以侵占罪和信用卡诈骗罪实行数罪并罚。

获取他人信用卡并使用的，我们却要以处罚较轻的诈骗罪、抢夺罪和侵占罪定性。即如果行为人仅仅实施冒用他人信用卡的行为，对行为人的行为要以较高法定刑的信用卡诈骗罪定性，而在行为人冒用他人信用卡行为前加了一个诈骗、抢夺或者侵占行为，对行为人反而要以较低法定刑的诈骗罪、抢夺罪或者侵占罪定性。

由此可见，上述观点显然违反了罪责刑相衡的原则，如果按此观点对相关行为进行处理，必然导致明显不平衡的结果出现。

综上所述，笔者认为，对以犯罪手段获取他人信用卡后并加以使用的行为，应如何定性，不能一概而论，须具体问题具体分析。除盗窃信用卡并使用的，以盗窃罪论处外，其他行为则应以重罪吸收轻罪的精神定罪处罚。例如，行为人以抢劫方式获取他人信用卡并使用的，由于抢劫罪的法定刑明显高于信用卡诈骗罪，因此对于行为人的行为应以抢劫罪定性，但认定抢劫罪的数额则应以行为使用信用卡的数额作为依据。

四、伪造信用卡并加以使用行为的定性

我国现行刑法中对于伪造信用卡的行为是以伪造金融票证罪定罪处罚的，刑法同时又规定了信用卡诈骗罪，但是，对于伪造信用卡并加以使用的行为应如何处理，刑法则没有作出具体规定，理论上和司法实践中也有不同的观点和不同的做法。有人认为，伪造行为和使用行为具有牵连关系，应当从一重罪处罚，但由于伪造金融票证罪和信用卡诈骗罪的法定刑相同，则应以牵连犯中的结果行为即以信用卡诈骗罪处罚。[1]也有人认为，信用卡属于金融票证，只要行为人主观上有牟利的目的，客观上有伪造行为，无论是否加以使用，均应认定为伪造金融票证罪。[2]还有人认为，伪造并使用伪造的信用卡虽然是牵连犯罪，但不应按一罪而应按数罪并罚。[3]

笔者认为，伪造信用卡并加以使用的行为应构成伪造金融票证罪，理由是：

首先，伪造信用卡并加以使用的行为完全符合刑法理论上牵连犯的构成

---

〔1〕 中国人民大学法学院刑法专业组织编写：《刑事法专论》（下卷），中国方正出版社1998年版，第1130～1131页。

〔2〕 卢松主编：《金融领域犯罪问题研究》，经济管理出版社2000年版，第428页。

〔3〕 周仰虎、于英君：《论信用卡犯罪的立法完善》，载《法学》1996年第9期。

要件。这是因为，从行为人主观方面分析，伪造信用卡和使用信用卡的目的应该基本相同，即均以获取非法利益或非法占有为目的，这就符合了牵连犯必须出于“一个犯罪目的”的主观要件；从行为人客观行为分析，尽管行为人客观上实施了伪造行为和使用行为，但无论是伪造还是使用行为均符合信用卡诈骗罪“虚构事实、隐瞒真相”的客观特征，即伪造行为完全被信用卡诈骗罪的客观要件所包容。同时，由于我国刑法中对伪造信用卡并加以使用行为的处理并未作明确规定，因而只能按刑法理论上牵连犯“从一重处断”或“从一重重处断”的原则进行处理。

其次，刑法虽未对伪造信用卡并加以使用行为的处理作出规定，但是刑法对相类似的伪造货币行为则作了明确规定，如《刑法》第171条第3款规定：伪造货币并出售或者运输伪造的货币的，依照伪造货币罪定罪从重处罚。从这一规定分析，刑法对于既有伪造行为又有出售或者运输行为的处理，是以初始行为（伪造行为）作为定罪依据的。由于伪造信用卡并加以使用的行为既构成伪造金融票证罪，又构成信用卡诈骗罪，按牵连犯的处罚原则，应重罪吸收轻罪，但由于两罪的法定最高刑规定的完全一样，在这种情况下，以伪造行为作为认定的依据并无不妥，因为行为人伪造信用卡的目的就是牟利，而具体的使用行为正体现了行为人的牟利目的。

需要指出的是，我们这里所讨论的伪造信用卡并加以使用的情况是指同一行为主体既实施了伪造行为又实施了使用行为，且使用的信用卡又是其先行伪造的。事实上，伪造信用卡并加以使用的情况并非如此简单，有时表现得相当复杂，这就需要我们认真分析，以便正确定罪量刑。

对于不同行为主体分别实施了伪造和使用行为的，如果行为人之间具有共同故意的，则无论伪造者还是使用者均可以伪造金融票证罪论处，因为这种情况实际上与同一行为主体既实施了伪造行为又实施了使用行为是一样的。如果行为人之间不具有共同故意的，对于伪造者应以伪造金融票证罪定罪处罚；而使用者（在明知的情况下）的行为则属于使用伪造的信用卡的情况，对其应以信用卡诈骗罪定罪处罚。

对于同一行为主体虽然既实施伪造行为又实施了使用行为，但伪造和使用的并非是同一“信用卡”，如行为人既伪造了信用卡，又使用了他人伪造的信用卡，则对于行为人认定为伪造金融票证罪和信用卡诈骗罪定罪并实行并罚。因为在这种情况下，行为人的伪造行为与使用行为不具有刑法理论上的牵连关系，而且伪造行为与使用行为并非针对同一“信用卡”，也即事实上存在多个不同的“信用卡”，这就存在对社会多次危害的行为，因此，对行为人实行数罪并罚是理所当然的。

五、“使用以虚假的身份证骗领的信用卡”行为的认定

正如前述，现行刑法规定信用卡诈骗有四种形式，《刑法修正案（五）》在第一种形式后面又增加了一种情况，即使用以虚假的身份证明骗领的信用卡的行为。

所谓“使用以虚假的身份证明骗领的信用卡”，是指行为人使用以伪造的身份证等虚假的身份证明材料所骗领的发卡银行发放的信用卡的行为。应该看到，在较长时间里，刑法对于“使用以虚假的身份证明骗领的信用卡”的行为，并未作具体规定。只是在1995年4月20日“两高”《关于办理利用信用卡诈骗犯罪案件具体适用法律若干问题的解释》中规定：“对以伪造、冒用身份证和营业执照等手段在银行办理信用卡或者以伪造、涂改、冒用信用卡等手段骗取财物，数额较大的，以诈骗罪追究刑事责任。”但同年全国人大常委会《关于惩治破坏金融秩序犯罪的决定》首次规定信用卡诈骗罪时对这种骗领信用卡进行诈骗的行为没有作规定，1997年《刑法》修订时仍然没有规定这种行为。直到《刑法修正案（五）》才将该种行为归入信用卡诈骗罪之中。

《刑法修正案（五）》之所以对刑法规定作上述修正，主要是因为随着社会生活中信用卡使用的范围越来越广泛，司法实践中存在大量使用骗领信用卡的现象。有的行为人虚构持卡人的名义，制作相应的虚假身份证件，骗领信用卡，由于名义上所谓的“持卡人”根本不存在，即使该信用卡发生了巨额透支，银行也根本无从查证，更无法挽回经济损失。还有的行为人冒用他人的名义以及身份证件，冒领信用卡，致使他人为其承担恶意透支责任。

司法实践中“使用以虚假的身份证明骗领信用卡的”情况较为复杂，主要可以分为两种情况：第一，虚构一个并不存在的申请人的身份证信息骗领信用卡并使用的；第二，用他人的身份证信息骗领信用卡并使用，但他人并不知情的。对于前者一般比较容易理解，而对于后者则要特别注意。司法实践中，还经常发生这样一类案件：行为人盗用他人的真实身份证，以他人名义在银行办

理信用卡后，用来恶意透支。这在表面上似乎是“冒用他人信用卡”的情形，不属于“使用以虚假的身份证明骗领的信用卡”，但从实质而论，行为人并非是经合法授权为他人代办信用卡，而是盗用他人名义骗领信用卡供自己使用。既然是为自己办信用卡供自己用，就应当向发卡银行提供自己的真实身份证明，提供他人的身份证来为自己办信用卡，这应当评价为“使用虚假的身份证明骗领信用卡”。即便行为人不是想用来骗取财物，也还可能构成《刑法修正案（五）》所增补的妨害信用卡管理罪。如果将这种行为解释为是“冒用他人信用卡”，那就意味着是对其办理信用卡行为的一种认可，并且应当由信用卡的名义人来承担诈骗行为所造成的财产损失。这显然是不合理的。由此可见，只要不是使用以自己的身份证信息申请的信用卡的都有可能构成信用卡诈骗罪。当然，在现实生活中，也有可能存在经他人同意或授权，用他人身份证信息申请信用卡的情况，这种情况一般按照违规行为处理。只要申请人遵循信用卡管理办法和章程的规定正当使用信用卡的就不能认为构成犯罪，因为这种行为可以视为真实身份人的委托授权行为，银行不会因为行为人恶意透支而找不到相关责任人，一旦发生恶意透支行为，对真实身份人可以以信用卡诈骗罪论处。

应该看到，与信用卡诈骗罪新增设使用以虚假的身份证明骗领信用卡行为方式相对应，《刑法修正案（五）》第1条还专门规定了妨碍信用卡管理的犯罪，在该犯罪四种表现形式中就包含“使用虚假的身份证骗领信用卡的”行为。需要指出的是“使用以虚假的身份证明骗领信用卡的”行为与“使用虚假的身份证明骗领信用卡的”行为是既有联系又有区别的行为。前者虽然是以后者行为的存在为前提，但其属于信用卡诈骗罪的行为方式之一，而后者则是属于妨碍信用卡管理犯罪的行为方式之一。因此，如果行为人使用虚假的身份证明骗领信用卡后又加以使用的，对行为人的行为应以信用卡诈骗罪定性。因为，在这种情况下，行为人的骗领行为实际上是使用行为的前提条件，两者具有牵连关系，且信用卡诈骗罪的法定刑明显重于妨害信用卡管理罪的法定刑。如果行为人使用虚假身份证明骗领信用卡后没有使用的行为不能认定为信用卡诈骗罪（预备），而应该构成妨碍信用卡管理犯罪。而且这种情况没有数额的要求，行为人一旦用虚假的身份证明骗领了信用卡就构成犯罪。

第三章　证券、期货犯罪的刑法理论与实践

第一节　操纵证券、期货市场罪“兜底条款”解释规制的构建与应用

一、操纵证券、期货市场罪“兜底条款”刑法解释的僵局与破解

我国《刑法》第182条操纵证券、期货市场罪明确规定了联合（连续）交易、约定交易、自我交易等操纵市场犯罪类型，并以“兜底条款”将以其他方法操纵证券、期货市场的犯罪行为纳入本罪处罚范围。近年来，随着资本市场的迅猛发展，实践中出现了一批新型操纵证券、期货市场违法犯罪行为，这些行为无法为刑法明示的犯罪类型所覆盖，抢帽子交易就是其中极为典型的行为模式。

证券期货市场中的抢帽子交易，通常是指证券期货公司、证券期货咨询机构、专业中介机构以及相关投资咨询专业人员买卖或者持有相关证券、期货合约，并对相关证券、上市公司、期货合约及其标的资产等公开评价、预测或者提出投资建议、研究报告，通过期待的市场反应获取经济利益的行为。2007～2008年，我国证监会陆续查处一批具有重大影响的证券

投资咨询机构及其责任人员操纵证券市场案件。[1]由于相关证券投资咨询机构及分析师利用专业优势及影响力，通过影响证券市场价格牟取不正当利益，严重损害了公众投资者对证券投资咨询机构的信任，扰乱了正常的市场交易秩序，且涉案数额达到了司法解释规定的立案追诉标准，抢帽子交易刑法规制问题正式进入刑事司法的考察范围。2011年8月3日，中国抢帽子交易第一案一审构成操纵证券市场罪。[2]至此，抢帽子交易刑法属性问题的法理探讨与实践论辩进入最高潮。

我国刑法理论与实务对抢帽子交易是否构成操纵证券、期货市场罪问题的争议主要集中于这种刑法没有明确规定的证券期货违法交易类型能否解释为“以其他方法操纵证券、期货市场”。肯定的意见认为，抢帽子交易与操纵证券市场罪列举条款具有同质性，以操纵证券市场罪“兜底条款”认定为犯罪，符合现行刑法条文规定和刑法理论，不违背罪刑法定原则。[3]否定的意见认为，刑法规范中的“兜底条款”应当进行限制解释，尤其是在操纵证券市场罪运用“双重兜底”（刑法与证券法均采取“兜底条款”规定）立法技术的情况下，抢帽子交易不宜认定为操纵证券市场罪。[4]正反意见相持不下形成理论僵局，其实践结果无非是择一观点形成判决或解释。然而，这实际上是对操纵证券、期货市场罪“兜底条款”刑法解释僵局的“消化”而非破解，并不利于操纵

---

〔1〕 典型案例：(1)邓某波、邓某源操纵证券市场案[中国证监会行政处罚决定书(2011)4号]。邓某波、邓某源均系具有证券投资咨询资格的人员。2008年1月至7月，二人共同采用“先买入股票，再推荐股票，后卖出股票”的行为模式谋求获利。邓某波交易二人共同推荐的“美都控股”等20只股票，最终亏损1,859,929.42元；邓某源交易二人共同推荐的“万家乐”等27只股票，最终亏损2,478,379.46元。(2)武汉新兰德、朱某东、陈某操纵证券市场案[中国证监会行政处罚决定书(2008)44号]。2007年1月至4月，证券投资咨询机构武汉新兰德董事长兼总经理朱某东与陈某采取特定合作模式，即朱某东先向陈某提供市场热点板块股票投资组合，陈某买入相关个股，之后朱某东通过“金融界”网站向市场公开推荐陈某事先已买入的相关个股，对该个股走势进行公开评价和预测，陈某则在公开推荐后的第一个交易日卖出该个股。其间，陈某共买卖“东风汽车”“首钢股份”“西藏发展”“广东甘化”等股票37次。武汉新兰德非法获利735万元。(3)汪某中操纵证券市场案[中国证监会行政处罚决定书(2008)42号]。北京首放是一家具备证券投资咨询业务资格的证券投资咨询机构。汪某中是该公司控股股东，并任执行董事、经理。2007年1月至2008年5月，北京首放向社会公众发布咨询报告，在此之前，汪某中利用其实际控制的账户买入咨询报告推荐的证券，并在咨询报告向社会公众发布后卖出该种证券。汪某中以上述方式买卖38只股票和权证，买入证券金额累计5,260,460,467.75元，卖出金额累计5,386,218,067.25元，买卖证券行为合计55次，累计净获利125,757,599.50元。

〔2〕 翟兰云、陆昊：《股市“黑嘴”汪建中一审获刑七年》，载《检察日报》2011年8月4日，第1版。

〔3〕 参见王崇青：《“抢帽子”交易的刑法性质探析——以汪建中操纵证券市场案为视角》，载《政治与法律》2011年第1期。

〔4〕 参见何荣功：《刑法“兜底条款”的适用与“抢帽子交易”的定性》，载《法学》2011年第6期。

证券、期货市场罪刑法适用本源性问题的实质性解决。

笔者认为，应当对抢帽子交易是否构成操纵证券、期货市场罪问题进行缜密的刑法分析，对操纵证券、期货市场罪"兜底条款"的规范边界进行逻辑反思与本质追问。资本市场金融创新客观上衍生了操纵市场违法犯罪行为的"创新"。刑法明示的操纵证券期货市场犯罪类型逐渐演变为相对"低端"的行为模式，"兜底条款"司法适用的必要性与重要性随之提升。抢帽子交易刑法属性辨正的理论基础在于对操纵证券、期货市场罪"兜底条款"进行合法且合理的解释，而"兜底条款"的规范边界是由操纵证券、期货市场罪的实质内涵所决定的，操纵证券、期货市场罪又属证券期货犯罪体系中的核心犯罪类型。所以，在刑法理论上深度论证抢帽子交易的刑法属性，对于探索罪刑法定原则在证券期货犯罪中的具体化路径，破解证券期货犯罪类案疑难问题，具有重大的理论与实践价值。借此契机对操纵证券、期货市场罪的实质进行符合资本市场发展现实的重述与诠释，更能为证券期货犯罪立法、司法完善提供拓展性的理论视野。

二、操纵证券、期货市场罪"兜底条款"与抢帽子交易：解释规则的法理阐释

刑法"兜底条款"一般是指基于堵截犯罪行为脱逸刑事法网的现实需要而对法条无法穷尽的情形进行概括规定的法律条文。立法机关之所以在刑法中建构"兜底条款"，是为了弥补法条与现实之间的脱节，将实质上符合犯罪构成但刑法条文没有明示却已经内含的行为类型纳入刑事规制范畴。刑法"兜底条款"的模糊性与罪刑法定原则所要求的明确性存在一定程度的矛盾。但是，刑法"兜底条款"客观上能够克服因立法者知识有限而造成的立法缺陷及重大遗漏。尤其是在经济犯罪领域，经济刑法规制的犯罪行为生成于发展迅猛的经济生活之中，"兜底条款"通过有效提升刑法规范张力的方式强化了法益保护。因此，在各国刑法广泛使用"兜底条款"并严格以罪刑法定原则为基石对之进行限制性解释的共识下，根源性地否定、排斥刑法"兜底条款"并不理性与现实。应当通过合法的形式对刑法"兜底条款"进行合理解释，还原犯罪构成完整的实质内涵，实现罪刑法定与法益保障的相对平衡。

刑法"兜底条款"的适用应严守刑法谦抑精神，启动"兜底条款"评价相

关行为必须秉持谨慎原则，其核心就是对“兜底条款”坚守限制解释的立场。贯彻上述刑法理念的关键是确立“兜底条款”同质性解释规则，即纳入“兜底条款”进行刑法评价的对象应当与该刑法条文业已明确规定的法律类型或者具体犯罪的实质内涵具有相同的性质与特征。对于个罪中的“兜底条款”而言，同质性解释规则更为明确的表述应当是：纳入该罪“兜底条款”进行归责的犯罪行为应当与该罪明示的行为类型或该罪的实质具有相同的特征。

同质性解释规则是理解所有刑法“兜底条款”都必须适用的普遍性规则。在采用“兜底条款”立法技术的刑法分则条文中，个罪的同质性信息理应从该罪的犯罪实质中予以探析。但是，由于“兜底条款”其本身往往就是该罪实质的抽象，两者在字面表述上基本一致，难以直接获取有价值的信息。刑法理论通常从该刑法条文明确规定的行为类型中归纳该罪的同质性特征。[1]背信损害上市公司利益罪“兜底条款”就属于这种典型情形：背信损害上市公司利益罪以“采用其他方式损害上市公司利益”作为“兜底条款”的规范表述，直接导出了本罪的实质，即“损害上市公司利益”。但由于这一实质比较抽象，需要从具体的行为类型中搜索更为具体、实用的同质性信息。我国《刑法》第169条背信损害上市公司利益罪在规定了本罪主体、职务便利、结果等要素之后，明确列举了向其他单位无偿提供资产、明显不公平交易、向明显不具有清偿能力的单位提供资产或担保、无正当理由放弃债权或承担债务五种具体的行为类型。上述五种刑法明示的情形虽然表现形式各异，归根到底都是通过明显不正当、不公平的资产运作损害上市公司利益的行为。这为本罪“兜底条款”的理解提供了直观的同质性信息。我们可以确定地将“采用其他方式损害上市公司利益”的具体内容限定为通过明显不正当、不公平的资产运作损害上市公司利益的犯罪行为。

应当看到，上述同质性解释方法的合理性，是完全建筑在特定犯罪的实质与该罪明示的行为类型同质性特征完全等同的基础之上的。但是，个别犯罪的实质特征及其规范抽象（“兜底条款”）可能并不完全等同于该罪条文明示行为类型的共同特征，这就意味着不能基于同质性解释的惯常思维诠释所有刑法“兜底条款”。否则，就会陷入两种误区：基于刑法未明示的行为方式与明

---

〔1〕 参见阴建峰、万育：《略论非法经营罪堵截条款之界限》，载《中国检察官》2011年第2期；张艳丹、马渊杰：《“经济刑法”中的兜底规定初探》，载《法学杂志》2010年第9期。

示的行为类型不具共同特征的结论，直接排斥“兜底条款”的适用；牵强解释刑法并未明示的行为方式与明示的行为类型具有共同特征，不当纳入“兜底条款”予以归责。

充分理解上述刑法“兜底条款”同质性解释规则的适用原理，对于操纵证券、期货市场罪“兜底条款”的解释具有重要意义。其不仅直接决定了抢帽子交易能否依据“兜底条款”定罪问题法理论证的精准度与深厚度，而且影响到对本罪实质的全面理解。因为操纵证券、期货市场罪明示行为类型的落脚点均为操纵或影响“证券、期货交易价格或者证券、期货交易量”，而本罪实质是“操纵证券、期货市场”。既然操纵证券、期货市场罪明示行为类型的共同特征与本罪实质之间的规范表述存在差异，就必须对本罪实质内涵在逻辑上是等同还是包括行为类型的共同内容先行论证，在充分把握本罪“兜底条款”内涵与外延的基础上进行同质性解释，具体判断抢帽子交易是否直接归属于法律明示的行为类型，或者是否契合本罪实质中可能存在的其他重要内涵。

尽管操纵证券、期货市场罪“兜底条款”是一种概括性规定，但在对其进行解释时不能进行概括或扩张，否则完全可能在证券期货犯罪体系中出现新的“口袋罪”。[1]尽管同质性解释规则的适用已经起到了“兜底条款”限制解释的一般功能，但仍有必要附加限制启动“兜底条款”同质性解释的“事前”机制与巩固“兜底条款”同质性解释限制入罪功能的“事后”机制。

“事前”机制的具体内容是：在运用我国刑法条文评价之前，先以国际标准的视角考察特定违规行为（此处考察的具体对象为抢帽子交易）在全球主要刑法规范体系中是否普遍性地以某种罪名予以规制，以及各国法律如何具体规定此种特定行为。因为刑法“兜底条款”是基于防止“挂一漏万”的实用性考量而制定的法条，其文字表述具有极强的包容性，在司法实务中运用“兜底条款”分析相关行为，容易陷入“越看越像”的评价误区。刑法理论必须对“兜底条款”先天性单一入罪方向解释惯性保持警觉，在“兜底条款”运行之初即予以限制，使其保持一定的评价惰性。而判断本国刑法“兜底条款”是否有必要对一种法律没有明示的行为启动评价机制，相对有效的策略是全面考察其他国家刑法如何规制此类行为。这种方法对于新类型证券期货违法犯罪行为

〔1〕 刘宪权：《证券期货犯罪理论与实务》，商务印书馆2005年版，第448页。

的刑法评价而言更富有价值。当今证券期货市场呈现出全球化、复杂化、多样化以及整合化的发展格局，各国不仅在证券期货发行与交易的技术性规则上日益趋同，而且在金融法律监管方面不断统一认识与加强国际协作。如果一种新型或者尚未被我国市场全面认知的证券期货违规行为，在国际证券期货犯罪刑法规范体系中普遍被评价为操纵犯罪，启动我国刑法操纵证券、期货市场罪“兜底条款”进行评价的必要性相对较强；反之则相对较弱。

“事后”机制的具体内容是：特定行为经过刑法解释后被认为符合“兜底条款”构成相关犯罪，应当通过司法解释等正式法律解释形式将该特定行为的犯罪性质予以明确；在构成要素以及处罚条件上，相对于刑法明示的行为类型，也应当在合法且合理的原则下进行更为严格的把握。刑法理论中有观点认为，“兜底条款”是立法者为了防止刑法不能完全涵盖社会生活中需要以刑法规制的所有类型的犯罪行为而特意制定的条文，根据“兜底条款”，行为人实施的行为符合相关犯罪构成的，便可依相应的犯罪论处。[1]这意味着刑法能够在没有明示刑事违法性的前提下直接通过隐含在法律内部的逻辑将某种行为认定为犯罪，并且在构成要素与处罚条件的定量标准把握层面，不对刑法明示行为类型与以“兜底条款”归责的行为个别化的分析与判断。但笔者认为，刑法“兜底条款”的适用应当在形式层面进行一定限制，即必须通过司法解释以正式的规范形式对“兜底条款”的具体内容进行填充。同时，对于根据“兜底条款”认定为犯罪的非法律明示类型，在其内部构成要素的理解上，应尽量细化归纳不同社会危害程度的具体类型，在罪质判断环节予以分流处理，充分考虑非犯罪化处理的可能；在相关犯罪处罚条件的设置上，应当更严格地判断刑事处罚的必要性，更全面地考量行政处罚的可替代性。因为“兜底条款”与明示条款毕竟存在显著区别，只有附加“事后”限制机制，才能更为全面地抵销刑法“兜底条款”立法模糊性与不确定性对被告人权利可能产生的侵害风险。

市场操纵犯罪的全球考察旨在总结证券期货市场刑法保护的国际标准；操纵证券、期货市场罪“兜底条款”的同质性解释旨在明确个罪规范的实质内涵；严格规范“兜底条款”刑法解释的形式要求与实体内容旨在限制刑法介入

〔1〕 丁华宇：《刑法中的兜底性条款探析》，载《黑龙江省政法管理干部学院学报》2009年第4期。

证券期货监管的程度。附加“事前”与“事后”双重限制的同质性解释规则，不仅提升了抢帽子交易刑法属性法律论证的说服力，而且为实务部门深度把握操纵证券、期货市场罪的实质提供了理论铺垫。

三、操纵证券、期货市场罪国际标准的考察：抢帽子交易法律监管全球视野

我国刑法理论对操纵证券、期货市场罪以及抢帽子交易刑法规制问题的比较研究并不全面、深入。尤其是抢帽子交易法律监管标准问题，基本停留于德国联邦最高法院2003年抢帽子交易案。[1]世界各国实际上已经建构了相对完善的抢帽子交易刑法规制实体标准。故有必要准确分析当前国际社会主要证券期货市场的反操纵刑事法律，在互动性思考中研析抢帽子交易刑法规制的国际标准与中国现实。

根据《德国证券交易法》规定，禁止以下影响本国或者欧盟成员国证券交易、金融工具价格的市场操纵：（1）发布对金融工具价值评估具有或者可能具有重要影响的虚假性、误导性信息；（2）从事对证券、金融工具交易市场供求关系进行信息误导、欺诈的发行或交易；（3）实施其他对本国或者欧盟成员国证券交易价格具有潜在影响的欺诈行为。[2]市场操纵犯罪的法定刑为五年以下监禁或单处罚金。[3]关于其他欺诈性操纵行为的范围，《德国证券交易法》授权联邦财政部经联邦参议院同意发布规定；联邦财政部可授权联邦金融监管局（Bafin）负责相关规章的制定。[4]德国联邦金融监管局《市场操纵认定规章》明确将抢帽子交易规定为其他欺诈性市场操纵行为：制作或传播虚假的金融分析报告或投资建议，误导投资者对经济形势形成错误的判断（尤其是歪曲特定金融工具供求关系状况）的，构成其他欺诈性市场操纵。[5]此外，《市场操纵认

〔1〕 参见高基生：《德国最高法院“抢帽子交易”案的判决及其启示》，载《证券市场导报》2006年第9期；刘博：《完善操纵证券市场罪兜底条款的追诉标准》，载《人民检察》2010年第16期；王崇青：《“抢帽子”交易的刑法性质探析——以汪建中操纵证券市场案为视角》，载《政治与法律》2011年第1期；何荣功：《刑法“兜底条款”的适用与“抢帽子交易”的定性》，载《法学》2011年第6期。

〔2〕 Wertpapierhandelsgesetz–WpHG § 20a Verbot der Marktmanipulation（1）.

〔3〕 WpHG § 38 Strafvorschriften（2）.

〔4〕 WpHG § 20a Verbot der Marktmanipulation（5）.

〔5〕 Marktmanipulations-Konkretisierungsverordnung-MaKonV § 4Sonstige Täuschungshandlungen（2）.

定规章》细致规定了其他欺诈性市场操纵行为认定的参考标准包括但不限于以下要素：行为对市场流动性与效率的影响及其本身的透明度，行为是否对市场力量进行干扰，行为是否阻碍了相关市场的完整性等。[1]

德国经济刑法明确将抢帽子交易规定为市场操纵犯罪的刑事责任。这种刑事责任并非直接渊源于《德国证券交易法》的刑事罚则，而是基于《德国证券交易法》的法律授权，由德国金融监管机构按照法律规定的程序对《德国证券交易法》规定的"其他"操纵市场的犯罪行为进行具体解释。经过法律授权的德国联邦金融监管局有关操纵市场犯罪的认定规则对抢帽子交易行为的罪质判断具有实体法效力。

1934年《美国证券交易法》规定证券发行与交易过程中的欺诈属于非法行为，从反欺诈原则的层面规定了操纵证券市场的违法性；[2]同时，《美国证券交易法》第9条明确禁止操纵证券价格行为。证券经纪人、承销商或其他任何人基于拉升或打压证券交易价格的目的发布信息信息诱使投资者买卖相关证券，构成证券市场操纵；[3]构成犯罪的，单处二十年以下监禁，或单处五百万美元以下罚金，或两者并处。[4]

期货交易方面，1936年《美国商品交易法》是规制期货市场操纵违法犯罪的核心法律规范，该法第6条设置了禁止欺诈性、操纵性期货、期权、互换等交易的原则性规定。2010年《美国金融改革法案》对《美国商品交易法》进行了重大修改，在《美国商品交易法》第6条（c）款1项中增设了虚假信息型操纵：明知相关信息系虚假、误导性、不准确的报告，或者不计后果地漠视相关信息属于虚假、误导性、不准确的报告，仍然通过传递或者促成此类虚假信息传递的手段实质性地影响州际期货交易的价格以及市场反应，同时从事相关期货交易的，构成期货市场操纵。[5]

可见，后金融危机时代背景下的美国证券期货法不仅延续了反欺诈条款一般性地禁止证券期货操纵违法犯罪行为的法律规定，而且细化了不同类型的反市场操纵法律条文，明确了金融机构从业人员发布不实投资咨询信息操

---

〔1〕 MaKonV § 8 Kriterien.

〔2〕 15 U.S.C. § 78j（b）（2007）.

〔3〕 15U.S.C. § 78i（a）（2007）.

〔4〕 15U.S.C. § 78ff（a）（2007）.

〔5〕 Wall Street Reform andConsumer Protection Act § 753.

纵证券期货市场的刑事责任。但是，美国证券交易委员会（SEC）执法效率有限、联邦各级法院对市场操纵的本质与构成法律分歧极大等因素，共同导致美国联邦法律系统鲜见抢帽子交易操纵刑法规制的判例成果。美国各州对金融投资咨询机构及其分析师实施的抢帽子交易行为进行了有效的检控实践探索，美林（Merrill Lynch）分析师布罗切特[1]、所罗门美邦（Salomon Smith Barney）分析师格拉布曼[2]等一系列虚假陈述、市场操纵刑事指控引发了投资银行业信息隔离与风险内控制度的全面改革。然而，基于市场操纵犯罪的实体标准分歧极大、证明难度极高、指控成本过高等原因，上述抢帽子交易案件均以巨额罚款的刑事和解方式结案，并未形成判例。

欧盟《内幕交易和市场操纵（市场滥用）指令》（以下简称《市场滥用指令》）对市场操纵的构成要件及其典型行为类型进行了详尽的规定。根据《市场滥用指令》，市场操纵是指以下情形之一：（1）引发或可能引发虚假性或误导性金融工具供求关系或价格信号的交易或交易指令，或者单独或联合控制一个或数个金融工具并使其处于反常或人为水平的交易或指令。例如，单独或联合对一个或数个金融工具的供求关系施加支配性影响，直接或间接设定交易价格或者制造其他不公平的交易环境。（2）使用虚假策略或其他欺诈方法执行的交易或交易指令。例如，在即将收市时买卖金融工具形成收盘价，误导投资者以此收盘价为基础从事金融工具交易。（3）通过包括网络形式在内的各种媒体发布与金融工具有关的虚假性或误导性信息，包括行为人明知或

---

〔1〕 1999年起，美林集团研究部门中的全球网络行业分析组定期发布误导性的网络股投资咨询意见。布罗切特系该小组负责人，其于2000年被评为华尔街排名第一的网络及电子商务行业研究员。全球网络行业分析组中的部分分析师同时担任相关网络公司证券发行的财务顾问。美林集团发布的相关证券评级意见既不反映上市公司的真实财务情况，也不披露利益冲突信息。为了维持或提升美林集团投资银行业务，控制相关网络公司股票发行价格保持在一定的水平，全球网络行业分析组编造了大量误导性的评级意见以及客观性与独立性严重缺失的网络股研究报告。2003年，布罗切特被处以终身市场禁入以及400万美元罚款。参见Christopher Lucas, The Triangle Shirtwaist Fire and The Merrill Lynch Analyst Ratings Scandal: Legislative and Prosecutorial Responses to Corporate Malfeasance, 1 *Brooklyn Journal of Corporate, Financial & Commerical Law*449（2007）。

〔2〕 1999年年末，美国电话电报公司（AT & T）分拆无线业务独立进行首次公开发行。为了维持股价，AT & T董事请托所罗门美邦电信行业明星研究员格拉布曼调整AT & T证券评级。格拉布曼便将原来的“中性”评级调整为“买入”，从而帮助所罗门美邦从AT & T获取大量投资银行业务。2003年，所罗门美邦被处以3亿美元罚款；格拉布曼被处以终身市场禁入以及1500万美元罚款。参见Vincent Di Lorenzo, Does The Law Encourage Unethical Conduct in The Securities Industry?, *11Fordham Journal of Corporate & Financial Law*765（2006）。

应知相关信息具有虚假性或误导性而发布谣言或虚假信息。例如，事先建构特定金融工具交易仓位，通过传统或电子媒体发表与该金融工具或其发行人有关的意见，同时没有通过正当或有效的方式向市场披露利益冲突，利用该意见的市场影响以及金融工具的价格变化谋取交易利润。市场操纵构成要件应当具有灵活性与适应性，保证其能够将全新的行为类型纳入市场操纵范畴进行评价。[1]同时，欧盟委员会尊重各国根据《市场滥用指引》以及现实需要执行金融监管规范，尤其是打击与市场滥用相关的金融犯罪，各国根据《市场滥用指引》独立制定内幕交易和市场操纵犯罪的权利不受侵害。

欧盟《市场滥用指令》不仅规定了利用虚假信息操纵证券期货市场的行为模式，而且明确将抢帽子交易作为此类信息型操纵的典型表现。《市场滥用指令》提出了市场操纵刑事立法的必要性及其犯罪构成的灵活性与适应性。欧盟成员国普遍以市场操纵犯罪"兜底条款"规制法律未予明示的操纵行为。[2]

综上考察，世界主要金融市场的监管法律普遍以市场操纵的罪名规制操纵证券、期货市场的犯罪行为，尽管与我国刑法操纵证券、期货市场罪的罪名表述不同，实质上规制的是相同内容。尽管全球最具代表性的经济刑法规范在市场操纵犯罪概念界定、构成要件配置、司法实践应对等方面各有差异，但对抢帽子交易应当以市场操纵犯罪规制都形成了基本相同的法律标准。通过比较刑法研究可以发现：(1)在操纵证券、期货市场罪的刑法规范制定层面，德国与中国均采取了"兜底条款"刑事立法技术，但德国经济刑法明确对"兜底条款"的解释问题进行了法律授权，金融监管机构及时将抢帽子交易作为一种操纵市场的具体犯罪类型对经济刑法规范进行了有效填充，确保刑事司法

---

〔1〕 Directive 2003/6/ECof The European Parliament and of The Council of 28 January 2003 on insider dealing and market manipulation (market abuse), Article 1(2).

〔2〕 例如，《意大利金融市场法》第181～187条规定，市场操纵是通过传播虚假信息、实施虚假交易或其他方式对证券价格产生重大影响的行为；构成市场操纵犯罪，处以三年以下监禁，罚金，或两者并处。《英国金融服务与市场法》第118条(2)款(c)项规定，理性的金融市场参与者认为相关行为扰乱市场投资秩序的，构成市场滥用；构成犯罪的，处以七年以下有期徒刑，罚金，或两者并处。《葡萄牙证券法》第379条规定，传播虚假、不完整、夸张或误导的信息，或者从事虚假交易，或者以其他欺诈方法妨碍金融市场（包括柜台交易市场）发挥正常功能的，构成市场操纵；构成犯罪的，处以三年以下监禁或罚金。参见IOSCO, Investigating and Prosecuting Market Manipulation, Report of the Technical Committeeof theInternational Organization of Securities Commissions, May 2000; Financial Services and Markets Act 2000 § 118。

实践不会对抢帽子交易是否具有操纵市场犯罪属性问题存在争议。“兜底”与“授权”并用的刑法规范建构模式保证德国经济刑法能够在法律条文保持相对稳定的同时，敏锐地应对急速变革的资本市场情势，在符合罪刑法定原则的基础上实现资本市场刑事法律保障的目标。（2）美国刑法与中国刑法均存在操纵证券、期货市场罪实体法律适用争议极大且无法统一认定标准的问题，但以实用主义为导向的辩诉交易、巨额赔偿等程序操作弱化了操纵证券、期货市场罪构成要件的证明难度，实际上为抢帽子交易的刑法规制探索出了程序性出口。这同样能够实现证券期货刑法规范对违法犯罪的震慑效果。（3）欧盟指令与中国刑法均规定了具体的操纵证券期货市场犯罪类型，并认可操纵证券期货犯罪的刑法条款具有较强的内涵包容性与现实适应性。由于欧盟指令是指导欧盟成员国制定本国证券期货立法的规定，市场操纵的构成要件配置强调准确性，犯罪情形规定强调清晰性，其明确将抢帽子交易作为典型的市场操纵犯罪类型予以列举，以便成员国准确理解，有效地将指令纳入本国法。

世界各国经济刑法以不同的逻辑与经验迈入了相同的法律归途——以市场操纵犯罪规制抢帽子交易行为——这为我国刑法从宏观上把握抢帽子交易的属性定位，在微观上初解抢帽子交易的构成要素，提供了有益的参考。抢帽子交易构成市场操纵犯罪这一国际标准的确立，更是使启动我国刑法操纵证券、期货市场罪“兜底条款”考察抢帽子交易刑法属性具有了充分且现实的意义。

与德国经济刑法相比，我国刑法操纵证券、期货市场罪的“兜底条款”没有设计独立的授权解释机制，无法通过简明的立法逻辑推动静止的刑法规范适应发展的资本市场现实；与美国证券期货犯罪司法实践相比，我国刑事诉讼程序没有设置辩诉交易制度，证券期货犯罪案件也不属于刑事和解范畴，无法通过实用的程序经验淡化实体法解释争议；与欧盟证券期货统一立法相比，我国没有精细明确的刑法规范设置。所以，在中国刑法操纵证券、期货市场罪的规范语境下，判断抢帽子交易是否具有操纵证券、期货市场罪的属性，必须运用符合罪刑法定原则的刑法解释探索操纵证券、期货市场罪的实质内涵，论证本罪“兜底条款”的规范边界，并通过形式与内容并重的限制解释，严格控制刑法“兜底条款”过度介入证券期货市场监管领域。

四、操纵证券、期货市场罪实质内涵的探究：抢帽子交易操纵属性规范论证

我国刑法理论倾向于从操纵证券、期货市场罪明确规定的行为类型中探索本罪“兜底条款”实质方面的同等性价值，从而为判断抢帽子交易是否构成操纵证券、期货市场罪提供理论支撑。例如，有观点认为，刑法“兜底条款”的认定必须通过与同一条文明确规定的行为类型进行比照，确定其具有相同或者类似的价值。[1]更为具体的意见指出，操纵证券、期货市场罪明确列举的连续买卖、合谋买卖、自我买卖三种行为类型的共同性特征在于，故意通过欺诈性手段致使证券交易价格异常或形成虚拟的价格水平，或者致使证券交易量异常或形成虚拟的交易量水平；“兜底条款”实质内涵应以此同质性特征为限。[2]但是，由于上述意见未在深入解构操纵证券、期货市场罪刑法规范、全面把握该罪特质的基础上分析“兜底条款”隐含的同质性特征，故其适用的解释规则与最终的法律观点并不正确。

笔者认为，操纵证券、期货市场罪的实质内容与规范结构相对特殊，本罪实质内涵并不直接等同于明示行为类型的共同内容，“兜底条款”的同质性特征不能按照一般解释规则予以归纳，即操纵证券、期货市场罪“兜底条款”的同质性特征不能直接或表象性地受制于明示法律类型，同质性信息必须从本罪的行为类型与实质内涵两方面予以获取与检验。只有这样才能确保对操纵证券、期货市场罪及其“兜底条款”的全面理解。

对《刑法》第182条操纵证券、期货市场罪的罪状进行结构性分析，可将本罪的客观结构[3]分拆为三大要素：一是行为类型：①联合（连续）交易，操纵证券、期货交易价格或交易量；②约定交易，影响证券、期货交易价格或交易量；③自我交易，影响证券、期货交易价格或交易量；④其他操纵方法。二是行为性质：操纵证券、期货市场。三是可罚性条件：情节严重。在对操纵证券、期货市场罪进行细致的罪状解构与逻辑分析后，我们发现，《刑法》第182条明示

---

〔1〕 参见何荣功：《刑法“兜底条款”的适用与“抢帽子交易”的定性》，载《法学》2011年第6期。

〔2〕 参见王崇青：《“抢帽子”交易的刑法性质探析——以汪建中操纵证券市场案为视角》，载《政治与法律》2011年第1期。

〔3〕 由于操纵证券、期货市场罪的主体与主观要件不影响本部分的法条结构论证，基于行文简洁考虑，对之省略分析。

行为类型的同质性特征是价量操纵（操纵交易价格或交易量），而操纵证券、期货市场罪的实质是市场操纵，两者不是直接等同关系，而是不同结构层次下的实体特征抽象。

然而，对于价量操纵与市场操纵之间的逻辑关系问题，刑法理论在对《刑法修正案（六）》修改操纵证券、期货市场罪的解读与探讨阶段形成如下共识：刑法原操纵证券、期货交易价格罪的构成要件存在较大缺陷，操纵证券期货交易量行为的社会危害性并不亚于操纵证券期货交易价格的行为，刑法将前者规定为犯罪是对操纵证券期货市场犯罪的重大完善；[1]证券价格只是证券市场的表现之一，市场还表现为交易量；[2]操纵证券、期货市场包括操纵价格与操纵交易量两种形式。[3]上述理论共识实际上就是将市场操纵等同为价量操纵。

对此，笔者不敢苟同。操纵证券、期货市场罪的行为类型、行为性质、可罚性条件之间应是层进式法律逻辑关系，三大要素各自发挥不同的规范判断功能。行为类型具体规定操纵的行为模式，是操纵证券、期货市场犯罪行为的违法类型。行为性质是对操纵类型刑法性质的法律评价，符合行为类型全部特征的行为被法律推定为具有操纵证券、期货市场的犯罪性质，但允许行为人提出证据证明涉案的证券期货交易行为系许可的市场操作等阻却市场操纵性质的抗辩事由。可罚性条件是对操纵证券、期货市场犯罪行为的罪量限定，将不具有严重社会危害的操纵证券、期货市场行为排除在犯罪圈之外。所以，价量操纵是《刑法》第182条明示行为类型的共同特征，系市场操纵的推定基础而非其全部实体内容。从刑法规范逻辑角度分析，价量操纵是违法类型，所以其能够推导出市场操纵，但绝不能就此臆断市场操纵就是价量操纵，或市场操纵只有价量操纵一种违法类型。在刑法理论上对市场操纵与价量操纵直接进行等同解释，不仅是对证券期货市场的表面性理解，而且缺乏对操纵证券、期货市场罪犯罪构成的逻辑化诠释。

证券期货市场是各种有价证券、期货合约等金融商品供求关系的总和。

---

〔1〕参见刘树德、喻海松：《从法治的立场解读〈刑法修正案〉（六）》，载《中国审判》2006年第6期。

〔2〕参见俞和明：《刑法中的操纵市场行为——兼议〈证券法〉相关条文的修改》，载《金融法苑》2005年第6期。

〔3〕参见何泽宏：《解读〈刑法修正案（六）〉》，载《现代法学》2006年第6期。

从这一表象性定义出发，证券期货市场就是金融商品的交易价格与交易量，操纵市场就是操纵价量。但是，如果从功能性内涵的角度解析证券期货市场，就会发现上述理解仅认识到了证券期货市场中的商品要素，忽略了另一核心要素——资本。根据法律经济学理论的经典分析，市场是提供双赢交易机会的场所，通过资源优化配置实现社会福利最大化。[1]证券期货市场实际上就是通过金融商品交易价格与交易量的变动引导资本流动，从而实现资本合理配置的机制。探究证券期货市场功能性内涵的价值在于发现金融商品要素（证券期货交易价格与交易量）之外的资本要素（资本的流动与配置）。资本对金融商品的定价与配置是资本持有者的决策与行为，即投资者判断市场状况后对资本进行处分。资本要素体现的是投资者的行为状态。在证券期货市场中，金融商品要素与资本要素相互影响——证券期货交易价格与交易量的变动方向及其量度，释放市场信号，投资者通过资本投入与撤离配置资源；投资者决策与行动下的资本流动反作用于市场，影响证券期货的定价与交易量。代表金融商品要素的证券期货交易价格与交易量是证券期货市场的显性部分，由于其依托于有形的证券期货标的，可以从外部直观审视。代表资本要素的投资者行为是支撑或者推动证券期货交易价格与交易量的基础力量，是证券期货市场隐性部分。虽然金融理论已经对投资者行为对证券期货交易价格的影响及其与资本市场之间的关系进行了深度分析，[2]但由于法律理论缺少量化评价工具，在难以统一观察与评价投资者行为的情况下，往往忽略证券期货市场中的资本要素。所以，从动态的角度考察，价量操纵是市场操纵的一种行为类型，其通过直接控制证券期货交易价格或交易量的方式，使真实市场信号发生扭曲，形成人为制造的信号，诱使资本市场投资者从事相应资本运作，达到市场操纵。同时，不能遗漏的是资本操纵亦属一种独立的市场操纵类型，其通过控制、误导投资者的资本决策与行为，阻碍市场资本自由发现价格或投资规模，同样达到市场操纵的效果。只是我国现行证券法以及刑法将价量操纵明

---

〔1〕 AnthonyT.Kronman & RichardA.Posner, *The Economics of Contract Law*, Little, Brown & Company, 1979, p.2.

〔2〕 参见Andre Molière, Investor Behavior: “Patterns and Pitfalls”, Nova Science Pub Inc, 2011; Richard Lehman, *Far from Random: Using Investor Behavior and Trend Analysis to Forecast Market Movement*, John Wiley and Sons, 2010; HendrikS.Houthakker and Peter J.Williamson, *The Economics of Financial Markets*, Oxford University Press, 1996, pp.141-320。

确规定为操纵证券、期货市场违法犯罪类型，而未对“殊途同归”的资本操纵进行明示的法律禁止。

市场操纵与价量操纵的等同化理解还存在操纵证券、期货市场罪犯罪构成逻辑结构认识偏差问题。操纵证券、期货市场罪的犯罪构成并非平面的主客观要件堆砌，而是内含一个“行为类型—行为性质—处罚条件”的层进式证明结构。（作为行为类型的）价量操纵之所以不能等同而只能推定（作为行为性质的）市场操纵，根本原因在于证券期货市场中存在许可的市场操作的概念。所谓许可的市场操作，是指证券发行人、证券发行人控股股东或其他市场参与者按照法律法规规定或监管机构许可进行的证券回购、履行法定或约定义务、稳定价格等交易行为。我国及国际证券期货市场监管规范体系均对许可的市场操作及其非市场操纵的法律性质进行了规定。例如，根据我国证监会2005年《上市公司回购社会公众股份管理办法（试行）》、2008年《关于上市公司以集中竞价交易方式回购股份的补充规定》的规定，上市公司按照证监会规定的程序、信息披露规则、交易方式等进行股份回购，不构成操纵证券市场。欧盟《市场滥用指令》《股份回购与金融工具稳定规章》明确规定，根据欧盟相关规则的程序要求实施证券回购、稳定金融工具交易价格等不构成市场操纵。[1]许可的市场操作主要是证券发行人或其控股股东等基于履行可转债义务、雇员股权参与计划、向市场提供积极信号等法律规定或监管机构认可的目的，交易自己证券的行为，即使控制了相关证券的交易价格或者占据了当时市场的主要交易量，表面上符合价量操纵特征，但由于严格按照信息披露制度执行交易，不属于市场操纵。我国刑法理论对市场操纵与价量操纵进行等同化解释，不仅在规范形式上剔除了许可的市场操作在操纵证券、期货市场罪犯罪构成中的体系性位置，而且在实质上剥夺了行为人抗辩其事实上的价量操纵不构成法律上的市场操纵的权利。

所以，价量操纵是法律推定市场操纵的基础，市场操纵并不等同于、局限于价量操纵，资本操纵也是市场操纵的行为类型。在此基础上，便能进一步开

---

〔1〕 Directive 2003/6/ECof The European Parliament and of The Council of 28 January 2003 on insider dealing and market manipulation（market abuse）, Article 8; Commission Regulation（EC）No 2273/2003of 22 December 2003implementing Directive 2003/6/EC of the European Parliament and of the Council as regardsexemptions for buy-back programmes and stabilisation of financial instruments.

展操纵证券、期货市场罪“兜底条款”实质内涵的解释。

实践中将一种刑法条文没有明示的操纵证券、期货市场行为方式纳入本罪的“兜底条款”进行归责，存在两种法律论证路径：(1)该种行为能够被直接解释为价量操纵；(2)该种行为能够被实质解释为市场操纵。对于抢帽子交易是否属于“以其他方法操纵证券、期货市场”，我国刑法理论中有观点试图从第一种路径，即“兜底条款”与价量操纵完全对接的角度得出肯定性结论：抢帽子交易是通过发布证券投资咨询报告影响投资者的投资行为，进而影响证券交易价格和证券交易量。故抢帽子交易是以欺诈手段影响证券、期货交易价格或者交易量，符合刑法明示的价量操纵行为类型的构成要素，应当以操纵证券、期货市场罪定性。〔1〕笔者认为，如果能够证明抢帽子交易是通过操纵证券、期货交易价格或交易量的方式实现市场操纵，则显然应当认定其属于“以其他方法操纵证券、期货市场”。但问题在于抢帽子交易与价量操纵的运作机理完全不同，因而不能直接解释为价量操纵，当然也就无法通过第一种路径纳入“兜底条款”予以归责。

综观联合（连续）交易、约定交易、自我交易等价量操纵行为类型，本质上都是通过扭曲市场真实供求关系的交易行为，人为地控制证券、期货交易价格或交易量，这是抢帽子交易所不具备的特征。具体而言，联合交易是2个以上行为人合谋在某一时段内一起买入或卖出某种证券、期货合约；连续交易是行为人单独或2个以上行为人合谋在某一时段内连续买卖某种证券、期货合约；约定交易是行为人与他人串通，以事先约定的时间、价格和方式相互进行证券、期货交易；自我交易是在自己实际控制的账户之间进行证券、期货交易。〔2〕从价量操纵行为类型的特点分析，联合交易与连续交易是集中资金、信息等资源优势的交易行为，控制证券期货交易价格或者人为制造证券期货交易量；约定交易与自我交易属于不转移证券以及资金产权的虚假交易，人为制造不反应证券期货正常供求关系的虚假价格或者虚假交易量。在价量操纵中，行为人的证券期货交易（行为手段）与相关证券期货产品交易价格或交易量（行为结果）之间存在因果关系；交易行为占同期交易量的比例可以被准确统计；在

---

〔1〕 参见王崇青：《“抢帽子”交易的刑法性质探析——以汪建中操纵证券市场案为视角》，载《政治与法律》2011年第1期。

〔2〕 参见刘宪权：《操纵证券、期货交易价格罪行为方式之解读》，载《法商研究》2005年第1期。

交易行为的资金与证券期货产品动向被相关证据准确固定的基础上，交易行为与交易价格的关联度完全可以通过数量金融工具予以计算与认定。交易行为与交易价格（量）之间的因果关系奠定了联合（连续）交易、约定交易、自我交易等行为的责任基础。

抢帽子交易中的"交易"并不直接与相关证券、期货合约的交易价格或交易量发生操纵与被操纵的因果关系。因为抢帽子交易中的"交易"是证券期货投资咨询意见公开之前的建仓行为与公开之后的平仓行为。抢帽子交易者买卖行为的量通常不会达到相关证券、期货合约同期总成交量的显著比例，其买卖行为对证券、期货合约交易价格变动的关联度亦不显著。同时，抢帽子交易中的发布证券期货投资咨询意见行为并非直接作用于证券期货交易价格与交易量，而是通过公布投资咨询意见影响资本市场投资者的交易行为，进而引发相关证券期货交易价格或交易量达到一定水平。当然，抢帽子交易中的核心要素，即发布投资咨询意见，是影响证券期货交易价格或交易量变动的客观条件。根据刑法因果关系中的条件因果理论，两者之间存在因果关系。但这种理论上的因果关系并无实证依据与证据依托。因为在条件因果理论下，抢帽子交易与价量变动之间存在两层条件关系——投资咨询意见是受其影响的投资者从事交易的条件，受影响投资者的交易行为是价量变动的条件。正常情况下的证券期货市场是一个流动性高度分散的交易平台，基于证券投资咨询机构及其从业人员发布的隐瞒利益冲突的投资意见而从事相关证券期货交易的投资者数量、交易量、资金流向、交易价格分布等事实状况根本无法统计，这意味着发布投资咨询意见行为与受到诱导的投资者交易行为之间的因果关系难以直接证明。不能排除同时期相关证券期货交易品种的部分市场参与者没有受到投资咨询意见的影响，按照正常的供求关系认识配置资本，这就进一步稀释了投资咨询意见对市场投资者的影响，故第一层条件因果是推定的。在受到投资咨询意见影响的投资者资本运作行为无法通过证据客观认定的情况下，所谓相关证券期货交易价格或交易量进而受到影响的论断更无从证明，故第二层条件因果同样也是推定的。因此，除非抢帽子交易者自身的交易行为产生价量操纵效应，[1]否则，抢帽子交易与价量操纵结果之间的因果关系即

〔1〕 此时，行为实际上已经转变为通过连续交易、约定交易、自我交易等交易型操纵的方式控制证券期货交易价格或交易量，同时以散布利益冲突投资咨询意见配合相关交易，在性质上应属价量操纵。

使成立，也是二次推定的结论。理论上认为，刑事司法推定的规则之一就是推定以一次为限，因为推定的基础事实必须是牢固的，二次推定的基础是推定的结论，导致最后的结论无法在刑事上被认为真实可靠。[1]同时，推定本身是一种对事实的盖然性判断，本不应在刑事程序中采纳，只是在基础事实与推断事实之间存在着充分且合理联系的极少数情况下，才允许适用刑事推定。[2]而在盖然性基础上再次推定，后次推定结论的盖然性成分将会呈现乘数效应，超越刑事证明标准对盖然性的容忍限度。抢帽子交易通过影响投资者行为进而影响证券期货交易价格或交易量的论断，充其量只是二次推定下的条件因果，不能成为刑事证明程序下的法律判断，故不能认定抢帽子交易具有价量操纵的类型化特征。

在市场操纵等同于价量操纵的刑法判断下，分析至此即可认为抢帽子交易不能纳入操纵证券、期货市场罪“兜底条款”予以归责。但是，正如前文所述，市场操纵内含价量操纵与资本操纵两种行为类型。由此，笔者认为，我们既不能无视证券期货市场理论以及证券期货犯罪原理强行认定抢帽子交易构成价量操纵，也不能在否定抢帽子交易价量操纵特征后直接认定其不构成市场操纵，而应当通过剖析抢帽子交易是否具有资本操纵的机理，进一步探究其是否符合市场操纵的实质内涵。

在证券期货市场中，价量操纵的机理表现为本人及其一致行动人实施的证券期货交易，作用于特定证券期货产品，控制交易价格或交易量。资本操纵的机理则是通过向市场传递信息，作用于市场投资者，控制其参与特定证券期货交易，即控制资本要素的配置。资本操纵包括以下要素：(1)目的。行为人意图通过操纵策略获取证券期货交易利益。例如，买入后诱导市场资本拉升金融工具价格后出货(做多型操纵)或卖空金融工具后诱导市场资本打压其价格后平仓(做空型操纵)。(2)手段。制作并向市场传递信息，主导或控制市场资本配置动向。(3)效果。受信息影响的资本市场投资者从事与该信息相关的证券期货交易。(4)因果关系。抽离行为人发布的信息，相关市场参与者不会从事与该信息有关的证券期货交易。(5)利益。行为人执行事先建构的交

---

〔1〕 邓子滨：《刑事法中的推定》，中国人民公安大学出版社2003年版，第116页。

〔2〕 Michael H.Graham, Burden of Proof and Presumptions in Criminal Cases, 44 *Criminal Law Bulletin1* (2009).

易策略从相关证券期交易中获取利益。手段、效果、利益、因果关系等均为客观要素，是实现经济利益主观目的的内在逻辑。

抢帽子交易具体表现为证券期货投资咨询机构及其从业人员提前建仓，随后通过报纸、杂志、网络等金融信息媒体针对已经建仓的相关证券、期货合约发表投资咨询意见，并向公众隐瞒证券期货交易事宜与投资咨询意见之间的利益冲突，同时执行相关证券期货交易谋取利益。由于发布投资咨询意见的机构或从业人员对于市场具有一定影响力，引发投资者按照投资咨询意见从事交易，相关证券期货交易品种的市场供求关系由此发生变化，最终使得上述投资咨询机构及从业人员平仓获利。投资咨询意见与投资者从事相关证券期货交易之间影响与被影响的因果关系可以根据相关基础事实予以推定。证券期货投资咨询机构或从业人员市场影响力巨大、信息发布媒体数量巨大及其影响范围极广、相关证券期货供求关系基本面没有发生明显变化等基础事实可以推定该投资咨询意见对于投资者行为产生重大影响。

对照资本操纵与抢帽子交易，可以发现两者在理论上具有相同的运作机理。因此，抢帽子交易属于市场操纵中的资本操纵类型，符合操纵证券、期货市场罪的实质。尽管我国《刑法》第182条没有明示这种行为类型，我们完全可以通过同质性解释将其纳入“兜底条款”进行刑法评价。

五、操纵证券、期货市场罪刑事归责的限制：抢帽子交易刑法规制理性边界

运用刑法解释理论证明抢帽子交易实质上符合操纵证券、期货市场的刑法属性，意味着这种刑法未予明示的行为类型与连续交易、约定交易、自我交易等刑法明示的价量操纵类型一样具备市场操纵的犯罪性质，操纵证券、期货市场罪“兜底条款”应当规制抢帽子交易行为，但刑法介入度必须予以限制。这不仅是因为“兜底条款”立法上的模糊性与不确定性决定了其在司法上应当更为谨慎与严格，更重要的是，证券期货市场的特征决定了刑法介入理应秉持克制的理念。

证券期货市场本身就具有投资与投机相结合的特征，需要以一定自由、宽松的环境为存在条件。刑法过度介入可能扼杀证券期货市场生存与发展的条

件。[1]投机是证券期货市场中最富效率的风险承担主体与流动性来源。投机对于期货市场尤为重要，因为各类期货市场中的投机交易在追逐利益的同时深化了资本配置的多样化发展，客观上实现了风险承担与流动性供应的重要功能。[2]投机者是独立探索证券期货产品供求关系的群体。投机交易促使证券期货价格沿着独立信息所指向的位置运行。但是，如果操纵证券、期货市场罪"兜底条款"等刑法规定充分介入证券期货市场，就有可能实质性地限制投机者作为风险承担者参与证券期货市场的深度与广度，导致证券期货市场风险承担与流动性不充分，最终伤害市场价格发现与资本优化配置的基本功能。以期货交易为例，商品期货市场上的制造、仓储、消费环节以及金融期货市场上的套期保值交易者，都依赖于经过充分竞争的价格指导其交易策略，故期货价格所包含的信息含量越丰富，价格的指导性就越强。投机交易代表了一种独立发现价格信息的市场力量，充分地补充了市场信息，客观上提升了期货价格的指导性。严格、模糊且不确定的操纵证券、期货市场罪"兜底条款"一旦确立了积极规制市场操纵犯罪的定位，将会明显遏制投机交易，降低期货市场独立信息的攫取与流转，进而影响期货价格形成的准确性与资源配置的效率性。在资本市场全球化交互背景下，证券期货市场之间的竞争日益深化，具有扩张性风险的操纵证券、期货市场罪"兜底条款"会弱化本国证券期货市场机制的发挥，不利于其参与国际竞争。正因如此，刑事司法实践中我们要树立一种限制适用操纵证券、期货市场罪"兜底条款"的理念，即从证券期货市场本身的特点和要求出发，严格限定操纵证券、期货市场罪的归责范围。对于不属于刑法明示的操纵类型，只能将其中严重扰乱证券期货市场机制、严重侵犯投资者合法权益、获取操纵暴利的行为，以操纵证券、期货市场罪"兜底条款"定罪处罚。

对于以何种法律形式确认抢帽子交易构成操纵证券、期货市场罪，以何种法律依据认定此类刑事案件，我国刑事法治实践有三种路径可供选择：（1）直接在首例案件中适用"兜底条款"，通过生效判决的形式确认抢帽子交易的操纵犯罪性质，以此作为今后判决的标杆，或者据此制定司法解释细化操作标

---

〔1〕 刘宪权：《证券、期货犯罪的刑事立法及其完善》，载《法学》2004年第5期。

〔2〕 Robert W.Kolb & James A.Overdahl, *Understanding Futures Markets*, Wiley-Blackwell, 2006, p.6.

准。(2)通过立法解释明确"兜底条款"的内涵与外延,将抢帽子交易纳入其归责范围。(3)通过司法解释明确抢帽子交易的操纵属性,以此作为司法判断的依据。

通过判决直接适用操纵证券、期货市场罪"兜底条款"确认抢帽子交易的操纵犯罪性质,可以立即解决现实个案问题。实践中的代表性意见认为,在我国刑事司法领域,抢帽子交易构成操纵证券市场罪没有清晰可依的案例作为参照,首例案件的定罪量刑对未来类似案件的判决有标杆和启示作用。[1]然而,操纵证券期货犯罪"兜底条款"的入罪性解释,是将原本没有被认为是犯罪、刑事司法实践对之完全陌生、证券期货监管机构长期未予正式确认违法[2]的行为纳入刑法规制领域。在法律争议极大的首例案件中,直接根据"兜底条款"对抢帽子交易以操纵证券、期货市场罪定罪量刑,实际就是在刑法规范禁止犯罪宣示不明确的状态下追究行为人的刑事责任。这种刑事司法实践路径存在与罪刑法定原则相抵触的显著风险。法律规定的明确性是罪刑法定原则基本内容之一,即刑法条文必须用清晰的文字表述确切的意思,应当避免含糊与不确定,保证一般公民可以根据刑法规定准确预测自己行为的后果。对于未实施刑法规定的犯罪行为的人,法律保障其不受刑罚处罚。[3]而我国查处首例抢帽子交易案件之前,相关证券期货法律法规尚未对这种行为的构成要件及其市场操纵的违法性质予以明确规定,行为人显然无法根据《刑法》第182条操纵证券、期货市场罪"兜底条款"预测自己的行为可能招致的刑事法律后果。此时,刑法应当按照罪刑法定原则,从有利于被告人的精神出发,保障其不受难以预期行为后果的刑法规定的处罚。此外,按照正当程序形成的判决,其应有的法律效力固然不容撼动,但在判例未成为我国正式法律渊源且司法精英群体未成型的情况下,尚不具备通过个案判决解释刑法"兜底条款"并以

〔1〕 参见李松、黄洁、徐伟伦:《股市黑嘴第一案或将成为立法风向标》,载《法制日报》2010年10月28日,第4版;孙维晨:《"股市黑嘴第一案"一审宣判》,载《中国经济周刊》2011年第32期。

〔2〕 2011年先后施行的中国证监会《证券投资顾问业务暂行规定》(证监会公告〔2010〕27号)、《发布证券研究报告暂行规定》(证监会公告〔2010〕28号)、《期货公司期货投资咨询业务试行办法》(证监会令第70号),正式规定了利用证券期货投资咨询意见操纵市场行为的违法性质。在此之前,2007年中国证监会《证券市场操纵行为认定指引(试行)》(证监稽查字〔2007〕1号)第三十五条至第三十七条明确规定了抢帽子交易操纵的构成要件,但由于该指引属于证监会内部文件,不能作为确定抢帽子交易行为具有操纵属性的规范依据。

〔3〕 参见刘宪权:《论罪刑法定原则的内容及其基本精神》,载《法学》2006年第12期。

此引导今后判决、指导司法解释制定的现实条件。

全国人大常委会基于明确刑法条文具体含义而制定的立法解释具有权威的宪法基础。刑法理论研究在面对疑难刑法解释问题时的终极诉求通常指向立法解释。例如，有学者认为，应当建议有关部门以立法解释形式明确规定“抢帽子”交易等行为属于操纵证券市场罪的行为方式。[1]但是，立法解释显然是触发概率极低且适用成本极高的正式法律解释机制。呼吁立法解释明确抢帽子交易的刑法属性，以此填充操纵证券、期货市场罪“兜底条款”的内容，不仅忽略了我国立法解释权的运行成本，而且难以契合实际——我国刑法规定了众多“兜底条款”，仅有极少数通过立法解释予以明确，直接以立法解释的形式规定操纵证券、期货市场罪“兜底条款”的归责范围，并不具有合理性。

笔者认为，优先选择司法解释填充操纵证券、期货市场罪“兜底条款”的具体内容是一种合法性与效率性兼备的法治实践路径。刑法司法解释是对刑事司法实践中具体应用法律问题的解释。刑法“兜底条款”的适用，本身就是从立法原意角度理解法律规定，属于司法解释的权限范围，不存在司法解释越位造法的问题。刑法司法解释是相对灵敏的反应机制，能够及时应对现实的司法实践难题。同时，刑法司法解释对于其所解释的条文实施后而自己生效前的案件不能予以适用。司法解释的溯及力以从旧兼从轻原则为准，即刑法司法解释对其生效前的行为没有溯及力，但如果刑法司法解释的规定更有利于被告人的，则有溯及力。[2]刑法司法解释将抢帽子交易规定为操纵证券、期货市场罪的行为类型，是在本罪“兜底条款”归责范围不明的情况下，对这种本身存有一定抽象性和模糊性的刑法条文进行入罪性解释。对于司法解释实施之前的抢帽子交易被告人而言，显属于不利解释，故其不应具有溯及力。刑法“兜底条款”是在保持规范稳定的同时提升刑法对社会现实的适应性与前瞻性，但这种效果实现的代价是刑法条文明确性的折损。司法解释根据证券期货市场操纵手法的发展将具有严重社会危害性的新型操纵行为纳入刑法规制范围，只能对其实施后的行为产生效力。

《追诉标准二》首次以经济犯罪立案标准的形式对“以其他方法操纵证

---

〔1〕 王崇青：《“抢帽子”交易的刑法性质探析——以汪建中操纵证券市场案为视角》，载《政治与法律》2011年第1期。

〔2〕 刘宪权：《我国刑事司法解释时间效力的再思考》，载《法学》2002年第2期。

券、期货市场”的具体内容进行了填充。根据《追诉标准二》第39条的规定，证券公司、证券投资咨询机构、专业中介机构或者从业人员，违背有关从业禁止的规定，买卖或者持有相关证券，通过对证券或者其发行人、上市公司作出公开评价、预测或者投资建议，在该证券的交易中谋取利益，情节严重的，应当以涉嫌操纵证券、期货市场罪予以立案追诉。对于此类刑事案件追诉标准是否属于司法解释，刑法理论上一直存在争议。笔者认为，即使肯定追诉标准属于司法解释，首先必须受到溯及力制约，其时间效力范围只能覆盖实施之后的行为。其次追诉标准只是启动刑事程序追究进行立案侦查的标准而非定罪量刑标准，对于犯罪性质与数额的认定不具有最终决定性。因此，司法实践以操纵证券、期货市场罪“兜底条款”追究抢帽子交易行为的刑事责任，应当以规定这种行为类型定罪量刑标准且受到溯及力制约的司法解释为规范基础。

抢帽子交易作为操纵证券、期货市场犯罪的“其他方法”，其行为构成必须进行合理的要素配置，并注重抢帽子交易违法与犯罪之间的界限划分。对于抢帽子交易操纵违法，符合以下要素即可予以认定：(1)行为主体是证券期货公司、证券期货投资咨询机构、专业中介机构及其从业人员；(2)对相关证券及其发行人、相关期货合约及其标的金融产品公开进行评价、预测或发布投资建议；(3)在公开进行评价、预测或发布投资建议前买卖或持有相关证券、期货合约；(4)通过公开评价、预测或投资建议，在相关证券、期货合约交易中谋取利益。抢帽子交易操纵犯罪则应对上述构成要素的进行限制性理解或提高量化标准。

抢帽子交易属于信息型市场操纵，其核心在于通过未披露利益冲突的投资咨询意见诱使投资者按照行为人的预期进行资本配置。投资咨询意见本身是否具有虚假性或误导性，并不影响抢帽子交易操纵违法性质的认定。但是，在抢帽子交易操纵犯罪的认定过程中，必须将利用具有客观依据但未披露利益冲突的投资咨询意见操纵市场的行为排除在外。行为人发布符合证券期货市场供求关系的投资咨询信息，即使市场投资者受到信息影响力的控制从事相关交易，毕竟是客观上符合市场价格机制的投资行为。此时，抢帽子交易操纵的违法性主要建筑于违规不披露利益冲突信息，其目的主要是加速形成符合市场基本面及其规律的交易价格或交易量并使操纵者快速获取利益，没有或较少地损害投资者利益。行为人编造并散布完全没有客观依据的虚假性或误导性投资咨询意见，利用在投资咨询行业的影响力欺诈客户或市场投资者，诱使其从事完全没有合理市场依据的资本配置，不仅充分暴露了行为人欺诈市场的主观恶性，而且对投资者利益造成重大实际损害，相对于单纯利益冲突的抢帽子交易，其情节明显更为严重。因此，在事实上能够显著区分社会危害与主观恶性的情况下，证券期货犯罪刑法规范有必要坚守适度性介入理念，仅对最严重的一部分抢帽子交易操纵行为予以刑事处罚。

抢帽子交易操纵构成违法或犯罪均应以实际获取利益为前提。行为人利用发布投资咨询意见从事相关证券期货交易却未获利，说明其没有对市场形成操纵，不能以反操纵法律规定进行评价。从犯罪的角度进行具体分析——操纵证券、期货市场罪的社会危害表现为扰乱市场机制与侵害投资者权益，价量操纵侧重于前者，诸如抢帽子交易等资本操纵侧重于后者。证券期货市场机制遭受侵害能够在本罪明示的操纵（影响）“证券、期货交易价格或者证券、期货交易量”构成要素中予以评价。投资者权益的侵害则无法在本罪构成要素中予以直接评价，只能通过民事诉讼予以解决。操纵证券、期货市场刑事程序解决的并非投资者损害赔偿问题，而是被告人刑事责任问题。即使将被害人损失作为重要的量刑情节，基于证券期货市场投资者高度分散的现实，刑事程序仅能对投资者损害进行概括评价。但投资者权益损害可以在操纵实际获利要素中予以间接评价。因为针对特定证券期货产品所进行的资本竞争属于零和博弈[1]，诸如抢帽子交易等资本操纵者获取的利益可以视为投资者遭受的损失。[2]抢帽子交易没有获取利益可以反向推断证券期货市场没有按照抢帽子交易者的预期进行变化，投资者的资本配置行为没有显著地受到相关投资咨询意见的影响，市场操纵社会危害的性质与程度便难以界定与评估。没有获取利益的抢帽子交易者所从事的证券期货交易，实际上成了提供市场流动性的投机行为；发布投资咨询意见时隐瞒利益冲突的，可以通过反虚假陈述法律规定予以规制；向市场发布重大虚假信息，造成投资者重大损失或市场波动等严重后果的，应以编造并传播证券、期货虚假信息罪论处。应当看到，根据我

---

〔1〕 零和博弈是指参与博弈的各方，在严格竞争下，一方的收益必然意味着另一方的损失，博弈各方的收益和损失相加总和永远为“零”。参见Samuel Bowles, Microeconomics: *Behavior, Institutions, and Evolution*, Princeton University Press, 2004, pp.35-38。

〔2〕 在交易成本为零且不存在外部性介入的模拟环境下，资本操纵者的获利与投资者损失之间正负相抵为零。现实证券期货市场不存在理论上模拟的环境，但两者在数量值上仍可视为相当。

国《刑法》第181条及《追诉标准二》的规定，编造并且传播影响证券、期货交易的虚假信息，扰乱证券、期货交易市场，应立案追诉的标准，除有达到一定数额的获利或者避免损失、造成投资者直接经济损失等要求外，如果达到致使交易价格和交易量异常波动、多次编造并且传播影响证券期货交易的虚假信息以及其他造成严重后果等程度，也可以构成编造并传播证券、期货虚假信息罪。笔者认为，从刑法理论上分析，行为人实施编造并传播证券、期货交易虚假信息犯罪行为，引起证券、期货市场的波动，再通过实施相关证券、期货交易从中获利或规避损失，实际上是以编造并传播虚假信息的手段实现操纵证券、期货市场并从中牟利的目的。也即行为人的"编造并传播"行为与"操纵"行为具有牵连关系。在司法实践中，这类案件应该按刑法理论上的牵连犯原则处理，即根据"从一重处断"或"从一重重处断"的原则，对行为人以操纵证券、期货市场罪定罪处罚。[1]所以，综上分析，没有实际获利的抢帽子交易不应构成操纵证券、期货市场罪。同时，抢帽子交易操纵的定罪标准不仅应当在获利数额层面明显高于违法，而且有必要附加其他严重情节的限制，例如，引发大规模证券集团诉讼、关联诉讼等，从而进一步突出证券期货违法与犯罪的界限。

综上所述，操纵证券、期货市场违法犯罪行为的新型化发展趋势凸显我国《刑法》第182条明示的操纵证券、期货市场犯罪类型难以充分应对实践挑战。操纵证券、期货市场罪业已历经多次刑法修正，继续频繁通过修改法条的方式逐步将抢帽子交易等新型操纵市场犯罪纳入刑法规制范围，成本过高且周期过长。深入探究操纵证券、期货市场罪实质内涵，通过司法解释对《刑法》第182条"兜底条款"具体内容进行符合罪刑法定原则的填充，既可保持证券期货犯罪刑法条文的相对稳定，也能对新型操纵市场违法犯罪行为进行有效的规范震慑。

全球主要证券期货市场法律监管体系以不同的规范形式将抢帽子交易规定为市场操纵犯罪。这对我国刑法全面理解抢帽子交易的运作机理、操纵证

---

〔1〕 有必要指出的是，我国刑法将编造并传播证券、期货交易虚假信息罪规定为独立的罪名固然有其合理性的一面。然而，尽管世界各国和地区有关法律虽然对于编造并传播证券、期货交易虚假信息的行为都强调要加以处罚，但大多将这种行为归入市场操纵犯罪或市场滥用犯罪（Market Abuse）之中。我国司法实践中也极少认定和处理编造并传播证券、期货交易虚假信息犯罪案件。为了简化刑法条文并有利于司法实际操作，从完善刑法规定的角度来看，将编造并传播证券、期货交易虚假信息罪归入操纵证券、期货市场罪中显得更为合理。

券、期货市场罪的实质、证券期货犯罪刑法规制的国际标准，具有重大的参考价值，也为启动“兜底条款”评价抢帽子交易提供了有益的必要性论证。价量操纵并非操纵证券、期货市场罪实质内涵的全部内容。证券期货市场是金融商品与资本两者要素的有机结合，操纵证券期货交易价格或交易量仅是市场操纵的违法类型之一，资本操纵同样是一种独立的市场操纵类型。价量操纵通过实施交易行为直接作用于证券期货商品进而控制其交易价格或交易量；资本操纵通过发布虚假信号直接作用于市场投资者进而影响其资本配置策略与行为。这不仅是分析抢帽子交易刑法属性、解释“兜底条款”的前提，也是深入理解价量操纵本质、市场操纵范围的理论开拓。操纵证券、期货市场罪“兜底条款”同质性解释规则的分析结论是，抢帽子交易不具有刑法明示行为类型价量操纵的共同特征，但与资本操纵的运作机理完全契合，具有操纵证券、期货市场的犯罪实质，应当纳入“兜底条款”进行刑事归责。司法解释具体规定抢帽子交易操纵的定罪量刑标准时，应予从严把握，准确划分违法与犯罪的界限，限制“兜底条款”的归责范围。

第二节　内幕交易犯罪最新司法解释及法律适用

最高人民法院、最高人民检察院于2012年5月22日联合发布了我国首部证券期货犯罪司法解释，即《关于办理内幕交易、泄露内幕信息刑事案件具体应用法律若干问题的解释》(以下简称《内幕交易犯罪解释》)。《内幕交易犯罪解释》的实施对于指导司法实务部门办理证券期货犯罪案件，强化资本市场法律监管力度，有效维护资本市场秩序，保护广大投资者合法权益，促进我国金融创新发展，具有重大且深远的影响。[1]《内幕交易犯罪解释》集中规定了内幕信息知情人员、非法获取内幕信息人员、内幕交易推定与抗辩、内幕交易犯罪数额认定等处理内幕交易犯罪案件司法实践中长期存在困惑、障碍、疑难的刑法适用问题，但由于司法解释相关条文仍然比较原则，加之对于部分实践中操作难点未予设置明确的司法判断规则，故有必要以“两高”最新内幕交易犯罪

〔1〕 参见张先明：《“两高”联合出台司法解释指导司法机关正确办理内幕交易犯罪案件》，载《人民法院报》2012年5月23日。

司法解释文本为中心，对相关内幕交易犯罪刑法适用难题进行更为深入且细致的解析，从而使得刑法理论研究能够全面把握内幕交易犯罪的实质，司法实务部门能够更为切实地贯彻《内幕交易犯罪解释》。

一、内幕信息知情人员认定问题

内幕信息知情人员是内幕信息的第一手获取人员，故内幕信息知情人员司法认定是《内幕交易犯罪解释》首先需要解决的问题。《内幕交易犯罪解释》第1条规定，"下列人员应当认定为刑法第一百八十条第一款规定的'证券、期货交易内幕信息的知情人员'：（一）证券法第七十四条规定的人员；（二）期货交易管理条例第八十五条第十二项规定的人员"。但是，《内幕交易犯罪解释》简单罗列内幕信息知情人员司法判断所依据的法律、法规条文，对于指导反内幕交易犯罪实践的意义并不大。《刑法》第180条明确规定内幕信息知情人员的范围，依照法律、行政法规的规定确定，而刑法理论与实务对于《证券法》第74条[1]、修订后的《期货交易管理条例》第82条第12项[2]分别规定了证券、期货交易内幕信息的知情人员本身并没有疑问。《内幕交易犯罪解释》仅仅起到了内幕交易犯罪司法实践中所依据的行政法律、法规的规范指引作用，并没有涉及真正意义上的内幕信息知情人员认定难点问题。

《证券法》《期货交易管理条例》有关内幕信息知情人员的规定实际上各自存在明显的缺陷，从而导致司法实务部门在认定相关行为主体是否构成证券、期货内幕信息知情人员时会出现困惑与障碍。在证券内幕信息知情人员法律规定方面，《证券法》第74条在明示性地列举了上市公司董事、监事、高级管理人员等六项证券内幕信息知情人员类型之后，通过第七项"兜底条款"将国务院证券监督管理机构规定的其他人整体纳入知情人员范围。尽管上述规定在

---

〔1〕《证券法》第74条规定："证券交易内幕信息的知情人包括：（一）发行人的董事、监事、高级管理人员；（二）持有公司百分之五以上股份的股东及其董事、监事、高级管理人员，公司的实际控制人及其董事、监事、高级管理人员；（三）发行人控股的公司及其董事、监事、高级管理人员；（四）由于所任公司职务可以获取公司有关内幕信息的人员；（五）证券监督管理机构工作人员以及由于法定职责对证券的发行、交易进行管理的其他人员；（六）保荐人、承销的证券公司、证券交易所、证券登记结算机构、证券服务机构的有关人员；（七）国务院证券监督管理机构规定的其他人。"

〔2〕《期货交易管理条例》第82条第12项规定："内幕信息的知情人员，是指由于其管理地位、监督地位或者职业地位，或者作为雇员、专业顾问履行职务，能够接触或者获得内幕信息的人员，包括：期货交易所的管理人员以及其他由于任职可获取内幕信息的从业人员，国务院期货监督管理机构和其他有关部门的工作人员以及国务院期货监督管理机构规定的其他人员。"

形式上实现了明确列举与原则概括相结合，但由于缺乏内幕信息知情人员实质标准的界定，造成证券监管机构裁量权过大，最终导致“其他内幕信息知情人员”的范围处于完全不确定的状态。与此相对应，期货内幕信息知情人员法规规定的情况则更为糟糕。尽管《期货交易管理条例》第82条第12项从实质解释的角度将期货内幕信息知情人员的本质界定为基于职务（管理、监督、专业、职业等多方面的职务）可获取内幕信息人员，但其具体列举的知情人员主体类型不仅极为概括，而且使用了大量“其他”人员、“有关”人员等内含十分模糊的表述，造成期货内幕交易犯罪司法实践难以确定期货内幕信息知情人员。

现有的证券、期货法律、法规有关证券、期货内幕信息知情人员规定的上述缺陷亟须证券期货犯罪司法解释通过实质标准的界定与典型类型的明确等方式予以弥补，而《内幕交易犯罪解释》第1条显然没有完成这一重要任务。笔者建议，内幕交易犯罪司法解释有必要准确梳理证券、期货法律、法规各自的优点与缺点，从内幕交易犯罪主体实质特征与核心类型两方面优化内幕信息知情人员的司法认定规则。

其一，司法解释应当明确规定证券内幕信息知情人员的实质特征是基于职务可获取证券内幕信息。纳入《证券法》第74条第7项规定的其他内幕信息知情人员的行为主体应当与该条前六项规定的主体类型具有同质性特征，这种同质性特征的归纳正是内幕交易犯罪司法解释应当予以明确的问题。从《证券法》第74条明示性规定的证券内幕信息知情人员类型来看，其实质特征都是基于这些人员在上市公司、上市公司控股公司、上市公司实际控制人、证券监管与服务机构等所担任的职务能够获取内幕信息。因此，司法解释有必要规定，由于所担任职务可获取证券内幕信息的人员是证券内幕信息知情人员。这样的实质性界定不仅可以将上市公司并购重组参与方及其工作人员、上市公司重大合同交易对方及其工作人员等《证券法》第74条没有明示性规定但在实践中能够基于职务或者职责充分接触、管理内幕信息的证券内幕信息知情人员准确纳入内幕交易犯罪主体范围，而且能够将上市公司的控股股东、实际控制人控制的其他公司及其董事、监事、高级管理人员等被《证券法》第74条所忽略但基于其与上市公司形成持股关系、实际控制关系能够获悉证券内幕信息的人员包括在知情人员范围之内。

其二，司法解释应当对期货内幕信息知情人员规定细致且具有可操作性的司法判断规则。对于期货交易所、期货交易结算公司、期货公司等机构工作人员而言，其承担的期货市场管理、持仓量、新近建仓量、加仓减仓量、资金进出量等具体交易数据统计与清算、机构客户交易信息管理等职务能够获取大量未公开且与期货合约供求关系紧密相关的信息，应当认定为期货内幕信息知情人员。《期货交易管理条例》规定的构成期货内幕信息知情人员的"有关"部门工作人员，应当明确为与期货市场有关的监管机构和行业协会工作人员。同时，应当特别强调的是，期货内幕信息知情人员并非局限于期货行业监管或者从业人员。随着金融交易产品开发日趋成熟，证券与期货交易关联性日趋紧密，证券行业人员或者上市公司人员完全可以构成期货内幕信息知情人员。2010年4月中国金融期货交易所推出沪深300股指期货合约的交易品种，我国期货市场正式迈进金融期货时代。由于沪深300指数期货合约的涨跌直接与证券现货市场多空信息挂钩。对沪深300指数中权重较大的成分股交易价格具有重要影响且尚未公开的信息显然属于证券内幕信息，但其同样对股指期货合约交易价格具有重要影响，这种基于证券现货市场与股指期货市场关联性或者价格传递关系而对金融期货交易价格具有重要影响的未公开信息显然也是期货内幕信息。发行权重股的上市公司的内幕信息知情人员或者其他基于职务便利能够获悉此类内幕信息的金融机构、中介机构工作人员，同样应当构成期货内幕信息知情人员，其在影响权重股交易价格的上市公司内幕信息尚未公开之前，并不直接从事证券交易，而是股指期货市场上建仓谋取个人利益的，应当构成期货内幕交易犯罪。

二、非法获取内幕信息人员认定问题

根据《刑法》第180条的规定，非法获取内幕信息人员是内幕交易犯罪的另一种犯罪主体类型。对于如何界定非法获取内幕信息人员，我国刑法理论与实务中一种具有相当代表性的观点认为，非法获取内幕信息人员只能是利用骗取、套取、偷听、监听或者私下交易等非法手段或者通过非法途径获取证券内幕信息的人员。[1]但是，笔者认为，对"非法获取"的理解不能过于狭窄，

〔1〕 王作富主编：《刑法分则实务研究》(上)，中国方正出版社2003年版，第546页。

不能仅仅将其限于积极的且具有违法性的方法手段，而应从较为宽泛的角度加以解释。从“非法获得”的内涵分析，实际上应指“不该获得而获得”的情况，其中“不该获得”是指行为人与内幕信息之间并无职务或业务上的信赖关系，也即行为人属于禁止接触或获取内幕信息的人员。[1]《内幕交易犯罪解释》第2条与笔者的意见相同，即不仅将通过窃取、骗取、套取、窃听、利诱、刺探或者私下交易等手段获取内幕信息的人员认定为非法获取内幕信息人员，而且将内幕信息知情人员的近亲属、关系密切人、内幕信息敏感期内的联络、接触人等不该获取或禁止接触内幕信息且实际利用该信息从事相关证券、期货交易的人员规定为非法获取内幕信息人员。对于《内幕交易犯罪解释》第2条第1项规定的以非法手段获取内幕信息人员，实践中并不存在认定障碍，关键问题在于内幕信息知情人员的近亲属、关系密切人、内幕信息敏感期内的联络、接触人等内幕交易犯罪行为主体的判断。

根据《内幕交易犯罪解释》第2条第2项的规定，内幕信息知情人员的近亲属或者其他与内幕信息知情人员关系密切的人员，在内幕信息敏感期内，从事或者明示、暗示他人从事，或者泄露内幕信息导致他人从事与该内幕信息有关的证券、期货交易，相关交易行为明显异常，且无正当理由或者正当信息来源的，构成《刑法》第180条规定的非法获取内幕信息人员。该条司法解释使用了两个非常重要的概念，即近亲属和关系密切的人员。由于刑法上的近亲属概念并不明确，首创于利用影响力受贿罪的关系密切的人员的内涵与外延在刑法理论与实务中存在较大的认识分歧，内幕信息知情人员近亲属、关系密切人认定问题显然受制于这样的现状而容易在内幕交易犯罪司法实践中产生争议。因此，亟须在理论上准确界定内幕信息知情人员近亲属、关系密切人的范围，否则《内幕交易犯罪解释》第2条第2项将难以在实践中得以有效执行。

关于近亲属范围问题，我国《刑法》并没有专门的规定，三大诉讼法及其

---

〔1〕 参见刘宪权：《金融犯罪刑法学专论》，北京大学出版社2010年版，第365页。

司法解释的界定也并不一致。[1]法律及相关司法解释对于近亲属的范围界定不一致，必然会导致刑法理论与实务部门对于如何认定内幕信息知情人员近亲属产生较大争议。笔者认为，在我国《刑法》以及刑法司法解释对近亲属概念未作规定的情况下，从诉讼法关于近亲属的规范界定论证刑法上的近亲属范围是无法获取合理解释的。因为诉讼法定义近亲属是为了解决诉讼上的代理、证据效力等程序性问题，刑事诉讼法基于程序严苛性更强的现实要求，设定了相对狭窄的近亲属范围，行政诉讼法与民事诉讼法基于便利诉讼的实用性考量，对近亲属的范围界定更为宽泛。而内幕信息知情人员近亲属是内幕交易犯罪主体要素，其范围界定应当受到近亲属这一法律概念实体法属性的制约，同时更应当与内幕交易犯罪实质相契合。所以，无论是从与刑法关系最为密切的刑事诉讼法中援引近亲属法律概念的内涵与外延，还是从行政诉讼法与民事诉讼法相关规范中进行推断，都会陷入近亲属概念刑法解释上的方向性误区。

笔者认为，社会生活中的近亲属概念要在刑法上探索其合理范围，必须以财产关系作为限制标准对近亲属进行范围限定。财产关系标准不仅具有实体法上的规范性，而且与内幕交易犯罪利用内幕信息从资本市场交易中非法获取利润的行为实质最为契合。因为近亲与远亲之间的界限是模糊与主观的，最为客观的判断标准应当是财产关系上的远近亲疏，即财产继承关系。从《继承法》第10条至第12条[2]有关财产法定继承的规定来看，除了夫妻、父母、子女、同胞兄弟姊妹等之外，继承法上的第一顺序、第二顺序和代位继承中具有

〔1〕 根据《刑事诉讼法》第82条第6项规定，近亲属是指夫、妻、父、母、子、女、同胞兄弟姊妹。《最高人民法院关于贯彻执行〈中华人民共和国民法通则〉若干问题的意见》第12条则将近亲属的范围确定为：配偶、父母、子女、兄弟姐妹、祖父母、外祖父母、孙子女、外孙子女。在行政诉讼中，根据2000年《最高人民法院关于执行〈中华人民共和国行政诉讼法〉若干问题的解释》第11条的规定，《行政诉讼法》第24条规定的近亲属，包括配偶、父母、子女、兄弟姐妹、祖父母、外祖父母、孙子女、外孙子女和其他具有抚养、赡养关系的亲属。

〔2〕 根据我国《继承法》第10条至第12条的规定，遗产按照下列顺序继承：第一顺序：配偶、子女、父母。第二顺序：兄弟姐妹、祖父母、外祖父母。继承开始后，由第一顺序继承人继承，第二顺序继承人不继承。没有第一顺序继承人继承的，由第二顺序继承人继承。本法所说的子女，包括婚生子女、非婚生子女、养子女和有扶养关系的继子女。本法所说的父母，包括生父母、养父母和有扶养关系的继父母。本法所说的兄弟姐妹，包括同父母的兄弟姐妹、同父异母或者同母异父的兄弟姐妹、养兄弟姐妹、有扶养关系的继兄弟姐妹。被继承人的子女先于被继承人死亡的，由被继承人的子女的晚辈直系血亲代位继承。代位继承人一般只能继承他的父亲或者母亲有权继承的遗产份额。丧偶儿媳对公、婆，丧偶女婿对岳父、岳母，尽了主要赡养义务的，作为第一顺序继承人。

法律继承权的主体，也应当视为近亲属。以财产继承关系为核心确定近亲属范围，不仅整体涵盖了三代以内直系血亲，而且根据亲缘结构与家庭财产归属的实际情况出发，将非婚生子女、养子女和有扶养关系的继子女，养父母和有扶养关系的继父母，同父异母或者同母异父的兄弟姐妹、养兄弟姐妹、有扶养关系的继兄弟姐妹，以及承担主要赡养义务的丧偶儿媳、女婿等纳入近亲属范围，更能实现内幕交易犯罪主体界定与内幕交易犯罪实质之间的高度契合。因为近亲属之所以能够从内幕信息知情人员处获取内幕信息，根本原因在于其不仅能够基于"近"的家属关系影响内幕信息知情人员对于内幕信息的保密程度，而且能够在内幕信息所可能产生的财产利益方面与内幕信息知情人员形成利益共同体。

其他与内幕信息知情人员关系密切的人员这一概念显然源于《刑法》第388条利用影响力受贿罪中的"其他与该国家工作人员关系密切的人"。然而，刑法并没有对此类关系密切人进行定义。笔者认为，内幕信息知情人员的关系密切人着眼于该种类型的行为主体与内幕信息知情人员之间的人际关系，强调的是两者之间的人际关系超越普通层面，达到了紧密的联系、黏合、影响程度。这种紧密联系既可以是友好关系，也可以是客观中性的利益、利害关系，还可以是并非基于职权而生成的控制、胁迫、制约关系。因此，内幕交易犯罪司法解释既然使用了关系密切人的概念，实际上就应当将其实质内涵明确界定为与内幕信息知情人员人际关系紧密的人。对于内幕信息知情人员关系密切人的具体范围问题，应当根据人际关系的不同侧面予以具体展开：（1）亲属层面的人际关系，主要是指近亲属以外的与内幕信息知情人员关系密切的亲属；（2）利益层面的人际关系，主要是指与内幕信息知情人员有共同利益关系、利害关系的人；（3）情感层面的人际关系，主要是指内幕信息知情人员的情妇（夫）或者其他有情感依恋关系的人；（4）社交层面的人际关系，主要是指与内幕信息知情人员紧密交往的同乡、同事（包括现在和以前的平级和上下级同事）、同学、战友、朋友、商业伙伴、常规工作联系人等。

内幕信息的传递一般多发于近亲属以及其他关系密切人之间，但这并不意味着没有证据表明行为人与内幕信息知情人员之间关系密切，就可以直接排除行为人获取内幕信息的可能。内幕信息完全可以在社会关系一般的主体之间进行传递。内幕信息知悉人员基于故意、口风不严、疏忽大意、意图使信息受领者利用内幕信息牟利、炫耀等各种因素，都可能使得行为人获取内幕信息。正是因为认识到上述内幕信息传递的实践特征，《内幕交易犯罪解释》第2条第3项规定，在内幕信息敏感期内，与内幕信息知情人员联络、接触，从事或者明示、暗示他人从事，或者泄露内幕信息导致他人从事与该内幕信息有关的证券、期货交易，相关交易行为明显异常，且无正当理由或者正当信息来源的，构成非法获取内幕信息人员。上述规定不仅将内幕信息知情人员近亲属、关系密切人之外的内幕信息敏感期内的联络、接触人纳入内幕交易犯罪主体范围，而且合理地将偶然、无意地听闻内幕信息人员排除在内幕交易犯罪行为主体之外。[1]行为人实施证券交易之前与内幕信息知悉人员之间的联络和接触是一个沟通联系与内幕信息传递的言语互动过程。这种联络和接触既可以是面谈，也可以是电话、短信沟通，更可以是邮件联系；有的是"一语中的"直接点出内幕信息，也有的是"三言两语"传递内幕信息，还有的是在较长时间里的讨论内幕信息，更有的是谈论了多个事项过程中包含或者夹杂内幕信息。

三、明显异常交易推定与合法交易抗辩问题

我国证券期货犯罪刑法理论对于利用内幕信息是否属于内幕交易犯罪构成要件问题长期存在争议。[2]对此笔者认为，内幕交易、泄露内幕信息罪只规定了证券、期货交易行为必须发生在内幕信息公开之前，并未将利用内幕信息作为构成要件。其立法意图主要是因为司法实践中判断行为人是否利用内幕信息确实有相当大的困难，如果将此作为必要要件，可能给许多实施内幕交易的行为人提供一个逃避刑事责任的借口，同时也必然会又制造一个司法认定的难题。从证券期货犯罪司法实践的现实角度分析，查证内幕信息知情人员、非法获取、在特定的时间节点从事相关证券、期货交易等事实已经存在极大的操作障碍，如果还需要控方进一步举证行为人客观上的交易行为是利用了内幕信息而实施的，则内幕交易犯罪的定罪难度过大。当然，利用内幕信息并非是本罪的构成要件，但这并不意味着行为人的交易行为可以与内幕信息无关；相反，行为人如果构成内幕交易犯罪，其交易行为应该与内幕信息具有关联性。

---

〔1〕 颜斐：《无意听到内幕信息不是犯罪》，载《北京晨报》2012年5月23日。

〔2〕 参见卢勤忠：《基金犯罪研究》，北京大学出版社2010年版，第262～265页。

由于内幕信息知情人员以及通过窃取、贿赂等非法手段获取内幕信息人员实际掌握与全面控制着对证券、期货交易价格产生重大影响的未公开信息，其在掌握或知悉上述信息期间、该信息公开之前买卖相关证券、期货合约，显然应当认定其交易行为与内幕信息具有关联性，疑难问题在于如何认定内幕信息知情人员的近亲属、关系密切人、内幕信息敏感期内的联络、接触人等非法获取内幕信息人员从事、建议他人从事、泄露内幕信息后导致他人从事的交易行为与内幕信息具有关联性。《内幕交易犯罪解释》第3条〔1〕采用司法推定的方式解决上述疑难问题，即以“相关交易行为明显异常”作为基础事实推定交易行为与内幕信息具有关联性。

对于内幕交易犯罪案件是否应当采取司法推定，理论与实践中的观点并不一致。有的观点认为，直接证明行为人交易行为与内幕信息之间的关系有相当难度，应当通过推定方式进行认定。〔2〕甚至有观点认为，在资本市场上，由于交易的电子化、虚拟化、网络化及过程的迅捷化，想获得充足证据证明行为人违规操作确实很难。司法机关如果认为市场主体的交易行为影响了市场的正常运营，导致股票价格的异常变动，就可以推定其实施了犯罪行为，而无须获得行为人实施犯罪的确凿证据。〔3〕但内幕交易犯罪司法实务中也不乏反对推定的意见。〔4〕那么，究竟应当如何看待《内幕交易犯罪解释》第3条这样的司法推定规则呢？

笔者认为，用一系列形成证据链条的明显异常交易事实，来推定相关证券、期货交易与内幕信息具有关联性，是合法且合理的。根据证据法原理，刑

〔1〕《内幕交易犯罪解释》第3条规定：“本解释第二条第二项、第三项规定的‘相关交易行为明显异常’，要综合以下情形，从时间吻合程度、交易背离程度和利益关联程度等方面予以认定：(一)开户、销户、激活资金账户或者指定交易(托管)、撤销指定交易(转托管)的时间与该内幕信息形成、变化、公开时间基本一致的；(二)资金变化与该内幕信息形成、变化、公开时间基本一致的；(三)买入或者卖出与内幕信息有关的证券、期货合约时间与内幕信息的形成、变化和公开时间基本一致的；(四)买入或者卖出与内幕信息有关的证券、期货合约时间与获悉内幕信息的时间基本一致的；(五)买入或者卖出证券、期货合约行为明显与平时交易习惯不同的；(六)买入或者卖出证券、期货合约行为，或者集中持有证券、期货合约行为与该证券、期货公开信息反映的基本面明显背离的；(七)账户交易资金进出与该内幕信息知情人员或者非法获取人员有关联或者利害关系的；(八)其他交易行为明显异常情形。”

〔2〕参见杨冬：《证据推定 监管层严打内幕交易》，载《证券时报》2011年1月24日；最高人民检察院法律政策研究室、中国证券监督管理委员会法律部编著：《证券期货犯罪司法认定指南》，中国人民公安大学出版社2009年版，第54页。

〔3〕赵运峰：《证券犯罪刑事追究探析》，载《浙江金融》2011年第5期。

〔4〕参见苏江：《涨停王高淳陶瓷内幕交易真相》，载《21世纪经济报道》2011年1月5日。

事推定本身就是一种证明规则。[1]在基础事实客观确实的情况下，可以据此作出推定。推定行为人基于内幕信息实施证券、期货交易并不意味着在利用未公开信息交易刑事案件中放弃了无罪推定原则。在没有明显的否定性解释、经验所认可的范围内，司法实务可以通过推定对刑事案件的相关事实作出留有余地的保守估计。[2]《内幕交易犯罪解释》第3条从资金、账户、交易时间、交易风格与习惯、证券期货交易品种基本面等与涉案交易行为紧密相关的各方面指标综合判断相关交易行为是否构成"明显异常"，以此为事实依据推定内幕信息与证券、期货交易行为之间的关联性，并要求行为人承担不利的刑事诉讼后果，应当属于经验任何范围内的合理推定。2011年最高人民法院《关于审理证券行政处罚案件证据若干问题的座谈会纪要》第5条[3]首次以司法解释的形式认可了内幕交易行政处罚程序中交易行为违法性推定的合法性与合理性，《内幕交易犯罪解释》第3条通过细化明显异常交易行为各项判断指标的方式，强化了刑事司法推定的明确性与科学性。司法实务中完全可以将明显异常交易作为推定内幕信息知情人员近亲属、关系密切人等行为主体从事、建议他人从事、泄露内幕信息导致他人从事相关交易与内幕信息之间具有关联性的基础事实。

当然，在证券期货市场实践操作中，并非所有掌握内幕信息的行为主体从事的与内幕信息具有客观联系的证券、期货交易行为都一律构成内幕交易犯罪。为保障被告人的抗辩权，防止内幕交易、泄露内幕信息罪的适用对象被不当扩大，《内幕交易犯罪解释》第4条借鉴了成熟资本市场国家和地区的做法，规定了不属于从事与内幕信息有关的证券、期货交易的情形：(1)持有

---

〔1〕 Michael H.Graham, "*Burden of Proof and Presumptions in Criminal Cases*", 45Criminal Law Bulletin6(2009).

〔2〕 参见邓子滨：《刑事法中的推定》，中国人民公安大学出版社2003年版，第115～118页。

〔3〕 最高人民法院《关于审理证券行政处罚案件证据若干问题的座谈会纪要》第5条"关于内幕交易行为的认定问题"规定："会议认为，监管机构提供的证据能够证明以下情形之一，且被处罚人不能作出合理说明或者提供证据排除其存在利用内幕信息从事相关证券交易活动的，人民法院可以确认被诉处罚决定认定的内幕交易行为成立：(一)证券法第七十四条规定的证券交易内幕信息知情人，进行了与该内幕信息有关的证券交易活动；(二)证券法第七十四条规定的内幕信息知情人的配偶、父母、子女以及其他有密切关系的人，其证券交易活动与该内幕信息基本吻合；(三)因履行工作职责知悉上述内幕信息并进行了与该信息有关的证券交易活动；(四)非法获取内幕信息，并进行了与该内幕信息有关的证券交易活动；(五)内幕信息公开前与内幕信息知情人或知晓该内幕信息的人联络、接触，其证券交易活动与内幕信息高度吻合。"

或者通过协议、其他安排与他人共同持有上市公司百分之五以上股份的自然人、法人或者其他组织收购该上市公司股份的；(2)按照事先订立的书面合同、指令、计划从事相关证券、期货交易的；(3)依据已被他人披露的信息而交易的；(4)交易具有其他正当理由或者正当信息来源的。[1]

尽管上述合法交易抗辩事由明确了上市公司收购、事先预定交易计划、依据公开信息交易等排除内幕交易行为属性的交易，但这些司法解释明实性规定的情形无法涵盖所有抗辩类型。例如，由于我国证券从业人员违规炒股已经形成“惯例”，[2]证券从业人员基于证券发行与交易、投资与咨询等证券专业知识违规从事证券交易且在现实中极为常见，[3]在内幕交易违法犯罪案件中，相当数量的行为人对于其实际控制以及指示他人操作的账户从事相关证券交易并不否认，但经常提出相关证券交易完全基于技术分析而与内幕信息无关的抗辩理由。对于行为人提出的此类抗辩能否排除内幕交易行为属性？特别是，《内幕交易犯罪解释》第4条规定将“交易具有其他正当理由或者正当信息来源”明确排除在内幕交易罪之外，基于此规定作为“兜底条款”在规范内涵上的明确性先天不足，实践中又很难给出明确的回应，故亟须在理论上予以进一步论证从而填补司法解释的空缺。

实践中，有的行为人提交大量技术分析资料，并结合其证券、期货从业人员的专业身份，主张其从事的相关金融交易并非基于内幕信息而实施，而是根据其个人技术分析与研究展开的交易操作。对此笔者认为，行为人提出其曾经关注、研究、分析过上市公司及其证券交易情况等抗辩理由，并不能就此排除其交易行为的违法性。其一，技术分析与内幕信息并非是非此即彼的关系，其在实践中往往可以共存。例如，有的行为人知悉内幕信息后会对公司基本面与技术面进行分析与研究，通过内幕信息与技术分析之间的印证进行证券交易；有的行为人在运用基本面、技术面分析发现证券投资机会后，进一步通过获取内幕信息检验其技术分析与判断，从而形成证券交易决策。行为人同时基于技术分析与内幕信息从事相关证券、期货交易，当然可以认定为内幕交

---

〔1〕 参见张先明：《“两高”联合出台司法解释指导司法机关正确办理内幕交易犯罪案件》，载《人民法院报》2012年5月23日。

〔2〕 周芬棉：《证券法“全面禁止”铁规形同虚设》，载《法制日报》2007年7月3日。

〔3〕 鲁春雅：《证券从业人员炒股现象的法律规制》，载《河南省政法管理干部学院学报》2008年第3期。

易。其二，内幕信息知情人员与非法获取内幕信息人员都应当承担戒绝交易义务，即在知悉内幕信息之后直至内幕信息公开之前，均不得从事与内幕信息有关的证券、期货交易。因为知悉内幕信息的行为人在客观上存在相对其他投资者的不平等的信息优势。即使内幕信息知情人员、非法获取内幕信息人员提出充分且确实的证据证明其在掌握或者知悉内幕信息之前，已经凭借对市场公开资料、数据等信息的分析以及相关实地调研作出证券、期货投资策略的，也只能作为其获悉内幕信息之前从事相关交易活动的合法性基础，而不能成为其获悉内幕信息之后从事证券、期货交易排除违法性的抗辩事由。

四、建议他人从事相关交易活动认定问题

《刑法》原第180条内幕交易、泄露内幕信息罪明确规定了两种行为方式：其一，内幕交易行为；其二，泄露内幕信息行为。《刑法修正案（七）》对《刑法》第180条增加了一种行为模式："明示、暗示他人从事上述交易活动"。刑法理论上一般将这种内幕信息知情人员、内幕信息非法获取人员明示、暗示他人从事相关证券、期货交易的行为简称为建议行为，即行为人在其获知内幕信息的基础上，通过明示或暗示的方式建议他人进行证券、期货交易。例如，提出交易时机、交易证券、期货合约的种类、交易证券、期货的价位、交易量的大小等。

在早前的司法实践中，有关内幕交易和泄露内幕信息的犯罪都很难取证，而且，内幕人员一般具有较强的反侦察能力，往往自己不从事交易，而是以明示或暗示的方式让他人操作，之后参与分成，而《刑法修正案（七）》修改后的《刑法》第180条规定"明示、暗示他人从事上述交易活动"构成内幕交易、泄露内幕信息罪的犯罪行为，相对来说降低了司法取证的难度，有利于提高执法效率，加强了刑法对证券、期货市场的保护力度。[1]

从动态的刑法规范适用层面考察，《刑法修正案（七）》增加了明示、暗示他人从事相关证券、期货交易的行为要件，司法实务部门对于该要件的认定容易产生困难与混乱。这主要是由于内幕信息知情人员或非法获取内幕信息人员明示、暗示他人从事相关交易的行为本身具有特殊性，在刑法适用与司法认

---

〔1〕 参见葛磊：《新修罪名诠释〈刑法修正案（七）〉深度解读与实务》，中国法制出版社2009年版，第27～28页。

定过程中具有较大的疑难性。而《内幕交易犯罪解释》对于内幕交易犯罪实行行为类型中如此重要且疑难的建议行为司法认定问题却没有专门且明确地进行规定，这不能不说是一种遗憾。

笔者认为，司法解释实际上非常有必要为实务部门提供以下几方面有关判断与认定明示、暗示他人从事证券、期货交易行为的实践标准。

其一，明示、暗示他人从事证券、期货交易活动是一种独立的内幕交易犯罪实行行为类型，但在行为属性层面应当归属于内幕交易而非泄露内幕信息行为。

《刑法》第180条使用"……买入或者卖出该证券，或者从事与该内幕信息有关的期货交易，或者泄露该信息，或者明示、暗示他人从事上述交易活动"的规范表述，将内幕信息知情人员或者非法获取人员本人从事内幕交易、泄露内幕信息、建议他人从事交易行为规定了三种独立的内幕交易、泄露内幕信息罪的犯罪行为类型。但由于《刑法》第180条的罪名仍然是内幕交易、泄露内幕信息罪，建议他人从事证券、期货交易行为的属性只能归属于内幕交易或者泄露内幕信息两者之一。从修正后刑法的条文分析，立法者在强调"建议行为"为内幕交易罪独立类型的同时，似乎更倾向于将其归入泄露内幕信息类型之中。但是，笔者认为，"明示、暗示他人从事上述交易活动"行为的共同点在于"示"，其行为落脚点则显然在于"交易"而并非在于"泄露"。就此而言，在现有罪名未作改变的前提下，建议他人从事证券、期货交易在行为属性上理应归属于内幕交易的行为类型，而不能归属于泄露内幕信息的行为类型。

其二，明示与暗示的区分标准在于是否告知被建议者内幕信息内容。

刑法理论上有观点认为，明示、暗示本质上都是指行为人提示或者建议他人从事证券、期货交易活动，具体是指提示或建议他人买入或者卖出该证券，或者从事与该内幕信息有关的期货交易。[1]按照上述观点，"明示、暗示"实际上都是向他人作出提示或建议，"明示"和"暗示"的行为其实就是对不同表现形式的"建议"行为的表述，两者并无本质区别。对此笔者持不同意见——明示与暗示本质上都是一种"示"，即对从事相关证券、期货交易的提示，但是，"示"的具体路径具有显著区别。所谓"明示"，就是清楚明白的指示，即通过

---

〔1〕 参见谢望原：《简评〈刑法修正案（七）〉》，载《法学杂志》2009年第6期。

书面或口头的方式明确告知他人内幕信息内容的方式，提示他人买入或者卖出与该内幕信息有关的证券或者期货合约。所谓“暗示”，就是不明确告知内幕信息的内容，而用含蓄的言语或示意的举动提示他人从事特定的证券或者期货交易。所以，内幕信息知情人员或者非法获取人员构成建议他人从事相关证券、期货交易的犯罪行为，不以其实际告知被建议者内幕信息内容为必要。具体而言，建议者明确告知被建议者内幕信息的，构成“明示”他人从事证券、期货交易；建议者并没有告知被建议者内幕信息，但提示其具体应当从事的证券、期货交易活动，则构成“暗示”他人从事证券、期货交易。当然，在认定“暗示”时应当注意，只要该言行能让被建议者领会到该交易具有内幕信息背景且能够通过交易相关行为获得利益即可构成“暗示”。因为从事金融交易，尤其是短线交易的市场主体对于此类信息往往十分敏感，对一些并没有告知内幕信息内容的含蓄言行也能够心领神会，产生与明示同样的效果。至于如何确定对方能否领会“暗示”，则应当根据一般市场主体的理解和判断能力衡量。

其三，明示、暗示他人从事相关证券、期货交易活动的具体犯罪性质应当结合被建议者实际从事相关交易、建议者是否泄露内幕信息等要素进行综合判断。

根据司法实践中的情况来看，通过明示、暗示的方式建议他人从事相关交易的行为具有两种可能：(1)内幕信息知情人员或者非法获取人员明示、暗示他人从事相关交易，被建议者实际执行该交易；(2)内幕信息知情人员或者非法获取人员明示、暗示他人从事相关交易，被建议者实际未执行该交易。在内幕信息知情人员、非法获取人员提出建议，被建议者没有采纳意见进而从事相关证券、期货交易，能否成为阻却内幕交易、泄露内幕信息罪成立的事由？实践中有观点认为，如果被建议者没有实施内幕交易，建议者显然不构成内幕交易犯罪。[1]对此，笔者认为，被建议者没有实际从事相关证券、期货交易的，建议者不能基于“明示、暗示他人从事相关交易活动”而构成内幕交易罪。因为他人没有依据内幕信息知情人员或者非法获取人员的明示或者暗示从事相关交易的，已经缺失了内幕交易罪语境下行为的“交易性”。正如前述，明示、暗

〔1〕刘衍明：《内幕交易罪的理解与适用》，载《中国检察官》2009年第6期。

示他人从事相关交易活动行为应归属于内幕交易的一种犯罪行为模式，而缺失交易属性的行为当然不能认为其符合内幕交易罪的犯罪行为特征。但是，由于明示他人从事相关证券、期货交易的前提在于告知被建议者内幕信息的内容，故即使被建议者没有实际执行相关证券、期货交易，建议者仍然实施了泄露内幕信息的行为，应当构成泄露内幕信息罪。至于纯粹的暗示行为，由于其既没有泄露内幕信息本身的内容，也没有进一步产生后续的基于内幕信息而执行的证券、期货交易，不应当纳入内幕交易、泄露内幕信息罪的规制范围。

五、内幕交易犯罪情节标准设定问题

内幕信息知情人员、非法获取内幕信息人员从事内幕交易、泄露内幕信息行为，符合"情节严重"标准的，才构成犯罪；只有达到"情节特别严重"的程度，才能适用第二档法定刑。因此，犯罪情节对内幕交易犯罪的定罪量刑实践具有深远的意义。然而，由于长期以来内幕交易犯罪"情节严重"标准设置不甚合理与"情节特别严重"标准持续缺位，也没有突出从宽情节对于惩治疑难证券期货犯罪案件的重要性，更没有对作为犯罪情节评价核心指标的内幕交易犯罪数额认定规则进行深入分析与论证，导致内幕交易犯罪情节司法认定存在很大的障碍。尽管《内幕交易犯罪解释》第7条[1]明确规定了内幕交易犯罪情节特别严重的具体情形，从而使本罪第二档法定刑在司法实践中能够摆脱虚置状况，但《内幕交易犯罪解释》第6条仍因存在诸多缺陷而亟须弥补与优化。

根据《内幕交易犯罪解释》第6条的规定，内幕交易犯罪情节严重包括以下情形之一："（一）证券交易成交额在五十万元以上的；（二）期货交易占用保证金数额在三十万元以上的；（三）获利或者避免损失数额在十五万元以上的；（四）内幕交易或者泄露内幕信息三次以上的；（五）具有其他严重情节的。"对

[1] 《内幕交易犯罪解释》第7条规定："在内幕信息敏感期内从事或者明示、暗示他人从事或者泄露内幕信息导致他人从事与该内幕信息有关的证券、期货交易，具有下列情形之一的，应当认定为刑法第一百八十条第一款规定的'情节特别严重'：（一）证券交易成交额在二百五十万元以上的；（二）期货交易占用保证金数额在一百五十万元以上的；（三）获利或者避免损失数额在七十五万元以上的；（四）具有其他特别严重情节的。"

照《追诉标准二》第35条[1]关于内幕交易犯罪情节严重的规定,《内幕交易犯罪解释》仅将"多次"内幕交易行为具体化为"三次",并没有对内幕交易犯罪情节严重的各项指标进行实质性优化。

笔者认为,上述内幕交易犯罪"情节严重"司法解释标准无法实现刑法规范对资本市场金融产品交易秩序的保障,内幕交易犯罪"情节严重"标准仍旧处于虚置状态,从而容易产生弱化司法权威的负面效果。从内幕交易犯罪刑法理论研究情况分析,"情节严重"标准过低长期以来颇为各界诟病。[2]实践中,中国证监会查处的内幕交易行政处罚案件数额远远超过内幕交易犯罪情节严重标准,但大多都没有进入刑事追诉程序。[3]可见,内幕交易犯罪"情节严重"标准过低不仅难逃理论质疑,刑事司法实践客观上也难以按照如此低的数额标准追究涉案人员的刑事责任。

从具体规定层面分析,由于不符合资本市场发展的社会现实且过于机械抽象,内幕交易犯罪"情节严重"的数额标准与细化解释无法得以适用。证券成交额50万元以上、期货保证金30万元以上、获利或避损额15万元以上等情节严重的数额标准严重偏离我国证券期货交易实践。例如,根据《股指期货投资者适当性制度实施办法(试行)》的规定,股指期货申请开户时保证金账户可用资金余额不低于人民币50万元。内幕交易犯罪"情节严重"中期货交易占用保证金累计三十万元以上的标准竟然低于股指期货最低的开户保证金数额要求,内幕交易犯罪司法解释脱离金融实践的程度可见一斑。此外,三次交

---

〔1〕《追诉标准(二)》第35条规定:"[内幕交易、泄露内幕信息案(刑法第一百八十条第一款)]证券、期货交易内幕信息的知情人员、单位或者非法获取证券、期货交易内幕信息的人员、单位,在涉及证券的发行,证券、期货交易或者其他对证券、期货交易价格有重大影响的信息尚未公开前,买入或者卖出该证券,或者从事与该内幕信息有关的期货交易,或者泄露该信息,或者明示、暗示他人从事上述交易活动,涉嫌下列情形之一的,应予立案追诉:(一)证券交易成交额累计在五十万元以上的;(二)期货交易占用保证金数额累计在三十万元以上的;(三)获利或者避免损失数额累计在十五万元以上的;(四)多次进行内幕交易、泄露内幕信息的;(五)其他情节严重的情形。"

〔2〕参见顾肖荣、张国炎:《证券期货犯罪比较研究》,法律出版社2003年版,第416页。

〔3〕笔者对中国证监会网站公布的2010年、2011年内幕交易违法案件进行了分析。根据统计,证监会网站公布的2010年内幕交易行政违法案件为5件,涉及证券交易成交额累计分别为70万、88万、110万、135万、210万余元,超过内幕交易犯罪情节严重标准2倍至7倍;2011年内幕交易违法案件为9件,其中4起案件的内幕交易成交额低于50万元,5起案件成交额累计为79万、104万、312万、380万、416万余元,最高超过情节严重标准8倍多。参见中国证券监督管理委员会网站行政处罚决定信息公开栏目:http://www.csrc.gov.cn/pub/zjhpublic/index.htm?channel=3300/3313,最后访问时间:2012年1月19日。

易[1]、其他情节严重等空洞、兜底的规定实践中根本无法执行。

内幕交易犯罪“散户式”的司法解释标准导致“情节严重”无法筛出具有严重社会危害性的非法证券期货交易行为，也会使最高司法机关制定的解释文件束之高阁，最终丧失权威。内幕交易犯罪的主体、行为、对象等要件经由司法解释，实际上已经使其犯罪构成极具张力，故特别需要“情节严重”这一综合性入罪要素通过司法解释的填充有效控制内幕交易犯罪的刑事法网。“情节严重”标准的准确定位，既是盘活内幕交易犯罪刑法规范的实践要求，也是证券期货犯罪刑事司法的政策选择。所以，《内幕交易犯罪解释》第6条规定的“情节严重”标准必须从明显可能陷入虚置的状态中寻求再生路径。

由于我国证券期货犯罪普遍存在“情节严重”等定罪标准设置过低、没有针对证券期货交易特点建构实践标准等问题，内幕交易犯罪“情节严重”标准优化应当纳入证券期货犯罪体系进行结构性完善。笔者建议，有必要优化证券期货犯罪司法解释，通过对内幕交易、操纵证券期货市场等行政处罚案件进行数据统计，分析此类非法证券期货交易中成交资金额、占用保证金数额、获利数额、避损数额等数据信息，将各个主要项目的数额平均值设定为犯罪情节严重的下限。[2]同时，有必要将“其他情节严重的情形”等虚化、泛化的指标剔除“情节严重”的认定标准之外，转而将内幕交易犯罪行为对资本市场秩序、投资者权益所产生的可量化恶劣影响（例如，内幕交易犯罪行为侵犯股民权益导致大规模证券集团诉讼、引发群体性事件）作为“情节严重”司法认定的标准。这样经过实证分析与客观论证的内幕交易犯罪“情节严重”的司法解释标准才能经受刑事司法实践的考验。

此外，《内幕交易犯罪解释》强调“情节严重”“情节特别严重”等要素对

---

〔1〕 基于证据获取与证明责任上的现实难度，证券期货犯罪司法实践中证明涉案人员针对特定的证券或者期货交易品种实施一次内幕交易行为已经异常困难，证明三次内幕交易行为近乎不现实。

〔2〕 有必要指出的是，对于提高内幕交易犯罪等证券期货犯罪“情节严重”标准（核心显然是提高定罪数额标准）的建议，实践中可能出现的一种质疑是，提高定罪标准会向公众传递出对证券期货犯罪的打击力度趋于减弱的信息。这种隐忧也是我国长期以来将证券期货犯罪刑事追诉数额标准设定在一个较低水平的重要原因。但是，从上述“情节严重”标准虚置及其危害的分析中可知，过低的追诉标准势必导致“法不责众”。资本市场投资者空守着严厉的刑事追诉标准这一所谓的坚强后盾，实质上却由于追诉标准的不切实际造成了更严重的后果——证券期货犯罪刑法规范的较少适用。因此，适当提高内幕交易犯罪“情节严重”入罪标准，有利于廓清违法与犯罪的界限，在同步提升证券期货违法案件行政执法能力的情况下，能够实质性地减少刑事司法实践的随意性，本质上是强化了证券期货犯罪的惩治力度与刑法规范的执行力。

定罪量刑的重要意义无可厚非。但应当看到的是，证券期货犯罪司法实践已经证明，取证难是内幕交易犯罪案件查处中的重大难题。[1]司法解释有必要合理设置从宽情节，对于配合调查的内幕交易违法犯罪参与者，设置一定的从轻、减轻处罚，从而实现缓释利用未公开信息交易犯罪查案压力的目标价值。笔者建议，司法解释作出明确规定：具有下列情形之一的，可以依法从轻或者减轻处罚：(1)配合证券期货监管部门或者公安机关调查的；(2)受金融机构高层管理人员逼迫从事内幕交易的；(3)主动消除或者减轻内幕交易行为危害结果的；(4)提供内幕交易违法犯罪行为的策略、方案、违法交易数据、账户信息、资金来源信息等线索材料的；等等。

六、内幕交易犯罪数额认定问题

内幕交易犯罪数额集中表现了行为人的主观恶性与犯罪行为对资本市场秩序的危害性，故准确计算内幕交易犯罪数额是内幕交易犯罪定罪量刑中的核心问题。根据《内幕交易犯罪解释》第6条与第7条的规定，内幕交易犯罪数额表现为证券交易成交额、期货交易占用保证金数额、获利或者避免损失数额等三种类型。《内幕交易犯罪解释》第8条与第9条第1款又分别规定：二次以上实施内幕交易或者泄露内幕信息行为，未经行政处理或者刑事处理的，应当对相关交易数额依法累计计算；同一案件中，成交额、占用保证金额、获利或者避免损失额分别构成情节严重、情节特别严重的，按照处罚较重的数额定罪处罚。其中，证券交易成交额与期货交易占用保证金数额可以直接根据从事内幕交易犯罪行为的账户交易数据予以计算，在司法实践中并不存在疑难。而获利或者避免损失数额不仅涉及内幕交易犯罪刑法适用与金融实务中的不少疑难问题，而且对于内幕交易犯罪罚金数额裁量具有直接影响，[2]加之《内幕交易犯罪解释》第6条至第9条有关犯罪数额认定的规定并没有设定比较细

---

〔1〕 参见吴黎华、方家喜：《打击内幕交易须破两大难题》，载《经济参考报》2010年11月22日；苏江：《世界级难题："内幕交易"取证难倒监管层》，载《21世纪经济报道》2007年4月6日。

〔2〕 根据《刑法》第180条的规定，实施内幕交易犯罪行为，情节严重的，处五年以下有期徒刑或者拘役，并处或者单处违法所得一倍以上五倍以下罚金；情节特别严重的，处五年以上十年以下有期徒刑，并处违法所得一倍以上五倍以下罚金。故内幕交易犯罪罚金完全以内幕交易行为的违法所得为依据。同时，《内幕交易犯罪解释》第10条规定："刑法第一百八十条第一款规定的'违法所得'，是指通过内幕交易行为所获利益或者避免的损失……"可见，内幕交易获利或者避损数额是罚金刑的直接裁量依据。

致的计算规则，极有可能在实践过程中出现较多争议与分歧。

笔者建议，司法解释有必要深化“获利或者避免损失数额”的判定规则，即从实际结果的角度计算犯罪数额——行为人利用利好信息先买后抛获取利益或者因知悉利空信息在证券、期货合约价格下跌前抛出规避风险的，可以直接计算出内幕交易的获利数额或者止损数额。但应当注意的是，实践中部分行为人利用内幕消息逢低买入证券后并未全部就高抛出，如果仅仅将行为人实际交易所获取的利益计入犯罪数额，显然忽略了价格上升但尚未套现的利益部分。同时，内幕交易犯罪的实施过程也会涉及多个行为主体的资金、信息介入，不同的共犯数额认定规则对于确定“获利或者避免损失数额”会得出截然不同的计算结果。因此，笔者建议，司法解释在细化获利或者避损数额认定规则时应当注意以下三个要点：

其一，实际获利数额或者避免损失数额的认定。行为人利用利好型内幕信息进行非法交易，无论在大量买入证券、期货期货过程中是否进行反向操作，应当根据交易账户买入与卖出证券期货的价格差额计算犯罪数额。知悉内幕信息至内幕信息披露后开始对市场产生影响期间，行为人将低价建仓的所有证券、期货合约全部平仓的，直接计入获利数额；部分证券、期货合约没有平仓的，由于不存在实际获利，应当在下述核定利益数额部分另行计算。行为人利用利空型内幕信息抢先卖出证券、期货合约避免损失的，应当将卖出价格与内幕信息披露对市场产生影响期间内相关证券、期货合约的市场平均价格之间的差额认定为避免损失数额；利用利空型内幕信息卖空证券或者期货合约的，以行为人买入回补后的获利认定犯罪数额；未平仓部分根据核定利益数额另行计算。

其二，核定利益数额的认定。核定利益数额是指行为人利用内幕信息买卖证券、期货合约但案发时尚未套现部分的利益。尚未套现的证券、期货合约价值没有转化为实际获利，需要确定合理的数额认定规则进行核定。对于利用利好型内幕信息从事内幕交易而言，核定利益数额等于内幕信息披露对市场产生影响期间内相关证券、期货合约的市场平均价格与行为人买入价格之间的差额。实际获利数额与核定利益数额之和，行为人的获利总额。行为人利用利空型内幕信息抛售证券、期货合约规避损失的，由于其在知悉内幕信息之前即已持有证券、期货合约，尚未抛出的部分属于继续持有，不存在需要核定的规避风险的利益，不属于内幕交易的归责范围，不能作为犯罪数额予以追诉；利用利空型内幕信息卖空证券、期货合约且尚未买入回补部分，应当在内幕交易违法行政认定意见形成之后强制平仓并将相关获利数额计入内幕交易获利总额。

其三，共犯违法所得数额的认定。两个以上行为人基于获利目的共同利用内幕信息从事相关证券、期货交易，构成内幕交易共犯。由于金融犯罪共犯数额认定在理论上存在分赃数额、分担数额、参与数额、犯罪总额等不同判断规则，[1]如何根据内幕交易犯罪行为特点确定共犯获利数额，存在极大的认识分歧。应该看到，分赃数额与分担数额的共犯数额认定规则过于强调证券期货犯罪共犯之间的独立性，忽视共同犯罪的整体性，而犯罪总额认定规则又因强调共同犯罪的整体性而过度加大刑罚适用量，从而造成罪责刑的实际不平衡，且在刑罚层面上特别容易导致个体行为人罚金数额过高。为此，《内幕交易犯罪解释》第9条第2款采用修正的犯罪总额规则，即规定内幕交易犯罪构成共犯的，按照共同犯罪行为人的成交总额、占用保证金总额、获利或者避免损失总额定罪处罚，但罚金刑处罚上，判处各被告人罚金的总额应掌握在获利或者避免损失总额的一倍以上五倍以下。

对此，笔者认为，内幕交易罪共犯获利数额认定较为合理的规则是，结合以参与数额与犯罪总额规则各自在共犯归责上的科学性，根据内幕交易犯罪行为的具体情况分别确定共犯违法所得数额。(1)内幕交易共犯自始即共同决定证券期货交易价格、时间、交易量等，共同分配违法所得，共同谋划规避证券监管部门的调查，应当以违法所得总额确定各个共犯的犯罪数额。(2)虽然事先共谋利用内幕信息进行交易，但是，如果内幕交易共犯各自出资、独立买卖、自负出资盈亏，则应当以各个共犯自身的违法所得数额计算其犯罪数额。因为第一种情形下的内幕交易共犯，属于共同正犯的共犯结构，对于此种犯罪共同体，具备以共同获利总额追究个体刑事责任的刑罚扩张的合理性。而第二种情形下的内幕交易共犯，实际上属于单独正犯的共犯结构形式，其内幕交易共同犯罪行为并不因为共同谋划各自出资进行相关交易而增加对证券期货市场交易的危害性，故在各个被告人的违法所得认定上不必苛求以共犯

〔1〕 参见刘宪权：《金融犯罪数额问题的刑法分析》，载《法学》1998年第11期。

所得总额定罪处罚。

第三节 内幕交易违法所得司法判断规制研究

优化资本市场顶层设计与法治实践是当前我国深化推进资本市场制度改革的重要内容。党的十八届三中全会通过的《中共中央关于全面深化改革若干重大问题的决定》提出："健全多层次资本市场体系，推进股票发行注册制改革，多渠道推动股权融资"。而资本市场中的内幕交易犯罪严重干扰市场优化资本资源配置的效率、严重干扰市场竞争与价格发现机制、严重损害投资者权益。严厉打击内幕交易犯罪行为，有利于保护市场的正常投资功能与落实《证券法》公平、公正、公开的核心原则，也是增强投资者信心、大力发展机构投资者、引导长期资金入市的必要举措。所以，有效惩治内幕交易成为近年来我国资本市场执法司法的重点工作。尤其是2013年下半年大数据分析系统应用于内幕交易案件查处以来，内幕交易犯罪案件数量出现了爆发式增长，近1年半时间内我国证监会调查内幕交易线索375起，立案142起；涉嫌利用43家上市公司内幕信息从事非法交易125名个人和3家机构被移送司法机关追究刑事责任。[1]2015年上半年，内幕交易违法犯罪依然是最主要案件类型，共计新增查处内幕交易类案件144起。[2]随着内幕交易刑事案件数量的逐渐增多与惩治力度的稳步提升，司法实践中的疑难问题相应凸显。除了内幕信息知情人员与非法获取人员、内幕信息形成时间、内幕信息与交易行为关联性等传统内幕交易犯罪案件中的争议之外，内幕交易违法所得的司法认定在实务中存在诸多疑难与困惑。

获取违法所得是行为人实施内幕交易犯罪行为的根本经济动因。内幕交易犯罪滥用了应及时向市场所有参与者披露的信息的经济价值，基于谋取非法交易利益的目的而实施严重侵害资本市场信息竞争机制的行为。法律并不

---

〔1〕 中国证监会：《证监会通报针对内幕交易的执法工作情况》，http://www.csrc.gov.cn/pub/newsite/jcj/gzdt/201502/t20150226_269077.html，最后访问时间：2015年10月28日。

〔2〕 中国证监会：《证监会2015年上半年稽查执法综述》，http://www.csrc.gov.cn/pub/newsite/jcj/gzdt/201507/t20150730_281915.html，最后访问时间：2015年10月28日。

一般性地禁止利用私有信息从事金融交易，也不禁止基于对市场公开信息获取能力差异形成竞争优势而获取金融交易利润，而是禁止滥用内幕信息优势及其经济价值并从相关金融交易中获取利益的行为。因此，准确判断内幕交易所得的违法性、科学量化内幕交易违法所得数额对于公正且高效地遏制内幕交易犯罪具有决定性影响。同时，违法所得更是影响内幕交易定罪量刑的核心要素。根据《刑法》第180条内幕交易、泄露内幕信息罪[1]的规定，内幕交易行为只有在"情节严重"的情况下才构成犯罪，并且在"情节特别严重"时适用第二档加重法定刑。《内幕交易犯罪解释》将内幕交易违法所得作为量化"情节严重""情节特别严重"的重要指标。[2]内幕交易犯罪采用倍比罚金制，违法所得是内幕交易犯罪罚金刑适用的基准尺度。此外，内幕交易违法所得应当依法予以追缴。[3]然而，当前内幕交易违法所得司法判断规则尚不完善，刑法规范与司法解释仅做原则性规定，判例实践存在诸多争议。传统资本市场刑法理论通常只是从法律规范与司法解释本身出发进行相对纯粹的刑法阐释，并没有形成代表性、体系性的内幕交易犯罪违法所得判断原理。但实际上关于内幕交易犯罪法律与经济实质解释是解决违法所得认定等技术性难题的重要理论指导与规则设计来源。所以，亟须以内幕交易犯罪经济实质为导向，通过纵深性的实证调查、判例解析、刑法解释、法律与经济分析等，研究并建构符合内幕交易犯罪的法律特征与经济机理的违法所得司法判断规则体系。

---

〔1〕《刑法》第180条内幕交易、泄露内幕信息罪规定：证券、期货交易内幕信息的知情人员或者非法获取证券、期货交易内幕信息的人员，在涉及证券的发行，证券、期货交易或者其他对证券、期货交易价格有重大影响的信息尚未公开前，买入或者卖出该证券，或者从事与该内幕信息有关的期货交易，或者泄露该信息，或者明示、暗示他人从事上述交易活动，情节严重的，处五年以下有期徒刑或者拘役，并处或者单处违法所得一倍以上五倍以下罚金；情节特别严重的，处五年以上十年以下有期徒刑，并处违法所得一倍以上五倍以下罚金。

〔2〕《内幕交易犯罪解释》第6条规定："在内幕信息敏感期内从事或者明示、暗示他人从事或者泄露内幕信息导致他人从事与该内幕信息有关的证券、期货交易，具有下列情形之一的，应当认定为刑法第一百八十条第一款规定的'情节严重'：(一)证券交易成交额在五十万元以上的；(二)期货交易占用保证金数额在三十万元以上的；(三)获利或者避免损失数额在十五万元以上的；(四)三次以上的；(五)具有其他严重情节的。"第7条规定："在内幕信息敏感期内从事或者明示、暗示他人从事或者泄露内幕信息导致他人从事与该内幕信息有关的证券、期货交易，具有下列情形之一的，应当认定为刑法第一百八十条第一款规定的'情节特别严重'：(一)证券交易成交额在二百五十万元以上的；(二)期货交易占用保证金数额在一百五十万元以上的；(三)获利或者避免损失数额在七十五万元以上的；(四)具有其他特别严重情节的。"

〔3〕根据《刑法》第64条的规定，犯罪分子违法所得的一切财物，应当予以追缴或者责令退赔。

一、内幕交易违法所得认定争议：规范基础、判例实践与理论探索

根据我国《刑法》及《内幕交易犯罪解释》的规定，内幕交易违法所得是证券、期货交易内幕信息的知情人员或者非法获取人员，在涉及证券的发行，证券、期货交易或者其他对证券、期货交易价格有重大影响的信息尚未公开前，买入或者卖出该证券，或者从事与该内幕信息有关的期货交易，或者基于因泄露而获悉的内幕信息的交易，所获得的利益或者避免的损失。[1]根据我国台湾地区"证券交易法""立法"理由的说明，内线交易违法所得是该犯罪行为时点相关证券的资产市值的增值。[2]根据《美国联邦量刑指南》以及资本市场犯罪刑法理论的解释，基于重大未公开信息实施的违法交易行为属于内幕交易违法所得；[3]作为不法交易的内幕交易在经济上的增值，包括积极的增值（交易的利润）与消极的增值（风险的规避）。[4]可见，处于不同发展阶段的资本市场法治框架做出了基本一致的规范界定，即内幕交易违法所得就是基于资本市场中有价值的重大未公开信息而实施的相关金融交易行为的获利（积极经济利益）与避损（消极经济利益），本质上是内幕信息经济价值的兑现（行为人角度）或者现金化评估（裁判者角度）。然而，对于如何认定内幕交易违法所得，判例实践与刑法解释理论中则存在极大争议。

（一）实际成交差额规则与市场吸收规则之争讼

1. 实际成交差额规则

我国资本市场犯罪判例实践原则上以金融商品买卖的建仓成本与平仓收入之间的差额（所谓的实际成交差额规则）认定内幕交易违法所得。例如，在相对早期的"北京二化"内幕交易案中，原中国证监会上市公司监管部副主任肖某庆从光大证券财务总监胡世明处获取光大证券正在与中石化就拟借壳其

---

〔1〕《内幕交易解释》第10条第1款规定：刑法第一百八十条第一款规定的"违法所得"，是指通过内幕交易行为所获利益或者避免的损失。

〔2〕参见我国台湾地区《"证券交易法"2003年3月5日议案关系文书》（"立法院"总第861号、"政府"提案8974号），第317～319页。

〔3〕United Sates Sentencing Guidelines § 2B 1.4, cmt.Background（2014）.

〔4〕Stephanie Nevins, Nacchio Profits: The Tenth Circuit in United States v.Nacchio Properly Departs from the Eighth Circuit in Unites States v.Mooney and Adopts the Civil Remedy of Disgorgement to Measure an Inside Trader' s Gain under the Federal Sentencing Guidelines, 43 *Creighton Law Review* 1107, 1123（2010）.

下属上市公司北京化二事宜进行谈判的信息后，指使肖某英、邹某庆利用其控制的多个账户动用3500余万元买入430余万股北京化二股票，随后陆续清仓。审判机关根据其清仓收入与建仓成本差额认定内幕交易获利1.03亿余元。[1]再如，在“宝利沥青”内幕交易案中，李某生在与上市公司江苏宝利沥青股份有限公司董事会秘书陈某勤商谈过程中，刺探到该公司将实施股票高送转的分配预案信息后，随即分别操作其实际控制的股票交易账户，共计买入171万余股、交易金额2587万余元。在上市公司披露该年度利润分配预案（向全体股东每10股转增10股派2元）之后，李某生陆续将上述股票全部卖出，法院将交易差额约78万余元认定为内幕交易获利。[2]司法实务中有相当数量的被告人或辩护人提出，在违法所得或者实际平仓价格中应当梳理出内幕信息影响与其他市场要素介入影响，将与重大未公开信息无关的价格波动排除在交易收入之外，而不能直接将建仓与平仓之间的交易差额作为内幕交易违法所得。然而，对被告人平仓所获的金融交易利润为何全部来源于重大未公开信息的问题，很少在判例实践中有法理说明。内幕信息公开后在何种量化程度上对金融商品市场价格产生实际效果、是否存在其他市场影响导致金融商品市场价格波动等问题，通常都不会在裁判文书说理过程中予以论证甚至提及。

2. 市场吸收规则

上述实际成交差额规则意味着即使涉案的金融交易是在内幕信息公开之后很长时间的陆续抛出行为，内幕信息的价格影响已经为市场全部吸收，后续的金融商品价格并非属于内幕信息影响下的波动，内幕交易违法所得的计算也必须以实际平仓价格为基准。但是，域外判例实务中有意见主张，内幕交易违法所得认定应当明确内幕信息对交易利得的量化影响，或者必须扣除其他市场因素在非法获利或避损中的作用。根据美国联邦法院判例体系中的市场吸收规则，重大信息公开之后对金融商品市场价格产生影响的部分计入内幕交易违法所得，相关交易所获得的利润中并非基于重大未公开信息而产生的部分则应予以扣除。[3]司法实践中，有的内幕交易者在重大信息公开之后经过

〔1〕 刘晓虎：《肖时庆受贿、内幕交易案》，载《刑事审判参考》（2012年第2集·总第85集），法律出版社2012年版，第1～2页。

〔2〕 江苏省无锡市中级人民法院刑事判决书（2013）锡刑二初字第0010号。

〔3〕 United States v.Nacchio, 573 F.3d 1062, 10th Cir.(2009).

相当长的一段时间才进行平仓。在此情况下，由于市场已经充分吸收内幕信息，内幕交易者的实际成交价格是否属于重大信息持续影响的结果？笔者认为，这显然值得探讨。因为重大信息公开时直至内幕交易者实际平仓时的跨度越长，平仓交易的经济收益相应就越有可能混同了信息与其他市场因素的共同作用力。根据我国台湾地区的个案判例意见，直接将实际平仓收益作为认定内线交易违法所得的基准数额，可能忽略了非信息因素的影响、信息关联性的证明。[1]

3.实际成交差额规则与市场吸收规则的典型冲突

司法实践中，并非所有基于内幕信息实施的金融交易行为都与信息公开后市场价格的波动有关——重大未公开信息形成之后、信息尚未公开之前，金融商品市场交易价格可能就已经开始出现大幅波动，内幕交易者会利用信息尚未通过公开的方式影响市场价格的时机清空仓位谋取交易利润。涉案的交易行为在信息公开之前已经完成，客观上不存在重大信息公开之后影响金融商品市场价格、行为人利用价格波动等系列情形与行为。在这种非常典型的情况下，实际成交差额规则与市场吸收规则之间的冲突和争议极为明显——根据实际成交差额规则，内幕信息形成之后、披露之前的相关金融交易构成内幕交易，实际完成的金融商品买卖就应当根据买入成本与抛售收入之间的差额认定违法所得。例如，在“创兴科技”内幕交易案中，上海振龙公司资产注入上市公司创兴科技方案这一内幕信息形成之后、最终信息内容公开之前，创兴科技股价出现波动，尤其是停牌之前的3个交易日，股票累计涨幅超过20%。上海祖龙公司及其实际控制人陈某生（也是创兴科技实际控制人）在此期间先后买入并卖出创兴科技约142万股，建仓成本约12.49元每股，平仓价格约16.46元每股，该部分的实际获利被认定为约564万元。[2]然而，根据市场吸收规则，由于信息尚未公开，从而未对市场产生直接影响的时间区间内从事的金融交易，即使在行为属性符合内幕交易构成要件，但交易利益不属于重大未公开信息经济价值的对应性兑现，不能认定为内幕交易违法所得。需要指出的是，理论上可能会有观点认为内幕信息形成之后、未公开之前基于该信息完成相关金融商品买卖的司法认定并不存在实质性困难——因为内幕交易犯

---

〔1〕 我国台湾地区“最高法院”2013年度台上字第5924号刑事判决。

〔2〕 福建省厦门市中级人民法院刑事审判书（2009）厦刑初字第109号。

罪刑法条款禁止的是，利用内幕信息，在涉及证券的发行，证券、期货交易或者其他对证券、期货交易价格有重大影响的信息尚未公开前，买入或者卖出该证券，或者从事与该内幕信息有关的期货交易；根据《内幕交易犯罪解释》第5条[1]关于“内幕信息敏感期”的解释，如果在内幕信息形成之后完成买入、卖出的金融商品交易行为，即使该内幕信息没有披露时已经获利，就已经涉嫌犯罪了。然而，这种意见正是非常典型地体现出传统证券期货犯罪刑法理论与实务比较重视内幕交易犯罪定性问题，而忽略内幕交易违法所得量化问题的独立性与差异性特征。内幕信息形成之后、未公开之前基于该信息完成相关金融商品买卖显然在属性判断层面构成内幕交易行为，这一点当然不存在司法认定上的困惑与争议，但疑难问题在于——根据不同的司法判断规则，会在数额量化层面得出不同的内幕交易违法所得认定结论。这个量化判断的过程和方法，与内幕交易行为性质判断迥异。实际成交差额规则强调基于内幕信息实施金融商品买卖所呈现出的实际价差变动，据此应当直接以建仓与平仓之间的价差认定内幕交易违法所得。而市场吸收规则强调行为人利用内幕信息公开后对金融商品市场价格所产生重大影响所获取的交易利益才应当进行刑事归责，如果行为人在内幕信息尚未公开之时（也就是市场尚未吸收信息效应之时）就已经完成平仓，则似乎丧失了内幕交易违法所得的归责基础。更为重要的是，量化判断对于定性判断具有直接的制约效应——违法所得的量化直接关系到内幕交易犯罪“情节严重”、罚金基准、追缴等问题的认定。即使在定性判断上构成内幕交易犯罪行为要件，如果违法所得难以准确认定或者存在较大争议，实际上仍然无法以内幕交易、泄露内幕信息罪进行定罪处罚。所以，在内幕信息形成、公开之前的时间区间内实施相关金融商品买卖行为，在内幕交易行为属性判断层面并不存在争议，但在内幕交易违法所得认定上确实具有较为显著的疑难性，有必要摆脱单纯聚焦于定性问题的思维定式，更为全面且深入地把握内幕交易违法所得司法认定问题的重要性。

---

〔1〕《内幕交易犯罪解释》第5条规定：“本解释所称‘内幕信息敏感期’是指内幕信息自形成至公开的期间。证券法第六十七条第二款所列‘重大事件’的发生时间，第七十五条规定的‘计划’、‘方案’以及期货交易管理条例第八十五条第十一项规定的‘政策’、‘决定’等的形成时间，应当认定为内幕信息的形成之时。影响内幕信息形成的动议、筹划、决策或者执行人员，其动议、筹划、决策或者执行初始时间，应当认定为内幕信息的形成之时。内幕信息的公开，是指内幕信息在国务院证券、期货监督管理机构指定的报刊、网站等媒体披露。”

（二）严格净利润规则与核定违法所得规则之争讼

1. 严格净利润规则

内幕交易犯罪构成行为的核心内容之一是内幕信息知情人员或者非法获取人员在重大信息尚未公开前从事相关证券、期货交易。内幕交易犯罪中的交易行为只需要满足时间条件（信息尚未公开前）与内容条件（买入或卖出证券，或者期货交易），至于行为人是否基于内幕信息建仓之后完成平仓行为，则并不影响内幕交易犯罪的构成。尽管在定性上不存在疑问，但是，对于案发前仍未平仓的金融交易如何认定违法所得的问题，资本市场犯罪理论与司法实务中争议较大。美国联邦法院判例实践中的严格净利润规则认为，内幕交易的未平仓部位不能作为认定违法所得的基准。因为内幕交易违法所得应当局限于净利润，建仓后尚未平仓的金融商品持仓不应纳入计算范围。[1]我国台湾地区司法实践有关内线交易犯罪案件处理中也出现了没有实际交易价格而不予认定违法所得的判例，即被告人基于重大未公开信息建仓之后全部或者部分没有平仓，以无从计算犯罪数额为由对该部分交易量的违法所得问题不进行司法判断。[2]

2. 核定违法所得规则

大陆的资本市场犯罪判例则大多数区分全部未平仓与部分未平仓两种情形分别设置内幕交易违法所得认定规则。内幕信息公开前建仓但直至案发前全部未平仓的，采用核定违法所得规则，即以信息公开当日收盘价作为核算违法所得的基准价格。例如，在“中关村”内幕交易案中，上市公司中关村与鹏泰公司资产置换信息公告前，黄某裕使用其控制的股票账户累计购入中关村股票976万余股，成交额共计9310万余元，至2007年6月28日该信息公告日时，股票账户账面收益额348万余元；在上市公司与鹏润公司股权重组信息公告前，黄某裕指令相关人员使用其实际控制的股票账户累计购入中关村股票1.04亿余股，成交额共计13.22亿余元，至2008年5月7日该信息公告日时，股票账户的账面收益额为3.06亿余元。以信息公开当日金融商品市场价格作为基准价格核定全部未抛售证券的内线交易违法所得，核心依据是由证券交易所市场监察部出具的原始交易数据——该统计显示重大信息公告当日上市公

〔1〕 United States v. Mooney, 425 F.3d 1093, 8th Cir.（2005）.

〔2〕 我国台湾地区“台北地院”95年度矚重诉字第1号刑事判决。

司股票的二级市场申买总量、成交总量均比公告前信息敏感期内的相应指标出现了巨幅上涨。[1]内幕信息公开前建仓、案发前部分未平仓的，仍然持仓的部位以实际成交均价为基准核定违法所得。例如，在“三变科技”内幕交易案中，被黄某芳非法获悉上市公司三变科技重大资产收购的内幕信息后，控制并使用本人及其亲属的9个证券账户，于2011年10月24日至2012年2月17日前即内幕信息敏感期内买入三变科技股票258万余股，成交额2338万余元，卖出74万余股，成交额735万余元，其余股票未抛售。法院认定被告人共非法获利206万余元，其中实际卖出股票获利40万余元。[2]尽管判决书没有直接说明尚未平仓部位认定违法所得的具体公式、方法或者规则，但从相关数据信息的叙述中可以计算出未平仓部位的核定每股均价与实际交易部分的卖出每股均价持平。

（三）内幕信息传递者违法所得认定规则之争讼

我国《刑法》第180条内幕交易、泄露内幕信息罪明确规定了三种行为模式：（1）内幕交易行为；（2）泄露内幕信息行为；（3）建议内幕交易行为。[3]所以，除了持有内幕信息者实施相关交易行为的违法所得认定之外，实践中还广泛存在着泄露内幕信息、建议内幕交易的违法所得问题。泄露内幕信息、建议内幕交易都属于内幕交易犯罪类型，行为内容表现为内幕信息传递，即重大未公开信息形成之后从知情人员、非法获取人员开始的信息流转与交互。其中，内幕信息泄露行为的本质是内幕信息内容传递，内幕信息知情人员、非法获取人员在泄露内幕信息过程中直接传递内幕信息内容，确定性地告知信息受领人内幕信息的属性、指向及其对交易标的的重大影响。内幕交易建议行为的本质是内幕信息信号传递，行为人在明示、暗示他人从事与内幕信息有关的金融商品交易过程中间接传递内幕信息信号，被建议者能够从建议表述与建议者的身份的信息中概括性地获取内幕信息的核心指向，例如，利好还是利空信

---

〔1〕 北京市第二中级人民法院刑事判决书（2010）二中刑初字第689号。

〔2〕 浙江省台州市中级人民法院刑事判决书（2014）浙台刑二初字第4号。

〔3〕《刑法修正案（七）》对《刑法》原第180条增加了一种行为模式：“明示、暗示他人从事上述交易活动。”刑法理论上一般将这种内幕信息知情人员、非法获取人员明示、暗示他人从事相关证券、期货交易的行为简称为建议行为，即行为人在其获知内幕信息的基础上，通过明示或暗示的方式建议他人进行证券、期货交易。例如，明示、暗示交易时机、交易证券、期货合约的种类、交易证券、期货的价位、交易量的大小等。参见黄太云：《〈刑法修正案（七）〉解读》，载《人民检察》2009年第6期。

息、可以交易哪个具体的金融商品标的、选择什么交易方向等。这两种内幕交易犯罪行为的违法所得，都需要根据他人的交易获利与避损数额进行核定。

《内幕交易犯罪解释》第10条第2款规定：内幕信息的泄露人员或者内幕交易的明示、暗示人员未实际从事内幕交易的，其罚金数额按照因泄露而获悉内幕信息人员或者被明示、暗示人员从事内幕交易的违法所得计算。但是，该条违法所得认定规则在理论解释与实践应用中均存在明显的障碍与困惑——其一，内幕信息连续传递多个层次与环节，初始信息传递者是否应当对后续的所有内幕交易违法所得承担刑事责任？例如，上市公司内部人员利用其参与内幕信息形成的职务便利向其亲属、朋友、关系密切人等传递内幕信息；参与上市公司资产交易、并购重组、财务审计、市值管理等重大业务的中介机构从业人员利用接触重大未公开信息的职务条件向外传播内幕信息。同时，从内幕信息知情人员、非法获取人员那里获取内幕信息的行为人又在其社会关系中进一步传递信息，导致内幕信息彻底失控。内幕信息泄露人员是否应当对信息传递的后续所有环节中“因泄露而获悉内幕信息人员”实施的所有内幕交易违法所得承担责任？其二，内幕信息知情人员、非法获取人员传递内幕信息后，其直接信息受领人没有从事相关金融商品交易的，如何认定为内幕交易违法所得？最为典型的类案性实例集中表现为选择性信息披露，即上市公司内幕信息知情人员向券商分析师选择性披露重大未公开信息，分析师本人以及券商基于形式化的“防火墙”等风控制度的限制，通常不会直接实施内幕交易行为，而是通过研究报告的形式向券商产品的买方（主要是公募基金、私募投资机构等）传递负载一定重大信息内容的投资咨询意见，由研究报告的购买者从事相关金融商品交易谋取巨额利润。因选择性披露导致内幕信息事实上在一定层面进行传递从而导致重大未公开信息公布前频繁出现股价异动，在资本市场实践中比较普遍。[1]直接的被泄露者、被建议者没有实施交易行为因而不存在交易所得，继续传递信息后出现实际交易利润的，如何认定内幕信息泄露人员、内幕交易建议人员的违法所得？

对于上述疑难问题，《内幕交易犯罪解释》第10条第2款实际上并没有做出明确规定。同时，传统刑法因果关系原理似乎较难对此问题进行有效且全面

〔1〕 康书生、乔光平：《上市公司敏感信息公布前股价异动情况分析》，载《中国证券报》2012年12月24日，第A7版。

的解释。因为只要内幕信息知情人员或者非法获取人员传递了内幕信息，那么从这个特定的初始环节开始，内幕信息连续传递至终端的整个链条上的内幕交易结果，客观上都是由初始环节的信息传递者造成的。内幕信息传递链条上的所有信息传递者与使用者相对于其他市场参与者而言，如果具有非竞争性的信息优势与信息获取渠道，并出现违背市场信息平等的交易行为与利润结果，就应当认定其信息行为与交易结果之间具有因果关系。根据这种经典的条件因果关系标准——(1)后续所有基于内幕信息从事的交易都是信息传递的客观结果，都应当由内幕信息传递者承担责任。(2)信息传递的直接对手方(直接信息受领人)即使没有从事内幕交易行为，信息传递者仍然不能直接排除责任；一旦信息直接受领人继续向后续环节传递内幕信息，先前的信息传递行为作为后续内幕交易犯罪行为的原因，必须对信息传递行为可以预见的内幕交易犯罪结果承担责任。可见，因果关系基本解释框架下的规制范围是极广的，其高度强调资本市场信息平等，严格控制利用内幕信息优势从市场中获取经济利益的行为，但由于其处罚范围过大，并且在这种单纯的因果关系框架下无法设定一个有效的处罚边界或者形成中限制因果关系的归责界限，所以，完全基于因果关系一般原理是难以合理解释内幕信息传递者违法所得司法认定问题的。

实际上也正是因为因果关系解释框架的局限以及归责范围上的争议，导致司法实践中对于信息传递者违法所得认定规则存在三种不同意见——(1)被建议者、被泄露者本人基于内幕信息从事相关金融商品交易的，才能对信息传递者进行刑事归责，无论后续环节内幕信息如何传递、基于信息的交易如何发展，违法所得只能是该直接被建议者、被泄露者的获利或避损数额。[1](2)被建议者、被泄露者没有从事相关金融商品交易，但其继续传递内幕信息，可归责于内幕信息传递人的违法所得，以后续环节首次发生的内幕交易违法所得为限。(3)只要整个信息传递链条的信号或者内容源自内幕信息首次传递人，其应当对整个链条中所有基于该信息实施的内幕交易违法所得承担责任。[2]笔者认为，从纯粹的刑法解释角度分析，上述三种意见均有相对应的

〔1〕 Jill E.Fisch, Start Making Sense: An Analysis and Proposal for Insider Trading Regulation, 26 *Georgia Law Review* 179, 238(1991).

〔2〕 Dirks v.SEC, 463 U.S.646, 665(1983).

规范解释逻辑支撑。如果被建议者、被泄露者本人没有基于内幕信息实施交易行为，而是将交易信号或者信息内容继续进行流转，对于内幕信息初始传递者而言，这种具体事实确实很难为其所具体认知。然而，后续环节中的任何行为主体基于重大未公开信息实施金融交易，客观上又兑现了内幕信息的经济价值，对于资本市场信息效率的实质危害是客观存在的。但如果将后续环节所有基于重大未公开信息实施的交易行为违法所得都认定为内幕信息初始传递者的违法所得，刑事归责范围显然失之过宽。内幕信息初始传递者的罪量限定于后续首次内幕交易违法所得，在责任范围控制导向上具有一定合理性，等于是将被建议者、被泄露者传递信息的直接接收人实施的交易行为等同于其本人行为，但在信息泄露链条非常长的情形下，缺少足够的理由说明为什么不能将后续环节一定次数或者层级范围内的内幕交易违法所得认定为犯罪数额。

（四）内幕交易违法所得的实质：内幕信息经济价值的犯罪化兑现

从上述内幕交易犯罪刑法规范解释、判例实证调查、比较刑法分析中可以看到，内幕交易犯罪行为定性解释与内幕交易违法所得定量认定，尽管都是定罪量刑要素分析中的核心组成部分——甚至前者在传统司法判断结构中一般被认为具有更为重要的体系性地位——两者与内幕信息及其经济价值的关系是存在明显差异的。内幕交易犯罪行为的定性解释更强调法律判断的排他性重要意义，交易行为与内幕信息在法律规范上的关联性构成了刑事违法性的核心基础。而内幕交易违法所得量化评估，牵涉法律与经济分析的交叉性实践应用与跨学科理论解释。因为内幕信息是与金融商品或其发行主体有关的、对金融商品内在价值具有影响并外化为市场价格波动的重大信息（如资产重组、重大合同等与上市公司经营与财务密切关联的信息），其经济价值在于发现基础资产内在价值与金融商品市场价格之间的价差。[1]基于内幕信息从事相关金融商品交易的市场参与者能够利用这种信息价值实现交易利润。《证券法》《刑法》等资本市场法律规范通过重大信息强制性披露与内幕交易禁止等规定，保护信息效率，杜绝内部人员、其他非法获取内幕信息人员甚至包括上市公司本身，不正当地获取信息经济价值。一方面，上市公司重大信息应当

---

〔1〕 谢杰：《利用未公开信息交易罪量刑情节的刑法解释与实践适用——"老鼠仓"抗诉案引发的资本市场犯罪司法解释反思》，载《政治与法律》2015年第7期。

按照信息披露规则向市场公开。另一方面,在信息尚未公开之前,内幕信息初始产权属于投入成本创制信息的上市公司等组织、机构而非参与信息形成的公司内部人员。但这种信息产权具有非常特殊的消极性特征,即除了在符合信息披露规则的基础上向市场公开,禁止任何市场参与者不正当地从内幕信息价值中兑现个人利益。[1]由部分市场参与者取得内幕信息产权并实现信息价值,不正当地排除了公司其他股东、员工等对信息价值创制的贡献,阻碍了资本市场其他参与者对金融商品的定价效率,最终损害公司价值与市场效率。[2]内幕交易犯罪行为的经济内涵就是有价信息产权的非法再分配。内幕交易犯罪刑事责任追究与专利、商业秘密、著作权等信息权利刑事法律保护机制一样,通过保障信息产权的方式维护市场持续生产全新且有价信息的创新驱动。内幕交易犯罪的违法性实质是对重大未公开信息产权的侵害,资本市场刑法保护的制度价值在于信息产权的合理界定,共同决定了信息价值实现情状指引着内幕交易违法所得的属性解释与责任分配。内幕交易违法所得司法判断应当定位于信息价值通过金融商品交易行为直接或者间接转化为实施内幕交易犯罪行为的个人经济价值。

所以,违法交易行为的获利或者避损,只有在经济上与内幕信息价值具有因果联系时,才能够在法律上将其认定为内幕交易违法所得。这种经济关系又需要进一步借助法律证明与推导,结合内幕交易的类型化特征,在司法上进行符合资本市场知识验证与社会公众常识判断的说理与解释。从法律关系上分析,内幕交易与投资者损失具有因果关系才能计入赔偿金额。相应地,金融交易行为的获利或者避损,也只有与内幕信息之间具有因果关系,才能认定为违法所得。[3]从经济关系上分析,内幕交易违法所得必须是重大未公开信息价值的犯罪化兑现,即违法所得来源于重大信息所产生的金融商品市场价格波动。重大信息对市场具备影响能力期间内的违法所得应当予以计算;内幕信息失去影响之后,或者由其他非该重大信息因素影响下的市场价格波动所获

---

〔1〕 Zohar Goshen and Gideon Parchomovsky, On Insider Trading, Markets, and "Negative" Property Rights in Information, 87 *Virginia Law Review* 1229, 1239(2001).

〔2〕 Kenneth E.Scott, Insider Trading, Rule 10b~5, Disclosure and Corporate Privacy, 9 *Journal of Legal Studies* 801, 812(1980).

〔3〕 John C.Coffee, Loss Causation after Dura: "*Something for Everyone*", 231 *New York Law Journal* 883, 920(2005).

取的利润，不能计算为内幕交易违法所得。所以，有必要紧紧围绕内幕信息经济价值与内幕交易违法所得之间的因果关系，计算基于内幕信息完成建仓与平仓全部行为的内幕交易实际违法所得，核定基于内幕信息进行持仓、规避损失或者传递内幕信息的拟制违法所得。

二、内幕交易实际违法所得：内幕信息经济价值的司法计算

内幕交易违法所得认定问题在司法判断最初环节显然应当从法律规范与司法解释的条文内容中分析相关规则的科学性。无论是金融市场机制最为发达的美国，还是金融一体化水平极高的欧盟，抑或是处于进一步深化金融改革阶段的中国，资本市场刑法制度都能够明确一大要点——只有与重大未公开信息具有关联性的内幕交易获利或者避损，才能认定为违法所得。这是信息与交易价格经济关系在法律框架下非常合理的当然解释。不过在法律分析、司法判断层面具体解释重大未公开信息、金融商品价格波动、内幕交易者买卖金融商品的利润获取与风险规避，其逻辑起点仍然必须首先建筑在刑法与司法解释制度设计的基础之上。

在我国《刑法》第180条内幕交易、泄露内幕信息罪的法律条文以及《内幕交易犯罪解释》的框架下，内幕交易违法所得的司法认定是一个纵深性的证明结构：其一，内幕信息与交易行为之间的关联性证成内幕交易犯罪行为；其二，基于内幕信息的不法交易行为与获利或者避损之间的关联性证成内幕交易违法所得。从严格按照法律逻辑层层递进地解释内幕交易违法所得的认定规则中，我们可以看到，违法所得的证明不需要在法律上与内幕信息及其经济价值建构直接的经济联系或者法律上的因果关系，它们之间的关联性是通过内幕交易这一行为要件嫁接的。这意味着资本市场中具有经济价值的重大未公开信息，一旦完成与交易行为的关联性证明并锁定内幕交易行为性质，在违法所得认定过程中无须再行考察内幕信息与其经济价值犯罪化兑现之间的直接性经济与法律关系。

所以，对于利用内幕信息建仓之后对应性地完成平仓交易的内幕交易犯罪行为而言，内幕交易违法所得认定是一种实际利益的司法计算。内幕交易建仓成本与平仓金额之间的价差现实地界定了违法所得的基本数额范围——平仓金额等于交易量乘以平仓价格（基准价格），减去建仓成本，两者的价格差

额，即为内幕交易犯罪的实际获利。

（一）内幕交易实际违法所得司法计算的原则

内幕交易实际违法所得的认定，原则上应当采用实际成交差额规则。应当承认，平仓时市场价格对于计算内幕交易违法所得具有重要影响。平仓时市场价格的水平与内幕信息之间在经济上必须具有相当因果关系——如果达到该价格水平是由于其他经济因素推动的，则排除了这种因果关系的相当性，受到介入因素影响的金融交易利润不能认定为内幕交易行为的违法所得。如果该价格水平是重大信息与其他介入因素共同作用的，则弱化了内幕信息与价格波动因果关系的相当性，应当在违法所得中扣除非内幕信息作用下的价格波动对违法所得的数量影响。然而，信息与价格之间的相当因果关系的经济事实与法律要求，并不意味着内幕交易违法所得认定过程中必须由控方承担重大信息、其他经济因素、市场价格之间的对应性关系证明，或者裁判者应当主动审查并扣除非信息要素对价格的影响。在内幕交易犯罪行为性质判断时，重大未公开信息与价格波动之间关系的具体内容是信息公开后会对金融商品市场价格产生重要影响——这部分事实与关系应当由控方承担证明责任。在内幕交易违法所得数额认定时，内幕信息与金融商品价格之间的相当因果关系则表现为内幕交易的平仓价格水平是由该重大未公开信息所推动的。除非辩方举出反证，只要在行为性质判断阶段证明涉案的未公开信息具有重大性，并且信息公开后市场价格确实形成了与信息内涵相应方向的价格波动，就应当推定信息与价格具有相当因果关系，并以内幕交易者实际实施的相关的平仓价格作为计算违法所得的基准价格。

市场吸收规则理应构成内幕交易违法所得司法判断规则体系中相当重要的组成部分，但需要明确的是，这种实体解释规则在司法行为中的程序性价值在于，为辩方提出内幕信息与交易所得无关、市场其他介入因素影响了部分交易所得等抗辩理由提供司法规范依据。在辩方基于市场吸收规则提出抗辩事由的情况下，审判机关或者裁判文书应当对内幕信息与实际平仓价格水平无关、扣除外部市场因素介入下的交易所得等抗辩及其论证理由、事实依据进行司法审查，符合证明实体标准与程序要求的，就应当相应排除或者扣除内幕交易违法所得，没有达到证明标准的，应当不予采信。但不能完全无视内幕信息与违法所得关联性抗辩问题，或者完全否定市场吸收规则的合理性与科学性。

实际成交差额规则在计算上非常便捷，只要将基于内幕信息所实施交易行为的平仓金额减去建仓成本就可得出违法所得数额。作为内幕交易违法所得司法判断规则，这种认定方法在裁判应用与行为规范指引双重层面都具有很强的可操作性与有效性。司法实务部门能够简单明确地进行计算，以内幕交易者的净收益评价其社会危害性也完全符合罪刑相适原则的根本要求。资本市场参与者同样可以相对确定且稳定地预期刑事法治体系对内幕交易犯罪行为危害的评价规则，基本排除了行为人因为规则不确定性而选择风险博弈的可能性。市场吸收规则的计算方法则相对复杂，需要测算出内幕信息影响期间内的金融商品市场价格，并排除其他重大市场因素对价格的影响，在此基础上确定基准价格后减去内幕交易建仓平均价格，乘以基于重大未公开信息的交易量，从而得出违法所得数额。针对市场吸收规则的操作复杂性问题，理论上有观点指出，重大未公开信息对相关金融商品市场价格影响期间的认定，很难确立普遍认同且易于理解的数量金融计算工具，如果使用司法推论的方法来确定信息与价格的关联期间，则显然存在裁量权过大、判断标准稳定性与明确性不足等疑问。[1]从追求司法实务便利性的层面来看，判例实践往往倾向于全盘适用实际成交差额规则认定完成建仓与平仓的内幕交易违法所得。

片面追求司法实务便捷性的根源在于经济分析与法律判断之间的隔离与决裂。纯粹的经济分析强调信息价值与违法所得之间的直接对应性，绝对依赖数量金融工具却又无法提供普遍认可的标准；单纯的法律分析直接使用内幕交易的不法全面替代所得利益的非法性，忽略了重大未公开信息与违法所得关系的有效嫁接，从而背离了内幕交易犯罪信息价值滥用的法律本质与实质经济危害性。合理的解释路径在于，从法律与经济并轨的角度说明信息价值、交易行为、经济所得之间的因果关系。资本市场中的有价信息与金融行为之间具有高度的互为关联性，重大未公开信息传导至市场之后，一旦对相关金融商品市场交易价格产生实质性影响，必然通过价格引导机制推动其他市场参与者通过资本配置行为做出反应，这种金融行为本身又成为一种市场信号（信息）反映到金融商品市场价格之中，通过反复的重大信息市场影响与金融

---

〔1〕 Nicole Black, United States v.Nacchio and the Implications of an Emerging Circuit Split: Practical and Policy Considerations of Amending Financial Gain as a Measure of Culpability, 87 *Denver University Law Review* 633, 645(2010).

行为反应互为作用形成全新的价格均衡。重大未公开信息与市场价格均衡之间的关系不是单一的、线性的、简单的，而是复合的、离散的。

这种经济机制决定了法律判断过程中难以直接量化重大未公开信息在特定时间内对金融商品价格的影响程度，也难以梳理出其他介入市场因素与金融商品价格的关系并将其剔除在内幕交易违法所得数额计算之外。因为从现有的实证研究来看，目前仍然难以有效地辨识内幕信息、其他市场信息以及外部投资者所从事的相关金融商品交易行为对于金融商品市场价格的区别性影响。[1]例如，在全球著名的伊万·博伊斯基证券欺诈系列案[2]中，博伊斯基曾于雀巢公司收购康乃馨公司之前买卖后者证券，一项针对该节内幕交易事实的实证分析报告指出，尽管相关证据明确显示博伊斯基利用并购内幕信息从事相关证券交易，但数量分析工具未能测算出博伊斯基内幕交易行为与非知情证券交易行为、市场其他影响要素之间在证券价格影响方面的差异。[3]即使设计出特定的数量金融工具完成了直接量化、介入因素梳理与排除，实际上也不可能为司法实践所理解或者资本市场常识所接受甚至容忍。因为不仅违法所得的数额认定规则与计算公式本身难以确定，如何清晰地向诉讼当事人以及金融市场关注者解释与说明违法所得结论及其形成过程，也是非常困扰司法者且极其耗费司法资源的技术性难题。[4]尽管要求控方聘请财务、数量金融领域的专家作为“有专门知识的人”[5]就内幕交易犯罪违法所得计算提出专业意见，有利于通过金融专业知识上的细致解释优化司法认定结论的科学性，但司法过程的复杂、论证技术的难以理解、司法人力资源与时间成本的耗费等，都严重制约了更为精致化与科学化的重大未公开信息价值与内幕交易所得之间

〔1〕 Z.Goshen & G.Parchomovsky, On Insider Trading, Markets and “Negative” Property Rights in Information, 87 *Virginia Law Review 1229*(*2001*).

〔2〕 SEC v.Ivan F.Boesky, 86 Civ.8767 Ro,(S.D.N.Y.).美国证券交易委员会(SEC)、司法部(DOJ)指控博伊斯基实施多起内幕交易，涉案金额达数百亿美元，经过辩诉交易，最终对博伊斯基处以3年监禁、罚款1亿美元、终身证券行业禁入。

〔3〕 Sugato Chakravarty & John J.McConnell, Does Insider Trading Really Move Stock Prices?, 34 *The Journal of Financial and Quantitative Analysis* 191(1999).

〔4〕 Daniel Richman, Federal White Collar Sentencing in the United States: A Work in Progress, 76 *Law & Contemporary Problems* 53, 70(2013).

〔5〕《刑事诉讼法》第192条第2款规定：“公诉人、当事人和辩护人、诉讼代理人可以申请法庭通知有专门知识的人出庭，就鉴定人作出的鉴定意见提出意见。法庭对于上述申请，应当作出是否同意的决定。”

关系的证明。

由于信息之间具有高度关联性，且资本市场整体信息与金融商品价格之间不具有可区分性，这无疑导致在金融常识判断上宣告了经济分析能力有限的司法过程很难确认以下问题：特定的重大未公开信息在什么时间范围推动了相关金融商品价格波动到什么位置？哪些市场介入因素可以视为重大未公开信息之外同样对金融商品市场价格具有影响的其他信息？特定的重大未公开信息在价格均衡中的影响比重是多少？然而，可以建构因果联系的基础事实却非常直观，重大未公开信息具有经济价值（能够十分有效地揭示金融商品当前市场价格与内在价值的价差），信息公开后金融商品按照内幕信息内容的指向发生相应的价格波动，内幕交易者完成了建仓与平仓的全部交易行为并从中获取经济利润。无论是在经济关系还是法律判断上，信息价值、内幕交易行为、经济利益之间都形成了层层推进、紧密连接的条件因果。既然信息价值滥用是违法的，内幕交易构成不法，那么相关交易行为所得到的经济收入扣除其交易成本都具备明确的非法性，均应当认定为内幕交易违法所得。控方从法律与经济分析层面完成了上述证明过程，就可以确认实际交易差额就是内幕交易违法所得。

（二）内幕交易实际违法所得司法计算的例外规则

当然，任何原则性规定都应当允许合理的例外规则完善法律规范体系对于客观真实的资本市场行为的评价。

1.内幕信息影响力耗尽

从交易时间跨越的角度分析，有的内幕交易者在信息对价格影响力持续期间全部或者部分平仓，而有的内幕交易者则在信息价值耗尽于金融商品市场价格变动之后全部或者部分平仓。内幕信息公开后对于特定金融商品市场价格的影响客观上存在一定的时间限度，超过了重大信息的影响时间范畴，相关的交易行为就不能完全被认定为是基于内幕信息而展开的。所以，有确实且充分的证据证明，行为人在案发前全部或者部分平仓的交易发生在内幕信息公开之后相当长的时间，不存在对应性地利用内幕信息经济价值谋取平仓利益的现实可能的，应当将相关经济收益排除在内幕交易违法所得之外。

2.其他市场介入因素

从市场信息介入的角度分析，即使在信息对市场具有重大影响的时间范围之内，信息价值与市场价格之间的关联度不仅会随着时间推移逐渐弱化，而且会因为其他市场介入因素而稀释信息对价格的影响水平。内幕信息对于金融商品市场价格的特定化影响固然重要，但宏观信息（调整利率、调整存款准备金率、开征或者取消印花税等）对资本市场的系统性价格波动同样具有显著作用。系统性信息介入市场后会造成大规模的普涨或者普跌。同时，经济环境、投资者预期、行业趋势或者上市公司重大事件等独立要素的变化或者共同作用都会导致相关金融商品市场价格波动。[1]如果在介入时间上与内幕信息重合，彻底否定其他市场重大信息对于内幕交易者平仓价格水平的作用，会导致法律判断与资本市场所发生的真实价格现象出现比较明显的相悖。故有必要将内幕信息之外对平仓价格具有显著影响的系统性信息导致的获利数额予以扣除。

3.内幕信息实际影响不明显

从内幕信息客观作用的角度分析，有的内幕信息公开之后确实对金融商品市场交易价格产生了极大的助涨或者助跌作用，甚至内幕信息未公开之前就出现了极大的交易量或者价格异动，而有的内幕信息公开后并未引起市场普遍关注或者有意义的价格反映。这实际上是由内幕信息的具体类型所决定的。发源于资本市场中的未公开信息，可以进一步地类型化为内生信息与外发信息。[2]内生信息是指生成于金融商品对应基础资产体内的、在其保值、增值的经济运作中内涵的、与该金融商品定价相关的信息，例如，在证券发行人经营过程中（主要是）由内部高级管理人员筹划、执行、决策等职务行为而生成的营收增长（下降）、公司并购扩张（出让资产）等信息。外发信息是指与金融商品对应基础资产真实实体价值并无直接关联的、由外部供求关系推动的、对金融商品定价具有重要价值的信息。例如，与证券发行人的经营行为无关的、由资本市场中的投资行为促成的证券需求量变化信息——上市公司大股

---

〔1〕 Dura Pharmaceuticals Inc.v.Braudo 544 U.S.336，343（2005）.

〔2〕 此处信息类型化的价值在于准确地解释不同的未公开信息类型对金融商品市场价格的影响是不同的。以不同的视角与标准分析未公开信息，还可以对资本市场信息进行其他完全不同的类型划分。例如，以信息涉及的范围为标准，可以大致区分为特定金融商品信息与特定市场领域信息。前者是指基于金融商品发行人（例如上市公司）自身行为、内部事件等而形成的信息，包括经营状况、管理质量、商业计划、财务动态、历史数据、科研成果、发展策略、证券供求关系等。后者是指与特定金融工具有关的行业、区域、全国乃至全球经济动态等更为广阔的市场领域设定下的信息。

东、实际控制人、高管等增持或者减持证券等均属于外发信息。由于内生信息公开造成的是金融商品内在价值的客观波动，外发信息公开引发的是金融商品供求关系的短期波动，通常而言前者对市场价格变动的影响幅度更大、持续时间更长。因此，基于外发性的内幕信息实施相关金融商品交易并最终出现实际获利数额的，有必要对信息实际影响的证据进行专项评估。信息公开之后的价差波幅并不明显，实际获利数额主要是因为交易量大而实现的，应当在内幕交易违法所得中予以扣除。

4.正当经济利益

从刑事归责正当性的角度分析，内幕交易犯罪法律规制所针对的对象显然不是单纯的交易行为，而是交易行为中的欺诈性以及滥用重大未公开信息价值的部分。[1]内幕交易犯罪的违法所得也不是一般意义上的交易所得而是欺诈所得，所以内幕交易违法所得的司法认定应当限定在欺诈性行为影响的范围之内，资本市场吸收重大信息并实际反映为价格波动之外的其他正当经济利益并不能作为内幕交易违法所得并据此对行为人进行归责。

由此可见，市场吸收规则正是能够在“例外”这一司法规则生存空间中确定其积极的规范作用与价值定位。

（三）特殊情形下的内幕交易实际违法所得认定

1.股票分红

在内幕交易犯罪案件中，行为人控制的账户实际出现的利益增值，除了表现为基于内幕信息进行建仓与平仓而获取的交易差额收入之外，还包括股票分红。刑法司法解释长期以来一直都不将股票分红等具有孳息属性的经济利益认定为犯罪数额。例如，1993年最高人民法院《关于贪污、挪用公款所生利息应否计入贪污、挪用公款犯罪数额的问题的批复》规定：贪污、挪用公款（包括银行库存款）后至案发前，被贪污、挪用的公款所生利息，不应作为贪污、挪用公款的犯罪数额计算。但该利息是贪污、挪用公款行为给被害单位造成实际经济损失的一部分，应作为被告人的非法所得，连同其贪污、挪用的公款一并依法追缴。尽管该司法解释性文件基于时间相对久远、形势发展等原因而

〔1〕 United States v.Mooney, 425 F.3d 1093, 1101, 8th Cir.(2005).

被清理与废止，[1]但其对经济犯罪所生利息、股息等利益的属性判断意见，仍然被相对较新的司法解释所承继。根据2007年最高人民法院、最高人民检察院《关于办理受贿刑事案件适用法律若干问题的意见》第2条“关于收受干股问题”的规定，国家工作人员利用职务上的便利为请托人谋取利益，收受请托人提供的干股的，以受贿论处。进行了股权转让登记，或者相关证据证明股份发生了实际转让的，受贿数额按转让行为时股份价值计算，所分红利按受贿孳息处理。根据上述刑法司法解释的精神，股票分红不是犯罪数额，原则上不能认定为作为内幕交易犯罪案件定罪量刑依据的违法所得。同时，股票分红是任何在规定期间持有上市公司证券的投资者都可以获得的资本利得，其既不可能构成与内幕交易者从事方向相反交易的投资者损失，更不可能构成上市公司的损失，因而显然不能作为被害人损失而认定为内幕交易非法所得予以追缴。但是，司法实践中有的判例直接将行为人基于内幕信息买卖股票过程中的分红认定为内幕交易违法所得。[2]这种判例结论显然与司法解释的精神与资本市场股票分红的属性存在非常大的差距。那么，究竟能否将内幕交易过程中实际获得的股票分红计算为内幕交易违法所得？

笔者认为，分析内幕交易行为过程中所获得的一项实际利益是否属于内幕交易违法所得，归根到底的判断标准在于该经济利益是否直接派生于信息价值，即内幕交易者获取的利益是否直接源自内幕信息的经济价值。内幕信息包括了各种与金融商品发行人财务或者经营状况有关的重大信息，例如，重大资产重组、重大合同、重大股权、实际控制关系、人事等变动、重大盈利与债务情况等。绝大部分内幕信息类型及其内容实际上都没有蕴含上市公司股票分红这种经济利益。绝大部分内幕交易者基于重大未公开信息实施金融交易的行为目的与对象也不是指向上市公司股票分红。内幕交易行为过程中实际获得的股票分红通常只是金融交易行为所获取的资本利得，而非内幕信息所蕴含的经济价值所直接派生的、禁止通过内幕交易行为获取的非法利益。因此，不能在司法判断中直接将内幕交易行为过程中实际获取的股票分红计算

〔1〕 参见2012年最高人民法院《关于废止1980年1月1日至1997年6月30日发布的部分司法解释和司法解释性质文件（第九批）的决定》（法释〔2013〕2号）。

〔2〕 例如，在“万顺股份”内幕交易案中，判决书明确判定被告人“陆续将上述持有的万顺股份股票全部卖出，非法获利（含股息）共计707,427.57元”。参见江苏省无锡市中级人民法院刑事判决书（2014）锡刑二初字第00008号。

为内幕交易违法所得。但是，与股票分红有关的信息，在其未公开之前，本身就是一种非常重要的内幕信息类型。上市公司利润分配方案是资本市场关注的重点题材，而优于市场预期的分红方案公开后因为基本面良好且受到炒作而导致相关证券市场交易价格高涨也是金融实务中的普遍现象。实践中，有的内幕交易者就是利用尚未公开的高送转等分红方案所引发的市场交易价格波动获取交易利润与股票分红利益。所以，有证据表明股票分红就是涉案内幕信息经济价值中的重要内容的，行为人实施内幕交易必然指向股票分红的，则应当认定股票分红构成非法实际利益的必要组成部分，相关分红数额应当计入内幕交易违法所得。

2. 做空交易

内幕信息所对应的内容既可以是重大利好消息，也可以重大利空消息，内幕信息知情人员既可以基于重大利好信息完成建仓与平仓，也可以基于重大利空信息提前做空金融商品，并在信息公开、金融商品价格下跌之后低价买入相关金融商品，赚取实际交易差额。我国台湾地区的部分判例实践对于基于利空信息完成做空买卖的内幕交易违法所得，适用于利好信息同样的实际成交差额规则。例如，司法警务人员徐某、林某基于职务便利获悉A公司将接受检调机构的搜查，于该利空信息公布于市场之前5天，先后以14元和14.8元融券卖出A公司股票共计5万股，并在遭到司法机构搜查的信息披露后上市公司股价重挫时以9.26元低价买入股票归还融券，卖出金额与回补成本之间的价差扣除税费后违法所得24万余元。〔1〕再如，行为人基于职务便利审阅证券交易所核查劲永公司涉嫌虚假交易调查报告，在信息公开前利用其实际控制账户融券卖出劲永公司股票65万余股，并在信息公开后全部买入回补，融券卖出金额1258万余元，买入回补金额471万余元，差价为内线交易违法所得。〔2〕由于在相当长的时间内，中国大陆资本市场做空机制并不十分完善、做空交易量规模有限，司法实践相应地尚未处理基于尚未披露的重大利空信息从事做空交易

〔1〕 我国台湾地区“高等法院”99年度金上诉字第56号刑事判决。
〔2〕 我国台湾地区“高等法院”99年度重金上更(一)字第2号刑事判决。

谋取经济利益的内幕交易案件。伴随着股指期货[1]、融资融券[2]、ETF期权[3]等交易品种与做空市场规模的渐进发展，基于未公开利空信息卖空金融商品并在信息公开后低价买入回补的内幕交易行为会逐步为资本市场所关注并为司法实务所认知。所以，需要补充强调的是，在重大利空信息公开之前卖空金融商品，信息公开之后价格下跌，买入回补赚取做空差价的，应当适用实际成交差额规则计算利空信息在不法交易中的经济价值，并以此认定内幕交易违法所得。

三、内幕交易拟制违法所得：内幕信息经济价值的司法核定

在内幕信息形成、本人完成建仓与重大信息公开、本人完成平仓等对应性要素（信息行为与交易行为）完整具备的条件下，违法所得就是内幕交易行为的实际结果。一旦其中的任何一个要素没有处于完整的状态，在行为性质仍然构成内幕交易的前提下，违法所得只能是法律上的拟制结果，其数额的认定相应地不能称为司法计算，而是应当根据信息与市场价格关联性、持仓水平、规避损失、信息传递中的责任范围等具体要素而予以具体分析的司法核定。

---

〔1〕 股指期货是指以股价指数为标的物的标准化期货合约，双方约定在未来的某个特定日期，可以按照事先确定的股价指数的大小，进行标的指数的买卖，到期后通过现金结算差价来进行交割。2010年4月16日，股指期货在中国金融期货交易所正式开市，引领市场完成风格转换，在中国资本市场发展历程中具标志性意义。截至2011年年底便达到累计成交量5041.62万手，累计成交额437,659.55亿元。参见中国证券监督管理委员会《2011年12月统计数据》（索引号：40000895X/2012-00178）。

〔2〕 融资融券是指证券公司向客户出借资金供其买入证券或出借证券供其卖出证券的业务。由融资融券业务产生的证券交易称为融资融券交易。融资融券交易分为融资交易和融券交易两类，客户向证券公司借资金买证券叫融资交易，客户向证券公司卖出为融券交易。《证券法》第142条证券公司为客户买卖证券提供融资融券服务，应当按照国务院的规定并经国务院证券监督管理机构批准。2011年10月28日，中国证监会发布《转融通业务监督管理试行办法》，同时发布《关于修改〈证券公司融资融券业务试点管理办法〉的决定》和《关于修改〈证券公司融资融券业务试点内部控制指引〉的决定》两个文件。这实际上意味着融资融券正式转为了证券市场的常规业务。近年来融券做空数量逐步扩大，每周融券余额保持在20亿元至40亿元左右，在我国资本市场融券成本较高的背景下，这已属于相当大的规模。参见余宏开：《两融交投持续低迷 融券规模进一步扩大》，载《上海证券报》2014年5月28日，第A5版。

〔3〕 交易所交易基金（Exchange Traded Funds，"ETF"）是在交易所上市交易的、基金份额可变的开放式基金。ETF期权就是以ETF为基础资产的期权交易。2015年1月中国证监会批准上交所开展股票期权交易所试点，试点范围为上证50ETF期权，正式上市时间为2015年2月9日。参见郭文娟、何川：《股票期权交易下月试水沪市》，载《经济日报》2015年1月10日，第5版；乔誌东：《股票期权准备就绪 启动箭在弦上》，载《证券日报》2015年1月5日，第A1版。

（一）内幕信息公开前平仓的拟制违法所得核定规则

重大信息尚未公开，内幕信息形成之后建仓的交易者便实施平仓行为，在这种情况下，内幕信息并未通过信息披露的方式影响金融商品市场价格，因而缺乏直接证据证明内幕信息与平仓收益关系，只有在法律上能够公正地拟制出交易所得具有可归责性的前提下，才能将之核定为内幕交易违法所得。

内幕信息形成之后、公开之前金融商品市场交易价格就出现异动并非反常形态。有效资本市场理论（Efficient Capital Market Hypothesis）认为，资本市场向金融参与者传导全新的市场信息，不仅能够通过信息披露的方式予以展开，而且还能够依靠金融交易行为与金融商品价格的“解码”[1]来完成信息的传导。

金融交易行为与金融商品价格的“解码”是资本市场自发与内化的信息传导模式，是指证券、期货等各类交易所通过互联网平台将金融商品交易价格、交易量、大宗交易数据、融资融券数额等资本市场主要数据信息即时公开；资本市场中的投资者（投机者）从其他市场参与者金融行为所导致的数据变化中解读、推断潜在的未公开信息。对于具有交易与价格“解码”意识的投资者（投机者）而言，资本市场中突然介入的或者超出原有市场预期的金融商品交易量、交易价格波动，蕴含重要的金融意义——市场数据变化意味着其他市场参与者实际上得到了新信息并且已经根据全新的信息对金融交易的预期收益进行了重新评估。交易与价格“解码”对资本市场中的内幕交易主体与其他投资者（投机者）会产生双重的影响效应。

一方面，内幕交易者可以利用“解码”机制中资本市场参与者的金融行为心理实现对特定金融商品市场价格波动的控制。资本市场中金融交易、投资决策的制定者普遍倾向于忽视（甚至无视）本人持有的信息，放弃其独立拥有的判断能力以及其他对于实现决策优化具有重要价值的要素，过度解读市场数据及其背后潜藏的信息内涵，进而选择效仿金融市场中其他参与者的交易行为。[2]过度依赖于“解码”机制实施金融交易正是普通投资者（投机者）认知

---

〔1〕 Thomas A.Lambert, Overvalued Equity and The Case For An Asymmetric Insider Trading Regime, 41 *Wake Forest Law Review* 1046, 1107（2006）; Ronald J.Gilson & Reinier H.Kraakman, The Mechanisms of Market Efficiency, 70 *Virginia Law Review* 549, 572（1984）.

〔2〕 Christophe Chamley, *Rational Herds: Economic Models of Social Learning*, Cambridge University Press, 2004, pp.47-49.

偏见这一行为心理的典型表现。[1]内幕交易者之所以能够利用内幕信息公开前所引发的市场价格波动并通过抛售获取交易利益，至关重要的市场条件就是“解码”机制深刻地内化于资本市场参与者的决策过程之中。在对交易量、市场价格、持仓主体信息等市场数据进行“解码”时，内幕交易者之外的其他资本市场参与者会受到这些市场信息的影响而做出相应的投资决策，他们的交易行为就会进一步制造短期交易量释放与价格波动信息；内幕交易者也会有意地通过非公开披露的其他方式潜在地释放信息——所有这些都可能被市场理解为是依托于重大且尚未公开的信息而进行的知情交易。在交易与价格“解码”之后，资本市场中所形成的观点将会推动普通投资者（投机者）的交易决策与投资（投机）行为按照内幕交易者的意图买入或者卖出金融商品，从而导入了内幕交易者预期的资本配置模式。正是通过内幕交易者自身的建仓行为及其造成的金融商品交易量、交易价格的变动，经由其他资本市场中的投资者（投机者）对金融交易行为与金融商品价格表现进行“解码”，完成信息尚未公开之前的价格波动，从而获得信息未披露之前的平仓收益。

从另一方面来看，资本市场中的投资者（投机者）对金融商品的交易量、市场价格等信息进行“解码”，也会在相当程度上影响或者蚕食内幕交易者排他性获取的内幕信息经济价值。这是由“解码”机制的信息价值再次分配效应所决定的。上市公司实际控制人、高管等内部人员、券商等知悉内幕信息的中介机构服务人员以及基金公司等机构投资者以规模化、趋势性的方式从事金融商品交易，会导致金融商品市场价格在一定时间范围内加速上升或者快速下探。市场中并无信息优势的金融交易参与者通过大额资金动向、具有趋势性的资本流动等市场状态，可以推断其他交易者是否掌握尚未公开披露的重大信息，并追随其推断出来的信息所指向的交易内容与方向，做出投资判断、设计交易策略。这就导致内幕交易在利好型信息未公开之前操作的抛售价格承受下行压力，在利空型信息未公开之前操作的买入价格承受价格上行的成本增加。此外，内幕信息公开之后的市场反应被前期的“解码”所稀释，价格波动反而并没有预期中的那么剧烈。这些“解码”机制的附带性市场动态在

〔1〕 Michelle Baddeley, Herding Social Influence and Economic Decision-making: Socio-psychological and Neuroscientific Analyses, 365 *Philosophical Transactions of the Royal Society Biological Science* 281, 282 (2010).

最终都会影响内幕交易收益水平。

从上述“解码”机制的理论分析中可知，在内幕信息尚未公开之前，包括内幕交易在内的所有交易行为都可能在“解码”机制的作用下构成全新信息并对金融商品市场价格产生影响，这种并非基于重大信息公开而形成的价格波动，意味着内幕交易者完全能够在重大信息公开之前就实施平仓行为获利离场。

但是，“解码”机制在经济机理上并不乏疑问。基于重大未公开信息展开的知情交易能够在多大程度上推动金融商品市场价格朝着与信息所对应的真实价值相应的方向运行，实际上存在相当不确定性与相对低效性。资本市场中的专业信息分析人员或者投资者有时难以辨识由知情交易行为所释放的信息与价格信号。因为即使在合法的内部人交易的场合，买卖上市公司证券及其衍生品的内部人员，也非常有可能基于确保信息价值垄断的经济考量，而刻意隐藏内部人交易行为或者控制知情交易对市场所产生的影响。在具体操作中，重大未公开信息知情人员可以通过分散交易量、使用“人头账户”、实际控制众多个人账户等多种方式隐匿交易行为本身可能向市场传递的信息内容。中国证券登记结算有限公司发布通知，明确自2015年4月13日起A股市场全面放开“一人一户”限制，自然人与机构投资者均可根据自身实际需要开立多个A股账户和封闭式基金账户，上限为在20家证券公司开设20个账户。[1]这种资本市场的最新制度安排进一步便利了分散交易、弱化大宗交易行为对市场影响等操作手法的运作。经结构化改造后的交易行为实际上有效地排除或者模糊了知情人员身份、敏感时间大额交易等可能引起市场进行潜在信息评估的因素。绝大部分知情交易被市场理解为流动性交易[2]或者噪声交易[3]。退一步分析，即使重大未公开信息的知情人员并不刻意对交易事实进行掩盖，内幕信

---

〔1〕 曾福斌：《中国结算：今日起全面放开一人一户》，载《证券时报》2015年4月13日，第A2版。

〔2〕 流动性交易是指实施金融商品交易的市场参与者并不收集与评估市场信息，其投资行为是个体资本配置的集中体现，金融交易主体在信息获取与分析层面并不进行资源配置，而是通过持有证券等金融工具组合实施其资本保值增值的策略。Zohar Goshen & Gideon Parchomovsky, On Insider Trading, Markets, and “Negative” Property Rights in Information, 87 *Virginia Law Review* 1229, 1236 (2001).

〔3〕 噪声交易是指既不具有信息优势，也没有长线持有金融工具投资组合的计划，在没有理性依据的情况下基于行为主体的偏好而从事的金融交易行为。Zohar Goshen & Gideon Parchomovsky, On Insider Trading, Markets, and “Negative” Property Rights in Information, 87 *Virginia Law Review* 1229, 1237 (2001).

息形成后至尚未公开前的交易行为也可能难以向市场传递或者充分传递全新的信息内容。毕竟相当部分的知情交易在数量上并未在同期市场交易量中占据显著地位，加之噪声交易干扰了金融商品市场价格对新信息的充分反映，知情交易行为的信息提示价值与优化定价效率会有很大的局限，[1]“解码”机制会很难发挥实际作用。

理论上，重大未公开信息的内容指向利好（利空），知悉该信息的内部人员在信息尚未披露时做多（做空）金融商品，在其他影响该特定金融商品基本供求关系的条件没有变更的情况下，金融商品市场价格会相应上涨（下跌）。但是，资本市场中的金融商品具有高度的可替代性，随着市场产品内容与结构的不断优化，特定金融商品会存在诸多可替代投资品种，有限的知情交易数量规模决定了其在绝大多数情形下都会淹没在众多相类似金融商品整体交易总量之中，很难通过以交易量与交易价格为核心要素的“解码”过程，向市场有效传递潜在的价格敏感信息。知情交易对于市场信息效率的潜在影响通常是不重要的。并且，“解码”机制影响下的金融商品市场价格变动的过程缓慢、时间成本过高。其他市场参与者只能通过金融商品价格与交易量的变动解读潜在的内幕交易及其所指向的未公开信息，进而沿着信息所指向的趋势参与市场交易。这个“解码”的流程显得比较烦琐、复杂、零散、低效。

所以，内幕交易所内含的信息在被市场察觉之前，金融商品市场价格可能会逐渐接近充分反映市场未公开信息的价格水平，但这显然是一个需要耗费相当时间与成本的价格变动过程。加上资本市场中还存在诸多不具有理性投资判断基础的噪声交易扰乱价格信号的有序释放，经过种种环节弱化之后，内幕信息在尚未公开的情况下，通过以知情交易为典型代表的交易动态引导金融商品市场价格朝着信息指向的趋势进行波动，并不一定表现得特别明显。内幕信息形成之后、尚未公开之前，市场是否实际出现波动、在此期间实施的内幕交易行为获得的利益是否源于这种波动，必须根据特定案件中的市场价格与交易量的变动情况分析。内幕信息是否通过“解码”机制传递至市场并影响金融商品价格，有必要严格按照相关金融商品交易数据予以确认。笔者建议的量化标准是，内幕信息形成之后、尚未公开之前，相关金融商品市场价

〔1〕 Stephen Bainbridge, The Insider Trading Prohibition: A Legal and Economic Enigma, 38 *Florida Law Review* 35, 66 (1986).

格出现以下情形之一，应当将该时间期限内的平仓收益列入内幕交易违法所得的计算范围——（1）单一交易日涨停或者跌停的；（2）连续3个交易日按照信息内容的指向日波动幅度超过5%的；（3）7个交易日按照信息内容的指向总波动幅度超过30%的；（4）20个交易日按照信息内容的指向总波动幅度超过50%的。符合上述量化标准的，说明内幕信息经济价值并没有通过披露的方式影响价格进而为内幕交易者所用，而显然是通过信息“解码”的市场运作模式影响了金融商品价格。由于内幕交易中的平仓行为所对应的交易价格受到“解码”机制传导下的内幕信息影响，平仓价格与内幕信息具有经济上的关联性，足以建构平仓收益作为内幕交易违法所得的可归责基础，应当将建仓成本与平仓收益之间的价差核定为内幕交易违法所得。

（二）内幕交易未平仓部分的拟制违法所得核定规则

内幕信息形成之后建仓的交易者在案发前全部或者部分未平仓的，其买入与卖出的完整交易行为实际上并未完成，无论是基于利好信息做多金融商品但未全部或者部分抛售，还是基于利空信息做空金融商品且全部或者部分未买入回补，都是只有利用重大未公开信息建仓行为，缺乏将最终实际平仓价格作为直接计算内幕交易违法所得的基准价格。所以必须在法律上拟制内幕信息经济价值与内幕交易者持仓利益之间的对应性关系，并以此核定内幕交易违法所得。

金融交易行为覆盖建仓、持有、平仓等多个操作阶段，案发时内幕交易者部分平仓与部分持有、全部持有未平仓等各种情形不尽相同。对于是否考量以及如何确认案发时仍然被行为人持有或者控制的金融商品所对应的内幕交易违法所得，法律与司法解释对一系列核心问题都没有提供明确与具体的规则。这就产生了如下的问题：（1）应否归责问题。没有完成的金融交易显然不存在可供核算的现金兑现，能否认定为违法“所得”？（2）时间基准问题。内幕信息公开之后直至案发经过了相当长的时间，哪段持仓期间可以认定为与信息影响具有关联性？（3）价格基准问题。内幕信息公开当日的市场价格、合理期间内的市场平均价格、内幕交易者之前实际成交价格等构成了多种与内幕信息有关的价格标准，如何选择价格基准最能有效评估内幕交易违法性的经济所得？笔者认为，回答这些问题，我们有必要使用法律与经济分析工具展开层进式地解释与说明。

正如前述，内幕交易违法所得是基于重大未公开信息的交易利益，这种利益包括以现金方式已经兑现的经济利益，也包括以金融商品持仓方式尚未兑现为现金的金融资产公允价值。除了毋庸置疑的信息、交易、利润之间的关联性之外，内幕交易违法所得最为重要的特征是非法性。[1]尚未平仓的金融商品持仓非法性来源于内幕信息——只要能够在经济分析上建构信息与利益之间影响与被影响的关系，在法律上确立内幕交易者与市场之间的欺诈与被欺诈的关系，就应当认定尚未平仓的金融商品持仓利益构成内幕交易违法所得。显然，我们不能因为内幕信息建仓的未平仓金融商品不存在可供计算的实际现金利益，并以此为由而直接否定其内幕交易违法所得之属性。

笔者认为，重大信息公开当日金融商品价量异常波动的事实确实能够证明信息与价格之间的相当关联性，但据此便将信息公开日市场价格作为核算全部未平仓的内幕交易违法所得数额并不合理。因为市场价格吸收重大信息是一个金融行为过程，信息公开当日的市场波动通常会比较剧烈，不过显然不能整体排除信息公开之后的一段合理时间内市场价格表现对信息与金融商品内在价值评价的有效性，同时也不能排除之后的交易日市场价格波动相对于信息公开当日更为剧烈的情况。信息公开当日价格对于信息价值与违法所得的说明能力比较有限，有必要在时间范围上予以合理的拓展与延伸，从而更为充分地评估信息价值在未平仓的内线交易持仓价值中的影响。

内幕交易者实际成交部分的价格深刻反映其兑现内幕信息经济价值的价格水平，以此作为未平仓金融商品违法所得的价格基准，似乎可以在很大程度上与行为人的主观故意相互吻合。从这个角度分析，最后一次成交价格最能充分体现内幕交易者主观意图中认可的价格。司法实践中，我国台湾地区土地开发公司股票内线交易案一审判决确实也是以最后一次实际实施的成交价格核定尚未平仓部位的经济数额——被告尚有180万股尚未卖出，以其最后一次出售的股价计算未平仓部位的收益。被告2006年7月7日最后2.3万股成交价每股13.7元，该价格即为核定尚未卖出180万股内线交易违法所得的基准价格。[2]既然内幕交易者在愿意以实际成交价格平仓部分金融商品并兑现利益，

〔1〕 武永生:《证券市场内线交易与公开原则规范之财产权特征》，载《铭传大学法学论丛》2010年第14期。

〔2〕 我国台湾地区“高等法院”98年度矚上重更(二)字第8号刑事判决。

那么以平仓均价或者最后成交价核算内幕交易所得是符合行为人预期的基准价格，有利于在内幕交易违法所得核算中实现主客观相一致原则。但是，从反向思维的角度分析则会得出截然相反的结论，即既然内幕交易者基于各种主客观因素没有继续以前期的价格水平进行平仓交易，就表明先前的市场价格并不符合其对未平仓部分结算价格的预期，因此，以实际成交均价核定持仓部位的违法所得显然与主客观相一致原则抵触。进一步考虑内幕信息公开渐进挥发影响效果这一因素，以实际完成交易部分的平仓均价或者最后成交价等核定持仓部分的违法所得，在客观上很难全面评估未平仓部位的经济利益。

内幕交易拟制违法所得的司法核定是对行为人滥用重大未公开信息获取经济价值的技术性推算，对于案发时或者重大信息对市场影响消失时仍然持有仓位的内幕交易部分而言，这种推论至关重要。因为在没有客观的交易数据评估内幕交易收益时，只能通过金融技术与法律规则测算信息价值滥用所兑现的经济利益，其关键在于对重大信息对市场的影响期间（公开之时到市场价格全部吸收并反映信息）及其价格水平做出合理的界定。法律理论、金融立法、判例实务中比较一致的观点是，重大信息对金融商品市场交易价格的影响持续期间通常为10个交易日。[1]以重大信息公开后10个交易日金融商品市场平均价格为基准核定内线交易量所对应的经济数额，是在缺少实际成交价格的条件下对信息价值市场价格化表现的一种相对合理的推算。

因为资本市场中影响金融商品市场交易价格的因素十分多样、结构非常复杂，通过拟制的方法确认计算内幕交易违法所得基准价格更符合信息与价格复杂因果关系的实际特征。更由于内幕交易犯罪案件的定罪处罚与对被害人的民事赔偿在功能上存在实质性差异：即前者在于公正评价内幕交易的社会危害性并给予罪与刑相适应、相均衡的刑事处遇，在定罪与量刑过程中不可能实现完美精细的量化认定；后者在于通过以金额为核心的弥补措施赔偿被害人的实际损失与预期利益损失，既要从内幕交易出发精准测量行为损害从

〔1〕 判例参见Dura Phamaceuticals Inc.v.Braudo, 544 U.S.336, 343（2005）；我国台湾地区“台北地院”95年度矚重诉字第1号刑事判决。理论分析参见James C.Spindler, Why Shareholders Want Their CEOs to Lie More after Dura Pharmaceuticals, 95 *Georgetown Law Journal* 653（2007）。此外，根据我国台湾地区“证券交易法”第157条的规定，实施内线交易等行为，应当就当日善意从事相反交易方向的成交价格，与信息公开后10个交易日收盘平均价格之间的差额，承担损害赔偿责任。可见，一般认为10个交易日是信息充分被金融商品市场价格反映或者吸收的合理时间。

而确定民事罚款赔偿尺度，又要从被害角度出发计算利益损失以免出现赔偿金额上的不当得利（不包括惩罚性赔偿问题）。所以，在民事赔偿程序中精确量化内幕交易所兑现的重大未公开信息价值、在违法所得中排除非重大信息要素影响的部分符合其功能性要求，但这种量化判断的资源耗费与技术难题攻克投入并不根本性影响资本市场犯罪案件定罪处罚的法治功能，又平添司法成本，在刑事程序中显得必要性较低。在司法判断层面建构统一的规则，以信息公开后10个交易日市场平均价格作为认定内幕交易者未平仓金融商品违法所得的基准价格，不仅充分考量了内幕交易违法所得与重大信息之间的关联性，而且保证了拟制违法所得司法核定的便捷性与可操作性。

（三）内幕交易规避损失的拟制违法所得核定规则

基于重大未公开利空信息抛售金融商品规避风险的，由于只有信息披露之前的卖出行为而不存在做空交易中的买入回补行为，同样只能通过拟制信息公开后金融商品合理期限内的价格波动核定内幕交易的避损数额。

内幕交易规避损失核定公式为：抛售数额乘以基准价格后与抛售金额的价差。在宏盛科技内幕交易犯罪案件中，行为人在收到其丈夫上市公司宏盛科技董事长龙某生被公安机关刑事拘留的通知书后，于信息披露之前，指令宏普实业财务人员陈某君将持有的1000万余法人股抛售，交易金额约1.23亿元，平均出售价格约12.3元每股。利空信息披露当日宏盛科技股票开盘价10.88元每股。证监会出具的认定函表明，应当以利空信息公开后当日开盘价作为核定内幕交易违法所得的基准价格。辩方提出以信息公开当日收盘价11.68元作为基准价格。法院认为，宏盛科技将董事长龙某生被公安机关拘留的消息公告后，显然是明显的利空消息，该公司股票面临极大的下跌可能，而在公告当日股市开盘的时候宏普实业就具备了抛出宏盛科技股票规避损失的条件，所以要取该股公告当日的开盘价为规避损失的计算公式中的基准价，故中国证监会认定被告单位宏普实业规避损失额的基准价为开盘价，理由成立，辩护意见不予采纳。[1]

我国判例实践将利空信息发布当日开盘价格作为核定内幕交易规避损失基准价格是值得商榷的。开盘价格是开盘集中竞价这一特定时间阶段投资者

---

〔1〕 上海市浦东新区人民法院刑事判决书（2009）浦刑初字第1895号。

对上一交易日收盘后至开盘前的市场信息评估后的定价结论。即使利空信息是上一交易日收盘之后立即公布的，也只经过了非常有限的信息消化。由于开盘价格距离信息公开时间太短，市场价格实际上很难调整到位，以开盘价格作为核定内幕交易规避损失基准价格并没有充分地在经济上反映内幕信息与规避损失之间的对应关系。信息公布当日收盘价格毕竟经历了一个完整的交易日的价格竞争，相对于开盘价格而言更具合理性，但在市场是否有效且充分吸收利空信息问题上仍存疑。同时收盘价格本身就具有可操纵性，尾盘操纵在实践中并不少见。例如，中国证监会公布的市场操纵典型案例显示：2009年8月25日13时41分24秒至14时24分03秒，陈某生利用资金优势，大量申报买入"力合股份"股票，并反复多次使用了"拉抬股价，虚假申报"相结合的操作手法，先以比市场最后一笔成交价高几个价位的少量申报买入并成交，导致股价上涨，随即挂出大量低于同期市场价几个价位的买入申报，委托主要集中在第3档和第4档的位置，造成大单在低档位买入的假象，并在1分钟之内迅速撤单，14时24分35秒，"力合股份"开始涨停。之后，陈国生在涨停价反复买入申报并撤单造成买盘汹涌的假象，"力合股份"封住涨停直至收盘。[1]可见，一旦内幕交易者在收盘竞价阶段集中拉高金融商品收盘价格，完全可能出现利空信息完全没有在市场价格中予以反映的、受到人为控制的价格指标。利空信息发布前抛售规避损失的，仍然应当坚持以信息公开后10个交易日平均价格作为拟制内幕交易违法所得的基准价格。抛售金额减去信息公开后金融商品10个交易日平均交易价格乘以内幕交易者抛售量所得出的价差，构成内幕交易规避损失。

（四）内幕信息传递者的拟制违法所得核定规则

内幕信息传递过程中会出现"因泄露而获悉内幕信息人员或者被明示、暗示人员从事内幕交易的违法所得"，在这种情况下，内幕信息传递者尽管不是本人直接实施的内幕交易行为，但其目的仍然是从内幕信息价值中获得经济利益，只是信息价值的兑现是通过建议他人从事内幕交易或者向他人泄露内幕信息而使其从事金融商品交易，进而从他人的交易利益中谋取个人经济利益。因此，内幕信息传递者获取经济利益是拟制其内幕交易违法所得的实质

---

〔1〕 参见中国证监会行政处罚决定书（2011）10号；强燕：《揭露陈国生短线操纵股价手法》，载《新快报》2011年4月16日，第A3版。

判断要素。

内幕信息知情人员、非法获取人员从事相关金融商品交易获取的违法所得是直接交易利益。内幕信息知情人员、非法获取人员建议他人且被建议者实际从事相关金融商品交易，或者内幕信息知情人员、非法获取人员向他人泄露信息且信息受领人实际从事相关金融商品交易，如果被建议者或者信息受领人是行为人的近亲属、关系密切人的，违法所得可以推定为能够反馈给行为人，应当认定为获取个人经济利益。如果被建议者或者信息受领人是其他在内幕信息敏感期内的接触者、联络者，表面上是他人获取交易利益，但由于这种违法所得直接来源于内幕信息价值，内幕信息持有者通过传递信号或者泄露信息的方式使得他人从相关金融商品交易中获利，经济关系上的本质就是信息价值馈赠，法律行为上的本质是内幕交易利益的转移，与行为人自己从事内幕交易行为没有罪质差异，仍然应当解释为获取个人经济利益从而认定为违法所得。所以，内幕信息价值兑现为行为主体经济利益是解释内幕信息传递与使用行为责任边界的重要法律与经济要素。在被建议者、被泄露者本人没有基于重大未公开信息实施交易行为的情况下，仍然应当以内幕信息传递者是否获取个人经济利益为实质经济标准核定其内幕交易犯罪的违法所得。

笔者认为，内幕信息传递者所直接建议、泄露的对象本人没有从事知情交易，继续传递信息导致后续环节基于内幕信息实施金融商品交易的，在行为属性判断层面应当认定为内幕信息初始传递者从内幕信息经济价值中获取个人利益，属于《内幕交易犯罪解释》中规定的“导致他人从事与该内幕信息有关的证券、期货交易”[1]，但内幕交易违法所得数额应当以“出现交易行为的最前端信息传递层次”的获利或者避损金额为限。所谓“出现交易行为的最前端信息传递层次”，是指信息链条上具有直接传递与受领关系的层次，该层次中的信息受领人基于重大未公开信息实施交易行为，且在所有实施交易的行为主体中处于信息传递链条的最前端。将可归责于内幕信息初始传递者的内幕交易数额限制在“出现交易行为的最前端信息传递层次”，其法律与经济解释

---

〔1〕《内幕交易犯罪解释》第6条规定：“在内幕信息敏感期内从事或者明示、暗示他人从事或者泄露内幕信息导致他人从事与该内幕信息有关的证券、期货交易，具有下列情形之一的，应当认定为刑法第一百八十条第一款规定的‘情节严重’：(一)证券交易成交额在五十万元以上的；(二)期货交易占用保证金数额在三十万元以上的；(三)获利或者避免损失数额在十五万元以上的；(四)三次以上的；(五)具有其他严重情节的。”

上的合理性在于：一方面，内幕信息经济价值确实转化为知情交易利益。另一方面，纵然内幕信息初始传递者对于后续环节所有可能出现的知情交易难以形成确定与具体的风险认知，但至少对于其直接进行信息传递的对象这一层次的行为主体会实施内幕交易行为，存在明确的风险认识甚至是具有积极的主观希望。在直接的被建议者、被泄露者本身没有实施交易行为的情况下，用后续信息传递链条中实施知情交易行为的最前端层次违法所得数额替代信息初始传递直接对象这一层次，不仅在经济层面符合上述信息价值馈赠的解释原理，而且在刑法规范解释层面与主客观一致性规则相契合。

更为疑难的问题是，在部分内幕信息传递且直接受领人并未实施交易的案件中，内幕信息知情人员传递内幕信息的行为交织个人利益与上市公司利益——上市公司内部人员将重大未公开信息传递至证券分析师，使分析师在研究报告中根据内幕信息寻找基本面素材、撰写上市公司财务与经营分析、给出与信息内容指向吻合的评级意见。〔1〕购买研究报告的基金公司等通过相应的交易行为获取利益，上市公司因为活跃的交投满足了市值管理与证券标的流动性的实际需求，持有上市公司股份的内部人员也会因为市值提升而获取个人经济利益。尽管资本市场法律制度明确规定选择性信息披露属于泄露内幕信息违法行为，〔2〕但由于上市公司、证券分析师、重要资本市场交易者分别在信息传递中获利且该利益并未与内幕信息本身产生直接派生与兑现关系，导致内幕信息传递链条中难以进行刑事归责。尤其是上市公司内幕信息知情人员选择性信息披露导致的信息传递后续环节的知情交易，由于交织着个人利益与上市公司利益，在司法实践中往往无法认定信息传递者构成内幕交易犯罪。例如，在近年引发资本市场高度关注的著名医药行业研究员张某芳泄露内幕信息事件中，前中信证券首席分析师张明芳在微信群、朋友圈先于上市公司三天发布消息称：丽珠集团将公布管理层限制性股票加期权方案，随着股权激励的完善，未来三年业绩增速逐年加快，维持“增持”评级。〔3〕

〔1〕 松壑：《中证协念紧箍咒阻传“内幕信息”》，载《21世纪经济报道》2014年6月25日，第15版。

〔2〕《上市公司信息披露管理办法》第41条规定：上市公司通过业绩说明会、分析师会议、路演、接受投资者调研等形式就公司的经营情况、财务状况及其他事件与任何机构和个人进行沟通的，不得提供内幕信息。第66条规定：“任何机构和个人泄露上市公司内幕信息，或者利用内幕信息买卖证券及其衍生品种，中国证监会按照《证券法》第二百零一条、第二百零二条处罚。”

〔3〕 侯捷宁、乔志东：《证监会：张明芳等被立案调查》，载《证券日报》2014年6月21日，第A2版。

笔者认为,上市公司内幕信息知情人员通过选择性披露向证券分析师等资本市场特定中介服务机构专业人员传递内幕信息,只有在其纯粹为了实现上市公司商业利益时才能豁免内幕交易犯罪责任。内幕信息知情人员混同公司利益与个人利益而向证券分析师选择性披露重大未公开信息,资本市场参与者基于购买证券分析师研究报告获取内幕信息信号或者内容而实施相关金融交易的,内幕信息初始传递者基于内幕信息价值兑现的经济利益应当核定为内幕交易违法所得。例如,内幕信息知情人员持有上市公司股份,其向券商研究员泄露内幕信息后,基金公司在内幕信息尚未公开披露之前大量买入相关证券,导致公司股价提前上涨。尽管整个信息传递过程客观上也导致了市值增长等有利于上市公司的商业与财务结果,但内幕信息初始传递人员的个人经济利益能够被具体且精确地量化,即该证券在内幕信息泄露之后至公开之前的平均市场交易价格与信息泄露之前一个交易日的日平均市场价格之间的价差乘以其个人持有股份总数。这部分数额应当核定为内幕信息传递者的内幕交易犯罪违法所得。

四、小结

内幕交易违法所得是内幕信息经济价值的犯罪化实现。重大未公开信息价值转化为内幕交易者收益的过程,在经济上描述了内幕交易的行为机理,同时也在法律上指引了内幕交易犯罪司法判断的规则设计:

行为人基于内幕信息建仓,并且利用信息公开之后金融商品市场价格波动平仓获取交易利润的,应当按照实际利益司法计算方法认定内幕交易违法所得。无论内幕信息是利好信息还是利空信息,原则上都应当适用实际成交差额规则计算内幕信息通过内幕交易所实现的经济价值,即以建仓成本与平仓金额之间的价差认定内幕交易违法所得。但是,有充分证据证明内幕信息与交易所得无关或者资本市场中的其他介入因素影响了部分交易所得,则应当适用市场吸收规则,即在实际平仓价格中剔除内幕信息已经被资本市场全部吸收之外的价格水平,内幕信息公开后对金融商品市场价格产生影响的部分计入内幕交易违法所得,交易利润中并非基于内幕信息经济价值而产生的部分应予扣除。对于内幕交易过程中实际获取的股票分红,有证据表明这种交易利益直接源自内幕信息经济价值的,应当将股票分红数额计入内幕交易违法所得。

行为人基于内幕信息建仓，但在信息尚未公开之前就进行平仓或者在案发前全部或部分未平仓，或者行为人基于利空型内幕信息抛售金融商品规避损失——由于此类情形均不存在内幕信息公开之后的平仓价格，必须拟制内幕信息经济价值与内幕交易利益之间的对应性关系，从而核算内幕交易违法所得。内幕信息尚未公开之前，包括内幕交易建仓行为等在内的所有市场交易都可能在“解码”机制的作用下使内幕信息以非公开披露的方式对金融商品市场价格产生影响，市场价格符合异常波动量化标准的，应当将行为人于内幕信息形成之后、尚未公开之前的建仓成本与平仓金额之间的价差核定为内幕交易违法所得。内幕信息形成之后建仓的交易者在案发前全部或者部分未平仓的，应以内幕信息公开后10个交易日市场平均价格作为计算未平仓部分的内幕交易违法所得的基准价格，并将基准价格乘以案发前未平仓量所得出的持仓利益与建仓成本之间的价差核定为内幕交易违法所得。利空信息发布前抛售规避损失的，应当以内幕信息公开后10个交易日平均价格作为拟制内幕交易违法所得的基准价格，并将实际抛售金额与基准价格乘以内幕交易者抛售量之间的价差核定为内幕交易规避损失数额。内幕信息传递者对因泄露而获悉内幕信息人员或者被明示、暗示人员从事内幕交易的违法所得承担刑事责任；信息直接受领人没有基于重大未公开信息实施交易行为的，应以内幕信息传递者是否获取个人经济利益为实质经济标准核定其内幕交易犯罪的违法所得。内幕信息知情人员基于上市公司与个人利益的混同目的向证券分析师等选择性披露内幕，信息直接受领人没有基于内幕信息实施相关交易，但通过后续信息传递引发金融商品市场价格相应波动的，应将内幕信息影响期间持仓平均获利数额核定为内幕信息传递者的违法所得。

第四节　利用未公开信息交易罪法定刑的设置及适用

2014年12月，最高人民检察院针对马某利用未公开信息交易罪二审判决，以适用法律错误而导致量刑明显失当为由向最高人民法院提出抗诉。[1]2015年12月，最高人民法院在深圳第一巡回法庭对原审被告人马某利用未公开信息交易再审一案作出改判，认为利用未公开信息交易罪具有“情节严重”“情节特别严重”两档量刑情节，判处原审被告人马某有期徒刑三年，并处罚金人民币1913万元；违法所得人民币1912万余元依法予以追缴。[2]在该再审判决之前，刑法理论与实践中对于利用未公开信息交易罪是否如同内幕交易、泄露内幕信息罪一样具有“情节严重”“情节特别严重”两档量刑情节存在争议，最高人民法院再审马某案明确了这一疑难问题的刑法解释意见，统一了法律适用标准，对今后各级法院审理此类案件具有指导意义。[3]但是，该再审判决并没有解决与利用未公开信息交易罪法定刑有关的所有难题，特别是利用未公开信息交易罪司法解释的理论解释与实践应用问题。基于此，需要从司法解释的视角对利用未公开信息交易罪的定罪量刑数额标准进行反思并提出司法规则优化建议，以期对金融市场犯罪刑法解释方法的理论创新、司法实践的进一步完善有所裨益。

一、利用未公开信息交易罪法定刑设置的再解读

最高人民法院对于马某案再审判决的理论与实践价值在于其明确了：利用未公开信息交易罪与内幕交易罪应该具有相同的法定刑档次，即《刑法》第180条第4款（为《刑法修正案（七）》所增设）规定的利用未公开信息交易罪，同《刑法》第180条第1款至第3款规定的内幕交易、泄露内幕信息罪一样，存在“情节严重”和“情节特别严重”两个法定量刑档次。[4]

最高人民法院再审马某利用未公开信息交易案判决对于《刑法》第180条

---

〔1〕 马某利用其担任基金经理的职务而获取的未公开信息从事相关金融交易，累计交易量10.5亿余元，获取非法交易利润1883万余元。2014年3月，深圳市中级人民法院判决马某利用未公开信息交易“情节严重”，判处其有期徒刑3年、缓刑5年。2014年10月，广东省高级法院经二审维持原判，认为利用未公开信息交易罪只有“情节严重”一档法定刑，并未规定“情节特别严重”情形。2014年12月，最高人民检察院向最高人民法院抗诉。参见郑赫南：《“最大老鼠仓”案为何被三级检察机关抗诉》，载《检察日报》2015年2月15日，第2版。

〔2〕 刘婧：《最高人民法院对马某利用未公开信息交易案再审改判》，载《人民法院报》2015年12月12日，第2版。

〔3〕 李强：《依法再审改判　统一法律适用标准》，载《人民法院报》2015年12月12日，第3版。

〔4〕 具体到马某利用未公开信息交易案，这一问题是一审、二审以及最高人民法院再审判决的焦点问题。参见李强：《依法再审改判　统一法律适用标准》，载《人民法院报》2015年12月12日，第3版。

第4款利用未公开信息交易罪法定刑问题作出上述理解，其主要理由是：第一，从立法目的解释的角度分析，由于我国基金、证券、期货等领域中，利用未公开信息交易行为比较多发，行为人利用公众投入的巨额资金作后盾，以提前买入或者提前卖出的手段获得巨额非法利益，将风险与损失转嫁到其他投资者，不仅对其任职单位的财产利益造成损害，而且严重破坏了公开、公正、公平的证券市场原则，严重损害客户投资者或处于信息弱势的散户利益，严重损害金融行业信誉，影响投资者对金融机构的信任，进而对资产管理和基金、证券、期货市场的健康发展产生严重影响。为此，《刑法修正案（七）》新增利用未公开信息交易罪，并将该罪与内幕交易、泄露内幕信息罪规定在同一法条中，说明两罪的违法与责任程度相当。利用未公开信息交易罪也应当适用“情节特别严重”。第二，从立法文意解释的角度分析，《刑法》第180条第4款中的“情节严重”是入罪条款，即利用未公开信息交易罪属于情节犯，立法要明确其情节犯属性，就必须借助“情节严重”的表述，以避免“情节不严重”的行为入罪。本条款中“情节严重”并不兼具量刑条款的性质，刑法条文中大量存在“情节严重”兼具定罪条款及量刑条款性质的情形，但无一例外均在其后列明了具体的法定刑。《刑法》第180条第4款中“情节严重”之后，并未列明具体的法定刑，而是参照内幕交易、泄露内幕信息罪的法定刑，因此本款中的“情节严重”仅具有定罪条款的性质，而不具有量刑条款的性质。第三，从立法技术解释的角度分析，援引法定刑是指对某一犯罪并不规定独立的法定刑，而是援引其他犯罪的法定刑作为该犯罪的法定刑。《刑法》第180条第4款援引法定刑的目的是为了避免法条文字表述重复，并不属于法律规定不明确的情形。[1]

笔者认为，尽管上述最高人民法院再审马某利用未公开信息交易案的判决对《刑法》第180条第4款法定刑问题出具了详细的解释意见和论证理由，但是，这并不意味着在理论上对此问题没有进一步探讨的余地，特别是在以下几个方面仍然值得商榷。

其一，从社会危害性轻重角度分析，利用未公开信息交易罪与内幕交易、泄露内幕信息罪适用完全相同的法定刑并不妥当。

应该看到，《刑法修正案（七）》增设利用未公开信息交易罪，现行刑法尽

〔1〕 参见中华人民共和国最高人民法院刑事判决书（2015）刑抗字第1号。

管将其与内幕交易、泄露内幕信息罪配置在同一个条文中，但两者之间实际存在明确的规范界限。根据当时对《刑法修正案（七）》的权威解读，利用未公开信息交易罪与内幕交易、泄露内幕信息罪本质上的差异集中体现在两罪所对应的信息内容上的差异。内幕信息主要是围绕上市公司本身的信息，如公司的重组计划、公司高管人员的变动、公司的重大合同、公司的盈利情况等对该公司证券、期货的市场价格有重大影响、按照有关规定应及时向社会公开但尚未公开的信息。而"其他重大未公开信息"则主要是所在资产管理机构准备将客户资金投资购买哪只证券、期货的投资交易信息，一般属于单位内部的商业经营秘密，法律并未要求此类信息应当公开，不属于内幕信息的范围。[1]一般而言，内幕信息对于证券、期货市场价格的影响非常直接且巨大，"其他重大未公开信息"的价格影响性相对而言则较为间接且不如内幕信息如此显著。因此，利用内幕信息进行交易或者泄露内幕信息与利用未公开信息进行交易或者泄露未公开信息行为的社会危害性不可同日而语。我国刑法并没有一开始就将利用未公开信息交易行为规定为犯罪的原因，恐怕也在于此。就此而言，笔者认为，《刑法修正案（七）》增设的利用未公开信息交易罪与刑法原来规定的内幕交易、泄露内幕信息罪，因为社会危害性上存在较大的差异，它们在违法程度和责任程度上当然就不可能完全一致或者一定相当。所以，我们完全有理由认为，利用未公开信息交易罪与内幕交易、泄露内幕信息罪适用完全相同的两档法定刑并不妥当，也即利用未公开信息交易罪并非一定能当然适用内幕交易、泄露内幕信息罪中"情节特别严重"这一档法定刑。

其二，从立法原意角度分析，利用未公开信息交易罪与内幕交易、泄露内幕信息罪适用完全相同的法定刑并不妥当。

从刑法条文分析，《刑法》第180条第4款其实并没有明示性地规定利用未公开信息交易"情节特别严重"一定要适用内幕交易、泄露内幕信息罪"情节特别严重"的这一档法定刑。相反，利用未公开信息交易罪的条文明确规定的仅仅只有"情节严重"唯一一档法定刑，即"情节严重"应依照内幕交易、泄露内幕信息罪"情节严重"的法定刑档次处罚。从立法文意和立法技术的角度分析，我们似乎更能得出这一立法原意：即利用未公开信息交易罪其实是不存

---

〔1〕 参见黄太云：《〈刑法修正案（七）〉解读》，载《人民检察》2009年第6期。

在“情节特别严重”这一档法定刑的。

综观我国《刑法》分则条文，同利用未公开信息交易罪与内幕交易、泄露内幕信息罪在法条关系、条文结构、法定刑配置等内容上完全相同的，只有《刑法》第285条第2款非法获取计算机信息系统数据、非法控制计算机信息系统罪[1]与第3款提供侵入、非法控制计算机信息系统程序、工具罪。[2]非法获取计算机信息系统数据、非法控制计算机信息系统罪规定了“情节严重”“情节特别严重”两种量刑情节，位于同一法条后一款的提供侵入、非法控制计算机信息系统程序、工具罪的刑法条文也使用了“情节严重的，依照前款的规定处罚”的规范设计结构，并且在司法实践中出现过一定数量的提供侵入、非法控制计算机信息系统程序、工具罪案件适用“情节特别严重”法定刑档次的案件。[3]

但是，这里我们必须注意，与利用未公开信息交易罪适用法定刑不同的是，提供侵入、非法控制计算机信息系统程序、工具罪适用“情节严重”与“情节特别严重”两个档次的法定刑是存在相关的法律依据的：即2011年最高人民法院、最高人民检察院《关于办理危害计算机信息系统安全刑事案件应用法律若干问题的解释》(以下简称《计算机犯罪解释》)。该司法解释对提供侵入、非法控制计算机信息系统程序、工具罪明确规定了“情节严重”的入罪标准和“情节特别严重”的加重法定刑标准。[4]但是，令人遗憾的是，利用未公开信息

〔1〕《刑法》第285条第2款非法获取计算机信息系统数据、非法控制计算机信息系统罪规定：违反国家规定，侵入前款规定以外的计算机信息系统或者采用其他技术手段，获取该计算机信息系统中存储、处理或者传输的数据，或者对该计算机信息系统实施非法控制，情节严重的，处三年以下有期徒刑或者拘役，并处或者单处罚金；情节特别严重的，处三年以上七年以下有期徒刑，并处罚金。

〔2〕《刑法》第285条第3款提供侵入、非法控制计算机信息系统程序、工具罪规定：提供专门用于侵入、非法控制计算机信息系统的程序、工具，或者明知他人实施侵入、非法控制计算机信息系统的违法犯罪行为而为其提供程序、工具，情节严重的，依照前款的规定处罚。

〔3〕参见谢杰：《利用未公开信息交易罪量刑情节的刑法解释与实践适用》，载《政治与法律》2015年第7期。

〔4〕《计算机犯罪解释》第3条规定：“提供侵入、非法控制计算机信息系统的程序、工具，具有下列情形之一的，应当认定为刑法第二百八十五条第三款规定的‘情节严重’(一)提供能够用于非法获取支付结算、证券交易、期货交易等网络金融服务身份认证信息的专门性程序、工具五人次以上的；(二)提供第(一)项以外的专门用于侵入、非法控制计算机信息系统的程序、工具二十人次以上的；(三)明知他人实施非法获取支付结算、证券交易、期货交易等网络金融服务身份认证信息的违法犯罪行为而为其提供程序、工具五人次以上的；(四)明知他人实施第(三)项以外的侵入、非法控制计算机信息系统的违法犯罪行为而为其提供程序、工具二十人次以上的；(五)违法所得五千元以上或者造成经济损失一万元以上的；(六)其他情节严重的情形。实施前款规定行为，具有下列情形之一的，应当认定为提供侵入、非法控制计算机信息系统的程序、工具‘情节特别严重’：(一)数量或者数额达到前款第(一)项至第(五)项规定标准五倍以上的；(二)其他情节特别严重的情形。”

交易罪的司法适用则不存在任何法律依据。也即不仅在利用未公开信息交易罪的刑法条文中没有明确表述“情节特别严重”的规定，而且相关司法解释也没有对“情节特别严重”设置数额标准。

其三，从相对应犯罪刑法规定的法条关系分析，利用未公开信息交易罪与内幕交易、泄露内幕信息罪适用完全相同的法定刑并不妥当。

需要指出的是，与利用未公开信息交易罪对应的是内幕交易、泄露内幕信息罪，而与提供侵入、非法控制计算机信息系统程序、工具罪相对应的则是非法获取计算机信息系统数据、非法控制计算机信息系统罪。从罪名上分析，我们就不难看出，这两组相对应犯罪之间的法条关系并不完全相同。利用未公开信息交易罪与内幕交易、泄露内幕信息罪之间只存在交易、泄露行为所利用的信息内容不同的情况，并不存在行为方式或手段不同的情况。正如前述，“内幕信息”与“未公开信息”对证券、期货市场的影响颇有不同，采用同样的行为方式因利用的信息不同，其社会危害性差异很大，对两罪采用完全相同的两档法定刑标准可能并不完全符合罪刑相当原则。但是，提供侵入、非法控制计算机信息系统程序、工具罪与非法获取计算机信息系统数据、非法控制计算机信息系统罪之间则主要存在行为方式或手段不同的情况，而并不存在对象内容上的很大差异。不同的手段针对的均是计算机信息系统，其社会危害性似乎难分伯仲，对两罪采用完全相同的两档法定刑似乎也能说得过去。

总之，笔者认为，遵循罪刑法定原则中有利于被告人精神以及罪刑相当原则，从社会危害性程度、立法原意以及法条关系等角度分析，我们似乎应当对利用未公开信息交易罪是否具有“情节特别严重”这一法定刑档次作出更为审慎的理解。

当然，必须承认的是，最高人民法院已经通过再审判决的形式，针对《刑法》第182条第4款的法定刑问题，确立了利用未公开信息交易罪具有“情节特别严重”这一档法定刑的解释。刑事司法实践即使无奈也应当尊重并严格执行这一权威解释。但是，理论上对最高人民法院再审马某利用未公开信息交易案判决所存在的争议问题开展讨论，仍然有助于我们深度反思利用未公开信息交易罪的本质，并在司法实践中更准确地对利用未公开信息交易罪具体配置相应的法定刑，从而提出更为符合金融市场犯罪本质特征与实际情况的司法规则完善建议。

二、利用未公开信息交易罪"情节特别严重"数额标准确立的困境

在金融市场犯罪司法解释层面的量刑解释问题上，我们应该明确，利用未公开信息交易罪与内幕交易罪是否应该具有相同的起刑点和量刑数额标准。在内幕交易、泄露内幕信息罪的司法解释(《内幕交易犯罪解释》)明确量化规定内幕交易犯罪"情节严重""情节特别严重"的司法判断标准，[1]而利用未公开信息交易罪只有立案追诉标准规定"情节严重"的起刑点[2]却没有专门司法解释量化其"情节特别严重"判断规则的情况下，能否参照《内幕交易犯罪解释》的"情节特别严重"标准，即遵循相同的数额标准，在利用未公开信息交易犯罪案件中认定相关犯罪情节达到"情节特别严重"而不是"情节

---

〔1〕《内幕交易犯罪解释》第6条规定："在内幕信息敏感期内从事或者明示、暗示他人从事或者泄露内幕信息导致他人从事与该内幕信息有关的证券、期货交易，具有下列情形之一的，应当认定为刑法第一百八十条第一款规定的'情节严重'：(一)证券交易成交额在50万元以上的；(二)期货交易占用保证金数额在30万元以上的；(三)获利或者避免损失数额在15万元以上的；(四)3次以上的；(五)具有其他严重情节的。第7条规定：在内幕信息敏感期内从事或者明示、暗示他人从事或者泄露内幕信息导致他人从事与该内幕信息有关的证券、期货交易，具有下列情形之一的，应当认定为刑法第第一百八十条第一款规定的'情节特别严重'：(一)证券交易成交额在250万元以上的；(二)期货交易占用保证金数额在150万元以上的；(三)获利或者避免损失数额在75万元以上的；(四)具有其他特别严重情节的。"《追诉标准二》第35条规定："[内幕交易、泄露内幕信息案(刑法第第一百八十条第一款)]证券、期货交易内幕信息的知情人员、单位或者非法获取证券、期货交易内幕信息的人员、单位，在涉及证券的发行，证券、期货交易或者其他对证券、期货交易价格有重大影响的信息尚未公开前，买入或者卖出该证券，或者从事与该内幕信息有关的期货交易，或者泄露该信息，或者明示、暗示他人从事上述交易活动，涉嫌下列情形之一的，应予立案追诉：(一)证券交易成交额累计在50万元以上的；(二)期货交易占用保证金数额累计在30万元以上的；(三)获利或者避免损失数额累计在15万元以上的；(四)多次进行内幕交易、泄露内幕信息的；(五)其他情节严重的情形。"

〔2〕《追诉标准二》第36条规定："[利用未公开信息交易案(刑法第第一百八十条第四款)]证券交易所、期货交易所、证券公司、期货公司、基金管理公司、商业银行、保险公司等金融机构的从业人员以及有关监管部门或者行业协会的工作人员，利用因职务便利获取的内幕信息以外的其他未公开的信息，违反规定，从事与该信息相关的证券、期货交易活动，或者明示、暗示他人从事相关交易活动，涉嫌下列情形之一的，应予立案追诉：(一)证券交易成交额累计在50万元以上的；(二)期货交易占用保证金数额累计在30万元以上的；(三)获利或者避免损失数额累计在15万元以上的；(四)多次利用内幕信息以外的其他未公开信息进行交易活动的；(五)其他情节严重的情形。"

严重”。[1]

金融市场犯罪刑法理论与实务对上述第一个问题进行了较为深入的分析。[2]最高人民法院也通过马某利用未公开信息交易案再审判决作出了明确的法定刑问题解释——《刑法》第180条第4款规定的利用未公开信息交易罪应当参照该条第1款规定的内幕交易、泄露内幕信息罪的规定进行处罚，并认为从该罪的立法目的、法条文意及立法技术来看，应当适用第180条第1款的全部规定，即存在“情节严重”“情节特别严重”两个法定刑档次。[3]然而，对于上述第二个问题，还有与其具有密切关联的最高人民法院再审马某利用未公开信息交易案对既判的“老鼠仓”犯罪案件以及未来类似案件刑罚裁量的深远影响，目前似乎并没有更多纵深性的剖析与反思性的审视。最高人民法院有关马某利用未公开信息交易案再审判决的评判意见是：利用未公开信息交易罪“情节严重”应当参照《内幕交易犯罪解释》规定的“情节严重”标准。[4]笔者认为，尽管最高司法机关的判决意见已有定论，但追问利用未公开信息交易罪量刑解释规则的内在逻辑及其实践延伸效果，对于金融市场刑法制度而言则当然具有极为重大的理论与实践价值。从司法解释层面反思利用未公开信息交易罪法定刑问题在刑法解释论上的合理性，并通过法律与经济分析方法对利用未公开信息交易、内幕交易的行为实质进行深度分析，不仅能够有效化解下级法院既有判例体系与最高人民法院判例结论之间的冲突，而且能够为金融市场犯罪刑法司法解释提供符合法律与金融原理双重检验的完善建议。

最高人民法院再审马某案就利用未公开信息交易罪“情节特别严重”量刑标准问题确立了一项非常重要的法律与司法解释适用规则：由于《刑法》第

〔1〕 在最高人民法院再审马某利用未公开信息交易案中，审判长明确指出，关于“情节严重”和“情节特别严重”的认定，《内幕交易犯罪解释》将成交额250万元以上、获利75万元以上等情形设定为内幕交易、泄露内幕信息罪“情节特别严重”的认定标准，因此，利用未公开信息交易罪也应当遵循相同的标准。原审被告人马某利用未公开信息进行交易活动，累计成交额达人民币10.5亿余元，非法获利人民币达1912万余元，已远远超过上述标准，且在案发时属全国查获的该类犯罪数额最大者，参照《内幕交易犯罪解释》，马某的犯罪情节达到“情节特别严重”的程度，而不只是“情节严重”。参见刘婧：《“最大老鼠仓”案为何改判》，载《人民法院报》2015年12月12日，第3版。

〔2〕 参见古加锦：《利用未公开信息交易罪司法适用的疑难问题研究》，载《政治与法律》2015年第2期。

〔3〕 参见中华人民共和国最高人民法院刑事判决书（2015）刑抗字第1号；刘婧：《最高人民法院对马某利用未公开信息交易案再审改判》，载《人民法院报》2015年12月12日，第2版。

〔4〕 参见中华人民共和国最高人民法院刑事判决书（2015）刑抗字第1号。

180条规定利用未公开信息交易罪参照内幕交易、泄露内幕信息罪两档法定刑规定进行处罚，所以，尽管当前没有关于利用未公开信息交易罪“情节特别严重”认定标准的专门规定，利用未公开信息交易罪也应当遵循内幕交易、泄露内幕信息罪“情节特别严重”的量刑标准，即《内幕交易犯罪解释》规定的成交额250万元以上、获利75万元以上等情形应当认定为“情节特别严重”。〔1〕这一法律适用意见对于下级法院已生效的利用未公开信息交易案刑事判决似乎具有颠覆性的影响。

在《内幕交易犯罪解释》于2012年实施之后、最高人民法院再审马某利用未公开信息交易案之前，全国各个下级法院对大量利用未公开信息交易犯罪作出判决，其中绝大部分被告人实施的“老鼠仓”犯罪行为符合或者远超成交额250万元以上、获利75万元以上等“情节特别严重”的数额标准，但除了少数被认定为“情节特别严重”外，〔2〕相当数量的利用未公开信息交易犯罪行为都被认定为“情节严重”，其中不乏“老鼠仓”交易量过亿元、获利超千万元的案件。〔3〕证监会截至2014年年底的官方统计数据显示，涉嫌利用未公开信息交易的成交数额累计超过人民币10亿元以上有7例案件，老鼠仓非法交易利润超过人民币1千万元以上有13例案件，均被认定为“情节严重”。〔4〕尽管此类生效判

〔1〕 参见中华人民共和国最高人民法院刑事判决书(2015)刑抗字第1号。

〔2〕 原“中邮核心优势灵活配置基金”经理厉某超从2011年11月至2014年1月，利用所控制的10个证券账户与基金累计趋同交易金额达9亿余元，盈利近1700万元，构成利用未公开信息交易罪，情节特别严重，自首减轻处罚，被青岛市中级法院判处有期徒刑三年零六个月，并处罚金人民币1700万元。参见王海声:《基金经理建“老鼠仓”套利千万》，载《检察日报》2015年12月9日，第4版。

〔3〕 例如，李某利利用因担任交银施罗德公司投资决策委员会主席、投资总监及蓝筹基金经理的职务便利所获取的未公开信息，在交银施罗德公司旗下蓝筹基金、成长基金购买工商银行和建设银行股票的信息尚未披露前，先于或同期于交银施罗德公司买入工商银行、建设银行股票，累计成交额5226万余元，股票交易共计获利899万余元，同时分得股票红利172万余元，一审、二审认定其构成利用未公开信息交易罪，情节严重，判处有期徒刑四年，并处罚金1800万元，违法所得1071万余元予以追缴。参见上海市第一中级人民法院刑事判决书(2012)沪一中刑初字第114号；严晓蝶、李燕:《李旭利案终审:维持一审原判》，载《东方早报》2013年10月30日，第A32版。又如，张某勇在担任平安公司股票投资部投资经理负责股票投资部管理股票投资组合期间，使用其实际控制的刘某兰开设在中山证券的证券账户，先于或同期于其管理的股票组合买入或者卖出相同的上港集团等38只股票，累计趋同交易金额1.56亿余元，获利457万余元，法院认定其构成利用未公开信息交易罪，情节严重，判处有期徒刑一年九个月，缓刑一年九个月，并处罚金人民币四百六十万元。参见上海市第一中级人民法院刑事判决书(2015)沪一中刑初字第26号。

〔4〕 中国证券监督管理委员会:《证监会通报对利用未公开信息交易的执法工作情况》，http://www.csrc.gov.cn/pub/newsite/zjhxwfb/xwdd/201412/t20141226_265701.html，最后访问时间：2016年2月16日。

决都没有出现马某案一审、二审中明确认为利用未公开信息交易罪只有“情节严重”一档法定刑的适用《刑法》错误问题，[1]但相关判例中的犯罪数额均达到“情节特别严重”都按照“情节严重”所对应的成交额50万元以上、获利15万元以上等标准定罪量刑，实际上属于适用刑法司法解释错误（应当适用特定司法解释而不予适用），是不符合最高人民法院判决中明确阐释的司法判断规则（利用未公开信息交易罪数额标准参照《内幕交易犯罪解释》）的下级法院判决，同样构成适用法律错误。

最高人民法院在个案中对于利用未公开信息交易罪“情节特别严重”参照适用内幕交易犯罪司法解释量刑标准，既非法律规定，亦非司法解释，其本质上是最高司法机关对刑法及其司法解释适用的权威意见，或者说是一种适用法律的明确解释。最高审判机关的宪法地位决定了最高人民法院的判决是按照裁判时的刑法条文与司法解释所做出的权威法律意见。也就是说，从《刑法修正案（七）》新增利用未公开信息交易罪开始，本罪就具有“情节严重”“情节特别严重”两个法定刑档次，从《内幕交易犯罪解释》中的相关数额标准具体填充“情节严重”“情节特别严重”的量化指标之后，符合相关数额标准的利用未公开信息交易罪就应当分别被认定为“情节严重”“情节特别严重”。下级法院刑事判决文书将达到“情节特别严重”数额标准的利用未公开信息交易犯罪行为认定为“情节严重”，应当属于适用法律错误，并且明显造成法定刑从“处五年以上十年以下有期徒刑，并处违法所得一倍以上五倍以下罚金”下调至“处五年以下有期徒刑或者拘役，并处或者单处违法所得一倍以上五倍以下罚金”，显然属于量刑不当。

根据《刑事诉讼法》审判监督程序以及2012年最高人民法院《关于适用〈中华人民共和国刑事诉讼法〉的解释》第389条的规定，原判决、裁定认定事实没有错误，但适用法律错误，或者量刑不当的，应当撤销原判决、裁定，依法改判。在既有法律与司法解释框架没有出现变量的前提下，这意味着最高人民法院再审马某利用未公开信息交易案判例之前有相当数量的利用未公开信息交易罪生效判决都有必要进入审判监督程序重新审视其适用法律与量刑是否存在确有错误的问题。从此类判决文书脱离《内幕交易解释》数额标准直

〔1〕 参见广东省深圳市中级人民法院刑事判决书（2014）深中法刑二初字第27号；广东省高级人民法院刑事裁定书（2014）粤高法刑二终字第137号。

接将利用未公开信息交易额上亿元、获利上千万元的犯罪行为明确认定为“情节严重”从而造成法定刑下降一档的现实局面分析，撤销原判决（裁定）、依法改判的风险极高。刑法理论与实务基本上没有在最高人民法院再审判决之前预期到这一风险，没有充分评估最高人民法院可能的判决意见对既有下级法院判决体系的影响，在最高人民法院判决结果公布后也没有对这一问题作出及时反应。笔者认为，司法实践中最高人民检察院向最高人民法院抗诉案件的极度偶然性，以及利用未公开信息交易犯罪案件涉及金融刑法解释问题的高度复杂性，都是造成上述现象的原因。一方面，马某利用未公开信息交易案是最高人民检察院近年来提出抗诉的第一起金融类犯罪案件，[1]各方焦点均集中在再审判决结果本身，从而忽略了下级法院诸多已经生效的利用未公开信息交易罪判决在犯罪数额标准问题上形成的既有意见与最高人民法院再审判决之间的不一致和冲突。另一方面，利用未公开信息交易罪法定刑问题不仅覆盖传统刑法解释规则的运用技术，更需要综合金融实践、经济原理、法律判断等多种分析工具对利用未公开信息交易的行为机理作出全面的阐释。局限于传统刑法解释框架阐释利用未公开信息交易罪的法定刑配置、数额标准选择、与内幕交易犯罪司法解释关系等问题，即使法理论证过程与最后结论意见准确，其合理性与正确性也只能限定于刑法规范解释的形式范围之内，可能与金融市场实践和金融犯罪现实并不契合，甚至于陷入难以全面兼顾既有金融犯罪判例体系稳定性的困境。

既然揭示了一系列下级法院生效判决将交易量远超250万元、获利额远超75万元的利用未公开信息交易犯罪行为认定为“情节严重”存在适用法律错误、量刑不当的风险，就有必要通过行之有效的理论分析为金融刑事司法实践解决该困境提供应对方案。

如果选择对此类案件按照审判监督程序进行系统性的改判，将会严重撼动相当数量案件的刑事判决的权威性与刑罚执行的稳定性。利用未公开信息交易行为从被《刑法修正案（七）》规定为犯罪，到查处首例刑事案件，再发展至案件数额越来越大，实际上经历了一个并不短暂的过程，刑事司法对于利用未公开信息交易犯罪行为的认识也在不断完善与丰富之中。之所以有一批利

〔1〕 朱宝琛：《最高检重拳出击证券违法犯罪 加快审查起诉进度》，载《证券日报》2015年9月24日，第A1版。

用未公开信息交易案件刑事判决将交易量远超250万元、获利额远超75万元的犯罪行为认定为“情节严重”，显然表明当时司法实践中相对一致地认为相应犯罪数额规模的利用未公开信息交易行为更符合“情节严重”的刑罚水平，并且稳定地预期上级法院不会否定此类意见。由于多数被判处缓刑或者相对短期的自由刑，随着时间推进至2016年最高人民法院马某再审案判决时，这批利用未公开信息交易犯罪案件的刑罚实际上也已经基本执行完毕。以最高人民法院马某再审案判决之后的司法认知水平与金融市场环境重新审查这批生效判决，甚至将执行完毕的案件重新评估刑罚，实际上存在较大的合理性疑问。

同时，对所有下级法院已经生效的所有利用未公开信息交易罪判决进行全面审查，直接根据最高人民法院再审马某案中的利用未公开信息交易罪数额标准参照《内幕交易犯罪解释》的判决意见，将其中交易量超过250万元、获利金额超过75万元但被判决书明确认定为“情节严重”的案件，通过审判监督程序予以撤销，在单纯的刑法规范解释层面亦未必科学合理。从证监会已经披露的利用未公开信息交易犯罪案件信息来看，最低交易量累计也有300万余元，[1]无论是刑事案件还是行政案件，目前被查出的利用未公开信息交易行为无一例外都是超过《内幕交易犯罪解释》所规定的成交额250万元的数额标准。如果在利用未公开信息交易案件中直接适用《内幕交易犯罪解释》的犯罪数额标准，不仅存在“情节严重”标准及其法定刑被虚置的问题，就连行政处罚与刑罚的界限亦被抹去。

如果不对交易量超过250万元或者获利金额超过75万元但被判决书明确认定为“情节严重”的案件按照审判监督程序进行系统性处理，司法实践中只有一种操作路径可以在判例体系中协调下级法院生效判决与最高人民法院马某再审案判决的冲突，即尽快通过制定利用未公开信息交易罪司法解释的方式调高“情节严重”“情节特别严重”的犯罪数额标准。利用未公开信息交易犯罪行为当时参照《内幕交易犯罪解释》属于“情节特别严重”，如果根据调高数额标准后的全新的利用未公开信息交易罪司法解释属于“情节严重”，根据司法解释溯及力“从旧兼从轻”原则，应当适用新的司法解释，也就不需要

〔1〕 中国证券监督管理委员会：《证监会通报对利用未公开信息交易的执法工作情况》，http://www.csrc.gov.cn/pub/newsite/zjhxwfb/xwdd/201412/t20141226_265701.html，最后访问时间：2016年2月16日。

对这批案件进行系统性的变动。

这里需要明确的是，调高利用未公开信息交易罪“情节严重”“情节特别严重”数额标准的合理性究竟是什么？笔者认为，毕竟从现有的利用未公开信息交易罪起刑点来看，司法解释并未对利用未公开信息交易罪“情节特别严重”的加重法定刑适用《追诉标准二》中的利用未公开信息交易“情节严重”与《内幕交易犯罪解释》中的“情节严重”数额标准完全相同。按照既有的规范逻辑，在制定利用未公开信息交易司法解释时，也应当沿用当前的固定思维与数值范围，将利用未公开信息交易罪与内幕交易、泄露内幕信息罪的犯罪数额标准完全拉平。换言之，传统的刑法规范解释体系中并没有充足的证据支持对利用未公开信息交易罪的定罪量刑数额标准进行调高。笔者认为，利用未公开信息交易是一种违法犯罪行为，更是一种金融市场行为或者金融市场中的固有风险；利用未公开信息交易犯罪行为不仅是一种法律问题，更是一个金融问题。因此，有必要拓展分析视角，用更契合分析金融市场行为与金融问题的范式反思违法犯罪行为及其法律问题。通过制定司法解释对利用未公开信息交易罪“情节严重”“情节特别严重”数额标准进行科学设计与调整，其逻辑基础在于对本罪的实质进行准确的定性解释，并对采取何种幅度的数值标准界定量刑数额做出精准的量化分析。而法律与经济分析方法正是在法律规范与经济原理双重层面对利用未公开信息交易罪进行定性与定量的全面解释，是解决当前利用未公开信息交易罪司法实践困局的有效工具。

三、利用未公开信息交易罪数额标准的重构

既然利用未公开信息交易罪与内幕交易、泄露内幕信息罪一同设置在《刑法》第180条，那么两者在相当的法律与经济层面显然具有一定的共同属性（尽管两罪因不同信息对证券、期货市场影响不等，而导致社会危害性有很大差异）。金融市场刑法保护最为重要的内容在于信息效率与投资权益，故利用未公开信息交易罪与内幕交易、泄露内幕信息罪的实质共性内容也主要体现在这两方面。利用未公开信息交易犯罪行为利用的是基于委托人利益而产生的重大信息，谋取代理人的金融商品交易利润，这种利用完全可能损害委托人的投资权益；内幕交易犯罪行为利用的是应当向金融市场披露（但未披露）的重要信息，牟取内幕信息知情人员或者非法获取人员的金融商品交易利润，这

种利用也完全可能损害市场其他参与者的投资权益。

然而，利用未公开信息交易罪的法律实质与经济本质均表现为委托人与代理人之间的利益冲突，其与内幕交易、泄露内幕信息罪在干扰金融市场信息效率、侵害权益的具体对象、非法获取交易利润等层面的具体经济机理是截然不同的。对于利用未公开信息交易罪、内幕交易、泄露内幕信息罪、操纵证券、期货市场罪等金融市场犯罪而言，其经济机理特指行为人滥用信息、资金、资源等金融市场机制、非法获取交易利润、损害市场信息效率与投资者权益等金融行为及其结果的经济运行机制。干扰信息效率与损害投资权益的实质共性是对利用未公开信息交易罪与内幕交易、泄露内幕信息罪的“质”的界定，其决定了两罪共置于《刑法》第180条并适用完全相同的法定刑配置。而经济机理是对两罪的“量”的分解，行为机理的量化差异与经济模式的动态变形决定了两罪量刑数额标准的应然不同。

其一，信息属性、信息效率、信息价值上的经济机理差异。

作为内幕交易、泄露内幕信息罪行为对象的内幕信息，在属性上系与金融资产定价具有重要影响的内在信息。当这种内在信息通过上市公司或者其他金融商品发行主体的经济行为（如上市公司并购重组、业绩披露、产生重要营业收入、签订重大合同或者发生重大负债）注入金融市场，其对其他市场参与者提供的信息效率表现为揭示特定金融商品的内在价值。相应地，在信息价值层面，内幕信息的经济价值具体表现为向金融市场参与者提供一种分析当前金融商品市场价格与基础资产内在价值价差的评估依据。

作为利用未公开信息交易罪行为对象的未公开信息，即“内幕信息之外的其他重大未公开信息”，在属性上系与金融资产定价具有重要影响的外部信息。未公开信息是针对特定或者一组金融商品进行买入或者卖出的投资决策信息，主要表现为机构投资者的资金配置变动，例如，基金公司、证券公司自营部门、保险公司资本运作部门等机构账户交易相关证券。此类外部信息介入金融市场对其他投资者提供的信息效率集中体现在揭示特定金融商品的供求关系。在信息价值层面，未公开信息的经济价值体现在向金融市场参与者提供一种分析当前金融商品市场价格与供求关系引导下的近期价格之间价差的评估依据。

由此可见，内幕信息在属性、效率、价值上的内在性与直接性决定了其一旦公开将会对金融资产市场价格造成直接且大幅的波动，而"内幕信息之外的其他重大未公开信息"在属性、效率、价值上的外部性与间接性意味着其公开之后将会对金融商品市场价格造成间接、短期且相对有限的波动。所以，在干扰信息效率与投资权益损害程度相同的情况下，相对于内幕交易犯罪行为而言，实施利用未公开信息交易犯罪行为所配置的金融商品交易量势必要显著地更大。在非法交易利润相同的情况下，利用未公开信息交易犯罪行为所需要实施的次数显著更多。这也是利用未公开信息交易犯罪案件通常都表现为交易量动辄百万元、千万元甚至数亿元、非法获利百万元、千万元、行为实施期间长达数年、行为实施次数高达数十次的重要经济原因。

其二，侵害投资权益与非法交易利润上的经济机理差异。

金融市场中的投资者对于内幕信息具有积极与消极两种权益，前者是指在符合信息披露的条件下，上市公司应当及时向市场公开该重大信息，后者是指在应当予以保密的阶段中，内幕信息知情人员应当保守秘密且戒绝基于该重大信息的相关金融商品交易。内幕交易、泄露内幕信息罪侵犯了金融市场投资者享有的上述积极与消极权益。[1]通过内幕交易犯罪行为获取的非法利润的对价实际上就是相关金融商品投资者的权益以及金融市场信息效率的干扰。

金融市场中的机构投资者及其客户对于资产管理过程中形成的投资决策信息享有排他性权利，履行资产管理职责的经理人（代理人）应当基于委托人的利益从事相关金融交易。代理人利用该重大未公开投资决策信息实施利己交易尽管未必直接侵害委托人利益，且即使在侵害实践中也往往难以对之进行量化，但代理人与委托人之间客观上形成了利益冲突，这便是对委托人投资权益的间接侵害。信息利益冲突同时也构成了利用未公开信息交易犯罪行为获取的非法利润的对价。

所以，利用未公开信息交易罪与内幕交易、泄露内幕信息罪的经济机理存在实质性差异，在相同量级（交易量、获利）的条件下，其社会危害性程度（对金融市场效率的干扰水平）较之于内幕交易、泄露内幕信息罪而言显著更轻，对其判处的刑罚强度应当显著更轻。由此推理，在刑罚强度配置（法定刑）相

---

〔1〕 Zohar Goshen and Gideon Parchomovsky, "On Insider Trading, Markets, and 'Negative' Property Rights in Information", 87 *Virginia Law Review* 1229, 1230 (2001).

同的条件下，利用未公开信息交易罪的量刑数额标准（交易量、获利）应当较之于内幕交易、泄露内幕信息罪而言显著更高。

通过利用未公开信息交易罪进行法律与经济分析，并在此基础上的对利用未公开信息交易、内幕交易的经济机理进行深度对比，我们可以看到，干扰金融市场信息效率、损害投资权益达到"情节严重"或者"情节特别严重"从而对应两个不同档次的法定刑，利用未公开信息交易罪相对于内幕交易、泄露内幕信息罪而言其所应当符合的数额标准应当显著更高。司法解释在处理交易量与非法交易利润这两个颇为重要的量刑指标时应当采用更具技术含量且更吻合金融行为经济机理的差异化处理。笔者建议，司法解释制定利用未公开信息交易罪"情节严重""情节特别严重"的交易量、非法交易利润等量刑数额标准时，应当认可法律与经济分析方法对利用未公开信息交易的罪量和经济机理的解释，并对业已形成决定的利用未公开信息交易行政处罚案件、进入刑事追究程序或者判决生效的刑事案件予以量化分析，归纳涉案利用未公开信息交易违法犯罪行为所对应的交易量与非法获利数额两项最为重要数值的中位数，选取合理的整数值后将之设定为"情节严重"的量刑标准。

表1　利用未公开信息交易案件数据统计

单位：元

编号	性质	行为人	交易量	获利额	编号	性质	行为人	交易量	获利额
1	行政	吴某永	2123万	315万	21	刑事	张某勇	1.5亿	457万
2	刑事	邹某	399万	181万	22	刑事	牟某宁	1亿	500万
3	行政	钟某婧	324万	8万	23	刑事	牟某东	2.1亿	538万
4	行政	黄某	未披露	5万	24	刑事	姚某某	17亿	617万
5	行政	刘某	未披露	13万	25	刑事	郝某	3.1亿	762万
6	行政	唐某	182万	29万	26	刑事	邓某祥	7亿	854万
7	刑事	韩某	364万	30万	27	行政	张某	未披露	940万
8	行政	涂某	未披露	37万	28	刑事	夏侯某浩	7037万	957万
9	刑事	季某波	5460万	53万	29	刑事	张某	23亿	1000万
10	行政	王某敏	未披露	150万	30	刑事	李某利	5226万	1071万
11	刑事	王某松	1483万	157万	31	刑事	郑某	4638万	1242万
12	刑事	钱某	1亿	160万	32	刑事	罗某萍	1.7亿	1300万
13	刑事	林某彤	2.5亿	185万	33	刑事	欧某韬	9.3亿	1594万

续表

编号	性质	行为人	交易量	获利额	编号	性质	行为人	交易量	获利额
14	刑事	程某	6900万	207万	34	刑事	杨某	10亿	1600万
15	刑事	许某茂	9500万	209万	35	刑事	厉某超	9亿	1700万
16	刑事	杨某卿	1亿	222万	36	刑事	马某	10亿	1800万
17	刑事	魏某波	1亿	273万	37	刑事	张某	8.4亿	1941万
18	刑事	欧某林	1亿	289万	38	刑事	陈某民	18亿	2826万
19	刑事	蒋某	1.8亿	315万	39	刑事	张某民	13亿	2861万
20	刑事	刘某华	1.6亿	400万	40	刑事	苏某	7.3亿	3652万
交易量中位数					1亿				
获利中位数					428.5万				

从对现有的公开信息与法律文书（行政处罚决定、刑事判决书）进行统计与计算（见表1），利用未公开信息交易量的中位数为1亿元，合理取整后仍然为1亿元。非法获利中位数为428.5万元，根据经济与金融犯罪司法解释中常见的整数100万元、250万元、500万元等数值，合理取整后为500万元。因此，建议司法解释采用累计成交额1亿元、非法获利500万元作为利用未公开信息交易罪“情节严重”的量刑数额标准。同时，参考《内幕交易犯罪解释》中“情节特别严重”5倍于“情节严重”的指标，建议将利用未公开信息交易罪“情节特别严重”的量刑数额标准设定为累计成交额5亿元、非法获利2500万元。

对于上述利用未公开信息交易罪量刑数额标准可能存在的一种疑问是，司法解释规定的起刑点与法定刑提升数额标准很高，客观上导致司法机关对利用未公开信息交易罪的惩治力度下降。这种质疑的长期存在实际上也是内幕交易、市场操纵等金融市场犯罪的定罪量刑标准多年来被司法解释、追诉标准固定在很低的数值幅度范围的主要因素。应当看到，相对于《内幕交易解释》所规定的“情节严重”“情节特别严重”而言，上述统计数据依托下的建议标准显著较低。然而，脱离统计数据所揭示的、金融市场中客观表现出来的利用未公开信息交易违法犯罪实际情况，强行通过司法解释设定一个很低的定罪量刑标准，将会造成法不责众、“情节严重”量刑情节虚置、“情节特别严重”这一加重量刑情节在司法实践中难以被严格执行，最终导致利用未公开信息交易罪定罪量刑体系的紊乱。所以，基于法律与经济分析框架下利用未公开信息交易罪的经济机理，根据金融市场犯罪行为的真实数据，合理设定利用未公开信息交易罪量刑指标，一方面能够更为有效地厘定金融市场违法行为与刑事犯罪行为的量化边界、协调“情节严重”“情节特别严重”的刑罚裁量体系；另一方面可以将定罪量刑数额标准提高后作为非刑事处理的利用未公开信息交易案件转由行政处罚与民事赔偿程序解决，积极发挥行政程序对利用未公开信息交易行政违法者予以经济处罚、市场禁入的监管功能，同时通过更为务实的经济赔偿手段落实民事诉讼对于利用未公开信息交易被害人（被侵权人）的补偿功能。量刑均衡且具有实际震慑效果的刑事处罚，加之行政监管与民事赔偿的协调配合，更有助于优化利用未公开信息交易违法犯罪行为的惩治效率。

综上所述，笔者认为，最高人民法院再审马某案的判决明确了利用未公开信息交易罪具有“情节严重”“情节特别严重”两种量刑情节及其对应的法定刑配置。但在目前没有利用未公开信息交易罪司法解释的情况下，直接参照《内幕交易犯罪解释》规定的数额标准作为利用未公开信息交易罪“情节严重”的起刑点与“情节特别严重”的加重法定刑标准，并不符合利用未公开信息交易罪的法律实质与经济特征。利用未公开信息交易罪与内幕交易、泄露内幕信息罪在经济机理上具有完全不同的表现特点。通过跨学科的法律与经济分析以及符合金融市场犯罪实际情况的实证调查，制定司法解释重新规定利用未公开信息交易罪“情节严重”“情节特别严重”的数额标准，是指导司法机关在办理金融市场犯罪案件过程中准确进行量刑的可行路径。在利用未公开信息交易罪的定罪量刑数额标准的具体数值设计上，建议将“情节严重”这一起刑点的主要犯罪数额标准设定为累计交易量1亿元以上或者非法获利500万元以上，“情节特别严重”这一加重法定刑的主要犯罪数额标准设定为累计交易量5亿元以上或者非法获利2500万元以上。

第四章　金融犯罪刑法学前沿问题研究

第一节　伪造、变造金融票证罪疑难问题刑法分析

时下，市场经济活动已进入高度信用时代，作为金融活动媒介的金融票证被广泛使用并在经济活动中发挥着越来越显著的作用。金融票证的真实性直接决定了其信用度，更直接影响到金融活动能否正常有序地进行。为维护金融票证的公共信用，国家采取了一系列制度并颁布涉及金融管理活动的有关法律法规。伪造、变造金融票证正是一种无视法律法规的禁止性约束、破坏国家金融管理秩序、扰乱正常金融活动的严重危害社会的行为。

我国1979年《刑法》第123条曾规定有伪造有价证券罪这一罪名，受当时的经济体制限制，这一名所包含的内容仅限于伪造支票、股票、其他有价证券等行为。随着市场经济体制的建立和金融业的快速发展，尤其是票据法的颁布实施、信用卡使用范围的扩大和金融业务领域的拓展与深入，金融票证的适用面越来越宽，使用频率越来越高，利用金融票证违规操作、实施危害社会尤其是危害金融管理活动的现象亦越来越多。为维护金融票证的真实性、有效性和便宜性，净化、规范金融领域，1995年6月30日全国人大常委会通过颁布《关于惩治破坏金融秩序犯罪的决定》确立了伪造、变造金融票证罪。其第11条明确将原刑法规定的伪造对象扩大至本票、委托收款凭证、汇票凭证、信用证或者附随时的单据、文件、信用卡等，并将变造金

融票证的行为纳入其中。我国1997年《刑法》基本沿用了该决定规定的内容，只是对原决定中伪造、变造金融票证罪的附加刑作了一些调整，并将单位纳入伪造、变造金融票证罪的犯罪主体之中。

一、"伪造票据"行为的认定

我国票据法中将汇票、本票、支票统称为票据。根据票据法的规定，汇票是出票人签发的，委托付款人在见票时或者在指定日期无条件支付确定的金额收款人或者持票人的票据。本票是出票人签发的，承诺自己在见票时无条件支付确定的金额给收款人或者持票人的票据。支票是出票人签发的，委托办理支票存款业务的银行或者其他金融机构在见票时无条件支付确定的金额给收款人或者持票人的票据。

《刑法》第17条明确将伪造汇票、本票、支票的行为列为伪造、变造票证罪的第一项内容。我国刑法中涉及伪造的犯罪有许多，理论上一般认为，伪造作为一种犯罪行为，是指对刑法特别保护的对象进行仿制或假造的行为。根据刑法规定，凡是伪造货币、有价证券、票据、信用卡、其他金融凭证、文书、证件、印章等刑法保护的特定对象，分别构成有关犯罪。但是，在大陆法系刑法理论中，伪造是一个内涵与外延都极为丰富的概念。一般认为，没有制作权限的人冒用他人名义实施制作行为或者虽有制作权限的人冒用他人名义实施制作行为，成为有形伪造；虽有制作权限但是超越权限范围擅自实施制作行为成为无形伪造。狭义伪造仅指有形伪造；广义伪造包括有形伪造和无形伪造。

应该看到，我国刑法所规定的伪造行为实际上可以分为形式伪造和内容伪造两种形式。所谓形式伪造，是指对有价证券或者文书证件外观形式的非法仿制；所谓内容伪造，则是指对有价证券或者文书证件实质内容的非法填写。分析我国刑法中涉及伪造的犯罪，我们不难发现，有的伪造犯罪只要实施形式伪造就能构成，无须实施内容伪造，例如伪造货币，只要对真实货币的外观形式进行仿制，就可成立犯罪，因为对于货币来说，货币的内容直接包括在货币的形式中；又如伪造印章，只要对他人印章的外观形式进行非法仿制，也就构成犯罪，因为印章的内容也是直接包括在印章的形式中。有的伪造犯罪无须实施形式伪造，只能通过内容伪造实施。譬如在合法印制的空白票据、证件上面进行非法填写。由于空白票据或者证件是合法印制的，所以并不存在形式伪造问题，这类伪造行为实质在于内容伪造，无权填写的人未经权利人的许可填写签章和有权填写的人超越权限填写签章，其填写签章的内容都是违法的，构成内容伪造。还有一类伪造犯罪既要实施形式伪造又要实施内容伪造。譬如伪造信用卡，传统理论上认为，由于信用卡具有明显的权属特征，一张没有权利人的信用卡是没有意义的，对于伪造信用卡犯罪来说，不仅需要形式伪造，仿制某种信用卡的外观形式；而且需要内容伪造，亦即需要在信用卡磁条上输入权利人的信息。因为伪造对象性质的不同，伪造行为的构成也不同。

那么，伪造票据行为中的伪造是形式伪造还是内容伪造呢？对于这一问题，我国理论界和实务界争议较大，具有代表性的观点主要有：第一种观点主张，票据伪造是指行为人仿照真实的票据形式、图案、翻色、格式、质地，通过印刷、复印、绘制等手法，非法制作以上票据的行为。〔1〕第二种观点认为，票据伪造是指行为人假冒他人在票据上为一定的票据行为，包括出票、背书、承兑和保证行为等。〔2〕第三种观点认为，刑法上的票据伪造是指包括外观上的非法仿制和内容上的非法填制行为。〔3〕第四种观点认为，票据伪造，是指依照真实的汇票、本票或者支票的形式、图案、颜色、格式等通过印刷、复印、拓印、绘制等制作方法非法制造以上票据的行为，或者假冒他人的名义在票据上为一定票据行为的行为。〔4〕

笔者认为，上述四种观点实际上是从不同侧面对票据伪造下了定义，分析这些定义，不难发，其中第一种观点认为票据伪造是对票据外观形式的伪造，强调票据伪造是形式伪造，从而忽视了内容伪造，似乎很难说得通；第三种观点与第四种观点并没有本质的区别，认为票据伪造不仅包括票据形式（格式）的伪造，也包括票据内容的伪造，虽有一定道理，但仍然存在明显的缺陷。如果从票据伪造角度来看，上述第二种观点似乎较为科学正确，因为这一定义揭示了刑法上的票据伪造行为的实质。

其实，无论从票据法还是从刑法的角度进行分析，票据伪造不包括形式伪

〔1〕 郎胜：《关于惩治破坏金融秋序犯罪的决定（释义）》，中国计划出版社1995年版，第74页。
〔2〕 赵秉志：《金融作编罪新论》，人民法院出版社2001年版，第71页。
〔3〕 刘华：《票据犯罪若干问题研究》，载《法学研究》2000年第6期。
〔4〕 王作富：《刑法分则实务研究》，中国方正出版社2001年版，第569页。

造，只能是内容伪造。票据伪造，在英语中称false signature，直译为“虚假签名”，是指假冒他人的名义为票据行为。[1]可见，票据伪造实为伪造他人签章、签名的行为。这是因为，票据是个别发行的证券，它的伪造特指票据上签章、签名的伪造。与其他集中发行的有价证券（如债券和股票）的伪造有较大的区别，票据的伪造有其特殊性。就其他诸如债券等有价证券而言，其伪造通常表现为外观形态的伪造，亦即采用一定的技术手段，做出与真实债权的形状、色彩、图案等相同或者相近的外观形，从而达到伪造的目的。这种伪造的结果是形成了伪造债权这一自身虚假且在任何情况下均属无效的虚假有价证券。而票据的伪造，虽然也可能存在票据外观形态的伪造的情况，但如仅仅伪造出了票据的形状、色彩、图案等外观形态，只能说是伪造了票据用纸，本质上不可能带来票据权利。也即这种情况下的伪造，尚未形成有价证券，因而也不可能认为这是伪造了票据。只有在票据用纸上进行记载、完成签章、签名，才能认为是伪造了票据。因而可以说，票据的伪造，其结并不在于形成了伪造票据这一假有价证券，而在于形成了由伪造签章、签名构成的虚假票据行为。

理论上有人将形式伪造称为非法仿制行为[2]，是指对真实有效的汇票、本票和支票非法模仿制造的行为，其特点是：其一，违反票据印制管理规定仿制票据。根据中国人民银行的规定，银行汇票、商业汇票、银行本票、其他支票一律由中国人民银行总行制定统一格式、联次、颜色、规格，并在指定厂家印制。所以，没有中国人民银行授权许可而印制票据的，即为非法。可见非法仿制我国票据是指未经中国人民银行授权或者许可而擅自模仿制作票据的行为。其二，按照真实有效的票据进行外观仿制。票据外观要素包括尺寸、形状、图案、颜色、格式、质地等项。票据仿制手法主要是指印刷、复印、绘制、照相。其三，所制造的票据本身是虚假的，没有票据法律效力。正因如此，笔者认为，非法仿制票据（确切地讲是票据用纸）实际上是票据格式的伪造。

从我国现行法律分析，票据格式的伪造者并不当然承担民事、行政和刑事等法律责任。例如，我国票据法规定：伪造票据上的签章和其他记载事项的，应承担法律责任，而没有规定伪造票据格式也应依据票据法承担法律责任。分析票据法的规定，我们不难得出伪造票据格式并不当然承担法律责任的结

---

〔1〕赵新华：《票据法问题研究》，法律出版社2002年版，第231页。

〔2〕刘华：《票据犯罪研究》，中国检察出版社2001年版，第121页。

论。正如有学者指出的，票据是一种设权证券，票据权利的产生必须首先作成证券，在证券作成以前权利不存在，票据权利是在票据作成的同时才发生的。没有票据，也就没有票据上的权利。而票据的作成由两个环节构成：一是票据的制作；二是出票人在票据上签章。由此决定，行为人仿照真实的票据非法制作票据的行为，并非票据的创设，自然也就无所谓票据法意义上的票据。[1]由于具体票据行为各异，理论上有人将票据伪造分为广义票据伪造和狭义票据伪造。狭义的票据伪造是指假冒出票人的名义而为出票行为，故又称出票的伪造；广义的票据伪造则不仅包括狭义的票据伪造行为，还包括假冒他人名义而为的背书、承兑、保证等其他票据行为。从上述定义中，我们可以看到，无论广义还是狭义的票据伪造，它们的共同之处在于都有伪造他人签章、签名的行为，由此也可以看出，法律上票据伪造行为实际上是针对内容伪造而言的。

应该看到，我国现行刑法有关伪造票据行为虽然包含有伪造汇票、本票、支票，伪造委托收款凭证、汇款凭证、银行存单等其他银行结算凭证等行为，但这里的伪造显然应该以票据法中规定应承担法律责任的伪造内容为依据。这是因为，票据犯罪当然应该建筑在票据违法的基础之上。既然票据法并未将伪造票据格式的行为纳入违法范围之中，那么，非法仿制票据的行为也不可能成为伪造票据犯罪行为内容的应有之义。

总之，笔者认为，法律上票据的含义是指已经设定了权利的证券，因此，伪造票据行为当然应该只包括能设定权利的内容伪造，而不能包括仅仅只是非法仿制票据用纸的形式伪造。需要指出的是，这里所谓票据内容伪造，在程度上票据法和刑法并无要求。也即在伪造票据时，对于相关的记载事项填写是否完整，并不影响伪造票据行为性质的认定。不管是记载事项完整的伪造票据，还是记载事项欠缺的伪造票据，只要行为人将其作为真实有效的票据，均可认定为伪造票据的行为。当然，票据上的印鉴是否齐全，签名是否清楚、相似，对于认定伪造票据行为也不应该有影响。

二、“变造票据”行为的认定

理论上一般认为，所谓变造金融票据，是指行为人针对真的汇票、本票、支

---

〔1〕 田宏杰：《票据诈骗罪客观行为特征研究》，载《中国人民公安大学学报》2003年第3期。

票等金融票据，采取挖补、拼接、翻凑、涂改等方法进行加工处理，制造数量更多或票面价值更大的金融票据。由这一定义分析，所谓变造必须以真正的金融票据为基础。例如，时下司法实践中较多存在的，在真正的金融票据上将原有填写笔迹经化学药水消退后，并重新填写票据金额的行为，即属于变造金融票据。

应该看到，理论上对于票据变造的内涵，存在有许多不同的观点：有人认为，票据的变造，是以行使票据权利义务为目的，没有变更权限的人变更票据上除签章之外的其他记载事项的违法行为。〔1〕有人则认为，票据变造，是指无票据记载事项变更权限的人，对票据上记载事项加以变更，从而使票据法律关系的内容发生改变。票据变造的对象仅限于票据记载，而不包括签章。〔2〕还有人认为：票据变造，是指在有效票据上，非法变更票据上签章以外的记载事项的行为。票据变造的前提是该票据在变造之前必须为形式上的有效票据，而在变造后仍须为形式上的有效票据。〔3〕

笔者认为，上述几种观点主要分歧在于：票据变造是否以行使票据权利为目的以及票据变造是否以票据在形式上为有效票据为前提。笔者赞同上述第一种观点，即认为刑法上的票据变造应以行使票据权利为目的，且票据变造并不以票据在形式上为有效票据为前提。理由是：

其一，尽管我国票据法上并未对票据变造作主观要件上的特别要求，即无论变造人是故意还是过失，也不论变造人有无行使票据权利的目的，只要在客观上使票据记载变更，都不妨碍变造的发生。在通常情况下，变造多是利害关系人为获取不法利益而故意为之，如持票人变更汇票金额向付款人为承兑之提示，但过失地涂抹或者利害关系人以外的其他人恶意地变更，也可能导致票据法律关系的内容发生变动，对这类情况也不排除票据变造的适用。但是，这并不意味着我国刑法中对变造票据也没有主观上的要求。笔者认为，刑法上的变造票据的行为人主观上应该以行使票据权利为目的。因为，从我国刑法规定看，无论是伪造、变造金融票证罪、还是票据诈骗，均为故意犯罪，而且从法理上分析，这种故意应该是直接故意。因过失涂抹或者利害关系人以外的

〔1〕 王小能：《票据法教程》，北京大学出版社2001年版，第94页。

〔2〕 赵新华：《票据法问题研究》，法律出版社2002年版，第372页。

〔3〕 纬晓峰：《票据作编罪客体及客观方面研究》，载《中国刑事法杂志》2001年第3期。

其他人恶意的变更并不属于刑法上的票据变造。笔者主张变造票据构成犯罪的，行为人必须以行使票据权利为目的，主要是为了限制变造行为构成犯罪的犯罪圈扩大，如果没有这种主观上要求，完全可能导致变造票据行为犯罪化无限扩大的结果。

其二，从票据法的规定以及票据原理分析，票据变造并不要求票据在变造前必须是形式上有的票据。票据变造并不仅限于票据记载变更前后票据均为形式上有效的情况，由于票据记载的变动，使无效票据转化为有效票据，或者有效票据转变为无效票据，都属于票据变造，据此可以将票据变造分为三类：第一，完全票据经变造仍然为完全票据；第二，完全票据经变造成为不完全票据；第三，不完全票据经变造成为完全票据。〔1〕票据变造并不要求票据记载变更前后票据均为形式上有效的票据，变造前票据可以是无效票据，经变造成为有效票据。例如，行为人张某完成某厂委托承建的一项工程后，该厂为其开出了一张面额为30,800元的转账支票。张接过支票一看，支票上公章、私章都很齐全，但只填写了小写钱数30,800元和费用名称、对方科目三个项目，别的什么都没填。回家后，张用漂白液漂去了支票上的字迹，带着支票到银行，让工作人员帮其填了一张金额为830,800元的支票，并先后5次将钱从银行提走。行为人所实施的便是一种变造票据的行为。〔2〕在本案中，张某变造前的票据是无效票据。票据是要式证券，票据的制作，必须依票据法规定方式进行。票据上记载的文义，也必须在票据法规定的范围内，才发生票据法上的效力。票据上的记载事项有应当记载事项和可以记载事项。就前一类记载事项，当事人在票据上必须记载，否则其票据即归无效，除非票据法另有规定。根据我国票据法规定：票据金额属于必须记载的事项，而且必须以中文大写和数码同时记载，二者必须一致，二者不一致的票据无效。本案中的票据只用数码记载了金额，本属无效票据，但经过张某的变造，使原来无效的票据变成了有效的票据。根据对本案的分析，可以说票据变造并不要求票据记载变更前后票据均为形式上有效的票据。

综上所述，笔者认为，票据的变造，是指以行使票据权利义务为目的，没有变更权限的人变更票据上除签章之外的其他记载事项的违法行为。根据这一

---

〔1〕 赵新华：《票据法问题研究》，法律出版社2002年版，第374页。

〔2〕 王晨：《诈骗犯罪研究》，人民法院出版社2003年版，第126页。

定义，以下几种情况不能视为票据的变造：其一是依法有变更权限的人所作的变更，这是因为有变更权限的人所作的变更不会产生对他人票据权利的侵害；其二是变更票据的签章，因为依据票据法原理，变更票据签名属于票据的伪造行为；其三是在空白票据上进行填充，因为严格地讲，只有变更票据事项的行为后足以使票据权利的内容发生变化，才能称为票据的变造，由于空白票据并没有设定票据权利，因此，对空白票据进行填空实际上已经不存在有变造的内容。

由此，笔者认为，伪造票据行为和变造票据行为的最大区别在于：伪造票据是非法的原始创设票据权利的行为，即伪造票据行为的实质在于设立票据权利；而变造票据是没有变更权限的人在真实的票据基础上，非法更改票据记载内容从而改变票据权利内容的行为，即变造票据行为的实质在于改变已经设立的票据权利之内容。

三、伪造信用卡行为的认定

应该看到，刑法中涉及信用卡犯罪中的信用卡与金融业务中的信用卡含义并不完全一致。根据2004年12月29日全国人大常委会有关刑法规定的“信用卡”含义的立法解释，刑法规定的“信用卡”，是指由商业银行或者其他金融机构发行的具有消费支付、信用贷款、转账结算、存取现金等全部功能或者部分功能的电子支付卡。由此可见，刑法规定的信用卡含义要远远大于金融业务中信用卡的含义。据此，笔者认为，我国刑法中伪造信用卡犯罪中伪造的对象应该是由金融机构发行的包括贷记卡、借记卡等在内的所有具有消费支付、信用贷款、转账结算、存取现金等全部功能或者部分功能的电子支付卡。

从法律上说，伪造信用卡的犯罪主要分两种情形：一是非法制造信用卡，即模仿信用卡的质地、模式、版块、图样以及磁条密码等制造信用卡。国外一些信用卡犯罪集团的“地下工厂”就属于这一类型的伪造。二是在真卡的基础上进行伪造，即信用卡本身是合法制造出来的，但是未经银行或者信用卡发卡机构发行给用户正式使用，即在信用卡面上未加打用户的账户或者姓名，在磁条上也未输入一定的密码等信息。具体而言又可分为四种情形：(1)非法获取发卡银行的空白信用卡凸印、写磁制成信用卡；(2)对发卡银行发行或尚未发行的信用卡凸印、或对磁条内容进行非法修改，重新写磁而制成信用卡；

(3)对他人信用卡的签发进行涂改，然后重新签名；(4)利用作废的信用卡，甚至普通的磁条卡重新写磁。

需要指出的是，尽管笔者认为刑法上伪造票据行为只包括内容伪造而不包括形式伪造，但是这并不意味着认定诸如伪造信用卡等其他金融凭证也以此为标准。前文笔者已经阐述，刑法中的伪造行为有多种表现形式，即使在伪造票证中的伪造也可能因对象的不同，而使伪造具有不同的含义。伪造信用卡就不同于伪造票据，由于信用卡具有明显的权属特征，这种权属特征既需要信用卡的外观体现也需要信用卡的内容体现。由于没有信用卡的形式存在，也就失去了信用卡权利人权利赖以寄托的载体，同样，一张没有权利人的信用卡是没有意义的，因此，对于伪造信用卡犯罪来说，不仅需要形式伪造，仿制某种信用卡的外观形式(当然也包括利用原有某种信用卡的外观形式)，而且需要内容伪造，亦即需要在信用卡磁条上输入权利人的信息。

从现行刑法规定分析，对于单纯伪造空白的信用卡行为是否作为犯罪认定，似乎并不十分明确。但是，应该注意的是，2005年2月28日全国人大常委会颁布的《刑法修正案(五)》则明确将持有、运输伪造的空白信用卡纳入妨害信用卡管理罪之中。这里就产生了一个问题：刑法伪造票证罪中伪造信用卡的行为，是否包含伪造空白信用卡的内容？

笔者认为，从立法上看，《刑法修正案(五)》在有关妨害信用卡管理罪的规定中，明确将持有、运输伪造的信用卡与持有、运输伪造的空白信用卡分开规定，这就意味着，立法者并未将伪造的空白信用卡归人伪造的信用卡含义之中。由此，我们也可以分析出，《刑法》第177条有关伪造信用卡的立法原意中并不包括伪造空白的信用卡的情况。从司法实践中分析，伪造空白信用卡的行为经常发生且也具有较为严重的社会危害性，既然刑法将持有、运输伪造的空白信用卡行为纳入了妨害信用卡管理罪之中，我们也应该将伪造空白信用卡的行为纳入伪造信用卡犯罪范围之中。这是因为伪造行为的社会危害性要远远大于持有、运输行为，现在持有、运输伪造的空白信用卡已经作为犯罪规定在刑法条文中，我们没有理由将伪造空白的信用卡行为排除在犯罪之外。正是由于刑法修正案有关妨害信用卡管理罪的规定明确将“伪造的信用卡”与“伪造的空白信用卡”区别开来，因此，如果要将伪造空白信用卡的行为纳入伪造信用卡犯罪之中，我们也应该适时对刑法伪造、变造金融票证罪的规定作出修正，这也应该是罪刑法定原则的要求所在。由此而言，又带出了一个新的问题：即如果我们将伪造空白信用卡的行为也纳入伪造金融票证犯罪之中，那么，上述有关伪造信用卡伪造的含义就应该有所变化，也即伪造信用卡中的有些伪造还可能包括单纯的形式伪造，而不需要内容伪造。

四、伪造、变造金融票证罪罪数的认定

应该看到，我国《刑法》第177条规定的伪造、变造金融票证罪，实际上在同一条文中规定了两种不同的行为，即伪造金融票证行为和变造金融票证行为。如果同一行为人在案发前既实施了伪造金融票证的犯罪，又实施了变造金融票证的犯罪，对其应以一罪抑或以数罪论处？对此理论上也有不同的观点。笔者认为，此种情况只能以一罪论处。理由是：与《刑法》以第107条和第173条分别规定伪造货币罪和变造货币罪不同，刑法将伪造金融票证和变造金融票证规定在第177条同一个条文之中。

由此分析，我们不难得出这一结论：即伪造货币罪与变造货币均属于刑法中的单一罪名，而伪造、变造金融票证罪则属于刑法中的选择罪名。也即在伪造、变造金融票证罪中的伪造或变造行为都不过是表现行为的方式而已，并不是各具刑法特征的独立犯罪行为。笔者认为，刑法之所以对货币类的犯罪与票证类的犯罪作如此不同的规定，可能还是基于这一客观事实：即在货币类的犯罪中伪造与变造的社会危害性通常相差大，而在票证类的犯罪中伪造与变造的社会危害性差别并不明显。正因如此，如果将伪造货币犯罪与变造货币犯罪作为选择罪名规定在同一条文中，并处以相同的刑罚，恐怕难以体现刑法中罪刑相适应的原则精神；而将伪造金融票证犯罪与变造金融票证犯罪作为选择罪名规定在刑法同一条文中，并用相同的法定刑加以处罚，是有一定道理的。

从刑法原理上分析，行为人只要实施了伪造或者变造金融票证中的任何一个行为，达到犯罪程度即可构成犯罪，罪名分别以伪造金融票证罪或者变造金融票证罪认定；但是，如果行为人既实施伪造金融票证的行为又实施变造金融票证的行为，则对行为人不能实行数罪并罚，而应以伪造、变造金融票证罪一罪论处。

在司法实践中，行为人往往是以实施票据诈骗、金融凭证诈骗、信用证诈

骗和信用卡诈骗等犯罪为目的，先行实施伪造、变造金融票证犯罪行为，也即在这些行为过程中，伪造、变造金融票证犯罪行为只是实施其他相关犯罪的方法行为。在这种情况下，对于行为人的行为应如何定性处理？笔者认为，对此应区别下面几种具体情况具体处理：

其一，如果行为人在伪造或者变造金融票证后，尚未实施票据诈骗、金融凭证诈骗、信用证诈和信用卡诈骗等目的犯罪即案发的，对行为人的行为应以伪造、变造金融票证罪一罪论处。

其二，如果行为人在伪造或者变造金融票证后，又使用了这些金融票证实施票据诈骗、金融凭证诈骗、信用证诈骗和信用卡诈骗等目的犯罪，对于行为人的行为应以刑法中牵连犯“从一重罪处断”原则加以处理。这是因为，我国刑法明确规定，使用伪造、变造的金融票据构成票据诈骗罪；使用伪造、变造的信用证或者附随的单据、文件，构成信用证诈骗罪；使用伪造的信用卡，则构成信用卡诈骗罪等。由此，从理论上分析，伪造、变造金融票证后，又使用的，行为人实质上实施了数个行为并触犯了数个罪名，理应构成数罪。但是，由于行为人伪造、变造金融票证的方法行为与票据诈骗、金融凭证诈骗、信用证诈骗和信用卡诈骗等目的行为之间具有密切的联系，且在犯罪构成要件上也具有一定的包容关系，完全符合刑法理论上牵连犯的构成要件。对于行为人的行为理应按其触犯罪名中法定刑重的一个罪名论处。

其三，如果行为人伪造或变造金融票证后，交由其他人使用这些金融票证实施票据诈骗、金融凭证诈骗、信用证诈骗和信用卡诈骗等犯罪，且行为人与其他人具有共同牟取非法利益的目的，也即具有共同故意，对行为人和其他人应以共同犯罪论处，按照前述牵连犯“从一重罪处断”原则处理。因为，在这些行为过程中，尽管行为人与其他人分别实施了不同的行为，但是，这些不同的行为是在一个共同故意支配之下实施的，其区别只是一个共同犯罪行为中的分工不同而已，其实每个人的行为都是实现其共同目的的一个组成部分。同时，由于在这一共同犯罪中，伪造、变造金融票证行为与票据诈骗、金融凭证诈骗、信用证诈骗和信用卡诈骗等行为之间又具有明显的牵连关系，因而按照牵连犯处理是完全合理的。

其四，如果行为人伪造或变造金融票证后，出售给其他人用于票据诈骗、金融凭证诈骗、信用证诈骗和信用卡诈骗等犯罪，且行为人与其他人并不具有共同故意，对行为人应以伪造、变造金融票证罪论处，而对于其他人则分别构成相关的金融诈骗罪。因为，在这种情况下，行为人与其他人并不具有共同的犯罪故意，行为人是故意伪造、变造金融票证并进行出售，而其他人则是明知是伪造、变造的金融票证，而予以购买并使用。尽管伪造、变造者可能与使用者都是为了牟取非法利益，但各自具有独立的主观故意内容，因此不能以共同犯罪论处。对他们的行为只能分别以伪造、变造金融票证罪以及相关金融诈骗罪论处。

第二节　货币犯罪若干司法疑难问题探析

危害货币管理制度犯罪是金融犯罪中相对较为传统且发案率较高的一类犯罪，从我国有关金融犯罪刑事法律发展轨迹分析，惩治金融犯罪实际上始于打击危害货币管理制度犯罪。

一、危害货币管理制度犯罪行为人主观目的的认定

应该看到，包括伪造货币、变造货币罪和持有、使用假币罪等罪名在内的所有危害货币管理制度犯罪的主观要件，均只能由故意构成，这在理论和司法实务界并无异议。但是，在故意之外，危害货币管理制度犯罪是否要求行为人具有特定目的，尚有争议。综观国外立法例，一般都将危害货币类的犯罪作为目的犯对待，规定这类犯罪必须“以行使为目的”，或把“意图供行使或流通之用”作为该类犯罪的主观要件。例如，《德国刑法典》第146条第1款第1项规定，意图供流通之用，或有流通可能而伪造货币，使票面价值具有较高价值的，处1年以下自由刑。[1]《日本刑法典》第148条第1款的规定，以行使为目的，伪造通用的货币、纸币或者银行券的，处无期或者3年以上惩役。[2]《韩国刑法典》第207条第1项规定，以使用为目的，伪造、变造通用的大韩民国货币、纸币或者银行券的，处无期或者2年以上劳役。[3]《俄罗斯刑法典》第186条第1项

〔1〕 参见《德国刑法典》，徐久生、庄敬华译，中国法制出版社2001年版，第33页。
〔2〕 参见《日本刑法典》，张明楷译，法律出版社1998年版，第47页。
〔3〕 参见《韩国刑法典及单行刑法》，[韩]金永哲译，中国人民大学出版社1996年版，第34页。

规定，以销售为目的而制作或销售伪造的俄罗斯联邦中央银行钞票、金属硬币、国家有价证券或以俄罗斯货币计价的其他有价证券或外国货币或以外国货币计价的有价证券的，处5年以上8年以下的剥夺自由，并处或不并处没收财产。[1]我国台湾地区的刑法理论认为，所谓伪造、变造货币罪，是指行为人意图供行使之用，而伪造、变造通用之货币、纸币或者银行券的行为。《澳门刑法典》第252条规定，意图充当正当货币流通，而假造货币者，处2年至12年徒刑。意图供流通之用，而将正当货币之票面价值伪造或更改至较高价值者，处1年至5年徒刑。[2]

应该看到，我国在1951年的《妨害国家货币治罪暂行条例》中，将妨害国家货币的行为目的划分为两种：一种是"意图营利"，另一种是"以反革命为目的"。但是，在我国1979年和现行《刑法》中，对危害货币管理制度犯罪的主观特征均未作描述。正由于我国有关危害货币管理制度犯罪的刑事立法并未将特定的目的规定在条文之中，因此，理论上和司法实践中对于特定目的是否为本类犯罪的必要要件存在有争议，概括而言，我国刑法学界对此有两大类意见：

第一类意见是"肯定说"，认为本罪是目的犯，其中又可分为三种主张：一是"营利目的说"，认为危害货币管理制度犯罪的主观方面是直接故意，并且必须以营利为目的；[3]二是"获取非法利益目的说"，认为危害货币管理制度犯罪的主观要件上须具有使他人或自己获取非法利益的目的；[4]三是流通目的说，认为危害货币管理制度犯罪在主观要件上必须要有犯罪的直接故意，并且具有使伪造的货币进入流通的目的。[5]

第二类意见是"否定说"，认为本罪不是目的犯，主张构成该罪在主观要件上须以具有特定目的为必要，显然无立法上的依据。"否定说"又可分为两

〔1〕 参见《俄罗斯联邦刑法典》，黄道秀译，中国法制出版社1996年版，第94页。

〔2〕 参见《澳门刑法典/澳门刑事诉讼法典》，澳门政府法律翻译办公室译，法律出版社1997年版，第94页。

〔3〕 高铭暄主编：《刑法学》，中国人民大学出版1989年版，第427页。

〔4〕 高铭暄主编：《中国刑法词典》，学林出版社1989年版，第549页。

〔5〕 参见陈兴良主编：《经济刑法学》（各论），中国社会科学出版社1990年版，第165页；高铭暄、马克昌主编：《刑法学》，北京大学出版社、高等教育出版社2000年版，第409页；赵秉志主编：《中国刑法案例与学理研究》（分则篇）（二），破坏社会主义市场经济秩序罪（上），法律出版社2001年版，第156页。

种主张：一是应然上的肯定说，认为“从完善我国刑事立法的角度来看，在理论上对本罪的主观方面进行探讨，又不无价值。因为，如果仅有伪造行为就构成本罪，将会使那些不具有犯罪恶意或主观恶性达不到犯罪程度的人受到刑事追究，这无疑会扩大刑事处罚的范围，会造成刑事保障功能与保护功能的失衡。”〔1〕但是，由于现行刑法并无对主观目的作出专门规定，因而特定目的当然不属于这类犯罪的必要要件。二是应然上的否定说，认为将意图进入流通作为犯罪目的“会缩小对伪造货币这一严重犯罪的打击面，对那些并非‘意图使其进入流通’的伪造人给予不应有的宽大，从而削弱我国刑法对伪造货币犯罪分子的威慑力。”〔2〕以是否意图使伪币进入流通领域作为划分罪与非罪的界线，于法无据，“并且会使一些犯罪分子钻空子，逃脱法律的制裁”。〔3〕

笔者认为，危害货币管理制度犯罪应以“意图进入流通”目的为构成要件，刑法是否明确规定不应影响本类犯罪目的犯的构成。当然，我们在讨论特定目的是否为本类犯罪的必要要件这一问题时，理应明确以下几点：

其一，无论是“肯定说”，还是“否定说”，多数学者对于危害货币管理制度犯罪必须以“营利为目的”的观点是不赞成的。因为行为人实施危害货币管理制度犯罪在许多情况下通常是出于营利目的，但是，也并不尽然。行为人实施危害货币管理制度犯罪的目的（事实上是动机）是多种多样的。笔者同意多数学者的这种意见，认为危害货币管理制度犯罪不应以“营利目的”作为主观要件。因为学界所讨论的“营利目的”在本类犯罪中，只是表现为犯罪动机。行为人可能为了营利而实施危害货币管理制度犯罪，即通过将货币投入流通而营利。这里意图进入流通是伪造行为的目的，而营利是推动行为人去追求意图进入流通目的的内心起因或内在动力。根据我国刑法理论，在大多数犯罪中，动机不影响犯罪的构成。由此可见，以“营利目的”作为危害货币管理制度犯罪主观要件的看法是不妥的。

其二，危害货币管理制度犯罪虽然不属于严格刑法意义上的目的犯，但是，行为人主观上必须具有“意图进入流通”的目的。笔者认为，本类犯罪是否属于目的犯的问题，涉及对“目的犯”概念的理解。笔者认为，刑法上的目

〔1〕 黄京平主编：《破坏市场经济秩序罪研究》，中国人民大学出版社1999年版，第329页。

〔2〕 舒慧明主编：《中国金融刑法学》，中国人民公安大学出版社1997年版，第221页。

〔3〕 陈兴良主编：《罪名指南》（上册），中国政法大学出版社2000年版，第360页。

的犯中的目的理应可以分为法律有特别规定的和法律没有特别指明的两种。由于犯罪的构成要件分为“显性要件”和“隐性要件”两种，作为目的犯中的构成要件目的，也当然存在显性和隐性两种情况。例如，抢劫罪、盗窃罪和诈骗罪等占有型侵犯财产犯罪，法律并未指明必须“以非法占有为目的”；金融诈骗罪中除集资诈骗罪和贷款诈骗罪，刑法条文明确规定“以非法占有为目的”外，其他诸如信用证诈骗罪、信用卡诈骗罪等金融诈骗罪，刑法条文并未规定“以非法占有为目的”。但是，事实上“以非法占有为目的”是这些犯罪的构成要件是不言而喻的。也即这些犯罪的目的虽然没有在刑法条文中明确，但是，它们仍然应该属于刑法中的目的犯。

由此分析，我国刑法有关危害货币管理制度犯罪的规定中，虽然未特别规定“以意图进入流通为目的”，但是，我们不能据此而否定本类犯罪是目的犯。笔者认为，与世界上大多数国家明确规定构成危害货币管理制度犯罪须有“意图进入流通的目的”或者“行使目的”不同，我国现行刑法未作明确规定，确实存在有一定问题，很容易在认定本类犯罪时产生争议。为此，我们完全有必要借鉴国外的规定，在今后修正刑法时在刑法条文中对相关危害货币管理制度犯罪的规定中明确增加“进入流通的意图”或者“以行使为目的”等要件，从而避免不必要的争议产生。但是，即使在现行刑法未作明确规定的情况下，危害货币管理制度犯罪的行为人在主观上应具有“进入流通的意图”的要件也是毋庸争议的。理论界对出于鉴赏、收藏目的而实施的伪造等行为是不作为本类罪处理，已经形成共识，以往的审判实践对此也并无异议。既然如此，我们为什么还要以刑法条文没有明文规定，而否定危害货币管理制度犯罪必须具有“意图进入流通”的目的呢？

与此相关的问题是，行为人为证明自己的资信能力而持有或使用假币的行为应该如何定性？这个问题从形式上看是如何判定“持有”和“使用”行为的内容，但是，从实质上说则是持有或者使用假币者主观上是否需要具备“进入流通的意图”。对此，理论界颇有争议。

有的学者认为，使用必须是将伪造的货币作为真货币直接置于流通。如果不是用于流通，则不能构成使用。因此，如果将假币投入自动售货机的行为应当看作是使用。如果将伪造的货币作为证明自己的资信能力而给他人看的行为或者为了显示自己有钱而向他人显示其拥有的假币，都不能认定为使用。

但若将伪造的货币作为注册资本给公司登记主管部门查实的，应当认定为使用。[1]

但是，持不同意见的学者则认为，“使用”并不是仅指将假币充当真币予以流通。流通强调的是使用行为必须是使伪造的货币进入流通，如付账、汇兑、支付酬金等。此外，除将伪造的货币用于流通外，还包括并不使伪造的货币进入流通的使用。例如，公民甲与公民乙签合同时，以伪造的货币冒充真币向乙出示，以骗取对方信任。甲的行为就是不使伪造的货币进入流通的使用伪造的货币的行为。立法打击使用假币行为，不在于行为是否使假币进入了流通，而在于假币被当成真币使用，发挥了真币的作用，从而破坏了货币的真正信用，危害了交易安全，构成了对国家关于货币管理秩序的直接破坏。从这个意义上讲，“使用伪造的货币”可以进一步解释为：是指以伪造的货币冒充真币，以通用货币的通常用法加以利用的行为。[2]

笔者同意第一种观点。正如前述，危害货币管理制度犯罪的主观方面理应具有“意图进入流通”的目的，尽管刑法条文未作明确规定，但这一目的显然是所有危害货币管理制度犯罪的构成要件。与伪造货币行为相比，持有、使用假币行为的社会危害性明显要小，既然伪造货币罪必须以“意图进入流通”为目的，那么持有、使用假币罪则更应该以此目的为必要要件，否则很难避免扩大打击面的情况出现。持有、使用假币罪的本质应该是使假币直接进入了流通领域，从而充当起像真货币一样的一般等价物，具有一般等价物的功能。如果行为人出示假币并不是为了使假币充当如同真货币的一般等价物作用，而仅仅是为了向他人炫耀或显示其经济能力，这并不是危害货币管理制度犯罪中的“持有”或“使用”行为。对于这种使用假币的行为，如果构成其他犯罪的可按其他罪论处。如上述学者所举的例子中，甲如果是以非法占有为目的，在出示假币、骗签合同后，骗取了乙的财物，对甲可以合同诈骗罪论处。对此，日本刑法理论通说也这样认为：只是为了证明自己的信用能力而单纯向他人显示伪币的，由于并未置于流通而不是行使。此外，没有遵从货币的使用方法将伪币交付他人的，如作为标本赠与他人、作为商品卖给收藏家、单纯为

〔1〕 赵秉志主编：《中国刑法案例与学理研究》（分则篇）（二），破坏社会主义市场经济秩序罪（上），法律出版社2001年版，第197页。

〔2〕 胡启忠等：《金融犯罪论》，西南财经大学出版社2001年版，第208～209页。

了保管而寄托，不属于行使。行使时不问是有偿还是无偿，所以，将伪币赠与他人的也是行使。由此可见，持有、使用假币罪的“持有”“使用”行为其实是与行为人的主观目的紧密相连的，我们不能用社会生活中的持有、使用行为的一般含义进行简单套用，只有行为人主观上具有“进入流通的意图”，才可以对其所实施的持有、使用假币的行为定罪。

二、伪造货币罪与变造货币罪的界定

所谓伪造货币罪，是指仿照货币的图案、形状、色彩等，使用各种方法，非法制造足以使普通人误认的正在流通或兑换的人民币或者境外货币，冒充真货币，并意图进入流通的行为。所谓变造货币罪，是指通过对真实货币剪贴、涂改、挖补、拼接、揭层等方法，使真实货币发生增值，数额较大的行为。

广言之，变造货币本应包含在伪造货币含义之内，因为，就其本质而言，经过变造的货币实际上已经不再是原来金融机构发行的货币。但是，由上述概念分析，我们不难发现，伪造货币与变造货币还是有本质区别的。伪造货币罪的行为特征表现为仿照正在流通的货币式样、票面、图案、颜色、质地和防伪标记等特征，使用描绘、复印、影印、制版印刷和计算机扫描打印等方法，非法制造假货币，冒充真货币的行为。伪造货币行为的本质在于“从无到有”，即通过非法的伪造行为，凭空制造新假货币。但是，变造货币罪的行为特征则表现为通过对真实货币进行剪贴、涂改、挖补、拼接、揭层等改造的方法，使真货币发生增值的行为。变造货币行为的本质在于“从少到多”，即通过对真实货币改造的方式，扩大、增加真实货币的票面价值。就此而言，我们可以说伪造货币和变造货币的最大区别在于是否有真实货币存在。

但是，严格地说并非只要有真实货币存在就一定不存在伪造货币的问题。例如，行为人通过大量收集低面额的硬币，并将其熔化后，制造较高面额的硬币。对于这种行为是以伪造货币罪认定？抑或以变造货币罪认定？由于整个制造过程中，确实存在有真实货币，如果说只要有真实货币就不存在伪造货币的问题，行为人的这种行为就不能以伪造货币罪认定。依笔者之见，上述行为人的行为理应属于伪造行为而并非是变造行为。理由是，尽管在行为人的整个行为过程中确实存在有真实货币，但是，当行为人将真实货币熔化后，真实货币也就不存在了（失去了货币的同一性），此时实际上只存在生产货币的原材料。在此基础上行为人所进行的制造，当然不能理解为是对真实货币的改造，即这种行为的性质并非是“从少到多”的变造，而只能是“从无到有”的伪造。由此看来，笔者认为，严格意义上伪造货币和变造货币的区别并非是实际上曾经是否存在有真实货币，而区别的关键应该是相关的制造行为是否是在“失去货币同一性”的物体基础上进行的。

应该看到，对“伪造”行为应达到何种程度才符合伪造货币罪的行为特征，理论上也有不同的看法。这个问题主要涉及行为人制造根本不存在的货币是否属于“伪造”。对此，学界有人认为，伪造包括两种情况：一是仿照货币的形状、特征、图案、色彩等制造出与真货币的外观相同的假货币；二是自行设计制作出足以使一般人误认为是真货币的假货币，如根据人民币的一般形状、基本特征等自行设计制作出面值为200元的假货币。在这种情况下，不存在与伪造的货币相当的真货币。我国刑法理论通常只承认前一种行为是伪造货币，但这种通说人为地缩小了伪造货币罪的成立范围。事实上，行为人完全可能设计制作出一种外观上足以使一般人误认为是真货币的假货币，特别是可能设计出所谓外国货币来破坏金融，因此，不能排除后一种情况也是伪造货币。[1]

笔者认为，制造根本不存在的货币不能视为“伪造”行为。因为伪造货币罪中的“伪造”行为是一种危害货币管理制度的犯罪行为，其本质在于“仿真制假”，事实上只有仿照真货币而进行伪造才可能对国家的货币管理制度造成破坏。如果行为人自行设计出一种并不存在的货币（如前述观点中所提及的200元面额的人民币），由于这种“制假”行为并非是以“仿真”为前提的，行为人所制造出来的“货币”实际上不可能进行使用，即根本无法进入流通领域，因而也无法对国家的货币管理制度造成实际的危害。正如伪造不能在我国境内流通或者兑换的外国货币不应以伪造货币罪论处，因为不能在我国流通或者兑换的外国货币不属于我国货币管理制度调整的对象。同理，实际上并不存在的货币也不属于我国货币管理制度所调整的对象，从本质上看，行为人的这种制造行为由于不存在有仿照的基础，因此这种行为完全是一种凭空“创造”，根本谈不上是“伪造”。由此分析，笔者认为，伪造并不实际存在的货币

〔1〕 鲜铁可：《金融犯罪的定罪与量刑》，人民法院出版社1999年版，第86页；张明楷：《刑法学》（下），法律出版社1997年版，第625页。

的行为不属于伪造货币罪，如果行为人据此骗取他人财物，其行为特征完全符合虚构事实、隐瞒真相的诈骗罪的客观方面构成要件，以诈骗罪论处显然较为妥当。

时下，司法实践中曾发生过制造和使用"半真半假"假币案件：即行为人利用市场上的验钞机认半边的特性，将真实的货币和伪造的货币对半拼接，通过验钞机的辨认，使接受者或金融机构的自动存款机信以为真而接受这些货币。对这类案件中行为人制假行为的定性，理论和司法实践中存在有不同的观点。有人认为，这种行为的性质属于伪造，因为这种"半真半假"的货币毕竟存在较大成分假币的内容。有人则认为，这种行为的性质属于变造，因为这种"半真半假"的货币中存在一半真币的成分。

笔者认为，对此类假币案件中行为人的行为应以变造货币罪定性。理由是：

首先，在此类"半真半假"的假币案件中，行为人实际上是利用了验钞机认半边的特性而实施了制造行为，也即在制造出来的"半真半假"货币中，行为人所利用的是该货币的真实一半，且被市场最后所接受的也是因为该货币中存在真实的一半。简言之，验钞机之所以认可这一货币，完全是基于半边真实的货币，而并非是基于对半边虚假货币的误解。这种通过真实部分进行使用的行为性质较多地符合变造货币罪的特征，因为变造货币罪的本质特征就在于对真实货币进行改造。

其次，"半真半假"的货币并没有"失去货币同一性"，在没有"失去货币同一性"的物体基础上所进行的制造，理应属于变造。我们说"半真半假"的货币没有"失去货币同一性"，是有较充分的依据的，除上述验钞机认半边的构造机制本身可以说明之外，另外，在相关的金融业务规则中也可找到佐证。

时下，在有关金融业务中，对于自然灾害、人的过失等原因导致"票面撕裂、损缺，或因自然磨损、侵蚀，外观、质地受损，颜色变化，图案不清晰，防伪特征受损"等残缺货币的处理，按照2004年2月1日施行的《中国人民银行残缺污损人民币兑换办法》规定，能辨别面额，票面剩余3/4（含3/4）以上，其图案、文字能按原样连接的残缺、污损人民币，金融机构应向持有人按原面额全额兑换。能辨别面额，票面剩余1/2（含1/2）至3/4以下，其图案、文字能按原样连接的残缺、污损人民币，金融机构应向持有人按原面额的一半兑换。通常只要该残缺货币的剩余部分存在50%以上即可获得更换。这一规则充分表明，金融业务中事实上也是以50%作为判断该货币是否“失去货币同一性”的标准。由于“半真半假”的货币中确实存在“半真”的部分，因而我们完全有理由认为这些货币没有“失去货币同一性”，在此基础上所进行的制造行为当然应该理解为是变造行为而不是伪造行为。

三、持有、使用假币罪中持有行为的认定

理论上一般认为，持有、使用假币罪中的“持有”概念是广义的，是指行为人将伪造的货币实际置于自己的支配和控制之下的一种持续性状态的行为，一般表现为携带于身边或藏放于某处或委托他人保管。这里需注意三点：其一，行为人与伪造的货币在空间上的距离不影响持有行为的构成，也即持有并非一定要随身携带或放在家里，只要行为人对伪造的货币具有支配、控制权即为持有。其二，行为人对伪造的货币的持有，在时间上应具有持续性，即行为人在一定时间内相对稳定控制、支配假币。其三，行为人对伪造的货币的持有必须是非法持有。

持有假币罪，只有在无法证明伪造的货币的真实来源和去向时才予以论处。若有证据证明伪造的货币之真实来源和去向，且这种来源和去向性质属于其他危害货币管理制度犯罪时，就不能论以本罪。例如，通过实施其他货币犯罪而持有假币，行为人的行为不构成持有假币罪，而应构成其他相关货币犯罪。如系伪造货币后持有，则构成伪造货币罪；如为出售假币而持有，则以出售假币罪论处。最高人民法院印发的《全国法院审理金融犯罪案件工作座谈会纪要》指出：“明知是伪造的货币而持有，数额较大，根据现有证据不能认定行为人是为了进行其他假币犯罪的，以持有假币罪定罪处罚。如果有证据证明其持有的假币已构成其他假币犯罪的，应当以其他假币犯罪定罪处罚。”这是因为持有行为是一种源于作为的占有、支配状态，只有在难以查清持有的真实来源和去向时，刑法所规定的持有行为才具有独立意义。

上述纪要只对持有假币是为进行其他危害货币管理制度犯罪作了规定，但如果实施了诸如抢劫、抢夺、盗窃等非危害货币管理制度犯罪这样的上游犯罪而持有假币时，是否也应以上游犯罪论处？有的学者认为，“若盗窃假币而

后加以持有，且情节严重的，如果行为人对假币并非明知，则以盗窃罪未遂论处，因为假币非财物，无任何经济财产价值，不能成为盗窃罪犯罪对象意义上的财物。”[1]也即对盗窃假币后的持有假币行为不必单独定罪，只定盗窃罪未遂即可。

笔者认为，从刑法理论分析，行为人误将假币当作真币而抢劫、抢夺、盗窃的，属于对象不能犯，可以按抢劫、抢夺、盗窃罪的未遂处理。但是，在行为人发觉其抢劫、抢夺、盗窃所得为假币后，仍不上交国家而故意持有的，则应认定为持有假币罪。持有假币行为的被吸收只能发生在行为人明知对象为假币而进行其他货币犯罪活动的情况之中，例如，行为人明知是假币而出售、购买或者运输，或者明知是假币而进行使用。这是因为行为人在进行其他货币犯罪活动时，持有假币的状况是必然发生的，而这种情况在刑法理论上明显属于不可罚的附随行为，其持有假币行为理应被其他货币犯罪行为所吸收。但在误将假币当作真币而抢劫、抢夺、盗窃情形中，行为人的主观目的是取得真币，只是因为对象认识错误而取得了假币。但是，当行为人发觉是假币后仍对假币加以持有，在其主观上就产生了另一个犯罪故意。也即因为行为人主观上对对象的认识上不一致，从而导致了行为人主观故意内容的变化，这一变化又导致了抢劫、抢夺、盗窃行为与持有行为的分离。在这种情况下，行为人在抢劫、抢夺、盗窃后的持有假币行为也不再是不可罚的附随行为，当然就不能采用吸收犯的原理将其吸收，而应该对行为人的抢劫、抢夺、盗窃未遂行为和持有假币行为实行数罪并罚。

司法实践和理论上，对行为人明知是假币而实施抢劫、抢夺、盗窃行为的定性问题，存在有不同的看法。笔者认为，由于假币本身并没有财产价值，不能体现刑法规定的侵犯财产犯罪中的客体，即公私财产所有权，因此，行为人明知是假币而抢劫、抢夺、盗窃的，当然不能构成抢劫、抢夺、盗窃罪。但是，我们应该看到，行为人明知是假币还实施抢劫、抢夺、盗窃的，说明其实际存在利用假币进行其他犯罪活动的意图，例如，行为人为了出售假币而先实施抢夺、盗窃假币。在这种情况下，行为人盗窃假币的行为只是出售假币的准备行为，如果没有实际出售即遭案发，应以出售假币罪的预备论处。但是，司法实

〔1〕 赵秉志主编：《中国刑法案例与学理研究》（分则篇）（二），破坏社会主义市场经济秩序罪（上），法律出版社2001年版，第197页。

践中，有时行为人实施货币犯罪的目的很难加以确定，特别是在概括故意时，其具体货币犯罪的内容不明确，对此，则应以持有假币罪论处。当然，行为人实施抢劫、抢夺、盗窃假币行为时，侵犯了其他非财产性权益而构成犯罪的，对其他犯罪仍须定罪。如抢劫时，侵犯到人身利益，定故意伤害或故意杀人罪；在盗窃时，侵犯了住宅的安宁的，定非法侵入住宅罪。

社会生活中，有些行为人持有的假币是通过接受馈赠、意外拾得、误收等途径获得的，由于这些途径并不是非法途径，而且有些来源还是合法的，对这种持有行为应如何定性？笔者认为，从理论上分析，行为人在明知是假币的情况下而仍然持有，其行为可以构成持有假币罪。但是，由于行为人获取假币的途径并不违法，足以说明持有者主观恶性程度较低，因此，如果在数额不是巨大的情况下，一般可不以犯罪论处。

四、持有、使用假币罪交叉行为的认定

持有、使用假币罪为选择性罪名。应该看到，在通常情况下，行为人如果使用伪造的货币，必然是以实际持有伪造的货币为前提的，但是，由于使用行为的存在，其持有行为就失去了独立成罪的基础，在此情况下，我们只须对行为人的行为以“使用假币罪”的罪名论处即可。

如果行为人在使用伪造货币数额较大的同时，还持有数额较大的伪造货币，我们只需对行为人的行为以“持有、使用假币罪”论处即可，而无须适用数罪并罚。因为，持有、使用假币罪是一个选择性罪名。

如果持有的假币数额较大，但使用的只是几百元，应以持有假币罪定罪，使用假币的情况可以在法律文书中叙明，作为以持有假币罪定罪时处刑的情节予以考虑。如1999年3月7日被告人李某在某市一商店购买香烟，当他拿出一张面值100元的伪造的人民币付款时，被巡警当场抓获。另外从他身上查获伪造的人民币40张，每张面值100元。连同正在使用的假人民币100元，共计4100元。此案中，李某既携带伪造的人民币，又使用伪造的人民币，但因为李某使用的假币只有100元，尚未达到本罪“数额较大”的起点4000元，所以，对李某可以持有假币罪定罪，而使用假币只作为一个量刑情形来考虑。

如果使用假币的数额较大，但行为人身上除使用的假币外，仅剩几百元，则应以使用假币罪定罪，其持有几百元假币的行为只作为使用假币罪量刑的

情节予以考虑；如果行为人持有假币数额较大，但拿出其中一部分使用后，使用和持有的数额均不够较大，则应以持有假币罪处罚，其使用的数额应累计为持有的数额，使用假币的行为作为量刑情节予以考虑。对于以上行为确定罪名的原则是，不能将持有的假币数额，使用后再重复计算数额。持有的数额使用后，只计算使用假币的数额，尚不够追究使用假币罪的，可以作为持有假币罪处罚时的量刑情节予以考虑。

五、出售、购买、运输假币并使用假币的罪数认定

司法实践中，经常发生行为人在出售、购买、运输伪造货币的同时，又实施了使用伪造货币行为的案件，对于行为人的这些行为是否应该实行数罪并罚？实践中对此颇有争议。

根据最高人民法院《关于审理伪造货币等案件具体应用法律若干问题的解释》规定，行为人购买假币后使用，构成犯罪的，依照《刑法》第171条的规定，以购买假币罪定罪，从重处罚。行为人出售、运输假币构成犯罪，同时有使用假币行为的，依照《刑法》第171条、第172条的规定，实行数罪并罚。

司法解释的上述规定，实际上将购买伪造货币行为与出售、运输伪造货币行为分别作了规定，如果购买行为与使用行为结合，对行为人只须按购买假币罪一罪论处；而如果出售、运输行为与使用行为结合，只须以出售、运输假币和使用假币对行为人实行数罪并罚。对于前一种情况，在理论上和司法实践中不应该存在任何问题，因为，司法解释明确规定是购买假币后使用的，也即行为人使用的假币就是购买的假币，在此情况下，我们可以将行为人的使用假币行为看作是购买假币犯罪的当然结果，按牵连犯的原理，对行为人的行为按一重罪从重处罚是完全合理的。但是，对于后一种情况，笔者认为则很值得讨论。由于司法解释并未对行为人出售、运输的假币与使用的假币是否属于同一宗假币作出说明，因而在理解上就会产生分歧。依笔者之见，如果行为人出售、运输的假币与使用的假币不是同一宗的，对行为人的行为实行数罪并罚是完全可以，因为，在这种情况下，行为人实际上既实施了出售、运输假币罪，又实施了使用假币罪，对其行为实行数罪并罚符合刑法基本原理。但是，如果行为人出售、运输的假币与使用的假币属于同一宗的，则对行为人的行为不应实行数罪并罚。因为，在这种情况下，行为人的行为实际上均是针对同一个对

象，特别是在运输并使用的情况下，行为之间又具有延续性，如果对这些行为进行数罪并罚显然与刑法基本原理相悖。当然对于同一宗假币，很难出现出售和使用并存的情况，在此，笔者就不再赘述了。

第三节　高利转贷罪疑难问题的司法认定

我国刑法中的高利转贷罪，是指以转贷牟利为目的，套取金融机构信贷资金高利转贷他人，违法所得数额较大的行为。高利转贷罪是我国1997年《刑法》设立的罪名，1979年《刑法》并没有规定此罪。改革开放以后，随着国民经济的高度发展，各行各业扩大再生产中需要大量资金周转，但由于受国家宏观经济指导对信贷资金的使用规模、方向等方面的控制，在局部范围内出现了信贷资金供需不平衡的矛盾。一些不法之徒为了牟取暴利，利用信贷资金紧张之机，采用各种手段套取银行等金融机构的信贷资金后高利转贷他人。这种行为严重扰乱了正常的金融秩序，破坏了我国金融业的健康发展。但是，由于我国刑法中缺乏相应的刑事惩治规定，致使这种危害金融秩序的行为得不到有效遏制。刑法修订时，针对实践中大量存在的其他滥用贷款的行为，许多有识之士提出应在我国刑法中增设滥用贷款罪。但是，考虑到金融领域犯罪圈不宜过分扩大，我国1997年《刑法》只将高利转贷这一滥用贷款行为作为犯罪规定在条文之中，以下仅就高利转贷罪司法认定中的一些疑难问题展开讨论。

一、"套取"行为的认定

刑法有关本罪的规定明确将"套取金融机构信贷资金"作为构成犯罪的前提条件，也即高利转贷罪的客观行为构成要件之一是套取金融机构信贷资金。对于何为"套取"行为？学术界有不同的意见：有学者认为，套取金融机构信贷资金，是指行为人不符合贷款的条件但以虚假的贷款理由或贷款条件，向金融机构申请贷款，并且获取由正常程序无法得到的贷款。[1]也有学者从文义上对套取进行了分析：何为套取呢？"套"，在字典中解释为"以计骗取"之意，

〔1〕 王新：《金融刑法导论》，北京大学出版社1998年版，第126页。

套取就应是施以某种计谋骗取。根据文字含义，套取金融机构信贷资金应理解为行为人虚构事实，伪造理由如谎报借款用途，采取担保贷款或者信用贷款的方式，向金融机构贷出人民币或外汇。也就是说，行为人以自己的名义编造借款理由向金融机构申请贷款，但不打算将贷款用于借款合同上所载明的用途，而是要非法高利转贷给他人，表现出行为人贷款理由的虚假性和贷款行为的欺骗性。〔1〕

笔者认为，这里所谓套取金融机构信贷资金，是指行为人在不符合贷款条件的前提下，以虚假的贷款理由或者贷款条件，向金融机构申请贷款，并且获取由正常程序无法取得的贷。判断行为人的行为是否是套取，关键是看行为人对于贷款的实际用途，事实上借款人不按照正常的贷款用途使用贷款，就证明了其贷款的理由和贷款的条件均是虚假的。根据相关法规规定，行为人申请信贷资金，必须有正当的用途，符合贷款条件。本罪行为人由于目的是高利转贷他人，所以套取金融机构信贷资金是构成犯罪的必要要件。

1996年《贷款通则》规定了借款人的义务：(1)应当如实提供贷款人要求的资料，应当向贷款人如实提供所有开户行、账号及存贷款余额情况，配合贷款人的调查、审查和检查；(2)应当接受贷款人对其使用信贷资金的情况和有关生产经营、财务活动的监督；(3)应当按借款合同约定用途使用贷款；(4)应当按借款合同约定及时清偿贷款本息；(5)将债务全部或部分转让给第三人的，应当取得贷款人的同意；(6)有危及贷款人债权安全情况的，应当及时通知贷款人，同时采取保全措施。显然本罪的行为人也违反了上述法定义务。

行为人往往在《借款申请书》和《借款合同》中虚拟不真实条款，掩盖其贷款真实目的，并通过各种手段蒙蔽贷款人的调查、审批和检查套取信贷资金。因而"套取"有一定程度的欺骗性。

二、"高利"标准的确定

本罪的客观方面必须是套取信贷资金，高利转贷他人。如果仅仅有套取信贷资金后的转贷行为，但其转贷利率并非属于"高利"，则只属于一般违法行为，仍不构成本罪。对于何为"高利"学界存在争议。

---

〔1〕 张惠芳：《高利转贷罪有关问题浅析》，载《河北法学》2000年第1期。

一种观点认为，“高利”是指以高出金融机构贷款利率的较大比例转贷给他人。[1]或认为“高利”是指行为人将套取的金融机构信贷资金转贷他人所定利率远远高于其从银行或其他金融机构所套取的信贷资金利率。根据有关司法解释（最高人民法院于1991年通过的《关于人民法院审理借贷案件的若干意见》第6条），民间借款合同中所约定的利率可以适当高于银行的利率，但最高不得超过银行同类贷款利率的4倍。因此，在确定高利的标准时，可参照该司法解释进行。[2]另一种观点认为，“高利”是指将银行信贷资金以高于银行贷款的利率转贷他人。具体高出银行贷款利率多少，不影响本罪的成立。[3]笔者同意后一种观点，理由如下。

首先，从法律规定来看，我国《刑法》第175条并没有指出本罪必须以行为人以高出金融机构贷款利率较多的利率转贷给他人才构成，而只是指出高利转贷他人就可能构成犯罪。本罪中的“高利”与民间所称的“高利贷”，虽然都是“高利”，但具体要求是不同的。因为民间高利贷的资金是不属于金融机构的，而本罪的资金是属于金融机构的；民间高利贷的高利贷者是不负责资金使用的，而本罪的资金本应该属于专款专用的，行为人却擅自改变资金的用途，侵犯了资金的使用管理制度；民间高利贷侵犯的仅仅是利率方面的管理制度，而本罪不仅侵犯了利率方面的管理制度，而且还侵犯贷款的发放和使用管理制度，所以，不能要求其高利率的标准适用民间高利贷中“高利”的标准。

其次，从司法实践来看，如果以民间高利贷的标准作为衡量本罪的“高利”标准，就可能导致对大多数转贷行为无法追究刑事责任的情况出现。因为，金融活动中一般人不会愿意付出如此高贷款利息接受转贷款的，借款者如果真的愿意完全可以向民间贷款，又何必接受这种风险很高的转贷款呢？由此分析，以民间高利贷的标准作为衡量本罪“高利”标准的观点，似乎有违立法初衷。

最后，从本罪的立法宗旨来看，立法者之所以要将高利转贷行为规定为犯罪，是因为行为人通过转贷行为而谋取非法利益。法律明确规定，行为人是出

---

〔1〕 张国轩：《试析套取信贷资金转贷牟利罪》，载赵秉志主编：《新千年刑法热点问题研究与适用》（下），中国检察出版社2001年版。

〔2〕 黄京平主编：《破坏市场经济秩序罪研究》，中国人民大学出版社1999年版，第373页。

〔3〕 周道鸾、张军主编：《刑法罪名精释》，人民法院出版社1998年版，第265页。

于“转贷牟利为目的”。行为人非法谋取利益，并非只能通过高出银行法定标准的利率来实现，只要行为人以高于贷进利率的贷出利率进行转贷赚取差价，就是谋取了非法利益。这种赚取差价的方式与行为人以高于银行法定标准的利率进行转贷牟利，其危害性并无本质上的差异。如实践中，有的单位编造借口，以较低的利息套取银行贷款，然后，再以银行规定的法定利率转贷他人，但数量巨大的，仍能谋取到较大的非法利润，应该认定为构成本罪。按照前一种观点，仅仅因为行为人没有以远远高于银行法定贷款利率进行转贷就不能对此种情形予以定罪处罚，显然是不利于惩治犯罪，不利于维护我国金融管理秩序的。实践中，行为人可能以高于银行贷款利率十几倍、二十几倍的利率转贷信贷资金给他人，但因转贷额小，其违法所得仅几百元，或因行为人意志以外的原因，实际所得几近于零，这种情况属“高利而违法所得较少”；行为人也可能以高于银行贷款利率一点的利率转贷信贷资金给他人，因转贷额巨大，其违法所得有数万元之巨，这种情况属“低利而违法所得较大”。如果按贷款利率较高才能认为是高利，则对后一种情况就无法定罪。这不利于犯罪惩处。

综上所述，笔者认为，高利转贷罪中“高利”不能以民间高利贷的标准作为衡量标准，而应以金融机构同期贷款利率为标准，只要高于这一标准进行转贷，即可视为高利转贷。

三、“转贷牟利目的”的认定

根据刑法的规定，构成高利转贷罪，行为人必须以转贷牟利为目的。由此可以看出，本罪属于目的犯，即行为人在主观方面表现为直接故意，且要求以转贷牟利为目的，间接故意和过失都不能构成犯罪。行为人只有在这种目的支配下实施转贷牟利行为才能构成犯罪。如果行为人将从金融机构贷取的信贷资金转贷他人，但不具有转贷牟利的目的，如帮助他人摆脱困境等，则不构成犯罪。需要指出的是，尽管本罪构成中行为人必须以转贷牟利为目的，但是，这一目的是否达到，不影响犯罪的成立。

对于行为人转贷牟利的目的产生的时间是否影响本罪构成的问题，理论上有较大的争议。有学者认为，转贷的目的如产生于套取金融机构信贷资金前，符合本罪的构成特征，应认定成立本罪。如果产生于套取信贷资金之后、高利转贷之前，虽然在行为表现上与产生明确的转贷牟利目的后实施套取资金转贷牟利行为相同，但其实施转贷牟利行为的目的并不及于套取资金行为。这种目的是一种事后故意，在我国法学理论和实践中都不承认事后故意的效力。〔1〕有学者则认为，实施这种行为的故意应包括实施套取信贷资金行为和高利转贷两部分。在实施套取信贷资金行为时，行为人目的是获得信贷资金；高利转贷时，目的是获取非法利益。这两部分必须密切结合在一起，套取信贷资金时，行为人已具有通过转贷牟利的目的了。否则，不符合本罪主观方面的要求。〔2〕有学者还认为，行为人主观上的故意，须是实施本罪中的故意，而不是事前故意或者事后故意。若行为人套取信贷资金前有转贷牟利的目的，而获取贷款后用于自己的生产、经营活动，则属于事前故意，不以犯罪追究；若行为人在申请贷款时并没有转贷牟利的目的，且符合贷款条件，但获取贷款后为牟利而将贷款转手出贷，则属于事后故意，不符合本罪的犯罪构成，不以本罪论处。〔3〕

笔者认为，行为人转贷牟利目的产生的时间不应该成为影响本罪构成的因素。即如果行为人在套取金融机构信贷资金前就产生转贷牟利的目的，自然可以构成本罪；如果行为人在套取金融机构信贷资金后产生转贷牟利目的，同样也可以构成本罪。这是因为，首先，行为人转贷牟利目的产生的时间其实很难加以确认。如果我们强调在套取金融机构信贷资金后产生牟利目的，就不构成本罪，就会导致行为人以此为借口而逃脱刑法的制裁。特别是在司法实践中，要准确证实行为人转贷牟利目的产生的时间，不仅会徒增司法成本，实际也无法做到。其次，转贷牟利目的产生的先后，对于套取金融机构信贷资金行为的认定并不会产生实质的影响。正如前述，所谓套取金融机构信贷资金，是指行为人在不符合贷款条件的前提下，以虚假的贷款理由或者贷款条件，向金融机构申请贷款，并且获取由正常程序无法获得的贷款。由于高利转贷行为本质上属于滥用贷款的一种行为，行为人在获取贷款后产生转贷牟利目的，实际上就证明了其获取金融机构贷款的行为就是一种套取，因为，将贷款用于转贷牟利绝对不可能成为行为人向金融机构申请获得贷款的理由。最

〔1〕 丁天球：《破坏社会主义市场经济秩序罪重点疑点难点问题判解研究》，人民法院出版社2005年版，第203页。

〔2〕 薛瑞麟：《金融犯罪研究》，中国政法大学出版社2000年版，第101～102页。

〔3〕 王玉珏、杨坚研：《对高利转贷的刑法分析》，载《上海商业》2002年第11期。

后，本罪中行为人是否有套取的行为，在很大程度上是由行为人对贷款的实际用途决定的。行为人在获取贷款后又加以转贷，足以说明其之前获取贷款理由的虚假性，从而说明行为人实施了套取金融机构贷款行为。

司法实践中，对于行为人用到期贷款进行高利放贷牟利行为的定性也有不同意见。笔者认为，这种情况虽然与上述行为具有一定的差异，即行为人开始获得金融机构贷款使用权时是合法的，因主观上并无转贷牟利目的，所以其获取金融机构贷款过程中确实不存在有套取贷款的行为。但是，这种情况与上述相关行为并无本质的区别。因为，行为人出于高利转贷的目的，在获取金融机构贷款到期后，仍故意不归还并用于高利放贷，此时行为人已经不能合法使用贷款，到期不还无异于套取。也即在行为人转贷牟利目的产生时，其到期不还贷款的行为与上述套取贷款的行为实际上并无本质区别。在转贷牟利目的支配下，行为人继续拖欠金融机构贷款不还，实质上也是套取资金行为。就此而言，对于行为人用到期贷款进行高利放贷牟利行为，我们同样也应当以高利转贷罪追究刑事责任。

四、利用自有资金高利放贷行为性质的认定

需要指出的是，高利转贷罪是由行为人套取金融机构信贷资金，高利转贷他人的行为。如果行为人利用自有资金高利放贷给他人，属于正常借贷或拆借行为，当然不应构成本罪。但是，如果行为人先将自有资金高利放贷他人牟取非法利益，而后套取金融机构信贷资金弥补自身资金不足的，或套取金融机构信贷资金后，将该笔资金注入流动资金或者其他用途，而将自有资金抽出高利转贷他人的，该如何认定？对此，理论上存在以下两种不同的观点。

一种观点认为，这种行为是在规避法律，从实质上只是颠倒了套取行为与转贷行为的顺序，而且货币是种类物，因此这种情形应以本罪论处。[1]

另一种观点认为，这种情况不宜认定为犯罪，理由是：其一，行为人用以高利放贷的资金确是自有资金，且行为人的借款确系按借款合同的约定用途和数量使用；其二，行为人按借款合同的规定使用信贷资金，从宏观上不会破坏国家的信贷政策、产生信贷资金投向上的偏差，从微观上看，也不会影响贷款

〔1〕 赵秉志：《破坏社会主义市场经济秩序罪》（上），法律出版社2001年版，第275页。

的偿还能力，这种行为与非法拆借行为没有实质差别，所以不应构成犯罪。[1]

笔者认为，上述行为实际上是一种变相的高利转贷行为，理应按本罪处理。理由如下：

其一，行为人向金融机构贷款行为与其实施的放贷行为是一种相向行为，无论在行为人的主观上，还是在资金的实际走向上，均是不一致的。按照一般常识，行为人向金融机构贷款是在自有资金不足的情况下才会发生的，即既然有自有资金放贷给他人，行为人就不需要也不应该向金融机构申请贷款。除非其中存在利益问题，否则行为人不会实施这些思路不一致的行为。

其二，上述行为实际上只是在资金上做了一定的处理，但在本质上与高利转贷的行为并无不同。分析上述行为，我们不难发现，无论行为人是将自有资金高利转贷他人牟取利益，而后套取金融机构信贷资金弥补自身资金不足的，还是套取金融机构信贷资金后，将该笔资金注入流动资金或者其他用途，而将自有资金抽出高利转贷他人的，其行为都是在以转贷牟利为目的的主观意志支配下实施的，由于资金本身属于种类物，实际上很难具体分清放贷给他人的资金与从金融机构中获取的贷款是不是同一笔资金。因此，上述行为实质与套取信贷资金后直接高利转贷他人并没有区别，同样也会给金融机构的信贷安全带来危害。

其三，如果对于上述行为不以高利转贷罪处理的话，完全可能引导行为人利用这种具有很大隐蔽性和欺骗性的手段，实施高利转贷的行为，并规避法律的制裁。这种显失公平的做，必然导致刑法有关高利转贷罪的条文形同虚设。

五、将贷款余额高利转贷他人牟取非法利益行为性质的认定

司法实践中，对于行为人在贷款使用过程中，将贷款余额高利转贷他人牟取非法利益的行为，应如何定性，有不同的意见。理论上有学者认为，这种情况是否构成本罪，关键在于行为人主观方面的故意内容为何。如果行为人确实将贷款余额高利转贷，在认定上还要结合主观方面分析有无套取信贷资金的行为。如果行为人在申请贷款时，对申请贷款的项目需要资金量有明确的认识，故意借机多报致使申请数额超过实际资金量，而又有将多余资金用于放

---

〔1〕　薛瑞麟：《金融犯罪研究》，中国政法大学出版社2000年版，第103～104页。

贷意图的，则符合套取信贷资金的构成条件，是套取信贷资金行为，之后又高利转贷的，可以构成本罪。如果行为人在申请贷款时，按实际资金使用量如实申报的，取得贷款后，由于情况发生变化，实际使用资金额远远少于申请额，利用多余资金高利转贷的，由于不具有以转贷牟利的目的套取金融机构资金的行为，所以，虽是高利转贷行为，也不构成本罪，可以按一般金融违法行为处理。[1]

对于上述观点，笔者不能苟同。笔者认为，只要行为人产生转贷牟利的目的，并将贷款余额用于高利转贷，达到犯罪程度，均可以高利转贷罪定性处罚。正如前述，行为人转贷牟利目的产生时间的先后，并不应该成为影响行为人是否具有套取金融机构贷款行为认定的因素。对于行为人是否实际实施了套取金融机构贷款的行为，在很大程度上取决于行为人是否产生转贷牟利的目的，以及是否实施了高利转贷的行为。据此分析，即使行为人在向金融机构申请贷款时具有正当的理由，或按实际资金使用量如实申报，取得贷款后又将贷款高利转贷出去，只要行为人产生了转贷牟利的目的，并实施高利转贷行为，即可认为行为人之前获取金融机构贷款的行为是套取行为。所以，依笔者之见，对于行为人将贷款余额高利转贷他人牟取非法利益行为的定性，只要违法数额或者违法次数达到构成犯罪程度，即可以高利转贷罪定罪处罚。

六、内外勾结高利转贷牟利行为的定性

司法实践中，经常发生借款人与金融机构工作人员勾结，利用金融机构工作人员的职务之便，为借款人获取低息贷款，并高利转贷给他人的案件。在这些案件中，金融机构工作人员常常因为自己所起的作用而以各种名义分获一些利益。对于这种内外勾结的行为应该如何定性？理论上与实践中颇有争议。

有学者认为，金融机构工作人员与借款人应构成高利转贷共同犯罪。因为他们在主观上具有套取金融机构信贷资金高利转贷牟取暴利的共同故意，并在共同故意的支配下内外勾结一方申请、一方放贷，共同实施套取无息或低息的金融机构信贷资金，再高利转贷牟利的犯罪行为，从而形成了共同犯罪行为。因此，金融机构工作人员和借款人共同构成高利转贷罪。然而，由于金融

---

〔1〕 丁天球：《破坏社会主义市场经济秩序罪重点疑点难点问题判解研究》，人民法院出版社2005年版，第205页。

机构工作人员的身份特殊，在这类案件中，又表现为利用职务之便用贷款的合法形式掩盖其挪用公款（或挪用资金）进行转贷牟利非法活动的性质，行为同时又触犯挪用公款（或挪用资金）罪，是想象竞合犯，应“从一重”处断，定挪用公款（或挪用资金）罪，所以，对这类案件，应认定为共同犯罪，但由于犯罪主体的身份不同，在罪名上有所不同，对借款人定高利转贷罪，金融机构工作人员定挪用公款（或挪用资金）罪。[1]

笔者认为，对于内外勾结套取金融机构贷款并高利转贷的行为，应该根据具体案件的情况予以定性。

如果借款人利用金融机构工作人员的职务之便，在套取金融机构贷款后，实施高利转贷行为，金融机构工作人员虽然获取了利益，但并未参与实际转贷行为，对于金融机构工作人员应以受贿罪（或非国家工作人员受贿罪）论处。因为在这种情况下，金融机构工作人员完全是因为自己利用了职务之便为借款人套取了贷款，而接受了借款人的财物，其行为特征符合受贿罪（或非国家工作人员受贿罪）的构成要件。对于借款人则应以高利转贷罪追究刑事责任。

如果金融机构工作人员与他人事先约定高利转贷事宜，然后利用第三人名义套取贷款，并实施高利转贷获取转贷利益，对于金融机构工作人员也应以受贿罪（或非国家工作人员受贿罪）论处。因为在这种情况下，尽管金融机构工作人员在形式上获取了高利转贷的利益，但是，实际上则是其在相关金融业务活动中收受他人财物。其中的第三人完全是金融机构工作人员实施行为的工具，通过第三人名义的贷款，金融机构工作人员才能获得所谓“转贷的利益”。由此可见，在这种情况下，金融机构工作人员的行为性质应该是以获取转贷利益的名义实际收受他人贿赂。

如果借款人与金融机构工作人员事先通谋，利用金融机构工作人员的职务之便，共同套取贷款并转贷牟利，则对金融机构工作人员及借款人均可以高利转贷罪定性处罚。因为在这种情况下，借款人与金融机构工作人员具有共同的故意和共同的行为，他们的行为特征又完全符合高利转贷罪的构成要件。虽然金融机构工作人员的行为在形式上也符合挪用公款（或挪用资金）罪的某些构成要件，但是，由于他们的行为毕竟均发生在申请贷款和使用贷款过程

〔1〕 张惠芳:《高利转贷有关问题浅析》，载《河北法学》2000年第1期。

中，显然与利用职务之便挪用本单位或者客户资金的行为有很大区别。

应该看到，在高利转贷罪中，套取金融机构信贷资金的行为人必须同时也是高利转贷给他人的行为人，即套取者与转贷者是同一人。如果金融机构工作人员将本单位或者客户资金以个人名义借贷给他人，由于金融机构工作人员不能成为申请贷款的主体，因而其行为完全属于挪用性质而不存在有所谓套取贷款的性质，由此，对金融机构工作人员的行为就应该按挪用公款罪（或挪用资金罪）论处。

第四节　保险诈骗罪疑难问题的司法认定

保险诈骗是金融领域中严重的刑事犯罪之一。我国1997年《刑法》将保险诈骗罪从传统诈骗罪中分离出来，作为一个独立的罪名加以规定，从而为打击这一犯罪提供了更充分、具体的法律依据。但目前在司法实践中，对于保险诈骗罪的刑法适用仍存在许多问题，刑法理论上也存有一些争议，亟待厘清。

一、保险诈骗罪主体的认定

在理论和实践中一般认为，本罪的主体是一般主体，且自然人和单位均可构成。但也有人认为，本罪的主体为特殊主体，因为刑法明文规定本罪的主体是投保人、被保险人和受益人，而一般主体和特殊主体是有严格区别的，特殊主体是行为人除了具备一般主体的要件以外，还必须具有特定的身份。[1]笔者认为，投保人、被保险人和受益人等均是由保险行为所产生的，也即是随着保险合同的存在而存在的，并非是刑法对本罪主体所规定的特定身份。刑法上某一犯罪的主体是否为特殊主体，关键是看刑法有无特别规定以及这种特定的身份是否会影响到此罪与彼罪的界限，就此而言，认为保险诈骗罪的主体为一般主体并无不妥。

从法理上分析，在自然人作为本罪主体时，一般情况下应该是与保险标的

〔1〕 李卫红：《保险诈骗罪研究》，载赵秉志主编：《新千年刑法热点问题研究与适用》（下），中国检察出版社2001年版，第1435～1442页。

有保险利益的人，而在共同犯罪中，其他自然人也可能成为本罪的主体。与保险标的有保险利益的人主要包括投保人、被保险人和受益人等。应该看到，在有的保险合同中，投保人、被保险人、受益人可能是一个人，而在有的保险合同中，可能是三个人。需要指出的是，刑法关于保险诈骗罪的五种表现形式，其犯罪行为不同，主体也并不相同。第一种行为仅为虚构保险标的，故只有投保人方可为之；第二种行为以发生了保险事故为前提，行为人仅对保险事故的发生编造虚构原因或者夸大损失程度，故投保人、被保险人和受益人均可构成；第三种行为是虚构保险事故，财产险与人身险中均可发生，故犯罪主体与第二种行为相同；第四种行为仅限于财产险，因财产保险中被保险人就是受益人，这是由财产所有权固有特性所决定的，故犯罪主体不包括受益人；第五种行为发生在人身保险中，虽然也有被保险人为使受益人得到保险金而自杀的情况，但由于刑法并未规定自杀为犯罪，且自杀者本身也不能成为犯罪主体，故这类行为的主体，仅限于投保人和受益人，而不包括被保险人。

保险人能否成为保险诈骗罪的主体，我国刑法有关保险诈骗罪条文对此未作明文规定，这就导致司法实践中对于保险人在保险业务中进行诈骗行为定性上的不同认识。理论上大多数人认为，由于保险人在刑法中并未归入保险诈骗罪的犯罪主体之中，因而对保险人所实施的诈骗行为，尽管与保险业务直接有关，但仍然应该以一般诈骗罪定性。笔者认为，基于现实中保险公司及其代理人诈取投保人保险费的行为屡见不鲜的情况，而且这些案件均发生在保险领域相关活动中，刑法完全有必要将保险人在保险业务活动中的诈骗行为归入保险诈骗罪中，也即将保险人列入保险诈骗罪的主体之中。

另外，根据《刑法》第198条第4款规定，保险事故的鉴定人、证明人、财产评估人故意提供虚假的证明文件，为他人诈骗提供条件的，以保险诈骗的共犯论处。这些人虽然与保险利益没有直接的关系，但是他们的行为可能直接影响保险事故的定性。如果这些人通过自己的行为为他人实施保险诈骗提供条件，就很容易使保险诈骗成功。由于这些行为人故意实施的行为实际上已经与保险诈骗行为构成一个整体，因此《刑法》将这些人的提供条件行为视为保险诈骗的共同犯罪行为，是完全合理的。有关《刑法》该条款涉及的片面共犯问题，笔者在后文将作专门论述。

根据我国《刑法》第198条第3款的规定，单位可以成为保险诈骗罪的主体。但需要研究的是，当单位实施《刑法》第198条第1款第4项和第5项行为，即单位作为投保人，故意造成财产损失的保险事故，骗取保险金，或者单位作为投保人，故意造成被保险人死亡、伤残或疾病而骗取保险金时，根据《刑法》该条第2款的规定，应依照数罪并罚的规定处罚。而事实上，单位又不能成为故意毁坏财物罪、放火罪、故意杀人罪和故意伤害罪等犯罪的主体。对此，应如何处理？有人认为，在单位人员为本单位利益，以放火等单位不能成为主体的手段行为实施保险诈骗时，对单位应以保险诈骗罪定罪，同时追究单位与直接负责的主管人员和其他直接责任人员的刑事责任；而对放火等罪，尽管单位不能构成，但单位中直接负责的主管人员和其他直接责任人员并不能免除对这些罪的责任。〔1〕笔者基本同意这种观点，因为上述《刑法》的有关规定确实涉及某些单位不能成为犯罪主体的犯罪，根据罪刑法定原则，单位当然不能承担相应的刑事责任。但是，在这些情况中又实际存在故意杀人、故意伤害、故意毁坏财物以及放火等犯罪，而且保险诈骗行为是以这些犯罪行为为手段的，如果不追究任何人的刑事责任也不符合罪责刑相适应原则，而这些犯罪行为肯定是由一些具体的自然人实施的，尽管这些自然人可能是为了单位的利益，但这并不能成为他们免责的借口，2014年有关单位犯罪的立法解释弥补了这一漏洞。〔2〕

笔者认为，对《刑法》条文规定的许多自然犯，单位不能成为犯罪主体这是理论上的共识，自然人为了单位利益实施这些犯罪，我们不能理解为是单位行为，而只能视为自然人行为，因为单位的行为理应与其经营业务有相关性。在保险诈骗犯罪中，单位可以成为保险诈骗罪的主体，但不能成为有些如故意杀人等犯罪的主体，因此，对单位只能追究保险诈骗罪的刑事责任，而对单位中直接负责的主管人员和其他直接责任人员，则既要追究保险诈骗罪的刑事责任，也要追究故意杀人等犯罪的刑事责任，并对有责人员实行数罪并罚。

---

〔1〕 李亚飞、黄河：《保险诈骗罪刍议》，载赵秉志主编：《新千年刑法热点问题研究与适用》（下），中国检察出版社2001年版，第1443～1449页。

〔2〕 根据2014年4月24日第十二届全国人民代表大会常务委员会第八次会议通过的《关于〈中华人民共和国刑法〉第三十条的解释》规定，公司企业、事业单位、机关、团体等单位实施刑法规定的危害社会的行为，刑法分则和其他法律未规定追究单位的刑事责任的，对组织、策划、实施该危害社会行为的人依法追究刑事责任。

二、对虚构保险标的的理解及相关行为的定性

《刑法》第198条保险诈骗罪客观行为中的第1项规定，投保人故意虚构保险标的，骗取保险金，数额较大的，即可构成保险诈骗罪。理论上和司法实践中对于其中"虚构保险标的"是否包含虚构部分保险标的之内容颇有争议，而且许多观点直接影响到对一些行为的定性。有人认为，"虚构保险标的"仅指虚构根本不存在的保险对象与保险人订立保险合同；〔1〕有人则认为，虚构保险标的的范围要宽泛得多，既可以是虚构保险标的的整体，也可以是虚构保险标的的一部分。〔2〕

笔者认为，上述两种观点实质上是分别从狭义和广义两个角度来解释"虚构保险标的"在刑法学上的含义。一般认为，狭义解释的根据是汉语词典中"虚构"的含义（凭想象编造出来），是指虚构一个根本不存在的保险对象与保险人订立保险合同。比如行为人通过伪造购物发票，使用作废的有关文件，就汽车、船只等保险标的签订保险合同，而后谎称被保险标的发生了保险事故，从而骗取保险金，但事实上保险标的根本就不存在。广义解释的根据是虚构既可包括编造完全不存在的内容，也可包括编造与实际不相同的内容。即认为虚构保险标的并不局限于保险标的不存在，也包括保险标的存在，但虚构者对与保险标的有关的一些重要事实不如实说明。从刑法的立法原意角度分析，笔者较为赞同广义解释的观点。因为从诈骗罪客观行为虚构事实、隐瞒真相的内容分析，虚构保险标的理应包含"有"和"无"两个方面。保险诈骗罪中的"虚构保险标的"当然也应该体现一般诈骗行为的特征，既包括编造完全不存在的标的，也包括编造与实际存在内容不一致的标的。前者属于虚构事实的范畴，后者则属于隐瞒真相的范畴。

应该看到，对虚构保险标的的不同解释，直接影响到对一些诸如恶意重复保险等行为是否可以构成犯罪的认定。

第一，对恶意重复保险以及隐瞒保险危险（瑕疵投保）骗取保险金行为的认定。

---

〔1〕 最高人民检察院法律政策研究室编：《刑法新立罪实务述要》，中国检察出版社1996年版，第345页。

〔2〕 高铭暄：《新型经济犯罪研究》，中国方正出版社2000年版，第345页。

保险领域中的复保险，是指投保人对于同一个保险利益、同一保险事故，在同一时期向数个保险人分别订立数个合同的保险。在保险活动中，如果复保险的各保险金额的总数没有超过保险标的的价值，而且投保人将复保险的情况告知各保险人，通常属于正常的保险活动，这种行为因被法律所允许而不可能构成犯罪。但是，如果投保人复保险金额超过保险标的的价值，且对保险人隐瞒复保险的事实，以取得双倍乃至更多的赔偿为目的进行保险，则属于恶意复保险。恶意复保险的行为因行为人主观上的恶意且复保险金额超过保险标的的价值，当然为法律所禁止。所谓隐瞒保险危险骗取保险金，是指行为人隐瞒已经存在的危险，与保险人签订某种保险合同，从而骗取保险金的行为。这在健康保险活动中经常发生，如行为人隐瞒自己的严重疾病与保险人签订健康保险合同，然后向保险公司通知病情，骗取保险金。

上述复保险和隐瞒保险危险骗取保险金两种行为，显然均不属于《刑法》第198条规定的第2项至第5项情形。对该行为如何认定，理论上存在不同观点：第一种观点是将上述行为归属于“故意虚构保险标的，骗取保险金”，〔1〕目前多数学者持该种观点。应该看到，这一观点显然是从对虚构保险标的的广义解释角度得出的结论。

第二种观点认为，虚构是将无说成有，而隐瞒是将有说成无，上述行为虽然都是欺骗行为，但行为特征却截然相反。恶意重复保险以及隐瞒保险危险都是隐瞒型的诈骗行为，不能将其解释为虚构保险标的。〔2〕

因此，复保险和隐瞒保险危险骗取保险金这两种行为均不应构成保险诈骗罪。这一观点显然是从对虚构保险标的的狭义解释角度得出的结论，其侧重点是从“虚构”一词本应具有的含义角度加以分析。第三种观点则提出刑法应参照贷款诈骗罪、信用证诈骗罪的立法模式，在《刑法》第198条规定的五种法定行为方式后加一兜底条款：“其他利用保险合同关系诈骗保险金额的行为。”〔3〕

笔者认为，对于复保险和隐瞒保险危险骗取保险金这两种行为是否可以构成保险诈骗罪，实际上还是涉及对刑法有关保险诈骗罪规定中“故意虚构保

〔1〕 张明楷：《保险诈骗罪的基本问题探究》，载《法学》2001年第1期。
〔2〕 柴华、张博：《试论保险诈骗罪》，载《商洛师范专科学校学报》2006年第2期。
〔3〕 肖乾利：《保险诈骗罪若干问题之审视》，载《广西社会科学》2006年第4期。

险标的，骗取保险金”含义的理解。笔者已在上文中阐明了自己的观点，即从立法原意角度分析，我们没有理由将这里的“虚构”作狭义解释。上述狭义说的观点主要还是受诈骗罪客观行为中存在“虚构”和“隐瞒”两种行为区别的影响，从而认为这里的“虚构”内容中不应包含“隐瞒”的含义。这种将诈骗罪隐瞒真相的特征排除在某一保险诈骗罪客观行为内容之外的观点，似乎并不能真正体现刑法立法原意。就此而言，笔者认为，复保险和隐瞒保险危险骗取保险金这两种行为均可能归入保险诈骗罪“故意虚构保险标的”行为范围之中。

第二，对事后投保骗取保险金行为的认定。

事后投保（先出险后投保），即某项财产原本没有投保，在该财产发生事故造成损失后，再隐瞒事故向保险人投保，将其转化为保险标的，以骗取保险金。针对事后投保，有学者认为应当将其归属于“投保人、被保险人或者受益人编造未曾发生的保险事故”的范畴；也有学者将其看作“投保人故意虚构保险标的”的一种表现形式；还有一种观点认为应对事后投保的两种情况予以区别对待，“对于标的从未被保险的事后投保应视为虚构保险标的，因为未经保险的标的自然不能成为日后保险事故理赔的依据”，而“对于标的虽曾被保险但保险有效期已过且未及时续保的事后投保行为，可视为编造未曾发生的保险事故的行为而予以规制”。[1]更有学者提出参照贷款诈骗罪、信用证诈骗罪的立法模式，在《刑法》第198条规定的五种法定行为方式后加一兜底条款：“其他利用保险合同关系诈骗保险金额的行为。”[2]

笔者认为，事后投保骗取保险金行为可以构成保险诈骗罪，这已经成为学界的共识，而学者争议的主要问题是对于该行为应适用《刑法》有关保险诈骗罪的哪一个条款。对于在《刑法》中设置兜底条款的建议，笔者认为，似乎并无很大的必要，因为现行《刑法》的规定中完全已将这种行为包容进去。而将这种行为归入“虚构保险标的”行为之中，还是归入“编造未曾发生的保险事故”行为之中，则是仁者见仁，智者见智。但是，无论观点如何，均不会影响这种行为构成保险诈骗罪的认定。从理赔时相关保险标的是否实际发生过保险

---

〔1〕 赵秉志、许成磊：《金融诈骗罪司法认定中的若干重点疑难问题研讨》，载《刑事司法指南》2000年第4期。

〔2〕 韩玲：《保险诈骗罪中几种特殊行为方式的司法认定》，载《政治与法律》2005年第4期。

事故角度分析，似乎将事后投保骗取保险金行为归入“虚构保险标的”更为妥当。因为毕竟事故是发生过的，只不过事故发生的时间是在投保之前，行为人只是隐瞒了事故实际发生时间这一事实，而并没有编造未曾发生的事故。编造未曾发生的事故骗取保险金的情况，其本质特征是编造事故，而这一编造的事故是以客观存在的投保标的为基础的。虚构保险标的骗取保险金的情况，其本质特征是对投保标的的虚构，而这一虚构显然是以没有客观存在的投保标的或与客观存在的投标内容不符合为基础的。由此可见，在事后投保骗取保险金的案件中，投保人在投保时明显隐瞒了投保标的已经发生事故的实际情况，也即投保的标的与实际存在的标的并不完全一致，依笔者上述的观点，以此骗取保险金的行为理应属于虚构保险标的的保险诈骗行为。

第三，对超额投保骗取保险金行为的处理。

超额投保，即行为人在投保时提供虚假的证明资料，抬高保险价值，以便在损失事件中获得比保险财产价值更高的保险金。此时，行为人对超过保险价值的那部分保险标的是虚构的。对超额投保骗取保险金的行为是否属于虚构标的骗取保险金的行为，理论上也有不同的观点。由于笔者已在上文阐明了自己的观点，依此观点分析，超额投保骗取保险金的行为理应构成保险诈骗罪，其行为可以归入虚构保险标的骗取保险金范围内。理由是，尽管这类案件中存在着投保标的，但是，行为人投保的标的价值与实际存在的标的价值并不相符，其超出部分确实属于虚构的部分，因此以虚构保险标的骗取保险金的行为认定似乎并无不妥。

三、冒名骗赔行为的定性

所谓冒名骗赔，是指行为人不参加投保或不全部投保，一旦出了事故便设法冒用已参加投保的单位或个人的户名向保险公司骗赔的情况。这种情况较多发生在财产保险中，往往是在擅自转让保险标的后，新的财产所有人利用原合同关系诈骗保险金。例如，在机动车交易中，交易双方并不办理过户手续，如果新车主利用原车主的保险合同进行诈骗，该如何认定？对于这种冒名骗赔行为的定性，刑法理论上和司法实践中颇有争议。

有人认为，《刑法》中虽然没有将这种情况列入保险诈骗行为中，但这种冒名骗赔行为与《刑法》中所列举的几种行为，在性质上是相同的，所以完全可以按保险诈骗定性处罚。为此，有人甚至认为，这种行为也是利用金融交易关系主要侵犯保险市场秩序并同时侵犯公私财产所有权的行为，可以通过司法解释将其纳入保险诈骗罪中。[1]

有人则认为，根据罪刑法定原则，此种行为在保险诈骗罪中并没有列出，因而就不能以此罪定罪处罚。主张该观点者进一步指出："构成保险诈骗罪的核心要素是虚构保险标的或者编造、夸大保险事故，或者故意造成保险事故或者被保险人死亡、伤残或者疾病，从而骗取保险金。而本案中当事人只是未及时办理被保险人变更手续，并没有上述情形之一，因此，不能认定其构成保险诈骗罪。当事人与保险公司之间有纠纷的，应通过民事途径解决。"[2]

也有人认为，由于法律规定保险诈骗罪的主体仅限于投保人、被保险人和受益人等，这就说明构成保险诈骗罪必须以行为人与被诈骗的保险人之间已经存在的保险合同关系为前提，才能构成本罪，否则就不能产生保险诈骗犯罪行为。但是，冒名骗赔的行为人事实上并未与保险人存在所谓的保险合同，因而在主体上与刑法规定构成保险诈骗罪的主体要求完全不相符合，所以不宜以保险诈骗罪处罚。但是由于行为人毕竟实施了诈骗行为，且完全符合诈骗罪的有关构成要件，因此，对冒名骗赔者可以诈骗罪定件处罚。[3]

笔者基本赞同上述第三种观点，这是因为，利用保险合同进行诈骗是保险诈骗罪最本质的特征，也是保险诈骗罪区别于其他诈骗犯罪的一个关键点。保险诈骗罪的成立，必须以行为人与被诈骗的保险人之间存在保险合同为前提，行为人正是利用了这种合同关系的存在才能实施保险诈骗行为。如果不存在这种保险合同关系，就不可能产生所谓的保险诈骗行为。冒名骗赔的实质在于虚构实际并不存在的保险合同关系骗取保险公司的保险金。由于在这类案件中，骗赔者与保险公司之间不存在所谓保险合同，也就不可能存在行为人利用保险合同关系进行诈骗的情况，因此，对冒名骗赔者以保险诈骗罪定性缺乏事实上和法律上的依据。但是，我们也应该看到，冒名骗赔者毕竟在主观上具有骗取保险金的意图，客观上又实施了虚构事实、隐瞒真相的骗保行为，

---

〔1〕 高铭暄：《新型经济犯罪研究》，中国方正出版社2000年版，第964页。

〔2〕 法博士：《未办保险过户手续，车出险获赔偿的行为该如何定性》，载《人民公安》2004年第3期。

〔3〕 赵秉志：《破坏社会主义市场经济秩序罪》(下)，法律出版社2001年版，第128页。

这些均完全符合一般诈骗罪的构成特征，对其行为以诈骗罪定性不应该有任何障碍。

需要指出的是，对于冒名骗赔行为的定性应具体问题具体分析，不能一概而论。由于在日常理赔活动中，冒名者骗赔行为一般均需要被冒名者的帮助方能成功，行为人很难单独实施有关骗赔行为。因为所有的保险手续或合同均在被冒名者手中，要取得保险赔偿必须凭合同或身份证等文件或证件；另外，冒名者提出保险赔偿后，保险公司还要作一定的调查确认，如果没有真正投保人的帮助、配合，冒名者是很难骗得赔偿金的。如果冒名者与“被冒名者”具有共同骗赔的意图，则对冒名者完全可以按保险诈骗罪的共犯加以处罚。因为在这种情况下，冒名者的骗赔行为完全依靠“被冒名者”与保险人之间业已存在的保险合同关系进行，而故意实施帮助、配合等行为的“被冒名者”又完全符合保险诈骗罪的主体要求，尽管冒名者不符合，但可以作为共犯加以认定。如果冒名者与被冒名者确实没有共同意图，例如冒名者以欺骗方法骗得被冒名者有关文件、证明等，单独去保险公司实施骗赔行为的，由于这种情况冒名者的行为虽然具有诈骗性质，但并未列入《刑法》有关保险诈骗罪的条文之中，而事实上冒名者与保险公司之间又不存在所谓的保险合同关系，且冒名者的身份完全不符合保险诈骗罪主体的要求，那么根据罪刑法定原则以及刑法设定保险诈骗罪的立法原意，对冒名者不能以保险诈骗罪定性处罚，如符合诈骗罪构成要件的，则可以按诈骗罪定性处罚。

四、被保险人采用自损方式让他人获取保险金行为的定性

时下，在司法实践中经常发生被保险人采用自杀、自残方式骗取保险金的案件。由于此种故意制造保险事故的行为是由被保险人实施的，而且很多情况下投保人和受益人并不知情，因此，就产生了对被保险人自杀未遂或自残的行为如何处理的问题。尽管现行《刑法》第198条列举的第五种保险诈骗行为是“投保人、受益人故意造成被保险人死亡、伤残或者疾病，骗取保险金”，但是，其中的犯罪主体仅是投保人、受益人，并无被保险人。如果这类案件中投保人与被保险人同为一人，在被保险人自杀未遂或自残的情况下，我们完全可以将这种情况解释为投保人故意造成被保险人伤残。但是，如果投保人与被保险人不是同一人，对自杀未遂或自残的被保险人如何处理？以保险诈骗罪

论处明显存在犯罪主体要件上的障碍，因为实施自杀未遂或自残的被保险人并非是投保人或受益人。

应该看到，对于被保险人以自杀、自残的方式骗取保险金的情况，有些国家的刑法明确将此种行为规定为犯罪行为，如《意大利刑法典》第642条第2款规定，"意图为自己或他人领取灾害保险金，而伤害自己的身体，或者使意外事件所伤害的身体状况恶化"。[1]可见，意大利刑法将被保险人自残骗取保险金行为归入保险诈骗罪之中。

在我国，有学者认为，根据现行《刑法》第198条之规定，立法者并未将被保险人自杀、自残的行为规定为保险诈骗的行为方式之一，这可能与我国传统意识中的"仁爱"思想有关，即倾向于对弱者（自杀、自残者）的同情与宽恕，将自杀、自残的行为不视为一种道德上可谴责的行为。对于自杀、自残的行为，如果按照罪刑法定原则，无法以保险诈骗罪论处，其行为方式虽然符合普通诈骗罪，但司法机关在真正处理此类案件时，也不宜定为诈骗罪。一是考虑到我国对自杀、自残行为的特有观念。二是从刑事立法角度来看，虽然目前从逻辑上讲发生在保险领域的诈骗行为在不构成保险诈骗罪时，可以普通诈骗罪论处。[2]对于这种情况，参加立法起草的人员作过解释："第五项规定的情形比较复杂，虽然也涉及投保人、受益人和被保险人，但故意造成被保险人死亡、伤残或者疾病的，通常情况下，多是投保人和受益人所为。当然也不排除实践中会发生被保险人为使受益人取得保险金而自杀、自残的情况，这类情况……可不作为犯罪处理。"[3]

笔者认为，依照我国现行《刑法》的规定，在投保人或受益人不是被保险人的情况下，被保险人自杀未遂或者自残的行为尚不能作为保险诈骗罪处理，原因是被保险人单独不能成为保险诈骗罪的主体。这类情况在司法实践中发生很少，特别是行为人欺诈故意很难实际得逞，因为在理赔过程中这些欺诈行为往往会被保险公司发现，因此对这一行为不以犯罪论处还是可行的。当然，如果被保险人自杀、自残后，投保人、受益人在明知且有能力救治的情况下，

〔1〕《意大利刑法典》，黄风译，中国政法大学出版社1998年版，第191页。

〔2〕李邦友、高艳东：《金融诈骗罪研究》，人民法院出版社2003年版，第453～454页。

〔3〕郎胜：《关于惩治破坏金融秩序犯罪的决定释义》，中国计划出版社1995年版，第164～165页。

故意不对被保险人进行救治，导致被保险人死亡、伤残后果发生，并以此骗取保险金的，我们可以不追究被保险人的刑事责任，但对投保人或受益人则可以保险诈骗罪论处。

五、故意扩大保险事故骗取保险金行为的定性

故意扩大保险事故，是指保险损失已经发生或者仍在继续发生，但影响的范围有限，如果行为人积极施救，完全能够避免损失的扩大，行为人为了多得保险赔偿而对之采取放任的态度，听任损失的发生与发展，甚至顺势增加一些加害行为，从而导致损失程度的扩大。司法实践中，这类案件经常发生在车险理赔过程中。

理论上，对于故意扩大保险事故骗取保险金的行为可以构成保险诈骗罪，基本没有异议。但是，对于应将该行为归入《刑法》有关保险诈骗罪的何项规定之中，则有不同意见。有人认为，该种行为应归属于第二种法定行为中的行为方式即“夸大损失的程度”；〔1〕有人则认为，故意扩大保险事故应归属于第四种法定行为方式即“故意造成财产损失的保险事故”；〔2〕还有人认为，该情形应归属于第二种法定行为中的行为方式即“对发生的保险事故编造虚假的原因”。〔3〕

笔者认为，对于故意扩大保险事故骗取保险金的行为，应归入《刑法》有关保险诈骗罪规定的第四项“故意造成财产损失的保险事故，骗取保险金的”法定行为方式之中。理由如下：

首先，扩大保险事故与保险诈骗罪第二项“夸大损失的程度”法定行为方式是完全不同的。两者的主要区别是所谓的“损失”是否客观存在：故意扩大保险事故所造成的损失是客观存在的，即扩大部分的相关损失是由行为人的行为故意造成的；而“夸大损失程度”中尽管存在一定的损失，但是其中被夸大部分的相关“损失”则是虚构的，即事实上并没有发生如此大的损失，而是由行为人虚构夸大出来的。可见，两者之间有着本质的差别。此外，夸大损失

〔1〕 转引自韩玲：《保险诈骗罪中几种特殊行为方式的司法认定》，载《政治与法律》2005年第4期。

〔2〕 魏智彬：《证券及相关犯罪认定处理》，中国方正出版社1999年版，第186页。

〔3〕 赵秉志：《金融诈骗罪新论》，人民法院出版社2001年版，第607页。

程度的行为只能是指索赔时在证明材料上弄虚作假，以小说大，而行为人对事故本身并无人为影响；而在故意扩大保险事故的行为，行为人主要是以影响、改变保险状态来骗赔的，在索赔材料中并不像夸大损失程度那样，使事故损失与证明材料不相符，而是主要利用对事故状态的人为改变来完成的。由此分析，我们不应该将故意扩大保险事故的行为归入"夸大损失程度"法定行为方式之中。

其次，扩大保险事故与保险诈骗罪第二项"对发生的保险事故编造虚假的原因"法定行为方式也是不同的。与上述"夸大损失程度"行为方式一样，"编造虚假的原因"行为方式的前提条件是"对发生的保险事故"，即客观上确实存在着保险事故。但是，由于导致保险事故发生的原因无法得到正常理赔，行为人为了获取保险金而编造属于保险责任的理由。由此可见，"编造虚假的原因"的行为方式仅仅只是对原因的编造，并不存在改变事故状态的情况，而扩大保险事故的行为则是对事故状态的改变。两者具有本质区别，我们不应该将故意扩大保险事故的行为归入"编造虚假的原因"法定行为方式之中。

最后，故意扩大保险事故骗取保险金的行为符合保险诈骗罪第四项"故意造成财产损失的保险事故"法定行为方式。这里可以分两种情况加以具体分析：其一，如果行为人在发生保险事故后，为了多获取保险金，顺势增加一些加害行为，故意扩大保险事故的，完全符合"故意造成财产损失的保险事故"的法定行为方式内容，只是保险事故中有一部分本身属于正常保险事故的范围而已，这不影响将扩大部分归入"故意造成财产损失的保险事故"之中。其二，如果行为人在发生保险事故后，采用消极的方式不积极施救，从而导致保险事故扩大的，则可以从不作为角度将这种行为归入"故意造成财产损失的保险事故"之中。因为，现行《保险法》第48条规定："保险事故发生时，被保险人有责任尽力采取必要的措施，防止或减少损失。"可见，在保险事故发生时，被保险人实际上具有法定责任，即相关的投保人或者被保险人为了获取保险金，需要承担防止或减少保险事故损失的义务。当然，《保险法》该条所指的"保险事故"，应是保险责任范围之内的事故，而扩大部分的损失完全是因为行为人的不作为行为所导致的。由于故意扩大保险事故骗取保险金的案件中，行为人主观上对该损失持故意态度，并具有非法占有保险金的目的，客观上又属于"应为能为而不为"的情况，且这种不作为的方式又导致了保险事故损失的扩大，因此，完全符合“故意造成财产损失的保险事故”的法定行为方式。

六、保险诈骗共同犯罪形态的认定

现代社会的保险制度相当复杂，这在很大程度上导致了保险诈骗行为本身的复杂多样性，特别是保险活动涉及多方利益和各种人员。现行《刑法》第198条虽然规定投保人、被保险人和受益人都可以单独构成保险诈骗罪主体，但从《刑法》所列举的五种行为方式来看，并非三种主体都可以单独实施所有类型的犯罪。例如，虚构保险标的、恶意重复投保骗取保险金的行为只能由投保人单独实施；但是，故意制造保险事故、虚假理赔则可以由投保人、被保险人或受益人分别实施。而且在很多情况下，行为人需要在别人的帮助下才能完成保险诈骗行为，例如，实践中往往是投保人、被保险人、受益人之间相互勾结，共同实施保险诈骗行为，才能达到占有保险金的目的。因此，有必要从理论上对保险诈骗罪的共同犯罪加以研究。

这里首先需要讨论的是，投保人、被保险人、受益人与其他人员相互勾结骗取保险金的共同犯罪问题。投保方人员与其他人相互勾结，基于共同骗取保险金的意图，共同实施了保险诈骗行为，符合保险诈骗罪的构成要件，成立保险诈骗罪的共犯，这是最常见的共犯形态。在司法实践中，问题的关键是其他人能否成为保险诈骗罪的共同正犯。根据《刑法》第198条的规定，保险诈骗罪的主体仅限于投保人、被保险人和受益人。但是，由于保险诈骗罪在刑法理论上并非是亲手犯〔1〕，因此，如果基于骗取保险金的共同意图，实施虚构保险标的等骗取保险金的共同行为，其他人完全可以同投保方人员一起成为保险诈骗罪的共犯。

其次，投保方人员与保险事故鉴定人、证明人、财产评估人共同骗取保险金的共同犯罪问题。现行《刑法》198条第4款规定：“保险事故的鉴定人、证明人、财产评估人故意提供虚假的证明文件，为他人诈骗提供条件的，以保险诈骗的共犯论处。”对《刑法》这一规定是否属于刑法理论上的片面共犯，理论界存在不同的观点。第一种观点认为，该条款属于对一般共同犯罪的提示性规

〔1〕 亲手犯也叫自手犯，是指行为人必须亲自实施，不能利用他人实施的犯罪形态，如证人只能自己实施伪证罪，不能利用无证人身份的人实施伪证罪。参见姜伟：《犯罪形态通论》，法律出版社1994年版，第254页。

定[1]。即它是在《刑法》已有相关规定的前提下，提示司法人员注意，以免司法人员忽略的规定，它并没有改变相关规定的内容，只是对相关规定内容的重申或具体化。根据这种观点，《刑法》第198条第4款并没有改变刑法总则关于共犯的规定，保险事故的鉴定人、证明人、财产评估人故意提供虚假证明文件的行为，只有同时符合《刑法》第25条关于共同犯罪的规定，才能构成保险诈骗的共犯，即鉴定人等只有在与他人有诈骗保险金之共谋的前提下提供虚假证明文件时，才构成保险诈骗的共犯。主要理由是：其一，由于《刑法》第229条规定了提供虚假证明文件罪，保险事故的鉴定人、证明人、财产评估人故意提供虚假的证明文件，为他人诈骗保险金提供条件的行为，也可能符合第229条的规定，故本款旨在提示司法人员对于上述行为不得认定为提供虚假证明文件罪，而应以保险诈骗罪的共犯论处；其二，即使没有本款规定，对于上述行为也应当按照刑法总则关于共犯的规定，以保险诈骗罪的共犯论处。第二种观点认为，该条款属于对片面共犯的特别规定[2]。其特殊性在于：保险诈骗的共犯在鉴定人、证明人、财产评估人只具有单方面故意的情况下也可以成立。因为他的故意是单方面的，而不是行为人之间共同的，与我国刑法规定的共同犯罪的一般概念有所区别。

笔者认为，《刑法》第198条第4款中包含有片面共犯的内容，而且按照条文规定的内容对于有片面合意的成员是可以按共同犯罪处理的。刑法理论上所谓片面合意，是指一方有意地帮助另外一方实施故意犯罪，而被帮助的一方并不知道自己的行为是在他人的帮助之下完成的情况。对于其中有意帮助他人实施犯罪的这一方，我们可以根据刑法基本理论和司法实践需要将其单方面认定为共犯。

需要注意的是，刑法规定保险事故的鉴定人、证明人、财产评估人故意提

〔1〕 参见张明楷：《刑法学》，法律出版社2003年版，第637～638页。类似观点还可参见赵秉志、杨诚编：《金融犯罪比较研究》，法律出版社2004年版，第339页；华广林：《论保险诈骗罪》，载《中国刑事法杂志》2003年第2期；林荫茂：《保险诈骗犯罪定性问题研究》，载《政治与法律》2002年第2期；张亚杰、刘新艳：《保险诈骗罪之立法评价——对刑法第一百九十八条的思考》，载《政治与法律》2004年第5期。

〔2〕 参见刘宪权、卢勤忠：《金融犯罪理论专题研究》，复旦大学出版社2002年版，第146页。类似观点还可参见吕艳珍：《保险诈骗罪法律适用中的几个问题》，载《河南公安高等专科学校学报》2001年第1期；屈学武《金融刑法学研究》，中国检察出版社2004年版，第164页；薛瑞麟编：《金融犯罪研究》，中国政法大学出版社2000年版，第396页；杜国强：《保险诈骗罪共犯问题研究》，载《人民检察》2005年第1期（上）；单长宗编：《新刑法研究与适用》，人民法院出版社2000年版，第430页。

供虚假的证明文件，为他人诈骗提供条件的情况，确实可能存在保险事故的鉴定人、证明人、财产评估人与实施保险诈骗者通谋，为保险诈骗提供便利条件的情况；也可能存在保险诈骗者并没有与保险事故的鉴定人、证明人、财产评估人通谋，有关人员在明知诈骗者诈骗故意和诈骗行为的情况下，仍然为其提供虚假的证明文件，为其诈骗提供条件的，而此时保险诈骗者并不知情等情况。理由是《刑法》该条款中并未使用“通谋”一词加以限制，这就说明《刑法》并未将后一种情况（没有通谋的情况）排除在条款规定之外。同时，《刑法》强调对于保险事故的鉴定人、证明人、财产评估人，以保险诈骗罪的共犯论处，而并没有具体明确对实施保险诈骗者也要以保险诈骗罪的共犯论处，这就意味着对于没有通谋情况的单方面合意者也可以保险诈骗罪共犯论处。

第五节　刑法严惩非法集资行为之反思

近年来，民间融资日渐成为中小企业融资的重要渠道，但在我们的金融体系中，却一直没有给予民间融资以正当性，并往往冠之以“非法集资”。与此同时，我们似乎对“非法集资”的惩治也越来越严厉：在立法上，2011年5月1日生效的《刑法修正案（八）》废止了票据诈骗罪、金融凭证诈骗罪、信用证诈骗罪的死刑，而唯独在金融诈骗罪中保留了集资诈骗罪的死刑；2011年1月4日施行的最高人民法院《非法集资案件解释》降低了非法集资行为的入罪门槛；[1]在司法实践中，各地公检法机关加大了打击力度，为此国务院还专门于2011年11月10日成立了处置非法集资部际联席会议，在全国部署开展为期3个月的整治非法集资问题专项行动。由此，越来越多民间借贷个人或单位因“非法集资”而获刑，如2009年浙江丽水“小姑娘”杜某敏因犯集资诈骗罪被判处死刑；2010年4月原吉林海天实业有限责任公司董事长王某田因集资诈骗罪被

〔1〕 最高人民法院《非法集资案件解释》《追诉标准二》相比较，前者的入罪门槛更低，例如，上述立案追诉标准规定个人非法吸收或者变相吸收公众存款30户以上的，单位非法吸收或者变相吸收公众存款150户以上的才追究刑事责任，而《解释》中则规定非法吸收或者变相吸收公众存款的对象个人在30人以上，单位在150人以上的才追究刑事责任，显然，人数往往大于户数，而以人为标准，同样的数字之下，更容易入罪，就如最高人民法院刑二庭庭长裴显鼎所指出的，从“户”到“人”的悄然变化，彰显了从严打击非法集资的态度。

判处死刑，缓期两年执行；2011年9月安徽亳州兴邦特大非法集资案主犯吴某澧被判处死刑（后改判有期徒刑十年）；2011年11月“银泰房产”特大非法集资案主犯季某华因集资诈骗罪、抽逃出资罪，数罪并罚，被判处死刑，缓期两年执行，剥夺政治权利终身，并处没收个人全部财产；2012年1月14日河南安阳刘某飞因集资诈骗罪被判处死刑；2012年1月，浙江省高级人民法院对被告人吴某集资诈骗一案进行二审宣判，维持对被告人吴某的死刑判决；[1]等等。然而，在死刑控制如此严格之当下，我们除了对极为恶劣的故意杀人案判处死刑外，经济非暴力性犯罪中即使亿元规模的贪污案，也鲜有判死刑的案例。对非法集资犯罪如此频繁地科处死刑，无疑反映了刑法对非法集资行为之严惩。那么，刑法如此严惩非法集资行为可能会产生哪些问题？刑法严惩非法集资行为是否合理？刑法在规制非法集资时应如何保持一个合理的限度？这些无疑是我们在用刑法对非法集资行为进行严惩时必须予以考虑的问题。

一、刑法严惩非法集资行为凸显之问题

我们意图通过刑法来严惩非法集资行为，以期收“杀鸡儆猴”、遏制非法集资之效。但由实践情况观之，非法集资行为并没有因“严惩”而得以有效遏制，相反却因“严惩”而凸显出了我们在认定非法集资犯罪中的诸多不合理问题。这主要表现为以下三个方面。

（一）入罪门槛偏低

司法实践中，绝大部分非法集资行为往往被认定为非法吸收公众存款罪来定罪量刑。由于存在严惩非法集资行为的倾向，司法实践中非法吸收公众存款罪的入罪门槛极低，非法集资行为可以被轻易入罪，这主要表现为以下两点。

首先，对“社会公众”的认定标准不合理。在我国现行法律制度框架内，民间借贷、高利贷以及非法集资三种行为的法律后果，逐渐从合法到不受法律保护，再上升为犯罪。由此我们不难发现，在合法的民间借贷与构成犯罪的非法集资之间，仅存在不受法律保护但不违法的高利贷行为，缺少违法却不构成犯罪的对公众的借贷行为。正是由于缺少这一犯罪“缓冲带”，司法实践中对

---

〔1〕 2012年4月20日，最高人民法院依法裁定不核准吴某死刑，将案件发回浙江省高级人民法院重审。

借贷行为的定性出现了“断崖”现象：当借贷行为的借贷对象特定时，则属于合法借贷（只有在高利贷的情况下才不受法律保护）；当其借贷对象不特定时，则一下子落入犯罪的深渊——构成非法吸收公众存款罪。可见，集资对象是否属于不特定的社会公众往往成为非法集资行为罪与非罪的界限。但为了严惩非法集资行为，司法实践中经常以吸收存款对象的多寡作为判断社会公众的标准，继而认定其是否构成犯罪，由此导致非法吸收公众存款罪的入罪门槛大为降低。

其次，无视集资用途的差异，以致混淆直接融资行为与间接融资行为。实践中，有的个人和企业将集资款用于商业、生产的运营，而有的则如商业银行般用于资本、货币经营等，由此也就有了直接融资与间接融资之分。从非法吸收公众存款罪的立法初衷和性质来看，刑法惩治的是间接融资而非直接融资。由于非法吸收公众存款罪属于行政犯，因而非法吸收公众存款行为构成犯罪必须以违反相应的行政法规为前提。目前学界和实务界均普遍承认，非法吸收公众存款罪是违反了《商业银行法》相关规定的刑事责任。[1]《商业银行法》第11条规定：“设立商业银行，应当经国务院银行业监督管理机构审查批准。未经国务院银行业监督管理机构批准，任何单位和人不得从事吸收公众存款等商业银行业务，任何单位不得在名称中使用‘银行’字样。”从而在法律上确定了商业银行的市场准入制度。违反该规定的法律责任则由《商业银行法》第81条第1款予以了规定：“未经国务院银行业监督管理机构批准，擅自设立商业银行，或者非法吸收公众存款、变相吸收公众存款，构成犯罪的，依法追究刑事责任；并由国务院银行业监督管理机构予以取缔。”由此可见，非法吸收公众存款罪规制的非法集资行为是指属于商业银行业务的吸收存款行为，其属于一种以资本、货币经营为目的的间接融资行为。但是，在司法实践中，由于受严惩非法集资行为意图的支配，非法吸收公众存款罪的入罪门槛已经被降低至直接融资行为，由此背离了立法的初衷和目的。如在“孙大午案”中，孙大午是将直接募集来的资金用于企业的经营发展的，而不是用于放贷营利的，其融资方式就属于直接融资，但法院最终将其行为定性为非法吸收公众存款罪。

---

〔1〕 彭冰：《非法集资活动的刑法规制》，载《清华法学》2009年第3期。

（二）重罪与轻罪的界限模糊

从非法集资行为所构成的犯罪的主观方面来看，主要包括两种情形：一是以非法使用吸收的资金为目的；二是以非法占有吸收的资金为目的。如果行为人只是以非法使用吸收的资金为目的，就只能构成非法吸收公众存款罪以及其他特定的犯罪，而如果行为人以非法占有吸收的资金为目的时，其行为的性质就发生了质变，即犯罪性质由较为轻微的“使用型”行政犯罪转变为严重的“侵占型”经济诈骗犯罪——集资诈骗罪。可见，是否“以非法占有为目的”是集资诈骗罪与非法吸收公众存款罪的本质区别，区分是否以非法占有为目的，既是准确定罪的需要，也是实现罪刑均衡的前提。而且，基于非法吸收公众存款罪与集资诈骗罪刑罚轻重之悬殊，《非法集资案件解释》第1条也通过明确非法吸收公众存款罪是非法集资犯罪的基础罪名，[1]来提示司法工作人员在对非法集资行为进行归罪时，首先应考虑的是非法吸收公众存款罪而非集资诈骗罪，也即应尽量限制或避免适用集资诈骗罪。但在司法实践中，我们为了追求严惩非法集资行为的目的，往往对“以非法占有为目的”的认定较为宽松，由此人为地模糊了集资诈骗罪和非法吸收公众存款罪的界限，导致很多非法吸收公众存款行为往往被认定为集资诈骗犯罪。例如，司法实践中为严惩非法集资行为，经常仅凭行为人无法返还较大数额非法集资款的结果，就推定行为人“以非法占有为目的”，而无论其无法返还的具体原因，由此导致集资诈骗犯罪案件激增。又如，实践中经常发生为追诉犯罪方便考虑，仅根据行为人存在将集资款用于个人消费或挥霍的情形，就认定其“以非法占有为目的”，致使一些将大部分集资款用于投资或生产经营活动，而仅将少量的集资款用于个人消费或挥霍的行为人被认定为构成集资诈骗罪。

（三）适用的刑罚畸重

除了上述因模糊重罪与轻罪之界限而导致适用刑罚畸重之外，频繁地适用死刑也是对非法集资犯罪适用刑罚畸重的重要体现。《刑修九》实施以前，因集资诈骗罪而获死刑的案例，可谓不胜枚举。在对死刑适用控制如此严厉的今天，我们除了对极为恶劣的故意杀人案判处死刑外，经济非暴力性犯罪中

---

〔1〕《非法集资案件解释》第1条规定：“违反国家金融管理法律规定，向社会公众（包括单位和个人）吸收资金的行为，同时具备下列四个条件的，除刑法另有规定的以外，应当认定为刑法第一百七十六条规定的‘非法吸收公众存款或者变相吸收公众存款’……”

即使亿元规模的贪污案，也鲜有判死刑的案例。竟对集资诈骗罪这种经济非暴力性犯罪适用死刑如此之频繁，实在令人匪夷所思。集资诈骗犯罪属于涉众型犯罪并可能引发群体性事件，或许是我们当时还保留并在司法中频繁适用集资诈骗罪死刑的重要原因。但是，如果对某个犯罪行为不应适用死刑，那么，即使经济被害人人数众多也不能成为对其适用死刑的理由。比如，故意伤害致人轻伤不会被判处死刑，轻伤多人亦不可能被判处死刑。虽然一部分集资行为人可能会因畏惧死刑而不敢铤而走险进行集资诈骗，但为此而付出保留并适用死刑的代价太高了：不但有悖于死刑适用的国际准则和我国"保留死刑，严格控制和慎重适用死刑"的刑事政策，而且还不利于维护被害人的利益，即导致被害人完全丧失追讨回被骗集资款的机会，反而可能引发群体性事件等社会问题。因为集资诈骗犯罪的经济被害人一般关心的是自己被骗走的资金是否能够追回以及何时能够追回，其欲求主要在于经济赔偿，即便要求对犯罪人予以刑事处罚，也远不至于要求适用死刑。〔1〕对此，我们不能为逞一时之快对集资诈骗犯罪人适用死刑，而忽视对被害人利益的争取，否则，"为民除害"可能转变为"除害害民"。正是基于上述理由和考量，《刑修九》废除了集资诈骗罪的死刑规定。至此，我国刑法中金融犯罪领域不再有死刑。其意义不可估量。〔2〕

二、刑法严惩非法集资行为之不合理性

诚然，非法集资具有值得科处刑罚的种种理由，严惩非法集资行为也确实可以在某种程度上对潜在的违法犯罪分子起到威慑作用，并在一定程度上保护"民生"。但是，我们绝不能为了保护"民生"而置非法集资现象形成的根本原因而不顾，一味地依赖刑罚、迷信刑罚。因为过度地刑罚极易对公民的基本权利造成不当侵害或威胁，其结果不但无法有效规制犯罪，反而可能会对"民生"造成更大的伤害。〔3〕因此，在决定是否须对非法集资行为进行严惩时，我们不但必须考虑严惩非法集资行为可能导致的问题，还必须了解非法集资行为形成的根本原因，如此才能准确判断对非法集资行为的刑法规制是否合

---

〔1〕 参见刘远：《集资诈骗罪的死刑适用》，载《华东政法大学学报》2011年第5期。

〔2〕 参见刘宪权：《刑法学名师讲演录》，上海人民出版社2016年版，第319页。

〔3〕 李振林：《盗窃罪中的法律拟制问题研究》，载《西南政法大学学报》2011年第3期。

理。而从目前情况来看，我们在严惩非法集资行为时，不但没有注意其可能导致的入罪门槛偏低、重罪与轻罪界限模糊和刑罚适用畸重等问题，而且还忽略了非法集资的成因。从其凸显出的上述三个问题，以及我国现行金融体系的缺陷和集资参与人自身的过错这两个非法集资的成因来看，刑法严惩非法集资行为明显存在以下两个方面的不合理性。

（一）严惩非法集资违背了刑法之谦抑性

刑法的谦抑性，又称刑法的经济性或者节俭性，是指立法者应当力求以最小的支出——少用甚至不用刑罚（而用其他刑罚替代措施），获取最大的社会效益——有效地预防和抗制犯罪。[1]其中，为追求对非法集资行为的严惩而肆意降低入罪门槛、模糊重罪与轻罪的界限及适用刑罚畸重的做法，违背了刑法之谦抑性自然不在话下。但依刑罚而非其他社会统制手段来遏制非法集资行为是否违背了刑法之谦抑性，则需进一步探讨。

刑法的补充性是刑法谦抑性的重要内容。刑法的补充性是指刑法不是抑制犯罪的唯一手段，而是补充经济、教育、行政等其他手段而运用的最后手段。[2]对此，日本刑法学者平野龙一也指出："即使刑法侵害或威胁了他人的生活利益，也不是必须直接动用刑法。可能的话，采取其他社会统制手段才是理想的。可以说，只有在其他社会统制手段不充分时，或者其他社会统制手段（如私刑）过于强烈、有代之以刑罚的必要时，才可以动用刑法。这叫刑法的补充性或者谦抑性。"[3]因此，根据刑法的谦抑性原则，当一种现象的频繁出现和发生是由经济制度所直接引发，且通过经济、行政手段完善该制度就足以能防止时，我们就不能通过立法轻易地把某种行为规定为犯罪，更不能动辄考虑依赖刑法加以调整。而从非法集资由金融体系缺陷所催生来看，对非法集资行为予以刑法严惩显然违背了刑法之谦抑性。

非法集资由金融体系缺陷所催生具体体现为两个方面。一方面，我国目前的金融体系严重限制了民营企业从正规渠道融资。由于金融资源的高度垄断和利率的非市场化，我国只存在一些由国有企业掌控的所谓正规的融资渠

---

〔1〕 陈兴良：《刑法哲学》（修订三版），中国政法大学出版社2004年版，第6页。

〔2〕 参见陆诗忠：《对我国犯罪本质理论的思考》，载《华东政法大学学报》2010年第6期。

〔3〕 参见［日］平野龙一：《刑法总论1》，黎宏译，有斐阁1972年版，第47页。转引自陈兴良：《刑法谦抑的价值蕴含》，载《现代法学》2006年第3期。

道，而基于我国从原有的集中计划经济向市场经济转型的特征，这些正规融资渠道往往偏向于为国有企业服务，而忽略以中小型企业为主体的民营经济的融资需求。而且，我国金融体系的特性也决定了国有企业以及一些具有政府背景的大项目，相比作为完全市场化主体的以中小企业为主的民营企业，更容易获得金融支持。特别是当出现国家银根紧缩的情况时，民营企业被正规融资渠道拒之于门外更是一种常态。根据全国工商联的调研结果显示，我国90%以上的民营企业无法从银行获得贷款，微型企业的融资状态更为窘迫。〔1〕另据国家统计局的抽样调查，全国3.8万家小型微型工业企业经营状况显示，仅15.5%的小微企业能获得银行贷款。〔2〕由此可见，我国民营企业从正规渠道融资之艰难。另一方面，以中小型企业为主体的民营经济具有旺盛的融资需求。在我国目前的经济环境中，中小企业要与国有企业竞争并取得生存和发展之机会，就必须改进技术、扩大投资，而这种资金投入往往需要批量地、跳跃式地进行，因而资金是这些企业的生命线，为了生存和发展，其必须寻求一条能够满足其资金需求的融资渠道，中小企业由此就体现出旺盛的融资需求。而当这种需求无法从正规融资渠道得到满足时，其就被迫转向从民间直接融资，于是非法集资活动盛行。由此可见，正是我国目前这种金融体系现状直接导致了非法集资活动的频繁发生。

非法集资是我国目前金融体系下金融资源垄断的必然结果，如果动辄将有正当需求的集资行为定性为犯罪，粗暴禁止所有未经批准的集资活动，势必无法满足我国经济持续发展所产生的合理资金需求，也无法为今后合法化民间融资预留空间和余地，更不符合保护投资者利益的公共政策；〔3〕而只有对症下药针对国家金融体系的缺陷进行制度构建和完善，开放市场破除金融资源高度垄断的局面，从而建立起自由、合理的金融制度才能有效防止非法集资的发生。因此，笔者认为，与其用刑法遏制非法集资，不如从制度构建和政策制定上建设更便捷、更广阔的融资渠道。而如果将重刑作为遮羞布来掩饰制度的缺陷并强行维持现状，势必违背刑法补充性之原则，与刑法谦抑之本性相

〔1〕《维护金融秩序　重在正本清源》，载《长三角》2011年第9期。

〔2〕黄烨：《让民间金融行走在阳光下》，载新浪财经：http://finance.sina.com.cn/china/20120314/013911581807.shtml，最后访问时间：2012年3月15日。

〔3〕孔慧：《金融危机与我国民间融资的法律规制》，载《合肥师范学院学报》2010年第1期。

悖，从而使刑法陷入纯工具论的立场，导致刑罚的泛滥。

（二）严惩非法集资违背了刑法之主客观相统一原则

我国刑法坚持主客观相统一的原则，这不仅体现在对定罪过程中，而且在量刑过程中也必须坚持这一原则。正如有学者所言，“在刑罚的量定上，必须在充分考虑与尊重主客观要件的前提下，把所有‘非要件’的主客观因素都纳入这一原则之下通盘考量，以准确确定行为人应当科处的刑罚的质与量”。[1]由于被害人的过错是衡量行为人主观恶性的深浅和人身危险性的大小的重要参考依据，[2]因而在定罪量刑过程中考虑被害人过错的因素是主客观相统一原则的必然要求。首先，如果被害人对犯罪的发生存在过错，往往是被害人的过错行为和行为人的危害行为竞合才导致危害结果出现的。而承担刑事责任的重要基础是行为与结果之间所存在的因果关系，既然被害人过错对于危害结果也具有原因力，那么减轻对行为人的苛责也是理所当然的了。例如，根据对最高人民法院《关于审理交通肇事刑事案件具体应用法律若干问题的解释》规定的理解，只有当行为人对交通事故的发生负有同等责任、主要责任或者全部责任时，其行为才可能构成交通肇事罪。这实际上就是从因果“贡献”的角度承认被害人过错行为超过甚至阻断了行为人的行为的危害作用，从而对犯罪构成符合性的判断产生了根本性的影响。[3]其次，如果被害人对犯罪的发生存在过错，在某些情形下，被害人的过错降低了行为人行为的违法性，而由于不法与罪责的正相关性，当行为人行为的违法性减低时，其刑事责任也自然随之减轻。如我国在《刑修九》出台前，对于奸淫幼女行为和嫖宿幼女行为的刑罚差异非常悬殊。这正是由于在我国，卖淫本身就是一种受道德谴责和法律禁止的过错行为。被害人因实施这种过错行为而招致行为人实施对其身心健康的侵害，从一般的社会伦理而言，行为人行为的违法性或可谴责性就大大降低。正是基于行为人行为违法性或可谴责性的降低，立法者对嫖宿幼女罪设

---

〔1〕 聂立泽：《主客观相统一原则的生成与内涵》，载《现代法学》2003年第1期。

〔2〕 江苏省连云港市中级人民法院：《被害人过错的司法认定及对被告人刑事责任的影响》，载《人民司法》2010年第17期。

〔3〕 参见黎邦勇：《关于被害人过错的法理探析》，载《北京科技大学学报》（社会科学版）2009年第2期。

置的刑罚要远远轻于强奸罪中奸淫幼女的刑罚。[1]最后，如果被害人对犯罪的发生存在过错，基于刑罚的报应性特征，刑罚对行为人惩罚的依据应该是被被害人的过错责任相抵消后剩余的侵害和对规范的违反。例如《刑法》之所以规定对防卫过当应减轻或免除处罚，主要就是因为被害人是先前的不法侵害人而存在较大过错。综上可见，当被害人对犯罪行为的发生存在较为严重的过错时，就应当减轻对行为人的主观恶性和人身危险性的负面评价，并根据过错程度相应减轻对行为人的苛责，如此才符合主客观相统一原则。从某种角度分析，非法集资之所以最终演化为犯罪与其中存在被害人的过错是分不开的。

非法集资活动的顺利进行离不开集资参与人的积极参与和支持，非法集资演化为涉众型经济犯罪的现象也是集资参与人自身过错所促成的。在市场经济的大潮中，当一些人看到他人发财时，不平衡心理便产生了，加之受时下社会贫富分化严重现状的刺激，这种心理便愈发严重失衡，于是不愿意通过合法劳动挣钱而宁愿铤而走险放手一搏的心理也就产生了。在投资“高额回报，见效快”“钱生钱，利滚利”等诸多利诱之下，集资参与人贪图以投机方式获取高额回报的心理就越发膨胀。在此情况下，他们往往就会将理性投资意识抛之脑后，甘冒风险积极与集资人进行非法集资的“互动”。而正是这种“互动模式”成为滋生非法吸收公众存款犯罪和集资诈骗犯罪的“温床”。可见，暴利驱动和甘冒风险既是非法集资参与者的一般特征，也是其导致非法集资犯罪的自身过错所在。正如学者所指出的，当被害人知道从事某项活动是危险的并使自己承担了这样的危险，那么当危险发生时被害人就不能因此而获得赔偿，也即“自愿招致损害者不构成侵害”。[2]由此可见，大多数非法集资案中的被害人，均是以集资参与人身份参与集资，且他们往往在暴利驱动下，甘冒风险故意实施相关行为，从而直接或间接地促使了非法集资活动顺利进行和发展，并最终促成了非法集资案件的形成。就此而言，我们理应根据被害人自身存在过错这一客观事实来减轻对行为人主观恶性和人身危险性的负面评价。在归咎非法集资行为人的责任时不应过于苛刻，即使不对其从轻或减轻

〔1〕 参见黎邦勇：《关于被害人过错的法理探析》，载《北京科技大学学报》（社会科学版）2009年第2期。

〔2〕 初红漫：《论被害人过错影响刑事责任之正当依据》，载《犯罪研究》2011年第3期。

处罚，也不能对其施加过于严厉的刑罚。否则，势必违背主客观相统一原则，最终陷入客观归罪的泥淖。

三、刑法规制非法集资行为之应然性限缩

从刑法严惩非法集资所凸显出的问题及非法集资形成的根本原因来看，严惩非法集资有悖于刑法谦抑性本质和主客观相统一原则。而且，从我国金融体系自身发展的规律和我国经济发展对金融体系的要求看，民间借贷从地下走向地面、由"暗箱式"操作走向"阳光化"运作、由无合法身份走向合法经营，都是民间借贷未来发展的必然趋势。[1]对此，我们应该为其合法化预留一定的空间，特别是刑法在规制非法集资时必须进行应然性限缩，以保持一个合理的限度。鉴于司法实践中主要通过认定非法吸收公众存款罪和集资诈骗罪来严惩非法集资行为，笔者认为，只有通过合理限制这两个犯罪的构成，才能实现刑法规制非法集资行为之应然性限缩，也才能有效地解决刑法严惩非法集资所凸显出的问题。

（一）对非法吸收公众存款罪的限定

由于实践中绝大部分非法集资行为往往被定性为非法吸收公众存款罪，因而要把握好刑法规制非法集资之限度，首先就应当对构成非法吸收公众存款罪进行限定。具体来说，应从以下两个方面进行限定。

1.对"社会公众"的限定

针对司法实践中经常以吸收存款对象的多寡作为判断社会公众的标准，从而致使非法吸收公众存款罪的入罪门槛大大降低的问题，我们首先应对"社会公众"进行合理限定。

笔者认为，应从集资对象是否具有不特定性或开放性上来限定"社会公众"，而不能仅仅因为集资对象人数众多就将其认定为"社会公众"。不特定性或开放性要求构成犯罪的行为人必须是向社会公开宣传集资，其面向的是社会不特定人群，如果集资人并非以面向社会不特定对象发放集资的公告，或通过其他方式使社会不特定对象得知其集资的消息，即使实际上行为人集资对象人数众多，且其集资数额也达到了法律规定的追诉标准，也不应当认定

[1] 邱兆祥、史明坤：《关于民间借贷合法化的思考》，载《金融理论与实践》2009年第3期。

其是非法吸收“公众”存款。这是因为，之所以强调非法集资行为构成犯罪必须具备社会公众性，其主要原因在于集资人往往利用信息不对称的优势，使得投资人在不了解相关信息和潜在风险的情况下盲目进行投资，以致一旦最终血本无归往往会认为遭欺诈而势必极力追讨，从而影响社会稳定。如果集资的对象特定，如仅针对亲友和单位内部员工实施的集资，由于信息来源比较对称，特定的投资人对于相关信息和潜在风险往往都有充分的了解，即使最终投资亏本也会认为是正常的投资结果，因而不会引发危害后果。对此，一些地方的司法解释甚至是最高人民院的司法解释的相关规定也均表明应对社会公众进行限定。例如，2008年12月2日，浙江省高级人民法院、省人民检察院、省公安厅联合发布的《关于当前办理集资类刑事案件适用法律若干问题的会议纪要》(以下简称《会议纪要》)第2条、第3条的规定事实上肯定了针对相对固定人员的集资行为；2010年5月27日，浙江省高级人民法院出台了《关于为中小企业创业创新发展提供司法保障的指导意见》(以下简称《指导意见》)第3条又对针对特定对象筹集资金的行为进行了法律肯定：“……未经社会公开宣传，在单位职工或亲友内部针对特定对象筹集资金的，一般不作为非法集资……”随后，2010年11月22日通过的《非法集资案件解释》第1条第2款又对上述规定进行了吸纳和肯定：未向社会公开宣传，在亲友或者单位职工内部针对特定对象吸收资金的，不属于非法吸收或者变相吸收公众存款。因此，司法实践中在认定“社会公众”时，应当将其严格限定为不特定的、具有开放性的社会公众。

2.对集资用途的限定

如前所述，刑法设立非法吸收公众存款罪的初衷或目的在于规制以资本、货币经营为目的的间接融资行为，而司法实践中将该罪入罪门槛降低至以商业、生产运营为目的的直接融资行为则完全是受严惩意图之影响。因此，我们必须从集资用途上对非法集资行为构成非法吸收公众存款罪进行限定。

实践中，企业或个人在集资后，有些是将集资款用于非法从事资本、货币经营，有些则用于合法的商业、生产运营。这两种集资用途的差异就体现出非法集资行为社会危害性的差异。因为非法吸收公众存款罪侵犯的客体是国家的金融管理秩序，前者侵害了国家的金融管理秩序，而后者则不然。众所周知，国家制定法律禁止非商业银行组织、个人从事商业银行才能参与的放贷款事项，就是为了维护现有的金融管理秩序。只有当行为人将集资款用于进行资本和货币经营时，才可能会扰乱金融管理秩序，而当其将集资款用于合法的商业、生产运营时，则并不会对金融管理秩序造成多少妨害。另外，从国家允许民间借贷的事实也不难发现，法律并非禁止公民和企业集资，而是禁止公民和企业未经批准从事金融业务，即像金融机构那样用所吸收的资金进行资本和货币经营。而能够用吸收的资金进行资本和货币经营，正是金融业与其他行业的关键区别所在。[1]可见，只有将集资款用于资本和货币运营的间接融资行为才侵犯了国家金融秩序。也正由于此，《商业银行法》仅对间接融资行为进行了规定，非法吸收公众存款罪设立的初衷也仅是为了规制间接融资行为。如果向社会公众非法集资仅仅是用于发放贷款以外的合法的商业、生产运营，而并未进行资本、货币经营，那么即使未经银行管理机构批准，就不应该将其认定为非法吸收公众存款罪。对此，一些相关司法解释也均将“集资用途”作为限制非法集资行为轻易入罪的“缓冲带”。例如，浙江的《会议纪要》第2条和第4条均规定，对于因生产经营所需、主要用于合法的生产经营活动非法集资行为，一般可不作为非法吸收公众存款犯罪案件处理。《指导意见》第3条规定：“……资金主要用于生产经营及相关活动，行为人有还款意愿，能够及时清退集资款项，情节轻微，社会危害不大的，可免予刑事处罚或不作犯罪处理……”最高人民法院的《非法集资案件解释》第3条第4款也有类似规定：“非法吸收或者变相吸收公众存款，主要用于正常的生产经营活动，能够及时清退所吸收资金，可以免予刑事处罚；情节显著轻微的，不作为犯罪处理。”上述这些规定事实上赋予了有合理的生产经营需要的“非法集资”活动以正当性。因此，在司法实践中，我们必须严格从集资用途上来区分间接融资行为和直接融资行为，不应将以合法的商业、生产运营为目的的直接融资行为认定为非法吸收公众存款罪。

（二）对集资诈骗罪中“非法集资目的”的限定

我们在对非法集资行为进行归罪时，首先应考虑的是非法吸收公众存款罪而非集资诈骗罪，也即应尽量限制或避免适用集资诈骗罪。由于集资诈骗犯罪的对象也是社会公众，因而上述对社会公众的限定也适用于集资诈骗罪，

---

〔1〕 参见周博文：《我国民间融资视角下的非法集资犯罪研究》，载《公安研究》2010年第7期。

当然，除此之外还应从以下两个方面对集资诈骗罪的认定进行限定。

是否"以非法占有为目的"是集资诈骗罪与非法吸收公众存款罪的本质区别，只有从非法集资的目的上进行限定，才能有效限制对集资诈骗罪的认定。虽然《非法集资案件解释》第4条对"以非法占有为目的"作了规定，[1]但司法实践中依然存在仅凭行为人无法返还较大数额非法集资款的结果，或仅根据行为人存在将集资款用于个人消费或挥霍的情形，就推定行为人"以非法占有为目的"的问题，由此人为地模糊了重罪与轻罪的界限，将一些非法吸收公众存款行为认定为集资诈骗罪。对此，我们必须进一步对"以非法占有为目的"加以限定。

首先，从集资款"无法返还"的原因上进行限定。笔者认为，"无法返还"只是行为人"以非法占有为目的"的必要条件而非充分条件，因为并非所有"无法返还"的结果都能推断出行为人具有非法占有的目的，导致行为人"无法返还"结果的，有可能出于其主观上的原因如肆意挥霍、携款潜逃甚或将集资款用于违法犯罪活动等，也有可能出于其客观上的原因如因扩大生产而投入大量资金而导致暂时无法收回成本，或因经营不善而破产导致集资款无法返还等。而显然只有前者才能说明行为人具有非法占有的目的，如果不加区分一律将其作为推定行为人"以非法占有为目的"的依据，则显然容易导致客观归罪。因此，判定是否"以非法占有为目的"关键是要分析导致其无法返还结果的是主观上的原因还是客观上的原因，如果是客观上的原因，就不应认定为"以非法占有为目的"。

其次，从集资款用途的比例上进行限定。应根据集资款用途的比例，只有将集资款用于个人消费或挥霍的比例大于用于投资或生产经营活动的比例，才能认定其"以非法占有为目的"，而不应仅依据存在将集资款用于个人消费或挥霍的事实，就武断认定其"以非法占有为目的"。这是因为在现实生活中，很多人在物质生活提高后，特别是物质生活在短时间内提高的人，往往会特别重视精神生活，为满足各种"精神需求"而花费大量钱财进行消费或挥霍自然不在话下，即使是那些经诚实劳动而发家致富的人也都会存在将大量钱财用于个人消费或挥霍的情况。换言之，将大量钱财用于个人消费或挥霍在

---

〔1〕《非法集资案件解释》第4条规定的落脚点都在"致使集资款不能返还"上，这就给人一种错觉——只要是集资款不能返还的就具有以非法占有为目的，因此，容易导致客观归罪。

现今社会已经成为一种较为普遍存在的现象。因此，仅从行为人将少量的集资款用于个人消费或挥霍的行为根本无法推出其“以非法占有为目的”的主观故意。

总之，鉴于集资诈骗罪的刑罚畸重，对于没有明显“以非法占有为目的”的非法集资行为应尽量避免适用集资诈骗罪的规定，而以非法吸收公众存款罪或擅自发行股票或公司、企业债券罪等其他罪名定罪。

综上所述，融资问题一直是以中小企业为主体的民营企业面临的“老大难”问题，银行等所谓正规渠道的贷款绝大部分流向国有企业，迫使民营企业不得不走向“民间集资”这条充满艰险与辛酸的道路。不可否认，虽然其中会存在个别经营者实施恶意集资诈骗的情况，但绝大部分属于正当的民间借贷活动。在民间金融领域我们确实需要规范和秩序，但更需要冒险和创新。从某种程度上说，如果一味地放纵当下以“打击犯罪、维护秩序”为名的刑法的强势扩张，通过重刑甚至极刑遏阻非法集资以维持现状，保护金融部门的垄断利益，将对我国金融创新造成不可估量的负面影响。特别是在我国这样一个经济已经飞速发展、金融却仍在缓慢转型且资本市场尚不成熟的发展中国家，我们更应该鼓励金融创新，拓宽融资渠道和投资渠道，构建各类投资主体能够平等竞争的融资制度，由此才能从根本上解决非法集资的问题。

图书在版编目(CIP)数据

廿载春秋:变革中的刑法理论与实践/刘宪权著.
—北京:法律出版社,2017
(华东政法大学65周年校庆文丛)
ISBN 978-7-5197-1461-1

Ⅰ.①廿… Ⅱ.①刘… Ⅲ.①刑法—研究—中国
Ⅳ.①D924.04

中国版本图书馆CIP数据核字(2017)第241677号

廿载春秋:变革中的刑法理论与实践
NIANZAI CHUNQIU:BIANGE ZHONG DE XINGFA LILUN YU SHIJIAN

刘宪权 著

策划编辑 黄倩倩
责任编辑 黄倩倩
装帧设计 汪奇峰

出版 法律出版社
总发行 中国法律图书有限公司
经销 新华书店
印刷 固安华明印业有限公司
责任校对 晁明慧
责任印制 陶 松

编辑统筹 学术·对外出版分社
开本 720毫米×960毫米 1/16
印张 44.75
字数 699千
版本 2017年10月第1版
印次 2017年10月第1次印刷

法律出版社/北京市丰台区莲花池西里7号(100073)
网址/www.lawpress.com.cn
投稿邮箱/info@lawpress.com.cn
举报维权邮箱/jbwq@lawpress.com.cn
销售热线/010-63939792
咨询电话/010-63939796

中国法律图书有限公司/北京市丰台区莲花池西里7号(100073)
全国各地中法图分、子公司销售电话:
统一销售客服/400-660-6393
第一法律书店/010-63939781/9782 西安分公司/029-85330678 重庆分公司/023-67453036
上海分公司/021-62071639/1636 深圳分公司/0755-83072995

书号:ISBN 978-7-5197-1461-1 **定价**:118.00元

PROCURATORIAL STUDY

检察研究

江苏省人民检察院◎组织编写　　编委会主任◎刘华

2021年·第3辑

法律出版社
LAW PRESS·CHINA
北京

图书在版编目（CIP）数据

检察研究. 2021 年. 第 3 辑 / 江苏省人民检察院组织编写. -- 北京 : 法律出版社, 2021

ISBN 978 - 7 - 5197 - 6038 - 0

Ⅰ. ①检… Ⅱ. ①江… Ⅲ. ①检察机关 - 工作 - 中国 - 文集 Ⅳ. ①D926.3 - 53

中国版本图书馆 CIP 数据核字(2021)第 205129 号

《检察研究》2021 年第 3 辑
《JIANCHA YANJIU》2021 NIAN DI 3 JI

江苏省人民检察院 组织编写

责任编辑 许 睿
装帧设计 李 瞻

出版发行 法律出版社
编辑统筹 司法实务出版分社
责任校对 朱轶佳
责任印制 胡晓雅
经 销 新华书店

开本 787 毫米×1092 毫米 1/16
印张 8.5 字数 158 千
版本 2021 年 9 月第 1 版
印次 2021 年 9 月第 1 次印刷
印刷 永清县金鑫印刷有限公司

地址:北京市丰台区莲花池西里 7 号(100073)
网址:www.lawpress.com.cn
投稿邮箱:info@lawpress.com.cn
举报盗版邮箱:jbwq@lawpress.com.cn

销售电话:010 - 83938349
客服电话:010 - 83938350
咨询电话:010 - 63939796

书号:ISBN 978 - 7 - 5197 - 6038 - 0
定价:35.00 元

目录 Contents

专　　稿

减刑假释案件实质化审查办案模式研究
——以江苏省减刑假释监督办案现状与实质化审查试点为蓝本
/江苏省人民检察院课题组 …… 001

主题研讨

"英雄烈士"刑法认定路径及类型化适用研究/孙世轩 …… 010
《刑法修正案(十一)》背景下"网游外挂"罪名适用/李　勇　孟　晋 …… 020
妨害药品管理罪的适用困境与出路/张子凡　黄旭巍　陈　磊 …… 031
高空抛物罪法律适用中的几个问题/李佳杰 …… 040

检察理论

人民检察史视野下公益诉讼制度发展历程与启示/征汉年　王小刚 …… 047

检察实务

管制刑在司法实践运用中的困境和出路/李　乐　杨　叶 …… 057
浅析猥亵儿童犯罪的证据审查判断/周绪平　袁　媛 …… 064
销售人工驯养野生动物的罚当其罪思考
——以董某某、赵某某收购、出售人工驯养的珍贵野生动物案为例的分析/顾广绪 …… 069
试论刑法谦抑原则在民营经济保护中的适用/王园园　张　晨 …… 074

缺席审判程序与违法所得没收程序的竞合适用研究
——以犯罪嫌疑人在境外的贪污案件为视角 / 杜 宣 况荣剑 孔瑞洁 ………… 079
虚假诉讼检察监督机制研究
——以“套路贷”类案件为分析视角 / 李文祥 凌 雯 ………………………… 087
检察建议蕴涵价值及优化路径
——基于检察指导性案例的展开 / 王建国 周 剑 ……………………………… 095

企业合规

企业合规检察监督机制构建探索 / 江苏省张家港市人民检察院课题组 ………… 101

案例研究

论类似案件的价值判断 / 韩彦霞 …………………………………………………… 109
指导性案例多元化应用之提倡
——以检察指导性案例应用为视角 / 丁建玮 宋涤宇 …………………………… 117
论检察指导性案例在个案指导中的优化设计 / 吴高飞 …………………………… 124

专　稿

减刑假释案件实质化审查办案模式研究

——以江苏省减刑假释监督办案现状与实质化审查试点为蓝本

江苏省人民检察院课题组*

摘要：违规违法减刑、假释等问题，是当前执法司法中的重要问题之一；完善对刑罚变更执行的同步监督机制，刑事执行检察从"办事模式"向"办案模式"的实质化转变，可以有效防止和纠正违法减刑、假释、暂予监外执行；在"巡回＋派驻"检察工作模式下，确定检察机关减刑、假释案件的审查范围、审查案件的形式、数量和主要程序，建立案件审查实质化、程序适用规范化、办理案件标准化的办案模式，提高办案效率和办案质量，增强刑事执行检察监督的公信力与有效性。

关键词：减刑假释　顽瘴痼疾　"巡回＋派驻"　实质化审查

近年来发生的"云南孙小果案""北京郭文思案""内蒙古巴图孟和案"，暴露出在罪犯减刑、假释活动中存在的严重问题。违规违法减刑、假释等问题，也被列为全国政法队伍教育整顿的6类顽瘴痼疾之一。近日，中共中央印发的《关于加强新时代检察机关法律监督工作的意见》中要求："完善对刑罚变更执行的同步监督机制，有效防止和纠正违法减刑、假释、暂予监外执行。"为彻底解决违规违法办理减刑、假释问题，刑事执行检察

---

* 课题组组长：俞昕水，江苏省人民检察院副检察长；课题组副组长：徐少飞，江苏省人民检察院第五检察部主任。课题组成员：江苏省人民检察院第五检察部检察官章钟元，江苏省人民检察院第五检察部检察官助理王俊阳，江苏省监狱管理局鲁明鸣（挂职），江苏省溧阳市人民检察院邹旸（借调），江苏省人民检察院书记员姜大芊，江苏省常州市天目湖地区人民检察院检察长吴小强，江苏省常州市天目湖地区人民检察院检察官刘文，江苏省常州市天目湖地区人民检察院检察官助理臧鹏，江苏省镇江市金山地区人民检察院检察长李晓明，江苏省镇江市金山地区人民检察院检察官夏玉山，江苏省无锡市人民检察院第五检察部副主任曹青青；执笔人：刘文。

必须实现从“办事模式”向“办案模式”的实质化转变。本课题是在“巡回+派驻”检察工作模式下,结合江苏省刑事执行检察的办案现状与实质化审查办案的试点工作,研究探索减刑假释实质化审查办案具有创新性、可推广性和可操作性的办案模式。

一、当前减刑假释案件办理存在的问题

在刑事执行检察实践中,减刑、假释的检察办案工作存在监督形式化、办案书面审、开庭走过场等问题,突出表现为检察监督“五个缺乏”的现象:

(一)对监狱提请过程缺乏有力监督

根据司法部2014年12月1日起施行的《监狱提请减刑、假释工作程序规定》(司法部令第130号),以及2017年1月1日起施行的《江苏省监狱提请减刑假释工作程序实施细则》(以下简称《细则》)监狱减刑假释工作主要流程如下:结合罪犯服刑表现,分监区全体民警集体研究建议;监区长办公会审核同意;监狱刑罚执行部门审查;监狱提请减刑、假释评审委员会评审;在狱内公示拟提请减刑、假释的罪犯名单,以及拟提请的减刑、假释意见;监狱长办公会审议决定;重要罪犯报省监狱管理局审核,对违反法定条件或者程序的案件,不予提交并将有关材料退回监狱;监狱刑罚执行(狱政管理)部门制作提请减刑、假释建议书,履行法律手续(监狱长签字、加盖监狱公章等);提请人民法院裁定,同时将提请减刑、假释的建议,书面通报派出人民检察院或派驻检察室。

检察机关对监狱上述提请罪犯减刑假释的过程,缺乏有效监督,主要表现为:

1. 评审时检察无话语权。根据《细则》第14条规定,“监狱减刑假释评审委员会应当召开会议,对刑罚执行科审查提交的减刑、假释建议进行评审,提出评审意见。应主动邀请人民检察院派员列席会议”。但检察院派员列席会议,按照惯例是没有发表意见的权力。

2. 监狱审议时可以否定检察机关意见。《细则》第17条规定,“监狱减刑假释评审委员会完成评审和公示程序后,应当将提请减刑、假释的建议送人民检察院征求意见。征求意见后,监狱减刑假释评审委员会应当将提请减刑、假释建议和评审意见连同人民检察院意见,一并报请监狱长办公会审议决定。监狱对人民检察院意见未予采纳的,应当予以书面回复,并说明理由”。其实赋予了监狱长办公会具有否定检察机关意见的权力。

3. 省局会审时可以否定检察机关意见。《细则》第27条规定:(江苏省司法厅监狱管理)局刑罚执行处对监狱呈报(指重要罪犯)符合提请条件的案件经集体会审后,签署处室意见,提交局减刑假释评审委员会审议;对违反法定条件或者程序的案件,不予提交并将有关材料退回监狱。如此则对监狱和检察机关都同意呈报裁定的案件,省局可以不予提交,也就是有否定检察机关意见的权力。

(二)提请审查时缺乏规范程序

多年来,监狱报请检察机关审查减刑假释材料时,都是提前打个电话口头联系一下,然后就把本批次的所有减刑假释的材料送到检察院,只有一张案件总表,既没有逐案的法律文书,也没有逐案的受理后续。

(三)对减假材料缺乏有效审查

监狱采取每季度集中批量呈报减刑、假释材料的方式,导致检察机关也被动地进行集中批量监督审查,有的地方一名员额检察官在10日办案期限内,往往要完成120件以上案件的审查工作,时间短工作量大,根本没有足够的时间和精力开展有效的检察监督工作。同时,检察机关刑事执行检察部门在实践中,长期以"办事"的方式进行减刑假释的监督工作,存在办案程序制度不完善、证据收集认定较随意等问题,不能对减刑假释材料进行有效审查。

(四)对出席庭审缺乏准确定位

庭审中检察机关的职能定位不清,员额检察官出庭大多数是"走过场",普遍存在"三没有一相同"的现象,即没有进行质证、没有法庭提问等庭审流程、没有对庭审程序是否合法进行监督等,出席庭审的员额检察官使用相同的一个文档模板发表意见,只要更换提请时间、监狱、被减刑假释人姓名等一些基本情况,就可以应付所有案件的庭审工作。

(五)对案件复查缺乏纸质内卷

长期以来,检察机关在办理减刑假释案件时,采取的是季度性批量审查方式,几十个罪犯减刑假释审查材料合并在一本卷宗里,没有一人一案进行个案审查,也没有形成阅卷笔录、相关证据材料、书面审查报告等内卷材料。

二、完善减刑假释案件办案的设想

为正确履行对减刑、假释的法律监督职责,必须改变以办事为主的传统监督办案工作模式,确定检察机关减刑、假释案件的审查范围、审查案件的形式、数量和主要程序,建立案件审查实质化、程序适用规范化、办理案件标准化的办案模式,提高办案效率和办案质量,增强刑事执行检察监督的公信力与有效性,以更好地保证刑罚变更执行的公平、公正。

(一)审查的案件范围——五类情形

中央政法委员会《关于严格规范减刑、假释、暂予监外执行切实防止司法腐败的意见》(中政委〔2014〕5号,以下简称《中政委意见》)第1条规定,对职务犯罪、破坏金融管理秩序和金融诈骗犯罪、组织(领导、参加、包庇、纵容)黑社会性质组织犯罪等罪犯(以下简称"三类罪犯")减刑、假释,必须从严把握法律规定的"确有悔改表现""立功表现""重大立功表现"的标准。最高人民法院《关于减刑、假释案件审理程序的规定》(法释

〔2014〕5 号,以下简称《最高法规定》)第 6 条规定了应当开庭审理的六种案件。①

检察机关根据以上有关规定,相对应的对于以下五类情形(以下简称"五类情形")的减刑假释案件应当进行个案审查:(1)因罪犯有重大立功表现报请减刑的;(2)报请减刑的起始时间、间隔时间或者减刑幅度不符合司法解释一般规定的;(3)公示期间收到不同意见的;(4)被报请减刑、假释罪犯系职务犯罪罪犯,组织、领导、参加、包庇、纵容黑社会性质组织犯罪罪犯,破坏金融管理秩序和金融诈骗犯罪罪犯及其他在社会上有重大影响或社会关注度高的;(5)人民检察院认为应当进行审查的。包括危害国家安全犯罪罪犯,恐怖活动犯罪罪犯,毒品犯罪集团的首要分子及毒品再犯,累犯,故意杀人、强奸、抢劫、绑架、放火、爆炸、投放危险物质或者有组织的暴力性犯罪被判处十年以上有期徒刑的罪犯等。

(二)审查的案件形式——全员轮案

由于派驻监狱的检察人员与监狱民警长时间的接触交往,共同语言会越来越多,彼此之间的感情也随之越来越深,对许多问题的看法日趋相同。久而久之,个别驻监检察干警遇到狱警有违法行为时,不仅会多见不怪,而且还会嗔怪别人少见多怪;有的检察人员在日常工作时,对监狱存在的一些问题,就会有意无意地避重就轻,大事化小、小事化了;更有甚者会为违法犯罪分子出谋划策,以帮助其逃避法律的制裁等。另外,由于全省监狱分布不均匀,苏南有 19 个监狱,苏中、苏北仅有 8 个监狱,导致了苏南、苏中、苏北的员额检察官办案数量严重不平衡。

因此,在目前"巡回 + 派驻"检察工作的模式下,江苏省检察院尝试把所有需要实质化审查的"五类情形"的减刑假释案件,由各地负有办理减刑、假释案件职责的员额检察官,进行全员异地交叉轮案办理,这样既符合"巡回 + 派驻"检察工作的总体要求,把检察机关跨地区交叉办案落到实处,又可以防止监、检"猫鼠一家",违规违法办理人情案、钱权案的再发生,还能够较好地平衡每名员额检察官的办案数量。

(三)审查的案件数量——比照确定

办理减刑假释案件的每名员额检察官办案数量,主要参考办理普通刑事案件员额检察官的办案数量,同时兼顾刑事执行其他工作的开展,酌情按比例进行确定。

据测算,办理普通刑事案件员额检察官的办案数量年平均为 100 件左右/人,考虑到承办减刑假释案件的员额检察官每年还要办理职务犯罪、狱内又犯罪、暂予监外执行、控

---

① 最高人民法院《关于减刑、假释案件审理程序的规定》第 6 条规定,人民法院审理减刑、假释案件,可以采取开庭审理或者书面审理的方式。但下列减刑、假释案件,应当开庭审理:(一)因罪犯有重大立功表现报请减刑的;(二)报请减刑的起始时间、间隔时间或者减刑幅度不符合司法解释一般规定的;(三)公示期间收到不同意见的;(四)人民检察院有异议的;(五)被报请减刑、假释罪犯系职务犯罪罪犯,组织(领导、参加、包庇、纵容)黑社会性质组织犯罪罪犯,破坏金融管理秩序和金融诈骗犯罪罪犯及其他在社会上有重大影响或社会关注度高的;(六)人民法院认为其他应当开庭审理的。

告申诉等案件，以及进行常规检察、专项检察、巡回检察等工作，因此，办理减刑假释案件的员额检察官每年办案数量拟定为60件左右/人比较合理。

（四）提请审查的方式——个案提请

2014年4月4日司法部《关于贯彻中政委〔2014〕5号文件精神严格规范减刑、假释、暂予监外执行工作的通知》（司发通〔2014〕38号，以下简称《司法部通知》）第2条第4款规定："要积极推进监狱、法院、检察机关减刑、假释网上协同办案平台建设，改定期批量办理为逐人逐案常态化办理……"2014年7月21日最高人民检察院第十二届检察委员会第二十五次会议通过的《人民检察院办理减刑、假释案件规定》第4条规定：人民检察院办理减刑、假释案件，依照规定实行统一案件管理和办案责任制。

根据上述《最高法规定》，对于应当开庭审理的六类罪犯减刑、假释案件，要求监狱在提请检察机关审查时，必须严格按照《司法部通知》与一般减刑假释案件每季度集中提请的模式加以区别对待，采取"个案提请"的方式，即不以每季度集中批量的形式提请，而是只要符合减刑假释条件的个案，监狱都可以随时提请。在过渡期内可以从集中提请，到分批提请，最后实现个案提请。另外，还要尽快建立监狱、检察、法院三家减刑、假释、暂予监外执行网上办案共享流转平台，实现网上办案常态化。

（五）提请审查的形式——书面提请

《中政委意见》第8条规定：健全检察机关对减刑、假释、暂予监外执行的同步监督制度。刑罚执行机关在决定提请减刑、假释、暂予监外执行前……应当征求检察机关意见。《细则》第29条规定，监狱根据省监狱管理局审核结果，制作《提请减刑（假释）建议书》，提请监狱所在地中级人民法院审理裁定。

根据上述规定，监狱应当根据监狱长办公会的决定和省监狱管理局审核结果，制作《提请减刑（假释）审查建议书》后，以书面形式提请检察机关审查。

（六）实质审查的办理——区别对待

检察机关审查减刑假释案件，按照以下三种流程分别做出审查意见，出具《减刑（假释）审查意见书》：

1. 监狱提请审查—检察审查存疑—召开听证会不同意—监狱撤回。

2. 根据最高人民检察院《关于减刑、假释法律监督工作的程序规定》第8条第4款规定："监狱对于纠正意见有异议的，可以向人民检察院提出复议；对于复议结论仍有异议的，可以向上一级人民检察院提请复核。"

监狱提请审查—检察审查不同意—监狱申请复议、复核后，检察机关可以根据以下三种情形，分别进行处理：(1)复议、复核后同意—监狱提请法院裁定；(2)复议、复核后不同意—监狱撤回；(3)复议、复核后不同意—监狱提请法院裁定。

3. 监狱提请审查—审查同意—监狱提请法院裁定。

审查减刑假释案件流程如下图所示：

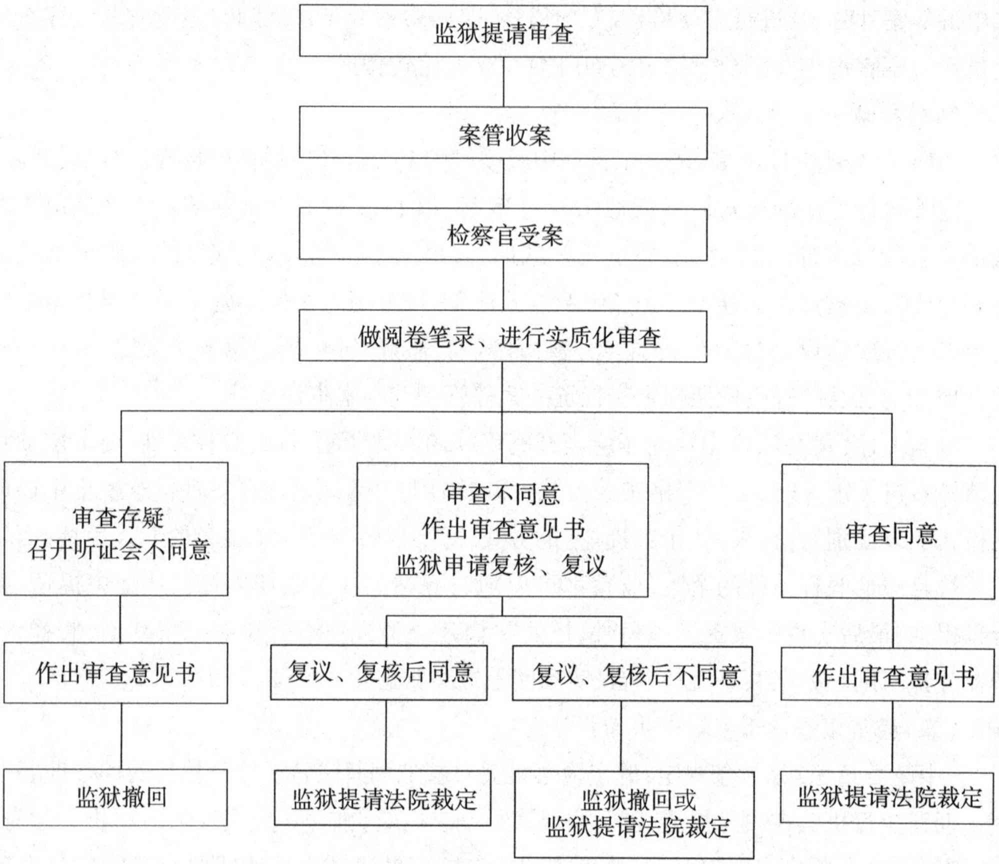

审查减刑假释案件流程图

（七）明确出庭的定位——法律监督

在减刑、假释案件既定庭审程序模式下，检察机关结合自身职能定位，行使以下庭审监督权力：

1. 讯问、询问权。出庭检察人员根据需要可以讯问被提请减假罪犯、询问出庭的监管警察和同监罪犯等其他证人。

2. 举证、质证权。出庭检察人员可以向合议庭提供检方已掌握和收集的证据。并可以建议合议庭就检方和执行机关提供的证据进行质证。

3. 程序建议权。在庭审过程中。检察人员可以根据案件审理的具体情况，当庭向合议庭提出程序性建议。

4. 检察纠正权。出庭检察人员发现人民法院在审理中存在违法、违规情形的，应该向人民法院提出纠正意见。

5. 发表出庭检察监督意见权。庭审程序结束前，出庭检察人员根据法庭调查和质证情况发表出庭检察意见。[①]

三、试点情况的实证研究

为规范减刑假释案件的审查，防止违规违法减刑、假释等问题的再出现，提高减刑假释案件办理质量，2021 年 1 月初，江苏省人民检察院成立了减刑假释案件实质化审查办案试点课题组。

（一）试点对象基本情况

课题组选取镇江金山地区检察院作为试点单位，该院有员额检察官 9 人（其中两人为院领导），担负 4 个监狱（分别包括重刑犯、轻刑犯、女犯、未管所等）的法律监督职能，常年押犯量在 10000 人左右，司法警察 2000 多人，年均办理减刑、假释、暂予监外执行案件 2800 件左右。

（二）试点过程

2021 年 1 月，制定《江苏省人民检察院减刑假释实质化审查办案的工作指引》，成为试点工作的依据。3 月 5 日，镇江市金山地区人民检察院与江苏省镇江监狱、句容监狱、边城监狱、镇江女子监狱召开联席会议，对减刑假释案件实质化审查试点工作形成会议纪要，明确对"五类情形"的减刑假释案件进行实质化审查，还明确了"五类情形"减刑假释案件监狱移送的时间、相关材料，以及检察机关办理案件的程序等。

同时，要求对以上罪犯从入监开始，检察人员就应当进行检察监督，开展溯源性审查，即对这些罪犯在监狱改造过程中的实际考核计分、劳动岗位安排、获得监狱荣誉、特殊立功奖励、刑期异常变动、提请申报程序等方面，及时进行检察监督，进行"巡回 + 派驻"的动态检察监督；同时，在裁定减刑假释后，要向后延伸进行检察监督。

4 月初，金山地区检察院制定了《镇江市金山地区人民检察院办理减刑、假释案件实质化审查试点工作指引》（以下简称《试点工作指引》）。此后，承办检察官正式对监狱机关呈报的以"五类情形"为主的重点罪犯的减刑、假释案件进行实质化审查。截至 2021 年 6 月底，共实质化审查减刑案件 17 件，无假释案件。其中，已办结 12 件（法院裁定生效 12 件），正在办理 5 件。17 件案件中职务罪犯 9 件，金融罪犯 8 件。经规范审查，已办结的 12 件案件，承办检察官均同意监狱报请意见。

（三）试点效果

在江苏省检察院的指导下，镇江金山检察院开展减刑、假释案件实质化审查试点，进一步规范了案件办理，提高了办案质量，提升了责任意识，取得了较好效果。

1. 监狱大力支持。在联席会议上，镇江辖区四家监狱的分管领导和刑罚执行支队支队长均明确表态，坚决支持检察机关试点工作，积极配合金山地区检察院完成试点任务。

---

① 袁其国：《刑事执行检察工作重点与方法》，中国检察出版社 2015 年版，第 156 ~ 157 页。

2. 内部积极响应。金山地区检察院将联席会议的讨论材料、研究的规范性文件等分发院领导和各员额检察官征求意见，经积极讨论，广大检察干警积极参与，赞同案件审查实质化改革，认真做好试点工作。

3. 明确办案规定。试点初期，通过《会议纪要》《减刑假释听证会规定》等文件，明确了办案的范围、监狱提请审查的节点、审查的内容、方法、要求、法律文书的制作等。

4. 形成案件内卷。员额检察官在审查案件时，根据《试点工作指引》的要求，制作阅卷笔录、收集调查核实材料、监狱补充有关材料、听证会相关材料、审查结案文书、《审查意见书》《检察建议书》《纠正违法通知书》等，案件审查结束后，所有材料汇总装订成册，一案一卷，存档备查。

（四）发现的问题及解决途径

在减刑假释案件实质化审查试点工作过程中，发现了一些基层院难以解决的问题，需要省级人民检察院或者最高人民检察院给予推动解决。

1. 缺少法律文书。根据试点前检察机关与监狱机关达成的共识，监狱机关在提请“五类罪犯”减刑假释案件审查时，应当逐案移送的案件材料包括《提请减刑、假释审查意见书》，并配置相应的文号。检察机关审查后，再逐案出具《审查意见书》，从而使监狱机关和检察机关的权利义务达到对等与平衡。但是，监狱认为法律没有明文规定，故未向检察机关移送《提请减刑、假释审查意见书》。试点期间，经协调，监狱同意出具《提请减刑、假释建议书》，但有的监狱认为试点阶段，制发此类文书尚缺法律依据，未编发文号。建议由最高人民检察院制定统一的法律文书格式，下发执行。

2. 修改有关文书。统一业务应用系统执检子系统中的减刑、假释审查报告，分为《减刑、假释提请活动审查报告》和《减刑、假释裁定审查报告》。由于对减刑假释案件的实质化审查，主要是针对监狱提请后、法院裁定前的监狱提请阶段进行。因此，经江苏省人民检察院批复同意，试点院直接使用《减刑、假释提请活动审查报告》，并配合《减刑、假释提请活动检察意见书》共同使用。

考虑到减刑假释案件实质化审查试点工作，目前仅是省级层面组织的试点工作，且对减刑假释案件进行实质化审查是一项严肃的司法活动，相关文书的设计使用须严谨细致且实用。因此，试点工作中使用到的相关法律文书，均是以最高人民检察院统一业务应用系统执检子系统中已有的、实践中较为成熟并广泛使用的文书为主要参考依据或做简单修改后直接使用，待条件成熟后可由最高人民检察院统一制定文书格式。同时，建议最高人民检察院将文书中的“活动”一词删除，以体现减刑、假释案件审查工作的严肃性。

3. 案管无法受理。由于减刑、假释案件目前还是由江苏省人民检察院“执检小智”统一推送至统一业务应用系统执检子系统，没有受案系统，案管部门无法正常受案。无论是执检小智还是大统一执检子系统，均无案件受理系统，导致监狱移送案件时，检察机关案件管理部门无法受理案件。建议最高人民检察院从统一业务应用系统的顶层设计上，实现减刑、假释案件统一进入系统、统一案管管理，以实现规范化、实质化办案。

对于因无受案系统，导致监狱机关移送案件时，既无法扫描纸质卷宗也无法移送电子卷宗的问题。以镇江金山地区检察院目前实际操作办法来看，是刑罚执行支队先将案卷材料上传至该单位公共硬盘，然后检察官用光盘刻录下载。这一方法暂时可以在实践中借鉴，但最终还是需要建立完善的受案、移案、办案系统。

主题研讨

“英雄烈士”刑法认定路径及类型化适用研究

孙世轩*

摘要：因立法目的不同，《英雄烈士保护法》和《民法典》关于“英雄烈士”的界定不能完全适用于刑法。民法界定中存在的部分问题，在刑法中同样存在。侮辱诽谤英雄烈士等犯罪行为的主要法益侵害性在于通过侵害英雄烈士进而侵害公众所信赖的民族精神和社会主义核心价值观，损害社会公共秩序和利益。围绕这一法益，“英雄烈士”应解释为英雄和烈士，二者的界定应体现出法益侵害的严重性，构建“精神＋贡献”和“精神＋声誉”二元认定模型，并应将在世英雄纳入。单面型和全面型英雄烈士、争议型和非争议型英雄烈士是英雄烈士的特殊类型，网络场合和学术研究场合的本罪行为法益侵害性不同，均应根据不同情形采用类型化适用方法。

关键词：英雄烈士　公共利益　严重侵害法益　二元认定模型　类型化适用

习近平总书记指出：“一个有希望的民族不能没有英雄”。近年来，随着侵害英雄烈士事件的陆续出现，加强对英雄烈士保护的呼声越来越高，紧跟《民法总则》、《英雄烈士保护法》和《民法典》的脚步，新施行的《刑法修正案（十一）》增设了侮辱、诽谤英雄烈士罪。[①] 相关案例也随之出现：“辣笔小球”被判有期徒刑8个月，[②]“画家蒋林音”“胜者为

---

* 孙世轩，江苏省苏州工业园区人民检察院检察官助理。

① 《刑法修正案（十一）》第35条。

② 《“辣笔小球”一审获刑8个月》，载 https://www.thepaper.cn/newsDetail_forward_12903701，最后访问日期：2021年6月23日。

王”等网络用户涉嫌侮辱袁隆平被公安机关采取刑事强制措施等。[①] 本罪的适用虽已有司法实践,但“英雄烈士”的内涵和外延该如何界定,无论是立法还是司法,均十分模糊。正如张明楷教授指出,“英雄烈士”含义不明确,是指在世的英雄烈士还是去世的英雄烈士?是中华人民共和国成立之后的英雄烈士还是中国共产党建立之后的英雄烈士?“英雄”是与“烈士”并列的名词还是修饰“烈士”的形容词?本文以上述问题为切入点,对“英雄烈士”刑法认定的路径进行探究。

一、“英雄烈士”现有认定方法的检视

(一)行政法中“英雄烈士”的概念

从《英雄烈士保护法》第1~3条来看,英雄烈士所处年代被限定为近代以来;贡献为毕生奋斗、英勇献身;贡献的对象为国家、人民、民族、世界乃至全人类;体现的精神较为模糊,具体形式仅提及爱国主义、社会主义核心价值观等。

上述界定存在一定问题。其一,贡献为付出一生或生命,标准是否单一?将付出一生和生命之外的贡献排除是否合理?其二,贡献对象拓展至世界和全人类是否过宽?英雄烈士具有国家性、民族性和社会性等主权色彩,而超出国家主权范畴的问题性质较复杂,如此界定是否会偏离民族精神、国家利益和社会公共利益?其三,体现精神类型不明确,英雄烈士作为特殊主体,是否只要体现出任何优秀精神都能被评为英雄烈士?还是限定为符合英雄烈士特殊性的精神?

对于英雄,全国性的规定中无具体的评定方法;对于烈士,国务院制定的《烈士褒扬条例》《军人抚恤优待条例》有具体的评定条件。[②] 此外,中央部委通过制定名录或授予称号的方式来列举部分英雄烈士。[③] 正如《英雄烈士保护法》立法者指出,中国民主革命以来英勇牺牲的烈士大概有2000多万人,现只有约196万人列入名录,名录无法涵盖大量的无名英雄烈士,[④]故名录和授勋的方式虽然明确,但无法做到完全周延。

---

① 《警情通报》,载 https://weibo.com/1975531243/KgQ9PzAVr?type=comment#_rnd1623663723989,最后访问2021年6月23日;《情况通报》,载 https://weibo.com/3163782211/KgG2CwFnR?type=comment#_rnd1623664117270,最后访问日期:2021年6月23日。

② 《军人抚恤优待条例》第8条第1款、第2款。

③ 中宣部、民政部曾发布《100位为新中国成立作出突出贡献的英雄模范人物》《著名抗日英烈和英雄群体名录》。《全国人民代表大会常务委员会关于授予国家勋章和国家荣誉称号的决定(2019年9月17日第十三届全国人民代表大会常务委员会第十三次会议通过)》:“授予艾热提·马木提(维吾尔族)、申亮亮、麦贤得、张超‘人民英雄’国家荣誉称号”。《全国人民代表大会常务委员会关于授予在抗击新冠肺炎疫情斗争中作出杰出贡献的人士国家勋章和国家荣誉称号的决定(2020年8月11日第十三届全国人民代表大会常务委员会第二十一次会议通过)》:“授予张伯礼、张定宇、陈薇(女)‘人民英雄’国家荣誉称号”。

④ 胡可明:《全国人民代表大会宪法和法律委员会关于〈中华人民共和国英雄烈士保护法(草案)〉审议结果的报告》,载《中华人民共和国全国人民代表大会常务委员会公报》2018年第3期。

(二)民法关于界定"英雄烈士"的争议

2017年《民法总则》增设英雄烈士保护条款[①]以来,民事和公益诉讼关于"英雄烈士"的认定积累了一定经验,但在一些基本问题和认定方法上仍存在争议,部分内容也是刑法同样面临的问题。

1."英雄"与"烈士"的关系

有学者认为,"英雄"是修饰"烈士"的形容词,即"授予英雄称号的烈士"[②]或"具有英雄品质的烈士"[③],其理由在于:其一,社会只对英雄的烈士受侵害关注度较高,只有这种情况才会侵害社会公共利益,符合民法英雄烈士保护条款的要件;其二,该条款是保护死者的人格利益,生者的人格利益受侵害可以援引其他法律寻求保护,没有必要用该条款特别保护;其三,从概念上看,烈士属于英雄的一种,并列会陷入逻辑错误;其四,"英雄"一词的政治和民族色彩较强,在法律上难以进行准确的认定和适用。[④]

另有学者认为,"英雄"与"烈士"应是并列的两种主体,其理由在于:其一,一些非烈士人物在国民心目中影响巨大,侵害其人格利益与侵害烈士所损害社会公共利益的程度相当;其二,烈士不一定都是英雄,英雄也不见得都是烈士,二者是交叉关系;其三,"英雄"一词难以界定,这不是将英雄和烈士作为同一词的理由。[⑤]

2.英雄烈士是否包括在世者

有学者认为,英雄烈士仅限于死者,其理由在于:首先,法条将英雄和烈士并列,烈士一定是死者,那么英雄也应仅限于死者;[⑥]其次,如果包括在世者,那么其和普通人的人格权保护无特别之处,无须制定特别条款。[⑦] 另有学者认为,英雄烈士包括在世者,英雄烈士可能会放弃主张侵权责任而使社会公共利益受到威胁,因此有必要将在世英雄纳入这一特殊条款中;[⑧]且如果英雄必须是死者,那么英雄和烈士就会高度雷同,法律单独设定"英雄"便没有必要。[⑨]

3.英雄烈士的界定途径

有学者提出了认定英雄烈士的直接依据,包括政府颁发证书和名录、权威媒体报道

---

① 《民法总则》第185条。

② 赵小鲁:《〈民法总则〉保护革命英烈荣誉条款的理解和适用》,载昆仑策网:http://www.kunlunce.com/ssjj/guojipinglun/2017-12-15/121649.html,最后访问日期:2021年6月23日。

③ 张新宝:《〈中华人民共和国民法总则〉释义》,中国人民大学出版社2017年版,第402页。

④ 陈甦:《民法总则评注》,法律出版社2017年版,第1324页。

⑤ 张志坚:《动态体系论视角下"英雄"的法律界定》,载《法律方法》2018年第3期。

⑥ 苏正洪:《侵害英雄烈士名誉之公益诉讼问题研究》,载《上海法学研究》集刊(2020年第3卷·总第27卷——法治理论与实务文集),第172页。

⑦ 房绍坤:《英雄烈士人格利益不容侵害》,载《检察日报》2017年4月25日,第3版。

⑧ 王叶刚:《论侵害英雄烈士等人格权益的民事责任——以〈民法总则〉第185条为中心》,载《中国人民大学学报》2017年第4期。

⑨ 庞伟伟:《认真对待英烈保护——从〈民法总则〉第185条的解释论展开》,载《新疆社会科学》2018年第6期。

的英雄烈士人物、政府表彰决定或授予荣誉称号、官方宣传或号召学习的先进模范。[①] 有学者归纳了英雄烈士认定的基本条件,包括英雄应与烈士评定条件基本相当、较为知名、广受赞誉;但有学者提出反对意见,认为英雄的标准应当高于烈士,只有少量被授予英雄称号的烈士才算是英雄,评定英雄应考虑事迹、贡献和声誉三者的相对关系。[②] 还有学者提出,只要是做出显著成绩和特殊贡献的,都可以被称为"英雄",[③]而能够被认定为烈士的公民或现役军人基本上都是"英雄的"。[④]

二、"英雄烈士"刑法解释论

(一)界定"英雄烈士"的法益基础:保护公共秩序和利益

《民法》和《刑法》均设置了英雄烈士保护条款,侵害行为都需"损害社会公共利益",但二者立法目的的侧重点不同。《民法》该条款须按侵权责任的结构来归责,本质上仍是一种侵权责任,虽有保护公共利益的目的,但在总则中设置特殊条款更多的是宣示意义,"民法体系所构建的权利体系网络,是侵权法中遭受权利损害与法益损害的当事人提出侵权赔偿请求权的规范基础,"[⑤]基于此产生的侵权责任侧重填补受害人所受损害,将受损的民事关系恢复到侵害前的状态。因此,《民法》条款主要以保护英雄烈士个人的权利和利益为主,通过保护个人权益间接起到保护公共利益的作用。

刑法则保护的是社会生活中的法益,包括个人、社会和国家的利益,将违反社会伦理规范的严重侵害法益行为作为犯罪,[⑥]侧重于对侵害法益行为的制裁,以此发挥保护法益的效果。

从以下三点可以看出,侮辱诽谤英雄烈士罪保护的重点是公共秩序和利益而非个体权益:其一,从本罪的法益上看,条文明确了"损害社会公共利益"为本罪的构成要件,《刑法修正案(十一)》的立法认为,本罪侵害的英雄烈士的名誉和荣誉,其代表着民族的共同记忆、民族精神和社会主义核心价值观,这三者是社会公共利益的一部分;本罪行为入刑是为了反对历史虚无主义、保护英雄烈士人格利益和社会公共利益,弘扬社会主义核心价值观。[⑦] 我国近代以来涌现大量的英雄烈士,他们英勇无私的事迹和精神为国家发展和社会进步有极大的推动力和影响力,一方面,作为民族的标杆和丰碑,他们的名誉、荣誉和优良品格代表着民族精神,是全体国民的精神寄托和力量源泉,是民族凝聚的文化

---

① 康天军:《英烈保护司法实务问题探析》,载《法学论坛》2018年第6期。

② 张志坚:《动态体系论视角下"英雄"的法律界定》,载《法律方法》2018年第3期,第354页、第357页。

③ 张新宝:《〈中华人民共和国民法总则〉释义》,中国人民大学出版社2017年版,第400页。

④ 王叶刚:《论侵害英雄烈士等人格权益的民事责任——以〈民法总则〉第185条为中心》,载《中国人民大学学报》2017年第4期。

⑤ 周雪梅:《刑事犯罪与民事侵权比较研究》,西南财经大学2009年博士学位论文,第31页。

⑥ 周雪梅:《刑事犯罪与民事侵权比较研究》,西南财经大学2009年博士学位论文,第47页。

⑦ 许永安:《〈中华人民共和国刑法修正案(十一)〉解读》,中国法制出版社2021年版,第321页、第324页。

纽带及支撑；另一方面，他们的事迹和精神印证了中国共产党的光辉历史和人民选择党的历史必然性。因此，英雄烈士的名誉、荣誉不只是其本人的合法权益，更重要的是民族精神和中国共产党历史地位的象征以及人民的精神信仰和财富。近年来，一些人借着“还原真相”“揭示细节”“怀疑历史”的虚假外观，在网络和出版物上诋毁英雄烈士的正面形象，虽引发大量批驳，但也使得一些群众对英雄烈士和相关历史产生迷惘、怀疑甚至负面认识，出现了质疑民族精神的迹象，正如立法者所说，这严重冲击了公众尤其是年轻人的价值取向，对社会主义核心价值观甚至中国共产党的执政根基、中国特色社会主义制度产生极大威胁。① 从这点来看，本罪行为具有较大的法益侵害性。其二，《民法》将姓名、肖像、名誉、荣誉四种权益均列入保护范围，而《刑法》仅列举了名誉、荣誉两种权益。《刑法》作为严厉的二次保障法，以保障社会中最核心的法益为己任，可见名誉、荣誉在人格内部的重要性要高于姓名与肖像。此外，姓名和肖像是人格利益的外在形式，而名誉和荣誉才是人格利益的核心。正如学者指出，虽然英雄烈士的姓名和肖像是社会主流价值观或社会共识的形象名片，但姓名和肖像只是个人标识，而名誉和荣誉才是英雄烈士人格密不可分的内容。② 因此在英雄烈士保护条款中，《民法》侧重从权益类别上对主体周延保护，而《刑法》侧重保护受侵害权益背后的公共法益。其三，从体系解释的角度上看，新增的侮辱诽谤英雄烈士罪位于《刑法》第六章第一节“扰乱公共秩序罪”，紧邻第 299 条侮辱国歌罪，立法者如此设置更体现出本罪重点在于保护公共秩序和利益。因此，《刑法》对英雄烈士的界定与《民法》须有所区别，应突出本罪保护法益的公共性。

（二）“英雄烈士”刑法认定的具体路径

1.“英雄烈士”应解释为“英雄”和“烈士”

《现代汉语词典》“英雄”的定义是：(1)本领高强、勇武过人的人；(2)不怕困难，不顾自己，为人民利益而英勇斗争，令人钦敬的人；(3)具有英雄品质的人。“烈士”的定义是：(1)为正义事业而牺牲的人；(2)有志于建功立业的人。③ 显然，“烈士”的第二种含义不具有法律意义；“英雄”的第一种含义的重点是能力而非精神，不符合上述法益。故有效定义重在描述人物的精神品质，英雄和烈士都具有“无畏”“英勇无私”“奋不顾身”等精神特质。但仅凭精神不足以认定为英雄烈士，不然英雄烈士将泛化。

如上所述，烈士本身就带有一定的英雄色彩，如果将“英雄烈士”理解为“具有英雄品质的烈士”，“英雄品质”的修饰就会显得多余，陷入同义反复；如果将“英雄烈士”理解为“授予英雄称号的烈士”，那么没有被授予英雄称号的烈士是否在贡献和事迹上就低于前

---

① 许永安：《〈中华人民共和国刑法修正案（十一）〉解读》，中国法制出版社 2021 年版，第 320 页。

② 何江恒：《英雄人物人格权益的法律保护——葛某某、宋某某分别诉洪某某名誉权、荣誉权纠纷案》，载《法律适用》2017 年第 24 期。

③ 中国社会科学院语言研究所词典编辑室：《现代汉语词典》（第七版），商务印书馆 2016 年版，第 823 页、第 1570 页。

者？这显然违背了平等原则。另外，烈士仅限于在事业中牺牲的人，英雄则包括自然身故的人，二者的范围不同。从法律的目的上看，侮辱诽谤英雄烈士罪保护的是民族共同记忆、民族精神和社会主义核心价值观，如果只限定为烈士，那么具有与烈士相当精神和贡献的非烈士英雄则在本罪对象之外，明显有失公平。因此，将“英雄烈士”界定为“英雄”和“烈士”更符合立法本意。

2. 以法益侵害为中心的实质认定路径

（1）基本思路。对于英雄烈士的界定，不仅要以本罪保护的法益为基础，而且需考虑到刑罚的严厉性。刑罚是最严厉的法律制裁手段，并非所有侵犯法益的行为都应当受到刑罚，只有法益受到严重侵害，刑法才会对相应行为进行处罚。[①] 因此在界定英雄烈士时，为了避免不当干涉言论自由和情绪化司法[②]，应考虑英雄烈士事迹情况、贡献成就、社会影响等因素并加以限定。并非侵害所有英雄烈士的名誉和荣誉都能严重损害公共利益，只有作为民族精神突出代表的英雄烈士，在社会上有较大贡献和影响，对其侵害足以造成极大反响或严重冲击社会主义核心价值观等危险或后果，对于这样的英雄烈士，才有必要发动刑法机制。如“辣笔小球”案中我国士兵在重大边境冲突中捍卫了主权和领土安全，行为人否定了这一事迹，就抹杀了士兵的重大功勋，冲击了民族精神的核心和拥军爱国的风尚，影响极为恶劣，有必要对其发动刑事制裁。

由于犯罪社会危害性的判断注重实质性认定[③]，界定英雄烈士不能仅看头衔、称号等形式，还应审视是否符合英雄烈士的认定条件。目前政府颁发的英雄烈士名录、称号和勋章，可以作为重要参考。

（2）“精神＋贡献”和“精神＋声誉”二元认定模型的构建。本质上，英雄烈士的作用在于体现着民族精神，而社会公众认可英雄烈士作为民族精神的代表和符号，故英雄烈士的社会价值在于被社会公众认可并在精神上为社会公众提供能量。有学者认为，英雄应当包括事迹、贡献和声誉三个要素，缺一不可。事迹是体现优秀精神品质的作为，贡献是为国家和社会做出的功业和成就，声誉是社会公众对其的认可度。具体评定英雄的思路是：三者的位阶按照事迹、贡献和声誉的顺序排列，根据三者的位阶赋予相应的权重，对人物三个要素的分数按权重折合计算，综合评判其是否符合英雄的条件。[④]

笔者认为，上述三要素基本涵盖了认定英雄的结构，具有可操作性，认定烈士也应适用，但事迹只是形式，其中的精神才是内核，因此“事迹”要素更换为“精神”要素为宜。至于位阶，保护英雄烈士名誉和荣誉的目的在于保护民族精神，精神要素是界定英雄烈士的基础性要素。贡献是英雄烈士所承载精神的成果的有效验证，为精神的发扬和传承提

---

① 张明楷：《刑法学》（第五版），法律出版社2016年版，第66页。

② 王强军：《刑法功能多元化的批判及其限制路径》，载《政法论坛》2019年第1期。

③ 孙建保：《刑法中的社会危害性理论研究》，华东政法大学2013年博士学位论文，第271～272页。

④ 张志坚：《动态体系论视角下“英雄”的法律界定》，载《法律方法》2018年第3期。

供了有效的客观经验和路径，一些英雄烈士可能不为公众熟知，但其巨大贡献证明了其承载民族精神的实际作用和力量，能让社会公众更加信赖民族精神，激励更多的人吸纳并发扬这种精神。声誉是社会公众对英雄烈士承载的民族精神及其作为民族精神代表资格的认可度，一些英雄烈士如雷锋，可能没有非常重大贡献，但其在日常生活中体现出奋不顾身的斗志，其所代表的精神为公众熟知并赞赏，影响了几代中国人。公众对某种精神认可，证明精神能够感召公众，并对每个人的行为乃至社会进步产生推动力，声誉要素是英雄烈士承载精神发挥影响的另一种途径，应与贡献要素相并列。因此，《刑法》中的英雄烈士至少应当满足"精神 + 贡献"或"精神 + 声誉"任一种条件，英雄烈士的形象和精神是其与社会公众共同成就、分享和维护的，精神只有达到某种程度，才会对公众产生影响，而衡量这种程度的标准就是"贡献"或"声誉"，如果英雄烈士达不到"贡献"或"声誉"的条件，对其侮辱诽谤并不会严重破坏公众对民族精神的信赖，无法造成严重的法益侵害或侵害危险。

对于各个要素的衡量尺度，刑法解释不能超出刑法用语可能具有的含义，故应优先从文理解释开始。[①] 首先，"精神"要素从词义上看，英雄烈士至少应体现出"无畏""英勇无私""奋不顾身"的精神，足以作为民族精神的楷模，在此基础上可以具有符合社会主义核心价值观的其他精神。如上述侮辱袁隆平案，袁隆平研发的杂交水稻举世瞩目，为全人类做出巨大贡献，其取得如此成就在于他潜心钻研、兢兢业业的精神，但不一定具有英勇无畏、奋不顾身等精神，其是否属于英雄有待进一步研究。其次，"贡献"要素主要看英雄烈士为国家和社会做出贡献和取得成就的大小，一般而言，在行业内取得罕见突破或重大成就，产生较大影响力，足以对人民幸福、社会进步发展和国家富强提供重大实质性推动力的；在全国范围重大紧急事件中，挽救较大财产和生命或争取较大国家利益，产生较大影响的；以及做出其他重大突出贡献的，均应认为达到了"贡献"标准。值得注意的是，烈士付出了生命，而人的生命是最宝贵的，因此应认为烈士达到了"贡献"标准。最后，在"声誉"要素上，由于网络、媒体和出版物的普及，声誉大小往往与知名度有关，判断人物知名度最便捷的方法是通过媒体和公开出版物对人物的报道或登载情况的度量[②]，但此处应仅限于正面评价。媒体和出版物的宣传很大程度上取决于人物的价值，而宣传又扩大了人物的影响，在认定英雄烈士的语境中，作为宣传载体的媒体和公开出版物应当是权威、知名或主流的，其中宣传载体的数量要占到同领域宣传载体总数量的较大比例，宣传频次要高，社会公众的点击、转发和评论量等反响和关注要达到较大热度，考虑到网络的快餐化，社会的关注不能仅是一阵风，应持续一定的时间或虽未持续但出现大规模的反复关注。

① 张明楷：《刑法分则的解释原理》（上），中国人民大学出版社 2011 年版，第 45 ~ 46 页。
② 于满泉：《面向人物追踪的知识挖掘研究》，中国科学院研究生院 2006 年博士学位论文，第 100 页。

3. 英雄烈士外延的其他限定

当下我国社会主义核心价值观的形成，与近代以来的历史有着紧密关系，而古代的历史和英雄烈士年代久远，与当前社会联系相对较小，故时间节点上应限定为1840年以来的英雄烈士。本罪围绕的是植根于中国历史和现实民族精神，故外国人纳入英雄烈士须与中国历史现实有关或对中国历史现实发生影响。关于英雄烈士是否包括在世者，很多学者持否定观点，并指出在世者的名誉和荣誉如果受到侵害，适用普通的侮辱诽谤罪。① 但笔者认为应当将在世者包括在内，一方面，侮辱诽谤罪的侮辱行为强调了暴力或其他方法，暴力需要有强制手段，而其他方法应作同类解释，即与暴力相当的行为方式②，但侮辱诽谤英雄烈士罪中的侮辱并不都是暴力类型，如立法者提出的采用"还原历史""探究细节"等虚假方式以及以细节考究为幌子否定狼牙山五壮士的案例③，均未采用暴力方式，故两罪的构成要件是不同的。假设不纳入在世者，若侮辱在世英雄采用的方式是非暴力，并严重侵害了本罪保护的法益，那么认定为无罪，显然违背了立法本意；另一方面，不论逝世还是在世的英雄烈士，其身上体现的社会公共法益是相当的，如果以不同罪名区别对待，则有违平等适用原则。

三、"英雄烈士"的类型化分析与法律适用

法律具有规范性和普适性④，故平等适用于所有主体；与法律不同，历史具有不平衡性。⑤ 不平衡、不均衡在作为历史产物的英雄烈士身上及讨论英雄烈上的不同场合均有所体现。因此，不同情形的侵害行为，法益侵害性也不同，对于不同种类、不同场合的英雄烈士应进行法益衡量和类型化分析。

（一）英雄烈士的特殊类型及区别适用

1. 单面型与全面型

根据人物形象的丰满度，可以将英雄烈士分为单面型与全面型英雄烈士。单面型往往仅有一个（种）事迹而为公众熟知，但其他经历公众便不甚了了，因此公众对其印象比较单一，如焦裕禄；全面型具有较丰富的事迹和所承载的精神，公众对其具有全面深入的了解，如周恩来。对于单面型，因公众所知的人物形象较为单薄，其名誉极易被破坏，比如捏造一个生活污点，便足够引起公众对其形象的质疑，可能因严重侵害其法益而构成犯罪；相反对于全面型，公众对其生平、思想等均有全面深入的了解和评判，即使有个别

---

① 许永安：《〈中华人民共和国刑法修正案（十一）〉解读》，中国法制出版社2021年版，第325页。

② 蔡荣：《"网络语言暴力"入刑正当性及教义学分析》，载《西南政法大学学报》2018年第2期。

③ 许永安：《〈中华人民共和国刑法修正案（十一）〉解读》，中国法制出版社2021年版，第319页。

④ 张文显：《法理学》，高等教育出版社、北京大学出版社2011年版，第45～46页。

⑤ 孙国栋：《论人类社会历史发展的不平衡性、曲折性和反复性》，载《浙江大学学报（社会科学版）》1991年第1期。

缺点,也不足以撼动英雄烈士深入人心的形象,比如有人因周恩来酒量好而捏造其酗酒,但"瑕"不掩瑜,这并不足以颠覆周恩来的伟大形象和名誉,社会危害性比前者低的多,是否入罪需要进一步商榷。

2. 争议型与无争议型

根据人物色彩,可以将英雄烈士分为争议型和无争议型英雄烈士。无争议型形象更加正面,公众对其评价较为一致,在侵害其名誉和荣誉行为的认定上一般没有争议。但随着历史研究的进展和公众认知的深入,行为人在没有恶意的情况下发表了英雄烈士的负面事实,影响了其名誉,只要确属真相则不构成犯罪。正如车浩教授所说,真相面前,说明当事人本来不配得到那部分名誉。① 若行为人发表了其误信为真的虚假"事实",且有合理理由时,应当采用"真实确信原则"②,认定行为人欠缺故意而不构成犯罪。

争议型一般兼具正反两面的事迹,如红军烈士夏曦,在长征途中的七星关战斗英勇牺牲,但其在洪湖苏区错误执行"左"倾路线,推行肃反,冤杀干部战士3000多人。③ 虽夏曦犯过错误,但组织对其定性基本是正面的。对于争议型人物的负面事迹,只要行为人的表述和评价以事实为依据,应属于言论自由,有争议的部分因尚未"盖棺论定",应当容许自由讨论,刑法也不宜过多干涉。但行为人若存在毁损名誉的直接故意,以偏概全、避重就轻,无限放大英雄烈士的负面事迹,却不提及正面事迹,存在"带节奏""博眼球"等行为,虽无明显的侮辱、诽谤,但与侮辱、诽谤具有相当的法益侵害性,应根据法益侵害的等价性对侮辱、诽谤和条文中的"其他方式"作同类解释。④

(二)网络与学术研究场合下英雄烈士的类型化适用

因信息网络呈现出信息传播范围广、速度快、参与者众多、信息真伪难辨等特征,技术的便捷和身份的模糊使网络发布言论门槛较低,言论的论证往往不充分,随意性强,更重要的是该领域是国民紧密关注、深入参与、行为活跃的地带。因此,侵害英雄烈士名誉、荣誉的言论极易在网络中散播并造成恶劣影响,网络主体应当有较高的注意义务,传统观点认为诽谤罪的主观方面应限于直接故意⑤,但很多网络散布者在不能确定信息真伪的情况下,存在放任损害发生的故意,因此应将间接故意纳入其中,规制具有法益侵害性的大量散布行为。

在学术研究场合中,参与主体以学者为主,圈层相对封闭,言论的传播范围和速度不如网络。学术结论通常有规范的实证根据、学术方法和论证体系来支撑,故成熟的成果一般是经得起推敲的。学术研究是探索性、试错性活动,很多重要的学术成果都是在错

① 车浩:《诽谤罪的法益构造与诉讼机制》,载《中国刑事法杂志》2021年第1期。
② 孙平:《诽谤罪与言论规制"调适期"》,载《环球法律评论》2014年第3期。
③ 刘统:《北上:党中央与张国焘斗争始末》,生活·读书·新知三联书店2016年版,第280页。
④ 张明楷:《刑法分则的解释原理》(上),中国人民大学出版社2011年版,第60~61页。
⑤ 高铭暄、马克昌:《刑法学》,北京大学出版社2010年版,第538页。

误累积的基础上产生的,从某种意义上看,错误的学术结论也有很高的价值,故应当赋予学术较大的言论自由。正如张明楷教授指出,言论自由的社会价值越大,越会受到宪法保护,构成犯罪的可能性越小①,学术研究正是如此。而英雄烈士的光辉事迹能被证实,很大程度上依赖于学术研究,如果对学术研究要求过于苛刻,那么学术研究将难以进行,反倒损害社会公共利益。因此,学者在进行涉及英雄烈士的学术研究时,其注意义务应低于网络用户,这种研究场合一定程度上应容许合理谬误或合理否定评价的存在,不宜一概认定为侮辱、诽谤、贬损、歪曲等行为。

具体到界定方法上,首先,应识别行为是否属于学术研究,审查研究依据的资料是否属实、学术方法是否符合规范、论证和结论是否科学严谨、登载刊物是否属于严格意义上的学术期刊等。值得注意的是,证明和证伪是研究常用的方法,尤其是历史研究,在史料和考古并不充分的情况下,很多研究靠的是在事实基础上的推论,毕竟基于真实事实为基础做出的结论不是凭空产生的,不能说是捏造②,即便最后证实推论是错误的,也不能因此认定诽谤。其次,主观方面应限定为直接故意,一般在学术研究中,公开发表论文需经严格审核,像网民那样不经推敲而随意散布的空间较小,且对学者科以过高注意义务会阻碍研究的进行,故主观要件不宜将间接故意纳入,学术研究中只有行为人明显具备毁损英雄烈士的直接故意,才可能构成犯罪。

四、结语

在法秩序统一的前提下,围绕英雄烈士的保护,刑法与民法、行政法发挥不同的作用。犯罪构成的该当性在于必要的法益侵害或危险。③ 作为民族精神和社会主义核心价值观的代表,英雄烈士名誉和荣誉承载着刑法保护的社会公共法益。认定《刑法》中的英雄烈士要注重考察人物是否具有承载上述重要法益的资格,而衡量这一资格的标准在于英雄烈士应符合"精神 + 贡献"或"精神 + 声誉"任一种条件,每个要素还应满足量的要求。不同类型英雄烈士的刑法适用,也应衡量不同情形下的法益侵害性并区别界定,如此方能实现公平公正。

---

① 张明楷:《网络诽谤的争议问题探究》,载《中国法学》2015 年第 3 期。

② 侯健:《诽谤罪、批评权与宪法的民主之约》,载《法制与社会发展》2011 年第 4 期。

③ [日]山口厚:《刑法总论》,付立庆译,中国人民大学出版社 2018 年版,第 29 页。

《刑法修正案(十一)》背景下“网游外挂”罪名适用

李　勇　孟　晋*

摘要:在实践中非法网游外挂类案件的定性存在巨大争议,主要集中在侵犯著作权罪、非法经营罪和提供侵入、非法控制计算机信息系统程序、工具罪三个罪名上。《刑法修正案(十一)》及时回应《著作权法》等的修改,将侵犯著作权的方式扩大到未经许可避开或者破坏权利人的技术措施上,为“网游外挂”类案件的定性提供了解决路径。恶性的网游外挂的制作行为及有偿代练行为应当被评价为侵犯著作权罪,销售行为及以营利为目的提供网游外挂账号、密码的行为应被评价为销售侵权复制品罪,不以营利为目的单纯提供外挂账号、密码以及单纯“代练”的可以不作为犯罪处理。

关键词:网游外挂　侵犯著作权罪　非法经营罪　提供侵入、非法控制计算机信息系统程序、工具罪

一、问题的提出

数据显示,截至2020年12月,我国网络游戏用户规模达5.18亿,占网民整体的52.4%,而其中60%左右的游戏用户表示“使用过”或者“正在使用”游戏外挂。[①] 巨大的市场使得非法游戏外挂激增,但是对于非法游戏外挂的定性,理论界和实务界却莫衷一是,一定程度上影响了刑法适用的统一性。

(一)网游外挂案——“类案不同判”

案例一[②]:2004年6月起,被告人谈某明未经授权或许可,组织他人破译《恶魔的幻

---

* 李勇,江苏省南京市建邺区人民检察院副检察长,东南大学法学院博士研究生,全国检察业务专家;孟晋,江苏省南京市建邺区人民检察院第六检察部副主任。

① 载https://www.360kuai.com/pc/9dd2312804d0bd3ab? cota = 4&kuai_so = 1&tj_url = so_rec&sign = 1,最后访问日期:2021年6月23日。

② 谈某明等非法经营案,北京市海淀区人民法院(2006)海刑初字第1750号刑事判决书和北京市第一中级人民法院(2007)一中刑终字第1277号刑事判决书。

影》,并在游戏服务器端与客户端之间经过加密的用于通讯和交换数据的特定通讯协议的基础上,研发出"007传奇3外挂"计算机软件。后谈某明等人设立"007智能外挂网"网站和"闪电外挂门户"网站,上载007外挂软件和《恶魔的幻影》动画形象,向游戏消费者进行宣传并提供下载服务,并向游戏消费者零售和向零售商批发销售007外挂软件点卡。至2005年9月,谈某明、刘某利、沈某忠通过信息网络等方式经营上述外挂软件获取人民币281万余元。

北京市海淀区人民检察院以谈某明等人犯侵犯著作权罪提起公诉。一审法院即北京市海淀区人民法院及二审法院即北京市第一中级人民法院则认定被告人谈某明构成非法经营罪。本案后被最高人民法院采纳,作为第473号案例登载于2008年的《刑事审判参考》上。

案例二①:2017年12月左右,被告人许某某编写了网络游戏"大天使之剑H5"的外挂软件"咖啡辅助",可以实现"直接复活、无视障碍物,走直线到目标"等游戏本身并不具备的功能。后被告人许某某向游戏玩家销售该外挂软件的游戏卡。2018年4月,被告人许某某雇请苏某某帮忙销售上述"咖啡辅助"外挂。由许某某负责维护和升级该外挂软件,苏某某负责向玩家推广和销售该外挂软件。经审计,两被告人销售上述外挂共收取款项人民币528,078.18元。

广州市天河区人民检察院认为被告人许某某、苏某某的行为均已构成提供侵入、非法控制计算机信息系统程序、工具罪;广州市天河区人民法院认为被告人许某某、苏某某以营利为目的,未经著作权人许可,复制发行其作品,违法所得数额巨大,其行为构成侵犯著作权罪。

案例三②:2019年3月31日至5月2日间,被告人周某通过www.datou.67km.cn网络售卡平台销售"Playerunknown's Battlegrounds"游戏(中译名绝地求生)"小姨子"外挂卡密,共计销售19,102人次,得款人民币341,863.2元。经鉴证,上述外挂卡密涉及的外挂程序具有避开游戏安全保护措施,未经授权获取游戏中数据的功能。

南京市建邺区人民检察院认为被告人周某的行为构成提供侵入、非法控制计算机信息系统程序、工具罪;南京市建邺区人民法院以周某犯提供侵入、非法控制计算机信息系统程序、工具罪判处其有期徒刑3年,缓刑3年。

案例一属于"制作并出售外挂",检察机关将其认定为侵犯著作权罪,审判机关却改判为非法经营罪;案例二也属于"制作并出售外挂"的情况,检察机关认定为提供侵入、非法控制计算机信息系统程序、工具罪,审判机关却改判为侵犯著作权罪;案例三属于"出售外挂",审判机关和检察机关均认为构成提供侵入、非法控制计算机信息系统程序、工

---

① 许某某等侵犯著作权案,广东省广州市天河区人民法院(2019)粤刑初字第783号刑事判决书。

② 周某"出售外挂"案,江苏省南京市建邺区人民法院(2020)苏刑初字第164号刑事判决书。

具罪。通过上述三个案例不难发现,即使案例一已于 2008 年就被最高人民法院登载在《刑事审判参考》上,但类似的案例一直都有不同的判决,理论界及实践界对于网游外挂类案件的定性都有巨大的争议。

(二)学术争鸣——三种罪名之争

在理论界,对游戏外挂类案适用法律的争议主要集中在三个罪名上,一是非法经营罪,二是侵犯著作权罪,三是提供侵入、非法控制计算机信息系统程序、工具罪。

持非法经营罪观点的学者认为,《互联网出版管理暂行规定》(已失效)第 6 条规定,从事互联网出版活动的,必须经过有关部门的批准或许可,未经批准或许可的,任何单位或个人均不得开展互联网出版活动。2003 年《关于开展对"私服"、"外挂"专项治理的通知》明确规定"外挂"违法行为属于非法互联网出版活动。因此,外挂是一种计算机程序软件,这种程序软件属于电子出版物。由于我国出版行政管理部门对出版物的出版单位实行行政许可制度,未经许可的非法出版活动,都可以依据非法经营罪予以定罪处罚。① 同时,他们认为将网游外挂认定为侵犯著作权罪存在法律障碍。因为《刑法》仅将对享有著作权作品的复制、发行行为规定为犯罪行为,外挂程序在制作的过程中,虽然使用技术手段突破网络游戏软件的技术保护措施,复制了部分客户端软件数据结构等,但复制部分数据并不等同于复制程序,也不同于复制作品,因外挂最终呈现的是一个和原来网游截然不同的程序,依附于原网游,并非对其简单的复制。②

持侵犯著作权罪观点的学者认为,《计算机软件保护条例》第 24 条规定,复制或者部分复制著作权人的软件的,均构成计算机软件著作权侵权,应视情况分别承担相应的民事、行政、刑事责任。外挂程序对游戏数据的复制,既包括全部复制,也包括部分复制,如对源程序等的复制。不论是哪种复制,对于游戏软件的研发厂商而言,都是刑法意义上侵犯著作权的复制行为。而且,对于侵犯著作权的行为,被适用侵犯著作权罪和销售侵权复制品罪追究刑事责任的寥寥无几。司法实践中绝大多数的侵犯著作权行为被以非法经营罪定罪处理,这给我国的国际形象以及司法评价都带来非常大的负面影响。③ 对于私服外挂而言,由于它是完全复制原网络游戏的代码、程序,架设了一个类似于原来网络游戏的服务器,因此对于该种类型的外挂而言,理论界和实务界认定其侵犯著作权罪是没有争议的。但是对于其他网游外挂而言,其对著作权的侵犯程度远远低于私服外挂,但是却可能被判处非法经营罪而适用更高的刑罚,导致出现量刑上的不均衡。

持提供侵入、非法控制计算机信息系统程序、工具罪观点的学者认为,"控制"是指计算机信息系统被占有或者实际管理,并听取指令作出相应行为;"侵入"是指未经授权或

① 石金平、游涛:《论网络游戏外挂的刑法规制》,载《政治与法律》2009 年第 10 期。

② 于同志:《网络游戏"外挂"的认定与处罚》,载《政法论丛》2008 年第 6 期。

③ 高晓莹:《论非法经营罪在著作权刑事保护领域的误用与退出》,载《当代法学》2011 年第 2 期。

者他人同意,通过技术手段进入计算机信息系统。外挂程序通过技术手段破坏网络游戏的技术保护措施,通过拦截数据封包或者直接生成数据封包,直接发送给终端服务器,是典型的"具有避开或者突破计算机信息系统安全保护措施"的程序。非法制售网游外挂的行为干扰了网络游戏系统的正常运行,可以根据《刑法》第 286 条第 3 款的规定,以破坏计算机信息系统罪定罪处罚。[①]

二、"网游外挂"概念的厘清

网游外挂是网络游戏外挂程序的简称,一般指故意编制以求对网络游戏或者包括网络游戏在内的一系列程序产生直接或者间接影响的,并非网络游戏本身客户端程序的程序。[②] 网游外挂的性质本身就决定了它是独立于网络游戏之外的、辅助性的程序。

但是,并非所有的网游外挂都是违法的,一些网络游戏运营商为了增强游戏的趣味性、可玩性,会自行发布官方外挂,这种外挂就属于合法的网游外挂。需要讨论的是非法的网游外挂。一般情况下,游戏玩家只需要下载游戏到手机或者电脑上,就完成了客户端程序的注册,然后在互联网上进行登录,与游戏厂商的服务端连接,就可以正常运行游戏。游戏的过程就是客户端与服务器不断地进行数据交换,游戏玩家在客户端进行的操作就是生成一个一个的数据。为了确保这些数据在网络环境下的安全性,客户端程序和服务器端程序分别设置有加密、封包等程序,每一次数据交换,都由这些程序先对数据进行加密、封包,然后再进行交换。这种加密、封包技术是为了保障在网络环境下数据交换的正常进行,加密措施就是著作权人为保护其权利不被侵犯而采取的控制作品使用的技术措施。但外挂程序的介入改变了这个基本规则,相当于在游戏中插入了新的应用程序,这种程序可以改变客户端发出的封包,或者完全凭空生成新的封包,突破了游戏的技术保护措施,欺骗了游戏终端服务器,以此来实现各种想要的作弊功能。"整体而言,外挂程序的运行机理为:行为人通过逆向分析相关函数功能、参数及相关地址,破解网游服务器与客户端之间通讯包数据的结构、内容及加密算法,编写外挂程序并将其注入游戏程序,修改游戏数据和代码来实现各种功能"。[③]

从是否突破网游规则来区分,可以分为良性外挂和恶性外挂,这里对外挂的良性、恶性是从外挂对游戏的影响程度和性质的不同进行的分类,而非法律上的评价。良性外挂是指对游戏的影响不超过游戏对玩家限制的外挂,如模拟点击型外挂等;恶性外挂是指对游戏的影响超过游戏对玩家限制的外挂,如超限制瞬间移动等。从外挂的不同功能来区分,可以分为作弊类外挂、辅助操作类外挂和练级外挂。作弊类外挂是指突破网络游

---

① 李晓萍:《制作、销售涉外挂软件的司法认定》,载《上海法学研究(集刊)》2020 年第 23 卷。

② 寿步、黄毅峰、朱凌等:《外挂程序的定义特征和分类》,载《电子知识产权》2005 年第 8 期。

③ 寿步、黄毅峰、朱凌等:《外挂程序的起源和机理》,载《电子知识产权》2005 年第 8 期。

戏对玩家的限制,通过将外挂注入游戏程序,修改游戏的各种代码来实现各种功能,比如锁定生命值、自动瞄准、无限量增加金钱等;辅助类外挂是指为游戏提供附加功能或者操作自动化,使原本没有显示出来的游戏数据进行了显示,如自动拾取物品等;练级外挂是指为了实现特定目的,将需要玩家反复进行的动作交给计算机进行处理,从而代替游戏人进行一些简单的判断。因此,作弊类外挂一定是恶性外挂,而辅助操作类外挂、练级外挂只有突破游戏对玩家限制的情况下,才能评价为恶性外挂。

近年来,恶性网游外挂由于其具有破坏游戏规则、扰乱网络秩序、侵犯网游企业合法权益、影响游戏体验感、盗窃用户计算机信息资料等社会危害性,对制售非法网游外挂的行为予以刑法规制已成为理论界和实务界的共识。但适用什么罪名规制上述行为,在近十年的时间内,并未形成共识。

三、《刑法修正案(十一)》背景下制售"网游外挂"的定性分析

如前所述,制售网游外挂类案件定性争议主要集中在侵犯著作权罪,非法经营罪和提供侵入、非法控制计算机信息系统程序、工具罪三个罪名上。要想准确定性就必须厘定这三个罪名的关系。《刑法修正案(十一)》实施后,对这三个罪名在网游外挂领域的关系需要重新审视。

(一)非法经营罪还是侵犯著作权罪

2020 年 11 月 11 日,第十三届全国人大常委会第二十三次会议表决通过了《关于修改〈著作权法〉的决定》,自 2021 年 6 月 1 日起施行。新修改的《著作权法》第 49 条规定:"为保护著作权与著作权有关的权利,权利人可以采取技术措施……本法所称的技术措施,是指用于防止、限制未经权利人许可浏览、欣赏作品、表演、录音录像制品或者通过信息网络向公众提供作品、表演、录音录像制品的有效技术、装置或者部件。"第 53 条规定:"有下列侵权行为的,应当根据情况,承担本法第五十二条规定的民事责任……构成犯罪的,依法追究刑事责任:(一)未经著作权人许可,复制、发行、表演、放映、广播、汇编、通过信息网络向公众传播其作品的,本法另有规定的除外……(六)未经著作权人或者与著作权有关的权利人许可,故意避开或者破坏技术措施的,故意制造、进口或者向他人提供主要用于避开、破坏技术措施的装置或者部件的,或者故意为他人避开或者破坏技术措施提供技术服务的,法律、行政法规另有规定的除外……"

原《刑法》第 217 条规定的保护作品种类为:文字作品、音乐、电影、电视、录像作品、计算机软件及其他作品。禁用手段为:复制发行、出版等,保护范围相对狭窄。为了适应新《著作权法》的修改,《刑法修正案(十一)》第 20 条第 6 项对此作出了明确规定:"未经著作权人或者与著作权有关的权利人许可,故意避开或者破坏权利人为其作品、录音录像制品等采取的保护著作权或者与著作权有关的权利的技术措施的。"

依照前述案例的观点,不管是"制作并贩卖"网游外挂,还是单纯的"制作"或者"贩

卖"网游外挂,都被"一刀切"的认为是非法经营罪。笔者不主张以非法经营罪评价网游外挂,尤其是在《刑法修正案(十一)》生效后,更应限制该"口袋罪"的适用。

首先,将游戏外挂认定为非法出版物,将制售认定为出版发行,违反罪刑法定原则。《刑法》第96条规定,本法所称违法国家规定,是指违反全国人民代表大会及其常务委员会制定的法律和决定,国务院制定的行政法规、规定的行政措施、发布的决定和命令。前述持"非法经营"观点的学者引用的《互联网出版管理暂行规定》发布单位为中国新闻出版总署和中国信息产业部,《关于开展对"私服"、"外挂"专项治理的通知》发布单位为新闻出版总署、信息产业部、国家工商行政管理总局、国家版权局、全国"扫黄""打非"工作小组办公室,都不属于"国家规定"。

其次,从保护的法益来看。将打击非法出版物纳入非法经营罪,目的是维护社会出版管理秩序,而非保护著作权人的权利,这从非法经营罪起刑点为五年以下有期徒刑,最高刑为有期徒刑十五年,而侵犯著作权起刑点为三年以下有期徒刑,最高刑为有期徒刑十年的刑期设置可见一斑。非法经营罪的刑期之所以明显重于侵犯著作权,其原因就在于侵犯著作权保护的对象是合法的作品,它们本身没有社会危险性,该罪设立的目的是保护著作权人对其作品享有的合法权益。反之,非法经营罪打击的对象是"非法出版物",即内容是非法的,要求出版物本身侵犯了市场秩序。网游外挂虽然有传播网络病毒、非法读取数据之嫌,但其主要危害是破坏游戏的公平性,导致游戏玩家减少,侵犯的是游戏厂商等的经济利益,并非社会主义市场经济秩序,这一点从报案人几乎都是相关的网络游戏公司即可看出。因此,二者所保护的法益并不同。

最后,有扩大解释之嫌。非法经营罪第四项规定的行为方式必须与前三款规定的行为方式类似,法益或者犯罪客体应该被限缩为"国家对特定商品经营、特定许可证制度、特定行业准入制度以及其他特定的市场经营方面的正常管理秩序"。[①] 网游外挂并未侵犯国家对特定商品的经营、特定许可证制度,如果再将非法经营的兜底条款再行扩大解释,"将会使刑法的适应范围变得更加模糊不清。在实践中,非法经营罪的口袋变得越来越大、越来越深,它的适应范围非常模糊"。[②]

(二)侵犯著作权罪还是提供侵入、非法控制计算机信息系统程序、工具罪

对于《刑法修正案(十一)》的上述修改,有学者认为该条款的修改就是为了规制网游外挂行为,"使游戏开发者饱受困扰的网络游戏外挂行为,就是采取避开等网络技术手段侵犯著作权;通过破坏技术保护措施实现侵权,则包括伪造授权,利用爬虫技术、视频解析、转码技术,深度链接等情形。《刑法修正案(十一)》第20条第6项对此作出了明确规

---

① 龚培华:《非法经营罪的立法沿革及其构成》,载《法学》2008年第1期。

② 欧阳本祺:《捍卫罪刑法定原则重于维护游戏规则——评江苏省南京市网游戏外挂代练案的判决》,载《刑事法判解》2012年第2期。

定”。[①] 对于网游外挂不适用侵犯著作权的观点最核心的理由就是，制作、贩卖网游外挂的行为仅仅破坏了作品的技术保护措施和侵犯了作品的修改权，没有侵犯作品的复制发行权。《刑法修正案（十一）》明确了“避开或破坏技术措施”为侵犯著作权的行为，因此上述观点就没有了立足之地。

但是，新的规定也带来了新的问题。《刑法》第 285 条第 3 款规定了提供侵入、非法控制计算机信息系统程序、工具罪，该罪名的基本罪状是“提供专门用于侵入、非法控制计算机信息系统的程序、工具，或者明知他人实施侵入、非法控制计算机信息系统的违法犯罪行为而为其提供程序、工具，情节严重的，依照前款的规定处罚”。该条款系《刑法修正案（七）》增设，于 2009 年 2 月生效。而所谓“专门用于非法侵入计算机系统的程序、工具，主要是指专门用于非法获取他人登录网络应用服务、计算机系统的账号、密码等认证信息以及智能卡等认证工具的计算机程序、工具；所谓专门用于非法控制计算机信息系统的程序、工具，主要是指可用于绕过计算机信息系统或者相关设备的防护措施，进而实施非法入侵或者获取目标系统中数据信息的计算机程序。”[②]2011 年 8 月，最高人民法院、最高人民检察院发布了《关于办理危害计算机信息系统安全刑事案件应用法律若干问题的解释》，该解释第 2 条规定：“具有下列情形之一的程序、工具，应当认定为……‘专门用于侵入、非法控制计算机信息系统的程序、工具’：（一）具有避开或者突破计算机信息系统安全保护措施，未经授权或者超越授权获取计算机信息系统数据的功能的；（二）具有避开或者突破计算机信息系统安全保护措施，未经授权或者超越授权对计算机信息系统实施控制的功能的；（三）其他……”第 11 条第 1 款规定：“本解释所称‘计算机信息系统’和‘计算机系统’，是指具备自动处理数据功能的系统，包括计算机、网络设备、通信设备、自动化控制设备等。”因此，网络游戏作为计算机信息系统的组成部分，其拥有独立的移动客户端、App 等，可以自动处理并向网络终端发送数据，应认定为计算机信息系统。

不难看出，《刑法修正案（十一）》第 20 条第 6 项和《关于办理危害计算机信息系统安全刑事案件应用法律若干问题的解释》第 2 条均涉及“避开……技术措施”，只是分别表述为“故意避开或者破坏……技术措施”和“具有避开或者突破……安全保护措施”。而通过上述对网游外挂的原理分析不难看出，其正是通过避开权利人设立的相关技术措施，进而修改游戏数据封包从而对终端服务器产生影响。所以，即使《刑法修正案（十一）》对侵犯著作权的手段进行了扩充，使得非法经营罪失去了适用的空间，但仍要讨论其和提供侵入、非法控制计算机信息系统程序、工具罪的适用问题。

---

① 周光权：《刑事立法进展与司法展望——〈刑法修正案（十一）〉总置评》，载《法学》2021 年第 1 期。

② 全国人大常委会法工委刑法室编：《〈中华人民共和国刑法〉条文说明、立法理由及相关规定》，北京大学出版社 2009 年版，第 592 页。

笔者认为,应以侵犯著作权罪定罪处罚。理由如下:

首先,应按照想象竞合犯的处理原则,从一重适用侵犯著作权罪。有观点认为,提供侵入、非法控制计算机信息系统程序、工具罪和侵犯著作权罪,在评价制售网游外挂行为时,形成了交叉的法条竞合关系,应适用特殊罪名。笔者认为,这是对法条竞合的错误解释。虽然法条竞合和想象竞合是目前尚有争议的学术问题,但目前理论界的通说认为,法条竞合是一个行为同时符合数个法条规定的犯罪构成,但数个法条之间有天然的包容逻辑关系,只能适用其中一个法条,如诈骗罪与合同诈骗罪。法条竞合是法条的竞合而不是犯罪的竞合,竞合产生的原因是法条之间的天然逻辑关系。想象竞合是一个行为触犯数个罪名。想象竞合是犯罪的竞合而不是法条的竞合,竞合产生的原因是行为、犯罪事实导致的,而不是法条之间的天然逻辑关系导致的。提供侵入、非法控制计算机信息系统程序、工具罪和侵犯著作权罪两罪保护的法益差异巨大,从《刑法》条文罪状描述看,两个法条之间没有逻辑上的包容关系,不属于刑法意义上的法条竞合。或许会有人提出,2011 年《关于办理危害计算机信息系统安全刑事案件应用法律若干问题的解释》第 2 条对提供侵入、非法控制计算机信息系统的程序、工具罪也规定了“避开技术措施”。但是该解释是在《刑法》有处罚漏洞的情况下对提供侵入、非法控制计算机信息系统程序、工具罪的不当扩大解释,有违反罪刑法定之嫌。也正因如此,该司法解释的出台并没有平息司法实践中对网游外挂的定性分歧。很多司法机关没有依照该司法解释对网游外挂案件以提供侵入、非法控制计算机信息系统程序、工具罪定罪处罚,而是有的定侵犯著作权罪,有的定非法经营罪等。因此,在《刑法修正案(十一)》生效的背景下,该司法解释已经与其上位法——《刑法》发生了冲突,其历史使命已经完结。

另外,从处罚的合理性角度来看,《刑法修正案(十一)》不仅扩充了侵权行为,还将法定刑由“三年以下有期徒刑或者拘役;三年以上七年以下有期徒刑”两档分别提升至“三年以下有期徒刑;三年至十年有期徒刑”,就低删除了拘役刑,就高提升至十年有期徒刑。而提供侵入、非法控制计算机信息系统程序、工具罪法定最低刑为拘役,最高刑为有期徒刑七年。因此,《刑法修正案(十一)》前,按照想象竞合“从一重处”可能面临无法比较两罪轻重的窘境,但是,《刑法修正案(十一)》修改加重了侵犯著作权的法定刑,解决了上述窘境,应从一重适用侵犯著作权罪。

其次,从立法精神来看。自 1997 年《刑法》修订后,立法机关一直未对侵犯包含侵犯著作权罪在内的侵犯知识产权罪予以修订。在此期间,随着社会的高度发展,侵犯著作权等类型犯罪手段不断翻新、新类型案件不断涌现,尤其是《著作权法》等多次修订,增加了多种侵权行为,并增设了相应的民事、行政责任,《刑法》与其他部门法的衔接也变得尤为迫切。《刑法修正案(十一)》专门将避开或者破坏技术措施的侵权行为设置为侵犯著作权的犯罪行为,目的就是呼应《著作权法》的修改,给予著作权保护技术措施以刑事保护,在相当程度上解决了数字化时代著作权保护面临的棘手问题。从网游外挂的运行机制来看,其恰恰是通过读取、复制网络游戏的部分数据、程序,避开设置的著作权技术保护措施,通过拦截数据封包的形式干扰游戏的正常运营,完全符合法律的规定,是一种侵犯著作权的犯罪行为。按照法秩序统一的原理,也应当以侵犯著作权罪定罪处罚。

最后,从罪刑均衡角度来看。根据《关于办理危害计算机信息系统安全刑事案件应用法律若干问题的解释》的规定,“违法所得五千元以上”就属于提供侵入、非法控制计算机信息系统程序、工具罪的“情节严重”,应当判处三年以下有期徒刑;“违法所得两万五千元”属于“情节特别严重”,应当判处三年至七年有期徒刑。而《刑法》第 285 条第 1 款的非法侵入计算机信息系统罪的法定刑为三年以下有期徒刑,而犯罪对象是“国家事务、国防建设、尖端科学技术领域”的计算机信息系统。从上述三个案例不难看出,制售外挂往往获利丰厚,违法所得从几十万元至上百万元不等,因此侵入、非法控制计算机信息系统程序、工具罪五千元的构罪门槛和两万五千元的升档门槛轻易就可达到。从社会一般观念来看,制售网游外挂的行为和侵入国家事务、国防建设等计算机信息系统的行为社会危害性差异巨大,后者应当被处以更高的刑罚。但如果将制售网游外挂认定为提供侵入、非法控制计算机信息系统程序、工具罪,则可能会导致一个卖网游外挂,违法所得仅有两万五千元的嫌疑人获刑七年;而一个侵入国家事务、国防建设等领域的专业黑客却仅仅获刑三年,人为造成了刑期上的倒挂。因此,只有回归法益本质,明确提供侵入、非法控制计算机信息系统程序、工具罪保护的法益是计算机信息系统安全秩序,制售网游外挂的行为侵犯的是著作权而非计算机信息系统安全,才能做到罪责刑相适应。

总之,《刑法修正案(十一)》生效后,制售网游外挂的行为不应当再认定为非法经营罪或者提供侵入、非法控制计算机信息系统程序、工具罪,而应当认定为“未经著作权人或者与著作权有关的权利人许可,故意避开或者破坏权利人为其作品、录音录像制品等采取的保护著作权或者与著作权有关的权利的技术措施的”的行为,以侵犯著作权罪评价。

四、《刑法修正案(十一)》实施后“网游外挂”其他行为的性质认定

如前所述,恶性网游外挂应当评价为侵犯著作权的产品,那么制作恶性网游外挂的行为应当评价为侵犯著作权的行为。但是,除了制作网游外挂之外的行为,如单纯销售外挂的行为、仅出售外挂账号密码的行为、网游代练升级等行为是否能一并评价为侵犯著作权的行为,值得进一步讨论。

(一)单纯销售外挂的刑法认定

销售网游外挂的行为应当评价为《刑法》第 218 条销售侵权复制品罪。有学者认为,该条规定的是“销售侵权复制品”,而游戏外挂的本身为侵权产品,并非复制品,因此对于

单纯的销售行为,也应当认定为侵犯著作权的帮助行为,以侵犯著作权罪论处。但是,网游外挂本身就是一种计算机软件,其传播的过程就是软件程序不断被复制的过程,完全符合销售侵权复制品罪的构成要件。因此,如果制作人员和销售人员在制作外挂的事前或者事中共谋,可以认定为共犯,制作行为、销售行为仅仅是共犯的分工不同,双方均可以侵犯著作权罪论处。

但如果制作人制作网游外挂后,再行寻找他人帮助自己销售,应当如何认定?最高人民法院、最高人民检察院、公安部颁布的《关于办理侵犯知识产权刑事案件适用法律若干问题的意见》第 12 条指出:侵犯著作权罪中的发行,包括总发行、批发、零售、通过信息网络传播以及出租、展销等活动。单纯销售外挂的行为,从表面上看,符合上述司法解释关于发行的认定,应当认定为侵犯著作权罪。但是,上述司法解释针对的对象是本身未侵权的作品,即是有全部著作权的作品,而非侵权的"赝品"。对于制作的网络外挂,本身已经是侵犯著作权的产品,不属于上述司法解释的对象。① 如果对于单纯的销售行为也认定为发行适用侵犯著作权罪,有架空销售侵权复制品罪之嫌。同时,对于制作完成的网游外挂,此时侵犯著作权的行为已经既遂,对于事后加入的以营利为目的的销售人员,应当以销售侵权复制品罪定罪。

(二)提供外挂账号、密码的刑法认定

以营利为目的提供外挂链接供下载,出售外挂账号密码的行为应评价为销售侵权复制品罪。由于网络游戏的复杂程度日益增加,厂商往往为了保护作品的知识产权设置了多重的技术保护,因此相关外挂的开发难度也在增大。因此,现在的外挂经常使用的是拦截游戏封包技术,此时可以多人登录外挂账户,使用同一个外挂进入游戏,为此衍生出大量的仅出售外挂账号和密码的销售行为。由于同一个外挂可以登录多个账户,一个账户对应唯一的账号和密码,玩家必须先行下载相关外挂后,利用行为人提供的账号和密码登录运行,网游内玩家向游戏终端发送的游戏指令封包被外挂程序拦截、修改。游戏外挂的技术特性决定了出售外挂账号、密码就是出售外挂本身,因此行为人若与制售人无共谋,仅在外挂制作后单纯销售账号和密码,应当以销售侵权复制品罪定罪处罚。不具有牟利目的的单纯共享行为,情节轻微的可以不作为犯罪处理。

(三)利用外挂有偿代练的刑法认定

利用他人制作的网游外挂进行有偿代练的行为应当评价为侵犯著作权罪。《最高人民法院公报》2012 年第 2 期刊载了董某、陈某利用网络游戏外挂非法代练案,并定性为非

---

① 俞小海:《网络游戏外挂行为刑法评价的正本清源》,载《政治与法律》2015 年第 6 期。

法经营罪。[①] 该案历经南京市江宁区人民法院、南京市中级人民法院审理,承办法官认为"这一公布行为(代练相当于公布外挂——笔者注)显然也是一个发行行为,但有别于传统的发行行为,公众并不能因此而获得作品原件或复制件"。[②] 笔者认为该评价欠妥。在使用外挂有偿代练的情况下,唯一的行为就是使用外挂的行为,而使用行为仅仅存在于自己的电脑、手机终端之中,将使用行为解释为出版、发行行为是一种典型的扩大解释。在使用外挂有偿代练的情形下,行为人明知外挂软件违法,但由于其没有销售行为,而是通过实际使用、运行外挂牟利,因此其使用外挂进入游戏的过程,就是在明知或者可能知道该外挂会避开或者破坏游戏软件技术保护措施的情况下,仍然为之,破坏了游戏的正常操作流程和运行方式,因此本案在《刑法修正案(十一)》生效后,可以将该避开或者破坏著作权保护技术措施的行为认定为侵犯著作权罪。

---

① 被告人董某、陈某在玩网络游戏过程中了解到利用外挂程序可以替游戏玩家代练升级并可以从中牟利,购买了数十台电脑,申请了 QQ 号、银行账号、客服电话和电信宽带,向他人购买外挂经营代练升级。2006 年 9 月至 2007 年春节,董某、陈某雇佣人员在其居住地,通过使用向他人购得的名为"小金鱼"的外挂帮助热血传奇游戏玩家升级并牟利。2007 年 3 月,董某、陈某又通过互联网向他人购得名为冰点传奇的外挂程序,以土人部落工作室的名义,雇佣员工在上海盛大网络发展有限公司经营的热血传奇游戏中以 80 元/周、300 元/月的价格帮助玩家使用冰点传奇外挂程序代练升级,先后替 1 万多个热血传奇游戏账户代练升级。自 2007 年 3 月至 12 月 7 日,接受来自全国各地游戏玩家汇入的资金人民币 1,989,308.6 元。

② 丰友芳、王静:《利用游戏外挂代练升级的刑法评价》,载《人民司法》2012 年第 12 期。

妨害药品管理罪的适用困境与出路

张子凡　黄旭巍　陈　磊*

摘要:《刑法修正案(十一)》对药品犯罪进行了较大幅度的修订,在肯定其回应社会关切与需要的同时也必须清晰地认识到由于其在妨害药品管理罪中设置了"足以严重危害人体健康"这一实质判断要件,使得药品犯罪原本依照侧重保护法益的不同以区别进行规制的清晰图景可能在实践中发生混沌,造成司法实践中妨害药品管理罪的虚置、处罚的漏洞等困境。针对这一系列困境可行的出路是通过出台司法解释或发挥行政法与刑法的耦合效力,以《药品管理法》第124条的从严处罚来暂时缓解可能的规制漏洞,在今后修法时可以局部定义的方法对妨害药品管理罪进行改良,将"足以严重危害人体健康"改造为"情节严重"等的示例,使本罪回归为侧重保护药品管理秩序的行政犯罪,与其他药品犯罪、行政法规共同形成更为合理的规制工具。

关键词:《刑法修正案(十一)》　妨害药品管理罪　具体危险犯　药品管理秩序

一、问题的提出

积极预防性刑法观,即主张动用刑法作为防范社会风险的手段。在刑事立法上,它主张扩大刑法犯罪圈和刑罚处罚范围,主张提高犯罪的法定刑加重处罚力度,使刑法成为保护社会安全的工具。整部《刑法修正案(十一)》的立法是典型的积极预防性刑法观之体现。① 本次修法对药品犯罪进行了较大幅度的修订,从整体上来看,相当程度上扩张了药品犯罪的打击范围,修订的主要内容包括:增加了对假药、劣药提供行为的惩罚;删除了假药、劣药依照《药品管理法》认定的规定;增设了第142条之一妨害药品管理罪。

---

* 张子凡,南京大学法学院刑法学硕士研究生;黄旭巍,南京大学法学院副教授;陈磊,江苏国泰新华律师事务所合伙人。

① 刘艳红:《积极预防性刑法观的中国实践发展——以〈刑法修正案(十一)〉为视角的分析》,载《比较法研究》2021年第1期。

应当说《刑法修正案(十一)》关于药品犯罪的大幅度修改一方面的确回应了社会的关切与需要,但是另一方面却使司法实践中面临不小的困境。

这种困境在一个典型的案例中体现得尤为明显:国外 A 公司研制了一种新型抗癌药,之前没有任何与之相类似的药品可供对比。根据专利法的要求,A 公司在申请专利的过程中需要公布药品的分子式。此时,该药品尚未获得专利。犯罪嫌疑人甲对照着这个公开的药品分子式在自己生产环境恶劣的小作坊里自行生产了该药物并出售给罹患癌症的病人。由于用药者本身病情以及药品的特殊性,导致鉴定机构很难证明犯罪嫌疑人甲自行仿制的这种药物足以严重危害人体健康。甲的行为贯穿了《刑法修正案(十一)》实施前后。那么犯罪嫌疑人甲究竟应当如何处理?

二、妨害药品管理罪的适用困境与产生原因

(一)妨害药品管理罪的适用困境

关于前述犯罪嫌疑人甲的行为定性,主要存在以下几种意见:第一,甲的行为构成生产、销售假药罪;第二,甲的行为构成生产、销售劣药罪;第三,甲的行为构成妨害药品管理罪;第四,甲的行为构成生产、销售伪劣产品罪;第五,甲的行为构成非法经营罪;第六,甲的行为不构成犯罪,仅应当予以行政处罚。

在回答究竟应该采取哪一种观点之前,首先有必要厘清《刑法修正案(十一)》对于药品犯罪的认定有什么影响。《刑法修正案(十一)》通过对药品犯罪较大幅度的修订,实现了与《药品管理法》的刚性挂钩的脱离,给予了刑法独立判断的空间,避免了像陆勇那样没有侵害到公众的生命健康法益的代购行为被刑法所不当规制。[①] 这就意味着,在认定假药与劣药上,刑法进行的不再仅仅是形式上的判断而是实质性的判断,仅仅符合《药品管理法》中关于假药和劣药的定义并不能直接成为构成刑法上药品犯罪的依据,是否构成犯罪需要对行为侵害公众的生命健康安全与否进行实质性的判断。

回到本案,如前所述,甲所自行仿制的抗癌药物由于属于最前沿的药品,且服用该药品的患者本身罹患癌症,所以很难证明其服用该仿制抗癌药究竟对其身体产生了怎样的影响。这就意味着要求具有损害人体健康抽象危险的生产、销售假药罪和要求具有损害人体健康结果的生产、销售劣药罪在本案中均缺乏构成要件要素而难以适用。甲未取得药品相关批准证明文件却生产药品的行为本身违反了《药品管理法》,且也符合妨害药品管理罪入罪的第 2 项情形。然而由于该罪规定了"足以严重危害人体健康"这一构成要件,在难以证明甲所仿制的抗癌药产生了"足以严重危害人体健康"的具体危险的情况下,妨害药品管理罪也不能认定。

那么,作为兜底性的生产、销售伪劣产品罪和非法经营罪是否可以适用呢?答案同

---

① 杜宇:《〈刑法修正案(十一)〉中药品犯罪修订之得失》,载《法学》2021 年第 3 期。

样是否定的。首先,应当明确的是这两条作为兜底性的罪名本身即有向“口袋罪”发展的趋势,故应当采取实质性理解以严格限制其适用范围。关于非法经营罪,“扰乱市场秩序”是其实质要件,对于“扰乱市场秩序”这一要件,不能直接从“违反国家规定”这一要件中进行推定。[①] 本案中犯罪嫌疑人甲的行为的确违反了《药品管理法》的有关规定,但是应当注意的是甲将本就没有在市面上流通且缺乏相类似产品的药物仿制出来并出售给罹患癌症患者的行为,很难说是一种市场行为,更无法认定为扰乱市场秩序。

是否构成《刑法》第140条的生产、销售伪劣产品罪也应当独立判断。本案中,由于并不存在一个既有的真药与之对比,所以很难说甲的行为属于掺假、以假充真或者以不合格产品冒充合格产品;且由于现有证据并不足以证明甲自行仿制的药品缺乏相应的疗效,故而也难以肯定甲的行为属于掺杂、以次充好。此外,正如有学者提出的,生产、销售伪劣产品罪在根本上侵害的是消费者的合法权益,而侵害行为发生的关键在于“欺骗性”。[②] 本案中服用甲生产的仿制药的患者明确知道该药是甲所仿制的,并没有受到欺骗。因此,两条兜底性罪名也并不能适用于本案。

其次,即便退一步讲,肯定生产、销售伪劣产品罪和非法经营罪这两个兜底性罪名有适用的空间,那么如果没有侵害公众生命健康法益而仅仅破坏了药品管理秩序就按照这两个罪名定罪处罚,而侵害了或者有侵害公众生命健康法益的危险就按生产、销售假药罪、劣药罪定罪,则新设的妨害药品管理罪会被完全架空,其存在的意义也就荡然无存了。这一点在司法实践中已经出现了苗头。截至2021年7月30日,通过裁判文书网进行检索,涉及妨害药品管理罪的案件仅有江西省赣州市中级人民法院作出的“池某和、雷某玲生产、销售伪劣产品二审刑事裁定书”这一裁判文书。

妨害药品管理罪新设5个月,在裁判文书中却仅仅有一起案件有所涉及且仅为辩护人在二审中提出应当适用,并且最终被二审法院否定。这无疑是值得反思的。究竟是什么导致了该罪名在设立后很长时间内没有被有效激活?这可能受到多种因素的影响,但是不容否认的是,妨害药品管理罪中“足以严重危害人体健康”这一构成要件,加之兜底罪名的大范围适用为妨害药品管理罪的激活增添了不小的难度。

那么最终来看,甲的行为在现行《刑法》的背景下根据罪刑法定原则,仅能按照无罪来处理。但是存在的问题是,甲本身并不具有药品生产资质,其生产条件十分简陋,生产环境也很恶劣。此外,甲本身也有着自行仿制药品牟利的动机。这些都给未来的药品安全带来了不小的隐患。类似的情况还有很多,比如未经批准擅自进口药品销售给他人的行为,侵犯了药品管理秩序,可能由于药品没有附中文说明书而导致患者错误服药。[③] 但

---

① 郑勇:《非法经营罪的扩张:原因及其对策》,载《中国刑事法杂志》2018年第1期。

② 胡树琪:《生产、销售伪劣产品罪中“伪劣产品”的相对解释》,载《法学评论》2021年第2期。

③ 张明楷:《增设新罪的原则——对〈刑法修正案十一(草案)〉的修改意见》,载《政法论丛》2020年第6期。

是,在刑法客观主义的大背景下价值判断的重心在于体现客观要素的行为而非主观要素中的个人危险性。[①] 如果将刑法责任的判断依据理解为犯罪人的社会危险性,则会导致责任丧失所具有的非难之内涵。[②] 那么在行为没有造成《刑法》条文所规定的危险的情况下,就不能仅依据实施该行为的行为人具有一定的社会危险性就进行刑事处罚。因此,在以"行为"刑罚而非"行为人"刑罚的背景下,前述本应作为行政犯加以处罚的情况,既不能由于行为人存有潜在的社会危险性进行处罚,又因为其行为不满足《刑法》中所设置的构成要件而无法予以处罚。于是,一个不小的刑法漏洞就这样产生了,而这一漏洞产生的重要根源之一恰恰是新设的妨害药品管理罪处于难以适用的尴尬困境。

(二)困境产生的原因

传统理论认为原《刑法》第 141 条、第 142 条保护的是复合法益,即既包括公众的生命、健康安全也包括了药品的管理秩序。[③] 结合《药品管理法》进行对比分析,《刑法修正案(十一)》修改后的药品犯罪规定其实体现出一种"依据侧重保护法益的不同而区别对待"的趋势。

具体而言,《刑法》第 141 条、第 142 条与《药品管理法》第 116 ~ 119 条相互呼应,侧重规制对公众生命健康造成损害或有相应危险的行为。与之相对,《刑法》第 142 条之一则与《药品管理法》第 124 条相呼应,侧重规制破坏药品管理秩序本身的行为。也就是说,从本质上来讲,修订后的生产、销售、提供假药罪实为自然犯,妨害药品管理罪则属于法定犯,从而确立了自然犯与法定犯并存的二元化规制路径。自此作为自然犯,刑法中的假药、劣药可以保持独立解释的空间而无须以《药品管理法》中的"假药"作为直接标准;即便以后《药品管理法》因行政管理需要再次修订,《刑法》也不会被动应对。同时,《刑法修正案(十一)》以法定犯的形式增加妨害药品管理罪,可以有效弥补《药品管理法》修订所造成的行政不法与刑事不法之间的空洞。[④]

随着《刑法修正案(十一)》的出台,意味着一种依据不同条文对药品管理秩序和公众生命健康安全进行不同侧重保护的图景似乎已经呼之欲出了。其实这种区别保护的态势从 2019 年《药品管理法》修改时将原本按假药论处的拟制假药中"违反药品管理秩序"的部分移到第 124 条加以独立规制便能看出端倪。应当认为,《刑法修正案(十一)》回应《药品管理法》根据侧重保护法益的不同,分法条进行区别对待的方式是值得肯定的。通过适度解绑药品犯罪中生命健康法益与药品管理秩序法益,使得二者在面临冲突的紧张关系时能够更加妥善地加以处理,且也使得刑法与行政法之间的衔接得以更加顺畅,更

---

① 周光权:《法治视野中的刑法客观主义》,法律出版社 2013 年版,第 6 页。

② 陈子平:《刑法总论》,中国人民大学出版社 2009 年版,第 220 页。

③ 杨辉忠:《经济刑法:原理与实训》,南京大学出版社 2014 年版,第 200 页。

④ 张伟珂:《论药品犯罪刑法规制的转型与司法回应》,载《中国刑事法杂志》2021 年第 2 期。

加有利于实现一种苏永钦教授所提出的水平法域之间的耦合,促进串联增力。[①]

然而,因为《刑法》第 142 条之一将“足以严重危害人体健康”作为妨害药品管理罪的构成要件,所以导致该法条本来可以和生产、销售、提供假药罪、劣药罪已经区分开来的侧重保护药品管理秩序的法益标准从文字上再一次从清晰归于混沌。如果和《药品管理法》一一对应,以侧重法益的不同进行区别对待,则主要负责规制侵害公众生命健康法益行为的《刑法》第 141 条、第 142 条与《药品管理法》实现脱钩,司法机关进行实质性判断,避免被违反药品管理秩序这一形式标准所束缚导致不当的刑罚打击;而主要负责规制破坏药品管理秩序行为的《刑法》第 142 条之一则充分发挥《刑法》的后盾法作用,侧重对严重违反《刑法》的行为加以惩处。

但是,因为将“足以严重危害人体健康”作为妨害药品管理罪的构成要件,直接导致了该罪在侧重保护药品管理秩序这一法益的同时不得不实质性地对药品的效果进行判断。而这种实质性判断是司法人员力所不能及的,那么结果就是只能将这一问题交给鉴定机构。一方面,事实上,对于未经批准生产、进口妨害药品管理罪所列举的禁用药品来说,是否存在危害人体健康的风险,往往缺乏明确的判断标准,[②]对于大量的新型药品,鉴定机构难以作出准确的判断,“足以严重危害人体健康”的构成要件也就难以得到确证。另一方面,将关乎构罪与否的判断权力交给鉴定机构可能使得鉴定左右司法,且由于司法工作人员并不确证鉴定机构出具的鉴定意见是否足够科学合理,所以归根结底依然仅仅是依照着鉴定意见作出了形式上的判断,并没能达到实质判断所追求的目标。

立法机关为妨害药品管理罪设置“足以严重危害人体健康”要件可能是为了与行政处罚相区别,体现出刑法的谦抑性和后置性,即只有当行政违法行为达到一定的程度时才应当由刑法介入规制。立法机关直接将这一程度标准设定为“足以严重危害人体健康”。与行政处罚相区分无疑是必要的,但问题在于仅用“足以严重危害人体健康”作为区分标准如何在司法实践中适用?

如前文所述,本文开篇的案例中难以确定犯罪嫌疑人甲所仿制药品的疗效,无法进行定罪,但是这种仿制药的情况却又的的确确有着非常大的潜在风险。类似的情况还包括国内小作坊自行仿制国内外成熟药品后直接在国内销售的“民间仿制药”以及国内小作坊自行仿制并流转到国外再返回国内销售的“洗澡药”。这些药品数量巨大且本身同样可能药效难以确定,难以满足“足以严重危害人体健康”的构成要件,但却也存在巨大的潜在风险。此外,在数量更为庞大的仅仅违反手续、报批等程序性规定的案件中,如果行为人多次违反行政法规且受到行政处罚后依然屡教不改,在无法满足“足以严重危害人体健康”这一要件下,如何实现《刑法》的后盾法作用?

---

① 苏永钦:《多元法域的六个介面——现代法教义学的最后几片拼图》,载《师大法学》2019 年第 2 辑。

② 张伟珂:《论药品犯罪刑法规制的转型与司法回应》,载《中国刑事法杂志》2021 年第 2 期。

有论者指出,药品研发、生产坚持有效性和安全性并重,是一项严格的科学试验过程。原则上,未经批准擅自生产药品,或者随意添加各种成分、自创新药等,都应当直接认定为"足以严重危害人体健康",按照违反药品管理秩序犯罪追究刑事责任。对销售少量根据民间传统配方私自加工的药品等少数情形,可以进一步判断是否足以严重危害人体健康。① 这样的观点实际上已经直接使得妨害药品管理罪滑向抽象危险犯的范畴,且例外的标准并不明确。另有论者指出,在妨害药品管理罪方面,如果采用抽象危险犯标准会使得处罚范围过度扩张,如果采用实害犯标准则会使得刑法的介入过于迟滞,因而,采用"足以严重危害人体健康"这一具体危险犯标准是合理的。② 为了避免《刑法》的介入过度或过迟,论者得出应当采用具体危险犯作为衡量标准本身应该说是值得肯定的,但存在的问题是,如何衡量是否具有具体危险的合理性。本次药品犯罪的修订使得刑法的打击范围扩展到药品从研发到销售的全流程。其他严重违反药品管理秩序的行为可能并没有直接危及用药者的生命健康安全,但依然可能需要《刑法》的处罚。比如,"未取得药品相关批准证明文件生产、进口药品或者明知是上述药品而销售"的类型中,如果完完全全是真药,仅仅是缺乏审批手续,不能认定"足以严重危害人体健康"。但如果药品进口商、生产商不能获得有关部门的批准,药品的安全性将无法得到有效保证,且如果行为人多次受到行政处罚却屡教不改,说明行政处罚已然失效,就有可能存在"足以严重危害人体健康"的具体危险,刑法需要发挥后盾作用介入规制,所以这样的行为依然存在值得刑法处罚的必要性。如果严守"足以严重危害人体健康"作为具体危险的衡量标准,那么这样的困境就难以解决。

综上所述,《刑法修正案(十一)》第 142 条之一设立妨害药品管理罪本身的初衷无疑是为了更好地对药品犯罪实现规制,但是"足以严重危害人体健康"的要件增加了该罪名的实质判断要求,也增加了适用的难度。

三、适用困境下的出路

通过前文的分析不难发现,要为现有药品犯罪面临的困境找到出路,需要做的就是对妨害药品管理罪中的"足以严重危害人体健康"进行解释或完善。首先,最为"治本"的方案是将来修改立法。有论者认为,具体危险犯的立法模式满足了限制刑罚权肆意扩张的正义精神,但在贫瘠的执法技术面前却极易影响药品犯罪条款的实际效用。毕竟,我国的药品检验检测机构更多的是对药品成分做定量分析而难以对药品实效进行定性判断。③ 但其实问题并不是出在具体危险犯这一立法选择上,而是出在了以"足以严重危害

---

① 张义健:《〈刑法修正案(十一)〉的主要规定及对刑事立法的发展》,载《中国法律评论》2021 年第 1 期。

② 张伟珂:《论药品犯罪刑法规制的转型与司法回应》,载《中国刑事法杂志》2021 年第 2 期。

③ 张伟珂:《论药品犯罪刑法规制的转型与司法回应》,载《中国刑事法杂志》2021 年第 2 期。

人体健康”作为衡量具体危险标准的适用上。由于司法实践是在不断变化的，且药品犯罪这样的行政犯本身随社会发展的变动较大，因此过于详尽的《刑法》规定并不一定对刑法的适用有利。毕竟，《刑法》规定得越具体，漏洞就越多。[①] 如果使用局部定义的方法对《刑法》第142条之一进行改良，以更加灵活的标准进行处理，问题其实也就迎刃而解了。

在下一次修订《刑法》时，在妨害药品管理罪中可设置“情节严重”和“情节特别严重”两档，具体什么样的情况属于“情节严重”和“情节特别严重”交由司法机关结合后文述及的情节进行判断。将“足以严重危害人体健康”“对人体健康造成严重危害”等实质效果判断修改为构成该罪的充分条件，补充“多次违反药品管理秩序且受到行政处罚”“生产环境恶劣”等情节。如果出现了“足以严重危害人体健康”的具体危险当然属于“情节严重”，而如果有其他值得刑法介入的严重违反药品管理秩序的行为，如“多次违反药品管理秩序且受到行政处罚”“生产环境恶劣”，同样也可以用该法条加以规制。这种先提出一个一般概念(“情节严重”和“情节特别严重”)，然后再强调实现这个一般概念的个别特殊案例(“有严重危害人体健康危险”“对人体健康造成严重危害”“多次违反药品管理秩序且受到行政处罚”“生产环境恶劣”)，这种局部定义的方法更为精准、清楚，既处理好了该罪与行政处罚的边界问题，又使得《刑法》本身与《药品管理法》相协调，将本条还原为侧重保护药品管理秩序的纯粹意义上的行政犯罪。[②] 通过此种改良，前述刑罚协调上的失衡也可以得到很好的解决。因为《刑法》第142条侧重保护公众的生命健康而第142条之一则侧重保护药品管理秩序本身。由于侧重保护的法益存在区别，则即便劣药罪是实害犯，妨害药品管理罪是具体危险犯，设置不同的法定刑也不会造成刑罚的失衡。

回到文章开头的案例，在犯罪嫌疑人甲违反药品管理法规，当符合“未取得药品相关批准证明文件生产药品”的妨害药品管理罪的构成要件的情况下，即便其不满足“情节严重”的情形之一“严重危害人体健康”，但是当其符合“生产环境恶劣”的情形时，依然可以判定其属于“情节严重”，进而经过改良后的妨害药品管理罪可以对行为人甲实现有效的规制。回溯经典案例“药王陆勇案”，因不符合经过改良后的妨害药品管理罪的情节严重情形，将不会导致“药王陆勇案”被不当入罪。

需要指出的是，如果有行为人违反药品管理法规代购国外有效的药品，但是多次受到行政处罚却继续实施代购行为的，虽然其代购的药品的确没有直接侵害公众生命健康安全，却由于其屡次受到行政处罚而不悔改，严重侵害了本罪所侧重保护的药品管理秩序，体现出较强的个别预防必要性，因此用妨害药品管理罪加以规制也无可厚非。此外，由于本罪的第一档法定刑较为轻缓，在量刑时针对其特殊性施以轻刑也不至于形成对行为人的苛责。

---

① 张明楷:《刑法分则的解释原理》,中国人民大学出版社2011年版,第7页。

② [德]英格博格·普珀:《法学思维小学堂》,蔡圣伟译,北京大学出版社2011年版,第42页。

还有必要思考："情节严重"的改造是否会和妨害药品管理罪"具体危险犯"的犯罪形态发生冲突？答案同样是否定的。我国《刑法》分则罪名中所规定的"情节严重"的内容判断，有赖于明确其在各自罪名中的功能定位。由于"情节严重"这一用语的综合性特点，其可能包含的内容极为广泛，无法作为某种犯罪属性的明确标识，情节犯与实害犯、危险犯等犯罪形态之间并不具有必然的对应关系。因而，以"情节严重"为构成要件要素的犯罪具有何种犯罪属性，需要结合具体犯罪自身的规范构造特征予以个别化的判断。[①] 妨害动植物防疫、检疫罪、违规出具金融票证罪、内幕交易罪中同样使用了"情节严重"的用语，但是不妨碍这些犯罪可以成立具体危险犯。[②] 因而，以"情节严重"对妨害药品管理罪进行改良并不会与该罪的具体危险犯属性出现抵牾。

其次可以采取的途径是司法解释。可以考虑以司法解释将"足以严重危害人体健康"所包含的具体危险进行列举式解释，上文立法建议中有关情节严重情形的建议，均可视为妨害药品管理的具体危险，从而使该法条不再局限于药效的实质判断，而是注重对监管法益和健康法益的综合评估，准确判断其社会危害性，正确适用罪名。由于《刑法修正案(十一)》刚实施不久，立即采取修正立法的方式并不现实，采取司法解释的方式就变得更加迫切。

最后，在《刑法》没有进行修改且司法解释也没有出台之前，能采取的比较合适的方案应当是发挥行政法与刑法之间耦合的联动规制效力，打破部门法壁垒，找寻到不同部门法上的规制工具之间的关联和可比性，通过前置法的强化适用来弥补现行《刑法》存在的缺漏，实现更加有效的规制。[③] 具体来说，前文业已论及，《药品管理法》中的相关行政处罚与《刑法》中药品犯罪的刑事处罚共同构成了对药品失范行为的规制。可以通过从严适用《药品管理法》第 124 条的处罚来缓解《刑法》规制力度的不足。《药品管理法》第 124 条设置有额度较高的罚款、行政拘留以及资格限制，在《刑法》存在规制漏洞无法第一时间弥补的情况下，可以用《药品管理法》中的处罚暂时发挥罚金刑、自由刑以及资格刑的作用，一定程度上达到限制行为人再实施危害行为的能力。但是需要注意的是，在适用行政处罚，尤其是罚款的时候，一定要注意额度的合理性，一方面既要足够严厉保证行为人难以再次实施违法犯罪行为；另一方面也要避免过于严苛，导致行为人难以偿付罚款进而铤而走险，促使其实施其他的违法犯罪行为。

四、结语

总体而言，《刑法修正案(十一)》中对药品犯罪的修改体现出一种风险社会下，刑法

---

① 谭堃：《论虚开发票罪中"情节严重"的具体危险构造及其判断》，载《政治与法律》2021 年第 6 期。

② 王新：《内幕交易罪危险犯性质及犯罪形态的探析》，载《中国刑事法杂志》2012 年第 3 期；周光权：《刑法各论》，中国人民大学出版社 2016 年版，第 421 页；陈兴良主编：《刑法学》，复旦大学出版社 2016 年版，第 400 页。

③ 宋亚辉：《部门法壁垒与规制性立法的结构问题》，载《经济法论丛》2018 年第 1 期。

主动回应的积极态势，其中《刑法》第 142 条之一新设的妨害药品管理罪本身也是一种试图完善药品犯罪刑法规制的有益尝试。但同时应当看到的是，由于增加了“足以严重危害人体健康”这一要件，使得妨害药品管理罪在司法实践中面临适用困境。为了解决这一困境，有必要尽快通过司法解释将“足以严重危害人体健康”的具体危险进一步具象化，发挥其罪名的适用价值。在将来条件成熟对《刑法》修改时，可以局部定义的方式对该罪罪状进行改良。而在司法解释尚未出台之前，可以考虑充分发挥行政法与刑法之间耦合的联动规制效力，通过《药品管理法》第 124 条的从严处罚来缓解现有《刑法》规制力度的不足。

高空抛物罪法律适用中的几个问题

李佳杰[*]

摘要：随着《中华人民共和国刑法修正案（十一）》的正式施行，我国对于高空抛物行为涉嫌犯罪的治理得到进一步完善。高空抛物罪从行为性质上来说属于抽象危险犯，应侧重于对抛物行为本身危险性的考量。"情节严重"作为高空抛物罪的构成要件要素，应从行为人主观恶性程度、实施抛物行为的场合、实施行为的危险程度以及造成危害后果的程度等层面进行实质性判断。高空抛物涉罪行为根据不同状态及后果在分别适用高空抛物罪、故意伤害罪、故意杀人罪外，仍可以以危险方法危害公共安全罪论处。特殊情景下的高空抛物行为也可能构成过失致人重伤罪或者过失致人死亡罪。

关键词：高空抛物　抽象危险犯　情节严重　竞合犯

随着我国城市化水平的不断提高，越来越多的人涌向城市住进高楼大厦，致使高空抛物致损案件的发生率也越来越高，维护人们"头顶上的安全"成为社会各界关注的热点问题。2021 年 3 月 1 日生效的《中华人民共和国刑法修正案（十一）》（以下简称《刑法修正案（十一）》），增设第 291 条之二为高空抛物罪，正式通过立法将高空抛物行为单独入刑，从而对高空抛物行为的治理增加了一层刑事保障。限于目前仅有的法条规定，以及高空抛物行为本身的不确定性，实践中在对高空抛物行为性质的区分，尤其是对作为入罪标准"情节严重"的判断上还需进一步予以明确，同时对于不同抛物行为可能触犯的不同罪名也应进行相应区分。

一、高空抛物罪属于抽象危险犯

危险犯与实害犯相对，其社会危害性在于行为虽然未造成实际的损害结果，但是相

* 李佳杰，江苏省连云港市人民检察院检察官。

应的法益面临危险,并且以对法益发生侵害的危险作为处罚根据的犯罪。危险犯中以只要实施犯罪行为即认为危险发生而构成犯罪的是抽象危险犯,从法益和规范保护目的来看,高空抛物罪应属于抽象危险犯。

(一)高空抛物罪侵犯的法益为公共秩序

《刑法修正案(十一)》将高空抛物罪作为第291条之二,规定在妨害社会管理秩序罪一章中。《刑法》第291条、第291条之一都是关于行为扰乱社会秩序,主要处罚的是给社会公众造成不安和恐慌的行为。从立法体系上来看,作为第291条之二的高空抛物罪,其保护的法益也是社会公共秩序。而在高空抛物罪单独入刑之前,司法实践一般将此类高空抛物行为以危害公共安全罪一章中的以危险方法危害公共安全罪论处。该行为涉及的罪名在刑法体系中位置的调整,意味着高空抛物行为与以危险方法危害公共安全行为分别适用各自罪名体系内的法益判断标准。从我国刑法对法益保护的规定来看,主要是根据刑法规范保护目的的不同来划分具体章节的罪名,而罪名的体系位置与该罪要保护的法益紧密相关。就高空抛物罪和以危险方法危害公共安全罪分别所属的体系位置来说,妨害社会管理秩序罪与危害公共安全罪保护的法益都是公共法益,其中公共安全较之社会管理秩序的法益保护性更强、罪质更重,而且公共安全的法益更加具象化。也就是说,《刑法修正案(十一)》规定的高空抛物罪与之前入罪的以危险方法危害公共安全罪相比,存在侵犯法益更加抽象化、罪质较轻等特点。而从更完整的角度来说,高空抛物罪所侵犯的法益可以表述为"公民所期待的保护公共安全的高空抛物行为管理秩序"①。

(二)高空抛物罪强调抛物行为本身危险的抽象性

抽象危险犯强调的是行为本身的危险,即行为本身具备能够造成权益侵害的典型风险,而不需要其他额外的要素来说明行为本身具有的危险性。② 如前文所述,高空抛物罪的法益为公共秩序,与危害公共安全不同,侵犯公共秩序并不以不特定人的安全感为视角,而是以多数人的一般感受为视角。在判断一行为是否构成高空抛物罪时,需要结合规范保护目的和法益,看某高空抛物行为是否给多数人造成不安和恐慌,并以此作为定罪量刑的依据。而在判断高空抛物行为是否危及公共秩序时,要结合具体行为对公共秩序实际造成的影响来判断。虽然某一高空抛物行为未造成实际损害后果,但如果高空抛掷的物品能够及时引起不特定民众的注意,并且给民众带来恐慌和反感,这样的高空抛物行为即可认定为危及公共秩序③,从而可以被以高空抛物罪追究相应刑责。

(三)高空抛物罪注重行为结果的足以危险性

抽象危险犯与具体危险犯的一项重要判断标准在于,行为的危险性是否造成危害结

---

① 汪宜旺:《高空抛物罪侵害法益与行为方式解读》,载《检察日报》2021年4月7日,第3版。

② 张明楷:《高空抛物案的刑法学分析》,载《法学评论》2020年第3期。

③ 刘颖恺:《高空抛物行为的刑法规制与限缩解释》,载《行政与法》2021年第4期。

果必然发生。抽象危险犯不仅不需要危害结果实际发生,而且不要求危害结果的必然出现,只要足以存在这种危险可能性即可。此外,对于抽象危险犯可能出现的危害结果,不需要提供相关证据证明或由专业人士进行判断,而仅靠一般人的普通认知即可。从法条规定来看,《刑法修正案(十一)》第 291 条之二规定,“从建筑物或者其他高空抛掷物品,情节严重的,处一年以下有期徒刑、拘役或者管制,并处或者单处罚金”。其中,法条本身并未对“情节严重”的具体情形予以细化明确,但从量刑幅度来看,高空抛物罪属于典型的轻刑犯,其并非要求具备必要的危害结果才能入罪,而是只要抛物行为本身符合相应“情节严重”的危险性即可构成本罪的既遂。这也符合通常认为的抽象危险犯中的危险以“危险行为”的实施为既遂标准,具体危险犯的危险则以“危险结果”的临近为既遂标准。①

二、对高空抛物罪中“情节严重”的实质性判断

作为抽象危险犯的高空抛物罪,虽然在入罪上不要求形成具体的实在的危险状态,或者造成损害后果,但对高空抛物的具体“行为”还要进行实质的审查判断,而非只要实施了高空抛物行为即构成高空抛物罪。对此,《刑法修正案(十一)》规定,从建筑物或者其他高空抛掷物品,“情节严重的”,处一年以下有期徒刑、拘役或者管制,并处或者单处罚金。但“情节严重”包括哪些具体情节,法条并未做出进一步的明确细化。就高空抛物罪而言,高空抛物是构成要件行为,而“情节严重”则是本罪构成要件中需要进行全面评价的要素。

(一)“情节严重”应重点考量抛物行为本身

高空抛物罪的量刑幅度为“一年以下有期徒刑、拘役或者管制,并处或者单处罚金”,从刑法理论上属于轻罪,体现的是刑法对高空抛物行为采取劝导为主的原则。同时,从高空抛物罪的抽象危险犯属性来看,作为该罪入刑条件的“情节严重”也应侧重于对抛物行为本身的考量,即在判断某高空抛物行为是否构成高空抛物罪时,应重点考量该抛物行为是否具备“情节严重”情形,而非以抛物行为所引起的危害后果情形来考量。以全国首例高空抛物案为例,2021 年 3 月 1 日《刑法修正案(十一)》正式实施首日,江苏省溧阳市法院以被告人徐某某犯高空抛物罪,判处有期徒刑 6 个月,并处罚金 2000 元。该案中,徐某某在与王某争执过程中,从其三楼家中将一把菜刀抛掷到楼下公共区域。在被楼下居民上楼质问后,徐某又拿出第二把菜刀,在与王某争执中再次将菜刀抛掷到楼下。② 该案中,徐某某两次抛掷菜刀的行为均未造成其他人身伤害或财产损失,但因其行为符合

---

① 李晓明:《“高空抛物”入罪的法教义学分析与方案选择》,载《天津法学》2020 年第 4 期。

② 常州市中级人民法院:《全国首例!常州法院判决高空抛物入刑第一案!》,载 http://www.jsczfy.gov.cn/index.php? a = show&c = index&catid = 27&id = 5288&m = content,最后访问日期:2021 年 8 月 17 日。

“情节严重”,最终被法院以高空抛物罪判处相应刑罚。无独有偶,在杨某某高空抛物案中,杨某某在家与其女友争吵时,拿出菜刀对其女友进行威胁,在被女友训斥后,杨某某在明知卫生间楼下为小区人行道的情况下将菜刀从卫生间窗户扔出,虽未造成人员伤亡以及财产损坏,但经群众报警案发后,杨某最终被法院以高空抛物罪判处拘役 5 个月,并处罚金人民币 1000 元。[①] 上述两个案例中,行为人均将属于一般认知意义上危险物品的菜刀作为抛掷物抛至楼下公共区域,虽均未造成实际损害后果,但其行为本身的危险性足以损害楼下公共区域的正常秩序,均被法院以抛物行为符合“情节严重”判处刑罚,所不同的是徐某某两次抛掷菜刀的行为在量刑上得到了更重的处罚。

(二)以行为人的主观认知与行为时的客观要素判断为主

从法条规定可知,高空抛物罪以“行为 + 情节”的模式出现,这也表明仅有高空抛物这一类型的行为,其违法程度尚达不到刑事可罚性的要求,只有其行为达到相应的严重情节才具备刑事处罚的必要,从而将该行为对法益的侵害提升至犯罪的程度。[②] 就高空抛物罪来说,对情节严重这一构成要件要素的判断,需要围绕该罪所侵犯的公共秩序法益,分别从行为人的主观认知以及行为时的客观要素进行整体性、综合性、实质性的判断。仍以前文全国首例高空抛物案为例,徐某某两次向楼下公共区域抛掷菜刀,其对可能造成的扰乱公共秩序以及可能导致更为严重的危害后果在主观上是明知的,同时其抛掷的菜刀本身属于危险物品,尤其在楼下居民上楼质问后仍然再次抛掷,最终法院认定其高空抛物行为属于情节严重,依法判处相应刑罚。此外,针对高空抛物行为造成一般较轻的损害后果,也应纳入“情节严重”考量,仍以高空抛物罪定罪处罚。如在于某高空抛物案中,于某为图省事,在其二楼家中将装有尖锐陶瓷碎片的垃圾袋抛掷到楼下时,致路过的被害人轻微伤,被法院以高空抛物罪判处相应刑罚。[③] 又如杜某高空抛物案中,杜某凌晨在家中醉酒后从其所居住的 19 楼陆续抛掷多只葡萄酒瓶至楼下,导致多辆轿车受损(鉴定损毁价值 8000 余元),被法院以高空抛物罪追究刑事责任。[④] 从以上案件可知,高空抛物罪在入罪情节的判断上,以行为人主观明知抛掷物品将造成危害社会公共秩序的后果,并且实施了具有相应危险性的抛物行为,在抛物行为造成相应损害后果时以人身损害轻微伤或者财产损失较大为边界,这也是目前司法实践对高空抛物行为入罪“情节严重”所作出的裁判探索。

(三)“情节严重”应考量的主要情形

在目前尚没有具体司法解释进行指引的情况下,如何认定高空抛物罪的“情节严重”,除前文所做的总结论述外,司法实践中还可参考最高人民法院发布的《关于依法妥

---

① 广东省深圳市罗湖区人民法院刑事判决书,(2020)粤 0303 号刑初 1306 号。

② 余双彪:《论犯罪构成要件要素的“情节严重”》,载《中国刑事法杂志》2013 年第 8 期。

③ 上海市杨浦区人民法院刑事判决书,(2021)沪 0110 号刑初 235 号。

④ 苏州市姑苏区人民法院刑事判决书,(2021)苏 0508 号刑初 129 号。

善处理高空抛物、坠物案件的意见》(以下简称《抛物坠物意见》)第 6 条[①]列举的高空抛物情节严重的相应标准。本文在综合相关法律规定及司法实践基础上,认为“情节严重”应主要从以下四个层面进行判断:(1)行为人主观恶性程度。包括为发泄情绪实施抛掷行为的;多次实施抛掷行为的;经劝阻后仍继续实施的;受过刑事处罚或者行政处罚后又实施的。(2)实施抛物行为的场合。包括在人员密集场所实施的;实施行为时人流量大的;在建筑物进出口实施的。(3)实施行为的危险程度。包括实施行为所在的楼层高度;抛掷重物、尖锐物、有毒有害物、高温液体等。(4)造成危害后果的程度。包括导致人身轻微伤或者较大财产损失的;严重扰乱公共场所秩序的等。

三、高空抛物行为涉及的其他罪名问题

高空抛物罪的单独入刑并不意味着所有的高空抛物行为仅能以高空抛物罪论处,当“抛物”行为造成前文“情节严重”以上后果,或者有目的地实施“抛物”行为时均应以罪责刑相适应的罪名予以惩处。同时,对于特殊情境下过失实施的“抛物”行为也应准确适用相应法律。

(一)高空抛物罪与以危险方法危害公共安全罪的竞合问题

《刑法修正案(十一)》对高空抛物行为单独入罪,既对一般的高空抛物行为起到了震慑和警示作用,同时也有利于解决以往对未造成实质损害后果的高空抛物行为以危险方法危害公共安全罪定罪后又轻刑的问题。需要明确的是,《刑法修正案(十一)》规定的高空抛物罪刑罚幅度为一年以下有期徒刑、拘役或者管制,并处或者单处罚金。高空抛物罪本身作为轻罪,并不意味着高空抛物行为不会遭受重判。一旦高空抛物行为涉及其他严重的实质性后果时,在定罪量刑上均不应再以高空抛物罪论处,而应按照《刑法修正案(十一)》第 33 条关于高空抛物罪法条的第 2 款“有前款行为,同时构成其他犯罪的,依照处罚较重的规定定罪处罚”,从实际情况来看主要会涉及以危险方法危害公共安全罪或者故意杀人罪、故意伤害罪等,其中以适用以危险方法危害公共安全罪较为常见。

这里实际上涉及高空抛物罪与以危险方法危害公共安全罪竞合的问题。以危险方法危害公共安全罪作为重罪,在高空抛物罪增设之前,对于高空抛物行为造成的危险达不到危害公共安全严重程度时,司法实践中一般会采取宣告刑做变通以达到罪刑相适应。[②] 高空抛物罪增设后,不仅可以进一步明确罪与非罪的界限,同时还可以解决未造成实际损害后果但又符合“情节严重”高空抛物行为的定罪量刑问题。但是如果高空抛物行为的性质发生实质性的变化,超出了抽象危险的范围,具备了危害公共安全的具体危

---

① 高空抛物犯罪具有下列情形之一的,应从重处罚,一般不得适用缓刑:(1)多次实施的;(2)经劝阻仍继续实施的;(3)受过刑事处罚或者行政处罚后又实施的;(4)在人员密集场所实施的;(5)其他情节严重的情形。

② 以危险方法危害公共安全罪的刑期起点为 3 年有期徒刑,而在高空抛物罪入刑之前,对未造成严重危害公共安全危险的高空抛物行为,以危险方法危害公共安全罪定罪时,最终宣告刑期多在有期徒刑 1 年左右。

险,则应按照以危险方法危害公共安全罪予以定罪量刑。其中,对于高空抛物行为致人重伤、死亡或者使公私财产遭受重大损失的,按照《刑法》第115条第1款定罪量刑。对于致人重伤以下的“轻微实害结果”即轻伤或者较大财产损失以上程度的,依照《刑法》第114条[①]定罪量刑[②],从而实现不同高空抛物行为及危害后果在罪责刑上实现规范统一。如在卢某某以危险方法危害公共安全罪案件中,2020年4月25日中午,卢某某因家庭纠纷,为引起众人关注,从其居住的9楼攀爬至窗外空调外机上,在明知楼下系小区居民进出通道且有车辆停放的情况下,不顾楼下人员劝阻,先后将一把斧子、一只塑料花瓶、一包数公斤重的纸质材料抛掷到楼下,导致两辆车受损(维修价格共计3万余元),并险些砸到楼下人员。因本案庭审时《刑法修正案(十一)》已生效,针对卢某某辩护人认为卢某某行为构成高空抛物罪的辩解意见,法院经审理认为,卢某某以多次高空抛物的方式危害公共安全,符合以危险方法危害公共安全罪的构成要件。如果认定其构成高空抛物罪,则会遗漏评价犯罪行为对公共安全的侵害。最终,上海市静安区人民法院对卢某某以构成以危险方法危害公共安全罪判处有期徒刑3年6个月。

此外,实践中如果行为人以故意伤害、故意杀害特定人员实施高空抛物行为的,应按照《抛物坠物意见》第5条第2款规定,依法以故意伤害罪、故意杀人罪论处;故意毁坏特定财物实施高空抛物行为的以故意毁坏财物罪定罪论处。

(二)部分过失状态下高空“抛物”行为的法律适用

此处过失状态下实施高空“抛物”涉罪行为并非指高空抛物罪与相应过失犯罪产生竞合,因为高空抛物行为可能适用过失致人重伤罪、过失致人死亡罪,但高空抛物罪与过失致人重伤罪、过失致人死亡罪并不能产生竞合关系。如前所述,高空抛物罪属于抽象危险犯,而在我国刑法立法及司法实践中,所处罚的过失犯都是结果犯。此外,《抛物坠物意见》第7条专门就准确认定高空坠物罪作出了明确规定,这也从另一方面印证了高空抛物行为多为故意犯罪,高空抛物罪只处罚故意犯,不处罚过失犯。但也并不能排除因高空抛物行为导致的过失犯罪行为,实践中仍存在因高空抛物而非坠物被以过失致人重伤罪、过失致人死亡罪追究刑事责任的情形。如在郭某某过失致人重伤案件中,郭某某与刘某某相约到某拆迁房处捡拾废品,后郭某某在将一根4米长的铁管从楼顶扔下时,向楼下的刘某某喊话提示,在其以为刘某某已躲开后将铁管扔到楼下时,砸到刘某某头部和肩部致其受伤,经鉴定损伤程度为重伤二级,最终郭某某被法院以过失致人重伤

---

① 《刑法》第115条第1款内容为:“放火、决水、爆炸以及投放毒害性、放射性、传染病病原体等物质或者以其他危险方法致人重伤、死亡或者使公私财产遭受重大损失的,处十年以上有期徒刑、无期徒刑或者死刑。”第114条内容为:“放火、决水、爆炸以及投放毒害性、放射性、传染病病原体等物质或者以其他危险方法危害公共安全,尚未造成严重后果的,处三年以上十年以下有期徒刑。”

② 刘颖恺:《高空抛物行为的刑法规制与限缩解释》,载《行政与法》2021年第4期。

罪判处相应刑罚。[①]

在该案中,案发地为一处少有人至的拆迁房区域,从实际情景看郭某某抛物的行为不会危及不特定多数人的安全,也不会扰乱社会公共秩序,但其明知与其同行的刘某某在楼下捡拾废品,仅仅在喊话提醒后即将铁管扔下楼去导致刘某某重伤,法院对其行为以过失致人重伤罪定罪处罚符合罪责刑相适应原则。又如郑某高空抛物过失致人死亡案中,郑某受雇从事楼顶垃圾清理工作,经常从楼顶往地面扔垃圾和其他杂物。案发时,郑某在往楼下扔垃圾时,经人提醒楼下有人后依旧往下扔杂物,导致砸到被害人头部致其死亡。[②] 郑某某在应当预见到继续往楼下扔杂物可能会致人伤亡的后果后,并未停止抛物行为,最终导致被害人被砸中死亡,其本人被法院判处过失致人死亡罪。从上述案例可知,在因高空抛物行为致人重大伤亡或者使公私财产遭受重大损失的案件中,行为人在主观认知上存在过失状态,对于此类情况则应以《刑法》第 115 条第 2 款规定,以相应过失犯罪论处。

需要指出的是,前文所述均为高空抛物行为人确定情况下的法律适用分析,而实践中解决高空抛物问题面临的最大难题是行为或者损害发生后行为人难以查清的情形。在此过程中,受害人普遍存在不能举证或者难以举证的情况,而公安机关等公权力部门的调查就至为重要。对此,《民法典》规定公安等机关应当及时调查,查清责任人,从而避免大量出现行为人不明的高空抛物损害行为。由此可知,高空抛物行为并不是单纯的刑法问题,而是与现实生活密切相关的社会问题。加强高空抛物行为的治理,除了依靠刑事手段外,还要依赖于民法、行政法等其他法律规范乃至道德规范的综合治理。

---

① 江西省会昌县人民法院刑事判决书,(2019)赣 0733 号刑初 119 号。

② 江西省赣县人民法院刑事判决书,(2016)赣 0730 号刑初 397 号。

检察理论

人民检察史视野下公益诉讼制度发展历程与启示

征汉年　王小刚*

摘要:检察公益诉讼制度自2017年《民事诉讼法》、《行政诉讼法》修改确立,仅仅数年。从90年人民检察史的视角观察检察公益诉讼,可以发现其发端孕育、初步探索和确立发展三个相对独立阶段和民事公益诉讼、行政公益诉讼两条相对独立的历史演进路径。集体本位、厌讼文化是中国特色检察公益诉讼制度得以"后发先至"的民族基因,但更为重要的是保持制度自信、立足本土发展、把握时代需求这三条基本经验。未来,公益诉讼制度将不断完善,逐步走向成熟,包括理论逐步形成体系、实践更加丰富多元、制度走向单独立法。

关键词:检察史　公益诉讼　制度

检察公益诉讼是党的十八届四中全会后,《民事诉讼法》和《行政诉讼法》修改确立的一项新生检察制度。长久以来,理论和实务界一直饱含热情地研究现行公益诉讼制度、期待未来发展,而未能重视其源头来路。其实,"检察官作为公共利益的代表",早已饱经风雨,贯穿了90年人民检察的发展历程。经历了新民主主义革命时期发端和中华人民共和国成立后较长时期的孕育、改革开放后依托《民事诉讼法》和民事检察监督制度进行初步探索、十八届四中全会后确立发展的三个主要发展阶段。笔者将散见于历史文献中的文字进行梳理归纳,可以观察到一个相对清晰的发展脉络。通过对公益诉讼制度发生、发展和演变的历史探析,将有助于我们更理智、清晰地认识我国的检察制度和公益诉

* 征汉年,江苏省建湖县人民检察院党组书记、检察长,法学博士,全国检察理论研究人才;王小刚,江苏省建湖县人民检察院副检察长。

讼制度，为新时代检察公益诉讼制度创新发展提供新的视角。

一、检察公益诉讼的三个发展阶段

中国近代检察制度起于晚清政府“仿行宪政”，“近仿东瀛”借鉴日本裁判和检事制度，“改总司直为总检察厅丞，改司直为检察官”[①]，制定《大理院审判编制法》《高等以下各级审判厅试办章程》等，其中即规定检察官职权包括“民事保护公益陈述意见”等，但彼时的“公益”仅仅局限在婚姻、亲族、嗣续等涉及伦理道德、公序良俗的民事诉讼案件上。北洋政府时期大致沿革。至民国十六年(1927 年)，《各省高等法院检察官办事权限暂行条例》，也规定检察官职权包括“民事及其他事件”，检察官可在民事诉讼中“为诉讼当事人或公益代表人行特定事宜”。源于大陆法系的制度设计，检察机关代表国家指控违法，检察官作为“法律的守护人”而存在，在形式上代表多数人的利益。检察与公益存在天然的、必然的联系。然而，封建、资本和帝国主义压迫的旧中国，时局动荡，检察官所谓“公益代表人”的职权非常有限且并未得到真正落地，空有“纸面授权”。毕竟，任何反动法律，不能不多少包括某些所谓保护全体人民利益的条款。[②] 所谓公益不过是少数人的利益。在旧时的中国，是不可能产生公益诉讼制度，由检察官来承担公共利益守护职责的。而在中国共产党领导的司法和检察体制下，检察制度与公益诉讼则呈现出全然不同的发展，其主要经历了以下三个阶段：

(一)发端孕育

人民检察制度诞生于烽火中的苏维埃革命政权，工农检察部、军事检察所、各裁判部内设的检察机构等分工承担监督、公诉等职能。此时的检察制度中虽无“公益诉讼”之名，却有类似公益诉讼之实。基于列宁人民民主专政理论和法律监督思想，当时的苏区工农检察机关负责监督行政机关及其工作人员，确保苏维埃法律、法令和政策的正确实施，保护工农群众利益。除了调查检举、检查督促和公诉抗诉等职权外，工农检察机关还拥有对人和对事的建议权。比如，当发现苏维埃国家机关或企业违反法令、法规和政策，工农检察机关应直接提出建议，如不同意或不执行该建议，工农检察机关应提请执行委员会以命令方式促使建议得到执行。[③] 这与现行行政公益诉讼建议先行并以裁判督促落实建议，较为类似。抗日战争时期，陕、甘、宁等“边区”抗日民主政府，名义上属于国民政府，其检察体制和权限与国民政府的规定大致保持一致。如《陕甘宁边区高等法院组织条例》规定检察员职权之六，即为诉讼当事人或公益代表人。与所谓“为诉讼当事人或公益代表人行特定事宜”大致相同。《陕甘宁边区暂行检察条例》对有关公益事项也进行了

---

① 闵钐主编：《中国检察史资料选编》，中国检察出版社 2008 年版，第 27 页。

② 闵钐主编：《中国检察史资料选编》，中国检察出版社 2008 年版，第 23 页。

③ 孙谦主编：《人民检察制度的历史变迁》，中国检察出版社 2009 年版，第 45 页。

列举，如土地租佃、公营事业、婚姻等。但党领导下抗日民主政权的检察制度，还是在一定程度上继承了苏区检察制度的传统，按照法律监督思想进行了一定程度的创新和发展，检察官的公益代表人身份也得到进一步孕育发展。《山东省各级司法机关办理诉讼补充条例》，即有明确规定"检察官为代表国家公益及法律执行机关。"新民主主义革命时期的检察制度比较简单，且不健全、不稳定[①]，严峻的战争形势，决定了检察制度充分发展的空间被压缩。检察机关最为核心的任务是通过打击违法犯罪，维持革命秩序、推动革命斗争，巩固和发展民主政权。但此时的革命者们已经在一定程度上认识到检察权的公益属性，并进行了相对系统的法律监督实践，也为新中国检察制度的创立奠定基础、提供经验。

(二)初步探索

中华人民共和国成立之初，在废除国民政府伪法统的同时，新中国人民检察制度"走苏联的路"，作为人民民主专政的"重要武器"迅速建立起来。1949 年，《最高人民检察署试行组织条例》规定，对于那些与"全国社会与劳动人民利益"相关的民事和行政诉讼，检察机关"均得代表国家公益参与之"。最高人民检察署第三处即行政诉讼和民事案件检察处。[②] 1951 年《最高人民检察署暂行组织条例》和《各级地方人民检察署组织通则》规定检察官职权，其中即包括代表国家公益"参与有关社会和劳动人民利益之重要民事案件及行政诉讼"。"五四宪法"诞生，随之通过了《人民检察院组织法》。这部组织法是"苏联经验"和"本土实践"的结合，"改署为院"并规定人民检察历史上十分短暂的"民事公诉"职权，即对于有关国家和人民利益的重要民事案件有权"提起"诉讼或者参加诉讼。[③] 民事公诉与现行民事公益诉讼高度类似，检察机关不是民事权利主体，同争讼标的没有自身的利害关系，因而又不同于一般的民事原告人。它是站在国家法律的立场上保护正当的民事权利，制止非法的侵害，实质上仍然起着法律监督的作用。[④] 但 1957 年反右斗争开始后，该条款实质上被废止。1979 年新《人民检察院组织法》通过时，也没有检察机关有权提起或者参与民事诉讼的规定。到 1982 年《民事诉讼法(试行)》起草中，未赞成检察机关提起民事公诉，只规定了对民事审判的有权监督条款。1989 年《行政诉讼法》也作出类似规定。1988 年，最高人民检察院成立民事行政检察厅。在上级检察机关的"默许"下，民事行政检察工作悄然向公益诉讼领域点滴延伸，逐步探索发展。1997 年，河南方城县检察院对法律监督进行扩张解释，对一起贱卖国有资产事件以原告身份提起"中国公益诉讼第一案"，法院支持检察机关诉讼请求确认合同无效。此后，各地检察院围绕国有资产流失等领域陆续开展了零星的公益诉讼实践。直至 2005 年，最高人

① 甄贞等：《21 世纪的中国检察制度研究》，法律出版社 2008 年版，第 17 页。
② 李士英主编：《当代中国的检察制度》，中国社会科学出版社 1988 年版，第 23 页。
③ 不仅可以参与诉讼，还可以提起诉讼，但仅限于民事诉讼，与人民检察署时期有一定差异。
④ 李士英主编：《当代中国的检察制度》，中国社会科学出版社 1988 年版，第 488 页。

民法院作出《关于要求各地法院不再受理检察机关作为原告提起的国有资产流失案件的批复》,检察机关提起民事公益诉讼戛然而止。中华人民共和国成立后,检察机关几经波折,有名存实亡、也有名实皆亡,但仍然坚韧发展、不断突破,检察公益诉讼制度也依托于民事诉讼制度,进行了初步的实践探索,形成了制度雏形,为后期公益诉讼制度的确立发展奠定了实践基础。

(三)确立发展

伴随着我国民事、行政诉讼制度的不断成熟和公益诉讼理论的不断完善,2012年修订《民事诉讼法》吸收各方意见,创设我国公益诉讼制度,规定对污染环境等特定领域的公益损害行为,"法律规定的机关和有关组织"可以向法院提起诉讼。增设这一条款在当时仅仅具有宣示意义,哪些机关和组织可以提起公益诉讼,并没有明确规定。随后相继修订《消费者权益保护法》和《环境保护法》明确了消费者协会和环保公益组织的诉讼主体地位。十八届四中全会决定中明确提出"探索建立检察机关提起公益诉讼制度"。党的领导推动了公益诉讼制度的突破性发展。2015年,全国人大常委会授权最高人民检察院在13个省区市检察机关开展公益诉讼试点工作。两年试点成功后,《民事诉讼法》《行政诉讼法》增设了2个条款,在2017年正式确立我国检察公益诉讼制度,包括在环境资源、食品药品安全等特定范围开展民事公益诉讼和行政公益诉讼。检察公益诉讼至此在全国全面推开,实现了从无到有的转变,并在实践中进一步飞速发展。《关于检察公益诉讼案件适用法律若干问题的解释》等一系列司法解释和规范性文件也随之出台。十九届四中全会上,中央再次明确提出拓展公益诉讼案件范围。闻令而动,各地检察机关探索开展了更多领域的公益诉讼探索。新时代,具有中国特色和时代特征的检察公益诉讼制度正逐步走向成熟。

二、中国特色检察公益诉讼制度的两个历史演进路径

制度的形成并非凭空的人为设计,而是基于一定的历史基础、制度传统等各种因素条件的角力,由此及彼,不断衍生、生长的过程。当下中国特色检察公益诉讼制度,主要包括行政公益诉讼和民事公益诉讼两个细分领域,而在历史上两者分别经历了不同的发展历程,独立演进并最终合二为一,成为一项完整的检察公益诉讼制度。

(一)"检察建议"的历史发展与行政公益诉讼

2017年确立的行政公益诉讼是典型的"国家化"一元主体,检察机关"独享"行政公益诉讼权。这是检察权的监督属性和专业特点所决定的。纵观检察制度的历史,可以发现其独立且完整的发展脉络,行政公益诉讼在中国的产生,有其特定的历史因素。工农检察制度在苏区建立时,检察机关即承担着监督各级苏维埃机关正确执行政纲和策略的任务,"以适合某阶段的革命利益",并有"对被检察的机关提出具体的建议"并保证建议执行的制度设计。检察建议权是行政公益诉讼的制度基础,其发端即在于此,是作为一

般监督的方式而存在。中华人民共和国成立后的较长一段时间内,检察机关担负一般监督职权,在实践中延续运用检察建议的监督方式,并大量运用。但由于没有明确法律规定,其建议的强制性与同为一般监督方式的"抗议权"存在较大差距。检察机关恢复重建后,检察建议作为一种简单直接且效果直观的检察监督方式,在法律监督实践中得以恢复并广泛运用在各个领域,同时作为参与社会治安综合治理、预防和减少犯罪的一种方式而存在。2009 年,最高人民检察院印发《人民检察院检察建议工作规定(试行)》,对检察建议的适用原则、范围等进行了规范。在此前的 2006 年至 2008 年三年间,全国各级检察机关发出检察建议 82,940 件。① 并在此后逐步演进出对行政违法行为的监督,即向行政执法发出检察建议督促履行职责。据统计,2012 年至 2014 年,全国检察机关共制发督促履职检察建议 43,551 件。② 但此时的检察建议仅见于《检察官法》和检察机关内部的规范性文件,体现出明显的"低规范性"和"弱强制性",更多以一种非诉讼形式而存在,以弥补法定监督手段的缺陷。2017 年确立的行政公益诉讼,则在行政违法行为监督基础上,借用检察建议的方式建立诉前程序制度,即对负有监督管理职责的行政机关制发检察建议督促行政机关依法履职,以保护国家和社会公共利益,并以"诉"的方式作为监督履职的保证。

(二)脱胎于"民事公诉"的民事公益诉讼制度

如果说行政公益诉讼主要来自本土的独立演进,那么民事公益诉讼则在很大程度上受到域外经验的影响。民事诉讼以利益存在为前提,"民不举、官不纠",双方当事人地位平等且意思自治。但基于国家和社会公共利益的特定情况下,检察机关可以介入民事诉讼。这在大陆法系以及苏联的社会主义检察制度中均有立法例。③ 在清末和民国时期,检察官即拥有特定民事案件的干预权。如为了维护伦理纲常,检察官必须往庭监督婚姻事件、亲族事件、嗣续事件的审判。有关上述事件的审判,如果审判官不待检察官往庭而为判决者,其判决为无效。④ 中华人民共和国成立后一段时期直至五四宪法,我国借鉴苏联检察模式建立一套完整的社会主义检察制度,有了相对超前的"民事公诉"的制度设计,除了事前参与民事诉讼,就案件是非曲直发表意见之外,还可以直接提起民事诉讼,即以诉讼方式维护国家和社会公共利益。史料记载,1956 年黑龙江省检察机关即参与民

---

① 陈国庆:《人民检察院检察建议工作规定(试行)解读》,载《人民检察》2010 年第 1 期。

② 最高人民检察院民事行政检察厅:《行政检察工作的现状与发展》,载《国家检察官学院学报》2015 年第 5 期。

③ 1976 年法国《民事诉讼法》第 421 条规定:"检察机关可以作为主要当事人起诉,或者作为联合当事人参加起诉。检察机关在法律规定的案件中,代表其他人。"第 423 条规定:"除上述案件外,在公法秩序受到损害时,它可以为维护公法秩序而提起诉讼。"1923 年《俄罗斯苏维埃联邦社会主义共和国民事诉讼法典》第 2 条规定:"检察长认为对保护国家或者劳动人民利益有必要的时候,可以提起诉讼或者随时参加诉讼。"1961 年《苏联和各加盟共和国民事诉讼纲要》第 29 条第 1 款规定:"检察长从维护国家利益、社会利益或保护公民权利和法律保障的利益的需要出发,有权提起诉讼或在诉讼的任何阶段参与诉讼。"

④ 参见清末《高等以下各级审判厅试办章程》相关内容。

事诉讼 25 件,提起民事诉讼 55 件。[①] 但随后“反右”和“文化大革命”相继开始,民事公诉制度宣告夭折。检察机关恢复重建后,民事公诉制度并未得到延续和恢复。但基于法律监督原则和支持起诉等制度,各地检察机关开始了诸如国有资产流失、弱势群体保护等领域零星的探索,但由于与民事诉讼当事人与监督者存在角色冲突,且缺乏法律依据的支撑,各地的探索始终处于步履维艰、时进时退的状态。直至 2012 年和 2017 年的《民事诉讼法》两次修改,引入域外经验建立民事公益诉讼制度和检察公益诉讼制度,民事公诉得以以“公益诉讼”的方式重新登上法治舞台,并规定了检察机关、环保部门和社会公益组织等多元主体。实践中,还依据《刑事诉讼法》的规定,演进出刑事附带民事公益诉讼制度。

三、检察公益诉讼孕育发展的历史启示

90 年的检察制度历史变迁中,我们看到检察职权的不断调整,在一些领域不断细化和突破,而一些领域则受到限制甚至取消。诞生于异域的公益诉讼制度,为何在我国检察制度曲折发展的 90 年中得以孕育发展,展现出强烈的制度适应性。从传统文化和本土制度中,似乎可以寻找一些线索和端倪。

中国传统文化中即有“天下为公”的集体本位思想,与西方传统的个人本位主义不同,追求私权而贬损“公利”往往被认为是不道德的行为。这样一种集体本位思想,非常直观地体现在我们的法律制度中。清末修法时,即在法律移植借鉴中有所扬弃,“务期中外通行”,在集体本位主义和个人本位主义之间进行适度的调和,如民事诉讼以不干涉为原则,但规定了部分民事案件中检察官莅庭监督的权力,以维护社会伦理道德。此处的“集体”并非当下立法语言下的“集体利益”,而应当理解为国家和社会公共利益。以保护国家和社会公共利益为目标的公益诉讼制度,与传统集体本位主义高度契合。也正因如此,公益诉讼得以不断进行突破性探索,并最终成为一项重要的诉讼制度和检察职权。

中国传统文化中有着浓厚的厌讼思想,重德化而轻法制,重调解而轻诉讼。孔子曾曰:“听讼,吾犹人也,必也使无讼乎。”在封建统治者的鼓吹下,儒家正统下的厌讼思想逐步根植人心,遭遇权利侵害往往选择回避和妥协。“人有争讼,必谕以礼”,通过伦理道德、乡规民约息事宁人。在英美国家,公民个人是公益诉讼的最主要的诉讼主体。而在中国传统文化背景下,以诉讼的方式维护“不特定多数人的利益”,除了醉心于公益的少数律师有兴趣外,由普通公民个人去启动诉讼的凤毛麟角。因此,在公益诉讼制度的中国化改造中,有必要选择可以代表国家和社会公共利益的机关或组织提起诉讼,并规定严格的诉前程序,以减少不必要的诉讼滥化。此外,尽管法律赋予社会组织的公益诉讼原告资格,但其并未展现强烈的诉讼意愿。除了我国社会公益组织不发达的因素外,厌

---

① 李士英主编:《当代中国的检察制度》,中国社会科学出版社 1988 年版,第 489 页。

讼传统也是其重要原因。而在这一方面,以公诉和诉讼监督为本职的检察机关,则拥有天然的优势。

除了传统历史文化的惯性和养分,中国特色社会主义检察制度更多师从苏联,基于无产阶级专政思想和法律监督理论而建立。在列宁的法律监督理论下,检察机关唯一的任务就是保证法制的统一,负责对法律范围内的一切活动进行法律监督。对行政和审判活动的监督,是保证法制统一的重要方式。而且在理论上,法律是为保护利益而制定,维护法律即为保护利益,两者内在统一。"依照法律规定"发出的检察建议、提起的公益诉讼,既是在保护公共利益,也是在履行法律监督职责。因此,公益诉讼与检察制度具有目标、任务、方向上的一致性,高度契合,并最终通过改革成为检察职权之一。尽管检察机关法律监督与公益诉讼存在天然联系、高度统一,但囿于历史环境和时代因素,不可避免存在思想和认识上的局限性。90 年的发展历程中,人民检察制度经历了不少的挫折,检察公益诉讼制度也是在曲折中诞生。从检察公益诉讼制度的孕育和发展历程上看,我们可以得到以下三点启示:

(一)保持制度自信

公益保护是检察官肩负的一项天然使命。尽管面临检察制度"存废之争",甚至多次中断发展,公益诉讼的制度和实践探索也多次遭受质疑和排斥。但检察公益诉讼仍然如"一颗石缝中的种子",从无到有、从有到优,不断孕育发展、顽强生长。一条基本的经验,就是制度自信,是对检察制度科学性的自信,更是对中国特色社会主义制度优越性的自信。但这种自信并不应是盲目的自大。习近平总书记指出"检察官作为公益利益的代表,肩负着重要责任。"责权统一,作为的检察职权的公益诉讼,更是一份检察责任。当下,检察制度经历重塑性改革,在涅槃中重生,公益诉讼制度正迎来"春天"。新时代的检察官,需要把责任扛在肩上,在实践中推动检察公益诉讼不断走向成熟。

(二)立足本土发展

公益诉讼虽然是域外的概念,但却经历了百年的本土化改造。即使是学习苏联经验,也并未完全照搬。与西方公益诉讼制度相比,我国正式确立的公益诉讼制度具有明显的"国家化"迹象。① 民事公益诉讼的诉讼主体仅保留少数且被严格限制的机关和组织,行政公益诉讼更是仅限定为检察机关可以提起,并未赋予公民个人诉讼主体资格。② 这与域外公益诉讼制度,特别是英美法系存在明显差异。从历史的角度观察,我国的公益诉讼制度脱胎、孕育于中国司法和检察实践中,从新民主主义革命时期的制度发端即是作为"监督者"的监督手段之一而存在,检察官不仅是刑事公诉人,更可通过各种方式维护国家和社会公共利益。因此,方得以通过检察建议的长期实践,独创中国特色的行

---

① 陈杭平、周晗隽:《公益诉讼"国家化"反思》,载《北方法学》2019 年第 6 期。

② 杨红、刘芳:《行政公益诉讼语境下的"公益"涵析》,载《西部法学评论》2018 年第 4 期。

政公益诉讼制度。当然“立足本土”,与“开放包容”是并行不悖的。如果没有对域外经验的兼收并蓄,那么在中国传统厌讼文化中,是很难独立孕育公益诉讼制度的。

(三)把握时代需求

人民检察制度的 90 年,是与时俱进、紧跟时代的 90 年。不同的时代,有不同的任务,从革命到建设,再到改革。可以这样说,检察机关承担的政治任务指明了检察机关职能探索的方向。① 在新民主主义革命时期和社会主义建设初期,其中心任务是保护革命政权、保障国家建设,检察机关作为党和国家的专政工具,更多侧重于刑事打击。改革开放后,一切以经济建设为中心。民事、行政检察悄然而生。彼时,为促进解决国有资产流失问题,检察机关对公益诉讼进行初步的探索运用。而进入中国特色社会主义建设新时代,法治体系不断健全,而环境资源、食品药品等公益受损问题日益凸显,检察公益诉讼制度正式诞生,并成为“四大检察”之一。可见,始终把握时代脉搏,是检察机关作为国家政治机关的本质要求。时代需要什么,便提供什么检察产品,不断调整法律监督的定义和职权的范围。

人民检察制度在履行历史使命的同时,也在党的领导下不断实现自身的完善和发展。90 年的薪火相传,一个最核心的经验和启示,就是始终坚持中国共产党的领导和中国特色社会主义制度。党集中人民的意志,并通过立法将人民的意志上升为国家的法律。公益诉讼制度从十八届四中全会的顶层设计,到全国人大常委会的法律授权、试点先行,再到立法保障、全面推进,每一阶段都凝聚了党和人民的意志,也依赖于党的领导和人民的支持。何况,检察公益诉讼不仅是一项单纯程序性诉讼制度,更是法律监督的一种方式,涉及司法权和行政权的职权配置,更是全新的国家治理方式制度“尝试”和“飞跃”,没有坚强领导和后盾,这样制度很容易在实践中“夭折”,成为清末民初一样的“纸面宪政”。当下,人民检察制度依然处于“尚未完成”的建设过程中。② 未来,检察公益诉讼制度的每一步探索和完善,都必须在党的领导下,紧紧依靠人民群众进行。

四、走向成熟:新时代检察公益诉讼制度的展望

中国检察并不悠久的“公益诉讼史”,无论是经验和教训都弥足珍贵,可以赋予我们无穷的启发和想象。新时代的法治中国建设为公益诉讼的理论、实践和制度创新完善提供了最广阔的空间。最新的《法治中国建设规划(2020 - 2025 年)》中,也可以看到顶层设计中公益诉讼制度未来发展的整体方向。③ 可以预见,未来,检察公益诉讼将在理论、实践和制度上,向着改革的纵深发展。

---

① 刘莘、祁菲:《论检察制度的探索性特征》,载《南京社会科学》2016 年第 12 期。

② 万毅:《一个尚未完成的机关——底限正义视野下的检察制度》,中国检察出版社 2008 年版,第 3 页。

③ 《法治中国建设规划(2020 - 2025 年)》对公益诉讼制度的规划包括“完善民事、行政检察监督和检察公益诉讼案件办理机制。……拓展公益诉讼案件范围,完善公益诉讼法律制度,探索建立民事公益诉讼惩罚性赔偿制度。”

（一）理论上逐步形成体系

起初，法学界从域外引入更多的是民事公益诉讼理论，理论和实务所聚焦的也是民事公益诉讼制度的"本土化"问题。2008 年，最高人民检察院也曾在宁波召开"民事检察公益诉讼研讨会"，超前且深入地探讨了公益诉讼的法治意义，以及检察机关开展公益诉讼工作的法律依据、制度障碍等，但类似的探讨在当时是相对"零星"和"偏门"的。从中国检察公益诉讼制度的确立发展过程看，制度探索基本走在理论研究的前面，更多各地检察机关通过对法律监督权的延伸和拓展，尝试"摸着石头过河"。理论基础，特别是行政公益诉讼的理论基础并不十分完备。但十八届四中全会提出探索检察公益诉讼制度后，检察公益诉讼成为法学研究的"热点"。关于检察公益诉讼的一些基础性、关键性理论问题得到论证和厘清。当下，公益诉讼制度和理论正在丰富的实践中进一步碰撞，必将形成系统完备的中国特色检察公益诉讼理论体系。

（二）实践中更加丰富多元

十九届四中全会提出"拓展公益诉讼案件范围"，既是对前期公益诉讼实践的认可，也对运用"新方式"在"新领域"开展社会治理给予期待。截至目前，已有《英雄烈士保护法》《未成年人保护法》两部法律和多个政策性文件对检察公益诉讼进行了明确规定。最高人民检察院对"等外"公益诉讼案件的态度，也从"稳妥积极"转向"积极稳妥"，各地检察机关普遍围绕安全生产、文化遗产、精神文明、国防军事等领域进行了系统深入的探索。但即便如此，检察公益诉讼制度仍有非常大的发展空间，比如在集体利益（包括区域和群体利益）的保护上，比如在预防性公益诉讼的探索上，又如在生态环境公益诉讼的惩罚性赔偿以及与生态环境损害赔偿诉讼的衔接上。未来的检察公益保护一定是十分全面和系统的。

（三）制度上走向单独立法

检察公益诉讼制度的每一次前进，基本采用"实践探索＋政策推进＋法律确认"的方式循序渐进，并依托于《民事诉讼法》和《行政诉讼法》。这样一种立法方式是稳妥的、审慎的，是检察公益诉讼制度建立初期的"权宜之计"。但公益诉讼与传统意义上民事、行政诉讼存在较大差异，现有法律条文数量少、分散规定、内容具体化空间很大是其主要特征，这种样态可能会逐渐无法满足多样化的公益诉讼实践对规则供给的需求。[①] 未来，在学理研究取得基本一致观点、司法实践探索基本成熟时，公益诉讼可作为独立、特有的诉讼类型，单独立法，对国家和社会公共利益的概念、范围、类型、识别以及公益诉讼的诉前和诉讼程序等，从立法者的角度作出系统规定，全面完成公益诉讼制度的"本土化"改造。将来条件成熟时可以制定《公益诉讼法》或者《公益诉讼特别程序法》。

---

① 刘加良：《公益诉讼单独立法的必要性与可能方案》，载《检察日报》2020 年 11 月 12 日，第 7 版。

五、结语

“窥一斑而知全豹。”从历史的视角回望检察公益诉讼,可以从中得到一些关于中国检察制度的基本经验和启示,对正在走向成熟的公益诉讼制度提供历史的借鉴。公益诉讼制度的本土化进程有其历史必然性和内在合理性,但绝不是被动等待和接受的,而是主动吸收推进的;不是一时的权宜之计,而是长期的制度完善过程,体现了制度设计者的智慧和耐心。未来,我们仍将要保持这样的主动和耐心,推动公益诉讼制度的每一次进步和完善。

管制刑在司法实践运用中的困境和出路

李 乐 杨 叶*

摘要：管制刑作为主刑中唯一的非监禁刑，在司法实践中适用率极低，究其原因，主要是其本身处罚性不强、与其他刑罚功能上存在重合性、可替代性，与异种刑数罪并罚存在难度，以及执行难有直接关系。随着认罪认罚从宽制度全面推开和运用，管制刑应当有其适用空间，在适用过程中，需要厘清管制刑与缓刑、单处罚金的边界，选择合适的刑罚，在数罪并罚中注意合理解决管制与缓刑、假释以及暂予监外执行的执行冲突问题，并且在社区矫正过程中增设相应的约束措施，以提高管制刑的适用。

关键词：管制刑　刑罚功能　执行冲突　社区矫正

一、问题的提出

管制是中国特有的刑罚方式，1979 年《刑法》中明确规定管制刑为五种主刑之一，1997 年《刑法》修订时，管制刑的存废曾一度成为争论的焦点，但是最终仍然得以保留。2011 年《刑法修正案（八）》明确对被判处管制的犯罪分子实施社区矫正，增加了禁止令的相关内容。2015 年《刑法修正案（九）》明确规定了管制和其他自由刑数罪并罚的方式。管制刑经过上述的发展，经历了“多重性质演化到单一性质，适用对象从特殊罪犯到一般罪犯，刑期由不确定演变到确定、处罚严厉到宽缓”①的蜕变。但依然未能改变其在司法实践中被边缘化适用的局面。

---

* 李乐，江苏省淮安经济技术开发区人民检察院第四检察部副主任；杨叶，江苏省淮安经济技术开发区人民检察院第二检察部检察官助理。

① 傅杰：《管制刑研究》，南昌大学 2016 年硕士毕业论文，第 18 页。

以江苏省为例,2016 年至 2021 年 6 月数据显示①,全省一审生效的管制刑人数不到 1100 人,占同期判决人数的千分之二。从时间上看,管制刑人数总体呈逐年下降趋势。2016 年全省管制刑占比为 0.29%,2017 年小幅上升后逐年下降,2021 年上半年,全省一审判处管制刑的人数占一审生效判决的比例仅为 0.05%,即万分之五。从罪名分布来看,管制刑涉及罪名相对集中。刑法分则中共有 130 个罪名可以判处管制,而全省 2016 年以来判处管制涉及的罪名仅 42 个,其中人数最多的 3 个罪名分别是非法种植毒品原植物罪、盗窃罪和开设赌场罪,均超过 100 人;另有故意伤害罪、诈骗罪、非法狩猎罪等 7 种罪名判处管制刑的人数在 30 人以上,以上 10 个罪名人数占全部管制刑的 76%。

管制刑作为刑罚主刑,在司法实践中却始终处于边缘状态,究竟是什么原因导致了管制刑的低适用率,在国际刑罚逐渐轻刑化的今天,缘起于革命时期的管制刑是否还有存在的必要,管制刑和其他主刑、单处罚金、相对不诉的界限到底在哪里?这一系列的问题值得探究。

二、司法实践中管制刑适用的困难

从上述数据可以看出,管制刑的适用率很低,究其原因,有以下几点:

(一)管制刑本身刑罚处罚性不明显

管制刑作为一种主刑,是唯一的限制自由刑、非监禁刑,与其他几种主刑处置方式不同,和老百姓心目中传统的刑罚方式亦有明显不同。判处管制的罪犯仍然可以留在原工作单位或居住地工作或劳动,在劳动中同工同酬,容易给人造成一种没有任何处罚的错觉。虽然实践中原工作单位可能不会保障罪犯的劳动权②,但很多被判处管制的罪犯或者是无业人员,或者是老年人,本身并没有工作单位,判管制对其生活不会造成实质性影响。2011 年《刑法修正案(八)》增加了"判处管制,可以根据犯罪情况,同时禁止犯罪分子在执行期间从事特定活动,进入特定区域、场所,接触特定的人"。禁止令是可以适用,不是应当适用,从江苏全省来看,2016 年以来管制刑同时发布禁止令的仅有 2 人。对于被管制人员,《刑法》仅规定对于违反禁止令的,由公安机关予以治安管理处罚。管制执行期间应当遵守相关的规定,如果违反了监管规定,社区矫正机构应当视情节依法给予训诫、警告,不存在收监执行、延长刑期或者累犯可能。如此一来,刑罚负担过轻,很容易使人产生管制即"无刑"的错觉。所以,管制本身的处罚性并不强,甚至可以说比较弱。

(二)与其他刑罚功能上存在重合性、可替代性

从刑期来看,管制的刑期是 3 个月至 2 年,拘役是 1 个月至 6 个月,有期徒刑是 6 个

---

① 本文中有关案件的相关数据均来自全国检察机关业务相关数据统计。

② 《中华人民共和国公职人员政务处分法》第 14 条第 2 款规定:"因过失犯罪被判处管制、拘役或者三年以下有期徒刑的,一般应当予以开除;案件情况特殊,予以撤职更为适当的,可以不予开除,但是应当报请上一级机关批准。"

月至15年,拘役和有期徒刑的刑期是前后衔接的,而管制的刑期却和拘役、有期徒刑的刑期存在重合。拘役和3年以下有期徒刑符合条件的可以适用缓刑,缓刑考验期限内实行社区矫正,宣告缓刑的犯罪分子,法院可以根据犯罪情况,同时禁止其在缓刑考验期内"从事特定活动,进入特定区域、场所,接触特定的人"[①],即可以同时设置禁止令。这样,无论是期限上,还是处置形式上,管制和缓刑看起来"差不多",均适用于罪行较轻的犯罪分子,刑罚义务内容重叠,均执行社区矫正并且以禁止令为限制手段,最终都以实现服刑者回归社会为目的。以至于犯罪分子乃至一些司法人员都认为,这两种类型的处罚没有太大的区别,功能上有重合性,"可以替代"。

另外,《刑法》还规定了对于犯罪性质较小的轻罪名,犯罪情节较轻的行为人,可以依法单处罚金。对于犯罪分子,单处罚金意味着人身自由不被剥夺,在退赃退赔后缴纳罚金,会让犯罪分子深切感受到得不偿失的滋味;同时,单处罚金还可以减少国家用于关押罪犯的成本,体现刑罚的经济性;再者,缴纳罚金后意味着案结事了,没有后续的执行问题。在刑法分则中,可以判处管制或者单处罚金的罪名虽然只有22个,但最常见的罪名且案件数最大的就是盗窃罪。2016年以来,江苏省一审判决管制的不到130人,宣告缓刑是判处管制的115倍,单处罚金人数是判处管制人数的80倍。

(三)管制刑客观存在执行难问题

管制刑属于开放性的、社会化的刑罚处罚方式,管制刑的执行依赖于社会其他系统,没有其他系统的支持和配合,管制刑几乎无法生存和发展。1997年《刑法》第38条第2款规定"被判处管制的犯罪分子,由公安机关执行",《刑法修正案(八)》对管制刑条款进行了修改,改为"对判处管制的犯罪分子,依法实行社区矫正"。同时,增加了可以发布禁止令,以及违反禁止令的处罚方法。实践中,社区矫正工作主要集中在司法局及下属的司法所,2019年发布的《社区矫正法》成为其工作的主要依据,执行难的主要表现有:

一是社区矫正人员的数量不能满足工作要求。现有司法行政人员编制有限,有些司法所编制只有1~2人,需要履行人民调解、社区矫正、法律服务、安置帮教、法制宣传、参与综合治理等多项职能,通常一人身兼数职,从事社区矫正工作的专职人员少之又少,有些地方部分社区矫正执行人员是无编制人员。江苏省2020年仅缓刑人数约为37,000人,而全省社区矫正机构共147个[②],平均每个机构需要管理252个缓刑人员,另外还有管制、假释和暂予监外执行的人员,人员力量明显不足。二是社区矫正人员的素能还不能满足工作要求,不少社区矫正工作人员的法律法规知识水平、专业化程度与社区矫正的工作要求还有差距,有些人对《刑法》、《刑事诉讼法》的相关知识知之甚少。同时,社区矫正社会力量参与程度较低,专业化的社会组织不足,志愿者发挥的作用有限,多数只是

① 《刑法修正案(八)》新增。

② 数据来源于江苏省司法厅2020年信息公开数据。

挂名或临时性的,难以在社区矫正中发挥作用,完全靠外部力量无法做到常态化。三是对违反法律法规的管制刑犯罪分子处罚难。社区矫正的对象有判处管制、宣告缓刑、假释和暂予监外执行的罪犯,对于后三种罪犯,违反法律法规或者监督管理规定的,可以依法提请撤销缓刑、撤销假释,对暂予监外执行的收监执行;但是如前所述,对于管制刑,社区矫正缺乏有力且有效的纠错手段。

(四)管制刑与其他异种刑在数罪并罚上存在困难

2015 年 11 月起施行的《刑法修正案(九)》增加了"数罪中有判处有期徒刑和管制,或者拘役和管制的,有期徒刑、拘役执行完毕后,管制仍须执行。"现有法律规定在有期徒刑和拘役刑数罪并罚时,只执行较重的有期徒刑,较轻的拘役刑不再执行,采用的是吸收原则。而在管制和有期徒刑或者拘役数罪并罚时,在先执行较重的有期徒刑或者拘役之后,再执行管制,采用的是分别执行原则。对于适用率不高的管制采用并科原则易造成实际刑期过于冗长,只体现了刑罚惩罚犯罪的目的,却忽略了刑罚预防犯罪的效果,同时也带来诸多执行困难:

一是犯罪分子管制尚未执行完毕的又犯新罪的,正在执行的管制该何时中止尚无明确的法律依据;二是羁押期限折抵方面,如分别被判处有期徒刑和管制的犯罪分子,在判决前被羁押的,该期限是先折抵有期徒刑还是管制也缺乏明确依据;三是缓刑执行方面,虽然数罪被判处缓刑的可能性不高,但法律并未禁止,如此种情形出现就存在管制何时执行的问题,是从缓刑考验期满开始执行还是同时执行都是可能面临的执行问题。

自 2016 年以来,江苏省一审判处管制刑的不足 1100 人,其中数罪并罚的仅 7 人,且全部为管制刑合并执行。因系统设置原因,对于判处其他刑种是否有和管制数罪并罚的案件无法查询准确数据。境外有一种自由刑和罚金刑可以相互替换的制度,为刑罚易科制度(也有称日额金制),备受诸多学者的推崇。有学者建议在异种有期自由刑数罪并罚涉及管制时,可以管制折抵为罚金,然后再按照并科原则下的分别执行说进行并罚,在这种并罚方法下,管制 1 日折算罚金若干,具体折算标准由法律规定,可以参照地方经济发展水平,平均工资等因素来确定。① 我国《刑法》虽然没有相关的规定,但是司法实践中,很多法院在判决时已经进行了选择,如 2021 年上半年江苏省判处单处罚金的人数是管制的 52 倍;同时,为了避免管制和其他异种刑数罪并罚出现的执行问题,法院在判决时也会进行相应的调整,避免此类情况出现。

三、管制刑适用的解决路径

在《刑法》不断完善的过程中,管制刑的存废一直是争议的焦点,本文认为,管制刑不

---

① 黄龙:《异种有期自由刑数罪并罚之研究——评〈刑法修正案(九)〉第 4 条》,载《江西警察学院学报》2016 年第 4 期。

仅不应当废除,还应当提高适用率。康德认为刑罚应当注重效果上的有效性,追求损害的实质对等。贝卡利亚则认为:刑罚的目的在于阻止罪犯再重新侵害公民,同时规诫其他人不要重蹈覆辙。对于触犯《刑法》的行为,司法机关应当对其予以惩处,既是罚当其罪,也是对社会大众的警告。对社会危害性与人身危险性均较小的犯罪分子判处管制,不予关押,而是交付司法行政机关实行社区矫正,目的是通过能动的教育改造,在罪责刑相适应的基础上个别化矫正,从而有效促进罪犯回归社会。同时,通过社区矫正减轻监狱或者看守所收押带来的巨大经济和司法负担,也能够有效避免罪犯之间的相互影响。它代表了国家对公民犯罪行为的惩罚方式,同时又是对公民自由的限制最小的方式,这既体现了刑法对犯罪的惩罚,又体现了刑法对人权的保障。[①] 随着认罪认罚从宽制度全面推开和运用,管制刑应当有高的适用空间。

(一)厘清管制刑与缓刑、单处罚金的边界

管制刑的适用前提是厘清管制刑与其他刑罚处罚之间的边界。首先,管制和缓刑有着根本的区别。一是性质不同。管制是刑罚的量刑种类,是宣告其罪并执行,规范语言叫"判处管制";而缓刑是刑罚缓执行制度,是既宣告其罪又宣告其刑而暂缓其刑的执行,规范语言叫"宣告缓刑",缓刑人员是罪犯,但不是服刑人员,因为其原判刑罚还未收监执行;二是先行羁押折抵不同。管制的刑期,自判决执行之日起计算,先行羁押的,一日折抵刑期二日;而缓刑期限是考验期限,是从判决确定之日起计算,不存在先期羁押天数折抵问题;三是应当遵守的义务不同。被判处管制的犯罪分子"未经执行机关批准,不得行使言论、出版、集会、结社、游行、示威自由的权利。"该项义务是缓刑所没有限制的。另外,离开所居住的市、县或者迁居,判处管制的应当报经"执行机关"批准,而宣告缓刑应当报经"考察机关"批准;四是后果不同。管制期限届满意味着刑罚执行完毕,而缓刑期满,原判刑罚就不再执行。如缓刑考验期限内违反法律法规或者监管规定的,情节严重的,应当撤销缓刑,执行原判刑罚;而违反管制规定的处罚只有治安处罚或者训诫、警告。

其次,管制和单处罚金的选择。判处管制、单处罚金的案件都是轻微刑事案件,社会危害性不大。从理论上讲,管制刑是主刑,是限制自由刑,自由是人最基本的权利,而单处罚金是财产刑,通过缴纳罚金进行处罚,不需要限制人身自由,自由刑的处罚力度应当高于罚金刑。但是管制刑和单处罚金的处罚力度孰轻孰重往往因人而异,比如对于因一时贫穷而偶尔盗窃的行为人,采取单处罚金可能存在无法执行的问题,而且还存在再实施侵财性犯罪的风险,在必须提起公诉时,符合条件的就可以考虑管制刑,通过社区矫正引导其回归正途。

(二)规范管制刑与异种刑数罪并罚的处理

对于管制和有期徒刑或者拘役的数罪并罚问题,需要分两个方面予以考虑:

---

① 王云霞、宣喆:《管制刑制度的改造构想》,载《湖南大学学报(社会科学版)》2021年第4期。

1. 数罪并罚的情形可以分三种：一是前罪判管制，后罪判拘役或者有期徒刑的，应当暂停管制执行，待监禁刑执行完毕后，再继续执行管制刑。行为人被刑事拘留或者逮捕的，从强制措施执行之日起暂停管制刑，若后罪最终被宣告缓刑，则先行羁押的天数可以折抵管制刑天数，羁押一日折抵管制二日；二是前罪被判拘役或有期徒刑，后罪被判管制的。原则上，这种情况应当不会出现，因为在前罪执行过程中又犯新罪的，表明行为人并未因此而心生悔意，丧失了适用管制的实质要件。不仅不应当判处管制，还应当与后罪数罪并罚，加重处罚；三是同时犯数罪的，其中有判处管制，有判处拘役或者有期徒刑的，如果是实刑，可以采用并科原则，在监禁刑执行完毕后再执行管制刑，如果是缓刑或者执行过程中出现假释、监外执行的情况，先后执行还是同时执行值得进一步具体讨论。

2. 管制刑与异种刑数罪并罚中的执行冲突。异种刑在执行过程中出现缓刑、假释或者监外执行的情况，需要分别讨论。本文认为，对于管制和缓刑的执行冲突，可以从判决确定之日起，执行管制，即两者同时执行。一是能保持缓刑与其他附加刑并罚的一致性；二是符合举重以明轻的司法原则。现行《刑法》规定，当有期徒刑和拘役数罪并罚时，拘役被有期徒刑所吸收而不再执行，且只有判处拘役或者有期徒刑的犯罪分子才有可能适用缓刑，而管制明显是轻于有期徒刑和拘役的刑罚，因此举重以明轻，虽要求管制被缓刑所吸收超出了法律的应有之意，但要求缓刑和管制同时执行并不过激；三是同时执行利于刑罚目的的实现。缓刑的执行可能存在被取消的风险，两者合并执行，也不影响二者的个性化刑罚目的，在执行顺利的情况下，反而缩短了实际执行的刑期，这也符合刑罚轻缓化的趋势。

管制与假释存在执行冲突时，可以从假释之日起开始执行，理由和缓刑的同时执行相同。犯罪分子能够适用假释，前提是刑罚执行过半，认真遵守监规，接受教育改造、确有悔改之意，且累犯和实施暴力性犯罪的重刑犯已被隔离在假释适用的条件之外，因此能够适用假释的犯罪分子客观上是教育改造比较成功的犯罪分子，在此前提下假释之日同时执行管制，更能彰显宽严相济的刑事政策。

管制与暂予监外执行冲突时，可以从原判刑罚执行完毕之日起计算。暂予监外执行更多的是出于一种人道主义关怀，当暂予监外执行的事由消失，如原判刑罚尚未执行完毕的，仍需收监执行，因此是否收监执行处于不稳定的状态，此时如果让管制与其同时执行，同样会导致管制执行的不稳定性。加之暂予监外执行期间本属于主刑执行期间，管制是比附加剥夺政治权利较重的刑罚，举轻以明重，在无法律或者司法解释明确规定的情况下，管制自然是以暂予监外执行的原判刑罚执行完毕之日起起算。

（三）增设管制刑执行约束措施

社区矫正是一种不使罪犯与社会隔离并利用社区资源改造罪犯的方法，是所有在社区环境中管理、教育罪犯方法的总成。如前所述，社区矫正工作起步相对较晚，存在很多现实问题亟待解决，特别是基层社区矫正工作存在人员数量和素能与工作要求不相匹配的问题。对此,各地也都开展了相关的探索,比如北京抽调监狱、戒毒警察参与社区矫正工作,上海主要采取购买新航社工服务总站的社工服务的办法。① 这些都值得借鉴,通过引入社会常态化力量和购买服务等方式提高社区矫正工作的质效,有针对性地消除可能重新犯罪的因素,帮助社区矫正对象成为守法公民。因为社区矫正是一门复杂且宏大的课题,本文不再赘述。

管制刑和缓刑、假释、暂予监外执行及社区矫正的工作内容和要求上存在一定的不同。对于管制刑,可以根据情况作出禁止令,但是禁止令也会给执行机关增加执行难度。最主要的是要对违反管制刑的行为加以约束,提出惩罚措施,以彰显刑法的严肃性。对此,对于受到执行机关三次警告仍不改正的或严重违反管制刑义务尚不构成犯罪的,可以将剩余刑期折合一定比例,采取社区义务服务等方式执行。也可以参考取保候审规定,增设管制刑保证金制度,要求管制刑犯罪分子向执行机关交纳一定金钱的担保或者提供保证人,将经济利益与监督责任相挂钩,发挥服刑者家属、朋友的积极督促与监管感化作用。同样,对于遵守管制义务,表现突出的,可以依法提出减刑,也可以增设其他激励措施,鼓励犯罪分子积极主动改造,尽早回归社会。

① 王顺安:《论中国特色的社区矫正概念与性质》,载《宜宾学院学报》2021 年第 1 期。

浅析猥亵儿童犯罪的证据审查判断

周绪平　袁　媛*

摘要：办理猥亵儿童的犯罪案件，特别是猥亵低龄儿童案件时，经常会遇到客观证据和直接证据少、被告人“零口供”或认罪后翻供、缺少目击证人等问题。对证据存在“先天不足”的猥亵儿童犯罪，要从证据的正向证实和反向证伪两个方面出发，运用经验法则中的共识性和规则性，以被害人陈述为中心构建证明体系。

关键词：猥亵儿童　证据审查　被害人陈述　证明体系

在我国刑事司法实践中，长期奉行“印证证明”的办案模式，即“利用不同证据内含信息的同一性来证明待证事实”，而此处的“同一性”包括“信息内容的同一”，即直接印证，也包括“信息指向的同一”，即间接印证。[①] 也就是说，印证的效力会受到参与印证的证据数量的影响，参与印证的证据数量越多、来源越广，事实认定的可靠性将会相应提高。[②]“印证证明”的办案模式，在司法一线的刑事办案中大量适用，即使办理特殊的猥亵儿童犯罪案件，也不例外。如最高人民检察院第十一批指导性案例发布的齐某强奸、猥亵儿童案（检例第42号），在明确检察机关对性侵未成年人犯罪案件证据进行审查时，要按照有别于成年人的标准予以判断的同时，也指出采纳未成年人陈述的前提条件之一是“且有其他证据予以印证”。但是，由于性犯罪案件多发生在隐蔽场所，性侵害行为发生时当事人“一对一”情形居多，导致该类案件具有客观证据和直接证据少、被告人拒不认罪等特点。[③] 特别是熟人猥亵幼童犯罪，多为无目击证人、无伤痕和无DNA鉴定结果的“三无”案件，一旦被告人“零口供”或翻供，全案唯一可以证明被告人实施了被指控犯罪事实

---

* 周绪平，江苏省镇江市人民检察院副检察长；袁媛，江苏省镇江市人民检察院第七检察部主任。

① 龙宗智：《刑事印证证明新探》，载《法学研究》2017年第2期。

② 龙宗智：《刑事印证证明新探》，载《法学研究》2017年第2期。

③ 万春等：《最高人民检察院第十一批指导性案例解读》，载《人民检察》2019年第1期。

的直接证据,可能仅有被害幼童的陈述。此时,如果坚持适用严格的"印证证明"模式,势必导致追诉犯罪的困难甚至失败。对此,有学者指出,"在证据稀缺的案件中,不能机械地要求对被害人陈述进行补强,要允许法官在排除合理怀疑的基础上仅凭被害人陈述对被告人定罪"①。也就是说,在办理一些证据"先天不足"的猥亵儿童案时,不能完全按照办理成年人犯罪的证据标准来审查,而是要从证据的正向证实和反向证伪两个方面出发,确立一系列新的证据审查判断规则。

一、以被害人陈述为中心构建证明体系

被害人陈述是我国《刑事诉讼法》明确规定的独立证据种类,是指被害人就其亲身感知的案件事实以言词的方式作出的客观描述,一般包括对被害事实、犯罪经过、犯罪场所与环境、犯罪嫌疑人的体貌特征等与犯罪有关的事实的陈述。② 由于未成年被害人(包括幼儿)陈述在证明力上有其自身特点,如未成年被害人通常对犯罪人及其实施犯罪的时间、地点、情节等事实有更为清晰的记忆,即便是幼童,对身体疼痛感、受害时间地点等,也有足够的认知能力。因此,对被害幼童的陈述进行审查时,需要充分考虑她的年龄、心理发育程度及记忆特点,如果陈述符合年龄特点、认知水平和表达能力,哪怕不尽完整或存在细节方面的差异,也不能将其等同于成年人的矛盾陈述加以排除或怀疑,更不能认为被害幼童陈述不可信。

(一)确认被害人陈述是否符合其年龄特征

被害幼童陈述的证据效力,一直是困扰司法人员的难题之一,主要是因为人们对低龄儿童的认知水平、表达能力、记忆能力有所怀疑,司法实践中也确实存在因被害幼童心智不成熟,对案件事实的陈述不清,而导致无法定案的情况。笔者认为,在猥亵儿童犯罪案件中,如果被害幼童陈述符合儿童语言的特点,其内容、指认的部位都较简单、明确,态度自然且与其肢体语言、年龄层次吻合,能证明陈述具有自发性,而非受到成年人的教唆或引诱,就应认为陈述符合其年龄的表述特征。

(二)对被害人陈述前后有所变化甚至矛盾的,确定基本事实表述是否稳定

《最高人民法院关于适用〈中华人民共和国刑事诉讼法〉的解释》明确规定,对被害人陈述应着重审查的内容之一是:被害人先后陈述之间,以及与其他证据之间能否相互印证,有无矛盾;存在矛盾的,能否得到合理解释。可见,被害人陈述细节的一致性、无矛盾性是被害人陈述具有可信性的重要指标之一。但从我国性侵未成年人案件的司法实践看,被害幼童的陈述容易出现细节不一致甚至是前后矛盾的情形,这常常成为辩方攻击

---

① 卫跃宁、宋振策:《被害人陈述的证据能力与证明力规则——一个比较证据法的视角》,载《证据科学》2017年第3期。

② 卫跃宁、宋振策:《被害人陈述的证据能力与证明力规则——一个比较证据法的视角》,载《证据科学》2017年第3期。

被害人陈述真实性的依据。办案中，一方面要根据儿童年龄阶段，适当放宽对细节的印证要求，注重对基本事实及特殊细节的审查；另一方面要加强对陈述不一致的寻源，确认是否有合理解释。

（三）排除被害人陈述被误导、诱导的可能性

和成年人相比，儿童更容易受到暗示和诱导，并可能将来自误导和暗示性问题的信息纳入他们的记忆，一旦他们对于事件的记忆发生改变，将无法提供准确的证言。[①] 因此，在办理此类案件，特别是熟人侵害案件时，要注意从被告人和被害人双方关系、有无经济往来或纠纷、有无情感纠葛、被害人有无编造信息的动机和能力、监护人反应是否异常等方面进行取证和审查，以确认其陈述没有受到误导或诱导。

可见，在审查被害幼童陈述时，虽然有时陈述不尽完整，但只要对其所述的基本情况有认知能力和一定的表达能力，在某些细节陈述上的不一致与其年龄认知、表达能力、应激反应相吻合，无不可解释之处，无被诱导、误导之可能，就应当认定被害人陈述具有证明力并予以采信。

二、对案发经过进行深入分析以形成内心确信

大量的司法实践表明，案件的发、破案经过，虽然不能作为认定被告人有罪的关键性证据，但在性侵未成年人案件缺乏客观性物证的情况下，如果发、破案经过自然、及时，则有助于司法人员形成内心确信。

（一）确认案发过程是否自然

因低龄儿童不理解带有性象征意义的行为方式，也没有性的自我保护意识，所以多数情况下不会主动把被猥亵的事实告知家长。因此，对案发经过就要注重从被害幼童家人知晓的途径或方式、知晓后的反应、报案的及时性等方面进行审查。如果从整个案发过程看，被害幼童的反应符合低龄儿童对猥亵行为的意义不理解的正常反应，其家人的行为也符合在得知幼童遭受猥亵后的正常反应，整个案发过程自然、及时，就能够让人产生犯罪嫌疑人的确作案的内心确信。

（二）确认被告人被抓获时行为是否正常

一般来说，实施猥亵儿童犯罪的嫌疑人在案发后，都会有一定程度的逃避侦查行为。但如果犯罪嫌疑人在得知被害人报警后仍在现场等候或自动到案，并对其猥亵事实予以否认和辩解，往往会让人对其是否作案拿捏不定。对于这种情况，就要重点对犯罪嫌疑人案发后的行为及辩解、侦查机关提供的执法记录仪录像等证据进行重点审查，从中找出疑点，以辅助判断。

---

① Warren, Kelly L. & Carole Peterson, *Exploring Parent – Child Discussions of Crime and their Influence on Children's Memory*, 6 Behavioral Sciences & the Law 686(2014).

（三）广泛搜集用来证明抓获过程的视听资料

随着科技的发展，录音录像设备被广泛运用于侦查活动中。报警时的录音、执法记录仪记录的出警过程、讯问询问室的同步录音录像，都是证明程序合法的证据，有时也起着辅助证明被告人辩解是否成立、被抓获时行为举动是否异常的作用。对于这些反映客观情况的视听资料，办案人员要广泛的搜集，认真细致的审看，从中发现和找出证实犯罪嫌疑人有罪或者无罪的线索。

三、树立客观证据缺失不必然导致脱罪的理念

性侵案件中的客观证据主要指犯罪嫌疑人在犯罪现场或被害人身体、随身衣物上留下来的物品、痕迹，司法实践中往往通过对这些物品和痕迹的检验、鉴定来确认真凶，特别是遇到被告人“零口供”或翻供的“一对一”性侵案件时，客观证据的重要性就更不言而喻了。因此，在办理未对被害人身体造成任何伤害的猥亵案件时，客观证据的缺失往往让办案人员举棋不定，加上随着诉讼程序的推进或辩护人的介入，当犯罪嫌疑人了解到司法机关掌握的证据较少，没有客观证据来证明其罪行，往往会出于趋利避害或侥幸心理，推翻之前的有罪供述，代之以无罪辩解，从而导致司法人员对其曾经的有罪供述产生怀疑。笔者认为，在办理猥亵儿童案件时，应当确立客观证据缺失不必然导致定罪障碍这一审查判断规则，而代之以结合在案证据，运用经验法则中的共识性和规则性来予以认定。

（一）被害幼童身体无损伤不代表未受侵害

根据域外大量的科学研究，即使是强奸犯罪，受到性侵的未成年被害人处女膜都可能是完整的，这与插入物体的直径、儿童的愈合力、进行性侵取证的医师欠缺对儿童性器官正常和不正常的解剖结构构造知识有关。① 儿童的身体组织发生了生理性伤害，伤口一般都能很快自己修复。强奸案都如此，更何况一些未造成生理性伤害的猥亵儿童案件。对此类案件进行审查时，要注意对犯罪嫌疑人曾经的有罪供述或被害人陈述中提及的猥亵手法、方式、次数、力度、被害人的疼痛感、不适感程度等进行对比、分析，如确系轻微猥亵行为无法造成明显伤痕的，就不宜以身体无损伤来推断未受侵害。

（二）不宜以接触性 DNA 检验结果作为排除犯罪的依据

猥亵案件中涉及的 DNA 检材，多为唾液、汗液等通过皮肤接触而遗留在客体表面上的 DNA，但接触性 DNA 检材与常见的生物检材，如精斑、血痕相比，属于微量疑难生物检材，对它的检验是目前法医 DNA 检验的难点，个体差异、载体的物理属性、接触时间、遗留时间、检材提取是否准确、检验时能否突出检材的重点部位、检验方案与策略是否得

---

① 向燕：《论性侵未成年人案件的证据运用》，载《青少年犯罪问题》2020 年第 5 期。

当,以及能否正确判读分型结果等都会对检验结果造成影响。[①] 未在被害幼童身上检测到犯罪嫌疑人的DNA,并不能由此来证明犯罪嫌疑人未实施过猥亵行为,而是要从检材数量、送检时间、外在环境等多方面进行审查,如果未检测出被告人的 DNA 符合常理,则不宜作出排除犯罪的判断。

(三)在证据存疑的情况下遵循有利于被告人原则

按照我国的刑事诉讼规则,在刑事诉讼过程中,当案件事实在证明过程中出现不确定的因素时,应作出有利于被告人的解释或认定。相对于其他犯罪,猥亵儿童犯罪的客观证据较少,但是在司法实践中,不能因为客观证据少,就降低证据的审查采信标准。在相关证据存疑的情况下,本着刑法的谦抑性,仍应遵循有利于被告人的原则,作出有利于被告人的结论。

总之,在办理猥亵儿童案件时,应以被害人陈述为中心建立证据体系,采用的证据判断标准、证据采信要和性侵成年人不同。如果案发正常自然、被害人陈述客观真实且未受家人影响,被告人与被害方之间不存在矛盾,没有诬告陷害的可能性,那就需要运用经验法则中的共识性和规则性来认定,即使被告人拒不供认或翻供,亦不影响对猥亵犯罪事实的认定。

---

① 张广峰、陈松、涂政、葛芸英:《接触 DNA 检验成功率的影响因素探讨》,载《刑事技术》2013 年第 3 期。

销售人工驯养野生动物的罚当其罪思考

——以董某某、赵某某收购、出售人工驯养的珍贵野生动物案为例的分析

顾广绪*

摘要：随着人工驯养技术的不断进步，野生动物包括珍稀物种的驯养种群数量大幅上升，《刑法》第341条第1款的适用范围也在扩大，涉案数量增幅较大。但是《刑法》及相关司法解释对于驯养物种认定的规定甚少，特别是对于驯养物种的法益价值认定还存在较大争议，客观上影响了案件的公正办理，容易出现“机械执法”。当前，需从充分理解法律保护目的、准确判断法益侵害和个案主客观情节考量三个方面，实现对人工驯养珍贵野生动物的合理裁量。

关键词：野生动物　人工驯养　疫情防控　罚当其罪

一、案件基本情况

被告人董某某从事物流运输，2019～2020年间，其路过河南省新野县时，发现当地猕猴养殖厂较多，且养殖厂均持有河南省林业部门颁发的《驯养繁殖许可证》和《工商登记备案》。同时，新野当地猴戏盛行，路边猕猴马戏表演随处可见，被告人董某某于是分4次购买13只猕猴带回河北老家，除1只自己留下喂养外，其他12只以每只加价1000元转卖给被告人赵某某，赵某某在微信上发布宠物销售广告，再次每只加价500～1000元将猕猴销售给其他个人买家，当作宠物喂养，获利约人民币1.5万元。经鉴定，涉案猕猴均系国家二级珍贵保护动物，属于人工驯养的第三、第四代物种。案发后，公安机关根据被告人提供的微信线索，将13只涉案猕猴全部追回，未发生孽杀、食用、二次转卖等其他情况。

一审公诉后，法院认定被告人董某某、赵某某构成非法运输、销售珍贵野生动物罪，

* 顾广绪，江苏省扬州市人民检察院法律政策研究室副主任。

且情节特别严重,分别判处有期徒刑 10 年 6 个月和 8 年。判决宣告后,两名被告人以不构成犯罪为由,提出上诉。

二、司法认定中的分歧

关于本案的定罪量刑争议较大,两名被告人违反国家野生动物保护法规,非法运输、出售列入《国家重点保护野生动物名录》的猕猴 13 只,涉嫌非法运输、销售珍贵野生动物罪。但是因为涉案猕猴均为人工驯养物种,在案件定性和刑罚裁量上出现以下三种不同处理意见:

第一种意见,被告人无罪。日常生活中,街上驯猴卖艺的表演常见,但很少有人认为这是严重犯罪。即便涉案猕猴属于野生保护物种,但却是养殖场合法驯养的第三代、第四代猕猴,以饲养宠物为目的销售此种猕猴,既不影响猕猴种群繁衍,也没有发生食用恶劣情节,不涉及公共卫生安全。如果将其入罪与《刑法》"保护珍贵、濒危野生动物"的立法宗旨相违背,更超出人民群众的朴素认知,属于不合理的扩大解释。

第二种意见,构成犯罪且情节特别严重。根据最高人民法院《关于审理破坏野生动物资源刑事案件具体应用法律若干问题的解释》(法释〔2000〕37 号),野生动物包含人工驯养物种。被告人运输、销售的猕猴属于国家二级野生保护动物,虽然猕猴来源于人工养殖场,但 13 只的犯罪数额已经达到"情节特别严重"(10 只以上),应当在 10 年以上有期徒刑予以处罚。而且《刑法修正案(十一)》也增补规定,以食用为目的销售自然生长的普通野生动物的,依然构成犯罪。据此举轻以明重,销售驯养的国家珍贵野生动物,更应该定罪处罚。

第三种意见,构成犯罪,但不属于情节特别严重。根据《刑法修正案(十一)》及最高人民法院《关于审理破坏野生动物资源刑事案件具体应用法律若干问题的解释》,人工驯养的濒危、珍贵野生动物和野外自然生长的野生动物均是《刑法》保护范畴。但是从罪责刑相适应原则出发,销售人工驯养的野生动物,将其作为宠物照料喂养,主观恶性和客观危害性均明显小于原始状态下的野生动物,不属于"情节特别严重"。

销售驯养的珍贵野生动物构成犯罪,但社会危害性明显小于野外捕捉的原始珍贵野生动物,如果仅仅以宠物喂养为销售目的,没有食用、孽杀等严重情节,量刑时应当从宽处罚,并提起刑事附带民事公益诉讼,确保罚当其罪。

三、销售人工驯养野生动物的罪责刑裁量依据

(一)人工驯养野生动物属于法律上的"野生动物"

我国是成文法国家,全国人民代表大会常务委员会制定的法律和最高人民法院、最高人民检察院的司法解释、国务院行政法规都是刑事诉讼案件应当适用的法律依据,而将人工驯养的野生动物纳入刑事司法保护范畴,具有明确的法律依据和生物科学支撑。

1. 立法决定

《刑法》第341条关于野生动物的规定中，并未明确珍贵野生动物是否包含人工繁殖驯养的野生物种，的确在一定程度上引发分歧，造成法律适用障碍。但2020年新冠肺炎疫情暴发以后，全国人民投入抗疫保卫战之中，野生动物交易市场作为疫情可疑来源，对公共卫生构成巨大威胁，一直是社会关注焦点。2020年2月24日，全国人大常委会通过《关于全面禁止非法野生动物交易、革除滥食野生动物陋习、切实保障人民群众生命健康安全的决定》，明确规定，全面禁止交易、食用陆生野生动物，包括人工繁育、人工饲养的陆生野生动物。2020年12月，《刑法修正案（十一）》再次增补规定，以食用为目的非法收购、销售野外生长的其他野生动物，情节严重的构成犯罪。所以，全国人大常委会以高位阶的立法决定，重新划出野生动物的保护范畴，囊括了人工驯养类野生物种，严密了野生动物保护的刑事法网，特别是在突发公共卫生事件的关键时期，这种立法决定是非常必要的。

2. 司法解释及行政法规

2000年最高人民法院《关于审理破坏野生动物资源刑事案件具体应用法律若干问题的解释》第1条规定，《刑法》所指的珍贵、濒危野生动物包括驯养繁殖的物种。该条司法解释阐明了《刑法》所指的珍贵、濒危野生动物是包括驯养繁殖的相应物种的，该解释未扩大珍贵、濒危野生动物的概念，不是扩大解释。2004年的《野生动物保护法》第17条规定："驯养繁殖国家重点保护野生动物的，应当持有许可证"。2016年，国务院修订颁布的《野生动物保护实施条例》第2条规定，陆生野生动物是指依法受保护的珍贵、濒危、有益的和有重要经济、科学研究价值的陆生野生动物。可见，在现有的司法解释、行政法规体系中，驯养繁殖的野生动物在国家保护范畴之内。①

3. 国际公约及生物科学研究

中国是维也纳《濒危野生动植物种国际贸易公约》的成员国，《公约》附录一、附录二明确：野生动物以及驯养繁殖的上述物种均是本约定的涵盖范围。② 2005年国际野生动物交流大会召开，会议主流观点也将野生动物界定为：凡生存在天然自由状态下，或者来源于天然自由状态的虽然已经短期驯养但还没有产生进化变异的各种动物。因此，我国的立法、司法解释、行政法规将驯养繁殖的珍贵、濒危野生动物列为刑法犯罪对象，符合国际公约和生物学术界通说。

（二）野生动物的物种现状是评判社会危害性的重要因素

近年来，随着野生动物驯养技术的不断成熟，部分野生物种的数量增加较快，物种抗

① 沈怡賓、陈晓飞：《我国破坏野生动物资源罪的立法思考》，载《法制与经济（中旬刊）》2011年第3期。

② 参见《濒危野生动植物种国际贸易公约》，该国际公约于1975年7月正式生效，目前已有183个缔约国，中国于1981年加入。

病性也显著提升,商业利用在某些地区已经规模化,而猕猴就是其中之一。按照《野生动物保护法》第 27 条的规定,因科学研究、公众展示展演或其他特殊情况,经主管部门批准,可出售、购买、利用国家重点保护野生动物及其制品。例如,河南省新野县号称"中国猴戏之乡",驯养猕猴历史长达数百年,在当地政府的政策引导下,已经成为全国最大的猕猴养殖基地,年产 3000 余只,规模以上养殖厂达 20 余家,形成较大的产业支柱,有效地增加当地群众的经济收入。对于此类驯养技术稳定的第二、三代野生动物,其在一定程度上已经脱离原有的生态环境链条,依靠人工驯养条件繁殖,在整个原始生态体系中的影响相对较弱,物种价值必然小于原始环境下的野生动物。以此类动物作为犯罪对象,其社会危害性也必然大大降低。基于此种现实情况,全国两会关于推动野生动物名录修订的提案也不断出现。① 作为保护野生动物的行政主管机关,2012 年国家林业局也曾向最高人民法院发函,围绕人工驯养野生动物的执法尺度和两法衔接提出问题。最高人民法院出具《关于收购、运输、出售部分人工驯养繁殖技术成熟的野生动物复函》,答复如下:"收购、出售人工驯养繁殖的野生动物,社会危害性明显小于原始状态的野生动物,定罪量刑时应充分体现,建议相关部门尽快启动重点保护野生动物名录的修订工作,根据不同物种的保护现状,适时调整犯罪数量标准"。如果不考虑物种的实际现状,没有区分驯养繁殖的野生动物与纯野外生长的野生动物之间的差别,机械对照原始野生动物的定罪量刑标准定罪处罚,判决结果很可能超出社会公众的可接受程度,超出朴素价值认知。

(三)综合考量具体案件的主客观量刑情节

基于公平正义的刑事政策理念,唯数量论的机械定罪已经不合时宜,"数量 + 情节"综合评定更加符合罪责刑相适应原则。正是在新的司法理念引导下,"天津大妈气枪案""广东鹦鹉案"均适当突破犯罪数量追诉标准,全面考虑主客观情节,改判结果更加符合社会大众的公平正义观念。②

1. 主观情节方面

被告人对犯罪对象的认知程度是考量主观恶性的重要因素之一。在司法实践中,大多数情况下,法律认识错误不能阻却犯罪构成,但是能够影响犯罪主观恶性评价和量刑幅度高低。例如,主观故意内容是积极追求还是放任不管,就体现出不同的主观恶意程度。特别是破坏动植物资源犯罪案件中,涉及大量动物、植物物种,需要比较多的专业知识储备。普通民众对熊猫、犀牛、老虎等"明星动物"有较高的犯罪主观认知,知道此类动物绝对不允许买卖和私人饲养,但是对于猴类、鸟类等生活中常见的动物,其物种价值判

---

① 参见搜狐网 2018 年 3 月 9 日姚舜:《全国人大代表建议修改鹦鹉案判决:人工驯养物种不应视为野生动物》,网址 www.sohu.com/a/2252000353,最后访问日期 2021 年 8 月 10 日。

② 参见中国裁判文书网、最高人民检察院官网、新华网、新京报等官方媒体。

断的确有些困难，更不要说准确区分野生和人工饲养。① 所以，这导致许多被告人错误认为买卖人工驯养的野生动物问题不大，即使被动物保护部门发现，最多行政罚款没收，不至于上升到刑事犯罪层面。被告人出于贪小便宜的心理将驯养的动物当成宠物销售给其他买家，刑事犯罪动机不强，主观恶性不深，属于间接放任故意犯罪。因此，在罪责刑相适应的原则下，给予此类犯罪适当的从宽处理，既符合社会大众的朴素观念，也能展现司法温度。②

2. 客观情节方面

在实施犯罪中，客观行为和犯罪结果也是认定社会危害性的关键。维持生态安全和保护物种延续是《刑法》破坏环境资源保护罪章节的重要法益和立法目的，这时候检察机关需要结合交易数量、饲养目的、获利大小、疾病传染风险、追回情况等客观情节，综合判断社会危害性。如果交易数量刚刚达到法定刑升格，买家作为一般宠物喂养，甚至定期到宠物医院进行杀菌登记，其间也没有发生食用、孽杀、遗弃等恶劣情节，案发后能主动交代销售去向，协助公安机关顺利追回全部涉案动物，客观上造成的物种破坏性和公共卫生风险明显较小，应当在量刑时充分考量。另外，还应充分考虑获利情况，从功利刑法主义和特殊预防角度出发，通过犯罪获得的收益与遭受的刑罚处置不应过于悬殊，避免重刑主义。

四、处理结果与结语

二审期间，两名被告人自愿补充适用认罪认罚，检察机关综合全案情节考量和刑事政策，认为本案不应认定情节特别严重，考虑到二审认罪认罚的新情况，并提出 8 年和 5 年 6 个月有期徒刑的改判建议，获得二审法院采纳。

人类驯养野生动物的历史长达上万年，我们既要全面贯彻禁食野生动物的最新立法精神，又要从实际出发，充分考虑物种现状，不至于对非食用性利用的驯养野生动物带来不利影响，防止“一刀切”的过激司法，确保疫情期间案件罚当其罪。习近平总书记指出：越是防疫的关键时刻，越要精准防疫、依法防疫。当前，新冠病毒防疫工作进入常态化，涉及野生动物的刑事案件可能增加，更需要司法机关秉持客观公正理念，善于把握司法解释和刑事政策，严格在现有法律框架内定罪量刑，兼顾其他生物学科和物种现状，确保办案的“三个效果”统一。

---

① 窦亚权、罗明灿等：《我国自然保护区人与野生动物冲突现状及管理建议》，载《野生动物学报》2019 年第 2 期。

② 梦梦、王震：《关于我国野生动物刑事案件定罪量刑标准的几点讨论》，载《林业资源管理》2014 年第 4 期。

试论刑法谦抑原则在民营经济保护中的适用

王园园　张　晨*

摘要：刑法谦抑原则不仅是一项刑法立法原则，也是一项司法适用原则。在民营经济保护中应用贯彻这一原则，要把握罪与非罪、出罪与入罪的界限，完善体现谦抑原则的诉讼制度，并延伸进行企业合规和社会治理。

关键词：指导性案例　刑法谦抑　民营企业　合规计划

一、问题的提出

《民法典》明确规定国家、集体、私人的物权和其他权利人的物权受法律平等保护，从而以立法的形式确立了民营经济与国有经济的平等法律地位，具有划时代的现实意义。民营经济保护是一项系统工程，需要公法和私法紧密配合，需要《民法典》和《刑法》无缝衔接。《人民检察院组织法》第2条规定，检察机关通过行使检察权，追诉犯罪，维护国家安全和社会秩序，维护个人和组织的合法权益，维护国家利益和社会公共利益。检察监督的对象包含了民营企业在内的所有守法、执法和司法主体。检察机关应当立足刑事检察职能，将民法典的精神内涵、基本理念与价值追求融入刑事检察办案的全过程。[①] 然而，与党和人民要求，尤其是与民营企业的司法需求相比，检察服务民营经济的供给侧仍存在一些问题，如平等保护、依法保护、服务与保障并重的服务理念转变不彻底。部分检察机关和检察人员对服务保障民营经济的重要性仍然认识不够，尚未确立主动为优化营商环境提供优质法律服务的意识。具体案件办案过程中，重打击、轻预防、轻保护的观念没有根本转变，满足于就案办案、就事办事的思维还比较普遍，尤其是经济全球化背景下越来越多的企业走出国门，其面临的形势风险前所未有，采用何种刑法理念、如何适用刑

---

* 王园园，江苏省淮安市清江浦区人民检察院政治部副主任；张晨，江苏省徐州经济技术开发区人民检察院第四检察部副主任。

① 董坤、单平基：《刑事检察贯彻民法典的新理念新任务新要求》，载《检察日报》2020年9月7日，第3版。

法成为研究促进保障企业合法权益的重要课题。

二、民营经济保护中刑法谦抑原则之贯彻

刑法的谦抑性,是指刑法应依据一定的规则控制处罚范围与处罚程度,即凡是适用其他法律足以抑止某种违法行为、足以保护合法权益时,就不要将其规定为犯罪。[①] 根据刑法谦抑理念,刑法介入民营经济保护的前提是行为产生严重的社会危害性并达到《刑法》规定的入罪标准。作为最后法保障的《刑法》,其在民营经济保护领域同样不能充当先锋,而应让位于《民法典》或行政法。2020 年 12 月,最高人民检察院发布涉非公经济立案监督为主题的第二十四批指导性案例,包含许某某、包某某串通投标立案监督案等四件案例(检例第 90—93 号)。通过对该批指导性案例分析发现,涉企案件监督立案、监督撤案贯彻了刑法谦抑原则,严格区分刑事犯罪与违约行为界限,对《刑法》未规定为犯罪行为的,不得予以追诉,为在个案中适用刑法谦抑原则提供了参考。

(一)理念层面

刑法作为民营经济保护的最后一道法律屏障,秉持刑法谦抑理念,要注重解决罪与非罪界限不明晰、以公权力刑事执法介入一般民事经济纠纷等问题。对虽属违法违规但不构成犯罪,应根据其所处刑事诉讼环节及时作出撤销案件或不起诉决定或宣告无罪。

一是准确把握罪与非罪的界限。如检例第 90 号许某某、包某某串通投标立案监督案,《刑法》仅对串通投标行为明确了刑事责任,而对于串通拍卖行为,法律仅规定了行政责任和民事赔偿责任。对法律没有明确对串通拍卖行为为犯罪行为的,依法不得予以追诉。对侦查机关以类推为串通投标罪立案侦查的案件,应当依法监督撤案。

二是准确把握刑事犯罪与民事纠纷的界限。例如,检例第 91 号温某某合同诈骗立案监督案,侦查机关未准确认定诈骗主观故意,把一般合同违约行为认定为犯罪行为,与刑法谦抑理念相违背。再如,2020 年笔者所在单位办理的一件骗取贷款立案监督案中,甲、乙公司虽通过伪造酒水购销合同的方式,申请贷款人民币 550 万元,为期 1 年,但后期贷款确用于生产经营,并由担保公司偿还银行剩余贷款 438 万元。后公安机关以甲、乙公司和林某某涉嫌骗取贷款罪立案侦查。行为人在经营状况、贷款担保、贷款使用等关键事实方面提供的信息不足以导致银行工作人员产生错误认识,未给银行造成实际损失,也没有造成信贷资金风险,其违规行为不应认定为骗取贷款罪。后检察机关依法监督撤案。

(二)制度层面

一是适用认罪认罚从宽制度。对涉案企业构成犯罪,但自愿认罪认罚,应当给予其与自然人犯罪同等的从轻处罚的制度红利,这是谦抑理念在诉讼法领域的具体体现。笔

---

① 张明楷:《论刑法的谦抑性》,载《法商研究(中南政法学院学报)》1995 年第 4 期。

者认为，检察机关在办理涉企犯罪案件时，应当通过办案影响评估机制，充分调查了解企业运行状况，研判对企业可能造成的负面影响，对自愿认罪、真诚悔罪、积极赔偿，并且取得谅解、达成和解、社会危害性不大的涉企犯罪案件，可以适用认罪认罚程序办理。如检例第 92 号上海甲建筑装饰有限公司、吕某拒不执行判决立案监督案中，因涉案企业及其直接负责的主管人员和其他直接责任人员自愿如实供述自己的罪行，承认指控的犯罪事实，愿意接受处罚的，且向被害方履行赔偿义务、赔礼道歉，检察机关对涉案企业和个人提出依法从宽处理的确定刑量刑建议，最大限度地保护企业的生存与发展。

二是落实涉企“挂案”清理制度。根据最高人民检察院、公安部印发的《关于公安机关办理经济犯罪案件的若干规定》第 25 条规定，立案侦查后对犯罪嫌疑人解除强制措施超过 12 个月或未采取强制措施但侦查持续时间超过 2 年，仍然不符合移送审查起诉条件或者没有依法作其他处理的案件，均属“挂案”。以检例第 91 号温某某合同诈骗立案监督案为例，因立案标准、工作程序和认识分歧等原因，该案逾期滞留在侦查环节，既未被撤销，又未被移送审查起诉，形成“挂案”，导致民营企业及企业相关人员长期处于被追诉状态，严重影响企业的正常生产经营，与保护民营企业健康发展的刑事司法理念相违背。检察机关在办理涉企犯罪案件中，应主动履行立案监督职责，对公安机关立案侦查后既不依法推进诉讼程序，又不及时依法撤销案件的“挂案”，依法监督撤案。主动与侦查机关对接，对立而不侦、久侦不结的案件深入开展集中清理。根据“挂案”期限、“挂案”原因等分类处置，督促立即撤销陈年积案，为企业卸下“包袱”。

三、刑法谦抑对民营经济保护之延伸

审慎是谦抑精神的应有之义，在处理涉民营经济案件时，司法机关需要以客观理性审慎的态度把握。[①] 司法机关必须找准新常态下服务民营经济发展的结合点和着力点，对不构成犯罪但存在违规行为的民营企业，促进其合规经营，是审慎精神和理念在社会治理领域的延伸。同时将合规计划纳入企业犯罪治理体系就可以回避该风险，因为它是出罪与入罪处理的中间路线，通过综合衡量多方面利益，体现了以企业自治为基石的特殊预防理论。[②]

一是监督引导企业合规经营，筑牢守法底线。“合规”一词由英文 compliance 翻译而来，它通常包含两层含义：其一，遵守法律规定及监管规定；其二，遵守企业伦理和内部规章以及社会规范、诚信和道德行为准则等。[③] 当前，我国企业的合规意识普遍较低，没能充分认识到合规管理对于自身规范经营活动和预防刑事犯罪的重要性。与此同时，我国

① 张忠斌：《产权保护中刑法谦抑性原则之贯彻》，载《人民法院报》2017 年 9 月 7 日，第 2 版。
② 马明亮：《作为犯罪治理方式的企业合规》，载《政法论坛》2020 年第 3 期。
③ 王志乐主编：《合规——企业的首要责任》，中国经济出版社 2010 年版，第 3 页。

关于合规问题的立法和司法相对比较滞后。2018 年 11 月，最高人民检察院发布《明确规范办理涉民营企业案件执法司法标准》，强调人民检察院办理涉民营企业案件，要把控舆论影响和准备风险预案，以合法的办案方式和有效的治理措施，避免给企业的正常生产和工作秩序造成影响，尽可能维护民营企业的声誉。该规定明确检察机关应积极主动参与企业合规管理建构，推动督促改善治理结构。2020 年 3 月起，最高人民检察院在上海、江苏、山东、广东的 6 家基层检察院，试点开展“企业犯罪相对不诉适用机制改革”，2021 年 3 月，扩大企业合规改革试点范围，在北京等 10 个省市开展为期 1 年的第二期试点工作。其试点的主要内容是检察机关在依法作出不批捕、不起诉决定或者提出轻缓量刑建议的同时，督促涉案企业作出合规承诺计划并积极整改，促进合规守法经营。所谓合规计划，指的是企业或者其他组织体在法定的框架内，结合组织体自身的组织文化、组织性质以及组织模式等特殊因素，设立一套违法及犯罪行为的预防发现及报告机制，从而达到减轻免除责任甚至正当化的目的的机制，而这种机制不仅仅是制度层面的，它应当被切实的贯彻和执行，形成组织体的守法文化。[①] 减免刑事责任甚至阻却违法，是企业合规有效实施的最重要特征。

就检察机关介入企业合规路径而言，笔者认为，就办案中发现的民营企业存在的产权保护、经营管理漏洞、法律政策风险等问题，通过检察建议、风险提示函、关注函等形式，推动企业以刑事法律的标准来标识、评估和预防公司的刑事风险，制定并实施遵守刑事法律的计划和措施。结合案件具体情况，分析总结涉民营经济案件的发案成因、规律和特征等要素，及时向相关单位发出检察建议。协助民营企业特别是中小企业完善内部管理制度，帮助民营企业特别是中小企业发现经营管理中存在的风险隐患，推动企业依法合规经营。

二是多方联动参与社会治理，推进民企风险防控。首先，畅通民企诉求表达。按照最高人民检察院“群众来信件件有回复”的要求，完善畅通民营企业诉求表达渠道，及时接收、受理、分流、回复涉民营经济信访件，规范信访回复工作，最大限度地减轻民营企业家“访累”“诉累”。以服务保障民营经济健康发展为主题，扎实开展“检察助企”活动，以实地调研、检察开放日、调查问卷等方式，了解民营企业特别是中小企业存在的经营问题和法律困惑。定期或不定期开展法治宣传教育讲座、“检、企”座谈会等活动，结合典型个案、类案引导民营企业排查决策、管理和生产经营各个环节的风险点，完善防控措施。其次，健全涉企案件联动协调机制。借力搭车党政“亲商”平台，完善政法机关与工商联衔接机制。健全信息反馈交流机制和民营企业法律投诉机制，主动通报检察机关查办的涉民营企业案件及形成的风险研判报告，在开展如虚假诉讼、执行监督等领域的专项活动邀请工商联适时参与。建议由政法委统筹，各政法机关沟通配合；在诉讼维权、执行案件

① 李本灿：《合规计划的效度之维——逻辑与实证的双重展开》，载《南京大学法律评论》2014 年第 1 期。

中加强协调协作。在涉企法律服务,企业法律风险防控等方面,强化与司法行政部门配合,切实形成服务保障合力。最后,参与社会治理现代化建设。推动全社会推进危害营商环境犯罪的预防控制体系建设,针对区域性、多发型和典型性危害营商环境犯罪活动,全面运用检察建议、风险研判报告、领导决策参考等载体,积极参与构建惩处、监督、教育与预防并举的一体化机制。建议可由政法委牵头构建政法机关法律主导、社会各界广泛参与、市场主体及时反馈的营商环境犯罪预防与治理工作机制。

缺席审判程序与违法所得没收程序的竞合适用研究

——以犯罪嫌疑人在境外的贪污案件为视角

杜　宣　况荣剑　孔瑞洁*

摘要:涉嫌贪贿犯罪且犯罪嫌疑人、被告人在境外的案件,可同时适用缺席审判程序与违法所得没收程序,由此产生适用竞合。缺席审判程序系解决缺席犯罪嫌疑人、被告人刑事责任的程序,与普通刑事诉讼无异,适用不会导致刑事诉讼程序的不当。违法所得没收程序是解决特定案件财物处理的刑事诉讼特别程序,而非(刑事附带)民事诉讼程序。在二者程序竞合适用中,符合前者程序适用条件的一般包含后者程序适用条件,但二者程序适用相互独立;当案件符合二者程序适用条件,应同时启动适用二者程序。从启动适用至缺席庭审中,若缺席审判程序能持续适用,优先适用该程序,法院据此定罪量刑;当不能继续适用但仍能适用违法所得没收程序时,检察机关可向法院提起违法所得没收申请,以弥补缺席审判程序的不足,使二者程序在竞合适用中有效衔接,最大限度内实现追逃和追赃的效果。

关键词:缺席审判程序　违法所得没收程序　适用竞合　优先适用　有效衔接

一、案例与问题

1995年上半年,某国有公司部门负责人A,利用职务便利,挪用该公司下属单位公款,后以其妻子B名义购买价值人民币100万元房屋一套。甲市反贪局根据线索初查,后于2004年5月9日立案侦查,但A于立案侦查前一天逃亡境外C国,逃亡前A通过其近亲属E将上述房产产权证交由原侦查机关扣押。因A无法到案,该案于2005年5月1日前中止侦查。分析该案可知,A利用其职务便利,以其妻子B名义用国有公司公款购

* 杜宣,江苏省南京市人民检察院第三检察部四级高级检察官;况荣剑,江苏省南京市人民检察院检察官助理;孔瑞洁,江苏省南京市高淳区人民检察院检察官助理。

买一套 100 万元房产，涉嫌构成贪污罪。但因 A 在立案侦查前逃亡境外 C 国至今未归案。如何既可对 A 定罪量刑，又能对涉案房产依法有效处理，是本案亟待解决的问题，该问题可归纳为，涉嫌贪污犯罪且犯罪嫌疑人在境外的案件如何处理，这是共性问题。事实上，对于上述共性难题，我国《刑事诉讼法》已规定缺席审判程序和犯罪嫌疑人、被告人逃匿、死亡案件违法所得的没收程序（以下简称违法所得没收程序）。

根据我国《刑事诉讼法》相关规定，对于贪污贿赂案件，犯罪嫌疑人、被告人在境外的，在符合相关法定条件下可适用缺席审判程序；对于贪污贿赂案件，犯罪嫌疑人、被告人逃匿，通缉 1 年后不能到案的，同时符合其他法定条件的，也适用违法所得财产没收程序。就上述案例而言，一方面，当案件事实清楚，证据确实、充分，可以对涉嫌贪污且长期在境外的 A 适用缺席审判程序；另一方面，涉嫌贪污且长期在境外的 A，属于逃匿，若在发布通缉 1 年后不能到案，就 A 因贪污获得的房产可适用没收违法所得程序。因此，对于 A 既可适用缺席审判程序，又可适用违法所得没收程序，由此产生适用竞合。那么，“当同时满足这两种程序的条件时即两种程序出现适用的竞合时该如何取舍更是理论与实践中所面临的一大难题。”①

二、缺席审判程序：本质与普通刑事诉讼程序无异

毋庸置疑，缺席审判对于我国依法处理涉案且逃亡境外的特定犯罪行为人及涉案财产有着积极的意义。虽然缺席审判因被告人缺席庭审活动而在程序上似乎存在瑕疵，但它并不像有的观点所认为的，“在诉讼机理上，缺席审判程序并非公正审判（fair trail）程序，而是以牺牲必要的正当程序（due procedure）为代价来实现迅速审判、迅速执行以防止权利（尤其是对物权）长期处于权属不确定的状态。”②

（一）刑事缺席审判程序：不会导致刑事诉讼程序的不当

单从理论上分析，缺席审判程序因被告人缺席及无法保障被告人诉讼权利而可能导致程序不当，也易致缺席审判程序的滥用风险。但这类观点不具合理性。

其一，我国缺席审判程序是以犯罪嫌疑人、被告人主动放弃其依法享有的权利为基础。缺席审判程序虽是指犯罪嫌疑人、被告人的缺席，但主要是因为他们为了逃避刑事处罚而逃亡境外、不参与刑事诉讼活动而导致的。无论以属人管辖原则还是属地管辖原则论，我国司法机关难以追诉在境外的犯罪嫌疑人、被告人。行为人因涉嫌犯罪逃亡境外，不仅表明其积极逃避刑罚处罚，也说明他们主动放弃参与刑事诉讼活动，放弃其在刑事诉讼中应享有的权利，更是放弃对其是否构罪的司法确证。而缺席审判程序的构建恰以此为基础，若他们想参与刑事诉讼活动，则缺席审判程序没有适用的空间和必要。“被

---

① 李海滢、王延峰：《缺席审判抑或独立没收：以“追赃”为基点的程序选择》，载《政治与法律》2019 年第 7 期。
② 施鹏鹏：《缺席审判程序的进步与局限——以境外追逃追赃为视角》，载《法学杂志》2019 年第 6 期。

告人缺席从表面上看似乎是剥夺了其权利,实质上是他自己主动放弃了出庭的机会。”①

其二,犯罪嫌疑人、被告人在境外的,我国能够依法充分保障他们各项诉讼权利。适用缺席审判程序以被告人缺席为基础,但我国《刑事诉讼法》已在最大限度内保障不在案的犯罪嫌疑人、被告人合法权益。如我国《刑事诉讼法》第 292 条规定,起诉书副本及传票必须送达被告人,被告人再不到庭的,法院才会适用缺席审判程序,这意味着有证据证明在境外的被告人客观上收到了相关法律文书且表明不到庭,法院才可能缺席审判,由此可证明司法机关能够维护被告人对指控其涉嫌犯罪事实的知情权,而非司法机关胡编乱造,随意定罪。事实上,我国《刑事诉讼法》关于缺席审判程序的规定共有 7 条,除第 291 条规定适用案件类型外,其余条款基本都是规定如何保障被告人的诉讼权益的。

其三,当适用缺席审判程序时,则意味着适用该程序易致刑事诉讼程序不当的担忧已不存在。2018 年以来,在全国范围内几乎没有一件适用该程序的实际案例,其中未适用的原因包括担心剥夺被告人的合法权益,但这种担心在真正适用时并不存在。以前述案例为例,要启动适用对 A 涉嫌贪污罪的缺席审判程序,监察机关、司法机关应已做足准备工作以确保能够依法适用该程序。例如,A 涉嫌贪污罪的犯罪事实已经达到了“犯罪事实清楚,证据确实、充分”的证明标准;A 在 C 国的住处已经明确,等等。因此,若实际适用缺席审判程序,相关主体能够依法推进该程序的适用,不存在适用该程序导致刑事诉讼程序的不正当。

(二)缺席审判程序:本质上系普通的刑事诉讼程序

我国的刑事缺席审判程序虽规定在我国《刑事诉讼法》第五编特别程序的第三章,但其本质是普通刑事诉讼程序,与违法所得没收程序存在本质区别。

其一,缺席审判程序系对缺席犯罪嫌疑人、被告人定罪量刑的程序。虽然缺席审判因被告人缺席而导致程序特别,但这种特别程序适用仍是对缺席被告人的行为是否构罪及如何量刑的诉讼活动。“刑事缺席审判程序旨在解决被告人的定罪量刑问题。”②换言之,刑事缺席审判程序与普通刑事诉讼程序目的相同,即追究犯罪嫌疑人、被告人刑事责任,包括对涉案财产的处理。

其二,检察机关就符合适用缺席审判程序案件提起公诉的关键条件是事实清楚,证据确实、充分,这与适用普通诉讼程序条件相同。根据我国《刑事诉讼法》第 291 条规定可知,监察机关、侦查机关具有缺席审判程序适用的启动建议权,但只有经检察机关审查认为案件事实清楚,证据确实、充分且应当追究刑事责任的,才可以提出公诉。这与我国《刑事诉讼法》第 176 条规定的提起公诉的条件一致,即人民检察院认为犯罪嫌疑人的犯

① 欧卫安、汪筱文:《我国刑事缺席审判制度构建思考》,载《人民检察》2004 年第 9 期。

② 杨帆:《刑事缺席审判制度的比较法考察——以适用范围与权利保障为切入点》,载《政治与法律》2019 年第 7 期。

罪事实已经查清,证据确实、充分,依法应当追究刑事责任。由于犯罪嫌疑人、被告人的缺席,导致证明案件事实成立与否的证据中缺乏口供,适用缺席审判程序更应坚持“事实清楚,证据确实、充分”的标准,不能降低证明标准。

其三,缺席审判程序兼具对人和物的诉讼,能全面解决因被告人缺席所导致案件无法处理问题,彰显法的公信力。“外逃人员缺席审判程序仅仅适用于潜逃境外的被告人的刑事责任的追究以及涉案财产的处理。”①一方面,通过适用缺席审判程序法院可根据检察机关的起诉指控对缺席被告人依法定罪处罚,追究其刑事责任,这样既具有警示和一般预防作用,又能很好地维护法的公信力。另一方面,缺席审判能够很好解决涉案财产问题。法院依法对缺席被告人定罪量刑,其中量刑既包括对人的处理,也包括对物的处理。根据我国《刑法》第 32 ~ 34 条的规定,刑罚分为主刑和附加刑,附加刑包括罚金、剥夺政治权利和没收财产,罚金、没收财产是针对物的处理。而前述案例中被扣押的房产,在法院适用缺席审判程序依判决可直接对该涉案财产进行没收。

三、违法所得没收程序:解决特定案件涉案财物的刑事诉讼特别程序

违法所得没收程序主要是为了解决因特定案件中犯罪嫌疑人、被告人的缺席所导致涉案财物无法处理问题,不涉及涉罪人的刑事责任追究。

(一)违法所得没收程序:系刑事诉讼特别程序

违法所得没收程序的性质是什么,直接关系到如何适用该程序,学界存争议,有必要厘清。有人认为,“独立没收程序属于刑事诉讼程序无疑,但是其仍体现了一定的民事属性。”②有人主张,“违法所得没收程序是检察机关单独针对违法所得的没收而提起的对物之诉,在性质上属于民事诉讼。”③据此,认为违法所得没收程序系(带有)民事诉讼性质的根据在于,该程序是对物的处理之诉,具有民事诉讼特征。笔者认为,上述观点片面。

其一,违法所得没收程序系刑事诉讼特别程序。根据我国《刑法》第 34 条规定,没收财产系刑罚附加刑之一,且可以独立适用。其中没收财产包括没收违法犯罪所得财物。换言之,没收违法所得属于我国附加刑没收财产的体现。因此,违法所得没收程序是为了实现对涉案财物的刑罚措施,由此决定了该程序系刑事诉讼特别程序。

其二,违法所得没收程序与民事诉讼的“对物之诉”存在本质差别。二者在形式上都是对物之诉,但对物之诉解决的是物的所有权问题,而违法所得没收程序是对涉案财产的性质认定,其本质目的仍是对缺席犯罪嫌疑人、被告人涉嫌犯罪行为的否定。无论涉案财产的主体是谁,若依法认定是违法所得,国家都可依法给予没收,收缴国库,这与对

---

① 董坤:《论外逃人员缺席审判的三重关系》,载《法学杂志》2019 年第 8 期。

② 李海滢、王延峰:《缺席审判抑或独立没收:以“追赃”为基点的程序选择》,载《政治与法律》2019 年第 7 期。

③ 周长军:《外逃人员缺席审判适用条件的法教义学分析》,载《法学杂志》2019 年第 8 期。

物诉讼存在本质差别。

其三,违法所得没收程序与刑事附带民事诉讼存在本质差异。两者都是对物之诉。前者是涉嫌犯罪案件的财物处理,解决的是追赃问题,具有刑罚性质,提起适用主体只能是检察机关,属于申请之诉,当犯罪嫌疑人、被告人不在案适用;后者主要解决被害方的损害请求问题,具有典型的民事诉讼特征,主要由被害人提起,属于请求权之诉,被告人在案才能提起。

(二)违法所得没收程序:证明标准高于民事诉讼的证明标准

不少观点认为,只要(优势)证据能够证明涉案财产系违法所得具有高度可能性(盖然性)即可。"自违法所得没收程序以来,没收证明标准经历了从'确实、充分'到'高度可能性'"。① 笔者认为,这种观点部分合理,但仍片面。

其一,违法所得没收程序性质决定了其证明标准无须"事实清楚,证据确实、充分"。一方面,该程序针对涉案财物,证明财物违法所得,并符合其他法定条件下即可适用,无须达到提起公诉、判决构罪标准,即事实清楚,证据确实、充分标准。另一方面,该程序不是定罪程序,系对物的处理程序。这种程序决定证明财产系违法所得的标准不能要求太高。

其二,违法所得没收程序的证标标准高于"高度可能性、盖然性"的证明标准。根据法律规定,没收违法所得的申请应当提供与犯罪事实、违法所得相关的证据。而对涉案犯罪事实,有证据证明发生了犯罪事实以及有证据证明该犯罪事实是犯罪嫌疑人、被告人实施的,且证据真实、合法即可,至于全案事实是否查清无须考量。上述证明标准似乎低于"事实清楚,证据确实、充分"的证明标准,但当犯罪嫌疑人不在案,若要证明犯罪事实系犯罪嫌疑人、被告人实施的,这种证明标准与提起公诉标准本质无差异,高于高度可能性的证明标准。

四、竞合中的缺席审判程序与违法所得程序的适用关系

(一)对不同观点的厘清和辨析

对于犯罪嫌疑人、被告人在境外且涉嫌贪贿犯罪的案件,在适用二者程序时存在竞合,那么,检察机关如何选择适用二者程序?就此,学界争议很大。一是"缺席审判的提起并非当然地涵盖违法所得没收申请的提出,法院作出无罪判决时不可附带作出违法所得的没收,缺席审判程序停顿状态下也不可独立开展违法所得没收程序。"②即在竞合适用中只能择一程序适用,二者程序完全独立。二是"缺席审判程序本身即附带具有处置

① 齐建萍:《职务犯罪违法所得没收和缺席审判程序辨析》,载《人民法院报》2018年12月19日,第006版。

② 周长军:《外逃人员缺席审判适用条件的法教义学分析》,载《法学杂志》2019年第8期。

涉案财物的功能，完全可以覆盖、涵括独立没收程序的功能。”①即缺席审判程序包含没收违法所得程序，法院可直接对涉案财产裁定没收，无须再另行单独提出申请。三是“缺席审判程序的适用应优先于违法所得没收程序，而且适用缺席程序对被告人追诉不成的，不宜再启动违法没收程序追缴没收。”②四是优先适用缺席审判程序，但适用中无法继续适用的，只能待缺席审判程序终结后根据需要再由检察机关提请违法所得没收程序。五是出现二者程序适用的灰色地带时，优先适用违法所得没收程序。笔者认为，上述观点虽各有合理之处，但都相对片面。

其一，第一种观点认为缺席审判程序不当然包括违法所得程序是合理的。但它却主张当适用缺席审判程序中出现不能继续适用该程序或者判无罪的情况下，排除后者程序的适用，未考量二者竞合适用情况，不妥。二者程序竞合即都可适用，当出现缺席审判程序不能再适用时，我国《刑事诉讼法》没有规定不能再适用违法所得没收程序。事实上，两种程序适用相互独立，在符合两者程序适用的前提条件下，原则上都可以启动适用。若判无罪，则缺席被告人没有实施犯罪行为，涉案财物不是违法所得，违法所得没收程序自然不能适用。

其二，当二者程序均可适用时，缺席审判程序适用原则上包含违法所得程序，就此第二种观点具有合理性。因为，当二者程序适用条件相通（竞合），且缺席审判程序适用的证明标准高于没收违法所得程序，就此论，前者程序包括后者程序是合理的。但该观点认为在缺席审判程序适用中法院可直接对涉案财产作出处理，欠妥。一方面，法院适用缺席审判程序作无罪判决，即不在案的犯罪嫌疑人、被告人无犯罪行为，那么，没收违法所得程序适用前提不存在，不能再适用该程序。另一方面，当不能再适用缺席审判程序，法院无法对在境外的被告人定罪量刑，不能对涉案财产处理。由此可见，当法院无法对在境外的被告人行为是否构罪作出判断，那么，可独立适用的附加刑没收财产（违法所得）也不能适用。只有定罪后才量刑，这是刑法基本原理。况且，法院无权直接对涉案财产处理。

其三，第三种观点认为出现不能适用缺席审判程序时也不能适用没收违法所得程序，欠妥。二者程序适用相互独立。虽然第三种观点认为当二者程序适用竞合时优先适用缺席审判程序是合理的，但当先适用的缺席审判程序出现无法适用情形，违法所得没收程序当然可继续适用。只有检察机关提出申请，法院对此作出裁决才合理合法。

其四，第四种观点肯定两者程序在适用上相互独立是合理的，但认为优先适用的缺席审判程序出现无法再适用时，只能当缺席审判程序终结后才可由检察机关提出没收违

① 万毅：《刑事缺席审判制度立法技术三题——以〈中华人民共和国刑事诉讼法（修正草案）〉为中心》，载《中国刑事法杂志》2018 年第 3 期。

② 郭天武、汤澈：《缺席审判程序与违法所得没收程序的竞合》，载《法治论坛》2019 年第 1 期。

法所得申请,欠妥。根据我国《刑事诉讼法》相关规定可知,启动适用缺席审判程序,需要的期限较长且具有一定不确定性,当在优先适用缺席审判程序后出现不能适用的情况,如在境外的被告人无法找到,若要等是否再次出现符合缺席审判适用条件后才决定适用违法所得程序,不利于实现追逃、追赃的目的。更何况,即使在缺席审判程序终结后重新适用违法所得没收程序,还要等对犯罪嫌疑人、被告人通缉1年后,检察机关才能提出申请。如此明显不合理。

其五,第五种观点认为当二者程序适用中出现模糊、灰色地带时,可优先适用违法所得没收程序,不妥。二者程序适用中出现的模糊、灰色地带是指什么,不明确。即使有这种灰色地带,也不能优先适用违法所得没收程序。不能因为违法所得没收程序适用条件相对于缺席审判程序适用条件要低,适用起来便捷,即优先适用该程序。应该从既能解决人的问题,又能解决涉案财物的问题,着手考量优先适用哪种程序。

(二)二者程序在竞合适用中的关系

笔者认为,二者程序存在竞合适用,但相互独立。这是讨论二者程序竞合适用关系的前提。

其一,二者程序竞合优先适用缺席审判程序。一是二者程序性质决定应优先适用缺席审判程序。缺席审判程序是追究缺席被告人刑事责任的程序,与普通诉讼程序无疑,能较全面地解决因被告人不在案所产生的既无法追究被告人刑事责任又无法处理涉案财物的问题。与之相对,违法所得没收程序解决的是因犯罪嫌疑人、被告人不在案而导致的案件相关财物不能处理问题,它是一个对财物处理的特别诉讼程序,只解决案件中财物问题,不解决涉案缺席被告人的刑事责任问题。相较而言应优先适用缺席审判程序。二是适用缺席审判程序可以缺席被告人是否构罪的判决为依据对涉案财物作出处理,而违法所得没收程序是在不对犯罪行为作评判的前提下,对相关违法所得处理,致使对物处理的合法性有所不足。

其二,二者程序竞合适用中出现不能继续适用缺席审判程序但仍符合违法所得程序适用条件时,应适用违法所得没收程序。虽然在竞合中优先适用缺席审判程序,但这不代表可优先适用的一直能够适用,若出现不能继续适用的情形,如前述案例中逃往境外C国的A在启动适用缺席审判程序后又逃匿的,缺席审判程序无法继续适用,不应让该案件诉讼程序停滞不前,若符合违法所得没收程序适用的,应及时适用。因为两者程序可独立适用,且违法所得没收程序不会因为被告人能否找到而影响其适用,只要经通缉1年不到案的,即可适用该程序。由此可见,即使不能追究缺席被告人刑事责任,但仍可对涉案财物依法处理,以彰显法的公信力,提高追逃、追赃的效果。

其三,二者程序竞合适用中应同时启动适用二者程序,实现二者程序适用有效衔接,以及追逃、追赃的最大效果。优先适用缺席审判程序,但由于随时可能出现不能再适用状况,若都要等到不能再适用时再启动适用违法所得程序,那难以实现二者程序适用的有效衔接，也不能实现适用二者程序的追逃、追赃最佳效果。为此，检察机关应在决定启动适用缺席审判程序同时，启动违法所得没收程序的（准备）适用程序。在同时启动适用二者程序后，若一直没有出现阻碍两者程序适用的情况，优先适用缺席审判程序，此时已启动适用的违法所得没收程序自动失效；若出现缺席审判程序不能继续适用的状况，当通缉已到 1 年且被告人不到案的，检察机关即可向法院提出违法所得没收程序申请，法院据此可直接依法处理涉案财产。若在此之前不能适用的缺席审判程序又能适用，没收违法所得程序可继续适用，法院直接裁决没收违法所得，之前停滞的缺席审判程序也继续，只是法院在判决中无须对财物进行处理。如此可在最大限度内发挥二者程序的价值和意义，实现有效追逃、追赃的目的。

五、对前述案例问题的回应

笔者认为，建议同时启动对 A 适用缺席审判程序和违法所得没收程序，但在均符合适用二者程序条件且未出现阻碍适用缺席审判程序的情况下，应优先适用缺席审判程序。具体而言，监察机关对 A 再次立案调查的同时，应商请公安机关协助对 A 同步发出通缉令，因此，两个程序同时开展。一是立案调查阶段。经过调查后认为达到适用缺席审判程序的条件，监察机关应将案件移送检察机关审查起诉，而此时通缉未达 1 年应继续通缉，若没有发生缺席审判不能适用的情况，监察机关应将案件移送检察机关审查起诉。二是审查起诉阶段。在该阶段未出现不能继续缺席审判程序的情况，检察机关决定提起公诉的，应向法院提起公诉。若此时通缉 1 年期限未满的则继续通缉，若通缉 1 年期限届满且 A 未到案的，检察机关于此则拥有随时就被扣押的房产向法院提起没收违法所得申请的权利，但检察机关可不必行使该权利，将案件向法院提起公诉即可，以体现优先适用缺席审判程序的原则。三是缺席审判阶段。若缺席审判程序可继续适用，经法院缺席审判后，法院据此依法对 A 定罪量刑，同时对被扣押的房产依法处理，只要经过缺席庭审，检察机关拥有的向法院提出没收违法所得申请的权利自动消失，即违法所得没收程序自动失效。若在缺席庭审前，出现不能继续适用缺席审判的情形，检察机关应及时向法院提请违法所得没收申请，法院据此依法对该案中被扣押的房产裁决处理。由此，两者程序有效衔接，最大限度地实现追逃、追赃。

虚假诉讼检察监督机制研究

——以“套路贷”类案件为分析视角

李文祥　凌　雯*

摘要：实务表明，“套路贷”是虚假诉讼案件的重要表现形式。在此类案件中，放贷人通常在“完美证据链”中虚增债务，以实现非法侵占被害人财产的目的。“套路贷”类虚假诉讼更为严重的危害是借用司法权和诉讼程序来实现其非法目的，存在国家司法权被“套路”的风险。检察监督“套路贷”类虚假诉讼案件可以从以下几个方面入手形成合力：构建多渠道发现案情的监督网络体系，细察入微破解证据链难题，构建民行刑多元制裁体系。

关键词：套路贷　虚假诉讼　民间借贷　检察监督

一、“套路贷”类虚假诉讼之立法与司法认定

（一）虚假诉讼概念之厘定

由于司法实践中不同司法部门对于虚假诉讼的内涵和外延界定不同，此种差异化导致司法实务上诸多阻碍，有必要重新进行梳理和厘定。

1. 存在法律冲突。（1）民事方面。根据《民事诉讼法》第112条和《最高人民法院关于防范和制裁虚假诉讼的指导意见》（以下简称《指导意见》）第1条的规定，认定虚假诉讼必须系双方存在恶意串通。其认为单方伪造证据提起的恶意诉讼因缺少双方串通的故意，在诉讼中应该属于对案件事实的认定问题，可以通过诉讼程序中的庭审举证、质证、抗辩等方式予以解决。（2）刑事方面。《刑法》第307条之一，将虚假诉讼表述为“以捏造的事实提起民事诉讼”。《最高人民法院、最高人民检察院关于办理虚假诉讼刑事案

---

* 李文祥，江苏省如皋市人民检察院副检察长；凌雯，江苏省如皋市人民检察院检察官助理。本文系2019年度南通市人民检察院检察理论研究课题项目“涉‘套路贷’虚假诉讼监督机制研究”阶段性研究成果。

件适用法律若干问题的解释》第 1 条第 1 款第 7 项的规定为“单方或者与他人恶意串通，捏造身份、合同、侵权、继承等民事法律关系的其他行为”。可见，“单方欺诈型”虚假诉讼亦可以构成虚假诉讼罪。此外，虚假诉讼罪仅限于“无中生有型”，对于“部分篡改型”的虚假诉讼行为并没有进行入罪化的处理。①

2. 实务处理不一。在虚假诉讼监督方面，从笔者了解的情况来看，全国各地法检部门差异甚大。法院系统基本上按照最高人民法院司法解释进行操作；而检察系统则因最高人民检察院层面相关司法解释的缺位而处于各地自行认定的状态。以江苏地区为例，2019 年制定的《江苏省检察机关民事虚假诉讼检察监督办案指引（试行）》第 2 条规定，本指引所称虚假诉讼，是指案件当事人、其他诉讼参与人等，单独或者与他人恶意串通，虚构事实、隐瞒真相提起民事诉讼，妨害司法秩序或者侵害他人合法权益的违法行为。检察机关的定义更加宽泛，“单方”和“双方”、“无中生有型”和“部分篡改型”均可。

笔者认为，民事立法上，将虚假诉讼局限于“双方恶意串通”，有两点不妥：(1) 虚假诉讼罪不以“双方恶意串通”为必要，没有理由对于同一行为在刑事上构成虚假诉讼罪，在民事上却又不承认系虚假诉讼，不仅存在逻辑上的悖论，而且导致法律评价上的不统一。(2) 忽略了某些“单方欺诈型”虚假诉讼并不能通过庭审抗辩、举证予以解决。例如，原告故意隐藏被告地址、造成缺席判决的案件。又如，在“套路贷”类案件中，身为被害人的被告不可能与放贷人“恶意串通”。放贷人掌握优势证据，即便被告出庭举证、抗辩，法院也可能做出不利于被告的判决。此外，若放贷人的违法行为尚未达到刑事入罪标准，无法追究刑事责任；却又不能被认定为民事虚假诉讼，无法以《民事诉讼法》第 112 条对其进行民事制裁，此种司法导向难谓恰当。刑事立法上，对于虚假诉讼罪定义更加严格，既要满足犯罪构成要件，又必须是“无中生有型”，排除了常见的虚增借款数额提起诉讼的情况，概念内涵过窄，不宜将其作为普通虚假诉讼的定义。

综上，检察机关对于虚假诉讼定义比较准确地概括了虚假诉讼的常见手段与特征，类型全面，体现了检察机关对虚假诉讼全方位、立体的监督模式，更适合“套路贷”类案件的特点。

（二）“套路贷”与虚假诉讼的关系

“套路贷”，是对以非法占有为目的，假借民间借贷之名，诱使或迫使被害人签订“借贷”或变相“借贷”“抵押”“担保”等相关协议，通过虚增借贷金额、恶意制造违约、肆意认定违约、毁匿还款证据等方式形成虚假债权债务，并借助诉讼、仲裁、公证或者采用暴力、威胁以及其他手段非法占有被害人财物的相关违法犯罪活动的概括性称谓。② 其本身不

---

① 参见《最高人民法院刑四庭负责人就虚假诉讼刑事案件司法解释答记者问》，载 http://www.chinalawedu.com/web/21612/wa1810129913.shtml。

② 参见最高人民法院、最高人民检察院、公安部、司法部印发的《关于办理“套路贷”刑事案件若干问题的意见》。

是一个法律概念,而是司法实务中对于一类犯罪现象的概括式总结。部分“套路贷”的放贷人以暴力催收等手段即可达到非法占有的目的,而部分放贷人会借助司法程序。待“套路贷”以普通民间借贷案件的形式进入诉讼程序后,因被害人无法提供与放贷人相当的证据予以抗辩,法官仅能判决放贷人胜诉,放贷人的非法利益以诉讼的方式得以实现。此种“套路贷”渗入民事诉讼的案件,应当认定为系虚假诉讼监督的对象。

二、“套路贷”类虚假诉讼[①]之检察监督难点

(一)隐蔽性强,司法发现难

1. 程序启动具有被动性。部分被害人民间借贷经验不足,起初并未意识到贷款人的真实意图,将其当作普通高利贷。事后意识到自己被“套路”,又可能出于恐惧心理选择外出躲债,未及时寻求法律途径维权。另外,部分基层接警人员对于“套路贷”类案件敏感度不高,误认为系普通民事纠纷,将被害人拒之门外。这也就是为何在“扫黑除恶”专项斗争活动之前,多数基层检察机关办理的“套路贷”类案件数量不多的原因。

2. 检察受理环节形式审查障碍。被害人向检察机关提出虚假诉讼的监督申请,形式审查要求提供证据材料。然而,“套路贷”类案件的被害人一般难以掌握证据,检察机关可能因其未能提供相关证据材料而不予受理。特别是,所有案件必须进入最高人民检察院的“统一业务系统”,案件流程均有迹可循,使民行部门对于缺少基本证据材料的案件受理持谨慎态度。

3. 法院审理环节不易精准识别。大部分“套路贷”类虚假诉讼,起诉时具有形式完整的“证据锁链”,法院审理中过于看重眼前的“证据”,局限于眼前的民事纠纷,忽视案件背后真实情况。审理环节未能及时发现“套路贷”类的犯罪线索并移送,侦查机关和检察机关更是无从知晓。

(二)“合法”证据链完整,司法认定难

1. 时间跨度大,证据保存难。“套路贷”类案件从第一笔借款发生到债台高筑,时间较长,加上被害人自我保护意识弱,未及时固定证据,导致关键证据遗失。如物证毁损、证人下落不明、有覆盖期限的视频录像证据过期等。或者被害人记忆模糊,不能提供完整的案件信息材料,甚至会出现多次询问前后陈述不一致的情况,误导调查人员。

2. “合法”证据链完整,口供突破难。面对具有完美“合法”证据链的“套路贷”,检察机关必须以其他强有力的证据才能打破。然而,检察机关能够取得的优势证据十分有限,多数案件突破还要依赖于放贷人的口供。例如,笔者所在单位办理的周某与吴某民

---

① 虽然“套路贷”肇始于刑事案件,但实践中,有大量隐藏于民间借贷中的“套路贷”,因为种种原因无法追究刑事责任。故笔者采用“‘套路贷’类虚假诉讼”这一表述,即将符合“套路贷”案件的基本特征、作案手法,且符合上述检察机关民行部门关于虚假诉讼的定义,但尚未构成刑事犯罪的案件也纳入其中。

间借贷纠纷案,每次银行转账后,周某都会在银行监控拍不到的地方令吴某交付大额的现金作为借款的保证金。欲推翻原判决,必须查明每笔虚增债务的数额,质言之,取得周某对于其收取“保证金”这一事实认定的口供就成为突破的关键。但放贷人通常反侦查意识强,询问中容易遭遇成员间相互推诿,各执一词,口供突破难,甚至会出现零口供的现象。

3. 民事调查核实权缺少强制措施。《人民检察院民事诉讼监督规则》除规定了调查核实措施种类以外,同时强调了“不得采取限制人身自由和查封、扣押、冻结财产等强制性措施”。该权力的非强制性决定了调查只能依赖于被调查人的自觉配合。当遇到当事人不配合,拒绝接受询问时,检察机关会比较被动,无法查清案件事实。

(三)规制手段少,定罪量刑难

1. 刑事入罪门槛较高。实施“套路贷”过程中,根据不同的犯罪事实,可能构成诈骗、敲诈勒索、非法拘禁、虚假诉讼、寻衅滋事、强迫交易、抢劫、绑架等多种犯罪。笔者经检索“中国裁判文书网”发现,2017 年至 2019 年,因涉“套路贷”被依法追究刑事责任的案件共 1218 件,其中涉及危害公共安全类罪名的 8 件,涉及破坏市场经济秩序类罪名的 76 件,涉及侵犯公民人身权利民主权利类罪名的 45 件,涉及侵犯财产类罪名的 997 件,涉及妨碍社会管理秩序类罪名的 74 件,涉嫌渎职、贪污贿赂类罪名 18 件。总体而言,涉“套路贷”以诈骗罪、敲诈勒索罪追究刑事责任的居多,以诈骗罪为例,诈骗罪的构成要件是行为人向被害人谎称如果按期还款就无须归还虚高的金额,之后通过肆意认定违约的方式使借款人陷入错误认识,并在错误认识的支配下作出转移财产的行为。是否存在“肆意认定违约”是构成诈骗罪的关键,若行为人予以否认,仅凭借被害人的陈述很难认定构成诈骗罪。且通过虚假诉讼取得他人财物的情形,不同于一般的三角诈骗,实践中一般也不以诈骗罪定罪处罚。[①] 而敲诈勒索罪要证明受害人基于“恐惧心理”向放贷人转移财产,对这部分的认定更难。盖因,一方面,受害人有时的确不存在“恐惧心理”;另一方面,即便受害人基于“恐惧心理”,尚存在能否举证的问题。此外,“套路贷”团伙分工明确,具体到实施虚假诉讼的行为人可能对先前的“套路”过程参与较少、甚至不知情,无法以诈骗、敲诈勒索等罪名对其定罪。“在‘套路贷’的案件中,由于行为人一般都是亲自以虚假的借条和银行流水向法院提起民事诉讼,罕有伪造印章或阻止、指使他人作伪证的情况,因此难以以妨害作证罪、伪造公司、企业印章罪等相关犯罪追究行为人的刑事责任。”[②]

---

① 否定诉讼诈骗构成诈骗罪的依据主要是 2002 年最高人民检察院研究室《关于通过伪造证据骗取法院民事裁判占有他人财物的行为如何适用法律的答复》,其中明确以非法占有为目的,通过伪造证据骗取法院民事裁判占有他人财物的行为不宜以诈骗罪追究行为人的刑事责任。2018 年 9 月 27 日最高人民法院、最高人民检察院联合公布的《关于办理虚假诉讼刑事案件适用法律若干问题的解释》进一步明确,《刑法修正案(九)》增设虚假诉讼罪后,2002 年高检答复的效力仅及于虚假诉讼罪以外的情形,主要是“部分篡改型”虚假诉讼行为。

② 李舸禛:《“套路贷”案件司法认定问题研究》,载《上海法学研究》集刊(2019 年第 7 卷)。

在笔者检索的法信数据中,“套路贷”类案件以虚假诉讼罪追究刑事责任的共5件,占0.54%。一方面是因为,根据《刑法》第307条之一第3款的规定,虚假诉讼罪与其他犯罪存在竞合关系时,从一重论处。“虚假诉讼罪与诈骗罪相比较,诈骗罪处罚更重,因此,若行为人既构成诈骗罪,又有虚假诉讼行为的,应当以诈骗罪定罪从重处罚。”①另一方面,如前文所述,刑事上对于虚假诉讼罪仅限于纯粹的“无中生有”,将司法实务中常见的虚增借款数额提起诉讼的案件排除在外。这种限缩意义上纯粹的“无中生有”在“套路贷”类案件中基本上不可能存在。此类案件放贷人为掩盖犯罪行为,会诱骗、逼迫被害人签订真假参半的多份借贷合同,这更接近于“部分篡改型”的虚假诉讼。② 司法实务中,还有将“无中生有型”虚假诉讼进行限缩认定的趋势。例如,将涉案债务独立观之,被害人仅是从银行走账,并未取得任何钱款。但由于该笔债务可能与之前的债务有关(如以新还旧),也不认为是“无中生有型”的虚假诉讼。对于可分之诉中捏造部分诉讼标的的,也有将其认定为系“部分篡改型”虚假诉讼的观点。如笔者所在单位办理的冒某等人虚假诉讼案,冒某将没有内在牵连关系的3份借条合并起诉,其中300万元与90万元的两张借条完全系虚构的,借贷关系自始未发生,最终因有150万元的真实借贷关系存在,对冒某作出相对不起诉的决定。

2. 制裁手段单一,缺乏跨部门法的协动规制。根据《最高人民法院关于审理民间借贷案件适用法律若干问题的规定》第19条规定,对于虚假诉讼的参与人,无论是个人抑或单位,法院可适用罚款、拘留等妨碍民事诉讼的强制措施,但实践中法院驳回放贷人的起诉后,极少采取后续的民事制裁措施,对于放贷人、诉讼代理人、鉴定机构及鉴定人采用制裁措施更是寥寥无几。目前,对“套路贷”类虚假诉讼的制裁多停留在刑事、民事层面,很少从提高放贷人的违法成本角度,以行政手段和经济手段进行规制。

三、“套路贷”类虚假诉讼之检察监督机制重构

(一)外围协作:构建多渠道案件发现机制

1. 加强宣传引导,提高受害人维权意识。通过媒体向社会公布“套路贷”典型案例,提升群众的识别能力。提醒债务人增强自我保护意识,注意留存相关证据,遇到出借人威胁、胁迫的,及时寻求公权力的救济。同时,要加强对一线民警的业务指导,提高其对“套路贷”类警情的敏感度,避免将其误认为普通民事纠纷,错失案件线索。

2. 检察机关主动作为,提升线索发现能力。对于“套路贷”类案件可以采取宽进严出的原则,在受理环节应当放松形式审查要求,可以不要求提供充分的证据材料,只要提供

---

① 上海市闵行区人民检察院课题组:《套路贷案件研究——以M院案例为基准实证分析》,载《上海公安高等专科学校学报(公安理论与实践)》2019年第2期。

② 倪铁、董磊:《“套路贷”案件侦查困境的破解机制——基于100份判决书的实证研究》,载《山东警察学院学报》2019年第3期。

相关指引性材料即可，在正式受理前可以适当“初查”。建立联合防范、发现和制裁虚假诉讼机制，形成与公安、法院、司法行政机关信息共享、联网查询、线索移送、案件协查等协作配合机制。例如，检察机关可以有效利用法院的疑似职业放贷人名录，倒查法院已审结案件，进行信息收集与比对，发现串并案。有条件的地区，可以探索如何依托大数据建立数据系统模型，利用虚假诉讼类型化特征查找关联案件。又如，浙江绍兴检察院自行研发的民事裁判智慧监督系统和分析研判技术。

3. 加强司法审查，谨防“套路贷”洗白。在审理民间借贷案件中，法官应当加强对交付时间、地点、实际金额、交付凭证等交付事实的审查，重点查明借款目的、资金来源、款项用途是否超出了民事诉讼范畴，其借贷利益是否超出了法律规定的保护范围。特别是对于纳入疑似职业放贷人名录的放贷人提起的诉讼，更是要严格甄别案件是否属于刑民交叉案件，对于涉嫌“套路贷”、非法集资、虚假诉讼的，告诉当事人到公安机关报案或直接移交公安机关侦查；对于已有确切证据能够认定的，裁定驳回起诉。

（二）内部整固：细察入微破解证据链难题

1. 前期摸排，初步还原借款事实。仔细审阅法院诉讼卷宗，审查缺席判决案件中是否存在法官依职权应主动调查而疏于调查的情形，或者庭审笔录中被告是否曾就存在当扣利息、已经还款、实际未拿到借款等情况提出过抗辩。“套路贷”类案件以职业放贷人起诉居多，通过调卷可以锁定关联案件，寻找“沉默”的被害人，并对其询问，补齐遗漏的证据。随后，应当先以被害人为切入点，仔细询问被害人获得借款途径的信息来源、借款原因、签订合同的具体过程、签订虚高的借款合同是否存在威胁、恐吓、暴力等行为，引导被害人提供相应证据。

2. 围绕放贷人违法行为，突破口供。分析“套路贷”团伙的人员分工，绘制关系图谱。确定放贷人取款地点以及交易方式，调取监控录像、银行流水和转账记录，厘清被害人实际获得资金及虚构资金的去向。在收集好上述证据的基础上，拟制询问提纲，注重询问技巧，找准切入点。其一，抓住放贷人陈述前后矛盾或与事实不符之处。“比如为何放贷金额明显高于被害人的实际需求、还款期限明显过短、全部银行流水变动异常和为何存在相当数目借款数额巨大的空白合同等。”①其二，利用同案犯之间的矛盾关系，选择团伙中获利最小的人或案件改判利益受损最小者为突破口。例如，笔者所在单位办理的周某与丁某民间借贷纠纷案，面对主谋周某拒不配合的情况，承办人将询问目标转向居间人杨某，进而确定了虚增借款数额以及已经还款的事实。

3. 提升民行检察人员调查取证能力。“套路贷”案件侦查的重点在于既要从套路贷单个阶段可能出现的犯罪形式，并依照涉嫌的罪名收集证据，也要从总体上把握套路贷这种犯罪现象的主要特征。“如签署虚高合同、制造违约、平账及所采取各种非法方式，

---

① 张海洋：《“套路贷”犯罪手段与侦查要点探析》，载《辽宁警察学院学报》2018 年第 3 期。

注意收集证据的整体性。”①考虑到放贷人可能构成刑事犯罪,检察机关民行检察部门要围绕涉嫌罪名的犯罪构成要件进行询问,尤其是放贷人的主观意图,被害人是否陷入错误认识或心理恐惧等。刑事程序的证明标准要求“犯罪事实清楚,证据确实充分”,虽然民事证据以“高度盖然性”为认定标准,但由于“套路贷”类虚假诉讼案件要推翻法院原审裁判,放贷人还可能构成犯罪,因此,民行检察部门在查办时应当尽量提高证据标准,至少要达到《最高人民法院关于适用〈中华人民共和国民事诉讼法〉的解释》第109条关于认定“恶意串通”的证明标准,即“排除合理怀疑”的程度。

4. 检侦协作,夯实证据基础。一方面,检察机关借助公安机关在固定刑事证据方面的优势,补齐民行调查核实权乏力的短板。另一方面,对办理的“套路贷”类虚假诉讼案涉嫌刑事犯罪的,在移送公安机关的同时,派人在侦查方向、固定证据方面引导侦查,将检察机关获取的民事证据顺利转化为能够定罪量刑的刑事证据。如笔者所在单位办理的孙某等人虚假诉讼系列案,检察官发现了公安机关遗漏孙某虚假诉讼的犯罪事实,公安机关在检察机关移送的证据材料的基础上得以顺利突破案件,最终孙某被以虚假诉讼罪追究刑事责任。

(三)惩前毖后:构建民行刑多元制裁体系

1. 放宽虚假诉讼罪的认定标准。首先,不能对“无中生有型”虚假诉讼进行限缩解释。质言之,在判断是否为“无中生有型”虚假诉讼,应当仅就单笔债务是否实际发生作为衡量标准。切忌将债务追溯至第一笔借款发生之时,做整体衡量。其次,在可分之诉中捏造部分诉讼标的的,可以就该捏造部分认定为“无中生有型”虚假诉讼。最后,将部分篡改关键或者重要事实的虚假诉讼行为也纳入虚假诉讼罪的规制范围。理由如下:

(1)从“套路贷”类案件特征而言,其中一个重要作案手段是“层层平账叠高债务”,即在前笔债务未能如期清偿的情况下,以新债还旧债,强迫或者欺骗被害人签订新的更高额的借款合同予以平账或作为保证金,再次签订的借款合同中有的给付部分借款,有的仅从形式上走账,被害人未取得任何钱款。该伎俩一般多次使用,如果将“套路贷”类案件所有的债权债务关系做整体考察,终究能追溯到初始的“旧债”,以此否认单笔债务的“无中生有”,则大部分“套路贷”类案件均会被排斥在外,难谓合理。

(2)“在可分之诉中,当事人之间具有同一种类的多个诉讼标的,但并不具有共同的权利或者义务关系,人民法院既可以作为共同诉讼合并审理,也可以作为多个独立的诉讼分别审理;即使合并审理,也需要分别作出确认各自民事权利义务的裁判。”②因此,行为人仅对其中部分诉讼标的进行捏造的,可以就该部分诉讼标的对应的民事法律关系认定为虚假诉讼罪。否则,即会产生合并起诉不构成犯罪,分别起诉却构成虚假诉讼罪的

① 刘道前、满艺伟:《“套路贷”的法律性质及侦防对策分析》,载《犯罪研究》2018年第4期。

② 周峰、李加玺:《虚假诉讼罪具体适用中的两个问题》,载《人民法院报》2019年9月12日,第006版。

逻辑悖论。甚至会造成违法放贷人借此规避法律,逃脱罪刑的不利后果。

(3)"部分篡改型"诉讼行为之所以不属于虚假诉讼罪的范畴,根本原因在于它是以客观存在的民事法律关系和民事纠纷为前提的,双方当事人主观上并没有非法占有的目的。而"套路贷"中的借贷关系与普通的民间借贷不同,其前期部分真实的借款在整个"套路贷"犯罪过程中只是一个诱饵,属于犯罪成本,为的系通过后期各种套路设计,恶意叠高债务,进而达到非法占有被害人财产的目的。这种"借贷"完全是由行为人主导和蓄意制造出来的借贷假象,与虚假诉讼罪"无中生有"虚构捏造民事法律关系具有同样的本质。①

(4)部分篡改关键或者重要事实的虚假诉讼的社会危害性并不低于"无中生有型"的虚假诉讼。换言之,部分虚增的数额奇多与无中生有数额较小的危害性孰轻孰重,在法律评价上要做到罚当其罪、罪当其责。在"套路贷"类案件中,虚增的借款数额往往高于实际发生的借款数额。该行为远比凭空捏造较少的借贷关系起诉具有更大的社会危害性。放任这种行为会使得当事人极易规避法律,不足以达到惩戒虚假诉讼行为之目的。

2. 加大对违法放贷人的民事、行政制裁。法院对于尚不构成犯罪的普通虚假诉讼不应当"案结事了",应当主动依据《民事诉讼法》对违法放贷人作出罚款、拘留等司法强制措施。检察机关应当加强和司法行政部门的联系,建议对参与虚假诉讼的律师或法律工作者给予停止执业、吊销执业证书等行政处罚。对虚假鉴定、评估、公证的人员应当建议行业主管部门依法处理。对于确定为虚假诉讼的行为人,可以参照失信被执行人名单的做法,将其纳入失信名单使其受到信用惩戒。在社会综合治理方面,可以联合税务部门对民间借贷纠纷案件利息收入征收税款进行联合征管,对涉案利息收入依法征缴个人所得税。对于"职业放贷人名录"中所涉案件标的额累计达到 100 万元以上的原告,可以抄送当地政法委、人民银行、市场监督管理局等部门,与相关部门协同治理,明确各部门配合义务。②

---

① 项谷、张菁、李灿:《虚假诉讼罪司法解释适用中的重点与难点问题研究——以"套路贷"案件为例》,载《上海公安学院学报》2019 年第 3 期。

② 张纵华:《民事诉讼视角下的"套路贷"解析与消减》,载《人民法治》2018 年第 7 期。

检察建议蕴涵价值及优化路径

——基于检察指导性案例的展开

王建国　周　剑*

摘要：指导性案例中的检察建议，体现了从事后司法判断到前瞻性预防、从案件办理到法律监督渠道延伸、从政策宣示到拓展社会治理的价值。司法实践中，可以通过加强检察建议规范化建设，实行案件化办理机制、明确检察建议界限、完善检察建议落实的配套机制等途径来增强其实效。

关键词：指导性案例　检察建议　社会治理

现代社会，社会分工日益精密，由于立法不可避免的不周延性和滞后性及社会本身的多样多变，使得"案例就是最直接、最有效的指导方式。"检察建议是检察机关履行职能的重要方式。虽然最高人民检察院没有专门就"检察建议"为主题下发指导性案例，但是通过对截至2021年3月最高人民检察院发布的26批指导性案例研读发现，检察建议共在25个案例中出现，贯穿刑事、民事、行政、公益诉讼四大检察，成为案例中几乎出现频次最多的检察工作内容，在推动法律监督、促进社会治理法治化方面发挥重要作用。检察建议为何在指导性案例中高频次出现？其反映的检察履职功能定位与价值蕴涵如何，检察建议的政策把握、办案方法等方面对办理类似案件具有何种指导意义。本文从指导性案例中的"检察建议"的具体表现形式入手，来探索如何对检察实务中检察建议工作开展督促指导作用和进一步发挥社会治理作用。

一、检察建议在指导性案例中的表现形式

指导性案例的指导性在于指导性案例对检察办案工作的示范引领作用。①《人民检

---

* 王建国，江苏省常州市人民检察院副检察长；周剑，江苏省常州市人民检察院法律政策研究室主任。

① 2019年《最高人民检察院关于案例指导工作的规定》第2条。

察院检察建议工作规定》(以下简称《规定》)规定了检察建议的五种形态,而指导性案例中的检察建议,除了“其他型”,基本予以涵盖。

(一)再审检察建议

再审检察建议是人民检察院对同级人民法院确有错误的生效裁判和损害国家利益、社会公共利益的调解书进行监督的一种方式。检察指导性案例中,涉及刑事再审检察建议的有 1 件,“检察建议”内容最早出现在 2016 年 5 月颁布的于某生申诉案①,通过再审检察建议改判无罪。该案例揭示了法院没有按照疑罪从无原则判无罪,检察机关应当按照审判监督程序提出抗诉,或者提出再审检察建议。民事再审检察建议 2 件,主要为第 14 批虚假诉讼类指导性案例中,相关民事主体以虚假诉讼方式骗取法院支付令,或者以虚假公证骗取法院执行,此种情形法院亦受当事人欺骗,故不宜通过抗诉而应通过再审检察建议,来恢复受损的司法秩序。

(二)纠正违法检察建议

纠正相关司法机关或行政机关违法行为是检察机关履行法律监督权的直接表现。一般而言,检察机关会对侦查、审判、执行等活动中违法行为发出《纠正违法通知书》,如宣告缓刑罪犯蔡某等 12 人减刑监督案②。检察指导性案例中,更多体现了纠正违法性质的检察建议,共有 5 件。如某牧业公司被错列为失信被执行人名单执行监督案,检察机关发出检察建议,监督法院纠正对被执行人违法采取的信用惩戒措施。③ 如南漳县丙房地产开发有限责任公司超标的额查封执行监督案,检察机关对法院明显超标的额查封的违法行为,通过检察建议的方式督促纠正。④ 检察建议由于相较刚性的“纠正违法通知书”,更为柔性,也更容易使被建议单位接受,因而更广泛适用于对人民法院审判活动和执行活动中的违法问题以及公安机关、刑罚执行机构等的执法活动中具有倾向性的违法问题的监督。

(三)公益诉讼检察建议

检察指导性案例中,公益诉讼诉前检察建议出现的次数最多,共在 11 件指导性案例中出现。如在湖南省长沙县城乡规划建设局等不依法履职案中,“提出检察建议”更是作为履职内容部分进行阐述的。对多个行政机关存在违法行使职权或者不作为情形时,检察机关通过提出检察建议,并将之作为督促行政机关依法履行职责的方式写入“指导意义”部分。⑤ 随着检察机关提起行政公益诉讼制度的确立,公益诉讼诉前检察建议也呈现

---

① 参见检例第 25 号。

② 参见检例第 70 号。检察机关以法院减刑不当,向法院发出《纠正不当减刑裁定意见书》,但法院认为原刑事裁定并无不当,检察机关认为法院刑事裁定仍违反法律规定,于是向法院发出《纠正违法通知书》,要求该院纠正。

③ 参见检例 78 号。

④ 参见检例第 79 号。

⑤ 参见检例第 50 号。

了较强的法律效果、社会效果。同时,多份案例中充分展示了将应诉的不利法律后果置于检察建议之后,为检察建议内容的落实提供了后续的司法程序保障,增强了检察建议的刚性。如湖北省天门市人民检察院诉拖市镇政府不依法履行职责行政公益诉讼案,检察机关对行政机关整改情况进行跟进调查时发现,行政机关虽然作书面回复,但无正当理由整改不到位,检察机关依法提起了行政公益诉讼。

(四)社会治理检察建议

社会治理类检察建议共出现在7件检察指导性案例中。其中,第二十三批指导性案例作为检察机关参与社会治理类指导性案例,检察建议出现在该批所有案例中。一定程度上可见,检察建议已成为检察机关参与社会治理的主要形式。“检察建议是检察机关将完善社会治理的意见向前端治理环节反馈的重要渠道,也是实现前端和末端协同治理的重要形式。”[①]如李卫俊等虚假诉讼案,即在办理“套路贷”过程中发现套路贷公司利用向法院起诉方式,借助国家力量来实现自己的非法目的。检察机关就办案中发现的非法金融活动和监管漏洞,运用检察建议等方式,促进依法整治并及时堵塞行业监管漏洞。[②]

综上,指导性案例中,检察建议高频次出现,体现了其作为履行检察职能的有力载体,既有程序类诉讼法律活动,包括对司法机关裁判错误时发出再审检察建议,公益诉讼前置检察建议,也有发现执法、司法过程中的非法行为提出纠正违法建议。同时还包括司法后端预防性质提起的检察建议,其对检察职权起到了配合、辅助和补充作用,辅助法律监督和履行检察职能参与社会治理创新实践。

二、指导性案例中的检察建议价值蕴涵

指导性案例中的检察建议,一部分作为要旨予以提炼,多数则主要表现为检察履职部分及指导意义中予以阐述。在此过程中,“检察建议”作为工作规则,虽然不一定如要旨般应当参照,但作为指导性案例之部分,仍体现了司法价值观对规范的指引。

(一)从事后司法判断到前瞻性预防

一般理论认为,司法主要是事后判断。而司法只是社会治理体系的构成部分之一。[③]检察机关实现从事后判断到前瞻预防,主要是通过个案中检察建议的应用,对个案展示的普遍性制度漏洞进行弥补,展现了检察工作纳入社会治理体系的司法价值观。检察建议工作的开展,即是履行职能参与社会治理。其中包含了针对的违法犯罪发生后,基于亡羊补牢的需要堵塞漏洞之举,风险发生之前制定的预警防范措施,面对风险时提醒相关职能部门及时尽职尽责的举措,以及风险发生后督促对相关责任人员的处理措施。由

① 黄文艺、魏鹏:《国家治理现代化视野下检察建议制度研究》,载《社会科学战线》2020年第11期。

② 参见检例第87号。

③ 刘艳红、刘浩:《社会主义核心价值观对指导性案例形成的作用——侧重以刑事指导性案例为视角》,载《法学家》2020年第1期。

此可见,与办理案件聚焦于案件事实和法律适用不同的是,检察建议更侧重案件办理中发现的社会风险的防控和风险发生后的处理举措。如无锡 F 警用器材公司虚开增值税专用发票案,检察机关围绕如何推动企业合法规范经营提出具体的检察建议,督促涉罪企业健全完善公司管理制度。[①] 指导全国检察机关不能就案办案,而是要服务“六稳六保”,保企业进而保民生。

(二)从单纯案件办理到法律监督渠道延伸

“指导性案例,应当反映检察机关诉讼过程、对诉讼和执行活动监督或者诉前程序中的职能作用。”[②]从指导性案例中的检察建议来看,有的检察建议是与案件紧密相关。如检察院发现同级人民法院已经发生法律效力的判决、裁定具有法律规定的应当再审情形的,或者发现调解书损害国家利益、社会公共利益的,可以向同级人民法院提出再审检察建议。诉讼中的其他违法行为、抗诉案件再审庭审活动违法、执行活动违法的,善于发挥刑事检察和公益诉讼检察职能合力,用好检察建议等法律监督措施,以此推动解决刑事案件涉及的公共利益保护和社会治理问题。同时,与传统的“管制型”监督模式相比,检察建议创造了一种新的协同型监督模式,体现了协商性司法理念,标志着检察权运行从传统的国家范畴走向现代社会范畴。如湖北省十堰市郧阳区人民检察院诉郧阳区林业局行政公益诉讼案等多起公益诉讼案[③],检察机关将提起协商式检察建议作为行政公益诉讼的前置程序,目的是增强行政机关纠正违法行为的主动性。

(三)从政策宣示到社会治理拓展

指导性案例中,检察建议也作为政策宣示内容,展示检察机关适用这种相对灵活、适用效果相对缓和的手段,防范化解风险,修复因发生风险而造成的社会关系损害,进而拓展到社会综合治理。主要体现在:一是与抗诉、纠正违法通知书和其他类型诉讼监督相比,检察建议主要解决风险防控和风险发生后的社会关系修复问题,如检察机关办案中发现的污水排放核定标准中氯离子浓度过高等问题,鉴于环保部门未尽到充分注意义务,检察机关由此发出检察建议,要求将氯离子浓度纳入江苏省《化学工业水污染物排放标准》予以监管,被建议单位予以采纳。[④] 二是从监督的内容来看,检察建议是来自法律专业领域的监督,具有鲜明的专业特点,如北京市海淀区人民检察院督促落实未成年人禁烟保护案。检察机关敏锐发现学校周边的部分零售经营场所存在的出售烟草制品等行为违反了《未成年人保护法》《烟草专卖法》等相关法律规定,因此以检察建议的方式,督促相关行政部门依法履职,维护未成年人利益。

---

① 参见检例第 81 号。

② 李文峰、张杰:《最高人民检察院“关于案例指导工作的规定”理解与适用》,载《人民检察》2019 年第 8 期。

③ 参见检例第 30 号。

④ 参见检例第 86 号。

三、路径探索:优化检察建议效能的建议

指导性案例中的检察建议已体现检察履职的新动能,但同时还应进一步加强检察建议法治化、规范化建设,给高质量检察工作发展优化路径指明方向。

(一)推动检察建议实行"案件化"办理机制,确保刚性落实

检察建议不再是办案的附属物,而是因案而出、因事而生的独立的新案件,它应该也必须有自身规范的运行程序,这个程序就是案件化的办理程序,其中立案是案件化办理的基本程序和重要标志。[①] 包括办理过程的案卷化、调查结果的证据化、办理流程的程序化、决定宣告的仪式化、决定执行的规范化,有利于检察机关聚焦法律监督主责主业,提升检察监督质量,落实检察监督责任,增强检察监督公信。强调作为办案模式,有利于检察建议的"刚性"落实。如湖北省天门市人民检察院诉拖市镇政府不依法履行职责行政公益诉讼案,虽相关被建议单位作出了整改回复,但检察机关应当跟进调查。[②] 同时,检察建议也要重视相关专业知识支持,由于检察人员一般缺乏专业性知识,在专业性较强或特殊行业中,检察建议中亦应当重视技术性证据审查意见,作为检察建议的参考和依据,确保检察建议的准确性,如罪犯王某某暂予监外执行监督案中[③],委托专业技术人员审查案件中涉及的鉴定意见等技术性证据,为精准审查判断或提出检察建议提供了有力支持。

(二)明晰检察建议界限

一是明确检察机关发出检察建议是以行使法律监督权为必要。检察机关应当以行使法律监督权为必要,对检察机关权力边界予以划线,避免检察机关服务社会治理过度延伸及业务过度分散。在提出建议时紧密围绕案件展开论证,谨守检察权与其他权力的界限,应时刻保持一种谦抑的姿态。二是处理好与其他社会规范的界限。检察建议特别是社会治理类检察建议既是一项检察工作,又与社会治理活动密切相关。规则层面的合法性并不足以解决法律适用恰当性的问题,还要处理好法律与社会、法律规范与其他社会规范之间融贯性的问题。检察机关发出社会治理检察建议的目的是参与社会治理,实现手段来自法律监督。建议措施的提出,应当尽量符合成本收益的合理化,不仅要考虑要不要,还要考虑值不值。应当时刻保持监督的谦抑。三是区分诉讼类检察建议与社会治理类检察建议界限。检察建议总类繁多,建议专门下发检察建议类指导性案例,对诉讼类检察建议与社会治理类检察建议进行区分,明确何种情形发出何种检察建议。

(三)完善检察建议落实的制度机制

新形势下检察建议的提出,是为了促进整个国家的法治发展,是为了促进各部门依

① 参见刘一颖、黄莹:《山东省检察院出台检察建议规范化操作标准——提出检察建议一律实行案件化办理》,载《大众日报》2018年10月30日,第3版。

② 参见检例第63号。

③ 参见检例第72号。

照法律规定履职;更重要的是,检察机关发现问题而提出检察建议,旨在解决问题。[①] 一是要增强被建议单位的认同感,要通过充分的释法说理、解决问题的实效,赢得被建议单位的理解和支持。二是促进社会治理信息共享。检察机关要更深度地参与社会治理,必须借助与治理目标相关的信息的有序化收集、分析、处理,从中发现有用的监督信息,使检察监督覆盖更广、更有针对性。三是检察建议要真正落到实处,需要一系列的制度机制作为保障。例如,跟踪落实机制,可以通过制定跟进落实检察建议整改情况的监督规则,既要积极督促和支持配合被建议单位对问题进行整改,对检察建议发出、整改等数据进行审核、抽查、公布,对检察建议一抓到底。更要发现有无整改问题,有无通过"后端"办案发现"前端"治理的风险隐患,提出完善前端治理的合理意见。

① 王敏远:《检察建议工作面临的新情况与新思路》,载《人民检察》2018 年第 16 期。

企业合规

企业合规检察监督机制构建探索

江苏省张家港市人民检察院课题组*

摘要:2020 年最高人民检察院开展合规试点工作以来,全国多家检察机关探索了企业合规检察监督的多种运作模式。企业合规监督考察引入第三方监管是企业合规制度得以生存并良性运行的关键所在。刑事监管人制度源于美国,我国企业合规探索刚起步,合规第三方监管机制属于新鲜事物,理论研究不深,实践经验不足。2021 年 6 月 3 日,最高人民检察院联合司法部、财政部、生态环境部、国务院国有资产监督管理委员会、国家税务总局、国家市场监督管理总局、中华全国工商业联合会、中国国际贸易促进委员会发布了《关于建立涉案企业合规第三方监督评估机制的指导意见(试行)》(以下简称《指导意见》),为合规改革试点中建立涉案企业合规第三方监督评估机制(以下简称第三方监管机制)提供了指导。在借鉴国内外合规制度的基础上,通过分析张家港企业合规第三方监管机制实例,对照上述《指导意见》对企业合规监管机制构建中的检察机关职能定位、合规考察、经费支出、第三方监督能力建设等提出建议。

关键词:企业合规　第三方监管机制　第三方监管人　监督考察

一、问题的提出

本文所称的企业合规制度是指检察机关对符合条件的企业犯罪案件,督促涉案企业

---

* 课题负责人:邓根保,江苏省张家港市人民检察院检察长;丁胜明,西南政法大学副教授、博士生导师。课题组成员:江苏省张家港市人民检察院副检察长丁建勤,江苏省张家港市人民检察院副检察长吴晓敏,江苏省张家港市人民检察院第四检察部副主任郑莉、张秀娟,江苏省张家港市人民检察院第四检察部检察官杨扬琴,江苏省张家港市人民检察院第四检察部主任助理钱丽。

作出合规承诺并对企业进行合规监督考察。考察期满经评估合格的,检察机关对涉案企业、人员依法从宽处理的制度。企业合规制度的良性运行最为核心的环节是合规监督考察,特别是评估结果的专业性、客观性、公正性,才能在作为刑事案件处理重要参考时具有公信力。评估结果的专业性需要专家人才来保证,企业合规本质是一种公司治理模式,涉及企业日常经营管理的方方面面,需要专业懂行的人来监督、考察和评估。这产生的问题是如何吸收专业人员提供称职、有效、常态的监管工作。客观性需要无利益关系的第三方介入,产生的问题是第三方人员的选取、组成、管理怎么进行。公正性需要程序保障,保证合规监督考察依法规范进行,产生的问题是监督考察过程如何进行监督制约、谁来监督。

为此,最高人民检察院合规试点过程中提出要积极探索建立合规第三方监管机制。第三方监管机制就是为依法推进企业合规制度服务的,根本目的在于协助企业开展合规建设,促进企业合规经营,从而减少和预防犯罪,实现国家治理体系和治理能力的现代化。就企业管理而言,企业通过合规建设可以建立起一套完善的合规治理体系,准确识别、评估企业存在的风险,确保企业及其员工的经营管理行为符合法律法规、行业准则和企业规则制度等要求。[①] 就市场监管而言,现代意义上的合规不仅强调企业应当守法经营,还强调企业对商业伦理的遵守。[②] 检察机关推进企业合规,推广合规的治理结构、治理体系,督促作为市场主体的企业合规经营,从企业合规逐步走向市场合规,形成合规文化的认同,有利于优化法治化营商环境,促进民营经济高质量发展。就国家治理而言,检察机关探索合规制度,创新手段参与企业犯罪预防、治理,也是国家司法机关犯罪治理能力和水平提升的表现。

二、企业合规第三方监管机制实证研究

张家港市人民检察院自 2020 年 3 月被最高人民检察院确定为全国首批 6 家企业合规改革试点单位以来,坚持大胆探索但依法审慎、检察主导但不主办的原则,积极探索开展企业合规检察监督,且自 2021 年以来开始探索合规第三方监管机制。

(一)在法律允许范围内制定合规制度

制定《企业犯罪相对不起诉适用办法(试行)》,规定涉案企业作出合规承诺,并经评估合格,对企业依法作出相对不起诉决定。我国《刑事诉讼法》第 177 条第 2 款规定,对于犯罪情节轻微,依照《刑法》规定不需要判处刑罚或者免除刑罚的,人民检察院可以作出不起诉决定。该条可以视为企业犯罪相对不起诉的法源基础。张军检察长从服务“六稳”“六保”的政治高度提出的民营企业犯罪不捕不诉等从宽处理司法政策,是企业犯罪

---

① 参见国务院国有资产监督管理委员会发布的《中央企业合规管理指引(试行)》(国资发法规〔2018〕106 号)。
② 李本灿:《法治化营商环境建设的合规机制——以刑事合规为中心》,载《法学研究》2021 年第 1 期。

相对不起诉制度的基础。企业犯罪不同于自然人犯罪,企业犯罪涉及的罪名多为法定犯,需要考虑经济领域市场行为的特殊性以及市场经济的基本规律。刑法对市场行为的容忍度应当区别于自然犯。这是企业犯罪相对不起诉制度的法理依据,企业犯罪相对不起诉的规定并不违背刑法平等保护的原则。

该《办法》明确了调查评估、合规承诺、监督考察、处理决定四个流程。从适用该《办法》全流程办理企业犯罪相对不起诉案件来看,效果良好。如某化机公司及张某等人污染环境案,该公司向检察机关提交了申请书和合规承诺,聘请了专业律师开展合规建设。检察机关启动合规监督考察并确定了合规考察期,督促该公司形成了包括合规计划、合规章程、合规政策、员工手册等一套合规体系。检察机关委托环保、税务、应急管理等部门的业务骨干组成监督考察组,对合规体系建设情况进行评估,认定达到了合规标准,遂组织召开公开听证会,依法对该公司及张某等人作出相对不起诉决定。

(二)构建第三方监管机制并实体化运行

1. 第三方监管机制构建的整体思路

最高人民检察院发布的《关于开展企业合规改革试点工作方案》提出,检察机关应当结合本地实际,探索建立包括市场监管部门、税务部门、工商联等以及律师、审计师、会计师、人民监督员、人大代表、政协委员等在内的企业合规第三方监管机制。通过第三方监管,监督、促进企业践行合规承诺。第三方监管机制的构建将政府部门、公共机构纳入了促进企业合规的制度框架,形成督促企业合规经营的合力。无论是政府部门还是公共机构,其职责决定了应当运用法定工具促进企业守法。[①] 企业面临的合规风险包括行业风险、行政风险和刑事风险,其中程度最严重的就是刑事风险,涉及刑事犯罪预防的问题,也就在检察机关职责范围。第三方监管机制的构建符合犯罪社会防范的要求,集结社会多方力量共同配合,建立犯罪防范体系。[②] 除了上述法律依据外,第三方监管机制的实践基础在于两法衔接机制的有效运用。2001 年国务院发布《行政执法机关移送涉嫌犯罪案件的规定》以来,两法衔接机制不断发展,各地检察机关和行政机关在信息共享、联合执法、案件移送等方面取得一定的成效,为第三方监管机制的构建打下了基础。

张家港市委、市政府联合印发了《关于推进企业合规建设工作的意见(试行)》,成立由市检察院牵头的合规监管委员会,统筹推进全市企业合规建设。成员包括法院、公安、司法、市场监管、工商联、各区镇等 32 家单位。合规监管委员会按照依法公正、平等自愿、科学高效的原则,具体承担制定企业合规建设工作指引、组建管理合规监管人队伍、开展合规有效性审查等职能。

---

① 参见《优化营商环境条例》第 67 条。

② 郭翔主编:《犯罪学辞典》,上海人民出版社 1989 年版,第 171 页。

2. 第三方监管机制的运行

一是出台配套规范性文件，为第三方监督评估机制运行提供制度保障。张家港市合规监管委员会制定了 7 个配套文件和 8 种文书，包括《合规监管委员会工作章程（试行）》《合规监管人遴选管理办法（试行）》《企业合规改革试点工作实施细则（试行）》《企业合规管理指引（试行）》等。例如，《合规监管人遴选管理办法（试行）》明确了合规监管人的权利、义务以及回避制度，借鉴国外防止利益冲突的规定，强调合规监管人曾经参与过涉案企业合规建设的，一年内不得再受托成为该企业的法律顾问；规定合规监管人免除资格七种情形，包括选任中弄虚作假、受到处罚或处分、考核不合格、违反回避制度等，为监管人的管理提供了制度依据。再如，《合规有效性审查工作办法（试行）》及配套的《合规有效性审查专项参考指标》、《合规有效性审查工作流程》明确了合规有效性审查、评估的程序、方法和参考标准，为合规监管人进行考察评估提供依据和参考。

二是选任合规监管人并进行培训，为第三方监督评估提供人才储备。张家港市合规监管委员会负责组建合规监管人队伍，由市司法局组织遴选，推荐律师事务所，市财政局推荐会计师事务所，各行政机关负责组织遴选、推荐专业骨干，共同组成合规监管人队伍，包括应急管理、市场监管、生态环境、税务等行政机关专业骨干 61 人，11 家律师事务所，7 家会计师事务所，并细分为安全生产、环境保护、税务管理、知识产权四个专业化合规监管小组。合规监管委员会安排合规领域专家学者讲课培训合规知识、宣传合规文化，组织首批合规监管人前往张家港市合规法治护航中心参观学习。

三是将合规经费列入财政预算，为第三方监管评估提供有效激励措施。关于合规监管人履职过程中的经费保障，《合规监管人遴选管理办法（试行）》明确将合规监管人的经费列入本市年度经费预算。对于合规费用的测算，张家港市合规监管委员会制定了《企业合规第三方评估经费管理暂行办法（试行）》，规定合规专项资金包括三块：(1)刑事合规费用：合规计划审查费、监督考察费、合规评估费；(2)事前合规费用；(3)顾问费用：劳务费、材料费、会议费、其他费用等。市工商联负责编制项目预算和决算，并按照项目批复预算、计划书和相关管理制度使用资金，市检察院负责对资金使用的合法性、合理性、真实性进行监督。在资金使用管理过程中，如涉嫌犯罪的，移送监察委处理。依据该规定，合规监管委员会向市政府申请 2021 年度企业合规工作专项经费 200 万元，保障第三方监管机制有效运行。

三、第三方监管机制实践中存在的问题

（一）如何界定检察机关的职能定位

检察机关作为国家法律监督机关，不仅承担着公诉、逮捕、立案侦查等诉讼职能，还

要在办案过程中贯彻社会综合治理的司法理念,探索参与社会治理的新方式。[①] 检察机关承担着刑事案件审前主导责任,开展企业合规探索是应有之义。前期探索过程中,有的检察机关既监管实施合规计划,又负责评估是否达标;有的检察机关发建议要求企业合规,但自身超然于具体工作之外;有的检察机关事无巨细,深入介入甚至代替行政机关开展合规。目前存在争议的问题是,随着企业合规试点逐步深入,特别是第三方监管机制的构建需要行政监管部门、中介机构等多方介入,牵扯到合规监管人遴选、机构设置、经费管理、履职监督等方方面面的问题,检察机关在这一机制中履职的界限在哪里值得探讨。

比如,检察机关能否牵头成立合规第三方监管委员会并且负责日常工作,企业合规监督考察过程中能否以及是否有必要监督企业的合规建设情况、合规第三方监督评估小组的履职情况,能否负责合规监管人经费的管理等。试点初期,由于企业合规相关制度、机制还是新鲜事物,各方组织、人员对此比较陌生,参与合规建设的积极性、主动性不足。按照《指导意见》的规定,全国工商联负责第三方机制管委会的日常工作。第三方监督评估工作面广量大、专业性强,新问题层出不穷,需要协调方方面面。而工商联作为人民团体和商会组织,不具有行政职权且人手有限,面对新的职能挑战,能否挑起这项重担等均需考量。

(二)如何保证合规考察评估的有效性、权威性

合规考察评估缺乏行之有效的合规标准。《指导意见》规定第三方组织应当对涉案企业合规计划的可行性、有效性与全面性进行审查,在合规考察期内,可以定期或不定期对涉案企业合规计划履行情况进行检查和评估。目前试点各地普遍没有发布有效合规计划的基本标准,合规监管人进行考察评估时无所依据,而评估结果将作为涉案企业刑事从宽处罚的参考。这导致了合规监管人监管工作责任大、压力大,可能出现不敢出具评估意见的情况,也不排除权力滥用的可能。个别检察机关或者行业、政府部门出台的相关文件主要基于地方实践需要,如张家港市合规监管委员会虽然已经制定合规有效性审查的参考指标,但相应指标是否完全契合实际,是否行之有效仍有待实践进一步检验。

(三)如何落实合规监管经费的支出管理

合规监管人无论是行政机关公职人员还是第三方中介机构人员,合规监管工作要求独立性、权威性和专业性,考察时间长、评估范围广、考察报告的法律效力等都需要相应的经费保证。关于合规经费的管理,主要有两方面问题亟待解决:

1. 钱由谁出? 由涉案企业支付还是统一纳入当地财政预算支出。美国的监管人制度是由企业直接和监管人商谈报酬。但涉案企业支付报酬可能损害合规监管人的独立性,而由政府买单虽然很大程度上可以保证合规监管人的独立性,但这种报酬很难有较

① 陈瑞华:《刑事诉讼的合规激励模式》,载《中国法学》2020 年第 6 期。

高的标准,影响合规监管人工作积极性。另外,涉案企业作为犯罪嫌疑人,不仅不用承担犯罪成本,还可以享受国家机关提供的帮助合规建设的服务,影响犯罪治理的目的和效果。

2. 钱的支付方式? 主要针对企业付费的情况,企业直接交给合规监管人显然不妥,陈瑞华教授提出应当让企业支付合规监管费用,但要由检察机关进行支付,阻断利益输送。这就产生了检察机关负责经费管理是否合适的问题。此外,关于经费的开支范围、费用标准、费用计算等问题都有待研究。

(四)如何提升第三方监督人的专业能力

我国由于企业合规制度起步晚、发展滞后,专业的合规管理师比较少,特别是基层县市缺乏相应人才。在目前的合规不起诉制度探索中,各地检察机关推动建立第三方监管机制,组建第三方监管专家库,成员基本是行政机关人员或律师事务所、会计师事务所等中介机构人员,很多并非专门的合规管理人员。合规监管有效性审查专业性强、评估过程复杂,合规监管人的能力和水平存在局限性,影响评估结果的权威性。

(五)如何加强对第三方监管组织的监督制约

如何督促第三方监管人依法、独立、公正开展监督考察工作,防止出现风险隐患,特别是评估工作中,如何防止出现与被监管企业发生不正当的利益输送问题,甚至关乎检察机关职务廉洁性的问题。监督合规监管人方面,张家港市监管委员会设置了考核制度、回避制度、资格免除制度,明确合规监管人的六项义务,包括不得以监督考察为名随意干扰企业正常生产经营活动或者实施收受财物等违反廉洁纪律的行为。合规监管人需要接受合规监管委员会组织的年度考核,考核结果作为表彰、免除资格、续任的重要依据,同时要受更为严格的回避制度和职务免除制度的约束。但上述规定都是合规监管委员会的内部监管手段,可能存在监管漏洞,还需要加大外部监督,以公开促公正。

四、改进建议

(一)明确定位,准确界定检察机关的职能

《指导意见》明确,工商联负责承担管委会的日常工作,负责办案的检察机关履行审查监督职责,包括对第三方监管组织人员名单、企业合规计划、定期书面报告、合规考察报告的审查,并提出意见建议,处理相关人员的申诉、控告。由此可见,检察机关在合规监督考察中履行职责还是围绕刑诉法、刑诉规则等规定的法定监督职责,不得越权、破权。基层检察机关在开展合规试点工作过程中必须遵照执行,创新方式方法解决运行中的困难。

我们认为,检察机关不可消极被动,更不能大包大揽。试点初期,检察机关可以牵头推进建立起合规第三方监管机制,待机制建立、条件成熟后应当将主导权交给工商联。检察机关更多的是承担引导、监督职责,可以推动、协调相关事项,主责主业还是办理案件。在合规不起诉制度中,检察机关应以“监管者”的地位,对合规不起诉的全流程起到协调、监管的作用。在合规第三方监管探索中,检察机关可以充分发挥犯罪预防职能,原有的合规工作人员,比如合规专员、合规办公室人员、研究人员可以作为合规顾问,不仅可以对合规监管人进行指导、培训,还可以组织企业家进行合规宣传教育,营造合规文化。

(二)严格验收,促进企业实质整改

建立科学的合规有效性审查标准,作为各地深化合规第三方监管机制规范运行的重要抓手,并为第三方监管组织进行考察评估提供相对统一的标准。目前,全国个别检察机关制定了合规审查标准,一方面,需要通过实践进行检验,发现问题、解决问题,进行修订完善。积累一定数据样本后,最高人民检察院可以联合相关部门对合规审查标准进行顶层设计。另一方面,可以聘请专门研究人员、合规分析师进行论证,提升标准的合理性和科学性,促进达成共识,自上而下减少推广至各地的阻力。

(三)科学预算,建立合规经费管理制度

《指导意见》要求合规第三方委员会研究制定第三方组织及其人员的工作保障和激励制度,但如何推进保障激励机制落地见效,需要在实践中进一步探索。笔者认为可以借鉴张家港市的做法,设置专项资金。第三方委员会可以制定符合当地实际的经费管理办法,设立专门的合规专项资金,对监管人的工作量进行科学测算,设置合理薪酬,协调当地财政局将合规专项资金列入年度财政预算,由工商联负责经费管理。同时,严格程序审批,规范使用资金。工商联根据推进企业合规实际需要提出申请,报合规监管委员会审批,检察机关负责对资金使用的合法性、合理性、真实性进行监督。第三方监管委员会可以参照《最高人民法院关于审理企业破产案件确定管理人报酬的规定》,对费用计算标准、收取方式、时间以及程序等问题作出规定。

(四)加强培训,提升合规监管人的专业素能

一是探索建立专业合规委员会。在第三方监管委员会下面设立专业的合规委员会,比如可以设立安全生产、环境保护、税务管理、知产管理四个合规委员会,进行专业、针对性的管理、培训。各合规委员会对应合规有效性审查的四个合规指引,在实践中进行检验,发现问题、解决问题,不断完善合规有效性审查的评估参考指标,走专业化的合规监管道路。条件成熟后,可以进一步增加,比如反腐败合规委员会、劳动保障合规委员会等。二是完善第三方监管小组产生的程序。第三方监管委员会应当根据特定企业涉嫌犯罪的情况,以及建立合规计划所需要的专业知识,按照第三方监管人专业类别从专家库中分类随机产生专家人才组建第三方监管小组,确定小组人员的配比,专家组成员一般为奇数,并通过工商联微信公众号进行公示。三是加强专业培训。为第三方监管人定期举办有关合规方面的培训,解读第三方监管规范性文件、合规有效性审查标准,学习最新的法律法规、行业规则等,提升合规监管方面的能力。

（五）全面监督，确保第三方监管机制公正运行

第三方监督评估组织在合规考察工作中要秉持依法依规、客观勤勉的原则，同样要遵循法律法规、行业规范，共同履行好监督评估职责。检察机关如何审查合规整改成效以及自由裁量权的约束，如何保证合规监管考察的公正，考虑如下：

1. 严格把关资质。在启动合规监督考察时，第三方监管委员会应当对第三方监管人、机构的资质进行审核把关。检察机关在第三方监管人的确认上应当加强监督作用，一方面注意审查专业能力，保证第三方组织人员专业能力突出、机构管理规范、执业信誉较好；另一方面对选定的第三方组织人员进行审查，保证监管考察的客观公正性，与企业有利害关系的人员应及时排除在外。有条件的可以借助大数据对第三方监管人进行资质审核，并对第三方监管组织人员的公示情况进行监督，接到异议及时向第三方监管委员会反映。

2. 加强部门合作，发挥外部监督作用。(1)行为不当、违反职业操守的：对违反社会公德、职业伦理等行为，合规监管委员会及时向有关主管机关、协会等提出惩戒建议。(2)严重违纪违法的：第三方监管人涉嫌违纪违法线索的，及时向监委、公安机关移交线索。(3)设置巡回检查小组：借鉴“巡回检察”的模式，督促第三方监管机构依法、公正、客观履职。根据《指导意见》规定，组建巡回检查小组成员库，成员可以主要考虑退休的检察官、法官，人大代表、政协委员等都可以纳入；建立专门制度，规定现场抽查和跟踪监督的方式、途径，提供必要的工作便利等。

案例研究

论类似案件的价值判断

韩彦霞*

摘要:“同案同判”的制度要求和目标导向下,类似案件的判断成为指导性案例正确、有效应用的基础和核心问题。价值判断是类似案件判断的组成部分,是类似案件判断的高级阶段。价值判断具有客观性与规范性,类似案件的实质相似性的认定更多取决于价值判断,是决定是否具有实质相似性的判断。类似案件的判断应当坚持价值功能的引领原则、价值内容的时效原则、价值结构的平衡原则。同时,以目的解释、抽象精神、法益保护等客观和规范内容进行价值判断。

关键词:类似案件　实质相似性　价值判断

随着指导性案例被最高人民法院、最高人民检察院规范性文件赋予“应当参照”的拘束力,指导性案例的“准法源”①抑或“法源”②地位得以强化,指导性案例应用活动的顶层设计被提上日程。“同案同判”的制度要求和目标导向下,类似案件的判断成为指导性案例正确、有效应用的基础和核心问题。

在“存在类似案件标准”之命题得以证立并形成共识的理论背景下,如何对类似案件进行判断就成为进一步的理论和实践问题。类似案件的判断对象主要针对具有实质意义的相似性的判断。从事实命题上升到规范命题,中间需要进行价值判断。法治进化是

---

* 韩彦霞,江苏省无锡市人民检察院法律政策研究室副主任。

① 张骐:《试论指导性案例的“指导性”》,载《法制与社会发展》2007 年第 6 期;雷磊:《指导性案例法源地位再反思》,载《中国法学》2015 年第 1 期。

② 这基于对于“法源”概念本身的不同理解和界定。

"规范与价值统一"和"以形式合理性历史先导而价值合理性优先"的过程。[①] 价值判断是类似案件判断的组成部分,是类似案件判断的高级阶段。[②]

一、价值判断的客观性与规范性

价值判断受制于法教义学以及法律原则、规则、政策的约束,价值判断具有客观性与规范性。[③] 法律的制定过程本身就是价值判断的过程,价值判断的客观性与规范性为法律的安定性得以在司法适用中延续提供保障。价值判断与司法自由裁量相伴相生,然而,"同案同判"与价值判断不仅不矛盾,而且还具有内在的目标一致,即二者均以实质相似性为根本追求。

(一)法律体系统合下的实质相似性判断

作为一个由逻辑周延的规则组成的有机体,法律体系具有相对封闭性或自体性。实质性判断所依据的价值首先是融贯于、服从于既有的法律价值的体系,遵循积极的、传统的道德价值和高效的、时代化的政治价值,如社会主义核心价值观即在司法价值观的性质定位中得以应用,其在指导性案例的形成过程中遵循司法适用的规范性和法理性。[④] 只有在法律意义上的相似才能称其为实质相似,类似案件的价值判断受制于法律自身的规范、标准和方式。对于超越既有的法律价值体系的实质相似性判断,虽然有一定的创新性,但容易给社会的发展和法律体系的稳定性造成致命性的破坏,激化生产力与生产关系、经济基础与上层建筑的矛盾,不利于法律体系的稳定发展。因此,法律价值体系的内在规定构成价值判断客观性与规范性的发生基础。

(二)事实经验涵摄下的实质相似性判断

事实经验是在理论指导下进行的实践活动过程中逐步展现出来的相对有机、相对明确的具有个性的客观规则,是规律被认识前的客观世界运行的规则体现,是既定认识理论在客观世界实践检验的过程中必然出现的修正因素,是认识理论成为真理的客观必需

---

① 公丕祥主编:《中国法制现代化的进程》(上卷),中国人民公安大学出版社 1991 年版,第 59 页;公丕祥:《邓小平的法制思想与中国法制现代化》,载《中国法学》1995 年第 1 期。

② 于同志:《论指导性案例的参照适用》,载《人民司法》2013 年第 7 期;张琪:《再论类似案件的判断与指导性案例的使用——以当代中国法官对指导性案例的使用经验为契口》,载《法制与社会发展》2015 年第 5 期;王彬:《案例指导制度下的法律论证——以同案判断的证成为中心》,载《法制与社会发展》2017 年第 3 期;雷磊:《如何理解"同案同判"?——误解及其澄清》,载《政法论丛》2020 年第 5 期;孙海波:《重新发现"同案":构建案件相似性的判断标准》,载《中国法学》2020 年第 6 期。

③ 孙海波:《在"规范拘束"与"个案正义"之间——论法教义学视野下的价值判断》,载《法学论坛》2014 年第 1 期;雷磊:《如何理解"同案同判"?——误解及其澄清》,载《政法论丛》2020 年第 5 期;[德]卡尔·拉伦茨:《法学方法论》,黄家镇译,商务印书馆 2020 年版,第 369 页;张骐:《司法推理价值判断的观念与体制分析》,载《浙江社会科学》2021 年第 2 期;高一飞:《论司法价值判断的客观性》,载《浙江社会科学》2021 年第 2 期。

④ 刘艳红、刘浩:《社会主义核心价值观对指导性案例形成的作用——侧重以刑事指导性案例为视角》,载《法学家》2020 年第 1 期。

因素。客观经验内在的"公共感知性"是司法价值判断客观性的重要元素。① "法教义确定时,价值判断依据是'一般经验法则',一般经验法则即价值判断在具体案例中的抽象和固定,是个别经验完成的法律续造结果。"②事实经验经由价值评判即上升为一般经验法则,其凝结了价值判断中的广泛和深度共识。因此,事实经验所内涵的规则基础保障了价值判断的客观性和规范性。

(三)社会意识观照下的实质相似性判断

实质相似性判断是唯物主义辩证法中的一种方法,是思想意识形态里对客观世界认知过程中进行的演绎推理、归纳推理、类比推理。不同社会形态下具有不同的社会意识,亦有不同意识形态中的主流价值。社会主义核心价值观就是社会主义的社会制度优势在人民生产、生活和社会发展过程中所形成的最具共性的高级意识、是社会制度在人民意识中的最高标准,是判断社会主义社会个体意识是否具有社会主义特性的实质参考标准,也是判断案件相似度的重要基点。在生成力发展过程中,作为具有社会主义社会意识元素的司法体系则必然要以核心价值来对案件的实质进行意识形态意义的相似性判定。在此基础上,价值判断的客观性和规范性也随之产生。

二、价值判断在司法裁定之实质相似性中的地位

事实的比较往往是"相关相似性"的比较,即量的意义上的相似性。③ 类似案件的实质相似性的认定更多取决于价值判断。张明楷教授"赞成以价值或目的作为出发点构建犯罪论体系"。④ 英国法学家哈特也指出,司法判决,特别是关于宪法的高层次问题,经常涉及价值间的选择,其会深刻影响司法推理。⑤ 评价法学、利益法学直至发展的价值评判法学等不同学派也在不断推动价值判断在司法中的应用。

第一,价值判断与司法裁定之实质相似性形成不可分割的整体。形式入罪与实质出罪的刑法二元评价模式决定了司法裁定对于价值判断的依赖。⑥ 形式入罪即事实与规范在形式上的对号入座,而处罚必要性的评价则一定是融入价值判断的实质解释。倘若不借助价值判断,相同的案件事实会被代入不同的规范,或者相同的案件事实在不同的规范解释面前无法选择适用。而依据价值判断的结果,案件事实与法律规范的配伍才会达至正义的亲和,即便是不同案由的案件也可以遵循同一指导性案例的引领。

第二,价值判断是建立在司法裁定发展理念基础上的新动力裁定。以类似案件之间

---

① 高一飞:《论司法价值判断的客观性》,载《浙江社会科学》2021 年第 2 期。

② 吴双:《论民事司法裁判中的价值判断:问题、进路与方法》,载《东北农业大学学报(社会科学版)》2020 年第 3 期。

③ 王彬:《案例指导制度下的法律论证——以同案判断的证成为中心》,载《法制与社会发展》2017 年第 3 期。

④ 张明楷:《犯罪论的基本问题》,法律出版社 2017 年版,第 7 页、第 11 页。

⑤ [英]哈特:《法律的概念》,许家馨、李冠宜译,法律出版社 2018 年版,第 43 页。

⑥ 刘艳红:《形式入罪实质出罪:无罪判决样本的刑事出罪机制研究》,载《政治与法律》2020 年第 8 期。

进行比较的点如基本事实、争议焦点、法律适用[①]作为区分，价值判断的应用更主要集中于争议焦点和法律适用项下。价值判断的初步应用之后会回到案件基本事实对照构成要件进行判断合理性的分析，然后再回到争议焦点或法律适用层面，以此往返流转形成价值判断的体内循环。在此循环过程中，价值判断成为沟通事实、规范以及法律之外道德、政策乃至社会主义核心价值观等意识形态的桥梁，其将法律与法律之外的世界对话，并赋予法律之外积极的、正面的、主流的意识形态元素以法理特征。进而，"持续通过'特定价值判断'指导法实践，使法文本在具有终局性的司法中，能够呈现出价值上的一致性。"[②]

第三，价值判断可提升司法裁定之实质相似性的程序与实体公正。司法的现实世界中，价值判断的不足、缺失或者价值判断偏颇、错误，会对司法和社会造成负面影响和危害。持续的非法经营罪口袋化，系列正当防卫案的不当认定，都深刻反映了司法裁定之实质相似性中价值判断的必要。王某军收购玉米案、天津大妈非法持枪案，以及相当数量的未经许可销售柴油案中存在的司法裁定问题，无一不与价值判断缺失具有直接因果关系。正当防卫认定中，"法不能向不法让步"也就必然成为社会广泛接受、司法机关高度遵循的价值理念。近年来，最高人民法院、最高人民检察院在顶层设计中重视司法价值的引领，社会主义核心价值观在案例中被直接引用。通过在类似案件中进行价值判断，不断提升司法裁定之实质相似性的程序与实体公正。

三、价值判断的基本原则

市场经济中为适应市场交换所进行的双方自我判断、共同妥协和斡旋的思想活动过程就是价值判断的过程，它需要遵循认识领域的自我否定和自我继承的规则。与此相似，类似案件的价值判断是法律的横向适用与纵向发展的矛盾解决过程，是发展性法治理论与既成法律条文之间的相互妥协、相互推进的过程，并以特定的原则贯穿案件评定的始终。

（一）坚持价值功能的引领原则

任何案件的发生都有其主观和客观因素，而这些因素均能在法理中寻求肯定性或否定性的评价。申言之，案件发生是社会发展到一定阶段，社会主流价值向前推进幅度过大而导致偶然因素凸显的必然结果，是生产力进步的侧面表现，是法治关系推进的一项动力。正如陈兴良教授所认为的，从功能分析的意义上说，犯罪的存在还是有一定的合理性的，它为社会提供一定的张力，从而使社会在有序与无序、罪与非罪的交替嬗变中跃

① 最高人民法院《关于统一法律适用加强类案检索的指导意见（试行）》提出了类似案件判断的三个比较点。

② 黄源盛、施奕：《从判例要旨到指导案例——法秩序一致性视野下的判例制度演绎》，载《法治现代化研究》2020 年第 6 期。

进。[①] 此外,还有一些学者甚至从犯罪的积极社会功能角度评价犯罪,如梁根林教授认为,“在合法政权的实定法律体系下,许多法定犯罪往往具有推动制度变革和制度创新的积极作用。”[②]再如蔡道通教授认为,“罪恶与犯罪本身也有其一定的正价值,犯罪推动着法治的发展。”[③]这是由于有些法律在制定之初是符合社会发展和人权保障需要的,然而随着社会进步,法律服务“最低限度正义”的功能已不复存在。

法治关系是基于经济基础之上的高级政治关系,是经济关系基础之上的案件价值关联体,是经济关系的高级价值形式。价值具有超越现实的特质,是对现实世界肯定中的否定,顺应中的批判,价值的本性就是超越现实对于未来的展望。高度发达的政治经济关系下,类似案件的价值判断就是基于政治经济基础之上的法治价值的考量。任何案件的发生都有其积极和消极的方面,也就是案件的“二律背反”。因此,基于法治价值体系来进行案件评定,如若发现其具有推动价值提升的多个角度,则案件的价值判断就是选用价值贡献最大的角度去评定,选用符合社会生产力前进方向的价值去评定,坚持价值功能的引领原则。

(二)坚持价值内容的时效原则

价值内容随着社会发展的不同形态发生根本变化。马克思在其《政治经济学批判》中将人类历史划分为“人的依赖关系”“以物的依赖性为基础的人的独立性”“建立在个人全面发展和他们共同的、社会的生产能力成为从属于他们的社会财富这一基础上的自由个性”三种社会形态,不同社会形态下的价值内容也体现出鲜明的历史性特征。法治发展的权利本位、合目的性、实质正义倾向等,同时也构成影响近现代价值演绎的变量元素。例如,物权法中的基本理论命题变化通常都与自由、公平与效率等价值之间的关系演进密切相关。[④] 再如,考察我国侵权责任法的发展,发现其亦历经了从最初的公平价值到公平、效率价值的并重,再到公平、效率与秩序价值协调平衡的历程。

应用于类似案件判断的价值内容应是特定时代发展中的具体内容,比如当前的社会主义核心价值观就是当前主流价值,是具体的、历史的,具有时代特定性。在历史的长河中,价值内容必将被扬弃、丰富和完善。法律制度是国家机器治理国家的一种特殊形式,具有强制性,也具有自身的局限性,是价值内容在法律层面上的展示形式,在类似案件的判断中具有时效性。尽管当前的法治体系作为一个有机融合体,对社会具有积极的推动作用,然而,当案件不能应用现行法律得以完美解释时,就体现出法律制度对于案件价值

---

① 陈兴良:《刑法的人性基础》,中国人民大学出版社 2006 年版,第 354 ~ 355 页。

② 梁根林:《从绝对主义到相对主义——犯罪功能别议》,载《法学家》2001 年第 2 期;梁根林:《刑事政策:立场与范畴》,法律出版社 2005 年版,第 226 页。

③ 蔡道通:《犯罪与秩序——刑事法视野的考察》,载《法学研究》2001 年第 5 期。

④ 胡绪雨:《物权法定主义价值演进与合理性分析——我国物权法的制定是否应当坚持物权法定原则》,载《法学论坛》2006 年第 2 期。

判断的有限性。当案件发生的主观因素具有新时代特点的时候，对于案件进行价值判断的客观性即体现于价值内容的时效性。因此，基于时代价值观适用法律，将使案件的积极价值得以体现，法律的制度优势也会展示，否则就容易导致偏差。所以，对类似案件进行价值判断时需要站在时代的角度，坚持价值内容的时效原则。

（三）坚持价值结构的平衡原则

价值结构始终是变动不居的，价值的位序重组与比例重置推动价值结构的动态平衡。相对稳定的价值结构在推动人类社会有序发展的同时也往往隐藏着危机，要通过不同价值间的平衡消解这种危机。尤其是随着风险社会的到来，一方面，该危机表现为具体案例中的关系失衡：正义与秩序的价值冲突，自由与安全的价值紧张，个人利益与公共利益的价值转化。另一方面，该危机则表现为主体追求上的要素缺失：正义价值存在实质标准的非确定，自由价值存在认知世界的制约性，权利价值存在法律解释的形式化。以上两个方面的问题总体应归因于新时代转型与法律滞后性矛盾综合作用下价值固有体系的局限。

案件的最终裁判结果体现出案件主体各方对社会贡献在价值上的平衡，所谓平衡原则就是对这个案件或者这类案件价值判断时，需要坚持案件对社会的发展贡献价值的统筹与协调，推动社会发展力的解放（创新）得以均衡发展。因此，能否平衡类似案件在创新性和解放生产力、促进国家和社会治理等功能之间的关系，理应成为价值判断的根本原则。一方面，通过结构平衡的价值判断立足于缓解生产力和生产关系之间的矛盾，推动二者共同发展。另一方面，通过结构平衡的价值判断可以展示社会主义制度下中国法治系统具有无比的活力，能够在自我否定中快速前进，逐步修正不适应社会发展的法治思想，开创出更有推动力的法律制度变革新局面。此外，类似案件的判断过程，同时也是社会管理学与法律美学完美融合运用的过程。因此，坚持价值结构的平衡原则是司法案件政治效果、社会效果、法律效果得以有机统一的根本遵循。

四、价值判断的客观与规范来源

法律的纵向适用主要以演绎推理的方式实现，法律的比较适用则主要以类比推理的方式实现。法律推理不只是逻辑判断，更是循环推理中的价值判断，价值判断在法律推理中具有必然性。

（一）来源于目的解释的价值判断

“目的论解释具有最高准则”。[①]“法律的价值有关制定法律的目的，是法律的本

---

① 张明楷：《刑法原理》，商务印书馆 2017 年版，第 18 页；张明楷：《刑法的基础观念》，中国检察出版社 1995 年版，第 232 页。

旨。"[①]目的解释的途径之一即通过价值维度展开。主体是法律的最终目的,法律没有自己独立的目的,而只有与主体需求相一致的目的。[②] 目的解释具有客观属性和规范属性[③],在历史解释、文义解释、体系解释的基础上,目的解释的客观属性和规范属性基于客观世界和法律规则的现实变化而获得。类似案件与指导性案例之相似性判断的作出非基于"物性"的相似性,而是基于规范之"理性""意旨"或"目的"的相似性。[④]

以销售假药罪为例,《刑法》第 141 条规定的生产、销售假药罪虽然兼具保护药品生产、销售秩序的目的,但其根本目的在于保护患者的身体健康。[⑤] 在类似案件的价值判断中,如果只从形式上对法条进行解释,就容易将不构成犯罪的此案对比成构成犯罪的彼案。因此,在进行此类案件的价值判断中,要进行目的性限缩解释。在《我不是药神》的原型陆某销售假药案中,通过对法条的目的解释,就不能与其他类型的生产、销售假药案例作同一价值判断。又如,非法集资刑事案件中的目的限缩解释。2010 年最高人民法院颁布的《关于审理非法集资刑事案件具体应用法律若干问题的解释》和 2018 年最高人民检察院发布的 11 项关于保护民营企业发展的执法司法标准,均从"集资用途"和"能否及时清退"两个立法目的角度设定追究刑事责任的条件。再如,最高人民检察院发布的两批关于金融犯罪的指导性案例中,在对网络非法集资犯罪的认定过程中,即进行了来源于目的解释的价值判断。检例第 64 号杨某国等人非法吸收公众存款等案即遵循了这种价值判断。只有当司法人员确认待判案件的关键案件事实与指导性案例的关键事实均统一于共同的立法目的时,该价值判断才可视为正确。

(二)来源于抽象精神的价值判断

价值属于观念形态,而法律裁定中的价值判断则需基于正确的观念,也就是上升为抽象精神层面的意志。法律中的抽象精神包括法律文化、法律理念、法律原则、法律政策等其中蕴含的符合社会、法治发展规律、方向的积极元素。法律中的抽象精神筑基于社会物质生产、生活条件之上的法律制度、权力关系中反映出的共识性社会意志。一方面,"法律精神是指包含在法律现象中的有关法的最本质的观念"[⑥];另一方面,更有具体法律规范对法律精神的宣示与彰明。刑法规则的确立是综合考量和权衡的结果,其本身汲取了法律中的抽象精神,来源于抽象精神的价值判断,同时也是规则与具体案件结合中的

---

① 分别参见张骐:《司法推理价值判断的观念与体制分析》,载《浙江社会科学》2021 年第 2 期;孙海波:《重新发现"同案":构建案件相似性的判断标准》,载《中国法学》2020 年第 6 期。

② 谢晖:《价值重建与规范选择——中国法制现代化沉思》,法律出版社 2019 年版,第 4 页。

③ 张明楷:《罪刑法定与刑法解释》,北京大学出版社 2010 年版,第 167 页;肖志珂:《论目的解释在刑事指导案例中的运行规则》,载《政法学刊》2019 年第 4 期。

④ 张超:《法律的价值诠释与裁判实践的方法选择》,中国人民公安大学出版社 2013 年版,第 175 页。

⑤ 张明楷编著:《刑法的私塾(之二)》(上),北京大学出版社 2017 年版,第 325 页。

⑥ 陆辉、王景斌:《法律精神进入大众日常生活的逻辑与进路》,载《辽宁大学学报(哲学社会科学版)》2018 年第 6 期。

精神实现。因此,来源于抽象精神的价值判断更加接近客观性与规范性。

近年来,舆论热点案件中的价值判断多来源于法律中的抽象精神,尤其是涉及形式之"可罚性"与实质之"应罚性"之间的价值判断。如对于许某利用 ATM 的漏洞进行盗窃等类似案件进行的价值判断往往来源于罪责刑相适应等法律原则。又如,检例第 47 号于某明正当防卫案在其指导意义中指出,《刑法》关于特殊防卫的规定,蕴含着"法不能向不法让步"的秩序理念,这就是从法律理念中进行类似案件的价值判断。再如,检例第 81 号无锡 F 警用器材公司虚开增值税专用发票案,指导意义认为,"检察机关办理涉罪民营企业刑事案件,应当充分考虑促进社会发展,促进职工就业,维护国家和社会公共利益的需要。"该案例即是在国家治理现代化的框架下,依据治理型司法所包含的协商、合作、恢复等新时代法律精神作出的价值判断。

(三)来源于法益保护的价值判断

所谓法益,是指合乎价值判断的利益①,"社会科学的反馈和自然科学不完全一样,刑事司法实践效果的反馈是一种价值判断,具有利益取向。"②类似案件的价值判断过程,同时也是多元的刑事司法利益在与犯罪对抗的刑事司法体系中得到反映的过程。刘艳红教授即认为,环境法侵犯的生态利益,因其利益的普遍性而具有明显的精神化气质。③ 法益因其合乎规律和法律属性而具有了客观性与规范性,类似案件亦应当基于法益保护进行价值判断。

以检例第 85 号刘某鹏涉嫌生产、销售伪劣产品(不起诉)案为例,其要旨是检察机关办理涉企案件,应当注意保护企业创新发展。从法益保护上看,李某某的行为没有损害产品市场诚实交易的秩序和用户、消费者的合法权益。④ 生产、销售伪劣产品罪的法益保护立场向外传导了保护企业创新发展的价值。又如,最高人民法院指导案例第 97 号王某军收购玉米案即坚持了法益侵害严重性和社会危害相当性的双重标准。再如,食药领域职业打假与知识产权领域"碰瓷式维权",因为法益保护层面的差别而不能将其判断为类似案件。食品、药品领域案件具有应该受到保护的法益⑤,而知识产权领域"碰瓷式维权",则是以"维权"之合法形式掩盖"勒索"之实质非法。因此,二类案件在价值层面不能判断为类似案件。

---

① 张驰、韩强:《民事权利类型及其保护》,载《法学》2001 年第 12 期。

② 周建军:《刑事司法政策原理》,清华大学出版社 2011 年版,第 63 页。

③ 刘艳红:《"法益性的欠缺"与法定犯的出罪——以行政要素的双重限缩解释为路径》,载《比较法研究》2019 年第 1 期。

④ 蔡颖:《在饲料添加剂中加入人药不构成生产、销售伪劣产品罪——以李某某案为例》,载《河南警察学院学报》2020 年第 2 期。

⑤ 《最高人民法院关于审理食品药品纠纷案件适用法律若干问题的规定》第 3 条规定,"因食品、药品质量问题发生纠纷,购买者向生产者、销售者主张权利,生产者、销售者以购买者明知食品、药品存在质量问题而仍然购买为由进行抗辩的,人民法院不予支持"。最高人民法院在《对十二届全国人大五次会议第 5990 号建议的答复意见》中指出,"考虑食药安全问题的特殊性及现有司法解释和司法实践的具体情况,我们认为目前可以考虑在除购买食品、药品之外的情形,逐步限制职业打假人的牟利打假行为"。

指导性案例多元化应用之提倡

——以检察指导性案例应用为视角

丁建玮　宋涤宇*

摘要：当下指导性案例应用理论和实践没有摆脱"判例思维"，过分强调统一法律适用的功能，导致案例应用主体、场景和方法单一。从保障统一法律适用、促进司法人员主动应用、营造公众应用氛围、推动应用理论和实践协调发展角度，应倡导案例应用主体、场景和方法的多元化。检察指导性案例多元化应用，可区分不同类型应用场景和应用方法，并构建配套机制。

关键词：指导性案例　检察　多元化应用　路径

2010年，最高人民检察院、最高人民法院先后建立指导性案例制度。伴随着指导性案例整体数量增加和发布频次加快，指导性案例应用已经成为各界广泛关注的问题。大多数论者在研究案例应用时，得出指导性案例应用特别是检察指导性案例应用不足，法律文书参照适用率不高的结论。① 目前的研究尚不能全面反映案例应用全貌，应从指导性案例功能出发，厘清指导性案例应用的内涵和外延，据此提出进一步优化指导性案例应用的具体路径。

一、指导性案例应用不足现状的重新审视

（一）对指导性案例应用不足结论的梳理

综观既有研究成果，指导性案例应用不足的问题，大致包含三层含义：一是已经发布

* 丁建玮，江苏省泰州市人民检察院法律政策研究室主任；宋涤宇，江苏省泰州市海陵区人民检察院办公室副主任。

① 参见张杰：《指导性案例应用的方法考察与实践突破》，载《检察调研与指导》2019年第5期。文章指出，目前掌握的检察指导性案例应用实例只有5件（截至该文定稿——引者注）。

的指导性案例被应用于司法实践的比率不高。如有论者以“北大法宝司法案例库”中的裁判文书作为样本,使用大数据分析的方法对 2011 年以来最高人民法院指导性案例应用进行分析研究,发现截至 2019 年 12 月,最高人民法院发布指导性案例 24 批 139 例,已被应用的共有 91 例,尚未被应用的有 48 例。① 二是应用指导性案例的案件数量,在整体办案数中占比较低。如有文章指出,2019 年度应用最高人民法院指导性案例的案件共有 5104 件,但与各级法院每年审结的约 3000 万件案件相比,运用指导性案例解决的案件数仍是万分之一。② 三是在应用实例中,明确援引比率不高。③ 出于司法实用主义立场,司法人员往往愿意运用指导性案例所蕴含的规则、方法,加强所办案件的逻辑论证效果,却不明确援引相关指导性案例名称,即隐性适用指导性案例。④

(二)指导性案例应用不足结论之偏颇

客观而言,指导性案例应用现状与制度设计初衷相比,确实有着比较大的差距。但这种差距与司法人员案例意识普遍提升的现状存在反差。近年来,司法人员除了有意识查找指导性案例之外,还愿意查找其他典型案例来辅助办案。⑤ 这种反差,除了指导性案例供给的数量不足、质量不高,案例应用效力模糊,缺乏强有力应用机制等原因之外,还有一个被多数研究者所忽视的原因,就是对案例应用认识理解狭隘,导致统计分析口径偏小。主要包括:

1. 重视明示适用,忽视隐性适用。司法人员隐性适用指导性案例现象比较普遍。因为隐性适用在方式方法中不够严谨,可能妨害司法公开与形式公正,研究者基本是给予否定评价,不将其纳入参照适用范畴。⑥ 同时,因为现有技术分析手段的制约,对隐性适用即使采取大数据挖掘,也可能是“挂一漏万”,遗漏大量的隐性适用案例。

2. 重视司法裁决环节应用,忽视其他诉讼环节应用。最高司法机关历来重视对业务的全面指导,发布的指导性案例涵盖各诉讼环节,如最高人民检察院就先后就立案监督、刑事执行监督、民事诉讼监督、公益诉讼诉前程序等发布过指导性案例。但当下研究视野相对集中于审理裁判环节,对其他诉讼环节的应用情况缺乏专门分析。

3. 重视司法领域应用,忽视其他领域应用。除了少数论者提出指导性案例应用可分

---

① 郭叶、孙妹:《最高人民法院指导性案例司法应用年度比较分析报告——以 2011 - 2018 年应用案例为研究对象》,载《上海政法学院学报(法治论丛)》2019 年第 6 期;郭叶、孙妹:《最高人民法院指导性案例 2019 年度司法应用报告》,载《中国应用法学》2020 年第 3 期。

② 郭叶、孙妹:《最高人民法院指导性案例 2019 年度司法应用报告》,载《中国应用法学》2020 年第 3 期。

③ 吴君霞:《检察案例指导制度定位的反思与重整》,载《南京大学法律评论》2014 年第 2 期;孙光宁:《反思指导性案例的援引方式——以〈《关于案例指导工作的规定》实施细则〉为分析对象》,载《法制与社会发展》2016 年第 4 期;李红海:《案例指导制度的未来与司法治理能力》,载《中外法学》2018 年第 2 期。

④ 孙海波:《指导性案例的隐性适用及其矫正》,载《环球法律评论》2018 年第 2 期。

⑤ 秦宗文、严正华:《刑事案例指导运行实证研究》,载《法制与社会发展》2015 年第 4 期;张杰、苏金基:《检察指导案例的实践应用效果》,载《国家检察官学院学报》2018 年第 4 期。

⑥ 孙海波:《指导性案例的隐性适用及其矫正》,载《环球法律评论》2018 年第 2 期。

为司法应用和社会应用外①,多数研究都将视野局限在司法应用领域,着重分析指导性案例在统一法律适用上的应用情况。实际上,指导性案例蕴含着司法者所提倡的司法理念、技巧,是全社会共享的法治成果,也是法治宣传教育的最佳载体。

（三）案例应用视角狭窄的原因分析

我国案例在效力上类似于大陆法系国家法院作出的判例,虽然不属于正式的法律渊源,但一般都具有事实上的拘束力。② 因此,多数论者将指导性案例简单等同于成文法的具体化样态,将功能价值局限于弥补成文法的滞后性、统一司法裁判、引导社会行为、约束法官自由裁量权。③ "判例思维"叠加我国司法实践的成文法传统,导致理论和实践都将指导性案例当成"准司法解释",在应用上弥补成文法漏洞。

更为重要的是,这种思维惯性造成了研究和实践的"恶性循环"。"判例思维"反映在案例研究中,造成研究者习惯于将案例主要应用场景限制在司法裁判领域和裁判要旨的适用。反映到司法实践中,导致司法人员习惯于查找和适用能够作为司法规则的案例和裁判要旨,不愿意在其他领域开展应用。因为缺乏其他应用实例,又进一步限制了实证研究的深化。这种案例应用理论和实践的封闭循环,导致案例应用视野的局限和应用情形单一化。

二、指导性案例多元化应用的概念和意义

（一）指导性案例多元化应用的概念辨析

我国案例指导制度发展时间不长,制度远谈不上成熟定型。在这种背景下,不宜对案例应用求全责备,应当允许多样态多形式应用,特别是需要摆脱"判例思维"束缚,由单一化应用向多元化应用迈进。指导性案例多元化应用,应当是指多元主体在不同应用场景中,采取不同的方式方法应用指导性案例。包括:

1. 应用主体的多元化。指导性案例应用主体,既包括司法人员,也包括其他诉讼参与人,还包括需要应用案例的其他社会群体。如案件当事人、律师可向司法官提出应用案例的建议和申请,法学研究者可根据案例进行研究评析和法学教育。

2. 应用场景的多元化。在司法领域,指导性案例应用应当贯穿案件办理的各诉讼环节,从立案受理到执行等场景。在其他领域,指导性案例还可以应用于法治宣传、法治研究、法治教育等各类场景。2019 年全国"两会"期间,全国人大代表、陕西省律师协会副会长方燕接受记者采访时表示,最高人民检察院第 11 批指导性案例提出的"网络猥亵"

---

① 张杰:《指导性案例应用的方法考察与实践突破》,载《检察调研与指导》2019 年第 5 期。

② 何然:《司法判例制度论要》,载《中外法学》2014 年第 1 期。

③ 刘辰:《案例指导制度的价值定位与时代使命》,载《人民检察》2019 年第 15 期。

问题,成为她提出"两会"建议的线索。①

3. 应用方法的多元化。不同主体的应用方法肯定不同,这里需要讨论的是司法官的应用方法。最高人民法院、最高人民检察院的文件规定指导性案例是"应当参照适用",不同指导性案例具备不同的指导功能,在参照适用方法上也应区分,如在明示应用外,可有条件允许隐性应用。司法官借鉴案例中论证思路,提升论证说理能力,即使没有明示援引案例名称,从整体上看仍然有助于提升司法决断质量,并不会实质影响司法公正。

(二)指导性案例多元化应用的意义

指导性案例多元化应用之基础,在于指导性案例的功能多样性。不同应用功能需要对应不同主体、场景和方式,不宜"一刀切"。多元化应用可以更好地实现案例的多重功能。

1. 有利于促进法律规则统一规范适用。指导性案例能第一时间发现法律适用过程中存在的漏洞,进而为统一法律适用找到解决途径。② 提倡指导性案例多元化应用,可进一步明确最高司法机关制定的指导性案例对所有应用主体都有着事实约束力,在履行执法司法职责时应当一体参照适用。比如,最高人民法院、最高人民检察院围绕认罪认罚适用发布了指导性案例,有利于规范司法实践中对于不正当理由上诉等情形的司法处理,减少理解分歧带来的同案不同判等情况。

2. 有利于提升司法人员应用积极性。一方面,提倡多元化应用方法,特别是准许司法人员可视情况采取隐性适用等方式,打消其思想顾虑,鼓励其放手尝试。另一方面,多元化应用场景不限制于司法裁判等领域,也有利于拓宽司法人员的应用视野,提示其在更多办案环节应用指导性案例。如最高人民检察院发布的检例第 72 号"罪犯王某某暂予监外执行监督案",提出应当对司法鉴定意见、病情诊断意见及所依据的原始资料进行重点审查,加强对鉴定意见等技术性证据的联合审查,为解决司法鉴定审查难、提升暂予监外执行监督水平、切实纠正"纸面服刑"提供了经验。

3. 有利于形成案例应用的良好氛围。司法案例并不是被制定的,而是法律共同体按照思维惯性或技术模型形成的司法理路。③ 所以,案例应用不仅需要司法人员投入精力,更需要包括案件当事人、律师、人民监督员乃至更大范围社会群众的参与和支持,特别是鼓励民众应用案例维护正当权益,可唤起民众对于案例及其承载的法治理念的研习热情,在全社会形成案例应用的浓厚氛围。如最高人民检察院以正当防卫为主题发布了第 12 批指导性案例,肯定和鼓励人民群众依法制止、反抗不法侵害行为,点燃了社会舆论关

① 谢文英:《最高人民检察院第十一批指导性案例成为两会建言线索,代表委员聚焦惩防"网络猥亵"》,载《检察日报》2019 年 3 月 5 日,第 3 版。

② 宋菲:《指导性案例运用的理据与要求——以指导性案例的功能为分析视角》,载《中南大学学报(社会科学版)》2018 年第 3 期。

③ 傅郁林:《在案例中探寻裁判的逻辑》,载《人民法院报》2012 年 2 月 1 日,第 008 版。

注正当防卫、弘扬社会正气的热情。

4. 有利于案例应用理论和实践形成良性互动。一方面,吸引理论界深入研究司法实践、理解司法者立场,让理论研究者走出“象牙塔”,更多地关注司法实践中的真问题,并通过研究案例使得法学教育更加贴近司法实践,形成共同的法治思维;另一方面,可以让司法实务者借鉴案例研究成果,不断反思和解决案例指导制度存在的问题,进一步扩大实务应用影响力。

三、检察指导性案例多元化应用的类型分析

(一)多元应用场景类型化分析

案例应用场景除最高人民检察院《关于案例指导工作的规定》中规定的“检委会审议案件”外,还应延展至下列情形或工作。

1. 实施司法判断工作。检察人员特别是检察官在司法办案中作出检察决定,必然需要应用相关指导性案例,来增强结论的合法性、合理性和逻辑性,提升论证力度。需要说明的是,这种审查判断,既包括检察官对承办案件的审查判断,也包括本院检察长、检委会、上级检察机关对下级检察官报告、请示案件的审查判断。

2. 实施调查、侦查等活动。调查和侦查是检察机关查清案件事实的重要手段,需要借鉴指导性案例提供的经验方法。如最高人民检察院发布的检例第 62 号“南京百分百公司等生产、销售伪劣农药案”,指出对于使用伪劣农药造成的农业生产损失,可采取田间试验的方法确定受损原因。检察人员在办理类似案件时,可以借鉴有关经验,并不必强求书面记载案例应用情况。

3. 讨论研究案件。检察官讨论研究具体案件是内部工作方式,其形式主要是检察官联席会议。从司法责任制角度,承办检察官在讨论时,应向与会人员介绍所讨论的案件有无可供参照适用的指导性案例,以及是否参照适用的理由。至于其他与会检察官,可提出应用指导性案例的建议,但并非法定职责。对于讨论中涉及指导性案例应用的意见,应当在会议记录中准确记载。

4. 对外诉讼和监督活动。指导性案例具有“事实上的拘束力”,非检察机关之外的执法司法人员都应当遵循指导性案例所体现的法律规则。在对外提起公诉和开展检察监督工作时,应用指导性案例不仅能够增强论证逻辑性,更能增加检察意见和建议的说服力和拘束力。需要强调的是,对于监督对象无正当理由不采纳指导性案例所确定的法律规则的,检察人员应当予以监督。

5. 对外释法说理和法治教育。对于案件当事人、律师的释法说理,检察官可根据情况应用指导性案例,也不强求书面记录应用情况。但案件当事人,辩护人、代理律师等向承办检察官申请参照适用某个指导性案例,检察官无论是否参照适用,都应当在办案文书中记载申请事由以及是否参照的理由,并依法给予回复。对于开展法治教育,如检察

人员在检察听证、公开答复、公告宣告等活动时,向有关参加人员阐释法律意见、开展法制教育,可自主决定是否有必要应用指导性案例。

(二)多元应用方法的类型化分析

1. 法律规则解释型指导性案例的应用方法。这种案例应用方式不是传统的三段论逻辑演绎的方法,而是采用类比推理的方法,将办理的案件与指导性案例的案情进行类比,如果两者与要旨相关的关键案情类似,就可以参照适用相关要旨。除此之外,还需要详细说明关键案情关键要素类比过程和判断结果。

2. 法律规则重申型指导性案例的应用方法。法律规则重申型的案例要旨,通常是对之前颁布的法律、法规、行政规章、司法解释等相关内容的重复表述。这类指导性案例应用,因为有明确的法律规则,可以采取逻辑演绎的方式,即引用法律规则,参照指导性案例的论证方法阐释本案情形符合法律规则,得出判断结论。

3. 明确检察监督标准型指导性案例的应用方法。明确检察监督标准型要旨,主要作用是为广大检察人员从理念、方法层面规范履行检察监督职责,特别是为规范开展新的检察业务提供一个具体的判断标尺,指引、督促检察人员履职尽职。比如,在公益诉讼检察工作推进初期,最高人民检察院发布了主题为检察机关提起公益诉讼的第八批指导性案例。对于此类指导性案例,需要结合上级发布的法律法规和相关规范性文件,研究确定指导性案例要旨所确认的检察监督规则是否适用于本案之情形。一般而言,这种案例要旨应用类似于法律规则解释型,应用方式可采取类比方法。

4. 工作经验提炼型指导性案例的应用方法。工作经验提炼型案例要旨,主要是归纳、总结司法实践中产生的检察工作经验和具体方法。这些经验方法能够解决检察工作中遇到的具体疑难问题、具有普遍指导作用,但这些问题不属于法律规则或者检察监督规则范畴。比如,检例第 85 号“刘某鹏涉嫌生产、销售伪劣产品(不起诉)案”中,要旨明确检察机关办理涉企案件,应当注意保护企业创新发展;对涉及创新的争议案件,可以通过听证方式开展审查。该案例要旨就是对创新对民营企业的司法保护提供了一种方法论,即通过听证来化解外界争议和质疑,提升司法判断的准确性和说服力。这类案例要旨一般涉及工作方法而非裁决结论,则应用方式上可以更为灵活,承办检察官可以明示应用,也可以隐性应用。当然,如果当事人申请适用,或者上级指令适用,则必须明示应用。在应用时,检察官可以直接借鉴工作方法,而不需要进行论证。

四、检察指导性案例多元化应用的配套机制

指导性案例多元化应用突破了僵化应用思维,提供了丰富的应用场景和多元的应用方法,有利于健全案例指导制度,扩大其影响力。但多元化也容易走向“无序化”,为了保证多元化应用在法治轨道内实施,就需要构建相应的配套机制。

（一）完善内部评价机制，引导应用尽用

一是健全内部奖励机制。检察机关可定期开展案例应用评选活动，遴选、表彰准确规范应用指导性案例的单位和检察官、检察办案团队。在检察官业务考评中，可将应用情况纳入检察官业绩评价正向指标。二是建立相对宽容的否定评价机制。案例指导制度尚未成熟定型，不宜急于对某些应用给予否定评价，并据此惩罚检察人员。同时，指导性案例存在类比应用，类比推理方式决定了其判断结论很难有“标准答案”，自应当赋予检察官一定的自由裁量权。

（二）优化外部监督评价，促进规范应用

一是健全当事人及律师不当应用控告申诉处理机制。当事人和律师向案件承办检察官提出适用指导性案例的申请后，检察官必须明确答复是否适用并告知理由。当事人、律师认为检察官适用不当的，可以提出控告或申诉。对于此类申诉控告应提交本院检察委员会审议，处理结果应告知双方当事人。如果有一方对处理结果不服的，可以要求上一级检察机关复核。上一级检察机关复核结果为最终处理结果。二是健全人民监督员应用机制。人民监督员在评议案件时，也可评议指导性案例应用情况，而不存在方法论上的障碍。将案例应用纳入人民监督员评议范围，可让检察人员审视案例应用是否存在不足和漏洞，说理是否清晰明了，更有利于提升应用质量。

（三）建设统一数据库，推进应用指导

为了能够全面准确识别、收集、分析应用情况，应依托检察统一业务应用系统构建智能数据库。一是提升智能识别和收集能力。明确检察工作文书全部上传统一业务应用系统，将所有文书纳入数据库。研究提升系统对文书中应用指导性案例情况智能识别能力，让系统能够根据需要，自动提取特定时期特定区域的全部应用文本。如果短时间内智能识别技术上难以突破，也可以在系统案卡选项中增设应用指导性案例选项，通过案卡填录内容来识别和收集。二是完善案例应用指导机制。最高人民检察院法律政策研究室依托数据库，牵头开展案例应用情况数据挖掘和分析，梳理各地检察机关应用案例情况，定期通报问题并提出针对性解决建议。建立案例典型应用数据库，收录应用规范的检察文书，供检察官学习借鉴。

论检察指导性案例在个案指导中的优化设计

吴高飞[*]

摘要:检察指导性案例对于规范司法办案,促进检察机关严格公正司法,保障法律统一正确实施起到不可替代的作用。与抽象的法律条文和司法解释相比,检察指导性案例的明显特征之一就是其将抽象的规定,运用到具体的检察业务之中,通过这样的过程对司法实践和检察实务起到相应的示范作用,解决相应的法律适用难题。为了充分挖掘检察指导性案例对个案办理的指导价值,首先需要科学界定检察指导性案例的价值定位和实践意义,而后对其展开科学、合理的方法论层面的优化设计,从而更好地实现检察指导性案例对检察办案全过程和系统化的有效引领和示范作用,助推检察人员在具体的个案办理中不仅"知其然",更要"知其所以然",真正彰显检察指导性案例除了"授人以鱼"之外,更加"授人以渔"的积极作用,培养检察人员的主观能动性和应有的判断力,从而为司法责任制的充分落实提供制度上的有效支持。

关键词:检察指导性案例　个案办理　适度补充答疑　案卷适度公开化

一、检察指导性案例在个案办理中的价值定位

"客观真实"与"法律真实"一直是困扰法学理论和司法实务的难题,如果处理不当,将是"冤假错案"的"温床"。因此,包括检察指导性案例在内的所有指导性案例,除了指导司法实务根据案件事实正确选择适用具体的法律条款之外,还需要指导司法实务处理好"客观真实"与"法律真实"的辩证关系。为了解决这样的难题,美国等西方国家通过"辩诉交易"制度,以期达到控辩之间的利益平衡。[①] 其中的原因显而易见,法治国家的诉讼制度,对于"法律真实"的证明要求之高非古代东方封建社会和西方中世纪的法律制度所能企及,因此为了节约控辩双方的诉讼成本,在某些案件中,通过控辩协商,各自做出

---

* 吴高飞,江苏省如东县人民检察院第六检察部副主任。

① 张建伟:《认识相对主义与诉讼的竞技化》,载《法学研究》2004 年第 4 期。

相应让步的同时,实现各自期待的诉讼目的和利益,从而避免了某些无休无止的举证、质证、辩论等得不偿失的非必要的控辩交锋。但是,类似“辩诉交易”这样的诉讼制度,实际上是其对追求“客观真实”或“法律真实”未遂的妥协。甚至可以认为这样的案件事实既不是“客观事实”,也不是标准的“法律事实”,而是基于双方意思妥协一致的“虚拟的真实”。所以,这样的制度在实现诉讼便宜主义的同时,也带来了诸如忽视客观真实和实体正义,甚至助长司法消极因素的隐患。因此,检察指导性案例运用证据规则,提炼法律事实之时,除了要体现法律事实认定的逻辑过程和严密的证据体系外,还要注重对案件客观事实的还原和探索,对于即使存在适用认罪认罚从宽制度的案件,也要注重主客观证据之间的印证,竭尽可能地展现案件事实认定的逻辑过程,避免司法消极因素的出现。在此过程中,笔者认为要从以下几点予以完善:

（一）解决案件实体争议的同时,充分展现案件的证明过程

虽然包括检察指导性案例在内的所有指导性案例均涉及实体法和程序法的应用,以及司法机关相关职能的正确开展,比如有专家就将法院的指导性案例分为补充法律型、细化法律型、裁判方法型等十大类型①,然而就目前所公布的指导性案例而言,还是涉及实体法适用方面的居多。笔者认为在社会主义法治国家建设的过程中,“程序正义”应当得到前所未有的重视,以前所谓的“重实体、轻程序”的现象,其实是在轻视“程序正义”的同时,也没有充分尊重“实体正义”。甚至可以认为,缺乏“程序正义”的所谓“实体正义”就是来路不明的“正义”,犹如来路不明的钱财,其正当性、合法性均应受到怀疑。所以,检察指导性案例就需要在解决实体法适用的同时,加强对案件程序正当性的体现。由于诸多案件并不存在程序方面的争议,所以该类指导性案例,就需要将案件适用实体法的诉讼过程予以体现,尤其是将举证、质证和控辩交锋等环节示范性地展现出来,因为只有“证明过程的正确”才是“结论正确”的最有力保障。

（二）通过案件事实的认定,形成新的证据规则或者完善现有的证明体系

早在1998年,龙宗智教授就提出现代刑事诉讼的“证据裁判原则”②,所谓的证据法则随着法治国家建设的进程一直在不断完善。检察指导性案例要体现较高的程序法价值,就需要在对各类案件的事实认定的过程中,逐步总结出新的证据规则,针对遇到的事实认定难题,完善相应的证明体系。就最高人民检察院公布的指导性案例而言,在诸多案例中,均有“指控与证明犯罪”或“诉讼过程”等方面的表述,在一定程度上体现了控辩交锋和对证据规则的具体应用。但是,在证据分析、证明力比较和证据规则的创新应用方面,相关的表述和分析还显得比较单薄。再联系最高人民法院发布的指导性案例,能够达到创设某种证据规则的案例同样非常少见,有学者认为其“有创设性的判决不

---

① 石磊:《指导性案例的选编标准与裁判要点类型分析》,载《法律适用》2019年第18期。

② 龙宗智:《现代刑事诉讼的基本原则》,载《社会科学研究》1998年第4期。

多……主要的是判决理由不详、推理不严,胜诉者有侥幸之感,使败诉者有难服之处”。[①]由此可见,当前的指导性案例在运用和创新证据规则,完善证据学体系方面还有需要逐步完善之处。

(三)将司法人员内心确信的过程,在指导性案例中予以体现

尽管我国《刑事诉讼法》《民事诉讼法》等均明文规定了“以事实为根据,以法律为准绳”,但是“事实”与“法律”之间的联系需要判断,需要体现司法人员的职业操守和合乎逻辑的法律思维。因此,包括检察指导性案例在内的所有指导性案例,均有必要体现这样的判断和思维过程。联系国外“自由心证”制度,旨在要求法律不预先设定机械的规则来指示或约束法官,而由法官针对具体案情,根据经验法则、逻辑规则和自己的理性、良心来自由判断证据和认定事实。[②] 这种所谓的“法律不预先设定”和“理性、良心”的实际效果却因国家、时代及个人而异。因为与此类似,我国古代封建社会的“春秋决狱”也推崇以法律之外的儒家经典、圣贤思想来断案,其所谓的“良心”当然包括在内。然而,整个封建时代的冤狱却比比皆是,从清末“杨乃武、小白菜案”之类的经典案件中可见一斑。为了避免类似“自由心证”制度可能带来的打着“良知”旗号引发的种种非议,检察指导性案例中涉及检察官(法官)行使自由裁量权因素的内容,均有必要从以下几个方面针对性地予以规范:一是阐释理由制度。自改革开放以来,我国的法治建设在取得了巨大成就的同时,也造就了浩如烟海的法律条文和司法解释等,不同部门法之间的位阶关系,同一部门法条文之间的竞合关系等均给法律的选择适用带来一定的难题。以 2001 年的“泸州二奶案”之民事判决依据“公序良俗”原则认定遗赠合同无效为例,该案在当时受到法学界的激烈讨论。[③] 笔者认为,其产生争议乃至怀疑的重要原因之一,就是判决书中对于“所以然”的论述过于笼统,难以从专业的角度让同行心悦诚服。所以,为了吸取这样的教训,检察指导性案例的作用,不仅要让参考者“知其然”,更重要的是“知其所以然”,形成有针对性的阐述理由制度。二是比较分析制度。其实所谓的“比较分析”,也是阐述理由的方法之一,但是由于其独特的作用,有必要予以单独强调。因为“自由心证”,尤其是涉及司法者的自由裁量权时,最容易被“光明正大”地滥用。比如,根据《刑法》第 72 条,判处“三年以下有期徒刑的犯罪分子”,可以适用缓刑,该法第 99 条规定:“本法所称以上、以下、以内,包括本数。”于是,司法实务中,对于诸多罪名起点刑是“三年以上”的案件,在主客观要素都相差无几的情况下,有的案件判处有期徒刑 3 年,然后缓刑 × 年,而有的案件却判处实刑。但是,对于某些法定量刑幅度是“三年以下”的案件,同样在主客观要素都相差无几的情况下,有的顶格判处实刑 3 年,有的却判处缓刑。为了减少这种

① 许国鹏:《加强判例研究实现法治理想》,载《当代法学》2000 年第 5 期;转引自李涛、范玉:《刑事指导性案例的生成、适用障碍以及制度突破》,载《法律适用(司法案例)》2017 年第 4 期。

② 何邦武:《清季现代自由心证知识体系形成考释》,载《法学评论》2015 年第 3 期。

③ 余净植:《旧案重提:“泸州遗赠案”两种分析路径之省思》,载《法学论坛》2008 年第 4 期。

情况的发生，检察指导性案例，就需要对具体案件的罪刑适用、量刑建议等与同类案件进行比较，列出参照系，分析异同，保障得出的结论经得起法律实务界、法学理论界以及社会大众的进一步追问。三是必要情况下的公开听证或答辩制度。检察指导性案例的权威性和经典性，源自检察办案本身的司法公信力和运用法律、分析案情的能力，而不是行文断句的技巧。因此，但凡涉及某些案件的事实认定，需要司法人员的“良心”“理性”运用“自由裁量权”进行“自由心证”时，并不意味着其可以任意“自说自话”，甚至“翻手为云，覆手为雨”，在面对某些专业性强、个人主观因素影响大的案件时，有必要组织无利益关系的相关领域的专家、法律从业者、公民代表进行公开听证。对于可能事关案件承办人司法责任追究的案件，为了使责任分配更加公平、客观，还可以举行专门的公开答辩制度，由特定行业的专家、上级司法机关代表和案件当事人代表等，就包括事实认定、法律适用等方面的争议与案件承办人、案例撰写人之间公开提问、现场解答和现场评议。这不仅能保证检察指导性案例的权威性和经典性，也有利于司法责任制的公平适用。

二、抽象到现实的系统化构建：实现检察指导性案例对个案办理的全程性指导价值

有学者认为，“人们形成了一定的世界观，必然会以这些观点、看法去指导自己的行动，这些观点、看法也就成为人们用来观察、分析、思考和解决各种问题的基本原则和哲学根据，这就是我们通常所说的方法论，以及与此相联系的根本思想方法和工作方法”。[①]检察指导性案例个案价值的实现，同样离不开方法论层面的优化设计。尽管很多年以前就已经有了各种形式的案例编撰等，比如，早在民国时期的大理院就先后进行过“判决录汇编”“判例要旨汇编”“判例要旨体系化汇编”[②]。但是笔者认为这样的案例编撰犹如上市公司的“会计报表”，固然能够呈现出相应的特色，但是却始终缺乏公开的“会计原始凭证”，其得出结论所依据的客观资料和逻辑推理始终未能充分展现于大庭广众之下，简言之，尽管其展现了成品，却未公开整个生产过程，其结论的正确性并非能够完全排除合理怀疑。这也是当前多数指导性案例存在的明显短板之一，因为白纸黑字的证据分析和法律适用尽管看似无懈可击，甚至堪称经典，但是其所依据的卷宗材料和办案轨迹却未能充分呈现人前，即使包括检察人员在内的所有法律共同体有心去学习和借鉴，也不能览其全貌，其示范性效果就难以充分发挥。鉴于此，笔者拟提出方法论层面的如下设计：

（一）强化检察指导性案例的“过程性”建设

检察指导性案例与法律条文和司法解释的重要区别之一，在于其具体性和生动性，在于其将抽象的法律规定具体运用到司法实务中去。这个过程，犹如一位循循善诱的教师，通过将一个个难题的解题思路和演示过程，尽现人前，从而让学生掌握对抽象的定理

---

① 转引自闻凤兰：《论社会科学方法论的内在冲突及其消弭》，载《自然辩证法研究》2009 年第 9 期。

② 张生：《民国时期民法体系中的判例：形式与功能的变化》，载《学术研究》2019 年第 1 期。

和公式的正确运用。笔者通过对检察机关和审判机关的一系列指导性案例的研习，发现其制发水准和实际作用均有持续性地提升，比如就有人认为法院“案例发布专题化已成为基本模式，应用案由逐年扩展，应用地域和应用法院都具有很强的地域特点，应用主体和援引类型方面都有不同程度的提高和改变”①，就检察指导性案例而言也存在这样的可喜成绩。

然而，指导性案例在不断取得成效的同时，却始终缺乏办案过程和办案者思路轨迹的生动体现，从而影响其示范效果的充分发挥。鉴于此，笔者认为可以针对性地从以下几个方面予以完善：首先，围绕“四大检察”“十大业务”，适度以“工笔画”的形式呈现办案轨迹。虽然检察指导性案例不同于“案件审查报告（意见书）”，并不需要从当事人基本情况一直详细分析到提出审查意见，但是并不意味着可以过度简化办案过程。尤其在诸如“检察机关履职过程”“指控与证明犯罪”等能够体现检察工作的部分，要适度详细化，而不能仅用“粗线条”勾勒出轮廓。在关键处，尤其是值得向全国检察机关推广的“经验做法”等内容，要以“工笔画”的形式尽现人前。因为检察办案需要学习“好的方法”，更需要掌握“好的方法”的“探索过程”。其次，充分体现科学的法律思维和先进的工作模式。检察一线办案人员由于长期从事重复性的办案工作，往往会逐渐形成思维定式，带来工作方法的落后。重复性的工作，很难让工作者开展进取性的创新或研究。因此，检察指导性案例不仅要实现对具体案件适用何种法律的指导，更重要的是要促进检察一线办案人员法律思维和工作方法的革新。最后，挖掘出可推广的指导意义。当前的检察指导性案例中有专门的“指导意义”部分，对于案例的指导意义进行明确的归纳和总结。对于个案而言，这样的“指导意义”仍然需要进一步精细化。

（二）开展检察指导性案例的“适度补充答疑”建设

最高人民检察院相关部门的负责人曾就某些指导性案例进行了答记者问，对于检察指导性案例的推广和应用起到了非常好的促进作用。就检察一线办案人员而言，未必能够完全理解和自觉运用这些指导性案例解决检察实务中的难题，所以有必要开展相关的适度补充答疑工作。首先，这样的“适度补充答疑”，并非有问必答。司法责任制改革的题中之义是权责统一、权责自负，检察办案人员对于其所办案件应当具有自身的判断力，所以对于检察指导案例适用的答疑，不应当涉及具体的承办案件。但是，围绕检察指导案例的普遍适用情形的相关问题，权威机关需要给出相应的解答。其次，依托“检答网”开辟检察指导性案例的答疑专栏。最高人民检察院的“检答网”自正式运行以来，为检察人员答疑解惑，成效显著。通过该网络平台，汇集了全国检察人的经验和智慧，解决了一大批之前困扰检察办案的疑难复杂问题。为了使检察指导性案例更好地被推广运用，“检答网”可以就此开辟专门的答疑专栏，围绕检察指导性案例实际运用产生的相关问

① 郭叶、孙妹：《最高人民法院指导性案例 2019 年度司法应用报告》，载《中国应用法学》2020 年第 3 期。

题,及时予以解答。最后,定期进行相应的答疑汇编和运用示范。对于检察指导性案例适用中普遍出现的代表性问题,要定期进行专门的答疑汇编,同时对于检察实务中运用指导性案例较为成功的案件,要及时公布、推广,给全国检察人员提供相应的学习和应用素材。

(三)探索检察指导性案例的"案卷适度公开化"建设

如同上市公司公开的"会计报表"做得再漂亮,若缺乏翔实的"会计原始凭证"之依据和支撑,其实际价值将会大打折扣,甚至还会起到负面作用。同理,检察指导性案例对于个案的指导价值并非源于其遣词造句的行文技巧,而是其运用法律,办理案件的演绎、归纳能力,这也是运用马克思主义"从一般到特殊"与"从特殊到一般"的哲学原理在检察办案工作中的具体体现。所以,要充分挖掘检察指导性案例的个案价值,除了对案例本身的收集、整理之外,还需要其原始办案卷宗的支持。这样,办案一线的检察人员不仅能"知其然",更能"知其所以然",所以就需要对"案卷适度公开化"。首先,案卷适度公开化,要确定合理的公开范围和公开标准。检察指导性案例的案卷公开并非全部公开,对于涉及国家利益和个人隐私的部分应当予以屏蔽,而且对于可以查阅该类卷宗的人员要结合法律规定和职业特点予以规范。其次,建立相应的信息反馈机制。对于包括检察人员在内的相关人员在结合原始卷宗系统学习和参照检察指导性案例时发现的某些问题或瑕疵(虽然可能性极小),检察机关需要建立相应的信息收集和反馈机制,将这样的问题及时解决。最后,建立相应的责任追究机制。包括检察人员在内的相关人员对从案卷适度公开中获取的相关信息,要予以保密,不得非法公开,这样的过程可以通过身份认证等予以规范。如果其故意或过失造成相应消极后果的,要予以依法追责。

三、结语:检察指导性案例对个案指导价值的展望

检察指导性案例之个案价值的发挥,主要通过对检察办案产生切实有效的实际指导作用而予以体现。虽然检察指导性案例的个案研究,可能涉及检察指导性案例相关个案选择标准、筛选过程、印发程序等,但是相比较而言,对检察指导性案例如何更好地指导检察办案,如何将检察指导性案例所要表达和示范的积极因素落实到检察实务的个案办理中去的相关研究才显得尤其重要。包括检察指导性案例在内的各种指导性案例(如法院的指导性案例)的制发、公布和编撰,均旨在对司法实务起到促进和引领作用,而不是"花瓶式"的摆设和"名著式"的选编,其重要价值和意义在于能够对现实的司法产生一系列有益的影响。为了更好地发挥其价值,就需要对检察指导性案例进行系统化的建设,围绕检察指导性案例的基本原则和具体的方法论进行详细和生动、具体的构建,至少能够实际指导包括检察人员在内的法律共同体成员的司法办案工作,毕竟"纸上得来终觉浅",能够生动具体地对办案工作起到示范作用才是其真正价值所在。正如很多年前就有学者认为的那样:"应当改革判决书的制作方式,不允许将一定事实与一定条文连接起

来即可构成判决书,而要求法官详列判决理由,论述这样判而不是那样判的依据”①,这其实是阐述了法律文书的制作不仅要“知其然”,更要“知其所以然”,不仅要重视办案的结果正确,更要重视优秀案件的“产生过程”。因为只有通过“示范过程”的学习,才能确保优秀结果的产出。因此,检察指导性案例有理由、有必要进行全程性、系统性建设,从而起到对检察办案的全面的示范作用。

---

① 徐国栋:《民法基本原则解释——以诚实信用原则的法理分析为中心》,中国政法大学出版社 2004 年版,第 390 页。